R   Martínez Echeverri, Leonor
103 Diccionario de filosofía ilustrado: Autores
contemporáneos, lógica, filosofía del lenguaje /
Leonor Martínez Echeverri, Hugo Martínez Echeverri.
--3a ed. – Santafé de Bogotá: Panamericana, c 1997.
628 p.: il. – (Filosofía y política)
Incluye índice de diagramas e ilustraciones

ISBN 958-30-0260-7

1. FILOSOFÍA - DICCIONARIOS
I. Tít. II. Martínez Echeverri, Leonor III. Martínez Echeverri, Hugo.

DICCIONARIO DE FILOSOFÍA

ILUSTRADO

Autores contemporáneos, lógica, filosofía del lenguaje.

2016 entradas
191 ilustraciones
4 cuadros cronológicos
Mapas ilustrativos

Leonor Martínez Echeverri
Hugo Martínez Echeverri

Editor
Panamericana Editorial Ltda.

Dirección editorial
Alberto Ramírez Santos

Edición
Juan Carlos González Espitia

Diagramación electrónica
Giovanny Méndez

Diagramación y diseño de carátula
Diego Martínez Celis

Fotografías e ilustraciones
Archivo Panamericana Editorial Ltda.

Autores
Leonor Martínez Echeverri
Hugo Martínez Echeverri
Ventana Editores Ltda.

Consultores y asesores de Panamericana Editorial Ltda.
Diana Muñoz. Filósofa Universidad Nacional de Colombia.
José Martín Cristancho. Filósofo Universidad Nacional de Colombia.

Revisión técnica
Juan Carlos González Espitia. Filósofo Universidad Nacional de Colombia.

Primera edición en Panamericana Editorial Ltda., enero de 1996
Cuarta edición, octubre de 1998

© 1998 Leonor Martínez Echeverri y Hugo Martínez Echeverri
© 1998 Panamericana Editorial Ltda.
Carrera 35 No. 14-67, Tels.: 2774613 - 2379927
Fax: (57 1) 2774991, 2379880
E-mail: panaedit@andinet.lat.net
www.panamericanaeditorial.com.co
Santafé de Bogotá, D. C., Colombia

ISBN: 958-30-0260-7

Todos los derechos reservados.
Prohibida su reproducción total o parcial
por cualquier medio sin permiso del Editor.

Impreso por Panamericana Formas e Impresos S. A.
Calle 65 No. 94-72, Tels.: 4302110 - 4300355, Fax: (57 1) 2763008
Quien sólo actúa como impresor.

Impreso en Colombia   Printed in Colombia

INTRODUCCIÓN

Elaborar un diccionario es una tarea que precisa más que la simple capacidad de escribir e investigar. La necesidad de sintetizar toda una estructura de pensamiento en unas pocas páginas requiere un inmenso esfuerzo académico. El primer paso es lograr reunir los temas, autores y sistemas de pensamiento que se consideran más representativos. Por esa razón debe pasarse por el antipático oficio de retirar aquello que subjetivamente se considera menos relevante.

En el presente diccionario fue necesario suprimir la mayoría de pensadores orientales que apenas estamos empezando a conocer en Occidente; esto no significa que el pensamiento oriental sea poco importante, ni mucho menos que aquí no se encuentre ninguna referencia a construcciones teóricas como las de Confucio o Maimónides. En su lugar hemos preferido hacer un mayor énfasis en la filosofía analítica, en la lógica y en las matemáticas no euclídeas: temas que cada vez toman mayor preponderancia en los estudios de filosofía, ciencias sociales, economía y ciencias exactas.

Como todo constructo teórico, la filosofía parte de presupuestos subjetivos, personales, reflejo de un lugar y de un tiempo; sin embargo, eso no significa que al elaborar un diccionario, esas condiciones subjetivas deban "contaminar" igualmente las inclinaciones personales de los autores. El lector puede tener la seguridad de que este diccionario ha sido elaborado con un criterio totalmente neutral, alejado de cualquier inclinación ideológica y personalista, por lo que se convierte en un instrumento de consulta universal y directa.

Temas tan importantes como el de la razón, y autores tan medulares como Hegel y Kant han sido tratados con una especial atención y profundidad. Un diseño editorial de este tipo nos pone prácticamente frente a un estudio enciclopédico de dimensiones mayores. Encontrar esas características juntas hace que esta obra sea vital para todos aquellos que desean adentrarse en el mundo de la filosofía.

Pero los filósofos se interesan también por buscar respuestas a preguntas menos complicadas que la de la razón. En la constante búsqueda de la explicación de todo lo que nos rodea, la filosofía ha ampliado sus límites para cubrir la lógica, la matemática, el lenguaje y el arte. Todos esos temas han sido desarrollados en el presente diccionario, teniendo como punto de partida la necesidad de utilizar un estilo de escritura sencillo pero serio, neutro pero totalmente actualizado.

Los estudiantes de los colegios y universidades encontrarán aquí una herramienta muy útil para despejar dudas que se presentan a lo largo de los estudios del derecho, la sociología, el arte, las matemáticas, la sicología y, por supuesto, de la filosofía.

Hemos complementado esta obra con un interesante cuadro cronológico que vincula todos los autores y corrientes de la filosofía occidental desde el siglo VI antes de Cristo hasta nuestros días. Igualmente hemos elaborado algunos mapas que ubican esas escuelas y corrientes en la extensión del planeta en que vivimos.

Cada entrada está provista de su procedencia etimológica, una serie de conexiones con otros temas que permite la ampliación del conocimiento, y en el caso del estudio de autores, una completa lista de obras de consulta. No es necesario hablar demasiado sobre otras características de nuestro diccionario: la ventaja de estar completamente ilustrado y provisto de diagramas y dibujos explicativos que hacen más fácil el adentrarse en la geografía de los que dedican su vida a pensar el mundo, además de estar acompañado por un especial interés en seguir los pasos de autores como Lyotard o Rorty, que se encuentran al centro de la polémica contemporánea.

J.C.G.E.

ORGANIZACIÓN DE LAS VOCES DE ENTRADA

Todas las entradas están en orden alfabético, las letras Ch y Ll están incluidas en las letras C y L respectivamente, de acuerdo con las últimas normas impartidas por la Real Academia de la Lengua.

Cada verbo, adjetivo, adverbio y partícula van seguidos de su etimología. Todas las entradas filosóficas que por razones de uso se conservan en el idioma original han sido diferenciadas utilizando letras *CURSIVAS*.

Cuando una voz tiene más de un significado, cada significado se trata aparte, diferenciado dentro del cuerpo del texto con un número arábigo en **negritas** (**1.**, **2.**, **3.**, etc.).

La ordenación alfabética de las entradas formadas por más de una palabra (de origen latino, español u otros) ha sido hecha palabra por palabra. Así, ***AB ABSURDUM*** está antes de **ABDERA, ESCUELA DE**.

Las partículas **de**, **von**, **san**, de los nombres propios no han sido ordenadas como componentes del nombre:

AGUSTÍN, san
ALEMBERT, Jean Le Rond D'

Cuando el nombre tiene algún título de nobleza, la ordenación se ha hecho por el apellido original del personaje:

HUMBOLDT, Karl Wilhelm (barón de)

Los nombres del período antiguo y medieval han sido ordenados de la manera como son más conocidos:

DIÓGENES EL CÍNICO
ERASMO DE ROTTERDAM
EUCLIDES DE ALEJANDRÍA
NICOLÁS DE CUSA

Las remisiones para consultar otras entradas se han ordenado alfabéticamente:

V. cuadrado de los opuestos, cubo de oposición, oposición.
V. círculo de Viena, empirismo, positivismo.

Mediante el uso de remisiones el lector podrá ampliar la información de cada tema que se relacione directa o indirectamente.

ABREVIATURAS

a. de C.   Antes de Cristo
d. de C.   Después de Cristo
V.   Véase o véanse

Se abrevian igualmente las voces utilizando la primera letra seguida de punto:

ACTO (del griego *enérgeia* = eficacia, vigor). Término indisolublemente relacionado con el concepto de potencia en cuanto posibilidad de realizar, en mayor o menor grado, algo. Debe distinguirse el concepto de acto del de acción, por ser aquél el resultado de ésta. **a. *ilimitados:*** los que se realizan en todas sus posibilidades; cuando estos actos se realizan, el ser alcanza la plenitud de perfección. **a. *limitados:*** los que realizan sólo parcialmente las posibilidades, pues están limitados por la capacidad receptiva de su sujeto. **a. *no puro o mixto:*** es, en sí mismo, incapaz de realización ilimitada. **a. *puro y simple:*** por no tener límites, éste permite realización ilimitada.

ÍNDICE DE DIAGRAMAS E ILUSTRACIONES

A

Abelardo, Pedro	1
Agustín, san	6
Alberto Magno	8
Alcorán	8
Alegoría	9
Alembert, Jean Le Rond D´	10
Amor	13
Aquino, Tomás de	21
Árbol de Porfirio	23
Aristóteles	24
Arquímedes	26
Arquímedes, Principio de	26
Atenas (escuela de). Atena Parthenos	30
Averroes	33

B

Bacon, Francis	37
Bacon, Roger	38
Barthes, Roland	40
Beauvoir, Simone de	42
Bello, Andrés	43
Bentham, Jeremy	44
Bergson, Henry	44
Berkeley, George	45
Bossuet, Jacques	48
Buffon, Georges Louis	49

C

Calvino, Juan	53
Campanella, Tomaso	54
Camus, Albert	55
Carlyle, Thomas	59
Carroll, Lewis	60
Cassirer, Ernest	61
Cicerón, Marco Tulio	70
Ciencia	71
Cioran, Emile	74
Clavis aurea	79
Comte, Auguste	85
Comunismo	88
Condillac, Etienne	93
Condorcet, Jean Antoine	93
Conectiva	94

Confucio	95
Copérnico, Nicolás	104
Crisipo	112
Cristianismo	113
Croce, Benedetto	115

D

Darwinismo (Darwin)	119
Demócrito	123
Descartes, René	126
Dewey, John	131
Diagrama	132
Diderot	135
Dilthey, Wilhelm	137
Diógenes el Cínico	138
Dioniso	139
Duns Escoto	146

E

Eco, Umberto	150
Einstein, Albert	153
Engels, Friedrich	162
Epicuro	166
Erasmo	168
Eros	169
Euclides	186
Euclides, elementos de	186
Evangelio (san Juan evangelista)	187

F

Fábula (Esopo y el zorro)	195
Fe (Alegoría)	199
Fichte, Gottlieb Johann	205
Filosofía	208
Física	221
Foucault, Michel	224
Freud, Sigmund	226

G

Galilei, Galileo	231
Gassendi, Pierre	233
Gauss, Karl Friedrich	234
Gramática (Grammaticae Introductiones)	239
Gramsci, Antonio	240
Grocio, Hugo	241

H

Hartmann, Nicolai	244
Hegel, Georg Wilhelm F.	247

Heidegger, Martin	250
Heisenberg, Werner	251
Heráclito	253
Herder, Johann Gottfried	254
Hesíodo	256
Hipnos	258
Historia	260
Hobbes, Thomas	261
Hölderlin, Friedrich	263
Humboldt, Karl W. (barón de)	268
Hume, David	269
Husserl, Edmund	270

I

Ídolo	280
Islamismo (Arte islámico)	306

J

Jacobi, Friedrich Heinrich	309
James, William	309
Jansenio	310
Jaspers, Karl	310
Juan de la Cruz	312
Judaísmo	313
Justicia (Alegoría)	316

K

Kant, Immanuel	317
Keppler, Johannes	319
Keynes, John Maynard	320
Kierkegaard, Sören	321

L

Laín Entralgo, Pedro	325
Lao-Tse	327
Leibniz, Gottfried Wilhelm	329
Lessing, Gotthold E.	333
Ley (Tablas de Moisés)	336
Locke, John	342
Lorenz, Konrad	348
Luliano, arte	349
Lutero, Martín	349

M

Mach, Ernest	353
Macrocosmo y Microcosmo	353
Malebranche, Nicolás	356
Malthus, Thomas Robert	357
Maquiavelo, Nicolás	358

Marcel, Gabriel	359
Marco Aurelio	360
Marcuse, Herbert	361
Marx, Karl	362
Menéndez Pelayo, Marcelino	372
Mito de Edipo y la Esfinge	381
Mitología	381
Montaigne, Michel de	385
Montesquieu, Ch. L. (barón de)	385
Moral, Códice de las "Morales"	386
Muerte (Alegoría)	388
Münster, Thomas	390
Música (Alegoría)	391

N

Naturaleza (Alegoría)	396
Newton, Isaac	401
Nietzsche, Friederich	403

O

Ocultismo	413
Ortega y Gasset, José	418

P

Pablo, san	421
Paracelso Teofrasto	422
Parménides	425
Pascal, Blas	428
Paz (La Paz y la Justicia)	430
Pecado original	431
Pensar (El Pensador)	433
Piaget, Jean	438
Pitágoras	440
Planck, Max	441
Platón	442
Poesía. (Erato, musa de la poesía)	446
Polis (El Partenón)	448
Popper, Karl Raymond	450
Proudhon, Pierre Joseph	464
Psiquis. (Psiquis y Eros)	473

R

Raimundo Lulio	478
Reforma (La)	485
Renacimiento. (Pintura renacentista)	490
Rosseau, Jean Jacques	496
Russell, Bertrand	497

S

Saint-Simon, Claude Henri	500
Sartre, Jean Paul	502
Saussure, Ferdinand de	502
Schiller, Ferdinand Canning S.	504
Schopenhauer, Arthur	505
Séneca, Lucio Anneo	508
Sócrates	522
Sorel, George	524
Spencer, Herbert	525
Spengler, Oswald	526
Spinoza, Baruch de	527
Suárez, Francisco	528

T

Tablas de verdad	537
Tales de Mileto	538
Tautología	539
Teilhard de Chardin, Pierre	541
Teofrasto	543
Thoreau, Henry David	547
Tótem	551
Tragedia. (Sófocles, trágico griego)	553

U

Unamuno, Miguel de	555
Universo. (Visión de Keppler)	558
Vasconcelos, José	563
Venn (diagramas de)	564-565
Vico, Giambattista	569
Virtudes Teologales	573
Vitoria, Francisco de	574
Voltaire, François Marie A.	575

W

Weber, Max	579
Whitehead, Alfred North	580
Wittgenstein, Ludwig	581
Wolf, Christian	582

Y

Yin y yan	583

Z

Zenón de Elea	586
Zwinglio, Ulrico	587

A Según Aristóteles, simboliza el predicado de una proposición donde A es el predicado de B. **2.** Para los escolásticos y los lógicos, A era el símbolo de la proposición universal afirmativa «todos los hombres son mortales». **3.** Uno de los términos que componen la fórmula que expresa el llamado *principio de identidad: A=A* (toda cosa es igual a ella misma). **4.** En el idealismo alemán, especialmente en Fichte y Schelling, la A se utiliza en fórmulas básicas sobre la identidad de sujeto y objeto. **5.** En los textos lógicos, es el símbolo de una clase o abreviatura de los *abstractos simples*. **V. identidad.**

AB ABSURDUM Expresión latina que se utiliza cuando una proposición parte de algo absurdo o de cosas absurdas (que son imposibles en la realidad). En lógica se utiliza la expresión, también latina, *reductio ad absurdum*, cuando una demostración parte de una suposición falsa. **V. absurdo.**

ABDERA (Escuela de) Abdera fue una colonia jónica de la antigua Tracia. Se da el nombre de escuela de Abdera al período de la filosofía griega llamado *ático*, al que pertenecieron, entre otros, Leucipo y Demócrito, ambos nacidos en Abdera. Su pensamiento es atomista. **V. atomismo.**

ABDUCCIÓN Reducción a la primera figura del silogismo cuya premisa mayor es cierta y cuya premisa menor es probable **2.** Expresión abreviada que se utiliza en la prueba *ad absurdum*.

ABELARDO, Pedro (1079-1142). Filósofo francés, nacido en Le Pallet (Nan-

Esculturas en la tumba de Abelardo y Eloísa Pére Lachaise, París

tes). Fue alumno de Anselmo de Laon y de Guillermo de Champeaux, a cuyas doctrinas se opuso después. Su biografía ha sido motivo de varias obras literarias, entre las que se destaca la novela de Gilson, *Eloísa y*

Abelardo. Su amor por Eloísa, sobrina del canónigo Fulberto, lo llevó a vivir en casa de éste como preceptor de la joven. Al ser descubierta su apasionada relación, ella fue enviada a Bretaña, en donde dio a luz un niño. Abelardo la buscó y se casaron en secreto, pero ella fue obligada por su tío a ingresar en un convento, al tiempo que Fulberto mandó castrar al esposo, quien se retiró a una abadía en la que escribió una larga epístola titulada *Historia de las desdichas de Abelardo;* el relato de su tragedia sentimental llegó a manos de Eloísa y de este hecho nació una relación epistolar de gran calidad literaria y profunda ternura. Abelardo volvió a la cátedra al ser reclamado por sus discípulos, pero sus detractores hicieron que sus obras fueran condenadas por los concilios de Soisson (1121) y de Sens (1141). El filósofo murió en el convento de san Marcel y fue enterrado junto a Eloísa, en el *paracleto* (uno de los nombres del Espíritu Santo, en su calidad de *consolador,* y nombre que se dio al edificio construido por Abelardo) que había fundado y estaba en manos de Eloísa. Sus tumbas se convirtieron en un monumento al amor, que ha perdurado hasta nuestro tiempo. Se considera que Abelardo es el mayor lógico de su época; fue precursor del método escolástico, aplicado en las sumas teológicas posteriores. Este método, característica de su obra *Sic et non,* consiste en contraponer las sentencias opuestas de las diversas autoridades teológicas. En cuanto al problema de los universales, se opone rotundamente al realismo de Guillermo de Champeaux y de igual manera al nominalismo formulado por Roscelino de Compeigne. Sostiene que el concepto general es solamente una significación predicable (*semo predicabilis*) de los individuos singulares; es famosa en el campo de la ética la siguiente afirmación: *la intención es el criterio de la bondad o de la maldad de los actos humanos.* Para Abelardo, *géneros y especies* significan realmente cosas que «*existen verdaderamente*». Sus principales obras, además de su interesante autobiografía, son: *Sic et nunc; Theologia christiana; Theologia; Ethica; Dialogus inter judaeum; Philosophum et christianum*; *Introductiones parvulorum; Logica ingredien- tibus*; *Logica nostrorum petitioni*. **V. conceptualismo, nominalismo, realismo.**

ABENTOFAIL (1110-1185). Médico y filósofo nacido en Guadix (España). Fue visir y médico de cámara del sultán Yusuf, cargo en el que sucedió a Averroes. Se consideraba discípulo de Algazel, Avicena y Avempace. Murió en Marruecos. El tema central de su filosofía es la forma como el hombre, en soledad, puede lograr la unión de su entendimiento y Dios, con el fin de poseer la verdad divina. Para esto es necesario procurar asemejarse a quien llama el ser necesario mediante la visión de su esencia, meta que se lograría por la total abstracción de la vida material. Es importante subrayar que su teoría advierte en el fondo sobre la perversión que ejerce la cultura sobre los seres naturales, de la cual sólo nos puede salvar la mística. Sus principales obras son: *La Risala; El filósofo autodidacto*. **V. filosofía medieval**.

ABERRACIÓN (del latín *aberratione, aberrare* = andar errante). La definición más general se refiere a la desviación de lo que es verdadero, natural y lógico, a pesar del conocimiento que se tiene del objeto por parte del sujeto.

ABSOLUTO Sin restricción, limitación o condición; aquello que para existir no depende de ninguna otra realidad. En filosofía, con frecuencia se contrapone su uso a *relativo, dependiente, condicionado*. La reflexión acerca de la definición y la naturaleza de lo absoluto, lo ha convertido en un problema filosófico, el cual ha sido tratado a lo largo de la historia por distintos pensadores. Por ejemplo, Hegel, en la *Fenomenología del espíritu*, plantea la necesidad de un saber absoluto, diferente de la historia y de la ciencia, ya que el primero sería un saber totalitario, que no puede dejar nada fuera de sí, ni siquiera el error en tanto que error. Para este filósofo existe también el *espíritu absoluto*, que es una síntesis del espíritu subjetivo y del espíritu objetivo, de la naturaleza y del espíritu; el *absoluto* es *en sí y para sí* y Hegel lo denomina espíritu absoluto. El absoluto es lo que funda las otras cosas, esto es, *donde* las cosas se encuentran. Según J. Marías «el absoluto es presente a sí mismo; y ese ser presenta a sí mismo es el pensamiento». Además, cualquier intento para definir lo absoluto es salirse de él, y el ser puro es el que se encuentra inmediatamente en el absoluto: cuando yo pienso al ser puro, es la *absoluta negación*. Para Hegel, los tres estadios del espíritu absoluto son el arte, la religión revelada y la filosofía (que no es pensar sobre lo absoluto, sino *el absoluto en cuanto se sabe*).

ABSTRACCIÓN Separación de la naturaleza o esencia de algo, de los caracteres que lo hacen único dentro de su especie. La abstracción puede ser *física* o *intelectual*. Cuando no es física puede definirse como el ejercicio de la mente para separar conceptualmente algo general o universal, necesario o esencial, de lo que es individual, contingente o casual. Para Platón, la abstracción es un medio para ir ascendiendo de lo «*particular a lo menos particular*», hacia la esencia o idea. Para Aristóteles, las formas o ideas obtenidas mediante la abstracción son la representación de la realidad en tanto objeto de la ciencia. Para santo Tomás, y en general para los escolásticos, la abstracción se puede examinar desde los puntos de vista *sicológico* (como proceso mental), *epistemológico* o *noseológico* (como modo de conocimiento básico de toda ciencia) y *ontológico* (como una de las formas en que aparece la realidad). Entre los pensadores del siglo XX, Husserl es quien le da al término un papel fundamental. Él no concibe lo abstracto y lo concreto en virtud de su separación o no reparación de un todo. Su teoría acerca de lo abstracto forma parte de una teoría más general, la de las formas puras de los todos y las partes. Por otro lado, la abstracción o lo abstracto tiene una dimensión lógica, de la cual Frege y Russell hacen uso en sus teorías de filosofía de las matemáticas. **V. concreto.**

ABSTRACTO (del latín *abstractio* = aislamiento). Representación a la cual no corresponde ninguna intuición sensorial y que presenta su objeto sin los caracteres individuales. Esta representación se utiliza para llegar a conceptos más generales, para conocer la estructura lógica de los conceptos y la estructura metafísica de la realidad, mediante el aislamiento del elemento formal. Designa una cualidad con exclusión de sujeto. Los conceptos universales concretos son representaciones abstractas aunque estén integrados por sujeto y forma, como en el concepto hombre; también son abstractas las representaciones de nociones formales que carecen de sujeto, como en el concepto *humanidad*.
V. abstracción.

ABSURDO Todo lo que es contrario a la razón y que, por tanto, no puede ser, existir, ni ser pensado. En filosofía, la noción de imposibilidad de ser de lo absurdo es relativa, puesto que puede considerarse también como lo parcialmente imposible, porque escapa a ciertas normas y reglas. La llamada *reducción al absurdo* demuestra la verdad de una proposición por la falsedad, razonamiento que fue empleado en geometría por Zenón de Elea para demostrar la imposibilidad del movimiento y de la multiplicidad del ser. En la actualidad, el vocablo absurdo se utiliza para designar expresiones que no pueden ser constatadas por la experiencia, o que no se ajustan a una sintaxis predeterminada. El existencialismo utiliza el absurdo de manera muy significativa para referirse a lo absurdo en la vida del hombre. Aparte de los existencialistas, se encuentra el concepto de absurdo en escritores de gran trascendencia, tales como Franz Kafka y, especialmente, en Albert Camus, quien habla de *una sensibilidad absurda que puede hallarse esparcida en la época*. **V. aporema, existencialismo.**

ACADEMIA Escuela de filósofos fundada por Platón en los jardines de Academos, en Atenas, destinada, al parecer, en un comienzo, a rendir culto a las musas. Más tarde, este nombre pasó a designar todas las agrupaciones de hombres de ciencia, literatura o arte. Se desarrolló allí una intensa actividad filosófica, científica y pedagógica, en la que se impartían lecciones en forma de diálogo, método inspirado por Sócrates. Esta escuela existió hasta el año

529 d. de C. cuando, por motivos religiosos, fue cerrada por decreto del emperador Justiniano. El máximo discípulo de la Academia fue Aristóteles. Otros de sus representantes más destacados fueron Espeusipo, Fenócrates, Heráclites, Polemón, todos pitagóricos en sus tendencias.

ACCIDENTE Aspecto o carácter de la realidad que no es esencial ni constante, pero que, al sobrevenir, altera el curso regular de las cosas. Para Aristóteles, es *lo que, «a pesar de no ser ni definición, ni lo propio, ni género, pertenece a la cosa; o lo que puede pertenecer a una sola y misma cosa, sea la que fuere (...) lo que pertenece a un ser y puede ser afirmado de él en verdad, pero no siendo por ello ni necesario ni constante»*. Lo accidental se distingue de lo necesario y de lo esencial. En lógica, el accidente es uno de los dos supremos géneros de las cosas (el otro es la sustancia); es el accidente predicable, es decir, el modo por el cual algo se convierte en inherente a un sujeto.

ACCIÓN Ejercicio activo y operante de un cambio, alteración o modificación, sea en un objeto distinto al sujeto agente (acción transitiva), o bien, en este mismo sujeto (acción inmanente). La acción puede ser la categoría antagónica a la pasión. La pasión es el carácter pasivo de la acción. Blondel crea toda una *filosofía de la acción*, al presentarla como algo que incluye y abarca el pensamiento sin anularlo, como una ciencia de la práctica. Por su parte, Dewey, James y Schiller defendieron el activismo pragmatista, que busca solamente los resultados prácticos.

ACKERMANN, Wilhelm (1896-1962). Matemático alemán nacido en West-falia, muy conocido por su aporte a la formalización de la aritmética y a la axiomatización de la matemática. Sus principales obras son: *Elementos de la lógica teórica*, que se ha constituido en una obra fundamental de la lógica matemática y que publicó en colaboración con su maestro D. Hilbert; *Para la consistencia de la teoría numérica; Casos resolubles del problema de la disensión*.

ACOSMISMO Negación de la existencia formal de la realidad, y afirmación en su lugar de la existencia de la realidad. Fichte autodenomina acosmista a su sistema.

ACTITUD Modo, tendencia, manera de ser en general. En filosofía, las actitudes estarían estrechamente relacionadas con la ética, la teoría de los valores y la filosofía de la educación. **V. hábito**.

ACTO (del griego *enérgeia* = eficacia, vigor). Término indisolublemente relacionado con el concepto de potencia en cuanto posibilidad de realizar, en mayor o menor grado, algo. Debe distinguirse el concepto de acto del de acción, por ser aquél el resultado de ésta. **a. *ilimitados:*** los que se realizan en todas sus posibilidades; cuando estos actos se realizan, el ser alcanza la plenitud de perfección. **a. *limitados:*** los que realizan sólo parcialmente las posibilidades, pues están limitados por la capacidad receptiva de su sujeto. **a. *no puro o mixto:*** es, en sí mismo, incapaz de realización ilimitada. **a. *puro y simple:*** por no tener límites, éste permite realización ilimitada. Para Aristóteles, un ente puede ser actualmente o sólo una posibilidad, pero el acto ya está presente en la misma potencialidad (tal como está una semilla en la fruta, es decir, la fruta potencial en la fruta concreta). A la luz de la revelación cristiana, el ente brota enteramente del no ente, acto que se denomina creación. **V. potencia**.

ACTOS DE HABLA Expresión acuñada por John R. Searle para designar los tipos de emisiones en el habla y que pueden ser formulados en términos de la lógica del lenguaje. Los actos de habla son la ampliación de la notación establecida por J.L. Austin, quien divide éstos en: *locucionarios:* aquellos en los que el hablante enuncia hechos; *elocutivos:* aquellos en los que se actúa en tanto se dice algo (promesa, orden, pregunta); *perlocutivos:* aquellos que producen un efecto en el mundo porque se actúa en tanto se dice algo.

ACTUALISMO Tendencia filosófica que niega la existencia de seres inmutables o insustanciales; afirma la resolución de todo en el devenir y el acontecer.

ADAPTACIÓN A FINES Fenómenos de adecuación o adaptación de las finalidades propias de un ser o de una ideología, a las realidades o condiciones externas, sean éstas accidentales o permanentes. La demostración de la presencia de este fenómeno en la naturaleza fue demostrado por Darwin en su teoría evolucionista, pues la evolución de las especies responde a su capacidad de adaptación al medio natural, para posibilitar su conservación y supervivencia. **V. darwinismo.**

ADECUADO (del latín *adaequatus* = igualado). Igual, equivalente; que corresponde por completo. Que es fidedigno, verdadero, porque corresponde a su original. Para Spinoza, la idea adecuada es aquella que posee todas las propiedades intrínsecas de la idea verdadera; se logra cuando el alma conoce la verdad absoluta, sin caer en la apariencia o el engaño causados por la contingencia de las cosas; para Heidegger, cuando el conocimiento y la cosa son adecuados se llega a la verdad.

AD HOC Un argumento es *ad hoc* cuando se aplica única y exclusivamente al caso que se explica o se defiende con el argumento en cuestión.

AD HOMINEM Falacia de argumentación que se supone válida o termina siendo válida, únicamente para un grupo determinado de hombres o para un hombre en particular, o que se funda en las opiniones o actos de la persona a quien se dirige.

ADIÁFORA Para los filósofos estoicos y cínicos, es la indiferencia del sabio ante los bienes o males materiales y ante la vida misma, por considerarlos accesorios y de poca importancia. En moral, se dice de las acciones que son indiferentes: ni buenas, ni malas. **V. cinismo, estoicismo.**

AD IGNORANTIAM Argumento falaz que coacciona al adversario a aceptar lo que se pretende demostrar o, de lo contrario, a que anteponga una prueba mejor, lo cual no puede llevar a cabo debido a su supuesta ignorancia.

ADMIRACIÓN Para Platón, la *admiración es lo propio del filósofo, y la filosofía comienza con la admiración.* La admiración es lo que en la actualidad se denomina *capacidad de asombro;* la capacidad de sentirse maravillado y extrañado, circunstancia que impulsa a pensar y a preguntarse el porqué de las cosas. Para Descartes, la admiración es una de las *seis pasiones primitivas,* y nos permite *aprender y retener cosas antes ignoradas.*

ADMISIÓN Permitir que un elemento que no es propio de un juicio ingrese en él con función aclaratoria o complementaria. También se utiliza este término cuando en un razonamiento se acepta parcialmente un concepto para rechazar la parte no admitida o refutar la afirmación discutida.

ADORNO, Theodor (1903-1969). Filósofo alemán que trabajó en el campo de la sociología, la música y la sicología. Perteneció a la Escuela Crítica de Franc-fort, germen intelectual del pensamiento alemán posterior a la segunda guerra mundial. Sus escritos iniciales, que se dedicaron al desarrollo estético y a su relación con la historia y la búsqueda de la verdad, fueron truncados por la persecución nazi a los judíos. Debido a esa persecución se trasladó como profesor al Merton College, en Inglaterra, y luego a Estados Unidos donde se desempeñó como director musical del Princeton Radio Research Proyects y como codirector del proyecto de investigación sobre la discriminación social, de la Universidad de California. Su trabajo filosófico posterior se enfocó al análisis sociocrítico de los movimientos intelectuales. Enemigo del autoritarismo, Adorno se interesó por el individuo en la perspectiva de Freud y Marx. Sus obras más importantes son: *Dialéctica de la ilustración* (1947) y *Teoría estética* (1970).

ADVENTICIAS (Ideas) Ideas que son extrañas al ser que las concibe, esto es, que no son propias de su naturaleza, o que sobrevienen momentáneamente, sin que pueda conocerse su procedencia por parte del sujeto.

AD VERECUNDIAM Argumento falaz que se fundamenta en la supuesta autoridad de hombres cuyo saber, eminencia y poder, les concede la facultad de formular juicios y concluir acerca de cuestiones que no pertenecen a sus respectivas disciplinas.

AFECCIÓN (del latín *affectio* = mover). Para los escolásticos era una impresión mental proveniente del exterior. Kant la define como la acción del objeto sobre el sujeto. Para Spinoza, la afección es un modo de la sustancia extensa que acrecienta o disminuye la potencia para obrar; tiene su modo correspondiente en el pensamiento como una idea de la afección del cuerpo. La afección tiene no sólo un sentido pasivo (padecer), sino tambien activo (capacidad para obrar y afectar).**V. emoción.**

AFECTIVO (del latín *affectus* = impresión, estado de ánimo, inclinación). Que proviene del afecto, o acto que pertenece al afecto o inclinación personal hacia algo o alguien. Conceptos y juicios basados en impresiones de los sentimientos más que en valoraciones de la razón.

AFIRMAR, AFIRMACIÓN Predicar algo de un sujeto cualquiera, con un valor implícito de verdad, de certeza. Por ejemplo, afirmo cuando digo: «*El hombre es un ser racional*».

AFIRMATIVAS, (Proposiciones) Son aquellas en las que se predica algo del sujeto. La forma más general de representarlas es «*S es P*»; por ejemplo: «*La paloma es blanca*».

AFORISMO (del griego *aphorismos* = definición). Sentencia breve y doctrinal. Es una forma de expresión que presenta pensamientos filosóficos de manera breve y autónoma, y que se distingue de los *pensamientos* porque el «*aforismo está completo, es un todo en sí mismo, mientras que el pensamiento es un punto de partida que puede ser continuado*». Su uso se constituye en uno de los estilos filosóficos de más difícil aprehensión por su constante recurrencia a la metáfora. Al parecer, Heráclito fue el primero en escribir de esta manera. También Nietzsche encontró en el aforismo su forma de expresión.

A FORTIORI Se dice de una razonamiento cuando contiene unos enunciados que, se supone, refuerzan la verdad de la proposición que se intenta demostrar. Con frecuencia, este razonamiento se usa para salvar ambigüedades o evitar posibles objeciones en contra de lo que se enuncia.

AGENTE Idea, persona o cosa que, al actuar, tiene la facultad de producir o causar efectos.

AGNOSTICISMO Doctrina filosófica cuyo nombre proviene de los términos griegos *agnosto theo*, que declara inaccesible al entendimiento humano toda noción de lo absoluto, especialmente la existencia de Dios, su naturaleza y atributos, ya que estos son, en rigor, indemostrables. También se refiere a la espiritualidad y a la inmortalidad del alma como verdades que, aunque podemos creer, no podemos demostrar científicamente. El principal defensor del agnosticismo fue Guillermo de Occam, quien en defensa de esta doctrina implementa el método conocido como «*la navaja de Occam*», el cual consiste en excluir del mundo las entidades innecesarias. **V. Comte Auguste, Mill, J.S., Occam, Guillermo de.**

AGUSTÍN, san (354 - 430). Filósofo nacido en Tagaste, pequeña ciudad romana del norte de África; es uno de los padres de la Iglesia. Siendo muy joven, la lectura de Cicerón hizo que se involucrara en el escepticismo y también que ingresara en una secta maniquea. En 383 viajó a Roma en compañía de su mujer y de su hijo, Adeodato; luego se estableció en Milán donde, siendo profesor de retórica, tuvo

San Agustín

conocimiento del neoplatonismo, cuyos principios utilizó en la elaboración de su filosofía, que constituyó la gran primera visión filosófica cristiana del mundo. La filosofía de san Agustín se centra en dos grandes problemas: Dios y el alma. Es una filosofía del espíritu y de la relación de éste con Dios; se llega a Dios desde la realidad creada y, sobre todo, desde la intimidad del hombre, porque sin amor no se da el conocimiento; es decir, la vida intelectual del hombre ésta marcada por el amor o la caridad. San Agustín sitúa en la mente de Dios la teoría de las ideas de Platón, y afirma que las verdades eternas se conocen por medio de la intuición. La religión es el motor de la filosofía de san Agustín, con su *creo para entender*, a su vez, base de toda la escolástica, especialmente en san Anselmo y santo Tomás. El alma es la realidad íntima del *hombre interior* y es espiritual en el sentido de lo que tiene la facultad de *entrar en sí mismo*. El alma que se confiesa busca a Dios; de ahí sus *Confesiones*. Dios se encuentra en la intimidad del hombre como en un espejo; aunque sólo se lo puede conocer mediante una iluminación sobrenatural que habilita su conocimiento directamente. Dios ha creado el mundo de la nada y las ideas son modelos ejemplares que están alojados en la mente divina. El hombre es un ser intermedio entre el ángel y el animal, y por ser una mente, un espíritu, imagen de Dios, de su trinidad, presenta tres facultades: memoria, inteligencia y voluntad o amor. En cuanto al origen del alma, san Agustín duda entre el generacionismo y el creacionismo. El hombre, por otra parte, tiene una *conciencia moral*, pues la ley eterna ilumina la inteligencia humana y sus imperativos constituyen la *ley natural*, que el hombre, además de conocer la ley, debe quererla. Esta voluntad está determinada por el amor; por eso su frase «*ama y haz lo que quieras*». En su obra *La ciudad de Dios* expone toda una filosofía del Estado, en la que la historia depende de Dios. Para él, la historia de la humanidad es, en su totalidad, la lucha entre el reino de Dios y el reino del mundo (*civitas dei-civitas terrena*). El Estado vela por las cosas temporales, como el bienestar, la justicia y la paz, pero toda potestad viene de Dios y, entonces, los valores religiosos también le corresponden. La doctrina de san Agustín influyó grandemente en el pensamiento cristiano, tanto en el católico como en el de la reforma protestante, y en general en toda la mística de Occidente. Hay interpretaciones contemporáneas que también lo califican como el más antiguo de los precursores del existencialismo. Las obras más importantes que recogen su dogmática, teología y filosofía son: *Confesiones; De civitate dei* (La ciudad de Dios); *De beata vita; Contra academicos; De ordine; Soliloquia; De trinitate*. La mención de estas obras no agota la prolífica producción de este filósofo. **V. Ciudad de Dios, creacionismo, generacionismo**.

AHÍ, (Ser) V. dasein, Heidegger.

AHRIMÁN En la doctrina mazdeísta, dios del mal y de las tinieblas, opuesto a Ormuz, dios del bien y de la luz. Esta doctrina predica que, en la consumación de los siglos, el bien vencerá al mal definitivamente.

ALAIN Seudónimo del filósofo y profesor francés Emile Chartier.

ALBEDRÍO Potestad de obrar por reflexión o elección. Es la propiedad de la voluntad por la cual, guiada por la razón, puede decidirse a obrar o no obrar. San Agustín lo distingue de la *libertad* (*libertas*) por cuanto ésta es el buen uso del libre albedrío, mientras el libre albedrío puede elegir entre obrar el bien u obrar el mal. **V. libertad, voluntad**.

ALBERTO MAGNO (1206-1280). Dominico alemán, filósofo de la alta escolástica nacido en Lavingen (Suabia), fue obispo de Ratisbona, considerado como uno de los padres de la Iglesia y llamado *Doctor Universalis*. Fue maestro de santo Tomás y tuvo una activísima vida docente y eclesiástica; sus clases de filosofía y teología en París tuvieron tal número de asistentes que hubo necesidad de dictarlas en una plaza pública (plaza Maubert). Su trabajo filosófico es la paráfrasis de la obra de Aristóteles, la cual aclara y enriquece con sus propios comentarios, así como con los de

San Alberto Magno. Miniatura en un manuscrito germánico de la «Historia Natural».

judíos y musulmanes, con el propósito de hacer una síntesis que permita vulgarizar, esto es, popularizar, la obra del pensador griego. Para hacerlo utiliza su saber enciclopédico –cultivó todas las ciencias, desde la astronomía hasta la medicina– y con ello trata de introducir la observación y el experimento que se desconocen en la Edad Media. Sus principales obras filosóficas y teológicas son: *Sentencias; Summa de creaturis; Summa theologiae.*

ALCORÁN (del árabe *al-Qur'ân* = la lectura). Libro sagrado y único escrito canónico del islam; también es llamado Corán, texto basado en las revelaciones que Mahoma recibió en su ciudad natal (La Meca) o en Medina; la primera de estas revelaciones fue recibida del arcángel san Gabriel en una cueva y constituye los versículos de la sura 96, también denominada *El coágulo.* Se ignora si todo el Corán se escribió en vida de Mahoma; lo cierto es que, poco después de su muerte, uno de sus colaboradores elaboró una versión *oficial* que fue aprobada por una comisión de adeptos como texto canónico. El Corán consta de 114 capítulos, llamados suras, y cada una de sus palabras es tenida por sagrada en la religión mahometana o musulmana. En todas las escuelas y mezquitas se leen y recitan pasajes de este libro. En las enseñanzas del Corán se basa la ley del islam; su contenido representa un monoteísmo puro para el que Alá es el único dios verdadero, uno e indivisible, creador del mundo. Anuncia un juicio final en el que el Creador actúa como juez imparcial; hay un cielo o paraíso lleno de flores, vino y

Manuscrito del Corán, siglo XVI

doncellas hermosas para los premiados, y un infierno de fuego, agua hirviente y olores pestilentes para los castigados. El islam es el reino de Dios en la Tierra y, por tanto, el Corán contiene también una serie de instrucciones de carácter jurídico y moral. El islam prohíbe las imágenes o representaciones de Alá o de Mahoma, su profeta. Con la expansión militar, política y cultural de los musulmanes, la cultura de Occidente recibió grandes aportes, desde la traducción y puesta en circulación de obras clásicas griegas olvidadas, hasta la introducción de descubrimientos matemáticos y una nueva notación (la llamada arábiga). **V. Algazali, Corán.**

ALEF Primera letra del alfabeto hebreo que representa el signo numérico de la unidad. En su indagación sobre el infinito actual, Cantor hace uso de esta letra para simbolizar la serie de los números transfinitos, asignándoles diferentes subíndices a cada miembro de la misma.

ALEGORÍA Ficción que presenta un objeto a la razón, en virtud de otro objeto, sea físico o intelectual. El escritor Ezra Pound se refiere a la alegoría como *imágenes visuales diáfanas* que representan la fusión de mundos como una unificación o síntesis de ideas diversas, dispares. En retórica, la alegoría puede identificarse con la metáfora en el sentido griego de unir en un símbolo o imagen simbólica ideas e imágenes diversas. Es un gran recurso retórico usado por diversos autores para poner de manifiesto sus conceptos y reforzar sus argumentaciones. Ejemplo: *alegoría de la caverna*.

ALEJANDRÍA (escuela de) Conjunto de filósofos, hombres de ciencia y eruditos que desarrollaron sus tesis principalmente en la ciudad de Alejandría, debido a la decadencia del poder político y económico de Atenas. En Alejandría había una importante universidad y una gran biblioteca y allí se aglutinaron tanto judíos como cristianos, que buscaban elementos comunes desde el punto de vista filosófico. A esta escuela pertenecieron importantes figuras de la filosofía: Aristarco, Filón de Alejandría, Ptolomeo, Orígenes, Eratóstenes y san Clemente de Alejandría, entre otros.

ALEJANDRO DE HALES (1180-1245). Filósofo franciscano de la alta escolástica, nacido en Hales Owen. Fue maestro de san Buenaventura y uno de los grandes sintetizadores de la Edad Media. Buscaba encontrar un punto medio entre quienes sostenían que *es más importante el orden del intelecto* que *el orden del corazón*, como pretendía san Agustín. Su obra conocida es la *Summa theologiae*, también llamada *Summa fratris Alexandri*.

ALEMBERT, Jean Le Rond D' (1717-1783). Filósofo y matemático de la Ilustración francesa del siglo XVII. Hijo de un comisario de artillería, fue abandonado al nacer y entregado a la esposa de un vidriero de apellido Alembert, por un comisario de policía que lo recogió. Colaboró con Diderot en la *Enciclopedia;* con base en los principios de Francis Bacon, hizo una clasificación de las ciencias y trató de describir la historia del origen y desarrollo del saber humano. Partidario del sensualismo, se pronunció contra la teoría de las ideas innatas de Descartes. Según D'Alembert, de la materia no depende la existencia del alma, por lo cual el pensamiento no es una propiedad de la materia. El conocimiento de las cosas es imposible y la moralidad no

Alegoría. Grupo alegorico del río Nilo, Museo del Vaticano

Jean le Rond d' Alembert

está condicionada por el medio social. Encarnó a la vez el racionalismo y el empirismo de su época, al luchar contra toda creencia en mitos y al oponerse a toda teoría que no pueda comprobarse por la experiencia. Sus principales obras son: *Memoria sobre el cálculo integral; Tratado de dinámica; Tratado del equilibrio y del movimiento de los fluidos; Ensayo para una nueva teoría sobre la resistencia de los fluidos; Búsquedas sobre los diferentes puntos importantes del sistema del mundo; Ensayo sobre los elementos de la filosofía; Discurso preliminar a la enciclopedia.*

ALFA Primera letra del alfabeto griego utilizada principalmente en notación matemática. Se usa también, junto con la letra griega omega, que es la última de este alfabeto, en la expresión *alfa y omega*, que designa a Dios, principio y fin de todas las cosas.

ALFARABI (900-950). Filósofo árabe, nacido en Bala (Turquestán). Fue maestro en Bagdag; traductor y comentarista de la obra de Aristóteles y de la de los neoplatónicos. Intentó conciliar las doctrinas aristotélicas con el platonismo. Es el precursor del pensamiento árabe. Sus principales obras son: *Catálogo de ciencias; Disertación sobre los significados del término intelecto; Libro de la concordancia entre la filosofía de los dos sabios, el divino Platón y Aristóteles; Compendio acerca de lo que conviene saber antes de aprender filosofía.*

ALGAZALI O ALGAZEL (1052-1111). Filósofo árabe, nacido en Gazal (provincia de Tus, antigua Persia), cuyo nombre real era Abu Hamid Mohammed. Profesó en Bagdad y luego se trasladó a Siria. Era adversario de los «filósofos», nombre despectivo que utilizaba para referirse a quienes utilizaban las doctrinas de Aristóteles y a los neoplatónicos. Para este filósofo todos los principios últimos, sea que se refieran al mundo sensible o al mundo inteligible, no son susceptibles de demostración racional, planteando lo que ha sido llamado el *escepticismo de Algazali*. Sus principales obras son: *Intenciones de los filósofos; Destrucción de los filósofos; Restauración de los saberes religiosos.*

ÁLGEBRA Disciplina matemática que consiste en la simbolización de la aritmética con el fin de estudiar las propiedades de los números. En esta disciplina todas las operaciones aritméticas pueden llevarse a cabo remplazando números por letras, de manera simbólica. El verdadero desarrollo del álgebra simbólica se debe al matemático francés Viéte (siglo XVI) con quien se llegó al concepto actual del álgebra (generalización de la aritmética). En ese mismo siglo se resolvieron las ecuaciones de 3o. y 4o. grado y se introdujeron los números imaginarios. En el siglo XVII se llegó a la comprensión de las cantidades negativas, lo que constituyó un gran paso. El álgebra moderna empieza con Gaulois, quien introduce la idea de que en álgebra se estudian las estructuras independientemente de sus realizaciones concretas.

ALGORITMO (de *Aljuarezmi*, nombre dado a Abu Yáfar Aben Musa, matemático jarismita del siglo IX). Regla exacta aplicada en la ejecución de un determinado sistema de operaciones, en un orden determinado, de manera que resuelvan todos los problemas de un tipo dado. Este es uno de los conceptos fundamentales de la lógica y de la matemática y es un sistema de carácter formal sobre el cual se puede elaborar un programa de operaciones, tales como sumas, restas, extracción de raíz cuadrada, divisiones, multiplicaciones, etc., para llegar a un resultado. Euclides encontró un algoritmo para hallar el máximo común divisor.

ALIENACIÓN Es una categoría central, en la teoría hegeliana, de la autorrealización de la idea absoluta a través de la alteridad en la naturaleza y en la historia, por cuya superación la idea llega a la unidad consumada consigo misma. Según Marx, la alienación, la característica de la sociedad burguesa, surge por la conversión del trabajo en mercancía y de esta manera se produce la pérdida de la energía creadora del hombre. En efecto, según el marxismo, todas las relaciones dentro de la sociedad capitalista están cosificadas y, por tanto, alienadas. Para los existencialistas, en especial para Camus, el hombre alienado es extraño en el mundo, un simple peregrino que no ha encontrado todavía una morada definitiva. **V. enajenación**.

ALMA Aunque este término es muy ambiguo y ha sido objeto de muchas interpretaciones a lo largo de la historia de la filosofía, en general se define como la sustancia inmaterial que vivifica o anima el organismo material y la vida síquica del hombre. El primero en referirse al alma fue Platón, en su obra *Fedón o del alma,* en la cual se plantea la teoría de la eternidad y prexistencia de las almas, y afirma su existencia eterna en un mundo inteligible al que ellas se han incorporado, ya que pueden abandonar el cuerpo en el que viven como en una especie de prisión o tumba. San Agustín le atribuye al alma un carácter espiritual e inmaterial. Posteriormente, santo Tomás, de acuerdo con la sicología aristotélica, interpreta al alma como *forma sustancial del cuerpo humano,* como el primer principio de su vida: el alma permite la existencia del cuerpo viviente, pero puede subsistir separada del cuerpo o sustrato corporal; es incorruptible e inmortal. A partir de la distinción entre alma *vegetativa, sensitiva* y *alma racional* puede afirmarse que ellas corresponden a las tres grandes formas de vida. En toda la filosofía moderna y, en especial, en el racionalismo y el empirismo aparece el término en relación con la actividad o facultad cognoscitiva del hombre. El alma corresponde al mundo espiritual, mientras el cuerpo corresponde al mundo material, los dos aspectos o formas de ser del hombre. El alma además de ser, según estas corrientes, la depositaria de conocimiento, alberga igualmente las afecciones, las pasiones y las operaciones síquicas del hombre. **V. alma del mundo, animismo.**

ALMA DEL MUNDO Planteamiento que explica la colaboración entre los diversos organismos y reinos de la naturaleza, similar o comparable con la relación del principio vital (alma) de los organismos individuales. Para Platón, el demiurgo del mundo crea un *alma del mundo* que lo anima; el alma del mundo tiene un nivel intermedio –como mezcla armónica que es– entre las ideas y las cosas. Schelling y Scheler la conciben como una razón del universo y hasta la identifican con Dios. El estoicismo admite una razón universal a modo de materia etérea, sutil y semejante al fuego, que actúa sobre todas las cosas.

ALMORAL, ALMORALISMO Lo almoral es lo opuesto a lo moral en cuanto enfrentado, con lo que se halla insertado en el mundo ético, al oponerse a todo valor, o ser indiferente a él. Almoralismo designa el carácter de almoral de algunas actitudes y doctrinas.

ALTERACIÓN. Transformación cualitativa de una cosa o, también, transformación de una cosa en algo diferente sin que jamás se anule lo que era antes de alterarse, es decir, cambio de una cosa de un estado a otro en el cual manifiesta o expresa de manera diferente su ser. **V. devenir, Ortega y Gasset.**

ALTERIDAD Comúnmente es aquello que constituye el otro y sus relaciones consigo mismo y con el yo. Para Plotino, y en general para los neoplatónicos, la alteridad es la acción de ser una cosa *incesantemente otra de la que era.* Así, el tiempo es siempre otro de lo que era, porque es producido por el movimiento: es el movimiento al ser medido, es decir, el movimiento sin reposo y, por tanto, la consecuencia de una historicidad. **V. alteración**.

ALTERNATIVA (del latín *alteré* = uno de dos). Necesidad de elegir entre dos posibilidades que se excluyen mutuamente. Por tanto, este término jamás debe usarse en plural, ya que alternativa sólo hay una. También se ha interpretado este término como la acción o el derecho de la persona o de la comunidad a optar por una identidad diferente de la propia, o por un cambio de las relaciones del individuo con respecto a la comunidad.

ALTHUSSER, Louis (1918-1992). Filósofo franco-argelino, nacido en Birmanndreis (Argelia). Fue discípulo de Jean Gitton –a quien se considera heredero espiritual de Bergson– y uno de los ejes del pensamiento católico francés en la actualidad. Durante la segunda guerra mundial permaneció prisionero en Alemania cinco años(1940-1945). En su interpretación del marxismo distingue dos períodos en Marx: uno humanista y otro científico. Afirma que este último período se inició en 1845 cuando Marx rompió con su humanismo anterior al que considera como una ideología, y basó su pensamiento en conceptos nuevos tales como la economía y la contradicción o dialéctica. Los últimos años de su vida estuvieron afectados por graves perturbaciones mentales, tal vez adquiridas cuando fue prisionero de guerra, que lo condujeron al asesinato de su esposa, Hélène Rytmann (1980), y pasó esa última etapa de su existencia recluido en un sanatorio, donde murió. Sus principales obras son: *Para leer El Capital*, publicada en colaboración con E. Balibar; *La revolución teórica de Marx; Lenin y la filosofía; Lenin y Marx ante Engels; Montesquieu, la política y la historia*.

ALTRUISMO Término que en general designa a una persona, un grupo de personas o una institución, cuyos actos están inspirados por fines más elevados que la satisfacción de intereses particulares. En filosofía fue introducido el uso de este término por Auguste Comte para expresar el movimiento de proyección al yo ajeno, por encima de los impulsos naturales del amor propio. El altruismo, según él, es necesario para la existencia de una sociedad positiva y debe ser la base de la nueva sociedad. El conjunto de la humanidad es el gran-ser (*grand Être*); por tanto, lo ético es el altruismo o vivir para la humanidad. **V. alteridad, Comte, Auguste**.

ALUCINACIÓN Percepción de algo que no existe en la realidad y, también, no percepción de algo existente en la realidad; por tanto, en ambos casos, la alucinación no está precedida de impresión alguna de los sentidos. **V. imaginación**.

AMBIGÜEDAD Vaguedad del uso del lenguaje, que permite más de una interpretación; ésta hace confusa la comprensión de una proposición, de una afirmación o de un discurso. La ambigüedad puede resultar de la no definición de los términos de la proposición, del planteamiento, o a vicios en la expresión de contenidos no ambiguos en sí mismos.

AMBIVALENCIA Acción y efecto de tener dos valores que se aplican efectiva e indistintamente.

AMIDISMO Una de las manifestaciones del budismo. **V. budismo**.

AMISTAD Principio de relación entre los seres humanos que, para algunos autores como Platón, es una de las formas del amor. El marxismo también habla de la *amistad entre los pueblos*, entendida como un sistema de cooperación económica, científica y de defensa entre los pueblos de los Estados de sistema marxista-leninista. **V. marxismo**.

AMOR En general, puede entenderse como inclinación hacia algo o alguien; por ejemplo, inclinación al saber o a la sabiduría: filosofía. A pesar de la dificultad que ha entrañado la definición de este término en la historia de la filosofía, se han distinguido varias clases de amor de acuerdo con el fin que lo inspira. Platón afirma que el amor es el único tema sobre el que se puede disertar con conocimiento de causa, y presenta diferentes acepciones del término: amor como locura, como forma de caza (del co-

Amor jugando con una mariposa, escultura de Antonio Chaudet. (Museo de Louvre, París)

nocimiento), como dios poderoso, amor terrenal o común, amor celeste (el que produce y lleva al conocimiento); también puede haber tres clases de amor: el del cuerpo, el del alma y una mezcla de los dos; malo o ilegítimo (no iluminado por el amor del alma) y su contrario: bueno o legítimo. En el *Fedro, o del amor,* el amor perfecto es principio de todos los amores, es el que *se manifiesta en el deseo del bien* y es una oscilación entre el poseer y no poseer. En *El banquete o de la erótica,* Platón expone su teoría más acabada respecto al amor e introduce el famoso mito del andrógino que representa el amor como una constante búsqueda de identificación con el otro. En los neoplatónicos, el amor tiene un sentido metafísico-religioso; en la concepción cristiana es *caritas.* San Agustín afirma: *«Ama y después haz lo que quieras».* La caridad entendida como amor es una de las tres virtudes teologales; san Pablo escribe: «Nada tendré si no tengo caridad». Como el amor viene de Dios, podemos amar a Dios, quien es el fundamento del amor del hombre por los otros y por el mundo. Santo Tomás, por su parte, define la caridad en tanto que virtud sobrenatural, pues ninguna virtud es verdadera sin la caridad. Sin esta virtud el hombre no puede alcanzar la bienaventuranza, porque el amor es una inclinación de cada ser hacia su bien. Quiere decir que el amor dinamiza, mueve (para Dante, «el amor mueve el sol y las estrellas») y tiene un sentido cósmico-metafísico. Las concepciones contemporáneas más importantes sobre el amor, son la de Max Scheller, que aparece ligada a la teoría de los valores; la de Joaquín Xirau, constructor de una metafísica basada en una fenomenología de la *conciencia amorosa;* y la de Jean-Paul Sartre, quien ubica el amor dentro del análisis de la estructura del *ser-para sí-para otro.* **a. físico:** si el fin es la satisfacción de los sentidos. **a. maternal:** si está dirigido a hacer plena la relación entre madre e hijo. **a. intelectual:** cuando busca enriquecer el intelecto de quienes se aman, etc. **V. Pablo, san**

AMORAL, AMORALISMO (del griego *a*= partícula negativa; y del latín *moralis* = moral: sin moral). Negación de toda moral; no actuar con base en norma moral alguna. Nietzsche plantea situarse *más allá del bien y del mal.* No debe confundirse amoral con inmoral, puesto que este último término significa quebrantar una o varias normas morales o actuar en contra de ellas. Lo amoral no actúa *en contra,* sino *sin* normas morales. Algo es amoral cuando se supone que no es inherente o intrínseco a su naturaleza poseer valores contrapuestos; por ejemplo: no es inherente a la lluvia ser buena o mala.

ANAGOGÍA, ANAGÓGICO Términos de origen griego que se refieren a la acción o al efecto de educar, guiar algo hacia estadios más elevados. Se llama *anagógico* a aquello que conduce a una idea, como en Leibniz, quien lo define como *lo que conduce a la suprema.* En filosofía también es sinónimo de *inducción* y en teología es la interpretación de un texto de las Sagradas Escrituras en un sentido no literal, sino moral o religioso que eleva el alma hasta el reino de Dios.

ANÁLISIS Término que se refiere a la descomposición de un todo en sus partes.

En filosofía es el método que descompone mentalmente un todo (real o lógico) en sus constitutivos parciales, para obtener un conocimiento explícito de los mismos. El ejercicio contrario se denomina síntesis **2.** Descomposición de un todo bien real, o bien lógico o mental, en sus partes, también reales, o lógicas o mentales, según el caso. **a. lógico:** examen o distinción de los aspectos de una idea **a. matemático:** método algebraico de resolución de los problemas. El análisis lógico ha sido aplicado en filosofía en todas las tendencias de carácter antimetafísico y, por tal razón, abarca muchas tendencias: el positivismo lógico, el empirismo lógico o científico, la escuela analítica de Cambridge, el grupo de Oxford, ciertos segmentos del neorrealismo, el Círculo de Viena, entre otros. **V. analítica** (Kant), **analítico, analíticos**.

ANALÍTICA Para Aristóteles, el arte analítico era el análisis que se remontaba a los principios. Para Kant, cuando una nota se predica de un todo en un juicio, éste es un *juicio analítico* o de *explicación*. En *La crítica de la razón pura,* la analítica sigue a la estética trascendental y precede a la dialéctica trascendental, siendo la analítica una parte de la lógica trascendental. La analítica trascendental es una lógica de la verdad. Según Kant, los conceptos a que se refiere la lógica trascendental deben cumplir las siguientes cuatro condiciones: ser conceptos puros y no empíricos; pertenecer al pensamiento y al entendimiento, no a la intuición y a la sensibilidad; ser conceptos elementales, distintos de los conceptos deducidos y compuestos; abarcar el campo completo del puro entendimiento. Heidegger propone la *analítica de la existencia* como primer peldaño para preguntarse y desarrollar la pregunta acerca del ser (analítica existencial), abstrayéndose por completo de las demás ciencias o disciplinas, tales como la antropología, la biología o la sicología.

ANALÍTICO Según Kant, un juicio es analítico cuando su predicado está ya contenido en la definición del sujeto. *Son aquellos en los que el enlace del sujeto con el predicado se concibe por identidad.* El juicio analítico, por ser *a priori*, no amplía el conocimiento; su función es descomponer para explicar. En general, se entiende por analítico aquello que va del todo a las partes. **V. Kant**.

ANALÍTICOS Nombre que designa a los dos escritos principales del *Organon* aristotélico, es decir, los *primeros analíticos* y los *segundos analíticos;* de éstos, el primero expone la teoría formal del silogismo y las condiciones formales de toda prueba; y el segundo, estudia la demostración. **V. Aristóteles, Organon**.

ANALOGÍA Relación de semejanza entre dos objetos, sean ellos cosas, ideas o palabras. La analogía puede equivaler a la proporción (cuantitativa o topológica) o a semejanza o similitud de unos caracteres o funciones con otros; existe cuando se predica lo mismo de diversos objetos como expresión de una correspondencia o correlación entre ellos. Es importante mencionar el significado de lo que se ha llamado *razonamiento por analogía*, el cual atribuye un carácter a un objeto porque este carácter está presente en objetos semejantes: «S tiene la nota p; S y S' tienen las notas a, b, c; por tanto, S' tiene probablemente la nota p». **V. razonamiento**.

ANÁLOGO (del griego *analogos* = correspondiente). La teoría del conocimiento lo utiliza para designar un objeto ideal (una teoría) que refleja de manera adecuada un objeto material. En filosofía, análogo designa un objeto material como fundamento real de alguna teoría, ley teórica del conocimiento o de alguna regla lógica. Designa varios objetos que poseen un significado en parte diferente y en parte idéntico.

ANAMNESIS Término de origen griego que significa reminiscencia. Para Platón, el hombre parte de las cosas sin permanecer en ellas ni encontrar el ser que no tienen, sino para que le provoquen un recuerdo o reminiscencia, que llama *anamnesis*, de las ideas que antes había contemplado. «Las cosas son sombras de las ideas», dice Platón, y el conocimiento consiste en recordar lo que está dentro de nosotros. **V. caverna (alegoría de la), Platón**.

ANARQUÍA (del griego *anarkía* = sin autoridad, sin poder). Oposición a toda autoridad o poder. En la Grecia antigua se usó esta palabra para indicar el período en que Atenas no era gobernada por los arcontes. **V. Bakunin.**

ANARQUISMO Práctica de la anarquía. El anarquismo, sea como conducta individual o como posición política y filosófica, se extendió durante el siglo XIX por Francia, Italia y España, y está ligada con los nombres de Proudhon y Bakunin. **V. Bakunin M., Proudhon P.J.**

ANAXÁGORAS (500-428 a. de C.). Filósofo griego, nacido en Clazomene (Asia Menor). Pertenece a la última generación de los filósofos presocráticos. Fue amigo de Pericles y admirador de su política protectora de la inteligencia griega. Esto produjo animadversión de muchos enemigos del gobernante y fue acusado de impiedad y condenado a muerte, pena que se le conmutó por el extrañamiento, que lo obligo a abandonar a Atenas (434 a. de C.). Murió en Lámpsaco. Según Diógenes Laercio, Anaxágoras fue el primero en añadir la materia a la inteligencia; en su cosmología nada se engendra ni se destruye, sino que, simplemente, hay mezcla y separación. Utilizó la hipótesis de la existencia de un número infinito de elementos, gérmenes o semillas, diferenciadas entre sí cualitativamente y con propiedades irreductibles, para explicar lo que acontece y cambia en el ser permanentemente. De las combinaciones de ese número infinito de elementos, nacen las cosas visibles. Los elementos o pequeñísimas partículas son movidas por una fuerza intelectual (*noûs*), principio del orden: al principio fue el caos, pues todos los elementos estaban juntos, confundidos, pero fueron ordenados por el *noûs*, principio también de la animación y de la individualización de las cosas; es lo que establece el orden en el universo. Ese orden está previsto desde siempre, no en el sentido de destino, sino en el de fuerza mecánica en el centro de su movimiento de torbellino. El *noûs* es, entonces, el principio del movimiento. Fue el primero en explicar los eclipses de Sol y de Luna. **V. noûs.**

ANAXIMANDRO (610-547 a. de C.). Filósofo griego, nacido en Mileto. Como Anaxímenes y Tales, perteneció a los llamados filósofos jónicos y fue uno de los últimos presocráticos; sucedió a Tales en la dirección de la Escuela de Mileto. Se le atribuyen varios inventos, por ejemplo el del *gnomon*, y con más seguridad la elaboración de un mapa y el descubrimiento de la redondez de la Tierra y la explicación de la procedencia de la luz lunar. Para él, las sustancias fundamentales proceden del *apeiron* por separación mecánica. El *apeiron* es lo ilimitado o indeterminado y, así como de él proceden las cosas de la realidad, también a él deben volver. Este retorno necesario es una ley inexorable que regula todo cuanto ocurre. La existencia de este principio y sustancia universal hace que todo sea uno, que lo diverso sea lo mismo. «*Esa totalidad es principio de todo, imperecedera, ajena a la mutación y a la pluralidad, y opuesta a las cosas*». Escribió una obra: *Sobre la naturaleza*, que se ha perdido. **V. apeiron, presocráticos.**

ANAXÍMENES (588-524 a. de C.). Filósofo griego, nacido en Mileto. Posiblemente fue discípulo de Anaximandro. En su cosmología planteó la existencia del aire antes que la del agua, lo que constituye al primero en la sustancia primordial; el resto de clases de materia se forman por condensación, enrarecimiento, dilatación o compresión del aire. Éste es como un recipiente o continente ilimitado, cuyo contenido es el mundo de lo limitado; la materia es pasiva, y el aire al ser dinámico da forma a la materia (en analogía con la respiración humana). Del aire nacen todas las cosas y, cuando se corrompen, vuelven a él. **V. presocráticos.**

ANFIBOLOGÍA (del griego *anfíbolos*= doble sentido). Se dice que existe el error lógico denominado anfibología (o anfibolía) cuando falta claridad o hay múltiples sentidos en una construcción gramatical o en una proposición. Para evitar tal ambigüedad se requiere precisar el sentido de las palabras y definir los términos que se utilicen en los razonamientos.

ANGUSTIA Estado anímico que se produce en los seres humanos sin un estímulo concreto y que se caracteriza por la incapacidad para la acción, la inquietud sin objeto preciso y, sobre todo, porque el hombre no ve posibilidad de salida ni un horizonte hacia el cual dirigirse. El primer pensador en introducir el término angustia, en un sentido filosófico, fue Kierkegaard, para designar el estado que se produce en el hombre cuando no puede traspasar el infranqueable abismo que existe entre lo finito y lo infinito. En sus propias palabras, la angustia *es «la realidad de la libertad como posibilidad antes de la posibilidad»*; la angustia no se encuentra en el animal, *porque no está determinado como espíritu.* Kierkegaard dedicó enteramente un trabajo, *El concepto de la angustia*, para analizar y definir este estado propio del hombre como ser existencial. La angustia salva al hombre de sumirse en la nada porque lo salva de lo finito, que es engañoso. Heidegger, por su parte, dice que mediante la angustia se descubre la nada y, al tiempo, se revela la existencia como un *estar sosteniéndose en la nada*; esa angustia tiene un sentido de derrumbamiento, de hundimiento del ente que la sufre cuando se abstrae de las distracciones y los engaños que le procuran las cosas. El sicoanálisis, Freud principalmente, distingue entre angustia *objetiva* y angustia *neurótica*, la primera atribuida a causas fisiológicas y la segunda a causas sicológicas. El existencialismo, en general, y Sartre y Camus, en particular, continuaron desarrollando el concepto de la angustia, principalmente dentro del contexto de sus obras literarias y ensayos. Para Sartre, «a través de la angustia capto mi libertad. Me angustio al tener que decidir aquí y ahora mi futuro, es decir, lo que todavía no soy». **V. Camus**.

ANIMISMO Creencia que considera que todo en la naturaleza está animado, tanto en su singularidad como en su totalidad, pero sería un tanto ingenuo reducir de tal manera el significado de este término. El animismo es la teoría de los seres espirituales, es decir, es una filosofía espiritualista para la cual el alma es el principio vital verdadero. El animismo puede referirse al alma como principio orgánico, o también como causa final de todos los movimientos corporales (vitalismo). Son fundamentalmente animistas algunas religiones de África y de Oceanía.**V. alma del mundo, vitalismo**.

ANOMIA De origen griego, este término significa sin ley, irregular. En términos generales y en su uso actual, designa todo aquello que se abstrae de toda ley o regla, o es una desviación de las leyes de la naturaleza. Se utiliza especialmente en sociología para determinar la ausencia de normas sociales dentro de una comunidad o grupo humano.

ANSELMO, san (1035-1109). Este sacerdote benedictino nació en Aosta, y fue obispo de Canterbury. Su filosofía trata de conciliar la fe con la dialéctica al explicar que si bien los dogmas requieren la fe, ésta siempre busca la comprensión; sólo por la fe se puede llegar a la evidencia y a la verdad. Sus obras *Monologium* y *Proslogion* se proponen demostrar racionalmente la revelación y la existencia y naturaleza de Dios. Para esto desarrolló el argumento llamado *prueba ontológica de la existencia de Dios*, en su tratado *Alloquium de Dei existentia*: Dios es lo más grande que pueda pensarse y no puede estar en el pensamiento solamente, sino también en la realidad, porque si así no fuera, entonces tampoco sería el ser más grande posible. Tenemos la idea de un ser perfecto; la perfección absoluta implica existencia, luego el ser perfecto existe. La inteligencia humana se forma de Dios. El verbo se ha hecho carne porque el hombre, al ser finito, no puede borrar la inmensa ofensa inferida a Dios por el hombre cuando peca. Otra de sus obras es el tratado *De veritate*.

ANTECEDENTE (del latín *antecedens-entis* = que antecede o precede). Condición que sirve para hacer un juicio de valor sobre un razonamiento posterior. También, en lógica, se llama antecedente a la primera proposición de un argumento condicional que consta de dos proposiciones; en matemáticas designa al primer término de una razón (numerador).

ANTIFÓN (480?-411? a. de C.). Filósofo que perteneció a la llamada segunda generación de los sofistas. Fue discípulo de

Gorgias. Se dedicó a estudios de matemática y ciencia natural. Para él, todo es uno para el logos; suprime así lo individual, sea para el entendimiento o para los sentidos. Hizo una distinción entre el mundo de la naturaleza (verdad) y el mundo de lo humano (apariencia). Es muy famosa la discusión entre lo que es por naturaleza y lo que es por ley o convención; Antifón participó en aquélla y se declaró partidario de la naturaleza. Su obra conocida es *La verdad*. **V. logos**.

ANTINOMIA. Vocablo que es sinónimo de paradoja. Cuando una proposición resulta a la vez verdadera y falsa, se dice que hay una antinomia; también, cuando dos consecuencias de la misma premisa son contradictorias. Kant advirtió que la razón, en cierto campo, tropieza con antinomias. Kant propone cuatro antinomias cada una con una tesis y una antítesis, de las cuales la más conocida es la tercera: «Tesis: existe libertad en un sentido trascendental como posibilidad de un comienzo absoluto e incausado de una serie de efectos. Antítesis: todo acontece en el mundo según leyes naturales». De aquí deriva el desarrollo de su filosofía práctica o moral. Hegel, entonces, demuestra cómo se resuelven las antinomias en el movimiento de toda realidad. La afirmación o tesis es la formulación de toda realidad, ante todo en sí misma, la cual se desarrolla luego fuera de sí misma o por sí misma constituyendo la negación o antítesis, para, posteriormente, volver a sí misma como negación de la negación o síntesis; la negación de la negación suprime y supera la oposición al reconciliar los opuestos en el seno de una realidad más rica y elevada, de manera que la dialéctica avanza de lo simple a lo complejo, de lo abstracto a lo concreto y de lo inferior a lo superior. **V. paradoja**.

ANTÍSTENES (444-365 a. de C). Filósofo y matemático griego, nacido en Atenas. Fue discípulo de Gorgias y de Sócrates. Se le considera fundador de la escuela cínica. Dirigió un gimnasio donde se impartían las enseñanzas de los sofistas como una preparación para la vida tranquila, se comentaban las obras homéricas y los mitos helénicos y se consideraba a Hércules como el prototipo del sabio. Antístenes y los cínicos desprecian todo saber que no conduzca a la felicidad, que identifican con la autarquía o autosuficiencia, la cual se logra mediante la supresión de las necesidades. Esta filosofía genera una actitud negativa hacia la vida: considera al placer como productor de infelicidad, pues perturba la quietud del sabio. También es completamente indiferente hacia el Estado. De sus obras sólo se conservan fragmentos. **V. cínicos, cinismo, sabio**.

ANTÍTESIS Figura lógica que consiste en oponer dos ideas, juicios o afirmaciones para destacar una de ellas, o para hacer evidentes sus diferencias. **V. dialéctica, oposición**.

ANTROPOCÉNTRICO Palabra que designa aquello que está acorde con la concepción según la cual el hombre es el centro del mundo y su fin último. Este concepto prima en las concepciones teológicas del mundo y fue puesto en duda, en primer lugar, por Copérnico. La ciencia actual demuestra cada vez con más precisión la relación y dependencia que existe entre el hombre y el resto de la naturaleza, de manera que aunque la especie humana dejara de existir, el universo y la misma Tierra seguirían su curso casi sin inmutarse. Esto, para la filosofía, supone profundos cambios y desarrollos en direcciones muy diversas, puesto que implica una revolución del pensamiento y del comportamiento humanos con respecto a sí mismos como seres y en relación con su entorno vital.

ANTROPOLOGÍA Disciplina científica que estudia al hombre en cuanto ser de la naturaleza o entidad biológica, o también en cuanto ser sicofísico. Es interdisciplinaria, pues se sirve de diversas ciencias y disciplinas, entre ellas la biología, la sicología, la lingüística y la sociología para enriquecer su análisis y conocimiento del hombre. La antropología *filosófica* analiza y estudia el problema del puesto que ocupa el hombre en el cosmos y se preocupa por indagar cuál es su destino. El primer filósofo en referirse expresamente al hombre en el mundo fue san Agustín, tema en él íntimamente ligado a la teología, al afirmar que el hombre posee una conciencia moral, pues no es suficiente que conozca la ley divina sino también es necesario que la quiera, tesis que involucra a la voluntad, determinada y calificada por el amor activo; la historia de la humanidad es la lucha permanente entre el reino de Dios y el reino del mundo, entre la ciudad de Dios y la ciudad terrena; entonces, el concepto de Estado se origina en la misma naturaleza humana y por eso tiene también un significado divino, ya que toda potestad viene de Dios. Para san Agustín, Dios se descubre en la verdad que está en el interior del hombre. La doctrina agustiniana sobre el hombre es la afirmación del *yo como criterio supremo de certeza*. El pensamiento de san Agustín sobre el hombre en el mundo tuvo gran influencia en toda la teología posterior, en especial, en la escolástica. Para Descartes todo puede ser falso, excepto la propia existencia, pensamiento expresado en su afirmación *pienso, luego existo* (*cogito, ergo sum*); esto significa que, aunque quisiera, es de su propia existencia de lo que el hombre no puede dudar. El hombre es *una cosa que piensa* y, por tanto, no concibe al hombre siquiera como ser corporal, sino como sólo razón. Toda la filosofía cartesiana, y en especial su metafísica, está fundada en el concepto de hombre. Para Spinoza, como para Descartes, el hombre es *cogitatio* (pensamiento), pero como todo es para él naturaleza, entonces el pensamiento también lo es, sin que haya necesidad de oponerle algo diferente, como espíritu. El alma es la idea del cuerpo, ya que el hombre es una simple modificación de Dios: alma y cuerpo son modos de los atributos del pensamiento y la extensión respectivamente, entre los cuales hay correspondencia exacta. El ser del hombre es un modo de la sustancia que no es libre, pues todo está determinado causalmente y todo es necesario, de manera que la libertad consiste en obedecer a Dios. A principios del siglo XIX, la teoría evolucionista de Darwin cambió casi totalmente el concepto del hombre y su lugar en el mundo. No es que fuera muy original desde el punto de vista filosófico esta concepción biologista, ya que con anterioridad Turgot, Condorcet y Lamarck, entre otros, habían sustentado el evolucionismo, diseñado filosóficamente por Hegel. Para Spencer, la evolución se da en todos los dominios del universo a causa de la redistribución permanente de la materia y del movimiento, e incluye en ella la vida del espíritu humano y de la sociedad. La antropología empezó a desarrollarse como ciencia autónoma, pero, como ya dijimos, auxiliada por todas las demás ciencias, desde la biología hasta la política, e incluso, por las artes. Scheller expresó que la antropología filosófica es el *puente que une las ciencias positivas con la metafísica*.

ANTROPOMORFISMO Atribución de rasgos físicos propios de los seres humanos, sea a seres imaginarios o a creaciones estéticas, bien para simbolizar una idealización de seres diferentes de él o la materialización de ideas universales, tales como el amor, el bien, el mal, etc., como un modo de entender metafísicamente la realidad por analogía con lo humano. En filosofía de la religión, el antropomorfismo es la atribución de formas y sentimientos humanos a lo divino; como ya dijimos, es concebir lo sobrenatural con base en lo humano, que es lo más inmediato a la razón del hombre.

APARIENCIA Aspecto que ofrece una cosa y que, en sentido negativo, es diferente de su ser verdadero; en sentido positivo, puede hacer evidente o revelar la verdad de la cosa. Para Kant, apariencia es «el nombre que recibe el objeto no determinado de una intuición empírica»; la materia de la apariencia corresponde a la sensación, y la forma de la apariencia determina su diversidad. Las apariencias son consideradas por Kant como representaciones y no como cosas, doctrina a la que denomina *idealismo trascendental*. En su obra *Apariencia y realidad*, Bradley afirma de la apariencia que es, aunque ese ser sea contradictorio con ella misma en cuanto no es absolutamente subsistente. Su sentido es diferente al del ser en la realidad, ya que en éste no hay diferencia *entre el contenido y la existencia*. Esta teoría –la apariencia como forma de ser– fue refutada por Whitehead y por otros filósofos. Según Whitehead, la verdad es la conformidad de la verdad con la apariencia, es decir, que la apariencia es la manifestación de la realidad a sí misma. Broad, por su parte, afirma que las realidades, temporales e intemporales (apariencias verdaderamente cambiantes) existen. Para Dewey, la apariencia es un estado funcional, puesto que la realidad no es algo fijo, sino un continuo fluir de acontecimientos afectados por una historicidad; además, de la percepción de algo confuso e impreciso, surge la posibilidad de idear que puede guiar positivamente la acción humana. Mariano Ibérico ha desarrollado toda una doctrina filosófica acerca de la noción de apariencia en la que el eje es la teoría de la «aparición como ser que se manifiesta o refleja en el yo o la conciencia».

A PARTE REI Los escolásticos usaron esta expresión para significar que algo es según la naturaleza de la cosa o según ella misma; ejemplo: la pregunta «¿las cosas naturales son *a parte rei* o son producto de la operación del entendimiento?».

APATÍA Estado de indolencia, indiferencia e indisposición para la acción. Esta indiferencia ante los móviles sensibles, expresada en su más alto grado, se debe en la mayoría de los casos a problemas funcionales del sistema nervioso central y, en otros, a actitudes de tipo filosófico o religioso, principalmente. Las filosofías orientales, especialmente el budismo y el jainismo, consideran el reposo absoluto y el desprendimiento total del interés hacia lo inmediato, como la forma perfecta para alcanzar el estado de meditación, de equilibrio, de sabiduría y, por tanto, el nirvana. En Grecia, los estoicos también consideraron la apatía como condición para meditar. **V. ataraxia, estoicismo.**

APEIRON (del griego *apeiron* = ilimitado). Anaximandro utilizó este término en el sentido de *origen*, para designar la materia infinita, indeterminada, exenta de cualidad y en eterno movimiento, de donde surge la multiplicidad de las cosas que se le desprenden en virtud de las contradicciones y la lucha de éstas. Para Pitágoras y los pitagóricos, el *apeiron* es un principio ilimitado y, por tanto, informe; la lucha de lo ilimitado (*apeiron*) con el límite es el origen de todo cuanto existe.

APEL, Karl Otto Filósofo alemán nacido en Düseldorf, en 1922. Llevó a cabo estudios de historia, filosofía y germanística en la Universidad de Bonn y, posteriormente, fue profesor emérito de la Universidad de Francfort. Su interés por las costumbres, las expresiones artísticas, la historia, la lingüística, la tecnología y la política ha hecho que se le defina como neorrenacentista. Sus primeros trabajos se desarrollaron en el campo de la hermenéutica y, a pesar de pequeñas diferencias, reconoce la influencia de Wittgenstein, Heidegger y Kant, lo mismo que de G. H. Mead, Kohlberg y Peirce. El pensamiento de Apel está en concordancia explícita con el de Jürgen Habermas, especialmente en lo que se refiere a la importancia de la argumentación para el quehacer filosófico y cotidiano, aunque en sus últimos desarrollos se diferencian gracias a la pretensión sociologizante de Habermas y a la pretensión de carácter filosófico de Apel. Sus obras principales son: *Die Erklären; Verstehen Kontroverse in traszendentalpragmatischer Sicht; La transformación de la filosofía; Estudios éticos; Diskurs und Verandwordung.*

APELACIÓN Término latino usado en la lógica escolástica. Quintiliano estudia la *appelatio* como constitutiva de la oración en cuanto parte que indica una cualidad común (cuerpo celeste) a diferencia del nombre propio (Venus). Se consideró también que la apelación concierne a la suposición de términos que denotan existencias en acto. También se pensó que la apelación concernía a la imposición de una cualidad o determinación a cierto término de la oración, por ejemplo, la palabra veloz en «Aquiles es un veloz atleta». **V. connotación, suposición.**

APELATIVO Término que designa los nombres que connotan algo. **V. connotación.**

APERCEPCIÓN Percepción que se presenta acompañada de conciencia; es la percepción atenta. Según Kant, la apercepción es la conciencia del yo, la cual puede presentarse de dos formas: como apercepción empírica, cuando se da junto con un contenido ofrecido por la intuición sensible; y como conciencia pura o autoconciencia, cuando se da aislada de todo contenido. **V. percepción.**

APETITO Facultad de aspirar a la obtención o posesión de un objeto. **a. sensible:** es la aspiración a satisfacer deseos y necesidades corporales. Aristóteles identifica apetito con deseo, pero se ha hecho la distinción entre los dos términos en el sentido de que el deseo es violento y apasionado; en cambio, el apetito es natural y sereno; puede decirse que el deseo es la forma violenta y apasionada del apetito. El apetito para Aristóteles es una de las dos únicas facultades que pueden mover el alma (la otra es el entendimiento práctico). Según santo Tomás, el apetito es una inclinación hacia algo *y el orden que conviene* a la cosa apetecida. También para este filósofo, el apetito se aplica al alma y a sus potencias, siendo la *potencia apetitiva* propia solamente de las realidades que poseen el conocimiento y están *por encima de las formas naturales*. También hace la distinción entre apetito intelectual y apetito sensible. Esta doctrina sobre el apetito fue la más influyente en la escolástica. Spinoza introduce una distinción entre *voluntad* y *apetito:* la primera es el afán consciente que tiene la mente humana de perdurar indefinidamente, infinitamente; mientras que apetito es el mismo afán pero referido a la vez a la mente y al cuerpo; este apetito constituye la misma esencia del hombre, que cuando se une a la conciencia se convierte en *deseo*. Creemos que algo es bueno porque tendemos a ello, porque lo apetecemos, y este apetecer (*cupitidas*) es el afecto principal del hombre, junto con la alegría y la tristeza. Ser, para él, quiere decir *querer ser siempre*, tener *apetito de eternidad* o, por lo menos, de perduración, de inmortalidad. **V. deseo.**

APODÍCTICO Lo que vale de un modo necesario e incondicionado. Se usa este término en lógica, en dos sentidos: (a) hace referencia al silogismo; (b) hace referencia a la proposición y al juicio. En el primer caso, el silogismo apodíctico es aquel cuyas premisas son verdaderas. También es llamado silogismo demostrativo. En el segundo, es una de las especies de las proposiciones modales que expresan la *necesidad* de que *S* sea *P*, o la imposibilidad de que *S* no sea *P*.

APOFÁNTICA Declaración que incluye una afirmación o una negación, en la cual reside lo verdadero o lo falso. Aristóteles introdujo este término, cuya significación fue el fundamento de la lógica clásica, en el sentido de que el pensamiento se basa en las distintas formas del juicio *S es P*. Grandes sectores de la nueva lógica rechazan la apofántica por considerarla de origen metafísico.

APOLÍNEO F. Nietzsche distingue en la estética griega dos principios: lo apolíneo y lo dionisíaco. El dios Apolo y, por tanto, lo apolíneo simbolizan la belleza serena, mesurada, racional y nítida que caracteriza al clasicismo griego. Como contraparte está lo dionisíaco o perteneciente al dios Dionisos, que simboliza la agitación, el impulso, el exceso, el erotismo y, en general, lo orgiástico. La voluntad de vivir se conjuga en estos principios: la belleza pura y transparente y la belleza desbordante de energía y vitalidad. **V. dionisíaco, Nietzsche.**

APOLOGISTAS Nombre que designa a los padres de la Iglesia que dedicaron su obra a hacer apología del cristianismo, por medio de una argumentación filosófica. Los más sobresalientes apologistas son: Arístides, Justino, Minucio Félix, Tertuliano y Eusebio de Cesárea. Tuvieron también un objetivo político, puesto que sus argumentos estaban dirigidos a afirmar los derechos de los cristianos dentro del Imperio romano. La perfección literaria de las obras de estos filósofos se debe a que estaban dirigidas a las clases cultas del Imperio, incluido el Emperador, influidas por el helenismo.

APOREMA, APORÍA En su origen griego, este término significa *dificultad sin salida, sin camino*. Aporema o aporía es la paradoja, que consiste en una proposición sin solución lógica posible en el proceso del conocimiento de la realidad. Sería, según el sentido kantiano, la aplicación de la razón pura a la realidad, procedimiento que conduce a contradicciones sin solución (*insolubilia*). La aporía más conocida es la de Zenón de Elea contra el movimiento, conocida como la aporía de *Aquiles y la tortuga*. **V. paradoja**.

A POSTERIORI, A PRIORI Locuciones latinas que se refieren a la diferencia entre lo que es primero y lo que es después, entre las cuales la oposición es absoluta. *A priori*, en general, indica que, en un orden seriado, se va del elemento anterior (*prius*) a otro posterior, sin tener en cuenta la temporalidad; para Kant, es el carácter de necesidad absoluta lo que marca los conceptos y las proposiciones *a priori*. El conocimiento *a priori* es independiente de la experiencia, a diferencia del conocimiento *a posteriori*, que deriva de ésta. Kant distingue, luego de definir los conceptos a *priori* y *a posteriori*, entre juicios analíticos y sintéticos correspondientemente: introduce la noción del juicio sintético *a priori* que, según Kant, posibilita que el conocimiento relativo a la naturaleza se convierta en ciencia. Puede haber juicios sintéticos *a priori*, pues éstos no se refieren a las cosas en sí, sino a las apariencias. Para Hegel, la universalidad y la necesidad deben hallarse *a priori*, es decir, en la razón. En Husserl, el carácter de aprioridad es propio de las esencias formales y, también, de las materiales.

APREHENSIÓN. V. percepción.

APRIORISMO Saber o conocimiento obtenido antes de la experiencia, que puede ser inherente a la conciencia desde un principio. Kant consideraba condiciones del conocimiento verdadero las formas apriorísticas de lo sensorial (espacio y tiempo) y de la razón (causa, necesidad, etc.). **V. *posteriori, a priori*.**

APUESTA Vocablo introducido en la filosofía por Pascal, para designar la necesidad de apostar sobre la existencia de Dios, en los siguientes términos: (a) el que apuesta, apuesta su propia vida, que es lo que en verdad tiene; (b) si apuesta para ganar dos vidas, ya vale la pena apostar; (c) si hay tres vidas para ganar, entonces pasa a ser imprudente el no apostar la vida que se tiene; (d) si el número de vidas que se puede ganar es infinito, no hay más remedio que apostar; (e) el número infinito de vidas equivale a la beatitud (dicha infinita); (f) entonces apostaremos a que Dios existe, pues, si ganamos, ganamos todo; si perdemos, no perdemos nada. **V. Pascal, Blas**.

APULEYO, Lucio (123 - 180 d. de C.). Filósofo y novelista latino, nacido en Hippo (hoy Argelia), en el siglo II de nuestra era. Perteneció a la llamada escuela platónica ecléctica de Gaio, y es probable que hubiera sido influido por Albino. *Su tendencia es mística* por la forma como intenta desarrollar un sincretismo platonizante. Sus principales obras son: *Sobre el dios de Sócrates; Sobre las opiniones de Platón; Sobre el mundo*. Es muy famosa su obra literaria *El asno de oro*.

AQUINO, Tomás de (1225-1274). Filósofo también llamado *Doctor Angelicus*, nacido en Roccasecca hacia 1225. Estudió artes liberales en Nápoles, con Pedro de Ibernia, y artes en la Universidad de Nápoles. En 1244, tomó los hábitos de la Orden de Santo Domingo. Conoció en Pa-

Tomás de Aquino

rís a Alberto Magno y se hizo maestro de teología en esa ciudad; también enseñó en varias ciudades de Italia (Agnani, Orvieto, Roma, Viterbo y Nápoles). Murió en Fossanova cuando estaba en camino para asistir al Segundo Concilio de Lyon por delegación de Gregorio X. Su profunda espiritualidad y dedicación al estudio de la filosofía y de la teología le atrajeron grandes afectos, entre ellos el de Alberto Magno, su gran defensor contra las acusaciones del obispo Tempier. Fue canonizado por su vida ejemplar y por su valioso aporte a la escolástica. Santo Tomás adaptó el aristotelismo al pensamiento cristiano escolástico y trabajó con mucho empeño sobre los textos de los peripatéticos, de toda la dogmática cristiana, la tradición filosófica de la Edad Media y los padres de la Iglesia. Sus obras se convirtieron ya desde el siglo XIII en textos básicos de la escolástica y el desarrollo ulterior de ésta se ha nutrido de los comentarios hechos a su obra más importante: *Suma teológica*. Los principales problemas tratados por santo Tomás son el de la demostración de la existencia de Dios, la interpretación racional de los dogmas, la espiritualidad e inmortalidad del alma humana, la orientación de la ética a la salvación del alma en la vida sobrenatural y el problema de los universales. Acentúa, también, la diferencia entre filosofía y teología, al tratarlas como dos tipos distintos de saber, según se basen en el saber humano (filosofía) o en la revelación divina (teología). La revelación es criterio de verdad y, por esto, en caso de una contradicción, el error no puede estar en ella. Como para los griegos, el asombro es el origen de la filosofía. Hay tres órdenes del universo: el orden de la *naturaleza*, el del ser real, que es el que la mente humana ya encuentra como existente, materia de la física y la matemática; el orden del *pensamiento*, materia de la lógica; y, por último, el orden *moral* o de los actos de la voluntad, que compete a la filosofía moral o ética. Utiliza cinco vías en su demostración de la existencia de Dios: (a) por el *movimiento*, pues nada se mueve si no hay un motor primero, y este motor es Dios; (b) por la *causa eficiente:* si no hubiera causa alguna, no habría efecto alguno, y esa causa primera es Dios; (c) por *lo posible y lo necesario:* hay entes que pueden ser o no ser, que no son necesarios por sí mismos. Así, habría habido un tiempo en que no hubo nada y, entonces, nada hubiera llegado a ser, de modo que tiene que haber un ente necesario por sí mismo, que es Dios; (d) por *los grados de la perfección:* si hay grados de perfección que se aproximan más o menos a la perfección absoluta, tiene que haber un ente que sea perfecto en grado sumo, y este ente es Dios; (e) por el *gobierno del mundo*: todos los seres del mundo tienden a un orden porque hay alguien que los dirige y los impulsa a un fin. Este alguien es Dios. Es importante anotar que santo Tomás excluye de plano la posibilidad del azar. El sistema de santo Tomás tuvo la oposición encarnizada de la orden franciscana y aún dentro de la misma orden dominicana tuvo cierta resistencia por la radical transformación que se planteaba a la escolástica tradicional con su filosofía; sin embargo, al mismo tiempo, la Orden de Predicadores, la Universidad de París y todas las escuelas lo acogen ampliamente, hasta el punto de que, después de su canonización en 1323, se convirtió el sistema tomista en materia básica para el estudio de la teología, en especial para la Iglesia católica. **V. escolástica, pruebas de la existencia de Dios.**

ARANGUREN, José Luis (1909). Filósofo y ensayista español, nacido en Ávila. Fue profesor de la Universidad Central de Madrid. Se destaca por sus ideas sobre la relación entre religión y ética, y por su doctrina del talante, entendido como talante religioso. Sus principales obras son: *La filosofía de Eugenio D'Ors; Catolicismo y protestantismo como formas de existencia; El protestantismo y la moral; Catolicismo día tras día; Crítica y meditación; La ética de Ortega; Ética y política; Implicaciones de la filosofía en la vida contemporánea*.

ARBITRIO En escolástica, se usa la expresión *libre arbitrio* para designar a la libertad que Dios les ha dado a los hombres para elegir entre el bien y el mal, lo que lo salva del concepto griego del destino (*fatum*). **V. albedrío, libertad, voluntad.**

ÁRBOL DE PORFIRIO Diagrama en forma de árbol, que expone la relación de subordinación de la sustancia, considerada ésta como género supremo a los géneros y especies inferiores hasta llegar al individuo. Fue elaborado por Porfirio para visualizar su doctrina sobre la especie, que figura en el capítulo correspondiente a la especie dentro

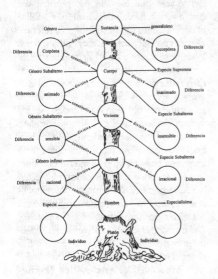

Árbol de Porfirio

de su obra *Isagoge* y fue utilizado en los antiguos tratados de lógica. **V. Porfirio.**

ARCESILAO (315-241 a. de C.). Filósofo griego, nacido en Pitane (Eolia). Fue discípulo de Teofrasto, Palemón, Crates y Crántor. Perteneció a la escuela platónica; es el principal representante de la llamada escuela media e introductor del escepticismo. Su tendencia fue hacia un escepticismo moderado, característico de esta época. Es considerado como muy poco platónico. Su principal tesis se refiere a que hay un criterio de verdad que nos permite conocer las cosas, pero no hay un criterio de evidencia absoluta e indiscutible. Atacó la teoría del conocimiento sostenida por los estoicos. **V. estoicismo.**

ARGUMENTO Razonamiento mediante el cual se intenta probar o refutar una tesis, al convencer a otro de la verdad o falsedad de la misma. Los filósofos griegos, y en especial Platón, Aristóteles y los escépticos, se preocuparon por el problema de la naturaleza de los argumentos y su validez. **V. demostración, Kant, prueba.**

ARISTARCO DE SAMOS (aprox. 320-250 a. de C.). Astrónomo pitagórico que, mediante el empleo de la geometría, midió las distancias entre la Tierra y el Sol, y la Tierra y la Luna; calculó el tamaño de los tres astros y dedujo un sistema heliocéntrico opuesto al geocéntrico aristotélico. Esta teoría se perdió por algún tiempo, pero fue rescatada en las tesis de Copérnico. **V. Copérnico.**

ARÍSTIPO (435-360 a. de C.). Filósofo griego, nacido en Cirene. Fue discípulo de Sócrates y fundó la Escuela cirenaica, que reduce la virtud al placer como sumo bien, que no sólo busca el goce reposado del cuerpo, sino también el goce espiritual. Se puede obtener este placer guiado por la sabiduría y la prudencia, las cuales impiden sentir dolor, que es lo que no conviene. **V. cirenaicos.**

ARISTOCRACIA En su sentido etimológico, es el gobierno de los mejores. Para Aristóteles, es el gobierno de una clase privilegiada, opuesto a la monarquía y a la democracia. Weber describe al aristócrata, en sentido sociológico y dentro de la organización agraria de la sociedad, como el «hombre que por su posición económica dispone de tiempo para dedicarse a la política, pudiendo vivir *consagrado* a ella sin tener que *vivir* de ella». «Dentro del círculo de las relaciones agrarias –continúa diciendo–, el aristócrata integral es un rentista que vive de las rentas de sus tierras».

ARISTÓTELES (384-322 a. de C.) Filósofo griego, nacido en Estagira. Su padre era médico, hecho que hizo interesar a Aristóteles por la física y la biología; fue amigo de Amintas II, rey de Macedonia. Ingresó en la escuela de Platón cuando tenía dieciocho años, de la que fue, primero, discípulo y maestro después. Su relación con Platón fue muy contradictoria, al ser

Aristóteles. Escultura en la Puerta real, Catedral de Chartres (1550)

estrecha y a pesar de las hondas discrepancias existentes entre los dos. Salió de la escuela a la muerte de Platón y se dirigió a Misia, en donde se casó; Nicómaco, a quien está dirigida su obra moral, es hijo de su segundo matrimonio. Fue preceptor de Alejandro Magno a solicitud de Filipo de Macedonia. En el año 334 regresó a Atenas donde fundó su Escuela o Liceo, en un bosque consagrado a Apolo Licio, de donde proviene el nombre de Liceo. Su escuela se denomina también peripatética porque impartía sus enseñanzas *paseando*. Durante esta última época, Aristóteles se dedicó también a colectar una enorme cantidad de material científico que fue la base de su doctrina filosófica, la cual significó un progreso incalculable para el saber de su tiempo. Cuando murió Alejandro Magno, Aristóteles fue acusado de impiedad y, en vista de los antecedentes de la persecución de Anaxágoras y de la muerte de Sócrates, «para que Atenas no pecara por tercera vez contra la filosofía», como sostuvo, marchó a Calcis, donde murió. Aristóteles fue el creador de la lógica y el descubridor de leyes lógicas que formuló por primera vez con la ayuda de variables; su lógica analiza el pensamiento según su forma, al referirse al concepto, al juicio, al razonamiento y a la demostración; estudió sistemáticamente los distintos silogismos y mostró cómo podían reducirse a unos pocos, llamados *silogismos perfectos*. Según él, la verdad del conocimiento humano está fundada en las formas de las cosas, que son el correlato real de las ideas en la mente del hombre. Su extensísima producción filosófica está integrada por *Organon*, la más importante, que se compone de diversos tratados, a saber: *Categorías, De interpretatione, Analíticos, Tópicos, Refutación de los argumentos sofísticos*; por otra parte, *Física, Del cielo, Del mundo, De anima; Metafísica* o *filosofía primera; Ética a Nicómaco, Ética a Eudemo, Gran Ética; Política; Poética; Retórica; Problemas*. **V. aristotélica (escuela), aristotelismo.**

ARISTOTÉLICA (Escuela) Escuela denominada también Liceo, fundada por Aristóteles en la cual el filósofo impartía lecciones sobre todas las áreas del conocimiento de su tiempo. **V. aristotelismo**.

ARISTOTELISMO Doctrina filosófica de Aristóteles y su escuela llamada peripatética o Liceo. Tuvo gran influencia durante la Edad Media y, a partir del siglo XIII, gracias a Alberto Magno y a santo Tomás de Aquino, ejerció preponderante influencia en el occidente cristiano. La metafísica aristotélica o *filosofía primera* analiza el ente en cuanto tal y sus principios; en sentido original, el ente es la sustancia, aquello que existe en sí mismo, lo universal o esencia de las cosas; es real en ellas mismas y puede ser descubierto mediante un proceso

de abstracción, que consiste en ver las cosas y extraer la idea de ellas. El principio de las cosas es la forma y la materia (hilemorfismo) y la sustancia es unidad de materia y forma. El alma es una sustancia que vivifica a otro cuerpo; materia y forma son causas a las cuales hay que agregar la causa eficiente o agente que da lugar a un cambio, y la causa final o propósito que se persigue al cambiar; esta última es la más importante y se aplica a todo tipo de cambio. De acuerdo con esta concepción, la causa final de la caída de un objeto sería la tendencia que tendría ese objeto para alcanzar el nivel más bajo posible. Para Aristóteles, el universo converge en un primer motor inmóvil. El alma es principio biológico coextensivo a todo lo que vive. Su vivo interés por la biología hizo que llegara a enviar a algunos de sus discípulos como acompañantes en las expediciones de Alejandro para que recogieran animales exóticos, que luego estudiaban en el Liceo. En sus tratados menciona unas 500 especies de animales, y parece que disecó por lo menos 50 de ellas; así mismo, toda afirmación debía concordar con los hechos experimentales. En ética defiende la felicidad como fin supremo de la conducta; y la virtud es el recto obrar, intermedio entre el defecto y el exceso. Sostiene, también, que el Estado es el resultado natural del desarrollo de las familias y de las comunidades, y que el hombre es un ser naturalmente político, social, que no puede perfeccionarse en soledad. En su teoría del Estado distingue tres formas de gobierno: *aristocracia* (la mejor según él), *monarquía* y *república*. En general, para Aristóteles *ser* es todo lo que existe o puede existir, y *nada*, no ser o ausencia de ser. Aristóteles y su escuela aumentaron el conocimiento general de su época, y su influencia se extendió por siglos, determinando en gran medida la evolución de la ciencia hasta el Renacimiento. En el siglo XIII, santo Tomás adaptó la filosofía aristotélica al espíritu cristiano. En modo alguno la influencia de Aristóteles se puede agotar en esta síntesis porque ella ha sido constante en el pensamiento de Occidente, incluso en filósofos que la tradición posterior ha considerado como adversarios del aristotelismo.
V. Aristóteles, liceo, peripatéticos.

ARITMÉTICA (del griego *arithmetiké* femenino de *aritmetikós* = aritmético). Método matemático que utiliza los números para representar o simbolizar cantidades, que pueden ser compuestas o descompuestas. En la actualidad, la teoría de los números ha venido a remplazar al método aritmético.

ARMONÍA Vocablo que en su origen se usó para designar conexión y orden, proporción y concordancia. Leibniz la define como «la perfecta adecuación interna entre los objetos de un conjunto que no excluye ninguno de los componentes, sino que supone una perfecta adecuación interna de cada uno con los restantes». La armonía en el universo ha sido una de las preocupaciones de la filosofía en varias épocas de su historia. Para los pitagóricos era el sistema de relaciones que permite reconciliar los opuestos, en especial, lo limitado y lo Ilimitado **a. *de las esferas:*** según los pitagóricos, movimientos de las esferas celestes cuya armonía se manifiesta en las relaciones entre distancias y los sonidos que producen al moverse. Esta imagen tan poética hace suponer que hay una verdadera música del universo. El alma es también una armonía; es fundamentalmente armonía. A esta última idea se opusieron Platón y Aristóteles. **b. *a. prestablecida:*** es, según Leibniz, la manera como se relacionan las *mónadas*, sin la intervención directa de Dios, pues todo emerge del fondo individual de cada mónada, del orden establecido previamente a cada una de ellas; la armonía, entonces, está sujeta a la coincidencia de cada mónada con todas las restantes, a pesar de su independencia, para constituir un mundo. La intervención de Dios está en sus designios al crear las mónadas. En sentido no filosófico, armonía se aplica también a la música, para referirse al arte que trata de la formación, sucesión y modulación de los acordes musicales de manera que el conjunto de su emisión sea agradable al oído. Por otra parte, designa el buen desarrollo en el plano de las relaciones humanas. En el sistema socialista de Fourier, la armonía se produce cuando las necesidades se satisfacen por el concierto de todos los intereses. **V. mónada.**

ARQUETIPO Modelo o tipo original y supremo; prototipo ideal de cuanto existe. Para Platón y el neoplatonismo –Plotino, especialmente–, la idea es sinónimo de arquetipo, por cuanto designa las formas ideales de cuanto existe, las cuales se encuentran en el pensamiento divino desde toda la eternidad y son el modelo de las criaturas. En teología, es el modelo eterno y soberano del entendimiento y la voluntad humanos. **V. Platón, tipo.**

ARQUÍMEDES (287-212 a. de C.). Físico y matemático griego nacido en Siracusa. Gran inventor, hijo de un astrónomo, fue famoso por sus máquinas de guerra que contribuyeron a defender a su ciudad del acoso de los romanos; paradójicamente fue una de sus víctimas en uno de sus últimos asaltos. Es considerado como el padre de la ciencia mecánica; sus contribuciones fueron de gran trascendencia en las diferentes ramas de la matemática, como el descubrimiento de la relación entre la superficie y el volumen de una esfera y el cilindro que la circunscribe, símbolo que distingue su tum-

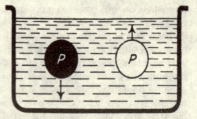

Principio de Arquímedes: Un cuerpo (p, izquierda) sumergido en un líquido es empujado hacia arriba con una fuerza igual al peso del líquido (P, derecha) que desaloja.

ba. Expuso el método de escribir números muy largos dando a cada cifra un orden diferente según su posición; desarrolló las leyes de la palanca y discutió el problema de encontrar el centro de gravedad de un cuerpo; formuló las leyes de la estática o estudio del equilibrio, planteando primero los postulados y derivando de éstos cierto número de proposiciones. Uno de sus descubrimientos más conocidos es su ley sobre la pérdida de peso que sufren los cuerpos sumergidos en un líquido, o principio de Arquímedes, el cual se formula como sigue: «Todo cuerpo sólido sumergido en un líquido pierde el peso del líquido desplazado por él». Muchos de sus inventos fueron utilizados en la industria militar; uno de ellos es el tornillo de Arquímedes, empleado para elevar agua. Después de haberse utilizado sus máquinas de guerra contra los romanos, y después de dos años de estar sitiada Siracusa, 212 a. de C., la ciudad fue tomada y los soldados que irrumpieron en la casa de Arquímedes pisaron los círculos que éste trazaba pacientemente en el patio. El sabio exclamó: *«Noli tangere circulos meos»* (no toquéis mis círculos) y uno de los soldados traspasó su cuerpo con una lanza. Sus principales obras son: *Psammites* (Calculadores de arena); *Sobre el equilibrio de las superficies; Sobre los cuerpos flotantes.*

ARRIANO Nació en Nicomedia (Bitinia) a finales del siglo I. Fue discípulo de Epicteto y ha sido llamado el *Segundo Jenofonte,* no sólo por haber sido funcionario del Estado y a la vez filósofo, sino porque su relación con su maestro fue muy parecida a la de Jenofonte con Sócrates, al haber

Busto de Arquímedes. Museo Nacional de Nápoles

transmitido sus doctrinas mediante diatribas o disertaciones. Se ocupó principalmente de desarrollar el aspecto ético-práctico del nuevo estoicismo. Para informarnos sobre su pensamiento debemos ver en la biografía de Epicteto, el *Florilegio* de Esoibeo, en donde se conservó el fragmento «Arriano de Nicomedia».

ARS MAGNA Expresión propuesta por Raimundo Lulio para designar al arte de descubrir verdades. Consiste en una combinación de conceptos, que forman unas tablas de manejo muy complejas por medio de símbolos matemáticos, con las que pretendió fundamentar una filosofía combinatoria-conductiva en su metodología para tratar problemas complejos, como los referentes a Dios y al alma. **V. Raimundo Lulio**.

ARTE Vocablo utilizado desde la antigüedad en diversos sentidos. En la Grecia clásica (*tecnéh*), en principio, para significar oficio material (hacer algo con arte); posteriormente, para designar el trabajo intelectual. En general, era el modo de hacer algo de acuerdo con unas reglas o con un método. Las artes, según su objeto, se clasificaron en un orden jerárquico que iba desde el arte manual hasta el supremo arte intelectual de pensar con el propósito de alcanzar la verdad. Para Platón, el arte es la imitación de una imitación. Para Aristóteles, el arte y la ciencia o saber, sólo son propios del hombre y no proceden del azar sino de la experiencia; además, solamente hay arte y ciencia cuando hay juicio sobre algo universal. El arte es uno de los diversos estados mediante los cuales «el alma posee la verdad por afirmación o negación»; es «un estado de capacidad para hacer algo» y no versa sobre lo necesario (que no puede ser distinto de como es), ni sobre la acción, pues requiere un método que trata solamente de la producción. Su concepto no excluye la sabiduría del arte, que es la propia de los grandes artistas. Las cinco artes clásicas son: pintura, escultura, poesía, arquitectura y música. En la Grecia clásica, cada una de éstas tenía su propia musa o deidad inspiradora. La mayoría de los autores griegos destaca que el arte imita de alguna manera la naturaleza, considerada ésta como *lo real* y el arte como algo racional artificioso. Posteriormente, en el helenismo y en la Edad Media, se dividieron las artes en liberales y serviles o manuales. Sólo mucho más tarde se intentó desarrollar una filosofía del arte (bellas artes) como análisis, separado de la estética propiamente dicha, ubicándose en un lugar intermedio entre la estética y la crítica del arte; como reflexión sobre el arte y no sobre el objeto artístico. Para Milton C. Nahm, la obra de arte tiene seis características, a saber: forma significativa concreta; acontecimiento o estructura que relaciona al artista con quien contempla su obra; los juicios de hecho sobre la obra de arte se basan en el hacer, el expresar y el simbolizar; dirección; correcciones significativas para evitar el nominalismo; y determinación de niveles por los que la expresión genérica, el símbolo genérico y la acción genérica están dirigidos hacia la individualización. Para algunos, el arte se opone completamente a la ciencia, pero este es un concepto que ha sido muy discutido por cuanto el arte, cada vez con mayor frecuencia, se sirve de la ciencia y, en muchas ocasiones, es el primer paso para llegar a ella. **V. estética, trivium, quadrivium.**

ARTES LIBERALES Durante la Edad Media, además del ejercicio del entendimiento, se impartió en las universidades un conjunto de estudios denominados *trivium* y *quadrivium*; el primero de ellos comprendía la gramática, la retórica y la lógica; y, el segundo, la aritmética, la geometría, la astronomía y la música. Al conjunto de estos dos estudios se denominaba artes liberales. **V. *trivium, quadrivium*.**

ASCESIS Doctrina básica que, mediante determinados ejercicios intelectuales, prepara para lograr la unión mística. El significado original de este vocablo se refería a la preparación de ciertos ejercicios atléticos, pero más tarde adquirió un sentido espiritual que se extendió al cristianismo, en el mundo occidental. La ascesis es propia de antiquísimas religiones de origen oriental. No debe confundirse ascesis con mística, o ascetismo con misticismo,

Las siete Artes liberales, atribuido a Francesco d'Antonio. (Museo de Arte de Cataluña, Barcelona)

pues si bien el primero implica al segundo, no necesariamente sucede lo contrario.

ASCÉTICA En principio se daba este nombre a los ejercicios de preparación que se llevaban a cabo en Grecia para las prácticas atléticas. También se extendió el uso de este término al ejercicio o entrenamiento con fines espirituales. Posteriormente designó a la doctrina de la ascesis, mediante la cual los místicos se preparan para recibir el supremo don divino en la unión mística. Podemos definirla, en la actualidad, como los ejercicios destinados a adquirir unos hábitos para llegar a la santidad. También designa a la literatura producida por quienes pertenecen a esta dirección filosófica.

ASCETISMO Doctrina moral o religiosa que, mediante la superación de las tendencias sensibles del placer y del dolor, trata de orientar la conducta humana hacia fines espirituales más elevados. **V. ascética, mística.**

ASENTIMIENTO Acto de aceptación de cualquier proposición que puede pertenecer o no pertenecer al orden de la fe. Para los estoicos era el reconocimiento de algo verdadero, de manera que asentir era una acción de la voluntad judicativa. Santo Tomás hizo la distinción entre asentimiento de una evidencia en sí, y asentimiento de una proposición evidente en su conexión con otra; este último, propio de la ciencia y de las verdades de la fe. Para este filósofo, el asentimiento es una acto del intelecto, a diferencia del consentimiento, que es un acto de la voluntad. Newman en su doctrina del asentimiento lo considera como «el acto de asentir a proposiciones, como aprehensión de proposiciones»; distingue entre *asentimiento nocional* (o a nociones), que puede ser considerado en diversos grados o modos: como *profesión*, como *creencia*, como *opinión*, como *presunción* y como especulación y *asentimiento real* (o a cosas).

ASERCIÓN Signo (⊢) propuesto por Frege, que en lógica se lee «es el caso que», «se afirma que», «se establece que». Se puede definir, entonces, como la proposición en que se afirma o se da por cierta alguna cosa. Es muy utilizada en la filosofía del lenguaje de Searle y Austin.

ASERTÓRICO Para Kant, el *juicio asertórico* expresa la modalidad para afirmar que S es P. Según Pfánder, es la forma de un juicio en el cual se afirma o niega que S es efectivamente P. Este término no es aceptado en la lógica simbólica contemporánea ni en la lógica tradicional.

ASIMETRÍA V. relación.

ASNO DE BURIDÁN Paradoja atribuida a Juan Buridán, la cual transcribimos: «Un asno que tuviese ante sí, y exactamente a la misma distancia, dos haces de heno exactamente iguales, no podría manifestar preferencia por uno más que por otro y, por tanto, moriría de hambre». Esto para demostrar la dificultad de solución para el problema del libre albedrío. **V. albedrío.**

ASOCIACIÓN Vocablo usado en sicología para designar el proceso de evocación que la conciencia hace de ideas o imágenes en virtud de la semejanza o el contraste con otras ideas o imágenes. Su utilización es muy antigua; Aristóteles menciona tres leyes de la asociación: asociación por semejanza, asociación por contraste y asociación por contigüidad; esta última, referida al tiempo, requiere que los miembros

(*A* y *B*) de la asociación se aprehendan como un todo. La tesis aristotélica fue comentada y desarrollada por los escolásticos medievales. También Hobbes, Locke (asociación de ideas) y Berkeley se ocuparon del estudio de este concepto. Según Becher, la base de la asociación es una disposición compuesta de un elemento material y otro síquico. Del trabajo de varios filósofos muy importantes (Hume, Priestley, Bain, J. S. Mill y Hartley) sobre la asociación desde el punto de vista sicológico, pero con una intención filosófica, surgió el asociacionismo como teoría. Destacaremos aquí que buena parte de la epistemología de Hume se basa en la doctrina de la conexión o asociación de ideas: el razonamiento consiste, para él, en un descubrimiento de relaciones fundadas en la no contradicción. Las proposiciones sobre relaciones causales se refieren a hechos y no son necesariamente verdaderas, pues a un hecho sigue regularmente otro hecho o acontecimiento; de éstos, el primero se llama causa, y el segundo, efecto, aunque el efecto no está contenido en la causa necesariamente. Entonces, las conexiones causales son para Hume inferencias probables que se fundan en asociaciones de ideas, pues lo que ha ocurrido en el pasado es el fundamento o certidumbre moral de lo que sucederá en el futuro. **V. asociación de ideas, asociacionismo**.

ASOCIACIÓN DE IDEAS Concepto introducido en la filosofía por Locke para indicar la combinación o asociación de las ideas simples que se han formado y dejan una huella en la memoria del sujeto. Es necesario aclarar que esta teoría nunca se aplica a las ideas complejas. La teoría de la asociación de ideas ha sido de gran trascendencia para la sicología inglesa, en principio, y para las posteriores escuelas sicológicas. **V. idea.**

ASOCIACIONISMO Teoría que hace de las leyes de la asociación el fundamento de la vida síquica, basada en las sensaciones como elementos únicos, sin que la inteligencia haga conexión entre los significados, aunque algunos asociacionistas reconocían algunos elementos síquicos superiores, pero afirmando que la única causa de la presencia de elementos nuevos en la conciencia es la asociación, sin permitir que la voluntad los conserve (esos nuevos elementos) o los rechace.

ASTRADA, Carlos (1894). Filósofo argentino, nacido en Córdoba. En los primeros años de su quehacer filosófico recibió la influencia de la escuela de Marburgo, pero más tarde, después de su viaje a Colonia y Friburgo, y de ser alumno de Scheller, Husserl y Heidegger, cambió su dirección por la de la filosofía existencialista. Sus reflexiones se centraron en la constitución histórico-concreta de la existencia y su relación con las cosas. Algunas de sus obras son: *El problema epistemológico en la filosofía actual; El juego existencial; La ética formal y los valores; Nietzsche y la crisis del irracionalismo.* **V. existencialismo.**

ATARAXIA Ausencia de inquietud. Tranquilidad anímica e imperturbabilidad. El pirronismo, como doctrina escéptica, indica que no hay que adoptar posición, decisión o creencia alguna, puesto que la variabilidad, el cambio constante de las sensaciones, hace que tenga que despojarse o abstenerse del juicio. Sólo el silencio y el encerrarse en sí mismo lleva al verdadero sabio a la imperturbabilidad o ataraxia. **V. budismo, Demócrito, Epicuro, escepticismo, Epicteto, indiferencia, Pirrón.**

ATEÍSMO Negación de la existencia de dios alguno, sea desde una posición monoteísta o politeísta. Hegel atribuye el ateísmo a la desacralización o desdivinización de la naturaleza. Esta posición filosófica es propia, por lo general, del materialismo y del mecanicismo. Francis Bacon expone la necesidad de librarse de los falsos ídolos y de las concepciones falsas que obstruyen el camino de la ciencia y en su obra utópica *La nueva Atlántida* afirma que la paz y el florecimiento económico hacen aumentar el ateísmo. El representante más vigente del ateísmo occidental es Federico Nietzsche, seguido por representantes de diversas corrientes filosóficas: Schopenhauer, Sartre y Camus (existencialistas), Heine, Proudhon, Marx, Hartmann, etc. Existen varias formas de ateísmo: las ciencias empíricas que incluyen un ateísmo metódico de las dimensiones metafísicas de la realidad; el ateísmo doctrinario de la Ilustración francesa y del materialismo vulgar alemán del siglo XIX; la sistematización del materialismo dialéctico llevada a cabo por Engels que orienta al marxismo-leninismo; el ateísmo humanista, postulado tanto por la vertiente marxista (L. Feuerbach) como por la existencialista ya citada, que niega la existencia de un Dios que compite con el hombre en su libre autorrealización; el ateísmo escéptico o agnóstico surgido del positivismo y del neopositivismo que considera la palabra «Dios» carente de sentido. En la actualidad, más que un ateísmo verdadero, existe la tendencia a ignorar por completo el problema de Dios, a desentenderse de él.

ATENAS. V. polis.

ATENAS (escuela de) Escuela filosófica griega orientada hacia lo metafísico-especulativo del neoplatonismo. Su tendencia es teológica y sistemática en la aplicación de la dialéctica a las especulaciones metafísicas. Los principales filósofos que pertenecieron a esta escuela fueron: Domnino, Proclo, Marino, Plutarco de Atenas y Simplicio.

ATENCIÓN La definición más generalizada para este término es la concentración espontánea o voluntaria del espíritu en un objeto externo o interno que interesa. Esta definición ha sido discutida especialmente dentro de la sicología, por cuanto hay necesidad de definir el término *espíritu* y, por tanto, se ha preferido referirse a la *mente* y a la *energía síquica*. Podemos decir, entonces, que la atención es la capacidad de la mente para canalizar los procesos síquicos y, en particular, el pensamiento, dentro de ciertas vías. Es la concentración de energías síquicas. La atención puede ser *espontánea*, o bien, *voluntaria o consciente*. El problema de la atención tiene su mayor análisis en el campo de la sicología, especialmente en la sicología del aprendizaje desde finales del siglo XIX.

ATOMISMO (del griego *á-tomo*= indivisible, sin corte). Teoría que reduce todo el mundo material a partículas indivisibles e

Atena Parthenos, de Fidias. (Copia antigua conservada en el Museo de Atenas)

imperecederas (átomos). Es el primer intento formal de crear un materialismo, ya que es la primera interpretación material del ente. Los principales atomistas fueron Leucipo y Demócrito. Este último multiplicó la individualidad del *ser único* de Parménides, no solamente en el aspecto de la física sino también en el de la metafísica, cuando consideró a los cuerpos materiales como agregados de innumerables partículas tan pequeñas que son invisibles a los ojos humanos, y las llamó átomos o indivisibles, porque creía que eran la última fase de la división de los cuerpos materiales en partes cada vez más pequeñas. Planteó así un fundamento metafísico de lo real, pues si el átomo es extenso, entonces es infinitamente divisible; si no es solamente extensión, debe tener *interioridad*, una dinámica o fuerza que permita el hecho de no ser posible su infinita división; en el caso contrario, se llegaría a la desaparición de la propia realidad. Creía que había cuatro clases diferentes de átomos: los átomos de *piedra, pesados y secos;* los átomos de *agua, pesados y húmedos;* los átomos de *aire, fríos y ligeros;* y los átomos de *fuego, fugitivos y calientes.* De su combinación estarían hechas todas las materias conocidas, y el átomo sería el último componente indivisible, inmutable y corpóreo, también del alma.

ATOMISMO LÓGICO Filosofía expuesta por Bertrand Russell en su *Principia mathematica*, y basada en sus meditaciones sobre la matemática y la necesidad de *embeber* el lenguaje matemático en el lenguaje lógico. Para Russell, la importancia de la filosofía radica en su base lógica. En el atomismo lógico el mundo está compuesto por una multiplicidad infinita de elementos separados (átomos lógicos o residuos del análisis lógico). Cada enunciado de lo que haya en un esqueleto lingüístico, y simbolizado mediante una letra proposicional, describe un hecho atómico. Las proposiciones atómicas se combinan formando proposiciones moleculares. El lenguaje en cuestión está basado en la noción de función de verdad. La intención es la de lograr un lenguaje perfecto que muestre de inmediato la estructura lógica de los hechos (mundo). Cada hecho puede expresarse mediante una proposición; si ésta corresponde o expresa el hecho que denota, es verdadera, de lo contrario es falsa. A través de las proposiciones verdaderas se obtiene un conocimiento adecuado del mundo. **V. análisis, atomismo, verdad.**

ATOMÍSTICO Lo que forma parte o es producto de la corriente filosófica atomista, conformada por los últimos presocráticos, entre ellos, los más importantes, Leucipo y Demócrito. **V. atomismo.**

ÁTOMO El concepto de átomo como partícula mínima de la materia es muy antiguo. Tales de Mileto creía que cuando el ámbar se cargaba al frotarlo, esto era una manifestación de una propiedad esencialmente atómica de la materia. Los neoplatónicos, y Plotino en particular, no aceptaban la noción de los átomos. Decía este filósofo: «*No hay átomos, todo cuerpo es divisible indefinidamente; un poder creativo no podría producir nada de un material desprovisto de continuidad*». Sin embargo, otros, como Leucipo, sustentaron una teoría atómica. También Demócrito, uno de los principales filósofos griegos matriculados en el denominado atomismo, consideró el átomo como la parte indivisible de la materia; cada átomo se distingue de los demás porque todos tienen distintas formas. Demócrito esbozó ideas acerca del átomo que parecen notablemente *modernas*: «*Los átomos son infinitos en número e infinitamente variados en forma. Chocan entre sí y los movimientos laterales y rotatorios son el principio de los mundos*». El verdadero gran desarrollo de la teoría atómica se produce en el siglo XX. En 1911, Rutherford llevó a cabo el experimento que conduciría al descubrimiento del núcleo atómico. Descubrió que los átomos tienen un núcleo dotado de masa y cargado positivamente con un enjambre de electrones que giran a su alrededor, a modo de un pequeño sistema planetario. Böhr, en 1913, lanzó la teoría acerca de la dispersión de las partículas alfa a través de una muchedumbre de átomos que tratan de atraparlas y detenerlas. Había que encontrar unas reglas de cuantificación de la energía mecánica, ya descubierta por Rydberg (principio de combinación). Böhr tomó el átomo de hidrógeno, que consta de un solo electrón que gira alrededor del núcleo transportando una sola carga positiva (protón) y, utilizando la *serie Balmer* o secuencia de rayos del espectro del hidrógeno, averiguó que la cantidad mecánica está *cuantificada*, es decir, que aumenta en la misma cantidad de una órbita a otra, cantidad que en mecánica se llama *acción*. La teoría de Böhr explicó las propiedades de los átomos complejos, sus espectros ópticos, las interacciones químicas, etc. El átomo ya no era un supuesto filosófico, algo desconocido, sino una realidad científica. Después vinieron: el *principio de exclusión*, de Wolfgang Pauli, que proporciona una sencilla explicación de la naturaleza de la valencia química de los diferentes elementos; la prueba de Heisenberg acerca de que, en el nivel atómico, *«debemos renunciar a la idea de que la trayectoria de un objeto es una línea matemática, es decir, infinitamente delgada»*. El desarrollo que Böhr hizo de esta teoría fue la base de una nueva filosofía de la física, que representa un cambio en las ideas sobre el mundo material,

ATRIBUTO En lógica, es algo que se afirma o se niega del sujeto. También puede usarse en sentido metafísico para hacer la distinción de éste con el predicado lógico. En este caso, es un carácter o cualidad de las sustancias. En teología, y en especial dentro de la escolástica, se utilizaba este término para referirse a perfecciones de Dios, esto es, omnipotencia, sabiduría, amor, etc. Este término también es empleado por todos los filósofos racionalistas (principalmente Descartes, Spinoza y Leibniz). Para Spinoza, la sustancia (Dios) «está constituida por infinidad de atributos de los cuales cada uno expresa una esencia eterna e infinita». El atributo es una forma o manifestación del ser; sin embargo, el entendimiento humano sólo tiene conciencia del pensamiento y de la extensión, aunque la sustancia está constituida por una infinidad de atributos

AUFHEBEN Palabra alemana que significa elevar. Para Hegel, *aufheben* es elevarse como contrario, o modo de ser superior. Si dos cosas son necesarias, entonces se excluyen; pero lo hacen en una unidad, en un género, existen excluyéndose; por ejemplo, ser y nada se excluyen de modo que se conservan en la unidad superior, que es el devenir.

AUSTIN, John (1911-1960). Catedrático de filosofía moral en la Universidad de Oxford, uno de los más importantes representantes del *análisis del lenguaje corriente*, practicado en esa universidad; también fue profesor de las universidades de Harvard (1955) y de California (1958). Inició el estudio de los actos del habla al sostener la tesis de que el examen minucioso del uso de algunas expresiones acerca la comprensión de cómo son las cosas o las situaciones a que se refieren. A lo largo del tiempo, los matices de los fenómenos se han ido fijando en los *modos de decir*, y para comprender los diversos fenómenos es necesario examinar esos diversos matices. Sostiene que el significado de una palabra no es un objeto y, por tanto, no puede haber una distinción general entre enunciados analíticos y sintéticos. Austin hizo la distinción entre *lenguaje ejecutivo y realizativo*, o que puede ser afortunado o infortunado en caso de que se cumpla o no, y *lenguaje constativo* o que puede ser verdadero o falso, división que condujo a la formación de su *teoría de las fuerzas elocucionarias*. Distingue en el acto de decir (locucionario) tres aspectos: (a) el fonético o emisión de sonidos acordes con las reglas de la gramática; (b) el fático o emisión de sonidos ajustados a un determinado léxico y acordes también con las reglas de la gramática; (c) el retórico o emisión de sonidos con sentido o referencia determinados. Sus principales trabajos son: *Papeles filosóficos; Cómo hacer cosas con palabras; Sense and sensibilia; ¿Hay conceptos a priori?; Otras mentes; Verdad; Cómo hablar.* **V. actos de habla, Searle.**

AUTARQUÍA Gobierno de sí mismo o autosuficiencia, que los griegos identificaron con la felicidad y la virtud, y se consigue estando exento de deseo y liberado de toda inquietud. Este estado fue recomendado por Sócrates y por los epicúreos, los estoicos, los cínicos, e interpretado por cada escuela o tendencia de diversas maneras: desprecio de las convenciones, la amistad verdadera eliminando la falsa amistad, la satisfacción de las necesidades del cuerpo, la resistencia en la adversidad y muchas otras. En todas, sin embargo, el estado de autosuficiencia conducía a la eudemonía o felicidad. Para Aristóteles, la *praxis*, por tener el fin en sí, tiene la suficiencia o autarquía, tan estimada por los griegos; la contemplación o *teoría* es un modo de praxis, la praxis suprema, pues es una actividad cuyo fin es ella misma, porque además tiene en ella misma su objeto: el hombre teórico no necesita más que su propia mente; es el más suficiente de todos y, por tanto, superior. **V. ascetismo.**

AUTENTICIDAD, AUTÉNTICO Se dice que algo es auténtico cuando se establece sin lugar a dudas su identidad; es decir, se establece que es lo que se supone ser, cierta y definitivamente. En filosofía se usa auténtico para significar que un ser es, o llega a ser, lo que verdadera y radicalmente es, cuando no está enajenado. Como en algunos casos la enajenación es uno de los rasgos esenciales de la existencia humana, el no ser sí mismo, esa enajenación, se convierte en uno de los caracteres del auténtico ser. **V. Heidegger, Jaspers, Ortega y Gasset.**

AUTO Lo mismo, propio. Se utiliza principalmente para formar palabras compuestas, para significar lo que procede de sí mismo.

AUTOCONCIENCIA. Vocablo utilizado para designar el acto de tener conciencia de sí mismo. La autoconciencia es propia solamente de los seres humanos. **V. conciencia.**

AUTOMATISMO Problema estudiado por la sicología y que consiste en la reacción automática sin participación de la voluntad del individuo. Dentro de este problema la sicología estudia los denominados movimientos reflejos, que pueden ser eliminados al penetrar en el nivel de la conciencia y mediante la aplicación de la voluntad. **V. Descartes.**

AUTONOMÍA En sentido ontológico, este término implica la independencia de algunas esferas de la realidad con respecto a otras. En sentido ético, se afirma que una ley moral es autónoma cuando tiene en sí misma su fundamento y la razón propia de su legalidad. En la ética kantiana, la autonomía se ve como la base de la moralidad auténtica de los propios actos, es decir, como la libertad del individuo, la autoconciencia del deber y de su responsabilidad. En política, se refiere a la independencia con que actúan las personas que ejercen este oficio y que se ve reflejada en sus actos públicos; en este sentido, también se aplica a esa misma independencia ejercida por las diferentes ramas del poder en un Estado (ejecutiva, legislativa y judicial). **V. Cohen, Hartmann, Kant.**

AUTORIDAD Conjunto de cualidades propias de un sujeto físico o moral, que motivan un asentimiento personal a su requerimiento. Es diferente de la coacción o del asentimiento basado en el examen del objeto, pues el asentimiento se basa en la superioridad moral, intelectual, de carácter, experiencia, etc., y es personal y no obligatorio. Si la autoridad es de oficio, ésta obliga en conciencia; si es jurídica, es decir, para dirigir la acción de los hombres en búsqueda de un mejor estar de la sociedad, también obliga en conciencia pero su defecto es punible. En la filosofía cristiana, toda autoridad se fundamenta en Dios.

AVERROES (1126-1198). Filósofo y médico, nacido en Códoba (España), conocido como el más importante de los filósofos árabes. Fue acusado de herejía y deportado por causa de la reacción religiosa contra la interpretación filosófica del dogma. Murió en Marruecos. Sostiene la eternidad del mundo, tesis que no es contradictoria con el hecho de su producción por Dios, ya que Él lo ha creado desde toda la eternidad; es la relación entre el fundamento y la consecuencia (el Creador y lo creado), la cual no es la misma que hay entre causa y efecto. Averroes es emanatista (lo creado surge por emanación del primer principio creador). Una de sus tesis fundamentales supone que el intelecto humano

Averroes (Detalle de la "Alegoría de la religión católica", de Gaddi, en la capilla de los Españoles, en Santa María Novella, Florencia).

forma parte de un único entendimiento agente, que es la fusión de los entendimientos individuales en uno solo; por tanto, no existe la inmortalidad personal, sino la unidad del intelecto. Así mismo, pensó que si lo creado es eterno, la materia también lo es. A estas dos teorías se opuso santo Tomás. El pensador árabe propuso también la doctrina de *la doble verdad*, que explicaba las discrepancias entre filosofía y teología, en el sentido de que pertenecen a dominios separados y, por tanto, sus proposiciones pueden contradecirse. La mayor parte de sus escritos se conservan en traducciones hebreas y latinas. Son famosos sus *Comentarios al Corpus aristotélico*, pero fue muy prolífico y produjo obras filosóficas, teológicas, comentarios diversos, obras jurídicas y médicas. **V. averroísmo.**

AVERROÍSMO Doctrina de Averroes y de sus partidarios. También, tendencias surgidas en los siglos XIII y XVI con base en la interpretación de la obra de Aristóteles elaborada por Averroes. **V. Averroes.**

AVICEBRÓN O ABENGARIBOL (1020-1050 ó 1070). Gramático filósofo y poeta de origen judío, nacido en Málaga (España). Fue influido por el neoplatonismo y, así mismo, influyó en Duns Scoto y en la escuela agustiniana. Es muy conocido por su obra *La fuente de la vida*, la cual fue escrita en árabe y luego traducida al latín. Esta obra forma parte de un complejo sistema teológico-filosófico al cual pertenecían otros escritos que desaparecieron, y que se referían a los problemas del ser y la voluntad. Su obra, *La fuente de la vida*, es un diálogo entre discípulo y maestro sobre problemas como la descomposición de las sustancias sensibles o simples, acerca de la existencia de la materia y sobre las formas universales. Su tesis más famosa es aquella que habla de la composición del alma en potencia y acto, lo que hace suponer que es material, así no sea forzosamente corporal. Hizo notar la importancia que ejerce la voluntad como fuente de vida y su origen divino. Además de la obra citada, escribió: *Libro de la corrección de los caracteres; Selección de perlas* (proverbios y refranes); *Corona real* (obra práctica). **V. fuente de la vida.**

AVICENA (980-1037). Filósofo persa, nacido en Afsana. Su doctrina fue de orientación aristotélico-platónica; también se percibe en ella la influencia de Alkindi; se propuso explicar el origen y la jerarquía de las inteligencias, y sus tesis ejercieron mucha influencia sobre algunos de los escolásticos de la Edad Media. Le presta mucha atención a la lógica de las proposiciones y a la doctrina de los silogismos hipotéticos. Sus principales obras son: *La curación; La salvación; Libro de los teoremas y avisos para la lógica y sabiduría*.

AVICENISMO Doctrina de Avicena y tendencia filosófica inspirada en ella. **V. Avicena.**

AXIOLOGÍA (del griego *axios* = valioso). Disciplina filosófica que estudia los valores. En ocasiones se usa este término para significar «teoría de los valores». Más específicamente se usa en relación con los valores éticos o morales o estéticos. **V. valor.**

AXIOMA (del griego *axioma* = dignidad). En lógica, enunciado que se admite como verdadero sin demostración debido a su claridad y su autoevidencia. Es propio de los sistemas deductivos; por ejemplo: «Dos cosas iguales a una tercera son iguales entre sí» (Euclides, *Elementos I*).

AXIOMÁTICO Carácter de axioma. Aquello que es evidente e irrefutable. Se llama *método axiomático* el método por el cual las proposiciones de una teoría dada se deducen de un axioma. **V. axioma.**

AYER, Alfred Julius (1910 - 1989). Filósofo inglés, nacido en Londres; perteneció al Círculo de Viena; junto con otros importantes filósofos –K. Popper, Rudolf Carnap, Carl G. Hempel y Philipp Frank– es conocido como positivista lógico o empirista lógico, con una tendencia crítica hacia la filosofía tradicional por causa del uso indiscriminado que ella hace del lenguaje. Después de rechazar el lenguaje común, postula un lenguaje ideal, estructurado logísticamente y reducido a lo que se puede experimentar por medio de los sentidos. Sostiene que «un enunciado es directamente verificable si, o bien es él mismo un enunciado de observación, o es tal que en conjunción con uno o más enunciados de observación conlleva por lo menos un enunciado de observación no deducible de estas otras premisas solamente». Por ejemplo, ha propuesto que *es sinónimo con* es un enunciado pragmático, de modo que se puede decir que *A* y *B* son sinónimos si, y sólo si, cualquier verificación concebible de *A* incluye la verificación de *B* y viceversa. Piensa que la mayoría de las «cuestiones filosóficas no son problemas para ser resueltos, sino acertijos (o seudoproblemas) a ser (di) sueltos», previniendo así a los pensadores de las trampas verbales que les acechan cuando están en vías de formular sus problemas. Considera a la filosofía como una disciplina que se ocupa de las pautas que gobiernan nuestro uso de los conceptos, de nuestras evaluaciones de la conducta, de nuestros métodos de razonamiento y de nuestras evaluaciones de los elementos de juicio. Su trabajo ha provocado una avalancha de refutaciones que lo acusan de quitar su valor a la misión de la filosofía, rebajándola al nivel de una disciplina gramatical. Ayer terminó abandonando totalmente el fenomenalismo. Sus principales obras son: *Filosofía y lenguaje; Los orígenes del pragmatismo; Las cuestiones centrales de la filosofía; La filosofía del siglo XX.*

AZAR (del árabe *zahr* = dado para jugar). Casualidad, caso fortuito. La idea de azar o caso fortuito se remonta a los presocráticos, que lo concibieron como la falta de una causa eficiente definida. Contra Demócrito, que concebía la existencia del mundo por azar, se manifestó Aristóteles, quien consideró absurdo creer que los movimientos tan perfectamente regulares que se observan en el cielo puedan suceder por azar (en griego *automatón;* en latín *casus*). Cierto número de autores trataron el azar en el sentido de destino, conceptos opuestos para Aristóteles. En la actualidad, el concepto de azar se desdibuja cada vez más en favor de la probabilística, ingresando de esta manera en el campo de la lógica matemática y, por este conducto, a la filosofía nuevamente. El azar se ha estudiado también en la llamada teoría del juego por Pascal, y dentro de la «teoría de la probabilidad» por Wittgenstein, Neumann y Morgenstern, quienes han considerado el azar únicamente en los datos del juego (probabilidades en los juegos de ruleta o dados, por ejemplo). Wittgenstein explica la complejidad de las formas lingüísticas mediante los *juegos lingüísticos:* los lenguajes concretos son conjuntos de reglas aprendidas en la práctica; el uso de determinadas palabras provoca determinadas respuestas tal como en un juego lo hace el adversario que conoce las reglas. Es necesario hacer evidentes las reglas para comprender plenamente el lenguaje; y es función de la filosofía establecer claramente los usos y los objetivos de las formulaciones lingüísticas. El significado de las palabras se aprende en el uso, en la aplicación, cuando las reglas se conectan entre sí. **V. contingencia, destino, determinismo, incertidumbre, juego, probabilidad.**

B

B En la lógica medieval, esta letra se utilizó para indicar todos los silogismos que iniciaran por una palabra nemotécnica que empezara con la letra *B*, como Bocardo, Baroco, Baralipton, las cuales son reducibles al primer modo de la primera figura **V. Barbara**.

BACHELARD, Gaston (1884 - 1962). Filósofo francés nacido en Bar-Sur-Aube (Champagne). Profesor de La Sorbona; fue esencialmente un filósofo de las ciencias naturales, en especial de la física. Bachelard, además, es conocido por su inclinación poética y sus escritos así lo confirman. Bachelard sostiene que las teorías científicas tienen un carácter muy complejo, el cual refleja, igualmente, la complejidad de lo real; por tanto, rechaza la simplificación introducida por los racionalistas. Este reconocimiento de lo complejo de la realidad ha creado un nuevo espíritu de la ciencia con tendencia hacia lo concreto, con el fin de ampliar los límites y la estructura de la razón. Bachelard se opone al saber absoluto, afirmando que el científico debe atenerse al conocimiento *aproximitivista* y *probabilista*. La literatura le debe a Bachelard sus profundas interpretaciones sicológico-literarias de los *elementos fundamentales*: tierra, agua, fuego y aire. Su obra escrita es muy extensa y abarca estudios filosóficos, científicos, literarios y poéticos; dentro de ésta sobresalen, entre otras: *Estudio sobre la solución de un problema de física: la propagación térmica de los sólidos; El valor inductivo de la relatividad; Ensayo sobre el conocimiento aproximado; El sicoanálisis del fuego; El aire y los sueños; La llama de un fuego*.

BACON, Francis (1561-1626). Nació en Londres. Estudió en el Trinity College de Cambridge y desempeñó altos cargos en el Estado al subir al trono Jacobo II; fue abogado de la corona y fiscal general. En 1618 fue nombrado Lord Canciller del reino y Barón de Verulamio y, en 1621, Vizconde de St. Albans. Juzgado y encarcelado durante algún tiempo por concusión, pronto se le indultó. Debido a su propuesta de re-

Francis Bacon

formar el método científico, es considerado por algunos como fundador de la filosofía moderna, del empirismo y del materialismo; otros lo ven como pensador esencialmente renacentista, y hasta lleno de formas de pensar medievales debido al manejo de ciertas nociones, como la de la forma. Su pensamiento se desarrolló independientemente de las corrientes que, en la misma época, dieron origen a la ciencia natural matemática. Su propósito fue proporcionar un nuevo *Organon* que remplazara el aristotélico. Su teoría metódica y filosófica está expuesta en su famoso tratado *Novum Organum* (1620). Criticó duramente los métodos científicos tradicionales, y por eso exigió una actitud escéptica respecto al saber anterior, pues, según él, éste se fundamenta en la mera especulación de casos invisibles que no pueden proporcionar verdades basadas en hechos. Su proposición frente al hecho científico parte del conocimiento pleno de las verdaderas causas de los fenómenos; sólo así, la ciencia podrá tener la capacidad de aumentar el poder del hombre sobre la naturaleza y, a su vez, ésta podrá servir de fundamento a una nueva filosofía. Su método, llamado *inductivo*, tiene varias etapas: la primera pretende limpiar la mente de todo prejuicio y de los errores, llamados por él *ídolos;* estos no permiten encontrar el camino de la verdadera ciencia. Los resume en cuatro: *Idola tribus* o prejuicios de la tribu, aquellos inherentes a la especie humana y a su naturaleza (la subjetividad de los sentidos, la tendencia a la personificación, etc.); *Idola specus* o prejuicios de la caverna en que cada hombre se encuentran (aquellas tendencias o predisposiciones individuales que pueden conducir a error); *Idola fori* o ídolos de la plaza (foro), de la sociedad humana, incluso del lenguaje de que se sirve, debido a su imperfección e inexactitud; e *Idola theatri* o prejuicios de autoridad, que se refieren a aquellos mitos basados en el prestigio de que algunos gozan en el escenario público, que extravían la recta opinión. La segunda etapa, aparte de la eliminación de las concepciones falsas, resueltas en el paso anterior, se concentra en la reelaboración racional de los hechos de la experiencia en forma inductiva: se toma una serie de hechos individuales y éstos se agrupan de modo sistemático y conveniente para llegar, mediante un proceso experimental, riguroso y lógico, a conceptos generales y a leyes de la naturaleza. Este paso debe ser sucesivo e ininterrumpido y realizarse con gran cautela. El proceso incluye, además, las llamadas instancias negativas, o selección de los casos que contradigan la generalización, los cuales, después de un análisis cuidadoso, deben ser excluidos. El método de inducción de Bacon es llamado *incompleto*, pues al no estudiar «todos» los casos particulares, es imposible llegar a la certeza absoluta; su importancia radica en que científicamente ofrece buenos resultados si se realiza con escrupulosidad. Además de su obra ya citada, incluida en la que se ha considerado su obra capital, la *Instauratio magna,* Bacon escribió: *Ensayos morales, económicos y políticos* y *La nueva Atlántida,* obra científica en la que se profetizaban algunos inventos.

BACON, Roger (1214 -1294). Filósofo inglés llamado *Doctor Admirable*. Nació

Roger Bacon

cerca de Ilchester, en el Dorsetshire; estudió en Oxford y su maestro fue Roberto Grosseteste, primero en aplicar un método matemático para el estudio de las ciencias naturales. Viajó a París donde continuó sus estudios; de regreso a Oxford, se hizo franciscano. Allí se dedicó apasionadamente al estudio de la filosofía, de la lengua y de las ciencias. Fue constantemente perseguido dentro de su propia orden, excepto bajo el pontificado de su amigo Guy Le Gros (Clemente IV), Papa que lo protegió y a quien dedicó sus principales obras. Bacon es considerado por muchos como el precursor de las ideas y del método inductivo que, siglos después, formuló su compatriota Francis Bacon. Estudió profundamente el pensamiento medieval; fue lingüista, astrónomo y alquimista; fabricó instrumentos ópticos; escudriñó en la naturaleza y sus fenómenos y diseñó artefactos mecánicos que, según sostenía, se desarrollarían con posterioridad. Su filosofía propone, básicamente, la reorganización de la sociedad fundamentada en la sabiduría cristiana. Para lograrlo es necesario estudiar la naturaleza como medio para expandir y restablecer esa sabiduría; aprender por la experiencia no es negar la fe, sino entender por medio de la gracia divina la obra de Dios, para poder llegar a un trato más directo y lógico de la naturaleza. Reconoce tres formas de saber: la *autoridad* que, según él, «no da el saber sino la credulidad» y por eso no basta por sí misma; el *razonamiento*, que «acaba con la cuestión» y nos la hace concluir, pero no elimina la duda, y es la fuente principal de la certeza la que puede ser externa (entra por los sentidos) o interna (fundada en la inspiración divina); por último, la *experiencia*, que puede confirmar el razonamiento y está enlazada con la intuición sobrenatural de la mística. Las tres obras principales de Bacon, dedicadas a Clemente IV, son: *Opus maius*, dividida en siete partes, la cual constituye un intento de la historia de la filosofía; *Opus Minus*, complemento de la anterior, en la que, además, hace una exposición de la alquimia; y *Opus Tertium*, mediante la cual trata de convencer a Clemente IV de sus ideas.

BADEN (escuela de) Escuela filosófica alemana que, desarrollada desde principios del siglo XX, hasta aproximadamente 1914, sirvió de base al neokantismo de ese país, junto con la Escuela de Hamburgo. Sus iniciadores fueron Wilhelm Windelband y Heinrich Rickert, profesores de las universidades de Heidelberg y Friburgo. El campo principal de su reflexión fue el de las ciencias de la cultura y la historia, aunque no desechó las ciencias naturales.

BAKUNIN, Mijail Alexandrovich (1814-1876). Pensador ruso de origen noble, nacido en la provincia de Tvér. Ideólogo y padre del anarquismo. Desde temprana edad estudió en la Escuela de Artillería de San Petersburgo y se graduó como oficial a los 19 años. Viajó a Moscú en 1836 y allí se interesó por la filosofía de Fichte y la de Hegel. Colaboró con Hersen y Ogariov y participó en la organización del movimiento anarquista. En 1868 participó en la Internacional socialista, pero en 1872 fue expulsado de ella por sus enfrentamientos con el marxismo. Murió en Berna después de crear la *Alianza revolucionaria socialista*, organización ideológica que tuvo gran acogida especialmente en España e Italia. Las bases de su filosofía «anarquista» son esencialmente tres: el materialismo, la libertad de la voluntad y la ética. La libertad de la voluntad fue esencial en su ideología: se opuso de forma total a toda clase de limitación de la libertad del individuo y lo condujo a la lucha contra la figura del Estado en cuanto ente autoritario y castrador que rompe la igualdad económica, política y social para dar paso a los privilegios, a la injusticia y a la esclavitud. Un Estado autoritario deja sin bases el gran principio de la Revolución francesa, a saber: «Cada ser debe disponer de los medios materiales y morales para desarrollar toda su humanidad». Este punto fue el eje central de sus disputas con el partido comunista. Por último, su ética se denominó *moralidad anarquista*: una ética eminentemente individual, *verdaderamente humana*. Sus principales obras son: *Discursos estudiantiles de Hegel- Prólogo del traductor; Reacción en Alemania; Dios y el Estado; El Estado y la* *anarquía;* estas dos últimas inconclusas y conocidas como *Estatismo y anarquismo.* El resto de su obra se halla dispersa, principalmente en forma de notas y correspondencia.

BAMALIP (baralipton). Palabra nemotécnica utilizada en la lógica que designa uno de los modos válidos de la cuarta figura y que consiste en dos premisas universales afirmativas y una conclusión particular afirmativa. Corresponde a la siguiente ley de la lógica cuantificacional elemental:

$$((x)\ (Hx \supset Gx).(x)(Gx \supset Fx)) \supset (\exists x)(Fx.Hx)$$

Usando las letras S, P y M de la lógica tradicional, puede expresarse bamalip mediante el siguiente esquema:

$$(PaM\ .\ MaS) \supset SiP$$

BARALIPTON V. bamalip.

BARBARA. Palabra nemotécnica utilizada por los escolásticos para indicar el primero de los nueve modos del silogismo de la primera figura, que consiste en dos premisas universales afirmativas y de una conclusión también universal afirmativa; ejemplo: «Todo animal es sustancia; todo hombre es animal; por tanto, todo hombre es sustancia». Corresponde a la siguiente ley lógica cuantificacional elemental:

$$((x)\ (Gx \supset Hx).((x)\ (Fx \supset Gx)) \supset (x)\ (Fx \supset Hx)$$

Usando las letras S, P y M de la lógica tradicional barbara se expresaría así:

$$(MaP\ .\ Sam) \supset SaP$$

BAROCO Palabra nemotécnica utilizada por los escolásticos para indicar el cuarto de los cuatro modos del silogismo de segunda figura, que consiste en una premisa universal afirmativa, una premisa particular negativa y una conclusión particular negativa; ejemplo: «Todo hombre es animal; alguna piedra no es animal; por tanto, alguna piedra no es hombre». Corresponde a la siguiente ley de la lógica cuantificacional elemental:

$$((x)\ (Hx \supset Gx).(\exists\ x)\ (Fx.\sim Gx)) \supset (\exists x)\ (Fx.\sim Hx)$$

Usando las letras S, P y M de la lógica tradicional se expresaría así:

$$(PaM\ .\ SoM) \supset SoP$$

BARTHES, Roland (1915-1980). Semiólogo francés, nacido en Cherburgo. Su vida estuvo marcada por la tuberculosis que sobrellevaba como si él la hubiera elegido como un real estilo de vida que le permitía leer y preparar sus futuras teorías. Su admiración por Michelet se expresa en su ensayo *Michelet por él mismo,* que mira la historia simplemente como una modalidad más del discurso, lo que provocó la oposición de los académicos. Las obras de Barthes, en general, son irreverentes con temas hasta ahora sagrados, como son la moral, la lengua, el estilo y la historia. Analiza el problema de la creación, sobre todo en el sentido de lo privado, en el ritual de la escritura. Sentía una verdadera pasión por la obra de Sartre, hecho que lo interesó en el marxismo, al cual no obstante objetó por el lenguaje que utilizaban sus militantes. Rechazó el fascismo porque es un sistema político que «obliga a decir, a significar», situación para la que propone el silencio

Roland Barthes

como una forma de posición política. Barthes es considerado figura central del estructuralismo y continuador de la semiología literaria de Saussure, considerada ésta como la ciencia de los signos en la vida social. Sus trabajos apuntaron hacia el estudio de la lingüística y de otros sistemas de comunicación humana, como son la escritura, las modas, los ritos sociales, los ritos religiosos, etc., ya que cualquiera de estos fenómenos y comportamientos pueden ser codificados y analizados en cuanto lenguaje. Además, retoma el problema de la literatura y la crítica para exigir del texto que lo seduzca, entendiendo por seducción demostración del deseo. Barthes es muy importante en lo que se ha denominado filosofía del lenguaje. Murió en París arrollado por un automóvil. Sus principales obras son: *El grado cero de la escritura; El placer del texto; Fragmentos de un discurso amoroso, Roland Barthes por él mismo; El imperio de los signos; Cámara clara; Mitologías.*

BATAILLE, Georges (1897-1962). Bibliotecario y escritor francés que se caracterizó por mostrar en sus obras un vivo interés por el erotismo, plasmado éste en su poesía y ensayo. Se interesó en lo irracional y el misticismo. Trabajó como especialista del medioevo en la Biblioteca Nacional de París hasta 1942; a partir de 1946 publicó una revista llamada *Critique*, que siguió editando hasta su muerte. Para Bataille el exceso es una forma de lograr *soberanía* personal. Sus obras más importantes son: *Historia del ojo; Madama Edwarda; El culpable; La literatura y el mal; El erotismo y mi madre.*

BAUER, Bruno (1809 - 1882). Filósofo alemán nacido en Eisenberg. Estudió teología, pero luego se apartó de ella; rechazó el cristianismo y postuló la crítica de toda teología para dedicarse al estudio de Hegel, después de habérsele prohibido la docencia que ejerció en Berlín y Bonn, debido a sus opiniones radicales. Pasó entonces al ala izquierdista hegeliana más radical. Criticó con dureza los evangelios sinópticos y el de san Juan, a los que dedicó dos de sus obras; defendió los valores humanos como inherentes al hombre mismo y a su realidad. Sus obras principales son: *La explicación teológica de los evangelios; El cristianismo descubierto; Historia de la política, cultura e ilustración del siglo XVIII.*

BEATITUD Sinónimo de bienaventuranza. Su significado se distingue del de felicidad, pues indica la satisfacción completa e independiente de los problemas humanos materiales. Aristóteles lo relaciona con la capacidad de contemplación; así, los animales no llegan a ella, pues carecen de actividad contemplativa; en los seres humanos hay diferentes escalas según su capacidad; en la vida de los dioses se da totalmente. Los estoicos hicieron énfasis en la beatitud del sabio. A partir del neoplatonismo el concepto se fue distinguiendo más claramente del de felicidad; se le relacionó estrechamente con la actitud de reflexión interior y del retorno a sí mismo. El cristianismo se basó en estos conceptos, de tal forma que los escolásticos tomaron como modelo la doctrina aristotélica de la felicidad propia de la vida contemplativa. Santo Tomás la define como «La última perfección del hombre»; también asimila este concepto a la contemplación y ve en el ser humano únicamente una beatitud imperfecta, a la cual se llega por medio de la virtud: «En la vida contemplativa el hombre se comunica con las realidades superiores, es decir, con Dios y con los ángeles, a las cuales se asimila también en la beatitud». A medida que el tiempo ha pasado, el término beatitud se ha diferenciado del de felicidad, de tal forma que el primero se refiere a un estado místico, religioso y contemplativo, mientras que el segundo se identifica más con la vida práctica. **V. felicidad.**

BEAUVOIR, Simone de (1908 - 1986). Doctorada en filosofía en 1929, mismo año en el que conoce a J. P. Sartre. Fue condenada al exilio tras la publicación de *L' invitée* (1943), su primera novela. Defensora irrestricta de la mujer: «En vista de que la existencia humana es configurada por la historia, el devenir histórico de la mujer es mucho más fuerte que el del hombre». Sus obras más sobresalientes son: *El segundo sexo; Para una moral de la ambi-*

Simone de Beauvoir

güedad; *La ceremonia de los adioses; Conversaciones con Sartre.*

BECCARIA, Cesare *(Bonesana marqués de)* (1738-1794). Filósofo italiano, teórico y crítico del derecho penal de su época. Becaria se opuso a la institucionalización de la pena de muerte, en vez de procurar la corrección de quien ha infringido la ley. Autor del libro *De los delitos y de las penas*, en el cual se basó Bentham para construir su máxima: «La estructura de las leyes debe aportar la mayor felicidad posible al mayor número de personas posible». Bentham elevó los principios de Beccaria a la categoría de principio de toda moral.

BEHAVIORISMO (del inglés *behavior*: conducta). Llamado también *conductismo*. Rama de la sicología, basada en el pragmatismo que no acepta la introspección como método de la investigación científica, por su origen dudoso y su difícil comprobación. Sus bases se remontan a los estudios de la llamada sicología animal que llevaron a cabo principalmente Edward Thorndike y Karl Lashley, entre otros. El behaviorismo dio pie para el desarrollo, en Chicago, del funcionalismo de James R. Angell y J. Dewey. Aunque algunos consideran a Llyd Morgan como el iniciador del behaviorismo por algunas de sus obras (*Vida animal e inteligencia, Introducción a la sicología comparativa*), se afirma que en la teoría de los reflejos condicionados, expuesta por Iván Pavlov, se define la teoría behaviorista. Sin embargo, fue John Watson, de la Universidad de Chicago y discípulo de Angell, quien anunció claramente el programa del behaviorismo en su libro *El comportamiento, introducción a la sicología comparada* (1914). Esta dirección recibió de Watson el nombre; la base fundamental de la teoría tiende a limitar la investigación sicológica a las reacciones *objetivamente observables*. En la década del treinta, los neobehavioristas desarrollaron la teoría de la condicionabilidad, especialmente Clark Hull, Edward Tolman y Guthrie Edwin, quienes utilizaron un behaviorismo modificado como método complementario del estructuralismo. En la actualidad se ha modificado la fórmula estímulo-reacción, incluyendo, entre las dos, variables intermedias (hábito, potencial de excitación y de inhibición, necesidad, etc.). **V. conductismo.**

BELLEZA V. bello.

BELLO (lo) Significa originariamente contemplable, digno de verse. En latín se origina en la palabra *bellus*: bonito. En Grecia, el término trato de definirse como ocuparse de lo bello y de la belleza en general. Platón en su obra *El banquete* describe su famosa «escalera de la belleza» y concluye que lo bello está en la pura forma y en sus elementos (simetría, medida, colores, etc.) que, anexados a otros, pueden aplicarse a las artes, las leyes, la vida social, la naturaleza, el amor, etc. En la Edad Media, santo Tomás de Aquino describe lo bello como «aquello que agrada a la vista», o sea, desde la vivencia de la belleza, el goce que produce a los sentidos. San Alberto Magno se basa en el mismo objeto bello que tal vivencia produce, o sea, el resplandor de la forma. Los analistas ingleses como Hume y Bruke, concibieron lo bello como «el placer que acompaña a la actividad sensible». Kant unificó esas dos definiciones complementarias e insistió en lo que aún hoy parece ser su carácter fundamental, o sea el desinterés; es muy conocida su definición de lo bello: «Una finalidad sin fin», es decir, algo que encierra en sí una finalidad pero que no se subordina a ningún fin ajeno o al goce estético *o lo que gusta universalmente y sin conceptos*. Lo bello ha sido relacionado con otros conceptos que involucran la «perfección»: verdad, bondad; es decir, todo ente será bello en la medida en que sea perfecto en su ser; si lo anterior es cierto, en el espíritu se deberá reflejar la belleza en el más alto grado. Una modalidad de lo bello es lo sublime: la grandeza de lo bello, su resplandor, aquello que encarna sentimientos de admiración y de respeto.

BELLO, Andrés (1781 - 1865). Filólogo, crítico, poeta y filósofo venezolano nacido en Caracas. En 1819 residió en Inglaterra y desde 1829 en Chile, donde fue profesor y rector de la Universidad de Santiago. Intervino en la redacción del código de derecho de ese país. Se le conoce más como lingüista; publicó en 1847 su notabilísima *Gramática de la lengua castellana*. Filosóficamente fue influido por el empirismo, especialmente por Tomas Hobbes y David Hume y, en menor grado, por Hamilton y la escuela escocesa. Básicamente, su filosofía se centra en el problema del entendimiento humano, que plasmó en su obra *Filosofía del entendimiento*. Esta obra ha dado pie para que algunos la consideren más una obra de características sicológico-noseológicas que propiamente filosóficas.

BENJAMIN, Walter (1892-1940). Filósofo nacido en Berlín. Dedicó su tiempo a la juiciosa investigación de la historia; llegó a coleccionar una muy importante cantidad de datos que, por el corto tiempo de su vida y las permanentes interrupciones que sufrió su trabajo, no pudo culminar en una de las más importantes obras de filosofía de la historia que se hubiera producido en su época. Su filosofía no puede asimilarse a escuela alguna, pues su método difiere profundamente, aunque se siente la influencia de Kant en la importancia que otorga a la filosofía de la historia; une indisolublemente religión e historia y usa la forma de mosaico para dar cuerpo a su obra casi con base en meras citas. Es un pensador sin fronteras o fuera de cualquier frontera, lo mismo que su método, el cual trata al objeto filosófico, cualquiera que éste sea, como a un objeto de contemplación para poder desentrañar de él los secretos de la historia. Para él, la historia, la filosofía, la literatura y la crítica no deben considerarse por separado, puesto que son una unidad sin divisiones. Aceptó las tesis del materialismo dialéctico. Su imposibilidad de realizar su obra con tranquilidad y el hecho de haber tenido que hacer grandes esfuerzos para dejar Francia, en donde los judíos emigrados eran internados en los campos nazis, lo condujo al suicidio, en 1940, por una sobredosis de morfina, cuando estaba refugiado en Port-Bou, población de la frontera franco-española. Sus principales obras son: *El concepto de crítica del arte en el romanticismo alemán; El origen del drama barroco alemán; Pasajes; Sobre el concepto de la historia.*

BENTHAM, Jeremy (1748-1832). Filósofo y estudioso de la política, nacido en Londres. Influyó grandemente en el ámbito político, especialmente en cuestiones de derecho constitucional y relacionó el principio de la legislación con los principios morales. Negó la religión natural que cons-

Andrés Bello

Jeremy Bentham

Henry Bergson

tituye el concepto de Dios por analogía con los soberanos de la Tierra y defendió la religión revelada. Se le conoce principalmente por ser el mayor representante del utilitarismo, que defendió radicalmente y al que expresó como una forma de encontrar en el placer el fin de las aspiraciones y la bondad que se encuentra en lo que es útil y nos lo proporciona. Este concepto en el que se basa su ética, y que en principio parece egoísta, tiene un carácter social y de justicia: «La mayor felicidad al mayor número de personas». Muchos de los postulados de Bentham fueron básicos en el desarrollo de la época capitalista e industrial de mediados del siglo XIX, e influyeron tanto en John Stuart Mill, como en Boole, quien formuló la *teoría de la cuantificación del predicado*, basándose en los manuscritos de Bentham. Su principal obra, publicada en 1834, es *Deontología o ciencia de la moral*.
V. utilitarismo.

BERGSON, Henri (1859-1941). Filósofo francés nacido en París. Fue profesor de filosofía en el Liceo de Angers, en el Clermont-Ferrand, en la Universidad de esta ciudad, en el Collège Rollin y en el Lycée Henri IV, de París; en la Escuela Normal Superior, y desde 1919, en el Collège de France, la más alta institución francesa. Bergson representa el punto de transición entre los siglos XIX y XX: un gran paso en la superación del positivismo y su evolución hacia una nueva metafísica. Su pensamiento se basa principalmente en tres grandes pilares, los cuales trató profundamente: (a) el espacio y el tiempo; (b) la inteligencia y la intuición; (c) el élan vital. En el primero, Bergson se opone radicalmente a los conceptos kantianos de espacio y tiempo, pues para él no son comparables y paralelos sino opuestos. El espacio no es más que un conjunto de puntos, en tanto que el tiempo es una «verdadera creación», al cual no se puede retornar; es irrepetible, irremplazable, insustituible. Es un «tiempo vivo», es la realidad de la conciencia. Es, en fin, «lo que impide que todo haya sido dado de una vez». Haciendo una similitud entre estos dos conceptos, Bergson llega a los de inteligencia e intuición. El segundo, la inteligencia, es el método del conocimiento científico, el pensamiento conceptual que busca la medida y la comparación; busca las semejanzas, lo que hay de común en varios individuos; en general, la inteligencia es generalizadora y se desarrolla alrededor de lo inerte, de lo quieto, de lo material. Todas estas consideraciones son muy diferentes del concepto de intuición, que representa la forma y el camino para llegar a la aprehensión de la realidad vi viente, es decir, al tiempo vivo. Sólo con ella se es capaz de llegar a aprehender la duración real, la inmediatez verdadera del movimiento; en resumen: la vida. El otro pilar de la filosofía de Bergson es el *élan vital* (impulso vital): ese algo dinámico y creador que evoluciona en el tiempo; es la fuente y la fuerza de la vida y lo que le da su explicación, entendimiento al cual no se llega a través de la inteligencia sino por medio de la intuición. Sus principales obras son: *Ensayo sobre los datos inmediatos de la conciencia; Materia y memoria; La evolución creadora; La energía espiritual; Las dos fuentes de la moral y de la religión.*

BERKELEY, George (1685-1753). Filósofo irlandés, nacido en Dublín. Obispo anglicano de Cloyne. Murió en Oxford. Su filosofía está marcada por el sentimiento religioso. Se le considera continuador de Locke, aunque Berkeley se preocupa más que éste por las cuestiones metafísicas. Representa a una de las formas más extremas de idealismo; es nominalista y excluye la posibilidad de existencia de las *ideas generales*. Sostuvo una disputa con Locke y Descartes acerca de las cualidades primarias y secundarias, ya que para él no existe la materia, pues su ser se agota en ser percibida y sus cualidades (primarias y secundarias) son subjetivas, como ideas o contenidos de la percepción. Sólo existe el yo espiritual. Entonces, carece de sentido hablar de causas de los fenómenos físicos, pues lo único que hay es relaciones entre las ideas. Esta nueva forma de idealismo se plasma en sus obras, que son las siguientes: *Essay Towards a New Theory of Vision; Tres diálogos entre Hylas y Filonús; Principios del conocimiento humano; Alciphron, or the Minute Philosopher; Siris.*

BERLIN, Sir Isaiah (1909). Historiador y ecritor británico reconocido por sus escritos de filosofía política. Esta tiene que ver con la libertad y el libre proceder en las sociedades totalitarias y mecanicistas. sus principales obras son: *Karl Marx: su vida y entorno; Inevitabilidad histórica; La era de la ilustración; Cuatro ensayos sobre la libertad; Contra corriente.*

BERNARDO DE CHARTRES (Bernardus Carnotensis) (m. en 1130). Primer filósofo maestro de la llamada escuela de Chartres. Sus fuentes son muy diversas: Platón ante todo; Séneca, san Agustín y el pitagorismo. Intentó conciliar las doctrinas de Platón con las de Aristóteles. Fue uno de los primeros filósofos en hacer análisis desde el punto de vista lógico-lingüístico y perteneció a la escuela realista. En su ontología jerárquica están, en primer lugar Dios; luego, las ideas eternas o modelos de las cosas; y, por último, la materia. Ésta ha sido creada de la nada y, al unirse con las ideas nativas, originan las cosas singulares. Puede afirmarse que era ecléctico, tal vez por su gran erudición. No se conservan sus escritos, pero puede encontrarse información sobre su doctrina filosófica en Juan de Salisbury y en Thierry de Chartres, su discípulo. **V. Chartres, escuela de.**

BICONDICIONAL Nombre de la conectiva lógica «si y sólo si»; puede simbolizarse = ó $\leftrightarrow$, entendiéndose por este último símbolo la fusión de la implicación ($\rightarrow$) en ambos sentidos. $P \leftrightarrow Q$ se lee: «P» si y sólo si Q.

BIEN En la actualidad se define como el valor supremo hacia el cual se dirige lo bueno. Acerca del bien hay tantas concepcio-

George Berkeley

nes como tendencias filosóficas y posiciones éticas. La concepción subjetiva lo define como un valor sicológico; la concepción objetiva, en la cual el bien es visto en cuanto objeto formal, lo define en un lenguaje que pertenece al campo de la lógica. También se ha entendido como realidad metafísica, como realidad física y como realidad moral. Platón consideraba el bien como idea absoluta, o «idea de las ideas, más allá del ser». Aristóteles distinguió formalmente el bien puro y simple, del bien relativamente a otra cosa; en esta división, el bien puro y simple no equivale al bien absoluto. Para Aristóteles, cada cosa puede tener su bien, es decir, su perfección. También este filósofo divide el bien en *natural* y *convencional*. El primero de ellos es universal e inalterable, aunque no se excluye que pueda cambiar, por estar sometido al desarrollo de la naturaleza. El bien «es algo apetecible porque hay algo apetecible. Es lo que todas las cosas apetecen». Y se pregunta si es la idea de una cierta cosa separada, o si se encuentra en todo cuanto existe (bien común o real). En san Agustín, bien y ser son una y la misma cosa, afirmación ésta aceptada por muchos filósofos medievales de tendencia realista. Así, se niega una entidad al mal, que es su opuesto, o alejamiento del ser, es decir, del bien, que es la luz de todas las cosas: el *Summum bonum* o Dios. De Él participan el hombre y todas las cosas creadas. Entonces, el bien se convierte en uno de los trascendentales, al ser considerado «convertible con el ser, con lo verdadero y con lo uno». Para Kant, el bien moral es el bien sumo. En su sistema hay una estrecha relación entre el bien metafísico y el bien moral. Por su parte, Spinoza, influido por los estoicos, considera el bien como algo subjetivo, porque lo bueno de cada cosa es la conservación y persistencia de su ser y porque no apetecemos algo porque juzgamos que es bueno, sino que juzgamos que es bueno porque nos movemos hacia ello, lo queremos, apetecemos y deseamos. Para los partidarios de las morales materiales, el bien sólo se halla incorporado a realidades concretas; en cambio, las morales formales (Kant, especialmente) reducen el bien a un bien o a un tipo de bienes concretos. Para Scheler hay una posibilidad de aprehensión *a priori* intuitivo-condicional de las realidades que se califican de buenas y malas. En resumen, el bien puede considerarse o como un ser, o como la propiedad de un ser, o como un valor. En la ética contemporánea generalmente se considera como un valor, como uno de los valores morales. Scheler dice: «Siéndonos dada la superioridad de un valor, es moralmente bueno el acto realizador de valores que coincide, con arreglo a su materia de valor intentada, con el valor que ha sido *preferido* y se opone al que ha sido *postergado*. El valor bueno es el que se vincula al acto realizador que ejecuta un valor positivo, dentro del grado más alto de valores». Para expresar esto, tuvo que haberse organizado jerárquicamente los valores y haberse afirmado la idea de que los valores son irreductibles a otras realidades.
V. valor.

BLOCH, Ernest (1855-1977). Filósofo marxista alemán; profesor en las universidades de Estrasburgo, Leipzig y Tubinga. Editor de la revista *Anales de historia económica y social*, la cual se convirtió en la más importante del siglo XX en su género. Medievalista especializado en la historia de las sociedades rurales. Fue amigo personal de G. Lukács y de Walter Benjamin. Su marxismo es de evidente origen hegeliano, aunque nunca quiso afiliarse al partido comunista; fue jubilado de la Universidad de Leipzig, después de la aparición de su obra dedicada a Hegel, acusado de contrarrevolucionario y revisionista; por esto, en 1961, aceptó pasar de la antigua República Democrática Alemana a la Universidad de Tubinga, en la República Federal de Alemania, donde fue profesor hasta su muerte. Su concepto de la historia se basa en que es necesario estudiar el pasado con la vista puesta en el presente. A partir de las ideas de Hegel y de Marx desarrolló una filosofía propia sobre la esperanza y la utopía. Hay, según él, infinitos futuros posibles y la historia está abierta al hacer del hombre, al tiempo que éste añade al futuro su propia temporalidad: la meta final de la historia se halla oculta en las intenciones del hombre.

Considera, desde un punto de vista antropológico, que el hombre es un ser corpóreo e impulsivo, pero que los impulsos se presentan en diversos grados, de los cuales el primero y fundamental es el instinto de conservación; el deseo de satisfacción de los anhelos constituye los afectos, de los cuales, el más importante para Bloch, es la esperanza; el tema de la filosofía se halla tan sólo en el *topos* de un devenir inconcluso y sometido a leyes, dado en la conciencia figurativa y en el mundo del saber; Bloch dice: «Ha sido el marxismo el que por primera vez ha descubierto científicamente ese *topos* y lo ha descubierto en el tránsito del socialismo desde la utopía de la ciencia». Analiza especialmente los desarrollos de la utopía, depositaria de la espera y la esperanza a lo largo de la historia y las encuentra en la religión judeo-cristiana en cuanto anticipadora de esperanzas, alentadoras de rebeldías y hacedora de herejes. Dice: «Lo mejor de la religión es que produce herejes». Afirma que sólo un ateo puede ser un buen cristiano, «...pero ciertamente también, sólo un cristiano puede ser un buen ateo». Sus principales obras son: *Espíritu de la utopía; El principio esperanza; El ateísmo en el cristianismo*.

BLONDEL, Maurice (1861-1949). Filósofo francés, nacido en Dijon. Representa el pragmatismo dentro del pensamiento católico. Su trabajo filosófico se centra principalmente en lo que él llamó *filosofía de la acción*. Su punto de partida es la pregunta de si la vida humana tiene sentido y el hombre tiene un destino. La acción, por consiguiente, es la única solución que da el hombre al problema de su vida, ya que inevitablemente está *condenado* a la vida, a la muerte, a la eternidad, sin haber tenido conciencia y sin haberlo deseado; por eso la acción más que un hecho es una necesidad. Para Blondel la acción lleva a la aceptación de la visión de Dios, de tal forma que esta acción hace que la divinidad pueda entrar en el interior de la persona humana. Se opone al intelectualismo y al fideísmo, de ahí su crítica del escolasticismo. Su obra capital es su tesis doctoral titulada *La acción. Ensayo de una crítica de la vida y de una ciencia de la práctica*. Otras obras de importancia son: *El problema de la filosofía católica; El pensamiento; La filosofía y el espíritu cristiano*.

BOCARDO Palabra nemotécnica usada en la escolástica para designar el quinto de los seis modos del silogismo de tercera figura, que consta de una premisa particular negativa, de una premisa universal afirmativa y de una conclusión particular negativa; ejemplo: «Alguna mujer no es árbol; toda mujer es animal; luego algún animal no es árbol». Corresponde a la siguiente ley de la lógica cuantificacional elemental:

$$((\exists x)(Gx .\sim Hx).(x)(Gx \supset Fx)) \supset (\exists x)(Fx .\sim Hx)$$

Usando las letras S, P y M de la lógica tradicional, Bocardo se expresaría así:

$$(MoP . MaS) \supset SoP$$

BODIN, Jean (1530-1596). Jurista y político francés. En su teoría política expresa las bases fundamentales sobre las cuales debe construirse una monarquía atemperada por los Estados Generales. Tuvo una visión muy avanzada de lo que en su concepto debe ser la vida económica de los Estados. Su obra principal es el tratado *De la república*.

BOLYAI, Janos (1802-1860). Matemático húngaro. Alrededor de 1825 solucionó el problema de las paralelas, hecho que causó la admiración de Gauss, y se constituyó así en uno de los tres descubridores de la *geometría no euclidiana hiperbólica*, junto con el propio Gauss y con Lobatchevski, cada uno de ellos por sus propios medios y por separado. Igual que los otros dos matemáticos citados anteriormente, sustituyó el teorema de Euclides que dice: *«Por un punto B no situado sobre la recta* a *pasa una y sólo una recta perteneciente al plano aB que no se encuentra con* a*»*. Esta recta es la *recta paralela* a a, por el siguiente postulado: *«Por un punto B, no situado sobre la recta* a, *pasan dos, y por consiguiente infinitas paralelas a la recta* a*»*; lo que expresaremos más claramente así: «Si por *B* pasan dos rectas del plano que no se encuentran con *a*, queda automáticamente demostrado que pasan infinitas».

BONDAD Propiedad del ser que dirige sus actos hacia el bien. La bondad puede ser permanente y momentánea, y es materia de la sicología y de la ética, principalmente. También se habla de la *bondad de un razonamiento*, cuando su planteamiento es correcto o apropiado, es decir, cuando coincide con su objeto y admite la prueba.

BONUM Palabra latina que designa el bien, lo bueno. **V. bien, bueno**.

BOSSUET, Jacques (1627-1704). Filósofo e historiador francés, nacido en Dijon. Proclama la incompatibilidad de la revelación y la filosofía natural; descubre en la religión la explicación de la historia por la intervención continua y ordenadora de la Providencia. Se interesó también por los problemas de la moral y del derecho, utilizándolos para defender la ortodoxia católica y para perseguir lo que, para él, era el error.

Jacques Bossuet

BRENTANO, Franz (1838-1917). Filósofo austríaco nacido en Maremberg. En su filosofía busca la forma de establecer una conexión entre la filosofía antigua, en su raíz más pura y auténtica, y la moderna, partiendo de dos disciplinas, la sicología y la ética, y toma como modelo las ciencias de la naturaleza. Brentano es uno de los creadores de la filosofía de los valores. Condena la filosofía idealista desde Kant hasta Hegel y como contraposición se basa en la tradición de Descartes, Leibniz, santo Tomás y, sobre todo, de Aristóteles. Recoge la actitud positiva de su tiempo sin lanzarse a construcciones mentales y vuelve a un punto de vista de oposición al idealismo, al que llama *punto de vista empírico*. Su método no es empirista en el verdadero sentido de la palabra (observar los hechos, abstraerlos para luego sacar conclusiones generalizadas); es un empirismo de otro tipo, no trata de generalizar sino de encontrar la esencia de los fenómenos. Este método fue perfeccionado por su alumno Husserl, quien planteó la fenomenología. Entre sus libros están: *El origen del conocimiento moral*, que dio origen a la *Teoría de los valores; La doctrina de Jesús y su significado permanente; Sicología desde el punto de vista empírico*.

BRUNO, Giordano (1548-1600). Filósofo italiano, nacido en Nola. Perteneció a la orden de los dominicos, pero al ser acusado de herejía, la abandonó y se dedicó a viajar por diferentes países europeos. Al volver a Italia fue encarcelado por la Inquisición, y quemado por no haber querido retractarse de sus doctrinas. Su doctrina es panteísta y sostiene la inmanencia de Dios en el mundo. Dios es la coincidencia de los opuestos, el alma del mundo, la causa inmanente. Usa el concepto de *natura naturans* como naturaleza creadora, en oposición a la *natura naturata* o mundo de las cosas producidas. El Dios trascendente es tan sólo objeto del culto y la adoración; en cambio, el Dios de la filosofía es armonía universal y causa inmanente. El universo es infinito, aun en su materialidad; es belleza, momentos de la vida divina, riqueza y multiplicidad. Esta descripción coincide con el espíritu del Renacimiento. Afirma la indivisibilidad y eternidad de las unidades vitales individuales, las cuales se combinan infinitamente para producir la armonía del universo. Usa el concepto de mónada fundamental, en el sentido de alma del mundo. Las cosas individuales son *circunstancias* o particularizaciones de la sustancia divina. Sus principales obras son: *De l'infinito, universo e mondi; De la causa, principio e uno; Degli eroici furori; De triplici minimo et mensura; De monade, numero et figura; De inmenso et innumerabilibus*. **V. alma del mundo, Cusa, Nicolás de, doble verdad,** *natura naturans, natura naturata.*

BUDISMO Más que una religión, el budismo es una filosofía de la vida. Fue fundado por Gautama, después llamado Siddhartha, que significa *el que ha alcanzado su propósito*. Su doctrina se basa en seis leyes: (a) el noble sendero que consiste en la recta creencia, la recta resolución, la recta palabra, la recta acción, la recta vida, la recta aspiración, el recto pensamiento y la recta meditación. Al conjunto de estos mandatos se lo llama sendero óctuple; (b) el deseo es el origen del sufrimiento, por tanto se debe buscar su aniquilación; (c) no hay sustancia permanente ni Dios que gobierne al mundo. Hay *factores de existencia innumerable* (*dharma*) que se originan en mutua dependencia funcional y, luego, se desvanecen; (d) hay una ley inmanente de la causalidad moral o *karma*, que es el premio o castigo que se recibe en una nueva vida (reencarnación); (e) hay un origen periódico y una destrucción periódica del mundo; (f) creencia en un yo permanente.

BUFFON, Georges Louis Leclerc (conde de) (1707-1788). Escritor y naturalista francés, nacido en Montbard, cuyo principal mérito consiste en la popularización, mediante sus obras, de los conocimientos científicos de su tiempo. Es también conocido por su teoría evolucionista de la formación y del desarrollo del universo. Sus principales obras son: *Historia natural; Las épocas de la naturaleza*. **V. evolucionismo.**

BUENAVENTURA, san (Juan de Fidanza) (1221-1274). Filósofo y teólogo italiano, nacido en Bagnorea de Toscana; pertenecía a la orden franciscana. Fue discípulo de Alejandro de Hales y su sucesor en la cátedra de París; también fué gran

Georges Louis Leclerc Buffon

amigo de santo Tomás. Murió cuando participaba en el Concilio de Lyon. Se le ha dado el nombre de *Doctor Seraphicus*. Se formó en las doctrinas de san Agustín, san Bernardo y los victorinos, y es un continuador de la mística especulativa del siglo XII. Sus tesis afirman que Dios es el fin del conocimiento, el cual, después de superar diversos modos y grados, culmina en la unión mística. Dios se nos revela en la naturaleza y, de un modo más inmediato, en nuestra propia alma cuando la gracia comunica las tres virtudes teologales. También se conoce a Dios directamente en su ser, en su bondad; este conocimiento culmina en la contemplación extática o *ápice de la mente*. Para la demostración de Dios acepta la prueba de san Anselmo. El hombre es causa eficiente de sus actos mentales, por lo cual se opone a la doctrina averroísta de la unidad del entendimiento. El mundo ha sido creado en el tiempo, en contradicción con la creación *ab eterno* que cree posible santo Tomás. Sus principales obras son: *Comentarios a las sentencias; Quaestiones disputatae; De reductione artium ad theo-*

logiam; Breviloquium; Itinerarium mentis in Deum.**V. virtudes teologales.**

BUENO Todo aquello que concuerda o coincide con la idea del bien, y que persigue el bien como objeto.**V. bien.**

BUNGE, Mario (1919) Filósofo argentino, nacido en Buenos Aires. Dedicó su trabajo a la filosofía de la ciencia y fue profesor de física teórica y de filosofía en la universidad de su ciudad natal. Examinó el principio de causalidad y su función en la ciencia moderna. Defensor del determinismo generalizado para sustituir los modos no causales de determinación. También fue partidario del realismo crítico en la discusión de los problemas de la filosofía de la física contemporánea y planteó la posibilidad de una ética científica. Es importante su análisis de los diversos modos de intuición que se producen en el proceso de la investigación científica. Se preocupó por la pedagogía de la ciencia dirigida a las masas populares, en el sentido de producir medios de comunicar los conocimientos de una manera más accesible en lo que respecta al lenguaje. Sus principales obras son: *La edad del universo; La causalidad; Temas de educación popular; La ciencia; Ética y ciencia.*

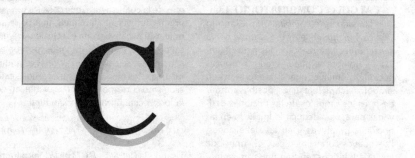

C En lógica medieval se utilizó esta letra nemotécnica para designar el segundo modo de la primera figura (*celarent*). También designa al tercer objeto de una serie.
V. celarent.

CÁBALA (del hebreo *kabalah* = tradición). Una de las fuentes de la filosofía judaica medieval, según la cual, Dios es inaccesible al conocimiento, ya que es la negación de la determinación. Los *números* (*sephirot*) son los rayos que emana la luz divina concentrada y forman los seres intermedios y el mundo. Personifica las fuerzas de la naturaleza en la jerarquía de los ángeles y de los demonios. La sabiduría (*sephir*) y la inteligencia (*logos*) constituyen con Dios las primeras tres hipóstasis y, así mismo, el mundo invisible, que es modelo del mundo visible. Estos mundos están ligados por el amor recíproco. Durante el Renacimiento, Pico della Mirandolla trató de unificar y organizar la Cábala con el objeto de hacer que sirviera de guía para la interpretación de las Sagradas Escrituras. **V. Pico della Mirandolla**.

CAÍDA Creencia según la cual el alma humana cayó de un estado originario de perfección por no haber practicado el bien. Dios dejó en manos de la voluntad del hombre esta práctica, pero hizo mal uso de esa libertad. Solamente mediante el buen uso de la libertad, el hombre, después de soportar agobiantes pruebas, podrá regresar a la armonía original. Tal creencia ha sido sostenida desde Platón y Plotino y, posteriormente, por los neoplatónicos, el nosticismo y los padres de la Iglesia oriental.

CALCIDIO Filósofo latino cuyo florecimiento se dio alrededor del año 350 de nuestra era. Su *Comentario* al *Timeo* platónico influyó grandemente durante la Edad Media y se basó tanto en ideas platónicas, como en conceptos judíos y cristianos, por lo cual puede considerarse ecléctico. En su *Comentario* discute temas como el origen del mundo, el cielo, la materia y el lugar que ocupa el alma en el cuerpo.

CÁLCULO Todo método o procedimiento deductivo adecuado para efectuar inferencias sin recurrir a datos de hecho. En la lógica, el cálculo se define como un sistema de signos no interpretados, a diferencia del lenguaje (lógico), el cual se define como un sistema de signos interpretados. El estudio del cálculo pertenece a la *sintaxis*, rama de la metalógica. Los elementos sobre los cuales se construye un cálculo son los siguientes: (a) los signos del cálculo que pueden ser primitivos o definidos; (b) las expresiones o fórmulas de cálculo, las cuales pueden ser *expresiones bien formadas* obtenidas según *reglas de formación*; o *teoremas de cálculo* que son las últimas fórmulas bien formadas de una prueba en un cálculo determinado. Varios filósofos se han ocupado del cálculo: Hobbes definía la razón misma como un cálculo o cómputo «de los nombres generales convenidos para la caracterización y significación de nuestros pensamientos». Para Leibniz, el cálculo filosófico es el instrumento de la invención conceptual, pues lo identificaba con la ciencia universal o *característica* universal.

CÁLCULO COMBINATORIO También llamado *arte combinatoria*. Como lo explica Leibniz en su obra *Fundamenta calculi ratiocinatoris*, todos los pensamientos del hombre se pueden reducir a pocas nociones primitivas que, si se expresan con símbolos (caracteres), es posible formar después los símbolos de las nociones derivadas para, así, deducir lo implícito en las nociones primitivas y en las definiciones. Los nuevos conocimientos y el control de los ya adquiridos tendrán una certeza matemática y las experiencias para desarrollos ulteriores del conocimiento podrán ser determinadas con anticipación. Esta tesis de Leibniz es el origen histórico inmediato de la lógica simbólica.

CÁLCULO HEDONÍSTICO De manera general, para los hedonistas, el placer es el mayor bien, que se obtiene cuando se logra la posesión del objeto que lo proporciona. Como hay diversas clases de placer, según algunos hedonistas el mayor bien es el que proporciona felicidad, no solamente al individuo que lo experimenta sino también al prójimo y, por esto, se distingue entre los placeres los que son altruistas, los cuales, cuando son bien entendidos, se proyectan hacia el logro de un aumento de la felicidad del prójimo, lo que requiere que el sujeto de los placeres haga un cálculo de ellos. A este proceso se denomina cálculo hedonista y es una especie de teoría moral de los placeres. De modo particular, se denomina cálculo hedonista a la tabla completa de los impulsos de la acción humana que Bentham, en su obra *Principios de moral y legislación*, elaboró para que sirviera de base al derecho positivo; determina la medida del placer y del dolor; clasifica las especies de placer y dolor y también distingue y clasifica las sensibilidades al placer y al dolor en los individuos. Bentham parte del principio de que el placer y el dolor son mensurables y, por tanto, pueden ser sujetos de cálculo. Ese cálculo debe referirse a la intensidad, duración, certeza y proximidad, fecundidad y pureza del placer y del dolor.
V. Bentham, hedonismo.

CALEMES Con este nombre se designa uno de los modos válidos de los silogismos de la cuarta figura, que consiste en una premisa universal afirmativa, una premisa universal negativa y una conclusión universal negativa; ejemplo: «Si todos los árboles son vegetales y si ningún vegetal es mineral, entonces ningún mineral es árbol». Este silogismo corresponde a la siguiente ley de la lógica cuantificacional elemental:

$$((x)\ (Hx \supset Gx)\ .\ (x)\ (Gx \supset \sim Fx)) \supset (x)\ (Fx \supset \sim Hx)$$

Usando las letras S, P y M de la lógica tradicional, puede ser expresado mediante el siguiente esquema:

$$(PaM.\ MeS) \supset SeP$$

CALENDES Palabra nemotécnica usada por la *lógica de Port-Royal* para indicar el sexto modo del silogismo de primera figura (*celantes*), con la modificación de tener por premisa mayor la proposición en la que entra el predicado de la conclusión; ejemplo: «Todos los sueños son construcciones inconscientes; todas las construcciones inconscientes son saludables; luego ninguna de las construcciones que son inconscientes es un sueño no saludable».

CALVINO, Juan (1509-1564). Sacerdote y reformador francés, nacido en Noyon. Después de estudiar en París hebreo y profundizar en las obras de los padres de la Iglesia, se unió a la causa de la Reforma, que aplicó en Ginebra a donde fue llamado para ese fin; la misión cumplida tan estrictamente generó la rebelión de los llamados «libertinos» y la consiguiente expulsión de Calvino y sus seguidores. Se opuso a los luteranos, problema que ocasionó la división de la Iglesia evangélica en luteranos y reformados o futuros presbiterianos. Para Calvino, el predominio de la «gloria de Dios» es absoluto y la salvación o condenación dependen por entero de su absoluta soberanía; hay una predestinación absoluta, pues el hombre está preordenado desde siempre en la voluntad divina. La libertad o albedrío es «sierva» de la voluntad de Dios y sólo el Espíritu Santo puede otorgar la fe

Juan Calvino

por la cual se alcanza el «renacimiento». Sin el testimonio del Espíritu Santo no es posible la interpretación de la Biblia, y los sacramentos del bautismo y la eucaristía son los medios que los hombres tienen para realizar su unión en la comunidad de Jesucristo. Es necesario conocer los «signos de Dios» para saber quién está predestinado y, según los calvinistas, uno de esos signos o señales es la «recompensa económica». Esto nos explica en alguna medida por qué hubo gran desarrollo industrial y comercial en las regiones que recibieron la influencia del calvinismo y la gran relación que ha habido históricamente entre el capitalismo y el calvinismo. Las principales obras de Calvino son: *Christianae religionis Institutio* (1536), su obra capital; *De necessitate reformandae ecclesiae*; *Commentaires sur la concordance ou harmonie des evangélistes*

y numerosos comentarios al Antiguo y Nuevo Testamentos.

CALVO (argumento del) V. sorites.

CAMBIO V. devenir, movimiento.

CAMBRIDGE (escuela de) Escuela que floreció durante el siglo XVII y tuvo como integrantes principales a Ralph Cudworth y Henry More; otros de sus notables integrantes fueron Nathaniel Culverwel, Richard Cumberland, John Smith, Edward Stillingfleet y Benjamin Whichcote, principalmente. De tendencia neoplatonista, la filosofía de esta escuela supone la existencia de *naturalezas plásticas* y diversas jerarquías espirituales en la creación del mundo físico. La naturaleza es concebida por ellos como un organismo penetrado por las naturalezas plásticas o fuerzas formadoras dando un carácter espiritual a lo orgánico, como un alma o espíritu del mundo. De esta manera buscan estos filósofos solucionar la separación cartesiana entre lo pensante y lo extenso. La escuela defendió especialmente y con gran fuerza el innatismo; en este aspecto, es famoso el enfrentamiento que sostuvo con filósofos contrarios a esta escuela, en especial con Locke. Se conoce con el nombre de *Escuela analítica de Cambridge* (Cambridge School of Analysis), a las tesis comunes de los pensadores analíticos de Cambridge, de las cuales, las más importantes son las siguientes: (a) todo problema debe ser sometido al análisis; (b) invalidez de la metafísica; (c) toda posición sintetizante o intuitiva debe ser rechazada; (d) todo hecho o tesis debe aclararse mediante la aplicación del análisis. Estas posiciones son más metódicas que filosóficas y su aporte ha sido muy importante, también, para el desarrollo del análisis del lenguaje, la filosofía crítica y la consideración de la filosofía como una actividad y no como una mera especulación, G. E. Moore uno de sus principales representantes, influyó grandemente en Bertrand Russell, Wittgenstein, Ayer, K. Britton, C. A. Mace, John Wisdom. **V. innatismo, Locke.**

CAMESTRES Palabra nemotécnica usada por los escolásticos que designa uno de los modos válidos de los silogismos de la segunda figura y que consta de una premisa universal afirmativa, de una premisa universal negativa y de una conclusión universal negativa; ejemplo: «Todas las piedras son minerales; ningún animal es mineral, luego ningún animal es piedra». Este silogismo corresponde a la siguiente ley de la lógica cuantificacional elemental:

$$(x)\ (Hx \supset \sim Gx) \cdot (x)\ (Fx \supset \sim Gx)) \supset (x)\ (Fx \supset \sim Hx)$$

Usando las letras S, P y M de la lógica tradicional, puede expresarse mediante el siguiente esquema:

$$(PaM \cdot SeM) \supset SeP$$

CAMPANELLA, Tomaso (1568-1639). Este filósofo italiano del Renacimiento, perteneciente a la orden dominica nacido en Stilo, fue perseguido en varias ocasiones por la Inquisición, que lo acusaba de herejía. Influyeron en su pensamiento las teorías de Platón, a la vez que el animismo y el naturalismo. Defendió a Telesio y se opuso a Aristóteles. Es importante su idea de la *doble revelación* (revelación positiva y revelación natural) y, en gran medida, su metafísica del conocimiento que plantea el hecho de que cada hombre tiene conocimientos distintos sobre las cosas, debido a que el conocimiento sensible es dado por la relación que se establece entre el sujeto y el mundo externo, de manera que el saber se diferenciaría de unos a otros sujetos de acuerdo con su percepción sensorial. Esta identificación sujeto-objeto y el conocimiento que de ella resulta, se distingue del conocimiento intelectual porque el alma puede elevarse desde el saber que ella posee de sí misma hasta la contemplación de las ideas y, por último, a la contemplación de Dios. Se produce entonces una relación de tránsito continuo del alma hacia la divinidad y el recíproco de la divinidad hacia el alma. En la fase recíproca, se dan las tres categorías pertenecientes a Dios: sabiduría, amor y poder. Esa doctrina del poder es la base de la reforma política y religiosa que se propone Campanella al plantear la necesidad de una monarquía universal a cuya cabeza estaría el Papa, organización que propuso llevarla a cabo bajo la tutela papal a los reyes de España (en primer lugar) y de Francia. Sus principales obras son: *De sensitiva rerum facultate*; *Philosophia sensibus demonstrata*; *De monarchia christianorum*; *Città del Sole*; *Theologia*; *Metaphysica*; *Philosophia rationalis*; *Philosophia realis*.

CAMPO Noción que supone la idea de continuidad, que explica los fenómenos por la estructura total de un conjunto físico. **V. continuidad.**

CAMPS, Victoria Profesora de la Universidad Autónoma de Barcelona; se ha dedicado principalmente al estudio de la filosofía analítica y de los problemas del lenguaje ético y religioso. Sobre esas cuestiones y otras afines ha publicado numerosos artículos así como el libro *Los teólogos de la muerte de Dios* (1968). Contribuyó en el volumen *Sociología de la religión y teología*, en 1975, año en el que obtiene su doctorado con la tesis «Sobre pragmática del lenguaje y filosofía analítica». En su libro *Ética, retórica y política* Victoria Camps aboga por un discurso ético más cercano a la práctica, por unos principios más adaptados a las circunstancias y por una forma

Tomaso Campanella

que no retroceda ante la materialidad de los contenidos. Aunque las normas éticas aspiren a ser universales, afirma, nunca alcanzarán esa meta.

CAMUS, Albert (1913-1960). Escritor, premio Nobel de literatura en 1957, periodista y pensador francés, nacido en Mondovi, distrito de Constantina, en Argelia. Su padre murió cuando él tenía apenas un año; su madre tuvo que educarlo con el poco dinero que ganaba como criada. Fue profesor de filosofía en París y amigo de Sartre con quien se originaron varias disputas de carácter ideológico, en primer lugar por la posición tomada por Camus ante la guerra de liberación de Argelia, en la que no quiso tomar partido y, en segundo término, por sus reservas hacia la ideología marxista, a la cual adhirió y más tarde renunció por los motivos que claramente explica en su obra *El hombre rebelde*; en ésta afirma que es inmenso y amargo su desengaño al ver la forma en que una rebelión legítima «se transforma en lo opuesto al hombre concreto e individual»; en el sentido hegeliano, la justicia absoluta mata la justicia personal. Cofundador y director de la revista *Combat* y director de Gallimard

Albert Camus

en París. Es uno de los principales representantes, posteriores a Sartre, del existencialismo francés. Utilizó la literatura como medio de expresión de su filosofía, que es a la vez su propio sentir. Su posición es enérgica, clara y consciente en cuanto a su afirmación de que la humanidad, por estar sola, sin Dios ni la fraternidad de Cristo, debe optar por la justicia inmediata, como universalización del instinto ético que está implícito en todos los seres humanos. En *La peste* afirma que no hay que colaborar con el mal (ser *portador de gérmenes*). Camus murió en un accidente cerca de Sens, en Francia. Sus principales obras son: *El extranjero*; *La peste*; *El exilio y el reino*; *El hombre rebelde*; *Calígula* (teatro); *El mito de Sísifo*.

CANON Norma, regla, precepto o criterio de elección para cualquiera de los campos del conocimiento, del arte o de la acción. El primero en utilizar este término con el sentido que aquí se asigna fue Epicuro, quien, según Diógenes Laercio, denominó canónica a la ciencia del criterio, es decir, a la sensación en el dominio del conocimiento y el placer en el dominio de la praxis. Stuart Mill, en su *Lógica*, define el canon como el conjunto de reglas que expresan los cuatro métodos de la investigación experimental (concordancia, diferencia, residuos y variaciones concomitantes). Para Kant, canon es el uso recto de cualquier facultad humana, de manera que la lógica general debe ser un canon para el entendimiento y para la razón en lo que respecta a la forma, y la lógica trascendental es el canon del entendimiento puro; por otra parte, el conjunto de principios *a priori* del recto uso de determinadas facultades cognoscitivas en general constituye el canon de la razón pura.

CANTIDAD Propiedad que separa al ser corpóreo de los demás, en virtud de la cual un cuerpo puede dividirse en partes individuales independientes, de la misma naturaleza que el todo. Su consecuencia más importante es la *extensión*, por la cual las partes de un ente corpóreo están en el espacio, unas junto a otras, y corresponden a las partes del mismo espacio. También se puede entender cantidad como *magnitud*, para designar aquello de lo cual se predica ser grande o pequeño. En lógica, la *cantidad de un concepto* se refiere a la extensión del sujeto, el cual determina la *cantidad del juicio*. Los juicios, en este sentido, pueden ser *universales, particulares* y *singulares*. Para Aristóteles, una de las categorías es la cantidad, que responde a la pregunta *¿cuánto?* La cantidad es «lo divisible en dos o varios elementos integrantes, cada uno de los cuales es, por naturaleza, una cosa única y determinada». En el neoplatonismo, especialmente en Plotino, la cantidad también se considera como una categoría, pero del mundo sensible. Para la escolástica, lo que propiamente existe es la sustancia –no la cantidad– en su *quantum o substantia quanta*. Para Descartes, la cantidad es igual a la sustancia extensa; para Kant, no es una categoría sino una forma de la mente que puede entenderse en varios sentidos: (a) como cantidad de los juicios; (b) como categoría; (c) como magnitud o *cantidad intensiva*. Para Hegel, el concepto de cantidad es de contenido metafísico, pues, tomada como *cantidad pura*, puede ser una característica del absoluto, ya que la cantidad no es determinada, característica que la distingue de la magnitud. En la matemática moderna, Russell ha afirmado que el orden y no la cantidad es la noción principal de la matemática. **V. cuantificación, cuantificador.**

CANTIDAD DE LAS PROPOSICIONES El neoplatónico Apuleyo llamó por primera vez cantidad a la división de las proposiciones en universales y particulares, individuales e indefinidas. En *Crítica de la razón pura*, Kant redujo a tres las clases de juicios según la cantidad y, precisamente, a las proposiciones universales, particulares e individuales. En sus *Lecturas sobre lógica*, Hamilton habló, así mismo, de la cantidad de los conceptos, distinguiendo entre la cantidad intensiva, que es la intensión o comprensión, y la cantidad extensiva, que es la extensión o denotación. **V. cantidad.**

CANTOR, Georg (1845-1918). Matemático ruso, nacido en San Petersburgo. Fue profesor de la Universidad de Halle. Construyó la *teoría de los números transfinitos* o teoría de los conjuntos, de gran trascendencia en la matemática y en la lógica. Su obra se reúne bajo el título *Gesammelte Abhandlungen Mathematischen und Philosophischen inhalts*. **V. continuidad.**

CAOS Término que en su origen griego significa abismo abierto. Designa el estado de desorden existente antes de la creación o formación del mundo; a partir del caos se inicia la formación de éste. Esta tesis fue aceptada por Hesíodo y refutada por Aristóteles, quien admitía la eternidad del mundo. Kant utilizó el término caos para designar el estado originario de la materia; en su *Historia general de la naturaleza y teoría del cielo* sostiene que de este estado se produjeron u originaron los mundos.

CAPADOCIOS Nombre que comparten los teólogos san Basilio el Grande, san Gregorio de Nisa y san Gregorio Nacianceno, quienes aclararon los dogmas de la teología que más tarde sería la base del pensamiento católico. Trataron de conciliar la fe con la razón, teniendo en cuenta las posibilidades del hombre; lucharon por medio de sus tesis contra el excesivo racionalismo, y en especial contra el arrianismo. Influyeron notablemente en la mística medieval y en el concepto de la naturaleza, en cuanto obra armónica creada por Dios. Los tres teólogos nacieron en Capadocia, de donde se deriva su denominación.

***CAPITAL* (el)** Principal obra de Karl Marx basada en elementos de historia, sociología y economía. Consta originalmente de tres volúmenes publicados, el primero, en 1867; el segundo, en 1885; y el tercero, en 1895; la publicación del segundo y del tercero fue póstuma y se debe al interés que Engels puso en ello, puesto que, a la muerte de Marx, reunió todo el material, lo ordenó y preparó su edición. *El capital* cumple dos funciones específicas: darle al socialismo una base científica y exponer las leyes del modo de producción capitalista. Analiza el proceso de producción del capital y llega a la conclusión de que éste, constituido por dinero y mercancías, no es otra cosa que la acumulación del trabajo humano; a partir de esta tesis elabora una nueva interpretación racional de toda la economía. Marx descubre la tendencia a la acumulación capitalista que «transforma los medios de producción individuales y dispersos en medios de producción socialmente concentrados», lo cual proletariza a los pequeños productores y a los pequeños campesinos, situación que aumenta con la aplicación de la ciencia a la técnica, lo cual, a la vez, incrementa la opresión y la miseria de las clases trabajadoras y hace que esta clase se organice y discipline e inicie el proceso dialéctico, que llegará a su término con la negación de la negación (expropiación de los expropiadores), cuyo fin es la «metamorfosis de la propiedad capitalista en propiedad social». Marx explica las leyes del capital por medio de la *plusvalía* de las mercancías, concepto eje de la economía política marxista; esta plusvalía es el trabajo no retribuido que las mercancías encierran. En su aspecto filosófico, Marx aplica la dialéctica materialista como método de investigación de la realidad objetiva, como teoría del conocimiento y como lógica. Examina los estadios que pasan las contradicciones en el capitalismo, así como los procedimientos de solución, que formula en la siguiente ley: «El desarrollo de las contradicciones de una forma histórica de producción constituye el único camino histórico que conduce a su disolución y restructuración». Introdujo un enfoque historicista de la economía política, haciendo de ella una ciencia eminentemente histórica y no abstracta; asciende de lo abstracto a lo concreto y muestra que el nexo entre lo histórico y lo lógico no es lineal, puesto que el modo capitalista de producción modifica y subordina las formas económicas pasadas, por lo cual la lógica del análisis exige partir de lo básico y decisivo, que es el capital industrial. En *El capital*, Marx formula todos los principios del materialismo histórico, que encontró su desarrollo ulterior en Lenin.

CAPITALISMO Sistema económico en el cual los medios de producción y distribución de los bienes de consumo son poseídos y están controlados por la empresa privada. Está basado en la noción de *capital*, en sus dos principales acepciones: (a) *capital productivo*, que es el bien o instrumento mediante el cual puede obtenerse o producirse un bien de consumo; (b) *capital lucrativo*, que es todo cuanto genere a su propietario una renta, interés o beneficio, independientemente del trabajo que haya podido estar asociado a ese capital. El capital es, en general, un derecho sobre la cosa o instrumento y no el instrumento mismo; este derecho se convierte en algo tangible mediante su expresión monetaria. Marx llama capitalismo al sistema económico-político que se basa en la acumulación de capital producida por la acumulación de plusvalía (beneficio que recibe el empresario por el excedente que resulta de restar de lo producido realmente por el trabajador, lo que el empresario le paga por producirlo) y en la asociación de grandes empresas (*trusts*); estas condiciones generan la lucha de clases. Después de la primera mitad del siglo XX se ha ido admitiendo que el capitalismo se ha debilitado y que se impone una revisión, pues su teoría no corresponde ya a la estructura de los mercados, ni a la de los Estados. Francois Perroux, por ejemplo, es partidario de la *reforma de la empresa capitalista* considerada como una comunidad natural. **V. Keynes, Marx.**

CARÁCTER Marca, nota que caracteriza a un ser frente a todos los demás. Esta definición se aplica en general a todos los seres; pero sólo desde Teofrasto se aplica específicamente a los seres humanos. Kant distingue entre carácter empírico y carácter inteligible, entendido el carácter como una ley de causalidad de la causa eficiente; en el carácter empírico, sus acciones dependen por completo de otros fenómenos acordes con leyes naturales constantes; en cambio, en el carácter inteligible, el ser es causa de sus propias acciones y no puede ser considerado como fenómeno. Schopenhauer sostiene la misma tesis en lo relativo al carácter inteligible, voluntario y enteramente libre; su doctrina fue la base de varias de las teorías posteriores. En el marxismo se reconoce un carácter concreto de la verdad como una de sus propiedades, en que la verdad está condicionada a varios factores, tales como lugar y tiempo, los cuales es necesario definir con anterioridad para poder formular las proposiciones y establecer su veracidad o falsedad; es un enfoque histórico-concreto de la verdad. El concepto de carácter se usa especialmente en sicología, dentro de la cual su estudio conforma una rama científica denominada caracterología, especialmente desarrollada en sus comienzos por Julius Bahnsen, en quien es notoria la influencia de Schopenhauer; a lo largo del avance de esta ciencia de los caracteres, se ha ido contando cada vez más con ciencias auxiliares que determinan el influjo de las circunstancias exteriores al individuo mismo y de la constitución sicofisiológica de éste en la formación del carácter, por lo cual se ha salido del marco propiamente sicológico, lindando en muchos casos con la sociología y con la historia. **V. caracterología.**

CARACTERES Término utilizado por Richard Avenarius (1843-1896) dentro de su obra *Crítica de la experiencia pura* para designar a uno de los dos factores que componen el mundo de la experiencia y, precisamente, a aquel que se halla en las determinaciones emotivas, existenciales, prácticas y, en general, valorativas de los elementos que constituyen el otro factor de la experiencia misma. Son caracteres, entonces, el placer, el dolor, el ser, la apariencia, lo seguro, lo inseguro, etc., mientras que son elementos las sensaciones como sonidos, colores, etc. También, en su obra *Karactères Éthikoi* (319), Teofrasto se refirió a los caracteres desde un punto de vista moral y se considera como el primer autor en aplicar este término a los seres humanos.

CARACTERÍSTICA En los inicios de su carrera, Leibniz quiso hacer una lógica que sirviera para descubrir verdades, una *combinatoria universal (ars combinatoria)* y una *characteristica universalis* o lenguaje universal expresado en forma simbólica que permitiera usar a todos los mismos símbolos con el mismo significado. Estos dos recursos permitirían dar lugar a una ciencia universal que, desde su punto de vista, estudiaría las posibles combinaciones de los conceptos de un modo apriorístico y seguro, y que podría operar de una manera matemática para la investigación de la verdad, terminando así con «esas cansadoras polémicas con que las gentes se fatigan unos a otros». **V. cálculo combinatorio, Leibniz.**

CARACTEROLOGÍA Estudio de los caracteres que individualizan o distinguen a un ser de los demás; estudia también la formación y los cambios por los que pasa el carácter. Ya Aristóteles elabora en su *Ética* una caracterología, al exponer y valorar los modos de ser del hombre, establecer las diferentes maneras de almas con las virtudes y vicios que poseen; sus magníficas descripciones de los caracteres han legado términos de uso actual dentro de la caracterología, como son *magnanimidad, pusilanimidad,* etc. Se considera, sin embargo, como precursor de esta ciencia a Julios Bahnsen, quien recibió la influencia de Schopenhauer. Su obra, *Contribuciones a la caracterología, con especial consideración a las cuestiones pedagógicas,* fue el punto de partida de la aplicación de la caracterología más en la sicología que en la filosofía.

CARÁCTER POÉTICO Concepto utilizado por Vico en su obra *Ciencia nueva*, en sentido simbólico, para referirse a su tesis acerca de que los primeros seres humanos concibieron las cosas en su mente primitiva representándolas mediante «caracteres fantásticos de sustancias animadas y mudas», relacionadas con las ideas, para más tarde identificarlas con «caracteres divinos y heroicos, después explicados con palabras vulgares».

CARDINALES (virtudes) Platón, en la *República*, habla de cuatro virtudes, a saber: prudencia, justicia, templanza y fortaleza. Estas virtudes fueron denominadas por Aristóteles virtudes morales o éticas y, más tarde, por san Ambrosio *virtudes cardinales*. Cardinal debe tomarse en el sentido de principal y, según santo Tomás, la práctica de estas cuatro virtudes incluye a todas las demás, puesto que exigen la rectitud en el deseo y la disciplina del deseo. **V. Platón, virtud.**

CARIDAD Es uno de los significados que se les han dado al amor, especialmente en la doctrina cristiana, para la cual constituye una de las tres virtudes teologales (fe, esperanza y caridad), siendo la caridad superior a las otras dos. Para el agustinismo, la caridad es un amor personal, divino y humano, y siempre es buena y lícita. Esta concepción se conserva intacta a lo largo de los siglos hasta nuestros días en el cristianismo, en todas sus ramificaciones. **V. amor.**

CARLYLE, Thomas (1795-1881). Historiador escocés, nacido en Ecclefechan. Sus padres eran rígidos calvinistas, de donde parece haber salido su pesimismo, a pesar de más tarde haber abjurado de ese credo. Su teoría de los héroes o elegidos, en la que afirma que «la historia del mundo es la biografía de los grandes hombres», constituye una teoría política, que muchos pensadores han situado en la base del nazismo (Chesterton, Russell, entre otros). Para Carlyle, «la democracia es la desesperación de no encontrar héroes que nos dirijan»; declaró también que «un judío torturado es preferible a un judío millonario», y al resucitar para la memoria del mundo el mito del dios nórdico Thor, creó de nuevo el mito de la raza teutónica. Por otra parte, para él, historia y justicia son lo mismo, pues sólo vencen quienes *merecen* vencer: la victoria hace justicia al héroe. De la irrealidad del mundo, que es sólo apariencia, únicamente puede salvar al hombre el trabajo: «Toda obra humana es transitoria, pequeña, en sí deleznable; sólo tienen sentido el obrero y el espíritu que lo habita». Su interpretación de la historia es, ante todo, individualista y opuesta al naturalismo y al materialismo, resumidos en el utilitarismo inglés. Sus principales obras son: *Sartor resartus*; *Sobre los héroes, el culto de los héroes y lo heroico en la historia.*

CARNAP, Rudolf (1891-1976). Filósofo lógico empírico alemán, nacido en Barmen. Fue profesor en Viena y miembro del Círculo de Viena; también enseñó en Praga y en Estados Unidos (Los Ángeles y Chicago). Se preocupó por analizar los problemas de la lógica y de la semiótica. En su trabajo filosófico se nota la influencia de Kant, especialmente en lo que respecta a sus análisis sobre el problema del espacio, del que surge su teoría de la constitución. En ésta, los objetos se caracterizan por medio de «meras propiedades estructurales, o por ciertas propiedades lógico-formales de relaciones o tramas de relaciones». En la elaboración de su sintaxis lógica del lenguaje, distingue entre los modos formal y material de hablar, con el objeto de no caer en la metafísica, a cuyas proposiciones califica como *seudoproposiciones*; esto se evita al examinar si las proposiciones formuladas se ajustan o no a las reglas sintácticas del lenguaje. Carnap lleva a cabo profundos estudios semánticos, que analizan tanto los problemas generales como los de la formalización de la lógica. Crea todo un sistema de lógica inductiva con base en la probabilidad, sobre el supuesto de que «todo razonamiento inductivo es un razonamiento en términos de probabilidad». Su lógica es antisicologista. Sus principales obras son: *El espacio; Contribución a la teoría de la ciencia; Conceptuación fisicalista; La estructura lógica del mundo; Ensayo de una teoría de la constitución de los conceptos.* **V. Círculo de Viena.**

CARNE Vocablo que se refiere a la carnalidad o disposición del hombre a los placeres del cuerpo y a su inclinación al pecado. Por esto no debe confundirse su sentido

Thomas Carlyle

con cuerpo. Este vocablo se utiliza especialmente en los moralistas y en el Nuevo Testamento.

CARPÓCRATES Filósofo nóstico especulativo que nació en Alejandría y vivió en esa ciudad alrededor del año 130. Fue muy influido por el platonismo ecléctico. De acuerdo con su concepción, Dios es la máxima unidad, suprema e increada. El mundo es producido por los seres inferiores, a su vez producidos por Dios, concepción más emanatista que creacionista. Las almas humanas son anteriores al mundo y han existido en el seno de Dios o *unidad máxima*. Expone la idea de la transmigración de las almas hasta su purificación, pues ellas han *caído* al mundo y tienen necesariamente que retornar a la *unidad máxima*. El recuerdo o el olvido de su vida anterior depende de su pureza.

CARROLL, Lewis (1832-1898). Seudónimo del escritor, matemático y clérigo inglés Charles L. Dodgson, autor de las muy conocidas obras *Aventuras de Alicia en el país de las maravillas* y *A través del espejo*, dirigidas especialmente a los niños. Su mente rigurosamente matemática utilizó con gran destreza la vía del absurdo y la cultura de su época para mostrar, a través de la trama, la maravilla de los mundos inconscientes, según el análisis que han hecho de sus obras los estudiosos de la sicología y del sicoanálisis. Carroll ridiculiza a su época parodiando poemas o canciones de moda, por ejemplo los *Aleluyas* de Watts y personifica en las figuras de la baraja a las reinas y reyes reales. Censura la mentalidad racionalista y maneja símbolos más sutiles para hacer su crítica mordaz a la cortesía sin vida e hipócrita, a las apariencias.

CARTESIANISMO Adhesión, práctica o desarrollo ulterior referente a los pensamientos y las tesis fundamentales expuestas por René Descartes en sus obras. Su principio fundamental es el dualismo entre *res cogitans* y *res extensa,* y es básicamente racionalista y subjetivista. El cartesianismo fue condenado por los jesuitas y Luis XIV prohibió su enseñanza en Francia. Son cartesianos, entre otros, el padre Mersenne y su círculo (mecanicismo contra ateísmo), los jansenistas de la lógica de Port-Royal, los oratorianos encabezados por Malebranche, los ocasionalistas, Spinoza (solamente en parte) y Sylvain Regis. Recibieron la influencia de Descartes, entre otros, Hobbes, Locke y Leibniz. La influencia de Descartes ha sido fundamental en la historia de la filosofía moderna y sigue vigente. Filósofos como Husserl, Ryle, Böhm y Maritain se han preocupado por el análisis de sus tesis, sea para aceptarlas, sea para objetarlas. **V. Descartes**.

CASSIRER, Ernest (1874-1945). Filósofo alemán neokantiano de la escuela de Marburgo, nacido en Breslau. Fue profesor en Berlín y en Hamburgo; más tarde se exilió, primero en Suecia y luego en Estados Unidos, donde enseñó en la Universidad de Yale. Su preocupación se centra en los problemas epistemológicos y analiza profundamente el problema del conocimiento en el modernismo, mediante su sistemático y extenso análisis histórico. Para Cassirer, sujeto y objeto pueden ligarse en la experiencia como unidad, y acepta la *objetividad de las formas*, lo que demuestra, de un modo, que pudiera calificarse

Caricatura de Lewis Carroll

Ernest Cassirer

como realismo idealista, en su estudio acerca de la conceptualización de las ciencias física y química (ciencias de la naturaleza), y de la matemática en relación con ellas. No por esto se puede afirmar que haya abandonado el idealismo, que para él es una *gran tradición*, ya que averigua los diversos modos de la conceptuación aplicando el supuesto de su estructura funcional; los conceptos funcionales se entregan en series, de manera que forman su trama conceptual. La formación de una serie de medios o instrumentos para integrar y aprehender la realidad, es para él la conceptualización científica. Estos elementos de la conceptualización deben ser formales *universales* para que se pueda predicar de ellos su invariabilidad, aprioridad y universalidad. Por otra parte, Cassirer investiga las formas simbólicas y la conceptualización en las ciencias del espíritu, incluyendo elementos como el mito, la religión, el arte y el lenguaje; esto con el propósito de poder hacer una *crítica de la cultura*. Para él, el hombre es un *animal simbólico* y los modos de conocimiento son los modos de simbolizar. De este concepto partiría una antropología filosófica. Cassirer ha tenido amplia influencia sobre muchos filósofos contemporáneos. Sus principales obras son: *El sistema de Leibniz en sus fundamentos científicos; El idealismo crítico y la filosofía del «sano entendimiento humano»; El problema del conocimiento; Concepto de sustancia y concepto de función; Para la crítica de la teoría einsteniana de la relatividad; Filosofía de las formas simbólicas; Idea y forma (estructura); Mito y lenguaje; Las ciencias de la cultura; El mito del Estado.*

CASUALISMO Tendencia filosófica que considera que todos los sucesos y las cosas mismas son indeterminadas y sus causas dependen más del azar, acaso o casualidad. Sostuvieron esta teoría en diversos grados o aspectos varios filósofos; entre ellos se destacan Wittgenstein (radical) y Peirce. **V. Pierce, Wittgenstein.**

CASUÍSTICA Todo grupo humano tiene unas normas morales y toda religión unas normas religiosas. Sin embargo, éstas no siempre se desarrollan al tiempo con las culturas y creencias. Por tal razón, la casuística analiza y clasifica los casos de la conciencia que surgen de la aplicación de tales normas a la vida cotidiana o a la vida en sociedad. También es una rama de la teología moral que se aplica a los casos de conciencia. La posición ética de Kant se refirió al concepto de los «deberes imperfectos» que generan juicios en cuanto a la aplicación de las normas en casos particulares, lo que constituye una casuística. En el campo de la ciencia, la moral o la jurisprudencia, la casuística se refiere a los casos prácticos concretos.

CATARSIS Vocablo de origen griego que se aplica al estado del espíritu que, poseído por una pasión vital, la traduce, exterioriza y plasma en la producción de obras de arte, o en la práctica apasionada de alguna de las artes (plástica, danza, música, etc.). En la antigua estética griega, caracterizaba la acción estética del arte sobre el hombre. En la *Poética*, Aristóteles, al referirse a la música, el filósofo dice que ésta proporciona al hombre «cierto género de purificación, es decir, de alivio relacionado con el placer». Con respecto a la tragedia, Aristóteles asigna a la catarsis una finalidad estética y moral que consiste en la purificación interior por el temor y la compasión. Pero, en general, para los griegos, este término tuvo varios sentidos como el religioso, el ético el médico y el fisiológico. Para el sicoanálisis consiste en la liberación de las ideas y recuerdos que perturban el equilibrio nervioso.

CATECISMO Presentación de un área del conocimiento mediante un método nemotécnico constituido por preguntas y respuestas, o interrogatorio corto y elemental. Puede asociarse con el método socrático o dialógico. A lo largo de la historia ha habido diversos catecismos de tipo político-filosófico. Por ejemplo, durante el siglo XIX, Saint-Simon compiló un catecismo de los industriales y Comte realizó un catecismo positivista.

CATEGORÍA En su origen griego, este término designa aquello que *revela, que afirma*. Concepto fundamental que manifiesta el ser de las cosas y mediante el cual podemos llegar a un conocimiento más profundo que el que obtenemos de lo que se nos presenta directamente a través de los sentidos. Podemos decir que es la conceptualización o abstracción que hacemos a partir de los datos sensoriales. El primero en utilizar ese vocablo en términos filosóficos fue Aristóteles, cuando dividió las expresiones en expresiones sin enlace (ejemplo: hombre) y expresiones con enlace (ejemplo: el hombre canta). Las primeras no son analizables y se agrupan en categorías, ya que nada puede predicarse de ellas, y nada niegan o afirman por sí solas. La lista más conocida de las categorías aristotélicas es la siguiente: (a) sustancia; (b) cantidad; (c) cualidad; (d) relación; (e) lugar; (f) tiempo; (g) situación; (h) posición o condición; (i) acción; (j) pasión. Estas son las categorías o *praedicamenta* en que se agrupan las expresiones sin enlace, sobre las cuales ha habido varias interpretaciones: gramatical, como significado; semántica interrogativa, que corresponden a preguntas tales como ¿dónde?, ¿cuánto?, ¿cómo?; genérica o que expresa los géneros supremos de las cosas; los casos del ser (escolásticos y varios historiadores modernos). Como tipos de enunciados que indican los distintos modos de decir, son los *modos como el ser se dice* y como *el ser aparece*. Aristóteles considera la sustancia como lo más fundamental, y la divide en sustancia primera y sustancia segunda. Las categorías se obtienen mediante una especie de percepción intelectual. Las categorías aristotélicas parecen tener su antecedente en Platón, para quien los géneros supremos son el ser, la igualdad, la alteridad, el reposo y el movimiento, siendo las propiedades comunes del ser, la igualdad y desigualdad, el ser y el no ser, el impar y el par, y la unidad y el número. También es probable que las nociones de sustancia, cualidad, modo y relación que se encuentran en los estoicos, sean la derivación de las categorías aristotélicas. En la filosofía medieval, las categorías se trataron en la doctrina de los *praedicamenta* o géneros supremos de las cosas, y se hizo la distinción entre predicamentos o categorías y predicables o categoremas. Los predicamentos, en principio, se dividieron de acuerdo con la tabla aristotélica, pero a partir del siglo XV se introdujeron modificaciones, como las de Guillermo de Occam, quien incluyó principalmente la sustancia, la cualidad y la relación. En el racionalismo, las categorías comprendían la sustancia y sus modos: para Leibniz son sustancia, cantidad, cualidad, acción o pasión, y relación. En Locke, la categoría se convierte en una *función del pensamiento*; y en la escuela escocesa, *principios racionales comunes*. Pero Kant fue quien transformó radicalmente la noción de categoría, mediante la doctrina sistemática de las categorías en cuanto conceptos puros del entendimiento, doctrina incluida en su *Analítica trascendental*. Kant objeta la lista aristotélica por cuanto carece de principio y las categorías en ella son modos o flexiones del ser, a las que se adapta la mente. Para Kant, en cambio, la mente lleva ya sus categorías y las cosas se conforman a ella; esto es lo que llama el *giro copernicano*. Entonces establece una tabla de categorías cuyo origen es la facultad del juicio, a partir de la siguiente clasificación lógica de los juicios: cantidad (universales, particulares, singulares); cualidad (afirmativos, negativos, infinitos); relación (categóricos, hipotéticos, disyuntivos); modalidad (problemáticos, asertóricos, apodícticos). De estos juicios se deriva la siguiente tabla de conceptos puros del entendimiento o categorías: (a) cantidad (unidad, pluralidad, totalidad); (b) dualidad (realidad, negación, limitación); (c) relación (sustancia, causalidad, comunidad o acción recíproca); (d) modalidad (posibilidad, existencia, necesidad). De estas tablas se deduce que las categorías son relaciones de los objetos, correspondientes a las de los juicios que, por otra parte, se constituyen en objeto del conocimiento y permiten un saber de la naturaleza, así como la verificación de la verdad trascendental. También este filósofo establece una tabla de *categorías de la voluntad*, con base en las formas del juicio, compuesta por: (a) cantidad (subjetiva –opiniones–, objetiva –preceptos–, *a priori* –leyes–); (b) cualidad (preceptiva –reglas prácticas de la acción–, prohibitiva –reglas prácticas de la omisión–, exceptiva –reglas prácticas de excepción–); (c) relación (con la personalidad, con el estado o condición de la persona, recíproca de una persona con el estado o condición de otras); (d) modalidad (lo permitido y lo prohibido, el deber y lo contrario al deber, deber perfecto y deber imperfecto). A partir de Kant, el problema de las categorías retoma un aspecto metafísico fundado en una concepción trascendental de la noción de categoría. Para Fichte, las categorías son engendradas por el *yo* en el curso de sus actividades. Hegel distingue entre formas de ser (ontológicas o metafísicas) y formas de pensar, en cuanto son *momentos del absoluto;* todas las formas de ser se relacionan con las formas de pensar. Para Schopenhauer, la única forma verdaderamente *a priori* es la causalidad. La tendencia durante el siglo XIX fue la acentuación del carácter objetivo de las categorías. Renouvier reduce el cuadro de las categorías a de relación, lógicas, de posición y de personalidad. Ya en el siglo XX, Natorp distingue tres tipos de categorías básicas o funciones productivas de la constitución del ser, a saber: (a) de la modalidad: reposo, movimiento, posibilidad, contradicción, necesidad, creación; (b) de la relación: cantidad, cualidad, figuración, concentración, autoconservación; (c) de la individuación: propiedad, cuantificación, continuidad, espacio, tiempo. Heinrich Meier, de tendencia fuertemente objetivista, distingue las siguientes categorías: presentativas, noéticas, abstractivas, objetivas, y modales. Peirce establece lo que llama la primariedad (*quale*) o ser tal cual es u originalidad; segundidad, que es la existencia o actualidad; y la terceridad, que es la continuidad. Éstas corresponden a la sensibilidad, el esfuerzo y el hábito. A estas categorías da el nombre de *faneroscópicas* o fenomenológicas. También presenta las categorías metafísicas: (a) modos de ser (posibilidad, actualidad y destino); (b) modos de existencia (azar, ley, hábito); y, finalmente, las categorías cosmológicas: azar, evolución y continuidad. Husserl considera posibles las intuiciones categoriales, lo cual permite distinguir entre categorías como conceptos y categorías como contenidos de la intuición. Whitehead considera cuatro tipos de categorías: (a) las de lo último: creatividad, multiplicidad y lo uno; (b) las de la existencia: entidades actuales o realidades finales, prehensiones, nexos, formas objetivas, objetos eternos o potenciales puros, proposiciones o potenciales impuros (teorías), multiplicidades o disyunciones puras, y contrastes o modos de síntesis; (c) las de explicación (que son 27); y (d) las obligaciones categoriales: unidad subjetiva, identidad objetiva, diversidad objetiva, valoración conceptual, reversión conceptual, transmutación, armonía subjetiva, intensidad subjetiva y libertad y determinación. Hartmann, con el propósito de lograr claridad, distingue entre categoría y esencia, y categoría y la cosa; propone lo que se llama un *sistema abierto* y categorías que son comunes al ser real y al ser ideal: modalidad, oposición, y leyes categoriales (principio de validez, principio de coherencia, principio de la estratificación y principio de la dependencia).

CATEGORIAL Todo lo que se refiere o concierne a las categorías. Existen el análisis categorial (Hartmann) y el Error categorial. **V. análisis, categorías, error, Hartmann.**

CATEGORIAL (error) Ryle (Gilbert) denominó así a una falta o error consistente en introducir en una conjución o en una disyunción términos que pertenecen a diversas categorías; ejemplo: «Compré un zapato para el pie izquierdo, uno para el pie derecho y un par de zapatos». la expresión «un par de zapatos» no forma parte de la misma categoría que «zapatos para el pie izquierdo».

CATEGÓRICO Término utilizado para adjetivar proposición, juicio, silogismo e imperativo, significando que no están sujetos a condiciones. Lo categórico afirma o niega de una manera absoluta. **V. imperativo categórico, juicio, Kant.**

CATOLICISMO Conjunto de dogmas, cuerpo teológico, ritos y mandatos de los cristianos unidos en la Iglesia católica, bajo la autoridad del Papa de Roma. Su base es común a toda la cristiandad que practica la doctrina contenida en la revelación hecha por Jesucristo a la humanidad y cuyo conocimiento tiene como fuente la Biblia y, sólo en el catolicismo, la tradición que ha sido consignada por escrito y propagada bajo la inspiración del Espíritu Santo. En esta doctrina, la interpretación de la Biblia corresponde a la Iglesia, guiada por el Espíritu Santo y, en última instancia, al Papa, quien es infalible cuando define *ex cathedra*. Dios constituye una Trinidad (tres personas y una sola esencia) compuesta por el Padre, el Hijo y el Espíritu Santo, este último procedente del Padre y del Hijo. Afirma que la madre de Jesucristo fue concebida sin pecado original. Los ángeles y los santos son parte de la jerarquía celestial y pueden interceder ante Dios por los humanos. El hombre es engendrado en corruptibilidad a partir del momento en que Adán, el primer hombre, desobedeció a Dios y «salió de sus manos»; antes poseía, aparte de sus facultades naturales, la santidad habitual, la integridad, la inmortalidad y la felicidad. Al perder los dones divinos de la gracia se debilitó su voluntad para el bien. Por eso, el hombre natural es pecador delante de Dios (pecado original). El pecado original, para los católicos, es la privación de la justicia original; la concupiscencia –que no es pecado en sí misma– deriva del pecado original y conduce al pecado actual. Pero el hombre no carece de fuerza de voluntad para hacer el bien, ni tampoco en su estado natural obra únicamente el mal. Jesucristo es el hijo de Dios hecho hombre, engendrado por el Espíritu Santo en María *sin romperla ni mancharla*, de la misma manera que la luz pasaría por un cristal, por lo cual María se conserva virgen en la concepción y, después, en el parto (dogma de la pureza de María). Jesucristo posee dos naturalezas indisolublemente unidas, y reconcilió a la humanidad con Dios conforme con los eternos designios de éste al conquistar la bienaventuranza y expiar con su muerte los pecados del mundo, bajo la condición para el hombre del renacimiento espiritual apoyado por el Espíritu Santo, pues áquel no puede realizar nada sobrenatural con sus fuerzas naturales. Para que pueda participar de la bienaventuranza, el hombre es declarado justo por Dios (méritos de Cristo). El hombre, justificado, además de cumplir los diez mandamientos de la ley de Dios, si observa los consejos evangélicos, puede alcanzar un grado más elevado de perfección moral y de felicidad en el cielo. Los pecados pueden expiarse con la propia penitencia y se dividen en mortales y veniales; los mortales no suprimen necesariamente la virtud de la fe, pero ésta, sin la gracia y la caridad, no es suficiente para la salvación. La palabra de Dios y los sacramentos manifiestan su virtud en cada sujeto que los recibe debidamente. Los sacramentos son siete: bautismo, confirmación, eucaristía, penitencia, matrimonio, orden y extremaunción. Quien muere sin haber dado plena satisfacción de sus pecados se condena, o va al purgatorio donde ha de purificarse mediante el dolor para poder entrar en el cielo. Las acciones piadosas, indulgencias concedidas por la Iglesia y las misas, abrevian los dolores que el alma sufre en el purgatorio. La Iglesia de Jesucristo es la sociedad de todos los que confiesan a Cristo, tanto piadosos como no, agrupados bajo Cristo y el Papa, su representante en la Tierra. Fuera de esta Iglesia invisible no hay salvación y la Iglesia, inspirada por el Espíritu Santo, no puede errar en asuntos de fe. Las diversas jerarquías y cargos eclesiásticos, instituidos por el mismo Jesucristo, sirven a la Iglesia con su especial cooperación, y cada escala de la jerarquía tiene distintas atribuciones, pero sin excepción deben mantenerse célibes. Es común a todos los sacerdotes, cualquiera que sea su jerarquía dentro de la Iglesia, la predicación del Evangelio y la administración de cinco de los sacramentos: bautismo, confirmación en ciertos casos, penitencia, eucaristía y extremaunción, así como el ofrecimiento de la misa; solamente a los obispos corresponde aplicar regularmente el de la confirmación y el orden. Las ceremonias de la Iglesia forman una parte del culto. **V. cristianismo.**

CAUSA Noción usada en filosofía para designar lo que produce algo, el origen o fundamento de algo; también designa algo o alguien a quien se imputa algo. Además, se aplica a la producción y al acontecer de algo bajo una ley común a todo lo de su especie. Por otra parte, designa la transmisión de propiedades de una cosa a otra según una ley o principio. Platón distinguió entre causas primeras o inteligibles (ideas), y causas segundas o sensibles y eficaces (las de la materia sensible). Para Aristóteles, las causas son los posibles sentidos en que se puede preguntar *por qué* y las clasifica cuatro: *causa material* es la materia, aquello de lo que algo está hecho, mediante lo cual llega a ser; *causa formal* o forma que es lo que hace que el ente sea lo que es, lo que lo informa. La idea, el paradigma o la esencia en que «es antes de haber sido»; *causa eficiente* o principio del cambio. Quien hace la cosa causada; *causa final* o «el fin hacia el cual se tiende», el *para qué*. Para este filósofo «todo lo que ocurre tiene lugar a partir de algo», refiriéndose a la noción de sustancia. Para los estoicos, la causa era un «proceso originado en un cuerpo y que produce una transformación o cambio en otro cuerpo», e introdujeron la noción de causa mutua; además, para ellos, nada cambia sin afectar a todo lo demás. Durante la Edad Media predominaron dos corrientes con respecto a la causa: el *ejemplarismo* de san Agustín y san Buenaventura, y la corriente escolástica representada principalmente por santo Tomás. Para los primeros, la única causa propiamente dicha es la causa creadora, que saca la realidad de la nada. La escolástica refina en extremo la doctrina aristotélica. Santo Tomás clasifica las causas en: *causa per modum materiae; causa formalis; causa movens, vel efficiens; causa finis*. Para él, causa es «aquello a lo cual algo sigue necesariamente». En el Renacimiento y desde Galileo, se introduce la noción de *causa de razón de variaciones y desplazamientos*, expresables matemáticamente y mensurables. En los siglos XVII y XVIII hubo dos grandes corrientes enfrentadas: la racionalista (Descartes, Spinoza y Leibniz), que identificó la causa con la razón y afirmó que para entender el efecto, éste debe estar incluido en la causa; y la corriente de las tendencias ocasionalista y empiristas, con Algazel y los filósofos árabes a la cabeza. Para Algazel, las causas son meras «ocasiones», pues la única verdadera causa eficiente es Dios. Malebranche y los ocasionalistas expresan exactamente lo mismo que Algazel. Hume consideró que no hay alguna razón para suponer que dado un efecto debe haber una causa invariablemente unida a él. «Es sólo en virtud de la sucesión de observaciones regulares, que se suscita la creencia», afirma Hume, «de que unos fenómenos son causa de otros». El fundamento de esta causalidad no es, por tanto, de tipo lógico sino empírico. Kant acepta la crítica de Hume a la noción de causalidad, pero afirma que la ciencia natural sería imposible sin esta relación. La causalidad no está en la realidad sino en la mente. Para Kant, causa es una de las categorías o conceptos del entendimiento, de carácter sintético y *a priori*, y corresponde a los juicios de relación llamados *hipotéticos*. El idealismo alemán pone de relieve el carácter metafísico de la causa. En Hegel, la causa «es aquello por lo cual un ser puede producirse a sí mismo, produciendo de este modo todo su interno y propio desenvolvimiento» (*causa sui*). Schopenhauer considera la causa como momento principal del absoluto, de la voluntad. Para J. S. Mill, la causa es la suma o conjunto de condiciones negativas o positivas, un *antecedente invariable*, en sentido condicionista. Entre los contemporáneos, Mario Bunge es quien ha precisado más el concepto de causa, al darle tres significados: (a) la causación; (b) el principio causal o de causalidad («las mismas causas producen los mismos efectos»); (c) el determinismo causal o causalismo («todo tiene una causa»).

CAUSA EJEMPLAR En Dios está la idea de las causas que se propone crear; esto ha sido denominado causa ejemplar. V. idea.

CAUSA INSTRUMENTAL Para Aristóteles, las causas posibles son cuatro: causa material, causa formal, causa eficiente y causa final. A éstas, Galeno agregó la *causa instrumental* para designar aquella que lo es en virtud de otra cosa; por ejemplo, el agua que puede ser causa del hielo al ser enfriada suficientemente por la temperatura del medio en que se encuentra. V. causa.

CAUSA SUI Esta expresión se ha tomado en varios sentidos: (a) para definir la libertad absoluta o sin condiciones; es la autodeterminación en el sentido aristotélico; (b) en Plotino para definir la inteligencia como «la obra de su misma actividad en cuanto tiene el ser de sí y para sí misma». Avicena (neoplatonismo árabe) y la filosofía judaica tomaron este concepto que, a su vez, fue retomado por Spinoza, quien lo definió en su *Ética* así: « Por causa de sí entiendo aquello cuya esencia implica la existencia, o sea, aquello cuya naturaleza no puede concebirse sino como existente». Esta noción se refiere a la naturaleza divina y fue adoptada por Hegel, quien agregó que toda causa es «en sí y por sí *causa sui*», pues la causa infinita es la sustancia racional del mundo, observación evidentemente panteísta. V. causa.

CAUSALIDAD Relación entre dos cosas, por la cual la segunda es unívocamente previsible a partir de la primera. Es uno de los axiomas fundamentales del pensamiento, de todo lo que llega a ser, o de lo que tiene una causa.

CAVAFIS, Constantino (Kavafis, Konstantin) (1863-1933). Poeta griego. Su moralismo burlón con el que se refiere a los temas de la antigüedad, y las continuas referencias a sus propios sentimientos eróticos, los cuales, en algunos de sus poemas, son abiertamente homosexuales, así como la utilización de un lenguaje que alterna entre el griego clásico y el habla popular, dan a su poesía una profundidad casi filosófica y una subyugadora maestría.

CAVERNA (alegoría de la) En el libro VII de la *República* de Platón encontramos la teoría platónica sobre el conocimiento, a través del mito o *Alegoría de la caverna* en el que expone cómo los hombres viven en una ignorancia similar a la de unos esclavos prisioneros dentro de una caverna, pues no pueden conocer la realidad sino apenas una imagen de ella por medio de las formas exteriores que se proyectan en las paredes del fondo de esa caverna. Sólo se puede salir de tal estado mediante la filosofía, disciplina que permite observar las cosas reales, su principio y, por tanto, su conocimiento. El sol se identifica con el bien. Es necesario volver a la caverna para llevar el conocimiento y participar del mundo humano. Pudiéramos presentar una imagen gráfica de este mito de la siguiente manera: a una caverna en donde se encuentran los hombres desde niños, penetra por una abertura la luz que despide el fuego encendido en el exterior; los hombres están encadenados y, entre el fuego y ellos, hay un camino con un muro; por el camino pasan hombres que llevan toda clase de objetos que, al tener mayor altura que el muro, proyectan su sombra sobre las paredes de la caverna; los hombres encadenados asumen que las voces emitidas por quienes llevan los objetos, son las voces de las sombras, que es lo único que ellos conocen. Pero uno de los encadenados se libera de su atadura y ve la realidad exterior; entonces, la luz del sol lo ciega hasta cuando, poco a poco, se habitúa, pasando por sucesivas etapas en su visión (el reflejo en el agua, las sombras o proyecciones, etc.), hasta llegar a contemplar las cosas mismas y, aún más, el sol mismo. Esta contemplación le hace sentir al hombre la irrealidad, la ficción de cuanto antes había visto. Pero se sentía impedido para decirlo a los hombres que aún permanecían en la caverna, presos de sus ataduras, pues se burlarían de él y hasta llegarían a matarlo cuando quisiera sacarlos al mundo real. Platón asimila la caverna a la realidad sensible y sus sombras (cosas); y el mundo exterior, el de la realidad, al mundo de las ideas, verdadero e inteligible.

CAVERNA (ídolos de la) (*idola specus*). Según Francis Bacon, cada hombre habita una caverna propia o particular a donde no llega la luz directamente, sino que refracta la luz de la naturaleza. Los ídolos de la caverna son los del hombre individual y no se deben sólo a factores internos –como la constitución o la mentalidad– a factores externos, tales como la educación, la familia, las costumbres o las circunstancias que ha tenido que soportar. **V. Bacon.**

CAVILACIÓN (del latín *cavillatio*= sutileza, ironía) Reflexión tenaz sobre algo, que se caracteriza por una preocupación excesiva. **V. falacia, paralogismo, sofisma.**

CEGUERA MORAL En el determinismo teológico occamista, Juan de Mirecourt afirma que Dios es la causa de la deformidad moral o ceguera que conduce al pecado, al no proporcionar el poder de la visión que otorga la rectitud moral, aunque el pecado mismo procede de la voluntad y es el ser humano el culpable de éste. Según Ortega y Gasset, los valores pueden percibirse o no; cada época tiene una sensibilidad para ciertos valores, y la pierde para otros o carece de ella; hay la *ceguera* para un valor en algunos hombres, sea tal valor moral, religioso, estético, etc.

CELARENT Palabra nemotécnica usada por los escolásticos para designar uno de los modos válidos de los silogismos de la primera figura, que consta de una premisa universal negativa, una premisa universal afirmativa y una conclusión universal negativa; ejemplo: «Ningún vegetal es mineral; todos los árboles son vegetales, luego ningún árbol es mineral». Este silogismo corresponde a la siguiente ley de la lógica cuantificacional elemental:

$((x) \ (Gx \supset \sim Hx) \ . \ (x) \ Fx \supset Gx)) \supset (x) \ (Fx \supset \sim Hx)$

Usando las letras S, P, y M de la lógica tradicional, se expresa así:

$(MeP \ . \ SaM) \supset SeP$

CELOTIPIA (del latín *zelotypia* = celoso). Término que se refiere a la relación cuantitativa del amor que existe entre un sujeto y un objeto, en la cual el sujeto desea que el amor que siente el objeto hacia él, sea equiparable al suyo hacia ese objeto.

CENSURA Término que designa la prohibición relacionada con el conocimiento de tesis, pensamientos o actitudes considerados reprobables o no acordes con la ética. También es empleado en el sicoanálisis para designar el control y las prohibiciones que el súper *yo* ejerce sobre los actos del *yo* consciente, condicionando el comportamiento, y en muchas ocasiones siendo la causa de serias neurosis en el individuo. En la política, la censura es aplicada por los Estados totalitarios y, en general, por las dictaduras, para evitar que el pueblo conozca otras tendencias del pensamiento político o sea objeto de incitaciones a la rebelión. En sociología existe también lo que se denomina la *censura social,* que es una de las formas de control que la sociedad ejerce sobre actos que, aunque no siempre son punibles por parte de la justicia ordinaria, sí se consideran perjudiciales desde el punto de vista social y, entonces, los integrantes de una comunidad *sancionan* mediante actos específicos, tales como marginar a los sujetos de esta censura, de las actividades sociales del grupo.

CERO En la matemática moderna, número que, según la definición de Russell, en su *Introducción a la filosofía matemática,* es «la clase cuyo único miembro es la clase nada». También se habla de un *punto cero* para designar el punto de equilibrio de diversas probabilidades. Ha sido utilizado este término, también, como sinónimo de nada en la literatura. Filosóficamente ha sido usado por Kierkegaard para expresar el punto de equilibrio de la existencia, que se encuentra entre los extremos y es una simple expectativa, una esperanza o, en sus propias palabras «un simple *quizá*». **V. aritmética, Kierkegaard, Peano.**

CERTEZA Certidumbre o juicio seguro. Puede definirse como el «asentimiento firme fundado en la evidencia de un estado de cosas». La certeza puede ser subjetiva u objetiva, según conlleve o no el fundamento de ese asentimiento. El fundamento de la certeza objetiva puede ser un testimonio o una autoridad digna de creencia. La certeza solamente se puede predicar de cosas estables, de objetos estables, como ya lo afirmara Platón. Según este filósofo y Aristóteles, la certeza sería sólo uno de los atributos de la verdad. El «asentimiento firme» designa la parte sicológica de la certeza. Para santo Tomás, la certeza subjetiva o fe se debe a la acción de la voluntad, mientras que la certeza objetiva se debe a la razón. La certeza es la posición o afirmación, un juicio en su forma plena. Excluye la duda, lo que la diferencia de la opinión. Descartes identificó verdad con certeza cuando dijo que no se debe «aceptar como verdadero sino lo que se reconoce evidentemente como tal», principio aceptado por Locke, para quien conocer es «estar ciertos de la verdad de cualquier proposición». Según el tipo de evidencia, la certeza puede ser *inmediata* cuando la evidencia es inmediata, y *mediata* cuando la evidencia también lo es. Así mismo, puede haber certeza *absoluta* cuando la evidencia inmediata excluye incondicionalmente la falsedad, es decir, si es auténtica evidencia; sólo existe certeza absoluta mediata si está basada en una deducción lógica muy estricta a partir de la evidencia inmediata. Hay, igualmente, evidencia *hipotética*, que funda una certeza condicionada, la cual puede generar un asentimiento firme, pero sujeto a una ponderación racional. Leibniz agregó a las tesis cartesianas y a las de Locke acerca de la certeza, la división en certeza *absoluta* y la certeza *moral*; en la última, es codeterminante la acción personal, en especial las pruebas de la verdad de la religión. Según el grado de conciencia, es necesario distinguir entre certeza *natural* o espontánea en la que las razones no se han investigado metódicamente, y certeza *científica* o refleja, que incluye una mayor conciencia en la fundamentación; la certeza puramente científica u objetiva se refiere al pensamiento teórico y, en algunos casos, a su aplicación técnica. Sin embargo, para Vico, es imposible para el hombre conocer la verdad de las cosas y, tienen que satisfacer el entendimiento en la conciencia, ya que la ciencia no puede satisfacer a la razón. Para Kant, la certeza es la creencia que puede garantizarse suficientemente como verdadera; entonces, se da la certeza empírica que puede darse en relación con la propia experiencia o también de una experiencia ajena. Por último, la certeza *existencial* que es subjetiva y personal, como sucede, por ejemplo, con la fe, cuya sustentación en la escolástica generó toda una serie de interpretaciones filosóficas sobre la certeza con el fin de comprobar que era posible tener una seguridad subjetiva del saber aunque no estuviera ella basada en un criterio objetivo de la verdad; en todo caso, la fe es producto de una decisión personal y libre. Es importante explicar aquí el concepto de certeza *histórica*, la cual se relaciona con la veracidad de los hechos históricos del pasado y se basa en testimonios que generalmente han llegado hasta nosotros por escritos o por tradición oral. Para que las fuentes escritas o de tradición oral sean confiables y, por esto, proporcionen certeza histórica, debe haber en ellas autenticidad y, en el caso de ser fuente primaria, el testigo debe ser digno de credibilidad, así como debe existir una seguridad sobre el que su versión escrita es conforme con la verdad.

CESARE Palabra nemotécnica usada por los escolásticos para designar uno de los modos válidos de los silogismos de la segunda figura, que consta de una premisa universal negativa, una premisa universal afirmativa y una conclusión universal negativa; por ejemplo: «Ninguna piedra es racional; todos los hombres son animales racionales, luego ningún hombre es piedra». Este silogismo corresponde a la siguiente ley de la lógica cuantificacional elemental:

$((x) (Hx \supset \sim Gx) . (x) (Fx \supset Gx)) \supset (x) (Fx \supset Hx)$

Usando las letras S, P, y M de la lógica tradicional, se expresa así:

$$(PeM . SaM) \supset SeP$$

CHARACTERISTICA UNIVERSALIS Alfabeto universal de todas las ideas fundamentales, denominado así por Leibniz, que permite probar las verdades filosóficas de manera semejante como se prueban los teoremas en aritmética y geometría. Esto se logra mediante el uso de un simbolismo universal, que permitiría reducir todas las verdades a un cálculo. Es un intento de formalización de todo el lenguaje cognoscitivo. Un intento similar es el *Ars Magna*, de Lull (Raimundo Lulio). **V. Ars Magna, cálculo combinatorio.**

CHARTRES (escuela de) Escuela fundada por Fulberto, obispo de Chartres a finales del siglo X; fue un núcleo de tendencia platónica y realista. Sus miembros consideran que sólo las realidades universales merecen el nombre de entes, pues las cosas sensibles individuales no son sino sombras. Bernardo de Chartres, uno de los más importantes representantes de esta escuela, distingue tres tipos de realidades: Dios, la materia sacada de la nada por la creación, y las ideas o formas ejemplares por las que están presentes a la mente divina los posibles y los existentes. La unión de las ideas con la materia produce el mundo sensible. También perteneció a la escuela Gilberto de la Porrée, obispo de Poitiers, quien distingue las ideas divinas de sus copias, que son las formas nativas inherentes a las cosas sensibles; esto para oponerse al realismo de su propia escuela y para prevenir el panteísmo. Para este filósofo, los universales no son ideas, sino imágenes de las ideas. La mente compara las esencias semejantes y hace una unión mental; esta forma común es el universal, género o especie. Otros pensadores pertenecientes a esta escuela son Thierry de Chartres y su discípulo Juan de Salisbury.

CHOMSKI, Noam (1928). Lingüista norteamericano, nacido en Filadelfia. Llamado *El papa de la lingüística*, considerado el fundador de la lingüística moderna, ha trabajado sobre la noción de gramática generativa transformacional, teoría lingüística que fue formulada en 1957, aunque ha sufrido una profunda revisión a partir de 1965. La *teoría generativa*, contraria al pensamiento estructuralista, plantea que el investigador, al utilizar medios altamente formalizados, puede obtener el conjunto de reglas que el hablante posee para construir correctamente todos los mensajes y entender todos los emitidos que sean igualmente correctos. «No aprendemos nuestra lengua», dice, «es innata, está inscrita en nuestra biología; hablamos igual que vemos», pues la lengua forma parte de nuestro patrimonio genético. En la primera época de la teoría, la sintaxis era el elemento central, al tiempo que existían otros dos subcomponentes, el *semántico* y el *fonológico*, sirviendo todos ellos para interpretar las reglas. A partir de 1965 se atiende más a la *semántica*. La teoría de Chomski establece la probabilidad de una relación entre el lenguaje, como determinación biológica, y el funcionamiento de la mente humana. De esta manera hace cada vez más preciso el concepto de la lingüística, que tendría como objetivo descubrir las reglas universales del lenguaje. Para Chomski, todas las lenguas se basan, en realidad, en una sola gramática universal, y la estructura de las lenguas que el hombre es capaz de hablar es limitada al depender de nuestras limitaciones genéticas. La lingüística de Chomski es muy cercana al estructuralismo que Lévi-Strauss ha aplicado a las civilizaciones, el cual combina un número limitado de conductas posibles. También afirma Chomski que la lengua coincide con las etapas de nuestro desarrollo físico y, por tanto, es orgánica, no intelectual; por otra parte, ninguna lengua parece conducir a un comportamiento particular y tampoco se puede decir que una lengua sea más difícil que otra; así mismo, ninguna lengua puede evolucionar hasta hacerse demasiado difícil para que un niño la aprenda, porque entonces desaparecería al cabo de una generación. En su concepto, «los intelectuales insisten en la influencia del ambiente y la educación sólo para reforzar su poder personal (pues) en cuanto más sea considerada la mente humana como una página en blanco, más reconocida será la autoridad de los intelectuales». Aunque ha sido muy rebatido a causa de su ideología, Chomski sostiene que sus trabajos sobre lingüística no tienen en sí ninguna consecuencia ideológica, ya que su carácter es puramente científico. Su principal obra es *Aspectos de la teoría de la sintaxis*. **V. lenguaje (filosofía del).**

CIBERNÉTICA Palabra introducida por Ampère, para designar la ciencia de los modos de gobierno (el término en inglés significa piloto o timonel) de los sistemas eléctricos. Sin embargo, ya Aristóteles y Teofrasto habían dado este nombre a la causa de la conservación de un individuo o de una especie, que se logra mediante la captación de informaciones del mundo exterior, las cuales se codifican y forman un mensaje; la acción que ejerce este mensaje lleva a la interpretación y a la elección. Los principios de la cibernética, como ciencia que trata de los rasgos generales de los procesos y sistemas de dirección en los dispositivos técnicos, en los organismos vivos y en las organizaciones humanas, fueron expuestos en primer lugar por Wiener. Para la concepción y el desarrollo de la cibernética estuvieron reunidos muchos avances de diversos campos: la teoría de la regulación automática, la radioelectrónica, la teoría de las probabilidades por su aplicación a los problemas de transmitir y reelaborar la información, la lógica matemática y la teoría de los algoritmos, la fisiología de la actividad nerviosa y los trabajos sobre homeóstasis. Los procesos característicos de la cibernética son los relacionados con la relaboración o procesamiento de información y combinan el macro y el micro método. Uno de los problemas centrales de la cibernética es la estructura de los sistemas que se autorregulan o autoorganizan.

CICERÓN, Marco Tulio (106 - 43 a. de C). Abogado, político y escritor romano. Desde su juventud se inclinó hacia la filosofía trabando amistad con los profesores más importantes de la academia, la stoa y los epicúreos, las tres escuelas más influ-

Marco Tulio Cicerón

yentes de su época. Publicó una larga serie de obras en forma de diálogo que cubren diversos temas de la filosofía, en las cuales expone y critica las doctrinas de estas tres corrientes. Creador de un vocabulario filosófico latino, que sería de uso corriente en épocas posteriores. Su influencia fue inmensa y sigue siendo invaluable como fuente de conocimiento de las ideas dominantes de su tiempo.

CICLO DEL MUNDO La observación de los ciclos de la naturaleza por parte de los antiguos filósofos –orfismo, pitagorismo, Anaximandro, Empédocles, Heráclito y los estoicos–, sugirió la idea de que en el mundo, infinitamente, todo retorna al caos primitivo para empezar de nuevo. En la filosofía moderna, Nietzsche retoma esta idea en su teoría del *eterno retorno* que plantea el espíritu dionisíaco por el que la voluntad cósmica se reafirma y bendice la vida al retornar eternamente y empezar eternamente. **V. devenir, Heráclito, Nietzsche, Spengler.**

CIELO *Del cielo* es uno de los libros que forman el grupo de los que pertenecen a las ciencias teóricas, entre los escritos por Aristóteles. Para el estagirita, el cielo es, como primera acepción, la sustancia de la circunferencia externa del mundo; también, el cuerpo más cercano a la circunferencia externa donde se encuentran algunos astros y, por último, todo cuerpo encerrado en la circunferencia externa, es decir, la totalidad del mundo. El cielo, para este filósofo, es incorruptible e ingenerable y está formado por éter cuyo movimiento es circular. Esta tesis estuvo vigente en la física antigua y medieval hasta cuando Occam (siglo XIV) afirmó que la materia de los cuerpos celestes no puede ser transformada por la acción del hombre o de algún otro ente creado, excepto Dios; en cambio, la materia de los cuerpos *sublunares* sí puede ser transformada. Nicolás de Cusa extendió esta noción de transformación de la materia por agentes externos a los demás astros (además de la Tierra), teniendo en cuenta que no hay diferencia en su naturaleza. Esta doctrina llegó a su final con los descubrimientos y afirmaciones de Galileo.

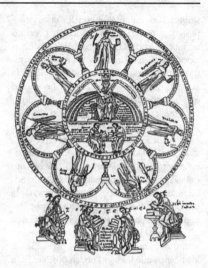

Alegoría de las ciencias. (De un manuscrito medieval)

CIENCIA Sistema de conocimientos ordenados, que incluye una garantía de la propia validez o que se propone el grado máximo posible de certeza. Esta garantía puede consistir, en la demostración, o en la descripción, o en la corregibilidad, y el tipo de garantía que se utilice es la que precisamente distingue las diferentes doctrinas sobre la ciencia. La primera, o la garantía de la demostración de sus afirmaciones, es el ideal de la ciencia como sistema unitario en que cada una de tales afirmaciones sea necesaria y no pueda ser cambiada. Esta era la ciencia para Platón, la cual es «más válida que la recta opinión y difiere de ella por su conexión». Para Aristóteles, partiendo de la base platónica, la ciencia es *conocimiento demostrativo* que permite «conocer la causa de un objeto, esto es, conocer por qué el objeto no puede ser diferente de lo que *es*». En la concepción aristotélica, el objeto de la ciencia es lo necesario, ya que identifica el conocimiento científico con el conocimiento de la esencia necesaria o sustancia. En el siglo III a. de C., Euclides, en su obra *Elementos*, transmite las concepciones platónica y aristotélica, en su propósito de realizar la matemática como ciencia perfectamente deductiva, sin contar con la experiencia ni con la inducción. Los estoicos se acogieron a estas tesis, igual que santo Tomás se inspiró en Aristóteles en cuanto al problema de la ciencia; Duns Escoto excluyó de la ciencia el dominio de la fe, es decir, no admitió en ella sino lo que pudiera ser realmente demostrado. Posteriormente resurgió la idea de la matemática y la geometría como ciencia perfecta en muchos filósofos y astrónomos (Galileo, Descartes, Spinoza y Kant) que agregó a esa vieja aspiración un nuevo y término: *sistema*. Decía que «la unidad sistemática es, en primer lugar, lo que hace de un conocimiento común una ciencia, es decir, de un simple agregado hace un sistema». Al concepto del sistema se acogieron filósofos como Fichte, Schelling y Hegel para quienes sólo la ciencia o saber sistemático era filosofía. En el siglo XIX, la ciencia como unidad sistemática fue acogida, en especial, por Cohen y Husserl. En la actualidad, filósofos y científicos están de acuerdo en admitir la exigencia sistemática sólo como compatibilidad. Con respecto a la segunda manera de concebir la ciencia, que es la concepción descriptiva, fue iniciada por Newton y por los filósofos de la Ilustración. Newton opuso el método del análisis, que consiste en «hacer experimentos y observaciones, en obtener conclusiones generales por medio de la inducción y en no admitir en contra de las conclusiones objeciones que no resulten de los experimentos o de otras verdades ciertas, al método de la síntesis, que consiste en colocar las causas que han sido descubiertas como principios y explicar los fenómenos partiendo de esos principios, considerando como prueba esta explicación». Este ideal de Newton fue exaltado por los filósofos de la Ilustración, especialmente por D'Alembert. El positivismo del siglo XIX, encabezado por Comte, adhiere también al concepto newtoniano de la ciencia, con la salvedad hecha ya por Bacon sobre el carácter activo u operativo que le permite al hombre obrar sobre la naturaleza y dominarla mediante la previsión de los hechos que las leyes hacen posible. Para Bergson, el hecho de que la ciencia tenga como órgano a la inteligencia hace que se detenga en las relaciones entre las cosas y las situaciones, y no en las cosas mismas; de esta forma reconoce el carácter convencional y económico de la ciencia. Para Dewey, la tarea de la ciencia es la formulación de las leyes, que son la expresión de una relación; las relaciones son objeto de la investigación. Resta referirnos al tercer enfoque del concepto de ciencia que es la *autocorregibilidad* como garantía de validez. Es la tesis más contemporánea y parece abandonar en mayor o menor grado la pretensión de garantía absoluta, a pesar de contar con recursos tecnológicos muy poderosos que permiten hacer de la ciencia y de sus logros algo muy válido y confiable. Esta tendencia se basa en el *falibilismo*, término utilizado en primer lugar por Peirce para indicar que la ciencia no es infalible, que puede equivocarse, porque el falibilismo es inherente a todo el conocimiento humano. Esta tesis fue expuesta por primera vez por Cohen, para quien lo esencial de la ciencia es que invita a la duda y, por tanto, es todo un *sistema autocorrectivo*, que siempre estará buscando pruebas más adecuadas, pues de ninguna de sus pruebas se puede afirmar que es absolutamente cierta. El extremo de esta dirección está, tal vez, en Popper, para quien toda la estructura de la ciencia se dirige hacia la «demostración de la falsedad de las proposiciones científicas», a las que califica, igual que Bacon, como «toscos y prematuros prejuicios. (...) La exigencia de la objetividad científica hace inevitable que toda aserción científica sea siempre tan sólo una tentativa». La filosofía de la ciencia, que en sus intentos por comprender y explicar la estructura de la ciencia recurre a la historia, encuentra en esta relación una forma de hacer, representada principalmente por Kuhn, cuyo aporte más destacado se encuentra en su obra *La estructura de las revoluciones científicas*. De estos análisis se desprende que el crecimiento de la ciencia no es ni inductivo ni racional; por último, en los más recientes textos de Feyerabend, en especial en su libro *Adiós a la razón*, propone la liquidación de la filosofía de la ciencia y de la ciencia misma en cuanto presunto arquetipo o modelo de racionalidad. **V. Kant, Newton, Popper.**

CIENCIA NORMAL V. ciencias (clasificación de las).

CIENCIA NUEVA Obra principal de G. B. Vico (1725). En ella, el autor expone su interés por crear una ciencia cuyo objeto sea investigar las leyes propias del mundo de la historia de la humanidad, mediante la aplicación de la metodología utilizada por las ciencias naturales. En oposición al cartesianismo, doctrina imperante en su época, se propuso encontrar un modo de conocimiento diferente, que le permite al hombre tener acceso noseológico solamente a aquello que él mismo hace, pues es lo único que en realidad puede entender. Se anticipa así al romanticismo y al historicismo, siendo para él lo histórico una manifestación de la naturaleza humana, que Vico intenta *ordenar* al convertir el caos aparente en un orden prestablecido por la divinidad, al proponer una especie de teología civil.

CIENCIA (teoría de la) En términos generales designa el estudio de la estructura de la teoría científica, el estudio de las relaciones entre términos del lenguaje teórico, del lenguaje observacional, métodos científicos, lógica del lenguaje (o lenguajes) científico, etc. Históricamente, la expresión ha sido reservada para ciertos sistemas especulativos como el de Fichte.

CIENCIAS (clasificación de las) Subdivisión de las ciencias en razón de su objeto o, también, según sus instrumentos de investigación. Ampère clasificó las ciencias en: (a) ciencias del espíritu o *noológicas*; y; (b) ciencias de la naturaleza o *cosmológicas*. Dilthey marcó la diferencia fundamental entre las ciencias que intentan conocer causalmente el objeto que permanece externo (ciencias naturales) y las que están dirigidas a comprender al objeto (hombre) o ciencias del espíritu. Comte clasificó las ciencias naturales en abstractas y concretas según estuvieran dirigidas a descubrir las leyes que regulan las diversas clases de fenómenos, o bien, consistieran en la aplicación de dichas leyes a la historia efectiva de los seres que existen. Spencer agregó a esta clasificación la división en ciencias abstractas, que son la lógica formal y la matemática; ciencias abstracto-concretas, a las que corresponden la física, la química y la mecánica; y, por último, las ciencias concretas a las que pertenecen la sicología, la sociología, la biología, la astronomía, la geología y la mineralogía. Engels estableció para las ciencias de la naturaleza la siguiente serie: mecánica-física-química-biología, a partir de la cual se pasa al dominio de las ciencias sociales (historia) y de las ciencias del pensar. Wundt redujo esta clasificación a las siguientes ciencias: formales (lógica y matemática) y reales (ciencias de la naturaleza y del espíritu). Carnap clasifica como ciencias formales a las que contienen solamente aserciones analíticas; y como ciencias reales o factuales las que, además de las analíticas, contienen aserciones sintéticas. Kuhn distingue entre el período de la *ciencia normal* y el período de la *ciencia extraordinaria*. El primero es aquel en que la comunidad científica desarrolla su trabajo sin dudas con respecto al conjunto de teorías con las que opera; este conjunto de teorías da una visión del mundo en correspondencia con la ciencia que lo describe, lo que denomina *paradigma*, es decir, una interpretación unitaria de los fenómenos conocidos; la ciencia normal es, pues, acumulativa y se caracteriza por no cuestionar las teorías con que los científicos operan; el científico actúa como un dogmático, *no busca novedades fácticas ni teóricas y cuando tiene éxito tampoco las encuentra*. La ciencia extraordinaria se da en los períodos de crisis, porque la acumulación de anomalías puede ir socavando la fe de la comunidad científica, que empieza a dudar del paradigma, en cuyo seno ya no es posible el trabajo acumulativo; los científicos, entonces, se lanzan a la elaboración de hipótesis explicables que darán lugar a un nuevo paradigma. **V. paradigma.**

CIENCIAS DEL ESPÍRITU. De acuerdo con su contenido, Dilthey distingue dos grupos de ciencias: las ciencias del espíritu y las ciencias de la naturaleza. Las primeras, entre las cuales se destaca principalmente la historia o historiografía, se ocupan de los hechos espirituales del hombre, los cuales nos son dados de modo inmediato y completo en tanto son vivencias humanas. Al método de estas ciencias lo denominó *comprender*. Las ciencias de la naturaleza, por su parte, se ocupan de los fenómenos externos y su tarea consiste en *explicar* esos fenómenos. **V. comprender.**

CIENTIFICISMO V. cientismo.

CIENTISMO Utilización de los métodos y procedimientos de la ciencia. También significa otorgar a la ciencia la mayor importancia, aun por encima de las demás actividades humanas. Otra interpretación de este término es que se refiere a la actitud de quien cree que no hay límites para la extensión y validez del conocimiento científico. **V. positivismo.**

CIERTO Auténtico, indiscutible. Certeza de la veracidad de una proposición o de un acontecimiento. **V. certeza.**

CÍNICA (filosofía) Tesis de la escuela fundada por Antístenes de Atenas en el siglo IV a. de C.; funcionaba en el Gimnasio Cinosargo o Plaza del perro ágil, de donde se deriva su nombre; por tal razón a sus practicantes se les llamaba perros o perrunos. Nació de la división de los discípulos de Sócrates. Esta doctrina planteaba un ideal de vida simple e identificaba la virtud con la felicidad, siendo ésta el máximo ideal y la finalidad humana. Es necesario suprimir todo deseo por las cosas finitas y apartarse de las convenciones que alejan de la vida simple y ejemplarmente elemental de los animales; tal actitud da al hombre una suficiencia que raya en la autarquía; planteaba, más que una filosofía, una forma de vida expresada en el desprecio por las normas, por el Estado, por la ciudad, pues sus practicantes se sentían *ciudadanos del mundo* (antecedente del cosmopolitismo); también menospreciaban la cultura, y se mostraban insolentes. Por lo anterior, se ha conservado en el lenguaje cotidiano la palabra cínico como sinónimo de descaro. El más conocido de los cínicos es Diógenes de Sinope, muy famoso por la extravagancia de su vida. **V. autarquía, Diógenes el Cínico.**

CÍNICOS Pertenecientes a la escuela cínica. Sus principales representantes son: Antístenes (fundador) y su discípulo directo Diógenes de Sinope; Crates de Tebas y Onesicrito, discípulos del anterior. La filosofía cínica fue practicada por los cínicos de los siglo III y II a. de C., con Bion de Borístenes y Menipo de Gadara, principalmente. Después de una interrupción resurgió en los siglos I y II de nuestra era, con Dion Crisóstomo, Oinomao, Demonax y Peregrino Proteo. También influyó en autores cristianos que utilizaron la diatriba, como Salustio El Filósofo y Máximo de Alejandría. **V. cínica (filosofía).**

CINISMO Actitud acorde con la filosofía cínica. Por extensión, en nuestros días, este término significa descaro. **V. cínicos.**

CIORAN, Émile (1911- 1995). Pensador rumano, cuya residencia habitual fue París a donde llegó en 1937 y vivió largos años sumido en el alcoholismo y la pobreza, cuando dejó Transilvania, su tierra natal. Su padre era sacerdote ortodoxo. En Francia fue amigo de Samuel Beckett, H. Micheaux, Paul Celan, Ionesco y Eliade. Es considerado como uno de los más grandes escritores del siglo XX y filósofo de la desesperación y de la duda, representante de lo que pudiera llamarse «el ocaso de Occidente»; al ser interrogado sobre el pesimismo de su pensamiento, observa que «obligar a la filosofía al

Émile Cioran

optimismo es una descarada hipocresía». Su obra habla, según afirma Savater, de la «fragilidad, de la transitoriedad de lo humano». Una de las claves de su obra es la nostalgia de la «condición que tenía antes de la conciencia», pues parte de la convicción de que el hombre siente que su futuro peligra, que la especie se puede quedar sin mundo y sin futuro. El hombre es un ser eminentemente perverso y causante de todos los desastres en el mundo. Las grandes sociedades son infiernos abominables y los llamados «progresos» sólo un estorbo. Cioran ha sido considerado decadente y publicista de la idea del suicidio, aunque él piensa que si no se contempla la alternativa del suicidio, es más posible que ocurra efectivamente tal acto; la idea de la posibilidad de suicidarse hace más tolerable la vida. El hombre debe poder ser dueño de su propia muerte. Piensa –en el mismo sentido que el budismo– que la muerte es ser uno con el todo, disolverse en él. El mundo es la creación, a su imagen y semejanza, de un infra Dios o mal demiurgo, de un mediocre Dios intermedio. Aquí se nota su rebeldía contra la tradición religiosa donde el hombre es un asesino que llegó a asesinar hasta a sus dioses, hecho que atribuye a la pasión autodestructiva del judeo-cristianismo. Cioran siempre se ha negado a recibir premios literarios, que considera como pago a prostitutas. También ha considerado los sistemas filosóficos y las religiones como orígenes de «las peores carnicerías» y por eso se ha mantenido al margen de la política y de la universidad; así mismo, siente verdadero horror de ser clasificado como filósofo. Es un moralista desilusionado y anarquista que, como dice Abel Posse, «se mueve entre los escombros de valores muertos». Sus principales obras, que empezaron a divulgarse en el mundo hispánico gracias a los comentarios del filósofo Fernando Savater, son: *Historia y utopía; El inconveniente de haber nacido; Desgarradura; Breviario de podredumbre; La tentación de existir; En las cimas de la desesperación; Silogismos de la amargura; El aciago demiurgo; Ensayo sobre el pensamiento reaccionario y otros textos; De lágrimas y de santos; Del inconveniente de haber nacido; Ese maldito yo; Adiós a la filosofía y otros textos*.

CÍRCULO Figura geométrica que algunas concepciones, especialmente de carácter religioso, han identificado con lo perfecto, con aquello que no tiene principio ni fin. Desde el punto de vista de la filosofía, puede hablarse del *círculo en la demostración* o demostración recíproca, error lógico que Aristóteles considera válido y consiste en deducir de la conclusión y de una de las dos premisas de un silogismo, la otra conclusión del silogismo mismo. En otras palabras, es usar como argumento de la demostración una tesis demostrada a partir de la misma tesis que se quiere demostrar. Es diferente del *círculo vicioso* o *petición de principio*, en donde se toma como premisa la proposición que se quiere probar. Contra este planteamiento, los cínicos argumentaron que todo círculo en la demostración es un círculo vicioso. Para Hegel, «la filosofía forma un círculo», puesto que debe partir de algo que no ha sido demostrado y que ha resultado de otra parte de la misma filosofía.

CÍRCULO DE VIENA Agrupación de filósofos y científicos formada alrededor del profesor de la Universidad de Viena, Moritz Schlick, entre los años de 1929 y 1937. De dirección neopositivista, antimetafísica y empirista, contó con la adhesión de importantes filósofos, tales como Carnap, Gödel, Ph. Franck, Waissmann y Neurath, entre otros; también estuvieron sus integrantes en estrecha relación con el llamado Grupo de Berlín. Tuvo en la revista *Erkenntniss*, dirigida por Carnap y Reichenbach, su principal órgano de difusión. Debido a los sucesos racistas ocurridos en Austria, muchos de los integrantes del Círculo de Viena tuvieron que emigrar, especialmente a Estados Unidos de América, y aunque terminaron las actividades como círculo de filósofos, individualmente continuaron sus trabajos sobre las ideas filosóficas que sostuvieron como grupo.

CÍRCULO HERMENÉUTICO Se habla de círculo hermenéutico en dos sentidos principales: (a) en la interpretación de un texto, en la medida en que cada una de sus partes debe entenderse a partir de la totalidad, y la totalidad en función de sus partes. Ni uno ni otro constituyen un punto de partida suficiente para la interpretación; (b) se habla también de círculo hermenéutico en todo intento de comprender lenguajes, sistemas de pensamiento y de comportamiento y, en general, formas de vida y cultura «ajenas», lo cual requiere un trabajo interpretativo. El círculo se encuentra en el permanente ir y venir de «lo propio» a «lo ajeno» y de «lo ajeno» a «lo propio». **V. hermenéutica, interpretación.**

CIRCUNSTANCIA Factor que no pertenece al ser esencial de las cosas, pero que las modifica o incide en el modo de ser de ellas.

CIRENAICOS Pertenecientes a una de las escuelas socráticas del siglo IV a. de C., seguidores de Aristipo de Cirene. Interpretaron el socratismo como una guía moral para el sabio y basaron la felicidad en la tranquilidad del ánimo que se encuentra en el dominio de sí mismo, la cual conduce al dominio de todas las circunstancias y cosas que rodean al hombre. Identificaron el bien con el placer inmediato; para conseguir este placer a la vez que para librarse del deseo, construyeron toda una dialéctica en la que el placer no nos debe dominar sino nosotros a él. De esta manera no es posible el apasionamiento que domina y altera; por eso hay necesidad de seleccionar los placeres, que deben ser moderados y duraderos. La felicidad para ellos es «el sistema de los placeres» y vivir el momento presente ya que el futuro es incierto. Su subjetivismo y sensualismo se plasma en su teoría del conocimiento en la que prima la sensación. Bajo estas líneas generales y con algunas variaciones en cada caso particular, fueron cirenaicos Aniceris, Aristipo, Hegesías y Teodoro el Ateo, principalmente.

CIUDAD DE DIOS Principal obra de san Agustín (354-430). En ella plantea la oposición entre la ciudad de Dios y la ciudad del diablo; la primera de ellas es espiritual, y puede ser celeste o terrena; la segunda, es una ciudad terrestre, carnal. La ciudad espiritual celeste o santa es la comunidad de los santos; en cambio, la ciudad espiritual terrena es como una sombra de la ciudad de Dios, la ciudad de los hombres que tienen el amor de Dios. También se ha interpretado esta oposición como representación de la oposición entre el poder de la Iglesia (papado) y el poder terrenal (imperio). En sentido teológico y místico, se ha interpretado la ciudad de Dios como la ciudad de los elegidos, y la ciudad del diablo la de los reprobados (cielo e infierno). Las dos ciudades están mezcladas en la tierra, pero están separadas en los designios divinos. Esta obra influyó grandemente en el desarrollo de la ética política, en especial en las ideas de Roger Bacon, Dante, Nicolás de Cusa y Campanella. **V. Agustín, utopía.**

CIVIL Desde el punto de vista histórico, civil proviene de la palabra latina *civilis* de *civis*, ciudadano. En la *República*, Platón expone su teoría de la *constitución civil* (*politeía*), en que, a semejanza del alma, la ciudad se puede considerar como un todo compuesto de tres partes o clases sociales: el pueblo (comerciantes, industriales y agricultores), los vigilantes (guerreros) y los filósofos; a cada una de estas clases corresponde una virtud: templanza, fortaleza y sabiduría, respectivamente. La virtud capital es la justicia que consiste en el equilibrio y la buena relación de los individuos entre sí y con el Estado, y de las diferentes clases entre sí y con la comunidad social. En este orden, son los filósofos quienes deben gobernar (arcontes), legislar y educar a todas las clases y no deben tener intereses particulares, pues deben éstos estar subordinados al servicio supremo de la *polis;* en general, el individuo debe estar subordinado al interés de la comunidad. El término civil, posteriormente fue utilizado en filosofía por G. B. Vico para adjetivar una clase de teología (*teología civil*), que estaría dirigida a demostrar el orden providencial divino sobre la sociedad humana, que se realiza a medida que el hombre va levantándose de su caída. Este concepto teológico es opuesto al de la teología física de la tradición, que demuestra la acción providencial de Dios sobre la naturaleza. Se utiliza la expresión *sociedad civil* para designar al grupo de ciudadanos que, dentro del dominio de la sociedad entera, no pertenece a los estamentos militares ni a los políticos, esto es, no detentan el poder directo del Estado. Hobbes, en su doctrina del Estado, construye la idea de comunidad política sobre la base de la sustitución que, por razones de seguridad («el hombre es lobo para el hombre»), el hombre hace de su *status naturae* un *status civilis*, mediante un convenio en que cada uno transfiere su derecho al Estado. La primera configuración de una sociedad civil como tal, aparece durante la Revolución francesa; también Hegel, Marx y Weber se preocuparon por dar un sentido especial a este sector social, el más grande de todos en número. Pero, la definición más importante proviene de Gramsci, quien establece una nítida diferencia entre la sociedad política y la sociedad civil: a la primera pertenecen todos los aparatos públicos o de gobierno que, primordialmente, ejercen sus funciones por medio de la coerción, la cual se hace más evidente en épocas de crisis; sin embargo, este aparato necesita legitimarse mediante el consenso de la sociedad civil donde, según él, «el Estado se transforma y libra luchas con lo viejo». Tal legitimación brinda a la sociedad política un dominio social sobre todas las organizaciones que se expresan en la sociedad civil, las cuales quedan atadas a las formas de hegemonía social, tanto en sentido estrictamente político, como en sentido institucional no controlado por el Estado y que representan las organizaciones del sector empresarial. En sentido jurídico, el término civil designa a las persona naturales (el derecho hace la distinción entre persona natural y persona jurídica, siendo esta última las sociedades que conforman las personas naturales, cuya responsabilidad está en cabeza de un representante legal) y sus relaciones, reguladas por las leyes. También en derecho, civil designa la legislación que se refiere a las personas naturales, los bienes, los contratos entre ellas y las sucesiones, e igualmente al régimen de sociedades.

CIVILIZACIÓN Conjunto de valores, realizaciones estéticas, tecnológicas, filosóficas y científicas, así como los hábitos de vida logrados por un pueblo, todo lo cual, en forma conjunta, requiere un grado alto de formación intelectual y humanística. A lo largo de la historia han existido civilizaciones que han marcado épocas y les han legado a las generaciones futuras y a la humanidad en general las bases para el permanente desarrollo del pensamiento y de los valores que lo informan. Spengler define civilización como «la forma más alta y madura de una cultura determinada».

CLARIDAD Y DISTINCIÓN Descartes denominó *clara* a la «percepción presente y manifiesta en el espíritu del que le presta atención y a la cosa presente ante el ojo que la mira», condición que es un grado de evidencia subjetiva; al otro grado de evidencia lo llamó *distinta* o percepción que «siendo clara, se encuentra desunida y separada de todas las otras cosas, al punto de no contener absolutamente en sí cosa alguna fuera de lo que es claro». Para Leibniz, *clara* es la noción de evidencia inferior a la *distinción*, puesto que la primera es el recuerdo, la representación, de una idea o de un objeto oscuro que no podemos distinguir de los demás porque no permite distinguir sus notas constitutivas y, por tanto, no pueden ser descritos ni definidos; mientras que la segunda es una evidencia racional que permite la definición nominal de sus rasgos. Kant acepta esta distinción, pero con ciertas restricciones, pues para él «la conciencia de las propias representaciones, cuando basta para diferenciar un objeto de otros, se denomina *claridad*. La conciencia que aclara la composición de las representaciones se denomina, en cambio, *distinción*. Solamente esta última puede hacer que una suma de representaciones resulte un *conocimiento* en el que se piense el orden de la multiplicidad».

CLARKE, Samuel (1675 - 1729). Filósofo inglés que abogó por una filosofía newtoniana opuesta al clima cartesiano dominante en el pensamiento de Cambridge de sus días. Es famosa su correspondencia con Leibniz, en la cual sostiene que el espacio y el tiempo son entidades homogéneas e infinitas, en contra de la pretensión de Leibniz, quien los consideraba de naturaleza relacional. Incursionó también en la filosofía moral, afirmando que la moralidad no se basa en el poder absoluto de Dios, ni en «contratos» producidos por comunidades humanas, sino en relaciones independientes y autoevidentes entre determinadas situaciones y el tipo de acciones que éstas exigen. Un juicio moral erróneo, concluye Clarke, equivale a un juicio lógicamente contradictorio.

CLARO Argumento o conjunto teórico que puede ser entendido o comprendido. **V. claridad y distinción.**

CLASE Además del concepto lógico, que consignamos en artículo separado, el término clase ha sido usado para designar, en sociología y en el uso común, a un grupo de individuos con similar grado económico y social (calidad) o también a un grupo humano que se dedica a trabajos similares, que generan ingresos económicos iguales o similares, por ejemplo la clase obrera. Este término ha sido tomado, esencialmente, con base en la función que los individuos desempeñan en la sociedad. El concepto hegeliano de las clases es de gran trascendencia, pues fue la base utilizada por Marx para la elaboración de su doctrina sobre la lucha de clases. Según Hegel, el origen de las clases es «una articulación necesaria de la sociedad civil, condicionada por circunstancias contingentes debidas a la diversidad de las disposiciones y de las necesidades materiales y espirituales» (*Filosofía del derecho*). Malthus contempló la idea de la oposición entre las clases debida a la operatividad de las leyes de la economía, tesis que retomó Marx para fundamentar el concepto económico de la lucha de clases. **V. clase lógica.**

CLASE LÓGICA Nombre usado, a partir del siglo XIX, por los lógicos ingleses en sus estudios del problema de la cuantificación de la lógica, para designar la extensión de un término, es decir, el conjunto de los individuos que caen bajo una misma denominación; y para designar los miembros de un conjunto o agregado de entidades que tienen, al menos, una característica común. El primero en fundamentar mediante leyes el álgebra de clases, es decir, la conmutación de los símbolos que representan leyes del pensamiento y no cosas, fue Boole, en 1854, leyes que fueron posteriormente complementadas por Ernst Schröder, en 1890, por lo cual el cálculo de clases generalmente es denominado *álgebra de Boole-Schröder*. Más tarde, B. Russell y Whitehead demostraron que es necesario distinguir el concepto *lógico* de clase del concepto *matemático* de «conjunto» y que la noción de clase corresponde a la siguiente definición: «...la totalidad de las clases a las cuales puede decirse significativamente que pertenece o no pertenece un término dado, no es una totalidad legítima. Las clases a las cuales un término dado, *a*, pertenece o no pertenece son las clases definidas por funciones *a*; hay también las clases definidas por funciones *predicativas a*. Las llamaremos *clases a*. Entonces las clases *a* forman una totalidad legítima, derivada de la de las funciones predicativas *a*. (*Principia Mathematica*, Whitehead-Russell). **V. Russell.**

CLÁSICO Calificación que denota equilibrio entre el contenido y la forma en una obra de la creación humana, presentando por tal razón una pureza y belleza que puede tomarse como paradigma o ejemplo. Se ha considerado, generalmente, que el arte y la literatura de la Grecia antigua llenaba estos requisitos que acercan las obras del hombre a los grados más elevados de excelencia y belleza ejemplar, posición que fue la causa para que, a partir del romanticismo especialmente, se denominara clásica a esa época y a sus productos estéticos. Para Hegel, lo que define que una obra sea o no sea clásica es su «unificación entre el contenido ideal y la forma sensible»; en una obra clásica, la idea infinita encuentra en la figura humana la forma ideal de expresión y su único defecto es ser nada más que arte. En cambio, en el arte romántico, la belleza se vuelve una «expresión interiorizada y espiritualizada. Es la belleza de la interioridad, de la subjetividad infinita en sí misma» (*Lecciones sobre estética*). La primera reacción en contra de la estética hegeliana es la de Nietzsche, con su teoría sobre lo apolíneo y lo dionisíaco. **V. apolíneo, dionisíaco, Nietzsche, romanticismo.**

CLASIFICACIÓN Distribución de un conjunto de objetos en clases. Estas clases pueden ser *coordinadas* o *subordinadas* de acuerdo con los criterios sobre los cuales se haya hecho tal distribución, que ha servido para facilitar la investigación o el trabajo específico de la mayoría de las ciencias y las actividades prácticas. Por lo general, la clasificación se hace con base en los caracteres esenciales de los objetos dados. Generalmente, la clasificación ha tenido como fin hacer presentes las diferencias esenciales y las similitudes entre diversos objetos dados; este tipo de clasificación se denomina *natural*, por cuanto se hace con base en las características que son naturales a los objetos y sirven para su conocimiento. También se pueden realizar clasificaciones de otros tipos; por ejemplo, cuando se clasifica en orden alfabético una lista de nombres para encontrar cualquiera de ellos con mayor rapidez, y se les da el nombre de clasificaciones *artificiales*. Otra forma de clasificación es la que establece relaciones entre las diferentes clases, haciendo su *gradación* para ubicar cada uno de los objetos en el lugar que le corresponde entre los demás, tal como realizó Mendeléiev su *tabla* *periódica de los elementos químicos.* La filosofía se ha preocupado por clasificar objetos no tangibles; así, ha realizado diversas clasificaciones de las ciencias y de los juicios, principalmente. **V. ciencias (clasificación de las), clasificación de los juicios.**

CLASIFICACIÓN DE LOS JUICIOS Para Kant, los juicios pueden ser *analíticos,* cuando su predicado está contenido en el concepto del sujeto y explican ese concepto; y *sintéticos,* cuando su predicado no está incluido en el concepto del sujeto, sino que está añadido o unido a él y lo amplían; por tanto, estos últimos son los que tienen valor para la ciencia. También, según este filósofo, los juicios pueden ser *a priori,* esto es, independientes de la experiencia, obtenidos por puro análisis del concepto, universales y necesarios; y juicios *a posteriori,* es decir, dependientes de la experiencia y sintéticos, y por tal razón útiles a la ciencia, aunque algunas veces se pueden encontrar juicios *a priori* que son sintéticos. Así mismo, en la lógica trascendental, Kant hace la distinción entre juicios *indefinidos* y *limitativos* –cuando se excluye un sujeto de la clase de los predicados a que el juicio se refiere–, y juicios *afirmativos.* Trataremos de exponer brevemente las clasificaciones más importantes que se han hecho, además de la clasificación kantiana: (a) según la cualidad, se dividen en *afirmativos* y *negativos;* (b) según la cantidad, se dividen en *universales* y *particulares;* (c) según la relación, se dividen en *categóricos, hipotéticos* y *disyuntivos;* (d) según la modalidad, se dividen en *asertóricos, problemáticos* y *apodícticos.* Cuando se unen cantidad y calidad en los juicios, esta unión da lugar a los juicios universales afirmativos, universales negativos, particulares afirmativos y particulares negativos. También se ha clasificado los juicios desde otros puntos de vista, como son la intención predicativa (*determinativos, atributivos, de ser, de comparación, de pertenencia, de dependencia* y *de intención*) y desde el punto de vista del objeto considerado por el concepto-sujeto (*reales, ideales, de existencia, de valor,* además de muchos otros).

CLAVIS AUREA Método que explicaba cada pasaje de las Sagradas Escrituras por medio del sentido total del libro sagrado y que fue propagado y defendido por los autores de las *Centurias de Magdeburgo,* encabezados por Flacius en el siglo XVI.

Clavis o Codex Aureus, Manuscrito de la Biblia (870)
Bibl. Edo., Munich

CLÍSTENES Gobernante de Atenas, abuelo de Pericles. Fue un instaurador del gobierno democrático. Sus reformas pusieron en circulación otros valores, frontalmente contrapuestos a los entonces vigentes, que se resumían básicamente en el patriarcalismo familiar y conducían inexorablemente al inmovilismo social. Sin las reformas de Clístenes jamás se hubiera dado la *época clásica,* pues su brillo no hubiera tenido lugar sin el rompimiento de dicho inmovilismo implícito en el sistema patriarcal. Como se sabe, en la Grecia de los siglos VII y VI a. de C. culminaron primeramente las significativas reformas clistenianas del año 509, y después del surgimiento de la ciudad-Estado ateniense, la famosa *polis* griega se convertiría durante el siglo siguiente en el escenario de uno de los mayores períodos de florecimiento cultural en toda la historia de Occidente. Su primer acto consistió en declarar disueltas de un solo golpe y para siempre las cuatro tribus atenienses antiguas, así como sus símbolos, finalidades, fidelidades y divisiones, basadas en la descendencia común, como creencia. Clístenes era un estratega revolucionario muy astuto como para permitir que se crease en Atenas un vacío social. Para evitarlo, creó unas nuevas organizaciones que denominó *tribus*, para mantener la nomenclatura tradicional, ya que en modo alguno estaban ligadas a la familia o a la descendencia familiar. Todos los hombres libres de Atenas, aunque residieran allí por corto tiempo, cualquiera que fuese su posición social y económica, o su origen, eran convertidos en miembros de una u otra de esas tribus. En segundo término, creó en Atenas una centena de pequeños distritos, comarcas y municipios, denominados *demes* territoriales; así, quien pertenecía a una tribu, también pertenecía a uno de los *demes*, con la diferencia de estar dispersos por toda Atenas, y los miembros de una tribu no se encontraban ubicados en el mismo *deme*; esto para evitar la formación de grupos perturbadores, basados en el principio de contigüidad. En adelante, el *deme* o la comarca se convirtió en la unidad esencial de Atenas, en cuanto a domicilio, derechos, deberes, votación y cargos públicos y, también, en el centro de reclutamiento para el servicio militar. Clístenes era un experto comandante militar, por su conocimiento tanto de las técnicas de guerra como de la tecnología. Su revolución transforma así el pluralismo tradicional, de base familiar, en unidad monolítica surgida de un sistema gubernamental que atañe directamente a cada ciudadano. En vez de un sistema legal basado en la inmemorial tradición, se forma un sistema ateniense de leyes consagradas por el uso, no por la interpretación de la tradición, el cual era considerado obligatorio para todos los atenienses, fuere cual fuere su relación familiar. El valor del individuo –y por tanto, del individualismo– tomó nuevas dimensiones, como unidad irreductible e inalterable del sistema político-militar ateniense, que fue la base de la resonante derrota de los persas, obtenida al iniciarse el siglo. **V. democracia.**

COGITO Forma abreviada de referirse a la expresión de Descartes «pienso, luego existo» *(cogito ergo sum)*, incluida en su *Discurso del método* (publicado en 1637); su origen es posiblemente aristotélico e implica la conciencia individual de la propia existencia y la certeza de esa existencia en cuanto es capaz de pensar. Este principio cartesiano fue acogido por diversos filósofos, en especial por Locke, Kant, y Husserl quien lo ha tomado como punto de partida de su filosofía. **V. Descartes.**

COGNICIÓN Acción de la razón por medio de la cual se aprehende un conocimiento. **V. conocimiento.**

COHEN, Hermann (1842-1918). Filósofo alemán nacido en Coswig. Neokantiano, fundador de la escuela de Marburgo, aclaró la doctrina de Kant, en especial su visión desde el punto de vista idealista objetivo o idealista crítico. Fue maestro de Ortega y Gasset y su pensamiento determinó la dirección fundamental de la escuela fundada por él. Su brillante interpretación del kantismo, punto culminante del intelectualismo naturalista, lo lleva a considerar que la cultura es un conjunto que se cifra en la ciencia (ética, estética, física y matemática), la cual realiza su unidad en la conciencia. Cohen da al idealismo una dirección completamente objetiva al identificar el pensamiento con el objeto, pues el pensamiento es la estructura interna del objeto de la ciencia y el contenido de la conciencia y del ser. Se opone totalmente a la metafísica y su sistema filosófico gira alrededor de la conciencia pura dando paso al ideal de la ciencia como conocimiento infinito, lógica del conocimiento puro que consiste en la elaboración de las categorías del conocimiento físico-matemático. Por otra parte, surgen una ética de la voluntad pura (deber) y una estética del sentimiento puro (formas emotivas de la conciencia). Para él, la ética es la ciencia formal de las categorías morales, y la sicología, simplemente, la ciencia del hombre «en la unidad de su conciencia cultural». En cuanto a las categorías, admite que son condiciones lógicas necesarias del pensar, pero no se sabe si ellas pertenecen o no realmente al objeto.

Sus principales obras son el *System der Philosophie; Logik der reinen Erkenntnis; Ethik des reinen Willens; Aesthetik des reinen Gefühls; La teoría de la experiencia, de Kant; La fundamentación de la estética por Kant; Lógica del conocimiento puro; Ética de la voluntad pura; El concepto de la religión en el sistema de la filosofía*. **V. Marburgo (escuela de)**.

COHERENCIA Este término tiene varias acepciones; en primer lugar, da su nombre a una de las leyes o principios categoriales, según la cual las categorías se encuentran sólo en la estructura del estrato categorial; por otra parte, designa la compatibilidad o no contradicción recíproca de los enunciados. También se usa para referirse a la armonía de un sistema de conocimiento de manera que pueda ser considerado como criterio de la verdad en virtud del orden y la relación de ese sistema. La coherencia da unidad a lo múltiple y disperso. Por último, en lingüística, es coherente una frase cuando hay unidad en sus términos en relación con el género, el número y el tiempo.

COIMPLICACIÓN Término introducido por Ortega y Gasset para designar uno de los dos modos en que se ligan los pensamientos con la evidencia: un pensamiento coimplica o complica otro. Es un modo de pensar sintético o dialéctico, donde «el pensamiento de una serie «complica o presupone pensar el siguiente» (*Origen y epílogo de la filosofía*) sin que implique lógicamente el siguiente.

COINCIDENCIA Punto en el espacio o momento en el tiempo donde se encuentran dos o más elementos, sean ellos del mundo físico o actos de la razón. La primera vez que el término *coincidencia* fue utilizado en filosofía, se unió al vocablo *opuesto* en el concepto *Coincidentia oppositorum*, expresión que fue usada por Nicolás de Cusa, y que designa a Dios en el sentido de que en Él se reúnen o coinciden todos los extremos: lo máximo y lo mínimo, el todo y la nada, el crear y lo creado, la complicación y la explicación. Esta noción no puede ser comprendida por el hombre debido a la limitación de su entendimiento. En otro sentido, la usó Giordano Bruno para designar la identificación de Dios con el Universo; dice Bruno: «El universo comprende todas las contradicciones inherentes a su ser en unidad y conveniencia». **V. Bruno**.

COINCIDENTIA OPPOSITORUM
V. Bruno, coincidencia, Cusa.

COLECCIÓN En general, se denomina colección el conjunto de objetos de la misma clase. También se denomina de esta manera al conjunto de objetos homogéneos que un individuo o un grupo va allegando en el transcurso del tiempo, sin una finalidad diferente que el propio placer o la obtención de conocimientos sobre las diversas calidades y especificaciones que tales objetos presentan. El hábito de coleccionar ha sido estudiado en varios sentidos por la sicología. En filosofía, Strawson dice que el modo como puede aplicarse el criterio categorial a los términos del lenguaje es el modo como un término puede convertirse en principio de *colección* o *recolección* de ciertos términos.

COLECTIVISMO Concepto filosófico-político en que lo social está por encima de lo individual. Preconiza una sociedad sin desequilibrios de clase y libre del control de una élite privilegiada. Naturalmente opuesto al individualismo, a partir del siglo se da este nombre al socialismo fuera de Estado, enfrentado con el socialismo estatal y representado por el laborismo inglés y por los socialistas reformistas de preguerra. En un sentido más general, esta forma de pensamiento propugna la abolición de la propiedad privada y la colectivización de los medios de producción. **V. comunismo, socialismo**.

COLECTIVO En general, este término designa todo aquello que concierne o afecta a la mayoría de los individuos que conforman un grupo o colectividad; es utilizado en política como el sujeto de la actividad que le es propia, es decir, la búsqueda y la acción para lograr el mejor estar colectivo (nación, país, grupo social determinado). En este último sentido se utilizó este término en el comunismo chino, es decir, para designar a la totalidad del pueblo, que es el objeto del Estado.

COMBINATORIA (arte) (*ars combinatoria*). Forma de obtener todas las ideas posibles por medio de la simbolización o asignación de un signo a toda idea primitiva, para poder lograr todas las combinaciones posibles, mediante la combinación de todos los signos posibles, de todos los modos posibles. La aplicación de este lenguaje simbólico permite llegar a un ideal de conciencia que fue sostenida por Leibniz –inspirado en Raimundo Lulio–, quien lo consideró un método universal, fundamento de todas las ciencias, y continuada por Wolff y Lambert, principalmente. Según L. Couturat, a veces Leibniz considera el *ars combinatoria* como un «diccionario formado del alfabeto de las ideas humanas». **V. Leibniz, Raimundo Lulio.**

COMIENZO Iniciación de una cosa en el tiempo. Santo Tomás hace la distinción, en materia de fe, entre la coincidencia o no del comienzo con el *principio*, y la coincidencia o no con el *origen*, ya que, para él es materia de la fe la creación como comienzo del mundo en el tiempo (principio), pero no lo es su producción (origen) a partir de la nada. En distinto sentido, Hegel se refiere al comienzo de la filosofía en el sentido de que éste es sólo una apariencia, pues, en realidad, es un resultado; y ubica lo absoluto en el resultado más que en el comienzo.

COMPARACIÓN Acto de la razón por el cual se relacionan dos o más cosas con el objeto de encontrar las características comunes o, también, las diferencias, que les son propias. La comparación es la base conceptual de la teoría matemática de conjuntos, o ley de conjuntos. En literatura, la comparación puede identificarse con la metáfora. En filosofía, la comparación ha constituido en muchos casos, y puede constituir, una metodología del conocimiento. La ciencia biológica y la física, también, han utilizado esa metodología de la investigación. **V. comparativo**.

COMPARATIVO Término utilizado en filosofía, por una parte, por los lógicos tradicionales, para designar el problema por el que se indaga si algo es mayor o menor, mejor o peor, etc.; y por otra, en la lógica de Port-Royal, para aludir a las proposiciones que instituyen una comparación semejante. **V. comparación**.

COMPASIÓN, CONMISERACIÓN Participación del sentimiento del hombre en el sufrimiento de otro u otros, en tanto que se es ajeno a ese sufrimiento. Ha habido muchas interpretaciones de este término en sentido filosófico. En la filosofía griega se usó el término piedad o compasión para designar ese sentimiento de participación en el dolor ajeno, con el sentido necesario de que el sujeto de la compasión no sufre ese dolor. Los estoicos lo consideraron como una debilidad, ya que hacer el bien a los otros no era para ellos motivo de compasión sino objeto del deber. Aristóteles la definió como «el dolor causado a la vista de algún mal, destructivo o penoso, que golpea a uno que no lo merece y que podemos esperar pueda golpear, así mismo, a uno de nosotros o a alguna persona querida». En el cristianismo, la compasión se ha identificado con la caridad. Para Spinoza es la tristeza que produce el mal ajeno. Para muchos filósofos es un instinto del sentido moral (Hutcheson, por ejemplo). Rousseau la considera como una participación en el todo. Schopenhauer reduce el amor a la compasión, que supone la identidad de todos los seres; y para Nietzsche es una manera de disfrazar la debilidad humana que, sin embargo, puede llegar a ser *superior*. Max Scheler elaboró una detallada fenomenología de la compasión, en la que aparecen varias de sus acepciones. Aclara este filósofo que «la compasión se halla ausente siempre que existe contagio del sufrimiento, puesto que entonces el sufrimiento no es ya el de otro sino el mío». **V. caridad.**

COMPLEJO Conjunto de objetos que comparten caracteres comunes. En este sentido equivale a clase o conjunto, al cual se le atribuye un sistema de relaciones internas que hacen de él una totalidad de carácter autónomo y cerrado. El término fue introducido por los estoicos para designar las proposiciones compuestas constituidas, sea por una sola proposición tomada dos veces, o por proposiciones diferentes ligadas entre sí por uno o más conectivos. Durante la Edad Media, la lógica lo aplicó para designar un término compuesto de voces diferentes y, también, como una proposición simple, compuesta por el nombre y el verbo. En el sicoanálisis, y especialmente para su fundador, Freud, se entiende por complejo la situación que, según sus palabras, «todos los niños están condenados a experimentar y que resulta irremediablemente de la prolongada dependencia infantil y de la vida en común con los padres». Freud toma como base la leyenda griega de *Edipo* en que el héroe griego mata a su padre y toma por mujer a su madre, para explicar que el primer objeto erótico del niño es el pecho de su madre, que lo nutre y, por tanto, convierte al padre en su rival. **V. Freud.**

COMPLEMENTARIEDAD Carácter de lo complementario. Se designan como complementarios dos conceptos opuestos que se corrigen recíprocamente y se integran en la descripción de un fenómeno. El *principio de complementariedad* fue enunciado por Böhr y se expresa así: «Una descripción espacio-temporal y una secuencia causal rigurosa de procesos individuales no pueden ser realizadas simultáneamente, pues debe sacrificarse una o la otra». Este principio evidencia que la mecánica cuántica y la concepción clásica de la causalidad son incompatibles.

COMPLEMENTO Término utilizado en el álgebra de clases, definido de la siguiente manera:

$$\overline{A} = \text{def. } x \sim (x \, \varepsilon \, A)$$

donde A es la clase de todas las entidades que no son miembros de la clase A'. El símbolo del complemento de clases es '–' colocado encima de la letra que designa la clase. También este término se usa en el álgebra de relaciones, donde el complemento de una relación R es la relación de todos los x a todos los y, que no es el caso que R relacione x con y. El símbolo del complemento de relaciones también es '–'.

COMPLEXUM SIGNIFICABILE Expresión usada primero por Aristóteles y, más tarde, por Gregorio de Rímine para designar al objeto propio de conocimiento, no en cuanto realidad o cosa externa, sino como algo significado por la proposición entera. En realidad, la contribución de Gregorio de Rímini fue el esclarecimiento de este concepto aristotélico, lo cual influyó sobre otros autores que han buscado algún tipo de entidad como objeto de conocimiento diferente de la cosa misma, por una parte, y de la expresión de la cosa y el concepto envuelto en ella, que puede ser «algo significado».

COMPORTAMIENTO Término introducido por Watson a principios del siglo XX para destacar la necesidad de contar con medios diferentes de la intuición interna o la conciencia, observables objetivamente, para realizar el estudio científico de las actividades humanas y las de los animales. Este contenido evolucionó hasta nuestros días, cuando designa toda respuesta de un organismo viviente a un estímulo cualquiera. El comportamiento es materia principalmente de la biología y de la sicología.

COMPOSICIÓN En la lógica medieval, designa el uso sintáctico que hace ambigua una frase; es sinónimo de paralogismo o falacia.

COMPRENDER En la escolástica, este término se ha aplicado en varios sentidos; por una parte, para designar la posibilidad de demostrar o equiparar los dogmas a verdades racionales (Anselmo, Abelardo). Santo Tomás le da un sentido de esclarecimiento de la verdad de la fe mediante el empleo de similitudes. En la filosofía contemporánea, el uso de este término surge de la dificultad de aplicarles a los hechos históricos y a las relaciones entre los seres humanos, la técnica causal propia de la ciencia natural del siglo XIX. En tal sentido, *comprender* (*Verstehen*) como procedimiento propio de las ciencias del espíritu, es un término opuesto a *explicar* (*Erklären*) que se basa en la causalidad y es inherente a las ciencias naturales. Para Dilthey, la realidad humana (histórico-social) se puede comprender desde dentro, ya que su representación se funda en nuestros propios estados; en cambio, la naturaleza es siempre algo externo. Dice que «el comprender es un rencuentro del yo en el tú», concepto que incluye la *vivencia*

(*Erlebnis*), la cual permite tomar la realidad histórica «en su individualidad viviente y en sus caracteres específicos». El concepto diltheyano sobre comprender es aceptado por el historicismo alemán, aunque no hay un acuerdo sobre la naturaleza misma del comprender. Para Rickert es la aprehensión del sentido de un objeto, o sea, «la relación del objeto mismo con un valor determinado». Max Weber afirma que comprender es «descubrir un motivo concreto que pueda ser revivido internamente y que nosotros comprobamos con diferente grado de precisión, según el material de las fuentes». Por su parte, Scheler y Heidegger relacionaron el comprender con la vida emotiva. Para el primero, la comprensión emotiva debe distinguirse de la *fusión* emotiva, porque implica la alteridad de los sentimientos; puede decirse que es una versión contemporánea del sentido de compasión. Es, por otra parte, una relación simbólica entre las experiencias internas y sus expresiones, relación que constituye una *gramática universal*, que es válida para todos los lenguajes expresivos «y que suministra el criterio último de la comprensión interhumana». Heidegger relaciona la comprensión con la noción de posibilidad. La comprensión es esencial a la existencia humana (*ser ahí*), pues la existencia es esencialmente posibilidad de ser, existencia posible. «El conocer tiene en sí mismo –expresa– la estructura existenciaria que llamamos la proyección. Siguiendo la línea de Heidegger, Hans Georg Gadamerle da una nueva dimensión al comprender, entendiéndolo no como un simple método para el acceso a las ciencias del espíritu, sino como una estructura ontológica del ser del hombre en tanto ser histórico. Es lo que Gadamer ha denominado «la historicidad de la comprensión». En la mecánica cuántica, comprender significa la *necesidad de usar*, como dice Carnap, una teoría, un enunciado, una expresión para la descripción de hechos conocidos o para la previsión de hechos nuevos. **V. compasión.**

COMPRENSIÓN Acto o capacidad de comprender. También designa al conjunto de cualidades que integran una idea. En lógica, se llama comprensión de un término a los caracteres mediante los cuales se distingue este término de otros. La extensión de un término es inversa a su comprensión. **V. comprender.**

COMPROBACIÓN Procedimiento conducente a verificar si algo es cierto o verdadero. También se denomina comprobación al resultado del procedimiento de verificación, lo cual se denomina enunciado. Los neopositivistas han considerado que solamente los enunciados empíricos son verificables o comprobables, de manera que los enunciados teológicos, metafísicos, axiológicos, lógicos y matemáticos son inverificables empíricamente. Frente a esta afirmación ha habido dos corrientes principales: la de quienes la rechazan en su totalidad, y la de quienes han pretendido modificarla para lograr un modo aceptable de la misma; entre los primeros están Ewing y Frondizi; y entre los segundos, von Mises, Carnap, Quine, Russell, Ryle y Ayer, principalmente. **V. verificación.**

COMPROMISO Acción y efecto de comprometerse. El compromiso es propio de toda existencia humana. En filosofía se utiliza en la expresión *comprometerse como filósofo* para designar la acción de enlazar estrechamente una proposición filosófica con lo que se hace con esa proposición. Es el nexo o vínculo entre la teoría y la práctica. En política designa la obligación moral de un individuo con una ideología o partido.

COMPUESTO Término que se refiere a todo aquello que está constituido por varios elementos que, en su conjunto, conforman un todo. El concepto de *compuesto* es opuesto al concepto de *simple*, que es aquello que está constituido por un único elemento.

COMTE, Auguste (1798-1857). Filósofo francés, nacido en Montpellier. De familia monarquista, católica y conservadora, a pesar de lo cual se inspiró en las tesis básicas de la Revolución francesa para el primer desarrollo de su pensamiento filosófico, tesis que le permitieron familiarizarse con los problemas sociales. Fue alumno de la Escuela politécnica de París donde obtuvo una formación científica y matemática;

Auguste Comte

más tarde fue colaborador de Saint-Simon de quien luego se separó. Formuló la *doctrina de los tres estados*, por los que deben pasar tanto toda la especie humana como el hombre individual. Esta teoría constituye el fundamento de la filosofía positiva que reúne la filosofía de la historia con una interesante teoría del conocimiento. Los tres estados a que se refiere Comte son: estado *teológico*, estado *metafísico* y estado *positivo*. En su orden son como una especie de escalones por los que se debe ascender; el primero (teológico) es preparatorio, por lo tanto provisional y ficticio; a éste corresponden el *fetichismo* –que atribuye poderes mágicos a la personificación de los objetos–, el *politeísmo*, que traslada esa especie de alma a las cosas al colocarla en divinidades representativas de los elementos naturales (agua, fuego, bosques, etc.); y el *monoteísmo*, que concentra los atributos en un solo objeto al que se llama Dios; es un estadio infantil de la humanidad en el que predomina la *imaginación* en la búsqueda que hace el hombre de las *causas y los principios de las cosas*; es una fase de gran importancia en la historia, pero el espíritu humano debe evolucionar hasta apartarse totalmente de ella. El segundo estado (metafísico), es la abstracción del primer estado, la búsqueda de la esencia y de los conocimientos absolutos; etapa crítica y ontológica en esencia en la cual se intenta explicar la naturaleza de los seres y sus causas; en ella, la *naturaleza* sustituye a *Dios*, porque el hombre se acerca a las cosas para explicarlas. Constituye un paso intermedio entre el estado teológico y el positivo. El tercer estado (positivo) es real y definitivo, porque en él todo está subordinado a la observación de las *cosas*, puesto que se buscan los hechos y sus leyes; no las causas ni los principios de las sustancias: es necesario atenerse a los que está *puesto* o *dado*. El espíritu positivo es *relativo* a nuestra organización y situación; y las ideas son *fenómenos* que salen del ámbito individual para extenderse al mundo social y colectivo; por eso dependen de la historia. Para Comte, el saber tiene una finalidad de *previsión racional;* lo mental depende de lo social y, por eso, las ideas gobiernan al mundo. Según él, la crisis de Occidente se debe al quebrantamiento del orden social por la metafísica crítica; el espíritu positivo tiene por objeto fundar un nuevo orden social bajo el lema *orden y progreso*, basados en la continuidad histórica y en el equilibrio social, bajo una autoridad social suficiente, solamente posible mediante la obtención de un saber positivo. A Comte se le considera como fundador de la sociología, que es, en principio, la conversión del estudio de la humanidad colectiva, en ciencia positiva: la interpretación de la realidad histórica. La *ley de los tres estados* también se aplica a la sociedad, con sus tres respectivas etapas: la *militar* (hasta el siglo XII); la de los *legistas* (surgimiento de la clase media), que es altamente revolucionaria por ser de transición y la cual se disuelve por influencia especialmente del protestantismo; y la *industrial* (interés económico fundado en un poder mental y social). Comte convierte a la humanidad en religión, pues la considera la casi divina protagonista de la historia. Esa *religión de la humanidad* consiste en reunir en la humanidad todos los atributos que le corresponden como *Gran-Ser* (*Grand-Être*) que es, en cuanto fin de las vidas individuales; así, pues, la moral positiva es el *altruismo*, vivir para los demás, como ya expresamos. A la humanidad debe tributarse culto tanto privado como público: llegó a imaginar toda una organización de esta Iglesia, pero sin sentido religioso, pues excluye a Dios de ella. Todo esto expresa su pensamiento sobre la necesidad de que en la organización de la vida social haya un poder espiritual. Su lema es: *el amor como principio; el orden como base, y el progreso como objeto.* Comte establece la siguiente jerarquía de las ciencias: matemática-astronomía-física-química-biloía-sociología. Esta jerarquía obedece a un orden de aparición, a una extensión decreciente y a una complejidad creciente; a su independencia y a su afinidad. Como se observa en su esquema, la sociología es la disciplina más importante para Comte, debido a su carácter histórico y social. Considera imposibles la metafísica y la introspección (sicología). La filosofía aparece como una reflexión sobre la ciencia; es una teoría de la ciencia. Esta es la causa de que en el siglo XIX la filosofía ocupe, si acaso, un papel muy secundario, ya que impera el espíritu positivo. Sin embargo, a pesar de la intención de Comte, su teoría *es* filosofía. Sus principales obras son: *Opúsculos; Curso de filosofía positiva; Discurso sobre el espíritu positivo; Catecismo positivista; Sistema de política positiva o tratado de sociología*, que insinúa la religión de la humanidad.

COMÚN (sentido) Capacidad y grado de conocimiento que se atribuyen a toda persona con capacidades intelectuales normales para exteriorizarse mediante comportamientos, o tomar decisiones, que sean acordes con lo aceptado generalmente por la comunidad a la cual pertenece, o que se ajustan a las leyes de la naturaleza. Para poseer esta capacidad no es necesario haber realizado ningún estudio especial. Por ser un concepto esencialmente social, expresado en su misma definición por la palabra común, depende y varía en su contenido de acuerdo con las variaciones en la cultura y en la ética. Así, pues, una acción o una actitud puede no ser acordes con el sentido común en un determinado tipo de sociedad o de grupo humano, mientras la misma acción o actitud lo fuera en otros. Siguiendo la línea de Heidegger, Hans Georg Gadamer da una nueva dimensión al comprender, entendiéndolo no como un simple método para el acceso a las ciencias del espíritu, sino como una estructura ontológica del ser del hombre en tanto ser histórico. Es lo que Gadamer ha denominado «la historicidad de la comprensión».

COMUNES (nociones) Concepto introducido por los estoicos para designar las *anticipaciones* o conceptos universales que forman parte de la naturaleza del hombre y, por tanto, no corresponden a un aprendizaje específico. Euclides le dio a este concepto el sentido de principios evidentes o axiomas. **V. axioma.**

COMUNICACIÓN Carácter específico de las relaciones humanas en cuanto son, o pueden ser, relaciones de participación recíproca o de comprensión. Es una forma de coexistencia humana en cuanto modos de participación o de comprensión. Según Dewey, los hombres forman una comunidad porque se comunican y pueden participar recíprocamente de sus modos de ser, no mediante el simple contacto físico, sino de una forma libre. Mediante la comunicación se reconoce la alteridad de los hombres, quienes pueden establecer relaciones *posibles*, que constituyen una *realidad*. Para Heidegger existe una comunicación existenciaria que, en sus propios términos, «constituye la articulación del *ser uno con otro* compresor». La comunicación es ya coexistencia porque «la coparticipación emotiva y la comprensión de los hombres entre sí llega a constituir la realidad misma del hombre, el ser del *ser ahí*». Para Jaspers, la comunicación es, en esencia, la posibilidad de relaciones y está *en el límite de la comunicación empírica*, que coincide con el sentido de pertenencia a una comunidad. Está, además, la comunicación no empírica, que es la existencial, y tiene lugar entre seres que son *sí mismos*, es decir, no representan otros ideales o cosas. Su importancia en la filosofía se relaciona con la tesis de la *comunicación de las sustancias,* surgida cuando Descartes admitió la noción de una acción recíproca entre las dos sustancias (alma y cuerpo). Para Leibniz, la comunicación es *la armonía prestablecida* por Dios, que abarca todas las partes del universo, es decir, de todas las mónadas que lo componen. Para los lingüistas, la comunicación es simplemente la transmisión de información mediante símbolos, definición que los existencialistas amplían situándola dentro del contexto de la existencia (actitud, situación, horizonte). Uno de los problemas de mayor importancia durante la época moderna fue el de la *comunicación de las sustancias* que se basaba en el interrogante planteado acerca de cómo es posible que diversas sustancias se comuniquen entre sí y en qué forma lo hacen las sustancias extensas (corporales) con las sustancias espirituales, problema suscitado por el dualismo cartesiano (*res cogitans-res extensa*) al cual se le dieron varias soluciones, en especial por parte de los ocasionalistas. Cassirer es uno de los filósofos que más se mostró preocupado por el problema de la comunicación y ha llegado a hacer lo que podríamos llamar una *filosofía del simbolismo,* ya que la comunicación, siempre, de alguna forma es simbólica. Sartre se ocupó del problema de la comunicación en su análisis del lenguaje que, para este filósofo, es «la experiencia que un *para-sí* puede hacer de su *ser-para-otro* (y...) no distingue, pues, del reconocimiento de la existencia del otro». Habermas centra su reflexión en la conexión interna de la lógica de la investigación con la lógica de las comunicaciones formadoras de la voluntad colectiva, expresada en su obra *Teoría de la acción comunicativa,* y considera que el cientificismo refuerza el control tecnocrático y excluye los procedimientos racionales de la clarificación de las cuestiones prácticas: tiende a consagrar una escisión en lo práctico-teórico que es misión de la filosofía reconstruir, propiciando una comunidad de igualdad comunicativa y luchando contra el absolutismo del pensamiento de los orígenes y de la teoría pura, reflexión que se engendra «en la unidad de la razón teórica y de la práctica».

COMUNICATIVA (acción) V. teoría de la acción comunicativa

COMUNIDAD En principio, puede definirse este término como una forma de vida social que se caracteriza por tener un nexo orgánico entre sus miembros. Esta fue la interpretación del romanticismo acerca de comunidad, definición que se fue transformando, especialmente por la acción de sociólogos, como Durkheim, Weber, Simmel y Cooley, hasta llegar a la definición que da la sociología contemporánea, basada en la distinción entre los comportamientos que se relacionan con una comunidad restringida (en la cual se vive) y los que están ligados con una sociedad mayor (nación, país, etc.). Un ejemplo de comunidad restringida es la llamada *comunidad científica*, integrada por las personas que se dedican a la investigación en cualquiera de las ramas de la ciencia y, por tanto, manejan un lenguaje específico de su actividad (lenguaje artificial) de muy difícil comprensión para aquellos que no están en contacto permanente con sus actividades y conocimientos.

COMUNIDAD CIENTÍFICA Bajo este término se entiende el conjunto de científicos que trabajan dentro de un mismo marco conceptual, comparten sus principios, métodos, lenguaje y se ocupan de un campo específico de problemas.

COMUNISMO Ideología contenida en el *Manifiesto comunista,* publicado por Marx y Engels (1847), cuyos postulados principales son los siguientes: (a) la sociedad, históricamente determinada, predomina sobre el individuo; (b) las relaciones de producción y trabajo que determinan todas sus manifestaciones y formas de organización política, dependen de la estructura de esa sociedad (materialismo histórico); (3) toda sociedad en la cual los medios de producción sean propiedad privada, engendra una necesaria y permanente lucha de clases; (d) la sociedad comunista se caracteriza porque posee y ejerce directamente los medios de producción y no tiene clases (dictadura del proletariado); (e) el

Reunión del Partido comunista en Moscú

proletariado es dueño del poder del Estado y lo ejerce en su propio favor. El *comunismo científico* es un desarrollo posterior de las tesis de Marx y Engels, que estudia el comunismo desde el punto de vista de las ciencias y del conocimiento de las leyes de la evolución histórica; es parte constitutiva del marxismo, y tiene por objeto las leyes concernientes al origen y desarrollo de la formación económico-social comunista. El *comunismo filosófico*, por otra parte, fue el movimiento surgido en Alemania (1842-1843), que pretendía enlazar al comunismo con la filosofía clásica alemana, en especial con las tendencias hegelianas y de Feuerbach. En general, se denominan comunistas, o más bien socialistas, a todos aquellos que han antepuesto el bien común o de la sociedad al bien del individuo; en este sentido, fueron muy diversas las doctrinas y reflexiones de filósofos anteriores a la constitución del comunismo como partido político, que se manifestaron en pro del bien común, muchas de ellas de gran influencia en la concepción marxista del Estado, como son, principalmente, la tesis de Babeuf sobre la abolición de la propiedad y la nacionalización de los bienes; la de Saint-Simon, expresada en su plan de revolución científico-social; el socialismo utópico de Fourier y de Proudhon con sus ideas tendientes a organizar pequeños grupos de trabajadores según el modelo que ofrecían los programas socialistas (el primero) y la educación filosófica de las masas en abierta lucha contra *todos los absolutos* (el segundo). **V. Marx, marxismo, socialismo.**

CONCEPCIÓN Acto de concebir. En filosofía es la forma como se entiende o se aprehende un concepto, una tesis o un objeto.

CONCEPCIÓN DEL MUNDO Sistema de ideas, conceptos y representaciones acerca de la realidad que nos circunda. Este ha sido un problema fundamental de la filosofía y ha habido a lo largo de su historia dos tendencias muy determinadas: la concepción idealista y la concepción materialista. Jaspers, en su *Sicología de las concepciones del mundo*, distingue entre la imagen espacio-sensorial del mundo, la síquico-cultural y la metafísica. En efecto, la concepción del mundo varía en las diferentes culturas y, también, a nivel individual de acuerdo con la estructura síquica de cada hombre. **V.idealismo, materialismo.**

CONCEPTO Entidad lógica que resulta del conocimiento de los objetos, posibilitada por la descripción, la clasificación y la previsión de lo cognoscible, sean éstos abstractos o concretos, universales o individuales, etc. En la filosofía griega, *concepto* es lo que se sustrae a la mutación o diversidad de las opiniones, ya que son rasgos constitutivos del objeto mismo que no pueden ser alterados por un cambio en la perspectiva con que se observan, pues se dirige a la sustancia o esencia, y es tarea propia de la razón; en la filosofía clásica, *logos* designa tanto al concepto como a la razón. Para Sócrates, el razonamiento inductivo lleva al concepto como lo que expresa la esencia o naturaleza de una cosa, lo que la cosa es verdaderamente. Platón afirma que la mente humana contiene *la verdad* (concepto) *de los entes*. Para Aristóteles, el *logos* (concepto) es «lo que circunscribe o define a la sustancia o esencia necesaria de una cosa» y no puede ser afectado por la generación o corrupción de ella. Epicuro *garantiza* la realidad del concepto por el concepto necesariamente verídico de las sensaciones. Por su parte, la escolástica afirma la realidad del concepto como «elemento constitutivo o esencial de la realidad misma»; y Duns Escoto dice que el concepto tiene por objeto una *naturaleza común*. Kant limita la realidad del concepto a la realidad fenoménica, que lo vincula a una intuición; para él, «los conceptos sin intuiciones son vacíos y las intuiciones sin conceptos son ciegas». Hegel le da al concepto un sentido metafísico, a través de los momentos del concepto: del concepto subjetivo y objetivo, hasta la idea, que es su síntesis. En el empirismo realista, el concepto es una relación y, por tanto, debe ser distinto de la cosa relacionada (separa concepto de esencia). Con el neopositivismo, la noción de concepto tiene cada vez más un sentido operativo. Según Pfänder, los conceptos son los elementos últimos de todos los pensamientos y se expresan mediante el «contenido significativo de determinadas palabras», pero es necesario aclarar que los conceptos no son las palabras, sino los símbolos de las significaciones, por lo cual puede haber conceptos sin necesidad de que haya palabras. Además de éstas, para expresar un concepto se puede hacer uso de símbolos de cualquier clase, como números, signos, etc. Puede haber objetos materiales de los conceptos y también objetos formales; también los conceptos tienen una comprensión o contenido por cuanto «un concepto determinado se refiere justamente a este objeto determinado», y a una extensión, pues el concepto comprende un número de objetos. Carnap distingue entre conceptos semánticos y conceptos absolutos.

CONCEPTO-CLASE En su obra *The Principles of Mathematics*, Bertrand Russell introduce el *concepto-clase* para designar el concepto mediante el cual se define una *clase* o función proposicional *Fx*, cuyas raíces forman la clase, de manera que la condición necesaria y suficiente para que un individuo *a* pertenezca a una clase definida mediante una función *Fx* es que la proposición *Fa* sea verdadera. **V.clase.**

CONCEPTUALISMO Posición de quienes consideran que los universales sólo existen en nuestra mente en tanto que ideas abstractas o conceptos universales y, por tanto, no son entidades reales sino conceptos generales. Tal posición es intermedia entre el realismo moderado y el nominalismo. Se consideran como conceptualistas a Kant y a Cassirer.

CONCIENCIA En la filosofía moderna y contemporánea, relación intrínseca al hombre interior, por la cual puede conocerse de modo inmediato y privilegiado y, por tanto, se puede juzgar a sí mismo de manera inequívoca. Para el neoplatonismo y el cristianismo es una relación por la cual el hombre se separa de lo externo a él, para retornar a sí mismo y conocerse verdaderamente y con certeza. Crisipo distinguió entre el pensamiento y la conciencia del pensamiento, distinción que acentuó la separación entre el hombre y el mundo; Filón usó la noción de conciencia en sentido moral; pero el concepto de Plotino es tal vez el más importante, con su distinción entre conocimiento y conciencia, al darle a la *conciencia* el sentido de acceso a la realidad interior del hombre; el *recogerse a sí mismo*, que es la actitud o condición del sabio quien encuentra la felicidad en sí mismo y no en las cosas externas (mirar dentro). Santo Tomás aclara el aspecto moral de la conciencia, al afirmar que ella es solamente conocimiento y queda reducida a la aplicación de conocimientos objetivos. El concepto de Descartes acerca de la conciencia es el que toma verdadera vigencia en la filosofía occidental; éste dice: «Bajo el nombre de pensamiento entiendo todas las cosas que advienen a nosotros con conciencia, en cuanto tenemos conciencia»; es la vida espiritual del hombre en todas sus manifestaciones del sentir, el razonar y el querer, cuya esfera es el *yo* sujeto o sustancia pensante. Para Locke, la conciencia es la certeza absoluta que de su propia existencia tiene el hombre; por tanto, este concepto es la base de toda su filosofía, pues fuera de la conciencia no hay realidad alguna, no hay *existencia externa*. Leibniz afirma que las causas externas no influyen en las mónadas, siendo sus cambios *interiores desde un principio*. Entonces, distingue claramente entre la conciencia (apercepción), de la percepción de la cual no se puede estar claramente conscientes; las apercepciones constituyen el yo. Kant aportó al concepto de conciencia su división en *conciencia trascendental* o discursiva (conciencia pura) y *conciencia empírica* o intuitiva, de carácter sicológico y perteneciente al mundo fenoménico; ésta sólo se puede unificar mediante las síntesis de intuiciones empíricas internas, ceñidas a espacio y tiempo, y por medio de los conceptos del entendimiento. El idealismo romántico se basa en la inmanencia total de la realidad de la conciencia. En Fichte y en Hegel se pasa de la idea noseológica (conciencia trascendental) a la idea de la conciencia metafísica. Para Hegel, hay un proceso dialéctico de la conciencia en el sentido de ser *la totalidad de sus momentos*; y esos momentos de la noción del saber puro «adoptan la forma de figuras o modos de la conciencia», de manera que la realidad de la conciencia se trasciende y se supera continuamente a sí misma; en su *Fenomenología del espíritu*, la conciencia ocupa el primer estadio, seguida por la autoconciencia y por el espíritu, en tanto que libre y concreto. Los conceptos de autoconciencia –que es admitido por Fichte– y el de conciencia, son precisamente los que predominan en la filosofía del siglo XIX y de principios del siglo XX, marcando la diferencia entre espiritualismo e idealismo. Para Bergson, la conciencia es la actitud de introspección y búsqueda de los *datos inmediatos*, que es la filosofía misma, única realidad. Para este pensador, «la vida, o sea la conciencia, es el principio creador de la realidad que revela inmediatamente el interior del hombre». Husserl, por su parte, se basa en la consideración de las vivencias, sirviéndose de la intencionalidad, para definir la conciencia. Nos dice que la conciencia es un «trascender que constituye una relación con el objeto mismo *en persona* y no ya con una imagen o representación suya», estableciendo así una relación en la cual la exterioridad del objeto es aprehendida como tal. El sentido de intencionalidad también fue utilizado por Sartre, pues la conciencia, para él, es un *dirigirse a*, lo que hace que su relación con la realidad no sea la relación entre una naturaleza y otra naturaleza. Por eso puede haber conciencia de lo *ausente* y también de lo *inexistente*. En Scheler, la noción de conciencia sólo se aplica a ciertas formas superiores de la vida orgánica, contrariamente a lo afirmado por Bergson que la hace propia de todo el universo, y es una de las notas que caracterizan al espíritu. Para Marx, la realidad determina a la conciencia y no lo contrario; para Lenin, la única función de la conciencia es *reflejar* la realidad. Para algunos filósofos, como Mach y Schuppe, no existe la posibilidad de que haya por un lado realidad y por otro conciencia, pues cada una de ellas sólo se comprende en función de la otra, a la manera de las dos caras de un mismo ser ontológicamente *neutral*. W. James, negó la conciencia como entidad, dejándole tan sólo el papel de una función en la trama de la experiencia pura. Nos hemos referido aquí al concepto de conciencia en la filosofía, aunque no está por demás citar que este término es de gran importancia en la sicología, en sociología (conciencia colectiva) y en política (conciencia de clase).

CONCIENCIA DESVENTURADA Concepto empleado por Hegel para denominar el estado en que han desembocado el estoicismo y el escepticismo debido a la contradicción que existe entre el afirmar y el negar, mantenidos como términos externos. La conciencia desventurada es para Hegel «la conciencia de sí, tanto como de la esencia duplicada y aun totalmente enredada en la contradicción». Para superarla es necesaria la *devoción*, de la cual el mayor grado es el *ascetismo*, por el cual la conciencia percibe la infelicidad y la miseria de la carne. Este reconocimiento hace que la conciencia humana desee reunirse con Dios o conciencia inmutable para convertirse en espíritu o *sujeto absoluto*, que al ser reconocido finaliza el ciclo de la conciencia desventurada.

CONCIENCIA EN GENERAL Noción introducida por Kant para designar al conjunto de las *funciones lógicas* comunes a todas las conciencias empíricas, a pesar de las diferencias individuales de esas conciencias. Según Kant, «el juicio puede ser de dos especies, según que yo confronte simplemente las percepciones y las una en una conciencia, en la conciencia de mi estado, o bien las ligue en una *conciencia en general*». También, en la filosofía contemporánea, designa la conciencia en cuanto diferente del significado restringido y específico, es decir, en el sentido más general.

CONCIENCIA INFELIZ Para Hegel, considerado en su aspecto subjetivo, lo individual separado de lo universal constituye la *conciencia infeliz;* la auténtica conciencia sólo se obtiene con la superación de esta *infelicidad*, que se logra al buscar lo universal en lo individual, lo concreto, lo real. **V. conciencia desventurada.**

CONCIENCIA MORAL Este concepto ha sido muy discutido y ha tenido muchas interpretaciones a lo largo de la historia de la filosofía. Para Sócrates es una especie de *demonio* que nos indica lo que debemos omitir, mientras que para Aristóteles es la conciencia que proviene del sentido moral; para santo Tomás es el espíritu que nos indica si un acto es o no es justo; para Descartes y Spinoza, es un «mordisco de la conciencia»; para Locke es la idea anticipada de la sanción de nuestros actos. Para Kant es una facultad de juicio que se dirige al propio sujeto que juzga la moralidad de sus acciones. En los neokantianos, la conciencia moral es afín con la idea del deber, y en los utilitaristas, el objeto de la conciencia moral es el bienestar de la mayoría; en el marxismo es de carácter social y en el darwinismo ético de carácter estrictamente natural. Para Nietzsche es una traición a la vida y para Scheler la huella de la creencia religiosa. A pesar de la importancia que tiene destacar la evolución de este concepto desde un punto de vista histórico, es también importante decir que la conciencia moral ha sido concebida en muchas formas: o innata o adquirida; o de origen divino o humano; o racional o irracional; o individual o social; o personal o impersonal; y auténtica o inauténtica. Todo depende de la corriente filosófica que la interprete.

CONCLUSIÓN Término que designa la proposición terminal de un silogismo. **V. argumento, silogismo.**

CONCOMITANCIA Término aplicado dentro del método de las *variaciones concomitantes*, que es uno de los cuatro métodos expuestos por Stuart Mill y que se expresa en la siguiente regla: «Un fenómeno que varía de alguna manera cada vez que otro fenómeno varía de alguna manera particular, es la causa o el efecto de este fenómeno o se relaciona con él por algún hecho de causación». Mach redujo todos los procedimientos de la ciencia a este método. **V. Mill.**

CONCOMITANTE V. predicables.

CONCORDANCIA Término aplicado por Stuart Mill para designar uno de los cuatro métodos de la investigación experimental, que se expresa en la siguiente regla: «Si dos o más casos del fenómeno investigado tienen una circunstancia única en común, la sola circunstancia en la cual todos los casos concuerdan es la causa, o el efecto, del fenómeno dado». **V. Mill.**

CONCORDANCIA (método de la) V. concordancia.

CONCRECIÓN Crecimiento debido a la unificación de varias cosas. Este término fue introducido por Santayana. Las concreciones que se forman por una asociación por semejanza son ideas, esencias o *concreciones de discurso;* mientras que son cosas, las concreciones constituidas por la asociación por contigüidad.

CONCRETO Aquello que se ajusta al criterio de realidad. A menudo se ha identificado este término con lo singular, particular, individual, etc., por oposición a lo abstracto, genérico, universal, etc. También se aplica el término concreto a algo que se considera real en el sentido de efectivo y experimentable a través de la sensación. Atendiendo al sentido de concreto como algo «formado por agregación», Aristóteles llamó concretas a las sustancias individuales, ya que se hallan compuestas por materia y forma. En el pensamiento contemporáneo, Husserl se ha ocupado especialmente de lo abstracto y lo concreto, entendiendo este último como algo que es independiente de un todo. Su fenomenología ha sido interpretada como una tendencia a lo concreto resumida en la fórmula «las cosas mismas». **V. abstracto.**

CONCUPISCENCIA Deseo sensible o deseo del placer que puede proporcionar un bien sensible, entendido éste en el sentido tomista, que divide los objetos del placer en bienes espirituales y bienes sensibles. El placer que se obtiene del bien sensible involucra conjuntamente al cuerpo y al alma.

CONCURSUS DEI Expresión que determina el alcance de la causalidad divina en la producción y el comportamiento de las sustancias finitas.

CONDICIÓN Dependencia de un término con respecto a otro. Puede entenderse de varias maneras: (a) *condición suficiente* o *necesitante,* cuando el primer término envuelve o implica necesariamente el segundo; puede ser absoluta o relativa, según un término implique por sí solo al otro, o bien cuando la implicación suponga otras condiciones, respectivamente; (b) cuando la dependencia entre dos términos es tal que el primero es necesitado forzosamente para la condición del segundo, se denomina *condición necesaria*. En todo caso, la condición hace posible la previsión probable de un acaecimiento. Kant hace uso de la noción de condición en el sentido de «lo que hace posible algo»; por ejemplo, en la frase «condiciones *a priori* por las cuales es posible la experiencia», para referirse a las categorías. Max Weber liga la noción de condición a la de *posibilidad objetiva,* indispensable para el conocimiento histórico. También se entiende por condición la naturaleza o propiedad de las cosas.

CONDICIONADO Se dice que algo es condicionado, o está condicionado, cuando su posibilidad depende de otro. En sicología se usa la expresión *reflejo condicionado* para designar el reflejo que se produce mediante un estímulo artificial. En filosofía, el término condicionado fue usado por Kant como sinónimo de causado. Para Hamilton, lo condicionado es lo relativo (*pensar es condicionar*). **V. incondicionado.**

CONDICIONAL Nombre dado a la conectiva binaria «si...entonces», que se simboliza mediante el signo '⊃'. Según ello, $p \supset q$, que se lee: si p, entonces q, donde 'p' es llamado el *antecedente* y 'q' el *consecuente;* ejemplo: «Si hay infección, entonces hay fiebre». Los primeros en estudiar esta relación fueron los filósofos Filón y Diodoro, pertenecientes a la escuela de Megara; en la lógica moderna la han reexaminado principalmente Frege y Peirce. En la lógica contemporánea se considera equivalente a la condicionalidad y a la implicación. Para Quine, lo condicional se encuentra entre objetos o estados de hecho.

CONDILLAC, Etienne Bonnot de (1715-1780). Filósofo francés, nacido en Grenoble. Fue amigo de Diderot, de Duclos y de Rousseau. Se interesó especialmente por el análisis de los problemas sicológicos, sobre todo por la explicación del origen de los conocimientos intelectuales.

Etienne Bonnot de Condillac

Condillac se opuso al racionalismo y al innatismo, pues consideraba que toda noción intelectual superior es un compuesto de nociones o ideas simples en el sentido de las representaciones. Su teoría del conocimiento niega la existencia de la reflexión; las sensaciones son provocadas por los objetos externos, aunque no tiene nada en común con ellos, de manera que el objeto de la razón no es el mundo objetivo sino el conjunto de las sensaciones. Esta teoría sensualista es opuesta a todo idealismo. Su teoría del lenguaje hace de éste un sistema de símbolos que constituye una etapa más avanzada que la de las sensaciones en el proceso cognoscitivo; para que haya una idea es necesario que una sensación se vincule a otras por medio de un signo o símbolo; el sistema que conforman estos símbolos es el lenguaje. El problema consiste en que la mayor parte de los lenguajes es inadecuada, ya que en ellos no hay correspondencia perfecta entre el signo y lo significado; pero, si hay un lenguaje perfecto, hay una ciencia perfecta. El lenguaje perfecto se logra mediante el método analítico que, partiendo de un fenómeno, se descompone en sus partes integrantes y, luego, se reconstruye sintéticamente. Sus principales obras son: *Ensayo sobre el origen de los conocimientos humanos; Tratado de los sistemas; Tratado de las sensaciones; Tratado de los animales; El lenguaje de los cálculos; La lógica o los primeros elementos del arte de pensar.*

CONDORCET, Jean Antoine (1743 - 1794). Filósofo francés, nacido en Ribemont. Fue miembro de la Academia de Ciencias de París. Perteneció al partido de los girondinos e intervino activamente en la política. Fue condenado a muerte y ejecutado por los jacobinos. En su teoría de la historia, el imperio de la razón debe ser el objeto de la evolución histórica. Esta evolución puede ser regresiva cuando el hombre no se esfuerza en practicar la verdadera filosofía, que consiste en la aclaración del saber y en la moralidad. El espíritu humano es capaz de adquirir todo el saber mediante la reducción de los fenómenos a leyes generales cada vez más simples; de esta ma-

Jean Antoine Condorcet

nera, el progreso sería infinito; por esto es necesario, según él, renunciar a todas las supersticiones en favor del conocimiento científico. Su principal obra es *Bosquejo de un cuadro histórico de los progresos del espíritu humano.*

CONDUCTA Respuesta de todo organismo vivo a un estímulo objetivamente observable, aunque varíe o pueda variar en relación con una situación determinada. Se diferencia de comportamiento en su variabilidad o falta de uniformidad. También se llama conducta a la manera de obrar o de seguir las normas o preceptos.

CONDUCTISMO (behaviorismo: del inglés *behaviour* = conducta). Sistema que excluye de su metodología todos los procesos de la conciencia, por considerar la conducta como único objeto de la sicología. Se aplica principalmente en sicología y en pedagogía. Entiende por conducta solamente una reacción cuyo nexo con el estímulo correspondiente pueden constatar diversos investigadores en forma independiente. Se considera como padre del conductismo a B. F. Skinner, sicólogo norteamericano, quien formuló un sistema conceptual basado en sus análisis experimentales del comportamiento, con el fin de explicar los fenómenos sicológicos que se dan tanto en el hombre como en los animales. La *sicología del comportamiento*, de la cual se considera fundador a J.B. Watson, prescinde de la existencia de la conciencia y limita su estudio al análisis de las relaciones directas entre estímulo y reacción, sin referirse a ninguna hipótesis metafísica sobre la naturaleza de los actos síquicos. Puede compararse el trabajo de Skinner en sicología, con el de Darwin en biología. V. **antropocéntrico, behaviorismo**.

CONECTIVA Nombre que reciben ciertas conjunciones que gobiernan las fórmulas lógicas. En lógica sentencial son seis: una *conectiva singular*, que es *no*, llamada *negación* y simbolizada por ~ ; así, ~p se lee no p; y cinco más, que se refieren a dos fórmulas y son llamadas *conectivas binarias*. Éstas son: *y* o *conjunción*, simbolizada por ∧ ; *o*, o *disyunción*, simbolizada por ∨; «*o...o*» o *disyunción exclusiva*, simbolizada por ≢; *si...entonces* o *condicional*, simbolizada por ⊃; *si y sólo si*, o *bicondicional*, simbolizada por ≡. Las conectivas también pueden representarse gráficamente mediante cuadrados cuyas áreas se reparten en cuatro partes. Si dividimos el área de un cuadrado en cuatro partes, dándoles a cada una de ella los valores que se asignan en la siguiente figura:

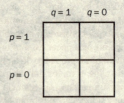

tendremos los diagramas siguientes para las fórmulas

'$p \wedge q$', '$p \vee q$', '$p \not\leftrightarrow q$', '$p \rightarrow q$', '$p \leftrightarrow q$':

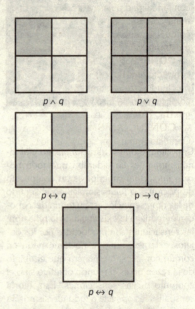

CONECTIVOS En la lógica contemporánea, símbolos impropios o *sincategoremáticos* que, combinados con una o más constantes, forman o producen una nueva constante, denominada *operador*. Según el número de operadores, un conectivo puede ser *singular, binario, ternario*, etc.

CONFESIÓN Término de origen griego, utilizado por san Agustín para indicar el reconocimiento de la verdad como verdad (Dios como Dios) por medio de la solución de las dudas que se interponen a su reconocimiento, y también para designar el reconocimiento de los propios pecados en una actitud de retorno a sí mismo para reconocer en sí mismo la verdad. La confesión (penitencia) es uno de los sacramentos de la Iglesia católica y consiste en el reconocimiento de los propios pecados ante un sacerdote, con un firme propósito de enmienda, para que ellos, a través del sacerdote, quien impone un castigo o penitencia que debe ser cumplida, sean perdonados por Dios.

CONFIRMACIÓN Verificación de una tesis o de una idea por confrontación con la realidad objetiva. También se denomina confirmación a la parte del discurso en que se aducen los argumentos para demostrar la verdad de una proposición.

CONFLICTO Lucha de principios; contradicción u oposición en los principios o actitudes. Para Hume, por ejemplo, hay conflicto entre la razón y el instinto. **V. angustia, Hume.**

CONFUCIANISMO Doctrina de Confucio (Kung-Tse, siglo VI a. de C.), filósofo chino autor de *Los cuatro libros clásicos* (*Shu*) y de *Los cinco cánones* (*King*). Esta doctrina no puede considerarse como religiosa, sino como una filosofía práctica, de la vida, que es para Confucio la necesidad de alcanzar la perfección dentro de cualquiera de nuestras circunstancias y en nuestro propio ambiente. El primer gran argumento de su filosofía es: «Es necesario descubrir nuestro destino para poder tomar la firme determinación de dirigirnos hacia él». Mediante la práctica del confucianismo se busca la vida serena, la paz interior. El racionalismo de este filósofo es muy estricto; sustituye el concepto de Dios por la idea general del *cielo* como idea impersonal y sin sentido antropomórfico. El cosmos se compendia en tres elementos: cielo, tierra y hombre. El hombre, por estar colocado dentro de esta jerarquía en tercer lugar, debe honrar y ofrecer sacrificios a los dos anteriores. Lo inexplicable se deriva de lo que Confucio llama *genio o espíritu*. Su racionalismo excluye las promesas de una vida futura, lo que conduce a considerar la virtud en sí misma: la virtud por la virtud podría ser el lema confuciano. La perfección moral o santidad adquirida, se identifica con la verdad pura y procede de la luz que emana la inteligencia primitiva. La virtud es entendida en el sentido social: «No hagas a los demás lo que no quieras que te hagan a ti». Los hombres son buenos por naturaleza, y, por tanto, debemos buscar en nuestro interior el camino recto o norma de conducta, que se deriva de la propia naturaleza humana. El perfeccionamiento del hombre, que es su fin, se consigue mediante la práctica de las virtudes del amor, la justicia, la sinceridad y la piedad filial. Para Confucio, la peor de las pasiones es el egoísmo; la falta de egoísmo o desprendimiento procede del sentimiento de humanidad que consiste en pensar con nobleza y ayudar a los otros a cumplir las leyes que el cielo colocó dentro de ellos. La aplicación política de este precepto es el concepto de emperador como padre y madre del pueblo, cuyo gobierno debe tener como paradigma a la familia patriarcal. No se puede gobernar, ni ayudar a gobernar, sin conocer profundamente los textos clásicos; y la finalidad última del gobierno es establecer la paz, sin la cual no florecen las virtudes. Las cinco virtudes cardinales para Confucio y el confucianismo son las siguientes: benevolencia, rectitud, corrección (respeto,

Confucio

humildad, deferencia), conocimiento y buena fe. También hay virtudes de relación a las que se deben aplicar las virtudes cardinales; ellas son: (a) de soberano a súbdito; (b) de padre a hijo; (3) del hermano menor al mayor; (d) de esposo a esposa; (e) de amigo a amigo. El orden político que propone está basado en la ley moral (*li*). *Pensamientos y diálogos de Confucio* constituyen un conjunto de veinte libros en los que, de forma sentencial, se encuentran todas sus enseñanzas, así como detalles de su interesante vida.

CONGRUENCIA Es congruente lo que es adecuado o se ajusta a algo. En teología, es la eficacia de la gracia de Dios, que obra sin destruir la libertad del hombre. Para Whitehead, quien generalizó el concepto, la congruencia es «un ejemplo particular del hecho fundamental del reconocimiento en la percepción». La definición de la congruencia es también fundamental para la elección de una geometría para un determinado espacio físico.

CONJETURA Suposición o hipótesis que se forma por las evidencias que proporcionan los objetos a nuestra observación. La conjetura es un juicio probable, una presunción o cálculo. Este término fue usado ya desde Platón para designar el grado más bajo del conocimiento sensible, el cual tiene por objeto las sombras y las imágenes de las cosas.

CONJUNCIÓN Es una de las conectivas binarias, que también ha sido llamada *función copulativa*. Para la verdad de una conjunción, es condición necesaria y suficiente el que sus proposiciones componentes sean verdaderas. **V. conectiva.**

CONJUNTIVO En lógica clásica, son conjuntivos los silogismos que constituyen una de las clases de los silogismos hipotéticos; para algunos, pueden reducirse a los silogismos condicionales. **V. silogismo.**

CONJUNTO Noción que indica coexistencia, la cual está delimitada por las siguientes condiciones: (a) distinción de los elementos del conjunto; (b) determinación de tales elementos para dar una regla que permita decidir si un determinado elemento pertenece o no al conjunto. En la *Teoría de los números* de Georg Cantor, es la «agregación de un único todo de objetos determinados y distintos de nuestra intuición o de nuestro pensamiento, objetos que se denominan *elementos del conjunto*». La doctrina moderna del infinito matemático se basa en la teoría de los conjuntos. En lógica, se identifica con el concepto de clase. **V. clase lógica.**

CONMUTACIÓN Operación básica de la llamada propiedad conmutativa o ley conmutativa al axioma o postulado por el cual $x \circ y = y \circ x$, ley que es el fundamento de las operaciones aritméticas denominadas suma y multiplicación, como también de la teoría de los números reales. En filosofía fue utilizada por los escolásticos para denominar a la *justicia correctiva* propuesta por Aristóteles como conmutativa, ya que ésta tiene lugar en los cambios, y para distinguirla de la justicia distributiva.

CONNATURAL Identidad de las cosas en cuanto a su especie; es lo propio de la naturaleza del ser viviente. Este término fue introducido por Spencer en su *Psicología*. **V. Spencer.**

CONNOTACIÓN El uso de este término fue introducido en la lógica medieval, que distinguió entre nombres absolutos y nombres connotativos. Para Occam, los nombres connotativos son los que significan algo en sentido primario y otra cosa en sentido secundario. En el modernismo, James Mill usó el término connotar cuando el nombre que indica directamente una cosa y que constituye su significado, incluye además una referencia a alguna otra. Para Stuart Mill, en su *Lógica*, es «el modo mediante el cual un nombre concreto general sirve para designar los atributos implícitos en su significado». Según él, los únicos nombre de objetos que no connotan nada son los nombres propios y éstos, hablando estrictamente, no tienen significado. Los nombres de los atributos son connotativos, porque la palabra *blanco* no denota todos los objetos blancos, sino que connota el atributo de la blancura. Junto con la *denotación*, la connotación es uno de los aspectos más importantes en la significación de las palabras, pues designa el *conjunto de* *valores secundarios* que rodean a una palabra en el sistema de cada hablante; por ejemplo, la palabra *perra*, en algunas culturas, está cargada de valores relativos a la conducta femenina cuando ésta se considera inmoral. Para Frege, el término connotación equivale a sentido y se opone a la denotación.

CONOCER Acto intencional del ser humano, ordenado a adquirir conocimiento. V. **conocimiento**.

CONOCIMIENTO Resultado de la acción de conocer, de la cual se deriva el saber teórico de las situaciones objetivas. Acto intencional del ser del que se ocupan la sicología, la noseología y la metafísica del conocimiento. De ellas, la primera estudia el conocimiento en cuanto problema de sus leyes evolutivas; la segunda, en cuanto problema de su valor objetivo; y la tercera, en cuanto problema de su esencia y de su relación con el ser. En general, el conocimiento se define como una técnica o procedimiento para la comprobación de un objeto cualquiera o la disponibilidad o posesión de una técnica semejante. Esta técnica consiste en la posibilidad de descripción, o cálculo, o previsión controlable de un objeto; por objeto se entiende cualquier cosa, hecho, entidad, realidad o propiedad que pueda someterse a esa técnica. Un conocimiento es tal en cuanto subsiste la posibilidad de la comprobación, que puede tener varios grados de eficacia; cuando la eficacia de la comprobación decae o se anula, las técnicas de comprobación pierden su rango de conocimiento. El conocimiento de *x* permite describirlo, calcularlo o preverlo dentro de ciertos límites, lo que es el objetivo primario del conocimiento. Toda operación cognoscitiva se dirige a un objeto con el que tiende a instaurar una relación de la que surja una característica efectiva del objeto. Los griegos se formularon la pregunta sobre qué es el conocimiento en estrecha relación con la misma pregunta sobre la realidad. Según Demócrito, el conocimiento es la recepción por parte de la mente, de una copia o réplica de la cosa, la cual es posible porque las cosas emiten una clase de espectros o imágenes sutiles compuesta de átomos más finos, que penetran en los órganos de los sentidos. San Agustín y los escépticos se dedicaron a demostrar la imposibilidad del conocimiento, más que su posibilidad. Y sólo en la época moderna filósofos tan importantes como Descartes, Malebranche, Leibniz, Locke, Berkeley, Hume, entre otros, hacen del problema del conocimiento uno de los temas centrales de su pensamiento. Esto, sin embargo, no condujo todavía a la formación de una disciplina especialmente dedicada al problema del conocimiento. Sólo en Kant desempeña un papel protagónico, origen de la noseología como rama especializada de la filosofía. Kant modifica sustancialmente el punto de vista del conocimiento con su *criticismo* que considera necesario hacer una teoría trascendental del conocimiento para que ella constituya el vínculo entre el yo y las cosas; el conocimiento trascendental conoce los fenómenos, es decir, las *cosas en mí*. Este filósofo hace la distinción entre el *fenómeno* y la *cosa en sí*: las cosas en sí (*noúmenos*) son inaccesibles para el conocimiento, puesto que al tenerlas *en mí*, ya están afectadas por mi subjetividad; además, como no son espaciales ni temporales, tal como se me manifiestan, son los *fenómenos*. En el conocer hay dos elementos, lo dado y lo puesto, de cuya unión surge el fenómeno o cosa conocida. El pensamiento *hace las cosas* cuando ordena el caos de sus sensaciones que es el material dado; entonces, la cosa (cognoscible) surge del acto del conocimiento trascendental, y es distinta de la cosa en sí (incognoscible). El conocimiento puede ser *a priori* y *a posteriori;* entre los tipos de conocimiento *a priori* (cuya validez no se basa en la experiencia) están la matemática, la física y la metafísica tradicional, los cuales están fuera de la experiencia por tratarse de *síntesis infinitas*. En resumen, para Kant, la verdad y el conocimiento se dan en los juicios, que divide en *juicios analíticos* y *juicios sintéticos*, y en *juicios a priori* y *juicios a posteriori*. La fenomenología del conocimiento, entendiendo por fenomenología «la pura descripción de lo que aparece», tiene por objeto describir el proceso de conocer como tal: es una descripción *pura*; para tal fenomenología conocer es la aprehensión de un objeto de conocimiento por un sujeto cognoscente; algunas tendencias, especialmente el realismo en general, consideran la primacía del objeto, y otras equiparan su importancia con la del sujeto; en cambio, la fenomenología del conocimiento reconoce la necesidad de sujeto y objeto en el hecho de aprehender, que es el conocimiento. Las posiciones más importantes con respecto al conocimiento y su fundamento son las contrapuestas del realismo y del idealismo, en que, el primero, toma como punto de partida del conocimiento al objeto, y el segundo, al sujeto. **V. juicio, Kant, gnoseología.**

CONOCIMIENTO DE SÍ Saber objetivo que el hombre puede adquirir de sí mismo. A esto se refiere el aforismo socrático *conócete a ti mismo;* también se ha interpretado como una invitación a hacer un inventario de lo que se sabe (*saber del saber*, platónico). Para Kant, sólo podemos conocernos en cuanto fenómenos, pues, como en cualquiera otra clase de conocimiento, se requiere cumplir dos condiciones: un elemento unificador *a priori* (yo pienso o apercepción pura) y un dato empírico múltiple (sentido interior).

CONOCIMIENTO (teoría del) También llamada noseología o epistemología. Es el análisis del problema de la realidad de las cosas o del mundo externo en general, surgido de un supuesto filosófico en el ámbito del idealismo como corriente filosófica. El supuesto filosófico a que nos referimos tiene dos puntos de vista que le son fundamentales: el primero, el conocimiento es una *categoría del espíritu* que puede ser investigada prescindiendo de los procedimientos cognoscitivos particulares, es decir, de forma universal y abstracta; el segundo, es la idea como objeto inmediato del conocer, siendo la idea o representación una entidad mental, es decir, que existe *dentro* del sujeto o de la conciencia que la piensa. Así, vemos que la teoría del conocimiento es fundamentalmente idealista, como también lo son sus soluciones, a pesar de recibir la denominación de «realistas», ya que las realidades son conciencias o contenidos de conciencias. La escuela de Marburgo (Cohen, Nathorp) identificó la teoría del conocimiento con la lógica. Kant demostró que no es válido el supuesto de que el dato primitivo del conocimiento es interior a la conciencia o al sujeto, porque sería imposible, al no salir fuera de sí, la aprehensión del objeto. Desde entonces la teoría del conocimiento perdió su fuerza e influencia en la filosofía posterior. En la filosofía contemporánea, se refutó también que el conocimiento sea una categoría universal. De esta manera la teoría del conocimiento fue remplazada por la *metodología*.

CONSECUENCIA Término usado en la lógica medieval e interpretado de diversas formas: como equivalente a *efecto;* como equivalente a *conclusión de un razonamiento;* como expresión de un consecuente en un condicional; así en el caso de *q* en *si p entonces q* en la teoría de la lógica medieval. En la lógica contemporánea, este término ha sido remplazado por implicación o inferencia.

CONSECUENTE Segundo término de una consecuencia. **V. consecuencia.**

CONSENSO Aceptación general acerca de la validez de una proposición o de una tesis.

CONSENSO UNIVERSAL Para Aristóteles, es la opinión de todos como prueba o refutación de la verdad. Para Cicerón, «en todo argumento, el consenso de todas las gentes debe ser tenido como ley de naturaleza». Desde Descartes, el consenso como garantía de verdad sólo se considera en raras ocasiones, como en la escuela escocesa del *sentido común* (Thomas Reid) que se apoya en el consenso universal para basar las ideas de sustancia, causa, etc. También el consenso universal ha servido como base para la prueba de la existencia de Dios y como fundamento de la noción de derecho natural.

CONSENTIMIENTO V. ocasionalismo.

***CONSEQUENTIS* (*FALLACIA*)** Suposición indebida de que una consecuencia o implicación pueda tener reciprocidad: «*Si de A se concluye B, entonces de B se concluye A*». **V. falacia.**

CONSIGNIFICANTE V. **sincategoremático**.

CONSISTENCIA Se le han dado diversos significados, de los cuales los principales son: (a) en metafísica se equipara a la esencia, por ser la esencia aquello en lo que algo consiste, tomada la esencia en el sentido fenomenológico; (b) en metafísica, para describir la «completa subsistencia de una realidad» descrita en términos de *real consistencia*. En metafísica, solamente realidades como lo absoluto o lo incondicionado son verdaderamente consistentes; (c) en lógica se refiere principalmente a aquel resultado que se ajusta a la condición de que, tanto su fórmula como la negación de ella, no sean teoremas que se cumplan «a la vez» para tal resultado o cálculo; entonces se dirá que éste es consistente o tiene consistencia (prueba de consistencia). **V. consistente**.

CONSISTENTE Vocablo utilizado especialmente en metalógica, para indicar la característica de un resultado o cálculo cuando cumple la condición de que la fórmula empleada para llegar a ese cálculo, así como la negación de ella, no sean «a la vez» teoremas que se cumplan para ese resultado, o cuando existe «por lo menos» una fórmula que no es un teorema de dicho resultado o cálculo, o cuando se cumpla que «ninguna» fórmula empleada en la obtención de ese resultado no resulte falsa o cantradictoria con otras, luego de su comprobación. **V. Gödel, metalenguaje**.

CONSTANTE En general, es toda uniformidad importante, que pueda ser comprobada en un campo cualquiera. En matemática, es la variable dependiente cuyo valor no cambia con la variación de la variable independiente. En lógica contemporánea, la variable es un símbolo que en vez de tener la denotación singular de la constante, es la posibilidad de diferentes valores; y el límite de posibilidad de variación se denomina *rango de la variable*. Como vocablo de la lógica se habla de *expresiones constantes*, tales como *y, si...entonces, algunos,* etc. También en lógica se usa dentro de la expresión *constante argumento*, esto es, argumentos que aparecen en las expresiones como términos invariables. En la filosofía de la historia, el término constante se refiere a fenómenos o complejo de fenómenos que se repiten siguiendo un cierto modelo o esquema, y en este sentido ha sido usado por san Agustín, Vico, Herder, Spengler, Eugenio D'Ors, especialmente.

CONSTITUCIÓN En el mundo griego fue empleado este concepto en el sentido de fundar algo, poner las bases, principio o comienzo, y de esta manera se aplicó a la fundación o creación del mundo. En el cristianismo se habla de la *constitutio mundi* como el crear. En Fichte, constituir es formar el objeto en tanto que objeto, además de establecer el objeto en tanto que ente susceptible de ser conocido. Husserl destaca el problema de la constitución de la realidad, objeto de sus *investigaciones fenomenológicas para la constitución*, que describen la constitución de la naturaleza animal, de la realidad del alma a través del cuerpo y en la empatía, y del mundo espiritual. Para Carnap, el hecho de constituir debe ser considerado desde una óptica neutral, utilizando también un lenguaje neutral que no prejuzgue las cuestiones metafísicas. Su propósito es erigir un «sistema de objetos (o conceptos) ordenado de acuerdo con diferentes grados; el orden gradual está determinado a su vez por el hecho de que los objetos de cada grado están *constituidos* a base de los objetos de grado inferior». En Zubiri, constitución es un término filosófico técnico para designar las notas constitucionales, esto es, las notas que forman parte de la índole de una cosa. Según este filósofo, la unidad estructural de una cosa es su *constitución física individual*. En sentido político (Constitución política), se refiere al compendio de normas de carácter general que adopta una nación, en donde se definen las características principales de su organización, en cuanto a su forma de gobierno, el carácter y manejo de sus instituciones y de las ramas del poder público, los derechos y deberes de sus ciudadanos, etc.; esta serie de normas le dan una forma integral a la nación y obliga a todos los ciudadanos a su acatamiento, de tal forma que ninguna ley o mandato, o ninguna actuación ciudadana pueda ir en su contra.

CONSTITUTIVO En el lenguaje común, es lo que condiciona a un objeto de cualquier modo. En la lógica medieval se usó este término dentro de la expresión *diferencia constitutiva*, que se refiere a la especie. Kant se refiere a los *conceptos constitutivos* para designar a las *categorías* (conceptos puros del entendimiento), por cuanto fundan o constituyen el objeto del conocimiento. Designa lo que condiciona la realidad de los objetos fenoménicos, como son las intuiciones puras (espacio y tiempo) y las categorías, a las cuales ya nos referimos. La noción de constitutivo se basa en la de constitución. **V. constitución.**

CONSTRUCCIONISMO Para definir construccionismo, es necesario entender antes lo que es un *construido* o *construcción lógica*, conceptos usados por los escritores anglosajones para designar entidades que no son directamente observables o cuya existencia nunca es directamente inferida de hechos observables. La existencia de estas entidades se considera corroborada por la confirmación de las hipótesis o de los sistemas lingüísticos que utilizan. El construccionismo, entonces, es la producción y el uso de los construidos.

CONSTRUCTIVISMO Designa tendencias filosóficas en las que la noción de construcción tiene un papel central. En Kant se descubre una tendencia constructivista en la medida en que para él el material de la experiencia sensible se constituye (construye) mediante formas a priori de la sensibilidad y conceptos puros del entendimiento. De otro lado, en la matemática se habla de constructivismo en un sentido opuesto a logicismo, frente al cual sostiene que una entidad matemática sólo existe en tanto pueda ser demostrada su existencia, esto es, en tanto exista una regla o técnica para su construcción. Tendencia estética iniciada en Rusia, en 1913, por Vladimir Tatlin. A partir de éste, se originó un arte escultórico abstracto que se propone conseguir «una absoluta armonía libre de todo elemento de lirismo subjetivo». En pintura originó la llamada *pintura espacial* de Gabo y Pevsner, pinturas que son «cosas en sí mismas», cosas nuevas cuya *belleza organizada* aspira a reflejar las emociones provocadas por la lucubración matemática y la tecnología; tales formas han influido en el *modelismo* industrial de nuestro tiempo. En arquitectura, este movimiento atribuye especial significado a la manifestación de los aspectos constructivos de la forma artística y de los recursos materiales que se utilizan para crearla. Esa tendencia ha derivado en otras como el funcionalismo, el racionalismo, etc. Los principales arquitectos que representan al constructivismo son Le Corbusier, Walter Gropius, Erich Mendelsohn, Bruno Taut y Frank Lloyd Wright. En la literatura, los constructivistas conciben la obra literaria como una construcción, como una estructura.

CONSTRUIDO V. construccionismo.

CONSUSTANCIACIÓN Doctrina defendida por Occam y refutada por la Iglesia católica y otras iglesias cristianas, la cual admite que la sustancia del pan y del vino en el oficio de la misa o sacramento del altar, permanece junto con la sustancia del cuerpo y la sangre de Cristo, como sujeto de sus accidentes.

CONTACTO V. continuidad.

CONTEMPLACIÓN Tema muy importante en el mundo griego, pues se le ha considerado como el punto de partida de la filosofía; en Platón y en el platonismo, se asimila al conocimiento de las cosas celestes y de los fenómenos naturales; de igual manera como visión religiosa de una celebración del culto o de una estatua objeto de culto; también como contacto directo con lo verdaderamente real o formas eternas en que consiste el verdadero saber del filósofo. Antes, este concepto había sido desarrollado en el sentido del ideal de la *vida contemplativa* de los pitagóricos. Para los místicos es un verdadero *ejercicio intelectual*, una de las formas de la vida activa y grado supremo de la actividad espiritual que pone al ser en presencia de Dios.

CONTEXTO Conjunto de elementos que condicionan, de cualquier modo, el significado de un enunciado. Se ha tratado de explicar como lo que *circunda* algo determinándolo. Algunos autores lo definen como el conjunto de supuestos que posibilitan la aprehensión del sentido de un enunciado. Son varios los modos y grados del condicionamiento que ejerce un contexto.

CONTEXTUALISMO Corriente pragmática que da gran importancia a la movilidad de los acontecimientos en el tiempo, y los relaciona estrechamente con los demás acontecimientos que pertenecen al mismo contexto. **V. contexto.**

CONTINGENCIA Para Aristóteles, lo contingente es lo opuesto a lo necesario. En lógica es una de las expresiones modales: «Es contingente que *p*», donde *p* representa una proposición. En la lógica clásica es la posibilidad de que algo sea y la posibilidad de que algo no sea. Para santo Tomás, lo contingente es aquello que puede ser y no ser, por lo cual, como en Aristóteles, se opone a necesario. El ente contingente es aquel que no es en sí, sino en otro. En la escolástica, lo contingente es una de las pruebas de la existencia de Dios, denominada *contingentia mundi,* en el sentido de que la contingencia radical de lo creado sólo se admite en un estado de separación completa de Dios. Boutroux, llamado el filósofo de la contingencia, se sirvió de este concepto como base de toda su filosofía. Para él, las diferentes capas de lo real son contingentes unas con respecto a las otras, causa ésta de la novedad y de la realidad del mundo.

CONTINGENTE V. contingencia.

CONTINUIDAD Para Aristóteles es «lo divisible en partes siempre divisibles»; es decir, algo sucesivo de algo sin que haya otra cosa en medio de la misma clase. Dos cosas son continuas cuando sus límites son idénticos; lo continuo es «la magnitud cuyas partes están unidas en un todo por límites comunes». Desde la antigüedad, el tema de la continuidad fue capital en la filosofía. Zenón de Elea, en su famosa aporía de *Aquiles y la tortuga,* afirma que la infinita divisibilidad del espacio requiere la anulación del movimiento y de la extensión. Para Demócrito existen entes indivisibles donde la racionalidad no penetra, por ser absolutamente compactas; pero la mayoría de los filósofos antiguos afirman lo continuo. Los neoplatónicos entendían la continuidad desde el punto de vista metafísico, fundada en la tensión infinita de lo uno, de lo cual *emanan continuamente* las demás realidades. En cambio, para los estoicos, la continuidad es física, pues el universo es un *continuo dinámico* en el cual no hay vacíos de ninguna especie. El vacío existe pero rodeando al continuo. Para santo Tomás, continuo es el ente en el cual están contenidas muchas partes en una, y se mantienen simultáneamente. Descartes identificaba la materia continua con el espacio. Leibniz convierte el principio o ley de continuidad en una de las leyes o principios fundamentales del universo; esta ley permite la comprensión de las diferencias puramente externas entre dos seres; así se pueden llenar los vacíos aparentes entre las dos diferencias cuando se descubren las clases de seres intermediarias; así se ve que un ser lleva *continuamente* al otro. Este principio de continuidad es perfectamente acorde con el principio de plenitud, principios que, a su vez., dependen del principio de razón suficiente. También Leibniz indicó que puede descubrirse la ley de lo continuo y, mediante leyes la continuidad, de la naturaleza; en esto se demuestra el poder de la matemática. Kant trata el problema dentro de la segunda antinomia; afirma, como tesis, la imposibilidad de una divisibilidad infinita, pues si fuera posible el ser se disolvería en una nada; como antítesis afirma la infinita divisibilidad de una parte dada, porque de lo contrario no habría extensión. En física, la noción de *campo* supone la idea de continuidad, pues un fenómeno se explica por la estructura total de un conjunto físico.

CONTINUO V. continuidad.

CONTRACTUALISMO Doctrina que atribuye el origen del Estado a la convención o contrato entre sus miembros, en el mismo sentido que lo expone Rousseau en su *Contrato social.* **V. contrato social, Rousseau.**

CONTRADICCIÓN Para Aristóteles es una «oposición que por sí misma excluye una vía intermedia». Es la relación entre una proposición universal negativa y una particular afirmativa; una universal afirmativa y una particular negativa. En forma gráfica se expresó esta relación en el «cuadrado de Psello», donde los pares de contradictorias no pueden ser ni ambas verdaderas, ni ambas falsas (principio del tercero excluido).

CONTRADICTORIO Carácter de aquello que expresa contradicción. Según la ley de oposición contradictoria, dos proposiciones contradictorias no pueden ser a la vez verdaderas ni pueden ser a la vez falsas. Esta relación se refiere a las proposiciones y no a los términos. La relación de oposición contradictoria en las funciones de verdad es una de las formas de relación entre tales funciones. Las funciones contradictorias son mutuamente exclusivas, no pueden ser las dos verdaderas, e implican la verdad de una la falsedad de la otra, y viceversa. **V. contradicción.**

CONTRAPOSICIÓN Una de las formas de la conversión de la proposición que consiste en negar lo contrario de la proposición controvertida; ejemplo: de la expresión «todo árbol es vegetal», «todo no vegetal es no árbol».

CONTRARIEDAD (Ley de) Forma de la oposición que, según Aristóteles, intercede entre «aquellos términos que, dentro del mismo género, distan entre sí al máximo». Dice Aristóteles que los contrarios se excluyen absolutamente y que entre ellos no existe noción intermedia, por lo menos cuando uno de ellos debe pertenecer al objeto. También afirma que la contrariedad se halla en relación entre la proposición universal afirmativa y la proposición universal negativa. **V. asociación, asociacionismo.**

CONTRARIO Relación de oposición entre las proposiciones *A* y *E*, así: si *A* es verdadera, *E* es falsa. Si *A* es falsa, *E puede ser* falsa. Si *E* es verdadera, *A* es falsa. Si *E* es falsa, *A puede ser* falsa. Estas funciones son mutuamente exclusivas, no pueden ser ambas verdaderas, pero *pueden* ser ambas falsas. **V. contrariedad (ley de).**

CONTRASTE (ley de) V. asociación, asociacionismo.

CONTRATO SOCIAL La teoría de la posibilidad del surgimiento u origen de la sociedad humana por un contrato o pacto entre individuos, es anterior a la obra de Rousseau que lleva este nombre y trata este tema. Esta teoría recibe también el nombre de contractualismo, el cual afirma que, cualquiera que sea el origen de la sociedad, su posibilidad y fundamento están en un pacto. Casi todos los más importantes filósofos de la antigüedad se refirieron al contrato social en distintos términos; entre ellos, Platón, Aristóteles y Cicerón. Durante la Edad Media varios filósofos se refieren al contrato social: Marsilio de Padua y Nicolás de Cusa, santo Tomás y Suárez se acercan a esta concepción al afirmar que, ante todo, el Estado se funda en el bien común. Para Hobbes, el origen de la sociedad civil es alguna forma de contrato o pacto, basado en la aceptación, por la mayoría, de las decisiones tomadas. Para este filósofo, «la transferencia mutua de derechos es lo que los hombres llaman *contrato*». Rousseau afirmó que el primer modelo de las sociedades se da cuando el jefe asume las funciones y la imagen de *padre;* entonces, la sociedad más antigua y natural es la familia. Pero es necesario «hallar una forma de asociación que defienda y proteja con toda la fuerza común proporcionada por la persona y los bienes de cada asociado, y mediante la cual cada uno, uniéndose a todos, no se obedezca sino a sí mismo, y quede tan libre como antes». La forma de conseguir esto es «la total enajenación de cada asociado con todos sus derechos a toda la comunidad», lo que explica el paso de un estado de naturaleza a un estado civil. La voluntad general es «siempre justa y tiende siempre a la utilidad pública», aunque se puede equivocar, porque no se puede corromper al pueblo, pero sí engañarlo.

CONVENCIÓN Acuerdo común o estipulación, que puede ser tácita o expresa. **V. convencionalismo.**

CONVENCIONALISMO Entendido de manera muy general, es la concepción, aplicable a varios temas, según la cual las teorías y los conceptos son producto de un acuerdo convencional entre los hombres.

En la antigüedad, los sofistas hicieron la distinción entre lo que es por naturaleza y lo que es por convención; en general, incluyendo a Platón, se sostenía que las leyes humanas son meras convenciones destinadas a impedir a los más fuertes valerse del derecho natural en unión con su fuerza; los sofistas sostuvieron que las leyes moral y jurídica son meras convenciones. Para el contractualismo (siglos XVII y XVIII), la convención es la base y el origen de la sociedad civil, igual que sus productos, que son las normas y los valores. Para Hume la convención es «un sentimiento del interés común, que cada uno encuentra en su corazón (...) así el oro y la plata se han hecho medidas de cambio; así el discurso, las palabras, la lengua, se han fijado a través de las convenciones y del acuerdo humano». Visto desde el ángulo de lo empírico, el convencionalismo se vincula con el pragmatismo, pues el convencionalismo empírico sostiene «que las leyes como convenciones son el instrumento adecuado de comprensión de lo real» en tanto dichas convenciones no son creadas por un sujeto trascendental, sino que resultan de la *organización sicofisiológica* del hombre y de la sociedad. Así, pues, las leyes-convenciones responderían a la estructura propia de la naturaleza. Cuando se descubren las geometrías no euclidianas, a mediados del siglo XIX, los axiomas geométricos pasan a ser convenciones. Este punto de vista se ha extendido a toda la matemática. En la tesis fundamental del convencionalismo moderno, las proposiciones originarias de las que procede cualquier sistema deductivo son convenciones. A partir del Círculo de Viena y del empirismo lógico, el convencionalismo se convierte en una tesis general sobre la estructura lógica del lenguaje, que es su acepción actual. Wittgenstein extrema esta posición aseverando que todo lenguaje es un *juego* que parte de presupuestos convencionales. **V. Poincaré, Wittgenstein.**

CONVENIENCIA Correlación y conformidad entre dos cosas distintas.

CONVERGENCIA Acción de converger. Dirección común a un punto. En matemática se dice que una sucesión es convergente cuando en ella existe un número al que los términos se van aproximando a medida que se avanza en tal sucesión. Al número que se aproxima la sucesión, se le denomina límite de la sucesión. Las propiedades de las sucesiones en relación con la convergencia son: (a) una sucesión $\{an\}$ sólo puede tener un límite; (b) toda sucesión convergente es acotada; (c) toda sucesión acotada y monótona es convergente; (d) si lím $\{an\}$ = ma y lím $\{bn\}$ = mb, entonces lím $\{an + bn\}$ = $ma + mb$ y lím $\{an . bn\}$ = $ma . mb$. De acuerdo con la convergencia, las sucesiones pueden clasificarse en acotadas con límite o convergentes; acotadas sin límite u oscilantes; y no acotadas o divergentes.

CONVERGENCIA (leyes de) Denominación empleada por Whitehead para expresar el uso del sentido común, con el objeto de obtener generalizaciones basadas en la observación. Su fin es llegar a la *observación exacta*. **V. convergencia, Whitehead.**

CONVERSIÓN En la lógica tradicional, forma de sacar un enunciado de otro, mediante el intercambio de las posiciones de los términos. Generalmente se realiza cambiando el cuantificador. Para la conversión rigen las siguientes reglas: (a) la proposición universal afirmativa puede convertirse en una particular afirmativa; por ejemplo: todos los animales son seres vivos; algunos seres vivos son animales; (b) la proposición particular afirmativa y la universal negativa pueden convertirse mediante un intercambio de términos; (c) la proposición particular negativa no se puede convertir. En el caso (a) la conversión se hace *per accidens*; en el caso (b), por *simpliciter*. En la metafísica neoplatónica la conversión se refiere al proceso de retorno de las relaciones emanadas del seno de la unidad originaria.

CONVERSO En general, adjetivo que se aplica al individuo que ha cambiado sus creencias religiosas, es decir, se ha convertido. Se aplicó, en especial, a quien se convertía al cristianismo. En la lógica tradicional se emplea en la llamada *lógica de las relaciones*, y consiste en cambiar una idea en su opuesto. Por ejemplo, el converso de *más lejano que*, será *más cercano que*.

CONVERTIBLE Proposición que es susceptible de conversión. **V. conversión**.

CONVICCIÓN En general, seguridad que tiene un individuo en un juicio o actividad para ser sostenida con una base objetiva ante los demás y ante sí mismo. En su *Crítica de la razón pura*, Kant la define de la siguiente forma: «Cuando una creencia es válida para cada uno, sólo a condición de que esté dotado de razón, el fundamento de esta creencia es objetivamente suficiente y se denomina convicción». Jurídicamente, el término se emplea para designar el grupo de pruebas que resultan válidas, con el objeto de lograr que el acusado pueda reconocerse culpable de algún hecho que se le imputa.

COORDENADAS Sistema de la geometría analítica utilizado para localizar un punto cualquiera sobre una superficie. Consiste en dos líneas rectas de referencia, llamados ejes coordenados, situados, el uno en sentido horizontal (eje X) y el otro, perpendicular al anterior, en sentido vertical (eje Y). El punto que se desea situar o localizar tiene como referencia la distancia que lo separa de cada uno de los ejes, en forma perpendicular. La distancia que separa al punto del eje X se denomina ordenada y la que lo separa del eje Y, abscisa. Para poder localizar un punto es necesario conocer tanto la ordenada como la abscisa. El sistema de coordenadas también es utilizado para localizar puntos en el espacio; en este caso se requiere otro eje, perpendicular a los anteriores, que se conoce como eje Z. Sobre la superficie terrestre también se usa el mismo sistema para localizar puntos; para lo anterior se han trazado líneas imaginarias de referencia denominadas meridianos y paralelos; su distancia es llamada longitud, en un caso, y latitud en el otro, y se mide en grados.

COORDINACIÓN En general, acuerdo entre las partes para lograr la mayor exactitud en la realización de cualquier evento o propósito colectivo. En ciencias naturales, relación entre objetos del mismo orden en un sistema de clasificación.

COPERNICANA (revolución) El término hace referencia al cambio violento en la concepción del universo al pasar del sistema geocéntrico ptolemaico, al sistema heliocéntrico de Copérnico. Kant hace uso de esta expresión en su *Crítica de la razón pura* para referirse al cambio de punto de vista acerca de las estructuras mentales en relación con la naturaleza. Plantea que el orden de la naturaleza se moldea según las estructuras mentales y no, como se exponía anteriormente, que la naturaleza es la que moldea las estructuras mentales del hombre.

COPÉRNICO, Nicolás (1473-1543). Matemático, físico y humanista polaco, nacido en Thorn. Estudió humanidades, matemáticas y astronomía en la Universidad de Cracovia, aprendizaje que continuó en las universidades de Bolonia, Padua y Ferrara. Recibió su título de doctor en derecho eclesiástico en 1503. Influido por la teoría de los filósofos griegos sobre la redondez de la Tierra y la rotación de ella sobre su eje, cuyo principal opositor en Grecia había sido Aristóteles y, durante toda la Edad Media, la Iglesia católica, basada en la afirmación bíblica de que nuestro planeta era el centro del cosmos

Nicolás Copérnico

(geocentrismo), Copérnico se dedicó a la observación y al cálculo para llegar a la conclusión de que los antiguos griegos tenían la razón. Sostuvo, pues, que el Sol es el punto central de un sistema de planetas (heliocentrismo) entre los cuales está la Tierra. Fue muy difícil para Copérnico enfrentar las creencias tan arraigadas y vigentes sostenidas por la Iglesia; su lenguaje sólo podía ser comprendido por los matemáticos, y sus descubrimientos sólo podían ser discutidos entre ellos. El predominio de la escolástica obstaculizaba cualquier difusión de su teoría y se vio obligado a retardar voluntariamente su publicación; hasta muy poco antes de su muerte autorizó la impresión de este libro tan encarnizadamente perseguido, pero no alcanzó a verlo publicado. Cuando apareció su obra, los temas que trataba se convirtieron en materia de discusión matemática, filosófica y religiosa. Lutero expresó lo siguiente acerca de Copérnico: «Ese tonto desea trastocar todo el arte de la astronomía; la Sagrada Escritura enseña que Josué paró el Sol y no la Tierra». También dentro de la Iglesia católica tuvo innumerables adversarios y su teoría fue puesta en el Índice de lecturas prohibidas para los católicos. Los matemáticos y físicos que aceptaron y utilizaron su descubrimiento en ulteriores desarrollos fueron perseguidos, como sucedió con Giordano Bruno, quien fue quemado en Roma (1600) por esta causa. Con Johannes Kepler, quien por extrañas causas no fue molestado, se consolidó el sistema de Copérnico, al descubrir las leyes del movimiento de los planetas o *leyes de Kepler*. Kepler determinó que los planetas no se mueven en órbitas circulares sino en trayectorias elípticas alrededor del Sol. También Galileo Galilei confirmó la certeza de las afirmaciones de Copérnico, pero tuvo que retractarse de sus descubrimientos debido a la presión ejercida por el tribunal de la Inquisición. En la disputa entre los defensores de la tesis aristotélica-ptolomeica y los copernicanos, tomó parte toda la erudición de la época y promovió muchos cambios en las posiciones filosóficas. En 1835, su obra fue borrada del Índice; dicha obra se titula *De revolutionibus orbium caelestium*.

CÓPULA En gramática, verbo que une al sujeto con el predicado en una oración. En lógica tradicional cumple el papel de unir las partes de una proposición, y se usa, principalmente, el verbo *ser*, conjugado de acuerdo con la forma en que se encuentren los operadores; ejemplo: todo hombre *es* un ser viviente; algunos animales *son* aves.

COPULACIÓN (copulatio) En escolástica se define como una de las propiedades de los términos, propia del funcionamiento de las proposiciones. Consiste en la forma o el modo en que son entendidos los verbos o predicados que componen una proposición. **V. propiedades de los términos.**

COPULATIVO Carácter de aquello que une las partes de una proposición. **V. cópula.**

CORÁN V. alcorán.

COROLARIO Proposición que se deduce de una demostración hecha con anterioridad. Euclides lo definió como *una ganancia extra* y fue clasificado como una proposición intermedia entre el teorema y el problema. En la lógica moderna, la diferencia entre corolario y teorema ha desaparecido.

CORPOREIDAD En general, atributo o capacidad de corpóreo, o sea, de tener cuerpo. El concepto de la corporeidad fue enunciado por san Agustín, el cual definió Duns Scoto como «la realidad que el cuerpo posee como cuerpo orgánico independientemente de su unión con el alma, y que lo predispone a tal unión». Esta tesis contradijo la expuesta por Aristóteles, según la cual el cuerpo carece de forma o sustancialidad debido a que como materia es potencia. **V. cuerpo.**

CORPUS ARISTOCTELIUM Totalidad de la obra filosófica de Aristóteles. **V. Aristóteles.**

CORPUS HERMETICUM El término *hermeticum* (hermético) proviene etimológicamente de Hermes, dios griego de la comunicación e inventor de la escritura y de la aritmética, quien se equiparó al dios egipcio Thoth. Los escritos que a este dios se atribuían llegaron a la Grecia antigua, e influyeron en ciertos medios filosóficos tales como los neopitagóricos, los platónicos, los eclécticos, etc.; esos escritos mezclaban toda clase de conocimientos y de creencias: magia, astrología, astronomía, filosofía, alquimia, física, sicología y muchos otros temas. Como en el momento de su llegada el empirismo griego había decaído, estos escritos fueron considerados como fuente del verdadero conocimiento, y puestos bajo los auspicios de Hermes.

CORRECTIVA (justicia) Justicia que, según Aristóteles, sirve para igualar las ventajas y desventajas en todas las relaciones intercambiadas entre los hombres, sean ellas voluntarias o sean involuntarias. En este caso se identifica con conmutativo (que ocurre en los cambios o *conmutaciones*).

CORRELACIÓN Generalmente se entiende como una relación recíproca. Aristóteles la clasificó como una de las cuatro clases de oposición y le dio el nombre de *opuestos correlativos*. Tiene la característica de que sus opuestos no se excluyen, sino que se relacionan entre sí, como *la mitad* y *el doble*. La escolástica aportó a este concepto la capacidad que tienen los opuestos recíprocos de intercambiarse.

CORRESPONDENCIA Relación especial que existe entre pensar, saber y hablar, con la realidad de los hechos; es decir, la coherencia entre la subjetividad del hombre y su forma de actuar; esta relación se planteó en la escolástica como «correspondencia del entendimiento y la cosa». Entre las diversas concepciones de la noción de verdad, la más conocida es la de verdad como correspondencia resumida en la fórmula *adequatio rei et intellectu* (adecuación entre la cosa y el intelecto). En matemática se indica de la siguiente forma: «Una correspondencia entre los conjuntos A y B es un subconjunto del producto de esos dos conjuntos y se designa por la letra minúscula *f*».

CORRUPCIÓN En sentido general se refiere a vicio, abuso. Para Aristóteles, forma parte de una de las cuatro clases de movimiento, el *movimiento sustancial*, en virtud del cual la sustancia se genera o se destruye; puede ser *absoluta*, cuando el movimiento o cambio va de la sustancia al no ser de la sustancia, y *específica*, cuando su dirección es contraria.

CORTE EPISTEMOLÓGICO Concepto introducido por Gastón Bachelard para designar los cambios bruscos o cortes que se presentan en el proceso de investigación científica. Puede aplicarse tanto a los cambios ocurridos en la evolución de una ciencia, como a aquellos ocurridos en el pensamiento de un autor determinado.

COSA En general se podría definir como aquello que es o existe, de donde se excluye a las personas y a los animales. La noción de cosa se ha ligado tradicionalmente a la sustancia. Su significado más utilizado en filosofía se puede reducir a dos, fundamentalmente: uno genérico, que designa cualquier objeto, ya sea real o irreal, y otro específico que se refiere únicamente a objetos naturales, reales. En el primer caso, la cosa podría ser un acto del pensamiento, de la voluntad o de la imaginación. Es lo que los griegos llamaron *pragma*. En el segundo caso se trata de un objeto con cuerpo, una sustancia corpórea. Muchos pensadores han tenido diferentes formas de entender este término, pero fue Berkeley quien distinguió los dos conceptos, al darle el nombre de *cosas reales* a lo corpóreo, apartándolas de las ideas o imágenes de las cosas. En este mismo sentido Husserl distingue entre el ser como vivencia y el ser como cosa, o sea, dos conceptos diferentes aplicados al mismo objeto. Kant y Stuart Mill proponen, por separado, una tesis más extendida, cuando relacionan la cosa con las sensaciones. Según Kant, «cosa en general es lo que corresponde a una sensación en general. Según Mill, las cosas son posibilidades de las sensaciones». Mach hace la misma relación, pero limita esas sensaciones a elementos neutros, que afectan tanto la cosa como la mente. Bergson, con el fin de negar la realidad de las cosas, dice: «No hay cosa, hay solamente acción», es decir, hace depender la cosa de la acción y ésta de la conciencia, conciencia que puede ser fugaz. Heidegger habla de cosa como «un elemento de la existencia humana en cuanto ser-en-el-mundo» es siempre un *útil;* «sólo lo que es eslabonado en el mundo, llega a ser, de una vez, cosa». **V. substancia.**

COSA EN SÍ Lo que es una cosa sin depender de la relación que tenga con el hombre. Este concepto se le ha atribuido a Kant, pero fue al parecer Descartes quien lo expresó inicialmente en su obra *Principios de filosofía,* en donde nos insiste en la importancia «...de lo que las cosas que constituyen tales cuerpos sean en sí mismas, es decir, distingue entre las cosas en sí mismas y las cosas que tienen relación con el hombre». Kant llamó «cosa en sí» o noumeno a lo que está fuera de la experiencia posible, es decir, lo que trasciende las posibilidades del conocimiento; lo que no es fenómeno. También habla de la cosa en sí, para designar las esencias sobrenaturales, inaccesibles a la experiencia, como Dios. Schulze y Maimon negaron la función de la cosa en sí por dudosa y problemática, basados en su incognoscibilidad. Fichte vio que la cosa en sí era limitante, pues el hombre ha sido creador de cosas, no sólo en su forma sino en su contenido; elimina, entonces, la *cosa en sí,* por cuanto es no representable y, por consiguiente, supone una contradicción para el pensamiento. Para Schopenhauer, la voluntad es la *cosa en sí* de Kant y puede ser captada por cada hombre en su interioridad. Con el romanticismo, el concepto de la cosa en sí fue decayendo y en la actualidad está casi desechado. **V. Kant, noumeno**.

CÓSICO (enunciado) Aquel enunciado que designa cosas en lugar de signos. Por ejemplo, los predicados cósicos designan términos tangibles por medio de la observación directa.

COSIFICACIÓN Concepto de origen marxista que designa la consecuencia causada por la estructura de mercado sobre el hombre, al convertirlo en *cosa* para lograr utilidades o beneficio económico. De igual manera se aplica al proletario a quien no se le reconoce el valor de su trabajo, en sí mismo, sino que se lo toma como una cosa o factor más de la producción.

CÓSMICO (concepto) Concepto introducido por Kant para designar aquel que es interesante en forma universal, esto es, que llama la atención a todos.

COSMOGONÍA Teoría sobre la forma como se generó el universo. El mundo heleno, de donde surge la cultura occidental, es para el hombre de los comienzos de la filosofía un mundo existente desde siempre, algo presupuesto y dotado de *virtualidad* o capacidad productiva. Los pensadores de aquella época, a quienes llamamos *presocráticos,* hicieron una física con método filosófico y, por esto, Aristóteles los llama *físicos.* Hesíodo, por ejemplo, narra cómo se ha estructurado el mundo mediante una genealogía divina o *teogonía,* valiéndose del *mito,* para responder a la pregunta sobre cuál es la naturaleza o el principio de donde todo emerge. Tales de Mileto consideró que el principio de todas las cosas es el agua (estado de humedad) que anima y vivifica la materia (*hilozoísmo*); y, en contra de la teogonía de Hesíodo, sostiene que es necesario preguntarse qué *es* verdad en la naturaleza, algo bien diferente a interrogarse sobre el origen mítico del mundo. Otro presocrático, Anaximandro, sostuvo que el principio de las cosas es el *apeiron* o infinito entendido como lo ilimitado o indeterminado; del *apeiron* surgen todas las cosas, de las cuales unas llegan a ser, otras dejan de ser, mientras el infinito que las genera permanece independiente y superior a tales cambios. Anaxímenes afirmó que el principio de la naturaleza es el *aire,* del que nacen todas las cosas y al cual vuelven cuando se corrompen. A partir del aire, el modo concreto como se forman las cosas es por condensación y por rarefacción. En la cosmogonía de Empédocles, las raíces de todas las cosas son los cuatro elementos que se constituirán en tradicionales en la filosofía griega: aire, fuego, agua y tierra; estos elementos son opuestos (lo seco-lo húmedo; lo frío-lo caliente). Para Anaxágoras, la formación de las diversas cosas se explica por la unión y separación de las *homeomerías* o partes homogéneas, pequeñísimas partículas de que están hechas las cosas. Todo está en todo: en la porción más pequeña de algo hay partes diminutas de todo lo demás, semillas de todo (*panspermía*); las cosas difieren por la forma de agruparse las homeomerías. Para Parménides, las cosas se producen por el movimiento en torbellinos y las diversas formas de engarzarse los *átomos* o partes indivisibles; las propiedades de las cosas dependen de la forma y de la sutileza de los átomos que las conforman. En Platón, el artífice o *demiurgo* del mundo es la divinidad, quien también ha creado un *alma del mundo* que lo anima. La física estoica, materialista, admite dos principios: lo activo y lo pasivo, es decir, la materia y la razón que reside en ella, a la cual llaman *dios*, el cual es principio corporal y se mezcla a la materia como un fluido generador o razón seminal. Distinguen cuatro elementos (fuego, agua, aire y tierra), siendo el fuego el principio activo; la naturaleza está concebida según el modelo del *arte* y por eso el fuego es llamado *artífice*. Para el epicureísmo, en cambio, el universo es puro mecanismo, es corporal y formado por la agregación de átomos diversos, sin la intervención alguna de los dioses y sin finalidad. Dentro del neoplatonismo, Plotino es panteísta; del *uno* proceden por emanación todas las cosas; cuando las almas se liberan de la materia, se unen o funden con la divinidad, con el uno, convirtiéndose en el uno mismo. No hay, pues, distinción entre Dios y el mundo y el uno se explica en el mundo entero; el concepto de emanación piensa la creación sin la nada. El advenimiento de la concepción judeo-cristiana del mundo y su origen, introduce el concepto de creación, ya al final de la filosofía griega, con la frase del Génesis que dice: «En el principio Dios creó el cielo y la tierra», concepto que separa el ser de Dios y el ser del mundo; Dios, para el cristianismo, es el verdadero ser, el creador; y el mundo es la criatura que recibe el ser. De este modo aparece la filosofía cristiana que abarca principalmente los primeros siglos de nuestra era y toda la filosofía medieval.

COSMOLOGÍA Ciencia que en conjunto estudia todo lo relacionado con el universo: su origen, las leyes que lo rigen, su forma, su tamaño y los elementos que lo componen. Wolff, en el siglo XVIII, fue el primero en utilizar el término, al que definió como «la ciencia del mundo o del universo en general, en cuanto es un ente compuesto y modificable»; la clasificó en científica y experimental. La cosmología general fue llamada trascendental. En la escolástica formó parte de la metafísica especial, junto con la sicología y la teología natural. Kant definió la idea cosmológica como «la totalidad absoluta de las cosas existentes». Actualmente es llamada, en general, cosmología teórica y está asociada con el estudio de la astronomía, la física, la química y las matemáticas, principalmente. El tema de mayor discusión de la cosmología se refiere a los modelos del universo, sobre los cuales se extienden varias teorías: un universo cerrado, esférico, estático y finito; un universo estático y vacío; o bien, dinámico, abierto y expansivo. En el ámbito actual de la filosofía de la ciencia, Popper afirma que «toda ciencia es cosmología (...) y para mí el interés de la filosofía radica únicamente en las aportaciones de ésta en el campo de la cosmología».

COSMOLÓGICA (prueba) Una de las pruebas de la existencia de Dios. Su nombre fue dado en el siglo XVIII por los alemanes y corresponde a lo que santo Tomás llamó *ex parte motus*. Esta prueba parte de la observación, considerada evidente, de que todo en el mundo cambia. Si esto es así, entonces existe una causa del cambio, la cual carece de la perfección que se persigue con el cambio. Por otra parte, si la causa del cambio también cambia, ella misma debe tener una causa distinta, y así sucesivamente. Puesto que no es posible admitir una regresión infinita, es preciso concluir que existe una primera causa, perfecta, que es Dios. **V. pruebas de la existencia de Dios.**

COSMOPOLITISMO Teoría que ve al hombre como ciudadano de todo el mundo, sin las barreras que constituyen las divisiones políticas de las naciones. En la antigua Grecia fue una teoría defendida por los cínicos y los estoicos. Kant cree que el cosmopolitismo es la tendencia natural del género humano y, por tanto, su destino.

COSMOS El mundo como orden. Según Diógenes Laercio, los pitagóricos fueron los primeros en denominar así al mundo. También se usa como sinónimo de universo, en cuanto todo lo que existe materialmente.

COSMOTEOLOGÍA Estudio del cosmos o universo desde un punto de vista teológico o religioso. Es propio de muchas sociedades primitivas actuales y del pasado, como una primera etapa en el concepto de Dios y en la explicación del mundo.

COSTUMBRE En general se entiende como hábito, uso, práctica cotidiana. En sociología, como un comportamiento grupal generalizado. Aristóteles, al decir «se hace por costumbre lo que se hace porque se ha hecho a menudo antes», asocia el concepto a los hechos de la naturaleza y los distingue de ellos, porque «lo natural sucede siempre: la costumbre, a menudo». Pascal fue el primero en usar el concepto como problema metafísico, o sea, en lo que se relaciona con la influencia que tiene sobre la creencia, ya que el espíritu se deja «arrastrar» de la costumbre sin darse cuenta y sin prueba alguna. Hume asimiló la costumbre a la disposición que se tiene por la repetición de un acto, sin que intervenga la razón. Explica, también, con base en la costumbre, la *conexión causal* (el frío con el hielo, por ejemplo), como una asociación de términos debida a sus características. Bergson se basa en la costumbre para referirse a las obligaciones morales, que son las que les dan solidez a los grupos sociales (repetición de actitudes sin que intervenga la razón, que se vuelven de uso común en la sociedad). Hegel le ha dado una gran importancia a la costumbre para la vida espiritual, ya que el alma la toma sin conciencia, quedando en libertad la sensación y la conciencia para otras operaciones.

COSTUMBRES Aquellos actos que han sido tomados, dentro de un grupo social, como patrones de vida en general y que han sido institucionalizados; de tal forma que cualquier desviación se puede constituir en una falta contra la sociedad. Se consideran básicos dentro de las relaciones en la comunidad y, en sí, se refieren a conceptos como *bueno* o *malo*, *lo admitido*, o *lo normal*, principalmente. Que se puedan o no derivar normas éticas de las costumbres es algo sobre lo cual no se han puesto de acuerdo los filósofos. Para algunos, hay tantas «éticas» como «sistemas de costumbres».

COTIDIANIDAD En general, término que se refiere a la forma en que se repiten los hechos y las situaciones en torno a una persona o a un grupo, es decir, lo de «todos los días». En filosofía fue Heidegger quien introdujo el término, para indicar las situaciones más frecuentes con las que el hombre se encuentra durante su vida. La definió como «modalidad ontológica inmediata del *ser ahí*».

COUSIN, Víctor (1792-1867) Filósofo francés, nacido en París. Fue amigo de Hegel y de Schelling, quienes influyeron en su tendencia espiritualista. Se manifiesta ecléctico al pretender constituir un sistema tomando lo mejor de todos los demás sistemas, con el fin de encontrar la verdad única y más amplia. Entendía el proceso de la historia como las cuatro formas del espíritu que se repiten indefinidamente y pueden ser susceptibles de regresión, concepto que aplica a la historia de la filosofía, cuyas formas, en su orden, son las siguientes: sensualismo, idealismo, escepticismo y misticismo. Estas formas, según él, «han sido; por tanto, tienen su razón de ser; por tanto, son verdaderas cuando menos en parte. Si una de ellas perece, toda la filosofía está en peligro». Sus principales obras son: *Curso de historia de la filosofía moderna; Fragmentos filosóficos; De la metafísica de Aristóteles; Estudios sobre Pascal.*

CRATILO Sofista de Atenas (hacia el 400 a. de C), contemporáneo de Sócrates pero probablemente menor. Desarrolló una forma extrema del heraclitismo tomando como punto de partida la doctrina del flujo de los fenómenos. Según Aristóteles, influyó en el joven Platón llevándole a pensar que no era posible conocimiento alguno del mundo físico debido a que está en continuo cambio. En su diálogo *Cratilo*, Platón le atribuye la doctrina de que todo ser tiene por naturaleza un nombre correcto y que de una u otra manera este nombre designa la *esencia* de la cosa nombrada. Para los críticos modernos existe una aparente inconsistencia entre la doctrina del flujo heraclíteo y la teoría del nombre correcto, puesto que este flujo impediría a la cosa tener una naturaleza inmutable que pueda ser expresada mediante un nombre.

CREACIÓN En general, indica una forma cualquiera de causalidad productora. En el mundo griego, la creación se entendió en el sentido de fundar algo, poner las bases, principio o comienzo y, por tanto, se aplicó a la explicación del comienzo del mundo. El advenimiento de la concepción judeo-cristiana del mundo y su origen, introduce el concepto de creación, separando así al ser de Dios del ser del mundo: el creador de la creatura que recibe el ser. Pero este término designa también el crear como acción, es decir, la libre producción de una cosa según su ser entero; estos dos significados están estrechamente ligados en el sentido teísta del término, pues la creación (lo creado) ha sido creada (en el segundo sentido) de la nada, entendiendo por *nada* ninguna materia prexistente; este sentido es el aceptado dentro de la tradición judeo-cristiana, aunque en la referencia bíblica se dice que Dios creó el cielo y la tierra, pero no dice que los haya creado de la nada. La creación, tomada en sentido panteísta, es un acto interno de la voluntad de Dios no distinto de su esencia, en el que el mundo es el efecto de su poder hacia el exterior, un despliegue del absoluto en formas finitas, que conservan la identidad sustancial con dicho absoluto (emanatismo). En un sentido neutral (no teísta ni panteísta), la creación del mundo depende del absoluto. La creación, realizada por el hombre, es la producción de algo a partir de una materia prexistente y, generalmente, se aplica a la producción artística o a la producción de toda clase de bienes culturales. Para Platón es un acto voluntario de la bondad del demiurgo, que quiere el bien multiplicado, sin que implique necesidad con respecto a la causa. No es una creación de la nada (*ex nihilo*), porque la acción creadora está limitada por las sustancias o las ideas que son el modelo de su obra. Según el libro *Los números*, uno de los tratados cabalísitcos que han llegado hasta nosotros y que guarda gran similitud con la doctrina pitagórica, los números son los rayos que emana la luz divina concentrada y forman los seres intermedios y el mundo; el mundo invisible es modelo del mundo visible. Hesíodo, igual que siglos más trade Kant, afirma la existencia de un estado de caos o desorden anterior a la creación o formación del mundo. En Aristóteles hay un primer motor inmóvil que mueve sin ser movido y hace que haya un universo; pero no es creador y, por tanto, admite la eternidad del mundo. Para los neoplatónicos, especialmente para Plotino, del uno proceden todas las cosas por *emanación;* el neoplatonismo es panteísta, pues no hace una distinción entre Dios y el mundo: el *mismo ser* del uno se difunde y manifiesta desde el *noûs* hasta la materia. En los padres de la Iglesia oriental influye el concepto emanatista de *Orígenes*. Scoto Erígena no encuentra una forma de conciliar la eternidad del mundo con su creación por parte de Dios. Averroes afirma la necesidad y la eternidad del mundo, por lo cual niega la creación. Para san Anselmo, «las cosas hechas de la sustancia creadora son hechas de la nada. (...) Lo que antes no era, ahora es». También para san Agustín, Dios ha creado el mundo de la nada; es decir, no de su propio ser, y libremente. Las ideas (como en Platón) son modelos ejemplares, según los cuales Dios ha creado las cosas en virtud de una decisión de su voluntad. En la Edad Media, la creación fue uno de los grandes temas; para el cristiano, el mundo es contingente, no necesario; y recibe su razón de Dios, quien es creador, y el mundo, creado; la creación se convierte en un problema metafísico del cual derivan todos los demás. En la creación no hay sujeto; Dios no fabrica o hace el mundo con una materia previa, sino que lo *crea*, lo pone a existir, de la *nada (creatio ex nihilo)*. Santo Tomás considera que la creación es demostrable, aunque no lo sea su temporalidad, que se conoce solamente por medio de la revelación. El mundo no se basta a sí mismo, es decir, no tiene razón de ser suficiente; entonces, la acción de Dios sobre el mundo es constante, lo que equivale a una *creación continuada*. Para él, es materia de fe la creación como comienzo del mundo en el tiempo (principio), pero no lo es su producción (origen) a partir de la nada. Este concepto evoluciona, y en los siglos XIV y XV se considera que no es necesaria esta creación continuada, porque el mundo es un ente con capacidad de seguir existiendo por sí solo: Dios sólo lo deja ser. Se confiere así a la criatura una independencia mayor con respecto al creador y esto empieza un proceso de alejamiento de Dios. En Descartes, Dios es la *sustancia infinita* que funda el ser de la sustancia extensa y la sustancia pensante. Las dos son distintas y heterogéneas; pero convienen en ser, en el mismo radical sentido de *ser creado*. Descartes explica el mundo por medio de una serie de movimientos de torbellino, y su desarrollo posterior se llevaría a cabo de un modo puramente mecánico. El mundo una vez creado se basta a sí mismo. La escuela de Cambridge, que no debe confundirse con la escuela analítica de Cambridge, supone la existencia de naturalezas plásticas y diversas jerarquías espirituales en la creación del mundo físico, entendiendo por naturalezas plásticas las fuerzas formadoras que dan un carácter espiritual a lo orgánico, como un alma o espíritu del mundo. Bernardo de Chartres sostiene que la materia es sacada de la nada por la creación: la unión de las ideas, que están presentes a la mente divina, con la materia, produce el mundo sensible. Hegel insiste en la necesidad de la creación que sustituye por el concepto de derivación racional necesaria de todas las cosas, como momentos lógicos, desde su principio. Los progresos de la ciencia en los siglos XIX y XX han generado cambios muy radicales en el concepto que se tenía del mundo, especialmente impulsados por el idealismo romántico y por el positivismo. La creación ya no fue un acto instantáneo de la voluntad divina (creacionismo) a la que consideran como mítica, sino una *formación gradual y progresiva;* sin embargo, desde entonces y hasta la época contemporánea, las corrientes deístas, o teístas, o espiritualistas, sin negar las pruebas de la ciencia no excluyen a Dios de la creación, es decir, de esa transformación gradual y progresiva, para ellos imposible sin su intervención permanentemente creadora. Es interesante anotar que, en la actualidad, el escritor, también considerado como filósofo, Cioran ha afirmado que el mundo es la creación, a su imagen y semejanza, de un infra Dios o mal demiurgo, de un mediocre Dios intermedio.

CREACIONISMO Doctrina filosófica que sostiene la creación del mundo en virtud de un solo acto creador. Supone la intervención de Dios en la creación de cada alma humana, directa y expresamente. En biología existe una variedad de creacionismo expuesto en las teorías de Carlos de Linneo, Georges Cuvier y Jean Louis Agassis, y que se refiere principalmente al origen sobrenatural de todas las especies de animales y plantas. **V. creación.**

CREDO QUIA ABSURDUM Lo creo porque es absurdo. Frase que expresa el antagonismo entre la ciencia y la fe. Se le atribuye a Tertuliano (siglo II), y se puede asociar a la siguiente proposición: «El hijo de Dios fue crucificado, lo que no es vergonzoso aunque pudiera serlo. El hijo de Dios ha muerto; es creíble pues es inconcebible. Fue sepultado y resucitó; es cierto pues es imposible».

CREDO UT INTELLIGAM Frase introducida por san Agustín. Puede ser traducida como *creo para comprender.* Fue tomada por san Anselmo (siglo XI) y se constituyó, en buena parte, en el lema de la escolástica. Indica el principio capital que se debe tener en cuenta en cualquier especulación filosófica; aunque en cuestiones de fe pareciera que debería sobrar la comprensión, se supone que Dios permite a quien posee la fe, la visión intelectual para su conocimiento.

CREENCIA Reconocimiento de una proposición como verdadera; aceptación de la validez de una noción, independientemente de su demostración como validez objetiva. El objeto de la creencia puede ser cualquiera y, por tanto, debe distinguirse esta noción de la noción de fe. Se puede llamar creencia todo tipo de convicción, así se trate de una superstición o de un prejuicio. Para Platón, creencia era uno de los grados del conocimiento cuyo objeto es las cosas sensibles. Aristóteles la ligó a la opinión, porque, dijo, «no es posible que el que tenga una opinión no crea en lo que piensa». Para san Agustín, el creer es el pensar con asentimiento, definición adoptada por santo Tomás. Para Locke es el más alto grado de adhesión al conocimiento probable; y para Hume, la creencia es «el acto de la mente que representa a la realidad, o lo que es tomado por realidad, presente en nosotros en grado mayor que las ficciones y hace que pese más sobre el pensamiento y que tenga una influencia superior sobre las emociones y sobre la imaginación». Para Kant, la opinión es una especie de creencia, que se diferencia de ella por carecer de carácter comprometido. Para J. S. Mill, juicio se identifica con creencia, cuando trata de demostrar que «el compromiso implícito en el juicio no es solamente lingüístico, sino concerniente al objeto del juicio mismo, o sea a la realidad». Husserl denomina *tético* al carácter comprometido de la creencia, al cual corresponde el carácter *real* de su objeto. Las características de la creencia en la filosofía contemporánea son, en primer lugar, la actitud de compromiso en relación con una noción cualquiera, compromiso que puede estar justificado en mayor o menor grado por la validez objetiva de la noción, pero también no ser justificado; el compromiso transforma a la creencia en un hábito o regla de comportamiento, la cual puede producir o la propia realización o la propia refutación. Dentro del concepto contemporáneo de cultura como trama de todos los elementos que se entrecruzan para dar como resultado una unidad, el sistema de creencias es uno de esos elementos, si no el más importante, base también en muchos casos del sistema de valores vigentes en una sociedad.

CRISIPO (281?-208? a. de C.). Pensador nacido en Tarso o de Soli (Cilicia). Fue discípulo de Zenón de Citio. Es considerado el fundador del estoicismo como doctrina. En la antigüedad se le llamaba el se-

Crisipo. (Galería de los Uffizi, Florencia)

gundo fundador de la *stoa* y decían: «De no haber existido Crisipo, no existiría tampoco la stoa». Recordemos que la escuela estoica fue establecida en Atenas, en el llamado Pórtico de las pinturas, que en griego se dice *Stoà poikíle*, de donde se deriva el nombre *stoa* que designa esta escuela. Crisipo dio para la lógica una definición exacta de la proposición y de las reglas concernientes a la división de las proposiciones, a las que clasificó en simples y compuestas. Sus obras, parece, fueron muy numerosas según se deduce de los comentarios que de él hizo Diógenes Laercio, pero de ellas quedan sólo fragmentos. **V. estoicismo.**

CRISIS Es un concepto muy generalizado y utilizado en casi todas las disciplinas. Significa, en general, un momento decisivo y peligroso en la evolución de las cosas, ya sea de carácter médico, económico, religioso, político, sicológico, etc. Parece que el origen del uso filosófico de este término se remonta a Saint-Simon, cuando aseguraba que el progreso de la humanidad está determinado por una ley aplicable a la sucesión de épocas, en las que se alternan momentos de tranquilidad, en donde hay uniformidad en los valores, en el pensamiento y en los modos de vida, y momentos de *crisis*, en donde se contraponen conceptos, formas de pensar y, por consiguiente, de actuar, etc., que dan una inestabilidad a lo convencional. A lo primero Saint-Simon llamó *épocas orgánicas*, y a lo segundo, *épocas críticas*. La tesis anterior ha sido acogida por todos los filósofos, historiadores y sociólogos. El ideal de una época orgánica parece no haber existido totalmente, ya que ni siquiera períodos de gran uniformidad conceptual, como la Edad Media, han estado exentos de luchas y conflictos en todas las áreas (política, social, religiosa, filosófica, etc.), pues el ser humano ha buscado siempre el cambio, lo que lo lleva a la confrontación y, por ende, a las crisis.

CRISTIANISMO Credo religioso que se basa en las doctrinas de Jesucristo o Jesús de Nazaret, nacido en Belén de Judá, probablemente en el año 7 antes de nuestra era. Su vida y sus enseñanzas están consignadas en el Nuevo Testamento, escrito por varios de sus seguidores, algunos de los cuales fueron testigos presenciales de su actividad y de su ejemplo (doce apóstoles). Los libros escritos por los apóstoles y sus discípulos fueron aceptados como revelados por Dios. Ellos son los evangelios o vida de Jesucristo. De ellos los más antiguos son los tres llamados *Sinópticos*, escritos por los apóstoles san Mateo, san Marcos –discípulo de san Pedro– y san Lucas. Fueron compuestos antes de la destrucción de Jerusalén. Más tarde escribió san Juan el cuarto evangelio como complemento de los anteriores. San Lucas escribió además los *Hechos de los apóstoles* en que narra principalmente las actividades evangélicas de san Pedro y san Pablo. San Juan también escribió tres cartas y el *Apocalipsis* que contiene, además de los consejos a las iglesias, revelaciones sobre los últimos tiempos, de gran belleza literaria y muy difícil interpretación. Los evangelios contienen la esencia de la doctrina cristiana o de Cristo (Jesús-Cristo), quien acogió la antigua forma de instruir mediante parábolas, esto es, historias terrenales con un sentido sobrenatural. Presenta a su Iglesia bajo la imagen de un edificio, de un reino y de un rebaño, y constituye a Pedro en su cimiento. En la comparación con un edificio, alude a la estabilidad de la doctrina; en el reino, al poder de gobernar; y en el rebaño, al efecto pastoral. El concepto de *caridad* es la base de la doctrina cristiana, entendida como equivalente al amor al prójimo, manifestado de forma activa, en las buenas obras, y teniendo como fuente la unión con Cristo. En el artículo dedicado a catolicismo están consignados los principales dogmas consagrados por la Iglesia de Jesucristo, básicos para todo cristiano, con las diferencias que más tarde se impusieron después de la Reforma protestante, cuyo contenido puede encontrarse también en los artículos dedicados a estos temas. Aunque el cristianismo es básicamente un conjunto de creencias fundadas en una tradición que sostiene la

San Pedro con la cruz, Museo del Emperador Federico. Berlín

revelación de Dios al hombre y, además, la encarnación de Dios, la relación de la filosofía con el cristianismo ha sido muy estrecha en varios momentos de la historia. Durante la Edad Media, los debates de carácter teológico emprendidos por los padres de la Iglesia giraron en torno a conceptos fundamentales de la filosofía griega como logos, alma, principio, etc. Se destaca el esfuerzo de santo Tomás para acercar fe y razón en una relación de armonía en la que las verdades de la razón no eran contrarias a las de la fe, sino un apoyo para ellas. Acerca de si hay o no una filosofía propiamente cristiana no es posible dar una respuesta inmediata. Básicamente puede decirse que de haber una filosofía semejante, sería aquella que no contradiga las verdades del cristianismo y se apoye en ellas como su fundamento último. **V. Calvino, catolicismo, Lutero, Reforma, (la).**

CRITERIO En general, significa juicio, discernimiento; regla para decidir, para saber distinguir entre lo verdadero y lo falso, entre lo que se debe o no hacer, etc. Cuando la filosofía griega adquirió un carácter más o menos práctico, los estoicos incluyeron en sus tesis el criterio de la verdad y del vivir conforme con la naturaleza, tesis que los escépticos negaron estableciendo su teoría, basada en su propia forma de adherirse a los fenómenos, es decir, de acuerdo con sus costumbres. Kant transformó el concepto de criterio en el de *canon*. **V. canon.**

CRITERIOLOGÍA Estudio de los diversos sentidos dados a la noción de criterio. Se le han dado tantos significados cuantas definiciones de criterio existen. Se ha afirmado que «el destino de la criteriología depende en gran parte de la admisión o no admisión de un realismo más o menos directo o más o menos intelectualista». **V. criterio.**

CRÍTICA En filosofía, fue Kant quien introdujo el concepto, para indicar el proceso mediante el cual la razón inicia el conocimiento de sí misma; su teoría está expuesta en su obra cumbre *Crítica de la razón pura*. En esencia, se trata de «el tribunal que garantice a la razón en sus pretensiones legítimas, pero que condene a las que no tienen fundamento». De acuerdo con esto, la tarea de la crítica tiene un aspecto negativo en cuanto circunscribe el uso de la razón, pero a la vez tiene un aspecto positivo al garantizar la legitimidad de ese uso dentro de los límites correspondientes. Se trata de partir de los conocimientos que poseemos para determinar los límites y las condiciones con el fin de cotejar la validez. **V. Kant, razón pura.**

CRÍTICA, (Historia) Rama de la historia cuyo objeto fundamental es el análisis de los hechos históricos en sus causas y efectos.

CRITICISMO En una forma muy general, se entiende el criticismo como una forma de crítica exagerada, es decir, la creencia acerca de que ningún concepto es verdadero sin haber pasado antes por la acción de la crítica más estricta. Filosóficamente, y en general, es una teoría mediante la cual el conocimiento merece una reflexión crítica sobre sí mismo. En forma muy particular, se denomina criticismo a la tesis noseológica kantiana que busca como objetivo principal de la filosofía la crítica de la facultad cognoscitiva del hombre, o sea, anteponer a la investigación del ser la investigación del conocer. **V. Kant, crítica, kantismo.**

CROCE, Benedetto (1866-1952). Filósofo italiano, nacido en Pescasseroli. Neohegeliano y abanderado del neoidealismo italiano, fue muy influido por Vico. Se propuso rescatar *lo vivo* de la filosofía de Hegel, por medio de la eliminación del espíritu especulativo presente en la visión hegeliana de la historia y en la filosofía apriorística de la naturaleza. Así mismo, trató de evitar la mecanización y rigidez, tanto de los conceptos como de la realidad al establecer cuatro grados de *ascensión del espíritu universal:* (a) *estético* o encarnación del espíritu en lo individual; (b) *lógico* o esfera de lo universal; (c) e*conómico* o esfera de los intereses particulares; (d) *ético* o esfera del interés universal. Esta gradación es una afirmación de lo distinto mediante la síntesis, la cual defiende del antirracionalismo propio del romanticismo y

Benedetto Croce

permitiendo un acceso intuitivo a lo singular. La estética, por ejemplo, en Croce es una *voluntad de expresión* en vez de ser un acto contemplativo; es una intuición cuya cara más importante está representada por la expresión. En su fenomenología del espíritu, los grados, que ya hemos mencionado, se coimplican, como en un círculo donde todas las realidades son igualmente primarias, pues, en él, todos se apoyan y completan; en su aspecto teórico, el espíritu es la conciencia de lo individual (estética) o, también, es conciencia de lo universal concreto (lógica); en su aspecto práctico, es el querer de lo individual (economía), o, también, el querer de lo universal (ética). El arte comprende intuitivamente lo singular y es el hecho de expresar creadoramente una intuición (*intuición lírica*), teoría que tomó mucha importancia. El arte se identifica con una lingüística general o teoría general de las expresiones. El pensamiento, en cuanto pensamiento, es la «plena verdad que comprende todos los momentos», y comprende, también, el error, en cuanto error, integrado a la verdad. La emoción es la vacilación entre la teoría y la práctica. Croce pretende sintetizar vida y pensamiento. Su historiografía teórica y práctica presenta su convicción de la universalidad concreta de lo espiritual. Fue un encarnizado enemigo del fascismo y su actividad política lideró muchos aspectos de la vida italiana. Sus principales obras son: *Materialismo histórico y economía marxista; Filosofía del espíritu; Lo vivo y lo muerto en la filosofía de Hegel.*

CRUCIAL En general, significa fundamental, esencial. Su origen se remonta a Francis Bacon, quien dio el nombre de *instancia crucial* a los experimentos en que el investigador puede elegir para formular una tesis que resulte verdadera y que se aplicará a cualquier fenómeno de la naturaleza. La expresión nació inspirada en las cruces que se erigían en las encrucijadas para indicar la separación de los caminos.

CRUZ VÉLEZ, Danilo (1920, Filadelfia, Caldas). Destacado filósofo colombiano, adelantó estudios en Bogotá y en la Universidad de Friburgo, Alemania. Fue durante varios años profesor de la Universidad Nacional de Colombia y de la Universidad de los Andes. Cruz Vélez se ha interesado por problemas de antropología filosófica, filosofía de la cultura y metafísica, elaborando temas de Nietzsche, Schiller y Heidegger, especialmente. Entre sus obras se cuentan: *Nueva imagen del hombre y de la cultura; Filosofía sin supuestos; Tabula rasa; El mito del rey filósofo; El problema del lenguaje.*

CUADRADO DE LOS OPUESTOS
Llamado también *cuadro lógico*, fue ideado en el siglo XVI por el traductor de Aristóteles, Julius Pacius. Es muy importante en la lógica aristotélica, pues ha servido como recurso nemotécnico para entender las relaciones entre las clases de juicios. Es un diagrama en forma de cuadrado, que tiene en cada uno de sus vértices una letra: *A*, que representa el juicio universal afirmativo (toda persona juega); *E*, el universal negativo (ninguna persona juega); *I*, el particular afirmativo (alguna persona juega); *O*, el particular negativo (alguna persona no juega). Las líneas del cuadrado representan las relaciones entre cada uno de los juicios: entre *A* y *E*, contrarios; entre *I* y *O*, subcontrarios; entre *A* e *I*, y entre *E* y *O*, subalter-

nos. Dos líneas diagonales al cuadrado representan: entre *A* y *O* y entre *E* e *I*, juicios contradictorios. **V. oposición.**

CUALIDAD En general, lo que hace que una persona o cosa sea lo que es: sus propiedades y sus características. Es un accidente que modifica al sujeto. En la filosofía antigua, fue Aristóteles quien clasificó la cualidad en cuatro clases: los *hábitos* (la templanza, la ciencia y en general las virtudes) y las *disposiciones* (la enfermedad, la salud, el calor, el frío, etc.); en segundo lugar, la *capacidad* y la *incapacidad* natural, a la que los escolásticos llamaron cualidad activa; las *afecciones* y sus consecuencias, llamadas cualidades sensibles (los colores, los sabores, los sonidos, etc.); y, por último, las *formas* o determinaciones geométricas. En su *Metafísica*, el estagirita definió la cualidad como diferente de la esencia y como modificación de las cosas en movimiento. Posteriormente, las cualidades se clasificaron en: *disposicionales* (hábitos, costumbres, capacidades, facultades, virtudes, disposiciones); *sensibles* (sonidos, colores, sabores, etc.); y, *mensurables* (número, extensión, figura, movimiento, etc.).

CUALIDAD DE LAS PROPOSICIONES Concepto utilizado en lógica tradicional para indicar la distinción de las proposiciones en afirmativas y negativas, así como la cantidad las distingue entre universales y particulares. Se supone que este término fue adoptado por el neoplatónico Apuleyo, contemporáneo de Galeno. Kant agregó a los dos juicios tradicionales de cualidad el de juicio infinito.

CUALIFICACIÓN Término empleado en la lógica tradicional, para indicar la operación mediante la cual se determina si el término de una proposición es *positiva* o *negativa*, utilizando símbolos especiales llamados cuantificadores.

CUALITATIVO En general, adjetivo que denota la cualidad de las cosas, la naturaleza de que están compuestas, sus propiedades o sus características. En lógica tradicional, se utiliza para la formación de las proposiciones, en cuanto si son *positivas* o *negativas*; ejemplo: todo animal *es* un ser vivo. Todo animal *no es* hombre. **V.** **cualidad de las proposiciones, cualificación.**

CUÁNTICA (física) Aplicación a la ciencia física y ulterior desarrollo de la teoría expuesta por Max Planck (1900), denominada *teoría de los cuantos*, que expresa la siguiente hipótesis: «Además de la materia y de la electricidad, también la energía misma se transforma en átomos»; se simboliza mediante la siguiente fórmula: $E = hv$, donde la energía (E) se relaciona con la frecuencia (v) y con h que es la constante de Planck, cuyo valor en el sistema cegesimal es de $6,55 \times 10^{-25}$ Planck le dio al átomo de energía el nombre de *cuanto o fotón*.

CUANTIFICACIÓN Término empleado en la lógica tradicional, para indicar la operación mediante la cual se determina el ámbito o extensión de un término de la proposición, utilizando símbolos especiales llamados cuantificadores. En la lógica aristotélica se conoció únicamente la cuantificación del sujeto de la proposición, mediante los operadores *todo y en parte;* en la lógica medieval, mediante los operadores *omnis* y *aliquis*. A la proposición cuantificada con *todo*, se le llamó *universal* y a la cuantificada con *alguno*, se le llamó *particular*; a la que no tenía cuantificación se le llamó *indefinida*. Debido a la necesidad de introducir la lógica al cálculo matemático, algunos ingleses del siglo XIX, como Bentham y Hamilton, cuantificaron también el predicado. **V. cantidad, cuantificación del predicado.**

CUANTIFICACIÓN DEL PREDICADO Concepto que W. Hamilton impuso como principio, en discusión con la lógica tradicional,de la siguiente forma: (a) el predicado es tan extensivo como el sujeto; (b) el lenguaje ordinario cuantifica de varias formas: cada vez que se presenta el predicado, directamente mediante el uso de los cuantificadores o indirectamente mediante la limitación y la excepción. **V. cuantificación.**

CUANTIFICADOR Operadores utilizados en la lógica tradicional para determinar la extensión de un término de la proposición. Hay dos cuantificadores, a saber: *todos* y *algunos*. Los enunciados con el cuantificador *todos* son llamados *universales;* los que tienen el cuantificador *algunos,* se llaman *particulares. Particular* no significa «sólo uno» sino «por lo menos uno». **V. cuantificación, cuantificación del predicado.**

CUANTITATIVO En general, adjetivo que denota cantidad. En lógica tradicional se refiere a los operadores de las proposiciones, y son: *algunos* y *todos;* ejemplo: *algunos* animales corren. *Todos* los animales son seres vivos. **V. cuantificador.**

CUARTA FIGURA En lógica tradicional, variedad del silogismo en el cual el término medio ocupa el lugar del predicado en la premisa mayor y el del sujeto en la premisa menor. Los vocablos para la cuarta figura son: *calemes, bamalip, fesison, fesapo* y *dimatis.* **V. bamalip, calemes, dimatis, fesapo, fesison.**

CUBO DE OPOSICIÓN Recurso gráfico nemotécnico ideado por H. Reichenbach, para hacer más comprensibles las relaciones entre las clases de juicios. Se trata de un diagrama en forma de cubo que tiene en cada uno de sus vértices la combinación de tres letras *S* y *P* que representan las clases de juicios, con *a* e *i,* que indican expresiones de *clases* de esos juicios (la negación, tanto para S, como para *P,* se indica colocando una barra en la parte superior de cada letra, pero en nuestro caso la indicaremos anteponiendo el signo ~ para mayor facilidad); las líneas que unen los vértices del cubo representan las relaciones posibles de las combinaciones referidas. Las relaciones empleadas en este caso son: *contrarias,* líneas que unen ~*SaP* con ~*Sa~P* y *SaP* con *Sa~P,* que corresponden a las aristas horizontales superiores del cubo (anterior y posterior); *contrarias oblicuas,* que unen *SaP* con ~*SaP* y *Sa~P* con ~*Sa~P,* que corresponden a las aristas horizontales superiores laterales del cubo; *subalternas,* que unen *SaP* con *SiP, Sa~P* con *Si~P,* ~*SaP* con ~*SiP* y ~*Sa~P* con ~*Si~P,* que corresponden a las aristas verticales del cubo; *subcontrarias,* que unen *SiP* con *Si~P* y ~*SiP* con ~*Si~P,* que corresponden a las aristas horizontales inferiores del cubo (anterior y posterior); *sub-contrarias oblicuas,* que unen *SiP* con ~*SiP* y *Si~P* con ~*Si~P,* que corresponden a las aristas horizontales inferiores laterales del cubo; *opuestas,* que unen *SaP* con ~*Sa~P* y ~*SaP* con *Sa~P,* que corresponden a las diagonales de la cara superior del cubo; *subopuestas,* que unen *SiP* con ~*Si~P* y ~*SiP* con *Si~P,* que corresponden a las diagonales de la cara inferior del cubo; *contradictorias,* que unen *SaP* con *Si~P, SiP* con *Sa~P,* ~*SaP* con ~*Si~P* y ~*SiP* con *Sa~P,* que corresponden a las diagonales de las caras anterior y posterior del cubo; por último, *subalternas laterales,* que unen *SaP* con ~*SiP,* ~*SaP* con *SiP,* ~*Sa~P* con *Si~P* y *Sa~P* con ~*SiP,* que corresponden a las diagonales de las cara laterales del cubo. **V. oposición.**

CUERPO En general, es toda sustancia orgánica o inorgánica o, mejor, la parte material de un ser. A través de los tiempos, el cuerpo siempre ha sido relacionado con el alma; así, la concepción más antigua de cuerpo es la que lo considera como instrumento del alma. La doctrina de Platón y de los ofíricos consideraba al cuerpo como la tumba o prisión del alma. Aristóteles lo definió como «cierto instrumento natural del alma como el hacha lo es del cortar, si bien el cortar no es similar al hacha ya que tiene en sí mismo el principio del movimiento y del reposo». La tesis de la *instrumentalidad* se hace notar en los neoplatónicos: según Plotino, «si el alma es sustancia, será una forma separada del cuerpo o, para decirlo mejor, será lo que se sirve del cuerpo». Esta tesis domina toda la filosofía medieval, con excepción de la teoría del agustinismo que consistía en reconocer una forma o sustancia independiente del cuerpo orgánico; santo Tomás acota: «El fin próximo del cuerpo humano es el alma racional y las operaciones de ella. Pero la materia es en vista de la forma y los instrumentos en vista de las acciones del agente». Descartes fue el primero en abandonar el concepto de la instrumentalidad, al plantear un dualismo, una separación entre alma y cuerpo como entre dos sustancias distintas, aunque esta tesis plantea el problema de la relación entre éstas. La filosofía moderna ha tratado de darle soluciones: la primera de ellas, niega la diversidad de las sustancias y reduce la sustancia corpórea a la espiritual; la segunda, considera al cuerpo como un signo del alma; la tercera, niega la diversidad de las sustancias, pero no la diversidad entre alma y cuerpo y, por tal razón, considera alma y cuerpo como dos manifestaciones de una misma sustancia. La última solución considera el cuerpo como una forma o modo de ser vivido, que tiene, sin embargo, un carácter específico junto a otras experiencias o modos de ser; es decir, el cuerpo es considerado como una experiencia viva.

CUESTIONES DISPUTADAS A uno de los géneros literarios propios de la escolástica pertenecían las denominadas *quaestiones*, que consistían en grandes repertorios de problemas discutidos, con sus autoridades, argumentos y soluciones; estas *quaestiones* podían ser *quaestiones disputatae* y *quaestiones quodlibetales;* cuando las cuestiones se trataban separadamente, en obras breves e independientes, recibían el nombre de *Opuscula*.

CULPA Vocablo utilizado principalmente como término jurídico, que expresa la infracción de una norma en forma involuntaria, en oposición al concepto de *dolo*, en el cual esa infracción se hace de una forma consciente, o sea, con la voluntad. Kant define de una forma muy clara la diferencia: «Una transgresión involuntaria pero imputable se denomina culpa; una transgresión voluntaria (esto es, unida a la conciencia, lo que es propiamente transgresión) se llama delito». La sicología ha analizado el *sentimiento de culpa* como una de las causas de ciertas patologías mentales en el ser humano.

CULTURA El significado más antiguo de este concepto está asociado con el de *formación* e indica algo así como el mejoramiento y el perfeccionamiento del hombre; a partir del siglo XVIII pasó a significar el producto de esa formación, es decir, el conjunto de los modos de vivir y de pensar, que con el tiempo cada grupo social, en general, ha cultivado, de tal forma que le han dado características generales muy específicas. En este sentido ha sido asociado con el concepto de *civilización*. La cultura, en su concepción antigua, o sea, asociada al individuo en particular, y que en la actualidad tiene vigencia, corresponde a lo que los griegos denominaron *paideia* y los romanos *humanitas*, es decir, la educación del hombre en sí, el estudio de la poesía, la filosofía, la elocuencia, etc., que corresponde a lo que llamaban *buenas artes*, es decir, aquello que diferencia al hombre del resto de animales. Los griegos asimilaron la cultura a toda persona estudiosa de la filosofía, pues todas las formas de investigación estaban asociadas a ella; pero en lo que más hicieron énfasis fue en la forma de relacionarse el individuo con la sociedad: sólo el hombre que se conoce a sí mismo es capaz de asociarse a la vida en comunidad. De aquí se desprende el desprecio que los griegos tuvieron por las personas dedicadas solamente al trabajo manual, a quienes despectivamente aplicaron el término *banausia*. En la Edad Media, este concepto se amplió en el sentido de que, además del estudio de lo que llamó *artes liberales* (únicas dignas de los hombres libres), que comprendían el *trivio* (gramática, retórica, dialéctica) y el *quatrivio* (aritmética, geometría, astronomía, música), el individuo debía prepararse para la comprensión, la defensa y, hasta donde fuere posible, la demostración de las verdades religiosas. En el Renacimiento, a pesar de mantenerse el carácter aristocrático (pues cultura es sabiduría y por tanto debe estar reservada a unos cuantos), se trató de tomar un nuevo carácter naturalista y se concibió como «la formación del hombre en su mundo, esto es, como la formación que le permite al hombre vivir del modo mejor y más perfecto en el mundo, que es suyo»; la religión tuvo gran importancia, pues enseña a vivir bien en este mundo, preparando también para la otra vida. Durante la Ilustración, hubo el primer intento por suprimir el carácter aristocrático de la cultura; la Enciclopedia francesa fue uno de los medios para tratar de difundir la cultura entre todos los hombres y hacerla universal. A partir del fenómeno de la Ilustración, ser culto ya no significó poseer el conocimiento de las artes liberales, sino, hasta cierto punto, conocer las ciencias naturales, la matemática y la física, además de las disciplinas filosóficas e históricas. En 1808, Croce lamentaba la especialización de la cultura: «El tipo de hombre que tiene no pocos conocimientos, pero que no tiene el conocimiento», y proponía que la cultura fuera «armoniosa cooperación de la filosofía y de la historia, entendidas una y otra en su verdadero y amplísimo significado». En el mundo contemporáneo de la industrialización, la cultura, en el aspecto humano individual, ha perdido su carácter universalista y ha tendido a la especialización en la formación específica mediante aprendizajes particulares, que le dan al individuo un campo muy restringido de actividades y de estudio; es lo que Borges ha llamado «la barbarie de la especialización». El segundo significado de cultura, en el sentido de civilización, es utilizado actualmente, en especial por sociólogos y antropólogos, para indicar el conjunto de formas de vida creados, aprendidos y trasmitidos de una generación a otra entre los miembros de una sociedad. Spengler la definió como «la conciencia personal de toda una nación» y distinguió el concepto de cultura del de civilización, ya que el último es el perfeccionamiento y el fin de una cultura, la realización y, por tanto, el agotamiento de sus posibilidades constitutivas.

CUSA (o Cusano), Nicolás de (1401-1464). Nombre que se le dio a Nicolás Chrypffs o Krebs, tomado del de su ciudad natal: Cusa del Mosela. Estudió en Padua y, tras ocupar cargos eclesiásticos de importancia, se le nombró cardenal y obispo de Brixen; promovió una cruzada contra los turcos. Este filósofo alemán tiene gran importancia dentro de su época por haber tratado varios temas que señalaron el paso a la filosofía moderna, aunque su base fue el neoplatonismo y formó parte de la escolástica, llenando un vacío de casi tres siglos existente entre Guillermo de Occam y René Descartes. En su actividad hizo uso de fórmulas matemáticas. Su filosofía tiene como base la mística especulativa de Eckehart; relabora los conceptos de la filosofía cristiana en la teoría de Dios como ser máximo, situado por encima de los opuestos, como concibe las cosas de la naturaleza el entendimiento humano, por ser limitado; al mismo tiempo, en Dios coinciden todos los opuestos. Nicolás de Cusa define a Dios como lo infinito, y al hombre y al mundo, como lo finito. Pero Dios es el punto de unión entre lo finito y lo infinito, es un Dios redentor, unidad de los contrarios o *coincidentia oppositorum*. En el tema del conocimiento, Cusa descubre tres etapas o formas: el *sensus* o de los sentidos; la *ratio*, algo así como el entendimiento; y el *intellectus* o razón. En la primera no es posible encontrar una verdad suficiente, sólo es posible apreciar imágenes; en la segunda, se pueden entender las imágenes, pero en una forma abstracta y fragmentaria; únicamente la tercera, es la que nos lleva al conocimiento, a la verdad de Dios mediante la ayuda de la gracia sobrenatural. En este punto del conocimiento llegamos a la llamada *docta ignorantia*, que consiste en entender que el infinito (Dios) es impenetrable, es decir, se trata de tener el conocimiento pleno de nuestra ignorancia respecto a lo divino. Según sus propias palabras, «entre la mente divina y la nuestra hay la misma diferencia que hay entre hacer y ver. La mente divina, al concebir, crea; la nuestra, al concebir, asimila nociones, o al hacer, visiones intelectuales. La mente divina es una fuerza entificativa; nuestra mente es una fuerza asimilativa». El mayor interés de Nicolás de Cusa es poner al mundo de acuerdo con Dios y superar la contrariedad; el mundo es manifestación de Dios. En cada objeto, y en especial en el hombre, existe un verdadero microcosmos en donde se refleja el universo, habiendo una absoluta variedad en cada uno de ellos, pues Dios no se repite nunca. Su obra maestra es *De la docta ignorantia*; otras obras son: *Del Génesis; De las conjeturas*.

D

DADO Objeto que se encuentra, aún sin conceptualizar, inmediatamente presente a un sujeto cognoscente y constituye la base del conocimiento, en cuanto es material primario o datos de la experiencia; su conjunto se designa con el nombre de *lo dado*. Lo dado (el material), para Kant, se contrapone a lo puesto (las formas), aunque están interrelacionados, pues las formas pueden ser tanto intuiciones como conceptos y las sensaciones pueden ser *algo dado* con respecto a las percepciones: son modos de enfrentarse con la realidad. Lo dado tan sólo se da en los *juicios empíricos*. Algo dado se obtiene de sustraer de los enunciados algunas formas *a priori*.

DARAPTI Palabra nemotécnica que designa uno de los modos válidos de la tercera figura, cuyas dos premisas son universales afirmativas, y la conclusión particular afirmativa. Corresponde a la siguiente ley de la lógica cuantificacional elemental:

$$((x)(Gx \supset Hx) . (x)(Gx \supset Fx)) \supset (\exists x)(Fx . Hx)$$

Usando las letras S, P y M de la lógica tradicional, puede expresarse mediante el siguiente esquema:

$$(MaP . MaS) \supset SiP$$

DARII Palabra nemotécnica que designa uno de los modos válidos de los silogismos de la primera figura, cuya premisa mayor es universal afirmativa, la menor particular afirmativa, y la conclusión particular afirmativa. Corresponde a la siguiente ley de la lógica cuantificacional elemental:

$$((x)(Gx \supset Hx) . (\exists x)(Fx . Gx)) \supset (\exists x)(Fx . Hx)$$

Usando las letras S, P y M de la lógica tradicional, puede expresarse mediante el siguiente esquema:

$$(MaP . SiM) \supset SiP$$

DARWINISMO Aplicación a la sociología, a la ética y a la historia, de la teoría

Charles Robert Darwin

expuesta por Charles Darwin, según la cual hay una desproporción cada vez mayor entre el aumento de la población humana y, en general, de todos los seres vivos y los medios para su subsistencia, lo cual genera una lucha por la vida que da como resultado la supervivencia de los más aptos para adaptarse al medio. Se difundió a finales del siglo XIX, especialmente por medio de Ernst Lange, Ammon y Benjamin Kidd. Más tarde, especialmente Pendell y Montagu, afirmaron que la selección natural y la lucha por la existencia siguen actuando en la sociedad humana. Otros consideran un mal social el hecho de que la lucha por la existencia se haya debilitado por causa de los progresos de la ciencia y de la tecnología, lo cual ha permitido la supervivencia de algunos menos dotados. Los más importantes darwinistas o evolucionistas son Thomas Huxley y el monista naturalista Haeckel.

DASEIN Heidegger llama *dasein* a la ciencia que, como comportamiento del hombre, tiene el modo de ser de éste. Sin embargo, para él, la ciencia no es el único modo de ser del existir. El existir se entiende en su ser; la comprensión del ser es una determinación del ser del existir; así, pues, el existir es ontológico. El ser del *dasein* (existir) es la *existenz* (existencia). Existencial es lo que se refiere a la estructura de la existencia. Los caracteres del ser, cuando se refieren al *dasein* se llaman existenciales. En sus propias palabras, «el mundo del *dasein* es un mundo común (*Mitwelt*); el *estar en* es un *estar con* otros, y el ser en sí intramundano de éstos es *coexistencia*». La muerte para el *dasein* es siempre un «todavía no». Se trata de un «llegar a su fin»; es lo que Heidegger llama *ser para la muerte*, que es constitutivo del existir; es la posibilidad más auténtica de la existencia. Para Jaspers, *dasein* tiene un significado distinto: es el ser como algo dado, diferente de la *existenz* que es algo anterior y previo, pues es el único ser que se hace mismo libre. Otros autores han usado, antes y después, este término en otros sentidos; por ejemplo, para Hegel, *dasein* es existencia o el ser determinados por el devenir.

DATISI Palabra nemotécnica que designa uno de los modos válidos de los silogismos de la tercera figura, y que corresponde a la siguiente ley de la lógica cuantificacional elemental:

$$((x)(Gx \supset Hx) . (\exists (x (Gx . Fx)) \supset (\exists x)(Fx . Hx)$$

Usando las letras S, P y M de la lógica tradicional, puede expresarse mediante el siguiente esquema:

$$(MaP . MiS) \supset SiP$$

DATO Indicios o referencias de la realidad o de la experiencia que pueden ser captados o por la sensibilidad, o por la conciencia, o por ambas. El dato es, como lo dado, un punto de partida o antecedente necesario para el conocimiento exacto de una cosa, por lo que a veces se identifican, aunque hay diferencia entre lo dado y los datos de referencia. Muchos autores hablan de los datos como *datos de los sentidos*, y Bergson lo hace acerca de los *datos inmediatos de la conciencia*, que son lo dado accesible a una intuición. Los fenomenólogos, por su parte, se refieren a lo dado en el sentido de un dato inmediato. También, por medio de un dato se puede llegar a la deducción de las consecuencias de un hecho. **V. dado.**

DAVIDSON, Donald (1917). Filósofo norteamericano de Springfield, Massachusetts. Su principal trabajo se desarrolla en el campo de la filosofía del lenguaje y teoría de la verdad. Davidson está enmarcado en la discusión anglosajona contemporánea, vinculado a la línea pragmática. Sus principales obras son: *Reasons and Causes; Essays on Actions and Events; Inquiries into Truth and Interpretation; Plato's Phileb*s y *Structure and Content of Truth*.

DEBER Aquello que es debido. Necesidad o acto forzoso derivado de un mandato que puede proceder de diversas fuentes: la naturaleza, Dios, el mundo inteligible, el reino de los valores o la existencia humana. Es lo que *tiene que ser*, de derecho, independientemente de que sea o no efectivamente. El deber se deduce del bien supremo en las morales materiales, es el vivir con la naturaleza y conforme con la razón universal. Para las morales formales, el deber se deduce del imperativo categórico supremo, como sucede en Kant, cuyo objeto no es otro que el respeto al deber mismo; entonces el deber es el soberano bien. Para Scheler, el deber es la presión que los valores ejercen sobre la conciencia como mandato. **V. deber ser, Kant.**

DEBER SER Postulado fundamental sobre el cual se construye toda la ética que Kant desarrolla en la *Crítica de la razón práctica* y en la *Fundamentación de una metafísica de las costumbres*. Se puede decir que la ética en Kant es toda una teoría sobre el *deber ser*, que busca un *imperativo*, es decir, algo que obligue. Ese imperativo es necesariamente incondicionado, absoluto, o sea, *categórico*, pues de lo contrario tendría una condición que le quitaría su validez. Para Kant, la buena voluntad es la que actúa por puro respeto al deber, no por temor, o por actuar de acuerdo con una costumbre o exigencia, etc. El deber ser es, en consecuencia, aquello que tenga una validez universal; dice Kant: «Obra de modo que puedas querer que lo que haces sea ley universal de la naturaleza». **V. Bentham, deontología, Kant.**

DECONSTRUCCIÓN Método creado por el escritor y filósofo francoargelino J.Derrida en varias de sus obras para acentuar el carácter no representativo del lenguaje, el cual se disuelve y fragmenta para dar lugar a la *escritura*. **V. Derrida.**

DECONSTRUCCIONISMO Aplicación en la literatura del método creado por Jacques Derrida. **V. Derrida.**

DEDEKIND, Julius (1831-1916). Matemático y filósofo, alumno de Gauss, que, simultáneamente con Georg Cantor, en 1872, hizo la definición exacta de los números reales, al probar que el concepto de número real y todos los teoremas fundados en el mismo, se derivan rigurosamente del concepto y las propiedades de los números naturales y que, en consecuencia, se pueden considerar estos últimos como el *material primero* del que está constituida toda la ciencia matemática.

DEDUCCIÓN TRASCENDENTAL Concepto introducido por Kant para explicar en qué forma un concepto puro *a priori* se relaciona con los objetos, a diferencia de la deducción empírica o subjetiva que es aquella que muestra cómo se adquiere un concepto mediante la experiencia y la reflexión. **V. Kant.**

DEDUCTIVO Raciocinio que va de lo universal a lo menos universal, o a lo particular, o de lo universal a lo igualmente universal. Es el concepto opuesto a inducción. Para Kant es una demostración que, al oponerse a la prueba por hechos, hace evidente una exigencia de derecho. **V. deducción trascendental, Kant, método deductivo.**

DEFINICIÓN Explicación del significado de un vocablo o del significado de una cosa, en forma breve y completa. Se han distinguido varias clases de definición: *nominal*, la que expresa el exacto significado de un vocablo; *real*, la que expresa la esencia específica de una cosa; se formula indicando el género próximo y la diferencia específica. Generalmente, sólo se logra una definición *descriptiva*, la cual agrega las notas precisas a una determinación genérica universal para distinguir al objeto de cualquier otro de diferente especie; *genética*, que expresa la manera como se engendra el objeto; *implícita* o deducción de lo que se va a definir a partir de lo que se conoce, tal como una ecuación con una incógnita. Sócrates fundó el conocimiento en encontrar la definición de las cosas, decir *qué son*, descubrir y fijar las *esencias* de las cosas; una definición es una *predicación* de la forma *A es B*; pero la definición no da lo que es cada cosa concreta, sino todas las comprendidas en ella, es decir, la *especie*. Tanto para este filósofo como para Platón la definición parte del supuesto de la identidad y permanencia de los entes, y para los dos ha habido reglas para lograr una buena definición; lo que posibilita hacer una buena definición es la división de los entes del universo de acuerdo con articulaciones lógicas y ontológicas, siendo determinado el lugar ontológico por el género próximo y la diferencia específica: deben agotarse las notas esenciales del ente definido para no confundirlo con otro ente. A partir de los escolásticos se han dado, entre otras, las siguientes reglas: debe excluirse lo definido de la definición; deben incluirse todos los elementos o notas propias de lo definido; debe haber más claridad en la definición que en lo definido, etc. Pero, según el tipo de definición de la que se trate, de acuerdo con la clasificación que hemos incluido, las reglas varían por tratarse de diversas clases que requieren tratamientos diferentes, aunque en la actualidad la definición se considera como una operación que ocurre a nivel puramente lingüístico.

DEIDAD Ente al que se atribuyen caracteres absolutos, propios solamente de Dios y, por tanto, se convierte en objeto de culto e idolatría. Se diferencia de Dios, por cuanto esos caracteres absolutos son parciales, es decir, son absolutos individualmente, pero en ese ente no se reúne la totalidad de los atributos de Dios. También puede designar a la persona divina: el carácter de Dios en cuanto Dios, con todos sus atributos.

DEMAGOGIA Este término, en Grecia, se aplicó a la política, en el sentido de dominación de la plebe por medio del halago de sus pasiones y de la apariencia de desear representar y favorecer sus intereses. En la Grecia clásica, la palabra demagogia no tenía originalmente la connotación peyorativa que hoy le atribuimos, por lo menos hasta el siglo V, cuando Pericles, como mejor ejemplo, fue considerado el demagogo por excelencia, en el sentido de líder y no en el sentido actual de manipulador del pueblo para su propio provecho.

DEMIURGO Palabra griega que, en sentido general, significa maestro, artesano; y en sentido figurado, creador, hacedor. Es uno de los atributos de la divinidad. Para Platón, la idea del bien es la misma divinidad, artífice o demiurgo del mundo, es decir, su creador. La materia es una especie de no ser y el demiurgo plasma en ella las ideas, confiriéndoles de este modo realidad. El demiurgo es el hacedor del universo y la más perfecta de las causas, puesto que ha contemplado el modelo eterno y ha producido el mundo, porque carece de envidia y quiere que todas las cosas se le asemejen; por eso el mundo está provisto de alma e intelecto. Es uno de los atributos de la divinidad. Para Plotino el demiurgo se identifica con el alma del mundo; los nósticos lo imaginan como un mediador entre Dios y el mundo.

DEMOCRACIA Régimen político en el que el pueblo ejerce la soberanía por medio de sus representantes, elegidos libremente. La palabra democracia apareció en Grecia para designar más una concepción política defendida por un partido, que un determinado tipo de organización del Estado. Si bien la palabra democracia designa la participación del pueblo, para los griegos el pueblo no comprendía la totalidad de la población, ni siquiera la totalidad de los hombres adultos; el *pueblo* era el conjunto de los ciudadanos, noción ésta restrictiva, de la que quedaban excluidos los esclavos, los *extranjeros* residentes y quienes tenían sólo uno de sus padres ciudadano. Además, por las reducidas dimensiones y la escasa población que componía el pueblo, se explica la posibilidad de una democracia directa, es decir, de una asamblea del pueblo de la que formaban parte todos los ciudadanos. Esta asamblea fue el símbolo del gobierno popular. Para distinguir la democracia de otro régimen político, debemos tener en cuenta no sólo las formas de gobierno, sino también el espíritu que preside su funcionamiento y la evolución del cuerpo de sus ciudadanos. Atenas fue una ciudad democrática porque siempre estuvo abierta, porque su cuerpo cívico siempre se renovó, como mínimo parcialmente, y porque la proporción de este cuerpo cívico siempre fue elevada con respecto al total de la población. Roma no gozó de la democracia estilo ateniense, pero tampoco se puede definir como una aristocracia, ya que la caída de la monarquía etrusca condujo al poder del *pueblo,* es decir, al conjunto de las gentes romanas, por oposición al resto de la población de los no ciudadanos. Era, entonces, una democracia de hecho. La *democracia romana* fue, en su contenido, un régimen aristocrático que adquirió diversas formas, y estuvo dirigido por diversas castas según las épocas. A partir del Imperio, la democracia romana fue cediendo el puesto a un régimen aristo o autocrático. En la Edad Media, la democracia no prosperó, pues todos los regímenes eran aristocráticos y el *pueblo* se limitaba a los miembros de los principales oficios de la ciudad, o sea, los burgueses más ricos. La democracia moderna tiene su origen institucional en la Carta Magna de Inglaterra. Para los filósofos del siglo XVIII, la esencia de la democracia consiste en el derecho del pueblo a designar y a controlar el gobierno de la nación, tesis que inspira la Revolución francesa; a partir de la Revolución norteamericana, las instituciones políticas de varios países se inspiraron en este ideal. De tal forma, la democracia es un modo de designación de los gobiernos, que tiene por objeto realizar en su mayor expresión el ejercicio del poder por el pueblo, entendido éste como todo el conjunto de los ciudadanos de una nación. En esencia, la democracia es el autogobierno del pueblo, mediante representantes que aceptaron el carácter transitorio de su poder y que lo ejercen según las reglas fijadas por la Constitución. Ahora bien, la elección solamente tiene sentido si existen varios candidatos entre quienes elegir, varios programas, varios partidos. El buen funcionamiento de la democracia es inseparable del respeto de un cierto número de libertades: libertad de pensamiento, de expresión (medios de comunicación), de desplazamiento, de asociación, a la vez de la enseñanza y de una buena organización de los ciudadanos. Son regímenes democráticos: los regímenes presidenciales, en los que el detentador del poder ejecutivo es elegido por sufragio universal, y los regímenes parlamentarios que emanan, en último análisis, de la mayoría de las asambleas elegidas por sufragio universal. Otro tipo de democracia es el de las democracias populares o repúblicas democráticas, las cuales declaran que también se realiza el autogobierno del pueblo; sin embargo su concepción del contenido de la palabra *pueblo* y el modo de manifestar su voluntad es diferente: el pueblo está constituido por los trabajadores quienes han realizado la revolución social y política y le dan una nueva estructura al Estado. Pero el enemigo del pueblo no tiene derecho a expresarse. El pueblo se manifiesta a través del partido que ha surgido de él y, a su vez, lo dirige. En estos estados existe el sufragio universal. No puede existir una oposición a la estructura fundamental, pues esto sería oponerse al pueblo y el oponente se sitúa fuera de la comunidad. Las restricciones originadas por lo anterior son consideradas democráticas, puesto que obedecen a la voluntad del pueblo, a través del Estado o del partido. Por lo anterior se puede decir que la definición de democracia es muy variada desde la antigüedad hasta nuestros días. Lo común a todas ellas es la palabra *pueblo*, aunque ésta puede excluir a uno u otro sector de la población. Pero lo determinante es que debe permitir la expresión real y simple de todos los individuos regidos por el Estado; una vez expresada esta voluntad de los individuos, debe distinguir cuál de ellas es mayoritaria y aplicarla, respetando los derechos y las libertades fundamentales, reconociéndolos y garantizándoselos a todos.

DEMÓCRITO (460 - 370 a. de C.). Filósofo griego nacido en Abdera, Tracia. En su doctrina influyeron los geómetras egipcios, junto a los cuales permaneció por cinco años: Leucipo, quien fue su maestro, y Anaxágoras, cuyas *Homeomerias* son el antecedente de la teoría de los átomos; e Hipócrates de Cos, con quien Demócrito compartía el interés por la investigación de los fenómenos naturales. Al regresar a su patria se dedicó a la filosofía y fundó una escuela en Abdera, hacia el 420 a. de C.; dedicó sus esfuerzos a distinguir entre las cosas según son en realidad y según nos parecen a nosotros. Así, en la concepción atomista afirmaba *que en verdad* sólo existen los átomos y el vacío; los átomos están dotados, según su doctrina, de densidad, magnitud, indivisibilidad, forma y movimiento; y las propiedades de los cuerpos como el color, el gusto, el olor, el sonido, el calor y el frío, sólo existen *en la opinión general* y no son inherentes a los átomos

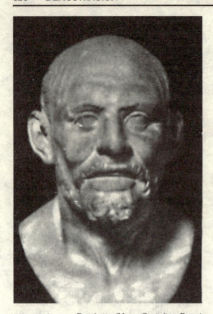
Demócrito. (Museo Capitolino, Roma)

en cuanto tales. Para Demócrito, la diversidad cualitativa no se halla en los átomos, sino en los cuerpos formados por ellos. Por medio de las sensaciones, decía, los hombres conocen las cualidades, las propiedades de las cosas, no los átomos. Las sensaciones de la vista, del oído, del olfato, del gusto (él las llamaba el conocimiento *oscuro*) no nos permiten conocer los átomos, pues esto requiere la intervención de un conocimiento, el conocimiento *verdadero*, que es el de la razón (pensamiento teórico). Sin embargo, la veracidad del conocimiento racional depende, según Demócrito, de los sentidos, de las sensaciones, que reciben las imágenes sutiles o *eidola*, que se desprenden de las cosas y son réplicas de ellas. Aparte de su importancia en las ciencias naturales, el atomismo también dio origen a una nueva teoría del alma. Lo mismo que todas las demás cosas, el alma está formada por átomos más refinados que otros átomos y se hallan distribuidos por todo el cuerpo. Según esto, la muerte significa desintegración y la mortalidad personal no existe sino en su ideal del sabio que debe ser la serenidad y el autodominio por la razón. El bienestar, que es el objeto de la vida, consiste en un equilibrado estado del alma. Los escritos de Demócrito se perdieron en el siglo III d. de C.; sin embargo, la obra de Diógenes Laercio nos ha conservado algunos títulos: *Pitágoras (o el comportamiento del sabio); De los infiernos; De la virtud; El gran sistema y el pequeño sistema del mundo; Cosmografía; De los planetas; De la naturaleza del hombre; Problemas del cielo, del sol, del fuego.*

DEMOSTRACIÓN (del latín *demostrationis* = descripción, prueba). Es el razonamiento con el que se hace evidente la verdad de una proposición. Aristóteles llama a la demostración *silogismo científico*, porque conduce a la ciencia y al saber; también la llama *silogismo de lo necesario*, y consiste en probar la verdad de una proposición al mostrar que es la consecuencia necesaria de otra proposición o de un conjunto de proposiciones anteriormente admitidas. Una demostración se efectúa a partir de definiciones, de axiomas y de postulados, con ayuda de razonamientos, y toma la forma de análisis, o *demostración ascendente* y de síntesis o *demostración descendente*. Para este filósofo, la demostración «es una argumentación o silogismo cuyas premisas son proposiciones verdaderas, primeras e inmediatas, más claras que la conclusión, anteriores a ella y causas de la misma». La *demostración por el absurdo* prueba una verdad por el absurdo, que seguiría si no se la admitiese. Algunos lógicos contemporáneos delimitan la extensión de la demostración y utilizan el concepto de prueba para expresar los aspectos lógicos formales de aquella. Husserl afirma que sólo puede haber prueba o demostración cuando la deducción es intelectiva o *evidencia apodíctica*, y la distingue de la *mostración* que consiste sólo en señalar. En lógica se llama prueba al proceso formalizado mediante el cálculo lógico, que establece que la conclusión se deriva de las premisas; cuando esta derivación es puramente formal se denomina *deducción* y para efectuarla es necesario aplicar determinadas reglas de inferencia y/o tautologías. En metalógica, la demostración o prueba tiene por objeto definir el concepto de teorema mediante la última fórmula bien formada de una prueba en un cálculo dado. **V. prueba.**

DEONTOLOGÍA Teoría de carácter empírico de las normas morales o de los deberes, expresada por Bentham en su obra *Deontología o la ciencia de la moralidad* (1834). Sitúa los deberes dentro de un marco social y sus circunstancias, donde prima la intención de hacer posible el mayor placer para el mayor número de individuos. Es una parte de las ciencias del razonamiento que se refiere más al ser que al conocer. La lógica deóntica es una lógica modal que se puede formalizar como cálculo sentencial. **V. Bentham.**

DERECHO En general, este término cobija a todo aquello que indiscutiblemente y sin vacilaciones acata una regla. También designa al conjunto de leyes o instituciones que regulan de una manera determinada las relaciones entre los hombres. El derecho erigido en ley es la voluntad general expresada por medio de la positivización de cumplimiento obligatorio para los individuos y los grupos dentro de una sociedad dada, como regla que la sociedad impone a sus miembros para garantizar el *bien común* y cuya violación es sancionada. Otro sentido de este término es el de potestad que tiene cualquier miembro de la sociedad de hacer tal o cual acto, de gozar de tal o cual cosa, de exigir tal o cual privilegio de otros individuos o de la colectividad. La filosofía del derecho, que estudia su origen, fundamento y desarrollo, se ha ido constituyendo como disciplina autónoma, fundada especialmente en las grandes contribuciones de Vitoria, Suárez, Grocio, Del Vecchio y Hegel; para este último, el derecho se funda en la idea de la *persona*, ente racional con voluntad libre; es la forma más elemental de las relaciones entre las personas y la primera posición del espíritu objetivo como la pura exterioridad superada por la ética objetiva, es decir, el derecho adquiere un carácter objetivo-espiritual. Se contempla el llamado *derecho natural*, en torno al cual se agrupa un conjunto de ideas cuyo núcleo central se expresa como sigue: por encima de la organización social que viene dada por el derecho positivo, *existe* un conjunto de principios universales, absolutos, inmutables y justos, que constituye el llamado derecho natural. Ahora bien, respecto a la tesis de un derecho natural paralelo a las leyes de la naturaleza, debe notarse la falsedad al inferir del hecho de que las cosas son de una determinada manera. Una inferencia de ésta, es lo que Hume llamaba *sofisma naturalista*. Como se puede deducir de la variedad de interpretaciones que existen del derecho, no se puede afirmar que su fundamento es la moral, pues el concepto va desde la base del derecho natural, que no incluye la moral, la cual para serlo debe tener como unos de sus constitutivos necesarios la subjetividad y la costumbre, hasta el puro y simple beneficio social que excluye en no pocas ocasiones el sentido particular de la moral. Kant, por ejemplo, distingue entre moralidad y legalidad.

DERRIDA, Jacques. (1930) Escritor y filósofo francés, nacido en El Biar, Argelia. Algunos lo consideran como estructuralista, pero aunque se ha dedicado a temas tratados por autores pertenecientes a esta dirección o afines a ella, ha combinado estos temas con otros provenientes de la fenomenología de Husserl, de Heidegger y de Hegel. El método adoptado por Derrida se ha llamado *deconstrucción*, que consiste en fragmentar o deconstruir los textos de la tradición filosófica, acentuando el carácter no representativo del lenguaje. Según él, el lenguaje tiene que disolverse para dar lugar a la *escritura*. El saber de la escritura, la gramatología, es un saber *de lo que* está escrito, y esto es independiente del logos y de la verdad, ya que no se trata de elaborar una ciencia, sino de hacer aparecer el horizonte histórico en el cual la escritura tiene lugar. No hay ningún lugar central en el cual discurra la filosofía, porque lo que hay no es ningún *discurrir*. Los temas tratados por Derrida son opuestos a los temas tradicionales; son temas marginales: *margina y fragmenta*; no se trata de antología, ni siquiera de fragmentos de antología, sino de fragmentos de estos fragmentos. Derrida aspira a enviar la filosofía al campo general, a confrontarla con la ficción y con otras prácticas de escritura sobre las cuales pretendía tener dominio. Los temas antifilosóficos y antidiscursivos de Derrida se convierten en palabras, que son las que aparecen y reaparecen, como si fuesen obsesiones: diferencia, espaciamiento, diseminación, injerto, marca, margen y, desde luego, deconstrucción. Sus principales obras son: *La voz y el fenómeno; Introducción al problema del signo en la fenomenología de Husserl; De la gramatología; La escritura y la diferencia; La diseminación; Posiciones; Glas; La arqueología de lo frívolo; Ensayo sobre Condillac; La verdad en la pintura; Carta postal.*

DESCARTES, René (1596-1650). Filósofo y sabio francés, nacido en La Haya, Turena. Se educó en el colegio jesuita de La Flèche desde 1604 hasta 1612, donde, además de una sólida educación clásica, recibió una instrucción en el dominio de las matemáticas. Después estudió derecho en Poitiers, en donde se graduó en 1616. En 1618 empezó la Guerra de los Treinta Años, y Descartes, deseoso de ver el mundo, se alistó en el ejército bávaro. En el invierno de ese año, descubrió las ideas fundamentales que inspiran su filosofía. La experiencia está descrita en su *Discurso del método*. Descartes permaneció en el ejército hasta 1622, fecha en que regresó a París. Sin embargo, deseando un ambiente tranquilo, partió para Holanda en 1628. Allí permaneció durante los veintiún años siguientes, en los que fue elaborando su filosofía sobre las líneas que había concebido cuando descubrió su método. Un importante tratado de física, en el que adoptaba Descartes la teoría de Copérnico, fue invalidado por el autor al enterarse del juicio contra Galileo, en 1633. Así, se limitó a publicar una colección de tres estudios de dióptrica, meteoros y geometría. *Discurso del método*, publicado en 1637, está concebido como prefacio para estos tres tratados. El más célebre es el de geometría, en donde se exponen y aplican los principios de la geometría analítica. En 1641 se publicaron las *Meditaciones* y, en 1644, los *Principios de la filosofía*, dedicados a la princesa Elizabeth. En 1649 escribió para ella un tratado sobre las pasiones. En este año, la reina Cristina de Suecia mostró mucho interés por la obra de Descartes y lo persuadió para que se trasladara a Estocolmo. Debido al clima, Descartes enfermó y murió en febrero de 1650. Descartes resuelve como dualista la cuestión de la relación entre el pensamiento y el ser, pues admite dos sustancias: la del cuerpo cuyo atributo es la *extensión*; y la del alma, cuyo atributo es el *pensamiento*. La existencia del cuerpo y del alma está determinada por una tercera sustancia: Dios. Frente a la prueba de san Anselmo, llamada prueba ontológica –la cual, como merece recordar, excluye la posibilidad de que la idea de Dios solamente esté en el pensamiento, pues si así fuera sin que poseyera una realidad, no sería ya el ser más grande posible– Descartes sostuvo que la idea de Dios es un efecto de la existencia de Dios. En su física, sostiene que la naturaleza es un conjunto continuo de partículas materiales; la esencia de la materia es la extensión y el movimiento del mundo material es eterno; este movimiento se efectúa de acuerdo con las leyes de la mecánica. Es muy clara su distinción entre *res cogitans* y *res extensa* (sustancia pensante y sustancia extensa), ya que una

René Descartes

excluye a la otra, de manera que ninguna de las dos es esencial a la otra: la *rex extensa* no piensa; y la *res cogitans* no es extensa. El dualismo cartesiano consiste en plantear la existencia de dos sustancias si es que podemos darles ese nombre, ya que la única sustancia verdadera es, para él, Dios. Descartes rechazaba la filosofía de la Edad Media y negaba la autoridad de la Iglesia. Convencido de la potencia de la razón humana, quería crear un nuevo método científico para el conocimiento del mundo y sustituir la fe ciega por la razón y la ciencia. Recurre a la *duda* como método de razonamiento, con la ayuda del cual puede liberarse de toda idea preconcebida y establecer verdades irrefutables; declara que duda de la exactitud de nuestras representaciones del mundo, así como de su misma existencia, pero al dudar de todo, debe reconocer que, si duda, es porque piensa. De ahí su famosa conclusión: *pienso luego existo*. Partiendo del hecho de la existencia de su propio *yo*, llega a la conclusión de que el mundo exterior existe igualmente. En lo referente a la teoría del conocimiento, Descartes es el padre del racionalismo. Decía que los sentidos no dan más que una representación confusa de los objetos y pueden así inducirnos a error. Es la misma razón por la que concibe la verdad, por una intuición que le es propia; la exactitud de una verdad se ve confirmada no por la práctica y la experiencia, sino por la claridad y nitidez de nuestras ideas. Descartes fue también el fundador de la geometría analítica. Sus principales obras son: *Compendium musicae; Regulae ad directionem ingenii; Tratado del mundo de la luz*, del cual forma parte el *Tratado del hombre, Discurso del método, La dióptrica, Los meteoros, La geometría, Meditaciones metafísicas, Principia Philosophiae, Pasiones del alma*. **V. cartesianismo, racionalismo.**

DESEO En Grecia, y especialmente para Aristóteles, el deseo es una de las clases del apetito y puede ser un acto deliberado. Ya con anterioridad, Platón había distinguido entre deseos necesarios y deseos innecesarios, y la posible existencia de un deseo perteneciente a la naturaleza del alma. Platón consideró el deseo como opuesto a la razón. Según Aristóteles, el deseo es una de las clases del apetito, que no es necesariamente irracional, ya que puede constituir un acto deliberado, expresado como una elección o preferencia. Pero, en general, en el mundo antiguo el deseo se consideró como una perturbación o pasión del alma, obstáculo de la razón. Un ejemplo de esta concepción es la estoica; para Zenón de Citio, el deseo es una de las cuatro pasiones del alma, junto con el temor, el dolor y el placer. Entre los latinos, Cicerón dividió las pasiones fundamentales en buenas y malas, y calificó el deseo (libido) como bien futuro. Para la escolástica, y en especial para santo Tomás, el deseo puede ser *sensible* y *racional*, y es la aspiración humana a un bien que no se posee; que sea bueno o malo, depende del objeto al cual esté dirigido. Los filósofos modernos, desde el punto de vista de la sicología, estudian el deseo como una de las pasiones del alma; para Descartes, «la pasión del deseo es una agitación del alma causada por los espíritus que la disponen a querer para el porvenir cosas que se representan como convenientes para ella». Para Locke es «la ansiedad que un hombre halla en sí a causa de la ausencia de algo cuyo goce presente lleva consigo la idea de deleite»; esta definición agrega el concepto de goce o deleite, que se constituye en un aliciente para la creación o *industria* del sujeto que lo experimenta. Spinoza y Hegel coinciden al incluir el elemento conciencia en el deseo: para el primero, es «el apetito acompañado por la conciencia de sí mismo»; para el segundo, en sentido metafísico-existencial, «la conciencia de sí mismo es el estado de *deseo* en general». Schopenhauer liga la idea de deseo a la de voluntad. Por último, en la filosofía contemporánea, Sartre dice: «Deseo es algo que yo me hago a la vez que estoy haciendo al otro deseado como deseado y tiene un ideal imposible que es poseer la trascendencia del otro; (...) reducir al otro a su simple facticidad, ya que se halla entonces en medio de mi mundo». En su obra *El ser y la nada*, Sartre expresa que el ser, a través del deseo, quiere que «esta felicidad sea una perpetua apresentación de su trascendencia anonadadora».

DESESPERACIÓN Los existencialistas definen la desesperación como un estado del hombre en que sus facultades físicas y mentales se encuentran alteradas. Este término fue introducido en filosofía por Kierkegaard, para quien las alternativas de la vida humana son tres: el estadio estético, el estadio ético y el estadio religioso; en el primero, el esteta no escoge, pues vive en la embriaguez poética de la fantasía, dispersando de esta manera su personalidad, lo que lo lleva a sumirse en el aburrimiento y la desesperación; el segundo apaga la espontaneidad y estrangula a la persona, convirtiéndola en un ser convencional; en el tercero, se expresa la esencia humana, lo lleva al descubrimiento de paradojas en que no coinciden el principio religioso y el moral, y al conocimiento de su propia finitud, lo que lo sume en la desesperación. Sartre y Camus también, en sus obras, abordan el tema de la desesperación. **V. existencialismo.**

DESIGNACIÓN Este término se usa para expresar la relación entre un signo de un lenguaje y un hecho o realidad. Suele confundirse el término con «denotación» o «referencia». Pero más estrictamente designación expresa la relación entre el signo y la realidad, sea a nivel conceptual, proposicional o de propiedades. Por ejemplo, el signo *libro* designa el concepto *libro;* el signo *rectangular* a la propiedad del objeto (o a la clase de objetos con esa propiedad); el signo «todos los hombres son mortales» designa la proposición *todos los hombres son mortales*.

DESORDEN Confusión, caos; carencia o alejamiento de un principio ordenador. Se ha considerado el caos o desorden como un principio creador y dialéctico de donde surgen el orden y la perfección. También, como una disfunción, en sicología; en ética, como una tendencia hacia el mal y hacia el vicio, o aquello que se sale de la ley moral. Si bien su opuesto, el orden, implica jerarquía, el desorden es la desjerarquización –total o parcial– en el caso de haber un orden preestablecido, o un principio confuso donde los elementos no se encuentran jerarquizados. **V. caos.**

DESPOTISMO Imposición arbitraria de la propia voluntad sin sujeción ni respeto a las voluntades de los demás. En general se ha hablado de despotismo en el sentido del régimen político en que un soberano gobierna de manera arbitraria y con abuso de poder. Aristóteles, aunque no utilizó el término despotismo, denominó *tiranía* a la degeneración del régimen monárquico, o abuso de la autoridad absoluta, es decir, la que está en manos de una sola persona. Maquiavelo, en su obra *El príncipe*, nos hace un retrato o paradigma del déspota: está *más allá del bien y del mal*, tiene fuerza y astucia suficientes para lograr el poder y mantenerse en él, ejerce la violencia cuando lo considera necesario, y engaña al pueblo y a quien sea indispensable engañar para lograr el mismo fin; en resumen, el concepto de lo moral queda para lo subjetivo del hombre, pues si éste tiene el poder no puede limitarse por sus normas. Para Montesquieu, la separación de los poderes en manos diferentes es lo que garantiza la inexistencia del déspota, pues el despotismo sólo puede darse cuando éstos se reúnen en una sola persona o en todo un pueblo. Considera como tipo de gobierno ideal a la monarquía, que debe deshacerse de todo despotismo, el cual, como ya lo había sostenido Aristóteles, es una forma degenerada de la monarquía. Durante el siglo XVIII existió la forma de gobierno denominada *despotismo ilustrado*, cuya divisa era *todo para el pueblo, pero sin el pueblo*, la cual fue ácidamente criticada, especialmente por Diderot. Rousseau sostiene que lo contrario a cualquier clase de despotismo es la constitución de una sociedad que evite la destrucción del individuo, esto es, un Estado democrático puro, respetuoso de los derechos naturales individuales.

DESTINO Aquello que está establecido de antemano sobre el porvenir, y que es inalterable a pesar de los esfuerzos que se realicen para desviarlo o modificarlo. Tal concepto expresa la noción de una fuerza que predetermina los acontecimientos en la vida de las personas. Para los griegos, la suerte, tanto de humanos como de dioses, dependía de las deidades del destino (*moiras*); y esta es la esencia de la tragedia desde sus primeros tiempos (Sófocles, Eurípides) hasta Shakespeare, quienes representan mediante la dramaturgia esa especie de suerte que toca a cada ser, especialmente al hombre, siempre y cuando sea predicha, es decir, conocida por medio de algún tipo de comunicación (oráculo, intuición, sueños, etc.) Carnéades y Crisipo trasladaron este concepto al campo de la filosofía, dándole el sentido de encadenamiento cosmológico y moral de todos los acontecimientos, en una relación causa-efecto que desemboca en la causa final. En este caso, el problema de la libertad se solucionaba al definir ésta como la *conformidad con el universo*. El concepto, más tarde fue simbolizado por los romanos en las *parcas*. Posteriormente se empezó a asimilar a una justicia sobrenatural regente del mundo, de la cual es imposible escapar, como se plantea también en algunas religiones y filosofías orientales (*karma*). El concepto de destino, entendido como una premeditación divina, es común a las religiones contemporáneas; en el protestantismo tiene un carácter fatalista; en el cristianismo se asimila a la providencia divina y, tanto en el catolicismo como en la iglesia ortodoxa, el fatalismo es aminorado al combinársele la idea del libre albedrío. De todas maneras, en las reflexiones filosóficas sobre el destino, siempre han estado involucrados los conceptos de libertad, libre albedrío y autodeterminación del hombre. **V. necesidad.**

DESTUTT, de Tracy (1754-1836). Filósofo francés, nacido en París. Liberal moderado, fue uno de los miembros principales de la corriente de los ideólogos, corriente que entronca con la Ilustración, en especial a través del análisis de las sensaciones. Muy influido por Condillac, afirma que todas las potencias espirituales (percepción, memoria, juicio y voluntad) se reducen y se deben a la sensibilidad. Divide las sensaciones en táctiles y de movimiento, y sostiene que a estas últimas se debe la idea que el hombre tiene del mundo exterior. Como todo está regido por el sistema nervioso, entonces los sentimientos morales y sociales que rigen la ética y la política son la ideología aplicada, que se deriva de las impresiones de la sensibilidad. La ideología es el medio para entender de dónde provienen las ideas así como el proceso de su formación, y esa comprensión se hace mediante el análisis de las potencias espirituales que ya mencionamos. Esas cuatro facultades o potencias son originarias e indivisibles. La ideología debe también ser aplicada a las demás esferas del conocimiento. La etapa siguiente correspondería al estudio de la expresión de las ideas (gramática y lógica), basado en la facultad del juicio; el examen de los deseos (economía y moral) corresponde a la esfera de la voluntad. Su tesis quedó incompleta, pues no alcanzó a tratar los fundamentos de las matemáticas y la física. Su principal obra es *Elementos de ideología*. **V. ideología.**

DETERMINACIÓN En términos generales, designa la acción de adoptar una resolución ante cualquier situación. Aunque este término es muy utilizado en sicología, en el sentido de optar entre varias posibilidades, en ontología se habla de determinación cuando ocurre el hecho de precisar un objeto mediante la predicación. Para Spinoza es una negación que excluye todo lo que no pertenece al objeto para poderlo determinar y fijarle unos límites (*omnis determinatio negatio est*). Para Hegel, la determinación es también una negación, puesta como afirmativa. Dice: «La negación como tal es la abstracción sin forma», para mostrar en la negación lo positivo. En lógica, el término *determinación* designa el paso de una idea abstracta a otra concreta, mediante la sucesiva adición de atributos o condiciones, hasta llegar a una concepción clara de la cosa. Al no existir algo determinado y concreto, la determinación equivale a la propiedad trascendental de la unidad intrínseca de todo ser.

DETERMINADO Aquello que es o ha sido sujeto de determinación. **V. determinación.**

DETERMINAR Delimitar los caracteres propios de un objeto; los que constituyen su ser y lo diferencian de los demás objetos. **V. determinación, determinado.**

DETERMINISMO Tendencia filosófica que sostiene que todo lo que hay y habrá, y todo lo que ha sucedido, sucede y sucederá, está de antemano fijado, condicionado y establecido; es decir, el determinismo es la teoría de la conexión necesaria de todos los sucesos y fenómenos y de su interdependencia causal. La doctrina determinista no es susceptible de prueba: tampoco lo es la doctrina opuesta al determinismo o doctrina del azar, por lo cual se considera como una hipótesis. Demócrito afirma que el universo está regido por el principio de la necesidad, pero una *necesidad ciega* que se identifica con el azar, en cuanto ausencia de una causa eficiente definida. Aristóteles refuta a Demócrito al manifestar que es absurdo pensar que el cielo, que presenta una gran regularidad en sus movimientos, hubiese sido producido por azar, el cual tiene lugar sólo en los acontecimientos humanos. La doctrina determinista puede admitirse como aplicable a todos los acontecimientos del universo, o bien, como aplicable solamente a una parte de la realidad. Los deterministas radicales han afirmado que no solamente los fenómenos naturales, sino también las acciones humanas, están sometidos a un determinismo universal. Quienes se han opuesto al determinismo sostienen o que hay zonas de la realidad, como las acciones y las decisiones humanas, que se sustraen al determinismo; o bien, que el determinismo confunde la necesidad de hecho con la necesidad de derecho; afirman, además, que el determinismo radical confunde nociones como la necesidad, la causalidad, etc. Ninguna doctrina determinista es consecuencia solamente de la observación de fenómenos; lo es también de una serie de condiciones previamente establecidas. En la época actual se ha discutido la cuestión de si una teoría determinista es o no, en último término, un límite ideal de un conjunto de leyes estadísticas; se afirma al respecto que, mientras la física clásica y en general la llamada *macrofísica* es, o puede ser, determinista, la microfísica, en cambio, es indeterminista. Otros autores que se han opuesto al determinismo desde el punto de vista ético y filosófico, han subrayado que dentro de una doctrina determinista no cabría el libre albedrío. Los existencialistas han criticado las doctrinas deterministas afirmando que en la existencia humana la libertad es una condición ontológica necesaria. **V. destino, necesidad.**

DEVENIR Este galicismo se usa como sinónimo de *llegar a ser;* a veces se considera como el equivalente de *ir siendo;* y, otras veces, se emplea para designar de un modo general el cambiar o el moverse. Los pensadores griegos se plantearon la cuestión del devenir en estrecha relación con la cuestión del ser; su asombro ante el hecho del cambio de las cosas hizo necesario encontrar un principio que pudiera explicarlo; por ello intentaron descubrir la existencia del ser que *deviene*, como es el caso de los filósofos jónicos, en especial Heráclito, para quienes el rasgo principal de la realidad es el ser una entidad que reside en todo cambio y que explica, junto con el cambio, la multiplicidad de las cosas. Los pitagóricos pensaron hallar el principio del devenir y de lo múltiple en una realidad ideal: las relaciones matemáticas. Heráclito hizo del propio devenir el principio de la realidad; para él, si bien es cierto que el devenir es un puro fluir, está sometido a la ley de la *medida*, que regula el incesante alumbrarse y extinguirse de los mundos. Parménides y los eleatas tomaron una posición opuesta a la de Heráclito; afirmaban que como el devenir no acoge la razón, entonces la realidad que deviene es aparente: el ser verdadero es inmóvil, eterno e inmutable; frente al *todo fluye* de Heráclito, los eleatas proclaman el *todo permanece*. Empédocles y Anaxágoras entendieron el devenir en un sentido cualitativo: devenir es cambiar de cualidades. Demócrito lo entendió en un sentido cuantitativo: devenir es desplazamiento de átomos en sí mismos sobre un fondo de extensión indeterminada. En Platón, el devenir es una propiedad de las cosas en tanto que son reflejo o copias de las ideas; prueba de ello es que en sus últimos *Diálogos* su preocupación es no sólo la de averiguar la relación o no entre el ser verdadero y el devenir, sino también un intento por entender las diversas formas en las cuales puede darse el devenir. Los escolásticos de tendencia aristotélica refinaron los conceptos aristotélicos. Santo Tomás señalaba que el cambio es la actualización de la potencia en tanto que potencia: hay devenir cuando una causa eficiente lleva la potencia a la actualidad y le otorga al ser su perfección como ente; acto y potencia son igualmente necesarios para que el devenir tenga lugar. La escolástica, en especial la tomista, procura mantener igual distancia entre una filosofía enteramente estaticista y una filosofía completamente dinamicista, pues una y otra son formas de eludir el problema del efectivo devenir. En algunas tendencias de la filosofía moderna, se considera el propio devenir como el motor de todo movimiento, como la única explicación aceptable de todo cambio; este es el planteamiento de algunas filosofías renacentistas que encuentran su madurez dentro del pensamiento romántico. Para Hegel, el devenir representa la superación del puro ser y de la pura nada, los cuales, en último término, son idénticos. Durante el siglo XX, diversos pensadores han abordado el tema del devenir en cuanto realidad primaria y, en algunos casos, se ha llegado a decir, como es el caso de Bergson, que el ser existe solamente como una inmovilización del devenir. Spengler ha opuesto el devenir al ser o, mejor, a lo *devenido*, identificado con la muerte. Whitehead y los llamados *filósofos del proceso* han hecho que la noción de devenir abarque el carácter dinámico y en permanente cambio de la realidad. La mayoría de estas concepciones explican el movimiento por el crecimiento, lo mecánico por lo orgánico y, en último término, lo físico por lo espiritual.

DEWEY, John (1859-1952). Nació en Burlington y murió en Nueva York. Fue profesor de filosofía en las universidades de Michigan, Minnesota, Chicago y Columbia. Estuvo vinculado al juicio que los soviéticos hicieron contra Trotsky. Fue influido por las filosofías de Hegel (monismo y concepción de la realidad como devenir), Darwin y Peirce. Para Dewey, en la inestabilidad del mundo y en su problemática extrema participan lo contingente y lo casual; de la misma realidad y de la misma historia participan hombre y naturaleza, y en esa participación y reciprocidad radica su monismo. Nada es independiente de los acontecimientos físicos y en la interacción de vida, sensibilidad y pensamiento se basa la racionalización de lo real. Fue uno de los iniciadores y defensores del pragmatismo norteamericano, llamado *instrumentalismo*, en el cual las estructuras son *acontecimientos* sometidos a una lenta y regular evolución. Como para todos los empiristas, la experiencia es el punto de partida del conocimiento, que incluye hasta los factores irracionales e inconscientes como influencias sobre la vida humana; mediante la experiencia, el hombre y todos los seres vivos reaccionan ante el ambiente y lo transforman para adaptarlo a sí mismos, a la vez que se adaptan a él. El pensamiento es un «instrumento forjado por la realidad para reconstruir una situación»; nace de la necesidad y tiene por objeto la satisfacción de ésta. La reflexión libre y consciente sólo se logra mediante la educación; la razón tiene una función constructiva al sustituir el pasado por el futuro como factor esencial del conocimiento. Para Dewey es un prejuicio metafísico afirmar que hay sujeto antes de la actividad cognoscitiva y considera que los problemas existentes entre el conocimiento común y el conocimiento científico ocurren porque no se consideran como etapas del mismo proceso, como él mismo afirma, en «una relación genética y funcional». También considera impropia la separación entre lógica e investigación científica, las cuales forman un todo único en permanente evolución. La verdad de una idea radica en «su demostrado poder de orientación», en que sea capaz de guiar la acción humana de forma positiva. Para que exista el *yo* auténtico (unicidad) es necesario romper los antiguos moldes, aunque ningún *yo* está exento de la influencia de la situación ambiental; pero, a la vez, no hay situación ambiental que no esté influida por la aportación del *yo* individual. La misión de la ética consiste en la crítica de los valores para transformar los aspectos no satisfactorios de las situaciones concretas; clasifica los valores en *valores de hecho* o bienes inmediatamente deseados, y *valores de derecho* o bienes razonables o deseables; la humanidad sólo puede progresar en el aspecto moral cuando imperan los segundos, sin que exista otra motivación que la fe en sí misma. Trata de superar el dualismo entre ciencia y moral a partir de un *naturalismo experimental* en el que la experiencia ha de ser considerada como el concepto fundamental de la filosofía contemporánea y sostiene que toda especulación es instrumento de la práctica humana y que la lógica se caracteriza por su aplicabilidad. Sus principales obras son: *Escuela y sociedad; Estudios de teoría lógica; Democracia y educación; Experiencia y naturaleza; Lógica, teoría de la investigación; Problemas del hombre.* **V. actitud.**

DIACRÓNICO Lo que tiene lugar a través del tiempo. Concepto usado en disciplinas como la antropología, la lingüística y la filosofía para designar lo opuesto a lo sincrónico. Algo es diacrónico cuando tiene en cuenta el orden cronológico y, por tanto, hace del cambio y nociones afines algo fundamental en su consideración. El análisis histórico, especialmente, toma el concepto como rasgo fundamental de su método. El estudio diacrónico de un lenguaje, civilización o problema conceptual, es un estudio cronológico particularmente histórico. **V. Saussure.**

DIÁDOCO En la antigüedad se denominaba diádoco al sucesor del jefe de una escuela filosófica o diádoco anterior. Las referencias de los diádocos eran la base para llevar a cabo una historia de la filosofía, acción que se denomina hacer *historiografía por diádocos*, tal como lo llevaron a cabo muchos otros historiadores de la filosofía, especialmente en el siglo II a. de C.

DIAGRAMA Martín Gadner define el diagrama como «una figura geométrica bidimensional que muestra relaciones espaciales isomórficas con la estructura de un enunciado lógico. Estas relaciones espaciales son de carácter topológico, puesto que las relaciones lógicas son las relaciones primitivas que subyacen a todo razonamiento deductivo». Las figuras más antiguas de este tipo son las que representan las relaciones entre los términos de un silogismo, modificados geométricamente en la edad moderna con el fin de permitir el análisis lógico y visualizar el contenido del silogismo; este gran aporte al desarrollo del método del análisis por medio de diagramas lo realizó John Venn. **V. Venn (diagramas de).**

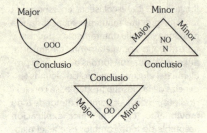

Diagrama de origen griego que representan a Barbara, Cesare y Darapti, donde O = *omne*, N= *nullum* y Q= *quoddam*.

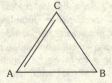

Diagrama de Reimarus que posiblemente representa el silogismo Cesare. A y C se conectan afirmativamente, y C y B negativamente, luego, A B están conectados de forma negativa.

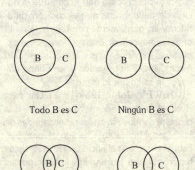

Todo B es C   Ningún B es C

Algún B es C   Algún B no es C

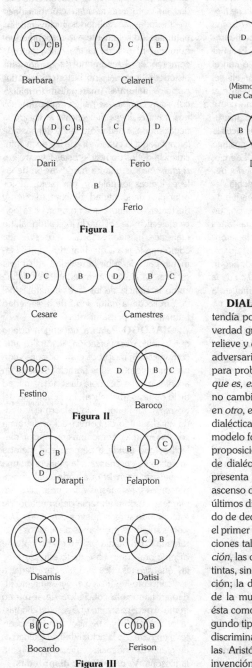

Figura I

Figura II

Figura III

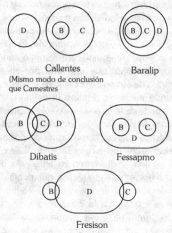

Figura IV

DIALÉCTICA En la antigüedad se entendía por dialéctica el arte de descubrir la verdad gracias a la discusión, poniendo de relieve y eliminando las contradicciones del adversario. Parménides usó la dialéctica para probar que, como consecuencia de *lo que es, es* y *lo que no es, no es,* cuanto sea no cambia, pues si cambiara se convertiría en *otro,* excepto *el que es.* Este sentido de la dialéctica es formal, es decir, se basa en el modelo formal de argumentación acerca de proposiciones. En Platón tenemos dos tipos de dialéctica: mientras en ciertos diálogos presenta la dialéctica como un método de ascenso de lo sensible a lo inteligible, en los últimos diálogos la presenta como un método de deducción racional de las formas. En el primer tipo de dialéctica se vale de operaciones tales como la *división* y la *composición,* las cuales no son dos operaciones distintas, sino dos aspectos de la misma operación; la dialéctica permite, entonces, pasar de la multiplicidad a la unidad y mostrar ésta como fundamento de aquélla; en el segundo tipo, en cambio, la dialéctica permite discriminar las ideas entre sí y no confundirlas. Aristóteles atribuye a Zenón de Elea la invención de la dialéctica. Para Aristóteles, la dialéctica es una forma no demostrativa del conocimiento: es una *apariencia de filosofía*, pero no la filosofía misma; es disputa y no ciencia; probabilidad y no certidumbre; inducción y no *demostración*. El sentido positivo de la dialéctica resurgió con el neoplatonismo, que entendió por ella el método de ascenso a la realidad superior, al mundo inteligible. Plotino la define como una parte de la filosofía y no sólo un instrumento de ella. También entre los estoicos la dialéctica aparece como un modo positivo de conocimiento. Según Diógenes Laercio, los estoicos la dividieron en *temas del discurso* y *lenguaje*, arguyendo que debía defenderse esta dialéctica contra el ataque de los escépticos. En la Edad Media, por un lado, formó parte del *trivium* de las artes liberales, junto con la gramática y la retórica, entendida como una de las artes que se referían al método, no a la realidad. Según Kant, en la tercera parte de la *Crítica de la razón pura*, la *Dialéctica trascendental*, es la crítica del género de apariencias que no proceden de la lógica ni de la experiencia, sino de la razón, en cuanto pretende traspasar los límites impuestos por la posibilidad de la experiencia y aspira a conocer por sí sola, y según sus propios principios, el mundo, el alma y Dios. A finales del siglo XVIII y comienzos del XIX, Hegel hizo conocer su teoría del desarrollo dialéctico; su doctrina sobre la evolución y el cambio desempeñó un papel preponderante en el progreso de la dialéctica. Según la dialéctica hegeliana, el mundo histórico y espiritual por entero es un solo proceso de movimiento, cambio, desarrollo y transformación en formas continuas; las contradicciones internas constituyen la fuente de este automovimiento. Hegel aplicó la dialéctica a la lógica. Para él, la esencia del ser está en el autodesarrollo de una *idea absoluta;* la conciencia es el demiurgo de la realidad, de la naturaleza. En su sistema, el desarrollo, después de haber alcanzado un grado determinado, se detiene completamente. La noción de la dialéctica, el método dialéctico y, a veces, la *lógica dialéctica*, son parte central del marxismo. Un carácter común a casi todos los pensadores marxistas es hacer de la dialéctica un método para describir y entender la realidad en tanto que *realidad* empírica. Esto afecta todas las realidades, incluyendo las naturales, no solamente a la realidad social humana. El uso de la dialéctica permite comprender el fenómeno de los cambios históricos (materialismo histórico) y de los cambios naturales (materialismo dialéctico); estos cambios se hallan regidos por las tres grandes leyes dialécticas: la ley de la negación de la negación; la ley del paso de la cantidad a la cualidad; y la ley de la coincidencia de los opuestos. Estas leyes representan una verdadera modificación de las leyes lógicas formales y, por tanto, de los principios de identidad, de contradicción y del tercero excluido, que no rigen en la lógica dialéctica; de ahí que la lógica formal, no dialéctica, ha sido rechazada o considerada como una lógica a nivel inferior, apta solamente para describir la realidad en su fase estable. La dialéctica materialista se define como la ciencia de las leyes generales del desarrollo de la naturaleza, de la sociedad humana y del pensamiento.

DIÁLOGO Palabra de origen griego que significa conversación, e implica una comunicación recíproca entre personas con un fondo común a los participantes; es un acontecimiento de doble dirección y unidad de lo opuesto (dialéctica), en la realidad del *nosotros*. En Platón, esta palabra es utilizada en el sentido de conversación del alma consigo misma y como una concepción dialéctica, que tiende a perpetuar el método socrático de enseñanza a la manera de una conversación en la que cada cual aporta preguntas y respuestas a las proposiciones planteadas sobre un tema determinado; de este método surgen nuevos conceptos y visiones sobre los problemas planteados. Durante la Edad Media primó el concepto de *disputa* oral como base de la estructura de las *quaestiones* y los *articuli*. Para llegar a ese concepto fue básico el pensamiento judeo-cristiano y la conciencia de sí mismo frente al otro, concepto que se extendió hasta los siglos XVIII y XIX, apoyado en Descartes y en Kant. En la actualidad, el diálogo es de gran trascendencia y universalidad para la filosofía. **V. cuestiones disputadas.**

DIÁLOGOS (de Platón) Conjunto de obras escritas por Platón, en las cuales eleva la conversación socrática a método de investigación filosófica y a forma literaria de expresión. En ellos el pensamiento es impulsado por un puro amor a la verdad, sin que se quiera justificar una tesis ni cuidarse de los resultados de la conversación. En casi su totalidad, los *Diálogos* tienen como protagonista, o por lo menos como interlocutor, a Sócrates. Se han reconocido en ellos cinco formas bien diferenciadas: (a) *forma dramática*, a la que corresponde la mayoría; en ella, los personajes o interlocutores aparecen con su individualidad, su propio estilo de pensamiento y su reacción personal frente a las cuestiones planteadas; (b) *forma dramático-narrativa* o conversación que nos es referida por un personaje que participó en ella, o por alguien que se enteró de su ocurrencia; (c) *forma discursiva* o de discurso, en la que se introduce un fragmento dialogado; (d) *forma de diálogo* como introducción a un discurso; (e) *forma de simple exposición*. Robin, investigador de la obra de Platón, ha clasificado sus diálogos en tres grandes grupos así: I. Diálogos de la juventud: *Ion, Hipias 2o., Protágoras, Apología de Sócrates, Critón, Eutifrón, Laques, Carmides, Lisis, Gorgias.* II. Diálogos de la madurez: *Menéxeno, Menón, Eutidemo, Cratilo, Fedón, Banquete, República, Fedro, Teéteto, Parménides.* III. Diálogos de la vejez: *Sofista, Político, Timeo, Critias, Filebo, Leyes.* El diálogo filosófico, como género literario, es una consecuencia de la enseñanza de Sócrates, pues él convirtió este sistema en la forma esencial de su *mayéutica*, la cual consistía en ayudar a dar a luz, mediante la pregunta inteligente, las opiniones de los alumnos sobre múltiples ideas generales. La gran colección de Platón constituye el mejor ejemplo de este arte. La importancia filosófica del diálogo aparece cuando se tiene en cuenta que la dialéctica, en su origen, no es otra cosa que el arte de dialogar. **V. Platón.**

DIANOÉTICO Pensamiento discursivo o intelectual que, mediante ciertas reglas, juzga y razona sobre los contenidos que recibe en el pensamiento noético; es una facultad superior del conocimiento. Aristóteles hizo la distinción entre virtudes éticas y *virtudes dianoéticas*, siendo las segundas virtudes intelectuales, es decir, que están o se tienen en sí mismo y no son producto del hábito sino del entrenamiento o ejercicio de la razón. Estas virtudes, para Aristóteles, son cinco: arte, saber, sabiduría, sabiduría teórica e inteligencia, y se contraponen a las virtudes éticas. **V. noema, noemático.**

DIANOIA, DIANOIOLOGÍA Para los antiguos griegos, y en especial desde Platón, *dianoia* designa el pensamiento discursivo, intelectual, el que procede del razonamiento sobre lo visible y ocupa un lugar intermedio entre la opinión y la inteligencia. Para Aristóteles es el pensamiento discursivo que no tiene por objeto a sí mismo; divide las virtudes en dos clases: dianoéticas o intelectuales, virtudes de la *dianoia* o del *noûs*, y virtudes *éticas* o más estrictamente morales. Epicuro identifica la *dianoia* con la razón y, para Plotino, es la función intelectual que se contrapone a la sensación. Basado en estos principios, J. H. Lambert introdujo el vocablo «dianoiología" para examinar los conceptos y sus características internas, los juicios, las conclusiones –simples y compuestas–, las divisiones de los conceptos, la mostración, la indicación, la experiencia y el concepto de conocimiento científico».

DIATRIBA Tras identificarse en un comienzo con diálogo o conversación, pasó este término a designar los tratados morales o las disertaciones morales dirigidas al pueblo, así como las disertaciones de sofistas sobre temas muy variados. Para los estoicos es la forma usada para revelar las conversaciones entre maestro y discípulos. En nuestra época, el término diatriba se refiere, en general, a toda crítica violenta.

DICOTOMÍA División de un todo en dos partes. En filosofía se refiere a la división de un concepto (todo) en dos conceptos que son contrarios y, por tanto, agotan la extensión del primero. El argumento de Zenón de Elea (Aquiles y la tortuga) es un ejemplo de dicotomía. **V. aporema, aporía.**

DICTUM Afirmación que se hace acerca del sujeto de una proposición. Según Aristóteles, lo que se afirma universalmente de un sujeto es afirmado de todo lo que está contenido bajo tal sujeto (*dictum de omni*).

DIDEROT, Denis (1713-1784). Escritor, periodista y filósofo francés, nacido en Langres. Estudió en el colegio de jesuitas de su ciudad natal, donde fue tonsurado en 1726, y en el Liceo Harcourt, también de jesuitas, en París, donde se doctoró en artes. Posteriormente se negó a seguir la carrera eclesiástica; estudió griego, latín, inglés, italiano y matemáticas con Clément de Ris y, también, se interesó en la filosofía, la historia y la poesía. Hizo contacto con Rousseau y leyó a Hobbes, Locke, Newton y las *Cartas filosóficas* de Voltaire, que influyeron decisivamente en su pensamiento. En 1745 escribió los *Pensamientos filosóficos*, que el parlamento de París ordenó quemar. Estuvo preso en Vincennes durante cien días, en 1749, por causa de la publicación de su obra *Carta sobre los ciegos para uso de los que ven*, por ser considerada ésta muy revolucionaria y materialista. En 1746 firmó el contrato por el cual se le encargaba de la dirección de una *Enciclopedia* que recopilara artículos sobre las nuevas ideas filosóficas, científicas y literarias, de los pensadores más importantes de la época. Así, entre 1746 y 1750, Diderot se dedicó a su organización, junto con D'Alembert. Las concepciones filosóficas de Diderot se caracterizan por la constante oposición a toda especulación y a toda abstracción, y por su defensa del empirismo y del sensacionismo; la imaginación está estrechamente unida al contacto sensible con las cosas. Se interesó grandemente por las artes y por las ciencias, a las que no consideraba como actividades independientes; en biología se opuso a la idea de que las formaciones y el desarrollo de organismos biológicos se explicaran únicamente por factores externos; también anticipó la idea de la constitución celular de los seres vivos en cuanto modo de organización de la materia. Diderot se declara «el hombre de la naturaleza» y afirma que el mundo está constituido por infinidad de átomos que se mezclan hasta formar una red inextricable de movimientos incesantes. Dios existe y no existe: si existe, no existe en la naturaleza y no tenemos por qué tomarlo en cuenta. La naturaleza es lo contrario de la sociedad, que ha inventado la religión, o sea el fanatismo, la moral, las jerarquías y riquezas artificiales, es decir, la tiranía de unos, la opresión de otros, la corrupción y desgracia de todos. Considera la moral como una institución social que, con su hipócrita sujeción que se hace efectiva desde afuera, arrebata al hombre los placeres legítimos que resultan de sus funciones naturales; la verdadera moral consiste en el placer que el hombre encuentra en conducirse bondadosamente, inclinación natural hacia el bien que se fortalece con la buena educación; en resumen, moral es instinto, educación y experiencia. Todos los males del hombre provienen de la sociedad, pero confía en el triunfo final de la naturaleza sobre ella. Es materialista y ateo, aunque poco a poco parece inclinarse a una concepción panteísta y orgánica del universo; dice al respecto: «Los seres circulan unos entre otros. No hay más individuo que la totalidad. Nacer, vivir y morir es cambiar de forma». A la pregunta ¿qué quieres ser?, Diderot contesta: «¡Nada, absolutamente

Denis Diderot

nada!». La palabra *nada* lleva implícito el sacrificio de todo a su vocación natural: combatir las injusticias de su tiempo, sintetizadas en la siguiente expresión: «La mayor desgracia que puede sufrir una nación es el despotismo ilustrado». Sus principales obras son, además de su contribución a la *Enciclopedia Pensamientos filosóficos; El paseo del escéptico o las avenidas; Carta sobre los ciegos para uso de los que ven; Carta sobre los sordomudos para uso de los que oyen y hablan; Interpretación de la naturaleza; El sueño de D'Alembert; Jacobo el fatalista* (relato); *El sobrino de Rameau; Salones* (para algunos es la base de la teoría estética y de la crítica de arte).

DIFERENCIA Cualidad o accidente por el cual una cosa se distingue de otra. *Diferencia específica* es el atributo esencial que distingue una especie de cualquiera otra de su mismo género. En Stuart Mill, el *método de diferencia* es uno de los métodos usados para encontrar la causa de un fenómeno; se formula así: «Si en un caso se da una consecuencia y en otro no, y ambos casos sólo se diferencian por la presencia o ausencia de un antecedente determinado, este antecedente será la causa de aquella consecuencia». *Diferencia ontológica*, por otra parte, es una noción que fue introducida por Heidegger para expresar la diferencia entre el ser y el ente, y constituye el núcleo de su ontología. Jacques Derrida usa el término *différance* para denotar la mismidad no idéntica. Este concepto expresa un sentido metafísico propio de la época actual. **V. Derrida, Vattimo**.

DIFERENCIACIÓN Acción de establecer la diferencia entre dos o más objetos. **V. diferencia**.

DILEMA Nombre que recibe el antiguo argumento presentado en forma de silogismo con dos cuernos y dos filos, llamado por ello *syllogismus cornutus;* es una de las clases del silogismo disyuntivo y condicional, que tiene una proposición disyuntiva como mayor; de cada una de sus alternativas se sigue la misma conclusión. Uno de los ejemplos tradicionales de dilema es: «Los hombres llevan a cabo los asesinatos que proyectan o no los llevan a cabo. Si los llevan a cabo, pecan contra la ley de Dios y son culpables. Si no los llevan a cabo, pecan contra su conciencia moral y son culpables. Por tanto, si llevan a cabo como si no llevan a cabo los asesinatos que proyectan, son culpables (si proyectan un asesinato)». Cuando los miembros de la proposición disyuntiva son tres, se habla de trilema; cuando son cuatro, de cuadrilema; cuando tienen un número indeterminado, *n* miembros, se llama polinema. En la lógica actual, el dilema es presentado como una de las leyes de la lógica sentencial. De un modo muy general, se llama dilema a la oposición de dos tesis, de tal modo que si una de ellas es verdadera, la otra ha de ser considerada como falsa, y viceversa.

DILTHEY, Wilhelm (1833-1911). Filósofo e historiador alemán, nacido en Biebrich. Fue profesor en Basilea, Kiel y Breslau, antes de ocupar, en 1822, la cátedra de historia de la filosofía en Berlín. La importancia de Dilthey radica ante todo en sus investigaciones sobre la noseología de las ciencias del espíritu y sobre la sicología, a la cual dio el nombre de sicología descriptiva y analítica, sicología estructural o sicología de la comprensión. Su obra añade al

Wilhelm Dilthey

neokantismo una tentativa por comprender la vida, la historia y el mundo, que integra toda cosmovisión en la evolución histórica. Dilthey separa las ciencias de la naturaleza de las ciencias del espíritu, no por su método ni por su objeto, sino por su contenido. Los hechos espirituales, según él, no nos son dados como los procesos naturales a través de un andamiaje conceptual, sino de un modo real, inmediato y completo. Las ciencias del espíritu –a las que pertenece la filosofía, que es historia– son noseológicamente anteriores a las de la naturaleza, a las cuales, por otro lado, abarcan, pues toda la ciencia es también un producto histórico. Dilthey se ha opuesto con frecuencia a la metafísica en tanto ha pretendido ser un saber riguroso del mundo y de la vida; pero ello no significa negar el hecho de la necesidad de la metafísica sentida constantemente por el hombre que, para él, es histórico. La influencia de Dilthey se hace sentir en varias tendencias filosóficas, especialmente en la filosofía de la vida y en la filosofía del espíritu; también se nota esta influencia en la filosofía de Heidegger. Sus principales obras son: *Introducción a las ciencias del espíritu; Ideas sobre una sicología descriptiva y analítica; La juventud de Hegel; La estructura del mundo histórico en las ciencias del espíritu.*

DIMATIS Palabra nemotécnica usada por los escolásticos para designar uno de los modos válidos de los silogismos de la cuarta figura, y que corresponde a la siguiente ley de la lógica cuantificacional elemental :

$((\exists x) (Hx . Gx) . (x) (Gx \supset Fx)) \supset (x) (Fx . Hx).$

Usando las letras S, P y M de la lógica tradicional, puede expresarse mediante el siguiente esquema:

$(PiM . MaS) \supset SiP$

DINAMISMO Fuerza, potencia activa. En filosofía designa la teoría que reduce la realidad a agrupaciones de elementos simples, cuya esencia es la fuerza, y que explica la diversidad del mundo por medio de las leyes de la fuerza y la actividad. Los escolásticos, inspirados en Aristóteles, aceptan un dinamismo de forma, como la potencialidad que dota a lo estático de apetito y actividad para cumplir una finalidad; en este mismo sentido se ha tomado el dinamismo en moral. Maréchal aplica el dinamismo al conocimiento (dinamismo noseológico) para explicar que sólo es posible relacionar nuestras representaciones con los objetos por el carácter dinámico de la facultad de conocer. Leibniz opone a la física de Descartes una teoría basada en el predominio del ímpetu sobre la extensión, al afirmar que unidades inextensas de fuerza ocupan el espacio dinámicamente y que, individualmente y de por sí, acotan una esfera del espacio vacío (*mónada*); es un dinamismo cosmológico. Para Kant y Schelling, esas unidades inextensas llenan el espacio vacío por atracción y repulsión mutuas. Bergson, para quien mientras más se desliga el ser de la materia, se vuelve más activo, dice que la realidad es, pues, una corriente «continua y única de actividad libre y de *evolución creadora*, producida y guiada por el impulso vital (*élan vital*), que lo penetra todo y sustituye las causas eficientes y finales.

DIÓGENES DE APOLONIA (siglo V a. de C.). Filósofo griego nacido en Apolonia (Creta). Fue discípulo de Anaxímenes. Admitía el aire como elemento principal y constitutivo de todas las cosas, principio que estaba dotado de las cualidades del *noûs* de Anaxágoras, el cual es infinito, eterno, inmutable, omnipotente, omnisciente y ordenador de las cosas con una belleza perfecta. Aristóteles cita de él una descripción de las venas, testimonio de sus investigaciones anatómicas. Es autor de un libro titulado *Sobre la naturaleza*, del cual se conservan fragmentos.

DIÓGENES EL CÍNICO (413 - 327 a. de C.). Filósofo griego nacido en Sinope. Fue discípulo de Antístenes y considerado en la antigüedad como el tipo perfecto del cínico, en el cual se mezclan la imprudencia, el desprecio a las convenciones y un cierto egoísmo, con el temple moral intachable, la parquedad y la constancia. Dió-

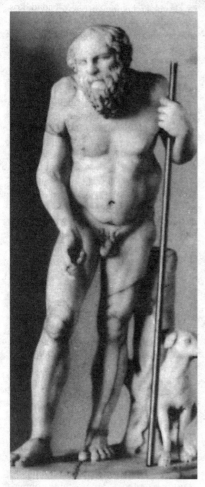

Diógenes el Cínico

genes de Sinope combatía la falsa vanidad y el fasto de Platón y su teoría de las ideas, a la cual oponía lo individual y lo concreto; y contra los sofismas puestos en circulación, sobre todo por los megáricos, oponía la irrebatible realidad visible y tangible. Menospreciaba las ciencias que, como la geometría o la música, no conducen a la verdadera felicidad, a la autosuficiencia, al vivir de acuerdo con la naturaleza sin la complicada convención social, propios del verdadero sabio. Diógenes caminaba descalzo durante todas las estaciones del año, dormía en los pórticos de los templos envuelto en su única capa y tenía por habitación un tonel. Sus obras se han perdido.

DIÓGENES LAERCIO No se conocen con exactitud las fechas de su nacimiento y su muerte. Su única obra conocida, *Vida y opiniones de los filósofos,* parece haber sido escrita hacia el 225-250 d. de C. Esta obra se constituye en una de las más grandes fuentes doxográficas para el estudio de la filosofía antigua; consta de diez libros divididos en capítulos, los cuales están dedicados a filósofos.

DIONISÍACO Término derivado del dios griego Dionysos, retomado e interpretado por Nietzsche en su filosofía. Corresponde a una de las partes de la dualidad apolíneo-dionisíaco, en la que los términos son opuestos; vale aclarar que apolíneo es una palabra derivada del también dios griego Apolo. En esta duplicidad trata de alcanzar y valorar, por vía intuitiva, el desarrollo del arte (así como la humanidad depende de la dualidad de los sexos) y expresa la realidad de la oposición entre el arte escultórico (apolíneo) y el arte musical (dionisíaco). Según Nietzsche, esta oposición es la que da la dinámica al arte; como ejemplo no duda en afirmar que «si la más antigua tragedia griega sucumbió, con Eurípides –cuya tendencia antidionisíaca, al pretender fundar el drama sólo sobre lo apolíneo, se extravió en una dirección naturalista y antiartística– el agente homicida fue el socratismo estético, cuya ley suprema reza que *todo tiene que ser comprensible para ser bello*». **V. Nietzsche, apolíneo.**

DIONISO (Dionysos, Dionisios) Dios de la mitología griega, hijo de Zeus y

Altar de Dioniso. (Pintura de un vaso griego del siglo V)

Semele, uno de los dioses que huyeron a Egipto cuando Tifón atacó el cielo; en el desierto se transformó en macho cabrío. Es el dios del vino, que enseña a los hombres a conocer la ebriedad sagrada; su culto fue introducido tardíamente, tras la formación de los grandes mitos canónicos, y aceptado entre los dioses como huésped de honor. En el *Himno homérico a Dioniso* es descrito cómo sigue: «(...) el ruidoso Dioniso de cabellos ceñidos de hiedra (...) criado en un antro oloroso (...) no dejó de recorrer los valles boscosos (...) las ninfas le seguían, y un rumor poseía al inmenso bosque». Su nombre significa *dos veces nacido*, debido a que su madre, al mirar de frente a Zeus, quedó fulminada; pero Zeus extrajo al niño del vientre y lo incrustó en su muslo, de donde luego nació de nuevo. Introdujo las bacanales en Tebas; éstas eran fiestas en que el pueblo, y en especial las mujeres, era invadido por un delirio místico: las gentes corrían por las montañas en una explosión de sensualidad que se calificaba de indecente. Después de ir a Argos, pasó a Naxos, donde descendió a los infiernos para buscar a Semele, su madre; Hades se la devolvió y fue acogida en el cielo, donde lleva el nombre de Tione. En esa isla (Naxos) recogió a Ariadna, quien había sido abandonada por Teseo, y la hizo su compañera. Dioniso es el dios de los huertos, del éxtasis sagrado y, también, de la danza. La tragedia fue el gradual desarrollo de la práctica del culto a Dioniso, ingenua, sencilla y sin pretensiones de éxito artístico; en su esencia se asociaban los cantos religiosos con el sacrificio sangriento del chivo y con la alegoría de los celebrantes disfrazados de macho cabrío. Las sagradas orgías dionisíacas encierran un culto singular de la naturaleza en que se venera y diviniza en sí misma toda manifestación de ella, al celebrar los misterios de la fecundidad y reproducción humana. En Corinto y Megara, ciudades dóricas, se tributaba especial adoración a Dioniso. Nietzsche retoma el mito de Dioniso en su distinción entre lo apolíneo y lo dionisíaco. **V. apolíneo, dionisíaco, Nietzsche.**

DIOS De Dios existen principalmente tres ideas: la teológica o religiosa, la filosófica y la vulgar. La primera destaca el carácter trascendente de Dios y su independencia con respecto al hombre; Dios es el ser supremo. Esta tendencia no admite cuestionamiento alguno acerca de ese ser y subraya el valor de la fe como instrumento moral de beatitud. La filosófica destaca a Dios como esencia primera de las existencias, es causa primera y finalidad suprema. Desde el punto de vista vulgar, «Dios está en todas partes»; por tanto, su existencia se da en la vida corriente. Tradicionalmente ha existido una pugna entre las concepciones de Dios desde el punto de vista religioso o dogmático y el filosófico o racional. En torno a su naturaleza también han existido pugnas: Dios y lo divino son una y la misma cosa; lo divino es una cualidad de Dios. El transfondo de las discusiones es el de si son compatibles la libertad humana y la omnipotencia de Dios, es decir, si ésta suprime a aquella, o si la libertad humana es confirmada por la omnipotencia de Dios. Algunas sentencias que explican la naturaleza de Dios son: «La esencia de Dios es la reunión de todas las perfecciones divinas»; «la naturaleza divina está constituida por el más alto grado de intelectualidad»; «Dios es omnisciente, incorporal, simple, infinitud, verdad, bondad y amor supremos». A lo largo de la historia de la filosofía se ha dilucidado acerca de la existencia de Dios y la prueba de la misma: prueba ontológica de la existencia de Dios prueba *a posteriori,* la cual se basa en una serie de argumentos *a posteriori* (no necesariamente es empírica), reposa en un riguroso análisis del lenguaje usado en la argumentación de la demostración; santo Tomás defendió esta prueba; prueba *a priori* defendida por Duns Escoto igualmente, su validez, reposa en un riguroso análisis del lenguaje con el ánimo de evitar intromisiones de falacias y términos de carácter empírico.

DIOS (muerte de) Nietzsche, en su obra *Así habló Zaratustra*, anuncia la muerte de Dios, como una expresión de su ateísmo radical, que considera como una ficción o invención la tan mencionada *conciencia de Dios* en la humanidad. En su firme combate contra el teísmo, exige permanecer fiel a la tierra, pues sostener la existencia de Dios es, para él, moralmente imposible. También, en la obra citada, hace una crítica de la moral cristiana, moral que es preciso superar. Esta tesis está envuelta en el hermoso ropaje de la alegoría, cuando le pregunta a un monje que se encuentra en el desierto qué hace y éste le contesta: «Con cantos, llantos, risas y murmullos alabo a Dios». Al quedar a solas, Zaratustra le dice a su corazón: «Este viejo santo no se ha enterado aún absolutamente de que *Dios ha muerto*». También en su obra *La gaya ciencia* dice: «¿No oímos aún el ruido de los sepultureros que entierran a Dios? ¿Nada sentimos todavía de la descomposición divina? ¡También los dioses se pudren! ¡Dios ha muerto y queda muerto! y somos nosotros quienes lo hemos matado!». Y más adelante agrega: «¿Quién borrará esta sangre de nosotros? (...) De hecho, nosotros filósofos y espíritus libres al saber que el *antiguo Dios* ha muerto, nos sentimos iluminados por una nueva aurora; nuestro corazón desborda de agradecimiento, asombro, presentimiento, expectativa; por fin el horizonte se nos presenta de nuevo libre». Evidentemente, Nietzsche se refiere al Dios cristiano, cuya muerte significa el derrumbe de la moral europea y de la concepción general de la vida en el mundo occidental, que con base en el platonismo fue erigido como *verdadero mundo*; es la liberación del hombre, porque el derrumbamiento de que hablamos implica la salida victoriosa después de un largo período de alienación. Además, Dios deja de ser un problema filosófico, sin trabas de origen teológico y dogmático. **V. Nietzsche.**

DISAMIS Palabra nemotécnica usada por los escolásticos para designar uno de los modos válidos de los silogismos de la tercera figura, y que corresponde a la siguiente ley de la lógica cuantificacional elemental:

$((\exists x)(Gx . Hx) . (x)(Gx \supset Fx)) \supset (\exists x)(Fx . Hx)$.

Usando las letras S, P y M de la lógica tradicional, puede expresarse mediante el siguiente esquema:

$(MiP . MaS) \supset SiP$.

DISCONTINUO Que está constituido por elementos originariamente exteriores unos con otros. La naturaleza material es discontinua. Su carácter discontinuo se manifiesta de múltiples maneras, ante todo en el hecho de que la naturaleza se compone de cuerpos aislados, cualitativamente determinados: galaxias (nebulosas), estrellas, sistemas planetarios, planetas, diferentes cuerpos sobre los planetas, moléculas, átomos, electrones, etc. La irradiación de la luz es discontinua; la luz es irradiada y absorbida por porciones separadas de energía, los cuantos o fotones. Pero, al mismo tiempo, la naturaleza es continua. Todos los cuerpos constituyen un todo; los átomos forman moléculas, éstas se reúnen en cuerpos enteros; ocurre lo mismo con la luz, que es discontinua y continua a la vez; es irradiada y absorbida por fotones, pero se esparce por ondas. Los electrones y las otras partículas elementales tienen una naturaleza doble: corpuscular y ondulatoria. De igual modo, el movimiento, el tiempo y el espacio son simultáneamente discontinuos y continuos. **V. continuo.**

DISCRETO Discontinuo, que presenta separaciones entre sus partes. En filosofía, el atomismo es un concepto que tiene en cuenta no sólo la divisibilidad, sino también la discreción de la materia, pues al estar integrada por corpúsculos (átomos), necesariamente éstos tienen que estar separados unos de otros en el sentido de tener un límite que los defina e individualice con respecto a los demás. A la vez, la discreción de la materia permite que, según las características diversas propias de los átomos, puedan diferenciarse las características de cada clase de sustancia que integran. **V. atomismo.**

DISCURSIVO En forma de discurso. Que expresa un razonamiento completo. En lógica es aquello que procede por razonamientos, de premisas a conclusiones, como en el silogismo. **V. discurso.**

DISCURSO En la semiótica contemporánea, discurso designa a los signos que se pueden usar con diversos propósitos, ya que ellos tienen diversos modos de significación. Según esos modos de significación, los discursos han sido clasificados por varios autores y pueden ser, por ejemplo, discursos emotivos si expresan sentimientos y actitudes; simbólicos o referenciales; reversibles, irreversibles (Piaget); científicos, líricos (Servien), etc. Sin embargo, no es nuevo el uso del término discurso, aunque ha sido utilizado en diversos sentidos. Por ejemplo, en la filosofía griega y medieval es lo opuesto a la intuición, pues el proceso discursivo equivale al pensar, etapa superior al pensar intuitivo, uso que todavía se da al término. Aristóteles también usó este término, pero para designar la serie de fonemas o sonidos vocales que tienen una significación convencional, los cuales, tomados separadamente, sólo son dicciones, pero no afirman ni niegan: sólo enuncian. Los escolásticos dividieron el discurso en *perfecto* (que completa la sentencia) e *imperfecto* (que no la completa). Considerado como método de conocimiento, el discurso permite encontrar verdades desconocidas por medio de las conocidas. Es una acto de la razón que consiste en inducir o deducir un juicio llamado proposición consecuente, de otro que se llama antecedente.

DISCURSO DEL MÉTODO (*Discours de la Methode*). Obra de René Descartes escrita en francés en 1637, para que todo el mundo la leyera. El autor establece allí el derecho, para todo pensamiento que sepa conducirse convenientemente, de construir la ciencia a partir de principios, educando el *buen sentido*, que está igualmente en todos; rechaza, por consiguiente, cualquier autoridad. La primera exigencia de su método será dudar hasta cuando, por una certeza, se pueda salir de esa duda; las tres restantes están destinadas a conducir la razón correctamente. Ahora bien, como el arte de razonar se encuentra en la lógica y, también en las matemáticas, recurre a este procedimiento y expresa las tres reglas del método como sigue: «*Regla del análisis:* dividir cada una de las dificultades que examine en tantas partes como se requiera para resolverlas mejor. *Regla de la síntesis:* guiar mis pensamientos por orden, comenzando por los temas más sencillos y más fáciles de conocer; para ascender poco a poco como por grados hasta el conocimiento de los más complejos. *Regla de la enumeración:* hacer siempre enumeraciones tan completas y revisiones tan generales, que esté seguro de no omitir nada». Las limitaciones de la metodología de Descartes, en su aplicación a las ciencias de la naturaleza, se manifiestan en la comparación con las aportaciones de Galileo. **V. Galilei.**

DISOCIACIÓN Separación absoluta de los términos de una proposición, evitando que se coimpliquen o se relacionen de cualquier forma. La disociación es una de las formas del conocimiento individual de los factores o partes de un todo.

DISPOSICIÓN, DISPOSICIONAL En general, es la aptitud o capacidad para hacer o experimentar algo (potencia subjetiva). Tiene un sentido similar a algunos significados de los vocablos potencia, posibilidad, fuerza, etc. Es frecuente considerarlo como un predicado de realidades, por ejemplo, cuando decimos de algo que es rompible, irrompible, soluble, insoluble, etc. Para los filósofos contemporáneos, los términos disposicionales designan simplemente ciertas cualidades inherentes a un objeto, aunque no necesariamente manifestadas; pero como semejante cualidad parece ser una cualidad oculta, varios filósofos han propuesto sustituir los términos disposicionales por proposiciones contrafácticas; así, decir que un objeto es frágil equivale, según estos filósofos, a decir que, si se dieran las condiciones adecuadas, el objeto se rompería; entonces, los términos disposicionales pueden eliminarse del lenguaje. Filósofos como Quine han indicado que no hay diferencia entre una propiedad que se manifiesta efectivamente y una que se supone podría manifestarse, porque ambos tipos de propiedad son de la misma clase; otros, como Popper, sostienen que no es necesario usar términos de cierto tipo, como flexible, rompible, soluble, los cuales, por su terminación en *ible* (en español) son calificados como disposicionales. No hay disposiciones; los términos con que se expresan los términos disposicionales son traducibles a expresiones en las que no intervienen tales términos. Las disposiciones son propiedades reales de los objetos, con lo cual no se quiere decir que se adopta una actitud realista respecto a las disposiciones, porque la afirmación de referencia puede expresarse en varios lenguajes, incluso en un lenguaje nominalista. Se pueden distinguir entre propiedades y disposiciones, a lo que hay entre términos no disposicionales y términos disposicionales. Las disposiciones son, de alguna manera, extensiones de propiedades reales, pudiéndose decir entonces de distintos grados de realidad y de distintos grados de disposicionabilidad.

DISTRIBUTIVO V. tautología.

DISYUNCIÓN, DISYUNTIVO Acción y efecto de separar y desunir. En lógica es un sistema de dos proposiciones tales que la verdad de una implica la falsedad de la otra; es también la relación existente entre dos proposiciones, designada por la conectiva binaria "∨". Las proposiciones disyuntivas están formadas por dos o más miembros, de los cuales, en la disyunción exclusiva, se afirma que uno de ellos es necesariamente verdadero y los demás son falsos; estos miembros no pueden ser todos verdaderos ni todos falsos a la vez, sino que uno y sólo uno de ellos es necesariamente verdadero. En la disyunción inclusiva se afirma que por lo menos uno de los miembros es verdadero; estos miembros pueden ser todos verdaderos, pero no todos falsos. La disyunción exclusiva se designa en castellano por la doble o (o...o). En retórica, la disyunción es la figura en que cada oración es independiente de las que le anteceden o de las que le siguen. **V. tablas de verdad.**

DIVIDIR Acción de desarticular un todo en sus partes. **V. división.**

DIVISIÓN Desarticulación de un todo en sus partes. En filosofía, se refiere a la extensión de un concepto universal o de una *clase* como totalidad de los objetos que realizan un concepto. Cuando las totalidades o clases parciales igualan a los de la clase total, concluye la posibilidad de la división. La *clase nula* (clase cero) se da cuando no hay objetos que realicen un determinado concepto. Para que haya división y no descomposición, es necesario que el contenido conceptual convenga a todos los miembros. La división necesariamente debe ser exhaustiva, es decir, que agote los objetos enumerados en las clases parciales; ninguno de los objetos puede pertenecer a más de una clase parcial (exclusión); y debe ser ordenada de manera que no pueda cambiarse el fundamento antes de terminar la división de una clase; el cumplimiento de este último requerimiento origina la clasificación. En lógica es la operación por la cual se enumeran las especies contenidas en un género. Dentro de las tesis marxistas, en un sistema único de producción social se lleva a cabo un proceso de separación de las distintas especies de trabajo, las cuales se condicionan recíprocamente; sus formas y carácter se determinan por el desarrollo de las fuerzas productivas. La división del trabajo incrementa el ulterior incremento de la productividad y perfecciona las relaciones de producción.

DOBLE NEGACIÓN Concepto de gran importancia en lógica y en filosofía. En lógica formal significa que la proposición o el contenido doblemente negado tiene el mismo valor de verdad que la proposición o el contenido no negado. La negación de la negación, o doble negación, en dialéctica se entiende en el sentido de que se alcanza algo nuevo, superior y más amplio y equivale a la *supresión transformadora*. En lógica sentencial, la doble negación se escribe poniendo un signo ∼ yuxtapuesto a otro signo ∼, para formular la doble negación como sigue: $p \equiv \sim\sim p'$. En términos del lenguaje común, podemos ejemplificar la negación de la negación o doble negación como sigue: Si yo digo «*no* vino *nadie*», utilizo dos negaciones, a saber: *no, nadie*. Esto significa que vino *alguien*. Para significar lo contrario, debo suprimir una de las negaciones; por ejemplo, al decir: «*Nadie vino*», o también, *no vino alguien*, o «*no vino persona alguna*». **V. tablas de verdad.**

DOBLE VERDAD Concepto que designa la tesis según la cual las verdades filosóficas y teológicas deben considerarse en forma independiente entre sí. Este concepto nació en la Edad Media. Averroes formuló la tesis de que existen verdades filosóficas que no se pueden aplicar en teología y viceversa, es decir, que una misma proposición puede ser verdadera en teología y falsa en filosofía, o a la inversa, teoría que asimilaron y desarrollaron sus seguidores. Pero fueron Duns Escoto y Guillermo de Occam quienes hicieron gran énfasis en el concepto, de tal forma que influyó notablemente en el Renacimiento, especialmente en Pietro Pomponazzi. **V. Duns Escoto, Occam.**

DOCTRINA Conjunto de las tesis que constituyen el fundamento teórico de un grupo creyente y/o practicante, sea éste de carácter filosófico, político, religioso o de cualquiera otra índole.

DOGMA Conjunto de proposiciones ligadas a un determinado sistema idelógico, que equivale a principio, axioma o conclusión. En religión, contrariamente a lo que sucede en filosofía, los dogmas son considerados como verdades irrefutables, aunque santo Tomás distingue entre dogmas verdaderos y no verdaderos; estos últimos denominados por él *dogma perversum*. En filosofía, dogma significó opinión sobre algo referido a los principios (fundado en principios). **V. dogmatismo.**

DOGMATISMO Sujeción sin crítica a un dogma. El dogmatismo es un concepto opuesto al escepticismo. En filosofía, el vocablo dogma significó opinión filosófica referida a los principios. Por tanto, el término *dogmático* significó fundado en principios. Los filósofos que insistían demasiado en los principios sin atender a los hechos o a los argumentos, y no dedicaban su actividad a la observación sino a la afirmación, eran llamados filósofos dogmáticos a diferencia de los examinadores o escépticos. Kant rechaza que se pueda establecer lo que se llama una metafísica dogmática y propone a cambio de ello una crítica de la razón, pues no comprende que la filosofía pretenda avanzar sin crítica del conocimiento; por eso, usa el vocablo dogmatismo en el sentido peyorativo con que ha llegado hasta nosotros. En la teoría del conocimiento, el dogmatismo se entiende, por un lado, como la posición propia del realismo ingenuo, que admite la posibilidad de conocer las cosas en su ser verdadero y la efectividad de este conocimiento en el trato ideario y directo con las cosas; por otro, como la confianza absoluta en la razón como único órgano del conocimiento; por último, como la completa sumisión a unos principios o a la autoridad que los revela o los impone, sin la mediación del examen personal. En filosofía, el dogmatismo se entiende como una actitud que se adopta ante el problema de la posibilidad del conocimiento y comprende, por tanto, las dos primeras acepciones.

DOMINIO Área del conocimiento o parte de la misma donde se puede o se debe aplicar un principio. En matemáticas, se llama *dominio de una variable* al conjunto de números en el que puede variar x (dominio de x), sabiendo que una variable es un símbolo, tal como x, que puede tomar cualquier valor perteneciente a cierto conjunto de números; también en matemáticas se llama *dominio de la función* al conjunto de todos los posibles valores de la variable independiente; y el *dominio de existencia de una curva*, en geometría analítica plana, se obtiene al determinar los puntos (x,y), cuyas coordenadas satisfacen a la ecuación dada, siendo necesario que los números x y y sean ambos reales. El *dominio de existencia de la curva* puede quedar limitado a veces por el hecho de que los números negativos carecen de raíces reales de índice par.

DOXA (del griego *doxa*=opinión). Parménides fue el primer filósofo en usar este término para designar la opinión común o apariencia (el camino del no ser) en contraposición a la verdad (camino del ser). Igualmente la usó Platón con la misma intención. En la filosofía moderna, la palabra *doxa* fue remplazada (en casi todo su sentido) por la palabra imaginación, la cual se contraponía a razón como *doxa* a verdad. Husserl usa también el término pero no en el sentido de Parménides y Platón. Para este filósofo, la *doxa* tiene un sustrato racional, se funda en una *doxa* originaria (*urdoxa*) fundadora de toda creencia. En epistemología y lógica de la creencia se usan los términos «dóxico» y «doxástico» para el análisis de proposiciones de creencia; por ejemplo. «*A* cree que *P*».

DOXA - EPISTEME Platón, distingue entre el mundo sensible (de las cosas) y el mundo inteligible (de las ideas). Divide cada una de estas dos regiones en dos partes que señalan dos grados de realidad dentro de cada mundo; y a cada una de las cuatro formas que resultan les asigna una vía de conocimiento. Las dos que pertenecen al mundo sensible constituyen la opinión o *doxa*; esta opinión o *doxa*, se opone al saber o *episteme*. El proceso del conocimiento atraviesa los dos campos: el de la *doxa* y el de la *episteme*. La ciencia, el saber demostrativo, se llama en griego *episteme*, y es la ciencia verdadera que busca Aristóteles; ese grado supremo de ciencia se encuentra en el momento cuando se unen la intuición que está en el *noûs* y la *epistéme*.

DOXÓGRAFOS En el estudio de la filosiofía griega, las fuentes son en el mayor número de casos los doxógrafos. El término significa «compiladores de información, sentencias y doctrinas». Uno de los más importantes doxógrafos es Hermann Diels, quien elaboró la primera y más importante clasificación de material doxográfico. El doxógrafo está en capacidad de confirmar la originalidad o no de un determinado fragmento antiguo, así como de sugerir el posible autor del mismo. En la antigüedad, Diógenes Laercio elaboró una completa compilación doxográfica de los filósofos de su tiempo que aún hoy es muy tomada en cuenta.

DUALIDAD Carácter doble, cuando algo es dos cosas diferentes a la vez. Un ejemplo claro de este atributo es la dualidad cuerpo - alma, sin que ninguna de las dos esencias se contradiga o interfiera con la otra.

DUALISMO Tendencia filosófica, llamada también teoría de la dualidad, que admite como principio del ser no una sino dos sustancias diferentes, una material y otra espiritual, que se excluyen mutuamente y luchan entre sí; establece los contrastes esenciales que existen en la realidad, entre el ser contingente y el ser absoluto (mundo y Dios); y en el mundo o lo contingente, el contraste entre conocer y ser, materia y espíritu, ser y acción, etc. El vocablo *dualismo* fue empleado primero por Thomas Hyde en 1700, para designar el dualismo de Ormuz y Ahrimán, narrada en su *Historia de las religiones antiguas de Persia*. También existe un dualismo metafísico en diversas concepciones, tales como la del maniqueísmo en el cual, frente al principio bueno, existe un ser malo independiente; el de sentido e intelecto, de Platón y el de forma y materia, de Aristóteles. Sin embargo, es con Wolf que aparece un significado filosófico del vocablo, al utilizar *dualismo* como algo contrario a *monismo*. Para Wolf, son dualistas quienes afirman la existencia de dos sustancias: la material y la espiritual, a diferencia de los monistas, quienes no admiten sino una. Kant, sin embargo, llamó dualistas a los que admitían que sólo un pequeño número de elegidos se salvan, contrariamente a lo que predicaban los unitarios. Descartes consideraba que el fundamento del ser está constituido por dos principios independientes entre sí, dos sustancias, una material y otra espiritual. La posterior generalización del término ha hecho que *dualismo* signifique, en general, toda contraposición de dos tendencias irreconciliables entre sí. Desde esta perspectiva se pueden considerar entonces como dualistas doctrinas filosóficas como la pitagórica, pues opone lo perfecto a lo imperfecto, lo limitado a lo ilimitado, etc., haciendo de estas oposiciones los principios de la formación de las cosas. La contraposición del dualismo con el monismo parece ser absoluta.

DUDA Tendencia espontánea de la razón, que oscila entre la aceptación y la no aceptación de una entre varias proposiciones o tesis, entre las cuales la mente se siente fluctuar, yendo de una a otra sin detenerse. Implica la suspensión voluntaria y transitoria del juicio y significa indecisión respecto a las creencias, muy frecuente entre los escépticos griegos y los renacentistas, y en quienes, sin pretender llevar a cabo ninguna filosofía, se niegan a vincularse a cualquier creencia firme y específica, y consideran que no hay ninguna proposición cuya validez pueda ser probada suficientemente para dar lugar a una convicción completa. Se ha llegado a decir que es el método filosófico por excelencia, puesto que la filosofía consiste en poner en claro todo tipo de supuestos, lo cual no puede hacerse sin someterlos a la duda. Pero la duda como método sólo ha sido adoptada explícitamente por san Agustín y por Descartes: el primero, con su proposición *Si fallor, sum* en la que parece indudable la existencia del sujeto que yerra; el segundo, con la proposición *cogito, ergo sum*, con la que queda asegurada la existencia del yo dubitante. En ellos, la duda es un punto de partida, puesto que la evidencia del yo surge del mismo acto de dudar. La duda como método es, ante todo, una actitud intelectual. Los escépticos radicales manifiestan que no hay salida posible de la duda, siendo la duda, en esta tendencia, una duda negativa. Los metódicos dicen que esta salida está en la propia entraña de la duda, pues se puede dudar de todo, menos de que se duda que se duda, siendo la duda, en este caso, una duda positiva. Por el contrario, las filosofías activistas declaran que la única manera de vencer la duda es con la acción, pues la duda aparece solamente cuando permanecemos en el plano intelectual, ya que en el plano vital las decisiones son inevitables, de modo que sólo se da en forma transitoria el estado de fluctuación e irresolución que caracteriza la duda. **V. Descartes, discurso del método.**

Juan Duns Escoto

DUNS ESCOTO, Juan (1266-1308). Filósofo escocés. Ingresó en el convento franciscano de Dumfries en 1277; en 1281 tomó los hábitos. Estudió en Oxford, en Cambridge y en París. Su aristotelismo, dominante en París en esa época, tiene un estilo determinado por su actitud ante el problema de las relaciones entre la revelación y la razón. Con respecto a la doctrina del conocimiento, rechazó el iluminismo y reconoció, como Aristóteles, la capacidad de la mente humana de elevarse por sus propias fuerzas a descubrir la verdad partiendo de la experiencia; influido por Avicena, sostuvo que el objeto propio del entendimiento humano es el ser en su universalidad, contrario a la analogía entre Dios y los seres finitos. Abrió paso nuevamente al nominalismo cuando admitió que el universal es una forma *a parte rei*. Sus discrepancias con santo Tomás, que despertaron una gran controversia con los dominicos, se manifiestan no sólo en la metafísica sino, sobre todo, en la sicología y en la ética, donde Duns Escoto es voluntarista, lo mismo que en teología, donde afirma que la principal facultad divina es la voluntad: las leyes de la naturaleza, así como las morales, dependen de la voluntad de Dios. Sus principales obras son: *Conclusiones utilissimae metaphysicae; Quaestiones in metaphysicam subtilissimae; Tractatus de rerum principio; De primo principio; De cognitione Dei; Quaestiones miscellanaes de formalitatibus; De perfectione statuum.*

E En mayúscula, letra utilizada en literatura lógica. Representa, simbólicamente, la proposición universal negativa. Por ejemplo: «Ningún perro es volador». Por medio de la letra E, algunos autores sustituyen el esquema «ningún *S es P*», en especial en la notación del llamado «cuadrado de los opuestos» o «cuadro de oposición», donde representa a la proposición universal negativa. V. cuadrado de los opuestos.

ECCEIDAD Término usado por Duns Escoto para designar el principio de individuación, es decir, lo que hace que un individuo sea ese y no otro; la ecceidad es *la última realidad de la cosa;* permite la determinación completa de lo singular sin recurrir a la existencia, siendo la condición necesaria para toda existencia posible.

ECKHART, Maestro (1258?-1327?). Filósofo alemán perteneciente a la orden dominica, nacido probablemente en Hochheim o en Gotha. Recibió el título de *magister* en teología sagrada, en la Universidad de Colonia, donde fue discípulo directo de Alberto Magno, y posteriormente fue provincial de su Orden en Sajonia y vicario en Bohemia; Eckhart es uno de los forjadores del lenguaje filosófico y teológico alemán. Su filosofía es una doctrina del desinterés por los bienes terrenales, virtud que considera superior al amor, pues conduce a que sólo interese Dios: *«El amor me obliga a sufrir por amor de Dios, en tanto que el desinterés me hace sensible únicamente a Dios»,* escribió. Su teología es, por tanto, negativa y está basada en la tradición neoplatónica y en la del seudo Dionisio. En su mística, Dios es *más que ser,* en quien el *esse* o hecho de ser es perfecta y completa unidad: unidad del *intelligere* o logos, palabra. Como nada hay fuera de la perfecta unidad, nada hay fuera de Dios, afirmación que lleva implícita una concepción panteísta; pero, por otro lado, predica la separación de Dios en relación con lo creado y las criaturas. Sus principales obras son: *El libro de la divina confortación; Discursos de instrucción; diversas Quaestiones; Opus tripartitum; Sermones.*

ECLECTICISMO Tendencia que procura seleccionar y conciliar los mejores aspectos de diversas tesis. El eclecticismo puede existir en cualquier forma de pensamiento, sea éste científico o no. Los más importantes filósofos eclécticos fueron Cicerón, Plutarco y Filón de Alejandría y, en general, los del período helenístico-romano, aunque en la obra de Diógenes Laercio encontramos, como antecedente, una referencia al filósofo Potamón de Alejandría, quien eligió lo mejor de cada escuela para desarrollar su propia teoría. En el siglo XVIII, al parecer inspirada por la secta platónica, surgió la llamada *secta ecléctica,* que aceptaba todo aquello que fuera lo más *apropiado a la verdad*. En general, toda nueva tesis tiene algo de ecléctico, puesto que no surge de la nada, sino que, por el contrario, se basa en tesis anteriores, las cuales son adaptadas o modificadas, *adecuadas* a una nueva interpretación con el fin de acercarse más a la verdad. En el período moderno, fueron evidentemente eclécticos, por ejemplo, los newtonianos, los leibnizianos, etc.; también Francis Bacon revivió las tesis de la secta ecléctica, igual que Descartes, Leibniz y muchos otros. **V. Cousin.**

ECO, Umberto (1932). Lingüista, semiólogo y escritor italiano, nacido en el Piamonte; investigador de los medios de comunicación de masas y profesor de semiótica en la Universidad de Bolonia; fue uno de los cuatro consejeros que fundaron la Universidad de San Marino y es asesor del proyecto *Erasmo* en la Universidad de Bolonia. Ha recibido títulos *honoris causa* de seis universidades en todo el mundo. Establece la diferencia entre el ocultista, que trata de decodificar los signos, según él, en *una dirección equivocada*, y el semiólogo racionalista: califica el ocultismo como un cáncer intelectual de interpretaciones incontroladas. Su obra *El signo de los tres* es la compilación de sus más recientes ensayos de semiótica. Es un medievalista profundo; para él, la nueva Edad Media ha comenzado ya, debido a la distorsión de las sociedades occidentales industrializadas y a la progresiva disolución del ser liberal. Su obra hace gala de una gran erudición y de impecables estructura lógica, rigor teórico y escritura. Se encuentran en ella el saber apologético y la alegoría filosófica, y trabaja con signos que presenta al lector para su desciframiento. Según sus palabras, *El nombre de la rosa* es una enciclopedia de la mejor Edad Media y *El péndulo de Foucault* una del peor siglo XX. Sus principales obras son: *La nueva Edad Media; El péndulo de Foucault; El nombre de la rosa; El signo de los tres.*

ECONOMÍA DEL PENSAR (principio de) Concepto metodológico del conocimiento, de carácter general, dirigido a los procesos naturales y, en particular, a los procesos mecánicos, el cual establece que, dados dos métodos o formas de pensamiento que permitan analizar, describir, demostrar, etc., debe elegirse aquel que requiera la utilización de una menor cantidad de medios conceptuales. Ese concepto puede ser aplicado a todos los sistemas, sean estos ideales, como la matemática o la lógica, o reales, como la naturaleza. Casi todos los filósofos, como Avenarius, Russell y Mach, y un gran número de científicos, admiten esta regla, especialmente desde finales del siglo XIX. Avenarius utilizó la expresión *principio del menor gasto de energía*, para referirse al pensar y no a la realidad; para Husserl, el principio de economía del pensar tiene el carácter de un principio de evolución o de adaptación que se refiere a la concepción de la ciencia como una adaptación de los pensamientos a las distintas esferas de los fenómenos, adaptación lo más adecuada posible o la que más fuerza ahora.

ECONOMÍA POLÍTICA La economía política es la aplicación de las leyes de la ciencia económica al desarrollo del Estado. Esta denominación fue empleada desde 1615, introducida por el francés Antoine de Montchrestien (1575-1621) en un libro dedicado a Luis XIII y a la regente María de Médicis, para designar el estudio de los principios, actividades y hechos económicos relacionados con la gestión de los bienes públicos y privados, considerados en su totalidad y desde el punto de vista de una colectividad determinada. En la actualidad, esta idea ha evolucionado al ritmo del

Umberto Eco

desarrollo de la economía tomada como ciencia, que involucra otras disciplinas, tales como la matemática, la estadística, la sociología y muchas más que le son afines y necesarias. El primer filósofo en considerar la posibilidad de una sociedad totalmente planificada desde el punto de vista socioeconómico fue Platón, en su *Utopía*. En la Edad Media, varios teólogos y canonistas se preocuparon por establecer conceptos éticos aplicables al Estado, pero que incluían consideraciones económicas, basados en el adagio latino *suum cuique tribuere* (dar a cada uno lo que es suyo); no se puede hablar de economía política sino hasta la aparición del Estado como tal, y del interés por la captación de mercados más allá de sus fronteras, que les permita incrementar los diferentes tesoros nacionales. Karl Marx aplicó a la economía los métodos propios de la ciencia de su época (1818-1883). El socialismo científico cierra el gran ciclo de las grandes doctrinas económicas. **V. falansterio, marxismo, política.**

ECUACIÓN En matemática, igualdad que contiene una o más incógnitas. Su desarrollo consiste en hallar valores numéricos a cada una de esas incógnitas.

EDAD Se designa con el término edad, a la duración en el tiempo de una etapa en el desarrollo histórico de la humanidad, y a cada una de las diversas etapas por las que transcurre una ciencia o una disciplina en su desarrollo (ejemplo: Edad Media, Edad de Oro, Edad de Piedra). Los filósofos de la escuela pitagórica, en su doctrina sobre la transmigración de las almas o metempsícosis, realizan una especulación sobre los números que son, ante todo, medida del tiempo, y a la que llaman edades de las cosas.

EDUCACIÓN Conjunto de métodos y técnicas desarrollados para impartir, con unos fines determinados, conocimientos intelectuales a las personas. Ya en el Estado platónico, la educación era semejante para hombres y mujeres y determinaba la clase a la cual pertenecerían los individuos, según sus aptitudes y méritos; se alternaban los ejercicios físicos con las disciplinas intelectuales y el papel de cada ciudadano estaba rigurosamente fijado según su edad. Es necesario establecer la distinción entre la llamada filosofía de la educación, que estudia sus fines, y la pedagogía; estas dos disciplinas están estrechamente ligadas, ya que la primera establece los contenidos necesarios para cumplir los fines propuestos y la segunda los ejecuta impartiéndolos a los sujetos de la educación. La filosofía de la educación se vale de ciencias y técnicas auxiliares, como son la antropología, la sicología, la sociología, la historia, etc. La filosofía de la educación se basa en conceptos predeterminados de tipo político, religioso, ideológico, cultural, etc., en especial cuando se trata de establecer cuál es la facultad más fundamental que debe destacarse en el hombre y su importancia para el armonioso desarrollo de la comunidad; estas tendencias se han reflejado, por ejemplo, en filosofías de la educación intelectualistas, voluntaristas, emotivistas, individualistas, colectivistas, etc. Los más importantes filósofos de la educación son Pestalozzi, Kerschensteiner, Herbart y Dewey.

EDUCCIÓN Nombre dado por Francis Bacon a una de las reglas mediante cuya aplicación se pueden obtener las formas una vez que nos hayamos librado de los falsos ídolos; las formas, según él, no son esencias eternas e inmutables sino causas eficientes, objeto de la física. Actualmente se entiende por educción la constitución de axiomas con base en la experiencia que, junto con la otra regla, que es la derivación de nuevos experimentos basados en tales axiomas, permite obtener las formas. **V. Bacon.**

EFECTO Se denomina efecto a la consecuencia o resultado de la efectividad de una causa. El efecto es, así mismo, el objeto implícito de la causa. **V. causa, causalidad.**

EFICIENTE Término que designa aquello que produce realmente un efecto. Aristóteles clasificó las causas en cuatro tipos: eficiente, material, formal y final. La causa eficiente corresponde, dentro de esta clasificación, al principio de cambio. Los escépticos de tendencia empirista, como Filomeno de Gadara, destacaron el papel de la causa eficiente tal como la definió el estagirita; en cambio, los neoplatónicos Porfirio y Proclo prescindieron casi por completo de esta noción. El concepto de causa eficiente en el sentido de Aristóteles fue usado en el aristotelismo medieval. **V. causa.**

EGO, EGOLOGÍA En latín, el vocablo *ego* significa yo. El *yo*, ha sido visto de muy diversas maneras, tanto por la filosofía, como por la sicología. Egología es el estudio de ego o del *yo;* en la fenomenología de Husserl, la aproximación del *yo* puro a la unidad de la apercepción se ha convertido en una egología trascendental. **V. Husserl, yo.**

EGOCENTRISMO Término que designa la actitud individualista en que el hombre se considera como el centro del mundo circundante, sin haber para él otra prioridad diferente a la de su propio provecho y felicidad. Para el egocéntrico, todo el universo se debe a sí mismo y a nada más que a sí mismo. También puede interpretarse este término como la creencia acerca de que el hombre es el centro del universo, en términos genéricos, pero para esta definición es más propio utilizar el vocablo antropocentrismo. **V. antropocéntrico.**

EGOÍSMO En general, se llama egoísmo a la actitud que lleva al individuo a experimentar un amor excesivo a los objetos que le son propios, incluidos otros seres humanos, así como objetos materiales. En filosofía, ya Aristóteles hablaba del amor a sí mismo. Se llama egoísmo teórico a la teoría del conocimiento según la cual la base de todo conocimiento es el propio *yo* individual, el mí mismo (*solus ipse*). De esta locución latina se deriva el nombre de solipsismo dado a la doctrina que expone esta tesis. Estos vocablos (egoísmo y solipsismo) se empezaron a usar desde el siglo XVIII por varios autores, entre ellos Mendelsohn y Kant, en sentidos diferentes a los que comúnmente se utilizan, para significar que el fundamento de todo conocer y obrar se halla en el *yo*, y se diferenciaron en que el egoísmo es un yoísmo teórico, mientras el solipsismo es un yoísmo práctico. Kant distingue entre el egoísmo lógico, el egoísmo estético, el egoísmo moral y el egoísmo metafísico; esta última clase de egoísmo es lo que hoy llamamos solipsismo. La filosofía de Schopenhauer atiende a esta clasificación; también se pueden calificar como egoístas las doctrinas de Nietzsche y Stirner. Durante el siglo XIX se entendió el egoísmo como actitud, y el solipsismo como teoría del conocimiento. Para Hobbes, Spinoza y muchos otros filósofos, el hombre se mueve egoístamente, esto es, por sus propios intereses; la transformación de este egoísmo individual, que nos llevaría a la aniquilación como especie, debe ser remplazado por un egoísmo colectivo que haría posible la sociedad. Para Le Dantec, el egoísmo es un constitutivo natural del hombre que se esconde bajo las capas de la cultura y del progreso. Para Unamuno, el egoísta es quien defiende y exalta sus intereses, sus cosas, no a sí mismo, al *yo* que es.

EIDÉTICO Se dice de aquello que pertenece al *eidos*. Para Platón es el carácter propio de las esencias. Husserl opone este carácter a lo fáctico, como diferencia entre las esencias, sean ellas formales o materiales, y los hechos. La *reducción eidética* consiste en excluir las existencias para llegar a la intuición esencial, de lo cual se desprenden los *juicios eidéticos* y la *necesidad eidética*. El término eidético se usa también en sicología para designar la tendencia del individuo a convertir en imágenes los procesos mentales. **V. *eidos*.**

EIDOS En la filosofía griega, la primera alusión al *eidos o forma* se debe a Anaxágoras, quien la atribuye a la manera como se disponen o agrupan las homeomerías o diminutas partículas que constituyen los cuerpos. Este concepto se generalizó en la filosofía y evolucionó hasta llegar a designar el aspecto que ofrece una realidad vista en lo que la constituye como tal; nos da lo que es o el tipo de realidad a que pertenece una cosa dada. También es entendido como la idea de la realidad; entonces tiene un sentido doble: el de la realidad misma y el de su aprehensión inteligible o conceptual. Ha habido diversas interpretaciones del *eidos*; entre ellas, las más importantes son la platónica y la aristotélica. En la primera, el *eidos* es separable de los individuos que participan de él; y en la segunda, el *eidos* se encarna o realiza en los individuos.

EINSTEIN, Albert (1897-1955). Físico alemán, de origen hebreo, nacido en Ulm, aunque toda su infancia transcurrió en Munich. Su padre vivía de una pequeña empresa de fabricación de artefactos eléctricos. Estudió en el Instituto Federal de Tecnología de Zürich y se doctoró en la universidad de esa ciudad. Fue profesor de las universidades de Zürich, Praga y Berlín y director de física teórica del Kaiser Wilhelm Institut. Sus primeros descubrimientos en el campo de la física fueron publicados, cuando apenas tenía 26 años, en la revista *Annalen der Physik*. En Berlín, en 1916, dio a conocer la teoría general de la relatividad, que rompía con la mecánica de Newton y con la geometría euclidiana y que le dio un gran reconocimiento mundial. En 1921 recibió el premio Nobel de física, por sus trabajos de investigación cuyos resultados fueron básicos para el desarrollo de la física contemporánea; éstos son: *Teoría de la relatividad; Teoría de los fotones o cuantos de luz; Teoría del efecto fotoeléctrico*. Su más revolucionaria contribución fue la formulación de la nueva relación $E=mc^2$, que puede traducirse de la siguiente manera: la energía, medida en ergios, es igual al producto de la masa, medida en gramos, por el cuadrado de la velocidad de la luz, medida en centímetros por segundo. La importancia de Einstein para la filosofía es indudable, puesto que de sus descubrimientos resultó una nueva concepción del universo. Einstein manifestaba no creer en absoluto en la libertad humana, en el sentido filosófico, puesto que todos actuamos bajo presiones externas e internas, y consideraba absurdo *buscar el significado o el objeto de nuestra propia existencia o de la de todas las criaturas*. Sus principales obras científicas son: *Eine neue Bestimmung der Molekül-dimensionen; Geometría y experiencia; Jahrbuch der Radioaktivität; Entwrf einer verallgemeinerten Relativitätstheorie und eine Theorie der Gravitation; El significado de la relatividad; Los fundamentos de la geometría; La física: aventura del pensamiento; Zur Theorie der Brownschen Bewegung;* sus más conocidas obras no científicas son: *Cómo veo el mundo; Out of my later years*.

Albert Einstein

EJECUTIVO Término introducido por Austin para establecer una diferencia en el contenido de las expresiones con respecto a lo *constantativo (expresiones constantativas* son las que hacen constar algo determinado*)*, siendo las expresiones *ejecutivas* las usadas por quien *hace* o *ejecuta* algo al usarlas, en *vez de decir* meramente algo (las expresiones como «Lo conmino», «lo reto», «me comprometo»); estas expresiones deben formularse en presente indicativo y quien las formula debe estar autorizado para ejecutar lo que afirma en circunstancias convencionales. No es inherente a estas expresiones la condición de verdad, puesto que, en la realidad, pueden ser o no ser ciertas: según Austin, *felices* o *infelices*. Hay también expresiones ejecutivas impersonales, que son a la vez la ejecución de un acto de prohibición, como la frase *«se prohíbe fijar avisos»*.

EJEMPLAR Término que designa lo que sirve como paradigma o ejemplo. En la clasificación aristotélica de la causa, la llamada por él *causa formal*, equivale a lo que más tarde se denominó *causa ejemplar*, esto es, la causa que es la idea o el paradigma de lo causado (ejemplo: Dios creó al hombre a su imagen y semejanza; en este caso, Dios es la causa ejemplar del hombre). En algunas clasificaciones, la causa ejemplar aparece como una causa extrínseca. También este término se usa para referirse a un individuo de entre una especie, que sirve como ejemplo de los atributos propios y superiores de esa especie. **V. causa.**

EJEMPLARISMO Nombre que se da a la tendencia de la filosofía de san Agustín y san Buenaventura que no descarta la acción de las llamadas causas segundas que operan en la naturaleza y son a la vez de tipo eficiente y final. Estas causas son admitidas al lado de las causas primeras, pero su eficacia es considerada como limitada en virtud de cierta *insuficiencia* ontológica de la naturaleza. **V. causa.**

EJEMPLO Recurso utilizado para apoyar y clarificar una tesis o una proposición, generalmente tomado de nociones más próximas a la intelección del sujeto a quien están dirigidas, como situaciones, nombres u objetos pertenecientes a su entorno real. También se denomina ejemplo a aquello que sirve como modelo u objeto de comparación de un sujeto y que, generalmente, se utiliza con fines morales.

ELAN VITAL Término usado por el filósofo francés H. Bergson para designar la fuerza motriz de la evolución creadora de la humanidad. La realidad de la vida es algo dinámico, un impulso vital o *elan vital*. Este impulso determina una evolución en el tiempo, y esta evolución es creadora. El contacto bergsoniano con la vida tiene más un sentido biológico que biográfico e histórico: el impulso vital es la gran fuente de la vida que no se explica por el azar, sino por un empuje interno. La realidad se va haciendo en una continuidad viva, no se compone de elementos dados, y sólo después de consumada puede intentar el pensamiento componerla con elementos móviles y dados. Esto hace de Bergson uno de los más claros y fecundos antecedentes de la filosofía de la vida. La razón tiene que pensar el nuevo objeto que es la vida, en toda su fluidez y movilidad, y en forma distinta de la razón científica y matemática; pero siempre deberá ser razón. **V. Bergson, dinamismo.**

ELEATAS, ELEÁTICOS Grupo de filósofos presocráticos, conformado por Jenófanes de Colofón, Parménides de Elea, Zenón de Elea y Meliso de Samos, a los cuales se aplicó el nombre de eleatas, a pesar de que, como se deduce de sus nombres, sólo dos de ellos eran originarios de Elea. Afirmaron la unidad de cuanto hay, la esencia invariable del ser verdadero y el carácter ilusorio de las diferencias y transformaciones de lo visible; uno de sus mayores aportes consiste en el planteamiento de la necesidad de poder expresar en conceptos lógicos el carácter contradictorio del movimiento, tal como sucede en las aporías de Zenón de Elea. Sobre todo en la filosofía de Parménides, se plantearon por primera vez los fundamentos de la metafísica occidental, especialmente en lo que respecta al problema de la relación entre realidad y razón.

ELEATISMO Que pertenece al grupo de los eleatas, o es partidario de las doctrinas de esta corriente presocrática. Por extensión, se dice que se ha formulado un eleatismo cuando una idea presenta la forma de aporía, tal como las que hicieron famoso a Zenón de Elea. **V. aporema, eleatas.**

ELECCIÓN Acto por el cual la razón y la voluntad seleccionan de entre varias posibilidades la que consideren más adecuada a sus propios fines. Este término está estrechamente relacionado con las nociones de libertad y libre albedrío, por cuanto éstas se definen como la posibilidad de *elegir*. Para san Agustín, el *libre arbitrio* designa la posibilidad de *elegir* entre el bien y el mal, aunque gozar de *libre arbitrio* no siempre significa ser libre, pues serlo depende del uso que se haga de él. La llamada *elección existencial* supone que la existencia tiene que decidirse continuamente, y esta decisión afecta a la propia existencia, siendo una y la misma realidad con ella, tanto como a los objetos que la rodean. Según Sartre, al decidirse *elige* lo que va a *ser*. Heidegger distingue dos modos del ser elegido: el *auténtico* y el *inauténtico*, aunque estos pertenecen por igual a la estructura de la existencia.

ELECTIVO Término que designa aquello que se da u ocurre por elección. También se denomina electiva a la función de la razón y de la voluntad que ejerce la capacidad de elegir o seleccionar. **V. elección.**

ELEMENTO Término que, en general, designa a cada uno de los posibles componentes de un todo, los cuales pueden existir independientemente de éste. Los elementos que componen un todo se constituyen en parte de las características que le son propias a ese todo. En química y en físicoquímica, los elementos han sido clasificados en varias ocasiones, pero la clasificación vigente y más conocida y utilizada es la que se encuentra en la *tabla periódica de los elementos,* que se debe a Mendeleiev, y en la cual cada uno de estos elementos figura con sus respectivos peso atómico, número atómico, nivel de energía y las valencias positivas y negativas. A esta tabla se han ido agregando nuevos elementos, como el einstenio, descubiertos por científicos posteriores o creados mediante síntesis. Cuando estos elementos químicos forman parte de un todo (compuesto), ese todo presenta notas físicas, químicas y físico-químicas de todos ellos, que están incluidas en sus características propias o particulares de producto. En particular, hay diversas acepciones para el término elemento. En filosofía, el elemento entendido como parte constitutiva de las realidades naturales, *envuelve* los diversos nombres que, especialmente en el mundo griego, se dio a las entidades últimas que constituyen la realidad material, tales como átomos, partes mínimas, homeomerías, corpúsculos, semillas, razones seminales, espermas, etc., aunque el significado original en griego es el de sonido o letra del alfabeto. Para Tales de Mileto, Anaxímenes y Anaximandro, respectivamente, el elemento fue uno solo: agua,

apeiron y aire; para Jenófanes, dos: tierra y agua; en Parménides, los elementos son *formas* en que se manifiesta la materia; para Anaxágoras, el número de homeomerías era infinito, igual que para Demócrito lo eran los átomos. Empédocles formula la doctrina de los cuatro elementos, que son: tierra (lo sólido), agua (lo líquido), fuego (lo seco) y aire (lo gaseoso). En Platón, estos cuatro elementos son la base de formas sólidas, así: tetraedro=fuego, cubo=tierra, octaedro=aire, icosaedro=agua; estos elementos o principios de los números son la unidad y la díada. Aristóteles afirmó la existencia de cinco elementos: tierra, fuego, agua, aire y éter, este último considerado como lo que contiene al cosmos. Este quinto elemento fue lo que en la Edad Media se denominó *quintaesencia*, algo sutil e impalpable. También se utiliza el término elemento para designar los materiales con los que se construye una doctrina filosófica; por ejemplo, la *doctrina de los elementos de la razón pura*, de Kant, comprende la estética y la lógica trascendentales. Hegel usa la expresión *elemento de lo negativo* para designar la realidad en la cual se encuentra inmerso el concepto de negativo.

ELIS Y ERETRIA (escuela de) Escuela filosófica afín en su orientación a la de los megáricos, fundada cerca del año 400 a. de C. por el discípulo de Sócrates, Fedón de Elis (personaje central del diálogo de Platón sobre la inmortalidad del alma, titulado *Fedón*), a la que también pertenecieron Menedemo de Eretria, Angipilo y Asclepíades. Se ocupó fundamentalmente de las cuestiones éticas y se caracterizó por enfatizar el tema moral y civil en una forma práctica.

ELOCUCIONARIO Término introducido por el filósofo inglés J. L. Austin, dentro de su teoría lingüística, para indicar la ejecución de un acto, en el momento en que se dice algo; término que se basa en lo que llamó *fuerzas elocucionarias*. Por ejemplo, cuando se dice «razono que...». **V. actos de habla, Austin.**

EMANACIÓN Acto por medio del cual alguna cosa se deriva de otra. En filosofía, fueron los neoplatónicos, en especial Plotino, quienes defendieron la teoría de la emanación para explicar la procedencia de todas las cosas. V. emanatismo.

EMANATISMO Doctrina filosófica difundida en especial por el neoplatonismo. Plotino, iniciador de esta corriente, y los continuadores de sus doctrinas como Porfirio, Jámbrico, Juliano el Apóstata y Proclo, entre otros, defendieron la idea de un ser superior, el *uno*, del cual proceden por emanación todas las cosas, incluidas las almas humanas, a diferencia de la idea de la creación, en la que ésta nace de un acto salido de la *nada*. La emanación, así entendida, hace que el ser emanado se identifique con el ser emanador, es decir, con su *modelo*, el cual lo reabsorbería una vez terminado el período de su vida. El emanatismo, o idea de la emanación, fue también difundida por los nósticos y, en general, por los sistemas panteístas.

EMANCIPACIÓN Término que, en general, designa la acción y el efecto de liberarse de algún impedimento, o sujeción, o tiranía. Este término ha tenido, sobre todo, una aplicación en el derecho, en el que designa el acto jurídico, por el cual una persona natural que se encuentra incapacitada para ejercer y asumir sus propios derechos y actos jurídicos por razones de edad, sexo –actualmente válido solamente en algunas culturas–, salud mental o restricciones legales explícitas por razones diferentes a las enunciadas, supera la limitación que causa su incapacidad; por ejemplo, las limitaciones de edad, en casi todas las legislaciones, es superada cuando el incapacitado contrae matrimonio. En sentido no individual, extendido a una comunidad, vemos que en la historia de las naciones ha habido grandes movimientos de emancipación, sea contra regímenes autoritarios, o bien contra sistemas coloniales, o simplemente contra aquellos actos de gobierno que masivamente se consideran injustos, los cuales han dado como resultado la libertad de los pueblos y el remplazo de las instituciones por otras basadas en tesis diferentes, de la misma manera que otros movimientos de emancipación han sido vencidos por el orden establecido. También puede hablarse de emancipación de las ideas, en el sentido de objetar y liberarse de conceptos que se consideran no vigentes o inadecuados.

EMERGENTE Término utilizado por J. S. Mill, Morgan, Alexander y otros, en la teoría de la evolución, para indicar la relación existente entre aquellas características o cualidades propias de un nivel de los seres con respecto al nivel anterior, las cuales son irreductibles; se habla, entonces, de que cada nivel es emergente con respecto al nivel anterior. Estas cualidades o características pueden ser predecibles e impredecibles (nuevas), cuya sumatoria da como resultado una nueva cualidad.

EMINENTE Se dice que es eminente de lo que es superior o sobresaliente. En filosofía, este término fue usado por los escolásticos como uno de los tres sentidos de la perfección, junto al sentido virtual y al formal. La perfección eminente, para ellos, es la que tiene el sujeto del modo más perfecto, y que es aplicada principalmente a Dios. Esta eminencia de la persona divina es ontológica y trasciende todos los grados de los seres creados. Al ser Dios inconmensurable, no es posible la adecuación del intelecto y de la cosa, y esta eminencia se denomina *eminencia lógica*. Descartes denomina *existencia eminente* a una de las tres formas de existencia que distingue –junto con la existencia objetiva y la existencia formal–, siendo ésta la existencia de algo en el principio que le da origen y ser, y que es el fundamento de las otras dos clases de existencia.

EMOCIÓN Afección o agitación del ánimo es su definición más general. Sin embargo, en filosofía, este término se ha utilizado en muy diversos contextos. Aristóteles se refiere a las emociones para designar una de las tres clases de cosas que se encuentran en el alma, y son afectos como la envidia, el odio, etc., que producen a quien los experimenta placer o dolor. En muchas doctrinas filosóficas aparecen las emociones y su control por parte del hombre como la base de las tesis que exponen, especialmente en la filosofía griega –moralistas socráticos, estoicos, epicúreos y escépticos–, casi siempre identificando emoción con pasión: el dominio de las pasiones es el ideal de sabio, puesto que lleva a la imperturbabilidad, así como en algunas filosofías orientales la supresión del deseo conduce a la misma virtud. También se ha hecho la distinción entre pasiones buenas y malas, por lo que no es necesario suprimirlas todas, sino sobreponer la razón a la emoción. Para san Agustín, lo importante no es la emoción sino la forma como se quiere; así, *la voluntad justa es un amor bueno; la voluntad perversa, un amor malo*. En la época moderna se consideró que las emociones no tienen una lógica propia y por tanto constituyen una forma inferior del trabajo intelectual, tal como se dio en los racionalistas, como Leibniz, Herbart y Wolff. Posteriormente las emociones han sido preocupación de la sicología y, en lo que se relaciona con sus manifestaciones fisiológicas, con la medicina, pues se ha demostrado que la intensidad y frecuencia de ciertas emociones puede afectar seriamente el organismo humano; a esta interrelación se la denomina lo *sicosomático*. Uno de los filósofos más próximos a nuestra época, que se ha interesado seriamente por las emociones es Scheler, quien hace de ellas un acto intencional en el cual son dadas esencias sin significaciones y les asigna su propia autonomía; para él, las leyes de la vida emocional son leyes autónomas. También Sartre considera las emociones como autónomas e intencionales. Cassirer es uno de los varios filósofos que han distinguido claramente entre la *emoción* y la *expresión de la emoción*, conceptos que no habían desligado Darwin ni los behavioristas; para él, la expresión de una emoción *es la emoción convertida en imagen*. Las expresiones simbólicas de la emoción son propias exclusivamente del hombre, ya que el hombre es un *animal simbólico;* mientras que las expresiones físicas son comunes al hombre y a los animales.

EMOTIVISMO Doctrina filosófica propuesta y desarrollada principalmente por A. J. Ayer y C. L. Stevenson, que ha recibido también el nombre de *teoría emotiva;* afirma que las proposiciones de contenido ético no son propiamente proposiciones, puesto que están basadas en una actitud emotiva, es decir, manifiestan sentimientos con respecto a una actitud determinada, por ejemplo, cuando expresamos «es malo robar». Para los mismos autores, los enunciados éticos no son inútiles porque presentan un carácter imperativo (mando) e incitador a la acción; además, sus términos son dinámicos porque producen o pueden producir reacciones afectivas. **V. Ayer.**

EMPATÍA Es uno de los términos con que se traduce al castellano el vocablo alemán *Einfühlung*, utilizado por primera vez por R. Vischer, filósofo del arte estético, para explicar la forma en que la belleza de la naturaleza es aprehendida por el hombre; también se traduce como *introafección, proyección afectiva* y *endopatía*. Es la participación afectiva, consciente o inconsciente, intencional o involuntaria, de un sujeto humano en una realidad ajena a sí mismo. Generalmente se aplica al campo de lo emotivo y de lo anímico. Croce distingue dos conceptos de empatía (endopatía): el estético y el sicológico. Actualmente, se entiende generalmente este término en sentido sicológico para referirse a la mutua *simpatía*. También se ha aplicado este término en la antropología cultural para referirse a las dificultades que presenta lograr la aceptación del antropólogo dentro de una comunidad, cuando ésta pertenece a una cultura muy diferente de la suya.

EMPÉDOCLES Filósofo de la Magna Grecia, nacido en Agrigento. Fue considerado como un semidiós por algunos, y como un embaucador por otros. Alrededor de su vida se han tejido muchas leyendas, pero se sabe que recorría Sicilia y el Peloponeso impartiendo sus enseñanza y realizando curaciones, por lo que muchas personas lo veneraban. Se dice que se arrojó al cráter del Vesubio, y en una versión mítica, que fue llevado al cielo. En su filosofía se combinan las concepciones egipcias y mazdeístas, pero a diferencia de ellas, las suyas conducen al pesimismo. Parte de la primacía de lo espiritual sobre lo material, pero sin asimilar el bien a la vida, ya que ésta es sólo la realización del concepto divino, hasta llegar a considerar la existencia como un mal. Su cosmología incluye la existencia de dos soles: el auténtico y el reflejado; la noche es una especie de eclipse producida por la interposición de la Tierra entre el Sol y el fuego. Las estrellas y los planetas son fuego auténtico; las estrellas, a diferencia de los planetas que son libres, están clavadas; y la luz se desplaza de un lugar a otro en cortísimo tiempo. Los principios de los seres mortales son eternos y los primeros seres que existieron fueron los árboles; Empédocles fue el primero en suponer que las plantas tenían sexo. Los seres vivos se generaron al azar por agregación de elementos sueltos, pero sólo sobrevivieron los que estaban mejor organizados. Creyó en la transmigración de las almas. La percepción se da por la *adecuación* entre la sensación y el tamaño de los poros, siendo este tamaño el que establece la diferencia entre los diversos sentidos. Su teoría atribuye a la comparación –que establece semejanzas entre las cosas, pues todas las cosas *se encuentran en mí*– la posibilidad de conocimiento. Las raíces de todas las cosas son los cuatro elementos tradicionales, introducidos a la filosofía por él: aire, fuego, agua y tierra; éstos son eternos y opuestos y están constituidos por la agregación de sustancias elementales. A partir de las cuatro raíces se engendran y perecen todas las cosas, así: el odio *(neikos)* separa los elementos y el amor los une; el auténtico amor *(filotes)* es la atracción de lo desemejante. De la mezcla original se llega a la *philía (amor)* después de superar las etapas del odio, y del dominio del *neikos* (odio); cuando ya se han separado los elementos, se repite el ciclo al unirse éstos de nuevo, de muy diversas maneras, para dar origen a la variedad de especies y de formas existentes, de las cuales sólo perduran las que poseen un *logos* o *ratio*. El cosmos no es verdaderamente; el *ser* es lo único que en verdad *es*. Escribió dos poemas: *De la naturaleza* y *Las purificaciones.*

EMPIRIA Término de origen griego que significa experiencia, la cual resulta de la relación de la razón humana con el mundo material y sus fenómenos. El concepto de empiria o experiencia es de inmensa importancia en el desarrollo de la epistemología.

EMPÍRICO Lo que pertenece a la empiria o mundo de la experiencia. También se dice del conocimiento no académico sino derivado del ejercicio en la práctica (praxis). **V. empiria.**

EMPIRIOCRITICISMO Corriente positivista fundada por E. Mach, con varias analogías a las tesis de Avenarius, y basada en el concepto de la *economía del pensar* que utiliza para despojar o «limpiar» a la experiencia de *apercepciones apriorísticas,* como son sustancia, necesidad, etc.; esto para lograr que la percepción del mundo sea un *conjunto de elementos neutrales* o sensaciones mediante la eliminación de la oposición entre mundo síquico y mundo físico: la realidad es un conjunto de sensaciones aisladas y discontinuas que reduce los hechos a un grupo relativamente persistente de sensaciones. No se puede establecer una diferencia de *estructura* entre las sensaciones de un individuo o de otro y el *yo* surge de las sensaciones como *unidad práctica,* que tiene un valor meramente biológico. Los conceptos son sólo símbolos o signos que nos indican clases de elementos similares y tienen por objeto realizar una economía; estos signos sintetizan y orientan al hombre frente a la gran riqueza de la experiencia y facilitan su acción sobre el mundo. La ciencia, por otra parte, debe limitarse a describir la experiencia de una forma sencilla, simple; lo importante es simplificar las descripciones y el científico está en libertad para obtener los medios de conseguir este fin. Se opone a la búsqueda de las causas de los fenómenos, que es remplazada por la búsqueda de sus leyes, pero con la conciencia de que estas leyes pueden llegar a no ser válidas en el futuro; de nosotros depende aceptarlas, o no, como indicadores de los fenómenos que vendrán. En cuanto a las realizaciones concretas de Mach ha sido de gran importancia su análisis de los conceptos básicos de la mecánica, el cual fue una de las puertas que se abrieron a la ciencia física del siglo XX. También pertenecieron a esta corriente R. Willy, Víctor Adler y otros filósofos menos destacados, todos ellos neopositivistas.

EMPIRISMO Corriente filosófica, también denominada *filosofía de la experiencia*, que considera a la experiencia como la única fuente del conocimiento. Su objeto es explicar los conceptos y juicios universales mediante ella, pues sólo la experiencia *garantiza* un conocimiento verdadero. Los *esquemas* o representaciones sensoriales comunes fundamentan la validez de los juicios universales mediante la *inducción*. El precursor del empirismo moderno fue el nominalismo de la Edad Media; Bacon de Verulam formula sus principios en el *Novum Organum*, haciendo de la inducción el único método de la ciencia. Esta doctrina desembocó en el *sensualismo* de Locke y en el *positivismo* de Condillac. También el neopositivismo tiene su base en el empirismo. **V. Bacon.**

EMPIRISMO LÓGICO También llamado *positivismo lógico*, es otra denominación del *empirismo científico* o, por lo menos, una de sus corrientes, si tomamos a éste como lo general y al empirismo lógico como lo particular. Este empirismo reunió en sí a muchas de las tendencias analíticas. Niega cualquier significación a toda tesis metafísica y procura la unificación de las corrientes analíticas; sus preocupaciones principales se centraron en la necesidad de verificabilidad para que toda proposición sintética tenga una significación, así como en el intento de desarrollar la estructura lógica de las ciencias, en especial, de las físico-matemáticas. El empirismo lógico tuvo como sus más importantes representantes a A. J. Ayer, Ernest Nagel, Ramsey, Wisdom y Feigl. Todo este propósito de unificación se cristalizó en el *Movimiento para la ciencia unificada*.

EN Preposición muy importante para la formulación de innumerables enunciados filosóficos. Para Zenón de Elea, el *en* es imposible, puesto que no hay tal realidad como el lugar. Para Aristóteles hay ocho modos de decir que algo *está en* otra cosa: como la parte en el todo, el todo en las partes, la especie en el género, el género en la especie, la forma en la materia, los acontecimientos en el agente, algo en su fin por lo cual existe, y una cosa en su continente (en su lugar). Santo Tomás se centra en el problema de si una entidad dada que es en otro, es o no subsistente separada. Occam interpreta el estar en (*esse in*) de cuatro maneras: como accidente del sujeto, estar la cosa en el género, ser predicado (atribuido), ser conocido o tener la posibilidad de serlo. Para referirse al *en* se usa también el término *inesse*. El *en* puede considerarse una relación diádica no simétrica y también como una relación transitiva.

ENAJENACIÓN En general, es la alteración por la cual una realidad se halla fuera de sí, en oposición al ser en sí. El más importante desarrollo filosófico del concepto de enajenación es el hegeliano que está relacionado con su concepto de la *conciencia infeliz*, en que la conciencia se experimenta escindida de la realidad a la que pertenece y esto provoca un alejamiento de sí. Tal alteración no puede ser permanente y, por tanto, ha de haber una reconciliación o apropiación. Marx utilizó esta noción pero en sentido concreto y humano (no abstracto como en Hegel), al aplicarlo al problema de la enajenación del hombre, primero en la cultura y, más tarde, en el trabajo, aplicación ésta primordialmente económico-moral.

ENCICLOPEDIA En filosofía, este término se aplica especialmente para referirse a la *Enciclopedia francesa*, considerada como la obra más grande de la segunda mitad del siglo XVIII, basada en la convicción de que el hombre se libera por la verdad, pues al salvar los obstáculos de la ignorancia y la esclavitud se alcanza la felicidad. Se originó en la iniciativa de traducir la *Cyclopaedia* de Chambers, al francés. Por diferencias entre los colaboradores no se llevó a cabo este proyecto y, entonces, se encargó de la dirección a D'Alembert, quien se asoció con Diderot, apartándose del proyecto original hasta conformar la obra tal como hoy la conocemos, de gran amplitud y con un espíritu independiente, especialmente en el sentido religioso, y con el objeto de divulgar la ciencia y, en general, el conocimiento de su época. En 1750 apareció el *Prospecto* y, a partir de 1751, el contenido de la obra. Se presentó como un compendio de los conocimientos humanos en el que se explicaban los principios generales de todas las artes, así como sus ramas. Entre sus colaboradores, además de los que ya citamos, se cuentan Voltaire, Montesquieu y Marmontel (literatura); Helvecio y Condillac (filosofía); Holbach (química); D'Alembert y La Condamine (ciencias); Turgot y Quesnay (economía) y Rousseau (música). También colaboraron Daubenton, y el abate Morellet. El discurso preliminar es de D'Alembert y está compuesta por 28 volúmenes, más uno de láminas, además de un suplemento de cinco volúmenes, más uno de láminas, y un índice analítico de dos volúmenes: en total son 37 volúmenes. Es, en realidad, una obra monumental cuyo nombre completo es *Encyclopédie ou dictionnaire raisonné des sciences, des artes et des métiers*. Su totalidad fue publicada en París entre 1751 y 1772. La tendencia que se manifiesta en su contenido es cartesiana, liberal e ilustrada, y con plena confianza en la razón, tal como lo era su época, empeñada en romper con la tradición. Encierra toda la mentalidad del siglo XVIII: el pensamiento de la Ilustración que tuvo tanta resonancia en la historia posterior. El enciclopedismo o espíritu de la enciclopedia fue tan aclamado como rechazado; el combate contra la ideología contenida en la *Enciclopedia* fue liderado por los jesuitas en su *Journal de Trévoux* y secundado por los comerciantes burgueses, por el gobierno que prohibió dos veces su publicación y por el mismo papa Clemente VIII, quien la condenó en 1760. En general, se sostiene que la *Enciclopedia* constituyó uno de los factores que fraguaron la Revolución francesa y, además, condujo directamente al pragmatismo inglés. **V. Diderot**.

ENCICLOPEDISTAS En historia y en filosofía, se denomina enciclopedistas a quienes fueron autores de la *Enciclopedia* francesa. **V. enciclopedia.**

EN CUANTO Expresión que se utiliza en filosofía para expresar en cuál aspecto específico de sus posibles aspectos generales debe entenderse una cosa. Por ejemplo: *el hombre en cuanto tal* significa que se toman únicamente los elementos que hacen que el hombre sea hombre y no otra cosa; en cambio, si expresamos el hombre en cuanto ser biológico, estamos refiriéndonos a las notas de su vida física y sólo a ellas, esto es, con exclusión de las demás que también le son propias.

EN SÍ (del griego *autós* = por sí mismo). Lo que se considera sin referencia a otra cosa, es decir: (a) independientemente de otros objetos y (b) independientemente del sujeto. Para Parménides no hay propiamente más que un *en sí* (la *esfera* espacial llena) y ningún fenómeno, pues lo *en sí* no puede desdoblarse. Para Demócrito, la división de lo *en sí* es una multiplicidad: queda pulverizado, salvándose de este modo, sin perderse nada de su inteligibilidad, pues el movimiento es para Demócrito el cambio de posiciones recíprocas de entes últimamente irreductibles: los átomos. Platón y Aristóteles emplean el término para referirse a las ideas independientemente de los objetos que participan o tienen relación con ellas; por ejemplo: «Belleza en sí» por oposición a «las cosas bellas». Kant llamó *cosas en sí* a las realidades que no pueden conocerse por hallarse fuera del marco de la experiencia posible, esto es que trascienden las posibilidades del conocimiento; éstas pueden ser pensadas (posibilidad lógica), pero no conocidas (posibilidad real). El espacio y el tiempo no son propiedades de las cosas en sí, pues los conceptos del entendimiento son trascendentales, aunque no estructuras ontológicas propias de una realidad en sí. Hegel, en su división del sistema total de la ciencia, distingue entre *lógica*, donde la idea absoluta es el *ser en sí*, y *filosofía de la naturaleza*, donde la idea absoluta es el *ser fuera de sí*. La *lógica* hegeliana estudia a la idea en su ser en sí, y en ella el ser, negado todo su contenido, se convierte en la nada. El ser en sí es la esencia como tal. La idea en su ser en y para sí misma, al regresar del gran círculo en que, *a partir de su ser en sí*, recorrió los sucesivos momentos de su alteridad, constituye el objeto de la *filosofía del espíritu*. El espíritu, como ser en sí, es espíritu objetivo. Para las tendencias fenomenistas hay un *en sí*; para ellas el fenómeno es una realidad última, el fenómeno es el hecho puro y simple que lleva en sí mismo su propio sentido. El marxismo y también las metafísicas irracionalistas, como son las de Schopenhauer, Nietzsche, etc., afirman lo *en sí* y, simultáneamente, su incognoscibilidad teórica. Sartre distingue entre el *ser en sí* (*En-soi*) y el *ser para sí* o el *para-sí* (*Pour-soi*): el *en sí* carece de toda relación; es una masa indiferenciada, una entidad opaca y compacta en la cual no puede haber fisuras. El *en-sí* es *lo que es;* pero el *en sí* no es todo el ser. Hay otro ser, el *para-sí*, que es enteramente relación y surge como resultado de la aniquilación (o anonadamiento) de lo real producido por la conciencia. Por eso, el *para-sí* es *lo que no es,* la nada que surge como libertad y evasión de la conciencia con respecto a lo que es. El *ser en sí*, según Sartre, carece incluso de toda significación o de todo sentido y no puede tener accidentes ni atributos, ni ser encerrado en ninguna categoría.

ENEADAS Obra de Plotino compuesta por cincuenta y cuatro tratados, llamada así por estar ordenada en seis grupos de nueve libros cada uno. En ella se encuentra todo su pensamiento filosófico; fue recopilada por su discípulo Porfirio y difundida por éste y otros de sus seguidores como Amelio de Esturia y Esustoquio. Influyó de manera muy especial en el pensamiento cristiano de los primeros siglos y en la Edad Media. **V. Plotino.**

ENERGÍA En la ciencia física y en general, se entiende por energía la capacidad que tiene un sistema para producir trabajo; ésta puede manifestarse de diversas formas que, a su vez, pueden transformarse unas en otras. En la antigüedad, este término se usó con un sentido diferente del que se le da en la época moderna. Aristóteles en su física, le da el significado de estado de inmovilidad y perfección de una entidad, y la conservación de la energía se identifica con la conservación de un valor por el cual, como explica Émile Bréhier, *la perfección tiene derecho a existir por el hecho de ser perfección y explicar todo lo demás*; la *enérgeia*, para el estagirita, es el hacer mismo, la actividad; en cambio, en la concepción moderna, el concepto de energía tiene un sentido de *valor físico* determinado en cuanto fuerza que se conserva. La concepción aristotélica incluye una noción de posibilidad, de potencia de ser y, a su vez, de pasividad. Para Platón y el platonismo, la fuerza es también energía activa y, para los estoicos, la tensión es un campo de fuerza cósmico cuya energía se mantiene continuamente. Posteriormente, se consideró al ímpetu como una especie de energía, que permite, por ejemplo, la conservación del movimiento por un objeto. El concepto de energía se desarrolló en la Edad Moderna a partir del concepto de *momento* en Kepler y Galileo; se formuló entonces la conocida relación en que energía es la mitad del producto de la masa de un cuerpo por el cuadrado de su velocidad. El vocablo energía se introdujo, en su sentido propio, en el siglo XIX, a partir de J. R. Mayer, quien formuló el principio de la conservación total de la energía en un sistema físico cerrado. *La energía mecánica*, en sus aspectos de energía potencial y actual, es uno de los tipos de energía física. También se habla de energía eléctrica, técnica, magnética, etc. Wilhelm Ostwald, en su energética, se preocupó por clasificar las formas de energía, con el objeto de encontrar lo que es común a todas ellas, deduciendo que hay un tipo básico de energía, al que denominó *energía absoluta*, concebida como la sustancia dinámica del universo; sus transformaciones producen todos los fenómenos en todos sus aspectos, incluso la vida o energía vital y la energía síquica. Como algunos procesos energéticos pueden ser irreversibles, debe haber un imperativo energético que ordena no malgastar la energía, sino utilizarla. El principio de conservación de la energía es el primer principio de la termodinámica, seguido por el principio de entropía o de transformación; de la aplicación de estos dos principios se deduce que la energía tiene una cierta dirección dentro de un sistema aislado, a lo que se llama principio de evolución. Si el universo es un sistema físico térmicamente aislado, la entropía del universo tiende a un máximo o *muerte* *del universo.* La introducción del concepto de probabilidad en la termodinámica y la teoría de los cuantos han permitido una elaboración de una interpretación estadística del principio de entropía. La teoría cuántica se basa en el hecho de que la energía no puede asumir valores inferiores a un *cuanto*. En la actualidad, sabemos que toda forma de energía posee una masa ponderable, que es obtenida, conforme la famosa ecuación de Einstein, dividiéndola por el cuadrado de la velocidad de la luz.

V. **Einstein, entropía.**

ENGELS, Friedrich (1820-1895). Filósofo alemán, nacido en Barmen, hijo de un industrial y hombre polifacético. Prestó su servicio militar en Berlín al tiempo que estudiaba en la universidad. A los 24 años

Friedrich Engels

de edad ya vivía en Inglaterra, donde estudió comercio y, además, se hizo socialista. De este país pasa a Francia en cuya capital, en 1844, conoce a Marx, hecho que se constituye en el más importante de su vida, pues desde entonces fueron amigos inseparables y entre los dos sentaron las bases de la doctrina que se denomina, en general, marxista; también, en la práctica política, junto con Marx, fundo la *Liga de los comunistas* y escribió su proyecto (*Principios del comunismo)* que sirvió de base para el *Manifiesto del partido comunista* (1848). Durante esta época tuvo gran actividad como periodista y luchó en las filas de la Revolución alemana (1848-1849); al ser aplastada ésta, fijó su residencia en Inglaterra donde participó activamente en la fundación de la I Internacional. En su casa de Londres recibió, hospedó y ayudó generosamente a Marx cuando fue expulsado de París en 1845 para que pudiera éste finalizar su obra *El capital*. A la muerte de Marx, Engels recogió los escritos del libro, los ordenó cuidadosamente y los preparó para su impresión. La contribución filosófica de Engels a las doctrinas del marxismo son difíciles de delimitar, pues su trabajo está integrado al del propio Marx. Sin embargo, se puede decir que el aporte suyo a la doctrina fue básicamente de carácter filosófico: el materialismo fue concebido por Engels como histórico y como dialéctico, con especial interés por la dialéctica de la naturaleza en la que aplica las ideas del materialismo dialéctico a la ciencia natural; también es notoria su influencia en el interés por aclarar las relaciones entre infraestructura económica y superestructuras culturales, propósito que necesita una rigurosa interpretación de la historia humana. La filosofía tiene un valor metodológico en su clasificación de las ciencias y a ella le reserva *la doctrina del pensamiento y de sus leyes, es decir, la lógica formal y la dialéctica*. También elaboró varios problemas de la lógica dialéctica. De sus obras debemos hacer una división: las escritas conjuntamente con Marx, de las cuales las más importantes son: *La Sagrada Familia (crítica de la crítica crítica)* ; y el célebre *Manifiesto comunista;* y las escritas individualmente, que son: *Anti-Dühring*, la más importante; *Bosquejos para una crítica de la economía política; La situación de la clase obrera en Inglaterra; La guerra campesina en Alemania; Ludwig Feuerbach y el fin de la filosofía clásica alemana; El origen de la familia, de la propiedad privada y del Estado; Dialéctica de la naturaleza.*

ENS Vocablo latino utilizado por algunos filósofos como sinónimo de «ente». En general ha sido usado precediendo a un adjetivo, para indicar algunos conceptos filosóficos, como *ens rationis* (ente de razón), *ens creatum* (ente creado), *ens movile* (ente móvil), *ens completum* (ente completo), etc. La expresión *ens ab alio*, utilizada en la escolástica, designa, dentro de la idea de una creación desde la eternidad, que el ser creado sólo quiere decir que su ser es recibido de Dios, independientemente de la relación con el tiempo. **V. ente, ente de razón.**

ENSIMISMAMIENTO Estado en el cual el hombre se interna en sí mismo apartándose de tal manera de la realidad exterior, que ésta desaparece para la conciencia del sujeto. Se puede decir que el sujeto es a la vez objeto de sí mismo al sustraerse de toda realidad exterior, estado comparable con la imagen que se refleja en un espejo. El ensimismamiento tiene diversos grados y puede ser desde un estado pasajero, hasta un estado permanente, el cual es materia de la sicología, la siquiatría y el sicoanálisis.

ENTE «El ser que existe». Para Parménides, son las cosas *en cuanto son*. Los predicados del ente (*ón*) en la ontología de Parménides son: (a) no fue ni será, sino que es. El *ón* (ente) es presente. Las cosas, en cuanto son, están presentes al *noûs* (razón). La mente tiene la presencia del *ón*. (b) Todas las cosas *son* entes y están reunidas (envueltas) en el ser. El *ón* es uno o, como dijo Parménides, *una esfera, sin huecos de no ser*. (c) El *ón* es inmóvil, pues el movimiento es un *modo de ser*, es *homogéneo e indivisible*, pues, cuando se divide una cosa, el ente las envuelve por igual, quedando indiviso. (d) El ente no tiene vacíos, es lleno, continuo y todo. Si *hubiera* algo fuera del ente, no sería; y si algo *fuera* aparte del ente, sería ente.(e) El ente es *ingénito* (no ha nacido, no ha sido generado) e imperecedero. En la filosofía griega posterior a Parménides, la antinomia del ser y el no ser supone una dualidad contraria a la unicidad del ente, centro mismo del problema del ser uno; el ente de Parménides no admite división, pluralidad. Zenón de Elea trata de llegar a una idea del ser que, sin excluir la unidad, la haga compatible y coexistente con la multiplicidad. Para Platón, el ente es una tercera cosa, un cierto tercero; y para Aristóteles hay diferentes tipos de entes: (a) las *cosas naturales* u objetos físicos que tienen en sí mismos el principio de su movimiento; las cosas naturales son cosas *verdaderas*, pero no son plenamente entes por cuanto llegan a ser y también dejan de ser; (b) los *objetos matemáticos*, que no son cosas y existen en la mente, pero no separados de ella, y aun cuando son inmóviles, no existen como cosas y, por tanto, son menos entes; (c)*Dios* (*Theos*), que es inmóvil, pero separado, una cosa, se basta a sí mismo y es el único que en su plenitud merece llamarse ente. Aunque ser y ente se han empleado en muchos contextos indistintamente, en la filosofía contemporánea Heidegger ha declarado que la cuestión del ser es distinta de la del ente; la primera es ontológica, la segunda óntica. El ser antecede a los entes.

ENTE DE RAZÓN (*ens rationis*). Se da el nombre de ente de razón a todo aquello que solamente puede existir como contenido del pensamiento, sin que tenga existencia *en sí*, independientemente del pensar. Tiene fundamento real ontológico (*fundamentum in re*) al cual nuestro pensamiento añade un determinante puramente mental, adición que tiene una función cognoscitiva indicadora. Los entes de razón se han clasificado de acuerdo con su función: *negativos* o que resultan de la negación; *privativos* o que resultan de la privación; y los que resultan de las *relaciones* mentales.

ENTELEQUIA Vocablo de origen griego que podría ser traducido como «aquello que tiene el fin en sí mismo»; Platón lo utilizó para indicar «movimiento continuo», pero a partir de Aristóteles se usó para señalar el hecho de «poseer o tener perfección»; en este filósofo y en general en la escolástica, indica un fin realizado o un principio activo que hace que la posibilidad pueda ser convertida en realidad. Para el estagirita, entelequia es lo que ha llegado a su fin, a su *télos* y, por tanto, supone una *actualización*. Ya en el siglo XVII, Leibniz utilizó el vocablo, en plural, para indicar sustancias con algo de perfección que las hace capaces de bastarse por sí mismas.

ENTENDIMIENTO Entendimiento es la facultad, exclusivamente humana, por la cual, ante una cosa, nos damos cuenta de a qué clase (especie) pertenece, hallando así su sentido general y su representación conceptual. Para Platón, estos conceptos son recuerdos de las ideas vistas en una vida anterior; para el empirismo son convenciones, etiquetas que ponemos a determinados grupos de cosas. En el pensamiento aristotélico-tomista, los conceptos existen *en* las cosas y están en nuestra mente con fundamento en ellas. El entendimiento *agente* se encarga de buscar en nuestra impresión la idea universal que contengan, para que la asuma el entendimiento *paciente*. El entendimiento cobra conciencia de su propia actividad, requiere la memoria para su funcionamiento y la usa para volver a entender lo conocido anteriormente. Tiene naturaleza espiritual, inmaterial y es capaz de reflexionar sobre sus propios actos y contenidos. Al conocimiento intelectual del mundo se debe el poder actuar en forma libre, ejercer la propia voluntad. Tener conocimiento intelectual supone el saber qué clase de cosa es lo que se presenta ante nuestros sentidos y, desde esta idea, poder actuar en forma consciente y libre. Por el entendimiento se pasa de la sensibilidad concreta a las ideas generales y su elemento fundamental es lo que llamamos conocimiento intelectual. El concepto, pues, tiene una función abstractiva, esto es, la de separar de las cosas singulares su concepto general. Esta fue la base del problema de los *universales* que ocupó durante muchos siglos a los filósofos. El entendimiento, además de darse cuenta de las cosas, tiene la posibilidad de darse cuenta de que se da cuenta, lo que se llama *autoconciencia,* percibiendo el sujeto su actividad como un hecho objetivo, aunque al mismo tiempo sea un hecho subjetivo. La capacidad del entendimiento de volver sobre sí mismo se denomina *reflexión.* Todo entendimiento es memoria, ya que constantemente rehacemos en nosotros las experiencias de las que el entendimiento extrajo en otros momentos ideas y saberes. Después de captar las cosas y comprenderlas en sus esencias, el entendimiento las recuerda, realiza operaciones con ellas, discurre y afirma y rara vez se limita a seguir el desarrollo lógico de un raciocinio puro: asocia ideas, intercala imágenes y, lo que es más importante, crea nuevos conceptos.

ENTIDAD Este término, generalmente, se define como aquello que constituye la esencia y la unidad de una cosa, de un ser. En la filosofía escolástica, la palabra latina *entitas* designaba la propiedad de ser, o también, lo que hace que una cosa sea.

ENTIDAD ACTUAL Nombre dado por Whitehead a una parte de los *sucesos* que son los elementos constitutivos de lo real, junto con otra parte de sucesos que son las entidades ocasionales. Las entidades actuales comprenden el aspecto subjetivo y las entidades ocasionales el aspecto objetivo en una unidad que no sacrifica ninguno de los caracteres correspondientes a cada uno. Whitehead dice que *cada entidad actual resulta por sí misma descriptible sólo como un proceso orgánico, describiendo en el microcosmo lo que es el universo en el macrocosmo.* **V. Whitehead.**

ENTIMEMA En la lógica formal, silogismo incompleto debido a que se excluye una de las premisas. Se conocen entimemas de dos órdenes: de primer orden, si falta la premisa mayor; por ejemplo: «Los niños hacen ejercicio; los niños se crían bien». De segundo orden, si falta la premisa menor; por ejemplo: «Todos los animales beben agua; el caballo bebe agua». Otros autores admiten un tercer orden, en el que falta la conclusión; por ejemplo: «La comida alimenta; los seres vivos comen». En una segunda acepción, utilizada por Aristóteles, entimema es el silogismo que se basa en semejanzas; por ejemplo: del hecho de estar enyesado, se deduce que un hueso está fracturado.

ENTROPÍA Vocablo utilizado en la física clásica, introducido por Rudolf Clausius, que expresa el principio de degradación de la energía. Se designa habitualmente por la letra S, su unidad es el *clausius* y se define como la cantidad de calor recibida o perdida por el cuerpo, dividida por la temperatura absoluta de ese cuerpo.

En términos generales se dice (principio de entropía) que en un cuerpo o sistema la entropía es inversamente proporcional a la energía contenida en él. La entropía forma parte del segundo principio o ley de la termodinámica, la cual indica que «la entropía de un sistema cerrado o aislado (es decir, un sistema que no está en interacción mecánica con su contorno) únicamente puede aumentar o permanecer constante».

ENTUSIASMO Los primeros filósofos que se refirieron al entusiasmo o endiosamiento fueron los pitagóricos, para designar el medio necesario para lograr superar el cuerpo sin perderlo, requisito indispensable para lograr la liberación de las necesidades del cuerpo y, así, la vida teórica o contemplativa, ideal del sabio. En sentido platónico, el entusiasmo es un trance inspirador en que el alma se halla fuera de sí para ubicarse en la divinidad misma. Generalmente para Platón son los poetas los sujetos del entusiasmo, llamándolos *cadena de inspirados llevados por el entusiasmo*. Sin embargo, la noción de entusiasmo ha sido muy poco atendida por los filósofos; entre los modernos, Shaftesbury habla del entusiasmo como *espíritu visionario, poderoso movimiento del ánimo que expresa todo lo que hay de sublime en las pasiones humanas*. En otro sentido, el entusiasmo, visto como alegría que actúa sobre la voluntad, ha sido considerado principalmente por Diego Ruiz y por Scheler como principio y acicate principal de toda ética.

ENUNCIADO Término que ha sido usado en lógica con distintos sentidos, así: (a) en lógica tradicional, en idéntico sentido que proposición; (b) también en lógica tradicional, puede contener en sí la proposición y el juicio; (c) para designar el hecho de enunciar una proposición; (d) como discurso; (e) en lógica moderna como *sentencia*. **V. juicio, proposición.**

EÓN Vocablo utilizado principalmente en el nosticismo para indicar cada uno de los seres eternos emanados del ser divino que relacionan lo material con lo espiritual de esos seres y que, al mismo tiempo, llenan el espacio o intervalo entre esos dos estados; la perfección de los eones va decreciendo y el mundo es una etapa intermedia entre lo divino y lo material. También se empleó el término, en plural, dentro del nosticismo especulativo, para simbolizar las fuerzas esenciales que actúan en el proceso del universo cuya producción es continua.

EPICTETO (50?-138? d. de C.). Filósofo griego, nacido en Hierápolis, quien siendo esclavo liberto en Roma, fue expulsado por Domiciano en el año 94, al quedar incluido en el decreto imperial que desterraba a todos los filósofos, acto con el cual el emperador respondía a la moral estoica del esclavo griego, que había de ejercer gran influencia en los medios intelectuales del siglo II de nuestra era. Se refugió en el Epiro donde vivió pobremente; había llevado numerosos discípulos, entre ellos a Arriano, quien más tarde publicó *El manual de Epicteto*, del cual fue seguidor Marco Aurelio. La moral estoica de Arriano y Marco Aurelio no se distingue de los principios fundamentales de la moral cristiana a no ser porque carecía de humildad; la creencia en la igualdad por ley de la naturaleza era muy semejante a la profesada por los cristianos sobre la igualdad de todos los hombres; y la creencia en un Dios padre trascendente al mundo; todos estos principios, tomados de Epicteto, han hecho pensar a muchos que este filósofo tenía información sobre el cristianismo aunque no parece muy probable por las también grandes diferencias con la doctrina cristiana; Epicteto nunca dejó de seguir el estoicismo antiguo. Predicaba que, para poder alcanzar la felicidad, es necesario distinguir entre lo que depende de la propia voluntad y lo que no depende de ella; esto lleva a eliminar aquello que pueda producir inquietud frente a las falsas opiniones y al deseo de los bienes exteriores, eliminación que otorga la verdadera libertad. También cree que el hombre es ciudadano del mundo (cosmopolitismo). La obra conocida de Epicteto es la que contiene sus *Máximas*.

EPICUREÍSMO Término que designa la doctrina de Epicuro y su escuela. El epicureísmo hace del conocimiento un acto de los sentidos, por tanto es materialista. Niega la existencia del alma humana, haciendo del placer el fin supremo del hombre (hedonismo); pero ese placer no es entendido como la simple satisfacción de los sentidos, sino como el logro de la imperturbabilidad, que es la virtud que distingue al sabio; tal virtud se consigue mediante el dominio de sí mismo y la ponderación en el placer. Aunque existen los dioses sin que haya relación entre ellos y el mundo, el sabio no debe preocuparse por ellos ni tampoco por la muerte. El principal de los epicúreos fue el romano Lucrecio Caro (55 a. de C.).

EPICURO (341-270 a. de C.). Filósofo griego nacido en Samos, radicado en Atenas de donde fue ciudadano. Allí fundó (306 a. de C.) su escuela en un jardín (por lo que se conoce también con el simple nombre de «El jardín»), a la que pertenecieron

Epicuro

algunas mujeres; tuvo gran esplendor, en especial después de la muerte de su fundador, que se reflejó en la influencia de su pensamiento sobre el de los griegos y sobre el del mundo romano de la época. La teoría del conocimiento de Epicuro es sensualista: las sensaciones son ciertas, pues nacen de la realidad objetiva y los errores nacen de la interpretación de esas sensaciones. Sus conceptos fundamentales fueron afines a los de los cirenaicos y opuestos a las tesis de los estoicos, platónicos y peripatéticos. Sus tesis tuvieron como objetivo principal eliminar el miedo que se tenía de los dioses y de la muerte humana, mediante la demostración de que los primeros estaban tan alejados de los hombres, que no había posibilidad alguna de que tuvieran injerencia en los asuntos humanos; además, trató de probar que mientras se vive la sensación de la muerte es imposible sentirla, pues en estado de muerte es imposible tener sensación alguna. Epicuro defendió una idea ética de la vida tranquila, ausente de penas, dolores y preocupaciones, para llegar a lo que podría ser el *ideal del sabio*: reducir sus necesidades a lo indispensable para eludir aquellas cosas que pudieran causarle malestar, dolor o preocupación, para alcanzar un placer duradero, afectivo y espiritual, acompañado de un orden y subordinación; todo esto, mezclado con el ejercicio mental por medio de la filosofía, cuyo estudio asociaba con la obtención de la felicidad, porque, según él, *la filosofía no es útil si no cura los sufrimientos del alma*. En su idea de lo físico nada surge de la nada, nada se sumerge en la nada y el universo es como es y siempre será el mismo; reelaboró el atomismo de Leucipo y Demócrito y definió el átomo como la semilla que, al combinarse con otras, definen la forma y las cualidades de las cosas, ya que los átomos tienen por sí mismos forma y cualidades específicas. Según Diógenes Laercio, la obra de Epicuro es la más vastas de la antigüedad, comparable con la de Crisipo. Se conservan fragmentos de algunas cartas dirigidas a Heródoto, Pitocles y a Menoceo; unos fragmentos a los que se han dado el nombre de *Sententiae Vaticanae*, así como unos principios llamados *Doctrinas capitales*. V. **epicureísmo, hedonismo**.

EPIFENÓMENO En sentido general, se entiende como un fenómeno que es agregado a otro pero que no forma parte integral de él. Este vocablo es utilizado algunas veces en sicología, para identificar la conciencia cuando, dentro de un proceso síquico, ejerce una función accesoria, sin detrimento de ese proceso.

EPIQUEREMA En la lógica formal, silogismo en el que alguna premisa va acompañada de una explicación causal que actúa como prueba. También podría definirse como una conclusión de carácter silogístico, cuyas premisas son entimemas. Por ejemplo: «Todos los hombres se equivocan porque son humanos» y los jefes de Estado son hombres, luego los jefes de Estado se equivocan». **V. entimema.**

EPISTEME, EPISTÉMICO *Episteme* es un término griego que significa *saber;* también se traduce frecuentemente como *ciencia.* Se utiliza como raíz para formar palabras tales como epistemología, epistemofilia, epistémico. Platón hizo una rigurosa distinción entre *episteme* (saber) y *doxa* (opinión). *Epistémico* es el objeto mismo del saber. **V. doxa, epistemología.**

EPISTEMOLOGÍA Término proveniente de dos palabras griegas que significan conocimiento y tratado; por tanto se puede definir como tratado sobre el conocimiento, o doctrina del saber, equiparable al término noseología. Su introducción en el lenguaje filosófico se ha atribuido al filósofo escocés James Frederick Ferrier quien, en sus *Fundamentos de la metafísica*, separó la filosofía en *ontología* y *epistemología* (1854). Por consenso, es muy general aplicar a las ciencias los términos epistemología y epistemológico, reservando para el conocimiento en general los términos noseología y noseológico.

EPOJÉ Vocablo de origen griego, sinónimo del también utilizado *epoché*. Fue especialmente empleado por los escépticos y los filósofos de la nueva academia, para expresar la suspensión de los juicios ante las cosas cuya verdad no se puede alcanzar con certeza, algo así como un estado de expectación en el que no se puede afirmar ni negar. Husserl, en su teoría fenomenológica, usó el término como un «poner entre paréntesis» aquellas cuestiones de la existencia y justificación causal de las cosas que se refleja en un cambio radical frente a la «tesis natural».

EQUIDAD Acto que consiste en dar a cada uno exactamente lo que le corresponde, ni más, ni menos. Es tratado principalmente por la ética y por la filosofía del derecho. Es la base de una justicia distributiva, puesto que trata de la equivalencia en la distribución de cualquier objeto. Un ejemplo del concepto de justicia distributiva o equidad se encuentra en las Sagradas Escrituras, en la alegoría de la *justicia salomónica*, que consiste en distribuir un bien exactamente por el justo medio, aunque es necesario comprender que el objeto de ella es precisamente demostrar que no siempre lo equitativo es lo justo, ya que intervienen elementos externos a la partición o distribución misma de un bien cualquiera para que en realidad haya justicia. Platón considera que uno de los aspectos de la justicia dentro del Estado es, precisamente, la justicia distributiva que, para él, consiste en *distribución de honores, de fortuna y de todas las ventajas que puedan alcanzar los miembros de un Estado*. En cambio, la justicia conmutativa es mero intercambio. Para Leibniz hay tres formas de justicia: como respeto al derecho estricto, como *equidad* en bien de la comunidad y como piedad. El concepto de equidad adquiere mayor especificidad con Chaïn Perelman, al incluir en él diversos criterios que influyen en que sea *justa* y llega a definirla de la siguiente manera: *principio de acción según el cual los seres de* una misma categoría esencial *deben ser tratados del mismo modo*. Y este es el criterio vigente en casi todos los filósofos del derecho actuales, sobre el significado de equidad.

EQUIVALENCIA En la lógica formal, relación existente entre dos enunciados que tienen como característica ser ambos verdaderos o ambos falsos. Su negación tiene la misma fuerza que la disyunción exclusiva. **V. disyunción.**

EQUIVOCACIÓN Aristóteles distingue entre las refutaciones sofísticas que no dependen del lenguaje usado o *extralingüísticas*, y las que sí dependen del lenguaje usado o *lingüísticas*. La *equivocación* u *homonomía* es una de las causas de las refutaciones sofísticas lingüísticas, junto con la anfibología, la falsa conjunción, la falsa disyunción o separación, la falsa acentuación y la falsa forma de expresión. **V. sofisma.**

EQUÍVOCO Se dice que un término es equívoco cuando tiene una pluralidad de sentidos independientes, pero no tienen más coincidencia que la del vocablo; por ejemplo, la palabra *gato*, que en castellano designa un animal doméstico y un instrumento para levantar grandes pesos. En escolástica se hizo la distinción con respecto a los nombres o términos que se utilizan en una analogía, entre un modo de hablar unívoco, un modo de hablar *equívoco* y un modo de hablar análogo. El modo de hablar *equívoco* se da cuando se aplica un nombre a todos y los términos en un sentido completamente distinto; por ejemplo, cuando se dice *calle* como vía y *calle* como imperativo del verbo callar.

ERASMO (Desiderio) DE ROTTERDAM (1467-1536). Humanista holandés, hijo ilegítimo del eclesiástico Geradio de Prael, gran escritor latino, admirado en toda la Europa renacentista. Hizo sus estudios en el monasterio de los canónigos de Emmaus, en Steyn, contra su voluntad, por orden de su tutor. Allí se ordenó sacerdote y, en 1492, fue secretario del obispo de Cambrai. A partir de su primer empleo en La Sorbona, donde se desempeñó como escritor de elogios y poemas para la nobleza parisiense, empezó a ganar una merecida fama, lo que lo llevó a viajar por varias metrópolis culturales como Turín, Cambridge, Roma, Oxford y Lovaina, sobresaliendo dentro de la intelectualidad y consiguiendo holgura económica; tenía 50 años cuando se le dispensó de sus votos, aunque siguió ejerciendo su sacerdocio. A pesar de que Erasmo no es considerado estrictamente como un filósofo, sí tuvo gran influencia sobre los grandes pensadores de la época, por la claridad de su pensamiento y por su erudición. Sus escritos están dirigidos en múltiples direcciones: filología, gramática, traducción y análisis de los autores clásicos y glosas de los textos sagrados, principalmente. Era un intelectual puro y personificación del hombre de letras. El contenido de sus muchas obras refleja un desencanto y añoranza de épocas heroicas, refinamiento y cierta misoginia. Participó en muchas de las discusiones filosóficas de su época y centró su atención en el problema del libre albedrío, defendiendo su existencia y potencia, para encontrar un punto de equilibrio entre la libertad humana y su dependencia de Dios; esta posición originó sus divergencias con Lutero. Aunque es firme su creencia en un Dios único, su espíritu es conciliador y humanista. Pretendía una reforma de la Iglesia, pero para buscar una paz que tuviera su base en la vida interna del cristianismo que diera vigor a esa Iglesia y a su organización, lo cual no se podía conseguir sino por medio de un pensamiento humanista y tolerante. Su doctrina tuvo gran auge e influencia en toda Europa y fue adoptada por muchos que deseaban mantener la unidad de la fe sin descuidar el saber. No solamente influyó entre la gente simplemente ilustrada de su tiempo, sino también en muchos filósofos. Sus principales obras son: *El elogio de la locura; Enchiridion militis christiani;* y sus cartas, que son muy ilustrativas de su pensamiento, recogi-

Erasmo de Rotterdam. (Fragmento) Grabado de Durero.

das bajo el nombre de *Opus epistolarum Erasmi.*

ERÍSTICA Que ama la disputa o la discusión. Para Aristóteles es erístico el silogismo que parte de opiniones, en apariencia plausibles, pero que en verdad no lo son.

EROS En la *Teogonía* escrita por el poeta griego Hesíodo, Eros, el amor, representa el principio abstracto del deseo y el motor universal, pues provoca las uniones de los principios cósmicos en una inmensa dialéctica de la creación. Los poetas de la

Eros de Borghese, Museo del Louvre

época helenística fueron quienes lo convirtieron en ese dios del amor, con el que estamos familiarizados, hijo de Hermes y Afrodita, y que se representa como un niño o como un adolescente alado, con su carcaj lleno de flechas y su arco dispuesto a atravesar corazones. En la filosofía griega, y especialmente en Platón, eros es ante todo un deseo de lo que no se tiene y se echa de menos, pero es sobre todo un afán de belleza; a la filosofía no se entra sino por el eros. El sentido cognoscitivo del eros platónico es el del amor que parte de la contemplación de las *cosas* bellas, para hacernos llegar a recordar la idea misma de la belleza, introduciéndonos así al mundo ideal. Con base en este mito, el nombre de Eros ha dado su contenido a términos como erótico y erotismo, los cuales indican la presencia del instinto sexual en los seres humanos, en cuanto potencia, en cuanto evocación subjetiva, en cuanto el acto sexual mismo o las acciones que conducen a él y, lo que es más importante, en cuanto su gran participación en la estructura síquica de los seres humanos, materia ésta de la sicología y del sicoanálisis; en este campo, el aporte de mayor envergadura ha sido el de Freud, cuya teoría sicoanalítica atribuye al eros y su desarrollo la mayor parte de las patologías mentales. **V. Freud, Hesíodo.**

ERÓTICA Conjunto de obras filosóficas, literarias, sicológicas y de las bellas artes, que tratan el tema erótico, es decir, el relacionado con el amor sensual. La erótica fue un tema tratado con gran naturalidad en las culturas griega y latina y durante el Renacimiento, siendo en ellas paradigma de la expresión de la belleza y de la potencia creadora del hombre. Durante la Edad Media, la erótica se consideró como expresión de las *bajas pasiones*, tornándose por esta causa en tema prohibido o tabú, actitud moralista que subsistió, y aún subsiste en nuestros días entre algunos reducidos grupos. En la Edad de Oro de las letras españolas, Villegas tradujo las *Eróticas* de Anacreonte, versión que fue vista con muy malos ojos por la generalidad de los escritores y del público lector. El neoclasicismo retomó, especialmente en el arte (escultura y pintura, sobre todo) y en la literatura, el tema de la erótica, pero es a partir del sicoanálisis que se despierta la conciencia de la importancia del desarrollo armonioso de la sexualidad y su expresión, en la salud síquica de los seres humanos. En nuestro tiempo, la erótica y su tratamiento en todas las ramas que citamos, se enriquece cada vez más y pretende el carácter de tabú que había adquirido en otra época.

ERROR Juicio en el cual el sujeto que lo formula equivoca, sin intención y por ignorancia, el objeto. El concepto de error incluye el hecho de tomar, por parte del sujeto, una posición subjetiva. El efecto del error es la falsedad del juicio. También hay error cuando se afirma como verdadero el contenido de un juicio falso por desconocer su falsedad. Se ha hecho la distinción entre las fuentes lógicas y las fuentes sicológicas del error; entre las primeras están las siguientes: generalización, uso de tópicos o fórmulas verbales hechas, concluir de lo inconcebible a lo imposible (que algo no esté al alcance de nuestro conocimiento no significa que no pueda existir); inferir que porque un hecho antecede a otro cronológicamente, aquél es la razón de éste; y toda la variedad de los sofismas. Muchas veces, el error en el entendimiento se debe a la ambigüedad en el uso del lenguaje, en la no definición apropiada y necesaria de los términos de una proposición; también a que la percepción por medio de nuestros sentidos resulte engañosa o distorsionada, o a fallas de la memoria. El entorno social también lleva a error muchas veces, casi siempre en virtud de prejuicios enquistados culturalmente. Son muchas las circunstancias que llevan al error y sería muy largo enumerarlas aquí. El error es superable mediante la revisión de los elementos del juicio.

ESCATOLOGÍA Vocablo que indica el estudio del destino último de la humanidad y del mundo. En la escatología se tratan temas como los del juicio final, el castigo a los pecadores, el premio para los justos, etc. Los temas escatológicos han sido desarrollados a lo largo de la historia religiosa de los pueblos como en el cristianismo (Apocalipsis de san Juan) y en el judaísmo, y forman parte del estudio de la teología. Se denomina *eudemonismo escatológico* al sistema que establece el acto moral cuya finalidad es una retribución (premio o castigo).

ESCEPTICISMO Doctrina que estima imposible la obtención de un conocimiento verdadero y lleva al terreno de la duda todo conocimiento. Su teoría fundamental se inició con base en una actitud de cautela ante los problemas que no tenían un fundamento completamente cierto y carecían de comprobación, y, también, como reacción ante los sistemas filosóficos especulativos que crearon un período de crisis en la antigua sociedad griega, en el siglo IV a. de C. Pirrón expuso la necesidad de abstenerse de asentir a juicio alguno por el hecho de tener igual validez tanto las razones en pro, como las razones en contra. El escepticismo no se da sólo en la filosofía antigua; a partir del Renacimiento hubo corrientes de este tipo, en especial cuando se trató de poner en duda argumentos de la fe religiosa que no permitían poner bases al materialismo. El escepticismo, como método, parte de la duda universal para la obtención del conocimiento, posición liderada por Descartes con su doctrina de la duda metódica, cuyo fin es la certeza. También el positivismo se asoció con esta corriente, al no aceptar juicios o hipótesis que no estuvieran previamente comprobados. El empirismo de Hume se convierte en escepticismo cuando afirma que el conocimiento no puede alcanzar la verdad metafísica, de manera que no se pueden demostrar ni refutar las convicciones íntimas e inmediatas en que se mueve el hombre, pues la realidad es percepción, experiencia, idea, y la contemplación de estas ideas no son más que impresiones subjetivas. **V. escépticos.**

ESCÉPTICOS Nombre dado a los filósofos pertenecientes a la escuela escéptica. El primero y más famoso de los escépticos griegos fue Pirrón, a principio del siglo III a. de C.; durante ese siglo y el II a. de C. sobresalieron Timón, Arquesilao y Carnéades; a partir del siglo I de nuestra era, se revivió esta corriente, y sus principales exponentes fueron Enesidemo y Sexto Empírico; este último, famoso por sus *Hipotiposis pirrónicas*. Los escépticos le dieron al conocimiento humano un carácter relativo debido a su indemostrabilidad y a su dependencia de las condiciones externas; por este motivo, defendieron una posición en la que se abstenían de todo juicio, con el fin de llegar a encontrar la felicidad mediante la obtención de la ataraxia (imperturbabilidad del alma). En sus obras, en las que presentaron argumentos en defensa del escepticismo (llamados por ellos *tropos*), criticaban los dogmas que defendían los filósofos especulativos. También fueron escépticos Montaigne y Charron. **V. escepticismo, tropos.**

ESCLAVITUD Término estrechamente relacionado con el concepto de libertad, en cuanto es su opuesto. Es libre quien no es esclavo. Puede definirse como la condición de dependencia absoluta de un individuo, de la autoridad de otro, la cual lo obliga a considerarse como de su propiedad y a aceptar todas las obligaciones que resultan de su voluntad. La esclavitud inhibe en el hombre todo sentido de la libertad y, por tanto, la realización de los actos que la expresan. La esclavitud como institución social y económica surgió desde la más remota antigüedad como resultado de las guerras entre organizaciones tribales en las que eran tomados prisioneros guerreros, mujeres y niños, quienes eran puestos al servicio de los vencedores. En Aristóteles, el hombre puede funcionar de varias maneras; una de ellas es el funcionar del hombre como *cosa* y, en este rango incluye a la hembra y al esclavo; los trabajos inferiores (de finalidad económica) están a cargo de esclavos; mantenía el estagirita la idea de la esclavitud según la vieja convicción helénica de que los bárbaros debían servir a los griegos, siendo bárbaro todo aquel que no supiese hablar el idioma griego por causa de su nacimiento. El advenimiento del cristianismo dentro del Imperio romano con su tesis sobre la igualdad de todos los hombres, convierte a esta doctrina en una esperanza para los esclavos que la acogen y en una amenaza contra el orden establecido. Durante la Edad Media, y con el surgimiento del derecho de gentes, pareció finalizada la existencia de la esclavitud como tal, aunque la situación de siervo en la organización feudal se asimilaba demasiado a la esclavitud. En un sentido individual o personal, la esclavitud se entiende como falta de autonomía, como dependencia, y esta situación puede originarse en el sujeto mismo o en hechos exteriores a él, como puede ser, por ejemplo, la imposición social o la estatal, cuando éstos se constituyen en opresión o en principio de opresión o coacción, que no permite disponer de sí mismo. En ética se ha considerado la noción de ser libre como el *no ser esclavo* de las pasiones.
V. libertad.

ESCOLÁSTICA Término que proviene de las palabras latinas *schola, scholasticus,* que significan escuela, maestro. La escolástica es, pues, la ciencia de la escuela y su contenido es el saber teológico-filosófico que se cultivaba en las escuelas medievales. Las principales fuentes de la escolástica son, en primer término, san Agustín y todos los llamados padres de la Iglesia (patrística), pero no debemos olvidar que en san Agustín se suman las influencias de los neoplatónicos, del seudo aeropagita, de Proclo y de la filosofía arábigo-judía. También son antecedentes importantísimos de la escolástica el conocimiento de Aristóteles por las traducciones al latín que de sus obras se hicieron en el siglo XII, y los comentarios de Avicena y de Averroes. La filosofía escolástica es una filosofía cristiana, que sirve a la teología y tiene sus métodos propios. Profesa un profundo respeto por la tradición y procura mantener un patrimonio común de método y contenido. Sin embargo, dentro de ello se dan varias corrientes encabezadas por los más eminentes filósofos de esta época. La escolástica como método implanta la *lectio* o conferencia que explicaba y comentaba los textos tradicionales y su desarrollo se llevaba a cabo mediante el procedimiento socrático del diálogo sometido a reglas específicas denominadas *disputas;* de las disputas surgían las *quaestiones*. Estas *quaestiones* exponían en su orden las razones en pro, luego las razones en contra y después las diferencias se solucionaban positivamente en la demostración y se daban respuestas a las objeciones. También se emplearon las *sumas* teológicas y las filosóficas y los *opúsculos* reservados para las investigaciones especiales. La escolástica empieza a formarse en el siglo IX con el idealismo panteísta de Juan Escoto Eriúgena, pero es sólo entre los siglos XI y XII que podemos hablar de una escolástica primitiva, primero con el trabajo de san Anselmo de Canterbury, denominado Padre de la escolástica, quien se ocupa ante todo del problema de los universales, quien es seguido por Pedro Abelardo, y las escuelas de san Victor y de Chartres. Así mismo, la fundación de universidades, en especial la de París, genera una gran apogeo de la escolástica y en ellas se inicia una gran actividad científica entre las órdenes mendicantes. Se destacan Alejandro de Hales, san Buenaventura –ambos franciscanos–, san Alberto Magno y, el más grande de todos, santo Tomás de Aquino, verdadero sistematizador de la escolástica. La nueva escuela franciscana se inicia con Juan Duns Escoto y sus seguidores (escotismo), al que se opone el averroismo de Siger de Bravante. Los siglos XIV y XV muestran una escolástica tardía que se dedica, ante todo, a la investigación de la naturaleza, a la vez que florece la mística alemana con el Maestro Eckhart (platonismo); surge también el nominalismo de Occam, hasta llegar a confluir con el humanismo renacentista; sin embargo, paralelamente, florece la escolástica en España con Francisco Suárez.

ESCOTO ERIGENA, Juan (810?-877?). Pensador inglés probablemente irlandés, considerado como el primer filósofo o iniciador de la filosofía de la Edad Media. Emigró muy temprano hacia Francia (a mediados del siglo XI) donde vivió bajo el reinado de Carlos el Calvo, ejerciendo gran influencia no sólo en Francia sino en toda la cultura europea. Su pensamiento tiene indiscutibles raíces en la mística platónica, especialmente en el llamado seudodionisio, cuyas obras fueron traducidas del griego al latín por Escoto Erigena. Su posición es en extremo ortodoxa, hasta el punto de identificar filosofía verdadera con religión revelada; en esta identidad, el trabajo de la razón se reduce a la interpretación de los textos sagrados. Para que haya identidad entre filosofía y religión es necesario que ambas sean verdaderas. La primera autoridad es la de Dios, seguida por la de los padres de la Iglesia y por la de los comentaristas sagrados; la autoridad está subordinada a la razón, pero la razón se ubica siempre bajo la palabra divina. Todas las cosas nacen de Dios, único ente verdadero, en forma de emanaciones o *participaciones*, que se suceden en cuatro etapas: (a) Dios incognoscible y primera realidad, naturaleza creadora y no creada; (b) Dios como continente de las causas primeras de los entes, naturaleza creadora y creada que se manifiesta en sus *teofanías*. Las teofanías surgen del acto de Dios en que reconoce en sí esas causas primeras; entonces, Dios se crea y se manifiesta en sus teofanías; (c) los seres creados en el tiempo, ya sean éstos corporales o espirituales, naturaleza creada y no creadora y simples manifestaciones o teofanías de Dios; (d) Dios como término de todo el universo, que vuelve a sí mismo, pues el fin de todo movimiento es su principio; de esta manera, las cosas se resuelven en el todo divino, se deifican. Como podemos observar en estas cuatro etapas, el filósofo antepone el género a la especie y ésta al individuo. Juan Escoto representa la primera fase de la escolástica, a pesar de su gran tendencia al panteísmo. Sus principales obras son: *De praedestinatione; De divisione naturae*.

ESENCIA Vocablo que se refiere a la naturaleza de las cosas e indica lo que permanece invariable y no puede existir fuera de ellas; es lo que las cosas son en sí mismas. En filosofía, el tipo de solución que se dé al problema de la relación de la esencia con el ser y con su conciencia, establece la diferencia entre diversos sistemas de pensamiento. Para Platón, las ideas o formas son *realidades verdaderas*, esto es, esencias . Aristóteles denomina esencia a *lo que es siendo*, y la identifica con el concepto de *sustancia segunda,* es decir, la especie en la cual se halla contenida la sustancia primera; la esencia sería entonces una determinación basada en el género al cual la cosa o entidad pertenece: es su naturaleza, lo que se predica de ella que la define. Este concepto de esencia fue absorbido por los escolásticos medievales. Para san Agustín, *esencia se dice de aquello que es ser. Las demás cosas que se dicen esencias o sustancias implican accidentes que causan en ellas algún cambio*. Bajo esta definición, la esencia le corresponde sólo a Dios. Para Boecio, la esencia es *forma y natura*; forma, por cuanto constituye el ser, y natura, por cuanto puede ser objeto de intelecto y de definición. En santo Tomás, esencia *se dice de aquello por lo cual y en lo cual la cosa tiene el ser. (...) por otra parte, es aquello según lo* cual se dice que la realidad existe. Por eso conviene que la esencia, por la cual la realidad se llama ente, no sea tan sólo la forma no tan sólo la materia, sino ambas, aun cuando tan sólo la forma sea, a su manera, la causa de su ser. El tomismo afirma que hay distinción real entre la esencia y la existencia en los entes creados. Para Avicena, la esencia de una cosa es la cosa en cuanto tal y nada más; es la pura realidad de la cosa, independientemente de sus determinaciones lógicas. Duns Escoto afirma que la esencia puede ser considerada en sí misma (estado metafísico), en lo real singular (estado físico o real) o en el pensamiento (estado lógico). Para Spinoza, *pertenece a la esencia de alguna cosa aquello que, siendo dado, pone necesariamente la cosa y que, no siendo dado, la destruye necesariamente, o aquello sin lo cual la cosa no puede ser concebida y que, viceversa, no puede sin la cosa ser ni ser concebido.* Para Hobbes, y en general para los nominalistas y terministas, la esencia es un término mediante el cual se nombra algo, o se predica algo de algo. Para Hegel el absoluto aparece primero como ser y luego como esencial: *la esencia es la verdad del ser;* es el ser en sí absoluto (en y para sí mismo), punto intermedio entre el ser y el concepto. Para Rosmini, la esencia es *lo que se comprende en cualquier idea.* En la fenomenología de Husserl, las esencias son *unidades ideales de significación que se dan a la conciencia intencional cuando ésta procede a describir pulcramente lo dado.* Estas esencias son intemporales y aprióricas, universales y *concretas,* de donde surge la denominación para las esencias de *universales concretos.* **V. ousía.**

ESENCIA (Conocimiento de la) El conocimiento esencial es aquel que descubre la esencia de un objeto, lo que el objeto es, más allá del conocimiento que pueden proporcionarnos los sentidos y el conocimiento empírico. Se da el nombre de *intuición esencial* a la aprehensión inmediata y directa de la esencia en el ente concreto; esta clase de intuición es negada por el empirismo que no admite intuición distinta de la experiencia.

ESENCIALISMO Doctrina filosófica que defiende la supremacía de la esencia sobre la existencia como problema ontológico y metafísico y que, por tanto, se considera opuesta al existencialismo. Aunque parece difícil encontrar pensadores totalmente esencialistas, se puede decir que algunos de ellos tienen esta tendencia, como Platón, cuando identifica las esencias como formas o ideas, con las que denomina «verdaderas realidades». También son considerados esencialistas Avicena, Georges Gusdorf y Louis Lavalle. **V. esencia.**

ESFERA Figura geométrica que ha sido símbolo de perfección para muchas filosofías y, también, para muchas religiones a lo largo de la historia de la humanidad. En la escuela pitagórica evocaba la imagen de plenitud; para Parménides era también *el ser perfecto en todas sus partes*, quizá símbolo del ser único e inmutable (Dios); para Empédocles, Dios es una *realidad esferoide llena de alegre orgullo en su dominador reposo.* En general, en la filosofía griega, la esfera es la metáfora de lo completo, lo acabado, lo perfecto, lo pleno. Por otra parte, Pascal dice que *la divinidad es una esfera cuyo centro se halla dondequiera y la circunferencia en ninguna parte.* En filósofos tan importantes como Eckahrt, Böhme, Leibniz, Nicolás de Cusa, Fichte, Schelling, von Baader, entre muchos otros, y en físicos como Kepler y Paracelso, se encuentra la misma imagen de Dios, así como en la mística cabalística. En la tradición oriental, existe la metáfora de la rueda cósmica que debe seguir el sabio para poder ser completamente libre, esto es, uno con el todo; en el centro de esa rueda cósmica se encuentra la norma. En sentido figurado, se dice que una cosa cualquiera es de o pertenece a la esfera de algo determinado para indicar que está incluida en el espacio (físico o intelectual) que comprende ese algo.

ESOTÉRICO Una de las clasificaciones que se han hecho de la obra de Aristóteles, la divide en libros exotéricos o dirigidos al gran público, y libros esotéricos, más profundos y dirigidos a núcleos reducidos del liceo; tienen generalmente forma de *cursos* o *lecciones*. Esto originó la generalización del uso de este término para designar las doctrinas filosóficas dirigidas a la enseñanza interna y exclusiva de algunas escuelas. También se denomina esotérico a lo que es o permanece oculto, secreto, igual que a los ritos y al contenido mismo de las doctrinas que están siempre dirigidas a los iniciados y no deben salir del marco de quienes las profesan. La mayor parte de las doctrinas esotéricas deben su condición a circunstancias históricas; por ejemplo, las persecuciones de que fueron víctimas los adeptos a ciertas religiones o a ciertas sectas, quienes, para escapar de los castigos y la violencia ejercida contra ellos tuvieron que practicar sus doctrinas de una forma secreta. La realidad de esto se confirma por la lenta apertura que, con el tiempo, algunas sectas o religiones antes secretas han tenido hacia la sociedad en general. Otras, fundamentan su importancia en su misma condición de secretas, la cual las ha mantenido vigentes durante muchos siglos.

ESPACIO Se ha denominado espacio al vacío en donde se encuentran todas las cosas que existen y sirve como receptáculo de ellas. La extensión de los cuerpos reales se conoce en relación con el espacio que ocupan y es idéntica a la extensión del lugar que ocupan en el espacio, el cual es siempre mayor que ellas. El espacio es a los cuerpos lo que el continente es al contenido. El espacio existe aunque no haya cuerpo alguno que lo ocupe. En la antigüedad se creía que el espacio era vacío; más tarde se descubrió que estaba lleno de elementos (gases y partículas) que la vista no podía captar sin recurrir a instrumentos especiales. El vacío real, o carencia de todo ente corpóreo, solamente existe cuando se produce artificialmente o por fenómenos naturales científicamente demostrables. El espacio absoluto, imaginario o infinito ha sido concebido como una extensión ilimitada e inmóvil en el cual se encuentra el universo. Los diferentes conceptos de espacio están basados en la forma como éste es considerado, ya sea como representación de la imaginación, como mero concepto o como objeto. Para Descartes, por ejemplo, los cuerpos se reducen a su extensión y ésta se identifica con el espacio. Para Kant, espacio y tiempo son formas *a priori* de la sensibilidad, condición de posibilidad de los fenómenos. También se ha entendido el espacio como un ente de razón, que tiene por fundamento real la extensión de los cuerpos; esta relación permite formular proposiciones sobre posición, distancia, proximidad y contacto entre los cuerpos, como también sobre la presencia espacial. Una de las características del espacio es su mesurabilidad, directamente relacionada con la extensión. Cualquier medida espacial se basa en la selección arbitraria de un patrón con el cual se compara el espacio elegido; hasta el momento se conocen tres dimensiones del espacio: altitud, anchura y profundidad; el espacio, pues, es tridimensional. También existe un espacio matemático, abstracto, objeto de la geometría. El espacio físico es la extensión real de las cosas; también es el espacio en que los rayos luminosos son considerados como líneas rectas; sin embargo, en el campo gravitatorio del universo esos rayos no son rectos, pues el espacio es curvo.

ESPECIE Esencia común a un gran número de individuos. Para Platón era la idea existente en sí, suprasensible, de la cual participan las cosas individuales sensibles. Para Aristóteles, la especie es sólo un concepto que se distingue del concepto de género en que éste, omitiendo la diferencia específica, manifiesta la esencia de un modo indeterminado, mientras el primero, formado de género y diferencia, descubre la esencia total. Según la teoría clásica, las diferencias existentes entre los individuos comprendidos bajo la misma especie, conciernen sólo a caracteres no esenciales (accidentales), diferenciándose, en cambio, las distintas especies mediante formas sustanciales diversas (forma). En los conceptos de género y especie se ha basado la gran mayoría de los clasificadores.

ESPECIFICACIÓN Esclarecimiento o explicación de las partes de un todo en forma individual, indicando a qué especie pertenecen, es decir, cuáles son sus características que las distinguen o hacen diferentes de las demás que conforman el mismo todo.

ESPECULATIVO, ESPECULACIÓN (del latín *speculari* = espiar, escudriñar). En filosofía, especular designa al acto del pensar creador que penetra mentalmente en los datos que le ofrece la experiencia hasta sus últimos fundamentos. La especulación es el núcleo, el fundamento de la filosofía. El punto de partida de la especulación es lo experimentado, de modo que sus datos son aceptados o rechazados por la experiencia misma. La especulación pone en evidencia las leyes absolutas de la esencia y del ser al aprehender los principios constitutivos y las últimas causas de todo lo que puede darse en la experiencia. En cuanto al método, la especulación se sirve del conocimiento esencial, del análisis, de la síntesis *a priori* y de la deducción, básicamente. Para Aristóteles, especulación y teoría coinciden, pues la teoría investiga al ente de manera intuitivo-contemplativa; pero hoy día se establece la diferencia entre estos términos al hacer de la especulación una parte de la teoría; Kant utilizó el término especulación en sentido peyorativo, lo que aún perdura, cuando limitó la razón teórica al dominio de la experiencia posible, llamando a lo demás *vacías especulaciones*. Hegel, por el contrario, exagera la importancia de la especulación como base de la capacidad de superar la contradicción y lograr la síntesis.

ESPERANZA Expectativa acerca de la realización o de la obtención futura de un objeto deseado. Este objeto puede ser o físico o intelectual. El hombre es un *ser que espera* y la esperanza, en última instancia, se refiere a la realización trascendente y personal. Santo Tomás la define como *movimiento de nuestra facultad de apetecer, como consecuencia de la aprehensión de un bien futuro, arduo y posible de alcanzarse*. La esperanza es un acto libre, pero no puede contar con la certeza de su cumplimiento, que es más probable en tanto el objeto o fin último esté más acorde con la posibilidad de proporcionar los medios adecuados a su consecución, con la legitimidad de este fin y con la demostración de experiencias similares y cumplidas por el propio sujeto o por sujetos diferentes a él. Según la sicología, todo acto humano que obedezca a un proceso de la razón, encierra en sí mismo una expectativa o esperanza dirigida hacia el cumplimiento de un fin concreto; de esta tesis están excluidos los actos inconscientes. Concebir esperanza con respecto al cumplimiento de hechos o de objetivos de escasa probabilidad en unas circunstancias reales dadas, es lo que distingue a las llamadas utopías.

ESPINOSISMO Doctrina filosófica de Baruch Spinoza; también, se llama espinosismo a las tesis de los filósofos que se han basado en las reflexiones de Spinoza para desarrollar su propio pensamiento, o que son partidarios de ellas. La doctrina de Spinoza está contenida principalmente en la *Ética*, en que el autor sostiene un panteísmo terminante y su sistema está construido geométricamente. Su doctrina sobre los afectos de cuyo dominio depende llegar a una vida feliz, y su concepto sobre la unidad del universo, ejercieron gran influencia en los filósofos posteriores, entre otros sobre Schelling y Goethe. **V. Spinoza.**

ESPÍRITU La primera vez que en filosofía se esbozó el concepto de espíritu fue en la antigüedad griega, al presentar los conceptos de *noûs* como una realidad superior a la realidad material, un principio pensante, cuyo significado algunas veces se ha considerado similar al de *psyche* (alma) que es, en rigor, un principio vivificante; así mismo, *pneuma*, principio superior a lo orgánico, pues lo trasciende, se ha traducido en muchas ocasiones por *espíritu*. En latín, de donde proviene efectivamente el vocablo castellano espíritu (*spiritus*= soplo, aliento), designa una entidad inmaterial y dotada de razón. Espíritu, en todo caso, se ha entendido de muy diversos modos, pero de todas formas siempre para indicar aquello que trasciende lo puramente vital u orgánico; y en algunos casos se lo ha considerado como lo opuesto a la materia y, también, como la esencia última de algo. Entre los escolásticos, el término *espíritu* se utilizó para designar la forma viviente y *espíritu puro* para designar la sustancia inmaterial. En el idealismo alemán el concepto de *espíritu* (*Geist*) alcanzó su gran desarrollo con las tesis de Hegel, para quien *espíritu* es una realidad concreta y viviente cuyo aspecto abstracto es la idea; es una verdad parcial que necesita completarse para llegar a ser *la verdad de todo* porque ha absorbido el error, de manera que, de cierta forma, la filosofía es *filosofía del espíritu*. Por otra parte, Dilthey hizo la distinción entre ciencias de la naturaleza y ciencias del espíritu, al designar con estas últimas un grupo de ciencias caracterizadas por el método *científico-espiritual*. El concepto de *espíritu* ha variado en tal forma, que, por ejemplo, Freyer clasificó las formas del espíritu objetivo en grupos constituidos por las formaciones con sentido propio, los útiles, los signos, las formas sociales y el proceso educativo, entendiendo por espíritu objetivo el conjunto de objetivaciones de la vida individual o formas dotadas de sentido (*Sinn*) y susceptibles de comprensión. Para Scheler, lo que distingue al hombre de los demás animales superiores y en general del resto de la realidad es el espíritu o principio que, en sus palabras, *se opone a toda vida en general*. Para él, el acto espiritual por excelencia es la *intuición de esencias*, y las notas que caracterizan al espíritu son *libertad, objetividad y conciencia de sí*. En Scheler, el problema del espíritu está unido al de la constitución de una antropología filosófica y, en consecuencia, al problema de la esencia del hombre. Por último, para Hartmann, espíritu es el punto de contacto entre lo humano y lo ideal, y es la parte del ser por donde penetran los valores. V. **ciencias del espíritu, espíritu objetivo, Hegel.**

ESPIRITUAL Todo lo referente al espíritu, su carácter y sus manifestaciones. V. **espíritu.**

ESPIRITUALISMO Corriente filosófica que afirma la existencia real del espíritu y de los seres espirituales. Podemos citar varias tendencias dentro de esta corriente: el *espiritualismo metafísico*, que explica el ser a partir del espíritu y tiene tres direcciones principales; la primera es el espiritualismo monista en que toda realidad es espíritu y, precisamente, el espíritu único y absoluto, como en el idealismo alemán; la segunda es el espiritualismo pluralista en que la realidad está constituida por una multiplicidad de seres espirituales, de modo que al cuerpo no le corresponde ningún ser sustantivo, tal como ocurre en el idealismo de Berkeley y en la monadología de Leibniz; y la tercera, es la forma teísta del espiritualismo para el que toda realidad tiene como fundamento primitivo el espíritu, de manera que todas las cosas reales tienen afinidad con él. Otra tendencia es el *espiritualismo sicológico* que afirma la espiritualidad del alma humana, en contraposición al cuerpo material; uno de los representantes de esta forma de espiritualismo es Descartes, en cuya teoría opone radicalmente espíritu y materia, sin que haya grados intermedios en tal oposición. El *espiritualismo ético-sociológico* establece la diferencia entre los intereses animales y los humano-espirituales. El cuerpo es un servidor del espíritu y, en las posiciones extremas, el cuerpo es un mal, un no-valor.

ESPÍRITU (ciencias del) V. **ciencias del espíritu.**

ESPÍRITU DEL PUEBLO Expresión utilizada en general por algunos pensadores románticos alemanes y, en especial, por Hegel. Aunque parece que el uso de este concepto tuvo su origen en el pensamiento de los enciclopedistas franceses, fue en Alemania donde más se utilizó. Herder lo asoció con la historia de la humanidad (suma de los espíritus populares de los pueblos) y Fichte lo incluyó en sus obras de carácter político. Hegel ve en el espíritu del pueblo (*Volksgeist*), la suma de su historia, sus costumbres, sus tradiciones y sus instituciones (leyes y Constitución política), que forman una conciencia popular, la cual lleva, a través de la historia, a un espíritu universal.

ESPÍRITU OBJETIVO Una de las tres etapas, junto con el espíritu subjetivo y el espíritu absoluto, que Hegel establece en su teoría filosófica del espíritu. Estas tres etapas representan el camino de regreso de la naturaleza hacia ella misma en el terreno de la conciencia. El espíritu subjetivo hace referencia al derecho, la moralidad, la eticidad, la historia universal y al Estado; el derecho se funda en la idea de la *persona* o ente con voluntad libre, y es la forma más elemental de las relaciones entre las personas, mientras que la moralidad se funda en los motivos; la eticidad es la realización del espíritu objetivo, su *verdad;* el Estado es la forma plena del espíritu objetivo, creación de la razón y forma suprema en que se desarrolla la idea de la moralidad; por fin, en esta evolución, la *historia universal* es el despliegue de la dialéctica interna de la idea del Estado. El espíritu objetivo trata de relacionar los modos como el espíritu subjetivo se ha fijado en ellos. **V. espíritu, Hegel.**

ESPONTANEIDAD Característica en la que un proceso es provocado por causas internas, sin estar sujeto a influjos exteriores. Es aplicable a las cosas (procesos no provocados) o al hombre (iniciativa personal). El término espontáneo no es sinónimo de libre, pues aunque todos los actos libres son espontáneos, no todos los actos espontáneos son libres; por ejemplo, los actos instintivos guiados por la necesidad y el deseo. En filosofía fue analizado por los atomistas de la antigüedad, cuando trataron problemas de causalidad, probabilidad y libre albedrío. En sociología, la espontaneidad es estudiada como fenómenos o manifestaciones caracterizados por el «automovimiento» de grupos humanos. El marxismo entiende este vocablo como un proceso en el que el hombre no tiene conciencia de las leyes objetivas o no posee control sobre ellas, de tal forma que su actuación consciente no lo lleva a los fines que se ha propuesto, sino a resultados inesperados.

ESQUEMA En sentido general, este término es empleado por los filósofos con el significado de forma o figura. El primer esquema que se conoce en filosofía es el de los dos mundos –mundo sensible (de las cosas) y mundo inteligible (de las ideas)–, de Platón, en el cual distingue estas dos grandes regiones de lo real, que simboliza en dos segmentos de una recta; cada una de esas regiones se divide en dos partes que contienen los dos grados de realidad dentro de cada mundo, presentando correspondencia cada porción de los segmentos con la otra. A cada forma de realidad corresponde una vía de conocimiento: al mundo sensible, la *doxa* u opinión; y al mundo inteligible, las manifestaciones del *noûs.* En Kant, esquema adquiere un sentido más específico al ser concebido como intermediario que desempeña la función de ligar los conceptos de la razón a los fenómenos cambiantes de la sensibilidad, haciendo posible la aplicación de las categorías a los datos que nos dan los sentidos. Este concepto aparece en la teoría kantiana del conocimiento como un producto de la imaginación. Para Kant hay esquemas *trascendentales* o de los conceptos puros del entendimiento, y esquemas de los *conceptos empíricos*, que simplifican los rasgos esenciales de la forma. **V. ilustración.**

ESQUEMATISMO Término utilizado por Kant dentro de la expresión *esquematismo del entendimiento puro*, para designar al *proceder del entendimiento con los esquemas*, es decir, el sistema de esquemas que aseguran la mediación entre el fenómeno y las categorías del entendimiento. **V. esquema.**

ESSE En general, este vocablo latino utilizado por varios filósofos en muy diversos contextos, se entiende como *ser*. Aristóteles fue el primer filósofo que relacionó estrechamente el término *esse* al término *essentia*. Santo Tomás se refiere al *esse* como ser, y lo divide en diez categorías; en la esencia creadora no creada, o esencia divina, el *esse* es su existir, identificando así *esse* con esencia. Dentro del pensamiento antiguo y medieval se debatió en qué consiste el ser de la esencia (*esse essentiae*) y el ser de la existencia (*esse existentiae*) y de qué maneras un *esse* incluye, o puede incluir, ambas. Según muchos autores medievales, el existir es propiamente el *esse*, o mejor, el *ipsum esse* que es una existencia actual. En este período de la filosofía el concepto de *esse* es muy ambiguo, pues, por una parte, designa la esencia y, por otra, el acto de existir; cuando se equiparó existencia y *esse*, se suscitó la cuestión de si, una vez dado algo que existía, puede o no predicarse de él el existir mismo, cuestión que generó diferentes opiniones y que pasó también a la filosofía moderna.

EST PERCIPI Forma corta de referirse a la expresión *esse est percipi*, utilizado por

Berkeley para expresar su concepto acerca de que el *ser* de un objeto consiste en su *ser percibido* (*esse est percipi*). Se refiere a los objetos de conocimiento o colección de ideas que son percibidas por un espíritu. Dentro del concepto de *ser percibido*, incluye este filósofo el de *poder ser percibido*, razonamiento que no admite la existencia de idea abstracta alguna que puedan no ser percibidas o percibibles, pues considera absurdo sostener que haya lo que se denomina *materia* o *sustancia corpórea*, puesto que sólo existen las que denomina *sustancias activas*, que son espíritus.

ESTADIO Etapa en el desarrollo del pensamiento o en el de una doctrina. También en el desarrollo y evolución general de una especie. En sicología se denomina estadios a períodos o etapas en el desarrollo sicológico de una persona caracterizados por la ocurrencia de cambios súbitos en las relaciones del individuo con el mundo exterior, en los cuales se adquieren y problematizan valores que, posteriormente, se reorganizan en nuevas síntesis.

ESTADÍSTICA Rama de la matemática aplicada que asigna valores numéricos a un conjunto de objetos o de notas de esos objetos para facilitar la posterior elaboración matemática, con el propósito de medir o cuantificar datos contenidos dentro de una problemática general. La estadística se ha clasificado en dos: la estadística *descriptiva* que toma los datos obtenidos empíricamente y los dispone racionalmente, algunas veces de manera gráfica (representación); y estadística de *inferencia*, cuya base es la prueba al azar que selecciona sistemáticamente posibles observaciones y, fundada en la teoría de la probabilidad, infiere con alguna seguridad la totalidad de posibles observaciones en cuanto inducción completa. La estadística se ha aplicado tanto a las ciencias naturales como a las ciencias sociales, en especial a la sociología y a la sicología, por la generalización de los métodos empíricos. También en ética se habla de estadística moral en el sentido de la ponderación de las regularidades con que, en un marco sicológico, social, etc., se dan las acciones humanas voluntarias.

ESTADO En general este vocablo indica el orden jurídico, organizativo, jerárquico y representativo de una nación. El conjunto de los elementos anteriormente indicados está enfocado hacia lo que podríamos llamar una representación «jurídicamente válida» que se refleja, tanto hacia el exterior como hacia el interior de una nación. El primer intento por parte de la filosofía para constituir un concepto básico para lo que posteriormente se denominaría Estado fue el de Platón, quien en la *República* considera a la ciudad como un compuesto de tres clases sociales: el pueblo, los vigilantes y los filósofos; la existencia de la ciudad se apoya en las virtudes que corresponden, respectivamente, a cada una de esas clases: templanza, fortaleza y sabiduría. La justicia consiste en el equilibrio o buena relación entre los individuos que la conforman y entre ellos y el Estado, así como de las diversas clases entre sí y con la comunidad social. La ciudad (*polis*) o Estado platónico es el cuerpo político regido por la justicia. Es muy grande la subordinación del individuo al interés de la comunidad, que hasta la generación sexual de la vida, la educación, la posesión estatal de los bienes, mujeres e hijos son decisiones que pertenecen al Estado. La perfección de la *polis* se da cuando hay identificación entre lo social y lo político, es decir, la *polis* es la interpretación estatal de la sociedad. Igual que Platón, Aristóteles estratifica a los ciudadanos según su tipo de vida, determinado por el trabajo. Distingue tres tipos puros de régimen o constitución, que dependen de la cabeza en que se asiente el poder: si está en uno solo, se da la monarquía; si está en la minoría de los mejores, se da la aristocracia; y si está en manos del pueblo (todos), se da la democracia. A estas formas corresponden las formas degeneradas que son la tiranía, la oligarquía y la demagogia. En su *Política*, Aristóteles considera que una mezcla de lo mejor de estas tres formas puras de constitución o régimen es lo mejor y da como resultado la república (*politeía*), que es más estable y segura. Su Estado, como en Platón, es un Estado-ciudad. Puede tomarse como una reacción ante la concepción de estado reducida a la ciudad, la doctrina de algunos estoicos denominada *cosmopolitismo antiguo*, uno de cuyos principales representantes es Marco Aurelio, para quien la ciudad es *nómos* (convención) y, por tanto, el hombre es cosmopolita, ciudadano del mundo, y no de esta o aquella patria. En san Agustín, la filosofía del Estado y de la historia dependen por entero de Dios, idea expresada profundamente en su obra *La ciudad de Dios*, donde la historia humana se reduce a la lucha entre el reino de Dios y el reino del mundo, entre la *civitas Dei* y la *civitas terrena*. El Estado tiene su raíz en la misma naturaleza humana y vela por el bienestar, la paz y la justicia, que son cosas temporales, pero que le dan al Estado, también, una significación divina. Toda potestad viene de Dios y, por eso, el Estado tiene que poner en práctica los principios cristianos y prestar a la Iglesia su apoyo para el cumplimiento de su misión. El concepto agustiniano del Estado primó sobre todo el desarrollo político de la Edad Media. Con el surgimiento del pensamiento renacentista aparecen los grandes teóricos del Estado, como fueron: Nicolás Maquiavelo (1469-1527), quien, en su *Príncipe*, expuso la tesis de que un Estado no se subordina a ninguna instancia superior, ni religiosa, ni moral; Campanella, quien describe en su *Civitas solis*, una utopía socialista inspirada en la *República* de Platón, pero en que el Estado es una monarquía universal teocrática cuya primera autoridad es el Papa. También durante el Renacimiento, en Inglaterra se destaca Tomás Moro, quien en su *Utopía* describe un ideal socialista del Estado, también de inspiración platónica. En la filosofía moderna, el empirismo y sus grandes figuras se preocupan por establecer una teoría del Estado; Hobbes parte de la igualdad entre todos los hombres, pues todos aspiran a lo mismo, lo cual genera enemistad y odio; así, pues, el *hombre es un lobo para el hombre*. Para facilitar su vida, el hombre transfiere su derecho al Estado mediante un convenio general que le permite el paso de su *status natural* a un *status civilis*. Este Estado es absoluto y su único límite es la *potencia*, monstruo poderoso (*leviatán*) que devora a los individuos, una especie de Dios mortal, que decide la política, la moral y la religión. Es un sistema dominado por el mecanicismo naturalista y la afirmación del poder omnímodo del Estado. En contra de esta teoría, la más importante manifestación es la doctrina de Locke, que sustenta los principios de la libertad y el parlamentarismo, de los cuales está impregnada la revolución inglesa de 1688. Locke es el representante típico de la ideología liberal; afirma que de la libertad emerge la obligación y que Dios impone la *ley natural*. La igualdad brota del amor entre los hombres, que no nacen *en* la libertad, pero sí *para* la libertad. El rey no tiene autoridad absoluta, pues la recibe del pueblo, idea que se cristaliza en la monarquía constitucional y representativa, independiente de la Iglesia y tolerante en el aspecto religioso. La Ilustración francesa revolucionó todos los conceptos del Estado que hasta el momento habían imperado. Uno de sus representantes, Montesquieu, en su obra capital *El espíritu de las leyes*, sostiene la tesis de que las leyes de cada país son el reflejo del pueblo que las tiene, y distingue tres tipos de constitución que se repiten en la historia: el despotismo, la monarquía y la república; a cada una de ellas corresponde un motor: el temor, el honor y la virtud. Otro filósofo importante de la Ilustración que aportó una visión del Estado fue Rousseau, quien afirma en su obra *Contrato social* que el origen del Estado es el *contrato tácito* entre los hombres desde el estado de naturaleza, de manera que el Estado es posterior al individuo y está determinado por la voluntad individual, la voluntad general y la voluntad de todos, siendo esta última la suma de las voluntades individuales, que casi nunca es unánime; la que importa a la política es la voluntad general o de la mayoría, que es la *voluntad del Estado*. Y este es el principio de la democracia y del sufragio universal. También dentro de la Ilustración, la interpretación histórica del Estado, de Vico, es muy importante, pues considera que las *naciones* son las protagonistas verdaderas de la historia universal. El curso de la evolución histórica de las naciones presenta tres fases: la del predominio de la *fantasía* sobre el razonamiento; esta fantasía es creadora de dioses y el hombre reverencia sobre todo lo que él mismo ha creado; tal fase es, entonces, la de la *teocracia*; otra fase es la que denomina *edad heroica,* en que las creencias se dirigen hacia los semidioses o héroes de origen divino y se da la *aristocracia;* por último se llega a la edad *humana,* cuya forma de gobierno es la igualdad porque los individuos son modestos, inteligentes y razonables, entonces se da la *monarquía.* Cuando el pueblo ha pasado por las tres etapas, vuelve este ciclo a empezar, a lo que él da el nombre de *ricorso* o rebarbarización. Dentro del racionalismo aparece la diplomacia en el nuevo sentido de personalización de la misma, pues no hay ya la relación directa de unos Estados con otros, sino una relación personal abstracta: la nación está personificada en el rey absoluto. Terminan los vestigios del feudalismo medieval, la monarquía llega a su plenitud absoluta y se ha logrado una completa organización del Estado. Aparece el intervencionismo del Estado. Dentro del idealismo alemán iniciado por Kant, el hombre, como *persona racional,* pertenece al mundo de la *libertad,* la cual se encuentra exclusivamente en el *hecho de la moralidad,* en el *deber ser.* Aunque el propósito kantiano pueda parecer puramente ético, la gran difusión de su doctrina no deja de tener implicaciones políticas: su *imperativo categórico* manda sin condición alguna y su obligatoriedad se encuentra en él mismo, no en la externalidad de las leyes impuestas por el Estado, pues se debe obrar por *puro respeto al deber.* La ley viene dictada por la conciencia moral misma. Hegel consideró al Estado como la forma plena del espíritu objetivo, que comprende tres formas, cada vez más altas: el derecho, la moralidad y la eticidad. La idea de la dialéctica implícita en la historia universal tiene gran resonancia en las llamadas *juventudes hegelianas,* en cuya ala izquierda tuvo sus raíces el marxismo. Para el marxismo, el Estado en su forma convencional no tiene vigencia, pues no es representativo del pueblo y sí es utilizado como medio explotador del poder; en su remplazo propone el llamado «Estado proletario», que representa el mandato democrático de la dictadura del proletariado. Max Weber desarrolla el concepto de Estado como aparato de dominación legítima, en sus obras *Economía y sociedad* y *El político y el científico.*

ESTADO (*status*) Vocablo que indica la situación de un objeto dentro de una jerarquía de valores, sean éstos de orden social, material, ideal, *etc.* El estado o *status* es el modo de ser de un objeto en relación con todo su contexto y esta situación es susceptible de cambio o modificación. Por ejemplo, puede decirse que el *status* social de una persona se ubica en la clase alta; que el *status* económico de un sujeto es medio-bajo; que Dios creó al hombre en estado (*status*) de inocencia, etc. El *estado* es una de las categorías aristotélicas que designa situación o postura (posición). En la Edad Media se utilizó la expresión *status naturae* (estado de naturaleza). Para Duns Escoto, la sabiduría divina asegura con sus leyes el estado (*status*) o permanencia que corresponde a la naturaleza de las cosas.

ESTAR Verbo que designa una de las maneras de ser o, también, un modo distinto de ser. En tales sentidos, el estar es lo que define el estado o *status.* **V. estado (status).**

ESTÁTICA Parte de la mecánica que tiene por objeto el estudio de las fuerzas en equilibrio, es decir, de aquellas de las que no resulta movimiento. Utiliza dos conceptos fundamentales: las longitudes y las fuerzas. Se sirve de dos tipos de conceptos geométricos y energéticos. Se podría considerar a la estática como una geometría energética.

ESTATISMO Inmovilidad permanente de un objeto cualquiera (lo estático). En filosofía, lo estático, lo inmóvil, es lo perfecto, que no deviene. También se denomina estatismo a la tendencia que otorga un pleno poder al Estado en todos los aspectos de carácter político y económico.

ESTATUTO Norma básica que tiene carácter legal y, por tanto, su cumplimiento tiene carácter obligatorio. Los estatutos, por lo general, reúnen los criterios básicos sobre los que está construida una institución, los cuales le dan una existencia legal y hacen explícito el propósito de tal existencia. El contenido de un estatuto prima sobre cualquier ley u ordenamiento posterior por considerarse ley fundamental.

ESTÉTICA (del griego *aisthesis* = perceptible por los sentidos). Con este término se designa la ciencia del arte y de lo bello. Los primeros en considerar el problema de la estética fueron Platón, Aristóteles y Plotino, en la antigüedad clásica; durante la Edad Media se preocuparon por este aspecto san Agustín y santo Tomás. La estética aristotélica está íntimamente ligada con la sicología y su fuente principal es la *Poética,* en la cual estudia la tragedia y establece la diferencia entre historia y poesía, por cuanto la primera refiere lo que ha sucedido, y la segunda, lo que *podría* suceder; la poesía es más importante y filosófica que la historia porque se refiere más a lo universal; la tragedia es la imitación de una acción grave, que provoca *temor y compasión* y opera una *kátharsis* o purificación de esas acepciones; a pesar de tratar de situaciones dolorosas, por su carácter artístico, la tragedia se convierte en un placer estético que descarga las emociones y alivia el alma, que queda purificada. Durante la Ilustración alemana, Baumgarten dio a la estética el carácter de ciencia de la belleza, que se cultiva autónoma y sistemáticamente por primera vez; Schiller la apoya con sus escritos y Winckelmann con la publicación de su *Historia del arte de la antigüedad.* Kant limitó la experiencia estética a lo subjetivo en su *Estética trascendental;* distinguió entre lo *bello,* donde el sentimiento placentero es acompañado por la conciencia de limitación, y lo *sublime,* que provoca un placer mezclado de horror y admiración, porque lo acompaña la impresión de lo infinito o ilimitado. Hegel consideró la estética como una manifestación sensible del absoluto. Para Schopenhauer, lo estético es la idea que libera del dolor cósmico, y para Heidegger, el arte se realiza como puesta-en-obra de la verdad en cuanto presencia manifiesta del ser. Al tratar de hacer una definición general, podemos decir que estética es la ciencia de lo bello, concepto sobre el cual se ha construido la llamada estética filosófica, que se debe distinguir de la simple filosofía del arte. Lo bello entraña estructuras ontológicas y, también, incluye factores racionales. En lo bello se armonizan todos los aspectos del ente. La estética filosófica aclara, desde el punto de vista del ser, la esencia de lo bello en general (naturaleza) y en particular (arte), problema que tiene un sentido ontológico-metafísico; desde el punto de vista de la naturaleza humana, es la manifestación de un problema antropológico-existencial, pues estudia la esencia de la vivencia estética en un doble sentido: el del creador y el del contemplador. De este análisis se desprenden los problemas del valor y de la valoración estéticos.

ESTETICISMO Doctrina que hace de la belleza el valor supremo al cual se subordinan todos los demás (aun los morales y, sobre todo, éstos).

ESTIMATIVA En sicología, se denomina *estimativa natural* al sentido interno de aprobación o desaprobación como recurso espontáneo para la conservación de la vida y como tendencia al mayor ajuste con la naturaleza y con la propia naturaleza. Según los sicólogos, en el transcurso de la existencia humana la estimativa natural queda sumergida bajo otras formas de estimativa, que se basan en saberes, reflexiones y experiencias, en los órdenes teórico, moral, práctico y estético. Pero en el fondo siempre se conserva, y como elemento básico, en todos nuestros actos síquicos.

ESTOICISMO Doctrina de la escuela filosófica fundada por Zenón de Citium o Citio y que funcionaba en Atenas, en el llamado Pórtico de las pinturas (*Stoà poikíle),* de donde se deriva su nombre. Se distinguen en su desarrollo tres etapas: el estoicismo antiguo al que pertenecieron el fundador, Cleantes de Asos y Crisipo; la Stoa media a la que pertenecieron Panecio de Rodas y Posidonio; y la última época que incluyó a Séneca, Epicteto y Marco Aurelio. La doctrina estoica es sensualista y materialista. La formación de las ideas se realiza por las huellas que va dejando la percepción en el alma humana; hay unas nociones comunes presentes en todos y que determinan el consentimiento universal, noción que luego derivó en un innatismo. A esas ideas innatas correspondía la certeza absoluta. Admite dos principios (activo y pasivo), y a la razón que reside en la materia la denominan Dios; pero este principio no es espiritual sino corporal, que se mezcla a la materia como una *razón seminal* o fluido generador. Admite la existencia de cuatro elementos: fuego, agua, aire y tierra; de todos ellos, el fuego es el *artífice*, pues es el elemento activo. El mundo se repite de un modo cíclico y en esta doctrina hay un panteísmo expresado en la afirmación de que Dios y el mundo se identifican: Dios es sustancia y el mundo entero es la sustancia de Dios. También el estoicismo es determinista porque hay un encadenamiento inexorable que se manifiesta en el destino o hado; la contingencia y la libertad del hombre están incluidas en el plan general del destino. Todas las cosas sirven a la perfección de la totalidad. El sabio debe ser autosuficiente, bastarse a sí mismo. El bien supremo es la felicidad que consiste en la virtud, que a su vez es vivir de acuerdo con la naturaleza. Obedecer a Dios es libertad y es inútil resistirse, de manera que el sabio debe soportar todos los embates como una roca y despojarse de sus pasiones para lograr la imperturbabilidad o apatía o ataraxia.

ESTOICOS Filósofos pertenecientes a la escuela estoica, fundada en Atenas por Zenón de Citio. También se denominan estoicos a quienes han aceptado los principios filosóficos de esta escuela o han desarrollado sus tesis. En el lenguaje común, se dice que son estoicas las actitudes recias, referidas a las personas que resisten los embates de la vida con valentía y hasta con cierta frialdad. **V. estoicismo.**

ESTRATIFICACIÓN (ley y principio) N. Hartmann estableció las leyes categoriales con el fin de constituir una ontología fundamental rigurosa. Estas leyes o principios son los de *validez, coherencia, dependencia* y *estratificación*. El principio o ley de estratificación sostiene que las categorías del estrato inferior se hallan siempre contenidas en las del estrato superior y no a la inversa. **V. categoría.**

ESTRUCTURA Término que en filosofía designa el orden gradual de una totalidad que comprende todas las partes subordinadas. Para Kant es la unidad de sentido de las partes de un organismo; Dilthey, Spranger, Krueger y, en general, la *sicología estructural*, utilizaron esta noción para designar la totalidad teleológica articulada de las formas de vivencia síquica. En el marxismo, *estructura económica* indica la totalidad de las respectivas relaciones de producción, base sobre la cual se levanta la *superestructura*. En Abbagnano y en algunos existencialistas, la estructura es la forma que la existencia tiene que dar a su propia realización. El concepto de estructura dio a luz la corriente denominada *estructuralismo*, la cual prefiere la organización sincrónica, esto es, la que considera lo que en cada caso es simultáneo en los sistemas; esta tesis es usada en lingüística, literatura, etnología, estética, sociología y, por supuesto, en filosofía. **V. estructuralismo.**

ESTRUCTURALISMO El estructuralismo tiene su base objetiva en la escasa articulación de las ciencias sociales y toma como modelo la lingüística, vista como un sistema de relaciones; los datos empíricos son organizados en una red de estructuras teóricas, aportada por el investigador. Piaget afirma que la estructura se basta a sí misma, pues no requiere elementos externos. Se trata de un modelo teórico que racionaliza el aparente desorden empírico. Para Lévi-Strauss, los hechos pueden ser interpretados, como en la lingüística, con signos, afirmando así la existencia de una estructura profunda accesible a través de la racionalización, de la que los fenómenos son síntomas. El estructuralismo es, sobre todo, un método que se propone la aprehensión de la red de relaciones entre elementos determinados por dicha red o estructura, de manera que el todo es más que las partes; para cumplir este propósito se utilizan casi siempre medios matemáticos. Tuvo su auge durante el decenio del sesenta; tomó como base objetiva la escasa articulación de las ciencias sociales y utilizó como modelo la lengua en cuanto modelo de relaciones. El modo estructural toma una situación en un momento dado sincrónicamente y hace abstracción de la historia; el sincronismo estructuralista cuestiona la noción de centro asignada a nuestra civilización y la propia noción de progreso. En filosofía, aunque se ha mostrado efímero, el estructuralismo ha formulado varios postulados en que aparece una interpretación filosófica de sentido, por ejemplo en el postulado de la igualdad de valor de las culturas y el de la irreductibilidad de los diversos niveles de la vida social, los cuales, sin reducirse unos a otros, forman juntos en sus relaciones recíprocas la estructura de la sociedad. Se considera al lingüista Ferdinand Saussure como el padre del estructuralismo, cuyas ideas, expuestas en su obra *Curso de lingüística general*, se oponen radicalmente a la lingüística del siglo XIX, al mostrarse en desacuerdo con que haya que estudiar la manifestación individual material del fenómeno lingüístico (*parole*), en vez del sistema de los elementos que la componen en su totalidad (la lengua). Para él, los elementos lingüísticos son posteriores a las reglas y una lengua está determinada, ante todo, por las reglas de combinaciones de sus elementos y, sólo secundariamente, por los elementos mismos. Desecha así la perspectiva histórica (diacrónica) y la remplaza por una perspectiva sistemática (sincrónica), con un método lógico-formal. Estas tesis tuvieron gran resonancia, especialmente en la llamada Escuela de Copenhague y en la Sociedad rusa para el estudio del lenguaje poético, y en la postguerra se extendieron a otras ciencias humanas gracias a los trabajos de Claude Lévi-Strauss, antropólogo francés, quien buscaba unas leyes universales que expresaran el orden de los fenómenos y su conexión dentro de un sistema, constituyéndose en principios invariables del inconsciente colectivo. Esto se consigue, según él, comparando los fenómenos del parentesco con los lingüísticos por su característica función de comunicación; así, niega el valor de la indagación empirista y del conocimiento inmediato, pues la estructura que se trata de indagar forma parte de la realidad, pero no es visible y regula su propio desarrollo de forma tal que los hombres sólo son instrumentos inconscientes y secundarios. De esta manera se opone al humanismo filosófico. La actividad de la razón descubre la estructura presente en la realidad y la traduce en términos lógico-matemáticos para poder deducir las diversas estructuras particulares con sus características y posibilidades de evolución. Pertenecen también a la corriente estructuralista, el sicoanalista Jacques Lacan y Michel Foucault; este último no se considera a sí mismo estructuralista, aunque critica constantemente en sus obras las estructuras ficticias del pensamiento moderno, pues el hombre, para él, es una simple expresión de estructuras ocultas que lo determinan y que sólo se revelan a nivel de lo imaginario, de lo atípico, de la transgresión. Sus estructuras son *estructuras epistémicas* que caracterizan y producen cada momento histórico, reductibles a estructuras formales, abstractas y atemporales, que tienen en sí sus propias reglas de transformación. Para otros estructuralistas, en especial para los lingüísticos, el estructuralismo es una actividad de construcción o recomposición del objeto después de su análisis, mediante el cual el hombre intenta captar las relaciones funcionales entre los elementos que ha descubierto en él; esta línea está representada sobre todo por Roland Barthes, para quien el estructuralismo es una *actividad* o *búsqueda de sentido* en las obras humanas, las cuales siempre son funcionales y, por tanto, estructuradas. Jean Piaget, a quien en sentido riguroso no se puede considerar estructuralista, considera la estructura como un producto sicológico generado por operaciones concretas de la mente humana; Lucien Goldmann, su alumno, en su análisis de los productos culturales humanos, se remonta a la concepción coherente del mundo o *estructura significativa* de la sociedad de la cual son una expresión. L. Althusser representa el influjo del estructuralismo en el marxismo: entiende el marxismo como ciencia centrada en el concepto de estructura, el cual debe ser analizado desde el punto de vista epistemológico para descubrir la posibilidad de un conocimiento científico. La indagación epistemológica del marxismo conduce a una filosofía materialista dialéctica del conocimiento en que se unifican materialismo histórico y materialismo dialéctico. La unidad del espíritu humano que da cuenta del fenómeno y esta unidad, entendida como base de las manifestaciones estructurales, da pie a Lévi-Strauss para cuestionar la separación entre cultura y naturaleza; para él, la mente es un fenómeno natural y, por consiguiente lo humano, las construcciones culturales, no son más que una manifestación de la naturaleza.

ETERNIDAD Según la concepción temporal, eternidad es la duración de un ser, la cual no tiene comienzo ni fin. Para la concepción intemporal eterno es lo que está fuera del tiempo. Es duración de un ser, la cual no tiene comienzo ni fin. La eternidad se atribuye exclusivamente a Dios. **V. Dios, tiempo.**

ETERNO RETORNO Concepto esbozado por primera vez por Heráclito y utilizado por Nietzsche quien, al negar la posibilidad de toda metafísica, afirma la vida haciéndola volver eternamente. Los elementos del mundo se combinan, y al agotar todas las combinaciones posibles reanudan el ciclo. Esto se repite indefinidamente en el tiempo, de manera que todo se repetirá una y otra vez; todo volverá eternamente y con ello lo vil y miserable. El hombre, no obstante, puede ir transformando a sí mismo y al mundo mediante la *transmutación de todos los valores*, para dirigirse así hacia el *superhombre*. **V. Nietzsche.**

ÉTICA (del griego *ethos*=carácter, costumbre). También se denomina filosofía moral. En general, es la parte de la filosofía que estudia la moralidad de los actos humanos, en cuanto resultado y en cuanto acto; la ética especial estudia los actos humanos en su moralidad, pero referidos a formas y situaciones particulares como los que son materia del derecho y de la deontología. El primero de los filósofos griegos que se preocupa por la ética es Sócrates y por esto su pensamiento tuvo tanta influencia sobre la juventud. Parte del concepto de virtud (*areté*), que interpreta como aquello para lo cual ha nacido propiamente el hombre; la virtud socrática es la ciencia, pues si el hombre es malo es por ignorancia del bien, entonces, la ética es objeto pedagógico: se puede enseñar. Esta ética intelectualista de Sócrates consiste en que lo necesario es que cada uno conozca su *areté* («conócete a ti mismo»); el hombre es dueño de sí por el saber. En Platón, cada parte de la *psique* humana debe poseer una *virtud* que le es propia: la parte sensual, templanza (*sophrosyne);* la parte afectiva, fortaleza (*andría*) ; la parte racional, sabiduría o prudencia (*phrónesis*). Como las partes del alma se relacionan entre sí por pertenecer a una unidad como elementos de ella, debe poseer la virtud suprema, que es la justicia (*dikaiosyne*). Las cuatro virtudes platónicas pasaron al cristianismo como virtudes teologales (prudencia, justicia, fortaleza y templanza). Aristóteles hace de la ética la ontología del hombre y plantea la cuestión del bien como el fin último de los actos humanos y, en general, de todas las cosas. El bien supremo es la felicidad (*eudaimonía),* el cual no se busca, sino que sobreviene al cumplir cada uno su función propia. Como cada cosa de cuantas existen tiene su función, el estagirita se pregunta cuál es la del hombre, lo privativo de él, y encuentra que es la vida contemplativa, (*teorética),* superior a cualquier otro tipo de felicidad, siempre y cuando ocupe la vida entera del hombre. La actividad más excelente es la vida contemplativa, puesto que el intelecto es lo más excelente que poseemos y las cosas que le pertenecen son las más excelentes entre lo cognoscible; además, es lo más constante, porque cuando hemos visto o pensado un objeto, su visión o intelección es persistente, todo lo cual proporciona felicidad y es necesario a ella. La contemplación se puede ejercitar aun en el aislamiento, puesto que se ama y se busca por sí misma, sin buscar ningún resultado fuera de ella, siendo superior a la misma condición humana, ya que lo que la posibilita es lo divino que hay en el hombre. Para

Aristóteles hay dos clases de virtudes: las intelectuales (*dianoéticas*) y las más estrictamente morales (*éticas*). La virtud es el término medio entre las tendencias opuestas. El estagirita, en fin, expone una caracterología que valora los diferentes modos de ser del hombre, las diferentes maneras de almas, con sus virtudes y vicios. Los cínicos y los cirenaicos representan dos ramas de la moral socrática. Los primeros le dan a la felicidad (*eudaimonía*) un sentido negativo, al identificarla con la suficiencia o autarquía que se logra mediante la supresión de las necesidades; los segundos, el bien supremo es el placer, pero éste no nos debe dominar, sino ser dominado por nosotros; de este modo, sabio es quien es dueño de sí, quien no se apasiona; el hombre, según ellos, debe ser selectivo en sus placeres para que éstos sean moderados, duraderos y no lo apasionen. Los estoicos también basan su ética en el concepto de suficiencia o autarquía, pues el sabio debe bastarse a sí mismo; la virtud es la felicidad y ésta constituye el bien supremo; virtud es vivir de acuerdo con la naturaleza verdadera, que es la naturaleza racional; por tanto, el hombre debe amoldarse al destino, pues la razón humana es una parte de la razón universal: obedecer a Dios es libertad. Es necesario despojarse de las pasiones para lograr la imperturbabilidad (apatía o ataraxia) y, de esta forma, se puede ser feliz, aun en medio de los peores males y de los mayores dolores. En la ética de Epicuro el placer es el verdadero bien, pues nos indica lo que conviene o repugna a nuestra naturaleza, pero a los placeres que se refiere es a los más puros y espirituales, como es la amistad. El sabio es sereno, sobrio, muy equilibrado bajo cualquier circunstancia. Para santo Tomás, la moral es un movimiento de la criatura racional hacia Dios, que tiene como fin la bienaventuranza, la cual consiste en la visión inmediata de Dios, que se alcanza por la contemplación. La ética es la culminación de la metafísica de Spinoza, y en ella da un tratamiento naturalista y geométrico a las pasiones y apetitos humanos, los cuales definen la libertad o esclavitud del hombre según lo dominen o sean ellas las dominadas por la razón. Los moralistas ingleses del siglo XVII fundan la moral en la naturaleza, sin que tenga relación con religión o teología alguna; esta corriente presenta a su vez diversas interpretaciones y tendencias: Cudworth y Samuel Clarke afirman que la moral consiste en ajustarse a la naturaleza de las cosas y comportarse de acuerdo con su propio modo de ser, que se nos muestra por medio de nuestra intuición inmediata; Lord Shaftesbury funda el concepto de la ética del sentido moral (*moral sense*) por el cual el hombre tiene la facultad innata para juzgar mediante un juicio de valor, las acciones y las personas, de manera que decide si las acepta o las rechaza; este sentido que orienta al hombre es una forma armoniosa de su alma. Para Locke, la moral es la adecuación a una norma, independiente de la religión; esa norma puede ser ley divina, ley del Estado, o ley social de la opinión. Kant examina la cuestión del bien supremo y concluye que la única cosa buena en sí misma es una *buena voluntad*. El *deber ser* tiene que cumplirse sin condición alguna; tiene que haber un imperativo categórico que sea absoluto, que mande sin condición; este imperativo es el hecho de que la voluntad quiera lo que quiere por *puro respeto al deber*; sólo de esta manera una acción puede tener valor moral. Quien hace algo mal infringe la ley moral universal como *falta* o *excepción*, lo cual la afirma. El yo es *colegislador en el reino de los fines* o mundo de la libertad moral. La ética kantiana es una ética formal, pues no prescribe algo concreto, ninguna acción determinada, sino la forma de la acción que es obrar por puro respeto al deber. Al ser el hombre un fin en sí mismo, es inmoral tomarlo sólo como un medio para algo. El concepto de persona moral es entendida como libertad, pero una libertad puramente espiritual que deja a un lado el elemento físico, natural. La ética de Brentano tiene su fundamento en el criterio de *sanción*; en ella, cuando se dice que algo es bueno o que es malo, se debe tener un fundamento, una sanción, que justifique que lo sea; introduce así lo lógico en la ética, puesto que es necesario un juicio que hace que lo *verdadero* sea creído, afirmado y amado. Una especie de retorno al platonismo se da en la *ética de los valores* o *axiología* de Scheler, en la cual la vida humana y los hechos, en ciertas condiciones, se hacen portadores de valores, entidades puras que son reconocidas, estimadas y buscadas. Otras escuelas encuentran el bien supremo en el bien general, como el utilitarismo de Bentham que establece una especie de versión ética de la democracia parlamentaria (*el mayor bien para el mayor número*); en cambio, para Stuart Mill, el bien es algo personal, no cuantitativo ni distribuible, tendencia que es continuada por el pragmatismo norteamericano (James, Dewey). Por último, el marxismo ha extendido el concepto de ética, haciéndolo pasar de ser un problema individual a un problema social mediante la constitución de una ética social.

ÉTICA SITUACIONAL Corriente ética que aplica la ley moral universal a los casos individuales o a situaciones particulares, excluyendo lo abstracto que tienen las leyes generales y dándoles realidad al reconocer que existen circunstancias únicas e irrepetibles. Para aplicar la ética situacional a casos concretos, según santo Tomás, es necesario poseer la virtud de la prudencia.

ÉTICA SOCIAL Rama de la ética que aplica las leyes morales al dominio social y al individuo en cuanto miembro de la sociedad. Sus normas surgen de la esencia del hombre como ser social y constituyen el aspecto normativo de la filosofía de la sociedad. Para el colectivismo, toda ética queda absorbida por la ética social; y para el solidarismo, la responsabilidad de cada individuo con respecto al todo es la base del propio bienestar y del de los demás. En la ética social están incluidas la ética política, la ética económica y la ética profesional. **V. ética.**

ETIOLOGÍA En filosofía, es el estudio acerca de las causas de las cosas. **V. causa, causalidad.**

ETOLOGÍA Término empleado para designar la ciencia de los *ethe* (plural de *éthos*): sea la ciencia de los caracteres (Stuart Mill), sea la ciencia de los hábitos y costumbres descritos por la etnología, o bien la ciencia del comportamiento animal en el hábitat que le es propio, así como de los mecanismos por los que se efectúa ese comportamiento.

EUCLIDES DE ALEJANDRÍA (siglo III a. de C.). Matemático griego, fundador de la Escuela de Alejandría, cuyos principios sirvieron de base a la geometría durante dos milenios. En sus *Elementos* establece

Euclides, según una litografía antigua

Una página de los «Elementos» de Euclides. (Edición impresa en 1509)

los axiomas y postulados de la geometría tridimensional en un espacio euclídeo. A él pertenece el conocido postulado quinto de las rectas paralelas. La geometría euclidiana fue criticada por Lobatchevski (1792-1856), no sólo en el aspecto matemático, sino también en el filosófico al no tomar las nociones de punto, recta y plano a la manera de Euclides, sino las de cuerpo, contacto entre cuerpos y movimiento rígido, que en el sistema de Euclides aparecen como nociones derivadas. Entonces, la geometría euclidiana deja de ser la única ciencia auténtica del espacio real al perder su carácter absoluto. Sus principales obras son: *Elementos; Datos; Óptica; Fenómenos.*

EUDEMONISMO Término que proviene del griego eudemonía y significa felicidad, dicha. El eudemonismo es una de las corrientes éticas de la antigüedad griega y alcanzó su plena manifestación con Demócrito, Sócrates y Aristóteles. Sostiene que toda conducta del hombre está guiada por el deseo de obtener felicidad, el sumo bien. Helvecio y Diderot eran partidarios del eudemonismo, así como los utilitaristas, para quienes la felicidad se cifra en el propio interés (S. Mill, por ejemplo). El eudemonismo social, cuyo principal representante es Bentham, establece como obligación moral la felicidad de los demás y la mayor felicidad para el mayor número de personas. También existe un *eudemonismo escatológico* que es la corriente ética que establece la finalidad de los actos morales en la consecución de un premio (moral de retribución) representado en las diversas religiones por el paraíso, la gloria eterna, la eternidad, el cielo, etc.

EVANGELIOS La palabra evangelio significa *buena nueva*. Es el conjunto de escritos que narran la vida de Jesús de Nazaret, de autores diferentes, aunque coincidentes en la mayor parte de los hechos de que tratan, descrito en un lenguaje de gran naturalidad por estar dirigidos al pueblo. Los escritores de los evangelios son llamados evangelistas; ellos son: san Mateo, san Marcos y san Lucas, a quienes se deben los tres primeros evangelios denominados sinópticos; y san Juan, quien escribió su

San Juan Evangelista, manuscrito bizantino, siglo XI

evangelio, que es complementario, un poco más tarde que los demás evangelistas (finales del siglo I). El conjunto de los cuatro evangelios se halla incluido dentro del llamado Nuevo Testamento. Joaquín de Floris (1145-1202) expuso la tesis de que una de las épocas de la humanidad es la del Espíritu Santo, caracterizada por una reforma y completa espiritualización de las instituciones eclesiásticas bajo el dominio de lo que él llama *evangelio eterno*. También el franciscano Juan de Parma escribió un *Evangelium sancti spiritus*, inspirado en las ideas de Floris.

EVENTO En general, esta palabra designa un suceso imprevisto; también significa acontecimiento que no es contingente.

EVIDENCIA Iluminación o revelación que un hecho presenta por sí mismo. La evidencia se da en dos dimensiones: la *evidencia objetiva* y la *evidencia subjetiva*, pero ellas están inseparablemente ligadas entre sí. La primera es la evidencia considerada desde el objeto y, la segunda, la evidencia considerada desde el sujeto. La filosofía de Brentano gira alrededor del concepto de *evidencia*, la cual es el centro de su empirismo: es necesaria la visión evidente de las esencias de las cosas. Por otra parte, la *evidencia inmediata* es para Husserl *lo dado originariamente por sí mismo;* y la *evidencia mediata* es la revelación de un hecho a través de otro, lo cual requiere un medio que enlace a los dos hechos, o medio de conocimiento, que es el raciocinio o, también, el testimonio, *este último* materia de la fe. Cuando la verdad encuentra su medida en el ente mismo, se dice que es criterio de verdad, aunque lo más aceptado es que no hay criterio de verdad alguno que excluya absolutamente el error. **V. error.**

EVOLUCIÓN En general, este término se refiere al concepto de desarrollo o despliegue progresivo, gradual y ordenado. Puede aplicarse a cualquier idea, pero siempre en sentido histórico. Sin embargo, algunos autores, como Hegel, han dado al concepto de evolución un sentido metafísico para designar el desenvolvimiento de la realidad. El origen del concepto de evolución en sentido biológico proviene del siglo XVIII cuando se discutió la forma en que el organismo evoluciona: por la mutabilidad de las especies progresivamente a partir de su origen, el cual puede ser común a todas las especies derivadas de la evolución (filogénesis), o diverso en cuanto que se considera el desarrollo de organismos particulares desde la célula hasta el organismo completo (ontogénesis). De éstas, la última doctrina recibió el nombre de *evolucionista*, que fue progresando y refinándose con los aportes en la clasificación de las especies, de Linneo y Cuvier, y con las ideas sobre el progreso histórico introducidas en la filosofía de la Ilustración, desarrolladas posteriormente por la filosofía romántica alemana y, en particular, por Hegel, que, a su vez, influyeron en concepciones posteriores de raíz hegeliana, como el marxismo. Ya en el siglo XIX Alfred Russell Wallace se refería a las tendencias de las variedades a desviarse indefinidamente del tipo original, y Darwin, a *las tendencias de las especies a formar variedades, y sobre la perpetuación de las variedades y de las especies por los procesos de la selección natural.* En general, se ha identificado evolucionismo con darwinismo, identificación que no es correcta, puesto que el evolucionismo designa también las tesis lamarckistas y sistemas filosóficos como el de Spencer (anterior a Darwin) y el de Bergson. Haeckel consideró la filogenia como la causa eficiente de la ontogenia (ley biogenética fundamental). Podemos decir que las leyes básicas de la evolución biológica son las siguientes: (a) todo ser vivo procede de otro ser vivo; (b) cuanto más se alejan de su origen los seres descendientes, tanto más dispares se hacen en su relación con los organismos paternos; (c) las mutaciones se hacen siempre a *pequeños pasos,* esto es, la dependencia inmediata entre organismo paterno y descendencia sólo admite mínimas mutaciones genotípicas o fenotípicas. Para varios autores, entre ellos Bergson y Teilhard de Chardin, la evolución es la dimensión del devenir orgánico y de su duración específica. En *El origen de las especies,* de Darwin (1859) se afirma que la causa de la evolución es la selección natural.

EVOLUCIONISMO Diversas teorías filosófico-científicas que consideran a la evolución como el rasgo fundamental de todo tipo o forma de realidad, explicando las formas superiores de lo real a partir de la formas inferiores. **V. evolución.**

EX NIHILO NIHIL Expresión latina que significa «de la nada, nada adviene». Este principio fue sostenido por Parménides de Elea, quien señala que del *no-ser* no es siquiera posible hablar en virtud del principio de que sólo el *ser* es. Los cristianos, en cambio, sostienen que el mundo ha sido creado por Dios a partir de la nada *(ex nihilo fit ens creatum).*

EXACTO Se dice que es exacto aquello que coincide absolutamente con otro objeto, sea éste ideal o material. También se dice que es exacto aquello que coincide con el criterio de verdad.

EXCEPCIÓN Acción y efecto de exceptuar. La excepción se relaciona con aquello que no se ajusta a características generalizadas o que no cumple con las condiciones de una mayoría y, por tanto, debe ser excluida en la elaboración de reglas o leyes generales. En lógica, el vocablo se utiliza en las proposiciones exceptivas. **V. exceptiva (proposición).**

EXCEPTIVA (proposición) En lógica tradicional, aquella proposición incluida dentro de las llamadas proposiciones «ocultamente compuestas» o «virtualmente hipotéticas» (por tener una aparente estructura simple, pero que en realidad es compuesta), en la cual interviene el vocablo «excepto». Se comporta como la excepción a una ley o regla. Por ejemplo: todos los hombres son capaces de juzgar, excepto quienes han perdido la razón.

EXCLUSIÓN Acción y efecto de excluir. En general se refiere a aquello que es «sacado» de un grupo o a aquello que individualiza un elemento y, por tanto, excluye otros. En lógica, el concepto se asocia con la utilización del vocablo «solo», en las proposiciones exclusivas. **V. exclusiva (proposición).**

EXCLUSIVA (proposición) En lógica tradicional, aquella proposición incluida dentro de las llamadas proposiciones «ocultamente compuestas» o «virtualmente hipotéticas» (por tener una aparente estructura simple, pero que en realidad es compuesta), en la cual interviene el vocablo «sólo». Se comporta como la individualización de un juicio. Por ejemplo: «Sólo el hombre es animal racional».

EXÉGESIS En su origen, este término designó la disciplina dedicada a la explicación de las Sagradas Escrituras y, por extensión, a los textos antiguos; esta explicación puede ser de dos formas: *literal* (significaciones lingüísticas) y *doctrinal* (el pensamiento que en ellas se expresa). Se trata de penetrar en un texto por medio de la exégesis. En la actualidad, la exégesis se entiende como la aplicación de las técnicas del historicismo a varios objetos de estudio, tales como las tradiciones, la evolución de los géneros literarios, etc. Existe una tendencia a aplicar el método estructuralista para restituir al texto su verdad sincrónica, al poner entre paréntesis al autor histórico y centrar la atención sobre el solo texto considerado como un todo para entender su funcionamiento. **V. hermenéutica.**

EXIGENCIA Acción y efecto de exigir. La exigencia es indispensable en todas las ciencias, que requieren un rigor científico suficiente para que sus experimentos y comprobaciones tengan un criterio de verdad y un mínimo margen de error posible. En filosofía, Leibniz insistió en la idea de que hay una *exigentia existentiae* inherente a cada esencia: toda esencia tiende por sí misma a la existencia, viéndose limitada en su *pretensión de existir* por el principio de composibilidad; dice, *si no hubiese alguna inclinación inherente a la naturaleza de la esencia a existir, nada existiría*. **V. Leibniz.**

EXISTENCIA (del latín *existentia*, compuesto por *ex*= fuera de, y de un derivado del participio presente de *sistens*= tener). Lo existente es pues «lo que está ahí», «lo que está afuera». En filosofía, la existencia ha sido concebida como modo fundamental que, junto con la esencia, caracteriza a todo ente. Designa *que algo es* y consiste en simplemente estar *en sí* y *de por sí* ahí, en la realidad, sin tener en cuenta lo que la cosa es (su esencia). En metafísica, se ha hecho la distinción entre dos modo de existencia: el *ser ahí* (*dasein*), que está limitado por el espacio y por el tiempo, y fluye de la esencia finita que es medida de nuestro *esse* o ente finito, cuya existencia es contingente (no necesaria, sólo posible); y el ente infinito, ser entero, pleno, cuya esencia se identifica con Él. El ente infinito es necesario y subsistente. El existencialismo distingue lo *infrahumano* que, según Kierkegaard, *simplemente es* y el *hombre*, que comprende su propio ser de manera que el ser mismo comprende que está entregado a su decisión; en esta libre consumación encuentra el hombre su realidad plena al existir no solamente *en sí* sino, también, *para sí*. También se utiliza el término existencia en *existencia matemática* que se refiere a una teoría cuando, de acuerdo con las normas deductivas y los axiomas de la misma, debe ser pensada necesariamente.

EXISTENCIAL Término utilizado por la corriente existencialista para designar aquello que elucida todo en su significación para la existencia individual. Es usado principalmente por Jaspers. **V. existencialismo.**

EXISTENCIALISMO En un sentido general, término que designa la actitud de los filósofos que ven su objeto, no en las esencias, sino en las existencias. El existencialismo contemporáneo como doctrina filosófica fue desarrollado sistemáticamente en el siglo XX, aunque tenía sus raíces en el pensamiento del siglo XIX, cuando el positivismo recalcó la sustantividad e ineducibilidad del individuo concreto, lo cual era una forma de reacción contra el idealismo alemán y, en especial, contra el hegelianismo que convertía al hombre en un puro momento evolutivo de la idea absoluta; también el romanticismo coloca al hombre en su existencia concreta, como en Schelling que aborda el problema de la existencia en orden a la libertad cuyo origen es la voluntad (*el ser primordial es la volición*). Posteriormente, la teología existencial de Kierkegaard se propone llevar al individuo a la *existenz*, a la plenitud de su existir, mediante la decisión o elección libre al aprehenderse el hombre a sí mismo apoyado en Dios (fe); la experiencia de la *nada* y la conmoción de lo finito es un paso anterior a tal plenitud, en el que surge la *angustia;* el cristianismo para Kierkegaard es un paso, pero un paso contradictorio para el hombre. La filosofía existencial, en general, llama al individuo a la existencia (*existenz*) otorgándole así consistencia y profundidad. Los principales representantes del existencialismo en Alemania son, en primer término, Jaspers, proveniente de la siquiatría y en cuya obra se refleja la influencia de Kant; para él, el individuo como existencia es concebido en cuanto cada caso, tal que se ha de elucidar desde él mismo en su irrepetible *situación histórica*; contra la *nada* experimentada en la angustia, la existencia se afirma mediante la decisión de ser *sí mismo*, decisión que se funda en la *trascendencia* que se manifiesta al pasar a través de las situaciones límite. Es cuando aparece la *fe filosófica* que se dirige al Dios ausente o escondido, y se contrapone a la fe religiosa. Se ha considerado a Heidegger como otro representante del existencialismo alemán, por considerar que la esencia del hombre es su existencia (*dasein*), es decir, su ser-en-el-mundo. En el existencialismo francés se revela la influencia de Pascal y Maine de Biran. En Francia, el existencialismo se divide en dos corrientes principales: el existencialismo ateo (ateo-nihilista) y el existencialismo metafísico-teísta; la primera es desarrollada, ante todo, por Jean-Paul Sartre y el franco-argelino Albert Camus, y, la segunda, por Gabriel Marcel. Sartre recibe la influencia del existencialismo alemán. Para él, en el hombre la existencia precede a la esencia, pues, sólo el hombre como libertad absoluta e ilimitada determina su esencia y los valores importantes de su existencia. La libertad es una carga, puesto que, en cuanto libertad, debe buscar su camino sin amparo, sin Dios ni norma. La libertad incluye la conciencia, la cual se contrapone esencialmente a sí misma y, por tanto, no es enteramente ella. Impedida por este no o *nada*, de ser completamente ella, es el ser roto por la nada, al cual se enfrenta lo inconsciente corpóreo como ser pleno, sin ruptura. La conciencia tiende por necesidad –y en vano– a devenir consciente y completamente ella misma, se muestra con pasión inútil (*absurdo*), del cual da testimonio la *náusea* como experiencia fundamental de la existencia. Gabriel Marcel, para quien el teatro es un modo de investigación filosófica, concibe al hombre en su situación concreta, como fracturado y segregado de la propia vida; pero encuentra esta propia vida rebasándose mediante el recogimiento y la fidelidad, dirigiéndose a la trascendencia al apoyarse en el *tú* divino. La existencia, así, queda caracterizada por la esperanza y la adoración. También están relacionados con el existencialismo Jean Wahl, profesor de La Sorbona, quien escribió una *Pequeña historia del existencialismo* y unos *Estudios kierkegaardianos;* y Merleau-Ponty. Los dos momentos más importantes del existencialismo coinciden con el final de las dos guerras mundiales, cuando la vida mostraba su contingencia y el futuro había dejado de tener sentido. Salvo Sartre, quien realizó muchos actos dirigidos a mostrar la utilidad y conveniencia de la acción, los existencialistas, o filósofos de la crisis, consideran que no hay pensar histórico. La misma razón puede cuestionarse en vista de que se desvanecen las posibilidades de incidir políticamente para que cambie el estado de cosas: de ahí el sentimiento de frustración latente en estos filósofos; no se vive el mundo y la acción de una manera revolucionaria, sino una sensación de rebeldía sin horizonte. **V. Heidegger.**

EXISTENCIARIO Traducción del término alemán *existenzial* empleado por Heidegger en su obra *Ser y tiempo* para referirse a la estructura ontológica (rasgos o modos de ser) de la existenecia. El conjunto de las estructuras ontológicas de la existencia recibe el nombre de *existenciaridad*. El término *existenziell*, por su parte, traducido por existencial, designa la constitución óntica de la existencia (la comprensión que cada individuo tiene de su propia existencia). **V. existencialismo, Heidegger.**

EXISTENTE Este término designa aquello que existe en la realidad; existente es lo que *es* en una actualidad; lo que tiene ser *aquí y ahora*.

EXOTÉRICO Este término fue usado por primera vez en filosofía para designar uno de los dos tipos de libros escritos por Aristóteles, que estaban dirigidos a todo el público y redactados en forma de diálogos; tienen un gran valor literario por estar escritos en un estilo elegante y fluido. Se llamaron exotéricos para distinguirlos de los esotéricos que estaban, por el contrario, dirigidos a núcleos muy selectos del liceo. Por extensión, se da el nombre de exotérico a aquello que, por su contenido y lenguaje, está dirigido o puede ser comprendido por la mayoría de las personas.

EXPERIENCIA Término que tiene su origen en la palabra griega *empiria* y en la latina *experientia*, y que designa aquello que se descubre por medio de la *praxis*, esto es, por medio del contacto con y la observación de objetos de la realidad concreta, en que lo que está *dado* no es la causa sino el resultado de ese acontecer que penetra en la conciencia. A ciertas formas de experiencia les corresponde una evidencia inmediata. Aristóteles afirma que una experiencia se produce a partir de la percepción por los sentidos, siendo que esta percepción produce el recuerdo y que la conjunción de varios recuerdos homogéneos constituye la experiencia. En el empirismo, experiencia es la percepción particular misma; en el criticismo de Kant tiene sentido pleno como experiencia, el *juicio de la experiencia*, que unifica los datos de la experiencia mediante conceptos aprioríticos del entendimiento para lograr un conocimiento objetivo con validez estrictamente universal. La experiencia puede ser *externa* o *interna*. La primera se dirige a los datos (cualitativos y cuantitativos) que nos aporta lo sensible, lo empírico, y que nos refieren a una *cosa* existente independientemente de nuestra percepción, lo cual se denomina *conocimiento sensorial*. La segunda (experiencia interna) significa la vivencia de los propios actos y estados síquicos, que ha recibido el nombre de *experiencia trascendental*. También se han distinguido la *experiencia precientífica* (cotidiana) y la *experiencia científica;* esta última puede consistir en una observación planificada de procesos naturales que transcurren por sí mismos, o también en un experimento en el que se producen artificialmente las condiciones de la observación. Dilthey intenta fundar la filosofía en *la experiencia total, plana, sin mutilaciones, por tanto, en la realidad entera y completa.*

EXPERIMENTAL Se dice que es experimental aquello que está en vías de comprobación, que es objeto de un experimento y, por tanto, está siendo puesto a prueba mediante los recursos técnicos y metodológicos de una ciencia cualquiera. También se aplica este término a lo que está fundado en la experiencia, y a lo que se alcanza por medio de ella (método experimental).

EXPERIMENTALISMO En general, es la preferencia por el método experimental como fuente del conocimiento científico. En particular, se da este nombre a la dirección filosófica iniciada por Antonio Aliotta, quien considera el experimento como criterio de verdad, tomando *experimento* como un programa de acción total que afecte tanto a lo práctico como a lo teórico; de esta forma se da término, según él, al problema del mal. El *experimentalismo radical* de Aliotta supera los dualismos empirismo-racionalismo, positivismo-idealismo, y, según sus palabras, *ensambla, desde el punto de vista metodológico, la filosofía con la ciencia*.

EXPERIMENTO Método científico para el estudio, comparación y comprobación, que se basa en la repetición de fenómenos, sean éstos provocados o naturales, en condiciones idénticas controladas y su variación para conseguir diversos resultados, con el objeto de tener base suficiente para la comprobación de teorías y la formulación de leyes.

EXPLICACIÓN Término que designa la reducción de lo desconocido a lo conocido por medio de la indicación de las notas particulares, y conocidas, de que consta. En principio fue y continúa siendo sinónimo de definición, que también reduce un objeto a sus elementos, a sus causas necesarias y, en algunos casos, a una ley general. Dilthey contrapone *el explicar* a *el comprender*, al tomar el primero como método característico de las ciencias naturales, y el segundo, como propio de las ciencias del espíritu.

EXPLÍCITO Lo explícito es aquello que expresa una cosa con claridad y sin confusión alguna. Es lo que no necesita explicación o aclaración porque se explica por sí mismo.

EXPOSICIÓN En filosofía medieval, se utilizó la exposición (*expositio*) como un medio de explicar los textos que se leían (*lectio*) y que presentaban un alto grado de dificultad para su comprensión por ser muy intrincado su contenido. Se llevaba a cabo superponiendo al texto glosas *marginales*, que contenían el pensamiento del *lector*, lo cual daba origen a la *expositio* (exposición) que facilitaba la comprensión total.

EXPRESIÓN Exteriorización simbólica de lo síquico, sea ello una vivencia transitoria, o todo un sistema de pensamiento, o una concepción estética, etc. La expresión se da en muchas formas: puede hablarse de expresión estética, filosófica, gestual, y también del significado que se le da en diversas disciplinas y ciencias, como son la lógica, la matemática, la semiótica, etc. Hay innumerables formas de expresión filosófica, pero nos limitaremos a citar con sus más prominentes usuarios algunas que nos interesan especialmente, por figurar en los títulos de las obras a que constantemente nos referimos: *Diálogo* (Platón, Berkeley), *Tratado* (Aristóteles), *Poema* (Parménides, Lucrecio), *Summas, Quaestiones, Disputationes, Comentarii, Glosas* (escolásticos), *Diatriba* (cínicos), *Exhortación, Epístola* (estoicos), *Autobiografía intelectual* (Descartes), *Ensayo* (Locke, Hume), *Aforismo* (Bacon, Nietzsche, Wittgenstein), *Diario filosófico* (Kierkegaard). En semiótica y en lógica, con el término expresión se designa una serie de signos de cualquier clase dentro de un lenguaje escrito. Trabajaron una teoría de la expresión muchos filósofos desde tiempos muy antiguos, entre ellos Teofrasto y Quintiliano. En el siglo XVII se ocuparon de lo que llamaron la fisiognómica, Gall, Lavater, Engels y Goethe, que se refiere a las formas de expresión gestual y corporal en general.

ÉXTASIS Estado de perfecta contemplación. Este término es de muy antiguo uso dentro de la filosofía; ya Plotino y los neoplatónicos lo utilizaron para designar el salir de sí mismo para encontrarse *fuera de sí* con Dios o con lo *ininteligible*. Para lograr esta situación especialísima se hace necesario el entrenamiento en la ascesis, que permite llegar a un estado suprarracional, del que se excluye todo contacto con lo sensible, incluso con el lenguaje (verbo). Para los místicos medievales era un *rapto de la mente* (*raptus mentis*), un arrebato que era imposible para el alma conseguir por sí sola, siendo imprescindible la ayuda divina. La sicología contemporánea se ha dividido con respecto al carácter de los estados de éxtasis; algunos los atribuyen a la acción de agentes externos, quitándoles cualquier causa espiritual; otros aceptan la intervención de lo externo en cuanto causa, pero sin restarles su carácter espiritual; otros, como W. James, los consideran el resultado de estados patológicos o de influencias exteriores; y Bergson simplemente admite la posibilidad de la existencia de algunos casos de verdadero éxtasis espiritual. Heidegger utiliza la misma raíz del término que significa *salir de sí*, pero la aplica a lo que llama *los éxtasis de la temporalidad,* lo, que significa que los fenómenos ocurridos en el presente, el pasado o el futuro, se salen de la temporalidad en que tuvieron origen. Para Sartre, el concepto heideggeriano de éxtasis se aplica al ser que vive un *para sí* destinado a la atomización o diáspora en las tres dimensiones de su temporalidad: pasado, presente y futuro.

EXTENSIÓN En general, el término extensión designa las dimensiones de un objeto en el espacio, las cuales se determinan mediante la comparación con las dimensiones de otros cuerpos y mediante unidades o patrones establecidos arbitrariamente y que tienen por fin unificar el concepto de medida (*mensura*). En este caso, solamente tiene extensión lo que es mensurable, es decir, los objetos reales. Las cosas extensas ocupan un lugar en el espacio que, a su vez, tiene también extensión. Por lo común se identifica extensión con espacio, pero también, en algunos casos, se ha establecido diferencia entre estos dos conceptos: en el sentido físico, el espacio *es una realidad cuya propiedad es el ser extenso*; la extensión tiene la misma propiedad, pero en sentido metafísico. Para Aristóteles, la extensión es el atributo principal de la materia, la cual la hace divisible en partes. En la escolástica se consideró al espacio como aquello que contiene los cuerpos naturales, en tanto que cuerpos *extensos,* y también se hizo la distinción entre extensión *interna, externa y virtual,* siendo la primera la posición de las partes de un cuerpo en el espacio, la cual determina su volumen y tamaño; la segunda, la posición que tiene cada parte del cuerpo en relación con las demás y sin dependencia del lugar que ese cuerpo ocupe en el espacio; y la tercera, la situación de puntos-fuerzas en el espacio, determinada por las fuerzas y movimientos de un cuerpo dado. Para Descartes, el mundo físico está determinado por la extensión: el mundo es la sustancia extensa (*res extensa*); el hombre es la sustancia pensante y, por tanto, inextensa e inespacial; tal diferencia entre el hombre y el mundo haría que el primero no pudiera moverse en el segundo, problema de comunicación entre las sustancias, cuya solución pone Descartes en manos de Dios por ser Él el fundamento ontológico entre ambas. Leibniz entendió la extensión como la continuidad de un cuerpo en el espacio. También se aplica el término extensión a la *extensión de un concepto* que designa a los objetos que caen bajo el concepto; así mismo, se aplica a la *extensión lógica* que, según Pfänder, está constituida por *aquellos objetos que, cayendo bajo el concepto, no están expuestos a las modificaciones del mundo real*. Según el mismo autor, sólo los objetos de especie y género tienen una extensión. En la lógica contemporánea, Frege propuso que *hay predicados que tienen la misma extensión* (denotación) *y, en cambio, difieren en su significación;* y, según Nelson Goodman, dos predicados son sinónimos cuando tienen *la misma extensión.* Hay que distinguir, entonces, entre *extensión primaria* y *extensión secundaria*; la primera es la extensión de un predicado por sí mismo y, la segunda, la extensión de cualquiera de sus compuestos.

EXTENSIVO En general, este término designa aquello que tiene la capacidad o es susceptible de extenderse. En lingüística es el término de una oposición cuando no está marcado.

EXTERIOR Lo que está *fuera* de otro objeto: en un lugar diferente. Tiene más un sentido espacial, lo cual, en cierto modo establece alguna diferencia entre este término con *externo,* aunque generalmente se utilizan indistintamente con el mismo significado. De una forma más general y en sentido metafísico, se puede decir que lo exterior es el *ser fuera de sí,* mientras que lo interior es el *ser para sí mismo.* **V. externo.**

EXTERIORIDAD Carácter de lo exterior o externo. **V. exterior, externo.**

EXTERNO Término que designa el aspecto de un objeto que lo hace perceptible directamente por los sentidos. Más estrictamente, es lo que se encuentra fuera de los objetos, fuera de su realidad interna. La condición de externalidad implica el concepto de ubicación en un lugar, y su relación con lo interno es, sobre todo, su servicio como medio para conocer lo interno, pues lo interno se manifiesta en la externalidad de un objeto. Estas manifestaciones de lo interno están determinadas por la esencia que lo externo revela. En general, se reconoce como lo externo, o realidad exterior, al mundo de la naturaleza, y como lo interno, al mundo espiritual. El modo de establecer el nexo entre el mundo externo u objetivo y el mundo interno o subjetivo, que se determina por medio de los conceptos de inmanencia y trascendencia, es lo que distingue a las tendencias filosóficas realistas de las tendencias idealistas y agnósticas: la primera afirma que hay un mundo exterior independiente del sujeto cognoscente, mientras el idealismo sostiene que el mundo exterior no es independiente del sujeto cognoscente. Dentro de esta gran división hay muchos matices e interpretaciones que han servido de base para diversas doctrinas. **V. exterior, idealismo, realismo.**

EXTRAPOLACIÓN Operación matemática que consiste en calcular el valor de una variable en un punto, en función de otros valores de la misma. Por extensión, en ciencias sociales, se opera con este concepto matemático cuando se aplican variables dadas por valores diversos que afectan o modifican la producción de un hecho en una circunstancia sociocultural e histórica determinada.

EXTREMOS (mayor y menor) Denominación que en ocasiones se da a los términos *primero* (extremo mayor) y *último* (extremo menor) de un silogismo. **V. silogismo, término.**

EXTRÍNSECO Término que designa lo que es exterior a un ser y, por tanto, no forma parte de él. Es opuesto a intrínseco, que designa lo que es interior al ser y, por tanto, le pertenece como parte constitutiva.

EYECCIÓN Traducción del término inglés *ejection* que significa proyección, utilizado en filosofía, en primer lugar por William K. Clifford, uno de los representantes del evolucionismo naturalista inglés, para establecer la diferencia entre objeto y sujeto, los cuales, aunque pertenecen a una misma realidad, son diversos, por cuanto el sujeto es *sentido,* mientras el objeto es una proyección o *eyección* del complejo de impresiones del *yo.* Los procesos eyectivos obedecen a una evolución que se desplaza por todos los órdenes de la naturaleza y que lleva a la conclusión de que el último estadio es un complejo de impresiones conscientes. También para George John Romanes, perteneciente igualmente a la corriente del evolucionismo naturalista, el mundo es un *eject* y, en tanto que *eject,* un absoluto que en principio debería ser impersonal, pero que acaba por reducir a lo absoluto, tal vez por su inclinación teísta; Romanes superpersonaliza lo absoluto eyectivo, que guarda en sí todas las formas subordinadas de la realidad.

F En matemáticas se emplea, en minúscula, para designar una función cualquiera y denota una cantidad cuyo valor depende del de otra variable. En lógica se utiliza, en mayúscula, para representar el sujeto en el juicio, o la proposición que forma la conclusión de un silogismo. En lógica cuantificacional elemental, se usa, también en mayúscula, como símbolo del predicado. Por último, se utiliza también para designar lo falso.

FABULA Relato, cuento o apólogo, generalmente en verso, que mediante la narración de hechos imaginarios protagonizados por los seres de la naturaleza, en especial los animales, oculta una enseñanza moral disimulada bajo el velo de la ficción. Su relación con la filosofía se refiere a la moral y a la ética, ya que siempre una fábula contiene, como elemento esencial, una enseñanza o un ejemplo de tipo ético o moral. El primer fabulista que se conoce es Esopo; también son muy conocidas las fábulas de La Fontaine y Samaniego. También se denomina fábula a cualquiera de las ficciones mitológicas y a los relatos considerados como falsos o imaginarios.

FABULACIÓN Acto por el cual se crea una fábula. También designa el contenido de una conversación. **V. fábula.**

FACTICIDAD (del latín *factum* = hecho). Un hecho es lo real, lo que ya está cumplido y cuya realidad no se puede negar. El término facticidad fue empleado por Heidegger para designar a uno de los constitutivos del *dasein*, como un *hecho último*, que consiste en su *estar arrojado al mundo*, concepto que incluye el *estar-en-el-mundo*. Para Sartre, es una característica fundamental de lo que él denomina el *pour-soi* (por-sí) en el sentido de *abandonado* en una situación. **V. Heidegger, Sartre.**

FÁCTICO En general puede afirmarse que lo fáctico es aquello que corresponde a un hecho. Para Husserl, las ciencias empíricas o de experiencia son ciencias de hechos o ciencias *fácticas* y, por tanto, corresponden a ellas verdades de hechos o verdades fácticas, que están bajo las verdades esenciales o eidéticas.

FACTORIAL (análisis) Teoría sicológica fundada por Charles Spearman, basada en la idea de los factores de grupo, considerados en el sentido de facultades. También se refiere, por otra parte, al análisis de los factores que comprende una operación matemática. **V. facultades.**

FACTUM Palabra latina que significa hecho, acción; aquello que está cumplido

Esopo y el zorro en el medallón de una copa (siglo V)

en la realidad. Kant, en la *Razón práctica* utiliza el término latino *factum* (hecho) para designar a la moralidad o conciencia del deber, que es el punto de partida de su ética. El *factum* es un postulado que tiene una evidencia inmediata y absoluta para el sujeto, aunque no sea demostrable en la razón teórica. Su admisión, pues, es exigida de un modo incondicionado, pues, indiscutiblemente, el hombre siente el deber, aunque no pueda explicarlo teóricamente.

FACULTADES Potencias o aptitudes físicas o morales que permiten realizar hechos. Se puede referir tanto a la producción de hechos físicos, como a la de hechos de la razón. Por esto, a lo largo de la historia de la filosofía, la teoría o doctrina de las facultades se refiere a diversos modos de ser de éstas; así, para Aristóteles, a la parte intelectiva del alma correspondían la potencia apetitiva y la potencia contemplativa, entendidas como facultades del alma. Para san Agustín, las facultades del alma correspondían a las propiedades de la divinidad, y eran ellas memoria, inteligencia y voluntad. Los escolásticos clasificaron las facultades en mecánicas, vegetativas, sensitivas e intelectuales, y su principal problema fue precisar si las facultades son o no distintas del alma, concluyendo que habría que aceptar una distinción entre el alma y sus facultades; de esta manera surgieron varias corrientes: los tomistas optaron por una distinción real y los nominalistas por una distinción de razón. Pero, para san Agustín, el libre albedrío (*liberum arbitrium*) es una facultad de la razón y de la voluntad por medio de la cual es elegido el bien, mediante auxilio de la gracia, y el mal por la ausencia de ella. Duns Escoto sostuvo una distinción formal de acuerdo con la naturaleza de la cosa. En la filosofía moderna continuó la preocupación por el mismo problema, con una marcada tendencia a rechazar la distinción, como en Locke y Spinoza; Descartes distinguió entre voluntad e intelecto, y Leibniz entre percepción y apetición, pero, en todo caso, surgió una preocupación muy importante al preguntarse si puede haber facultades activas y facultades pasivas, la cual se solucionó cuando se llegó a la conclusión de que toda facultad, para serlo, debe ser activa, pues en caso contrario sería mera potencia. En el siglo XVIII, Kant separó intelecto o razón teórica de voluntad o razón práctica; la facultad se concibe en forma dinámica, no estática, en el sentido de actividad, función o conjunto de funciones. A partir del siglo XIX y hasta nuestros días, no es aceptado el concepto de la existencia de facultades o potencias del alma; solamente hay lugar para ellas dentro de la sicología, como nombre colectivo de una clase de actividades síquicas.

FALACIA Término de origen latino que significa engaño, superchería. En filosofía se utiliza para significar sofisma o método filosófico (refutación o silogismo) empleado para defender algo que es falso con el objeto de confundir al contrario. La expresión *falacia naturalista* fue introducida por G. E. Moore, uno de los principales representantes del movimiento filosófico denominado *análisis*, referido a la búsqueda de la significación de expresiones del lenguaje corriente, para saber qué resulta del examen de tal significación; con la expresión *falacia naturalista*, este filósofo designa el intento de muchos filósofos de reducir el concepto de *bueno* a un concepto diferente, o de identificarlo con otro concepto, ya que *bueno* es una cualidad irreductible. **V. Moore, paralogismo, sofisma.**

FALANSTERIO Nombre dado por Fourier a lo que él consideraba como la célula básica productiva de la sociedad, también llamada *falange*. También recibe este nombre el edificio que, según imaginaba este filósofo, alojaría en comunidad a las falanges que siguieran su sistema. **V. Fourier.**

FALIBILISMO Doctrina de Peirce que niega la infalibilidad o incapacidad de equivocarse que, en diferentes épocas y en relación con sus proposiciones, han pretendido tener los filósofos y los científicos; Peirce argumenta que no es posible hablar de axiomas absolutamente evidentes y que sólo cabe referirse a meros postulados que son la base sobre la que se realizan los procesos deductivos. Según este filósofo, no es posible alcanzar mediante el razonamiento tres cosas: *absoluta certidumbre, absoluta exactitud y absoluta universalidad.* El falibilismo de Peirce es un método cuyo objeto es *no entorpecer el camino de la investigación,* y una afirmación que se refiere a la *naturaleza de la realidad;* es el resultado de la evolución continua y el crecimiento de la realidad.

FALSABILIDAD Tesis del filósofo K. Popper, según la cual para que haya una proposición propiamente científica es necesario que pueda ser *falsada* –que deja de explicar algún o algunos de los hechos a que se refiere– por algún hecho como posibilidad excluida por la proposición, esto es, que una proposición o una hipótesis que explique todos los hechos a los cuales se refiere (proposición no falsable), debe ser rechazada en su carácter de científica, ya que solamente lo sería en el caso de existir la posibilidad de su refutación o falsabilidad. Sánchez de Zavala también sostuvo esta tesis.

FALSEDAD En general, se denomina falsedad aquello que no coincide con la verdad o con lo que se entienda por ella. Para Aristóteles, la verdad o la falsedad se dan primariamente en el juicio, pero hay un sentido más radical, que es la verdad o falsedad de las cosas, la del ser; algo es verdadero cuando muestra el ser que tiene, y es falso cuando muestra otro ser que el suyo, cuando manifiesta uno por otro; por tanto, hay falsedad cuando lo descubierto no es el ser que se tiene, sino uno aparente; es decir, la falsedad es un *encubrimiento* del ser, al descubrir en su lugar uno engañoso. En general y en razón de lo que se tenga por verdad, se distinguen principalmente tres clases de falsedad: (a) *la falsedad ética,* que es la acepción más generalizada, que es la incoherencia entre lo que se dice o hace con lo que realmente se piensa. Falsedad no es la no expresión de lo que se piensa. Debe entenderse como la intencionalidad consciente de tergiversar la realidad de las cosas, y por eso –por la intención consciente– es materia de la ética y de la sicología; (b) *la falsedad lógica,* cuando, según el objeto, se afirma lo que debería negarse, o se niega lo que debería afirmarse, de modo que el juicio equivoca ese objeto. La falsedad lógica es un obstáculo para el conocimiento de las cosas. En tal sentido, Aristóteles consideró falsedad al juicio que contradice la realidad: unir lo que en la realidad está desunido, o desunir lo que en la realidad está unido; (c) *la falsedad ontológica,* cuando el objeto contiene algo distinto que la contradice, y esta condición hace que el objeto se desvíe de su idea. Por ejemplo, cuando juzgamos que un hombre es un gran pianista cuando hemos oído solamente la ejecución de un pieza y, en realidad, este hombre solamente ha aprendido de memoria esa única pieza sin poder interpretar otra cualquiera. En todos los casos, la falsedad es distinta de lo absurdo, es decir de lo que carece de sentido. **V. falso.**

FALSIFICABILIDAD V. falsabilidad, Popper.

FALSO En general se dice de aquello que no está ajustado a la verdad o que no está de acuerdo con la realidad. En la lógica tradicional se emplea para condicionar tanto los términos como la conclusión en los silogismos, en cuanto éstos no se encuentren ajustados a la realidad; entonces se habla de términos falsos y de conclusión falsa. En lógica matemática se emplean las tablas de verdad para indicar la falsedad o verdad en los análisis. **V. falsedad, tablas de verdad.**

FAMILIA Núcleo primigenio de las sociedades humanas, constituido por una pareja –hombre y mujer– junto con su descendencia. En sociología se ha distinguido la familia nuclear, a la cual corresponde esta definición, de la familia extensa que incluye en el núcleo, además de padres e hijos, a la familia colateral (abuelos, tíos, sobrinos, etc.). Para que la familia exista como tal, necesariamente tiene que estar vinculada por causas y fines comunes, diferentes del hecho meramente biológico de la reproducción humana, los cuales varían de acuerdo con la cultura en la que esté insertada o de la cual forme parte. En otro sentido, en lingüística, se habla de familias lingüísticas para designar las lenguas que tienen un mismo origen (latino, anglosajón, etc.) Marx, en colaboración con Engels, escribió la obra *La Sagrada Familia* (*crítica de la crítica crítica*), para expresar su desacuerdo profundo con las teoría hipercríticas de algunos hegelianos de izquierda.

FANATISMO Adhesión irreflexiva y beligerante a una tesis, filosofía, creencia, líder, partido político o personaje, que impide la admisión o, al menos, la consideración de razones diferentes y puede llegar hasta el extremo de desembocar en la violencia verbal, escrita o física. Es una posición muy contraria al equilibrio que surge del análisis. En política es considerada como una de las causas de la violencia y, en muchos casos en la historia, de las grandes guerras. La sicología de masas se ocupa de este fenómeno. También el fanatismo religioso ha sido, en varias etapas históricas, el causante de guerras de religión y persecuciones.

FANTASÍA Sinónimo de ficción. Facultad de la mente humana para relacionar o asociar libremente ideas diversas de manera que llegue a imaginar objetos, hechos o situaciones, de formas total o parcialmente nuevas, sin que se deba interpretar nuevo como original. Es materia de la sicología, ya que está ligada a las leyes de la asociación y a las tendencias de cada individuo. La fantasía o imaginación ha sido considerada como la base de la capacidad creadora del hombre y, por tanto, la base de todas sus manifestaciones, como el arte, la creación tecnológica, la literatura, etc. En la filosofía, por ejemplo en la *República* de Platón, y en los grandes mitos, es innegable la existencia de pasajes de ficción o invención, en especial en lo descriptivo, no en lo valorativo. Vico, en su enfoque historicista del Estado, considera al imperio de la fantasía sobre el razonamiento como la primera de las tres fases de los cursos de la evolución histórica de las naciones; esta fantasía es creadora y divina porque crea dioses y caracteriza a la época de la teocracia. Bajo la influencia de Hegel, los estéticos del siglo XIX, como Vischer y von Hartmann, afirmaron que todo arte *es la eclosión sensible de la idea*, mientras Fiedler, Hildebrand y Riehl se referían al arte como *pura visibilidad*. También el contenido de los sueños o actividad onírica se debe a la capacidad de relacionar o asociar. Para la sicología profunda, los sueños y su correcta interpretación revelan el núcleo inconsciente de la personalidad humana. Fue grande la labor de Bachelard como estudioso de la actividad fantástica: la actividad humana no se agota en la observación empírica y en la elaboración racional, que son los dos elementos fundamentales en la construcción de la ciencia; por el contrario, el hombre está animado por la actividad fantástica, la cual desempeña un papel no menos importante en su vida, y que se expresa en la poesía, en la música y en la ensoñación o *rêverie* (imaginación onírica); la *rêverie* es un instrumento esencial, distinto de la ciencia, para conocer al mundo, que participa, como afirma Follain, de un conocimiento no menos positivo que el conocimiento intelectual, porque sitúa las cosas en su verdad práctica profunda. En música, la fantasía es la composición instrumental que prescinde en absoluto de toda norma en lo referente a lo temático y a lo tonal. **V. imaginación.**

FANTASMA Materialización de una imagen que no existe en la realidad física y es creada por la mente. Se denomina fantasma porque es creado por la fantasía. Existen muchas seudociencias y seudofilosofías que aseguran la existencia de los fantasmas en la realidad, como seres o entes independientes de la imaginación humana; sin embargo, no hay pruebas científicas al respecto. En la literatura es muy común, sobre todo durante el romanticismo, la inclusión de fantasmas como personajes novelescos y como personajes dramáticos, en especial en las tragedias de Shakespeare (en *Hamlet*), que, según los freudianos, son la representación del *super-yo*, o *superego*. Se califica de fantasma aquello que no tiene una base en la realidad, o lo que se presenta como real siendo una falsificación o un falseamiento de la misma. En filosofía, Hobbes niega que los universales nombren algo realmente existente y los considera *signos de concepciones* o *phantasmata*. Estos fantasmas se relacionan entre sí por medio de las leyes mecánicas que se establecen a partir de los fenómenos. Para este filósofo, el espacio es *el fantasma de una cosa que existe simplemente sin el espíritu;* y el tiempo es *el fantasma del antes y el después en movimiento.* Los cuerpos poseen accidentes, algunos de los cuales son no comunes; éstos son fantasmas producidos por la percepción sensible, tales como la dureza y la blandura, los cuales, sin ser el cuerpo, son producidos por éste en el espíritu.**V. fantasía.**

FARÍAS BRITO, Raimundo de (1862-1917). Filósofo y político brasileño, nacido en São Benedito (Ceará). Se inició como político, pero luego se dedicó a la enseñanza de la filosofía en Río de Janeiro. Influyó en forma definitiva en el pensamiento brasileño desarrollado con posterioridad, en especial el de Jackson de Figueiredo, quien le dio una orientación mística católica. Sus tesis filosóficas son radicalmente espiritualistas y contrarias al irracionalismo, aunque le da gran importancia a las ciencias; precisamente utiliza la filosofía con el fin de darles un sentido, de tal forma que encamina el saber del hombre para que pueda ser tomado como norma de vida. Su filosofía metafísica se basó en una búsqueda interior para *descubrir en sí* , para encontrar la esencia cosmológica. Sus principales obras son: *La base física del espíritu: historia sumaria del problema de la mentalidad como preparación para el estudio de la filosofía del espíritu; La filosofía como actividad permanente del espíritu humano.*

FATALIDAD Destino, hado; aquello que fija la ocurrencia inexorable de los sucesos de manera que no es posible evitarlos. Aunque los sucesos fijados por la fatalidad pueden ser buenos, generalmente se considera que la fatalidad connota una desgracia o desdicha. **V. destino.**

FATALISMO Tendencia filosófica que plantea el hecho de que todo cuanto ocurre está predeterminado por una entidad superior como causa única, sobrenatural y universal. Muy diversas doctrinas son fatalistas y este tema (el fatalismo) ha sido motivo de grandes discusiones a lo largo de la historia de la filosofía, en especial cuando se trata de establecer la existencia o, también, las limitaciones del libre albedrío y, así mismo, en la definición de la libertad. **V. albedrío, destino, libertad.**

FE Aceptación de una proposición como verdadera sin que haya habido previamente un análisis lógico o una racionalización de la misma; esa aceptación implica a su vez la aceptación de las fuentes como dignas de credibilidad, y los testimonios como ciertos. Es muy conocida la frase de Kant: «*Tuve que desplazar a la razón para dejar lugar a la fe».* La fe no admite pruebas y se reduce al plano de lo subjetivo. La definición más común de fe es la dada en la doctrina católica: *creer en lo que no vemos porque Dios lo ha revelado,* donde se conjugan los elementos de nuestra definición, a saber: *creer,* dar por cierto *lo que no vemos,* o sea, lo que no se presenta sensiblemente ante nosotros o algo de cuya existencia no tenemos pruebas sensibles; *porque Dios lo ha revelado,* es decir, porque la fuente, como Dios que es, no se puede equivocar y es digna de credibilidad. En teología, la fe es considerada una virtud teologal, junto con la esperanza y la caridad. Al no tener pruebas suficientes y reducirse al plano de

Alegoría de la Fe (Grabado del renacimiento)

lo subjetivo, también se reduce al plano de lo individual. Por esto, santo Tomás afirma que *la vida eterna comienza en nosotros.* La fe religiosa (o confesiones religiosas) es la aceptación masiva de proposiciones de contenido dogmático. Es condición para que haya fe *la firme adhesión del entendimiento,* lo que la distingue de la simple creencia. En derecho y en ética, existe la noción de la buena fe que se debe presumir en los actos humanos, mientras no se pruebe lo contrario. Aquí, buena fe se refiere a la intencionalidad, esto es a la tendencia del hombre a realizar el bien, aunque en algunas ocasiones no sean logrados los resultados propuestos o que constituían la intención fundamental. **V. creencia.**

FEDÓN DE ELIS (siglo IV a. de C.). Filósofo griego nacido en Elis; siendo muy joven fue hecho prisionero y vendido como esclavo en Atenas. Gracias a la intercesión de un amigo suyo (no se sabe con seguridad si fue Critón, Cebes o Alcibíades) recuperó la libertad y se hizo alumno de Sócrates. Posteriormente llevó sus enseñanzas a Elis, donde fundó una escuela cuyos cánones seguían los de la Escuela Megárica. Su filosofía tiene un carácter netamente dialéctico, dirigido al arte de la disputa, y con la enseñanza básica de que nos hacemos buenos, sin saberlo, cuando restringimos nuestro trato a los hombre honrados y probos. Su principal diálogo se titula *Zopiro y Simón.*

FELAPTON Palabra nemotécnica que designa uno de los modos, para muchos de los autores válido, de la tercera figura, y cuya premisa mayor es universal negativa, la menor universal afirmativa y la conclusión particular negativa. Corresponde a la siguiente ley de la lógica cuantificacional elemental:

$$((x) (Gx \supset \sim Hx) . (x) (Gx \supset Fx)) \supset (\exists x) (Fx.\sim Hx)$$

Usando las letras S, P y M de la lógica tradicional, se puede expresar mediante el siguiente esquema:

$$(MeP . MaS) \supset SoP$$

FELICIDAD Estado placentero del hombre en relación consigo mismo y con su entorno. Es un estado subjetivo, puesto que conseguirlo varía de acuerdo con la estructura sicológica y el medio social en que cada individuo se ha desarrollado y, para cada uno, se da en momentos distintos. Dentro de la ética de Aristóteles, la felicidad es la plenitud de la realización activa del hombre, en lo que tiene de propiamente humano: la razón. Esta felicidad es una forma de vida, la contemplativa o *teorética,* superior a la vida de los placeres y regida por la *poíesis* o producción, y también superior a la simple vida práctica. En general, lo que para los individuos pertenecientes a una cultura significa un estado de felicidad, para los de otras no tiene significación alguna. Por esta razón se ha considerado como utópica la idea de conseguir para todo un Estado o, en general, para una comunidad humana, un estado permanente de felicidad. Las propiedades de los objetos deseados por cada hombre y su capacidad para alcanzarlos, también definen la mayor o menor satisfacción y, por tanto, la mayor o menor posibilidad de obtener estados de felicidad. En filosofía, este problema ha sido considerado desde la antigüedad. Para los filósofos griegos, en general, la felicidad (eudemonía) era el supremo bien, parte esencial del sentido de la vida, con las variaciones impuestas por cada escuela o tendencia: felicidad como placer; felicidad como la posesión de bienes materiales; felicidad como virtud; como conocimiento. También en su sistema de creencias, el destino o hado imponía la felicidad o la desgracia de los hombres sin que pudiera escaparse de su dictamen. Para Aristóteles era el reflejo de la perfección que se obtenía por medio del conocimiento de la verdad, conforme la propia naturaleza. San Agustín y santo Tomás coincidieron en su concepto de la felicidad como algo sobrenatural, al afirmar que es la visión beatífica de Dios conseguida por medio de la revelación. La doctrina cristiana hace una distinción entre la *felicidad natural* como tendencia de la naturaleza espiritual, y la *felicidad sobrenatural* o contemplación, la cual sería el destino del hombre. En la filosofía moderna, la felicidad no es un bien en sí mismo, porque ésta depende de los bienes que la producen. Para Kant, es *el nombre de las razones subjetivas de la determinación,* no depende del entendimiento, ni el fin de impulso alguno: es simplemente lo que acompaña a la satisfacción. **V. eudemonismo.**

FE (mala) Intención de engañar o hacer parecer como ciertas cosas, hechos o actitudes que no lo son. Puede haber mala fe en las afirmaciones y en los actos humanos, pero para que ella exista es necesaria la concurrencia de la intencionalidad o propósito consciente. **V. fe.**

FÉNELON, François de Salignac de la Mothe (1651-1715). Filósofo y teólogo francés nacido en Périgord. Fue arzobispo de Cambrai y gran figura de la Iglesia católica francesa. Sostuvo con Bossuet una polémica, pues éste lo acusó al considerarlo un autor herético, partidario del quietismo o molinismo, herejía del español Miguel de Molinos; Bossuet solicitó una condena de Roma, la cual se efectuó, y tuvo que retractarse de algunas proposiciones incluidas en su obra *Historie des maximes des saints*. Incorporó a su pensamiento algunas tesis de Descartes como la comprensión del hombre como ente presente, el dualismo en que la unión alma-cuerpo es puramente accidental y, principalmente, el método de la duda universal, para orientarlas teológicamente al utilizarlas en su demostración de la existencia de Dios desde la evidencia del yo y de la realidad. Propuso su doctrina del *amor puro*, el cual consiste en el uso de la libertad consciente de la voluntad, de tal forma que se deje a un lado tanto el temor al castigo de Dios, como la esperanza de su recompensa, para poder llegar a un estado de amor a Él, por el simple hecho de desear amarlo; tratar de llegar a un *gusto íntimo de Dios* por medio de la oración. Sus principales obras son: *Explicación de las máximas de los santos sobre la vida interior; Refutación del sistema de la naturaleza y de la gracia; Tratado de la educación de los niños; Aventuras de Telémaco* y la obra filosófica *Refutación del sistema de Malebranche,* en la cual muestra cierta tendencia hacia el ocasionalismo. **V. Bossuet.**

FENOMENALISMO Tendencia filosófica que afirma la imposibilidad de conocer las cosas en sí mismas, puesto que sólo nos es posible conocer los fenómenos. Para Kant, el término fenómeno tiene el significado de *aparición*, en cuanto el fenómeno presenta un ente desconocido en su manera de ser ante un sujeto real igualmente desconocido. El fenomenalismo fue sostenido principalmente por el positivismo de Comte y Spencer. Para Mach, y para el positivismo en general, toda posibilidad de conocimiento se reduce a las impresiones dadas de los sentidos, sin que pueda suponerse un ente latente bajo ellas. La realidad se limita a las impresiones recibidas por los sentidos, o fenómenos.

FENOMÉNICO, FENOMENOLÓGICO En general, que se refiere al fenómeno. En particular, aplicando el método empleado por Husserl en su fenomenología, es aquello que se refiere al examen de las *evidencias* o fenómenos, tal como éstos se presentan a la intuición, con independencia del hecho de que les corresponda o no una realidad. **V. fenomenología, Husserl.**

FENOMENISMO Teoría filosófica que sólo admite los fenómenos –lo dado en la percepción y en la experiencia– como fundamento del conocimiento. Sobre esta base ha habido en la filosofía varias direcciones: (a) para Berkeley, el fenómeno es la única realidad, puesto que el ser consiste en ser percibido; todo lo real es fenómeno y lo que no es fenómeno carece de realidad. A esta tendencia se le ha dado el nombre de *solipsismo;* (b) para Kant, el fenómeno es una manifestación de la realidad que lo trasciende, siendo esta realidad transfenoménica incognoscible. También algunas tendencias místicas afirman su cognoscibilidad pero por medios diferentes a los del conocimiento fenoménico; (c) los agnósticos sostienen que no hay certeza sobre la posibilidad de conocer si existe o no una realidad diferente al fenómeno; (d) el fenomenismo de J. S. Mill priva al *yo* y al concepto del mundo de toda unidad y continuidad, las cuales se dispersan en diversos *estados de conciencia* o *fenómenos*, los cuales no tienen interconexión alguna y, fuera de las percepciones actuales, carecen de existencia. Este fenomenismo ataca por la base a toda la lógica clásica al convertirse los fenómenos perceptivos en la base del conocimiento, en lugar de la experiencia.

V. fenómeno, fenomenología, solipsismo.

FENÓMENO En sentido etimológico, es lo que se muestra, lo que se hace visible, tanto a los sentidos como a la conciencia. Los astrónomos griegos usaron la expresión *liberación de los fenómenos* para plantear la exigencia de formular hipótesis sobre los movimientos de los astros, de modo que de ellas pudieran deducirse los movimientos reales observables. Aristóteles denomina fenómeno a todo aquello que es accesible al conocimiento sensible. Para Kant, el fenómeno se opone a *la cosa en sí* (*noumeno*), siendo el fenómeno la apariencia de ella *pensada como objeto, según la unidad de las categorías*. El fenómeno remite a la cosa en sí por la cual se ha producido. Brentano hace una neta distinción entre los fenómenos físicos y los fenómenos síquicos. Basándose en las ideas de Avicena, recogió el carácter de intencionalidad que éste había reconocido en los fenómenos síquicos, por cuanto se refieren a un contenido, a un objeto, aunque ese objeto no sea real. Los actos síquicos no existen para Brentano si a la vez no son actos intencionales. Esta idea es un antecedente de los *objetos ideales* que Husserl llamará más tarde *significaciones*. Brentano intuye en su metodología la esencia de un fenómeno y Husserl la perfecciona en su fenomenología. En Husserl, el fenómeno es *lo dado*, todo contenido visto y experimentado de manera inmediata. Es el dato captado en su esencia. **V. fenomenología, Husserl.**

FENOMENOLOGÍA Término introducido por Lambert para designar la teoría de los fenómenos. En un sentido más general, es la ciencia de los fenómenos. En forma más estricta, es la ciencia de los fenómenos que se manifiestan en la conciencia. La fenomenología como disciplina y corriente filosófica fue fundada por Husserl, base de la cual fue su *método fenomenológico*, que conduce al conocimiento de las esencias, meta de la filosofía. Dicho conocimiento es evidente y fundado en la intuición *eidética*, es decir, una intuición de esencia (*eidos*), a la cual se llega por la intuición fenomenológica. Husserl prescinde de la existencia del *yo*, de los actos aprehensivos y de los objetos, suspende esos contenidos con respecto a la conciencia (*reducción fenomenológica*). Construye una *teoría del objeto* donde los objetos son considerados sólo como objetos correlativos de la *conciencia pura*. Ésta está constituida por *el tener conciencia* y *lo tenido en la conciencia*. Para Husserl, la filosofía es la teoría descriptiva de la esencia de las configuraciones inmanentes de la conciencia. A cada ciencia empírica corresponde una ciencia eidética de la esencia u *ontología regional*. Las regiones son las esferas objetivas. La médula de la fenomenología de Husserl es el problema de la verdad. Su función metodológica ha sido de gran trascendencia. **V. fenómeno, Husserl.**

FERIO Palabra nemotécnica que designa uno de los modos válidos del silogismo de la primera figura, cuya premisa mayor es universal negativa, la menor particular afirmativa y la conclusión particular negativa. Corresponde a la siguiente ley de la lógica cuantificacional elemental:

$$((x)(Gx \supset \sim Hx) . (\exists x)(Fx . Gx)) \supset (\exists x . \sim Hx)$$

Usando las letras *S*, *P* y *M* de la lógica tradicional, se puede expresar mediante el siguiente esquema:

$$(MeP . SiM) \supset SoP$$

FERISON Palabra nemotécnica que designa uno de los modos válidos del silogismo de la tercera figura, cuya premisa mayor es universal negativa, la menor particular afirmativa y la conclusión particular negativa. Corresponde a la siguiente ley de la lógica cuantificacional elemental:

$$((x)(Gx \supset \sim Hx) . (\exists x)(Gx . Fx)) \supset (\exists x)(Fx . \sim Hx)$$

Usando las letras S, P y M de la lógica tradicional, se puede expresar mediante el siguiente esquema:

$$(MeP . MiS) \supset SoP$$

FERMAT, Pierre (1601-1665). Matemático francés, nacido en Beaumont-de-Lomagne. Fundador de la moderna teoría de los números y se le deben numerosos teoremas, uno de los cuales, llamado *el último teorema de Fermat,* constituye uno de los más famosos problemas de la matemática moderna, que consiste en la proposición de que no es posible hallar cuatro números naturales *x, y, z, n,* con $n > 2$ tales que x n + y n = 2 n. Fermat encontró también un método para determinar máximos y mínimos igualando a 0 la derivada de una función, método en que se inspiró Newton para determinar la tangente a una curva. Este importante matemático igualmente fue uno de los creadores de la geometría analítica y expositor de algunos teoremas fundamentales del cálculo de probabilidades.

FERRATER MORA, José Escritor español, nacido en Barcelona en 1912. Es muy conocido en los medios filosóficos por sus ensayos sobre temas relacionados con esta disciplina y, especialmente, por su *Diccionario de filosofía.* También hizo algunos aportes, sobre todo en lo referente al tema de la muerte. Sus principales obras, aparte del ya citado *Diccionario,* son: *Variaciones sobre el espíritu; El sentido de la muerte; Unamuno: bosquejo de una filosofía.*

FESAPO Palabra nemotécnica que designa uno de los modos, para muchos autores válido, de la cuarta figura, que corresponde a la siguiente ley de la lógica cuantificacional elemental:

$$((x) (Hx \supset \sim Gx) . (x) (Gx \supset Fx)) \supset (\exists x) (Fx . \sim Hx)$$

Usando las letras S, P y M de la lógica tradicional, se puede expresar mediante el siguiente esquema:

$$(PeM . MaS) \supset SoP$$

FESTINO Palabra nemotécnica que designa uno de los modos válido del silogismo de la segunda figura, cuya premisa mayor es universal negativa, la menor particular afirmativa y la conclusión particular negativa. Corresponde a la siguiente ley de la lógica cuantificacional elemental:

$$((x)(Hx \supset \sim Gx) . (\exists x)(Fx . Gx)) \supset (\exists x)(Fx . \sim Hx)$$

Usando las letras S, P y M de la lógica tradicional, se puede expresar mediante el siguiente esquema:

$$(PeM . SiM) \supset SoP$$

FETICHISMO Atribución de poderes mágicos o sobrenaturales a un objeto cualquiera, la cual hace de él materia de veneración, temor, adoración y dependencia sicológica.

FEUERBACH, Ludwig (1804-1872). Filósofo alemán nacido en Landshut (Baviera). Uno de los representantes del materialismo de su país. Después de estudiar teología en Heodelberg, viajó a Berlín; allí fue alumno de filosofía de Hegel. La filosofía de Feuerbach es materialista y su base es el antropologismo, fundamentado en la forma de situar en primer plano el problema de la esencia del hombre, de su puesto en el mundo. Su punto de partida es la crítica de la concepción idealista que tenía Hegel de la esencia humana, lo que lo condujo al abandono del idealismo en general. Se declaró enemigo decidido de la religión, a la que consideró como una *enajenación*, como una *autoconciencia inconsciente* del hombre, como una *creencia en fantasmas;* afirma que el hombre crea a sus dioses de acuerdo con sus necesidades y angustias. En la teoría del conocimiento, es empirista y sensualista. Sus principales obras son: *Historia de la filosofía moderna; La esencia del cristianismo; Tesis para la reforma de la filosofía; Contribución a la crítica de la filosofía de Hegel; Principios de la filosofía del futuro.*

FEYERABEND, Paul K. Filósofo austríaco, nacido en Viena en 1924; profesor de filosofía en Inglaterra, Alemania, Estados Unidos y Suiza. Su pensamiento se caracteriza por constituir un ataque sistemático contra la pretensión de racionalidad absoluta de la ciencia y por calificar de «bastarda» a toda la filosofía de la ciencia como disciplina, porque, afirma, *no existe ninguna cosa que corresponda a la palabra «ciencia» o a la palabra «racionalismo»*. La ocultación de la existencia de valores diferentes y la asociación aceptada sin crítica entre ciencia y racionalidad, son el soporte de la alianza entre ciencia y poder estatal; para oponerse a esto, Feyerabend propone aumentar el contenido empírico con la ayuda de un principio de proliferación de teorías inconsistentes con el punto de vista aceptado comúnmente, haciendo de este *principio de proliferación* una parte esencial *de todo empirismo crítico. El principio de proliferación es también una parte esencial de toda perspectiva humanitaria*. La proliferación incluye para él la revitalización de la astrología, la brujería, la magia, la alquimia, la elaboración de la monadología de Leibniz, etc., lo que permita la elección de teorías que sean suficientemente generales para proporcionar una concepción del mundo. Esta postura ha sido denominada *anarquismo epistemológico*. Sostiene que la aceptación de las leyes y de los hechos científicos da forma diferente «a los procesos de decisión democrática» y se ha convertido a la ciencia en la medida objetiva de todas las ideologías; en cuanto a la lógica se advierte que incluso sus más simples demandas no son satisfechas en la práctica científica y no pueden serlo a causa de la complejidad del material; por lo que respecta a los hechos, no es posible derivar de ellos las teorías y no son suficientes para aceptar o rechazar teorías científicas por dejar un ámbito demasiado amplio; tampoco lo son la lógica y la metodología por ser demasiado estrechas. Propone, entonces, que el papel de las ciencias debe ser tan libre como el del poeta que «compara, mejora, arguye hasta que encuentra una formulación correcta de lo que quiere decir» y asegura que es el gusto y no el argumento el que guía nuestra elección de la ciencia y «nos hace llevar a cabo ciertos movimientos dentro de la ciencia». Entonces, la separación entre ciencia y no ciencia es artificial, inexistente y «perjudicial para el avance del conocimiento»; así, el *anarquista epistemológico* debe tratar de convencernos de que la única regla universal concordante con los movimientos que ha de realizar el científico para hacer que la ciencia avance es *todo vale*, ya que nadie puede decir, en términos abstractos, qué es lo que precisamente condujo al progreso en el pasado ni qué intentos tendrán éxito en el futuro. Sus principales obras son: *Problemas del empirismo; Contra el método; La ciencia en una sociedad libre; Adiós a la razón.*

FICCIÓN Creación de la imaginación consistente en objetos no reales construidos con base en datos tomados de la realidad. También se llama ficción a la invención poética y, en general, se da el nombre de obras de ficción a toda la producción literaria no basada en hechos reales o en hechos históricos como son la biografía o la crónica. En filosofía constituye la base del ficcionalismo. **V. fantasía, ficcionalismo, imaginación.**

FICCIONALISMO Doctrina filosófica que defiende el uso de las ficciones para resolver problemas del conocimiento y de la vida práctica. Fue expuesta por primera vez por el inglés Jeremy Bentham, quien desarrolló una teoría de las ficciones basada en la lingüística; según sus propias palabras «todo nombre-sustantivo que no sea nombre de una entidad real, perceptible o inferencial, es el nombre de una entidad ficticia». El más conocido dentro de esta corriente es el filósofo alemán Hans Veihinger, quien desarrolló una doctrina ficcionalista, la cual expuso en su obra *La filosofía del como si. Sistema de las ficciones teóricas, prácticas y religiosas de la humanidad a base de un idealismo positivista*. En ella propone una metodología que consiste en formular pensamientos correctos sobre la realidad, teniendo como base representaciones conscientemente falsas. Para él, las ficciones son conceptos de los que no se puede decir que «son», pero que tampoco se puede decir que «no son», es decir, conceptos que, al mismo tiempo, no pueden ser refutados, ni pueden ser confirmados. Las ficciones, entendidas de esta forma, pueden ser llamadas cuasi conceptos (cuasi cosas, cuasi delitos, etc.). Pero lo esencial en la doctrina ficcionalista es que las ficciones deben ser utilizadas al mismo tiempo en dos sentidos: uno en el que haya conciencia de una falsedad o inadecuación relativas y otro en que haya conciencia de su utilidad para un posterior desarrollo válido del razonamiento.

FICHTE, Johann Gottlieb (1762-1814). Filósofo alemán nacido en Rammenau. Es considerado por muchos como el más importante exponente del idealismo alemán clásico, después de Kant. Estudió teología en Pforta, Jena y Leipzig, y luego se dedicó a la enseñanza privada. En 1792 publicó *Crítica de toda revelación*. La filosofía de Fichte estuvo muy influida en sus inicios por Kant, pero a medida que la fue desarrollando se hicieron más notorias sus diferencias. Para él, la filosofía es la reconstrucción de la vida del espíritu; por eso su primera tarea consistió en la forma de interpretar el *yo*. No se trata de un «*yo* empírico», es decir, tomado individualmente, sino un «*yo* puro», o sea, absoluto, infinito; en otras palabras, la subjetividad como tal. Este *yo* difiere del kantiano cuando se le atribuye a la actividad categorial; en Kant, la misión de las categorías es unificar lo múltiple, mientras que en Fichte es multiplicar el *yo*. Ese *yo* debe ser dinámico y ese dinamismo debe empezar, como primer paso, en la identificación consciente del *yo;* según sus propias palabras: *la misma conciencia es un producto del acto primero y originario del yo, del establecimiento del yo por el yo*. Pero si el *yo* es actividad, se necesita una oposición para ser realizada: el «no *yo*»; este concepto se podría definir, simplemente, como todo lo que se opone al *yo* y es distinto a él; en otras palabras, el *yo*, conscientemente, descubre sus limitaciones; las implicaciones del no *yo* funcionarían aquí, como las barreras que el *yo* debe traspasar. La actividad de traspasar esas barreras que limitan al *yo*, lleva al proceso de aniquilación del no *yo* que, así mismo, lo inducen al proceso de la conquista de la libertad. En este punto aparece el concepto ético de su filosofía; es como el impulso que mueve al espíritu para el cumplimiento de su deber: *Todo lo que es puede ser entendido sólo en virtud de lo que debe ser;* o, *la única base sólida de todo el conocimiento que poseo es mi deber*. Esto es lo que proporciona a sus tesis un carácter inconfundible, a lo que se le denominó «idealismo ético». Su método para la investigación filosófica consiste en una serie de tesis, antítesis y síntesis, que llamó «método antitético», pues no deduce propiamente la antítesis de la tesis, sino que la coloca al lado de ella como su opuesto; lo aplicó, principalmente a diseñar los diversos grados del desarrollo de la conciencia: la sensación, la intuición, la imaginación, el intelecto, el juicio, la razón. Con el correr de los años, Fichte orientó su filosofía a dos aspectos: el primero, como lo explicamos, a elevar el espíritu nacional alemán; el segundo, al acercamiento religioso, basado en la tradición mística alemana: la función del *yo* puro es asignada al ser divino; según sus propias palabras: *ahora esta vida divina se manifiesta, surge, se muestra y se representa, y*

Johann Gottlieb Fichte

esta representación, o su ser y su existencia exterior, es el mundo. La conciencia, que en el período anterior era tenida por fundamento del absoluto, pasa a ser instrumento de la revelación divina, y en la parte ética, la acción moral es considerada como una revelación directa de Dios que surge de la llama divina que tiene en su interior. Su obra es extensa, pero se destacan: *Teoría de la ciencia*, reelaborada posteriormente en varios obras en forma más madura; *El destino del hombre y el destino del sabio; Introducción a la teoría de la ciencia* (en cuatro escritos); *Advertencia para la vida feliz; Discursos a la nación alemana; Los caracteres de la edad contemporánea; Fundamentos del derecho natural según los principios de la teoría de la ciencia.*

FICTICIO Término que designa aquello que es producto de la ficción o que surge de la potencia de imaginar que tiene el hombre. Lo ficticio es lo fingido, lo que aparenta realidad sin tenerla efectivamente. Un valor ficticio es aquel que no se basa en la verdad, sino que es convencional y aparente. **V. ficción, ficcionalismo.**

FIDEÍSMO Filosofía que se funda en la fe. Hay diversas clases de fideísmo, según aquello en lo que se base esa fe: el *tradicionalismo*, por ejemplo, es el resultado de una fe basada en la autoridad. No obstante, en general, la fe se basa en el sentimiento, que en la escuela escocesa se identificaba con el instinto natural de la razón humana común, o sentido común, el cual se aplica a casi todas las verdades religiosas y morales. **V. fe, sentido común, tradicionalismo.**

FIDELIDAD En general se entiende como una actitud que permanece constante a una causa o persona. También es entendida como exactitud. En filosofía ha sido tratada por varios pensadores, cada uno de los cuales le ha dado su propia interpretación. Josiah Royce la asocia al concepto de lealtad, entendida como la consagración de una persona a una causa en forma consciente, real y completa. Gabriel Marcel va más allá; para él es la «condición misma de la persistencia del propio yo en el curso de sus actos trascendentes».

FIGURA En términos generales, figura se entiende como forma, perfil o configuración de un objeto. Suele distinguirse entre figura y forma. La figura (*morphé*), según esta distinción, es el aspecto externo del objeto; la forma (*eidos*) es el aspecto interno del mismo. Se llaman figuras, en lógica, a las variedades del silogismo clasificadas según la posición del término medio en las premisas y del tipo de juicios; éstos, a su vez, se clasifican por su cantidad y por su cualidad, en universales afirmativos, particulares afirmativos, universales negativos y particulares negativos. Fueron establecidas por Aristóteles, quien distinguió tres: la primera, en la que el término medio ocupa el lugar del sujeto en la premisa mayor y el lugar del predicado en la menor; la segunda, en la que el término medio ocupa el lugar del predicado en ambas premisas; y la tercera, en la que el término medio ocupa en ambas premisas el lugar del sujeto. Posteriormente se añadió a ellas una cuarta figura, conocida como figura galénica por suponerse que fue introducida por Claudio Galeno, en la que el término medio ocupa el lugar del predicado en la premisa mayor y el del sujeto en la premisa menor.

FILODOXIA Término utilizado en filosofía, en primer lugar por Platón, para designar la actitud de los filósofos que se atienen simplemente a las apariencias y no se aplican a la necesidad de elevarse a la contemplación de las ideas eternas; más tarde fue usado por Kant para referirse a la tendencia filosófica de distraerse en el juego formal de los pensamientos, desentendiéndose de la verdad.

FILOGÉNESIS Término que indica el origen del desarrollo histórico, en general, de los organismos (el que trata del mismo origen a nivel individual o particular se llama ontogénesis). El vocablo fue introducido por Haeckel, en 1866. El desarrollo de la filogénesis es llamado filogenia y se forma sobre la base de los cambios individuales (ontogenia). La relación entre filogenia y ontogenia refleja la interacción de la parte con el todo, es decir, entre el individuo y el género.

FILOLAO (de Crotona) Filósofo de la antigua Grecia (finales del siglo V a. de C.), representante de los pitagóricos. Es considerado, junto con Arquitas de Tarento, como el más grande matemático perteneciente a esa escuela. Se supone que fue él quien relacionó las características del espacio y las cualidades de los cuerpos con algunos valores numéricos; por ejemplo: los números 1, 2, 3 y 4 con el punto, la línea, la superficie y el volumen, respectivamente; el 5, 6, 7 y 8 con el color, la acción, la razón y la inteligencia, respectivamente. Diógenes Laercio habla de él y le atribuye la publicación de los llamados *Libros pitagóricos*, donde sistematizó el pitagorismo. Filolao, además, desarrolló una teoría que hace ver el alma como prisionera del cuerpo y relacionó lo limitado con lo ilimitado como partes que forman la naturaleza, de tal manera que la interacción de las dos produce su armonía. Sólo se conservan algunos fragmentos de sus escritos. **V. pitagorismo.**

FILOLOGÍA Disciplina que estudia las lenguas y las obras literarias desde un punto de vista histórico e investigativo, auxiliada, por tanto, por otras disciplinas, tales como la gramática, la teoría literaria, la crítica e historia literaria y la sociología. Se ha usado para designar no solamente a todos los estudios literarios y lingüísticos, sino también el estudio de todos los productos del espíritu humano; además, ha servido para designar a *la ciencia de lo conocido*, como lo hace Boekh en su *Encyklopädie und Methodologie der philologischen Wissenschaften,* donde los estudios literarios solamente son una pequeña parte de la filología, al ser ésta entendida como *ciencia total de la civilización.* En la actualidad se suele dar a la filología el sentido de lingüística, como gramática histórica y estudio de las formas antiguas de las lenguas. Para el romanticismo alemán, los estudios filológicos como ciencia total de la civilización incluyeron los estudios literarios y condujeron al encuentro de lo que ellos llamaron *espíritu nacional.* Su estudio es muy importante en la filosofía, pues relaciona la parte lingüística con la claridad en los conceptos y los razonamientos. Los primeros trabajos filológicos se desarrollaron en la época alejandrina, en Grecia, por parte de los gramáticos que comentaron a Homero principalmente con un propósito pedagógico. En el Renacimiento se multiplicaron las publicaciones de los textos clásicos y su interpretación. En el siglo XIX, la filología fue enriquecida por los descubrimientos de la lingüística y, entonces, abordó la tarea de clarificar las culturas por medio de la interpretación de los textos que éstas producen, transformándose así en una disciplina histórica, pues tiene su propio método para el estudio de ellas, el cual se basa en la fijación y el análisis de textos.

FILÓN DE ALEJANDRÍA (25 a. de C. ? -50 d. de C. ?). Filósofo judío helenizado, considerado una de las más viejas raíces de la filosofía neoplatónica y el más destacado representante de la filosofía judaico-alejandrina, por su interpretación no literal sino alegórica del Antiguo Testamento, en especial sus comentarios al Pentateuco, mezclada con tendencias platónicas y estoicas. Su principal reflexión se refiere a la relación de Dios con el mundo; Dios es ser único, eterno, infinito, superior al bien mismo, incomparable y fuente de toda virtud. Dios ha sacado al mundo de la nada por bondad y las ideas resultan de Dios sin necesidad de materia. El logos es el principio del mundo inteligible, modelo último de toda realidad. El hombre es divino, esto es, hecho a la imagen de Dios. Organiza la realidad jerárquicamente, igual que los inteligibles: logos, sabiduría divina, hombre, espíritu (*pneuma*) y ángeles. Sus principales obras son: *Sobre el artesano del mundo; Sobre la vida contemplativa; Sobre la inmortalidad del mundo; Que Dios es un ser inmutable.*

FILOSOFEMA Término utilizado en filosofía por Aristóteles, en primer lugar en singular, para designar al razonamiento de tipo científico que se opone al retórico, al dialéctico y al erístico; y en segundo término, en plural, para designar en general a las especulaciones y doctrinas filosóficas.

FILOSOFÍA Su etimología la define como «amor a la sabiduría». Parece que esta palabra hizo su aparición con los pita-

La Filosofía, por A. del Pollaiolo (detalle del monumento a Sixto IV). (Museo de San Pedro, Roma)

góricos para designar la actividad del hombre que llega a sabio (*sophos*). En su sentido más general, es la penetración de la razón humana en las últimas razones y en la investigación de la realidad total, en especial sobre el ser y el deber. De este filosofar surge la necesidad de sistematizar, detallar y dar claridad lógica a lo que se ha aprehendido de la realidad, lo que ya supone un principio de filosofía científica. La filosofía es una ciencia universal, ya que abarca la totalidad de lo real, penetrando hasta las razones absolutamente últimas. Y constituye una interpretación del hacer humano que va hasta sus más profundas raíces. La filosofía recibe información de las demás ciencias y, también, aporta claridad y ciertas bases a ellas. También se ha ocupado de la explicación de las causas del mundo, de donde han surgido varias tesis; una de ellas es Dios y lo inmaterial, de donde se desprende una de sus ramas, que es la metafísica. La filosofía es la expresión de la tendencia del hombre a buscar la verdad en las diferentes épocas y en diversas circunstancias. Son varias las divisiones de la filosofía: (a) noseología, que se ocupa del conocimiento del ser; (b) metafísica o discusión sobre lo inmaterial, la posibilidad de su existencia y sus caracteres; (c) ontología o ciencia del ser, que estudia sus propiedades esenciales; (d) cosmología o filosofía natural, que indaga y explica la totalidad de lo existente como unidad o universo; (e) sicología o conocimiento y explicación de la mente humana; (f) antropología, que es la ciencia filosófica del hombre; (g) lógica o estudio de los mecanismos propios del pensar; (h) ética, que estudia la rectitud de los actos humanos y la perfección del hombre; (i) política, que examina las condiciones de necesidad y posibilidad del convivir humano; (j) filosofía de la cultura que examina las causas y expresiones de las creaciones externas del hombre; (k) filosofía teorética o especulativa, que se dedica a la contemplación; (l) filosofía práctica, que es el motor del hacer humano (obrar); (m) actualmente la filosofía se ha encontrado con problemas suscitados por el desarrollo técnico y social, y la relación de éstos con el entorno; surgen entonces ámbitos de reflexión filosófica tales como ética ecológica, filosofía de la mente, filosofía técnica del lenguaje, inteligencia artificial, etc. **V. ciencias (clasificación de las).**

FILOSOFÍA ANALÍTICA Llamada también filosofía del lenguaje. Método filosófico que se basa en el análisis filosófico del lenguaje, en razón de que el lenguaje expresa los problemas reales (objetivos). Las principales escuelas y filósofos que han utilizado este método son: G. E. Moore, que practica el análisis con base en el mero «sentido común»; B. Russell, su mayor exponente, quien reduce todas las expresiones enunciativas a expresiones que se refieren a los datos proporcionados por los sentidos, utilizando el método de la lógica formal estricta; Wittgenstein (en su primera época), para quien el lenguaje es la reproducción isomorfa de la realidad, analizándolo en sus últimos elementos, a la vez que acentúa el eminente significado de lo indecible (que no se puede decir, o místico); este planteamiento dio principio al neopositivismo del círculo de Viena; más tarde, seguido por la escuela de Cambridge (Wisdom, principalmente), analiza el complejo lenguaje diario, intraducible a expresiones logísticas, lo que probaría que los problemas filosóficos nacen únicamente cuando se emplean las expresiones en un contexto inadecuado (fuera de su juego lingüístico), con una función desacostumbrada y, por tanto, carente de sentido. A. Ayer, quien reduce el lenguaje ideal estructurado logísticamente y propone lo que se puede experimentar por medio de los sentidos, desechando el lenguaje común. Ryle y la escuela de Oxford se proponen averiguar el empleo adecuado y el sentido de las expresiones filosóficamente relevantes, prescindiendo de métodos y de axiomas positivistas establecidos *a priori*, sin excluir la posibilidad de la metafísica, aunque con una clara tendencia hacia el remplazo de la filosofía por la investigación filológica. La filosofía analítica se puede esquematizar objetivamente en dos grandes grupos: para el primero, el lenguaje común es lógicamente impreciso y defectuoso, por lo que, con ayuda de la lógica, se debe crear un lenguaje artificial que reduzca el significado de las expresiones de contenido a lo experimentable por los sentidos. Las aportaciones de esta corriente a la teoría de la ciencia son de gran importancia. Para el segundo, el lenguaje corriente es suficiente por principio, más aún como norma última, pero no fija su estructura en un esquema simplificador (logístico). Por tanto, la función de la filosofía es analizar las posibilidades concretas para aplicar correctamente una expresión y desechar como absurdas otras de sus formas de empleo. Para Searle y Austin, en su filosofía analítica, el polo de interés es el lenguaje analizado con el propósito de identificar sus múltiples usos. Para ellos, la función de la filosofía es la de clarificar los usos y los objetivos de las formulaciones lingüísticas y el reconocimiento de los espacios de significación a lenguajes tales como el ético, el religioso o el estético.

FILOSOFÍA CIENTÍFICA Dirección del neopositivismo que se desarrolló en varios frentes: en el círculo de Viena, a partir de 1925; en el empirismo, en el positivismo, en el círculo de Varsovia. **V. ciencia (filosofía de la).**

FILOSOFÍA CONTEMPORÁNEA Es más propio referirnos a esta época de la historia de la filosofía como filosofía posmoderna. El comienzo de lo posmoderno o «contemporáneo» se sitúa en la crisis de lo moderno, suscitada por el derrumbamiento del idealismo, la crisis de la metafísica, la inclinación cada vez mayor hacia la elaboración de una filosofía de la ciencia y de una filosofía de la vida. A finales del siglo XIX irrumpe en el campo de la filosofía el aporte de las nuevas naciones americanas, en especial, el de Estados Unidos, que muestra una recíproca influencia con la filosofía británica. Se presentó este desarrollo, en primer término, como una reacción contra el materialismo y el positivismo, y recibió el nombre de pragmatismo. Su iniciador fue Peirce, cuyo método denominado *pragmaticismo* consiste en *averiguar la significación de palabras difíciles y concepciones abstractas (...) determinar las significaciones de conceptos intelectuales (...)* para establecer una claridad en las cuestiones metafísicas tradicionales y, si fuera el caso, eliminar algunas como *sinsentidos*. William James, para quien ninguna diferencia es indiferente, motivo por el que cada palabra debe tener su valor efectivo, las teorías son instrumentos y no fundamentos y, por tanto, el pragmatismo no tiene doctrinas. Entonces, la verdad es lo que resulta de la relación de las diversas partes de nuestra experiencia; es lo que *sería mejor creer*. Los continuadores del pragmatismo son Dewey (pragmatismo desvinculado del espiritualismo), Schiller y R. Barton Perry. Dentro del contexto angloamericano surge también la tendencia denominada personalismo, la cual interpreta la realidad desde el punto de vista de la realidad y el valor de la persona, afirmando de esta manera la libertad del hombre y la existencia de un Dios personal. Los principales representantes de esta tendencia son B. Parker Bowne, Mary Whiton Calkins, E. Sheffield Brightman y W. E. Hocking. La ampliación del horizonte científico en el siglo XX, especialmente en lo que se refiere a las matemáticas y la lógica (Frege, Russell, Hilbert), la física (experimento de Michelson, Einstein y su teoría de la relatividad, la física cuántica), la química, la biología y la cibernética, y la sicología (Pavlov, Watson y, sobre todo, Freud), generó cambios radicales en la concepción del mundo y del hombre en el mundo. Toma un verdadero auge el pensamiento marxista en sus diversas tendencias e interpretaciones, al ser extendidos a la historia de la filosofía, a la filosofía política y a la filosofía de la historia, todo ello sujeto a la historia de la producción social, en la que cada actividad es solamente un momento de un proceso histórico más amplio cuyo factor principal es el económico. Los principales pensadores de tendencia marxista en el siglo XX son: G. Lukácks, Bertolt Brecht, quienes formulan una estética marxista; sus principales opositores son Gramsci (aunque desde una posición igualmente marxista), y Althusser. En Italia renace el kantismo representado por Piero Martinetti, encarnizado opositor del fascismo y quien convierte a la filosofía en una verdadera *religión racional*. También en Italia hay un renacimiento hegeliano, representado por B. Croce (filosofía del espíritu) y, como opositor, a G. Gentile, quien acusa a la lógica hegeliana de traicionar *el carácter dinámico de la dialéctica del pensamiento*. En Alemania, la figura más importante es E. Husserl, que se propone hacer de la filosofía una ciencia rigurosa por medio de su método denominado fenomenología Las tesis de Husserl influyen en el nacimiento del existencialismo en sus diversas interpretaciones; y entre la fenomenología y el existencialismo se tiende un puente, que fija una posición intermedia, con Max Scheler. Los más importantes existencialistas son Heidegger, fundador de la filosofía existencialista, K. Jaspers, K. Barth, Gabriel Marcel, Louis Lavelle y, los escritores Jean Paul Sartre y Albert Camus. Ortega y Gasset, para quien el dato esencial es el *yo* en interacción con mi mundo (yo *soy yo y mi circunstancia*). El *yo* selecciona entre lo dado, siendo el sujeto una realidad concreta y viva a la cual todo se subordina, incluso la razón. A partir de 1925 se retoma, por otra parte, el positivismo que se desarrolla en un neopositivismo caracterizado por una fuerte tendencia antimetafísica, centralizado en los miembros del círculo de Viena, tanto en los que por causa de la persecución nazi tuvieron que emigrar a Inglaterra y a Estados Unidos, como en los que permanecieron en Austria, como también los que sin ser de esta nacionalidad, permanecieron ligados a las tesis del círculo de Viena. Todos ellos o provenían de la ciencia o mostraban profundo interés por la lógica y por la metodología científica. Entre los emigrantes citaremos a las figuras principales, R. Carnap y L. Wittgenstein; entre los segundos cabe citar a Ch. Morris, W. van Orman Quine, J. Wisdom y A. Ayer. En el círculo de Viena confluyen empirismo y logicismo y se genera una severa crítica de la filosofía tradicional, que afrontan mediante el análisis riguroso de la estructura lógico sintáctica de las cuestiones. El encuentro del neopositivismo con el pragmatismo de Dewey produce una corriente de neoilustración, que entiende la razón en cuanto *humana*, concreta y creadora de instrumentos para afirmar al hombre en el mundo, los cuales son las ciencias. Los más destacados representantes de esta corriente son K. Popper y G. Bachelard. Otra de las corrientes de gran trascendencia en el siglo XX es el estructuralismo, del cual se considera fundador al suizo Ferdinand de Saussure, quien revolucionó el campo de la lingüística al proponer el estudio del fenómeno lingüístico a partir del sistema de elementos que lo componen en su totalidad y no a partir de *la palabra*, o sea su manifestación material individual. Su teoría se extendió a las demás disciplinas gracias al antropólogo Claude Lévi-Strauss, opuesto al humanismo filosófico, cuando atribuye a la razón la actividad fundamental de descubrir la estructura presente de la realidad traducida a términos lógico-matemáticos, en un sistema del cual se pueden deducir las características y la posible evolución de las estructuras particulares, antihumanismo que se da también en el sicoanalista Jacques Lacan y en el filósofo Michel Foucault. Otros estructuralistas consideran al estructuralismo como una actividad de construcción o recomposición del objeto después de su análisis, sin pretender tener una base ontológica o sicológica; el principal filósofo de esta corriente lingüística es Roland Barthes, quien busca un sentido en las obras humanas, que siempre son funcionales y, por tanto, estructuradas.

Para Piaget, la estructura como producto sicológico es generado por operaciones concretas de la mente humana. En el pensamiento marxista se refleja el estructuralismo en la obra de Althusser, quien consideraba inválida la posición de la filosofía tradicional con respecto al problema del conocimiento, pues considerando –como lo hace el marxismo– al marxismo como ciencia, cuyo centro es el concepto de estructura, éste debe ser analizado desde el punto de vista epistemológico, lo que lleva a una *filosofía materialista dialéctica del conocimiento*, donde se unen el materialismo dialéctico y el materialismo histórico; así, la relación ciencia-ideología es una teoría formal de las rupturas epistemológicas, idea que se relaciona directamente con el pensamiento de Bachelard.

FILOSOFÍA DE LA HISTORIA V. historia (filosofía de la).

FILOSOFÍA DEL DERECHO Disciplina filosófica que indaga sobre la naturaleza, el origen y los fundamentos esenciales del derecho, y la trascendencia de su aplicación en el concepto que del mundo y de sí mismo tiene el hombre. Para Hegel, el derecho es una creación objetivo-espiritual del hombre. Aunque básicamente se ha reconocido la relación estrecha, si no la dependencia total, de ética y derecho, ha habido tendencias que niegan esta relación y consideran el derecho totalmente independiente y referido exclusivamente a la sistematización u ordenamiento en forma de códigos, de algunas de las actividades y relaciones del hombre; es ésta una tendencia básicamente positivista. Otra orientación busca indagar sobre los fundamentos de la lógica del derecho para poder llegar a establecer leyes de carácter axiomático; y una tercera es la que sitúa el origen del derecho en las condiciones históricas para que la justicia pueda operar de manera sujeta a lo concreto y no a lo ideal; el *jus* naturalismo, por su parte, establece que las leyes están implícitas en la naturaleza del hombre, por lo cual es suficiente ajustarse a ellas para lograr un derecho que no contradiga la estructura ética esencial e innata en el hombre; la dirección teológica hace del derecho una ciencia de origen divino, explícita en sus mandamientos, el cumplimiento de los cuales, por sí solo, sería suficiente para mantener un orden jurídico en el mundo humano. También se ha referido el derecho a la teoría de los valores con fundamento en la existencia misma del hombre y en su análisis. En general, la filosofía del derecho está muy vinculada, como ya lo expresamos, a la ética, a los conceptos de relación del hombre con su entorno, del yo con el otro, y con el concepto de justicia y punibilidad. También la filosofía del derecho está ligada casi indivisiblemente con otras ciencias y disciplinas, tales como la sicología y la sociología y, en general, con todas las ciencias humanas. Los principales filósofos que se han ocupado del derecho como tema primordial son: Vitoria, Suárez, Hegel, Kant, Grocio, Pufendorf, García Máynez, del Vecchio, Kelsen y Battaglia, entre otros. **V. derecho.**

FILOSOFÍA EXISTENCIAL Filosofía sobre la cual se apoya el movimiento filosófico y literario denominado existencialismo. Los cimientos de esta dirección del pensamiento se encuentran en varios filósofos anteriores: Husserl y su fenomenología, Nietzsche y, sobre todo, Kierkegaard. Como su nombre lo indica, la filosofía existencial gira en torno del problema de la *existencia* en cuanto problema concreto, con todos los caracteres de la efectiva experiencia humana, así ésta no responda a los modelos de la lógica. Esta visión de la existencia incluye el concepto de *posibilidad* opuesto al de necesidad lógica, que se expresa en la precariedad del ser, en su finitud e incertidumbre, en su singularidad. La nueva idea de relación del hombre con las cosas busca un contacto directo por medios nuevos y la búsqueda de tales caminos hace que surjan varias direcciones dentro de esta corriente. Así, hay una tendencia realista (desenmascaramiento de la realidad), y una tendencia irracionalista, que trata de evadir las imposiciones de la ciencia y de la técnica mediante cierta actitud mística; el existencialismo ateo se dio a la vez que el *existencialismo religioso*, y el revolucionario paralelamente al conservador. Heidegger es el primer filósofo que puede ser considerado como verdaderamente existencialista; ubica la existencia en dos zonas diferentes: la de lo no auténtico y la de la autenticidad, a la que se llega por medio de la *angustia*; ésta es la que hace comprender al hombre que su origen está en la nada y que se encuentra aislado en la insignificancia del todo. Pero este descubrimiento no es negativo, sino que, por el contrario, abre al hombre la posibilidad de tener una libertad infinita. Lo que da sentido al presente del hombre es el tiempo auténtico, es decir, la trascendencia del pasado y la apertura hacia el futuro, aunque se encuentra con la limitación insuperable que es la muerte. Mirar la muerte con libertad y sin miedo es la expresión más profunda de la existencia auténtica, la cual es sólo posibilitada por la angustia. Jaspers, muy vinculado a Kierkegaard, sostiene que el ser no puede alcanzar la trascendencia debido a su conciencia de finitud, por lo que todo intento que realice con este fin se encontrará con lo que él denomina *naufragio*, el cual debemos aceptar libremente y otorgarle una función positiva: captar en él la trascendencia. En Francia, un poco más tarde, se desarrollan dos tendencias existencialistas: el existencialismo espiritualista, representado por Gabriel Marcel, Louis Lavelle y Nicolás Berdiaev; y el existencialismo ateo, cuyas principales figuras son Jean Paul Sartre y Albert Camus.

FILOSOFÍA GRIEGA Primer gran período o primera fase de la historia de la filosofía occidental, cuya duración es mayor a un milenio, desarrollada por los griegos sin basarse en tradición filosófica alguna, constituyéndose así en el origen de la actividad humana que denominamos *filosofar*. Los problemas fundamentales de la filosofía griega son el ser, la teoría y el logos, los cuales se fundan en una idea del mundo (cosmos) como algo ordenado y sometido a ley. En el orden legal del mundo está inserta la razón, orden que se resume en la *polis* o ciudad-Estado, como modo de convivencia política. Mencionaremos aquí las principales etapas y representantes de este período de la filosofía, puesto que resultaría muy extenso profundizar en cada uno y porque las principales escuelas y sus representantes están considerados individualmente dentro de esta misma obra. Así, pues, las principales escuelas y tendencias son: (a) los presocráticos (siglos VII a. de C. -V a. de C.) o filósofos anteriores a Sócrates. Su principal problema es la pregunta sobre el ser de la naturaleza (*physis*), movidos por el asombro ante el movimiento (cambio o variación) de los objetos sensibles, de donde nace la necesidad de preguntarse qué hay debajo de las apariencias. Dentro del nombre general de presocráticos se desarrollan varias tendencias, a saber: (1) *escuela de Mileto*, a la cual pertenecen Tales de Mileto, Anaximandro y Anaxímenes. (2) *Los pitagóricos* que constituían una secta sometida a una disciplina especial. A ella pertenecieron Pitágoras, su iniciador, Ecfanto, Alcmeón de Crotona, Hipaso de Metaponto, Arquitas de Tarento y Filolao de Tebas. Es importante anotar que los pitagóricos concibieron la filosofía como un modo de vida. (3) *Escuela de Elea*, cuyos principales representantes son Parménides, su iniciador a finales del siglo VI a. de C., quien se inspiró en Jenófanes de Colofón; Zenón de Elea (descubridor de la dialéctica) y Meliso. Cabe anotar que es de gran importancia el hecho de que con Parménides y los eleatas, el mundo pasa de la física a la ontología, cuyo objeto es las cosas en cuanto son. (4) De Heráclito a Demócrito prima la contradicción entre la unidad del ente y la pluralidad y variedad de las cosas, lo que hace imposible explicar el movimiento. A este período pertenecen, en primer término, Heráclito, quien afirma el movimiento permanente de las cosas (*todo fluye*) y explica el origen del mundo por la contrariedad o discordia; Empédocles, Anaxágoras, Demócrito y Leucipo (los dos principales atomistas). (5) *Los sofistas* (siglo V) eran profesores ambulantes que cobraban por su trabajo y pretendían saberlo todo; esta es la primera pedagogía que se conoce en el sentido estricto de la palabra. Proclamaron la inconsistencia de las cosas. Sus principales representantes son Hippias, Pródico, Eutidemo, Protágoras y Gorgias.

(b) Sócrates, quien superó la sofística al recuperar el sentido de la verdad. Es acusado de introducir nuevos dioses y corromper a la juventud, por lo que es condenado a morir ingiriendo la cicuta. Se le debe la introducción de los razonamientos inductivos y la definición universal, ambos elementos básicos de todo principio de ciencia. Su ética está centrada en el hombre, desde el punto de vista de su interioridad (*conócete a ti mismo*), siendo su centro el concepto de virtud (*areté*) como disposición última y radical del hombre; esta virtud es *ciencia*. Que conozcamos su pensamiento se debe a sus discípulos, en especial a Platón, el principal de ellos, pues nada escribió. (c) Platón, como ya expresamos, discípulo de Sócrates y su principal difusor, junto con Aristóteles; su obra se conoce casi en su totalidad. Su pensamiento parte del de Sócrates, pero su gran importancia reside en el descubrimiento que hizo de las *ideas*. También se pregunta por el ser de las cosas y dónde encontrarlo. Utiliza el mito como medio para expresar su pensamiento, en especial en lo que se relaciona con la explicación acerca de que el ser de las cosas se encuentra en las ideas, las cuales no pueden ser accesibles directamente a nuestro conocimiento (mito del carro tirado por caballos alados) y el del olvido del hombre sobre lo que ya conoce antes de su existencia como hombre, cuando se origina por la caída de un alma de procedencia celeste; ahora el recuerdo es sólo sombra de las ideas (mito de la caverna). Su aporte no es solamente filosófico, sino también literario. Platón aporta conceptos sobre la estructura de la realidad, el ser y el ente, ética y política y sobre la filosofía misma. (d) Aristóteles, con quien la filosofía griega adquiere su plena madurez, y a partir de quien empezará su decadencia. Era macedonio helenizado y escribió tres clases de libros: los *exotéricos* (para el conocimiento de la mayoría), *filosóficos o cromáticos* y *esotéricos* (dirigidos solamente a los integrantes de su liceo). Casi todo el pensamiento de este filósofo ha sido base y determinante de la mayor parte del pensamiento de Occidente, aun hasta nuestros días, y su influencia fue marcadísima en el concepto cristiano del mundo y en la metafísica. (e) Los moralistas socráticos son los intérpretes de la preocupación moral de Sócrates, centrada en el ideal de sabio. A ellos pertenecen las siguientes corrientes: (1) *los cínicos*, para quienes el bien consiste en *vivir en sociedad consigo mismo* y ser ciudadano del mundo (*kosmopolités*), y cuyo fundador es Antístenes, siendo Diógenes de Sinope su sucesor. (2) *Los cirenaicos*, escuela fundada por Aristipo de Cirene (435 a. de C.) para quien la impresión subjetiva es nuestro criterio de valor, y el bien supremo es el placer bajo nuestro dominio; también es cosmopolita. (3) La escuela estoica, muy relacionada con los moralistas socráticos, y establecida por Zenón de Citio, pero fundada como doctrina por su tercer jefe, Crisipo. A ella también pertenecieron Panecio de Rodas y Posidonio. Su filosofía se divide en tres partes: lógica o doctrina sensualista del conocimiento; física con un enfoque corporalista, materialista, que incluye la tesis de la repetición cíclica del mundo; y ética, fundada en la autarquía. La escuela estoica nueva es más que todo romana y sus principales figuras son Séneca, Epicteto y Marco Aurelio. (4) El epicureísmo, muy relacionado con los cirenaicos. Esta doctrina es fundada por Epicuro (306 a. de C.) y su filosofía es materialista, pues retoma la teoría de los átomos de Demócrito. El placer es el verdadero bien, y el ideal de hombre es la serenidad y el ascetismo, igual que en el estoicismo. (5) El escepticismo, cuyos filósofos más conocidos son Pirrón y Sexto Empírico (siglos III a. de C. y II a. de C.). Se extiende hasta el mundo romano y su fundamento es la duda con respecto a la posibilidad de conocer la verdad. (6) El eclecticismo, que pretende conciliar las diversas doctrinas y pertenece más que a la filosofía puramente griega a los períodos posteriores del helenismo.

FILOSOFÍA HELENÍSTICO-ROMANA Filosofía originada en concepciones de los filósofos griegos, que pasan a los territorios del Imperio romano y se desarrollan dentro de él. A la escuela estoica pertenecieron en su segunda época Séneca, quien fuera maestro de Nerón y el emperador Marco Aurelio, de la dinastía de los Antoninos. Su pensamiento guarda las características de la escuela que le dio origen. De igual manera, el escepticismo perduró en Roma hasta el año 529 de nuestra era, cuando el emperador Justiniano clausuró la Academia. También el eclecticismo de origen griego contó con importantes filósofos romanos, tales como Cicerón y Plutarco. También dentro de la Patrística o filosofía de los padres de la Iglesia, en los primeros tiempos del cristianismo, fueron muchos los que se involucraron, al estar a favor o en contra, con las doctrinas de origen griego. Así, Justino –a favor– y Tertuliano –en contra–, y san Agustín, que recoge las doctrinas de Platón y Aristóteles para trasladarlas mediante su propia interpretación al cristianismo y a la Edad Media.

FILOSOFÍA (historia de la) Disciplina que se encarga de elaborar sistemáticamente la serie temporal del acontecer de la evolución de la filosofía. Su principal objeto son los hechos de la mente pensante, los pensamientos filosóficos, su contenido y resultado, sin tener en cuenta los acontecimientos exteriores. También expone la biografía de los filósofos o individuos que han elaborado el pensamiento filosófico de que trata la historia de la filosofía, pero limitándose a aquello que tenga una significación en su producción, sea como motor, sea como limitante. El historiador de la filosofía recoge la existencia del acontecer filosófico con fidelidad a la verdad, pues el verdadero objeto está constituido por los principios mismos y su progresivo desarrollo, objetivo que implica establecer la contribución que una filosofía aporta a cualquier problema relativo a la comprensión del ser o a la autocomprensión de la razón, superando el estado ya alcanzado por el mismo problema. La filosofía como creación del espíritu humano sólo «deviene» en forma de historia, y es la única manera en que puede conocerse a sí misma y conocer sus fines. La filosofía ha sido una tradición ininterrumpida en Occidente desde el siglo VII a. de C. hasta hoy, lo que constituye a esta disciplina en una realidad histórica como conjunto.

FILOSOFÍA MEDIEVAL Filosofía que se desarrolla durante la época histórica denominada medioevo o Edad Media. A la muerte de san Agustín (430 de nuestra era), comienza para la historia del pensamiento una nueva etapa, denominada época medieval, que termina con la caída del Imperio bizantino en poder de los turcos (1453). Son cerca de diez siglos, de los cuales los cuatro primeros se caracterizan por la casi inexistencia de actividad filosófica, debida al aislamiento provocado por las invasiones y por la dispersión y pérdida de la cultura antigua, de manera que los estudiosos solamente encauzan su actividad a la compilación y recuperación de lo que subsiste en diversos lugares, con el fin de asegurar la continuidad del saber. A esta etapa pertenecen los siguientes filósofos: san Isidoro de Sevilla, Boecio, Marciano Capella, Casiodoro, san Beda, Alcuino y Rhaban Maur. En el siglo IX nace la *escolástica*, así denominada por estar conformada por *escuelas* o cuerpos de trabajo colectivo sobre una unidad doctrinaria. En general, estas escuelas trabajan sobre temas no originales, sino recibidos, hecho que no excluye el que haya habido personalidades sobresalientes. Los principales problemas que trata la escolástica son: (a) la *creación* del mundo por Dios, concepto diferente al griego de la generación, puesto que la creación se realiza a partir de la nada e incluye la creación continuada por la que el mundo sigue existiendo gracias a que es sostenido por Dios y, en último término, porque no es aniquilado por Él; (b) el tema de los *universales*, que es el problema central de la escolástica, o problema de los géneros y especies que se oponen al concepto de individuo y al que se subordinan la idea del ser de las cosas y el conocimiento. A partir de este problema se producen dos corrientes extremas y simultáneas: el realismo, para el que los universales son *res* (cosas) y las diferencias entre los individuos de la misma especie son accidentales (san Anselmo, Guillermo de Champeaux), y el nominalismo, en el que lo que existe son los individuos, pues los universales sólo existen en la mente y en la palabra (Roscelino de Compiègne). Para solucionar la oposición entre estas dos corrientes, en el siglo XIII aparece con santo Tomás el realismo moderado, para el que la verdadera sustancia es el individuo que pertenece a una especie y se obtiene de ella por *individuación;* aunque los universales son productos del espíritu *(formaliter),* están fundados en la realidad – *in re– (fundamentalier);* puede haber, según este filósofo, una teología racional fundada sobre datos de la revelación, lo que la diferencia de la filosofía que trabaja sobre los datos de la razón. También se preocuparon por este tema, entre otros Duns Escoto y Occam (siglo XIV), para quienes la razón es exclusivamente humana, ya que Dios no está sometido a sus leyes y, por tanto, no puede ser objeto de ella; (c) el problema de la *razón:* el hombre, creado y finito, tiene *logos* (razón); ha sido creado a *imagen y semejanza de Dios,* y debe buscar la verdad en su alma, buscar la semejanza, y no en el mundo exterior. San Buenaventura, por esto, expresa que la filosofía *es el itinerario de la mente hacia Dios.* Los principales filósofos medievales son: Escoto Erígena, Gerberto de Aurillac, Odon de Tournai y Roscelino de Compiègne en la primera fase del medioevo; san Anselmo, Bernardo y Thierry de Chartres, Gilberto de la Porrée y Juan de Salisbury, pertenecientes a la escuela de Chartres; Abelardo; Hugo y Ricardo de san Víctor (victorinos), san Bernardo de Claraval y Pedro Lombardo, en el siglo XII; en el siglo XIII, san Buenaventura y sus discípulos Mateo de Aquasparte, John Peckham y Ricardo de Middleton; san Alberto Magno; santo Tomás de Aquino, cuyo sistema renovó la escolástica y suscitó diversas reacciones, entre ellas la oposición de los franciscanos y de algunos dominicos y la condenación de Tempier, obispo de París, para ser luego acogido por la orden de los Predicadores, por la Universidad de París y por las escuelas. El tomismo se extendió durante todo el resto de la Edad Media. Después de su decadencia, en el siglo XIX surgió el neotomismo, auspiciado principalmente por el papa León XIII. Son otras figuras del siglo XIII Rogerio Bacon, Sigerio de Brabante (averroísmo latino), Raimundo Lulio y Pedro Hispano (Juan XXI). El final de la Edad Media está marcado por personalidades como Juan Duns Escoto, Guillermo de Occam y el maestro Eckhart (siglo XIV), y Pierre d'Ailly, Juan Gerson, Juan Buridán y Gabriel Biel (finales del siglo XIV y siglo XV). En el siglo X aparece la gran figura del pensamiento árabe oriental, Avicena, autor de una verdadera enciclopedia del saber universal hasta su época (*La curación*) y, como médico que era de su texto que fue utilizado por Occidente hasta el siglo XVI, el *Canon de la Medicina;* pero su más grande aporte es la sistematización de las doctrinas fundamentales sobre la intencionalidad noseológica y metafísica, la diferenciación entre existencia y esencia, la prueba metafísica de la existencia de Dios, y la materia como principio de individuación. El más importante pensador árabe en Occidente es Averroes, cuyos comentarios a la obra de Aristóteles fueron incluidos en las posteriores traducciones al latín de la obra del filósofo griego. Su filosofía propia es muy profunda y considera casi todos los temas que eran preocupación de los autores medievales. En Occidente, fueron los más importantes representantes de la filosofía judía: Avicebrón (siglo XI), considerado como parte de la escolástica latina y realizador de un sincretismo platónico-aristotélico, base del ulterior desarrollo de la filosofía judía, aunque con primacía del platonismo; el pensador judío Maimónides, muy versado sobre el pensamiento de Aristóteles y sobre el pensamiento árabe, que realiza la síntesis filosófica aristotélica del pensamiento judío. Su filosofía tiene un gran impacto en la escolástica en general.

FILOSOFÍA MODERNA Filosofía que floreció a partir del Renacimiento, caracterizada por la continuidad de la tradición medieval y griega y, por otra parte, por la formación de la nueva idea de la naturaleza. Los precursores de esta filosofía son los puramente renacentistas, principalmente, Petrarca, Maquiavelo y Campanella, en Italia; Michel de Montaigne, en Francia; Luis Vives, santa Teresa de Jesús y san Juan de la Cruz, en España; Tomás

Moro, en Inglaterra; Erasmo de Rotterdam, en Holanda; y el maestro Eckhart y Böhme, en Alemania. En Nicolás de Cusa, cuyo pensamiento se dirige al conocimiento de Dios a partir de la mística especulativa, se encuentra la raíz de la metafísica moderna, en especial la de Leibniz; y en Giordano Bruno, panteísta, cuya tesis central es la inmanencia de Dios en el mundo. Desde Copérnico hasta Newton se elabora una nueva física a partir de la metafísica nominalista de los siglos XVI y XVII, que constituye una ciencia natural diferente en esencia de la aristotélica y medieval, tanto en lo que se refiere a la idea de la naturaleza, como al método físico. Copérnico, Galileo Galilei e Isaac Newton fundan y desarrollan la física moderna y los descubrimientos en astronomía realizados por los dos primeros cambian el concepto geocéntrico del universo por el del heliocentrismo, lo cual representa una verdadera revolución en el conocimiento en general y en la filosofía en particular, ya que es necesario también formar una nueva metafísica. En la relaboración de la metafísica son muy importantes los españoles Francisco de Vitoria y Francisco Suárez, a quienes se deben importantes tratados teológicos, y a quienes el derecho debe grandes aportes: al primero, la creación del derecho internacional; al segundo, la negación de la teoría del derecho divino de los reyes, siendo por esto precursor de la democracia moderna, ya que sitúa el origen de la autoridad en el consentimiento del pueblo. La filosofía moderna, a partir del siglo XVII, está marcada por el idealismo. Podemos afirmar que la filosofía moderna se engendra en el siglo XVII. En Francia, Descartes erige la duda como fundamento de su filosofía y de todo conocimiento y parte del principio de que *nada es cierto sino yo*, como sujeto de pensamiento, *mens, cogitatio*. Construyó todo un método para el conocimiento y fundó su especulación en el criterio de la evidencia de la razón, común a todos los hombres. Su tesis, pues, es el *racionalismo*, base de la Revolución francesa. Pero, como la razón es privativa del hombre, su filosofía es, a la vez, *idealismo*. Las ideas de Descartes crean toda una escuela, el cartesianismo, que se extiende por el mundo occidental, en primer lugar, por Francia, en donde sus principales exponentes fueron Malebranche, y los pensadores religiosos jansenistas. En Holanda, el principal filósofo cartesiano es Spinoza, de origen judío y de una tendencia extremadamente racionalista y, sobre todo, matemática. En Alemania, el filósofo más importante de esta corriente es Leibniz, descubridor del cálculo infinitesimal al tiempo con Newton, y gran personaje de su tiempo. Replantea especialmente la idea de la física y el concepto de la sustancia. Otra de las grandes tendencias de la filosofía moderna es el empirismo, que se da en la filosofía inglesa durante los siglos XVI, XVII y extiende su influencia hasta el siglo XVIII. Se caracteriza principalmente por su despreocupación hacia la metafísica en pro de la teoría del conocimiento y de la filosofía del Estado, y por tener como método al empirismo sensualista (experiencia sensible). Son principales representantes del empirismo Francis Bacon, anterior a Descartes, crítico del método silogístico que establece la teoría de la inducción incompleta; y Hobbes, muy importante por su doctrina del Estado. De gran influencia en el pensamiento posterior fueron los empiristas John Locke, George Berkeley y David Hume. Otro de los grandes momentos de la filosofía moderna, muy influido por el cartesianismo, es la Ilustración (siglo XVIII), que marca el término de la especulación metafísica, remplazándola por el deísmo, la tolerancia y la ideología política. Significa una verdadera revolución de las ideas que, en lo político, será el origen de la Revolución francesa. La *Enciclopedia o diccionario razonado de las ciencias, artes y oficios* es la obra que intenta reunir la mayor parte del conocimiento filosófico y científico de la época, y los hace accesibles a la mayoría, convirtiéndose en el órgano perfecto de difusión de las ideas de la Ilustración. Los enciclopedistas continuaron y extremaron el sensualismo y el materialismo iniciado por Condillac. Es muy importante la teoría política desarrollada por los enciclopedistas, especialmente por el influjo de obras como *El espíritu de las leyes*, de Montesquieu, y el *Contrato social*, de Rousseau. No es menos racionalista y científico el movimiento alemán denominado *Aufklärung* o *Ilustración;* son: sus principales representantes Christian Wolf, Alexander Baumgarten y, sobre todo, Lessing, su máxima figura. En el siglo XVII, así mismo, surge el llamado idealismo alemán, que se basa en la imagen newtoniana del mundo (imagen física) y en la teoría subjetivista y sicologista del conocimiento introducida principalmente por Hume, Loke y Berkeley. El más importante representante de esta gran corriente es Kant, cuyo propósito es la construcción de una teoría del conocimiento trascendental que sirva como puente entre el *yo* y las cosas y fundamenta su moral en la *buena voluntad*. Kant influyó decisivamente en toda la filosofía posterior, especialmente en otro de los más importantes filósofos modernos idealistas: Fichte, para quien el imperativo moral consiste en *llega a ser el que eres*, un principio de autenticidad del ser, ya que el *yo* es el fundamento de su filosofía: la realidad se funda en un acto del *yo*. Es importante anotar que a partir de Kant se produce una ruptura con las concepciones empírico-racionalistas de la Ilustración y se inicia una etapa de nueva aproximación a los problemas metafísicos; la Universidad de Jena se convierte en un centro de estudios kantianos y, en ella, se inicia el desarrollo del idealismo con Fichte, Schelling, y Hegel, en cuya obra *Fenomenología del espíritu* aparece el filosofar como el saber absoluto, al cual se llega en diversas etapas; la realidad es el absoluto y cuanto existe es un momento de ese absoluto. Como consecuencia se genera el romanticismo, cuyos temas principales son el de la libertad nacional, el antirracionalismo y la divinización de la naturaleza o tendencia a identificar la naturaleza con el principio divino (panteísmo filosófico-religioso). Los representantes más destacados del romanticismo son, en Alemania, Schiller, quien incorpora la ética a la estética; Novalis y los hermanos Schlegel de quienes Friedrich von Schlegel fue el verdadero teórico del romanticismo, con base en la aspiración de resolver lo finito en lo infinito, para más tarde construir una nueva concepción del mundo o *filosofía de la vida*, penetrada a la vez de panteísmo y de teísmo cristiano. La filosofía romántica se extendió a Francia y a Inglaterra; se suscitó un movimiento muy amplio opuesto al idealismo, que en líneas generales proponía una metafísica menos dogmática que se pudiera adaptar mejor a la realidad del hombre: Herbart, calificó la filosofía de los grandes idealistas de *vacía, veleidosa, desvergonzada*. Beneke afirmó que la *sicología aplicada* es la disciplina filosófica por excelencia; para Schopenhauer, la filosofía debe partir de la experiencia basada en estudios científicos e históricos; la voluntad constituye la verdadera y única realidad, y designa a la piedad como base de toda moral; por último, son opuestos al idealismo Kierkegaard y Nietzsche, para quienes los conceptos básicos son la voluntad de vivir, el ideal de superhombre y la voluntad de poder. De esta actitud nace el positivismo, como la expresión de una necesidad apremiante de atenerse a las cosas, a la realidad, separándose del abuso dialéctico y las meras construcciones mentales. El positivismo es iniciado por Comte, cuyas ideas inspiran a muchos filósofos y sociólogos; en Inglaterra aparecen dos tendencias dentro del positivismo: el utilitarismo cuyos representantes son Bentham y Stuart Mill, y el evolucionismo cuya culminación se logra en Darwin dentro de la biología y es llevado a la filosofía por Spencer; en Alemania, Feuerbach, Haeckel y Ostwald. Paralelamente se retoma el tema de la vida desde un punto de vista nuevamente metafísico; de esta tendencia son los principales representantes Bolzano, Rosmini, Gioberti y Gratry. **V. física.**

FILOSOFÍA ORIENTAL Filosofía desarrollada en los países orientales, en especial en India, China. *I. Filosofía indostánica* Las primeras reflexiones filosóficas indostánicas han quedado plasmadas en los *himnos védicos* que datan de alrededor del siglo X a. de C. En uno de estos himnos se responde a la pregunta del origen del ser. También aparecen en estos himnos el concepto de orden, ley y rectitud (*rita*), que se aplican en principio a la naturaleza y luego también a todos los actos humanos y a la organización que el hombre les da (política, moral, religión, lógica, etc.). Posteriormente aparecen los textos llamados *Brahmanas,* en los que la casta sacerdotal se otorga atributos divinos, identificando así al hombre (*atma*) con el ser absoluto *(brahma).* Como reacción contra la casta sacerdotal aparecen los *Upanishads,* en los que se extiende la identidad con la divinidad a todos los hombres y se enuncia la doctrina de la acción o *karma* por la cual los hombres están sometidos a existencias sucesivas (*samsara*); en esta teoría tiene su fundamento toda génesis y cambio; se afirma también el *yo* empírico, puesto que el hombre es responsable de sus actos y la raíz de todos los males. El budismo, doctrina de Buda que busca la superación del dolor que se expresa en tres estados : enfermedad, vejez y muerte; esta superación se logra cortando la acción de las sucesivas vidas originadas por el *karma* mediante la práctica del ascetismo que lleva al hombre a su *última muerte.* Para Buda, la sustancia no existe, pues todo es transitorio e insustancial y la liberación consiste en alcanzar el *nirvana* o estado caracterizado por la supresión de toda necesidad y deseo: la negación. Nargajuna (siglo II) es el gran exponente de la doctrina de la vacuidad universal, declarando imposible afirmar, negar, afirmar y negar; y ni afirmar ni negar, puesto que todo concepto y toda noción de causa se convierte en un círculo vicioso, ya que si el efecto está en la causa, ésta deja de serlo; y si no está, nada explica que surja de ella. Los *yogacharas* y su principal representante, el filósofo Asanga (siglo IV a. de C.), por su parte, declaran que los fenómenos son resultado de la conciencia y, aparte del pensamiento que es lo único que existe, todo carece de objetividad. Hay un pensamiento motor del universo, absoluto e incondicionado, donde se identifican el *nirvana* y el *samsara,* desvaneciéndose en él toda multiplicidad. Los sistemas brahmánicos polemizan con el sistema budista que, en forma paralela, desarrolla su propio sistema de lógica. Los sistemas brahmánicos son seis y cada uno de ellos cuenta con un texto básico o *sutras* que tienen en común su objeto: obtener la liberación o supremo bien. (a) *Vaisheshika sutra* (comienzos del siglo II) atribuido a Kanada, es una teoría atomista de la materia, en la que los cuatro elementos (tierra, agua, luz y aire) están constituidos por partículas heterogéneas no perceptibles (su existencia se infiere), que son indestructibles e increados y se hallan en el tiempo y en el espacio. (b) *Nyaya sutra* (siglo III a. de C.), atribuido a Gautama. Constituye una teoría del conocimiento en la que los medios para obtenerlo son cuatro: percepción, inferencia, comparación y testimonio; establece también las categorías de objetos y las formas de inferencia.(c) *Samkhya sutra* (siglo VII a. de C.) Atribuido a Kapila. En él las dos únicas realidades últimas son el espíritu (*purusha*) y la materia o naturaleza (*prakriti*); este realismo dualista afirma que la causa última del universo debe buscarse en una sustancia sin origen, primordial, permanentemente activa y cambiante, sutilísima y omnímoda, en virtud de la cual surgen todos los objetos y el intelecto, que es la *prakriti.* (d) *Mimamsa sutra* (siglo II a. de C.), atribuido a Jaimini. Sostiene la existencia de la verdad revelada, la cual es fuente infalible de conocimiento, y esencia última de la realidad. Su ética expone la necesidad del deber por el deber mismo, el cual está sujeto a la palabra revelada. (d) *Yoga sutra (*siglo IV a. de C.), atribuido a Patanjali, constituye una técnica de liberación mediante la gradual suspensión de las funciones fisiológicas y síquicas, independizándose de las fluctuaciones a que está sometida la actividad mental. (f) *Vedanta sutra.* Sus máximos representantes desarrollan su filosofía a partir del siglo VIII a. de C. y es fundamentalmente un sistema aclaratorio que interpreta el pensamiento de las *Upanishads.* Su texto inicial se atribuye a Badarayana y se centra en el problema de brahma como realidad absoluta y última; así mismo, se ocupa de las relaciones entre el *atma* y el mundo. II. *Filosofía china* Aunque la antigüedad del pensamiento chino se remonta al segundo milenio antes de nuestra era, las primeras sistematizaciones del mismo se dieron, más o menos, en el siglo VI a. de C., quedando reducidas las muy numerosas tendencias a seis escuelas, a saber: (a) *Yin-yang-kia*, que atribuye todas las vicisitudes del universo al juego incesante de dos fuerzas cósmicas: el *yin* o principio femenino, oscuro y pasivo, y el *yang* o principio masculino, activo y luminoso. En este juego queda la realidad constituida por los cinco elementos (tierra, fuego, agua, madera y metal). (b) *Ju-kia*, cuyo máximo representante es Confucio (siglos VI a V a. de C.), gran maestro de la escuela de los letrados, cuyo objetivo primordial fue la labor pedagógica dirigida a la formación de funcionarios en razón de lo social dentro de su concepto del mundo como una gran familia que depende en su progreso y armonía del cumplimiento de la función que a cada uno corresponde. La suya es una doctrina moralizante basada en la noción de deber y su cumplimiento. Para él la justicia se opone al provecho personal y se funda en la bondad. (c) *Mo-kia* o escuela fundada por Mo-tseu y sus seguidores, quienes predicaban *el amor que todo lo abarca* y terminaron por convertirse en caballeros errantes. (d) *Ming-kia*, de tendencia y actitud escéptica, orientaba su doctrina hacia la crítica muy sutil; también es conocida como la *Escuela de los nombres*. (e) *Fa-kia*, cuyo propósito primordial consistía en la positivización del derecho mediante la consignación en códigos de las leyes y su sistema penal o punitivo, lo que consideraban la base del orden social; era una escuela de codificadores y legisladores. (f) Por último, *Tao-te-kia* o escuela de Lao-Tseu que, junto con la de los letrados (Confucio), fue y sigue siendo de gran trascendencia en la vida espiritual y en la actual filosofía china. Esta es la escuela del camino y de su virtud, opuesta totalmente a la escuela de Confucio. La filosofía oriental es el soporte de las grandes religiones como el budismo y el hinduismo y sus múltiples ramificaciones.

FILOSOFÍA PRÁCTICA El saber filosófico se ha dividido con frecuencia en saber teórico y saber práctico. La física y la lógica, de acuerdo con la clasificación estoica, son teóricas, mientras la ética es práctica (como lo sería la política) por cuanto está conformada por una serie de preceptos o normas. La filosofía práctica se distingue de la teórica en el tipo de intereses de cada una de sus disciplinas. La filosofía práctica persigue intereses de naturaleza moral, política, personal, los que para Kant eran el fin de la razón.

FILOSOFÍA PRIMERA Se denomina filosofía primera a los planteamientos metafísicos del pensamiento humano ante la realidad; son los supuestos básicos que da por entendidos o sabidos el filósofo y de los cuales parte para la elaboración de sus reflexiones y, en general, de su concepción del mundo. El filósofo, así, determina los primeros principios del ser, del valor y del conocimiento. Para Aristóteles, la filosofía primera tiene por objeto examinar la forma verdaderamente separable, es decir, sin que esté correlacionada con la materia, lo que le da a la expresión filosofía primera un sentido estrictamente metafísico. Los autores escolásticos utilizan esta denominación para designar la *ciencia del ser en cuanto ser*. Para Bacon, la filosofía primera es la ciencia de todos los primeros principios de las ciencias; para Descartes es la raíz o el origen de todos los demás conocimientos. Los *académicos* de los siglos XVII y XVIII la consideraron la filosofía por excelencia. En general, la filosofía primera se convirtió en un sinónimo de *ontología*.

FILOSOFÍA RENACENTISTA Desarrollo de la filosofía durante una época histórica o período histórico denominado Renacimiento, es decir, al final de la Edad Media y comienzos de la época moderna. Se caracteriza por la oposición a la Edad Media y a la escolástica en particular, y por la recuperación de los valores, sobre todo los estéticos y filosóficos, de la Edad Antigua, retomando las tesis de Platón, las de los neoplatónicos y las de los estoicos. La filosofía medieval sobrevive hoy en los escritos de algunos escritores y filósofos.

FIN (del griego *telos* = fin). En general, frontera, límite, término; también, cumplimiento, resultado, finalidad. En la concepción aristotélica, fin es el motivo de cuanto es o sucede porque se relaciona con la idea de causa final (fin), que es diferente del fin mismo (finalidad). Para santo Tomás, *el fin no es a causa de otras cosas, sino otras cosas a causa del fin.* Es el para qué de la causa eficiente. Se dice que *aspira a un fin,* aquello que, consciente o inconscientemente, se dirige hacia una meta, que tiende hacia ella. También se usa la expresión *adecuado al fin* para expresar aquello que es provechoso para un ser, la actitud y disposición de medios aptas para conseguir algo. La idea de fin se funda en la *finalidad,* noción que ha sido tratada principalmente por la ética. También, tiene relación íntima con el concepto de valor, puesto que la voluntad persigue o apetece un objeto o una meta en razón del valor que le atribuye.

FINALIDAD Orientación de un ente en su estructura y función a un fin en el que ese ser encuentra su consumación esencial, pero también el final o límite de su devenir. Ésta puede referirse únicamente a la realización de la propia esencia del ser, o a la forma como se llega a cumplirla, estudiada tanto por la biología como por la sicología, la cual se ha denominado finalidad de *sentido.* También se considera el que el ser se adecue al fin, esto es, que oriente su actividad a un objeto señalado con anterioridad como fin, acción en la cual participa libremente la voluntad, lo que se ha denominado finalidad *consciente.* Por otra parte, existe una finalidad *utilitaria* que examina el provecho de los fines. Para Kant y el kantismo, la finalidad es un principio regulativo de la facultad del juicio (criticismo), que investiga y busca unidad.

FINALIDAD (principio de) Principio por el cual todo ente en su esencia y devenir existe de tal manera que en principio puede y debe realizar su propia naturaleza esencial; corresponde a la afirmación escolástica *todo obrar está dirigido a un fin.* También se define como la necesidad de tener un sentido, pues una tendencia natural no puede ser *vana,* entendiendo vano como el acto de dirigirse hacia un fin enteramente imposible o, también, la carencia de las disposiciones necesarias para su consecución.

FINALISMO Concepto filosófico basado en el de finalidad, defendido por Driesch a partir de la noción de totalidad y que, según Bergson, es la manifestación de una concepción de la realidad en que ésta está enteramente dada por el futuro, como realización de *un programa una vez trazado,* como *un mecanicismo al revés y sustituye la impulsión del pasado por la atracción del porvenir.* Hartmann, por el contrario, considera la conciencia como el medio para seleccionar el fin, así como la posibilidad de que ese fin sea *en* ella; también considera posible que el fin pueda realizarse por medios exteriores a la conciencia. Raymond Ruyer expone un neofinalismo en que tanto los actos como la sustancia pueden ser *libres* (monismo finalista e indeterminista). **V. fin, finalidad.**

FINES (reino de los) Expresión utilizada por Kant en su obra *Fundamentación para una metafísica de las costumbres,* en donde habla de un «reino ideal» en el cual los seres, debido a su participación en la legislación, llegan a alcanzar la dignidad. Se trata de una idea ética en la que el hombre se hace partícipe de la «legislación universal» empleando el juzgamiento de sí mismo y de sus actos. Según sus propias palabras, es *la trabazón sistemática de diversos seres racionales por medio de leyes comunes.* La ley viene dictada por la conciencia moral misma, no por una instancia ajena al *yo,* que es colegislador en el *reino de los fines* o mundo de la libertad moral. Kant dice que *todos los hombres son fines en sí mismos* y que la inmoralidad consiste en tomar al hombre como un *medio* para algo, siendo, por el contrario, un fin en sí mismo. **V. Kant.**

FINITO Lo que tiene un límite, lo que cesa en algún lugar del tiempo o el espacio. Este concepto implica el de extensión, puesto que para tener un límite es necesario tener una extensión determinada. El vocablo *finito* denota término y excluye la posibilidad de un *más.* Desde el punto de vista cualitativo, designa una propiedad material o espiritual en cuanto que permite un aumento intensivo, en el sentido de plenitud ontológica. Desde el ángulo de la metafísica, finito es todo ser creado, es decir, el que todavía pertenece a una determinada clase del ser o categoría; dentro de esta visión, tanto Descartes como el ontologismo afirman la existencia de lo infinito por contraste con lo finito: si existe una tiene que existir la otra necesariamente, concepto que, junto con las doctrinas tomistas y la interpretación de Suárez, ha sido básico en la demostración de Dios.

FINITUD Carácter esencial de lo finito, de aquello que tiene un límite espacio-temporal. Es el carácter opuesto al de la infinitud. V. finito.

FINK, Eugen Filósofo nacido en Costanza, en 1905. Fue desde 1930 ayudante de Husserl y, a partir de 1948, profesor en la Universidad de Friburgo. Representante del idealismo fenomenológico y posterior seguidor de Heidegger. Trató el problema del ser como una manifestación del movimiento cósmico y al hombre como partícipe de él. Los problemas filosóficos son llamados por Fink precuestiones, que llevan a la verdadera filosofía por el camino de la praxis ontológica. Sus principales obras son: *El juego humano como símbolo cósmico; Todo o nada. Desvío hacia la filosofía; Ser, verdad, mundo; Precuestiones acerca del problema del concepto de fenómeno; La filosofía como superación de la ingenuidad.*

FÍSICA Estudio de las propiedades generales de la materia, primeramente reveladas a los órganos de los sentidos, que nos permiten percibir las diferentes sensaciones: el ojo, la forma y color de los objetos; el oído, los sonidos; el tacto, la presión, pesadez y temperatura; el gusto y el olfato, aunque menos importantes, nos permiten reconocer el estado de las cosas en cuanto se revela mediante su sabor y su olor. Los sentidos son una guía, un modo de indagación y conocimiento primero de los objetos físicos. Si la constitución de la materia se conociera con todo detalle, las ciencias físicas sólo serían un capítulo de la mecánica sobre las propiedades de ciertos sistemas bien definidos. Los métodos de la física son la observación y la experimentación. La constitución y el origen de la materia han sido de gran importancia para la filosofía desde sus primeros tiempos hasta nuestros días. Para Parménides, la física es la ciencia de la naturaleza, basada en el movimiento. Si no hay movimiento, la física pierde su objeto. El problema de la física (el movimiento) es el centro de discusión durante todo el período presocrático. El materialismo de Demócrito plantea que cuanto existe, incluso el alma, está constituido por átomos, siendo ésta la primera interpretación material del ente. Para Platón, el mundo sensible es la realidad aparente y tiene dos grados de realidad, que constituyen la opinión o *doxa*. Para Aristóteles, el objeto de la física son los entes móviles y constituye la *filosofía segunda,* que sigue a la metafísica; afirma la realidad del movimiento y del reposo de los entes naturales como supuesto y principio, inherente a las cosas mismas, lo cual es evidente por la experiencia y la inducción. Su método de conocimiento indica que se debe acceder a lo que es más claro y cognoscible en sí mismo, para después llegar a los principios y elementos. El movimiento determina el paso de ser en potencia a ser en acto. Este filósofo estudia los problemas físicos del lugar, el vacío y el tiempo, y de ellos infiere a Dios como primer motor inmóvil, clave de la naturaleza, cuyo estudio corresponde a la metafísica. Después de la época escolástica en que los

Experimento de física. Grabado del siglo XVIII

problemas metafísicos ocupan la mayor parte del pensamiento de los filósofos, retoma un gran vigor el estudio de la física por parte de los filósofos modernos. La física moderna es la nueva ciencia de la naturaleza, que se elabora desde Copérnico hasta Newton. El primero introduce la aplicación del pensamiento matemático a la física e impugna la tradición geocentrista al afirmar que el Sol es el centro de nuestro sistema y no la Tierra; J. Kepler recoge estas ideas expresándolas mediante una forma rigurosamente matemática; formuló, además, las tres leyes de las órbitas planetarias (mecánica celeste); Galileo Galilei expone una clara idea de la naturaleza, desarrollada y completada por los físicos que le siguen: Torricelli, inventor del barómetro; Gassendi, renovador del atomismo; Boyle (química como ciencia); Huyghens, autor de la teoría ondulatoria de la luz; Descartes, descubridor de la geometría analítica; Leibniz, descubridor del cálculo infinitesimal; y Newton, que formula la ley de la gravitación universal. La física moderna ya no es la ciencia de las cosas, sino la *ciencia de las variaciones de los fenómenos;* ya no busca principios sino las *leyes* de los fenómenos determinadas matemáticamente, lo que demarca la separación entre física y filosofía e, igualmente, constituye a la física como ciencia positiva o *nueva física*. El método de la nueva física es el *experimento* o análisis de la naturaleza; se parte de una hipótesis expresada matemáticamente para realizar una comprobación *a posteriori*. El método analítico de la ciencia física moderna parte de los fenómenos y de los experimentos para llegar a las leyes universales. Para Kant, los objetos de la *física pura* son elaborados por el entendimiento con el espacio, el tiempo y las categorías, así: la categoría de *sustancia* aplicada al *espacio* nos da el concepto de *materia;* la categoría de *causalidad* con la forma temporal nos da el concepto físico de causa y efecto, etc. La física pura no depende de la experiencia y, por tanto, son posibles dentro de su esfera los juicios sintéticos *a priori*. A esta tesis le da Kant el nombre de *Analítica trascendental*. La física moderna o nueva impera hasta la radical transformación que introduce Einstein y la formulación de su teoría de la relatividad. Planck y la mecánica quantista y los demás físicos (Heisenberg, Schrödinger, Broglie, Dirac) establecieron las bases de la mecánica ondulatoria y de la física nuclear (Hahn, Fermi, Oppenheimer, etc.). **V. física cuántica.**

FÍSICA CUÁNTICA Nueva dirección de la ciencia física aplicada a objetos microfísicos y basada en la cuantificación de la energía, de manera que se considera como porción más pequeña y unidad de energía el *cuanto de acción* de Planck, se asume la complementariedad de las radiaciones electromagnéticas y las partículas elementales de los átomos y moléculas, sean ellos ondas extensas, o bien cuantos discretos o partículas. La física cuántica establece una relación de indeterminación en la que van unidas la medición exacta del estado de una partícula elemental y la imprecisión en el resultado de la medición de otra magnitud de su estado; en esta relación, la mayor precisión en una medición condiciona la menor precisión en la otra. El producto de la imprecisión de estas mediciones es siempre mayor o igual que la constante natural del cuanto de acción. Tal imposibilidad de precisión en la medición simultánea de diversas magnitudes de estado del mismo objeto se funda para algunos en la ignorancia del observador y, para otros, en la existencia de un espacio objetivo de juego propio de los procesos naturales en transición. **V. quantum.**

FISICALISMO En general, el término se emplea para indicar la forma de reducir a procesos físicos, procesos de otra naturaleza, como los síquicos. En particular, doctrina filosófica desarrollada especialmente en el círculo de Viena y elaborada dentro del positivismo lógico por Carnap, Neurath y otros. Consiste en tratar de situar el valor de toda proposición de cualquier ciencia, en dependencia de la posibilidad de traducir esa proposición al lenguaje de la física, de tal forma que aquellas proposiciones que no puedan ser sometidas a esa operación, sean consideradas carentes de sentido científico. Para los fisicalistas, el lenguaje fundamental de la ciencia es el de la física.

FISIOGNOMÍA Se denomina así al arte de juzgar por la apariencia de un hombre y en especial por los rasgos de su rostro, su carácter y su forma de pensar y sentir. Se incluyen dentro del estudio fisiognómico investigaciones de las analogías de las figuras humanas con especies animales.

FLECHA (aporía de) Una de las aporías más conocidas del filósofo lógico chino Hoci-she (siglos IV-III a. de C.), famoso por sus paradojas o aporías, según la cual *la flecha que alcanza el blanco no sigue avanzando ni se detiene*. El mismo sentido tiene la aporía de la flecha, de Zenón de Elea (siglo III a. de C.), para quien la flecha que vuela se encuentra en reposo, pues para desplazarse en el espacio de una trayectoria cualquiera es necesario que antes se haya desplazado a lo largo de la mitad de ese espacio, y antes a lo largo de la mitad de la mitad, y así sucesivamente hasta el infinito.

FORMA Lo que es susceptible de abarcar cualquier contenido. Tradicionalmente se usa para designar que posee realidad y actualidad. Una de sus varias acepciones lo define como la figura de un cuerpo que puede ser captada o apreciada por los sentidos; su estudio es objeto de la morfología. Sin embargo, en el sentido metafísico pueden distinguirse la figura externa y la figura interna de un cuerpo; de esta figura interna, que es invisible y latente, se predicó desde la filosofía griega, el que solamente puede ser captada por la mente. En Aristóteles, es el fundamento interno y esencial de la *quididad* de la especie en los seres de la naturaleza; entiende la forma como *causa formal*, que enfrenta al concepto de *causa material*. La forma es *lo que es aquello que es* , concepto que se aplica a la realidad en estado de devenir o movimiento. El concepto de forma está estrechamente relacionado con el de materia, pero no indisolublemente ligado a él, puesto que Aristóteles asigna a la filosofía primera la función examinadora de la forma separable de la materia. La materia sería lo indeterminado (*no-ser*), mientras la forma sería lo determinado (*ser*), en el sentido de individuación. La escolástica discutió profundamente el problema de la forma, en especial en lo que se refiere a su pluralidad y unidad en el hombre (unidad sustancial del cuerpo y el alma) desde el punto de vista teológico (naturaleza del cuerpo de Cristo). En la filosofía moderna, Bacon fue el único filósofo que le dio importancia al problema de la forma cuando propuso que se analizara la esencia o naturaleza, que para él era la forma. Kant llama forma a *lo que hace que lo que hay en el fenómeno de diverso pueda ser ordenado en ciertas relaciones*. Distingue él en su doctrina el espacio y tiempo como formas puras de la sensibilidad; las categorías como formas puras del entendimiento y las ideas como formas de la razón. Para los filósofos contemporáneos y, en especial, para Emil Lask existe la forma originaria de la categoría suprema y *única no susceptible de hallarse envuelta por ninguna otra forma categorial*. Por otra parte, forma puede también designar lo estático de una realidad. Para los fenomenólogos, la idealidad puede ser tanto formal como material, lo cual hace necesario redefinir el vocablo forma. La lógica clásica hace la distinción entre la forma y la materia del juicio, siendo esta última la que varía dentro del juicio, no la primera; la forma es la constante y la materia es la variable en un juicio. Las formas son llamadas partículas lógicas, y conforman la estructura lógica.

FORMAL Término que designa todo cuanto se refiere a la forma. También indica aquellas disciplinas que, con el transcurso del tiempo, han logrado una unificación de símbolos y conceptos de tal forma que llegan a ser aceptadas universalmente; por ejemplo, los sistemas formales, como la lógica. **V. forma, lógica formal, sistema.**

FORMALISMO En general se emplea este término para designar aquello que depende sólo de las formas puras. En particular, se ha aplicado dentro de la estética, para separar de ella el concepto de lo cognoscitivo, es decir, los formalistas sostienen que es innecesario acudir a disciplinas como la sicología, la sociología, la historia, etc., para llegar al entendimiento pleno de una obra de arte. En filosofía matemática se emplea para designar una de las tres corrientes de esta disciplina (las otras dos son: el logicismo y el intuicionismo). Esta corriente matemática surgió a comienzos del siglo XX, con las tesis del matemático alemán David Hilbert; esa corriente aspira a resolver los problemas matemáticos recurriendo a construcciones formalmente axiomáticas. También se ha denominado formalistas a los filósofos del lenguaje que, con base en las preocupaciones, métodos y objetivos del círculo de Viena, parten del *Tractatus* de Wittgenstein, y se muestran preferente o exclusivamente interesados en la construcción de lenguajes formales (lógica); entre ellos puede citarse principalmente a A. J. Ayer, Nelson Goodman y Quine; éstos manifiestan gran confianza en los lenguajes formales.

FORMALIZACIÓN Especificación del contenido del conocimiento mediante el estudio y la confrontación con los objetos, fenómenos y procesos que se estudian, y que poseen un carácter estable, con el fin de fijar sus partes esenciales dentro de unas leyes. Uno de los primeros procesos de formalización se dieron en la escritura y posteriormente se desarrollaron con el avance de las ciencias y de las matemáticas. La formalización del lenguaje es la especificación mediante un metalenguaje que puede referirse a cualquier contenido.

FÓRMULA Representación convencional, organizada de una forma predeterminada, constituida por una serie de símbolos que se relacionan entre sí para estructurar cualquier proceso, ya sea de carácter matemático, físico, lógico-filosófico, químico, etc. Se trata de un lenguaje cerrado, utilizado por los especialistas de las ciencias en general, con el fin de abreviar el estudio de los procesos científicos y sus demostraciones y para que puedan ser interpretados en forma clara.

FORO Plaza pública en donde los romanos ventilaban todos los asuntos de la ciudad, el pretor celebraba todos los juicios y los oradores dirigían sus discursos al público; también era lugar de intercambio comercial de todas clases de productos. También se denomina foro a la parte opuesta a la boca de un escenario teatral.

FORTUITO Lo que se debe a la fortuna o al azar. **V. azar.**

FOUCAULT, Michel (1926-1984). Filósofo francés, nacido en Poitiers, calificado como estructuralista, a pesar de sus protestas, debido a su obra *Las palabras y las cosas*; crítico de la filosofía antropocentrista y, en general, de todas las estructuras que él denomina *ficticias*, elaboradas por la filosofía moderna, en particular sobre el pensamiento y la conciencia humanos. Desde su perspectiva, el saber, en la medida en que es capaz de inventar la verdad, se hace poder y éste avala la verdad inventada. Su antihumanismo califica como arqueológico el estudio del hombre y su saber; éste es una invención reciente en la historia del pensamiento, un repliegue cuya desaparición ya está insinuada (muerte del hombre); el estudio del hombre tiene un objeto que depende de las *estructuras epistémicas* en que se originan los momentos históricos y sociales, las cuales se transforman bajo reglas o leyes propias. Así se generan historias diferentes con ritmos diferentes; debido a estas rupturas y cambios es necesario analizar lo específico y constituti-

Michel Foucault (Fotografismo de El Espectador)

vo del cambio o transformación. Esta concepción de la historia lo sitúa en el ámbito del antihistoricismo. Miguel Morey, uno de los principales estudiosos de la obra de este filósofo, establece dos etapas en ella: una caracterizada por la elaboración de la arqueología del saber, de los criterios y métodos que la hacen posible; y la segunda, caracterizada por el análisis del poder no en términos de una propiedad, sino como producción de saber, de verdad y, en este sentido, constituye y define lo real. Sus principales obras son: *Locura y sinrazón; Historia de la locura en la época clásica; El nacimiento de la clínica; Las palabras y las cosas; La arqueología del saber; El orden del discurso; Vigilar y castigar*.

FOURIER, Charles (1772-1837). Filósofo y sociólogo francés nacido en Besançon. Es considerado como uno de los principales teóricos socialistas. Sus ideas, llamadas en general «utópicas», se difundieron en el diario *Le Phalanstère ou la reforme industrielle*, fundado en 1832, que luego cambió su nombre por *Phalenge*, en 1836, y por *La democratie pacifique*, en 1843. Salido de la burguesía media comercial, fue, durante mucho tiempo, empleado de oficina y de comercio. Fue influido por Robert Owen y Sait-Simon, pero luego desarrolló una teoría sociológica conocida como «falansterismo», basada en lo que consideró la célula básica productiva de la sociedad, a la cual llamó «falansterio» o «falange»; esta unidad debe componerse de varias series de producción, a la cual los hombres entran voluntariamente según sus intereses; en ella debe eliminarse el profesionalismo estrecho, pues, según él, «deforma al hombre»; lo ideal, entonces, será que cada individuo realice tareas cortas a lo largo de la jornada de trabajo, con el fin de evitar la rutina y encaminar al trabajador a convertir su trabajo en un objeto de goce. Fourier también trató de abolir las contradicciones entre el trabajo intelectual (considerado digno) y el físico o manual (considerado indigno o innoble), y entre el trabajo de la ciudad y el del campo. El objeto de la filosofía, según él, consiste en descubrir las leyes que perfeccionen a las sociedades. Su teoría es un anticipo a la doctrina cooperativista. Sus principales obras son: *Teoría de los cuatro movimientos y de los destinos generales; Teoría de la unidad universal; El nuevo mundo industrial y social; Tratado de la asociación doméstica y agrícola*. **V. f alansterio**.

FRANCKFORT (escuela de) Grupo de investigadores pertenecientes a disciplinas diversas reunidos entre 1923 y 1933, en Alemania, en torno al Instituto de investigación social. Entre los autores más importantes que pertenecieron a ella y cuyas obras aún tienen vigencia, podemos citar a Max Horkheimer, Theodor Adorno, Walter Benjamin y Herbert Marcuse. Después de la segunda guerra mundial, el Instituto fue reinstaurado en Franckfort, aunque en esta nueva etapa ya algunos de sus integrantes habían muerto, como Benjamin, y otros prefirieron permanecer en las universidades que los han acogido durante el exilio, especialmente en Estados Unidos. Actualmente, la figura más importante de la escuela es Jürgen Habermas.

FRASE Término utilizado en gramática para designar a la oración o construcción que expresa una idea o tiene *sentido completo*. En filosofía es más apropiado utilizar el término sentencia para designar la opinión de un filósofo sobre determinado problema, como en las sentencias de los escolásticos, o bien, en lógica, para designar la serie de signos que expresan una proposición.

FRECUENCIA Repetición de un hecho o de un acto durante una determinada unidad de tiempo. Este término se usa sobre todo en física y en historia.

FREGE, Gottlob (1848-1925). Lógico, matemático y filósofo alemán nacido en Wismar. Profesor de la Universidad de Jena entre 1879 y 1918. Es considerado de gran importancia en el desarrollo de la lógica moderna, pues realizó, por primera vez, la estructuración axiomática de la lógica de los enunciados y de los predicados y sentó los principios de la teoría de la demostración matemática. Otros aportes de Frege son: la interpretación del concepto como función lógica, el concepto de significados de veracidad, la introducción en el uso de las cuantificadores, el análisis del concepto de variable, la prueba mediante la cual la matemática puede ser reducida a la lógica y su análisis del número, entre otros. En filosofía, interpretó el problema de lo general, orientado en sus rasgos principales hacia un idealismo objetivo en el sentido platónico. Sus teorías de lógica fueron la base de los estudios que en esa materia realizó Bertrand Russell. Sus obras principales son: *Leyes fundamentales de la aritmética*; *Ideografía: un lenguaje formalizado del pensamiento puro formado a base del lenguaje aritmético*.

FRESISON Palabra nemotécnica del quinto modo de la cuarta figura del silogismo, en que la premisa mayor es universal negativa y la menor particular afirmativa. Por ejemplo: «Si ningún templario es orgulloso y algunos orgullosos son torpes, entonces algunos torpes no son templarios».

FREUD, Sigmund (1856-1939). Médico y sicólogo alemán, fundador del sicoanálisis, nacido en Freiberg. Era nieto y biznieto de rabinos, e hijo de un comerciante. Políglota (hablaba siete idiomas) y muy dotado, especialmente con una memoria prodigiosa, estudió medicina en la Universidad de Viena; fue profesor privado de neuropatología y descubrió el poder alucinante de la cocaína, cuyo conocimiento fue el antecedente de la anestesia local. Permaneció casado hasta su muerte y durante 53 años con Martha Bernais, y de esta relación se conocen más de 900 hermosas cartas. Emigró a Londres a causa del antisemitismo que rápidamente se extendía por Alemania y Austria, del cual se convirtió en blanco por ser judío y notable. Murió a los 83 años a causa de un cáncer en el paladar. Su aporte a la sicología, el sicoanálisis, influyó grandemente en el desarrollo cultural de nuestro tiempo, pero en principio fue hostilizado a la vez que apreciado por otros sectores de la ciencia. Freud realizó en vida más de 100 publicaciones, de las cuales las más importantes son: *Sicopatología de la vida cotidiana; El chiste y su relación con lo inconsciente; Introducción al sicoanálisis; La interpretación de los sueños; Tótem y tabú; Sicología de las masas y análisis del yo; El análisis profano; El porvenir de las religiones; El malestar en la cultura; Moisés y el monoteísmo; Sobre los orígenes del sicoanálisis*. **V. sicoanálisis.**

FRISESOMORUM Palabra nemotécnica que designa uno de los modos, para muchos autores válido, de la cuarta figura, que corresponde a la siguiente ley de la lógica cuantificacional elemental:

$$((x)(Gx \supset Hx).(x)(Fx \supset \sim Gx)) \supset (\exists x)(Hx.\sim Fx)$$

Usando las letras S, P y M de la lógica tradicional, se puede expresar mediante el siguiente esquema:

$$(MiP . SeM) \supset PoS$$

Por ejemplo: «Si todos los americanos son bebedores de cerveza y ningún europeo es americano, entonces algunos bebedores de cerveza no son europeos».

FROMM, Erich Sicoanalista alemán, nacido en 1900. Estudió en las universidades de Yale y Columbia y residió en México desde 1955. Para este sicoanalista el reino de todas las potencialidades del hombre es el inconsciente. Se opuso radicalmente a las tesis freudianas, especialmente en lo referente a la teoría de la neurosis, dejando en un segundo plano a los factores sexuales

Sigmund Freud

y remplazándolos por los factores del entorno social. Para Fromm, la principal base terapéutica es la permisión de una gran libertad para expandir las facultades propias de cada hombre, admitiendo de esta manera que existen tendencias inherentes a la naturaleza humana que, al no realizarse, causan problemas en la salud mental y provocan neurosis. Su principal tesis es, en resumen, la que sostiene que la sociedad aliena al hombre al restringir sus capacidades y las potencialidades que le son inherentes cuando le impone normas de vida contradictorias a su propio ser. Sus principales obras son: *El miedo a la libertad; Ética y sicoanálisis; El lenguaje olvidado; Sicoanálisis de la sociedad contemporánea; El arte de amar.*

FRONDIZI, Risieri Filósofo argentino nacido en Posadas, en 1915. Fue profesor en Tucumán, en Puerto Rico, en la Universidad de Buenos Aires y en la Universidad de Yale. El problema fundamental del que se ocupa, además del de la verdad menos elaborado, es el del *yo*, considerado bajo un empirismo integral, y como algo más que una experiencia o un conjunto de ellas: el *yo* es un *plus* que no puede identificarse con una sustancia intemporal e invariable, pues cambia permanentemente: es lo estable dentro del cambio. La realidad del *yo*, para este filósofo, tiene fundamentalmente un carácter funcional, y sus actos y experiencias corresponden a una unidad estructural. El *yo* se autoconstruye en una praxis intencional de relación con el mundo y con los otros *yo*. Sus principales obras son: *Qué son los valores, El punto de partida del filosofar; Sustancia y función en el problema del yo.*

FRONTERA EPISTEMOLÓGICA Expresión que designa el *límite del conocimiento* o ser como *concepto-límite* en Kant y que está determinado por lo que no se conoce. También puede utilizarse este concepto para aplicarlo a los productos de la fantasía o ficciones y, así mismo, para describir ciertas realidades mediante conceptos-límite que, por sí mismos, no designan ninguna realidad objetiva. Para Bachelard existe ya no sólo una frontera o límite epistemológico, sino más que todo un obstáculo epistemológico: cada nuevo conocimiento que se adquiere hace que se anulen conocimientos adquiridos anteriormente, en su totalidad o sólo en parte: es una renuncia, lo que se ha llamado una *filosofía del no*, que implica de por sí una temporalidad del conocimiento. **V. Kant, noúmeno.**

FRUICIÓN Término de origen latino que significa goce, disfrute. Complacencia muy viva en el bien que se posee. En filosofía, el placer, el goce, la fruición, han adquirido su máxima significación en el hedonismo, donde se refieren no solamente al goce físico sino, también y sobre todo, al goce moral como fin de lo ético, y por tanto, es esencialmente bueno. En el ascetismo encuentra su opuesto el hedonismo, ya que en aquél los placeres corrompen el alma y es necesario ponerse a salvo de ellos. **V.ascetismo, hedonismo.**

FUEGO Para Heráclito, la sustancia primordial es el fuego que, al ser la menos consistente de todas, es la que más fácilmente se transforma; el alma seca, la que se parece al fuego, es la mejor de todas y la que mejor conoce: el alma del sabio. Para Bachelard, es uno de los cuatro elementos fundamentales –tierra, agua, fuego y aire– al que aplica una interpretación psicológico-literaria en sus obras *sicoanálisis del fuego* y *La flamme d'une chandelle.*

FUENTE DE LA VIDA Obra escrita en árabe y en forma de diálogo entre el maestro y su discípulo, por Avicebrón, quien vivió en el siglo XI en la España musulmana. En ella el autor atribuye a la materia diversos grados de perfección y de unidad, hallándose dondequiera que haya forma, excepto en el ser esencial, lo que constituye el principio de individuación. La fuerza que impulsa al universo y primera emanación de Dios es la voluntad, por lo que ésta se constituye en fuente de la vida que produce la jerarquía de los seres de un modo real y verdadero (hipóstasis) a partir de la unidad divina. **V. Avicebrón.**

FUERZA Para Empédocles, el término fuerza tiene un carácter *activo y energético;* para Platón, es una *energía activa ínsita en la materia.* En varios textos de la filosofía moderna se identifica fuerza con energía, pero esos conceptos se han desligado perfectamente dentro de la física contemporánea, por la definición einsteniana de la energía y su formulación matemática. En física general se denomina *fuerza viva* a la energía acumulada de un cuerpo en movimiento, la cual resulta de la relación matemática entre la masa y la velocidad.

FUNCIÓN En sentido general, se podría definir como la manifestación externa de la esencia o propiedades de un objeto, que se refleja en un fin determinado. En matemáticas se define como la relación que existe entre dos variables, de tal forma que una dependa de la otra. En el ejemplo $y = x+2$, el valor de la variable y depende del valor que se le haya asignado a la variable x; si el valor de x es 2, entonces el valor de y será 2+2, es decir, 4. En el momento en que se cambia el valor de una de las variables, el valor de la otra también cambiará (si $x=4$, entonces $y=4+2$, por consiguiente $y=6$). En lógica, el concepto de función fue definido inicialmente como el de función proposicional, pero, con el tiempo, algunos autores fueron ajustando su significado dentro de la lógica de las relaciones. La función se da en las relaciones de uno a muchos y de uno a uno y puede expresarse de la siguiente forma: $(x) Fy$, donde «x» es el elemento relacionante, o sea, el valor de F para el argumento «y»; «y» es el elemento relacionador, o sea, el argumento de F.

FUNCIÓN DE VERDAD Concepto de la lógica contemporánea que consiste en hacer depender el valor de la verdad de un razonamiento en el valor de la verdad de sus componentes. Estos valores de verdad se evalúan por medio de las tablas de verdad.

FUNCIÓN PROPOSICIONAL Este concepto de la lógica contemporánea es fundamental en los razonamientos. Consiste en ajustar los significados de verdad, como falso o verdadero, a los objetos. Su introducción en el marco del cálculo de predicados, junto con el de los cuantificadores, ha logrado expresar la estructura de los juicios en forma más real, completa y profunda que en el cálculo proposicional y es estudiada dentro de la lógica de las relaciones. Un ejemplo de la función proposicional se podría presentar entre el concepto *árbol*, lo que implica en sí este concepto, y su verdad o falsedad que la relaciona con ese objeto en su esencia de ser un árbol; de tal forma que hay verdad en el caso en que el árbol sea en realidad un árbol, y falsedad en el caso contrario.

FUNCIONAL Aquello que se refiere a las funciones y afecta a la función sin alterar la estructura. En matemáticas, se habla de la *determinante funcional* para designar aquella determinante cuyos elementos son las derivadas parciales de cada función respecto a cada variable; también de *ecuación funcional*, es decir, aquella en que se trata de determinar una función que cumple determinadas condiciones. Las ecuaciones funcionales más antiguas y elementales son las de Cauchy.

FUNCIONALISMO Dentro de la corriente racionalista surgió un movimiento que se preocupó por examinar la función de elementos que no son estrictamente racionales en el proceso epistemológico. También Husserl hace énfasis en la necesidad de tener en cuenta los factores funcionales del proceso del conocimiento. Ha habido varias formas de funcionalismo, con aplicación a la sicología, a la pedagogía, al arte y a la arquitectura, a la física, etc., en las cuales lo que es común a todas es la consideración de que un conjunto dado está constituido por funciones y no por cosas o sustancias, por lo cual la realidad se define por la función que ejerce. Cabe citar, entre los autores de esta tendencia, a Cassirer en filosofía, y a Mach, en física.

FUNDACIONALISMO Tendencia según la cual todo lo que se conoce o se admite como cierto o verdadero, tiene fundamentos últimos. Estos fundamentos son el soporte del conocimiento. El fundamento puede ser entendido a la manera cartesiana: sólo debe aceptarse como cierta, indudable, infalible y evidente por sí misma una proposición de la cual no sea dado ni posible poner en duda su verdad absoluta. También puede entenderse el fundamento como la apelación a instancias no proposicionales tales como las creencias . **V. fundamento.**

FUNDAMENTO Vocablo que indica el principio esencial, la base, el cimiento sobre el cual descansa cualquier razonamiento, ya sea de carácter científico o filosófico y que, en general, debe estar lo más cercano posible a hechos comprobables. De ahí salen expresiones como «hablar sin fundamento», para indicar la ausencia de bases ciertas en la expresión de los conceptos. Otro significado corriente de esta palabra se refiere a razón de ser o motivo, muy ligado al vocablo causa; en este sentido tendrá tantas acepciones como significados tiene la palabra causa. **V. fundacionalismo.**

FUTURIBLES Vocablo utilizado especialmente entre los teólogos de los siglos XVI y XVII, para indicar el conocimiento de Dios en el futuro contingente (llamado también libre o condicionado). Muchos teólogos medievales plantearon el problema de los futuribles, entre ellos santo Tomás, Duns Escoto y Guillermo de Occam. Este último, por ejemplo, vio a Dios como un ser omnisciente, por tanto conocedor, por su divina esencia, de los futuros contingentes, es decir, como un ser conocedor tanto de la parte falsa como de la verdadera de esos futuros. **V. albedrío, futuro.**

FUTURO En general se relaciona con aquel o aquellos eventos que están por venir, que no se han desarrollado todavía. En gramática es uno de los tiempos del verbo que está reservado, como se dijo, a hechos que aún no se suceden. En filosofía se diferencian dos clases: futuro necesario y futuro contingente, también llamado futuro libre. El primero se refiere a aquellos actos que tienden a desarrollarse en forma prevista con anterioridad, ya sea premonitoriamente o como una lógica conclusión a la que se puede llegar con base en hechos predeterminantes, ya sean pasados o presentes (como en el caso de la historia o de la ciencia). El segundo se refiere a hechos que no tienen realidad alguna antes de que sucedan. Aristóteles se ocupó de los futuros contingentes, afirmando que todo puede ser falso o verdadero, menos los hechos futuros, pero que siempre habrá algo que esté en potencia o que esté por venir. Los estoicos siguieron difundiendo el principio de la bivalencia como una prueba del determinismo. En el medioevo se trató el futuro principalmente como un asunto teológico, o sea, como el problema del conocimiento por Dios de los futuros, lo que se ha denominado predestinación. En la actualidad, muchos se han referido al tema de lo futuro más como problema lógico y lingüístico. En este aspecto se ha dicho que un hecho futuro sólo es verdadero en el caso en que el acontecimiento que ha sido predeterminado, tenga lugar. **V. futuribles, predestinación.**

G

G Esta letra se usa en filosofía, en mayúscula, para representar la conclusión en el esquema del juicio o la proposición que concluye un silogismo.

GADAMER, Hans-Georg (1900 Marburgo). Colaborador de Heidegger, de quien recibió gran influjo. Desarrolló sus problemas dentro del ámbito ontológico, aunque no emprendió una investigación sobre el sentido del ser como sí lo hizo Heidegger, sino una exploración hermenéutica del ser histórico manifiesto en el lenguaje. La hermenéutica que expone Gadamer está orientada a hacer explícito el «acontecer» de la «verdad» y el «método». En los diferentes métodos usados por las ciencias del espíritu, Gadamer descubre un hilo conductor que le permite rechazar el subjetivismo y el objetivismo racionalistas. La hermenéutica es para Gadamer un acontecer histórico y, en especial, un acontecer de la tradición. De ahí que el círculo hermenéutico es una realidad y no sólo una estructura lógica o lingüística. La función de la hermenéutica consiste en que no se puede enunciar nada si no es en virtud de una respuesta a un interrogante. Sus principales obras son: *Verdad y método* (1977); *La razón en la época de la ciencia* (1981); *La herencia de Europa* (1990); *La conciencia histórica* (1993); *La actualidad de lo bello* (1994). **V. círculo hermenéutico, hermenéutica.**

GALILEI, Galileo (1564-1642). Matemático, físico y astrónomo italiano nacido en Pisa. Fue profesor en su ciudad natal, en Padua y en Florencia. Es considerado introductor del método experimental en las ciencias. Dentro de sus descubrimientos se

Galileo Galilei

encuentran: las leyes del péndulo y de la caída de los cuerpos, bases de la dinámica moderna; los satélites de Júpiter, los montes de la Luna, la composición de la Vía Láctea. Inventó el termómetro, la balanza hidrostática y el telescopio. Enunció el principio de la inercia y el centro de gravedad de los sólidos. Defendió el sistema heliocéntrico, propuesto por Copérnico, el cual dedujo de sus observaciones astronómicas. Esto último le creó grandes enfrentamientos con el Santo Oficio, hasta tal punto que fue amonestado, en 1615, y obligado a retractarse. En 1632 reunió todas las pruebas que poseía del sistema heliocéntrico en el *Diálogo sobre los dos sistemas del mundo* que provocó la reacción de la Inquisición, dando como resultado, al año siguiente, su condena, tras la abjuración pública, relegándosele a su ciudad natal; poco después se residenció en Florencia donde permaneció bajo libertad condicional. Ya ciego, se dedicó a la publicación de sus estudios, ayudado por sus discípulos Viviani y Torricelli. Galileo empleó tanto el método inductivo como el deductivo y los hizo complementarios. Su método experimental científico fue básico para la formación de la filosofía moderna. Además de su *Diálogo sobre los dos sistemas del mundo,* publicó, ya en sus últimos años, *Discurso y demostración matemática en torno a dos nuevas ciencias* y *El ensayador.*

GAOS, José (1890-1969) Filósofo español, nacido en Gijón. Fue profesor en la Universidad Central de Madrid y en la de México. Fue comentarista de Kant, Husserl, Ortega y Gasset; se interesó por la filosofía griega y tradujo a numerosos filósofos, como Kant, Fichte, Hegel y Husserl. Influido por el existencialismo en general y por Heidegger en particular, construyó un concepto existencialista del filósofo como tal, en cuanto el filósofo se cuestiona a sí mismo, como hombre concreto que tiene la vocación de la vida filosófica. La filosofía forma parte de la esencia del filósofo (inmanentismo); por tanto, y en este sentido, el tema principal de su pensamiento es la actividad filosófica. Niega la metafísica, puesto que su filosofía de la filosofía se convierte en materia científica, que admite la prueba y considera como fenómenos a los sistemas filosóficos; aún más, requiere la prueba, mientras la metafísica es materia de la fe y no la admite. Sus principales obras son: *Filosofía de la filosofía e historia de la filosofía; Dos ideas de la filosofía; El pensamiento hispanoamericano; Confesiones profesionales; Discurso de filosofía.* **V. inmanencia.**

GARCÍA BACCA, Juan David (1901-1992). Filósofo español, nacido en Pamplona. Estudió y fue catedrático en la Universidad de Barcelona; enseñó también en las universidades de México, Quito y Caracas, donde se nacionalizó venezolano. Se dedicó a la lógica, la metafísica y la historia de la filosofía. Una de sus mayores preocupaciones es el establecimiento de la relación existente entre los lenguajes filosófico y literario, y del filosófico con el científico. En cuanto a la primera relación (filosofía y literatura), a la cual ha dado prioridad este filósofo, considera imposible toda filosofía si no se realiza una especie de decodificación o descomposición del lenguaje filosófico para, posteriormente, recomponerlo en una forma de expresión literaria. Su concepto de la historia parte de su visión de la metafísica, que fue evolucionando a partir de lo tradicional hasta llegar a concebirla como la tendencia natural del hombre real que, con base en su vivencia del mundo, de su trabajo y de su cotidianidad, se plantea la necesidad de comprender cuanto vive en su «intramundo» de la percepción de cuanto le rodea. Es una metafísica que pudiera calificarse de natural. Su concepto del ser se centra en el equilibrio originado por la tensión entre el ser y la nada, en la que el ser es lo entitativo y la nada la aniquilación. Para él, el origen de la trascendencia es la necesidad que tiene el hombre de trascender los límites que continuamente se le imponen; es su transfinitud, o sea, aquello que trasciende lo finito de su ser entitativo, como ente. Este concepto necesariamente lo liga a la antropología filosófica. Sus principales obras son: *Metafísica natural estabilizada y problemática; Tipos históricos del filosofar físico desde Hesíodo hasta Kant; Introducción a la lógica moderna; Antropología filosófica contemporánea.*

GARCÍA MAYNES, Eduardo (1908). Filósofo mexicano, nacido en México D.F. Estudió en la Universidad de México, en donde también fue profesor, presidente de estudios filosóficos y director de la revista *Filosofía y letras.* Muy influido por la filosofía alemana, su principal preocupación fue todo lo relacionado con la filosofía del derecho en cuanto a establecer las bases éticas del derecho positivo, mediante la construcción de una axiología jurídica. El estudio de la ética jurídica lo lleva, naturalmente, a formular una teoría de la libertad y una lógica del deber, con el propósito de lograr una formalización del derecho. Sus principales obras son: *Libertad como derecho y como poder; Lógica del juicio jurídico; Ensayos filosófico-jurídicos; Introducción al estudio del derecho.*

GARCÍA MORENTE, Manuel (1888-1942). Filósofo español, nacido en Arjonilla. Profesor de la Universidad de Madrid y en Tucumán. Neokantiano, cartesiano y fenomenólogo alumno de Ortega y Gasset. Pocos años antes de su muerte se hizo sacerdote católico. En su filosofía de la historia distingue entre proceso y progreso, por cuanto el primero no se basa en los valores como lo hace el segundo, sino que es una evolución puramente mecánica. En sus elaboraciones acerca de la metafísica, llega a proponer la superación del idealismo y del realismo, que constituyen prácticamente la mayor parte de la historia de la filosofía, para remplazarlos por sus tesis que se dirigen al predominio de la razón vital. García Morente ayudó a la divulgación de la filosofía kantiana en los países de habla hispana gracias a la traducción de sus obras más importantes. Sus principales obras son: *Ensayos sobre el progreso; Fundamentos de filosofía; Ideas para una filosofía de la historia de España.*

GASSENDI, Pierre (1592-1655). Matemático, astrónomo y filósofo francés, nacido en Champtercier. Estudió en Aix-en-Provence, en donde se doctoró y fue maestro de teología. Preboste de la catedral de Digne y profesor de matemáticas en el Collège Royal de París, estuvo muy vinculado con Mersenne y sus discípulos. Es hoy recordado por sus objeciones a Descartes, con quien sostuvo una polémica de gran resonancia, y por su renovación del atomismo. En sus obras, especialmente en las *Exercitationes,* sostiene un ataque violento contra los aristotélicos, a los cuales acusa de tratar la filosofía como simples discusiones de palabras. Fundamenta el conocimiento en una doctrina sensualista y en el atomismo clásico de Demócrito y Epicuro. Rechaza las «verdades absolutas» basándose para ello en su forma de ver las ciencias, pues si éstas se basan en la razón, y si la razón, por cualquier circunstancia, llegara a equivocarse, las deducciones podrían también llegar a ser falsas. Su principal obra *Exercitationes paradoxicae adversus Aristoteleos,* se halla incompleta.

GAUNILO (? 1083). Monje benedictino francés, célebre por refutar la llamada «prueba ontológica» sobre la existencia de Dios, propuesta por san Agustín y defendida, en la Edad Media, por san Anselmo; en su obra *Proslogion,* Gaunilo objetó: (a) hay muchas cosas falsas y dudosas en el entendimiento y por tanto hay que demostrar que «algo mayor que lo cual nada puede pensarse» no es una de ellas; (b) tal concepto no puede relacionarse con nada conocido; no hay pues concepto claro de «algo mayor que lo cual nada puede pensarse»; (c) el hecho de tener en el entendimiento un concepto no prueba la realidad de la entidad correspondiente. **V. pruebas de la existencia de Dios.**

GAUSS, Karl Friedrich(1777-1855). Famoso por sus trabajos en matemáticas, física y astronomía; probó el teorema fundamental del álgebra. Trabajó arduamente en el postulado de las paralelas fundamentando lo que se conoce como geometrías no euclidianas.

GENEALOGÍA (del griego *génesis*= origen). En general, se refiere a la búsqueda del pensar inicial. Para Jean Beaufret, es

Pierre Gassendi

Karl Friedrich Gauss

«remontarse a las fuentes». Nietzsche relaciona al hombre como un ser histórico y se remonta, por ejemplo, a la «genealogía de la moral». Para Dilthey, calificado como pensador genealógico, *el fondo del cual emerge toda génesis es la vida, que es fundamentalmente genética o, más propiamente, histórico-genética.* En Heidegger se encuentra una verdadera preocupación genealógica que se manifiesta en *El ser y el tiempo,* con gran interés por *el regreso al fundamento* y el *fondo del fondo* o la *razón de la razón;* esta constante en su pensamiento, como la *vuelta a los griegos,* en especial a los presocráticos, es su manera de expresar su pensamiento genealógico y no un mero interés *arcaico.* Así, pues, la filosofía consiste en un constante regresar al origen, en un incesante volver a las fuentes y no para revivir el pasado, sino para hacer del pasado un presente.

GENERACIÓN Para muchos filósofos griegos este es el problema del cambio o devenir; fue tratado por la mayor parte de los autores antiguos y aun cuando se manifestaron muchas opiniones al respecto, hay sólo tres fundamentales: (a) la explicación aristotélica. En la obra *De generatione et corruptione,* el estagirita estudió el *llegar a ser* y el *dejar de ser* como cambios estrechamente relacionados con los cambios de la cualidad y los cambios de tamaño. Así se opone a las teorías de los filósofos anteriores porque, a su entender, no se puede hablar de una generación *absoluta* y de una corrupción *absoluta,* si ello equivale a afirmar que una sustancia procede de la nada y se convierte en nada; aun cuando sí se puede introducir el concepto de generación y el de corrupción en relación con la idea de privación, o sea, a alguna forma de no ser; (b) la explicación dada por los atomistas, como Demócrito, que intentaron resolver el problema afirmando la existencia de una pluralidad de *sustancias o de elementos,* que puede ser de naturaleza cualitativa o estar fundada en características cuantitativas o posicionales; (c) los que sostienen que los conceptos de generación y corrupción, aunque aplicables particularmente al mundo sensible, son derivables de conceptos procedentes del estudio del mundo sensible. Los autores escolásticos tuvieron la tendencia a distinguir entre diversas nociones de *generación;* la más común de ellas fue la distinción entre generación y creación, la primera a partir de algo preexistente. En otro sentido, Ortega y Gasset habla de las generaciones como estructura precisa de la historia, que corresponde a la forma de vida (costumbres, creencias, ideas y problemas) vigente durante un cierto tiempo, más o menos quince años, y que constituye la unidad concreta de la auténtica cronología histórica; los hombres de una generación son afines, y esta afinidad se debe a que se ven «obligados a vivir en un mundo que tiene una forma determinada y única». Las generaciones decisivas son aquellas en que la variación histórica es mucho mayor que de ordinario, y determinan la articulación de las épocas históricas. El *método de las generaciones* es un instrumento para comprender la realidad histórica.

GENERACIONISMO Conocido también como traduccionismo. Sistema que pretende explicar el origen del alma humana como generada por los padres simultáneamente con el cuerpo; esta doctrina fue insinuada por Tertuliano para justificar la herencia del pecado original. En 1857 fue condenada por la Iglesia. **V. alma.**

GENERAL Este término es usado en lógica en dos sentidos:(a) un concepto es general cuando se aplica a todos los miembros de una clase, por ejemplo, la clase hombre. Puede en algunas oportunidades emplearse en el mismo sentido que universal, aunque con riesgo de error. Es incorrecto hablar de colectivo como sinónimo de general como en el caso de colmena; es un concepto colectivo pero no general; (b) un juicio es general cuando se refiere a un número finito o indefinido de individuos. El juicio general procede por generalización y no por totalización de los juicios que engloba.

GENERALIZACIÓN Proceso lógico por medio del cual, a partir de un caso particular, se pasa a un concepto más general, así como su resultado: un concepto, un juicio, una ley, una teoría. La generalización implica un conocimiento más profundo de las cosas, pues penetra en su esencia, pero sus conclusiones pueden llegar a ser peligrosas, pues lo que se cumple en particular puede, en algunos casos, no cumplirse en lo general; por tanto, debe tenerse muy en cuenta que las características para analizar deben ser comunes a los casos particulares. En la lógica tradicional, por generalización del concepto se entiende el paso de un concepto de menor extensión a otro de extensión más amplia. El proceso opuesto a generalización es la limitación. **V. inducción.**

GENÉRICO Se llama genérico a aquella expresión relacionada con el concepto de género, y con ello se distingue el concepto genérico del individual, pues designa una clase de objetos como tal clase, independientemente de los individuos. En castellano se expresan acompañados, generalmente, por un artículo definido (*la* fruta, *el* hombre); acompañado de los artículos indefinidos *un, una*, da el valor opuesto (*una* fruta, *un* hombre). Estos términos son evitados en la lógica contemporánea.

GÉNERO En lógica, la clase que tiene más extensión y, por tanto, menor comprensión que otra llamada especie; así, por ejemplo, la clase «rosa» es un género al cual pertenecen las diferenetes especies de rosas, entre ellas la clase de las «rosas rojas», pero igualmente la clase «rosa» es una especie del género flor. Cuando abarca todas las especies se llama género supremo o generalísimo, como la sustancia, la cosa o el ser. El género se usa también en lógica clásica para la definición; en este caso, el usado es el llamado género próximo. La noción de género ha sido definida de muchas formas por los distintos filósofos, quienes lo han identificado con otros conceptos. Platón, por ejemplo, habla muchas veces de los géneros como ideas y del ente como género supremo, siendo las demás cosas especies sucesivas de ese género único; para Aristóteles, es el atributo esencial aplicable a una pluralidad de cosas que difieren entre sí específicamente.

GENIO En filosofía, la naturaleza del genio y de la genialidad ha sido tratada dentro de la estética y la filosofía del arte. Para Kant, es la disposición mental innata, mediante la cual la naturaleza da la regla al arte; no es, pues, simplemente talento, sino que posee una cualidad propia: la de producir reglas. Siendo así, el genio no necesita someterse a reglas puesto que las produce y las reglas producidas por él no son derivables de otros modelos, pero son reglas. Para Schopenhauer, el genio es el que es capaz de ver la idea en el fenómeno. Dentro de la *concepción romántica*, el genio es el que crea la obra de arte y a la vez posee la intuición de lo absoluto; es presentado como la encarnación de lo absoluto. De esta manera extremaron la concepción del genio como originalidad y, a la vez, hicieron del genio el capaz de la revelación de lo absoluto.

GENUS **V. género.**

GEOMETRÍA Ciencia que estudia la extensión y su forma considerada bajo sus tres dimensiones: línea, área o superficie y volumen; también podría ser definida como la parte de la matemática que se encarga de estudiar las relaciones y formas espaciales, así como las relaciones y formas abstraídas de las espaciales. Tiene sus raíces en el mundo antiguo (Egipto y Asia Menor) y se fue desarrollando en Grecia hasta convertirse en una ciencia autónoma y rigurosa dentro de la escuela pitagórica, al lado de la matemática. Tuvo su pleno desarrollo en la obra de Euclides. La geometría se mantuvo prácticamente igual en los siglos posteriores, hasta que se introdujeron algunos otros conceptos: en el siglo XVII el de coordenada por Descartes, lo que llevó a la geometría analítica; en el mismo siglo, los métodos del análisis matemático aplicados a la geometría, los cuales condujeron a la geometría diferencial; además de los anteriores, los problemas que plantearon la representación de los cuerpos en un plano, que llevaron a la geometría proyectiva y descriptiva. Básicamente, la geometría se divide en: *geometría plana*, que estudia las propiedades de las figuras que están en un mismo plano y se basa en seis teoremas fundamentales; *geometría espacial*, que estudia las figuras cuyos puntos no están en un mismo plano; *geometría analítica*, que asimila las ecuaciones algebraicas a los problemas geométricos; y *geometría descriptiva*, que estudia los cuerpos en el espacio por medio de proyecciones sobre determinados planos. En el siglo XIX se desarrolló la llamada geometría «no euclidiana», que aceptó, en general, los axiomas básicos de la geometría clásica euclidiana, con excepción de las rectas paralelas; sus principales exponentes son Lobachevski y Riemann y se ha convertido en un instrumento muy importante para la física teórica moderna.

GIMNOSOFISTAS Término dado por los griegos y los romanos a los brahmanes indios y a su pensamiento. El término significa sabio desnudo. Al parecer su relación con el mundo griego se remonta hasta la expedición realizada por Alejandro Magno a la India; los gimnosofistas eran los brahmanes o brahmines, la primera de las castas de la India. **V. filosofía oriental.**

GNOSEOLOGÍA Literalmente, doctrina o ciencia del conocimiento. Se usa como sinónimo de teoría del conocimiento, sobre todo en su dirección kantiana y en cuanto no se ha limitado a la teoría del conocimiento científico. El vocablo *noseología* fue empleado por primera vez en el siglo XVII para designar una de las disciplinas en las cuales se divide la metafísica, la nostología, que se ocupa del conocimiento y la ontología del ser. En la actualidad designa la disciplina que se ocupa del conocimiento en general.

GNOSIS Vocablo griego equivalente, más o menos, a «iluminación especial superior» o «sabiduría suprema». Fue utilizada por el nosticismo, primer movimiento herético cristiano. El vocablo fue utilizado para combatir la herejía e hizo carrera como «nosis cristiana». **V. gnosticismo.**

GNOSTICISMO Se define de un modo general como toda tendencia y pretensión de conseguir el saber absoluto, sin que ello signifique siempre el acceso al saber por vía puramente racional o intelectual, sino, más bien, *mística* y estática. Es más claramente un conjunto de doctrinas filosófico-religiosas que aparecieron entre los siglos I y III de la era cristiana, y que tratan de alcanzar un conocimiento intuitivo o misterioso superior al de la fe, acerca de los misterios de la vida divina, de la relación de Dios con el mundo y del origen del mal, mezclando las especulaciones de tipo neoplatónico con los dogmas cristianos y las tradiciones judeo-orientales, sin que, por lo demás, la presencia de estos diversos elementos sea suficiente para explicar los caracteres peculiares del nosticismo. A su base se encontraba la doctrina de la emanación y de la vuelta al primer principio por vía de la redención. Ya había algo de nosticismo en el seno de la especulación filosófica griega durante la *decadencia*, aun cuando pareciera que sólo puede desarrollarse dentro de la corriente cristiana. Esta doble raíz tan contraria entre sí, no es el problema menor del nosticismo y su comprensión depende decisivamente del mayor o menor peso dado a la fuente helénica o a la cristiana. La mayor parte de los seguidores de esta doctrina presuponen, ante todo, un dualismo entre Dios malo, el demiurgo creador del mundo y del hombre, identificado muchas veces con el Dios del Antiguo Testamento, y el Dios bueno, revelado por Jesucristo, porque la redención del hombre por Cristo es precisamente la obra de la revelación y en ello consiste propiamente la nosis, y sólo por ella podrá el hombre desprenderse de la materia y el mal en los que se halla sumergido y así, poder ascender hasta la espiritualidad de Dios. Los principales nósticos son, entre otros: Basílides, Carpócrates, Marción y Valentino. Conocemos esta doctrina principalmente a través de algunas refutaciones, entre las cuales están las de san Ireneo, san Hipólito, san Justino, Tertuliano, Clemente de Alejandría, Orígenes, Eusebio, san Agustín y Plotino

GÖDEL, Kurt (1906-1978). Filósofo y matemático checo, nacido en Brno. Se trasladó a Viena en 1924, donde se formó. Posteriormente viajó a Estados Unidos, a la Universidad de Princenton, donde se convirtió en miembro permanente del Institute for Advanced Study; allí se nacionalizó. Recibió un doctorado en la Universidad de Harvard y obtuvo el premio Einstein en 1952. Sus grandes contribuciones a la filosofía fueron en la lógica matemática, donde figuran su teorema de la incompletitud, su teorema y la prueba de que no puede formalizarse una prueba de consistencia para todo sistema bien definido de axiomas y, finalmente, la demostración de que la hipótesis cantoriana del continuo es consistente con los demás axiomas de la teoría de los conjuntos, si estos axiomas son consistentes. Sus principales obras son: *Die Vollständigkeit der Axiome des Logischen Funktionenkalküls; On Undecidable Propositions of Formal Mathematical Systems.*

GÖDEL (prueba de) Sistema de lógica matemática inventado por Kurt Gödel que cambió el empleado, hasta 1931, por David Hilbert y otros autores. Consiste en relacionar los signos empleados en un cálculo con números naturales de aritmética. Por ejemplo: el signo ⊃ fue relacionado con el número 3; el signo =, con el número 5; las variables X,Y,Z ,con los números 13, 16 y 19, respectivamente, etc. Estos números han sido llamados godelianos y su intención es aritmetizar los cálculos de cada fórmula de tal forma que a cada una de ellas corresponda un número único. Así mismo, el número godeliano correspondiente a cada fórmula podrá descomponerse en sus factores primos, con lo que, dado un número godeliano, se podrá saber a qué fórmula corresponde. Posteriormente, el matemático J. Findlay le dio una versión lingüística para llegar a lo «demostrable» e «indemostrable» de esos cálculos, basándose en lo que llamó *enunciados y cuasienunciados* (expresiones que contienen variables libres); a los primeros se llega, cuando en los segundos las variables libres se sustituyen por expresiones que contienen un significado constante.

GOLDMANN, Lucien (1913-1978). Sociólogo nacido en Bucarest. Estudió en Viena y fue muy influido por el pensamiento de Lukács. Trabajó arduamente en el tema de la creación literaria y escribió varias obras sociológicas relacionadas con el tema, desde una perspectiva marxista y en el seno de la escuela estructuralista. Sus principales obras son: *Lukács y Heidegger: hacia una nueva filosofía; El hombre y lo absoluto; Para una sociología de la novela; Ciencias humanas y filosofía; Investigaciones dialécticas; El método en la sociología de la literatura.*

GOODMAN, Nelson (1936). Filósofo norteamericano nacido en Somerville (Mass.). Estudió en Harvard, donde después fue catedrático. Ha sido considerado como uno de los más grandes representantes del nominalismo de nuestro tiempo. Para Goodman, el nominalismo «no supone excluir las actividades abstractas, sino que cuanto es admitido como una entidad sea interpretado como un individuo». A partir de esta afirmación postula la exclusión de las clases y sostiene que cualquier suma de individuos es ella misma un individuo; así, cuenta como elemento individual todo cuanto pueda figurar como elemento de un mundo «compuesto por entidades tales que ningún par de ellas se fragmente exactamente en las mismas entidades». El sistema de descripción del mundo por el que se inclina Goodman es el que él llama *sistema realista,* el cual parte de los *qualia* combinados que llama *concreta;* los *qualia* primitivos son los lugares, los colores y los tiempos, agrupados. También abordó el problema de los condicionales contrafácticos relacionados con los problemas de la inferencia y la predicación científica; así mismo abordó el problema de la diferencia entre ley científica y regularidad accidental. Sus principales obras son: *La estructura de la apariencia; Hecho, ficción y predicación; Los lenguajes del arte; Problemas y proyectos; Formas de crear mundos.*

GORGIAS (? -375 ? a. de C.). Sofista griego de Leontini (Sicilia). Fue discípulo de Empédocles. Desde cerca del año 427 se trasladó a Atenas, donde desarrolló su pensamiento filosófico. Fue maestro de retórica y expuso una doctrina sobre la oratoria. Defendió el escepticismo absoluto y completó el relativismo de Protágoras con el agnosticismo racionalista. Es muy conocido por su escrito *Sobre el no ser o de la naturaleza*, del cual se conservan únicamente los argumentos de sus tres tesis, basadas en el pensamiento de los eleatas, que lo hicieron famoso y por las cuales ha sido considerado como un escéptico radical. Estas tres tesis dicen: (a) *nada existe, pues si algo existiera debería proceder de algo o ser eterno. No puede proceder de algo, pues en este caso debería proceder del ser o del no ser; no puede ser eterno, pues debería ser infinito. Mas lo infinito no está en parte alguna, pues no está en sí ni en ningún otro ser*; (b) *aunque hubiera un ser sería desconocido, pues si hubiera conocimiento del ser debería ser pensado. Pero lo pensado es distinto de lo que es;* (c) *aunque hubiese conocimiento del ser, sería incomunicable, a causa de la diferencia entre lo que se mienta y lo mentado; en efecto, no pueden entrar por los oídos las cualidades que corresponden a los ojos.* Platón dio el nombre de este sofista a uno de sus *Diálogos* más notables; en él la discusión se inicia sobre retórica y pronto se trasforma en una investigación sobre moral y política.

GRADO Filosóficamente se le han dado varias interpretaciones al término: como un nivel del ser, aplicado principalmente al *ser real* (en lo orgánico, lo esencial, lo síquico, etc.). Como medición o evaluación ética, en donde se aplica el término gradación, algo como «graduado» éticamente, cuyo opuesto sería degradación. Para designar niveles de abstracción, relacionados con ciencias como la matemática, la metafísica, fue utilizado especialmente por los escolásticos como nivelador jerárquico concebido en forma ontológica como medida de la cualidad. En ciencias para indicar el punto en una serie continua. En gramática se utiliza en el adjetivo calificativo, para indicar la intensidad de la cualidad expresada por el adjetivo; se consideran dos grados de significación: *positivo*, que indica la simple posesión de una cualidad y se expresa con el adjetivo solo (el niño es alto); y *superlativo*, que extrema el grado de intensidad de la serie (el niño es muy alto, o, el niño es altísimo). El adjetivo calificativo también admite otros grados, como el de *comparación* (más que, menos que, tan...como, o, igual que) y el *superlativo relativo* (el más alto de los niños).

GRAMÁTICA Podría definirse, en general, como el arte o la ciencia que enseña a hablar y escribir correctamente, o como el conjunto sistematizado de las reglas, leyes o principios que rigen el funcionamiento de una lengua en el nivel de realizaciones sonoras, frases y palabras, su combinación e interpretación. Su estudio intenta discernir y describir regularidades estructurales y funcionales encontradas en los lenguajes humanos. La primera distinción que se hizo fue entre *gramática descriptiva*, que describe cómo se habla y escribe, y *gramática normativa*, que prescribe cómo se debe hablar y escribir; aunque esta distinción no fue muy claramente establecida, ya que es necesario reconocer que tanto las analogías como las anomalías contribuyen a la sistematización de la gramática. Los estoicos griegos sentaron los fundamentos de la gramática tradicional por medio de su labor etimológica, se interesaron especialmente en el problema filosófico, lógico y retórico, del origen del lenguaje. El texto gramatical más antiguo que se conoce, el *Pänini*, sobre la lengua sánscrita, data del siglo V a. de C; pero la gramática de Dionisio Tracio fue la primera en ser divulgada en el mundo occidental. Aunque en la antigüedad se le dio mucha importancia a la

Portada de «Grammaticae Introductiones» (1500), por A. de Nebrija

gramática, especialmente en la retórica y en la dialéctica, fue hasta el siglo XII cuando Pedro de Helia, quien utilizando, en especial, algunos escritos aristotélicos y mediante el análisis de las *Instituciones gramaticales* de Prisciano, mezcló las formas gramáticas con los problemas lógicos, tema que se ahondó en los siglos siguientes, para llegar a los verdaderos «modos del significado». Para Roger Bacon (siglo XIII), *la gramática es sustancialmente la misma en todas las lenguas, aunque puede llegar a variar accidentalmente.* Los sabios renacentistas y de siglos posteriores al Renacimiento quisieron romper con la tradición escolástica que, por ejemplo, era ridiculizada por Petrarca y sus seguidores debido a sus *barbarismos;* ellos consideraban que la antigüedad clásica era la fuente de toda civilización, y por esto recopilaron y publicaron los textos de los autores clásicos, especialmente después de la invención de la imprenta, a finales del siglo XV. Pero la primera gramática general de base lógica fue la de Port Royal. La dialéctica y la estilística pusieron a la gramática en contacto directo con la filosofía y la realidad viviente del lenguaje. Estudios elaborados a través de métodos rigurosos, basados en los últimos logros de diversas ciencias, como la matemática, la sicología y por ende la filosofía, han llegado a reivindicar las teorías racionalistas clásicas, como las de los cartesianos, o las de Port Royal y Humboldt. De la rama principal de la gramática se han desprendido: la *histórica*, que investiga el desarrollo de las lenguas; *la comparada*, que estudia las analogías, diferencias y los nexos entre las lenguas; la *especulativa*. Esta última es la que más interesa en filosofía, pues está ligada a los problemas de la naturaleza y, en especial, a la lógica. **V. lenguaje, lenguaje (filosofía del).**

GRAMSCI, Antonio (1891-1937). Filósofo y político italiano nacido en Ales (Cagliari). Luego de participar, en 1917, en la insurrección obrera italiana, fundó el partido comunista de su país en 1921, junto con Togliatti, del que fue nombrado secretario general en 1924, y luego elegido diputado. Dos años más tarde fue encarcelado y condenado por un tribunal fascista a veinte años de prisión. Gramsci fue un teórico del marxismo y luchó contra las teorías idealistas, en especial de Benedetto Croce. Dedicó gran atención a la estética, la sociología, la historia de la filosofía y la cultura italiana; pero su obra de más importancia la centró en el problema de la relación marxista presentada entre la «base» y la «superestructura», es decir, entre el proletariado y la intelectualidad. Para él, según sus propias palabras, *el filósofo real no es y no puede ser otra cosa que el político (...)* y todas las personas poseen una filosofía *espontánea* surgida de la acción, del obrar humano, lo que hace que la filosofía no sea el monopolio de unos pocos especialistas, frente a los cuales es necesario que el hombre se haga como ellos, esto es, que se transforme en alguien consciente de poseer la nueva concepción del mundo. De esta manera, quienes tienen tal conciencia pueden acordar, realizar un consenso, para la creación de un *bloque histórico* nuevo. Es muy famoso su escrito *Cartas desde la cárcel,* en el que se cuida de la no utilización de términos como marxismo y comunismo

Antonio Gramsci

y los traduce en *filosofía de la praxis*, con el claro fin de dar un vuelco para convertir en real la teoría marxista, llegar a una praxis de la humanidad, de tal forma que el hombre quede involucrado dentro de su cultura. Como explica V. Gerratana, la existencia de deberes absolutos está en Gramsci «vinculada a una jerarquía de valores que no era, en gran medida, reconocida en su época». Luchó siempre para que el valor-verdad fuese considerado como el principal en cualquier circunstancia porque, *precisamente, en la política de masas, decir la verdad es una* necesidad política. Formula con sus tesis una nueva visión de la política como el factor que eleva al hombre a estadios superiores tanto filosóficos como históricos y que abarca a toda la *sociedad civil* en todas sus formas. Sus obras más representativas son: *Cartas desde la cárcel*, publicada póstumamente; *El materialismo histórico y la filosofía de B. Croce; Literatura y vida nacional; Pasado y presente*.

GREGORIO NACIANCENO (329 ?- 390 ?). Teólogo nacido en Arianza, Nacianza (Capadocia). Fue obispo de Sasima, desde 379 obispo de Constantinopla y es considerado como padre de la iglesia griega. Junto con san Basilio el Grande y san Gregorio de Niza conformó el trío teológico llamado de los «grandes capadocios». Tuvo gran importancia en el concilio de Constantinopla. Su intención fue la de poner al alcance de la razón algunas verdades de la fe cristiana, o sea, aquellas que pueden ser comprendidas por el ser humano, de las que exceptuó, eso sí, aquellos dogmas o misterios incomprensibles, es decir, los «misterios absolutos» como los de la Trinidad y de la inmaculada concepción, que deben ser tomados como actos de fe. Sus tesis, y en general las de los capadocios, ejercieron gran influencia en la teología desarrollada con posterioridad. Su obra más importante es un conjunto de 45 sermones, en especial los llamados *Cinco sermones teológicos*. **V. capadocios.**

GROCIO, Hugo (Hugo de Groot) (1583-1645). Jurista, historiador y hombre de Estado holandés, nacido en Delft. Estudió en Leyden y se doctoró en leyes en Orleans. En 1607 fue abogado fiscal de La Haya; en 1618 fue encarcelado pero se fugó en 1621 y se refugió en París. Desde 1634 hasta el año de su muerte ejerció el cargo de embajador de Suecia en Francia. Grocio desarrolló una idea del «*derecho natural*» que aplicó a temas jurídicos de toda índole, principalmente al derecho internacional, en temas como soberanía, guerras justas, derechos derivados de pactos, contratos, alianzas, etc., y causas de las guerras, principalmente. Lo anterior basado en las fuentes del derecho: derecho natural (de acuerdo con la naturaleza) y derecho divino (que procede de la voluntad de Dios). Clasifica la libertad en personal y política, las que liga a la ley natural, de tal forma que ninguna de las dos deben rebasar los límites de ésta; este concepto lleva a anteponer la libertad personal a la política únicamente en el caso en que esta última sobrepase la ley natural; en este caso, el deber del individuo es la desobediencia, pues ésta se toma como derecho personal. Hay que destacar, por último, la defensa de

Hugo Grocio

Grocio a la tolerancia religiosa, basada en el respeto a la ley que, a su vez, debe apoyarse en la ley natural. Su principal obra, *El derecho de la guerra y el de la paz*, representa un verdadero tratado de derecho internacional. Otras de sus obras, complementarias a la anterior, versan sobre derecho de botín, libertad de los mares, etc. Escribió, además, *La jurisprudencia en Holanda; La verdadera religión cristiana*, entre otras.

GRUPO En matemática, el grupo se conoce como conjunto G, del cual se distinguen los siguientes: *abeliano*, cuando la operación interna es conmutativa; *aditivo*, aquel grupo abeliano en que la operación interna se representa por el símbolo $\pm$; *alternado*, aquel formado por las permutaciones pares de n elementos; *cíclico*, aquel en el cual existe un elemento a, llamado generador, que operado consigo mismo genera todos los elementos del grupo; *conmutativo*, o grupo abeliano; *de permutaciones*, o grupo simétrico; *finito*, el que posee un número finito de términos; infinito, el que posee un número infinito de términos; *lineal*, el que existe en un espacio vectorial en sí mismo; *multiplicativo*, o grupo abeliano, cuya operación interna se representa por * ; *simétrico*, cuyos elementos son todas las sustituciones o permutaciones de un determinado conjunto de elementos y cuya operación es la composición de permutaciones; *simple*, aquel que no admite más subgrupos.

GUERRA En general, enfrentamiento, lucha o combate aunque sea en sentido moral. Para Heráclito, la guerra es el padre de todas las cosas, lo que equivale a decir que la discordia, la contrariedad, son el origen de todo el mundo. En particular, lucha armada de dos grupos sociales que están en oposición de intereses. Filosóficamente, el tema de la guerra se ha tratado en el sentido ético, lo que se ha reflejado en los cánones del derecho internacional; se dice que una guerra sólo es lícita cuando es justa y necesaria. En cuanto a la clasificación y a la necesidad de la guerra, Vitoria afirma que la guerra sólo es justa cuando va encaminada a reparar una injuria recibida, contraria al bien común, que no puede ser resuelta por medios pacíficos y que es lo suficientemente grave como para afrontar los males que acarrea. Hugo Grocio trató el tema en su obra *El derecho de la guerra y el de la paz*, la cual influyó en los conceptos de la «guerra justa». **V. Grocio.**

GUILLERMO DE OCCAM (Ockham) V. Ocamm, G. de

H

H En minúscula, se emplea en geometría para indicar la altura de un polígono o de un poliedro. En mayúscula, se utiliza en las proposiciones para representar el término medio de un juicio. En lógica cuantificacional, es usada junto con la *F* y la con la G, en mayúscula, como símbolo de un predicado.

HABERMAS, Jürgen Filósofo alemán, nacido en Düseldorf, en 1929. Es una de las figuras más importantes de la escuela de Francfort; sustituyó a Horkheimer en la dirección del Instituto de investigación social. Su obra denota gran influencia del pensamiento de éste y de Th. Adorno. Fue profesor de filosofía en las universidades de Heidelberg y Francfort. Aunque en principio su interés se centró en la «conexión interna de la lógica de la investigación con la lógica de las comunicaciones formadoras de la voluntad colectiva», más tarde le atribuyó a la filosofía la tarea de colaborar con una teoría de la racionalidad, en parte como «guardadora del lugar para teorías empíricas con fuertes pretensiones universalistas, que todavía no han podido imponerse». Según él, la filosofía contemporánea se caracteriza por cuestionar la unidad entre filosofía y ciencia (al demostrarse que sus fundamentos dependían de los aportes de las ciencias de la naturaleza) y entre filosofía y tradición legitimadora de dominio, ruptura en que la filosofía práctica pierde su conexión con la filosofía teórica y la posibilidad de respaldar las imágenes sociocósmicas del mundo. También se caracteriza por un cambio en la relación entre filosofía y religión al aparecer la crítica de la idea de Dios adoptando el interés por la liberalización y la reconciliación; y por la contradicción que existe entre la pretensión universalista del pensamiento filosófico y su carácter elitista, escisión que es superada por el marxismo. La filosofía, al comprender estas transformaciones, se convierte en crítica y se entiende como tal: renuncia a una fundamentación última y a una interpretación afirmativa del ente en su conjunto; se entiende como elemento reflexivo de la actividad social y se atiene a la idea de una «ilustración universal que se ha de extender también a ella misma». Con respecto al cientificismo, afirma que éste refuerza el control tecnocrático y excluye los procedimientos racionales de la clarificación de las cuestiones prácticas, por lo cual es necesario propiciar una comunidad de igualdad comunicativa para cerrar la fisura entre práctica y teoría. En resumen, como él lo afirma, la misión más sublime de la filosofía consiste en propiciar la «autorreflexión que se engendra en la unidad de la razón teórica y de la práctica». Sus principales obras son: *Teoría y praxis; Conocimiento e interés; Perfiles filosófico-políticos; La reconstrucción del materialismo histórico; Teoría de la acción comunicativa.*

HÁBITO Costumbre adquirida por la repetición de actos de la misma especie. También se puede definir como aquella facilidad que se adquiere por la práctica constante de un mismo ejercicio, ya sea de carácter manual, práctico o intelectual. En la época moderna, Locke y Hume le dieron al término un sentido a la vez sicológico y noseológico. Locke lo asimiló a la disposición mental que adquiere el hombre para realizar cualquier acto que ha experimentado repetidamente en el pasado. Hume, por su parte, subraya el carácter noseológico del hábito al fundar en él el conocimiento de los *hechos*, pues es el hábito o la costumbre lo que permite inferir reglas a partir de la experiencia. Algunos sicólogos distinguen dos clases: los hábitos motores, como el acto de nadar, entendido, en el caso de Bergson, como un *automatismo montado en el cuerpo;* y los hábitos superiores o intelectuales, que no se refieren propiamente a la repetición de actos, sino a la forma de facilitar habilidades superiores, tales como la del razonamiento; en este caso es entendido como una función del organismo y de su parte síquica, como una rutina creativa que desarrolla profundamente la vida mental. La creación, o formación, o transformación de los hábitos es uno de los objetos de la sicología del aprendizaje, y se propone establecer una relación armónica entre el individuo y el mundo circundante, igual que obtener resultados rápidos y efectivos de sus propios actos y propósitos.

HAECCEIDAD Vocablo utilizado por Duns Escoto, para referirse al concepto de individuación, esto es, lo referente a la persona como individuo. Este filósofo clasifica la individuación, hablando, en primer término, de distinción real, como aquello que diferencia una cosa de otra (un caballo de un árbol, por ejemplo); una distinción de razón o *distinctio formalis*, como aquella que se hace según varios aspectos que son propios del intelecto, y que, a su vez, subdivide en distinción efectiva (según la función de las cosas) y distinción nominal (según su nominación); por último, una distinción formal *a parte rei,* donde la parte de la razón es desechada y la individuación se hace por la *cosa misma*, y que es para Escoto la *haecceidad* (*haecceitas*); es la forma propia del ser a nivel individual, es decir, una individualización tanto material como formal.

HARTMANN, Nicolai (1882-1950). Filósofo alemán nacido en Riga, perteneciente al llamado espiritualismo alemán, puesto que la suya es una teoría idealista subjetiva del ser. Fue profesor en Marburgo, Colonia, Berlín y Gottinga. A pesar de proceder del neokantismo de la escuela de Marburgo, fue muy influido por la fenomenología; también, para la construcción de su pensamiento filosófico, aprovechó elementos de Hegel, Dilthey y Scheler, especialmente en lo que se refiere a la teoría de los valores. Su pensamiento está construido sobre la base de la síntesis filosófico-natural, en el carácter últimamente sintético de lo real, engendrado por lo inconsciente, que convierte en principio explicativo del mundo entero como la posibilidad de toda síntesis de conocimiento. Así, pues, en su sistema separa las categorías del ser de las categorías del conocimiento. Uno de sus principales aportes es la distinción que establece entre categoría y esencia y entre categoría y la cosa. Propone un sistema abierto, nunca acabado, puesto que las relaciones entre sujeto y objeto –propias del conocimiento– siempre presentan nuevos problemas; el acto por el cual la conciencia sale de sí misma e intenta la aprehensión de los objetos es la trascendencia propia del conocimiento, aunque la aprehensión total

Nicolai Hartmann

de tales objetos no sea posible debido a que éstos mantienen su independencia del sujeto cognoscente y no son afectados por el hecho del conocimiento. El ser es más complejo que la limitada capacidad del conocimiento: la razón es limitada y el ser infinito, por cuanto la razón depende de factores externos a ella misma, lo que hace imposible toda teoría final de la realidad. Entonces, su método filosófico incluye tres etapas: la fenomenología o descripción de los hechos; la aporética o problemática surgida en la consideración de los problemas; y la tercera, que es el intento que debe hacerse de construir una teoría, así este objetivo no pueda lograrse. Clasifica las categorías de acuerdo con la relación espacio-tiempo, o categorías *dimensionales;* con el análisis de factores como son persistencia y estado, devenir, casualidad y legalidad, o categorías *cosmológicas;* y con el individuo y sus procesos, o categorías *organológicas.* Enuncia, entonces, las categorías que son comunes al ser real y al ser ideal: *modalidad, oposición* y las que denomina *leyes categoriales,* las cuales son: *principio de validez* (las categorías inferiores son las más fuertes), *principio de coherencia* (de las categorías con la realidad en la cual basan sus principios), principio de la estratificación (la capa superior tiene muchas propiedades basadas en las de la capa inferior, pero no sucede lo contrario), principio de la dependencia (no están aisladas, pues forman parte de una capa categorial) y principio de la libertad (autonomía de las categorías superiores con respecto a las categorías inferiores). En su ontología crítica establece los estratos del ser, los cuales son: inorgánico, orgánico, alma y espíritu; sin embargo, indica que lo trascendente puro y simple, lo trasinteligible y, tal vez, lo irracional que hay en los objetos es una parte que necesariamente escapa al sujeto cognoscente; entre el hecho de tener y el de aprehender se encuentra la frontera o límite del auténtico acto cognoscitivo con respecto a los actos intencionales de otra especie. Los modos del ser son, para él, posibilidad y realidad; necesidad y casualidad; imposibilidad e irrealidad. Los momentos del ser son existencia y accidente. Y las maneras del ser son realidad e idealidad. En cuanto se refiere a los valores, Hartmann propuso una tabla que comprende los valores bienes o instrumentos; los valores de placer; los valores morales; los valores espirituales, que a su vez se subdividen en valores vitales, estéticos y de conocimiento. Su visión de la historia de la filosofía sigue dos direcciones principales: la problemática, cuyo objeto es dilucidar, aclarar y profundizar en los problemas, y la sistemática, que se dirige a edificar grandes construcciones unitarias que, además de profundizar como la primera en los problemas, se propone una solución global a partir de principios verdaderamente últimos. Sus principales obras son: *Metafísica del conocimiento; El problema del ser espiritual; Ontología; La lógica platónica del ser; Cuestiones filosóficas fundamentales de la biología; La filosofía del idealismo alemán.*

HECHO En general, este término es sinónimo de acontecimiento o de algo que está cumplido, que se ha llevado a efecto; sin embargo ha sido usado con tan diversas significaciones que, en realidad, no ha sido definido con precisión conceptual alguna. En filosofía, algunas veces se ha asimilado y, otras, se ha opuesto al concepto de fenómeno; también se ha opuesto al de ilusión y al de apariencia. Los hechos se pueden clasificar con independencia de su significado, de varias formas: (a) por su procedencia y también por la disciplina que los estudia (sociales, históricos, síquicos, físicos, etc.); (b) por la intervención o no intervención del hombre en ellos (naturales y culturales o históricos). Para Vico, el hecho es el principio de lo verdadero; Leibniz diferencia las verdades de hecho de las verdades de razón; Hume habla de proposiciones sobre hechos, que difieren de las proposiciones sobre relaciones de ideas; Kant aplica hecho (*Faktum*) a la física como aquello que *está ahí* y requiere una explicación epistemológica. Para Comte y el positivismo clásico, solamente son objetos de conocimiento efectivo los hechos, que se equiparan con los fenómenos y constituyen las únicas realidades positivas: estos hechos pueden ser *brutos*, como el desprendimiento de una roca de una montaña, o *generales*, como la gravitación que lo causa y explica. Husserl, en su fenomenología, distingue entre hecho y esencia, que son inseparables, pues lo que hace que el hecho sea lo que es, es precisamente su esencia (*eidos*). Para que el hecho, que es contingente, pueda aprehenderse en su significación, debe aprehenderse su esencia en toda su pureza, de manera que las verdades fácticas o de hecho están subordinadas a las verdades eidéticas o esenciales. Por otra parte, Heidegger y Sartre se refieren a la *facticidad* como uno de los constitutivos del *dasein*, que consiste en estar *arrojado al mundo* como un *hecho último* e incluye el estar-en-el-mundo (*pour-soi* o estar abandonado en una situación). Max Scheler clasificó los hechos en tres grupos fundamentales: (a) hechos fenomenológicos o hechos primarios, anteriores a cualquier construcción o interpretación; son hechos *puros* cuyos contenidos son los fenómenos mismos y no las apariencias y se dan por sí mismos; por esto son asimbólicos e inmanentes; en sus propias palabras *son completamente independientes de las funciones sensibles por las cuales o en las cuales son dados* y pueden ser de dos clases: (1) los puramente lógicos o que pertenecen a la esfera formal; (2) los estrictamente fenomenológicos o hechos como universales concretos, materiales; (b) hechos dados en la concepción natural del mundo; (c) hechos tratados por la ciencia. Para Wittgenstein y Russell, el *hecho atómico* se convierte en el fundamento del empirismo lógico, y se denomina así al hecho que no puede ser dividido en hechos componentes, formado por la combinación de objetos y cosas del pensamiento. Entre hechos atómicos no es posible la interconexión o unidad del mundo, lo que impide su conocimiento, el cual se limita a la mera descripción de hechos atómicos. Las proposiciones que resultan sólo pueden combinarse por medio de funciones de verdad, que forman las llamadas *proposiciones moleculares*.

HEDONISMO Corriente filosófica en la cual el bien se define como aquello que es fuente de placer. El hedonismo tuvo sus inicios en la Grecia antigua, especialmente entre los cirenaicos y los epicúreos. Para los primeros, es indispensable la liberación del deseo en la búsqueda del placer, dominar el deseo para que el placer sea moderado y duradero; asociada al placer, la felicidad se basaba para ellos en una tranquilidad de ánimo, y defendieron una doctrina no egoísta de esos placeres. La teoría hedonista fue adoptada por los neoepicúreos como Gassendi y Valla, y por algunos materialistas del siglo XVIII, como Helvecio y Holbach. La Mettrie afirma que la finalidad del hombre es el goce y la «vida feliz», que no es incompatible con la virtud ni con el amor a la humanidad; por el contrario, la felicidad incluye el amor. Según él, las religiones y sus dogmas son un obstáculo para lograr la felicidad. Pero uno de los más conocidos por sus tesis hedonistas es Bentham, quien en su teoría utilitarista planteó la búsqueda del placer como un fin de las aspiraciones, subrayó la importancia de la bondad que se encuentra en lo que es útil y la felicidad que ello proporciona: «*La mayor felicidad al mayor número de personas*», es decir, la proyección de la felicidad y del placer al prójimo. El hedonismo ha sido atacado a lo largo de la historia, en general por muchos filósofos cristianos y en especial por Kant, quien lo critica asociándolo a las «morales materiales» y afirmando que ninguna de ellas puede ser relacionada con la moral formal. Otros hedonistas fueron los ingleses John Stuart Mill y Herbert Spencer; el primero amplió el utilitarismo de Bentham, con un socialismo ético que lo llevó a defender un hedonismo «altruista»; el segundo combinó con su teoría hedonista una doctrina evolucionista. **V. Bentham, cirenaicos, epicureísmo, placer.**

HEGEL, Georg Wilhelm F. (1770-1831). Filósofo alemán, nacido en Stuttgart. Estudió teología en Tubinga y fue maestro privado en Berna y en Francfort; también fue docente privado en la Universidad de Jena, donde estudiaron Fichte y Schelling, quienes con él conforman el más selecto grupo de los grandes idealistas alemanes. Recibió gran influencia de los ro-

Georg Wilhelm F. Hegel

mánticos alemanes, especialmente de Hölderlin y de Schelling con quien tuvo una gran amistad, rota más tarde cuando Hegel inició la construcción de su propio sistema filosófico. Fue redactor periodístico y rector del Gimnasio de Nuremberg y, más tarde, profesor de la Universidad de Heidelberg. En general, su pensamiento, recibido con interés y apoyo oficial en Berlín, afirma el poder de la razón y del pensamiento, y establece como objeto y ser mismo de la filosofía el saber absoluto. Sus reflexiones filosóficas se centran en los siguientes problemas: (a) el objeto y el método de la filosofía. Para Hegel, el objeto de la filosofía es, como él mismo afirma, el conocimiento de *toda la variada riqueza del mundo*, el conocimiento de toda la realidad al superar las apariencias, alcanzando lo absoluto en su realidad concreta, el conocimiento de *la cosa en sí*, que el idealismo kantiano consideraba imposible. Para él, *todo lo real es racional y todo lo racional es real*, de modo que el racionalismo conduce a un idealismo en que *el pensamiento es el principio verdadero y universal de la naturaleza y el espíritu*, siendo lo absoluto la *identidad de sujeto y objeto*, considerada la identidad como síntesis concreta, como *la idea que se piensa, y al pensarse, piensa todas las cosas, o en otras palabras, Dios vivo*. Igual que Heráclito, en su dialéctica establece la identidad de los contrarios; lo absoluto es vida y *movimiento*, pues pensar concretamente al ser es pensarlo como *devenir*. El tiempo es la existencia misma de la contradicción. La dialéctica es la forma en que se manifiesta la realidad misma, es la realidad misma que alcanza su verdad en su completo autodesenvolvimiento y que en su marcha progresiva va de lo simple a lo complejo, de lo inferior a lo superior y de lo abstracto a lo concreto. Y la filosofía tiene tres momentos que analizará en su lógica o estudio de las *características pensables de las cosas consideradas en sí mismas;* en su filosofía de la naturaleza, que estudia las mismas características pero desde la óptica de su *existencia exterior;* y en su filosofía del espíritu, que examina el pensamiento que *se recoge en sí mismo* tras recuperar la identidad de sujeto y objeto; (b) la lógica, cuyo tema es la idea absoluta en su ser en sí, y en donde intenta la investigación sistemática de las formas de pensamiento. La *Lógica* comienza con la teoría del ser en sí, que es la noción más indeterminada y universal, pues, siendo ante todo cualidad, es también cantidad; y la unidad de estos opuestos se encuentra en la *medida*, que determina la limitación de la cantidad. La existencia (*dasein*), en cuanto ser determinado por una cualidad por medio de la cual se convierte en *algo*, es la síntesis de ser y nada; y como ese *algo* es la exclusión de otras entidades que no son él, es entonces negación de la negación que, como todo lo determinado, es limitado. Así, entonces, el primer momento del sistema completo del ser que constituye la primera parte de la *Lógica* tiene como momentos *cualidad, cantidad y medida.* Como segundo momento aparece el ser en su manifestación o verdad, *esencia*, que se opone al ser en sí e implica necesariamente la diferencia; la identidad y la diferencia se unen en la *razón de ser.* La esencia en sí y su manifestación (fenómeno) se unen en la *realidad*, de la que la *acción recíproca* es la forma más alta. Para Hegel, la realidad es necesidad, pero esa necesidad incluye el *azar* a pesar de negarlo, pues sólo es ciega esa necesidad cuando no podemos o sabemos descubrir en la variedad de las cosas su armonía y su unidad. La libertad resulta de la acción recíproca, en *reconocerse determinado por la idea absoluta.* Esa libertad real se encuentra en el concepto y se realiza en el individuo que es *lo universal concreto,* derivado en sus particularidades del movimiento dialéctico universal. Para llegar al concepto es necesario agotar varias etapas que son diferentes formas de juicio que se deducen una de otra por necesidad interna; (c) la filosofía de la naturaleza cuyo tema es la idea en su ser fuera de sí, en su estado de alteridad, en el cual la naturaleza tiende continuamente a volver a la idea en su ser en y para sí misma, pues la naturaleza es como el máximo estado de tensión de la idea, cuando ésta ha llegado hasta el límite de su ser-otro, cuando emprende el camino hacia la subjetividad; el primer momento está considerado como lo inorgánico puro, sometido al espacio, al tiempo y a la gravedad; en el segundo momento está considerado como lo físico, comienzo de una subjetividad de la naturaleza expresada en los fenómenos químicos y eléctricos; en el tercer momento, como lo orgánico, lo individual, lo opuesto a la exterioridad de lo mecánico, lo que es ya casi umbral de la subjetividad: la naturaleza es el reino de lo contingente; (d) la filosofía del espíritu cuyo tema es la *idea* en su ser para sí mismo; este espíritu subjetivo se opone al espíritu objetivo o espíritu considerado en sus actos exteriores; tal oposición es conciliada por el espíritu absoluto que se encuentra en el arte, la religión y la filosofía. El *espíritu subjetivo* pasa por distintas fases en su desarrollo, las cuales podemos resumir como sigue: (1) primera fase: reino de los inconsciente o corporeidad del espíritu, en el cual tiene contacto con la naturaleza y, por tanto, a él pertenecen la sensación, el sentimiento y la costumbre, hecho por el cual es objeto de estudio de la antropología; (2) segunda fase: el espíritu toma conciencia de sí mismo y, entonces, es espíritu subjetivo liberado de su vinculación a la vida natural. En esta fase, la fenomenología establece varios tipos sicológicos, condicionados por las determinaciones históricas y sociales; (3) tercera fase: en el *espíritu libre* se unen teoría y práctica como *razón,* que es la forma más alta del espíritu subjetivo. Para adquirir el espíritu libre es necesario obrar con arreglo a la razón universal, pues la libertad es la *verdad de la necesidad.* El espíritu subjetivo como ser fuera de sí o por sí, es *espíritu objetivo,* en donde se realiza como derecho, moralidad y eticidad. La libertad toma cuerpo en el derecho: el individuo libre es la *persona* que se afirma por la *propiedad;* la moralidad reside en la voluntad de obrar por *deber;* agrega a la exterioridad de la ley la interioridad de la conciencia moral; la ética objetiva se realiza en lo universal concreto de la familia, la sociedad y el Estado. Para Hegel, el conflicto de la moralidad se resuelve sobre el plano superior de las *instituciones morales* que están por encima de la familia e incluso de la sociedad civil. La libertad objetiva está encarnada por el *Estado,* que es lo universal, Dios sobre la Tierra. Por eso es tan importante en Hegel la teoría del Estado, forma más elevada de la ética objetiva: Hegel diviniza al Estado, siendo para él el Estado ideal el mundo germánico, el prusiano de su tiempo, una monarquía constitucional donde el individuo representa el *Volksgeist* o espíritu del pueblo. El Estado se halla libre de todo egoísmo y los ciudadanos se tornan libres al aceptar sus mandatos. El Estado, en cuanto universal concreto, se realiza en el individuo y por eso aconseja como óptima la monarquía hereditaria con una representación popular de muy limitados poderes. La historia es la evolución del espíritu objetivo en su proceso hacia la conciencia de su propia libertad y en ella se realiza la tesis de la racionalidad de lo real y de la realidad de lo racional: las pasiones de la historia no son más que *astucias de la razón.* El *espíritu absoluto,* o síntesis de los dos anteriores (subjetivo y objetivo), se autodespliega en la intuición de sí mismo como arte, en representación de sí mismo como religión, y en el absoluto conocimiento de sí mismo como filosofía. La religión es la idea que conoce su propia esencia divina, que *se sabe a sí misma;* la religión revelada se representa lo divino a sí misma por dentro, como en una especie de arte, empezando por las religiones de la naturaleza, como estadio inferior, hasta llegar a la religión verdadera, absoluta, que es el cristianismo, que en su dogma del hombre-Dios anula la separación entre conciencia humana y conciencia universal. El arte, al intentar la traducción de la idea, del infinito bajo formas sensibles, llega a hacer que el elemento material se desvanezca, como sucede en la poesía, la pintura y la música. La filosofía aparece cuando el conocimiento de Dios adquiere su forma de saber racional; entonces, la religión se transforma en filosofía; expresa este ascenso con una bella metáfora: *el búho de Minerva sólo emprende su vuelo a la llegada del crepúsculo.* En su *Fenomenología del espíritu* estableció una teoría del conocimiento, al mostrar la sucesión de formas a las que llega el conocimiento o fenómenos de la conciencia, graduados en escalones que ascienden desde lo inferior hasta lo superior para llegar al saber o conocimiento absoluto de la misma forma que los eslabones de una cadena. La verdad existe solamente en *el sistema científico de esta verdad*, verdadero solamente cuando resume, unifica y supera las doctrinas anteriores, mediante un método *dialéctico* en el sentido de evolución interna de los conceptos según el modelo tesis-antítesis-síntesis, en el cual el error es un momento evolutivo de la verdad que conserva y, a la vez, supera ese error. Para Hegel, la representación por un sujeto de un objeto es a la vez parte integrante del objeto; así, la conciencia es también conciencia de sí, y, por tanto, requiere una dialéctica del sujeto y del objeto; el objeto del pensamiento es *ser sí mismo* en cuanto ha absorbido completamente lo pensado. Es necesario encontrar el fundamento de la certidumbre de los datos que nos da el conocimiento sensible, ya que existen grandes contradicciones entre el saber del objeto y el objeto mismo. Para Hegel, sólo lo espiritual es real, aunque es necesario aclarar que para él, *espíritu es la esencia, lo que existe en sí mismo* y no hay nada externo a lo real. El sistema filosófico de Hegel tuvo inmensa influencia en la filosofía posterior, como se puede ver en la derecha y en la izquierda hegelianas y en el idealismo contemporáneo. Sus principales obras son: *Fenomenología del espíritu; Ciencia de la lógica; Enciclopedia de las ciencias filosóficas; Filosofía del derecho; Filosofía de la historia universal; Filosofía de la religión; Historia de la filosofía.*

HEGELIANISMO Nombre dado al sistema filosófico de Hegel y a su influencia en el pensamiento filosófico posterior; también se da el nombre de hegelianismo o neohegelianismo a las ideas derivadas de la adhesión por parte, no solamente de los filósofos sino de teóricos de otras ciencias y disciplinas, a todos o a algunos de los principios que contiene. Es evidente la gran influencia que ejerció el sistema hegeliano en muy diversos campos culturales. El hegelianismo filosófico se dividió, a partir de los propios discípulos de Hegel, en dos direcciones principales: la *derecha* y la *izquierda* hegelianas, de las cuales, la primera acepta la trascendencia del absoluto en el mundo de la historia; y, la segunda, la niega. La izquierda hegeliana ve el aspecto naturalista de Hegel, adoptando además los elementos revolucionarios en lo que respecta a la sociedad y, en ella, sobre todo, la religión y la política. También las tesis de Hegel influyeron profundamente en la historia de la filosofía y su método. De la derecha hegeliana contó con eminentes catedráticos, tales como Gabler, pero, sobre todo entre los historiadores de la filosofía es que se cuentan sus más importantes seguidores: Erdmann, Fischer y Zeller. Es necesario hacer hincapié en el desarrollo de la izquierda hegeliana, que en realidad tuvo su origen en la rebelión contra el sistema de Hegel por parte de un grupo de estudiantes jóvenes, casi todos alumnos directos del filósofo. Las objeciones hechas por este grupo fueron recogidas por generaciones posteriores que las aplicaron al plano político, transformando el sistema hegeliano en algo bien diferente, e impregnado de gran espíritu crítico, y trasladando su interés a quien consideraron como verdadero protagonista del proceso de la historia: el hombre individual. Uno de los representantes de este movimiento fue D. F. Strauss, quien, en su obra *Vida de Jesús,* propugna una humanización integral del cristianismo, al ver en Jesús a *aquel en quien la conciencia de la unidad de lo divino y lo humano surgió por primera vez y con energía.* También cabe mencionar a Stirner, quien inspira el movimiento anarquista, a Bruno Bauer y a A. Ruge. Pero, sin duda, el más importante representante de la izquierda hegeliana es Feuerbach, quien parte del asunto religioso visto como construcciones de la fantasía del hombre que tiende a resolver sus problemas y pensamientos más profundos elaborando un mundo ficticio. Esto implica una alienación del hombre de la cual es necesario salir mediante la reconquista de su plena humanidad, buscando su propio significado en la antropología y no en la religión, pues de ella surgen el fanatismo y la limitación del pensamiento. Es necesario negar que Dios existe para que el hombre pueda tener conciencia de sí mismo y para que esa conciencia se obtenga de un modo directo. Se pregunta, entonces, quién desarrolla esta conciencia, para concluir en que ésta es una función de la filosofía, por medio de la crítica de la metafísica. El hombre es un cuerpo vivo y no, como afirmara Hegel, pura lógica: establece *lo finito en lo infinito.* Su humanismo hace del hombre la única fuente de la moral y del vínculo de solidaridad la fuente del sentimiento del deber. La importancia de Feuerbach radica en que de su *filosofía social* nace el *humanismo social* de Marx. En efecto, tanto Marx como Engels, apoyados en las tesis de Feuerbach, llegaron a una concepción materialista de la historia basada en la aplicación del método dialéctico a la inversión de la tesis capital hegeliana. Los dos grandes teóricos del materialismo dialéctico, quienes recogen la concepción dialéctica del mundo del pensamiento de Hegel para, posteriormente, invertirla al postular que *sólo el contacto concreto con el objeto nos revela las contradicciones efectivas de ese objeto, su movimiento interno y sus transformaciones repentinas.* Es una dialéctica *de ideas que reflejan en la mente de los hombres el movimiento efectivo de la reali-* *dad.* **V. Engels, Feuerbach, Hegel, Marx, marxismo**.

HEGEMÓNICO Se dice de aquello que ejerce hegemonía, es decir, supremacía. Así era entendido por los griegos, para indicar la supremacía de una ciudad con respecto a las otras en su sistema de federaciones; por extensión, se le da la misma interpretación en el aspecto geopolítico a este vocablo en la actualidad. Pero, así mismo, los antiguos griegos le dieron un significado filosófico, en especial los estoicos, por un lado, para referirse al cosmos, a la materia que lo compone y principalmente al fuego y, por el otro, para indicar la parte rectora o directriz del alma, a lo racional de ella.

HEIDEGGER, Martin (1889-1976). Destacado filósofo alemán nacido en Messkirch (Selva Negra). Recibió su doctorado en la Universidad de Friburgo donde fue discípulo y colaborador de Husserl. En 1923 fue nombrado rector de la Universidad de Friburgo, cargo para cuya posesión dio un discurso muy polémico, pues al parecer adhería al nacional socialismo; pocos meses después, sin embargo, renunció a este cargo y continuó su labor de enseñanza. Fue suspendido de su empleo cuando

Martin Heidegger

se produjo la ocupación de Alemania Occidental por parte de los Aliados, y en 1952 reingresó en la universidad siendo desde entonces su actividad universitaria muy intermitente. La primera etapa de su pensamiento está desarrollada en *El ser y el tiempo*, que hasta hoy puede considerarse como su obra más importante. Se detiene allí en una descripción «interpretativa» del hombre, pero sin tratarlo como un ente más, sino subrayando el hecho de que se trata de un ente óntica y ontológicamente preeminente, único, que se interroga acerca del sentido del ser, verdadero objeto de la investigación filosófica. A este ente lo denomina *dasein*, término que se traduce por ser-ahí y que designa el modo de ser propio del hombre que consiste en existir, es decir, estar abierto al mundo. En la primera parte de *El ser y el tiempo*, Heidegger desarrolla una hermenéutica del *dasein* en la dirección de la temporalidad, descubriéndose el tiempo como el horizonte de sentido de la existencia humana. Debido a que la naturaleza propia del *dasein* consiste en existencia, no es aprehendido mediante categorías sino por medio de existenciarios. De esta analítica llega a descubrir el ser-en-el-mundo como estructura fundamental del ser-ahí. No se trata de un sujeto en el mundo, ni de un mundo en el sujeto, sino de una realidad total y continua. Por otro lado, mundo no significa el conjunto de cosas existentes; Heidegger se refiere con esto al concepto de mundanidad, una noción ontológico-existenciaria con la cual señala el carácter de apertura de la existencia. Así llega Heidegger a la diferencia entre el estar-presente y el estar-a-la-mano: el primero, modo de ser de los «objetos»; el segundo, modo de ser de los útiles. En su obra *Sendas perdidas*, Heidegger declara que se trata de seguir ahora un camino «inverso» (*Kehre*) hacia el ser. El ser no es ya lo abierto al *dasein*, sino lo que permite su apertura; la verdad es iluminación por el ser en cuanto presencia. Lo característico de esta última etapa del pensamiento de Heidegger es su rechazo a la exposición sistemática, su interés por lo poético y su esfuerzo por sumergirse en lo oculto de la palabra, pues en el lenguaje como una especie de luz, habita el ser. Sus obras más importantes son: *El ser y el tiempo* (1927); *Kant y el problema de la metafísica* (1929); *¿Qué es metafísica?* (1929); *Esencia del fundamento* (1929), *Holderling y la esencia de la poesía* (1937); *Carta sobre el humanismo* (1949); *Sendas perdidas* (1950); *El origen de la obra de arte* (1935); *La época de la imagen del mundo* (1938); *Qué significa pensar* (1954); *La pregunta por la técnica* (1953); *Nietzsche, 2 vol.* (1936-1940); *Identidad y diferencia* (1957). **V. dasein.**

HEISENBERG, Werner (1901-1976). Físico alemán, uno de los creadores de la mecánica cuántica. Su importancia en filosofía radica en su preocupación por los problemas filosóficos de la física moderna, que se reflejó en sus trabajos. Enunció una nueva teoría mecánica, en 1925, basada en la metodología de la teoría de la relatividad restringida, que parte de la afirmación de que «la física no debe introducir entes que sean, por principio, inobservables». Esta teoría lo llevó a idear el cálculo de las matrices, que desarrollaron sus continuadores, para aplicarlas en la interpretación de fenómenos que era imposible explicar dentro de la teoría de Böhr. En 1927

Werner Heisenberg

formuló la reacción de incertidumbre. Entre 1930 y 1940 trabajó especialmente en problemas de la mecánica cuántica y de la física atómica y, desde 1950, en una teoría acerca de las partículas elementales. Al final de su vida tendió hacia el idealismo objetivo. Entre sus obras se destacan: *Los principios físicos de la teoría de los cuantos* (1930); *Cambios en los fundamentos de las ciencias naturales* (1935); *Física y filosofía: la revolución de la ciencia moderna* (1956); *Más allá de la física* (1974). **V. relación de incertidumbre**.

HELENISMO Nombre dado a la influencia que la cultura griega clásica ejerció sobre pueblos diferentes de él, en especial sobre aquellos que fueron conquistados por los helenos. Junto con el comercio intenso, todo desarrollo cultural que se lograba en la Grecia continental irradiaba a las colonias y, de la misma manera, tanto la religión como la filosofía de la metrópoli se vieron influidas por la religión y los desarrollos de la filosofía que tenían lugar en las colonias, dándose de esta manera una especie de sincretismo muy enriquecedor y una gran universalidad de la cultura griega, que se denomina helenismo. También, sobre los conquistadores posteriores de Grecia, principalmente sobre el Imperio romano, en todos los territorios conquistados por éste (España, las Galias, Egipto, etc.), se extendió la influencia de la cultura griega. En la Edad Media y gracias a la labor de los traductores árabes, con la recuperación de los textos clásicos para el mundo occidental, se generó un neohelenismo en la filosofía, principalmente en la escolástica, que tomó como base de su desarrollo a los antiguos griegos, sobre todo a Platón y Aristóteles. El helenismo no solamente se dio en la filosofía; fue así mismo de gran importancia la forma como otras ramas del quehacer humano asumieron modos de ser, cánones estéticos y principios matemáticos y físicos venidos de Grecia, de manera que se ha llegado a decir que, a pesar de haber sido conquistados los griegos, fueron ellos realmente los conquistadores, constituyéndose de esta forma en los padres de la cultura occidental.

HELVECIO, Claude Adrien (1715-1771). Filósofo francés nacido en París. Estudió con los jesuitas. Se hizo muy famoso gracias a su obra *Del espíritu*, publicada en 1758, que causó gran escándalo y por último fue condenada. Más tarde residió en Inglaterra y en Potsdam. Se basó para el desarrollo de su filosofía en el sensualismo de Locke, del que suprimió la parte idealista con el fin de darle una aplicación de carácter ético y práctico a la política. Estudió, en primer lugar, la relación y el manejo de las sensaciones, a las que les dio una gran importancia como instrumento del desarrollo de la parte potencial humana: la materia tiene existencia objetiva y se conoce por medio de las sensaciones; la memoria (instrumento del conocimiento) es una «sensación prolongada, si bien debilitada»; el pensamiento es sólo la combinación de las sensaciones; el origen de las ideas está en las sensaciones; las sensaciones son afecciones de los sentidos. En segundo lugar estudió el origen de la acción, es decir, la dinámica del comportamiento humano, reflejada en el *interés*, que basó en la sensibilidad y que definió como el impulso que tiene el hombre hacia el placer; este interés tiene que ser educado y regulado para evitar sus desviaciones; para ello es necesario un medio propicio que facilite esta educación del carácter; por esto vio la necesidad, por un lado, de luchar contra los llamados prejuicios religiosos, en especial el egoísmo de la clase sacerdotal y, por el otro, de un cambio en la sociedad para poder tener una combinación armónica, es decir, una coincidencia entre los intereses personales o individuales y los sociales o colectivos, que identificó como su ideal político. Por último, defendió una idea sobre la igualdad de los hombres, en especial la de sus facultades intelectuales: «Todos los hombres son iguales y aspiran a lo mismo», idea que sirvió de base para la posterior realización del socialismo utópico. Dentro de sus obras sobresalen: *Del espíritu; Del hombre, de sus facultades y de su educación; El verdadero sentido del sistema de la naturaleza; El progreso de la razón en la búsqueda de la verdad.*

HEMPEL, Carl Gustav Filósofo alemán nacido en Orianenburg, en 1905. Estudió en Götinga, Heidelberg, Viena y Berlín. Hizo parte del llamado «grupo de Berlín» que fue famoso por desarrollar el empirismo lógico. En 1937 se residenció en Estados Unidos, donde fue profesor en la Universidad de Chicago, en el City College de Nueva York, en el Queens College y en Yale y Princeton. Es muy conocido por sus estudios acerca de la filosofía de la ciencia y de su lenguaje y también por sus estudios de lógica, en especial por la formulación de la llamada «paradoja de Hempel», que él mismo trató de resolver utilizando su propia teoría de la confirmación, afirmando que: «Un enunciado dado confirma o no confirma una hipótesis dada». También trabajó en la definición, desarrollo y construcción de conceptos en ciencia y formuló algunas tesis acerca de la funcionalidad de las leyes de la historia, que fueron muy importantes en el desarrollo de la escuela analítica, en filosofía de la historia; respecto a esto último, sostuvo que «los acontecimientos históricos deben ser explicados mediante leyes generales y, por tanto, deben poder deducirse de leyes generales». Casi toda su obra escrita forma parte de publicaciones en periódicos, revistas especializadas y obras colectivas.

HERÁCLITO (c. 540-470 a. de C.). Filósofo griego, nacido en Éfeso (Asia Menor). Se dice que Heráclito sentía repugnancia por las celebraciones religiosas del pueblo griego y se le atribuía un carácter melancólico, llegando a llamarlo *Heráclito el Oscuro*, también porque manifestaba su pensamiento por medio de símbolos de difícil comprensión. En su filosofía, atribuye el origen del mundo a la discordia, a la contrariedad, y hace de la identidad de los contrarios el principio mismo. A nadie se oculta la influencia tan marcada que sobre los primeros griegos ejerció la tradición egipcia, y este factor no es ajeno a este filósofo que conserva la noción egipcia de la divinidad, reuniendo lo absoluto en ella como la armonía de los contrarios; y aunque renuncia a las ideas del dios creador y de la supervivencia individual, guarda la doctrina según

Heráclito

la cual las almas individuales no son sino parte del alma universal. Expresa: *«Este mundo, que es igual para todos, no ha sido hecho por ningún dios ni por ningún hombre, sino que ha sido siempre, es, y será siempre, un fuego eternamente vivo que se enciende con mesura».* El mundo es un eterno fuego que se transforma, siendo el fuego la sustancia primordial, porque, al ser la menos consistente, es la que más fácilmente se transforma. La realidad es mudable, cambiante, pues *todo fluye,* de ahí su afirmación acerca de que *nadie se puede bañar dos veces en el mismo río,* porque el agua es distinta aunque el río permanece. Lo seco se parece más al fuego que lo húmedo, por tanto, el alma más apta para el conocimiento, la mejor de todas, es el alma seca, es decir, el alma del sabio, mientras que el alma húmeda es inferior y se asemeja al barro. El fuego de Heráclito es un fuego lleno de *logos.* Es más próximo a su pensamiento hablar de *lo sabio,* más que de *el sabio* o de *la sabiduría; lo sabio (sophón)* es uno, es siempre y es *separado de todas las cosas.* Pero todas las cosas son uno y el *noûs* es común a todos; esto que es común a todos, el *noûs,* es lo que debemos seguir. Heráclito distingue entre dos mundos: el del hombre que vela, el vigilante, que sigue lo común y por tanto llega a *lo sabio* o eterna unidad; y el del hombre que duerme, que sueña, que sólo puede llegar a la opinión particular y no al verdadero conocimiento o *sophón*, pues en ese mundo todo es devenir y cambio. El mundo de la opinión oculta al *sophón* y el hombre debe descubrirlo, encontrar la verdad. Aunque todos los hombres por pertenecer al mundo están sujetos al devenir, los que tienen el alma seca tienden al *sophón*, convirtiéndose en filósofos; existe pues en el hombre un dilema, una contradicción entre su ser mortal, perecedero y su ser eterno. Heráclito separa al ser mortal del ser *separado de todo*, inmutable y uno, por lo cual entra en el terreno de la metafísica. Es importante mencionar aquí el concepto de Aristóteles sobre la doctrina de Heráclito; en su *Metafísica,* Aristoteles sostiene que no es posible la afirmación acerca de que el todo deviene o se hace fuego en ciertas circunstancias, y que es igualmente imposible el que una misma cosa pueda ser y no ser, así como que se puedan concebir simultáneamente los contrarios. También Platón absorbió, entre otras, buena parte de la doctrina de Heráclito. **V. Cratilo.**

HERDER, Johann Gottfried (1744-1803). Filósofo, escritor y crítico alemán de la Ilustración nacido en Mohrungen. De 1762 a 1764 estudió en Königsberg, donde fue alumno de Kant y predicador en Bückeburg y superintendente general en Weimar. Criticó varias teorías kantianas, especialmente en dos de sus obras, *Entendimiento y experiencia, razón y lenguaje, una metacrítica de la razón pura* y *Kalligone,* en donde opuso a la crítica kantiana de la razón, una fisiología de las facultades cognoscitivas; de la misma forma criticó la tesis del carácter primario del lenguaje respecto a la razón. Herder fue un gran estudioso de la historia y, en especial, de la filosofía de la historia; en esta materia y basado en extensos estudios que hizo de la historia de varios pueblos, en especial de las culturas antiguas, tanto europeas como orientales, analizó, en primer lugar, el encuentro de esas culturas para explicar la civilización europea de su época y, en segundo lugar,

Johann Gottfried Herder

desarrolló una doctrina acerca del progreso de la historia y del avance de la sociedad hacia el humanismo, basado en sus estudios acerca del progreso de la naturaleza; es decir, definió como fin de esa evolución una sociedad que debe tener como base la justicia y la razón; con certeza se puede decir que Herder se anticipó a Schelling y a Hegel en las doctrinas relacionadas con la falta de coherencia que existe entre los fines subjetivos de las acciones individuales del hombre y su resultado histórico. En cuanto a su doctrina acerca del lenguaje, encontró un proceso de imitación de carácter natural-evolutivo. Por último, formuló unas nuevas categorías a las que dio su origen en la simple «organización de la vida» y que clasificó en cuatro: de las propiedades, del ser, de las fuerzas y de la masa. Fuera de sus obras ya citadas, se destacan entre otras: *Ensayos sobre el origen del lenguaje; Del conocer y del sentir del alma humana; Ideas para una filosofía de las historia de la humanidad; De la inmortalidad del alma; Defensa de la religión cristiana; Cartas para el estímulo y la elevación de la humanidad.*

HERMENÉUTICA Término de origen griego, que significa interpretación o expresión. En filosofía designa el estudio de la estructura y las condiciones en que se da el acto de comprender y, también, como método se emplea para orientar la comprensión o interpretación de una tesis o teoría. En este último sentido (recta interpretación), la teología de los siglos XVII y XVIII la utilizó para designar su teoría de la recta interpretación de los textos de las Sagradas Escrituras. En un sentido más general de la *comprensión*, fue utilizada por Schleiermacher para exponer su teoría sobre la comprensión de la palabra hablada o escrita. Más tarde, Dilthey introduce una hermenéutica de las ciencias del espíritu, de manera que por medio de un acto de simpatía es posible comprender cada contenido particular desde el todo de la vivencia que se objetiva en ese contenido; Rickert incluye una hermenéutica o comprensión en las ciencias culturales. Heidegger dice que la comprensión es la propia manera de ser del hombre, como originaria comprensión de sí mismo y del ser de la existencia humana que se revela especialmente en el lenguaje. Gadamer agrega a esta concepción la perspectiva histórica del comprender, al fusionar la tradición como marco referencial, con cada contenido histórico particular e inmediato; esta fusión da su sentido al suceso, palabra, texto, etc., que sólo se esclarece mediante la tradición o todo y, a su vez, el todo sólo se comprende por medio del objeto concreto, relación de interdependencia o reciprocidad dialogística, que denomina *círculo hermenéutico* (no vicioso); así, el comprender es a la vez histórico y finito. El comprender se alimenta de la manifestación del ser como verdad, hecho que trasciende pero no elimina su condicionamiento histórico. La hermenéutica se aplica cada vez a un mayor número de ramas del saber: hay hermenéuticas jurídica, teológica, de las ciencias matemáticas, filosófica, etc. **V. círculo hermenéutico.**

HERMETISMO Idea filosófica de los primeros siglos de nuestra era, basada en el tema de la nosis. Su objetivo fue la regeneración personal, la obtención de una sabiduría consistente en el descubrimiento del propio yo y de la divinidad. El hermetismo fundó sus enseñanzas en la tradición, según la cual Hermes Trimegisto (nombre que los griegos dieron al dios Thot) fue el revelador de esa doctrina, el mensajero y profeta del logos; así mismo, se fundó en un tratado atribuido a Asclepio, donde se suponía estaba recogida la más antigua tradición humana y que hace remontar la sabiduría al más lejano mundo egipcio. A Hermes se le atribuyó también el invento de la escritura y fue considerado como el padre de las doctrinas secretas de los magos grecorromanos, iniciados en los libros hieráticos que trataban de astronomía, leyes, filosofía y medicina. Una de las tendencias del hermetismo niega que el mundo material, en sí mismo malo, haya sido creado por Dios. Bajo los ptolomeos existió toda una literatura hermética. El hermetismo continuó hasta el Renacimiento y se enlazó con la alquimia.

HÉROE En la mitología griega, el arquetipo de los héroes es Heracles, cuyo nombre significa *gloria de Hera*, hijo de Anfitrión, un humano. Aunque sus leyendas son en extremo complejas, la figura del héroe parece el resultado de una gran síntesis mítica de leyendas locales, tradiciones sacerdotales del santuario de Hera y de muchos elementos prehelénicos. Los llamados *Trabajos de Heracles* tipifican al héroe como alguien que debe salir victorioso de grandes pruebas, que rayan en lo imposible, dado que no son dioses quienes deben realizarlas: son un grado intermedio entre los dioses con todo su poder y los hombres con todas sus limitaciones. En las primeras décadas del siglo XIX, el filósofo e historiador Thomas Carlyle, en su obra *De los héroes, el culto de los héroes y lo heroico en la historia,* afirmó que los hombres de genio son verdaderos textos sagrados y que *la historia del mundo es la biografía de los grandes hombres.* Los grandes hombres son los héroes, causa de la historia. Para él, la democracia es la desesperación de no encontrar grandes héroes que nos dirijan. Vencen quienes merecen la victoria. Por eso, en su obra, los personajes, *heroificados* o ascendidos al nivel de héroes son: entre las divinidades, Odín; entre los profetas, Mahoma; entre los poetas, Dante y

Shakespeare; entre los sacerdotes, Lutero y Knox; entre los literatos, Johnson, Rousseau y Burns; y entre los reyes, Cromwell y Napoleón.

HESÍODO Poeta griego, nacido en Ascra (Beocia). Vivió a finales del siglo VIII y primera mitad del siglo VII a. de C. Afirmó haber sido testigo de la aparición de las musas sobre el Helicón, y haber recibido de ellas el don de la inspiración para cantar las glorias del trabajo, de las comunidades y, sobre todo, de los dioses. De su obra, al parecer muy extensa, se conocen solamente: *Catálogos de las mujeres*, *Aspis*, *Teogonía* y *Los trabajos y los días*, siendo estas últimas las más conocidas. En la *Teogonía*, poema que cuenta 1.022 versos, Hesíodo relata los orígenes de los dioses y del mundo, y es considerada como la síntesis de un trabajo teológico adelantado por círculos sacerdotales durante varios siglos. Allí se plantea que el origen del mundo no es la creación por parte de uno o muchos dioses, sino que la naturaleza se crea por sí misma gracias a una fuerza espontánea (*physis*).

Hesíodo

El poema más característico de Hesíodo es *Los trabajos y los días*, en donde narra el mito de Pandora, según el cual el origen de los males humanos se halla en la caja que Zeus enviara con Pandora para castigar la osadía de Prometeo. Según el poeta, la historia humana habría recorrido un largo camino en el que se sucedieron cinco estirpes de hombres: la raza de oro, la raza de plata, la raza de bronce, la raza de los héroes y, por último, la raza de los mentirosos. Hesíodo pinta así un cuadro apocalíptico donde la única posibilidad de alcanzar una vida serena se centra en la observación de la ley del trabajo impuesta por Zeus. Se ha considerado el trabajo de Hesíodo como una fase en el paso del mito al logos, es decir, de la explicación mítica del universo a la explicación filosófico-racional.

HETEROGÉNEO Se dice de aquello que tiene o está compuesto por diferentes géneros. En la filosofía kantiana se aplicó el concepto de heterogeneidad, opuesto al de homogeneidad, para indicar las diferencias conceptuales, es decir, aquellos conceptos que no tienen un género común y que, por tanto, no pueden llevar a una posibilidad de síntesis o unificación. Nicolai Hartmann habla de la relación heterogénea que, para analizar el fenómeno del conocimiento, se da entre el sujeto y el objeto, en la que el primero no determina de una forma activa al segundo, ni en la que el objeto se impone sobre el sujeto completamente pasivo.

HETEROLÓGICO Se dice que una expresión del lenguaje corriente es heterológica cuando no se refiere a sí misma; por ejemplo: «escrito en inglés» que no está escrita en inglés; o «aguda», que no es una palabra aguda. Se opone a la expresión autológica, la cual se refiere a sí misma. Por ejemplo: «consta de cuatro palabras» que consta de cuatro palabras. En el trabajo de Leonard Nelson y Kurt Grelling titulado *Anotaciones sobre las paradojas de Russell*, se presenta la «paradoja de la heterologicidad». Por un lado, si «heterológico» es heterológico, entonces se refiere a sí mismo, es decir, es autológico. Por otro, si heterológico es autológico, entonces no se refiere a sí mismo, es decir, es heterológico. En otras palabras, «heterológico» es heterológico si y sólo si es autológico, y «autológico» es autológico, si y sólo si es heterológico. **V. paradoja.**

HETERONOMÍA Dícese de aquello que no opera en virtud de sí mismo, sino por la acción positiva de causas o de normas extrañas. En ética se opone a la concepción según la cual la voluntad obedece en moral a normas que se impone a sí misma. **V. autonomía.**

HEURÍSTICA En general se conoce como el arte de inventar. En filosofía se definió desde la antigüedad como el arte de sostener una discusión. Surgió en Grecia como una forma de llegar a conclusiones reales y verdaderas en las polémicas; por este motivo se constituyó en la base de la dialéctica. Pero la heurística tomó otro camino, el de los sofistas, lo que condujo a su utilización como un medio de vencer al contrario en las discusiones, así sus bases fueran falsas, es decir, como una simple estrategia. Por este motivo, la heurística se convirtió en sinónimo de sofística.

HIC ET NUNC Expresión latina que significa *aquí y ahora;* ha sido utilizada por varios filósofos, por ejemplo, para destacar la realidad en el hecho o en el ser. En general, el *hic et nunc*, el aquí y ahora, es una realidad indivisible del ser en el espacio y el tiempo simultáneamente, es su realidad espacio-temporal que lo hace presente y actuante, aunque bajo la limitación de lo finito, pues está determinado por esos mismos espacio y tiempo que le son implícitos. Para Hegel, lo único que puede enunciar lo sensible de un objeto es decir que es, pero ese *aquí y ahora* deben ser universalizados para que la descripción tenga validez. En Husserl, el ser real es *hic et nunc*, aquí y ahora, y por tanto está sujeto al tiempo, frente al ser ideal que es intemporal; entonces, estos objetos ideales son *especies* o esencias por no tener el principio de individuación que es el aquí y ahora; y las especies son intemporales y tienen meramente validez, pues no se hallan en ningún lugar.

HILBERT, David (1862- 1943). Lógico matemático alemán, nacido en Königsberg. Fue profesor en la universidad de su ciudad y, más tarde, en la de Gottinga. Es considerado el más importante representante de la tendencia formalista o axiomática en la filosofía de la matemática. Este método ocupó un lugar central en el proceso de avance de las matemáticas hacia un rigor estricto y fue de gran influencia en la formación del neopositivismo. Parte de la base de que sólo hay un criterio para aceptar o rechazar axiomas: la *compatibilidad recíproca*, lo que equivale a decir que cualquier sistema de axiomas será matemáticamente aceptable si no resulta contradictorio. Para resolver el problema de determinar la naturaleza contradictoria o no de un sistema, idea una nueva disciplina que llama *metamatemática*, la cual tiene por objeto no los entes matemáticos, sino los discursos matemáticos mismos, las argumentaciones de la ciencia matemática. Trabajó también en la fundamentación de la geometría euclidiana y es muy importante su *teoría metamatemática con la prueba de consistencia*, también llamada *teoría de la prueba*. En el campo de la sintaxis, Hilbert opera sobre fórmulas que son tomadas como puros signos carentes de significación. Sus principales obras son: *Sobre los fundamentos de la lógica y la aritmética* (1904); *Fundamentos de la geometría* (1930); *Elementos de lógica teórica* (en colaboración con Ackermann).

HILEMORFISMO Teoría según la cual los cuerpos naturales están compuestos por materia (*hyle*) y forma (*morphé*). Inicialmente, fue elaborada por Aristóteles y tuvo un posterior desarrollo en la filosofía escolástica. Este filósofo parte de la observación de fenómenos naturales, como la evaporación del agua, para demostrar que las transformaciones dan como resultado algo totalmente diferente (el agua se transforma en aire); este proceso fue llamado generación y el inverso, corrupción. En el momento de haber una transformación en este sentido, tendría que haber «algo» en común entre la sustancia inicial y la transformada, a lo que llamó «materia prima» (materia), es decir, aquello que no puede disolverse durante el proceso transformativo. De igual forma, esa transformación da como resultado una sustancia diferente, entonces tendría que haber «algo» que las distinga, a lo que llamó «forma sustancial» (forma). En la Edad Media se desarrolló el hilemorfismo dentro de la filosofía de la naturaleza y se constituyó como tema de gran importancia dentro del pensamiento de santo Tomás, Alberto Magno y Duns Escoto.

HILESISTEMISMO Teoría propuesta por Albert Mitterer, con el fin de ajustar la teoría del hilemorfismo. Sostiene que los cuerpos están formados por sustancias intrínsecas, de carácter sustancial que tienen la capacidad de formar unidades materiales diferentes de sus partes que la componen (constitución hilemérica). La unión de esas partes dan como resultado un sistema real-funcional, es decir, una «unidad» que se realiza por sí misma. Sostiene, además, que todo cuerpo tiene dos rasgos: uno genérico, que es constante y otro específico, que cambia. **V. hilemorfismo.**

HILÉTICO (del griega *hyle*= materia). Husserl, en su *Fenomenología*, denomina *datos hiléticos* o datos materiales, a aquellos que excluyen las vivencias intencionales, pero que están relacionados indivisiblemente con ellas, puesto que proveen la materia prima para la formación de objetos intencionales; la diferencia entre lo hilético y lo noético es que lo primero es una especie de material informe, mientras lo segundo es como una forma inmaterial. Es la capa material de la corriente del ser fenomenológico, tan real como el momento noético. **V. fenomenología, Husserl.**

HILOZOÍSMO Doctrina que sostiene la tesis de que la materia está animada y que la vida y todas sus manifestaciones, incluyendo la sensibilidad, son inherentes a todas las cosas de la naturaleza. Aunque algunos filósofos de la antigüedad trataron este tema, fue sólo a partir del siglo XVII cuando se comenzó a utilizar el término. Es muy común confundir el hilozoísmo con el pansiquismo (o pampsiquismo), debido a que algunos pensadores no aceptan la noción de alma o siquis como algo independiente del aspecto puramente biológico, es decir, la diferencia radica en que el pansiquismo relaciona la materia con el ser síquico (que algunos consideran como alma), mientras que el hilozoísmo relaciona la materia con el organismo puramente biológico; por este motivo es fácil que se pueda presentar confusión en el momento de identificar, en realidad, cuáles son hilozoístas y cuáles pansiquistas. Se consideran hilozoístas, entre otros, Tales de Mileto, Anaxágoras, Bruno, Robinet y Haeckel. **V. pansiquismo.**

HINTIKKA, Jaakko (1929). Filósofo finlandés; se ha destacado por sus trabajos en el área de la lógica y la filosofía de las matemáticas. Ha contribuido al desarrollo contemporáneo de la «lógica de la creencia». Para Hintikka, la lógica no es sólo una reglamentación del lenguaje corriente, ni tampoco es la expresión de un supuesto lenguaje ideal; la lógica puede servir como modelo explicativo. Ha escrito numerosos artículos especializados, así como varios libros, entre los cuales se encuentran: *Saber y creer. Una introducción a la lógica de las dos nociones* (1962); *Lógica, juegos del lenguaje e información; Temas kantianos de filosofía de la lógica* (1973); *La lógica de la epistemología y epistemología de la lógica* (1989).

HIPNOSIS (del griego *hypnos* = soñoliento). En la mitología griega Hipnos personificaba el sueño. Sueño o estado producido por el hipnotismo, entendiéndose este último como aquel procedimiento que se emplea para producir el sueño llamado magnético o sueño por fascinación, mediante el influjo personal o por medio de aparatos especiales.

Cabeza de Hipnos (Museo Británico)

HIPÓSTASIS Vocablo con que se designa, en general, a una sustancia individual de forma concreta, aunque se puede referir a una atribución de existencia que se da, de forma independiente, a conceptos abstractos, o a aquello que siendo sólo una propiedad o atributo, se le asigna el rango de objeto como algo independiente a la sustancia a que se refiere. Plotino empleó el término para referirse a las tres sustancias que llamó «inteligibles»: lo *uno*, es decir, Dios; la *inteligencia* y el *alma del mundo;* a cada una de estas hipóstasis les atribuyó el poder de engendrar hipóstasis inferiores o subhipóstasis. En este concepto se basaron algunos neoplatónicos, para crear un gran número de ellas.

HIPÓTESIS Supuesto inicialmente aceptado que, sin haber sido demostrado aún, se utiliza para explicar hechos observados, sean o no ciertos o posibles. También se puede definir como una suposición que permite establecer relaciones entre hechos, que de otra manera resultarían inconexos. La necesidad de emplear una hipótesis se basa en la dificultad de llegar a una demostración en el momento, así se conozcan circunstancias que indiquen que tal hipótesis puede llegar a ser cierta y demostrable. De todas maneras, la formulación de una hipótesis es el primer paso empleado en un proceso demostrativo, debido a la posibilidad de su comprobación. Mediante la verificación de las hipótesis, ya sea de forma directa o indirecta, se puede llegar a la certeza; así mismo, al reunir varias hipótesis en un contexto general, y que luego del análisis resulten comprobadas, se puede llegar a la formulación de una teoría. En general, se han aceptado algunas reglas fundamentales para la formulación de hipótesis que podríamos resumir en las siguientes: tener una alta probabilidad de que pueda llegar a ser cierta y demostrable; ser compatible con los fenómenos o hechos que la involucran; y por último, reducir al menor número posible las hipótesis y enlazarlas en forma consistente, cuando se trate de hacer una demostración que involucre hechos relacionados entre sí estrechamente, con el fin de darle una mayor coherencia. Existen hipótesis generales que permiten explicar una serie de hechos, por ejemplo la de Newton acerca del éter: «Supongo que existe una sustancia etérea difundida por todas partes, capaz de contraerse o dilatarse»; existen también hipótesis particulares que conducen a la explicación de un determinado hecho, como aquellas que llevaron al descubrimiento de los planetas Neptuno y Plutón. Además de las anteriores, se emplean, en ocasiones, las llamadas hipótesis de trabajo, utilizadas en forma provisional como ayudas dentro del proceso de demostración. A pesar de que las hipótesis han sido utilizadas en gran número y que han contribuido al progreso de la humanidad, la ciencia tiene por ideal prescindir de ellas.

HIPOTÉTICO Perteneciente a la hipótesis o que se funda en ella. En lógica se emplea para indicar el juicio o la proposición cuya verdad se enuncia sujeta a una condición; por ejemplo: S es P, si Q es R. Existen proposiciones formalmente hipotéticas y virtualmente hipotéticas; las primeras se refieren a aquellas proposiciones compuestas en las que se nota la presencia de dos proposiciones y las segundas a aquellas que aparentemente aparecen simples, pero que en realidad son compuestas.
V. hipótesis.

HIPPIAS o HIPPIAS DE ELIS. Sofista griego que vivió en Atenas a mediados del siglo V a.de C. Allí dictó clases sobre los temas más diversos. Fue muy conocido por su conocimiento sobre casi todo y se declaraba capaz de sostener cualquier discusión y de defender cualquier tesis, de la misma forma como defendía la tesis contraria. Platón escribió de él en sus *Diálogos* (*Hippias menor* e *Hippias mayor*). Afirmaba que su enseñanza no estaba encaminada a trasmitir conocimientos, sino a preparar para la discusión. Diferenció entre «lo bueno por naturaleza», que consideraba realmente válido, pues siempre se cumple, y «lo bueno conforme con la ley», que puede ser o no bueno para la naturaleza, de tal forma que si no lo es, la deforma y por tanto se opone a la divinidad, que es la creadora de la naturaleza. Hippias fue uno de los primeros en intentar un análisis del lenguaje; como matemático inventó la cuadratriz, con cuya curva resolvió el problema de la trisección del ángulo. Sus obras principales las dedicó al estudio del estilo gramatical.

HISTORIA Investigación, análisis, descripción y narración ordenada, geográfica y cronológicamente de los hechos humanos que han sido trascendentes en la formación de las naciones, y de los conceptos universales relativos a la política y, en general, a toda la sociedad. Se plantea que el conocimiento de la historia es fundamental para la previsión del futuro de la humanidad, puesto que el conocimiento de los hechos pasados, sus causas y consecuencias, permite prever errores con base en la experiencia. Sin embargo, este vocablo ha sido usado en diversos contextos: Aristóteles lo utilizó en su obra *Historia animalium,* en el sentido de *información adquirida mediante investigación o búsqueda;* Bacon, en el sentido de conocimiento de objetos determinados en el espacio y el tiempo, no de las *esencias* o naturalezas, en donde se origina su división de la historia en *historia de la naturaleza,*

La Historia, por Marinas. (Detalle del monumento a Daoiz y Velarde en Segovia)

historia del hombre e historia sagrada. En la actualidad se denomina *historiografía* a las disciplinas históricas o ciencia histórica, diferentes de la historia propiamente dicha o realidad histórica. La filosofía de la historia hace una conjunción de las dos anteriores, pues toma conceptos de ellas para realizar su reflexión filosófica, que comprende las especulaciones, los análisis e investigaciones. Muchos filósofos han dedicado buena parte de su trabajo a la filosofía de la historia, dando origen a la tendencia denominada *historicismo*. **V. historia (filosofía de la), historicismo**.

HISTORIA (filosofía de la) Llamada también metahistoria. Es aquella parte de la filosofía cuyo fin consiste en comprender la historia desde los últimos fundamentos del ser y del conocer, apoyada principalmente en la historia como ciencia, en la antropología filosófica y, en especial, en la metafísica. Se podría hacer una clasificación de ella, dividiéndola en *lógica de la historia,* que investiga los fundamentos, supuestos y métodos de la historia como ciencia, y la *metafísica de la historia,* que trata de indagar la causa y la esencia de la historia y, sobre todo, de darle un sentido global. Los antiguos griegos ahondaron en algunos temas como las llamadas teorías de la decadencia o las del curso cíclico. San Agustín la enmarcó dentro del sentido teológico, enunciada en su obra *La ciudad de Dios.* Los pensadores de la Ilustración, como Herder (fundador del pensamiento filosófico-histórico alemán), Condorcet, Montesquieu y Voltaire (de quien procede la denominación «filosofía de la historia»), combatieron la teologización de la historia e introdujeron ideas como la de la causalidad, la de la influencia del medio social y geográfico sobre el hombre y vieron el proceso histórico como una unidad. Los idealistas concibieron la historia como la realización de una idea divina y los naturalistas (por ejemplo, en el positivismo de Comte), como un efecto necesario de las leyes naturales. Hegel la concibió como «un proceso único, sujeto a la ley, internamente necesario, del autodesarrollo del espíritu, de la idea» o «curso deveniente del espíritu objetivo». Para el marxismo, la historia tiene sentido cuando se ajusta al desarrollo de las fuerzas productivas del hombre que lo impulsan a una sociedad sin clases.

HISTORICIDAD Vocablo utilizado para indicar la razón que eleva un suceso a historia y constituye ésta en cuanto tal. Es importante subrayar que el concepto difiere del de historia, pues la historicidad se refiere a aquello que le da fundamento al cambio histórico e involucra al ser (como ser histórico); por tanto, la historicidad se constituye en un paso previo a la historia como tal. Pensadores, a quienes se llamó historicistas, como Dilthey (en general los de la escuela de Baden), Mannheim y Troeltsch ahondaron en este tema y consideraron que sólo en este proceso se revelan las posibilidades ocultas de la naturaleza humana. Pero Heidegger se conoce más por sus conceptos en este aspecto; plantea el problema de la historicidad en un sentido ontológico-existenciario, considera a la historia como un resultado de ésta y enmarca el concepto de historicidad dentro de «la posibilidad de construir la historia»; en otras palabras, el ser-ahí no es temporal por estar en la historia, sino que existe históricamente por ser temporal.

HISTORICISMO Tendencia, dentro de la explicación de los hechos, a atribuir el primer lugar a la historia. El término se refiere al conocimiento de los fenómenos históricos y a sus nexos con las condiciones que los determinan. Muchos filósofos han sido historicistas en lo que se refiere a su análisis del ser y de su trascendencia como tal; el principal de ellos dentro de la filosofía de nuestro tiempo es Dilthey, quien escribió también varias obras de carácter histórico y numerosos análisis de la filosofía de la historia. Este filósofo describe al hombre como un ser cuya lucha primordial se desarrolla en el campo de la historia con el propósito primordial de que el mundo sea dominado por el espíritu. El conocimiento del hombre se basa en el conocimiento de sí mismo, ya que nuestras propias vivencias son susceptibles de ser universalizadas. Este conocimiento debe hacerse mediante un estricto método analítico, no metafísico ni apriorístico, que sólo puede lograr la sicología: la estructura del hombre interior revela y explica los cambios históricos y la conexión existente entre los fenómenos diversos de la historia. También la filosofía está determinada en su evolución por los cambios externos a ella misma, por el contexto histórico que permite fijar posiciones y utilizar elementos que se dan a partir de las interpretaciones propias de cada una de las formas que adopta cada civilización; lo único que proporciona al pensamiento especulativo unidad es la voluntad de definir claramente la posición del hombre en el universo para poder establecer su propia supremacía. A partir de esta tesis desarrollada por Dilthey se despertó un creciente interés por el análisis de los problemas que presenta el método de la historia y el significado de la misma, del cual formaron parte importantes filósofos e historiadores tales como Weber, Meinecke y Spengler.

HOBBES, Thomas (1588-1679). Pensador inglés, nacido en Westport. Estudió en Oxford y fue preceptor del hijo de Lord Cavendish en sus viajes por Francia e Italia. En este último país conoció a Galileo y en el primero conoció a Descartes; también fue secretario de Bacon. De estas relaciones se deduce su preocupación por el método de las ciencias matemáticas y físicas y su aplicación al hombre del método naturalista de la física moderna. Su tema fundamental es

Thomas Hobbes

el hombre como ser individual y como ser social, tema que lo hace penetrar en ciencias y disciplinas como la sociología, la antropología, la ciencia del Estado y la política. Acerca del conocimiento, Hobbes es empirista y nominalista: funda el conocimiento en la experiencia, por lo que le asigna al conocimiento la tarea de preparar al hombre para la práctica; los universales para él son simplemente nombres, pues no existen ni en la mente ni fuera de ella, siendo únicamente representaciones individuales. Al ser los universales signos de las cosas, es posible realizar con ellos operaciones simbólicas por medio del pensamiento, y hace de éste un cálculo estrechamente ligado al lenguaje. Los fenómenos se explican por medio del movimiento, de un modo mecánico, de modo que los procesos mentales se fundan en lo corporal y material, por lo cual niega la existencia de un alma inmaterial. La voluntad no es libre, pues todo acontecer está determinado naturalmente. El punto de partida de su teoría del Estado es la igualdad entre todos los hombres. No lograr lo que todos se proponen por igual engendra la agresividad y la desconfianza, situación descrita en su frase tan conocida *el hombre es lobo para el hombre*, pues la lucha de todos contra todos es una situación natural. Con el fin de subsistir, el hombre remplaza el estado natural por el *Estado civil* por un convenio en que el hombre individual traspasa todos sus derechos al Estado, el cual, por causa de esta cesión voluntaria es un Estado absoluto, un *Leviatán* (nombre bíblico de la ballena que devoró a Jonás), monstruo que no actúa bajo principio moral alguno y devora a los individuos. Aunque no niega expresamente a Dios, sus ideas tienen un sentido ateo. Las reacciones contra su doctrina no se hicieron esperar; de ellas la más importante es la de Locke, quien sustenta los principios de la segunda Revolución inglesa de 1688, o parlamentarismo. Sus principales obras, escritas en latín y en inglés, son: *De corpore, De homine, De cive; Leviathan ; Objectiones ad Cartesii mreditationes.*

HOLBACH, Paul Henri D. (1725-1789). Filósofo y escritor francés de origen alemán, nacido en Heidesheim. Estudió en París y en Leyden. Su título de barón y su sólida estabilidad económica, le permitieron dedicarse por completo al estudio de la filosofía y a su actividad como escritor. Tuvo gran importancia en la época de la Ilustración por ser uno de los principales colaboradores en la elaboración de la *Enciclopedia* (obra editada por Diderot y D'Alambert), junto con Voltaire, Montesquieu, Rousseau, Turgot y muchos otros. Fue un gran crítico de la religión y del idealismo; respecto a la primera, atribuyó su origen a la ignorancia y al miedo, y su aplicación a la manipulación y falacia de quienes la dirigían, por este motivo luchó duramente contra las creencias cristianas y, en especial, contra el clero; respecto al idealismo, condenó, en especial, el pensamiento filosófico de Berkeley; para él, esta corriente contradecía el sentido común. Holbach fue, en definitiva, defensor de la naturaleza, la razón y la ciencia y enemigo radical de los prejuicios de toda índole. Su idea de la materia y de la mecánica del universo fue newtoniana; el movimiento, también originado en la materia, consiste en el simple desplazamiento en el espacio; y el hombre, que también es materia y no tiene causa extramaterial alguna, debe subordinarse únicamente a las leyes de la naturaleza y no al temor que generalmente se le tiene a dioses, reyes, sacerdotes y tiranos. Sus principales obras fueron, entre otras: *El sistema de la naturaleza o las leyes del mundo físico y del mundo moral,* su obra capital, publicada en 1770 con el seudónimo de Jean Baptiste Mirabaud (fue condenada por el Parlamento de París); *El cristianismo al desnudo; Teología de bolsillo* (en las que criticó la religión); *La moral universal; El sentido común.*

HÖLDERLIN, Friedrich (1770-1843). Poeta, primera y sobresaliente figura del romanticismo alemán que fue olvidada durante mucho tiempo y rescatada por los filósofos de la Alemania moderna, quienes tomaron su poesía como ejemplo del pensamiento y de la expresión humanos. Algunos filósofos, pero sobre todo los escritores, critican el hecho de que se haya to-

Friedrich Hölderlin

mado su poesía como si fuera un *oráculo metafísico* olvidando la función que tienen sus palabras dentro del poema, además de sostener que este poeta sufre de una gran *inocencia filosófica*. La controversia que ha despertado el haber considerado su poesía como un aporte a la filosofía, ha hecho que su figura se destaque y sea estudiada con mayor interés y cuidado. Hölderlin abandona el apoyo de la realidad común y utiliza la palabra sin que ésta se relacione con la conciencia, al presentar imágenes que no despiertan las impresiones naturales, sino que, o nos conducen a la más extrema exaltación lírica, o por el contrario nos dejan distantes, fríos, a su paso: es lo que pudiera denominarse como un *pathos* entusiasta, pero trágico. Sus frases son invocaciones que no esperan una respuesta y quedan flotando en una atmósfera espiritual. La poesía de Hölderlin propone la evasión de este mundo hacia el mundo de lo excelso, de lo puro, hacia un mundo ideal dorado y edénico. Se basó en la connotación griega acerca de lo *bárbaro* para aplicársela al mundo del cual desea evadirse con toda su carga emocional y su sentimiento. Quienes no aceptan la intención filosófica de su obra, parecen razonables al negar la existencia de un pensamiento filosófico conceptual o un sistema de ideas en la obra poética de Hölderlin; si de esto puede haber algún rastro, quizá se debe al ambiente filosófico y teológico que lo rodeó (fue compañero de cuarto de Hegel en el seminario de Tubinga) y a que, como él mismo sostenía, *se refugiaba en Kant cuando no podía soportarse a sí mismo*. En su obra sí se encuentra, en algunos extensos poemas, la intención simbólico-religiosa. Por otra parte, manifestaba una profunda devoción por el helenismo, en el cual, desde el punto de vista de la técnica poética, basa su nuevo esquema; considera a las islas griegas como la patria ideal del poeta y tiende hacia un patriotismo de purísimos ideales helénicos. Intenta también relacionar elementos de la religiosidad órfica de Grecia con elementos del cristianismo. Para Hölderlin, el poeta es una especie de mensajero divino, que recibe los dones de lo alto y los entrega, velados, al pueblo. Tal es su misión. En este sentido se puede asimilar la definición de poeta con la que de filósofo hicieran varios autores: el que conoce la verdad y la trasmite a los que no son aptos para conocerla directamente. En un fragmento, elaborado por él, de una tragedia sobre el filósofo presocrático Empédocles, su personaje es la encarnación de la fuga poética hacia un mundo superior al terrenal. En 1802, el poeta fue atacado por la demencia; según sus propias palabras, *la plenitud del espíritu se le tornó locura* y, en tal estado, sobrevivió hasta 1843 cuando falleció. Sus poemas más conocidos son: *Heidelberg; El adolescente a los cuerdos aconsejadores; Desciende, hermoso sol; Ánimo del poeta; El cantor ciego; Cántico alemán*.

HOLISMO (del griego *holos* = todo). Doctrina según la cual el todo, en tanto totalidad (en particular el ser vivo), tiene propiedades de las que carecen sus partes constitutivas. El vocablo fue introducido por el filósofo y militar sudafricano Jan Christian Smuts, en su obra *Holismo y evolución*, publicada en 1926, para desarrollar su doctrina idealista de la «totalidad». Según él, consiste en formar una totalidad de diversos factores o elementos, de tal manera que se constituyan en una unidad completamente diferente a ellos; en otras palabras, es la irreductibilidad del todo a la suma de las partes. Así mismo identificó un proceso, al que llamó «holista», que consideró como un proceso de la evolución (o síntesis) creadora; este proceso parte de una síntesis material de los cuerpos y se va desarrollando hasta llegar a unos valores generales, que llama «ideales holísticos». El biólogo Kurt Goldstein, en su obra *El organismo. Una aproximación holística de la biología*, publicada en 1934, se refirió a lo que llamó «relación holística en los comportamientos»; es una relación biológica estable del organismo, en donde ninguna de sus partes riñe con el todo y donde el estímulo de cualquiera de ellas repercute en todo el organismo y, por tanto, debe producir cambios en él.

HOMBRE En general, hombre es el nombre genérico que se da al individuo de la especie humana que, en la escala zoológica, pertenece a la clase de los mamíferos y conforma la cúspide de la organización animal, caracterizada por la amplitud y el volumen del encéfalo y el desarrollo de sus facultades síquicas. La primera preocupación de la filosofía griega fue explicar el mundo. Posteriormente, los sofistas introdujeron la preocupación por el hombre, ese hombre que se pregunta quién es él. Pero, en todo caso, la filosofía griega generalmente entendió al hombre como un *ser racional*, esto es, como un animal dotado de razón o logos. El hombre es la *cosa* que puede decir qué son las demás cosas. Esta concepción ha recibido el nombre de *cosidad*. Es importante resaltar el hecho de que en la filosofía griega jamás se habla del hombre como ser *creado;* más bien, se habla del hombre como ser *formado*. Para Protágoras, el hombre es *la medida de todas las cosas: de las que son, en tanto que son, y de las que no son, en tanto que no son*. Es quizás este concepto el inicio de la creencia acerca de que el hombre es el centro del universo (antropocentrismo), la cual tuvo absoluta vigencia durante casi toda la historia, tesis que a partir del estudio científico –y por tanto objetivo– de la naturaleza ha ido perdiendo fuerza hasta nuestros días en que el hombre es considerado como una parte de ella y, como tal, en interrelación y subordinación mutua con el entorno natural. La visión de Protágoras recibe la aclaración aristotélica acerca de que es necesario saber antes si se refiere al hombre como sujeto de *ciencia* o como sujeto de *sensación*. Sócrates siente principalmente la preocupación del hombre y lo considera desde el punto de vista de la interioridad, afán que se traduce en su conocida frase *«conócete a ti mismo»*. El hombre ha nacido propiamente para la virtud que es *ciencia*, por la cual el hombre toma posesión de sí mismo y es dueño de sí por el saber. Para Platón, en su obra *Fedro*, el origen del hombre es mítico: se debe a la caída de un alma celeste que ya ha contemplado las ideas, pero no las recuerda. El hombre, pues, parte de las cosas para que le provoquen el recuerdo o reminiscencia (anámnesis) de las ideas en otro tiempo contempladas. Lo que define al hombre es su participación en la verdad, tesis que lo lleva a afirmar la inmortalidad del alma, pues al conocer la verdad ha de tener cierta adecuación con ella. El mundo total es un doble mundo conformado por el mundo sensible y el mundo inteligible, que queda unificado, integrado por el paso del hombre. El hombre es un viviente y es racional. El ser del hombre es la idea del hombre. Platón ve al hombre como ciudadano o miembro de la polis, y reconoce en ésta tres clases sociales: el pueblo, los vigilantes y los filósofos; hay una correlación estrecha entre estas clases y las facultades del alma humana, y a cada uno de estos grupos pertenece de modo eminente una de las siguientes virtudes: templanza, fortaleza y sabiduría, respectivamente. También establece la subordinación del individuo al interés de la comunidad. En algunas de las explicaciones de carácter religioso (judaísmo, cristianismo y mahometanismo) acerca de la existencia del hombre, éste ha sido creado, carácter que remplaza la cosidad por la nihilidad. La realidad de los seres creados no es propia: tanto el hombre como el mundo son criaturas que se diferencian en cuanto una (el mundo) ha sido creada para el servicio de la otra (el hombre) que, a su vez, ha sido creada *a imagen y semejanza de Dios*, situación que lleva, nuevamente, a la idea del hombre como centro del universo (antropocentrismo). Pascal, en su obra *Pensamientos*, considera la naturaleza del hombre desde dos diferentes aspectos: según su fin, que es noble y elevado, y según lo que él denomina *muchedumbre*, que equivale a la generalidad animal, por la que es *vil y abyecto*. La filosofía ha juzgado al hombre de muy diversas maneras; además de las ya citadas dentro de la filosofía griega, en la Edad Media primó la idea implantada por el cristianismo, a la cual también ya nos hemos referido. Durante el Renacimiento, al aparecer una nueva imagen del mundo y de la sociedad, aparece el hombre considerado como hombre dentro de varias tendencias y matices que van desde la intramundanidad hasta la trasmundanidad; de todas maneras, al descubrir el hombre renacentista la certeza del heliocentrismo, el hombre queda *sumergido en lo infinito*, pero partícipe de lo finito. Posteriormente, en la época moderna, se rescata la idea del hombre como ser cultural e histórico, y también, dentro de este concepto, existe una gran cantidad de direcciones y matices: panteísmo, materialismo, idealismo, individualismo, por ejemplo. Comte desarrolló toda una *religión de la humanidad* y, en general, se dio relevancia al hombre como *fundamento último del conocimiento;* para Descartes, el hombre es porque piensa (*cogito*); en Spinoza, el hombre es un *modo* de la sustancia única, que es Dios, que se manifiesta en la extensión y el pensamiento, cuerpo y alma; el alma es la idea del cuerpo, que conservan una exacta correspondencia, un estricto paralelismo; el ser del hombre consiste en no ser libre y en saberlo, y en vivir en la naturaleza, en Dios: esta es la única libertad posible. Hume refiere el conocimiento a la *naturaleza humana* y toda filosofía depende para él de la *ciencia del hombre*. La aparición de la antropología como ciencia del hombre, y en especial de la antropología filosófica, ha permitido la profundización en su conocimiento y develación de problemas antes sin solución posible por medios diferentes de los que otorgaba la metafísica. Citaremos aquí a los más importantes autores que se han ocupado de este tema, algunos de los cuales han sido desarrollados en esta obra: Scheller, Hartmann (la esencia del hombre consiste en el espíritu); Cassirer y Spranger (el hombre como animal simbólico); Dilthey y algunos de sus discípulos (historicidad del hombre); Durkheim, Mannheim y Lévy-Bruhl (papel fundamental de lo social en el hombre); Ortega y Gasset (el hombre sin naturaleza propia, que se va haciendo constantemente); Sartre, Jaspers y Unamuno (existencialismo); Freud, Spengler, Klages, Lessing (caracteres sicobiológicos, volitivos y vitales del hombre); Marx y el marxismo (el hombre que pasa de la enajenación a la libertad); Zubiri (hombre como inteligencia sintiente, animal de realidades); Ryle (hombre como sistema de comportamiento); Dewey (hombre poseedor de razón en cuanto razón instrumental). **V. antropología**.

HOMEOMERÍAS Nombre dado por Anaxágoras a las partículas pequeñísimas y homogéneas que constituyen todas las cosas; las cosas se forman por unión y separación de las homeomerías, y son diferentes porque las homeomerías se agrupan de distintas formas, es decir, la forma (*eîdos*) depende de la posición que ocupan las homeomerías. **V. Anaxágoras**.

HOMO FABER Expresión empleada para designar al hombre considerado como el artesano que construye su propio mundo y como el obrero de sí mismo.

HOMO MENSURA Expresión empleada en forma abreviada («el hombre es la medida») para indicar el llamado *principio de Protágoras* que dice: «El hombre es la medida de toda las cosas, de las que son en tanto que son y de las que no son en tanto que no son.» Este principio fue citado por varios pensadores, entre ellos Platón, Aristóteles, Sexto Empírico y Diógenes Laercio.

HOMOGENEIDAD Se dice de aquello que tiene la característica de ser homogéneo, o sea, de lo que tiene o está compuesto por un mismo género. En la filosofía kantiana, el concepto de homogeneidad se aplicó opuesto al de heterogeneidad, para definir un principio en el cual los conceptos deben tener entre sí algo en común y, así, llegar a la posibilidad de encontrar una síntesis o unificación.

HOMÓLOGO En geometría, se dice de los elementos que, en figuras semejantes, se corresponden entre ellos. En biología se dice de los órganos que se corresponden desde el punto de vista de su ubicación dentro de la totalidad de los organismos.

HOMONIMIA Vocablo introducido por Aristóteles en su obra *Refutación de los sofismas*, que consiste en darles igual significado a palabras homónimas (igual forma pero diferente significado) o que su utilización se hace en forma ambigua. Utilizar la homonimia es un error en la lógica, ya que va en contra de la ley de identidad y es considerada como una de las causas de los sofismas lingüísticos.

HOMÓNIMO Vocablo utilizado en lingüística para señalar aquellas palabras que tienen la misma forma pero diferente significado. En lógica está en el origen del concepto «equívoco» y su mala utilización lleva a caer en la homonimia. **V. homonimia**.

HONOR Sentimiento que se refiere a la dignidad moral de una persona o de una institución. También se emplea este término para designar el reconocimiento que la sociedad o algunos individuos de la misma hacen a los méritos de una persona. Entre los antiguos, el honor era considerado como uno de los bienes fundamentales de la vida social. En la *Ética a Nicómaco*, Aristóteles denominó magnanimidad a la virtud que existe en relación con el honor, siendo su exceso la ambición y su defecto la estrechez del alma. En el mundo moderno, el concepto de respetabilidad ha venido a remplazar el de honor. **V. honra**.

HONRA Sentimiento y convicción de la propia dignidad, que se traduce en actos consecuentes con tal actitud y que, por tanto, determinan las acciones de quienes la poseen. Es un sinónimo de virtud en cuanto se traduce en hechos virtuosos u honrosos. La transgresión a la dignidad u honra se considera como la más grande ofensa a la integridad del hombre y su defensa es uno de los derechos humanos fundamentales, defendido por casi todas las legislaciones.

HORIZONTE Término que Kant aplica en su *Lógica* para designar *la adecuación de la magnitud de todo el conocimiento con las capacidades y los fines del sujeto*. Esta magnitud del conocimiento puede ser extensiva (amplitud) o intensiva (perfección). El horizonte se puede determinar lógica, estética y prácticamente. En el primer caso, se determina por la relación entre la capacidad cognoscitiva y los intereses del entendimiento; en el segundo, por la relación entre el gusto y los intereses del sentimiento; y, en la tercera, por la relación entre la utilidad y los intereses de la voluntad. La determinación lógica o teórica del horizonte puede ser objetivo (histórico o racional) y subjetivo (general y absoluto, o especial y condicionado: *horizonte privado*). Para Kant, el horizonte *absoluto* es la «congruencia de los límites del conocimiento humano con los límites de toda perfección humana»; pero, en general, el horizonte se refiere a todo aquello que el hombre puede, necesita y debe saber. Para Husserl, el concepto de horizonte se refiere al trasfondo del *yo y mi mundo alrededor*, al cual se incorporan los datos, copresencias, valoraciones, etc., constituyendo así *franjas marginales*, incluyendo en *mi mundo* el campo de la percepción. Así, *toda vivencia tiene un* horizonte, *el cual cambia en el curso de su complejo de conciencia y en el curso de sus propias fases de flujo*. Los horizontes, entonces, son como posibilidades predelineadas. También admite la posibilidad de que lo no conocido tenga un horizonte, y llega a definir el mundo como *horizonte de todos los posibles sustratos de juicio*. Husserl, por otra parte, hace uso de la noción de horizonte como equivalente a *límites últimos* y, más específicamente, como *unidad extática* de la temporalidad (el tiempo como horizonte posible de cualquier comprensión del ser). Hay tres esquemas horizontales: el de *advenir*, el del *sido*, y el del *presente*. Ortega y Gasset se refiere al *hori-*

zonte vital y al *horizonte histórico*. El hombre define el horizonte dentro del cual le toca vivir mediante la interpretación de sí mismo en relación con sus circunstancias y lo que quiere ser; este es el horizonte vital, muy relacionado con el horizonte histórico, que es el marco de la formación de los pueblos. Para Jaspers, *vivimos y pensamos siempre dentro de un horizonte*, aunque hay algo que abarca todo horizonte, algo que lo comprende *y que no es ya visible como horizonte*. Para Sartre, el horizonte es una perspectiva. En casi todos los casos, el concepto de horizonte implica el de límite, es decir, aquello predeterminado que delimita la capacidad de alcanzar algo que se ha propuesto o hacia lo que tiende el ser.

HORKHEIMER, Max (1895 - 1973). Filósofo alemán, nacido en Stuttgart; recibió su doctorado en 1922 en la Universidad de Francfort. Es considerado como uno de los principales miembros y promotores de la llamada «Escuela de Francfort». Sus trabajos giran en torno a problemas sociológicofilosóficos como la autoridad, el autoritarismo, la familia, la cultura de masas, el fascismo, etc. Su interés por los fenómenos históricos concretos lo llevó al estudio de las estructuras actuales de la sociedad y encontró en el marxismo una clave para su comprensión. No obstante, ha sido un duro crítico del materialismo histórico. Una de sus principales contribuciones fue la formulación de la llamada «teoría crítica», la cual se opone a la «teoría tradicional» que, según Horkheimer, presupone que una teoría es un conjunto de enunciados unidos deductivamente entre sí, cuya verdad debe ser avalada por los hechos. Ésta es, según Horkheimer, la concepción propia de una «sociedad dominada por las técnicas de producción industrial». Ante esto, Horkheimer propone no un simple cambio teórico, sino una restructuración intelectual en la que el espíritu crítico lleve hasta las últimas consecuencias la tensión entre la sociedad y los productos ideales engendrados por ella, con el fin de suprimir la oposición entre los propósitos individuales y las relaciones que afectan los procesos de trabajo en la sociedad actual. En síntesis, la «teoría crítica» propone la no aceptación de un *statu quo* histórico-social y la formulación de un esquema en el que sea posible un pensamiento sobre el porvenir. Algunas de sus obras son: *Estudios sobre la autoridad y la familia* (en colaboración con Marcuse) (1936); *Dialéctica de la Ilustración* (en colaboración con Adorno) (1947); *Teoría crítica* (1968).

HUGO DE SAINT VICTOR (1096-1141). Filósofo y teólogo nacido en Hartingham (Sajonia). Es considerado como el más importante de los *victorinos*, corriente del pensamiento desarrollada en la abadía agustiniana de san Víctor, a la que también perteneció Ricardo de san Víctor; esta abadía, de la cual Hugo fue abad, se constituyó en uno de los centros intelectuales de la cristiandad en el siglo XII. Una de las grandes preocupaciones de Hugo fue la gran importancia que le dio a las ciencias consideradas profanas, importancia basada en la ayuda que, según él, éstas pueden ofrecer, si se interpretan, se integran y se subordinan, debidamente, a la elevación, a la consecución de la contemplación. Por este motivo recomendó el estudio de las artes liberales y, en general, de las ciencias profanas y sagradas, para lo cual hizo una clasificación de las ciencias, dividiéndolas en cuatro grandes ramas: *ciencia teórica*, que subdividió en teología, matemáticas y física, por una parte, y aritmética, música, geometría y astrología, por la otra; *ciencia práctica* o moral (ética); *ciencia mecánica* o del saber de las actividades humanas; y *ciencia lógica*, que dividió en gramática y ciencia disertiva, la que, a su vez, subdividió en dialéctica y retórica. Para tratar el problema de los universales, utilizó la teoría de la abstracción, teoría ésta de origen aristotélico. Dentro de su obra se destaca una suma teológica muy completa: *De Sacramentis*, así como *Didascalion: de studio legendi*, donde planteó la jerarquía de las ciencias profanas; otras de sus obras son: *De arca Noe morali; De arca Noe mystica; De sapientia animae Christi; De tribus diebus*.

HUMANIDAD Palabra que designa al conjunto de los individuos que pertenecen al género humano. También, en sentido abstracto, se aplica a los caracteres constitutivos de la naturaleza humana. Se ha utilizado como sinónimo de sensibilidad ante la necesidad de los demás, tanto en el sentido cristiano de caridad como en un sentido de simple compasión o benevolencia o justicia. En este último sentido, es más propio utilizar el término humanitarismo. **V. humanitarismo**.

HUMANISMO En general, actitud que consiste en poner en el centro de los intereses al hombre o a lo humano. El vocablo fue utilizado en primer lugar (1808) por Niethammer para referirse a la importancia del estudio de las lenguas y autores clásicos. A finales del siglo XV, surgió en Italia un movimiento humanista que insistía en el estudio de los grandes autores latinos y de la literatura y lengua griegas, y en especial de las obras de Cicerón; este humanismo, propio del Renacimiento, se considera opuesto a la escolástica, aunque su aspecto más importante se refiere, sobre todo, a la literatura; no puede reconocerse en el humanismo una corriente filosófica determinada, o un sistema de ideas comunes, aunque sí cultivó una filosofía moral y propugnó el *descubrimiento del hombre como hombre*, como individuo y como poseedor de una dignidad, lo que creó su propia *atmósfera filosófica*. En la actualidad se califica como humanista a toda tendencia filosófica que realza un ideal humano; se puede hablar, entonces, de muchos tipos de humanismo, como el humanismo socialista, el humanismo integral, el humanismo existencialista, el humanismo científico, etc. Schiller denominó a su filosofía *humanismo* y James basó el humanismo en la ruptura con el absolutismo, el intelectualismo y con todo lo que no estuviera fundado en la experiencia espontánea y diversa. Gerhard Kränzlin denomina a su doctrina *panhumanismo*, doctrina metafísica que reinterpreta el idealismo hegeliano.

HUMANITARISMO Tendencia de los individuos o, también, de algunas sociedades o grupos, hacia el logro del bienestar de todos los seres humanos con especial sensibilidad y actividad en favor de quienes sufren la falta de condiciones básicas para su subsistencia, su salud o el respeto de su dignidad humana.

HUMBOLDT, Karl Wilhelm (barón de) (1767-1835). Destacado filósofo prusiano de tendencia kantiana, nacido en Postdam. Fue filósofo, escritor y hombre de Estado, hermano de Alejandro de Humboldt, el eminente naturalista e investigador que realizó sus viajes científicos en la América española, especialmente Colombia y Venezuela. Pertenece al más estricto romanticismo alemán, que es una estética del sentimiento no exenta de ideas filosóficas, y un emocionado retorno al pasado cristiano y medieval, que lo llevó al cultivo de la historia; para él, la historia del mundo resulta de la acción de una fuerza espiritual que se en-

Karl Wilhelm barón de Humboldt

cuentra más allá de los límites del conocimiento, de manera que puede muy bien ser sustituida por la estética. Participó activamente en la fundación de la Universidad de Berlín. Como afirmara Emerson, al referirse a Humboldt, *sugiere que es posible cierta inmensidad del saber o casi omnipresencia del alma humana en la naturaleza*. Aceptó y desarrolló la doctrina filosófica de Kant. Su teoría del lenguaje hace de éste la expresión del *espíritu del pueblo*, de manera que si investigamos el lenguaje entenderemos al pueblo, al espíritu colectivo. Humboldt presenta un concepto orgánico de la humanidad que se basa tanto en la Grecia clásica como en la espiritualidad moderna. El organismo que es la humanidad se desarrolla históricamente con el fin primordial de alcanzar la espiritualidad mediante la revelación de sus potencialidades. Su teoría del Estado está fundada en el concepto de límite aplicado a la libertad individual y al poder del Estado. De sus muy numerosas obras, citaremos las principales de carácter filosófico: *Sobre los estudios comparados del lenguaje; Ideas para un ensayo de determinar los límites de la actividad del Estado; Sócrates y Platón, sobre la divinidad, sobre la providencia y la inmortalidad.*

HUME, David (1711-1776). Filósofo y escritor escocés, nacido en Edimburgo. Reconocía que su pasión dominante era la literatura. Permaneció durante muchos años fuera de Inglaterra en calidad de secretario del general St. Clair; después de un pronto regreso, volvió a partir, esta vez como secretario de la embajada inglesa en Francia, donde tuvo estrecho contacto con los enciclopedistas. Se interesó por la economía, en especial por las ideas del francés Boisguillebert, quien provocó la aparición de la ciencia económica al combatir por primera vez las teorías mercantilistas y propugnar la libre competencia como estimulante y reguladora natural, en remplazo de la acumulación de metales preciosos;

David Hume

Hume recogió estas ideas y puso en claro los errores de la balanza comercial. Posteriormente habría de alojar en su casa en Inglaterra a Rousseau cuando el Parlamento de París, en 1762, condenó el *Emilio* y el arzobispo lanzó una pastoral contra su autor, habiendo tenido éste que huir a Prusia y luego a Inglaterra por considerar en peligro su vida. Hume llevó el empirismo iniciado por Bacon a sus últimas consecuencias, hasta convertirlo en *sensualismo*, pues, para él, las ideas se fundan en impresiones intuitivas directas y son solamente pálidas copias de las impresiones en la forma en que las posee el espíritu en los procesos del razonamiento y del pensamiento, ya que suponemos una sustancia básica que no encontramos. El *yo* es un haz de percepciones que, al darse continuamente, olvida que *soy yo* quien tiene las percepciones. Establece unas relaciones de coexistencia y sucesión que niegan la causalidad, planteamiento que lo lleva al escepticismo: el conocimiento no puede alcanzar las verdades metafísicas, pues permanece encerrado en las ideas subjetivas sin que haya Dios que salve la trascendencia. Hume asignó a la crítica, como objeto, la investigación de la ciencia positiva. La importancia del saber radica en que sirve de guía para la vida práctica. Su sensualismo lo llevó a adoptar en moral una actitud utilitarista en que lo útil es el criterio de la moralidad, y en historia una actitud determinista; la libertad no dirige nuestros pensamientos: apenas se limita a permitirnos obrar o no obrar. La sabiduría del hombre está limitada al campo de sus sensaciones, de manera que sus investigaciones deben estar limitadas a aquello que pueda comprender su entendimiento. Nuestras sensaciones no son infalibles; por tanto, hasta la misma experiencia tan sólo puede darnos una *verdad probable*. El único elemento fidedigno de conocimiento está constituido por los objetos de la matemática, puesto que pueden ser demostrados lógicamente. Después de esta escéptica concepción de la realidad, de la imposibilidad del conocimiento de la verdad por parte del hombre y de la incapacidad de demostrar si existe o no existe el mundo objetivo, concluye que la única posibilidad es la de *entregarse* a la creencia en Dios, que es inseparable de la naturaleza del hombre, pues el origen de la seguridad práctica no se basa en el conocimiento teórico sino en la fe. Sus obras fundamentales son: *Tratado de la naturaleza humana; Investigación sobre el conocimiento humano; diálogos acerca de la religión natural.*

HUMILDAD (del latín *humilitas*= modestia, pequeñez). En términos filosóficos es el sentimiento de pequeñez que el hombre experimenta frente a la inmensidad y al desconocimiento del universo, dándole al universo el significado de todo cuanto existe, tanto materialmente como en el campo de los conocimientos. Está expresado en la famosa sentencia atribuida a Sócrates: «*Sólo sé que nada sé*».

HUSSERL, Edmund (1859-1938). Matemático y filósofo alemán, nacido en Prossnitz (Moravia). Estudió matemáticas en Weierstrass y fue alumno de Brentano en la Universidad de Viena y de él recibió gran influencia, especialmente en lo que a su concepción general de la filosofía se refiere. Se interesó en los grandes filósofos del pasado, sobre todo en Platón, Descartes y Kant. Fue, más tarde, profesor de filosofía en las universidades de Halle, Göttingen y Friburgo, en las que tuvo por alumnos a varios filósofos contemporáneos, como Fink y H. Spiegelberg. Manifiesta una gran estimación por la ciencia, aún considerándola incapaz de proveerse por sí misma de unos cimientos absolutos; se propone constituir la filosofía como ciencia, hacer de ella la verdadera *ciencia rigurosa*. Para lograrlo, Husserl alberga dudas: considera que los filósofos hasta el momento se han apartado del verdadero gran problema que es examinar los datos en sí mismos, en su cualidad pura, en su efectiva condición de *datos*, por sostener debates acerca de la realidad y de la existencia del sujeto y del objeto. Podemos poner en duda que lo que se ofrece inmediatamente a la conciencia en un momento determinado sea o no sea una efectiva realidad; pero no podemos dudar de que las cualidades perceptivas (rojo, azul, etc.), las relaciones entre estos datos (por ejemplo, sus diferencias), y ciertas esencias universales comunes a todos los campos del ser (multiplicidad, unidad, etc.) sean evidentes. El examen de esas *evidencias* es misión de la *fenomenología*, es decir, el análisis de los fenómenos *tal como se presentan a la intuición*, independientemente del hecho de que les corresponda o no una realidad. La esencia de la conciencia es *estar orientada* hacia algo, eso que él denomina intencionalidad. Señaló así la importancia del elemento objetivo presente en todo acto consciente y, para distinguirlo del objeto, lo denominó *noema*. Alrededor del objeto, al que llama polo, se reagrupan los *noemas* de varios actos conscientes. Basándose en esto, afirma que las esencias, tales como la matemática, la lógica, etc., son auténticos objetos, aun cuando no les corresponda existencia real alguna. La intuición de tales esencias ideales recibe de Husserl el nombre de *intuición eidética*, y es la base efectiva de toda ciencia rigurosa. En sus *Investigaciones lógicas* afirma que los principios lógicos no se refieren a la posibilidad del pensar, sino a la verdad de lo pensado, al comportamiento de los objetos. Es una validez objetiva, *a priori* y abso-

Edmund Husserl

luta; de esta manera postula una *lógica pura de los objetos ideales*, lo que quiere decir de los principios lógicos, de las leyes lógicas puras y las significaciones. La fenomenología de Husserl se inspira en las concepciones de Bolzano, quien abrió el camino a la lógica moderna al demostrar la posibilidad de someter a un examen lógico-científico el concepto de infinito. En Husserl, es la ciencia de los objetos ideales y, así mismo, *a priori;* es universal, porque es ciencia de las *esencias de las vivencias,* en la que *vivencia* designa todo acto síquico intencional, referido a un objeto; el estudio de todas las vivencias contiene el estudio de los objetos de las vivencias. La fenomenología es, entonces, *a priori* y universal. El ser real se distingue del *ser ideal* por cuanto el primero es *hic et nunc* (aquí y ahora), mientras el segundo es *especie* o esencia porque no tiene el principio de individuación que es el aquí y ahora, es intemporal y tiene meramente validez, pues no se encuentran en sitio alguno. Así, una verdad es verdad aunque nadie la piense; esta afirmación lo llevó a polemizar con Heidegger, para quien la verdad no existiría si no hubiera alguien, una mente, que la pensara. También distingue Husserl entre *palabra, significación* y *objeto:* lo que hace que una palabra sea palabra es su significación, la cual apunta al objeto que puede ser *real, ideal, inexistente* o *imposible*. Las *significaciones* son *objetos ideales* que se interponen entre la *palabra* y el *objeto*. Cuando una persona dice una palabra sin más, está realizando lo que Husserl llama *pensamiento simbólico* o *intención significativa;* a la intuición de las esencias la denomina *pensamiento intuitivo* o *impleción significativa;* cuando la significación se llena de contenido en la intuición, se denomina *aprehensión de la esencia*. Cuando decimos *todo,* suponemos que está compuesto de *partes,* lo que significa que las partes son componentes de un todo; las partes pueden existir por sí, y en este caso son independientes o *trozos;* pueden existir aisladas y, entonces, son no independientes o *momentos;* a su vez, los momentos pueden ser *notas* (como el color que está en un vestido) y *relaciones* (como la igualdad de un vestido con otro). Por otra parte, la *conciencia* es su unidad, es decir, el conjunto de todas las vivencias; también es el *darse cuenta;* y en una tercera acepción usada por Husserl, es la *vivencia intencional* a la que ya nos referimos. Cuando una vivencia se pone *entre paréntesis* (*epoché*) se realiza la reducción o *abstención fenomenológica* que él mismo nos ilustra con un ejemplo: «En lugar de decir *estoy viendo esta mesa que existe*», debo decir: «*Yo tengo una vivencia, y entre los caracteres de ella está el de mi creencia en la existencia de la mesa*». Esta actitud debe extenderse al *yo* para que pueda quedar reducido al *yo puro* como polo del haz que son las vivencias. La *conciencia pura* es, entonces, la conciencia reducida fenomenológicamente. Las esencias de las vivencias son *el conjunto de todas las notas unidas entre sí por fundación* o unión de una parte a otra. La fenomenología es una tesis idealista y un método que lleva al conocimiento de las esencias, conocimiento que es evidente y fundado en la intuición eidética (de esencia). El método de la fenomenología es el de la filosofía actual. En torno a Husserl se constituyó la escuela fenomenológica, de gran fecundidad y rigor, cuyo órgano de difusión es el *Anuario de filosofía e investigación fenomenológica;* de esta escuela han salido los más importantes filósofos alemanes contemporáneos, como son Scheler y Heidegger. Es notable la influencia que ejerció la fenomenología de Husserl en el nacimiento del existencialismo, sobre todo por el interés que despertó por los fenómenos en sí, considerados en su estructura profunda y compleja. Un punto intermedio entre la fenomenología y el existencialismo es la filosofía de Max Scheler. Sus principales obras son: *La filosofía de la aritmética; Investigaciones lógicas; Ideas para una fenomenología pura y para una filosofía fenomenológica; Lógica formal y lógica trascendental; Ensayo de una crítica de la razón lógica; Meditaciones cartesianas*. Después de su muerte se han publicado muchas obras, tales como *La crisis de las ciencias europeas; Experiencia y juicio; Filosofía primera* (vol.

I). Quedan aún sin publicar los archivos Husserl de la Universidad de Lovaina.

HYLE Término griego, análogo al latino *materies* o materia. Fue utilizado originalmente para indicar el leño o madera cortada, algo así como la *materia prima* con la que se puede alimentar el fuego y que luego, por asociación, se asimiló a aquella materia o sustancia con la cual se puede hacer algo. Filosóficamente parece haber sido utilizado por primera vez por Aristóteles, en el mismo sentido que ha sido usado el concepto de materia. **V. hilemorfismo, materia.**

HYPPOLITE, Jean Filósofo francés nacido en Jonzac, en 1907. Fue profesor en la universidad de Estrasburgo y en la Sorbona y director de la Escuela Normal Superior de París. Hyppolite es muy conocido por el estudio profundo de la filosofía hegeliana y por su interés en la búsqueda de su renacimiento en Francia, haciendo énfasis en la importancia del modo de ver histórico de la corriente hegeliana, de la cual se han desprendido, según él, las principales corrientes filosóficas vigentes en el mundo contemporáneo: *marxismo, fenomenología y existencialismo*. Son también muy interesantes sus conceptos acerca del cambio en la manera de interpretar la libertad antes y después de Hegel. Sus principales obras, además de la traducción al francés de la obra *Fenomenología: fenomenología del espíritu*, de Hegel, son: *Génesis y estructura de la fenomenología del espíritu de Hegel; Lógica y existencia; Estudio sobre Marx y Hegel; Introducción a la filosofía de la historia de Hegel; Sentido y existencia. La filosofía de Maurice Merleau-Ponty.*

I En lógica, esta letra se usa en mayúscula para simbolizar la proposición particular afirmativa (algunos *S* son *P*). En escolástica, I afirma particularmente y, también, simboliza las proposiciones modales en *modum* negativo y *dictum* afirmativo (es posible que *p*), donde *p* simboliza un enunciado declarativo. Lukasiewicz utiliza la *I* (en cursiva) para representar el cuantificador particular afirmativo, en que «*I a b* » se lee: « *b* pertenece a algunos *a* » o « algún *a* es *b* ».

IDEA (*eidos*). En su origen griego, este término significa *figura, aspecto, visión*. En general se entiende por idea lo que ve de una cosa el sujeto que la contempla. El empleo de este término ha sido muy diverso. Aunque fue usado por los presocráticos y, en especial, por Demócrito, con Platón el concepto de idea obtuvo un desarrollo; llama *idea* al ser verdadero, distinto de las cosas. En principio, este filósofo la concibió como la forma de una realidad, eterna e inmutable; y, en un posterior desarrollo, examinó su relación con el mundo sensible y con los números; también se refirió a las ideas en cuanto causas, fuentes de verdad y, con mucha frecuencia, como modelos de las cosas y como las cosas mismas en estado de perfección: las cosas *como tales*, inteligibles, no las que percibimos por los sentidos. Las ideas, por tanto, se ven con la *mirada interior*, por su carácter de *entes metafísicos* que encierran el verdadero ser de las cosas. En su jerarquía de las ideas, la unidad de lo múltiple, el uno, ocupa el más alto rango. Las ideas *son* en absoluto, sin restricciones, pues no tienen mezcla de no ser. De esta manera ocurre la separación entre las cosas sensibles y la ideas, que conforman dos realidades, dos mundos. El alma, antes de su *caída*, ya había contemplado las ideas, por tanto el conocimiento consiste en *recordarlas (anámnesis)*. Las cosas son sombras de la ideas. La doctrina platónica de las ideas tuvo gran influencia en las consideraciones posteriores sobre este concepto; por ejemplo, en Filón de Alejandría que extrajo de Platón su tesis sobre las *ideas potencia*. Aristóteles rechaza la doctrina de las ideas innatas y de la reminiscencia platónica, que sustituye por la noción de la mente como una tabla encerada sobre la cual se graban las impresiones (*tabula rasa*): es la noción de *noûs*, que es pasivo. También en este filósofo *idea* aparece como sinónimo de *morphé* o *especie*. Para san Agustín, las ideas son razones estables e inmutables de las cosas y, por tanto, eternas, ya que están contenidas en la inteligencia de Dios: son los *modelos ejemplares* según los cuales Dios ha creado las cosas en virtud de una decisión de su voluntad. La escolástica tomó este concepto agustiniano como base de su discusión sobre la distinción entre la esencia divina y las ideas; para san Buenaventura, las ideas son distintas entre sí, *según la razón de la inteligencia*; para santo Tomás hay pluralidad en Dios en cuanto al contenido de las ideas, pero no en cuanto a la unidad de Dios con su propia esencia. Además de estas concepciones puramente teológicas, la escolástica usó el concepto de idea desde los puntos de vista ontológico, noseológico y lógico; el primero concibe las ideas como modelos; el segundo, como principios de conocimiento, y el tercero las concibe como la representación simple de la cosa en la mente. En la filosofía moderna predominó el concepto de idea como la representación mental de una cosa y, en otros casos, como resultados de la actividad de un sujeto cognoscente. Este último concepto (noseológico) fue tomado por las tendencias racionalistas y las empiristas, que tuvieron vigencia durante los siglos XVII y XVIII. Así, para Spinoza, las ideas son *conceptos del espíritu que éste forma por ser una cosa pensante;* Dios es la *única cosa pensante* y, en consecuencia, el único ser en donde pueden radicarse las verdaderas ideas; mientras que, para Descartes, las ideas son las cosas mismas *en tanto que vistas.* En los empiristas, como Locke, Berkeley y Hume, la teoría de las ideas es la *doctrina de las representaciones de las cosas en el espíritu,* en que las ideas pueden proceder de diversas fuentes; en Locke, por ejemplo, las ideas son *aprehensiones* y no todavía *conocimientos,* y pueden proceder de la sensación (la mayoría), de la reflexión, o de la unión de las dos; el conocimiento, para él, consiste en *la percepción de la conexión y acuerdo, o desacuerdo y repugnancia de cualquiera de nuestras ideas.* Para Berkeley, las ideas son los objetos del conocimiento humano y prefiere designar estos objetos con la palabra idea porque *los objetos de los sentidos existen sólo en el espíritu;* las ideas son las cosas *en tanto que percibidas.* Para Hume, *todas nuestras ideas o percepciones más débiles son copias de nuestras impresiones o percepciones más vívidas.* Para Kant, una idea o *concepto de razón* se forma con base en nociones y trasciende la posibilidad de la experiencia; estos conceptos puros de la razón reciben el nombre de *ideas trascendentales* y se dan en igual número que el número de clases de relaciones que el entendimiento se representa a sí mismo mediante las categorías. Kant distingue tres clases de ideas trascendentales, según la ciencia de que sean objeto: (a) las que son objeto de la sicología racional, que contienen la unidad absoluta del sujeto pensante; (b) las que son objeto de la cosmología racional y que son la unidad absoluta de la serie de condiciones de la apariencia; (c) las que son objeto de la teología racional, que son la unidad absoluta de la condición de todos los objetos del pensamiento en general; pero todas las ideas trascendentales, para él, sobrepasan toda posibilidad de experiencia y están separadas casi por completo de las formas *a priori* de la sensibilidad (espacio y tiempo) y de los conceptos puros del entendimiento (categorías). Las ideas trascendentales son principios regulativos *de la razón.* En Schelling, las ideas son *intermediarias* entre lo absoluto y las cosas sensibles. Para Hegel, cuya filosofía se centra en el concepto de idea absoluta, *Dios y la naturaleza de su voluntad son una y la misma cosa, y ésta es lo que filosóficamente llamamos la idea.* Todo lo real es una idea, es lo verdadero como tal, y la realidad en cuanto se desarrolla para volver a sí misma es la misma idea que se va haciendo absoluta. Sólo la idea absoluta es ser. Para Schopenhauer, las ideas son grados de objetivación de la voluntad que funcionan como *intermediarios* entre la voluntad como cosa en sí y el mundo fenoménico; la voluntad produce las ideas al objetivarse y con ello produce los arquetipos según los cuales se constituye el mundo. En Bergson, las ideas son elevaciones o abstracciones de lo dado; estas abstracciones son la base de las ideas generales o reproducciones de semejanzas esenciales de lo real; las ideas pueden ser de tres clases: de carácter biológico; cualidades, elementos y fuerzas; y productos de la especulación. En otro sentido, también el término *idea* se refiere a pensamientos que tienen o han tenido los hombres en diversas disciplinas y en diversos períodos. Esta concepción de idea es objeto de la antropología filosófica y de la investigación histórica.

IDEACIÓN Proceso por medio del cual se forman las ideas, a cuyo resultado se denomina *ideatum.* Santo Tomás lo empleó en sentido teológico para explicar la generación del Hijo de Dios. Husserl, en sus *Investigaciones lógicas,* utiliza este término para designar la visión de una esencia y, también, la intuición esencial de tipo adecuado; así mismo, contrapone la abstracción ideatoria a la abstracción aislante. Para él, toda intuición individual o empírica puede convertirse en visión esencial o ideación.

IDEA-FUERZA El antecedente más claro de este concepto se encuentra en Filón de Alejandría, en su doctrina de las *ideas-potencia*, las cuales concibe como modelos inmanentes en el logos divino e intermediarias entre el creador y su creación. En esta doctrina, el mundo ha sido creado de acuerdo con las *ideas ejemplares*, es decir, las ideas como modelos existentes en el seno de Dios, que forman un mundo inteligible de *razones seminales*. En su ser seminal se encuentra su potencia o fuerza creadora. Hume distingue entre *ideas e impresiones,* al expresar que las percepciones del espíritu se dividen en dos clases, según su mayor o menor grado de *fuerza* o de vivacidad: las que poseen menor *fuerza* y vivacidad son llamadas *pensamientos o ideas;* las otras percepciones pueden llamarse *impresiones*. Pero el concepto de *idea-fuerza*, así expresado, es creación de Alfred Fouillée, quien la define como la idea que no solamente puede tener fuerza, sino ser ella misma una fuerza, en tanto que son *susceptibles de reflexión, de reacción sobre sí mismas;* entonces, la idea puede ser *la revelación interior de una energía y de su punto de aplicación, de una potencia y de una resistencia, de una fuerza en acción o de un movimiento actual*. El citado autor propone erigir sobre este concepto una moral de las *ideas-fuerzas*.

IDEAL Se han dado varias significaciones al término *ideal*. En Kant, es norma para la acción y el juicio, que dirige y encamina la razón. Por otra parte, en el concepto de *objetos ideales* se incluyen las entidades lógicas y las entidades matemáticas, porque *son* en un sentido diferente de como son los objetos reales. Estos objetos *ideales* pueden ser identificados con las entidades abstractas. En el pensamiento de principios del siglo XX se ha discutido sobre el *status* ontológico de los objetos ideales entre los filósofos de la matemática y los fenomenólogos, especialmente a partir del nacimiento de las geometrías no euclidianas. Se ha llegado a un acuerdo de descartar las posiciones sicologistas, el cual fue liderado por Husserl al tratar la cuestión de las *unidades ideales de significación* que deben presentarse desprendidas de *los lazos sicológicos y gramaticales que las envuelven*. Hartmann destacó el carácter apriórico de los objetos ideales, al ser lo ideal idéntico a la *aprioridad ideal;* según este filósofo, son *tan* en sí como los objetos reales, pero su modo de ser es distinto del modo de ser real. Otto Janssen ha establecido una jerarquía que va desde las idealidades halladas en la esfera de la conciencia (posibilidad, necesidad) hasta las idealidades de lo espiritual, tanto noético como emotivo, pasando por las idealidades matemáticas, espaciales, espaciotemporales y síquicas. Según la ontología fenomenológica contemporánea, las notas que definen los objetos ideales son: intemporalidad, inespacialidad, sustitución de la conexión causal por relaciones de fundamentación, subordinación, coordinación, universalidad, aprioridad, trascendencia y ser en sí, apodicticidad y necesidad ideal.

IDEALIDAD Carácter de lo ideal. También puede dársele los significados de característica de los objetos ideales y el de conjunto de los objetos ideales o reino de lo ideal. Kant lo usó para designar lo que es ideal, en los conceptos idealidad del tiempo e idealidad del espacio; llama también *paralogismo de la idealidad* al paralogismo según el cual, siendo declarada dudosa la existencia de lo que solamente puede ser inferido como causa de percepciones dadas, se concluye que es dudosa la existencia de todos los objetos de los sentidos externos; esta duda o incertidumbre es llamada por Kant *idealidad de las apariencias externas,* y la doctrina de tal idealidad es llamada *idealismo*. Para Hegel, el concepto de la idealidad *consiste expresamente en ser la verdad de la realidad; es decir, la realidad como lo puesto y lo en sí se muestra como la realidad*. Es el resultado de la absorción del ser exterior y del *ser fuera de sí*. **V. Hegel, Kant.**

IDEALISMO Doctrina cuyo fundamento y objeto son los ideales que se consideran realizables. Es una doctrina que se opone al realismo. Según se ha afirmado hubo idealismo desde el momento en que se consideró la realidad de la persona como una intimidad, cuya *alma* es diferente del mundo espacial. Este momento se da en san Agustín. Pero el idealismo como corriente filosófica propiamente dicha aparece en la filosofía moderna, cuyo punto de partida es el *sujeto* cognoscente, de significación noseológica, que desconfía de toda realidad, incluso de lo inteligible. Sólo se considera real lo cognoscible, por cuanto es lo único que presenta una evidencia plena al sujeto cognoscente; el ser o la realidad se determinan por la conciencia. Descartes es llamado *el primer idealista moderno;* funda toda evidencia en el *cogito* para el cual el mundo exterior es sólo un dato o punto de partida. El centro del pensamiento idealista es Kant con su formulación del idealismo trascendental. En el idealismo alemán poskantiano, el *mundo* es equiparado con la *representación del mundo,* como actividad *representante* que condiciona el mundo en su mundanidad; sus figuras principales son: Fichte, Schelling y Hegel. Según E. Laas, los métodos del idealismo son la deducción, la intuición intelectual y partir de algo inteligible o racional, principalmente. En Fichte, el reconocimiento de la función determinante del deber en el desarrollo del *yo* es primordial, por lo cual se ha llamado a su sistema *idealismo ético.* Desde finales del siglo XIX se han considerado idealistas las corrientes neokantianas y neohegelianas, como son el idealismo angloamericano, el de las escuelas de Baden y Marburgo, el idealismo francés y el italiano, en especial el actualismo.

IDEALISMO OBJETIVO Forma del idealismo que toma como base de la realidad un espíritu personal o impersonal, cierta conciencia supraindividual. El idealismo objetivo tiene sus raíces en la filosofía oriental, o mejor, en las religiones orientales como son el confucianismo y el vedanta; pero la forma clásica de idealismo objetivo se dio en Platón y, después, en el neoplatonismo, en san Agustín y en santo Tomás de Aquino. En la filosofía escolástica, el idealismo objetivo se manifiesta en el concepto de forma inmaterial, tratada como principio teleológico que cumple la voluntad de Dios, sabio planificador del mundo finito en el tiempo y en el espacio. En la época moderna se encuentra el idealismo objetivo especialmente en Descartes, Berkeley y Hume. En Kant se combinan el idealismo objetivo y el idealismo subjetivo en el concepto de la *cosa en sí*, que es independiente de la conciencia del sujeto, puesto que es idealismo objetivo referirse a las formas apriorísticas de la conciencia del sujeto –tesis básica del agnosticismo–, y es idealismo subjetivo afirmar el carácter supraindividual de tales formas apriorísticas.

IDEALISMO SUBJETIVO Corriente del idealismo que construye el mundo basándose en las particularidades de la conciencia individual. Son representantes de esta corriente Schelling y, sobre todo, Hegel, quien creó un sistema universal del idealismo dialéctico. En Berkeley hay realismo subjetivo en cuanto la realidad se define como el percibir y el ser percibido. V. **Hegel.**

IDEALISMO TRASCENDENTAL (crítico o formal) Forma del idealismo expresado por Kant, en que el ser no es *real* sino *trascendental*, entendiendo por trascendental no lo que es trascendente ni inmanente, sino aquello que envuelve y penetra todas las cosas sin confundirse con ninguna, pues todas las cosas están en el ser y éste sirve de puente entre ellas. Kant elabora una teoría trascendental del conocimiento en que destaca la función de *lo puesto* en él. Afirma que la existencia de los objetos externos no es cognoscible mediante percepción inmediata y hace de lo dado una función de lo puesto, de manera que las cosas se me dan *en mis ideas;* estas ideas no son sólo mías sino que son *ideas de las cosas,* fenómenos. Kant intenta demostrar que las formas apriorísticas de la conciencia son la condición de la posibilidad de las verdades en la ciencia y en la filosofía. Por ser trascendental, el conocimiento conoce los fenómenos (*las cosas en mí*), de donde surge la distinción entre *fenómeno* y *cosa en sí*. El idealismo trascendental examina, también, la cuestión de si esas formas son aplicables tanto dentro de la experiencia como más allá de sus límites. Como indica Theodor Celms, en el idealismo trascendental hay sólo una conciencia pura, única y numéricamente distinta. Schelling sostiene que al idealismo trascendental corresponde asumir el espíritu como punto de partida y explicar cómo de él se deriva la naturaleza; así, el concepto base del idealismo trascendental es el de autoconciencia, que contiene una polaridad o antítesis entre dos actividades: una actividad real u objetiva, y una actividad ideal o subjetiva que intuye la objetiva.

IDEALIZACIÓN (en lógica) Recurso utilizado para conocer las leyes de la realidad y que consiste en un acto de la inteligencia por el cual se forman objetos abstractos (idealizados) que constituyen imágenes de las cosas, de los procesos y de los fenómenos objetivos; son ejemplos de estos objetos idealizados en matemática los números y demás símbolos con los que opera esta ciencia; en geometría, *punto, línea recta;* en física, *gas ideal,* etc. En lógica, la idealización es la constitución del primer elemento de la lógica elemental, esto es, el *concepto* o idea de una cosa, que es la partícula elemental de la lógica, su elemento simple. La idealización tiene su origen en la tendencia de la mente a dar un sentido a sus impresiones por medio de la formación de una *idea* o *concepto;* sólo a partir de esta base es posible emitir juicios. **V. concepto.**

IDEAS (historia de las) Como su nombre lo indica, es la disciplina que tiene por objeto la investigación, el análisis y ordenamiento en el tiempo y en el espacio de las diversas corrientes ideológicas y del pensamiento individual cuando éste ha influido visiblemente en el pensamiento de las generaciones posteriores o ha aportado contribuciones que se consideren de importancia, utilizando la metodología propia de las ciencias históricas y aceptando el aporte de otras ciencias, en especial el de las denominadas ciencias humanas, como la sociología, la sicología, etc. La historia de las ideas está estrechamente relacionada con la historia de la filosofía, y con la historia de los términos y conceptos filosóficos. La historia de las ideas incluye, sin embargo, toda la historia intelectual en cada época que trate. Para Lovejoy, fundador del *Journal of the History of Ideas* (1941), aquí se considera *ideas a las unidades persistentes, o recurrentes, de la historia del pensamiento.* Por tanto, es necesario aislarlas y relacionarlas con otras esferas que incluyen la esfera filosófica, pero también la estética, las concepciones científicas, los credos religiosos, etc. Se deben distinguir y oponer claramente las nociones de *idea* y *creencia,* tal como lo propone Ortega y Gasset cuando se trata de referirse a la historia de las ideas. **V. historia, idea.**

IDEAS INNATAS Teoría que se ha dado en diversas etapas de la historia de la filosofía, la cual afirma que las ideas son inherentes al hombre desde un principio y, por tanto, no dependen de la experiencia. Para Platón son innatas las ideas en el hombre, puesto que éste ya había vivido en el mundo de las ideas, de donde cayó; el conocimiento, por tanto, consiste solamente en recordarlas. Para Descartes también las ideas se encuentran en su forma acabada en nuestra mente; y para Leibniz son aptitudes o inclinaciones intelectuales, cuyo desarrollo se halla facilitado por la experiencia sensorial. Las ideas innatas son opuestas por naturaleza a las ideas adventicias, las cuales son elaboradas por el sujeto a través de la experiencia; según Locke, la mente humana es una *tabula rasa,* es decir, está en blanco antes de cualquier experiencia y la formación de las ideas depende necesariamente de ésta. **V. adventicias, (ideas).**

IDENTIDAD Desde el punto de vista ontológico, identidad es el principio según el cual una cosa es igual (idéntica) a sí misma (*ens est ens*) y se expresa simbólicamente como $A = A$; este principio recibe el nombre de *principio ontológico de identidad,* que conceptualmente ha sido básico para la formulación de otros principios de identidad, como el lógico (lógica de los términos y lógica de las proposiciones) y el sicológico, que se analizan aparte. Generalmente se ha considerado que el principio ontológico es el fundamento del lógico, y también, que ambos son aspectos de la concepción en la cual siempre que se habla de lo real, se habla de lo idéntico (Parménides). Para Aristóteles, la identidad es *una unidad de ser, unidad de una multiplicidad de seres o unidad de un solo ser tratado como múltiple, cuando se dice, por ejemplo, que una cosa es idéntica a sí misma*. En la escolástica, el concepto de identidad se fundó en *la conveniencia de cada cosa consigo misma*. En el racionalismo moderno, fue Leibniz quien dedicó más atención a la lógica de la identidad, llegando a formular el *principio de la identidad de los indiscernibles*. Hume rechaza la idea de que hay una identidad metafísica en la noción de sustancia, considerando así sin solución posible el problema de la identidad personal, lo cual para Kant no podía aceptarse en cuanto se pretende identificar cosas en sí, pero, en cambio, es posible cuando no es ni empírica ni metafísica, sino trascendental: solamente la noción trascendental de identidad hace posible un concepto de identidad. En el idealismo poskantiano, la identidad es un concepto metafísico central; para Schelling es, metafísicamente, la condición de todo ulterior desarrollo o *despliegue*; constituye el segundo de sus sistemas y consiste en poner un puente entre la naturaleza y el espíritu mediante algo que sea espíritu y naturaleza, un momento en que naturaleza y espíritu sean *idénticos;* esta identidad sólo se conoce mediante una *intuición intelectual;* este sistema de la identidad es panteísta. Para Fichte, el principio supremo de todo el saber no puede ser sino el principio de identidad ($A=A$), que siendo una afirmación puramente formal nos permite tratar de llegar a sus raíces para descubrir que tal identidad no se establece en abstracto, sino que la establece el *yo* en el *yo;* así, el *yo* se convierte en el fundamento de la identidad y *es*, en sus palabras, *el principio absolutamente establecido y fundado sobre sí mismo del obrar cierto del espíritu humano*. Hegel distingue entre la identidad formal del entendimiento y la identidad concreta de la razón; la identidad, dice, es la esencia del panteísmo, al que se opone mediante el planteamiento del problema de la *contrariedad:* el ser y la nada son contrarios y el modo de ser que tiene cada uno consiste en excluir al otro: elevarse como contrarios es una forma de ser superior; cuando dos cosas son necesarias, se excluyen; pero lo hacen en una unidad, en un género; en este orden de ideas, el modo de excluirse que tienen el ser y la nada es el de conservarse y elevarse en la unidad superior que es el *devenir*, en donde existen excluyéndose. En la filosofía de nuestro siglo, la identidad ha sido examinada de muy diversos modos. Para Heidegger, el principio de identidad solamente es válido *en cuanto es una ley del ser*, que enuncia: *así: a todo ente como tal pertenece la identidad, la unidad consigo misma*. En la teoría lingüística de Saussure, aparecen los conceptos de *identidad sincrónica e identidad diacrónica;* la primera es aquella *en virtud de la cual declaramos que dos frases contienen el mismo elemento* aunque en muchos casos ese elemento que contienen las dos frases tenga algunas diferencias fónicas o, también, no haya identidad absoluta desde el punto de vista semántico por expresar ideas distintas, por ejemplo, en «me como dos *manzanas*» y «este pueblo sólo tiene dos *manzanas*» (*manzana* como fruta, y *manzana* como área comprendida entre cuatro calles); Saussure atribuye esta identidad a que la entidad que constituye los elementos no es puramente material, ya que *siempre que se realicen las mismas condiciones se obtienen las mismas entidades*, las cuales, sin embargo, no son abstractas puesto que no se conciben fuera de una realización material; cada vez que se emplea una palabra, se renueva la materia: *es un nuevo acto fónico y un nuevo acto sicológico*. La *identidad diacrónica* es considerada por Saussure como una prolongación y complicación de la *identidad sincrónica* y se refiere a la búsqueda de la identidad que subsiste a pesar de los cambios que han sufrido las unidades o elementos lingüísticos a lo largo de su evolución y a partir de los idiomas maternos que les dieron origen (latín, griego, etc.). Para Wittgenstein, la capacidad de expresar los hechos del mundo reside en la *identidad de forma*, de estructura lógica, que existe entre el hecho y la proposición que lo expresa. **V. identidad (principio de).**

IDENTIDAD (principio de) Principio de la lógica definido como «lo que es, es» que equivale a $A = A$. Muchos autores lo han considerado como otra forma, de carácter positivo, del principio de «no contradicción». No es el caso que P y no P sean ambos verdaderos al mismo tiempo ($P . \sim P$). En la lógica de los términos se define como « A pertenece a todo A », es decir, todos los elementos de A pertenecen a sí mismo. En la lógica proposicional se define como « si q, entonces q ». El principio de identidad, tanto en lógica como en matemática y en las ciencias exactas, es el reflejo del concepto de identidad ontológico (principio ontológico de identidad: toda cosa es igual a sí misma). En sicología también se encuentra enunciado este principio (principio sicológico de la identidad), como la imposibilidad que tiene cualquier ente para pensar en su no identidad, es decir, la autoconciencia de su identidad.
V. identidad, ley de identidad.

IDEOLOGÍA En su acepción más generalizada, el término ideología se utiliza con un contenido que se refiere a las ideas políticas, o a un sistema de concepciones políticas. En sentido filosófico, a principios del siglo XIX, existió un grupo de pensadores que trataron de mantener viva la tradición ilustrada del siglo XVIII a través del análisis de las sensaciones, y que conformó la corriente denominada de los *ideólogos*. Condillac, a quien se considera su inspirador y fundador, define la ideología como una disciplina filosófica que tiene por objeto el análisis de las ideas y de las sensaciones. Los enciclopedistas franceses señalaron la utilidad de la razón, que acepta o asiente con respecto a determinadas ideas (ideología), como medio de superarse, aunque advirtieron sobre el peligro de que este asentimiento pudiera ser utilizado para asegurar el dominio de manera intencional. El más destacado representante de esta corriente es Destutt de Tracy, para quien la ideología es una ciencia fundamental cuyo objeto son *los conocimientos*, íntimamente ligada a la gramática y a la lógica; para él, toda potencia espiritual se reduce a la sensibilidad, y la diversidad de potencias espirituales (percepción, memoria, juicio y voluntad) se debe a la diversidad de las impresiones sensibles. Ética y política son *ideología aplicada*, cuyo objeto es demostrar que los sentimientos morales y sociales también se derivan de las impresiones sensibles y, por tanto, se relacionan con las condiciones del sistema nervioso. Para Marx, los productos intelectuales que resultan del desenmascaramiento del carácter interesado de las ideas que sustenta la burguesía, el cual se manifiesta en la filosofía, el derecho, la política, etc., son ideología y logra que la pretensión de poder de esa clase burguesa se vuelva relativo. *Desenmascarar ideologías* fue un concepto muy usado durante el siglo XIX; varios filósofos, entre ellos Nietzsche, Sorel y Pareto dedicaron buena parte de su labor filosófica a este intento; para Pareto, la ideología es una teoría no científica que consiste en un conjunto de normas que tienen como objeto la acción. En el marxismo-leninismo es todo sistema de ideas que versan sobre la sociedad; en Max Scheler, por ejemplo, la sociología del saber es también, en muchos aspectos, sociología de las ideas; y para Mannheim, las ideologías son *reflejos* de una situación, a la vez escondida y revelada en ellas; dice: «*El concepto de ideología refleja el descubrimiento que surgió como consecuencia del conflicto político, esto es, el hecho de que los grupos dominantes puedan estar en su pensar tan intensamente apegados a cierta situación de intereses, que ya no les sea simplemente posible ver ciertos hechos que socavarían su sentido de dominación* ». También hace la distinción entre la *ideología parcial*, de origen sicológico, y la *ideología total*, de origen social. En Sartre, *ideólogo* es el filósofo no creador, es decir, que no ha construido sistemas filosóficos (*mundos* en los que vive la *praxis* que los engendró), como lo hicieron Descartes, Hegel, Marx, entre otros; en cambio, los *ideólogos* sólo explotan y exploran en los mundos que fueron ya abiertos por los filósofos, como es el caso de Jaspers o de Kierkegaard; con esta base,

Sartre juzga que el marxismo es una filosofía, en cambio, el existencialismo es una ideología. Para Quine, cuando se indaga sobre las ideas que pueden ser expresadas en una ontología determinada, el resultado es la ideología de esa ontología. Por otra parte, se llama *crítica de la ideología* a la disciplina noseológica que investiga la dependencia del pensamiento filosófico en relación con las circunstancias históricas y socioeconómicas con el fin de analizar la posible legitimidad de lo que se da de hecho.

ÍDOLO En general, falsa deidad a la que se rinde adoración, o persona a la que se le tributa una especie de culto. Algunos filósofos antiguos, especialmente Demócrito y Epicuro, utilizaron los vocablos ídolo e ídolos para designar las representaciones *enviadas* por las cosas a nuestros sentidos. Posteriormente fue utilizado este término, especialmente, por Francis Bacon, en su obra *Novum Organum*, para identificar algunos prejuicios sociales o errores que no permiten al hombre encontrar la verdad en forma lógica y razonada; estos ídolos son: *idola tribus*, o prejuicios de la tribu; *idola specus*, o prejuicios de la caverna; *idola fori*, o prejuicios del foro; e *idola theatri*, o prejuicios de la autoridad. La abolición de estos ídolos, es la primera etapa de su método inductivo. Además de los ídolos descritos, llamados «del conocimiento externo», otros filósofos se han referido a los del «conocimiento interno», o sea, aquellos que se manifiestan intrínsecamente. **V. Bacon.**

Ídolo Quimbaya. Colombia

IGNORANCIA En general, este término designa el desconocimiento o la falta de instrucción sobre un objeto o sobre un tema determinado. En filosofía se ha utilizado en varias ocasiones, pero las principales son las siguientes:(a) en la *ignorantio elenchi* o *ignorancia del argumento*, traducción del latín del concepto utilizado por Aristóteles en su obra *Sobre las refutaciones sofísticas*, para dar una denominación común a las refutaciones sofísticas lingüísticas (que dependen del lenguaje usado) y a las refutaciones sofísticas extralingüísticas (que no dependen del lenguaje usado). Esta ignorancia del argumento se da cuando no se define lo que es la prueba o la refutación y se deja escapar algo en su definición. Por otra parte, la *ignorancia del consecuente* es para Aristóteles la conversión falsa del consecuente y surge generalmente debido a inferencias erróneas de la percepción sensible; (b) en la expresión *docta ignorancia*, utilizada por primera vez propiamente por san Agustín, pero que tuvo su origen en la expresión de Sócrates *«sólo sé que nada sé»*, la cual reconocía que sabe más quien reconoce no saber nada porque se encuentra abierto al conocimiento al reconocer su ignorancia, que aquel que está cerrado al saber por creer que lo posee. Para san Agustín, la *docta ignorancia* tiene un sentido religioso, puesto que es entendida como la disposición del alma a recibir a Dios; para san Buenaventura es también la disposición espiritual de trascender sus limitaciones. *De docta ignorantia* y *Apología doctae ignorantiae* son obras de Nicolás de Cusa, para quien el primer paso para llegar al saber es conocer la propia ignorancia; en cuanto más doctos seamos en ella, más cerca nos encontraremos de la sabiduría perfecta. La tesis del cusano, afín con la socrática, tiene como la agustiniana una finalidad teológica, que es la sabiduría perfecta de Dios como bondad infinita y unidad suma. **V. Aristóteles, falacia.**

IGUALDAD Carácter de un objeto determinado que consiste en poseer todas las notas que lo identifican; este carácter es la base del principio de identidad (lo que es igual a sí mismo: $A = A$). Es sinónimo de identidad. En filosofía es más usual utilizar el término identidad, mientras en matemática es más común utilizar igualdad. Tanto en matemática como en lógica se expresa con el símbolo =. **V. identidad.**

ILIMITADO Carácter de lo que no tiene límite o término. Es lo opuesto a *limitado*. Platón afirma que en todos los seres hay lo limitado, que es la existencia producida por la mezcla con la generación y la corrupción y, a la vez, su causa; por tanto, lo perfecto, lo eterno es lo no ilimitado; y lo ilimitado, que no tiene principio, ni medio, ni fin, es imperfecto porque es un principio de generación y corrupción. **V. infinito (actual y potencial).**

ILOCUCIONARIO Nombre que John Searle da a uno de los tres géneros distintos de actos de habla por el cual se enuncia, pregunta, manda, promete, etc.; propone una clasificación de los actos ilocucionarios en cinco tipos, a saber: (a) *representativos*, o que comprometen al hablante con que algo es de tal o cual manera; (b) *directivos* o que influyen en la conducta del oyente; (c) *compromisarios* o que comprometen al hablante a una conducta futura; (d) *expresivos* o que manifiestan el estado sicológico del hablante; (e) *declarativos* o que modifican una situación dando lugar a otra nueva. John Austin, también filósofo del lenguaje, tomó este término creado por Searle para denominar el acto que se refiere a lo que hace el sujeto al proferir un enunciado; este acto es simultáneo con el acto *locucionario*, es decir, el acto de decir algo. Así, podemos decir algo sobre algo, o ejecutar un acto al proferir una expresión, a la vez que la expresión puede tener un efecto determinado sobre quien la escucha, a lo que Austin denomina *acto perlocucionario*. **V. Austin.**

ILUMINACIÓN Concepto de carácter teológico, predominante en san Agustín y en la noseología agustiniano-franciscana del siglo XIII, que designa la intervención divina en la realización del conocimiento del humano, la cual es cierta, necesaria y universal. Comparativamente con la necesidad de la luz para conocer los objetos por medio del sentido de la vista, se consideró que para la perfección del conocimiento intelectual se necesita la colaboración especial de Dios, denominada iluminación o irradiación que es como una especie de luz espiritual, la luz sobrenatural de la gracia, que une al hombre con la verdad eterna e inmutable, que es Dios. Como Dios *es* la verdad, todo lo que se percibe como verdadero ha recibido previamente la iluminación divina. Hay una luz eterna de la razón (*lumen rationis aeterna*) que procede de Dios por la cual conocemos la verdad. Esto se lleva a cabo mediante la visión de las razones o leyes eternas. De este concepto se deriva la famosa afirmación de san Anselmo: «Creo para entender». Rosmini y Gioberti, en su concepción ontologista de la iluminación, consideraron que el alma puede contemplar a Dios directamente; para Malebranche, l*o vemos todo en Dios*. Para santo Tomás hay un entendimiento activo que ilumina la esencia de lo sensible y la hace inteligible al entendimiento pasivo, mediante la abstracción de los inteligibles en las cosas sensibles. San Buenaventura destaca la importancia de la iluminación divina en lo relacionado con el conocimiento de las verdades eternas y en cuanto al reconocimiento de estas verdades como tales, de manera que sólo se puede ordenar los conceptos adquiridos por medio de la abstracción de la percepción sensible en forma de un sistema de verdades eternas por medio de la iluminación divina. Toda iluminación del conocimiento viene de dentro o, mejor dicho, de *arriba*. **2.** Nombre que designa a la Ilustración alemana (*Aufklärung* = iluminación), cuyos principales representantes son Wolff, Baumgarten, Winckelmann y Lessing. **V. Agustín, Buenaventura, ilustración.**

ILUMINISMO Teoría del conocimiento que se basa en el concepto de la iluminación o ayuda divina en la realización del conocimiento humano. **V. iluminación.**

ILUSIÓN Percepción errónea de la realidad que conduce a un juicio falso. Este concepto se ha utilizado en filosofía para designar el problema de la adecuación de la realidad a las impresiones recibidas de ella por medio de los sentidos, con el fin de demostrar si los sentidos nos engañan o no. Los griegos abordaron este problema al distinguir entre el mundo de la *realidad* y el mundo de la *apariencia* o de la *ilusión*. Descartes y Locke atribuyen la ilusión causada por los sentidos a que éstos perciben solamente las cualidades secundarias, con exclusión de las primarias; entonces, las cosas aparecen de modo diferente de como son *realmente* (apariencia). Para Kant hay varios tipos de ilusiones, todas las cuales no se deben al objeto sino al juicio que sobre él se hace. Hay para él ilusiones *empíricas* (ópticas), *lógicas* (producidas por falacias), e ilusiones *trascendentales* que se producen cuando se intenta aplicar las categorías a *objetos trascendentes;* la dialéctica trascendental pone al descubierto la ilusión de los juicios trascendentes y toma *precauciones para no ser engañados por ella*. El concepto de ilusión es contrapuesto a los de realidad y fenómeno. Todas las direcciones del escepticismo están basadas en el concepto de que cuanto consideramos real es sólo una ilusión. **V. falacia, trascendental.**

ILUSTRACIÓN Movimiento intelectual del siglo XVIII que, filosóficamente, tiene su origen en el racionalismo idealista y en el cartesianismo. Su preocupación se centra en las cuestiones del conocimiento y sigue las vías del empirismo, llegando hasta un sensualismo absoluto en su expresión más extrema. Sus elementos más importantes son el deísmo, la ideología política (libertad y gobierno representativo), la tolerancia, las doctrinas económicas, principalmente. Fue liderado especialmente por varios escritores, en su tiempo considerados impropiamente como filósofos, que comentaron y popularizaron las ideas concebidas por los grandes filósofos del siglo XVII; esto generó una verdadera revolución en el mundo europeo de la época y se constituyó en la base filosófica de la Revolución francesa. Su principal desarrollo tuvo lugar en Francia, que en ese tiempo era el centro de la comunidad europea, por lo cual se extendió a gran parte del continente. Esta difusión de los conocimientos que se consideraron científicos se hizo en primer lugar mediante la *Enciclopedia.* Pero el primero en utilizar el método enciclopédico fue Bayle, autor del *Dictionnaire historique et critique*, quien consideraba los principios religiosos contrarios a la razón, pues ella no está en capacidad de comprender los dogmas. Posteriormente aparece la *Enciclopedia o diccionario razonado de las ciencias, artes y oficios,* editada por Diderot y D'Alembert, la cual contenía artículos de los editores y de otros escritores, de los cuales los más importantes son Voltaire, Montesquieu, Rousseau, Turgot, y Holbach. Durante la Ilustración aparece el movimiento ilustrado del sensualismo y del materialismo liderado por el abate católico Etienne de Condillac, para quien Dios y el alma simple son unidad de la conciencia; en su obra *Traité des sensations* expone una teoría sensualista pura, pero no atea. Los principales pensadores de la Ilustración que cultivan un materialismo ateo son La Mettrie, Helvetius y Holbach; para ellos, la única vía del conocimiento es la sensación, todo en la naturaleza es materia y las religiones constituyen un fraude. Por otra parte, están los pensadores que se orientan hacia la historia y la teoría de la sociedad y del Estado: especialmente Voltaire, cuya contribución más importante es de carácter histórico, quien afirma que los pueblos son unidades históricas con un espíritu y unas costumbres; Montesquieu, excelente escritor que ironiza la sociedad francesa de su tiempo y teórico del derecho; Rousseau, para quien el hombre es por naturaleza bueno, pero la civilización lo corrompe y, por tanto, proclama una vuelta a la naturaleza; en religión prescinde del concepto de *pecado original* y encuentra a Dios en la naturaleza, objeto de su más profunda admiración; este filósofo social da a sus tesis un eminente sentido pedagógico; lo más importante de su filosofía social es su tesis del *Contrato social* que origina la sociedad y el Estado con base en la *voluntad general.* Esto en cuanto a la Ilustración francesa. En Alemania también tuvo su expresión este movimiento intelectual en la llamada *Aufklärung* (Iluminación), tendiente, así mismo, a la popularización de la filosofía, en especial de la de Leibniz. El principal representante de este movimiento fue Wolff, quien introdujo la división de la metafísica en ontología o metafísica general, teología racional, sicología racional y cosmología racional. En el mismo período, Baumgarten y Winckelmann introdujeron la *estética* como una disciplina filosófica independiente. También en Alemania, Lessing, importante escritor, en su sentido de la historia y en su búsqueda del saber, mostró un racionalismo no agresivo y sin hostilidad religiosa. **V. enciclopedia.**

IMAGEN Término que designa la representación que tenemos de las cosas. Lucrecio fue el primero en describir los diversos modos como las imágenes afectan nuestros sentidos, siendo éstas emanaciones continuas y sucesivas que se desprenden de las cosas. En sicología, la palabra *imagen* significa reproducción mental, recuerdo de una vivencia pasada, sensorial o perceptiva, pero no forzosamente visual. También el concepto de imagen se ha entendido como la copia que un sujeto posee de un objeto externo, que se produce como una forma de realidad interna contrastable con otra forma de realidad externa. Las clasificaciones establecidas por los sicólogos y estéticos son numerosas, pero las más importantes son la distinción entre imágenes estáticas e imágenes *cinéticas* o dinámicas y, en literatura, imágenes *ligadas* e imágenes *libres.* Ivor Richards, en su obra *Principles* dice: «*Lo que presta eficacia a una imagen no es tanto su condición de vívida como su carácter de acaecimiento mental relacionado peculiarmente con la sensación*». Para Ezra Pound, imagen es *lo que presenta un complejo intelectual y emocional en un instante de tiempo como unificación de ideas dispares.* Para Bergson, la imagen es una *existencia situada a medio camino entre la «cosa» y la «representación».* El concepto de imagen dio origen en literatura al movimiento denominado imaginismo, a finales del siglo XIX. **V. imagen artística, imagen física del mundo.**

IMAGEN ARTÍSTICA Reproducción de la realidad que parte de un determinado ideal estético y en cuya realización intervienen y prestan su concurso eficaz la imaginación y la fantasía del artista. Las imágenes artísticas varían de acuerdo con el desarrollo histórico de la estética y, por tanto, ha habido innumerables teorías sobre ella o ideales estéticos que definen sus características en las diferentes épocas del arte.

IMAGEN FÍSICA DEL MUNDO Expresión que designa la representación de la naturaleza con base en principios físicos generales. Los atomistas, últimos de los presocráticos, consolidaron una imagen física del mundo, compuesta por átomos, primer intento de un materialismo o interpretación material del mundo. Para Aristóteles, uno de los diferentes tipos de entes es el constituido por los objetos físicos o *cosas naturales;* este mundo físico es el que tiene en sí mismo el principio de su movimiento y está constituido por cosas verdaderas; pero, al moverse, éstas llegan a ser y dejan de ser y, por esto, no son plenamente entes. La *materia* es aquello de lo cual está hecha una cosa; y la forma es la que hace que algo sea lo que es; éstas no pueden existir separadas, ya que la materia es simplemente posibilidad, es potencia que sólo se actualiza informándose, es decir, no tiene realidad por sí misma. Aristóteles estudia los problemas físicos del lugar, el vacío y, sobre todo, el tiempo que define como *el número del movimiento según el antes y después.* Durante los siglos XVI y XVII se constituye la física moderna o nueva ciencia de la naturaleza, que difiere por completo de la aristotélica y establece una nueva imagen física del mundo; el iniciador de esta nueva ciencia es Nicolás Copérnico, quien además de refutar el geocentrismo vigente, estableció la aplicación a la física del pensamiento matemático. Fue seguido por Johannes Kepler, astrónomo alemán, quien formuló las tres leyes de las órbitas planetarias, y por su contemporáneo Galileo Galilei, abiertamente copernicano, descubridor de los satélites de Júpiter e introductor de la idea de la naturaleza geométrica que caracterizará a la época moderna. La ciencia de Galileo es completada por los físicos que le siguen y dotan a la ciencia de los instrumentos que inventan y de las leyes que formulan: Torricelli, el barómetro; Gassendi, renovador del atomismo; Boyle, eleva la química al estatus de ciencia; Huyghens, descubre varias leyes mecánicas y es autor de la teoría ondulatoria de la luz; Descartes, descubre la geometría analítica y Leibniz, el cálculo infinitesimal; por último, Newton formula la ley de la gravitación universal y, en él, llega a su pureza la física moderna, fundada en un principio unitario de máxima generalidad. Lo más importante es que desde Galileo, como él lo expresó, *el libro de la naturaleza está escrito en caracteres matemáticos*, y ya la física no es la ciencia de las cosas, sino de la *variación de los fenómenos*, constituyéndose de esta forma como ciencia positiva, diferente de la filosofía. Desde entonces, la imagen física del mundo (naturaleza) no es objeto de la filosofía. Esta imagen, a partir de los científicos citados, se ha venido completando, hasta la radical transformación que sufre en manos de Einstein, al formular éste su teoría de la relatividad; en las de Planck, fundador de la mecánica cuántica; en las de Heisenberg, Schrödinger, Broglie, Dirac, quienes sentaron las bases de la mecánica ondulatoria; y en las de Hahn, Fermi, Oppenheimer, entre otros, que pusieron las bases de la física nuclear.

IMAGINACIÓN Facultad por la cual es posible construir imágenes nuevas e independientes, que resultan de la combinación de los elementos que tomamos de la realidad sensible. Puede definirse la imaginación como una nueva presentación de la realidad sensible o *representación*. Para Bacon, la imaginación es el fundamento de la poesía y, en Descartes, para que se dé la imaginación es necesario que haya conciencia. Para Hume, *todas las ideas simples pueden ser separadas mediante la imaginación, y pueden ser de nuevo unidas en la forma que le plazca*. Para Kant, la imaginación es la base de la *síntesis;* la unificación de la diversidad de lo dado se realiza, para este filósofo, mediante tres síntesis: la de la aprehensión en la intuición, la de la reproducción en la *imaginación*, y la del reconocimiento en el concepto; por tanto, sin ella el conocimiento es imposible. La imaginación es productiva y, por tanto, se extiende a la facultad del juicio y, en este caso –cuando no es solamente reproductiva de la realidad–, se puede decir que es libre. En Fichte, se hace evidente el carácter espontáneo del *yo* en la actividad imaginativa, en cuanto *facultad de poner*. El imaginar (poner) y el ser real son lo mismo para Fichte. Para Sartre, las imágenes de la imaginación son actos sintéticos *que une un saber concreto, que no tiene carácter de imagen, a elementos más propiamente representativos;* el mundo de la imaginación está ligado al mundo del pensamiento y al de la acción.

IMITACIÓN Se han dado muy diversos contenidos a este concepto en la filosofía. En principio, para los pitagóricos, la imitación estaba referida a los números considerados como modelos que las cosas imitaban por ser aquellos realidades superiores y esenciales. Platón y Aristóteles refieren este concepto a la estética, en el sentido de creación humana de imágenes, siendo el arte una imitación de la naturaleza, es decir, la imitación de la imitación, ya que la realidad sensible es sólo un fantasma o simulacro de las cosas verdaderas (esto en Platón); para el estagirita, las artes poéticas son modos de imitación y hay tantas maneras de imitar como clases de objetos.

IMPERATIVO Término que designa aquello que obliga, que manda con carácter de obligatoriedad. Su expresión gramatical se encuentra en el modo y tiempo del verbo que expresa una orden; por ejemplo: *entra, sal, calla*. En derecho, su expresión se encuentra en la leyes y en las demás normas de cumplimiento obligatorio. En filosofía, Kant distingue dos diferentes imperativos: el *imperativo categórico* y el *imperativo hipotético,* de los cuales, los primeros se refieren a la ética y los segundos a los juicios. **V. imperativo categórico, Kant.**

IMPERATIVO CATEGÓRICO En su obra *Fundamentación de la metafísica de las costumbres,* Kant se propone hacer una ética del *deber ser* que obligue, es decir, que sea *imperativa*. Pero este imperativo tiene que ser *categórico*, lo que significa que ordene, mande, sin condición alguna, que mande absolutamente. Para que tal imperativo sea categórico es necesaria la *buena voluntad* que quiera lo que quiere *por puro respeto al deber,* que es lo que da su valor moral a las acciones. La ley universal es actuar bien y quien actúa mal lo hace como *excepción,* lo cual confirma esa ley universal. La fórmula del imperativo categórico es: *obra de modo que puedas querer que lo que haces sea ley universal de la naturaleza.* **V. Kant.**

IMPERSONAL Término que designa todo aquello que prescinda de la persona, sea un concepto, una tesis o un objeto. Lo impersonal ha sido identificado con lo *objetivo,* esto es, con lo que no tiene en cuenta puntos de vista subjetivos que puedan afectar un juicio sobre los objetos de conocimiento. **V. objetivo.**

IMPERTURBABILIDAD Carácter propio del ideal del sabio que se manifiesta en la filosofía occidental, en primer lugar, en los moralistas socráticos: cínicos, cirenaicos, estoicos y epicúreos. En general, la imperturbabilidad puede definirse como la actitud del filósofo que desecha las limitaciones que imponen las preocupaciones por las cosas del mundo exterior haciéndose autosuficientes, independientes, logrando de esta manera la serenidad y el equilibrio necesarios. La imperturbabilidad es un modo de vida. En los cínicos, la *eudemonía* o felicidad socrática se logra mediante la supresión de las necesidades, siendo los únicos valores estimables la independencia, la falta de necesidades y la tranquilidad; el bien del hombre consiste en *vivir en sociedad consigo mismo,* apartado de las riquezas, los honores, el placer de los sentidos y el amor. Para los cirenaicos, la imperturbabilidad se consigue siendo dueño de sí, no apasionándose, sino dominando el placer, que es el bien supremo, por medio de la selección y con el fin de que sean moderados y duraderos. Lo importante es la independencia y la imperturbabilidad. En el estoicismo, también la ética se basa en la idea de la autarquía, y la felicidad consiste en la virtud, que es vivir de acuerdo con la verdadera naturaleza, esto es, la vida racional; el sabio se ha de despojar de sus pasiones para lograr la imperturbabilidad, la *apatía,* la *ataraxia,* que consisten en no estar a merced de los sucesos exteriores, de manera que pueda ser feliz en medio de los mayores dolores y males. En el epicureísmo se excluyen de la ética todas las pasiones violentas, porque éstas arrebatan al hombre que ha de ser dueño de sí, libre e imperturbable; el ideal de sabio es el hombre sereno, moderado en todo, regido por la templanza, sin inquietudes y que conserva el equilibrio bajo cualquier circunstancia.

ÍMPETU Concepto de carácter físico que, en filosofía, hace su aparición con el intento aristotélico de solucionar el problema del movimiento de un proyectil y que más tarde se identificó con el concepto de *fuerza o energía cinética* que emana de los objetos hacia el ojo que los ve. Avicena también analiza el problema del movimiento del proyectil y aduce que hay una *inclinación que el movimiento inicial transmite al proyectil y que choca con la resistencia del medio:* es el instrumento del cual se vale la fuerza. Para Juan Buridán, el ímpetu es una cualidad permanente, aunque destructible, y natural del móvil; dice que hay una *fuerza impresa* de carácter permanente que se determina en función de la cantidad de material; no sólo se aplica esta teoría al proyectil, sino también, por ejemplo, a todo cuerpo que cae, cuya aceleración es explicable por haber una continua impresión del ímpetu en el cuerpo mediante la gravedad; esta doctrina es la que propiamente recibe el nombre de *teoría del ímpetu* que fue objeto de muchas interpretaciones, entre ellas, las de Bacon, santo Tomás, Duns Escoto y Occam; parece que el desarrollo de la teoría del ímpetu llevó a la de la inercia, aunque esta afirmación no ha sido suficientemente demostrada. Durante el fenómeno prerromántico, éste se plasmó en el movimiento denominado «tempestad e ímpetu» (*Sturm und Drang)* que, más que un movimiento filosófico, constituyó una serie de actitudes inspiradas por un sentimiento profundo de la naturaleza, cuyo modelo humano de conducta es el Titán, personaje mítico cuyo ser estriba en la afirmación de la voluntad. Su importancia radica más que todo en la influencia que ejerció sobre el arte, al afirmar el valor creativo del genio y rechazar el racionalismo de la Ilustración; a él pertenecieron en sus épocas juveniles Herder, Goethe, Schiller, Hamann y Jacobi, entre otros.

IMPLICACIÓN (condicional) En lógica, aquella operación realizada en una proposición compuesta de dos proposiciones, entrelazadas por la conjunción «si... entonces» que, en general, se plantea de la forma: « Si *p*, entonces *q* », o «*p* implica *q*», donde *p* es llamado antecedente y *q* consecuente; esto quiere decir que es necesario que se cumpla *p* para que, así mismo, pueda cumplirse *q*.

IMPLICAR Concepto lógico que designa el hecho de que la verdad de una proposición está condicionada a la verdad de otra, de manera que tal proposición está contenida en la otra o *envuelta* por ella, y su verdad depende de ella.

IMPLÍCITO En un sentido filosófico general, el estar implícita una cosa puede ser entendido ora en el sentido *pasivo* del *envuelto,* ora en el sentido activo del *envolvente.* Se puede, pues, definir implícito como aquello que está envuelto por algo de una dimensión mayor, como también aquello que, siendo mayor, envuelve algo de una dimensión menor; éstos, el envuelto y el envolvente, están interrelacionados indisolublemente en una relación de dependencia mutua. Por ejemplo: el *ser racional* está implícito en la idea de *hombre*.

IMPOSIBLE En general significa aquel acto que no puede ocurrir o aquella cosa que no puede existir. En un sentido científico-natural, se refiere a la imposibilidad física y, entonces, podemos afirmar que es imposible aquello que contradice las leyes naturales. Imposible es el opuesto contradictorio de posible. Se distinguen dos clases, según su origen: lo intrínsecamente imposible que corresponde a la imposibilidad metafísica y que tiene como resultado una imposibilidad absoluta en cualquier sentido, y lo *extrínsecamente imposible*, que significa la imposibilidad de una causa para producir algo y que no implica imposibilidad absoluta. En lógica formal, se llaman proposiciones imposibles aquellas en las que se enuncia algo que no puede ser de ningún modo; por ejemplo: «Los minerales son racionales». **V. posibilidad.**

IMPOSICIÓN En el lenguaje común, este término es usado para designar que algo es puesto sobre otra cosa; ese algo puede ser una obligación, un objeto físico, una costumbre, etc. Se habla por ejemplo de imposición de un pago, imposición de una castigo, imposición de óleos (rito religioso), imposición de un idioma, etc.; de ello se deduce que, en el uso común, el concepto de imposición tiene un carácter de obligatoriedad, de exigibilidad. En la *teoría del Estado* se habla de regímenes impositivos, para referirse a aquellos en los que prima la autoridad sobre la autodeterminación individual. En filosofía, los escolásticos aplicaron este término en su división de los signos convencionales; dividían estos signos en dos clases: de primera imposición eran los que se imponían a los objetos para que les sirvieran como signos; y de segunda imposición, que, a su vez, podían ser de dos clases: (a) signos que significaban algún individuo y se subordinaban a un término mental; (b) signos que significaban un agregado de términos y que correspondían solamente a los nombres de los individuos del grupo (a), pues no correspondían a término mental alguno.

IMPRESIÓN El concepto de impresión ha sido utilizado en filosofía y en sicología desde la antigüedad hasta nuestros días. Ya Aristóteles, al rechazar la tesis de las ideas innatas, de Platón, la remplaza por la de la *tabula rasa,* o tabla encerada sobre la cual se graban las impresiones, siendo éstas la huella que el mundo sensible y sus acontecimientos dejan en el alma o en el espíritu, imprimiéndole un carácter.

Pero lo más usual ha sido considerar la impresión, o mejor, las impresiones, como la percepción del mundo sensible a través de los sentidos, la cual deja un recuerdo, una huella en la memoria; *imprime* su recuerdo en la memoria. En la escolástica se utilizó la expresión *especies impresas* para referirse a la similitud de un objeto en tanto que informa la potencia cognoscitiva dirigida al conocimiento de ese objeto. Hume hizo la distinción entre impresiones e ideas, siendo las primeras más fuertes y vivaces causadas por todo cuanto *oímos o vemos o palpamos u odiamos o deseamos o queremos* (sensaciones, pasiones y emociones), mientras las segundas (ideas) son la reflexión sobre *los movimientos antes mencionados*. V. **Hume, tabula rasa.**

IMPULSO Movimiento espontáneo de la voluntad tendiente a realizar una acción, con exclusión de la reflexión. Es una fuerza, una potencia, que puede encontrar o no su realización en actos reales y efectivos. En física, es la fuerza que impele y causa el movimiento de un objeto cualquiera. La sicología ha estudiado los impulsos humanos y analizado los mecanismos que el individuo utiliza para su control y aplicación a sus actitudes y actos voluntarios y conscientes; así mismo, ha distinguido esta ciencia entre impulsos primarios (causados por los instintos animales) y los impulsos secundarios, causados por el carácter propio de cada persona y por la influencia de su marco ético y social, igual que las patologías derivadas de la imposibilidad de control de los impulsos. V. **ímpetu.**

IMPUTABILIDAD Término que ha sido utilizado en diversas disciplinas, en especial con un contenido ético, y principalmente en derecho y en ética. Designa la responsabilidad moral que puede atribuirse a una persona por un acto que ha realizado.

IN Prefijo privativo latino que indica supresión o negación, mezcla, posición interior. En filosofía se utiliza en el sentido de posición interior, por ejemplo en la expresión *in se* (en sí), *in re (*en la realidad).

INCEPTIVA (proposición) En lógica tradicional, aquella proposición en la cual interviene el vocablo *incluso;* tiene la forma *todo P, incluso Po, es S.* Ejemplo: todo hombre, incluso el prisionero, es libre mentalmente.

INCERTIDUMBRE (relaciones de) Principio presentado por el físico Werner Heisenberg, en 1927, y expresado en una serie de fórmulas que constituyen el comienzo de la tercera fase de la nueva física, y que parte del postulado que afirma que la física no debe introducir entes que sean, por principio, inobservables. Para esto, es necesario un nuevo tipo de cálculo: el cálculo de las matrices, que lleva a una nueva mecánica, muy compleja en sus aspectos matemáticos, pero que podían explicar lo inexplicable en la teoría de las órbitas planetarias de Böhr. Heisenberg demostró una fórmula que, interpretada en el lenguaje probabilista, da el célebre principio de indeterminación, es decir, el principio de correlación inversa entre la distribución de probabilidad de la cantidad de movimiento (o producto de la masa por la velocidad) y la distribución de probabilidad de la posición de un fotón (o de una partícula en general). Ese principio dice así: «Cuanto más exactamente determinada está la posición de un fotón (o de una partícula en general), tanto más indeterminada está su cantidad de movimiento, y viceversa». Por ello, si bien los dos conceptos de posición y cantidad de movimiento tienen, separadamente, un significado físico preciso, no pueden ser atribuidos simultáneamente con precisión a la misma partícula. Intentó explicar por qué debe haber, por fuerza, dos teorías de la luz (corpuscular y ondulatoria), eficientes las dos, y por qué nunca será posible demostrar la verdad de una y la falsedad de la otra. Esto es lo que se ha llamado *relaciones de incertidumbre* y que para muchos filósofos constituye una prueba de que existe indeterminismo en el universo físico y que, más allá de esto, se probaría que hay una especie de *principio de libertad.* La más conocida de las relaciones de incertidumbre, formulada por Heisenberg es: $\Delta p\, \Delta q \geq h/4\pi$ donde p y q se leen *momento* y *posición*, respectivamente, de un electrón o de cualquiera de las partículas elementales subatómicas; h se lee *cons-*

tante de Planck; Δ*p, coeficiente de desviación del valor medio del momento en un instante dado;* y Δ*q, coeficiente de desviación del valor medio de la posición en un instante dado.*

INCLINACIÓN Tendencia natural o disposición del hombre hacia alguna cosa específica. En ética se ha reflexionado sobre la disposición o inclinación que los individuos tienen hacia el bien o hacia el mal, en diversas ocasiones y dentro de muy diversos contextos filosóficos. En la ética socrática, la virtud es la disposición o inclinación última y radical del hombre, aquello para lo cual ha nacido propiamente, y esta virtud es ciencia; el hombre malo lo es por ignorancia, por eso es necesario que cada uno conozca su *areté* (virtud) (conócete a ti mismo). Aristóteles construye una caracterología en la que desarrolla toda una teoría de las inclinaciones que aparecen como modos de ser del hombre (magnanimidad, pusilanimidad, etc.). En la ética tomista, la moral es una inclinación, un movimiento de la criatura racional hacia Dios. Hobbes suponía en el hombre una inclinación a la enemistad y el odio hacia sus semejantes, debido a que todos los hombres aspiran a lo mismo («*el hombre es lobo para el hombre*»).

INCLUSIÓN Término usado en el álgebra de relaciones para indicar que una relación *R* está incluida en *S*, cuando *S* relaciona dos entidades, *x* y *y*, cada vez que *R* relaciona igualmente dos entidades, *x* y *y*. La inclusión de relaciones se simboliza ⊂ y se define así:

$$R \subset S = def. (x)(y)(x R y \supset x S y)$$

También se utiliza este término en el álgebra de clases; se dice que una clase *A* está incluida en una clase *B*, cuando todos los miembros de *A* son miembros de *B*. También el símbolo de la inclusión es ⊂, de modo que $A \subset B$, y se define así:

$$A \subset B = def. (x)(x \varepsilon A \supset x \varepsilon B)$$

INCOGNOSCIBLE Carácter de aquello que no puede ser conocido, y en especial, de aquello que jamás podrá llegar a ser conocido. Para Kant, las cosas *en sí* (*noúmenos*) son inaccesibles al conocimiento, son incognoscibles, porque en cuanto las conozco ya están *en mí*, afectadas por mi subjetividad, de tal manera que las cosas, como a mí se me presentan, no son *en sí*, sino son los fenómenos.

INCOHERENCIA Carácter de algo que no presenta relación alguna entre sus componentes, o de varias cosas que no tienen conexión entre sí. Por ejemplo, decir *las casa* es una incoherencia gramatical, puesto que, para resultar coherente, el artículo y el nombre deben estar en plural ambos, o los dos en singular: *la casa, las casas*. En filosofía, incoherencia es aquello que contradice el *principio de coherencia*, según el cual las categorías se encuentran sólo en la estructura del estrato categorial.

INCOMPATIBILIDAD Diferencia esencial que impide la asociación o conmensurabilidad de dos cosas.

INCOMPRENSIBLE Carácter de aquello que no puede ser comprendido o entendido mediante el uso de las facultades mentales, sea porque no se tienen datos suficientes que informen sobre las características del objeto, sea porque el objeto mismo no expresa suficientemente su estructura o su razón de ser o, también, porque no se cuenta con los instrumentos necesarios para alcanzar su comprensión. **V. incognoscible.**

INCONDICIONADO Carácter de algo que no tiene condición. Lo incondicionado es el concepto opuesto a lo condicionado, es decir, de lo que, para realizarse, presupone una exigencia que debe cumplirse con anterioridad. Lo incondicionado existe por sí mismo y constituye una de las notas fundamentales de lo absoluto. Kant establece tres tipos de incondicionado: la unidad incondicionada del sujeto pensante; la unidad absoluta de la serie de condiciones de la apariencia; y la unidad de la condición de todos los objetos del pensamiento en general; así, pues, las ideas trascendentales se ocupan de una *unidad sintética incondicionada de todas las condiciones en general;* para Kant lo, incondicionado y sus formas siempre están más allá de los límites de la experiencia posible. **V. condicionado.**

INCONMENSURABLE Carácter de lo que no puede ser medido, es decir, lo que no puede ser comparado con ningún patrón de medida prestablecido. Es un concepto opuesto a lo mensurable, a lo que es susceptible de medida.

INCONSCIENTE En general se denomina inconsciente toda acción producto de una causa que no ha llegado al nivel de la conciencia. Durante el romanticismo adquirió gran importancia la teoría acerca del inconsciente metafísico, como también en Schopenhauer dentro de su doctrina de la *voluntad cósmica*. En sicología, la doctrina de lo inconsciente llega a su máxima expresión en la teoría sicoanalítica de Freud, para quien, en sus propias palabras, *lo que denominamos consciente, coincide con la conciencia de los filósofos y del habla cotidiana. Para nosotros, todo lo síquico restante constituye lo inconsciente*. Dentro de lo inconsciente, Freud establece una división entre los procesos que se vuelven conscientes con facilidad (*preconsciente*) y otros procesos y contenidos síquicos que es preciso *inferirlos, adivinarlos y traducirlos a la expresión consciente* que denomina propiamente *inconscientes*. Lo inconsciente es la única realidad dominante en *el ello*. Para Freud, originalmente todo era *ello* y el *yo* se desarrolló del *ello* por la incesante influencia del mundo exterior. Jung continuó la teoría del *inconsciente personal* con la del *inconsciente colectivo*, el cual contiene los *arquetipos* de la vida consciente de la humanidad.

INDECIBLE Término que designa cuanto no puede ser dicho o expresado. Como indecible pueden considerarse casi todo aquello que, cuando se expresa, pierde su sentido primigenio. Son comunes expresiones como «sufrí lo indecible», «hice lo indecible», etc, para expresar que el lenguaje con sus limitaciones no es suficiente para describir las acciones realizadas. En algunas religiones se considera indecible al ser supremo, de manera que, en ellas, está prohibido pronunciar su nombre, pues hacerlo le quita su sentido esencial y se considera una blasfemia relegarlo al estrecho recurso del lenguaje. Ludwig Wittgenstein afirmó que hay cuestiones sobre las cuales no puede decirse nada, pues su naturaleza escapa a la estructura lógica del lenguaje: sobre ética, estética, mística, etc., no pueden elaborarse juicios positivos.

INDEFINIDO En general, cualidad que no se puede definir. Con respecto a los juicios y a las proposiciones, algunos autores aceptan dentro de su clasificación(en cuanto a su cualidad, además de los juicios y proposiciones afirmativos y negativos), los juicios y proposiciones indefinidos; Kant, por ejemplo, en su lógica trascendental, distingue entre juicios indefinidos o limitativos y juicios afirmativos. Consiste en «excluir un sujeto de la clase de los predicados a que el juicio se refiere; por ejemplo: «Dios es no finito». Otros autores reducen esta clase de juicios y proposiciones a las afirmativas, ya que, por ejemplo, la proposición antes mencionada se puede reducir a «Dios es infinito».

INDEMOSTRABLES En general designa lo que no se pueden demostrar. En lógica, el vocablo se refiere a aquellos razonamientos que no necesitan ser demostrados, debido a su evidencia. Su invención se atribuye a Crisipo y fueron adoptados por casi todos los filósofos griegos. En general han sido reducidos a cinco esquemas que, por medio de ejemplos, podemos expresar de la siguiente forma: «Si hay inteligencia, hay creación; hay inteligencia, luego hay creación» (primero). «Si hay inteligencia, hay creación; no hay inteligencia, luego no hay creación» (segundo). «No hay a la vez inteligencia y estupidez; hay inteligencia, luego no hay estupidez» (tercero). «O hay inteligencia o hay estupidez; hay inteligencia, luego no hay estupidez» (cuarto). «O hay inteligencia o hay estupidez; no hay inteligencia, luego hay estupidez» (quinto).

INDEPENDENCIA DEL SISTEMA DE AXIOMAS Característica del llamado *método de los axioma*s o axiomática. Se dice que un axioma es independiente en un sistema, cuando no es inferible de los demás axiomas, aplicando las reglas de deducción de ese sistema. En el caso contrario se dice que el axioma es dependiente.

INDEPENDENCIA EN LAS PROPOSICIONES En la lógica formal, una de las relaciones que existe entre las proposiciones, que tiene como característica la siguiente ley: si la primera proposición es verdadera, la segunda puede ser verdadera o falsa; si la primera es falsa, la segunda puede ser verdadera o falsa.

INDETERMINACIÓN V. determinación.

INDETERMINISMO Aquella doctrina según la cual los acontecimientos de cualquier índole no están determinados de ninguna manera. Según esta doctrina, nada sucede de manera necesaria o por lo menos algunos de los hechos contemplados suceden de forma no necesaria. Existen tantas acepciones del término como significados de determinismo hay. V. **determinismo, libertad, necesidad.**

INDIFERENCIA En general, se refiere a un estado del ser en el que no se siente inclinación o gusto, ni a la vez, repugnancia o disgusto por un objeto, persona o posición. En filosofía fue utilizada originalmente en la antigua Grecia por los estoicos, quienes la definieron como «aquello que no pertenece ni a la virtud ni al vicio», es decir, lo moralmente neutro. También se entiende como un estado de libertad que se constituye en la base del libre albedrío, aunque algunos autores la ven como una de las causas negativas de la libertad, pues su estado no permite la acción de la voluntad, es decir, no se constituye en un aspecto positivo para «mover» a la voluntad con el fin de que ésta pueda ejecutar esa libertad. Según Heidegger, su origen está en los estados de «auténtico y profundo aburrimiento». Kant la denomina *indiferentismo* y lo asocia a la teoría del conocimiento, ubicándolo entre el dogmatismo y el escepticismo. En el cálculo de probabilidades, se plantea el llamado «principio de indiferencia» que se define: «Cuando no existe una razón suficiente para llegar a probabilidades desiguales (mayores o menores), deben adoptarse probabilidades iguales».

INDISCERNIBLES (principio de los) Llamado también *principio de Leibniz*, por ser éste quien lo planteó en una forma más concreta, así lo hayan tratado desde la antigua Grecia; Séneca, por ejemplo, defendió la individualidad absoluta en la esencia de todos los seres vivientes (no hay, en general, dos seres vivientes exactamente iguales); Nicolás de Cusa, en el Renacimiento, y Suárez y Malebranche, en la época moderna, también lo hicieron. Según Leibniz, las diferencias entre los seres son de orden tanto interno como externo, de tal forma que, bajo estos parámetros, es imposible encontrar dos seres completamente idénticos: «*Aunque haya varias cosas de la misma especie, es, sin embargo, cierto que no hay nunca cosas perfectamente semejantes*». Este principio es aplicado en la lógica moderna y se define: «*Dos entidades, x, y, son idénticas si tienen las mismas propiedades*». V. **Leibniz, mónada.**

INDIVIDUACIÓN, INDIVIDUALIZACIÓN Principio que explica por qué un ente es individuo o ente singular. Para Aristóteles, este principio está constituido por la forma y la materia, es decir, la realidad determinada o individuo concreto, entendiendo materia como *sustancia*, y forma como aquello que hace que algo *sea lo que es*, pero no lo que *es*; el principio de individuación es, para él, el *modo como* los principios que son generales a la especie –por ejemplo, el hombre ser racional– son reconocidos en forma diferente en cada individuo de esa especie, teniendo en cuenta los diferentes grados en que cada uno de ellos posee tales principios. En los niveles inferiores de la realidad, el principio será la materia, y en los niveles superiores la forma; en las diversas discusiones acerca de las contradicciones que presenta la doctrina aristotélica acerca del principio de individuación, se ha afirmado que el estagirita habría solucionado el problema estableciendo un nivel intermedio para el hombre, en el cual el predominio de la forma o de la materia dependería del grado y perfección de la individualidad de un hombre dado. Por otra parte, al entender la forma como una causa, el despliegue de una forma sería la explicación causal del individuo. Los escolásticos se dividieron, a este respecto, en: quienes adoptaron una posición nominalista que consideraba innecesario el principio de individuación en vista de que existía una idea separada de la cosa, y lo trasladaban al problema de los universales; quienes, como los tomistas principalmente, dicen que lo que constituye la individualidad de las sustancias creadas sensibles es la materia, mientras que las formas separadas o subsistentes tienen su principio de individuación en sí mismas, pudiendo ser a la vez individualidades y especies, como las puras inteligencias. Santo Tomás, cuando se pregunta qué hace que este ente sea *éste* y no *este otro*, responde que un individuo no es sino materia cuantificada; entonces, esta materia cuantificada es el principio de individuación, lo que individualiza a la forma universal que la informa. A finales del siglo XVI, Francisco Suárez llegó a la conclusión siguiente: *toda sustancia es singular y no requiere otro principio de individuación fuera de su entidad o fuera de los principios intrínsecos de que consta su entidad.* Los filósofos modernos se ocuparon también del principio de individuación; Leibniz distingue entre el *individuo según la lógica* y el *individuo según la metafísica;* la parte física *termina la esencia*, y la parte metafísica *termina la especie;* para él, el principio de individuación reside fuera de la cosa misma por cuanto ocupan un lugar diferente; se refiere, pues, a la conciencia del tiempo y del lugar, de manera que hasta los espíritus se individúan según el lugar y el tiempo, lo que lleva a una distinguibilidad *entre sí.* Para Locke, el principio de individuación es *la existencia misma.* Para Schopenhauer, *el tiempo y el espacio son aquello en virtud de lo cual lo que en su esencia y según el concepto es uno y lo mismo, aparece como vario, como múltiple, bien en la sucesión, bien en la simultaneidad,* es decir, son el principio de individuación. A este principio escapa la voluntad, puesto que no está sometida a las formas de espacio, tiempo y causalidad en que se basa este principio. **V. haecceidad.**

INDIVIDUALIDAD Originalidad propia de una persona o cosa, que la distingue de las demás de su especie. Es lo que constituye el individuo. **V. individuación.**

INDIVIDUALISMO Doctrina según la cual el hombre, como individuo, es el fundamento de toda ley, sea ésta de carácter ético, político, religioso, económico, etc. Según la concepción que se tenga de individuo humano, resultarán diversas formas de individualismo; de tales concepciones, las principales son: la que considera al individuo como átomo social y la que lo considera en cuanto persona, en virtud de sus propias e irreductibles cualidades. La primera ha dado origen, por ejemplo, al contractualismo (contrato social) y al liberalismo económico, para los cuales el individuo es importante en función de una sociedad: las relaciones entre individuos determinan el desarrollo de la comunidad; otra forma de individualismo es el *anarquismo,* en el cual el individuo es tal por oposición al Estado, a la sociedad y a los demás individuos; el jusnaturalismo, el contractualismo y el utilitarismo son formas de individualismo que positivizan la oposición en la sociedad, que es necesaria para conseguir fines determinados que favorezcan al individuo y sus intereses particulares al máximo o, también, basan la armonía social en la posibilidad de que cada individuo pueda manifestarse tal como es. Otra forma de individualismo es el *personalismo,* que resulta de la concepción de individuo como persona que destaca la importancia del bien común, pero integrando los intereses individuales con los sociales o comunitarios, pero sin caer en el totalitarismo. **V. individuo.**

INDIVIDUO (del latín individuum = individuo). Miembro de una especie, considerado separadamente. Las primeras definiciones que existen de individuo provienen de los autores latinos Séneca y Porfirio. Para el primero, los individuos son las entidades indivisibles, de las cuales nada puede ser separado, puesto que al ser divididas dejan de ser tales entidades; para el segundo es la *entidad singular e irrepetible*, lo que designa como *cada cosa*. En la filosofía medieval, los universales son los géneros y las especies, opuestos a los individuos. Los objetos que se presentan ante nuestros sentidos son individuos, pero frente al principio de individuación, es decir, lo que hace que algo sea *eso* y no *otro*, se tomaron posiciones que van desde el realismo extremo hasta el nominalismo extremo, pasando por un realismo moderado. Santo Tomás afirma que un individuo se distingue con respecto a otro mediante sus clásicas siete notas, a saber: forma, figura, lugar, tiempo, *stirps*, patria y nombre. Muchos autores han destacado el carácter *incomunicable* del individuo, por lo cual su conocimiento es exclusivamente intuitivo. Para Spinoza, los entes singulares son simples modos de una sustancia única; en cambio, para Leibniz es de extrema importancia la singularidad de cada individuo. En el pensamiento de Wolff, el ente singular es el ente que se halla completamente determinado (*omnímodamente determinado*); para los empiristas, el individuo es un *datum* irreductible. En Kant encontramos que el individuo, o mejor, la individualidad se determina por la aplicación de varias categorías. Es muy interesante el concepto de individuo en Hegel, para quien el individuo particular, que es incompleto, sólo llega a completarse mediante el proceso de desenvolvimiento dialéctico, y puede así determinarse y superar la negatividad de su ser abstracto. Strawson ha trabajado sobre el problema de cómo pueden identificarse las entidades particulares, y cuáles clases hay de ellas. El concepto de individuo como fundamento y finalidad, aplicado a la política, a la economía, a la sicología y, por supuesto, a la filosofía, ha dado origen a las diversas clases de doctrinas denominadas *individualismo*.

INDUCCIÓN Método empleado en el razonamiento y, en general, en cualquier tipo de investigación. Consiste en tratar de llegar a leyes generales a partir de la observación de casos particulares que, así mismo, resulten válidos en casos no observados. Aristóteles fue, tal vez, el primero en hablar de inducción; hizo notar la diferencia entre inducción (de lo particular a lo universal) y silogismo (de lo universal a lo particular o de lo universal a lo menos universal). A pesar de que durante la Edad Media se estudió la teoría aristotélica referente a este tema, que muchos no compartieron, fue a partir de los siglos XVII y XVIII cuando se planteó el método inductivo en una forma más coherente. Francis Bacon es considerado como el verdadero iniciador del método inductivo, que fue aplicado en esta época en las investigaciones de Galileo Galilei e Isaac Newton. En general se distinguen los siguientes tipos de razonamientos inductivos: *inducción completa*, que consiste en utilizar el método partiendo del examen de todos los elementos; tiene la desventaja de que su aplicación es muy limitada, pues sólo es utilizable en grupos muy pequeños; *inducción incompleta*, la más usada aunque no la más exacta, pues es imposible analizar «todos» los elementos que componen grupos demasiado grandes; este tipo de inducción puede ser: por simple enumeración, llamada también en sentido corriente u ordinario (inducción amplificadora), que consiste en el enunciado de un juicio universal sobre un grupo, cuya reunión «permitiría solamente un aserto particular con el mismo sujeto y el mismo predicado»; este método es de reducida aplicación y sus conclusiones deben ajustarse a comprobaciones posteriores; y la más utilizada, la científica, en la que se asocia lo más esencial de los rasgos en un número significativo de los elementos del grupo para, posteriormente, formular leyes generales. Todos estos conceptos, unidos a una clasificación, más o menos aceptada en la actualidad, fueron perfeccionándose a partir del siglo XIX, por una larga lista de pensadores, dentro de los que sobresalen: Leibniz y algunos racionalistas (noción positiva de la inducción); Hume (razonamientos inductivos basados en los hábitos); Kant (la justificación de los juicios inductivos debida a la forma estructural de la conciencia trascendental); Mill (cánones de inducción); Alphonse Gratry (quien relacionó la inducción con la dialéctica); Lukasiewicz (reducción inductiva); William Whewell y John Herschel. **V. Bacon, canon, reducción.**

INERCIA En física se entiende por inercia la tendencia de los cuerpos por mantener su estado de movimiento o de reposo. Newton fue quien la definió, en su concepto moderno (*vis inertiae*), y formuló, dentro de sus leyes, el llamado «principio de inercia», que se puede resumir de la siguiente forma: todo cuerpo, cualquiera que sea su estado de movimiento o de reposo, tiende a conservarlo hasta que una fuerza superior lo altera; lo anterior implica que cuanto mayor es la masa de un cuerpo, mayor es la fuerza necesaria para cambiar su estado de inercia. **V. Newton.**

INEXISTENCIA En general, este término designa el carácter de lo que no existe; es sinónimo del *no ser* y opuesto a *ser* o existencia. No obstante, en la escolástica designó lo que *es en otro*, es decir, la *existencia de una cosa en otra*, que equivale al ser del accidente en la sustancia. Guillermo de Occam agrega a este significado dos más: el de presencia con ausencia de distancia y el de presencia íntima acompañada de sustancialidad; este último, para designar el carácter de cada una de las tres personas divinas (Santísima Trinidad) en las otras dos. **V. inexistencia intencional.**

INEXISTENCIA INTENCIONAL Brentano se refirió al concepto de *inexistencia intencional,* siendo éste un concepto fundamental en su sicología, según el cual, los actos síquicos poseen una intencionalidad, es decir, se refieren a un objeto; así, aplicando *inexistencia* en el sentido medieval, que ya anotamos, es *un estar objetivamente en algo*, entendiendo *objetivamente* como contenido de un acto de representación; para Brentano, lo importante es la inmanencia del objeto en la conciencia. **V. inexistencia.**

INEXPRESABLE V. indecible.

INFERENCIA En general se llama inferencia aquello que tiene una ilación o consecuencia dentro de un proceso discursivo; se puede decir que se relaciona con una consecuencia lógica en el proceso de razonamiento; por ejemplo, a partir del hecho de que es de día, se infiere que hay luz. En este proceso se pueden distinguir dos clases de inferencias: la inmediata, en la que una proposición se deduce de otra, sin necesidad de una tercera; y la mediata, en la que se necesitan dos o más, para llegar a la deducción. Aunque se han hecho varias clasificaciones, se considera tradicional aquella que está basada en conceptos como cantidad, cualidad, relación y modalidad, y en cuyos razonamientos se puede pasar de lo universal a lo particular, de lo particular a lo universal y de lo particular a lo particular. Con el estudio de estos razonamientos se ha llegado a la formulación de axiomas y reglas que condicionan su validez o invalidez, llamadas *reglas de inferencia* (de separación, de unión, etc.), y que se utilizan tanto en lógica deductiva, como, en general, en todos los sistemas científicos. **V. inferencia formal.**

INFERENCIA FORMAL Proceso mediante el cual aquella proposición o fórmula final en una deducción ha sido el producto de la aplicación, a lo largo de dicho proceso, de premisas de partida, axiomas y reglas, directamente inferidas; esa fórmula o proposición final es llamada «conclusión deducida de las premisas dadas» o «fórmula final de deducción». **V. inferencia.**

INFINITESIMAL En general, aquello que es infinitamente pequeño. En matemática se refiere a una clase de cálculo (cálculo infinitesimal), que comprende el cálculo diferencial y el cálculo integral. **V. integración.**

INFINITO (actual y potencial) En general, se dice que algo es infinito cuando carece de límites. El infinito, por tanto, es la negación del límite, desde cualquier punto de vista con respecto al ser en general. En la filosofía griega, el infinito (*apeiron*) era lo imperfecto, en cuanto indeterminado o inacabado. En la escolástica, se hizo la distinción entre *infinito potencial o indefinido* e *infinito actual o infinito* propiamente dicho; el primero, es aquello que es finito en sí, aunque potencialmente infinito, puesto que puede aumentarse o disminuirse indefinidamente, como sucede con la divisibilidad o multiplicabilidad de un número; el segundo, excluye todo límite, más allá del cual nada puede haber, como la forma y el acto puros, según santo Tomás. También en matemática se utiliza el concepto de *infinito,* cuyo cálculo da origen al llamado *cálculo infinitesimal*. Desde el punto de vista teológico, la infinitud de Dios es actual y significa la plenitud ilimitada del ser divino. La infinitud absoluta de Dios expresa su perfección suprema que no entra en ninguna categoría finita y está por encima de todos los grados del ser creado.

INFORMACIÓN Desde el punto de vista del interés filosófico, la información es entendida como un conjunto de datos (mensaje) denominados datos primarios, los cuales son transmitidos desde una fuente emisora hasta una estación receptora; no se trata de una transmisión de conocimientos o de contenidos semánticos concretos, sino solamente de datos.

INFORMÁTICA Ciencia que estudia el tratamiento automático y racional de la información por canales artificiales. **V. cibernética, información.**

INFRAESTRUCTURA Término que, en general, designa la estructura que sirve como base a otra estructura sobrepuesta; por ejemplo, la infraestructura de un edificio serían sus cimientos. Este concepto se aplica a la base de toda estructura y superestructura, sean éstas de carácter físico, económico, lingüístico, social o de otra índole. En sociología, G. Gurvitch define las infraestructuras como los «procesos y relaciones sociales que acercan, alejan o mantienen a los individuos en puntos equidistantes, que hacen o deshacen vínculos sociales y que son la fuente de la vida social en su integridad». **V. estructura.**

INGARDEN, Roman (1893-) Filósofo perteneciente a la escuela fenomenológica de Husserl y estrechamente relacionado con el círculo de Varsovia en sus investigaciones lógicas y epistemológicas. Es de gran importancia su examen de la obra de arte literaria, que desemboca en una teoría general del objeto, distinguiendo cuatro esferas de objetividad: (a) los objetos llamados ideales, que existen fuera del tiempo; (b) objetos individuales en sentido originario, es decir, determinados por el tiempo y, a la vez, ontológicamente autónomos, esto es, inmanentes; (c) objetividades determinadas por la temporalidad y pertenecientes a un orden superior que, siendo todavía individuos, presuponen como fundamento de su ser y de su subsistir objetos individuales en sentido originario y representan una construcción de los mismos, es decir, objetividades del tipo de una sociedad o familia determinadas, un Estado o comunidad determinados, etc.; (d) objetos puramente intencionales, referidos a actos de conciencia; por tanto, objetividades ontológicamente heterónomas, tales como obras literarias, sistemas jurídicos, etc. Sus principales obras son: *Sobre el peligro de una petición de principio en la teoría del conocimiento; Cuestiones esenciales. Contribución al problema de la esencia; Sobre la posición de la teoría del conocimiento en el sistema de la filosofía; La obra de arte literaria. Investigación en la zona limítrofe de la ontología, la lógica y la ciencia de la literatura; Sobre el reconocimiento de la obra literaria; La controversia sobre la existencia del mundo; Bosquejos de filosofía de la literatura.*

INGENIEROS, José (1877-1925). Filósofo naturalista y sicólogo argentino nacido en Buenos Aires. Estudió medicina en su ciudad natal y fue profesor de sicología allí mismo. Influido por Comte, Spencer y, en general, por el positivismo europeo, desarrolló una metafísica objetiva, antidogmática y de carácter inexperiencial que prescinde de toda filosofía sobrenaturalista. Trabajó en el estudio del pensamiento argentino, el antidogmatismo, la sicología asociada con la genética y la biología, y los problemas siquiátricos relacionados con la criminología. Su obra más conocida es *El hombre mediocre*; otras de importancia son: *Hacia una moral sin dogmas; Los tiempos nuevos; La simulación en la lucha por la vida; Proposiciones relativas al porvenir de la filosofía; Sicología genética; Principios de sicología biológica.*

INHERENCIA (del latín *inhaerens* = estar unido). Existir en algo como un carácter esencial de ello. Algo puede ser inherente no sólo a la naturaleza del objeto, sino también a sus accidentes.

INHIBICIÓN Acción de impedir o detener un acto determinado. En sicología se da este nombre a la capacidad que tiene una representación de debilitar, detener o, definitivamente, impedir la acción de otra.

ININTELIGIBLE Término que designa aquello que no puede ser comprendido o entendido. **V. inteligible.**

INMANENCIA Vocablo que indica el carácter de lo inmanente, es decir, de aquello que *permanece en (immanet, manet in)*, que es inherente al ser y que es imposible separarlo de él. Se refiere a los actos que se realizan en un agente y cuya característica la da su permanencia en él, de tal forma que sólo dentro del agente aquéllos pueden cumplir con su función, lo que lo hace contrapuesto al concepto de trascendencia. Aunque el sentido de la palabra fue utilizado desde Aristóteles, su significación literal se aplicó por primera vez en la escolástica. Kant, a quien se debe la concepción moderna del término, lo empleó para referirse a aquellos principios *cuya aplicación se restringe por entero dentro de los límites de la experiencia posible.*

INMATERIAL, INMATERIALISMO En general, se da el nombre de inmaterial a aquello que no está compuesto de materia, como el alma, las ideas, los números. Platón se refirió en este sentido a aquello que sólo es captado por un *algo* muy interior de la naturaleza del hombre, y no por los sentidos. Aristóteles, en cambio, trató de probar su *realidad*, asociando lo inmaterial con lo material; por ejemplo: la forma de las cosas (material), con la noción de forma (inmaterial). Los escolásticos asimilaron los dos sentidos dados al concepto, pero distinguieron lo inmaterial de lo plenamente inmaterial; en el primer caso, está lo que se desprende de la realidad, luego de ser abstraído mentalmente y, en el segundo, lo que no depende, en ningún sentido, de la materia, como Dios o el espíritu. El inglés Berkeley trató de dar la mayor trascendencia a lo inmaterial, en su afán de defender sus convicciones idealistas, en contra del escepticismo, del materialismo y del ateísmo; por eso su doctrina es conocida como *inmaterialismo.* **V. Berkeley.**

INMEDIATO En general, lo más cercano ya sea en el tiempo o en el espacio. En filosofía se analiza dentro del área del conocimiento. Se dice que hay conocimiento inmediato, noseológicamente, cuando no existen intermediarios entre el objeto cognoscitivo y el sujeto cognoscente. En lógica se considera como conocimiento inmediato, aquella forma de conocer proposiciones en forma directa al suponerse su evidencia (como en el caso de los axiomas), es decir, que no se necesita razonamiento alguno para su conocimiento. En sicología, esta clase de inmediatez en el conocimiento se da por la aprehensión directa. Es muy importante el concepto de inmediatez en Hegel, ya que aplica este vocablo no sólo en el área cognoscitiva, sino que profundiza en lo que llama *religión inmediata*, es decir, un saber inmediato de Dios; así mismo, da diferentes grados a la inmediatez. **V. cognición, conocimiento.**

INMORAL Aquello que va en contra de las normas establecidas como morales. Es importante hacer notar la diferencia que existe entre lo inmoral y lo amoral; el primer concepto es considerado como una posición de enfrentamiento o actividad negativa hacia lo moral, y el segundo como una apatía hacia los preceptos morales, es decir, que prescinde de ellos. El concepto filosófico fue asociado por Nietzsche como una doctrina (inmoralismo), donde los fenómenos morales son inexistentes y éstos son remplazados por una *interpretación moral de los fenómenos.* **V. amoral, amoralismo, moral.**

INMORTALIDAD Carácter de aquello que jamás perece, de lo que conserva la vida en estadios diferentes al mundo físico. Este carácter le ha sido atribuido en diversas épocas y desde diferentes puntos de vista, en primer lugar al *demiurgo* o al creador o, en todo caso, a lo que haya sido considerado como ser divino; también, en diferentes contextos se ha atribuido este carácter al *alma*, entendida como principio que da la vida a los cuerpos de los seres vivientes, pero que puede existir separado de ellos. Casi todas las religiones sostienen las dos clases de inmortalidad a las que nos referimos. En las diversas concepciones filosóficas que se han tenido sobre la inmortalidad, ha ejercido una gran influencia la teoría platónica que afirma la existencia de una vida después de la muerte: la vida del alma en forma separada, independiente del cuerpo, que es visto como un obstáculo para que el alma encuentre su plenitud; también en Platón, otro argumento, el de la *simplicidad*, afirma que sólo las cosas compuestas perecen; al ser el alma una cosa simple, su ser es inmortal, pero debe ser purificado mediante la metempsicosis o transmigración sucesiva hasta recobrar su simplicidad original. Esta doctrina en que el alma es análoga con la idea, pasó al cristianismo, pero bajo la forma de la persona cuyo espíritu tiene un destino eterno, que es el reino de Dios. Para santo Tomás, el *intelecto*, que es incorpóreo e inmortal es el principio que opera *per se* en forma separada del cuerpo: es una inmortalidad por *participación* y no por *esencia*, como sí lo es la inmortalidad de Dios. Para Kant, la inmortalidad es un postulado de la razón práctica.

INNATISMO Teoría que sostiene que existen en el espíritu o alma de los seres humanos, ideas o nociones *innatas*, es decir, que existen como una condición natural de todo hombre, sin excepción alguna. Esta doctrina, muy antigua, se desarrolló en toda la filosofía griega, excluyéndose únicamente de ella a los sofistas y a los escépticos, y contando alguna diferencia que sostuvieron el platonismo y el aristotelismo, que se refería a la *actualidad* que poseen los seres humanos de aquellas nociones básicas consideradas como principios fundamentales. En especial, el estoicismo, en su etapa más desarrollada, sostuvo que las *nociones comunes* eran innatas y, por tanto, la certeza absoluta correspondía a esas ideas innatas; el concepto estoico a este respecto tuvo gran influencia en todo el innatismo moderno. En el siglo XVII se revivió el innatismo, en especial con Descartes y con la escuela de Cambridge; tanto el primero, como los filósofos pertenecientes a la escuela citada defendieron esta doctrina, siendo famoso su enfrentamiento con pensadores contrarios al innatismo, en especial con Locke y de este último con Leibniz, quien saca de su metafísica todo empirismo (si se supone que los empiristas son antiinnatistas): reafirma en este sentido concreto el carácter innato de las ideas y rectifica el principio de que *nada hay en el entendimiento que no haya estado antes en los sentidos, exceptuando de él el propio entendimiento*. En la filosofía kantiana, poskantiana y contemporánea, el tema del innatismo ha sido tratado por casi todos los filósofos, siendo aceptado o rechazado, no en su totalidad, sino tomando de su doctrina algunos planteamientos, según se ajusten o no a doctrinas más específicas como el naturalismo, empirismo, relativismo, historicismo, nominalismo, evolucionismo, etc. **V. Cambridge (escuela de), innato, ideas innatas, Leibniz, Locke, John.**

INNATO Vocablo que se refiere a todo aquello que nace con el ser y que, por tanto, es propio de su naturaleza primaria. En filosofía está ligado con la teoría del conocimiento y se asimila especialmente a las ideas nacidas con el hombre, es decir, que no se adquieren por la experiencia, teoría defendida por el innatismo. **V. innatismo.**

IN SE Expresión latina que significa *en sí mismo*. Designa un ser cuya realidad le es propia. Fue usada en primer lugar por los escolásticos; más tarde por Spinoza, en su conocido axioma que expresa: «*Entiendo por sustancia lo que es en sí y se concibe por sí*». **V. Spinoza.**

INSOLUBLES En general, problemas que no tienen solución. En la lógica tradicional, aquellos problemas que se refieren a las paradojas (la mayoría de carácter semántico), los cuales parecen no tener solución y que, en general, con el tiempo fueron solucionados con dificultad. El término se origina en la palabra latina *insolubilia*, vocablo que se aplicó a ciertos problemas que algunos autores medievales agruparon en sus escritos y que llamaron *De insolubili*. **V. aporema, paradoja.**

INSTANTE Puede designarse como instante la fracción mínima posible de tiempo; el *ahora*, que cuando se percibe ya ha pasado. Esta definición puramente temporal es satisfactoria solamente en parte, ya que desde los antiguos griegos constituyó una preocupación filosófica relacionada con la divisibilidad del tiempo y con la posibilidad o imposibilidad de la continuidad, expresada en las aporías del tiempo de Zenón de Elea; también Aristóteles analizó el problema del ahora, acerca del cual escribió: «El ahora mide el tiempo en tanto que el tiempo abarca el antes y después. El ahora es en un mismo sentido el mismo y en otro sentido no es el mismo». Y agrega más adelante: «El tiempo, pues, se hace continuo por medio del ahora y se divide por medio del ahora». Durante la Edad Media se discutió si el instante es o no parte del tiempo, siendo muy diferente su concepto al relacionarlo, bien con el ahora, bien con la eternidad, ya que el tiempo fluye mientras la eternidad no fluye y, por tanto, el instante en la eternidad es el *presente eterno*. Para Descartes, el que los instantes se sucedan, esto es, no existan al mismo tiempo, permite el concepto de *duración*, así, la cosa que dura cesa en todo momento de existir y sólo la creación continua por parte de Dios sostiene al mundo en su duración: ser creado es ser *instantáneo*. Para Locke, el instante es una *idea;* es la parte de la duración en la cual —escribe—, *no percibimos sucesión (...) y es la que ocupa el tiempo de una sola idea en nuestro espíritu sin la sucesión de otra, con lo cual, por tanto, no percibimos ninguna sucesión*. Los racionalistas consideran el instante metafísicamente refiriéndose primariamente a su estructura, mientras los empiristas examinan esta noción sicológicamente refiriéndose a su origen. En Hegel, el instante o *ahora* deja de ser, no es verdad, cuando ha pasado; sin embargo, hay un ahora que se conserva y es el no inmediato, sino el mediatizado al ir ascendiendo hacia formas de conocimiento más universales, de manera que la verdad del *ahora* deviene en un *ahora universal.* Kierkegaard define el instante como la inserción de la eternidad en el tiempo, o momento que pasa *quedando y se queda pasando.* Heidegger distingue entre el *instante inauténtico*, que consiste en el mero *pasar* sin que nada se haga realmente presente, y el *instante auténtico* o auténtico presente; también se refiere a las distintas formas que asume el instante en cada modo constitutivo de la existencia (el instante de la aceptación de estar arrojado en el mundo, el instante de la huida de tal aceptación, etc.); así, mismo, habla de las realidades intramundanas como un *ahora* y de la ocultación del auténtico instante por el *ahora-tiempo:* el verdadero *ahora* es un *ahora-ahí*, pues el presente se funda en la *presencia.*

INSTINTO Tendencia innata de los seres vivos para realizar algunas acciones, consideradas vitales en ellos, en las que no se necesita ni un entrenamiento previo, ni la plena conciencia de sus fines. Se estiman instintivas acciones como la conservación de la especie, la búsqueda del alimento, la necesidad de defensa, etc. Por extensión se aplica a aquellos actos que se desarrollan en forma irreflexiva o por simple intuición. William James propuso dos leyes básicas de los instintos: la primera (de inhibición), en donde éstos son inhibidos mediante la superposición de los hábitos y la segunda (de transitoriedad), que plantea el hecho de que algunos de ellos se hacen más fuertes en algunas edades y luego disminuyen o desaparecen. **V. reflejo.**

INSTRUMENTAL Es instrumental aquello que se sirve de instrumentos para lograr un fin determinado; también se designa con este nombre el conjunto de instrumentos que sirven a un fin determinado. En filosofía, el concepto de instrumento ha dado origen al denominado *idealismo instrumental*, que establece una coordinación de principio entre el objeto y el instrumento, y el principio de la *imposibilidad de control,* según el cual el proceso de medición o determinación de tales o cuales propiedades de los microobjetos provoca alteraciones incontrolables. El idealismo instrumental afirma que, mediante el instrumento, el sujeto *prepara* o *crea* la realidad física. Uno de los más destacados filósofos de esta corriente es Pascual Jordan. **V. instrumento.**

INSTRUMENTO Medio o recurso, material o lógico, que el hombre crea con el fin de suplir las carencias que encuentra en sí mismo para lograr una finalidad, o que agilizan el trabajo humano haciendo que se logre el mismo resultado que se conseguiría utilizando los propios medios, pero en un tiempo sensiblemente menor; por ejemplo: los que construye para emitir sonidos que su propio cuerpo no está en condiciones de producir, los que ha inventado para levantar pesos superiores a sus fuerzas; los métodos que utiliza o las leyes en que se basa para resolver un problema matemático; las máquinas que permiten la exactitud de las mediciones, etc. Se puede decir que el estadio en que se encuentra una cultura puede inferirse del tipo de instrumentos de los cuales se sirve. En filosofía se ha empleado el término para plantear el llamado *idealismo instrumental*, al cual pertenece, entre otros, Pascual Jordan, quien afirma que «mediante el instrumento, el sujeto prepara o crea la realidad física». Pero en la doctrina que con más énfasis se emplea el vocablo, es en el llamado instrumentalismo, al que pertenecen J. Dewey (su principal exponente), Hook, Childs y Schlesinger; esta doctrina considera que las leyes científicas, sus conceptos y teorías son únicamente instrumentos, o simples «planes para la acción» forjados por la vida para su adaptación al medio; en resumen, afirma que la esencia de la racionalidad humana consiste en la continua producción de nuevas técnicas para dominar el mundo; mediante los instrumentos particulares, la razón se manifiesta históricamente (lenguajes, argumentaciones lógicas, ciencias, etc.). **V. Dewey.**

INTEGRACIÓN En matemáticas, proceso que forma parte del cálculo infinitesimal, que se refiere a la formación de una integral (representado por el símbolo *z)*, la cual representa un valor límite al que tiende una suma cuando cada uno de los sumandos que la integran decrece en forma regular y el número de ellos aumenta. La integración tiene aplicaciones prácticas en las ciencias exactas, en especial en física y geometría; en esta última, representa el área total bajo una curva, limitada en sus extremos, a lo largo de un plano cartesiano (integral definida). El vocablo es también utilizado en biología, e indica aquel fenómeno mediante el cual organismos que se dividen por cualquier razón, se completan, formando nuevamente un todo. El concepto biológico se aplica también a la sociedad considerada como un organismo sustentado por la integración de sus componentes. **V. infinitesimal.**

INTEGRACIONISMO Dirección filosófica que intenta ubicarse en puntos intermedios entre dos posiciones antagónicas. En realidad, no se trata de mediar entre esas posiciones extremas, sino de ubicarse en un sitio lo más cercano posible a la realidad. Específicamente, el integracionismo se aplica a dos posiciones vistas como realidades absolutas: la existencia humana, por una parte, y la naturaleza, por la otra. Estas posiciones extremas han dado como resultado doctrinas tan opuestas como el idealismo frente al realismo, o el existencialismo frente al cientificismo. El integracionismo sostiene, en realidad, que no existen estados que sean por completo propios de la conciencia o del objeto, sino que, generalmente, en unos casos, pesa más una posición con respecto la otra y, en otros, sucede lo contrario.

INTELECCIÓN Acto de entender o concebir realizado por el intelecto. **V. entendimiento, intelecto.**

INTELECTO Término que proviene del latín *intellectus*, traducción del vocablo griego *noûs*. En general se conoce como aquella facultad humana capaz de realizar actos del pensamiento. También se puede designar con los nombres de inteligencia y de facultad intelectual. Anaxágoras hizo la distinción entre *noûs* como orden cósmico y *noûs* como la actividad pensante que refleja este orden; de esta distinción proviene el término *gnosis*, que designa el contenido de la actividad del pensamiento. Para Aristóteles, el conocimiento sólo surge cuando hay *intelecto*, que es una de las facultades del alma: *la parte del alma con la cual el alma conoce y piensa*. Dentro del pensamiento medieval tuvo vigencia la discusión sobre la existencia de dos clases de intelecto: el intelecto activo y el intelecto pasivo. Posteriormente, el concepto de intelecto pasó a ser materia de las diversas teorías del conocimiento. **V. conocimiento, intelecto activo, inteligencia.**

INTELECTO ACTIVO Aristóteles opuso al que denominó *intelecto pasivo* o capacidad para comprender, aprehender, las cosas inteligibles, lo que llamó *intelecto activo,* por el cual la aprehensión de los aspectos inteligibles se hace efectiva y se actualiza. El primero puede considerarse como un intelecto «en potencia», mientras el segundo es agente o actuante. Esta distinción se mantuvo durante la vigencia del pensamiento escolástico: santo Tomás, por ejemplo, radica los dos intelectos –activo y pasivo– en el *alma*, como partes de ella, como potencias; la actividad o pasividad del intelecto son funciones de éste con respecto a la realidad y corresponde al intelecto activo descubrir y aprehender lo que de inteligible tiene la realidad sensible. Para Alejandro de Afrodisia, el intelecto activo es uno y eterno y se identifica con el primer motor; y para Averroes, entre intelecto activo e intelecto pasivo no hay diferencia alguna, pues forman uno solo; este intelecto único es *la esfera de las almas humanas*. Avicena dice que el único intelecto es el activo. El problema de los dos intelectos dejó de existir tal como lo hemos presentado, y pasó a ser materia de la teoría del conocimiento. Para Kant, el intelecto está constituido por los conceptos de entendimiento, que hace posible la ciencia y, por tanto, es trascendente.

INTELECTUAL Se denomina intelectual todo aquello que pertenece al intelecto o entendimiento, a los objetos del intelecto, y también al proceso mismo de intelección. Para Kant, el *mundo intelectual* es el mundo en cuanto es accesible al sujeto cognoscente por medio de las formas y conceptos *a priori*.

INTELECTUALISMO Doctrina filosófica que coloca en un primer plano el conocimiento por medio del intelecto, y lo separa del conocimiento sensorial y basado en la *praxis*. Ya en la filosofía griega, los eleatas y los platónicos negaron la veracidad del conocimiento sensorial, considerándolo pura y engañosa apariencia y haciendo del conocimiento intelectual el único digno de credibilidad. En la filosofía moderna, el intelectualismo se opone al sensualismo, y la vigencia de esta posición filosófica se ha mantenido en el positivismo lógico y hasta nuestros días en algunos sectores filosóficos, aunque cada vez más reducidos. Ha habido muy diversas corrientes intelectualistas; por ejemplo, en la teoría del conocimiento generalmente predomina la tendencia a considerar la inteligencia, el entendimiento y la razón como las únicas facultades capaces de conocimiento.

INTELIGENCIA Facultad o función del intelecto. En sentido metafísico, san Agustín usó el término latino *intelligentia* para designar la facultad del alma humana que es superior a la razón y que da lugar a una visión interior que sólo es posible mediante la iluminación divina; para santo Tomás, *intelligere* es sinónimo de percibir o entender, es la percepción intelectual, una de las virtudes intelectuales. En sicología, la *inteligencia*, entendimiento o intelecto, se considera una de las facultadas humanas básicas. En el llamado *análisis factorial de la inteligencia*, ésta se considera como un conjunto de funciones que conforman una *facultad*. Con respecto a esa facultad, se ha discutido si es propia exclusivamente de los seres humanos o si también es poseída por los animales: Köhler, con base en sus experiencias acerca de la inteligencia en los chimpancés, afirmó que no es la inteligencia una facultad exclusiva del hombre. Max Scheler distingue entre inteligencia y razón, siendo la última la que caracteriza al hombre, pues consiste en la facultad de aprehensión de esencias puras. Para Fichte, la inteligencia tiene dos aspectos: uno teórico y otro práctico; y para Hegel es la facultad cognoscitiva.

INTELIGENCIA ARTIFICIAL Expresión que designa la supuesta *inteligencia* propia de las máquinas desarrolladas por la tecnología, la que se atribuye a los instrumentos de la informática, en especial a las computadoras y a otros instrumentos de cálculo. Éstas están capacitadas para realizar operaciones y entablar diálogos con el usuario, funciones que anteriormente estaban estrictamente reservadas al hombre, y pueden realizarlos con una rapidez considerablemente mayor que el cerebro humano. Se ha discutido, por una parte, la dependencia cada vez mayor que tiene el hombre con respecto a esos instrumentos y la práctica anulación de las facultades humanas en la realización personal de tales operaciones; por otra parte, debe considerarse que tal *inteligencia* artificial ha sido creada por el hombre, depende de él, y por tanto no es independiente ni creadora.

INTELIGIBLE En un sentido muy general, inteligible es un término que se refiere a lo *pensable* o racionalmente comprensible. En un sentido más particular, designa todo aquello que se puede conocer por medio y sólo por medio de la razón o de la intuición intelectual. Este concepto es opuesto a *sensible*, que es todo aquello que se puede conocer por medio de los sentidos. Para Platón, lo inteligible son las cosas en cuanto verdaderas; para Plotino, el *noûs* es lo inteligible, es el contenido de la inteligencia, primera emanación de lo uno, y para Aristóteles, las cosas inteligibles son objeto del pensamiento. En la escolástica se consideró que lo sensible tiene elementos inteligibles que mueven el intelecto, siendo el intelecto activo la virtud que puede aprehenderlos: lo inteligible puede serlo por su esencia o por accidente y, en ambos casos, es lo cognoscible por medio del intelecto. En el racionalismo de Leibniz-Wolff se admite un mundo inteligible y su cognoscibilidad; en cambio, los empiristas han rechazado la existencia de ese mundo inteligible. Kant, por su parte, identifica el mundo inteligible con el mundo nouménico y, por tanto, para él, es incognoscible.

INTENCIÓN, INTENCIONAL En general el término intención se refiere a la tendencia o dirección de la voluntad hacia un objeto específico; es el deseo deliberado de hacer algo; por tanto, un acto *intencional* es aquel que lleva de forma implícita la premeditación, con el fin de lograr un propósito predeterminado. Los escolásticos del siglo XIV dieron al término intención un sentido diferente, al estudiar lo que denominaron *primeras y segundas intenciones*, las primeras referidas a los objetos reales (clases) y, las segundas, a los objetos lógicos (identidad, alteridad, incomposibilidad, etc.). El estudio de las intenciones es una de las bases de la fenomenología de Husserl; dice este filósofo: *el adjetivo calificativo intencional indica el carácter esencial común a la clase de vivencias que se trata de definir, la propiedad de la intención, el referirse a algo objetivo en el modo de la representación o en cualquier modo análogo.* En sentido ético, la noción de intención siempre ha tenido una gran importancia, por cuanto la voluntad se determina mediante una intención. Para Kant, la facultad del juicio concibe la naturaleza *como si* hubiera intención en sus fines. Para las éticas formalistas solamente son morales los actos que tienen una intención moral, sin importar cuáles sean sus resultados; en cambio, para las éticas no formalistas o materiales lo que importa para el juicio ético es el resultado de la acción moral; pero para la mayoría no es posible separar completamente la intención de la acción u obra, separación que se considera artificial. Para Nietzsche, en el *período moral,* que es el segundo de los tres que establece (los otros dos son el *premoral* y el *ultramoral),* domina la moral de las intenciones; en el tercero o *ultramoral,* el valor de una acción se encuentra en el hecho de no ser intencional, lo que permite situarse *más allá del bien y del mal.* Para S. Hampshire, filósofo del lenguaje, una de las características de la noción de intención es que *en cualquier uso del lenguaje con vistas a la comunicación oral o escrita, hay una intención tras las palabras efectivamente usadas, es decir, lo que pretendo decir, o que se me entienda que digo, por medio de las palabras empleadas.*

INTENCIONALIDAD Dirección de la intención hacia un objeto determinado. La noción de intencionalidad es un concepto central de la sicología de Brentano; para él, los actos síquicos poseen una intencionalidad, ya que se refieren a un objeto o lo mientan; por esto, lo importante es la inmanencia de un objeto en la conciencia más que la dirección de la conciencia hacia el objeto. Husserl denomina intencionalidad al *estar orientado hacia* algo, en lo cual consiste, precisamente, la estructura, la esencia de la conciencia. **V. intención, intencional.**

INTENSIÓN (del latín *intentio*= aumento, intensidad) En lógica moderna, simbólica o matemática, este término remplaza al término tradicional *comprensión y significado*, y se contrapone al término *extensión*.

INTERACCIÓN Se denomina interacción a toda relación o nexo entre los fenómenos y los objetos materiales, en que los cuerpos experimentan una influencia recíproca. Engels definió la interacción como causa final de todo lo existente. En física, la interacción se manifiesta como acción de corto alcance, cuya velocidad de propagación en el caso límite es igual a la velocidad de la luz en el vacío. La organización estructural de todo sistema material está basada en la interacción, como también la organización estructural de todo sistema social, político y económico.

INTERDEPENDENCIA Relación existente entre dos o más objetos materiales, fenomenológicos, sicológicos, matemáticos o de otra índole, en la cual cada uno depende mutuamente del otro o de los otros.

INTERÉS Orientación o dirección del pensamiento y de la acción, en la que participa activamente la voluntad. El interés es una directriz tanto en el sentido individual, como en los grupos sociales, culturales, históricos, económicos, etc., y presenta aspectos subjetivos en cuanto la tendencia de los individuos, y objetivos por cuanto pueden en el sujeto ser reflejo de las circunstancias dadas en el mundo exterior, tales como el marco sociocultural, las condiciones en que se desarrolla la vida y muchos otros factores que inciden en las direcciones que opte el interés particular del sujeto. En sicología, el interés se define como una actitud emotiva por parte del sujeto hacia un objeto determinado, que lo impele a concentrar en ese objeto su atención; este interés, según su duración en el tiempo, puede ser pasajero, o bien, permanente o estable; el interés permanente constituye un rasgo de la personalidad individual y de su capacidad creadora, que lleva a la realización de fines y a la ampliación del conocimiento. **V. Habermas.**

INTERPRETACIÓN Y MODELO Aunque, en general, *modelo* se interpreta como paradigma o ideal digno de ser imitado, o patrón con el cual se establece una comparación, la relación entre interpretación y modelo se utiliza al distinguir entre un *modelo* y una *teoría*, por cuanto el modelo para una teoría equivale a una interpretación de esa teoría, la cual puede tener diversos modelos; un modelo teórico se entiende como un modo de ver una realidad o un proceso *como* si tuvieran tales o cuales características, lo que es diferente de una explicación teórica en sentido estricto.

INTERROGACIÓN Pregunta. La *lógica erotética* tiene por objeto las expresiones interrogativas; algunos autores, como G. Stahl, han propuesto el signo de interrogación (*?*) como nuevo signo; para este autor, las *respuestas suficientes* son elementos que pertenecen a la clase de las preguntas o interrogaciones y que deben pertenecer a la clase de las *expresiones bien formadas* de la lógica erotética. Estas expresiones son introducidas mediante un metalenguaje, formalizado en un metasistema. Por medio de la lógica de las preguntas, según él, se pueden establecer relaciones de identidad, unión, intersección e inclusión. Otro autor interesado en la lógica erotética es D. Harrah, quien la inserta en una lógica proposicional, e interpreta el proceso de pregunta y respuesta como un juego en el que se casa o *aparea* la información dada con la requerida. En un sentido diferente, interrogar se considera como un modo de *ser* de la existencia humana, siendo existencial solamente la interrogación que la existencia se hace sobre sí misma, convirtiéndose ella en *cuestionable;* para Heidegger, el interrogar es fundamentalmente un preguntar por el ser, visto como un preguntar previo o *pre-preguntar;* sólo se puede preguntar por aquello que se sabe y lo preguntado determina la dirección del preguntar y de la respuesta.

INTERSUBJETIVO Se denomina intersubjetivo aquello que constituye el punto medio entre la pura subjetividad y la pura objetividad, por cuanto no se refiere a ningún sujeto determinado, sino al sujeto como tal o *sujeto en general;* en este caso están el sujeto puro y el sujeto trascendental, que no son sujetos empíricos. Lo intersubjetivo revela que tanto el sujeto como el objeto son aspectos de una misma realidad neutral frente a ambos. La intersubjetividad se refiere a la cuestión de la posibilidad de un conocimiento objetivo válido para todos los sujetos que lo poseen y, también, al reconocimiento por un sujeto cualquiera de otros sujetos. Husserl relacionó el concepto de intersubjetividad con el de *endopatía*: *dentro del marco de la conciencia originariamente experimentante se forman unidades propias que representan eslabones intermediarios en la constitución completa de la cosa*. Al ascender en esos grados y capas a partir del puro flujo de lo vivido, surge un grado que es el de *la cosa intersubjetivamente idéntica*, cuya constitución se halla relacionada con una multiplicidad indefinida de sujetos en estado de *comprensión mutua*. El positivismo lógico plantea el problema de cómo superar el solipsismo lingüístico y lo resuelve al proponer que la superación tiene que llevarse a cabo mostrando que los enunciados relativos a hechos observados son traducibles al lenguaje de cualquier otro observador, esto es, que son en rigor intersubjetivos. En esta dirección se orienta el llamado *fisicalismo*, que intenta demostrar que es posible la comunicación intersubjetiva por medio de la *fisicalización* del lenguaje.

INTIMISMO Tendencia filosófica y literaria, en la que se da la mayor importancia a los hechos y sentimientos íntimos o interiores del ser. Es una especie de subjetivismo en que la realidad exterior al hombre se interpreta siempre de acuerdo con el punto de vista subjetivo, se interioriza y se transforma en una cierta impenetrabilidad, en una especie de «egoísmo metafísico» o «solipsismo».

INTRAMUNDANO Término que significa *dentro del mundo*. Heidegger distingue entre mundano, que es una forma de ser del *dasein* e intramundano o *perteneciente al mundo* tal como lo están los *entes presentes*, cuando es una manera de *estar-en* del ente presente; habla del instante en las realidades intramundanas como un *ahora* y de la ocultación del auténtico instante por el *ahora-tiempo*. También, otros autores han opuesto lo intramundano a lo trasmundano, en cuanto lo trasmundano se refiere a las realidades más allá del mundo. En metafísica, lo trasmundano puede ser concebido como fundamento de lo intramundano y es posible construir una metafísica trasmundana a partir de lo intramundano. **V. *dasein*.**

INTRANSITIVIDAD En lógica, es una de las propiedades de las relaciones, que se da cuando una entidad *x* tiene la relación *R* con *y*, y la entidad *y* tiene la relación *R* con *z*; entonces, no es el caso que la entidad *x* tenga la relación *R* con *z*. Por ejemplo, la relación *triple de*.

INTRÍNSECO Vocablo que indica aquello que pertenece a la parte interior del ser y que, por consiguiente, forma parte integral del mismo. El concepto es opuesto a extrínseco, es decir, lo externo y que por tanto no forma parte integral del ser. **V. inherencia.**

INTROSPECCIÓN Aquel acto por medio del cual el ser puede mirar en su interior. Aunque el vocablo ha sido utilizado por muchos filósofos, en la sicología ha tenido mejor interpretación en la llamada «sicología introspectiva», método que algunos defienden por considerarlo «el único que permite un acceso a la realidad síquica».

INTROYECCIÓN Acción del ser que consiste tomar para sí propiedades o características de otro ser. El francés Richard Avenarius ha empleado este término de una forma más concreta, para indicar un proceso, llamado *proceso de introyección* (proyección a lo externo de los elementos pertenecientes a las representaciones internas), en el que se ha deformado, mediante la falsificación de la imagen del mundo, el concepto *natural* de ese mismo mundo; es decir, según él ha habido un rompimiento en este concepto, que ha dividido su realidad en dos partes, una interna y otra externa.

INTUICIÓN En general se podría definir como aquella clase de conocimiento inmediato que no requiere el razonamiento. En filosofía, el concepto fue estudiado desde la antigua Grecia; Platón trató de destacar la acción de la intuición sobre la deducción (pensar discursivo); en cambio, Aristóteles les dio gran importancia tanto a la intuición como al razonamiento para llegar a la verdad. Descartes une al método deductivo la intuición, de tal forma que por medio de su combinación se llegue a la plena evidencia. Spinoza le dio tal importancia, que la consideró el *tercer grado* del conocimiento, aquel que aprehende la esencia de las cosas. Kant profundizó en este concepto y, aunque reconoció tres clases de intuición, sólo aceptó como válida la que llamó *intuición pura* (las otras dos son la intelectual y la empírica); se refirió a ella como aquella nacida de formas *a priori* de la sensibilidad, puesto que ésta es activa e *imprime su huella en todo lo que aprehende*. Los filósofos poskantianos fueron influidos en este aspecto por el concepto de la intuición pura y desarrollaron, en general, teorías afines con algunas variantes. Para Schopenhauer, *la sustancia íntima de todo conocimiento real es una intuición: toda verdad es fruto de una intuición*. La intuición filosófica es innata en el hombre, pues –escribe– *cada uno de nosotros intuye en sí mismo un doble aspecto del ser:* su propio organismo y la voluntad; esta última como el conjunto de necesidades, de sentimientos e impulsos tendientes a conservar la vida, que es *la verdad filosófica por excelencia*. Husserl basa su fenomenología en la intuición, pues el examen de las evidencias, es decir, de los fenómenos, se toman tal como se presentan a la intuición, independientemente del hecho de que les corresponda o no una realidad; este autor le dio a la intuición de las esencias ideales el nombre de *intuición eidética*, que para él constituye la verdadera base de toda ciencia rigurosa.

INTUICIONISMO En general, corriente filosófica en la que es más importante la intuición que el razonamiento. Aunque este concepto es muy general, se puede afirmar que a esta corriente pertenecen los filósofos que, de alguna manera, aceptan la intuición como parte metodológica y metafísica del conocimiento. Filosóficamente se puede decir que existen dos clases de intuicionismo: uno de carácter ético y otro de carácter metafísico; el primero, desarrollado principalmente por los ingleses George E. Moore, Henry Sidgwick, Harold A. Prichard y William D. Ross, se refiere a ciertas doctrinas morales que afirman que algunos conceptos éticos se refieren a cualidades que han sido tomadas directamente por medio de la intuición; el segundo, adoptado por el idealismo romántico, tiene como fundamento una intuición básica de la cual se pueden deducir procedimientos discursivos. Existe, además, un intuicionismo matemático, iniciado como escuela a principios del siglo XX; los intuicionistas matemáticos defienden el concepto de que la importancia de la demostración matemática debe estar basada en la *claridad intuitiva* de cada uno de sus supuestos, así como en el análisis de la aplicabilidad o no de las reglas lógicas, y no en su rigor lógico. **V. intuición, matemática (filosofía de la).**

INTUITIVO Acto o conocimiento propio de la intuición. **V. intuición, intuicionismo.**

INVARIANCIA Característica o propiedad de algunas leyes, ecuaciones o sus magnitudes respecto a un sistema de referencia, para mantenerse invariables, así haya sido cambiado ese sistema. Las transformaciones que se producen en el sistema pueden ser de tipo espacial (como en el caso de las coordenadas), en el tiempo, en el medio en que se realiza cualquier experimento físico o químico, etc.

INVARIANTE Aquella ley, magnitud, propiedad o ecuación que no varía, así haya transformaciones en su marco de referencia o en sus condiciones, ya sean éstas de carácter físico, matemático, etc.; es decir, que conserva su condición de invariancia. **V. invariancia.**

INVERSO DEL CONDICIONAL Nombre dado a aquella proposición que utiliza la conectiva condicional, en la que se niega tanto el antecedente como el consecuente. Si el condicional es de la forma $p \supset q$ (si p, entonces q), el inverso del condicional será $\sim p \supset \sim q$ (si no p, entonces no q). Por ejemplo: «Si no hay infección, entonces no hay fiebre». **V. condicional.**

INVESTIGACIÓN Término que designa la acción de búsqueda en materiales prexistentes o secundarios, o bien en fuentes primarias, de materiales que aporten conocimiento sobre un tema determinado. La investigación implica un proceso mental en la realización de las operaciones preliminares, cuya extensión y naturaleza varían mucho con la naturaleza del objeto de la investigación: acopio y selección de los materiales, interpretación de los datos obtenidos, caracterización y valorización, establecimiento de series cronológicas, ubicación dentro de un proceso histórico, determinación de categorías y criterios de análisis, etc., todo ello enmarcado en lo que se denomina *metodología de la investigación*. Es importante subrayar el hecho de que en muchas ocasiones la investigación se convierte en un fin en sí mismo, lo cual sólo aporta materiales debidamente ordenados y analizados, pero no aplicados a las soluciones requeridas por los problemas reales. El proceso de investigación culmina con la formulación de conclusiones que permitan, a su vez, la formulación de tesis, teorías o leyes universales o generales, aplicables a un fin prestablecido o a la solución de problemas tanto particulares como generales. **V. metodología.**

INVOLUCIÓN En general, este término designa el paso de lo heterogéneo a lo homogéneo, de lo múltiple a lo uno. Se ha considerado que a la evolución o despliegue puede suceder la involución o repliegue, concepto que se aplica tanto a los organismos como a las ideas o conceptos. André Lalande utiliza este vocablo para designar el paso de lo heterogéneo a lo homogéneo que tiene lugar en los procesos espirituales, sobre todo en los de carácter racional, donde la asimilación parece ser la ley. El proceso involutivo o asimilativo se puede constatar en la repartición de la energía, en el mundo orgánico con la muerte, en el concepto de muerte con su afán de reducción a la unidad, en el arte con la tendencia a la universalidad, y en la vida social con la tendencia a reducir las diferencias y regirse por el humanismo.

IRONÍA Término de origen griego que significa disimular o fingir que se conoce algo, utilizando la ficción con una finalidad determinada. La ironía clásica está representada por Sócrates, quien la utilizaba como un método o recurso para que su interlocutor cayera en la cuenta de su propia ignorancia, de manera que quien pretendía saber, no sabía, y quien pretendía no saber, sabía. Para Aristóteles, la ironía era simulación y, para santo Tomás, una vanidad sutil utilizada para eludir la propia responsabilidad. Varios escritores románticos utilizaron la ironía –Schlegel y Solger, entre otros– para presentar la tensión constante que existe entre elementos antagónicos; para F. Schlegel, consiste en presentar elementos en tensión que son el resultado del constante juego del *yo* libre. Para Kierkegaard, en su obra *El concepto de ironía*, ésta es duda y aceptación de la duda y advirtió diversos grados de la ironía, incluyendo a todos ellos en el estadio estético. Para Bergson es el anuncio de *lo que debiera ser, fingiendo que es así en realidad*. **V. Sócrates, Rorty.**

IRRACIONAL, IRRACIONALISMO En general, se dice que es irracional todo aquello que está privado de razón, lo que es ajeno a la razón y, también, lo que es contrario u opuesto a la razón. No obstante esta definición, han sido muchas las significaciones que en sus obras los filósofos han dado a este término. En general, las filosofías *irracionalistas* sostienen que la realidad es, en último término, o irracional o no racional, como ocurre en las llamadas *filosofías de la vida y de la acción* (Schopenhauer, Hartmann, Bergson, Keyserling, Spengler, entre otros). Cabe aquí hacer mención de la distinción establecida por Hartmann entre lo *irracional* y lo *alógico*, pues, al ser lo irracional aquello que no se halla en la esfera del conocimiento, no puede decirse que lo racional es lo lógico y lo irracional lo alógico; para él, hay tres tipos de irracionalidad: lo *irracional alógico* (como es la mística), lo *irracional transinteligible*, en el sentido de lo no cognoscible, de lo que trasciende el conocimiento; y lo *eminentemente irracional, que combina lo alógico con lo transinteligible*. En todo caso, según Hartmann, lo irracional es comprobado por la no concordancia absoluta de las categorías del conocimiento con las categorías del ser. Se puede decir que hay un irracionalismo *ontológico,* según el cual la realidad misma (el ser mismo) es irracional y, por otra parte, un *irracionalismo noético,* según el cual hay inconmensurabilidad entre el conocimiento y la realidad. Para C. Carbonara, el término *irracionalismo* designa *la empresa especulativa basada en las potencias irracionales de la mente.* Autores como Dilthey y Bergson ven en el irracionalismo un método de conocimiento, y Ortega y Gasset, la contrapartida del espíritu racionalista, que acepta la realidad tal como es, pues el mundo se resiste a *ser entendido como pura racionalidad.*

IRREAL, IRREALIDAD Se dice que es irreal aquello que carece de realidad. La irrealidad, por tanto, es el carácter de lo irreal. Esta predicación parece contener una contradicción, puesto que si se dice que algo no es real, y el hecho de decir que hay algo supone decir que es real, que *es,* se incurre en una contradicción que solamente se resolvería al aplicar los predicados irreal e irrealidad al sujeto *no ser* o *nada.* De acuerdo con lo que se considere como real, se entenderán también irreal e irrealidad; por ejemplo, si el concepto de la realidad es materialista, se entenderá que es irreal e irrealidad todo cuanto no sea materia; si consideramos irreal lo imaginado, los conceptos, las ideas, lo irreal es lo que no es *efectivamente real,* lo cual no excluye su existencia: en este caso lo irreal y la irrealidad *son.* Para Husserl, la conciencia es irreal, puesto que los fenómenos de la fenomenología trascendental se pueden caracterizar como irreales, siendo irreal todo lo que es el *puro reflejar* el sujeto mismo los conceptos, los contenidos, etc. Para Sartre, sólo ciertas imágenes son irreales: aquellas que son productos de la imaginación.

IRREFLEXIBILIDAD Es una de las propiedades de las relaciones por la cual una entidad x no tiene la relación (R) consigo misma, por ejemplo, en la relación *madre de.*

IRREVERSIBILIDAD Carácter de un proceso o serie que no puede seguir una dirección inversa a su dirección determinada. Este carácter es opuesto a la reversibilidad y ha sido considerado especialmente en lo referente a las relaciones de causalidad, al tiempo y al espacio. En el primer caso, se admite que la causa es anterior al efecto, lo que para algunos es una cuestión de hecho y no de necesidad; desde el punto de vista teológico, se ha dicho que las causas finales de los procesos naturales preceden al efecto en cuanto determinan el efecto antes de que éste se produzca. También se consideran irreversibles las relaciones de causalidad en los procesos históricos, aunque se ha argüido que en la vida del hombre, casi siempre, el futuro determina al presente, en el sentido de una orientación, igual que el presente determina al futuro por cuanto lo modifica constantemente. En el segundo caso, el tiempo *fluye* hacia el futuro, siendo para muchos absurdo considerarlo marchando en dirección opuesta, aunque en las ecuaciones de la mecánica clásica el tiempo (t) no tiene un sentido determinado; según Reichenbach, se puede concebir un universo en que la dirección del tiempo dependa de la expansión y de la concentración del universo; por el contrario, en la teoría de la relatividad generalizada el tiempo es irreversible. En el tercer caso, el espacio, para la mayoría de los autores, es reversible, es decir, no tiene dirección alguna que sea privilegiada y se considera independientemente de los objetos que contiene; solamente se considera una dirección determinada en el espacio cuando se da a éste un sentido vectorial.

ISLAMISMO Doctrina de Mahoma (570-632) y religión fundada por él, la más joven de las religiones de la humanidad y, sin embargo, con un gran predominio en extensas partes de nuestro planeta: pocos años después de la muerte de Mahoma ya abarcaba todo el Medio Oriente y, un siglo después, se había extendido por los territorios del norte de África y buena parte de Asia, desde Gibraltar hasta el Himalaya, de manera que, en la actualidad, cerca de la octava parte de la humanidad es mahometana y está distribuida con absoluto predominio en 32 países. En su origen, la palabra *muslim* o musulmán designa a quien se somete a la voluntad de Dios y está constan-

Miniatura mongola realizada por orden del Gran Mongol Akbar (1596). Biblioteca del Palacio Gulistán, Teherán.

temente ante la presencia de la divinidad, de manera que lo religioso está siempre involucrado en todas las actividades de la vida (la política, el arte y la vida en general). Alá, Dios del islam, se identifica en sus caracteres esenciales con el del judaísmo y con el del cristianismo, aunque para los mahometanos su palabra fue transmitida como expresión exacta únicamente a través de Mahoma, elegido por Dios para anunciar una nueva fe, palabra que está registrada en el *Corán,* que es sagrado, y en otros escritos que no lo son. Abraham, Cristo (de quien niegan su naturaleza divina) y todos los profetas bíblicos que hubo entre ellos, son venerados por los mahometanos, pero consideran que Mahoma fue el *sello de los profetas*, el más grande de todos, que vino a confirmar las palabras de los anteriores. No se sabe si todo el *Corán* fue escrito en vida de Mahoma. Se conocen como los *cinco pilares del islam* los siguientes ritos: (a) proclamar la unidad de Dios mediante la siguiente expresión: *«No hay otro Dios más que Alá, y Mahoma es su profeta»;* (b) rezar cinco veces al día una oración con el rostro vuelto hacia La Meca, excepto los viernes en la mezquita; (c) dar limosna como un acto de piedad que se realiza como ofrenda a Alá; (d) guardar el ayuno del ramadán; (e) ir, aunque sea una vez en la vida, en peregrinación a La Meca. Están prohibidos actos como comer carne de cerdo, la usura y la participación en juegos de azar; también la adoración a las imágenes. Los siglos IX, X y XI son considerados como la edad de oro del islam, en la cual desarrolló una civilización propia llena de esplendor, que rindió sus mejores frutos en el arte, la literatura y la filosofía y lideró grandes progresos en las matemáticas, la medicina y la alquimia –precursora de la química–, así como en la arquitectura, siendo su centro Bagdag y extendiéndose a las grandes ciudades del Imperio árabe. En la actualidad, como antes, los países islámicos siguen indisolublemente unidos por la cohesión que otorga la fe y subsiste en los fieles del islam la creencia de que éste es el verdadero reino de Dios sobre la tierra. El islam tiene una serie de lugares santos entre los que se cuentan La Meca, Medina y Jerusalén; esta última ciudad guarda en sí sitios sagrados y recuerdos importantes para las tres religiones que tienen un origen común: el judaísmo, el cristianismo y el islamismo. A esto se han debido durante muchos siglos grandes conflictos bélicos y permanentes hostigamientos entre los practicantes de esas religiones; baste recordar las Cruzadas y los sucesos recientes que continúan vigentes hasta nuestros días y parecen no tener solución o tener una muy difícil. Los místicos del islam reciben el nombre de *sufíes* o *portadores de lana*, designación que alude al tejido en que están hechos sus vestidos; el movimiento de los *sufíes* surgió por inspiración de los místicos cristianos, la cual fue seguida por unos musulmanes sirios que se dedicaron a fundar conventos en el siglo VII, introduciendo así en el islam una jerarquía de santos regidos por un riguroso ascetismo, a la vez creadores de una hermosísima y floreciente poesía y de una filosofía expresada en apasionado lenguaje de gran sensualidad. La más alta representación del sufismo se encuentra en Algazali, importante jurista y teólogo (1058), cuyas doctrinas influyeron grandemente en el islam; en la actualidad cerca del tres por ciento de todos los musulmanes son sufíes, distribuidos en unas 70 órdenes y cofradías integradas por faquires y derviches. Las principales sectas mahometanas son : los *chiítas* (más de 20 millones de adeptos), quienes discrepan en lo referente a la sucesión del profeta; los *sunnitas*, ortodoxos, que circunscriben la elección del sucesor a los miembros de la tribu de los coreichitas. Los chiítas se dividieron en varios grupos, de los cuales los más importantes son los *docenianos*, que reconocen la existencia de doce imanes, y los *ismaelianos* o *septenianos*. **V. alcorán, Algazali o Algazel, filosofía oriental.**

ISOMORFISMO En general se refiere a la relación existente entre objetos que tienen una estructura idéntica. Es un vocablo utilizado tanto en ciencias exactas como en filosofía. En las primeras, por ejemplo, se usa en química, para referirse a aquellos cuerpos que, aunque tienen diferente composición química, poseen igual forma cristalina; en matemática, se dice que dos estructuras, pertenecientes a un sistema o conjunto, son isomorfas cuando a cada uno de los elementos de la primera estructura le corresponde solamente un elemento de la segunda y, así mismo, a cada símbolo operacional o nexo de una estructura, le corresponde un único símbolo operacional o nexo de la otra estructura, de tal forma que se cumpla recíprocamente; el isomorfismo completo, se da, por ejemplo, entre una figura geométrica asociada a una fórmula matemática que la define totalmente. En filosofía se refiere a la representación de una misma idea por medios diferentes, de tal forma que exista correspondencia entre las dos; por ejemplo, la descripción de un hecho instantáneo con una fotografía, o la de un fenómeno con el fenómeno mismo. Por este motivo, el isomorfismo es estudiado principalmente, dentro de la filosofía, en la teoría del lenguaje.

IUSNATURALISMO Corriente ideológica también llamada, en su traducción castellana, *jusnaturalismo*, y que tiene por fundamento el concepto y la elaboración del derecho natural; esta idea es muy antigua, pues Cicerón la utilizó para subrayar su carácter universal y su unidad. La escolástica y los tratadistas cristianos del derecho lo han considerado como una de las ramas del derecho divino, puesto que, para ellos, las leyes naturales son el orden establecido por Dios en la naturaleza. La tendencia denominada jusnaturalismo no se basa en la tesis cristiana a que nos referimos, sino que estudia los fundamentos del derecho natural en diversos aspectos; así, por ejemplo, Hugo Grocio sostiene que hay un estado de naturaleza, determinable racionalmente, anterior a todo estado social. En Hobbes y en Rousseau puede observarse la huella de una tendencia hacia el jusnaturalismo, como estado natural de las sociedades humanas, pero que debe ser superado en razón de la seguridad al alcanzar un *status civilis*, para el primero, y del bien estar general por medio de un pacto o contrato social, para el segundo.

IZQUIERDA HEGELIANA Tendencia iniciada por algunos alumnos de Hegel alrededor del año 1835, continuada y profundizada por un segundo grupo de innovadores, que nació de la rebelión ocurrida en el seno del hegelianismo, llevada a cabo mediante vivas críticas al sistema construido por Hegel (obra del primer grupo) y su traslado del campo teórico al práctico-político (obra del segundo grupo). Los iniciadores de este movimiento fueron David Friedrich Strauss, Max Stirner y, el más importantes de todos, Ludwig Feuerbach. Strauss, con su obra *Vida de Jesús*, suscitó grandes polémicas por su interpretación de la vida de Jesús que convierte los elementos sobrenaturales en *mito* o transfiguración poética de las ideas religiosas del tiempo de Jesús, en que se unen finito e infinito, tal como es la idea básica de la filosofía hegeliana. Esta obra representa un gran avance en la humanización del cristianismo. Stirner, por su parte, en su obra *El único y su propiedad,* inspirado por el movimiento anarquista, opone al universalismo hegeliano la afirmación del individuo humano como realidad y valor único, lo cual genera la lucha contra todo tipo de orden. También pertenecieron a la izquierda hegeliana, entre otros, Bruno Bauer y Arnold Ruge. Según Feuerbach, quien es considerado como el más importante filósofo de este movimiento, el punto de partida es el examen del problema religioso. Para él, los principios religiosos son construcciones fantásticas en que se proyectan la infinitud de la potencia del sentimiento humano y su convicción de que lo más elevado que existe es el ánimo amante, todo esto proyectado en Dios; tal proyección es *alienación* de lo humano, puesto que es la realización ficticia de los sueños del hombre, que le proporciona una cómoda evasión de la necesidad de enfrentar los problemas de la vida real. Para liberarse de tal alienación, es indispensable reconocer en los sentimientos religiosos la *primera conciencia* que el hombre tuvo de sí mismo, indirecta e ilusoria, de donde se derivan el fanatismo y la limitación de la razón con la fe; se debe negar la existencia de Dios para que surja en el hombre la conciencia directa de sí mismo. Esta tarea corresponde a la filosofía por medio de la crítica de la metafísica y del examen del hombre integral, como un cuerpo vivo; la filosofía debe establecer *lo infinito en lo finito* y no lo contrario como pensaba Hegel. Sólo de esta manera la filosofía podrá *hacer hombres* y no conceptos abstractos. De esta tesis se deduce una ética basada exclusivamente en la realidad humana, en que el individuo está ligado a los demás individuos por el vínculo de la *solidaridad* del que emana el sentimiento del deber, única fuente de la moral, que se expresa en la construcción de instituciones supraindividuales. La filosofía de Feuerbach abrió paso al humanismo social de Marx. Precisamente, al segundo grupo de jóvenes que adhirieron a la izquierda hegeliana, pertenecen Marx y Engels, quienes más tarde se apartaron del hegelianismo y, posteriormente, de la izquierda hegeliana, aunque en sus tesis permanecen elementos claramente originados por su anterior posición, en especial, en su concepción dialéctica del universo y en la inversión de la filosofía de Hegel, que Marx reconoce deriva da de Feuerbach; la diferencia radica en que Marx afirma que también lo finito es dialéctico (Feuerbach había abandonado la dialéctica), pero acoge la importancia de reducir la religión a hecho humano, añadiéndole el concepto de la contradicción práctica que afecta a la base mundana de la religión: el hombre religioso es un hombre *económicamente alienado*, porque ha sido obligado a renunciar a su genuina humanidad. **V. materialismo.**

J

JACOBI, Friedrich Heinrich (1743-1819). Filósofo alemán, nacido en Dusseldorf, representante del sentimentalismo religioso. Sostuvo una fuerte polémica con Mendelsohn, sobre los postulados de Spinoza y Lessing. Jacobi sostenía que sólo la fe, que es un sentimiento inmediato y no necesita prueba alguna, nos puede salvar del peligro racionalista, el cual desemboca siempre en el panteísmo o el materialismo; llamaba a este sentimiento religioso *intuición*, *presentimiento* o *sensación*. Basaba su filosofía en la de Kant, deduciendo de la *cosa en sí* la imposibilidad de una metafísica racionalista. Sus principales obras son: *Woldemar; Correspondencia de Eduardo Alwill; Sobre la filosofía de Spinoza; David Hume y la fe o idealismo y realismo; Sobre la empresa del criticismo de reducir la razón al entendimiento; De las cosas divinas y su revelación.*

JAMES, William (1842-1910). Filósofo norteamericano, nacido en Nueva York. Estudió medicina en Harvard, donde se doctoró y fue nombrado instructor de fisiología y, posteriormente, profesor de filosofía. Junto con Lange, fundó la *teoría periférica de las sensaciones*, que atribuye a éstas un origen fisiológico. A pesar de no ser la filosofía su actividad principal, James es considerado una de las figuras descollantes de esta disciplina y ejerció gran influencia

Friedrich Heinrich Jacobi

William James

sobre el pensamiento filosófico, especialmente en América, puesto que, por un lado, fue difusor del pragmatismo y, por otra, su pensamiento se relaciona con el llamado *empirismo radical*, al demostrar que el dualismo tradicional de sujeto y objeto es un obstáculo para la sólida concepción de la epistemología. Para James, todas las cosas están hechas de la experiencia pura. Acerca de la cuestión general del racionalismo contra el empirismo, James sostiene que las doctrinas racionalistas subrayan la importancia de lo mental a costa de lo material, mientras las teorías empiristas tienden a ocuparse más del mundo material. Sus principales obras son: *Principios de la sicología; Compendio de sicología; La voluntad de creer y otros ensayos; Las variedades de la experiencia religiosa; El pragmatismo; La filosofía de la experiencia.*

JANSENISMO Doctrina de Cornelio Jansen o Jansenio, quien junto con el abate Saint-Cyran, trabajó toda una teoría fundada en las tesis agustinianas y en las de los padres de la Iglesia, que consiste en una interpretación teológica de la naturaleza humana y de la gracia, opuesta a la moral casuística de los jesuitas. Esta doctrina fue condenada por Urbano VII al ser vetada la obra *Augustinus*, de Jansenio, en 1643, hecho que inició una importante polémica, que llegó a la abadía de Port-Royal, originando la llamada *lógica de Port-Royal,* de la cual los principales pensadores fueron Antonio Arnauld (1612-1694) y Pedro Nicole (1625-1695).

JASPERS, Karl (1883-1969). Filósofo existencialista y siquiatra alemán. Estudió medicina en su ciudad natal y trabajó en el hospital siquiátrico de la Universidad de Heidelberg y como Privatdozent de sicolo-

Karl Jaspers

Jansenio, según F. de Champaigne. (Biblioteca Nacional, París)

gía en la Facultad de Filosofía de esta universidad. En 1921 fue nombrado profesor de filosofía, pero, en 1937, los nazis lo destituyeron por estar casado con una judía. En 1948 ocupó la cátedra de Nietzsche en Basilea. Jaspers llegó a la filosofía a través de su interés por la sicología, especialmente por los problemas sicopatológicos; el hombre ocupa el centro de sus estudios filosóficos y su existencialismo es humanista. En la teoría del ser de Jaspers encontramos tres nociones diferentes: ser-ahí, captado desde afuera objetivamente; su ser-yo o simplemente existencia; y su ser-en-sí-mismo, que incluye las variantes anteriores; estas tres clases de ser constituyen un ejemplo de progresión dialéctica. Según Jaspers, la filosofía pertenece a la clase trascendente del ser o ser-en-sí-mismo: es el afán del individuo por trascender; filosofar es, ante todo, trascender. Una parte importante es su lógica filosófica, según la cual la lógica se caracteriza por tres aspectos: el saber lógico es verdadero cuando es comprensivo; la lógica filosófica reconoce los saltos y vacíos de las formas del ser y el saber; y la lógica rechaza las separaciones en tanto son desmembraciones de lo real. Sus principales obras son: *Sicología de las concepciones del mundo; Sicopatología general; Ambiente espiritual de nuestro tiempo; Filosofía; Razón y existencia; Filosofía de la existencia; De la verdad; Filosofía y mundo; La bomba atómica y el futuro del hombre; La fe filosófica ante la revelación.*

JENÓFANES (¿565-440? a. de C.). Filósofo griego, nacido en Colofón (Asia Menor), fundador de la escuela de Elea. Huyó a Sicilia al llegar los persas, en el año 540 a. de C., y recorrió la Hélade recitando sus obras poéticas de contenido moral, que se pueden calificar como de carácter cosmológico. Desató un ataque virulento contra los dioses tradicionales y populares, a los que consideraba inmorales y absurdos, arrancándolos del panteón Olímpico, criticando también que se les asignara una figura humana. Para Jenófanes sólo existía un dios supremo, uno y perfecto, inmóvil y todo, tendencia panteísta que lo coloca como precursor de la doctrina de la unidad del ser en la escuela eleática. Como dato curioso, cabe anotar que fue el primero en indicar la existencia de fósiles marinos en el interior de la Tierra. De su obra *Sobre la naturaleza* se conservan dos fragmentos.

JENOFONTE (430-355 a. de C.). Filósofo y escritor griego, discípulo de Sócrates, nacido en Demo de Erkhia, cerca de Atenas. Después de haber participado en numerosas batallas contra los sátrapas persas, haber sido desterrado por los atenienses y sufrido la confiscación de sus bienes, se retiró a su villa en Escilo, donde se dedicó a escribir sus obras filosóficas e histórico-políticas, contrarias a la democracia ateniense. A raíz de la derrota de los espartanos por los eleos, pasó a Corinto donde murió. Sus obras presentan su pensamiento ético que otorga gran prioridad a la educación desde el punto de vista socrático; su ética es conductora, o pretende serlo, de la conducta de los reyes Sus principales obras son: *Memorabilia; Anabasis; Las helénicas* (que es la historia de Grecia); *La Ciropedia* (novela histórica de intención moralizadora); y las obras dedicadas al pensamiento de Sócrates: *Apología de Sócrates; Banquete;* también escribió obras de tema económico, como *Económica y Las rentas.* Su obra política se encuentra en *La constitución de Esparta.*

JERARQUÍA Orden dentro del cual se sitúa cada una de las partes constitutivas de un todo determinado, correspondiéndole a cada una de ellas un lugar que depende de sus características o notas particulares. Este término fue utilizado desde la antigüedad, principalmente por Platón, para referirse a la jerarquía del mundo inteligible y sensible, y a la jerarquía en el mundo de las ideas. Posteriormente, fue usado casi estrictamente en sentido teológico para designar, según Dionisio el Aeropagita, «un orden sagrado, un saber y una actividad que se adecuan lo más posible a lo deiforme o deioide y que, de acuerdo con las iluminaciones que son don de Dios, se elevan en la medida de sus fuerzas hasta la imitación de Dios...[y hace que] cada cual participe según su propio valor en la luz que se encuentra en la bondad»; esta definición identifica al *jerarca* con el hombre santo. Para santo Tomás existen tres jerarquías de ángeles relativas a las tres maneras posibles de conocimiento de la razón de lo creado, que hacen posible que los ángeles en más alto grado o jerarquía iluminen a los ángeles inferiores; dicho principio de subordinación se extiende al mundo real, en el que todo está organizado de manera jerárquica al subordinarse lo relativo a lo absoluto y lo imperfecto a lo perfecto. Existen órdenes de realidades subordinadas y en cada uno de ellos hay continuidad, por cuanto cada realidad inferior es continua con la inmediatamente superior; y, a su vez, cada orden inferior es continuo con el que le precede jerárquicamente, estableciéndose así una continuidad entre los diversos órdenes. En sentido filosófico, este término se usa en lógica, donde se establecen jerarquías del tipo género, subgénero, especie, subespecie, etc.; en sociología, se usa para designar grados sociales (clases), políticos, eclesiásticos, etc.; en axiología o jerarquía del valor; también se ha establecido la jerarquía de la realidad u ontología. En nuestra época, filósofos como Jacobi y Hartmann, en su ontología descriptivo-crítica, han asignado posibles jerarquías ontológicas a los diversos sistemas en la historia de la filosofía. Comte también asigna una jerarquía, paralela a la sociohistórica, a los saberes y a las ciencias. La semiótica ha introducido una jerarquía de los lenguajes, incluida en la teoría de los metalenguajes. Otras elaboraciones teóricas de las jerarquías se han llevado a cabo especialmente por parte de los matemáticos (Borel, Lebesgue, Suslin, Kuzin, Kleene, Mostowski, Tarski, Herbrand). **V. árbol de Porfirio, metalenguaje y objeto lenguaje**.

JÓNICOS Término utilizado por los historiadores de la filosofía para designar a una serie de filósofos que se inicia con Tales, Anaximandro, Anaxímenes y Anaxágoras en las ciudades de la costa occidental de Asia Menor (Mileto, Samos, Éfeso y Clasomene), y a la influencia de éstos en posteriores pensadores. En conjunto se conocen más exactamente como *escuela jónica*, la cual se divide en tres etapas, a saber:. Tales de Mileto, Anaximandro, Anaxímenes, Anaxágoras, Arquelao, Sócrates y los socráticos, Platón y los filósofos pertenecientes a la Academia antigua: Espeusipo, Jenócrates, Polemón, Crántor y Crates; Arcesilao y los filósofos pertenecientes a la Academia media; Lácides y los filósofos pertenecientes a la Academia nueva: Carnéades y Clitómaco; Antístenes, Diógenes el Cínico, Crates de Tebas, Zenón de Citio, Cleantes, Crisipo; y por otra parte, Platón, Aristóteles y Teofrasto. En un sentido más estricto, este término designa los pensadores que desarrollaron su actividad en Jonia (Asia Menor), como fueron Heráclito y Anaxágoras. Debemos, sin embargo, aclarar que la filosofía griega tuvo su origen en las ciudades helénicas del Asia Menor, en las costas jónicas, en los primeros años del siglo VI a. de C. y que sólo tardíamente, en el siglo V,

aparece la especulación filosófica propiamente en Grecia.

JUAN DE LA CRUZ, san (1542-1591). Nombre religioso adoptado por el escritor místico y filósofo Juan de Yepes. Nació en Fontiveros (Ávila); en 1563 ingresó en la Orden carmelitana y estudió en la Universidad de Salamanca. Su enfoque

San Juan de la Cruz. Del libro de Retratos, por Pacheco

místico niega todas las oscuridades que puedan separarlo de Dios, pues éstas pueden iluminarse mediante el éxtasis o apartamiento de los sentidos y de la razón que lleva a la noche oscura, en donde comienza la experiencia mística; suspende, así, el entendimiento y la razón sin eliminarlos, para provocar la transfiguración de las cosas, que ya no son las mismas al ser rencontradas en Dios. Su teología, que contine elementos agustinianos y tomistas, conjuga los conceptos de absoluto y realidad existencial. Sus obras poéticas son de gran perfección estilística: *Llama de amor viva; Subida del monte Carmelo; Noche oscura; Cántico espiritual*.

JUAN ESCOTO ERIGENA (o Eriúgena) (810-877). Filósofo procedente de las islas británicas, probablemente de Irlanda, representante de la primera fase de la escolástica. Desarrolló la mayor parte de su trabajo en Francia, en la corte de Carlos el

Calvo. Traductor del hoy llamado Seudo-Dionisio, cuyo pensamiento neoplatónico tuvo gran influencia en Escoto; escribió contra la idea de la predestinación, ya que era ortodoxo puro, sin que cupiera en su filosofía la posibilidad de dudar sobre la perfecta coincidencia entre la verdad revelada y la verdadera filosofía; para él, la filosofía tiene como única función y razón de ser, el poder interpretar los textos sagrados, afirmación que tiene su justificación en que si la filosofía y la religión son verdaderas, entonces tienen que ser idénticas. La autoridad debe subordinarse a la razón, que ocupa un segundo lugar después de la palabra de Dios; establece una jerarquía de la autoridad en el cual está primero la autoridad de Dios, y luego la de los padres de la Iglesia y la de los comentaristas sagrados. Su metafísica, muy cercana al panteísmo y de un realismo extremado, supone una división de la naturaleza en *naturaleza creadora y no creada*, que es Dios en su primera realidad, la cual no puede ser conocida; *naturaleza creada y creadora*, que también es Dios al manifestarse en sus *teofanías*, en cuanto contiene las causas primeras de los entes; *naturaleza creada y no creadora*, simples manifestaciones o teofanías de Dios –según él, el género es anterior a la especie y ésta anterior al individuo– a la cual pertenecen los seres creados en el tiempo, sean ellos corporales o espirituales; *naturaleza ni creada ni creadora*, que es Dios como término de todo el universo. Todas las cosas se resuelven en el todo divino, pues si el fin de todo movimiento es su principio: Dios vuelve a sí mismo. En esta división de la naturaleza, se hace evidente la tendencia de Escoto a deificar la naturaleza y el hombre. Sus principales obras son: *De praedestinatione*, y su obra capital, que es el tratado *De divisione naturae*.

JUDAÍSMO En general, filosofía elaborada por pensadores de origen judío; en particular, es la elaboración metafísica de los conceptos que se derivan de la ley o tradición religiosa judía. El judaísmo, en cuanto creencia religiosa, predica un riguroso monoteísmo, igual que el cristianismo y el islamismo que en él tienen origen; este monoteísmo queda expresado en «yo soy el que soy», afirmación que revela la unidad y exclusividad del Dios de Israel; de Él procede todo bien y el mundo que ha creado tiene un fin, un propósito al cual el hombre se debe acoger para ascender hasta su reino. Es un Dios de esperanza que ha dado al hombre la dádiva de la vida, una vida llena de esperanza contenida en la orden divina «buscadme, y viviréis». La voluntad de Dios se encuentra expresada en la *Tora* (doctrina y ley), es decir, toda la Sagrada Escritura del Antiguo Testamento que, en sentido estricto, contiene los cinco libros de Moisés o Pentateuco y, en sentido más amplio, los Escritos Sapienciales y los Profetas. La interpretación de la Tora, que se fue ampliando y adaptando a las diversas circunstancias, dio como resultado la *Misná* o tradición oral, sobre la cual se desarrolló un comentario más extenso o *Guemará*; Misná y Guemará constituyen el *Talmud*, que se divide en *Halaká* o legal y *Haggadá* o narrativa, y ocupan doce grandes volúmenes que registran las discusiones de las academias de escribas rabinos de los años 200 a. de C. hasta el 500 de nuestra era. También, bajo el nombre de *Cábala* se extendió un movimiento de la mística judaica durante el siglo XIII, que recoge antiguas ideas trasmitidas oralmente, movimiento que irradió desde España y Francia meridional toda una forma nueva de espiritualismo; su documento principal, escrito en arameo, denominado *Zohar* (resplandor), se atribuye al rabino Si-

Candelabro de 7 brazos, símbolo del judaísmo

món bar Yokhair (siglo II) y constituye un comentario al Pentateuco (los cinco libros de Moisés); también se ha sostenido que pudo haber sido redactado por Moisés ben Sem Tob, cabalista de Guadalajara, a principios del siglo XIV. En todo caso, la finalidad de la *Cábala* es el conocimiento intelectual de los últimos secretos de la naturaleza y, con ello, la unión mística del hombre creado según el prototipo celestial (*Adam kadmon*) con el Dios oculto. Los niños judíos empiezan a estudiar la Tora desde muy temprana edad con el fin de llegar a interpretar correctamente cada palabra y cada letra. Todo judío se considera parte del pueblo elegido por Dios, elección que se basa en el testimonio bíblico dirigido a toda la descendencia de Abraham. Las sinagogas o templos judíos están desprovistas de imágenes. **V. cábala. filosofía medieval.**

JUEGO Impulso propio de los seres humanos que expresa actitudes particulares, tanto subjetivas como de carácter cultural, en el individuo y que permite exteriorizar la capacidad de relación del mismo con los objetos y con otros individuos, los diversos modos de relación y la dependencia y la facilidad para construir mundos ideales o patrones por medio del desarrollo de esta actividad. Es tema principalísimo de la sicología, la pedagogía, la antropología social, la antropología filosófica y de las teorías estéticas cuando relacionan estrechamente la actividad lúdica o juego con la actividad creadora. El uso de la palabra *juego* es muy antigua, tanto que ya en la antigua escuela china *Yin-yang-Kia*, se atribuyen todas las vicisitudes del universo al *juego* incesante de dos formas cósmicas: el *yin* o principio femenino, y el *yan* o principio masculino. Muchos filósofos se han ocupado del juego: Pascal estudió el problema del azar, desde el punto de vista lógico y matemático, dentro de la llamada *teoría del juego*, formulada tras investigar acerca de los llamados *juegos de azar* y establecer una relación con las leyes de la probabilidad; Eugen Fink entiende el juego por contraste entre la realidad cósmica y la finitud humana, en donde esta última frente a la totalidad del cosmos es un juego; de ahí que el hombre básicamente es tomado como ser lúdico. El estatus ontológico del juego visto desde la idea de *ser y mundo* es la propedéutica conceptual de la fenomenología del fenómeno en Fink, y por lo mismo su punto de vista del juego es ontológico por contraste de óntico. Igualmente, Heidegger hace del juego uno de sus conceptos claves, sobre todo en la última fase de su pensamiento. En su escrito *¿Qué es pensar?* introduce la noción de *juego del lenguaje,* lo cual es un modo de ver lo que el lenguaje propiamente dice cuando habla, pues en el juego se deja ver la cosa como tal, y al ser pensada así, nos dejamos aproximar por el ser de la cosa, es decir, somos un ser que juega el juego del mundo. Por su parte, Gadamer toma la idea de juego artístico. Existe un horizonte de la tradición en donde tiene lugar el diálogo o proceso discursivo histórico a manera de juego; por tanto, el juego es el hilo conductor de la explicación ontológica, pues es él quien posibilita la existencia de los jugadores (interlocutores): el juego es la historicidad misma. La noción de juego cobra un valor inusitado en el último Wittgenstein, mediante el concepto *juego del lenguaje*. Desde el punto de vista de la lógica y la matemática, el juego ha sido suficientemente estudiado en dos categorías: juegos de azar y juegos de estrategia. Los primeros vistos desde la teoría de la probabilidad; el azar, en este caso, está dado en términos de datos de juego, por ejemplo: los dados, la ruleta, etc. Los segundos, o *ciencia de los conflictos,* es básicamente la oposición de dos o más contendores. Lo que interesa a la teoría de los juegos estratégicos son los aspectos lógicos de la estrategia y de entre ellos los de más interés son los juegos cuyas reglas emanan espontáneamente de las situaciones, además son los de más difícil análisis en contraste con aquellos que fijan sus reglas previamente. **V. lenguage (juegos del).**

JUICIO Facultad de juzgar; es una de las formas de pensamiento por la cual conocemos diferentes aspectos de las propiedades y relaciones de los objetos. La *teoría del juicio* persigue su dilucidación lógica y metafísica mediante la afirmación o negación de algo y expresa la dialéctica de lo singular y lo general. Desde el punto de vista lógico, el juicio lleva el conocimiento a su realización plena, pues relaciona los contenidos con el ser; en este proceso del conocimiento se pasa de un juicio a otro y de un nivel de conocimiento a otro más elevado, a la manera de eslabones de una cadena o como factores aislados de este proceso. El juicio sigue la misma trayectoria de desarrollo que el conocimiento: del singular se pasa, a través del particular, al juicio universal. En lógica tradicional, el juicio se considera como la segunda operación del entendimiento después del concepto. Actualmente, la lógica sustituye este término por otro más preciso: las *proposiciones,* cuya esencia está en la *cópula es* (por ejemplo: *el hombre es mortal),* donde el juicio se realiza como tal al enlazar sujeto y predicado mediante un enlace referido al ser o al «en sí significado»; entonces, podemos afirmar que los elementos del juicio son sujeto, predicado y cópula, mientras que los términos del juicio son: sujeto y predicado. Según Kant, la verdad y el conocimiento se dan en los juicios, por lo cual hace una teoría lógica de ellos, al distinguir entre *juicios analíticos,* cuyo predicado está contenido en el concepto del sujeto y lo explicitan, y *juicios sintéticos,* en los cuales el predicado no está incluido en ese concepto, sino que se une o añade a él, ampliándolo; a este respecto, Leibniz sostiene que todos los juicios son analíticos. Kant también distingue entre *juicios a priori* o de la experiencia y *juicios a posteriori;* realizó una clasificación lógica de los juicios que puede sintetizarse como sigue: según la *cantidad,* universales: «Todos los hombres son mortales»; particulares: «Algunos hombres son mortales»; y singulares: «Sócrates es mortal»; según la *cualidad:* afirmativos: «Sócrates es bueno»; negativos: «Sócrates no es bueno»; e infinitos: «El alma no es mortal»; según la *relación:* categóricos: «Los franceses son sucios»; hipotéticos: «Si se debilitan los cimientos, cae el edificio»; y disyuntivos: «Cervantes escribió el Quijote o no lo escribió»; y según la *modalidad:* problemáticos: «Los franceses son posiblemente sucios»; asertóricos: «Diana es una estudiante idónea»; y apodícticos: «Los ángulos internos de un triángulo suman dos rectos». De estos juicios se derivan las categorías. Brentano distingue entre lo que denomina *juicios ciegos* y *juicios evidentes;* los primeros están fundados en la fe, en la costumbre, en la autoridad, etc, y no tienen en sí mismos el fundamento ni la justificación de su verdad; en cambio, los *juicios evidentes* llevan en sí mismos, como una luz, su verdad, de manera que con la plenitud de la inteligencia se ve que son verdaderos. Husserl también distingue entre juicios analíticos y juicios sintéticos, pero aclara que en los juicios sintéticos *a priori,* el sujeto *complica* el predicado y hay una relación de *fundación* entre el sujeto y el predicado.

JUICIO (facultad del) Kant sitúa la facultad del juicio o facultad de juzgar entre el entendimiento en sentido estricto y la razón, de manera que se puede inferir según las reglas, es decir, ponderar si algo particular cae bajo una regla general. Por esta facultad puede llegarse a construir *juicios determinantes* cuando la regla general está dada y lo particular debe ser subsumido por ella, y *juicios reflexionantes* cuando lo dado es lo particular y es necesario hallar lo general. **V. juicio.**

JUNTOR Se llama así a cualquier conectiva; denota que una sentencia o proposición está conectada con otra; por ejemplo: «P . Q», «P v Q». La negación ~ no es considerada como conectiva.

JUSNATURALISMO Tendencia jurídico-metafísica que se dirige a establecer la unión armónica, en las tendencias menos extremas, o la identidad en los casos muy dogmáticos, entre el derecho positivo divino y el derecho histórico, tendencia que representa la evolución del concepto de derecho natural. Cuando se refiere a Dios lo hace en cuanto legislador, como en Suárez, aunque la dirección moderna del jusnaturalismo se refiere preferentemente al derecho natural, partiendo de la base de la existencia de un estado de naturaleza determinable racionalmente que es anterior al estado social; el estado de naturaleza se puede determinar por medio de la razón. Han sido jusnaturalistas, entre otros, Hobbes, Hugo Grocio y Pufendorf. El jusnaturalismo es una forma evolucionada del derecho natural. A partir del momento en que se establece que éste no depende del derecho divino surge el jusnaturalismo moderno. **V. iusnaturalismo**.

JUSTICIA Concepto muy utilizado en la ética y en filosofía del derecho que, en términos generales, se refiere a la intención, la acción y los medios empleados para instaurar y preservar el orden dentro de una comunidad, al establecer una ordenación que permita y garantice la realización del bien común. La *justicia legal* o *general* integra las normas por las cuales se institucionaliza ese orden. Según Aristóteles, hay dos formas de justicia: la *justicia distributiva*, que asegura la repartición equitativa de derechos y deberes, obligaciones y ventajas, entre los miembros de la comunidad, y la *justicia conmutativa*, que se refiere a la equivalencia entre la prestación y la contraprestación; como las circunstancias que determinan la operatividad de la justicia son cambiantes, ésta debe amoldarse y evolucionar con los cambios que se producen en las sociedades humanas. En todo caso, para que haya justicia, las normas y las acciones que de ella derivan deben estar encaminadas a lograr el bien común. Los pensadores griegos, y en especial Platón y Aristóteles, analizaron el problema de la naturaleza de la justicia en relación con la constitución de la ciudad-Estado; pero, en general, el concepto de justicia se identificó con el de felicidad, puesto que la justicia restablece el equilibrio al anular lo excesivo y darle a cada uno lo que le corresponde. Para Platón, la justicia debe ser deseada por sí misma y no por sus resultados, dándole la categoría de virtud suprema y esencial del Estado, pues el Estado ideal es aquel donde predomina la justicia. En san Agustín, la caridad o amor supera la justicia, pues mientras la segunda le da a cada uno lo que le es debido, la primera da más de lo que se le debe. Para santo Tomás, la justicia es una forma básica de regular las relaciones humanas y acepta la misma división de la justicia en las tres clases que ya citamos: conmutativa, distributiva y legal o general, división que ha seguido siendo aceptada. En los últimos tiempos, Chaïn Perelman, en su obra *De la justicia,* la ha definido como «un principio de acción según el cual los seres de una misma categoría esencial deben ser tratados del mismo modo».

JUSTIFICACIÓN Este término es usado desde el punto de vista epistemológico como la reconstrucción lógica de una teoría científica a través de una serie de operaciones. También desde el punto de vista ético, se dice que se justifica una norma moral cuando se dan razones para demostrar que esa norma es plausible o aceptable.

JUSTO Se dice que algo es justo cuando su existencia no interfiere con el orden al cual pertenece. En este caso, se entiende justicia como orden o medida. Es justo el hecho de que cada cosa ocupe el lugar que le corresponde en el universo. Cuando no ocurre así, es decir, cuando una ocupa el lugar de otra, cuando deja de ser ella para ocupar el ser de otra, se produce la injusticia. **V. justicia**.

JUSTO MEDIO Equilibrio. Física o filosóficamente, equidistante de los extremos. Término utilizado en derecho para designar una situación de equidad. **V. equidad**.

Alegoría de la justicia. Grabado del Renacimiento.

K

K Letra que representa la conectiva y o conjunción, y que Lukasiewicz antepone a las fórmulas. La fórmula $p \cdot q$ de la lógica tradicional, en la notación de Lukasiewicz se escribe Kpq.

KALOKAGATHÍA El término es el sustrato de muchas de las concepciones griegas de la ética; es equivalente a *belleza* y *bondad* y podría significar igualmente *honra*. Un hombre es partícipe de la *Kalokagathía* cuando es bello en el sentido de nobleza (estirpe); por lo mismo es honrado. Ese sentido cívico del término es el tomado por Platón y Aristóteles, quienes le otorgan además una significación educativa.

KANT, Immanuel (1724-1804). Filósofo alemán, nacido en Königsberg (Prusia oriental), ciudad en la que vivió toda la vida y en cuya universidad enseñó lógica y metafísica. Su familia era pietista y de una profunda religiosidad. Era un hombre sabio, bondadoso y muy metódico en su trabajo, el cual realizaba con un rigor incomparable. Se interesó por las cuestiones científicas, principalmente por la mecánica de Newton como modelo de una teoría científica especial, y por el método; también estudió a Leibniz y Wolff para explicarse los principios del conocimiento metafísico; por esto se ha dicho que el origen del kantismo se encuentra en la filosofía cartesiana y en el racionalismo. Suelen distinguirse tres épocas en el desarrollo de su trabajo filosófico: el *período precrítico*, anterior a la publicación de *La crítica de la razón pura* ; el *período crítico*, hasta 1790, cuando publicó *La crítica del juicio*; y el

Immanuel Kant

período poscrítico, hasta la fecha de su muerte. Kant construyó todo un sistema filosófico, generador e iniciador del movimiento denominado *idealismo alemán*. Su sistema es, por una parte, la doctrina del ser y, por otra, la doctrina del conocimiento; a partir de estas dos dimensiones se llega a los conceptos de persona moral y razón práctica, que para este filósofo son inseparables. Para Kant es necesario hacer una teoría trascendental del conocimiento que será la conexión entre el *yo* y las cosas; este conocimiento trascendental conoce las «*cosas en mí*», es decir, los fenómenos; así, establece la distinción entre el fenómeno y la cosa en sí (*noúmeno*), que está afectada por mi subjetividad, la cual la hace inaccesible, no *cognoscible*. Por tanto, lo que se me aparece de las cosas en el espacio y en el tiempo no son las cosas en sí, sino los fenómenos: el pensamiento *hace* las cosas al ordenar un caos de sensaciones y adaptar las cosas a sí mismo; entonces, la cosa (no la cosa en sí o *noúmeno*) surge en el acto del conocimiento trascendental. Para Kant hay tres modos de saber: la sensibilidad, el entendimiento discursivo y la razón pura, desarrollada en su obra *Crítica de la razón pura,* en que plantea el problema y la teoría de los juicios y expone su teoría elemental trascendental (estética trascendental y la lógica trascendental que incluye la analítica trascendental o posibilidad de la metafísica) y su metodología trascendental. Para Kant, la verdad y el conocimiento se dan en los juicios, que pueden ser: analíticos, sintéticos, *a priori* y *a posteriori*. El espacio y el tiempo son «intuiciones puras o formas *a priori* de la sensibilidad» que condicionan la percepción, es decir, son condiciones indispensables para que se dé la experiencia. En el espacio y en el tiempo se alojan las percepciones, y por tanto, son anteriores a las cosas y subjetivas. El conocimiento del espacio y del tiempo es absolutamente apriorístico. La matemática se basa en una construcción de conceptos a partir de la intuición *a priori* sobre el fundamento lógico de espacio y tiempo. Las categorías son las formas *a priori* con que el entendimiento y la sensibilidad aprehenden las cosas; las categorías están ya en la mente y las cosas se conforman con ellas y, junto con el tiempo y el espacio, deforman la realidad en sí, las cosas en sí, y permiten la elaboración de los objetos de la física pura, donde la materia es un concepto que surge de la categoría de sustancia aplicada al espacio y los demás conceptos son categorías sumadas a tiempo y espacio, sin intervención de la experiencia. De esta teoría resulta la analítica trascendental de Kant. Se preguntó sobre la posibilidad de la metafísica, que para él es conocimiento puro, *a priori*, pues los objetos de ella (Dios, el alma, el mundo) están más allá de toda experiencia, reflexión que lo lleva a invalidar las pruebas ontológica, cosmológica y físico-teórica de la existencia de Dios y a afirmar que la metafísica no es posible como *ciencia especulativa* y por eso sólo cabe en el campo de la fe y en el sentido de *tendencia natural* del hombre hacia lo absoluto. Las *ideas* son los objetos de la metafísica y los postulados de la razón práctica. En la razón práctica, el mundo de la naturaleza está determinado por la causalidad natural; el hombre es un *yo empírico*, sometido a leyes naturales, síquicas y físicas; en este sentido el hombre no es libre; pero el *yo puro* se contrapone al *yo empírico* y está determinado por las leyes de la libertad, que sólo se encuentra en el hecho de la moralidad, es decir, en el deber ser. El hombre siente el deber y tal sentimiento de responsabilidad supone que el hombre sea libre; así, la libertad de la persona moral es un postulado de la razón práctica. Kant plantea una ética imperativa del deber ser, sin ninguna condición para que se dé o se cumpla; de este modo, el bien supremo es la buena voluntad, que quiere lo que quiere «por puro respeto al deber», como ley universal de la naturaleza. Así aparece el concepto de *persona moral* o ser racional que realice su esencia. Para Kant, «todos los hombres son fines en sí mismos» y es inmoral tomarlos como medios para algo; el hombre debe determinarse a sí mismo. Lo primario en el hombre es la *praxis*, el hacer. En la tercera crítica, la *Crítica del juicio*, Kant examina los elementos apriorísticos del sentimiento; en esta obra Kant perseguía como propósito la posibilidad de una metafísica crítica libre de supuestos arbitrarios y opuesta rotundamente a la construcción del objeto a partir del concepto. La pregunta que Kant pretende saldar en esta obra es la de la posibilidad de la apriondad del juicio estético. El goce estético es universal y se suma a la libertad en sentido práctico; esta unión no se soluciona con reglas arbitrarias de arte. La libertad y el genio artísticos están sujetos al rigor del mismo modo que el actuar libre del hombre está sujeto al deber. Es importante la noción de finalidad sin fin: es el punto de coincidencia de aquello puesto por la imaginación y lo puesto por el entendimiento sin que haya subordinación de la primera al segundo; la finalidad sin fin tiende a la búsqueda de lo universal en lo particular, en la que la búsqueda de estos elementos extremos no se contradicen. Las principales obras de Kant son: *Historia natural universal y teoría del cielo; El único argumento posible para una demostración de la existencia de Dios; Crítica de la razón pura; Fundamentación de la metafísica de las costumbres; Crítica de la razón práctica; Crítica del juicio.*

KANTISMO Término que se refiere, en el sentido más amplio, al sistema filosófico elaborado por Immanuel Kant. También designa la influencia que ha ejercido en filósofos, escuelas y tendencias filosóficas posteriores y las diversas interpretaciones dadas a las ideas expuestas por este filósofo. **V. idealismo, Kant, neokantismo.**

KARMA Es uno de los conceptos fundamentales de la filosofía india. Karma significa originariamente movimiento o fuerza, la fuerza que produce la acción por medio de la cual se llega a un resultado. El significado de karma es de índole moral, pues la fuerza que produce la acción y el resultado de ella obtenidos, previamente tienen como mira el castigo o la recompensa. **V. filosofía oriental.**

KAUTSKY, Karl Johann (1854-1938). Historiador y economista nacido en Praga. Fue amigo de Marx y Engels y perteneció al partido socialdemócrata alemán. Fue calificado como *revisionista* por Lenin. Se opuso a la separación entre ciencias naturales y sociales, basándose en su teoría sobre la unidad «cuerpo-movimiento» como realidad universal sometida a leyes dialécticas, en cuanto sujeto de las realidades naturales y de las realidades sociales. Por otra parte, considera que la ciencia (en el socialismo) está por encima de la ética y, por tal razón, el científico tiene derecho de manifestar «indignación moral». Sus principales obras son: *Las doctrinas económicas de Karl Marx; Ética y concepción materialista de la historia; El origen del cristianismo; La concepción materialista de la historia.*

KELSEN, Hans (1881 - 1973). Teórico jurídico nacido en Praga. Fue uno de los creadores de la Escuela legal vienesa. Es considerado kantiano por su preocupación acerca de la distinción que hace Kant sobre el *ser* y el *deber ser*, conceptos en los que Kelsen basó su «teoría pura del derecho», al establecer que el derecho es pura teoría normativa ajena a hechos naturales, históricos y a toda ley positiva. En su teoría, las leyes son puras, o sea, «normas en cuanto significaciones» y no en cuanto actos. Estas normas preceden a los hechos y tienen su contenido propio e ideal. Es una teoría de toda posible ley, es universal, y se convierte en filosofía formal y fundamento de todos los conceptos jurídicos. Sus principales obras son: *Sobre los límites entre el método jurídico y el sociológico; Ciencia del derecho y derecho; Problemas capitales de la teoría jurídica del Estado; Teoría general del Estado; La idea del derecho natural; Esencia y valor de la democracia.*

KEPPLER, Johannes (1571-1630). Astrónomo alemán que expresó matemáticamente los conceptos de Copérnico, afirmando el matematismo en la ciencia, hecho que se revela en su obra con la siguiente frase: «Nada puede conocer perfectamente el hombre más que magnitudes o

Johannes Keppler

por medio de magnitudes». Se considera que la principal contribución científica de Keppler fueron sus tres leyes conocidas como *leyes de Keppler*: (a) la órbita de un planeta es una elipse, con el Sol situado en uno de sus focos; (b) el radio vector del planeta barre espacios iguales en tiempos iguales; (c) la proporción de los cuadrados de los períodos orbitales de cualquier par de planetas equivale a la proporción de los cubos de las distancias medias de los planetas respecto al Sol. Estas leyes fueron las primeras que se plantearon en términos estrictamente científicos, además rompieron la tradición del movimiento circular como el único perfecto. Keppler planteó por vez primera el carácter físico de las fuerzas en contra del tradicional carácter anímico; así mismo, defendió con su teoría el sistema copernicano, lo cual constituye la ruptura definitiva con la concepción platónica, y el punto de partida de la física de Newton. Sus ideas se plasmaron en su obra *Physica Caelestis*.

KEYNES, John Maynard (1883-1946). Economista británico nacido en Cambridge; ejerció gran influencia en las teorías económicas contemporáneas por sus aportes a temas de mucha importancia sociopolítica, tales como el empleo, el dinero, el interés, la elevación del nivel de vida y el poder adquisitivo, el aumento de la producción y la expansión económica. En cuanto se refiere a la filosofía, es interesante su concepto sobre el problema de la probabilidad o relación entre dos series de proporciones, y referente al grado de creencia que se puede tener racionalmente de ciertas condiciones, lo que haría de la certidumbre el máximo de probabilidad. Para Keynes, no todas las probabilidades son numéricas ni se definen como frecuencias estadísticas. Es necesario elaborar una *teoría constructiva* que permita establecer las reglas que posibiliten «comparar las probabilidades de los diferentes argumentos y establecer las relaciones lógicas entre las premisas y las conclusiones». Sus principales obras son: *El final del dejar hacer; Las consecuencias económicas de la paz; Teoría general del empleo, del interés y del dinero*.

KEYSERLING, Hermann (1880-1946). Filósofo lituano nacido en Kömno. Estudió, además de filosofía, ciencias naturales y fue un viajero infatigable, conocedor de las más apartadas regiones del mundo, las cuales describió en sus escritos que hicieron de él una notable y conocida personalidad. Recibió la influencia de varios autores vitalistas, como Dilthey, Bergson y Simmel; se opuso al atomismo mecanicista y al intelectualismo y planteó un concepto de *vida* que sintetiza y unifica las leyes reales y las leyes ideales de la vida humana en cuanto impulso creador y no en cuanto objeto. El impulso creador conduce al conocimiento creador que, a su vez, se expresa en la obra de arte, en el pensamiento científico y en el pensamiento filosófico; el hombre es una realidad y no una forma abstracta; se manifiesta en el tiempo (historia) y en el espacio (nuestro planeta) mediante sus creaciones culturales. La noción capital de Keyserling es la de *sentido* (*sinn*), empapada de orientalismo para contrarrestar la mecanización e intelectualización progresiva de Occidente. El sentido se descubre mediante una intuición especial para interpretar mitos y símbolos. El conocimiento, según él, debe estar orientado hacia el sentido o apertura

John Maynard Keynes

hacia un proceso creador sin término, infinito, como realidad proyectada (lo que puede haber más que lo que hay), como devenir. Sus principales obras son: *La trama del mundo. Ensayo de una filosofía crítica; Inmortalidad. Crítica de las relaciones entre el acontecer natural y el mundo de las representaciones humanas; Diario de viaje de un filósofo; La filosofía como arte; El conocimiento creador; Política, economía y sabiduría; El mundo que nace.*

KIERKEGAARD, Sören (1813-1855). Filósofo danés, nacido en Copenhague, precursor del existencialismo moderno. Su vida, atormentada por su deforme figura física, por sus problemas religiosos y por la fatalidad que fustigó toda su infancia y juventud, está perfectamente reflejada en su obra. En filosofía, se opuso rotundamente al idealismo alemán, rechazando principalmente la *eternización* introducida por Hegel, en razón de que ésta excluye la existencia, que es el modo mismo de ser del hombre y en la cual se unen lo temporal y lo eterno, sumergido en la angustia; y porque los hegelianos se preocupaban de lo universal menospreciando lo individual, subjetivo y concreto. Trató de comprender y explicar el ser del hombre a través de la teología protestante, relacionando la *angustia* con el pecado original;

Sören Kierkegaard

también su antropología está determinada por la idea de *existencia*. La existencia para este filósofo es individual y personal, y se acerca a la realidad humana desde supuestos religiosos. Todo su pensamiento está impregnado de irracionalismo, ya que la existencia y el movimiento –que le es esencial– no pueden pensarse, pues al pensarse quedan abolidos, es decir, inmovilizados, eternizados. La *soledad* del ser caracteriza la existencia y se sintetiza muy bien en esta frase escrita por él: «Tan poco me comprenden, que ni siquiera comprenden mi dolor por no ser comprendido». Sus principales obras son: *Del concepto de ironía, principalmente en Sócrates; O lo uno o lo otro. Un fragmento de vida; Equilibrio entre lo estético y lo ético en la formación de la personalidad; Temor y temblor; El concepto de la angustia; Estadios en el camino de la vida.*

KORN, Alejandro (1860-1936). Médico y filósofo argentino, nacido en Buenos Aires. Tuvo una intensa actividad filosófica, tanto como profesor de filosofía en la universidad de su ciudad natal, como en su intento por superar el positivismo dogmático, tan en boga en su época. En su obra se trasluce la influencia de Kant y, como él, era contrario a la metafísica en cuanto saber riguroso, aunque reconocía su necesidad ineludible. Para Korn, la libertad humana es la unidad de la libertad económica con la libertad ética. También consideraba propio de la ciencia el realismo ingenuo, que reduce al mundo a cantidad y medida, mientras desconoce al sujeto que es objeto de la filosofía; tal realismo hace que la ciencia ignore la realidad total, pues sólo ve parte de ella. La personalidad humana es el rasgo característico de su ser auténtico y afirma la libertad integral del hombre, la cual se conquista sólo mediante la liberación de la necesidad, concepto que lo acerca a una especie de neocinismo, que se constituye en una necesidad ética y, así mismo, en una finalidad ética, que convierte la vida del hombre en una denodada lucha por la libertad. La intuición acompañada del concepto es la única fuente del conocimiento. Para lograr una valoración ética de los actos humanos, Korn establece una tabla relativista de los valores, basada en valoraciones biológicas, sociales y culturales, que generan pares de valores tales como útil-nocivo, agradable-desagradable, etc., y a su vez establece finalidades ideales como el amor, el bienestar, la felicidad, la justicia, el bien, la verdad, la belleza y el poder. Sus principales obras son: *La libertad creadora; El concepto de ciencia; Esquema noseológico; Apuntes filosóficos.*

KOYRÉ, Alexandre (1892-1964). Filósofo ruso que vivió la mayor parte de su vida en París. Estudioso de la historia de la filosofía y de la historia de la ciencia, reconoció haber sido muy influido por Husserl. Su mayor aporte se encuentra en su análisis sobre la estructura de las teorías científicas modernas, la idea de Dios, Galileo, y la mística alemana. También se ocupó intensamente del paso de las concepciones medievales a las modernas en lo referente a la naturaleza, la física y la astronomía. Sus principales obras son: *La idea de Dios en la filosofía de San Anselmo; La filosofía de Jacob Böhme; Estudios galileanos; Introducción a la lectura de Platón.*

KRAUSE, Karl Christian F. (1781-1832). Filósofo nacido en Eisenberg. Su constante esfuerzo por realizar un trabajo filosófico a pesar de las adversidades económicas, se vio retribuido por el pronto reconocimiento que recibió de muchos estudiosos europeos, especialmente de los belgas, holandeses y españoles. Aspiraba a ser el continuador del pensamiento de Kant y, por tanto, de la tendencia idealista; centró su filosofía en la posibilidad de conciliar el teísmo con la corriente panteísta predominante en su momento histórico. Para Krause, todas las cosas *son en Dios*, e interpreta el derecho y la sociedad de un modo moral, centrado en el destino y en el valor de la persona. Considera a la sociedad como a una «federación de asociaciones autónomas, de fin universal o particular». Por otra parte, afirma que el pensar actúa, en primer lugar, de manera subjetiva o analítica y, en segundo término, de manera objetiva y sintética. Se debe buscar la fundamentación de las esencias finitas del llamado por él *protoyó* en otra esencia más básica, originaria e infinita (un puro *Wesen*), que es el absoluto o Dios. También es posible ir del protoyó a la *protoesencia* (*Urwesen*); esa doble posibilidad conduce a la convicción de que existe una estrecha relación entre Dios y el mundo, por una parte, y entre el mundo y Dios, por otra. Esto se llama *panenteísmo* o realidad del mundo como mundo-en-Dios. Hay una unidad del espíritu y la naturaleza de la humanidad, cuyos períodos históricos son vistos por Krause como los grados de ascensión hacia Dios, siendo el grado más alto, la cúspide, el de la *humanidad racional.* Sus principales obras son: *Fundamentos del derecho natural, o compendio filosófico del ideal del derecho; Compendio de la lógica histórica; Bosquejo del sistema de la filosofía; Sistema de moral. Fundamento científico de la moral; El ideal de la humanidad; Bosquejo del sistema de la lógica.*

KRAUSISMO Práctica y desarrollo del pensamiento filosófico de Karl Christian Krause. El krausismo se difundió principalmente en España y tuvo una fuerte oposición de los llamados *neocatólicos.* **V. Krause.**

KUHN, Thomas S. Nació en 1922 en Ohio (EEUU). Activo protagonista de la nueva filosofía de la ciencia, influido por Koyre. Kuhn considera que el estudio de la ciencia desde el punto de vista histórico requiere habilidades históricas y científicas simultáneamente; sólo así es posible entender por qué unas teorías se han desarrollado y han sido más aceptadas que otras en determinados momentos de la historia. Su discusión consiste, sobre todo, en indagar la naturaleza de la *ciencia normal* por contraste con la *ciencia anormal.* La primera es elaborada por una comunidad científica y sirve como fundamento a ulteriores desarrollos; en su base se encuentra un «paradigma» generador de normas cuyos preceptos no son puestos en duda. En caso de aparecer anomalías, éstas se resuelven o con base en ellas se crea un nuevo paradigma; esta crisis del paradigma es lo que se llama una *revolución científica,* la cual es imperceptible, incluso, en ocasiones, para los miembros de la comunidad científica. El éxito de la concepción de Kuhn reside en la plasticidad de sus conceptos aplicables indistintamente a diversas ciencias en distintos momentos. La existencia de un paradigma no es incompatible con la existencia de nuevos paradigmas. Puede entenderse un paradigma como una estructura lógica o como una serie de supuestos en la investigación científica. El trabajo de Kuhn está encaminado a la reconstrucción del desarrollo científico por medio de una descripción histórica del desplazamiento progresivo de los paradigmas. Sus últimos trabajos tratan ya no del *asunto paradigma,* sino de la interpretación de los mismos, de su significado. Sus obras más importantes son: *La revolución copernicana. La astronomía planetaria en el desarrollo del pensamiento occidental* (1978); *La estructura de las revoluciones científicas* (1962); *La tensión esencial* (1983); *La teoría del cuerpo negro y la discontinuidad cuántica* (1980).

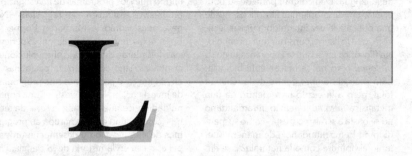

L Antes o después de términos como concepto, verdad, etc., la letra *L* significa lógico. Por ejemplo, un *L*-término, según Carnap, se aplica cada vez que el término se emplea por razones lógicas en contraste con las razones de hecho.

LACAN, Jacques (1901-1981). Sicoanalista francés que perteneció al movimiento estructuralista; se propuso reinstalar el inconsciente en la posición central que Freud le asignaba en su tesis: el inconsciente, la estructura significante fundamental, debe ser revalorizado con respecto al nivel racional y consciente. **V. estructuralismo**.

LACTANCIO (Lucius Caecilius Firmia-nus Lactantius) (250? - 317?) Apologista cristiano nacido en África. Fue preceptor del hijo de Constantino el Grande. Su obra más importante es *Institutiones divinae*. **V. apologistas**.

LAERCIO, Diógenes Filósofo de la antigua Grecia; las fechas de su nacimiento y muerte son desconocidas. Es muy importante por el aporte que hizo a la historia de la filosofía con su obra *Vida y opiniones de los filósofos* (mejor conocida como *Vidas*), la cual fue traducida al latín por el monje Ambrosius Traversarius Camalduensis, en 1431, convirtiéndose desde entonces en una fuente irremplazable para el conocimiento de la filosofía y de los pensadores de la Grecia antigua. Está compuesta por un prólogo, donde analiza el origen de la filosofía, y diez tomos, divididos en capítulos, donde se refiere a la vida, el pensamiento y las obras de los principales filósofos de su época.

LAICICISMO Carácter de las corrientes generadas por agrupaciones no pertenecientes a la jerarquía de la Iglesia. Filosóficamente, el laicismo se originó en el Renacimiento, en la época del humanismo y en la Ilustración. Su doctrina defiende la independencia del hombre y de las instituciones a las que pertenece o representa, frente a la influencia religiosa.

LAÍN ENTRALGO, Pedro Filósofo español nacido en Urrea de Gaén, en 1908. Perteneció a la llamada Escuela de Madrid; fue profesor de historia de la medicina en la Universidad Central, y rector de la misma entre 1952 y 1955; fue también miembro

Pedro Laín Entralgo

de las academias de medicina, de historia y de la lengua. Dedicó gran parte de su obra al examen de problemas filosóficos, desde una óptica a la vez integradora y perspectivista, que lo llevó a construir una antropología filosófica en la que la esperanza tiene su *biología*, pero no es únicamente biología. Laín sitúa al hombre dentro de la realidad total, pero a la vez lo hace dentro de una metafísica *intramundana*; lo intramundano no se basta a sí mismo y está «como suspendido de lo trasmundano», de manera que, tanto el hombre como la naturaleza, se *encaminan* a Dios. Por otra parte, trató el problema de la *realidad* mediante un examen de sus notas y de sus modos; abordó también el problema de la persona por medio de las formas de vida personal e impersonal, y de sus características, junto con las formas de la relación que llamó «encuentro humano», de la cual identificó varios tipos: *modo mineral* (relación entre cuerpos, como el de repulsión, atracción, etc.); *modo vegetal* (relación de las plantas con respecto a su entorno, según sus necesidades); *modo animal* (relación entre animales para la búsqueda de sus necesidades, como la comida, el apareamiento, etc.); y la *relación humana*, a la que llamó «relación petitiva» o «encuentro personal». Citaremos sólo algunas de sus principales obras, pues su producción fue grande y dedicada no solamente a la filosofía, sino también a la medicina, a la historia, a la antropología, al análisis literario, a la biografía y a los problemas políticos y sociales de España. Éstas son, entre otras: *La espera y la esperanza; Teoría y realidad del otro; Panorama histórico de la ciencia moderna; Medicina e historia*.

LAKATOS, Imre (1923-1974). Filósofo inglés, discípulo de Popper y considerado como su sucesor. Se preocupó principalmente por los problemas metodológicos de la ciencia al intentar demostrar que «cada metodología de la ciencia determina una demarcación característica y abrupta entre la historia interna, que es fundamental, y la historia externa, que es secundaria»; por esta razón, los filósofos de la ciencia deben considerar la interacción crítica entre los factores internos y externos. Reivindicó el carácter racional de la actividad científica y afirmó que «los programas de investigación progresivos sustituyen a los regresivos». No hay, pues, como lo afirmaron Popper y Kuhn, experimentos cruciales, ni experiencias falsadoras definitivas, ni revoluciones científicas, sino sustituciones paulatinas y en ningún caso paradigmas sino programas de investigación; lo que existe es una continuidad en los miembros de la serie de teorías, continuidad que las agrupa en programas de investigación y desempeña un papel esencial en la historia de la ciencia. Un programa es un conjunto de reglas metodológicas, tanto en sentido positivo, que sugiere las líneas para seguir, como negativo, que establece las metas de investigación que deben ser evitadas. Así, la historia de la ciencia sería la historia de los marcos conceptuales o de los lenguajes científicos. Los programas de investigación científica constan de un eje convencional permanente, alrededor del cual giran diversas hipótesis auxiliares, modificables cuando se encuentran irregularidades. Lakatos dice que un programa de investigación progresa «cuando sucede que su crecimiento teórico se anticipa a su crecimiento empírico; esto es, mientras continúe prediciendo hechos nuevos con algún éxito. (...) las verificaciones mantienen la marcha del programa y las anomalías se enumeran, pero se archivan en la esperanza de que, llegado el momento, se convertirán en corroboraciones del programa». Para él, la historia de la ciencia es la historia de programas de investigación en competencia y por esto es preferible un pluralismo teórico que el mejor monismo; la inclinación por un programa frente a otro se basa en que aquél explique el éxito previo del rival y lo supere mediante un despliegue adicional de capacidad de anticipar hechos teóricamente nuevos; esta sustitución se produce de forma gradual y no de manera revolucionaria: es una situación de convivencia en que uno va ocupando el espacio del otro hasta que pueda explicarse dónde fracasa el otro, lo cual produce la sustitución. Sobre Lakatos dijo Feyerabend: «Fue el único filósofo de la ciencia que se enfrentó seriamente con el desafío de Kuhn. Lo combatió sobre su propio fundamento, con sus propias armas. Admitió que el positivismo y el falsacionismo ni iluminan al científico ni le ayudan en su investigación». Sus principales obras son: *Problemas de filosofía de las matemáticas; El problema de la lógica inductiva; Pruebas y refutaciones; La metodología de los programas de investigación científica; Matemáticas, ciencia y epistemología.*

LAMARCK, Jean-Baptiste de Monet de (1744-1829). Naturalista francés, primero en utilizar una clave dicotómica para clasificar las plantas; a partir de 1794 fue catedrático de zoología. Concibió una muy coherente teoría de la evolución, que fue ampliada posteriormente por otros naturalistas y biólogos; esta teoría se basa principalmente en la afirmación de que las subdivisiones sistemáticas de los seres vivos (clases, órdenes, familias, géneros y especies) son solamente un producto arbitrario de la mente humana, y en la tesis de que si se perpetúan las mutaciones ambientales que producen cambios en las costumbres de los animales, llegarán a producir modificaciones en los órganos, de modo que los de mayor utilización se desarrollen y, por el contrario, se debiliten o desaparezcan aquellos que son menos utilizados; también, podrían surgir otros nuevos en caso de ser necesarios. Sostuvo que si las alteraciones son comunes a un macho y a una hembra que procrean, éstas se trasmitirán automáticamente a sus descendientes. Lamarck tuvo como su más tenaz opositor a Cuvier, quien sostuvo la hipótesis de las catástrofes que cambian de modo radical las condiciones ambientales destruyendo, así, periódicamente, las especies vivas que pueblan la Tierra. Las principales obras de Lamarck son: *Flora francesa; Filosofía zoológica.*

LAO-TSE Filósofo chino que vivió aproximadamente en el siglo VI a. de C. Su vida es un enigma y algunos lo consideran una leyenda. Su nombre significa *muchacho mayor* (de donde se deriva *Viejo Maestro*). Se supone que nació en 604 a. de C., en la provincia de Honan, donde fue secretario del archivo Chu, donde tenía fama de sabio y erudito; al repugnarle el desorden

Lao-Tse

de la corte abandonó la sociedad y partió con rumbo desconocido; después de prolongada meditación, regresó; cuando fue reconocido su mérito se dedicó a escribir su pensamiento filosófico y, después de reanudar su viaje, jamás se le volvió a ver. Su doctrina se basa en el *Tao* (camino o camino del hombre), nombre que se da al principio cuyo nombre es ignorado, pero que lo abarca todo y ha producido el universo, aunque no puede ser considerado como una cosa: es, a la vez, el ser y el no ser, por cuanto el ser se refiere a la esencia y el no ser a la función. La virtud *(pei),* derivada de Tao, actúa de dos modos alternativos denominados *yan* (concentración) y *yin* (expansión), engendrando el cielo, la tierra y el aire entre ellos. La doctrina de Lao-Tse se encuentra recopilada en un libro de máximas llamado *Tao-Te-King*, fundamento del taoísmo, que es la corriente especulativa que tuvo gran influencia en el pensamiento filosófico chino, junto con la doctrina de Confucio. **V. confucianismo, taoísmo.**

LAPSO Período entre dos momentos dados. La palabra latina que dio origen a este término, *lapsus,* se ha utilizado para designar un error o equivocación no consciente, un desliz, y ha generado la utilización de expresiones latinas compuestas, tales como *lapsus calami* (error de escritura) y *lapsus linguae* (error al hablar). En sicoanálisis se ha dado mucha importancia a los *lapsus* como expresión del inconsciente en la vida consciente.

LARROYO, Francisco Filósofo mexicano de tendencia neokantista, nacido en 1908; defendió las ideas de la escuela de Marburgo. Luego de sus estudios realizados en Alemania, regresó a México donde fue profesor en la Universidad Nacional. Fundó *La gaceta filosófica*, desde donde expuso sus ideas relativas a la necesidad de transformar la filosofía en una teoría y crítica de los valores, y en un análisis de las formas culturales. Criticó algunas posturas filosóficas, en especial las de Ortega, Dilthey y el existencialismo. Entre sus obras se destacan, entre otras, las siguientes: *Bases para una teoría dinámica de las ciencias; Los principios de la ética social; La filosofía de los valores; El existencialismo: sus fuentes y direcciones; Historia general de la pedagogía*.

LEBENSWELT (mundo vital). Expresión alemana utilizada por Husserl para referirse al mundo circundante vital o mundo vivido *y no tematizado*, o *todavía* no tematizado; según lo expresa Husserl, es el mundo de «lo que se da por sentado o supuesto de los fenómenos *anónimamente subjetivos*, que es sumamente rico». Este aspecto es básico dentro del problema general de la ciencia objetiva, que incluye una ciencia del *lebenswelt*, la cual posee una *intuitividad en principio* y puede relacionarse con un conocimiento del hombre basado en la ontología del *lebenswelt*, la cual «examina todas las formas prácticas» o hechos en el mundo de la vida, incluyendo las ciencias objetivas como hechos culturales.

LEGALIDAD Carácter de lo legal, es decir, de lo que está dentro del marco de la ley; este concepto se aplica principalmente en los sentidos jurídico, moral y científico. Los filósofos del derecho se han preocupado especialmente por establecer si la legalidad jurídica es o no es pura, es decir, si depende o no de otras instancias (sociedad, naturaleza, Dios, etc.). Kant se refirió a la legalidad en sentido moral; según él, es la determinación de la voluntad que tiene lugar según la ley moral; y con respecto al deber, es la acción conforme con él; la legalidad se distingue de la moralidad por cuanto la primera se refiere a las acciones y, la segunda, a las intenciones. En cuanto a la legalidad científica, los autores que han estudiado el carácter de las leyes en la ciencia natural, se han ocupado de la cuestión de la legalidad científico-natural.

LEGALISMO Actitud que antepone a toda consideración la necesidad de que los hechos, los actos, las decisiones y las tesis, estén siempre literalmente conformes con la ley, cualquiera que sea la clase de ésta y sin tener en cuenta otras consideraciones o circunstancias que pudieran alterarlos o cambiar su curso.

LEGÍTIMO Aunque su significado más general es el de estar conforme con las leyes, éste se aplica, más en particular, a lo que es equitativo o razonable, y también a lo que es genuino, verdadero, cierto y justo. El significado de este término, pues, debe interpretarse de acuerdo con el contexto en que se aplique.

LEIBNIZ, Gottfried Wilhelm (1646-1716). Filósofo y matemático alemán, nacido en Leipzig en el seno de una familia protestante. Hizo estudios de lenguas clásicas, literaturas antiguas, filosofía escolástica y moderna, matemática y física, y en especial de las obras de Galileo y Kepler; trabajó también en estudios jurídicos e históricos y exploró la alquimia. Como puede deducirse de lo anterior, su erudición era grande y su interés por todas las formas de conocimiento era evidente. Viajó a Francia y a Londres; después, simultáneamente con Newton, pero por separado, descubrió el *cálculo infinitesimal*. En Hannover, donde fue nombrado bibliotecario, desarrolló una intensa actividad intelectual, diplomática y política, y fundó la Academia de ciencias de Berlín. Fueron ingentes, aunque al final fracasaron, sus esfuerzos por unir a todas las iglesias cristianas, puesto que se sentía muy atraído por el catolicismo, pero no estaba dispuesto

Gottfried Wilhelm Leibniz

a apostatar del protestantismo. Murió en Hannover, prácticamente olvidado, después de haber llevado a cabo tan importantes actividades. Su filosofía retoma muchas de las tesis aristotélicas, conceptos teológicos y, también, principios medievales. Puede afirmarse que Leibniz es el primer idealista en sentido estricto; llega a una nueva idea de la sustancia a través de su tesis que sostiene que *el movimiento es algo real*, producido por una *fuerza (vis, impetus, conatus)*, que a su vez es lo fundamental de su física y de su metafísica. En la estructura metafísica del mundo, la unidad es la *mónada* o sustancias simples, indivisibles, que forman los compuestos; al ser indivisibles no pueden tener extensión, de manera que las mónadas son *átomos formales* y no átomos materiales y, por tanto, llegan a ser sólo por creación (no por composición), y a dejar de ser sólo por aniquilamiento (no por disolución). El cambio que se da en las mónadas es solamente el despliegue de sus posibilidades internas, de manera que no es extrínseco. Cada mónada refleja el universo de un modo propio, *desde su punto de vista (vis repraesentativa)*, siendo por esto irremplazables; como cada una de ellas refleja el universo en un grado diferente de claridad, hay entre ellas jerarquías, con lo que Leibniz restituye a la sustancia el carácter de *cosa individual*, volviendo a una absoluta pluralidad de mónadas sustanciales que encierran en sí la totalidad de sus posibilidades ontológicas. Como las mónadas no tienen ventanas, no es posible establecer una comunicación entre las sustancias, por lo cual es necesario admitir un orden establecido previamente a cada mónada que le permite encontrarse armónicamente con las restantes, constituyendo un mundo, a pesar de su radical soledad e independencia; esta condición, que llamó *armonía prestablecida*, sólo puede ser producto de los designios de Dios. También Dios asegura que mis ideas correspondan con la realidad de las cosas al hacer coincidir el desarrollo de mi mónada pensante con todo el universo; esto significaría que las únicas ventanas que tendrían las mónadas son las que están abiertas sobre la divinidad. Dios es el *ens a se*: si Dios es posible, existe, y es posible porque no puede tener contradicción alguna; por tanto, Dios existe; si Dios fuera imposible, no habría nada, pues si no existe el ente necesario, no hay entes posibles («hay algo, luego hay Dios»). Con respecto al conocimiento, Leibniz afirma que la sensación es una idea confusa, mientras que la *apercepción* es una percepción clara y consciente, acompañada de la memoria, propia solamente de las almas; en la jerarquía de las almas, el alma humana es *espíritu* y sólo ella puede llegar a conocer verdades universales y necesarias: es cuando podemos hablar de *razón*. Dios es acto puro, la cumbre de la jerarquía de las mónadas. Distingue entre *verdades de razón* y *verdades de hecho*: las primeras son necesarias, fundadas en el principio de contradicción y evidentes *a priori*, aparte de toda experiencia; las segundas, se fundan no sólo en el principio de identidad y en el de contradicción, sino en el de razón suficiente. Es importante destacar el *innatismo* de Leibniz: al proceder todas las ideas de la actividad interna de la mónada, las ideas son innatas en este sentido concreto, ya que las ideas tienen origen en la propia mente que las produce. La lógica leibniziana está hecha para descubrir verdades mediante una *combinatoria universal* que permitiera estudiar todas las posibles combinaciones de los conceptos de una manera matemática. El llamado *optimismo metafísico* de Leibniz, afirma que, a pesar de los males necesarios para el bien del conjunto, el mundo es el mejor de los posibles; Dios crea libres a los hombres y, por eso, permite el pecado o mal posible que condiciona el bien superior que es la libertad humana. Leibniz ejerció gran influencia entre sus contemporáneos y en filósofos posteriores. Sus principales obras filosóficas son: *Nuevos ensayos sobre el entendimiento humano; Teodicea; Discurso de metafísica; Nuevo sistema de la naturaleza; Principios de la naturaleza y de la gracia, fundados en la razón; Monadología.* **V. innatismo, mónada, principio de razón suficiente.**

LEMA En matemática, vocablo que identifica aquella proposición que necesita ser demostrada antes de poder establecer un teorema.

LENGUA Estructura de carácter articulado formado por palabras y normas gramaticales, las cuales han sido adoptadas por los grupos humanos a lo largo del tiempo y de su uso, con el fin de encontrar la mayor claridad posible en la comunicación. Según el estructuralismo en general, F. Saussure y los seguidores de la escuela de Praga, la lengua es considerada como un sistema de relaciones o, mejor, como un conjunto de sistemas que se relacionan entre sí y el valor de sus elementos, es decir, de las frases, los morfemas y los fonemas, son sólo las relaciones y oposiciones que los conectan. Chomski encuentra un componente de *estructura profunda* «descrita sintácticamente mediante un componente generativo de la gramática», así, como una *estructura de superficie* que está influida por un componente que transforma la gramática y que hace que esa estructura de superficie sea formada, tomando como base una serie de variaciones surgidas en la estructura profunda. En sentido general, las lenguas han sido clasificadas en grandes familias, a su vez, subdivididas en grupos y subgrupos. **V. Chomski, lenguaje, lingüística, Saussure.**

LENGUAJE El lenguaje es el conjunto de sonidos que tienen un significado o, por lo menos, una intención significativa, y que por esto son los elementos básicos de la comunicación. Como se deduce de esta definición, el lenguaje tiene dos planos: uno fónico (sonidos) y otro significativo (lo que se quiere decir o significar cuando se dice algo), que tienen entre sí una relación arbitraria; esta es una ley general en todas las lenguas y uno de los principios básicos de la investigación lingüística. En la antigüedad, los griegos identificaron en cierta forma *lenguaje y razón*, por cuanto, para ellos, ser racional es el ser capaz de hablar, es decir, de reflejar el universo por medio del lenguaje, que era la *realidad hablante*. Se discutió en aquella época sobre si el lenguaje presentaba un carácter *convencional* o *natural*, es decir, si los elementos fonéticos estaban ligados naturalmente a sus significados, o el lenguaje, como otras instituciones humanas, era simplemente una convención, un contrato entre los hombres, de carácter tradicional, discusión que quedó registrada en el *Cratilo*, de Platón. Los tratadistas de materias literarias y los escritores, desde muy antiguo, descubrieron las relaciones entre la forma fonética y su posible simbolismo, en la figura conocida como *aliteración*, en la que el escritor intenta evocar con las combinaciones de sonidos distintos significados. También se discutió posteriormente (Aristóteles, estoicos) sobre la cuestión de las relaciones entre expresión lingüística y concepto mental, expresión lingüística y concepto formal, y cada uno de estos conceptos en tanto que lingüísticamente expresados y la realidad, pasando así a ser los problemas del lenguaje, de estrictamente gramaticales a problemas lógicos. Este tratamiento lógico del lenguaje y la preocupación especial por los problemas de la significación, pasaron a la Edad Media, pero la *filosofía del lenguaje* sólo apareció durante la Edad Moderna, en especial para los empiristas; el tema del lenguaje mereció extensos estudios, por ser considerado como instrumento capital del pensamiento, por lo cual es necesario someterlo a *crítica*; tal fue la posición de filósofos como Hobbes, Locke, Hume y Berkeley, entre otros. Para Herder y Vico, el estudio del lenguaje debe rebasar las esferas de la gramática, la lógica y la semiótica, para ser analizado desde un punto de vista de la realidad sociohistórica. Ya en el siglo XX, cuando las investigaciones sobre el lenguaje han tomado tanto impulso e importancia, que constituye una de las ramas más importantes de la filosofía actual, F. Saussure, así como otros lingüistas –Y. Malkiel, Wisseman, Ullmann, por ejemplo–, notaron por medio de sus experimentos relaciones entre el sonido de algunas palabras y su significación (onomatopeya); Saussure, por su parte, distingue en todo fenómeno lingüístico: el *lenguaje* propiamente dicho, que es la expresión de la estructura común a todo idioma, la *lengua* o *habla*, que es el lenguaje como fenómeno de una comunidad humana, y la *palabra*, que es el lenguaje como fenómeno individual. W. Köhler, en 1947, trató de encontrar una relación entre las formas fonéticas establecidas y unas formas gráficas. Para Martinet, lingüista francés, un lenguaje «refleja, ampliamente, no el comportamiento humano, sino el comportamiento de la sociedad»; y agrega que «las posibilidades comunicativas del lenguaje no se adaptan inmediatamente a las nuevas necesidades» y que «el lenguaje está representado por lenguas distintas que corresponden a culturas y sociedades diferentes, de manera que los lenguajes no son códigos». En Heidegger, el lenguaje –en primer término– es uno de los modos en que se manifiesta la degradación del *dasein*, lenguaje que posteriormente se transforma en un modo propiamente *ontológico* cuando es visto como el hablar mismo del ser, un modo verbal de ser. En Wittgenstein, la filosofía se convierte en *análisis del lenguaje común*, que sigue la «multiplicidad de los instrumentos del lenguaje y los modos en que son usados, así como la multiplicidad de los tipos de palabras y de proposiciones». Se trata de llevar adelante el análisis del lenguaje como actividad concreta, en conexión con el comportamiento; es el uso del lenguaje, son sus modalidades y los objetivos asignados a las proposiciones los que le proporcionan su significado. Los lenguajes concretamente usados son concebidos como conjuntos de reglas aprendidas en la práctica y por costumbre, con la condición de que las reglas establecidas sean respetadas: todo *juego lingüístico* particular posee el derecho de existir. En *La sintaxis lógica del lenguaje*, Carnap enriquece el análisis del lenguaje con los nuevos modelos de formalización; los lenguajes han de ser considerados únicamente desde el punto de vista de las reglas que enlazan entre sí los diversos símbolos. En consecuencia, el problema del significado de las proposiciones debe ser afrontado como problema de conexión entre los varios signos que componen la proposición misma, es decir, de un modo puramente sintáctico-formal, sin referencia alguna al estado de cosas del mundo. Scheler y los fenomenólogos dividen el concepto de lenguaje en lenguajes que *mencionan*, y lenguajes que *anuncian* o *expresan*. **V. lenguaje (filosofía del)**.

LENGUAJE (análisis del) Objeto principal de las tendencias analíticas y del positivismo lógico, de gran desarrollo durante el siglo XX; su interés principal se relaciona con la estructura del lenguaje (o de los lenguajes). Los métodos y las investigaciones lingüísticas de Wittgenstein influyeron en muchos estudiosos ingleses, quienes constituyeron la corriente de pensamiento conocida como *filosofía analítica*. Sus más destacados representantes son John Langshaw Austin y Gilbert Ryle. Su interés primordial es el lenguaje, analizado con el fin de identificar sus múltiples usos. Para ellos, la función de la filosofía radica en clarificar los usos y los objetivos de las formulaciones lingüísticas, y afirman la tesis según la cual el significado de las palabras se descubre, y se aprende, en el uso y en los ejemplos de aplicación. El lenguaje ha de ser analizado como un instrumento, en su funcionamiento en juegos lingüísticos, es decir, en aplicaciones concretas que revelan la existencia de reglas de comportamiento lingüístico y práctico, conexas entre sí. De esta manera se reconocen espacios de significación a lenguajes como el ético, el estético o el religioso, confinados por Wittgenstein al ámbito de la no significación. Se puede decir que en la actualidad el pensamiento filosófico es ante todo filosofía del lenguaje o *filosofía lingüística*, cuyos enunciados tienen la forma de proposiciones sobre el lenguaje. El problema del origen del lenguaje que interesó durante el siglo XIX ha sido en cierto modo remplazado por el interés hacia la ya mencionada estructura del lenguaje, las relaciones entre lenguaje y realidad, lenguaje y pensamiento, la clasificación de los lenguajes, etc. **V. filosofía analítica. lingüística, Saussure, Viena (círculo de), Wittgenstein.**

LENGUAJE (filosofía del) Nombre dado a la filosofía analítica o filosofía del lenguaje ordinario, desarrollada en especial entre 1945 y 1953, que tuvo su comienzo en la universidad británica de Cambridge y luego se extendió a todo el mundo; los filósofos del lenguaje se consideran herederos de Wittgenstein por haber partido, unos, de su *Tractatus*, y otros, de las *Investigaciones filosóficas*. Entre los primeros, llamados en ocasiones *formalistas*, interesados exclusivamente en la construcción de lenguajes formales (lógica), se encuentran A. J. Ayer, N. Goodman y W.V.O. Quine; para ellos lo primordial es la noción de significado. Entre los segundos, que rechazan los lenguajes artificiales aduciendo que no dan cuenta de los variados matices contenidos en el lenguaje común, se encuentran Ryle, Austin, Strawson y Searle, entre otros.

LENGUAJE FORMALIZADO Se llama lenguaje formalizado al cálculo que se constituye de manera puramente formal y al cual se le añaden reglas semánticas que le asignan una interpretación o significado; tales expresiones del cálculo deben estar correctamente estructuradas. El lenguaje formalizado adopta axiomas y, mediante procedimientos deductivos, describe su esfera de contenido, permitiendo llevar a cabo un razonamiento riguroso para llegar a inferir nuevas conclusiones no contenidas directamente en los axiomas adoptados. Este lenguaje se ha aplicado con excelentes resultados en las disciplinas científicas susceptibles de ser formalizadas y en la cibernética.

LENGUAJE (juegos de) (juegos lingüísticos). Expresión introducida por Wittgenstein para afirmar que el uso es lo más primario en el lenguaje, por tanto, para entenderlo, es necesario saber cómo funciona; el uso es lo que le proporciona al lenguaje su significado; los lenguajes, concretamente usados, son concebidos por este filósofo como un conjunto de reglas aprendidas en la práctica y por costumbre. Así, el empleo de determinadas palabras según determinadas reglas provoca determinadas respuestas en el comportamiento de la comunidad lingüística, tal como ocurre en un juego en que el adversario conoce las reglas. Si las reglas son respetadas, todo juego lingüístico particular tiene derecho de existir. **V. juego, Wittgenstein.**

LENGUAJE MORAL Es el lenguaje de la ética. Con respecto a éste, se han desarrollado varias teorías que han tenido por objeto estudiar la significación de las expresiones éticas y, también, analizar la naturaleza de las respuestas o *reacciones* de un sujeto ante los imperativos éticos. Pueden mencionarse, entre los filósofos que se han ocupado de estos problemas, a Ogden, Richards, Dewey, Ayer, Perry, Stevenson y Hare, entre otros. Ogden y Richards sitúan el lenguaje moral dentro del lenguaje emotivo, no científico, que es diferente del lenguaje indicativo o científico. Ayer y Carnap defienden el análisis emotivo en la ética, por el cual los juicios valorativos se hacen juicios metafísicos, no teóricos y no verificables. En general, se ha reconocido que el lenguaje moral o lenguaje de la ética es prescriptivo, es decir, se expresa mediante mandatos o mediante juicios de valor; no es posible un estudio de la ética sin un previo estudio de su lenguaje.

LENGUAJE OBJETO Carnap llama *lenguaje-objeto* al lenguaje particular que se quiere analizar, es decir, se refiere al lenguaje que constituye objeto de análisis.

LENGUAJE PRIVADO Sería un lenguaje privado aquel que sólo conoce una persona y, por tanto, únicamente ella estaría en capacidad de expresarlo y entenderlo. Este planteamiento ha sido motivo de diversas discusiones. En primer término, se han considerado como lenguajes privados o particulares, la visión mística, que es incomunicable y sólo comprendida por la persona que la experimenta, y la intuición (en el sentido bergsoniano); a este respecto la discusión gira sobre si los dos no son lenguajes por ser incomunicables o si son una forma de *hablarse a sí mismo*. Wittgenstein se refirió a los procesos síquicos, en especial a las propias sensaciones, como una especie de lenguaje privado propio de los enunciados protocolarios que describen lo experimentado por una persona en tanto que experimentado por ella este lenguaje; para Carnap, es parte de un lenguaje fisicalista que hace posible la intersubjetividad, y para Wittgenstein no es posible, ya que el lenguaje es una *forma de vida* que necesita un interlocutor para que pueda realizarse su teoría de *juego de lenguaje*. Ayer impugna la tesis de Wittgenstein; no es necesario para una persona –dice– que use un lenguaje con significación que otra persona le entienda y, además, no es necesario que para que otra persona entienda un enunciado descriptivo sea capaz de observar lo que describe. **V. Bergson, Wittgenstein.**

LENGUAJE SIMBÓLICO Lenguaje basado en los símbolos que se van estableciendo con el tiempo a medida que se desarrolla una ciencia o disciplina; este lenguaje se llega a convertir en una forma sencilla de comunicación entre aquellas personas que se dedican al estudio, desempeño y desarrollo de esa disciplina. Se ha llegado a lenguajes simbólicos muy específicos como, por ejemplo, el de las matemáticas, la lógica, la química, la física, etc., que hacen que aquellas personas que están en un contacto permanente con esas ciencias, lleguen a un entendimiento y un manejo claro y rápido de ellos. **V. simbolismo, símbolo.**

LESSING, Gotthold E. (1729-1781). Escritor y filósofo alemán, nacido en Kamenz. Afirmó que las verdades religiosas no dependen de la tradición de la historia,

Gotthold E. Lessing

pues están más allá de toda comprensión total; la verdad revelada va apareciendo progresivamente, tal como ocurre mediante el proceso educativo en cada individuo. Para él, todas las religiones reveladas (cristiana, mahometana y hebrea) por coincidir en una verdad superior racional son unitariamente verdaderas, pero cada una de ellas es en sí falsa. En su concepción de la estética distingue entre *artes plásticas* y *poesía;* la primera, intemporal, representa principalmente cuerpos; la segunda, sucesiva, representa principalmente acciones. Sus principales obras son: su célebre drama *Natán el Sabio; Sobre la realidad de las cosas fuera de Dios; La educación del género humano; El cristianismo de la razón.*

LEUCIPO Filósofo nacido en Abdera (Tracia); con Demócrito, fue uno de los principales atomistas y último de los presocráticos. Poco se sabe de su vida y obra, pero en lo fundamental coincide con la de Demócrito. **V. atomismo, Demócrito.**

LEVIATÁN (*Leviathan*). Obra de Thomas Hobbes en la que expone su teoría del Estado al que personifica en el monstruo (la ballena) del libro de Job. El Estado, que los hombres han creado por convenio, es una fuerza absoluta, cuyo poder no tiene restricción («el poder no tiene más límite que la potencia», dice); el poder de los hombres es asumido íntegramente por el Estado, máquina poderosa, monstruo que devora a los individuos sin apelación posible: es una especie de *dios mortal* que lo decide todo. **V. Hobbes.**

LEVINAS, Emmanuel (1905). Filósofo lituano, profesor de La Sorbona hasta 1976. Influido por Husserl, y especialmente por Heidegger, ha desarrollado una «exploración ontológica» que pasa del ser del ente a la «apertura ante el ser», hasta llegar al «más allá del ser», entendiendo éste como el puro desinterés o el enunciado de lo completamente otro del ser: lo otro. Algunas de sus obras son: *Totalidad e infinito* (1971); *Humanismo del otro hombre* (1972); *Entre nosotros, ensayos para pensar en otro* (1993).

LÉVI-STRAUSS, Claude Antropólogo francés, de origen judío, nacido en 1908; según declaró, la lectura del *Contrato social* y del *Emilio* de Rousseau, lo condujeron, en el decenio del treinta, a remontar los valles y los ríos del Brasil para buscar allí «la humanidad de los orígenes». Como fruto de este viaje escribió la novela *Tristes trópicos*, obra literaria que ayudó a rehabilitar ante los ojos del mundo las sociedades primitivas de la época en que empezaba el movimiento de descolonización. Su propósito fue descubrir leyes válidas para la universalidad de los fenómenos sociales superficiales y así poner fin a su caos aparente; como él expresa, «buscar en el hombre lo que es constante y fundamental». Fundó un laboratorio de antropología social en el Collège de France. Afirma que el antropólogo observa, como lo hace el químico o el físico, tan sólo una parte de la realidad con instrumentos imperfectos, pero en esa observación instantánea es posible observar los grandes rasgos de una sociedad, que escaparían a un análisis más consciente; después de esta observación se acumula gran cantidad de material y hace falta, entonces, un sistema, una teoría o un instrumento para comprenderlo, pues «todas las ciencias funcionan sobre la base de teorías explicativas». Esas leyes universales expresan el orden de los fenómenos y su conexión dentro de un sistema, y constituyen principios invariantes del inconsciente colectivo. Se ha afirmado que lo que Marx hizo por la sociología (demostrar que para interpretar la realidad social es necesario salir de la percepción inmediata y verla a través de un sistema), lo ha hecho Lévi-Strauss por la antropología, al tratar de convertirla en ciencia rigurosa, según el modelo de las ciencias formales, al considerar que el conocimiento es la actividad fundamental de la razón que descubre la estructura presente en la realidad y la traduce en términos lógico-matemáticos, en un intento por reconstruir un sistema racional del que se puedan deducir las diversas estructuras particulares con sus características y sus posibilidades de evolución. Esta lente que usa Lévi-Strauss para descifrar civilizaciones, se llama *estructuralismo*. En Lévi-Strauss, la estructura actúa a nivel originario inconsciente, tanto en el sujeto como en el objeto, antes incluso de toda diferenciación entre ellos; de esta actividad resultan el hombre individual, su labor cognoscitiva y productiva y la historia misma; el antropólogo debe entonces efectuar un análisis de ese inconsciente, a la manera de un sicoanalista. Sostiene que detrás de la diversidad de culturas existe una unidad síquica de la humanidad y esta unidad de diversidades funciona como lo haría un calidoscopio que, con la simple rotación compone una variedad de figuras organizadas, siendo que el número de objetos es limitado. La estructura, para él, es natural y objetiva, como también lo es el propio mundo de los hombres, y su principal preocupación ha sido encontrar analogías mentales entre los pueblos, sean éstos contemporáneos o primitivos, para posibilitar el hallazgo de *invariantes estructurales*. Según él, «no se puede reducir los fenómenos culturales a modelos copiados de la zoología». En resumen, no hay sociedad *primitiva* ni civilización *evolucionada*, sino respuestas diferentes a problemas fundamentales e idénticos. Lo que nos distingue de los primitivos es la historia, no porque estos últimos no tengan historia, sino porque prefieren considerarse inmutables, tal como ellos creen que fueron creados por los dioses; en cambio, para nosotros, la historia es objeto de veneración, es, según él, el «último mito de las sociedades *modernas*»; manipulamos la historia arbitrariamente para *inventar* una visión global del universo. Con respecto al objeto de la antropología, Lévi-Strauss ha declarado que el único fin es el conocimiento. Sus principales obras son: *Antropología estructural; El pensamiento salvaje; Mitológicas* (*Lo crudo y lo cocido*); *De la miel a las cenizas; El origen de los buenos modales en la mesa; El hombre desnudo.*

LEWIS, Clarence L. (1883-1964) Filósofo estadounidense, nacido en Stoneham. Fue profesor en las universidades de California y Harvard. Modificó el cálculo lógico al descartar la noción de explicación material y basarlo en la implicación estricta, lo cual justificó aduciendo que la implicación material impide ejecutar inferencias partiendo de suposiciones falsas; abrió así paso a la modalidad con la afirmación de la independencia entre las categorías modales de la intensión y las verdades materiales. En su cálculo modal, todo avance en la matemática repercute en la ciencia, esto es, en la cuestión de la forma como las proposiciones matemáticas se pueden aplicar a los enunciados empíricos. De esta relación resultó la teoría del conocimiento llamada por él *pragmatismo conceptual*, que consiste en sostener que si bien la verdad *a priori* es propia únicamente de los conceptos, la elección de un sistema de conceptos está pragmáticamente determinada. Según Lewis, no existe contradicción entre la tesis de que el conocimiento es relativo y la tesis de que el objeto que se trata de conocer es independiente del modo de conocerlo; además –dice– sólo hay conocimiento cuando es conocimiento poseído por un sujeto (*mind*), pues la validez del conocimiento concierne a la relación entre esta experiencia y *otras experiencias* que aspiramos a anticipar usando tal experiencia como clave. Según él, «no podemos capturar la verdad de la experiencia si carecemos de una red para aprehenderla»; la experiencia sólo es cognoscible en cuanto es *ordenada*, y el orden mismo no deriva de la experiencia sino de su aplicabilidad. En cuanto a las proposiciones en las cuales se expresan juicios de valor es necesario admitir un contenido dado por la experiencia y, a la vez, un elemento *a priori* sin el cual las valoraciones serían arbitrarias y meramente subjetivas. Sus principales obras son: *An Analysis of Knowledge and Valuation; Lógica simbólica; El elemento pragmático en el conocimiento; Mind and the World Order; A Survey of Symbolic Logic; The Ground and Nature of the Right.*

LEXIS Término latino que ha sido traducido de muy diversas maneras: frase, oración, sentencia; el más apropiado de todos es *sentencia..*

LEY Norma de cumplimiento obligatorio. Por una parte, se ha distinguido entre *ley moral, ley jurídica* y *ley jurídico-moral;* por otra, entre ley basada en la *razón* y ley basada en la *voluntad.* De esta última clasificación han surgido las interpretaciones *racionalistas* y las interpretaciones *voluntaristas* de la ley. Para san Agustín, todo está sometido a la *ley eterna*, divina, la cual ilumina nuestra inteligencia, y sus imperativos constituyen la *ley natural,* que es como una transcripción de la ley divina en el alma del hombre; así, pues, todo debe estar sujeto a un *orden perfecto;* sin embargo, no es suficiente que el hombre conozca esta ley, sino que, también debe quererla. Esta interpretación *religiosa* de la ley no empieza con san Agustín: es muy antigua y se remonta a pueblos como el judío en que la ley es revelada directamente por Dios, ley que se concreta en el decálogo entregado a Moisés, tradición que pasa luego al cristianismo. También se ha discutido en filosofía si existe una *ley natural*. Hobbes distingue entre *jus* o derecho, que interpreta como libertad, y *lex* o ley, que significa obligación. Para Montesquieu, las leyes de cada país son un reflejo del pueblo que las tiene. Para Kant, hay una *ley natural* o *científica* y una *ley moral* o *ética*, cuya diferencia radica en el hecho de que la primera es inviolable; a ella pertenece el reino de las causas y expresa las relaciones constantes observadas en los fenómenos de la naturaleza, mientras la segunda puede ser violada y rige el reino de los fines o de la libertad, y expresa un imperati-

Moisés transcribe la ley divina. Biblia de Shendel, 1492

vo o principio objetivo y válido de la legislación universal. El fundamento común a los dos tipos de ley es llamado por Kant *ley teleológica*, síntesis de la razón teórica y la razón práctica, que se observa en la naturaleza en cuanto todo perfecto. Con respecto a la realidad física, la epistemología del siglo XX considera que la ley en la ciencia natural es resultado de un proceso de investigación y comprobación de los fenómenos. Para Mach, las leyes físicas son reglas para construir proposiciones empíricas; para otros, son simples convenciones apriorísticas; algunos piensan que expresan datos de valor estadístico. La principal distinción que se ha hecho es la que se refiere a *ley causal*, que rige en un sistema determinista; y *ley estadística*, que puede admitir un indeterminismo. M. Bunge propone las siguientes reglas para significar *ley*: lo que denota cualquier relación constante objetiva en la naturaleza; *enunciado monológico*: cualquier hipótesis general que se refiera mediatamente a una ley; *enunciado nomopragmático*: cualquier regla por medio de la cual pueda regularse el curso de una acción, aunque no tenga éxito; *enunciado metanomológico*: cualquier principio general sobre la forma o la amplitud, o ambas, de los enunciados legales pertenecientes a una parte determinada de la ciencia. Blondel da tres significados a *ley:* (a) «Idea de una distribución a la vez inteligible y misteriosa, que se opone a los mismos dioses»; (b) «Decreto soberano de una voluntad trascendente y todopoderosa» (monoteísmo judío); (c) «Expresión del orden inmanente (...) fórmula de las relaciones derivadas de la naturaleza, estable o móvil, de las cosas», como «traducción progresiva de las funciones y de las mismas condiciones de la vida».

LEY DE CONTRADICCIÓN Principio de la lógica sentencial que en general se puede definir así: «Es imposible que p

sea y no sea al mismo tiempo»; según lo anterior, se podría afirmar, así mismo, que si una proposición *(p)* es verdadera, su negación *(~p)* es falsa, y viceversa. La ley de contradicción se enuncia de la siguiente forma: $\sim (p \cdot \sim p)$. Por tratarse de una tautología, su tabla de verdad da v para todos los valores de verdad de *p*. **V. contradicción, tautología.**

LEY DE IDENTIDAD Principio de la lógica sentencial o proposicional que puede enunciarse, en general, como: «Si *p*, entonces *p*»; o como: «Todo lo que es, es»; lo anterior significa que «una idea se puede afirmar de sí misma y de los objetos que comprende». Hay dos leyes o principios de identidad que se expresan como sigue: $p \supset p$, que se lee: si *p*, entonces *p*; y, $p \equiv p$ que se lee: *p* si y sólo si *p*. En las dos, *p* simboliza un enunciado declarativo y en ambos casos se trata de una tautología. La ley de identidad comprende otras leyes, como la de sustitutividad (lo que es verdad o que se cumple en una proposición, es verdad y se cumple en la otra) o la de transitividad (si dos proposiciones son iguales a una tercera, entonces son iguales entre sí). **V. identidad (principio de), tautología.**

LEY DE LA NEGACIÓN DE LA NEGACIÓN Principio de la lógica sentencial o proposicional, correspondiente a una tautología, también llamada *ley de la doble negación*, que puede enunciarse, en general, como: $p \equiv \sim (\sim p)$; es decir, *p* si y sólo si no no *p*. Indica que si una proposición se niega dos veces, es idéntica a sí misma. **V. negación, tautología.**

LEY DEL TERCERO EXCLUIDO Principio de la lógica sentencial o proposicional, correspondiente a la tautología $p \vee \sim p$. Se enuncia así: «Si dos proposiciones están opuestas contradictoriamente, no pueden ser ambas falsas». Esta ley es llamada también «de exclusión del término medio» e indica que «entre ser y no ser no hay otro término medio», que traducido a la lógica indica que en dos predicados contradictorios referidos a un mismo sujeto, se tiene que dar sólo uno de los dos, de tal forma que éste excluya al otro. **V. tautología.**

LEY DE LA CONSERVACIÓN En la época moderna se conciben las propiedades de la materia de acuerdo con la *ley de conservación de la materia*, según la cual la materia es una realidad fundamentalmente compacta; la posibilidad de división afecta solamente a los *intersticios espaciales,* pero no a la materia misma. Así, la materia es constante, permanente e indestructible. Los cuerpos pueden cambiar de masa, de volumen y de forma, pero las partículas materiales últimas son inalterables. En la actualidad, se denomina *leyes de la conservación* a las leyes físicas que expresan las constantes existentes en las relaciones y en las propiedades de los procesos naturales; hay muchas leyes de la conservación, entre ellas, la de la conservación de la masa, la del momento del impulso, la de la carga eléctrica y la de la conservación de la energía. Estas leyes tienen relación con las propiedades de la simetría del espacio y del tiempo.

LEY MORAL Expresión de un imperativo o principio objetivo y válido de la legislación universal. Según Kant, la ley moral *aparece* ante el hombre como un *imperativo*, el cual puede mandar a un ser perfecto, siendo en este caso la ley de la santidad, o a un ser imperfecto, siendo entonces la ley del *deber*, que exige reverencia. **V. Kant, ley natural.**

LEY NATURAL En san Agustín encontramos definida la ley natural como aquella cuyos imperativos son los de la ley eterna, que ilumina nuestra inteligencia y a la cual todo está sometido; es como una transcripción de la ley divina en el alma humana. Según Kant, la ley natural es de carácter científico, se expresa en un lenguaje indicativo y rige en el reino de las causas; es la expresión de las relaciones constantes observadas en los fenómenos de la naturaleza, y constituye las llamadas regularidades naturales; la ley natural es comprobatoria. **V. Kant, ley, ley moral.**

LIBERACIÓN Los primeros filósofos que hablaron de *liberación* fueron los pitagóricos, para quienes este acto del hombre da como resultado al hombre suficiente, que se basta a sí mismo, calidad necesaria para alcanzar la vida teorética o contemplativa. Según ellos, la dificultad para esta vida es el cuerpo que, con sus necesidades, sujeta al hombre; de ellas es menester liberarse, pues *el cuerpo es una tumba*, de manera que hay que superarlo sin perderlo; esto se logra por medio del *entusiasmo* o *endiosamiento*. Hegel interpreta la libertad como *autoliberación* que se manifiesta en los diversos estadios del desenvolvimiento de la idea; la historia misma en cuanto regreso de la idea hacia sí misma es *liberación positiva*, pues se emancipa de sí misma, no de otra cosa. En la doctrina marxista, el concepto de liberación consiste, según Engels, en el *salto* que se produce del *reino de la necesidad* al *reino de la libertad*, salto que es consciente y necesario para realizar la auténtica libertad, al suprimir el antagonismo de clases y *liberar* a los hombres de la opresión social. V. **libertad**.

LIBERALISMO Doctrina político-económica y filosófica, según la cual el interés general exige que la ley ensanche lo más posible las libertades de los particulares y que reduzca al mínimo las intervenciones del Estado, cuyo papel principal es asegurar el orden público condicionando el ejercicio de estas libertades. El liberalismo absoluto proscribiría cualquier intervención del Estado en la producción, así fuera la imposición de medidas de higiene y de seguridad en los lugares de trabajo de niños y mujeres, o la organización de un sistema de seguridad social y pensiones. El liberalismo contemporáneo o neoliberalismo admite las intervenciones del Estado en estos aspectos, e incluso acepta una acción directriz del Estado sobre la producción, a condición de que las empresas conserven la propiedad privada y el libre juego de la competencia. Históricamente, esta doctrina fue generada en Inglaterra por la crisis dinástica inglesa durante los primeros años del siglo XVIII. Los principios del liberalismo económico fueron expuestos por primera vez en 1776, por Cantillon en su *Ensayo sobre la naturaleza del comercio*, y por Adam Smith en sus *Investigaciones sobre la naturaleza y las causas de la riqueza de las naciones*, esta última convertida más tarde en la biblia del capitalismo liberal hasta mediados del siglo XIX. El liberalismo económico coincidió con el *mercantilismo* en su afán de producir a más bajo precio, lo que equivale a reducir los salarios al mínimo vital. Se consideró el trabajo como una mercancía y se permitió el libre juego de las leyes económicas, oponiéndose a la formación de sindicatos; así se instauró la libertad de salarios. Los campesinos que quedaban sin trabajo debido a la concentración de tierras en manos de terratenientes, debían forzosamente contratarse como obreros en las empresas capitalistas con salarios infrahumanos, hecho que dio nacimiento al proletariado industrial. A causa de las ideas impuestas por la Ilustración, en Francia, el sentimiento religioso no se encontraba aprisionado en el marco rígido del dogma intangible, lo que le permitió al liberalismo imponerse sin romper con el cristianismo. En Inglaterra, el liberalismo nacido de la evolución económica y política, de carácter pragmático, representaba intereses y confiaba el poder a las clases pudientes, que en el siglo XVIII parecían oligarquías gobernantes. Con el movimiento independentista en Norteamérica, Inglaterra renunció a la tradición liberal sobre la que había fundado su política colonial. En cambio, en Francia comenzó un período de enorme prosperidad y este brusco desarrollo económico marcó el fin del mercantilismo y el advenimiento del liberalismo, consecuencia del gran capitalismo que se imponía irresistiblemente; este liberalismo se confirmó con la instauración de la libertad de comercio de granos y, desde aquel momento, lo económico primó sobre lo político. En Inglaterra, el libre desarrollo de la actividad económica fue acompañado por un progreso paralelo en el dominio artístico e intelectual. En lo social, el liberalismo económico produjo la ruina de la antigua nobleza feudal y el enriquecimiento de la clase media, rural y ciudadana, gracias a la difusión del lujo y las comodidades. En el orden del intelecto, la iniciativa individual, al emancipar la personalidad, provocó una magnífica floración, a la vez que el incremento de las relaciones con el extranjero atrajo a la isla artistas de todas las regiones con las que mantenía un tráfico continuo. Después de la Reforma, Europa estuvo dominada por dos tendencias opuestas: el liberalismo y el autoritarismo, cuya lucha se manifestaba en los terrenos económico, político y cultural. Los tratados de Westfalia y la revolución parlamentaria inglesa marcan el advenimiento del liberalismo y la apertura de una nueva era en la historia del mundo. Un sistema de equilibrio internacional preconizado por Francia remplaza a la política de hegemonía; los ámbitos de la filosofía y de la teología, como los de la razón y la fe, se separan; la ciencia realiza sus primeros e importantes descubrimientos; en todas partes, el liberalismo se sacude la tutela de la autoridad. En Holanda, bajo el gobierno de Jan de Wit, floreció un liberalismo intelectual categórico, tal que Descartes resolvió trasladarse a Amsterdam, en 1629, para disfrutar de completa libertad de pensamiento; también Spinoza pudo trabajar allí con toda seguridad. La afición al pensamiento libre fomentó la imprenta, las ediciones elzevirinas y el periodismo informativo al alcance de todos. Surgió Grocio, a quien se le debe la introducción del liberalismo en el derecho de gentes al garantizar la libertad de conciencia, el respeto por los derechos humanos en la guerra y la conservación de la libertad personal y territorial de las poblaciones de los estados vencidos.

LIBER DE CAUSIS (*Sobre las causas*). Obra filosófica de origen dudoso, muy utilizada por autores medievales desde principios del siglo XI. Algunos atribuyen su autoría a Proclo, pues su estructura es muy parecida a la de su obra *Institutio theologica;* otros a Aristóteles, como Gerardo de Cremona. La obra, compuesta por 32 proposiciones, se detiene a analizar la indefinibilidad de la *causa primera,* su carácter de fuente de todo lo creado y cómo, a partir de ella, se originan las *causas segundas.* Tuvo gran influencia en la filosofía medieval, en especial sobre las ideas platónicas de la escolástica, sobre el pensamiento de Eckhardt y, en general, en el siglo XIV, sobre los filósofos místicos alemanes. V. **causa**.

LIBERTAD Vocablo que, en su antiguo origen, se define como el estado de la persona que no es esclava y, por tanto, tiene la facultad de realizar algo por sí mismo, por iniciativa propia; este concepto primero equivale a la posibilidad de autodeterminarse que tiene una persona, aunque conlleva la idea de una limitación de carácter ético, es decir, de la necesidad de cumplir algunos deberes. La libertad fue concebida en los aspectos físico y espiritual. Los griegos se plantearon el problema de *la libertad frente al destino,* y llegaron a la conclusión de que nadie puede sustraerse a él, excepto quienes el mismo destino no ha seleccionado; cuando el hombre está consciente de que todo está predeterminado, goza de libertad que, por tanto, sólo es propia del sabio. En sentido político, la libertad consiste en actuar conforme con la ley del propio Estado-ciudad. La concepción más general fue la estoica, que consideraba opresivo todo «lo exterior», de lo cual hay necesidad de liberarse al reducir las necesidades al mínimo posible. Los neoplatónicos consideraban la libertad como contemplación, es decir, como el derecho a suprimir la acción, «actuando como si no se actuara». En Aristóteles, el concepto de libertad se basa en la noción de finalidad o tendencia natural del hombre a la felicidad; las acciones libres son las acciones voluntarias, que no son producto de la coacción ni de la ignorancia, quedando así estrechamente ligados los conceptos de libertad y razón. En la filosofía cristiana, san Agustín distingue entre libre albedrío o posibilidad de elección, y entre libertad o realización del bien para conseguir la beatitud. Para santo Tomás, el hombre goza de libre albedrío o libertad de elección; pero el intelecto mueve la voluntad, la cual aprehende el bien como su objeto. La libertad consiste en elegir algo trascendente; pero el hombre puede elegir mal y, para evitarlo, debe recurrir a la ayuda de Dios. Duns Escoto equipara libertad y voluntad; por esta razón se dice que su teoría de la libertad es *voluntarista.* Desde el siglo XVI se planteó el problema de si hay libertad cuando, a la vez, hay un determinismo en la naturaleza y fueron presentadas varias soluciones a este interrogante. Para Spinoza, el hombre no es libre, ni el mundo tiene una finalidad; el hombre es esclavo porque se cree libre y se ve arrastrado por la necesidad, puesto que todo es necesario y está determinado causalmente; la única forma posible de libertad es el conocimiento, por el cual se sabe que no se es libre, sino determinado según su esencia; esto indica que para ser libre se debe vivir en la naturaleza, en Dios. Para Leibniz, las mónadas encierran en sí todo lo que han de hacer y lo que les ha de acontecer. Dios ve desde un comienzo el ser de éstas, conoce los *futuribles* (futuros condicionados), es decir, las cosas que se cumplen bajo una condición, pero sin que esta condición esté puesta; y el hombre escoge entre los posibles después de deliberar. Para Kant, el *yo empírico* no es libre, pues está condicionado por la causalidad natural; pero también está el *yo puro*, determinado solamente por las leyes de la *libertad:* el hombre, como persona racional, pertenece al mundo de la libertad, que es el mundo del conocimiento moral, del *deber ser:* el hombre, como persona moral, es libre, y su libertad es un postulado de la razón práctica. Para Fichte, la libertad es un acto que *se pone a sí mismo* y que caracteriza al puro *yo* en cuanto objeto de sí mismo por una acto de libertad; para ponerse a sí mismo como libre, es necesario ser libre; en cambio, para Schelling la libertad es sólo *posibilidad*, la cual es fundamento del absoluto. Para Hegel, la idea no es libre antes de su autodesenvolvimiento dialéctico, sino que se libera a sí misma en ese proceso; de manera que la libertad es la autodeterminación racional del propio ser; esta libertad de autoliberación se manifiesta en todo, incluso en la historia. Bergson se preocupó por demostrar que el *yo* es fundamentalmente libre, puesto que la conciencia no se rige por las mismas leyes que la naturaleza. Marx le dio al problema de la libertad un enfoque social e histórico, al plantear la posibilidad de que el hombre puede dar un salto a la libertad, aun estando –como en efecto lo está– determinado por la naturaleza y por la sociedad. Durante el siglo XX ha sido muy importante la posición de los llamados autores *analíticos* con respecto a la libertad. Para Moore, libertad es ausencia de coacción; esta ausencia de coacción le permite al hombre *decidir* su forma de actuar; sin embargo, todo acto se relaciona con alguna *determinación*. En general, los analistas no reconocen que haya un «problema de la libertad», sino que plantean la necesidad de cuidar el uso de ciertos términos que se refieren a ella, como, por ejemplo, el verbo *poder*. También los existencialistas han considerado no objetiva la pregunta acerca de la libertad; la libertad es una libertad *existencial*, por cuanto, como sostiene Jaspers, «lo decisivo de la elección es que *yo* elijo»; para este filósofo, la libertad nunca es absoluta, pues el hombre *se hace en* la libertad. Sartre considera que sólo hay libertad en la decisión: es un hacer que realiza un ser, en ella se compromete el hombre mismo cuando «actuamos como somos y en tanto que nuestro actos contribuyen a hacernos». La libertad, en Sartre, es una libertad para ser. La libertad humana se extenderá a las cosas, y esta libertad de las cosas consiste en su *mismidad*. En la filosofía de Ortega y Gasset, la libertad está referida a la forzosa elección que el hombre debe hacer entre posibilidades; el hombre es forzosamente libre, no tiene libertad de no ser libre. **V.** albedrío.

LIBERTAD DE LA VOLUNTAD V. albedrío, libertad.

LIBREPENSADORES Término que, en general, designa a las personas que no se afilian o adhieren a una creencia o a un dogma determinado. En particular, se denomina librepensadores a los miembros de diversos grupos que abundaron durante los siglos XVII y XVIII, principalmente en Francia e Inglaterra, que predicaban la tolerancia religiosa, defendiendo el deísmo y la religión natural y, así mismo, estaban de acuerdo con el racionalismo entendido a la manera de la Ilustración. Fueron importantes librepensadores Voltaire, Hobbes, Locke, Bayle, y los filósofos influidos por ellos, como John Toland, Anthony Collins, Thomas Morgan y muchos otros. **V. Ilustración.**

LICEO O LIKEO Escuela fundada por Aristóteles en el año 334 a. de C., en un pequeño bosque situado en las afueras de

Atenas, sitio consagrado a Apolo Licio (de ahí deriva su nombre) y a las musas. En el liceo, Aristóteles y sus discípulos, de entre los cuales se destacó Teofrasto, quien fue su sucesor, discutían problemas filosóficos «paseando» (de allí se deriva el nombre de peripatéticos que se dio a los pertenecientes a esta escuela). El liceo tuvo dos formas de acción; una, hacia adentro, que se preocupó por el estudio de las ciencias naturales (en especial de la biología), con carácter enciclopédico, y por la recopilación de diversos elementos de la naturaleza, así como el levantamiento de mapas y la consulta de gran cantidad de libros y documentos; y otra, hacia afuera, que se preocupó por la enseñanza y la discusión sobre los más variados temas de historia, la filosofía, física, etc. V. **Aristóteles, aristotélica (escuela), aristotelismo, Teofrasto.**

LÍMITE En general, término o cesación de algo; finitud. En particular, se han dado muchos conceptos de límite. El *límite lógico* es aquel que se refiere a que si una realidad es determinada, esta acción implica su limitación (*omnis determinatio negatio est*). En filosofía es muy importante el concepto de *límites del conocimiento*, determinados por lo que no se conoce como *concepto-límite*, que no designan realidad alguna, pero pueden utilizarse para describir algunas realidades, por ejemplo, las ficciones. Para Hegel, límite es aquel momento que debe ser superado, la negación que lleva a la afirmación. En sentido físico, límite es lo que termina un cuerpo, el final de su extensión propia y, a la vez, límite del cuerpo contiguo (contigüidad y lugar). Para Jaspers, las *situaciones-límites* son aquellas que constituyen la existencia misma, tales como el dolor, la lucha, la muerte necesaria, etc.; en el curso de estas situaciones «llegamos a ser la posible existencia que hay en nosotros». En el lenguaje matemático, la expresión *paso al límite* se utiliza en el cálculo del infinito.

LINGÜÍSTICA Disciplina cuyo objeto es el estudio científico del lenguaje, que permite conocer el significado funcional relativo de cada vocablo y su contexto cultural, como también establecer sus conexiones históricas, tanto en la unidad étnica propia, como en relación con otras situadas en diferentes áreas geográficas. Además de una ciencia descriptiva es una ciencia comparada. Sus partes esenciales son el *análisis fonético y fonémico*, así como la relación de estas formas con la escritura. El registro de vocablos utilizando medios técnicos es uno de sus principales recursos metodológicos. El estudio de las extensiones geográficas dialectales da lugar a la dialectología, como rama de la lingüística; el estudio del origen del lenguaje y de los troncos lingüísticos a que se afilia cada unidad étnica es otro de los aspectos que estudia la lingüística. Han surgido muchas teorías filosóficas generales sobre el lenguaje: en el siglo XIX, surgieron aquellas que pretendían solucionar el problema de su origen, de dos maneras principales: la *naturalista*, según la cual el lenguaje surgió en el curso de la evolución biológica con base en un núcleo originario; y la *teológica,* que explica el origen del lenguaje como un don otorgado por Dios al hombre. Aparte de estas explicaciones, se dieron también otras, como la que afirma que el hombre es tal a causa del lenguaje, pues la manifestación externa del pensamiento es el lenguaje y el lenguaje es un instrumento de dominio sobre el mundo. A principios del siglo XX, un buen número de filósofos se interesó por explicar la estructura del lenguaje, dando paso a la doctrina lingüística denominada estructuralismo. V. **estructuralismo.**

LLULL, Ramón V. **Raimundo Lulio.**

LOBACHEVSKI, Nikolai Ivanovich (1792 - 1856). Matemático ruso; fue el primero en señalar la posibilidad de construir una geometría como sistema hipotético deductivo a partir de la negación del postulado de las paralelas o quinto postulado de Euclides. Dio así lugar a la *geometría hiperbólica* también llamada *geometría lobachevskiana*, la cual se funda en el supuesto de que dos líneas paralelas pueden no coincidir aun si al ser cruzadas por una línea perpendicular a ambas, los ángulos internos formados por ella son menores a dos rectos.

LOCKE, John (1632-1704). Filósofo, médico y naturalista inglés, nacido en

John Locke

Wrington. Adelantó sus estudios en Oxford y conoció las obras de Boyle y Descartes, principalmente. Fue diplomático, intervino en la política de su país y, después de emigrar durante el reinado de Jacobo I, participó en la segunda revolución inglesa (1688); luego huyó a Holanda para evitar represalias. Sus tesis sobre el Estado fueron fundamentales para la formación de la ideología liberal. Para Locke, el conocimiento se funda en la experiencia (empirismo). Todo el contenido de la conciencia, cuanto se piensa y percibe, son *ideas*, fenómenos mentales que, en su conjunto, son los materiales de la razón y del conocimiento. Las ideas no son innatas, pues el alma es una tabla lisa en la que nada hay escrito (*tamquam tabula rasa*) y donde todo se va escribiendo: las ideas y también el lenguaje; todos los principios, como la fe, la justicia, etc., son adquiridos, no innatos; ni siquiera contempla la posibilidad de que la idea de Dios sea innata. La experiencia puede ser de dos clases: percepción externa mediante los sentidos (*sensación*) y percepción interna de estados síquicos (*reflexión*), pero la última opera siempre sobre un material aportado por la sensación. También hay dos clases de ideas: *simples*, que proceden directamente de un solo sentido o de varios a la vez, o de la reflexión, o de la sensación y de la reflexión juntas; y *compuestas*, que resultan de la actividad de la mente, la cual combina o *asocia* las ideas simples; entre las ideas simples se distinguen las que tienen validez objetiva (cualidades primarias) –número, extensión, solidez, movimiento, figura, etc.–, que son inseparables de los cuerpos y les pertenecen; y las que tienen sólo validez subjetiva (cualidades secundarias) –temperatura, sabor, color, olor, etc.–, que son sensaciones subjetivas de quien las percibe. Mientras la formación de las ideas complejas se funda en la memoria, las ideas simples dejan una huella en la mente y por eso se pueden combinar y asociar. El conocimiento es, según él, «la percepción de la conexión y del acuerdo, o desacuerdo y repugnancia, de cualesquiera de nuestras ideas»; tal acuerdo o desacuerdo puede ser de cuatro clases: identidad o diversidad; relación; coexistencia o relación necesaria; y existencia real. El conocimiento tiene tres grados: conocimiento intuitivo; conocimiento demostrativo o razonamiento; y conocimiento sensible o de existencias particulares. Divide las ciencias en tres: *física o filosofía natural*, que estudia las cosas en sí, sus relaciones y sus modos de operación; *ética o filosofía práctica* que estudia los modos para alcanzar la felicidad humana; y la *doctrina de los signos o semántica,* que estudia la comunicación de los conocimientos adquiridos mediante las dos anteriores ciencias. El empirismo de Locke limita la posibilidad de conocer, en especial en lo referente a la metafísica. Su ética es hedonista, esto es, se basa en los principios del placer y del dolor, concebidos tanto en sentido físico como subjetivo. No concede libertad a la voluntad humana, pues es, en principio, determinista, aunque deja cierta libertad de indiferencia, que le permite al hombre decidir. La moral es independiente de la religión y consiste en la adecuación a la norma, que puede ser ley divina, del Estado o social de la opinión. Locke es el representante típico de la ideología liberal: los hombres tienen las mismas condiciones de nacimiento y facultades, y su estado de naturaleza es la igualdad y la libertad; de la libertad surge la obligación; la sociedad está fundada en un consentimiento libre y, además, en los derechos naturales del hombre, que son el derecho a la existencia y a la propiedad para sustentar la existencia (subsistencia); la propiedad surge del trabajo y de la herencia –que es también expresión del trabajo– y su limitación es el bienestar de los demás. Los hombres no nacen *en* la libertad, pero sí *para* la libertad, y por eso no admite la autoridad absoluta del rey; de esta forma, el Estado perfecto es la monarquía constitucional y representativa, con independencia respecto a la Iglesia y tolerante en materia de religión. El poder del gobierno se divide en tres poderes: legislativo, ejecutivo (que incluye el judicial) y federativo (poder de alianza y asociación con otras naciones). Por otra parte, la rebelión es injusta contra un gobierno legal, y sólo se legitima cuando el gobierno no cumple su función y se convierte en tiranía. Esta fue la forma de gobierno que adoptó Inglaterra después de la revolución de 1688 y la filosofía política que predominó en el espíritu de los principales enciclopedistas franceses, como también en los filósofos y economistas de tendencia liberal. Sus tesis fueron, además, precursoras del empirismo inglés moderno. Sus principales obras son: *Ensayo sobre el entendimiento humano; Two Treatises of Government; Cartas sobre la tolerancia.*

LOCUCIONARIO (acto) Nombre dado por John Austin, filósofo del lenguaje, al acto de decir algo. Distingue en él tres aspectos: el aspecto *fonético* o la emisión de sonidos ajustados a las reglas de la gramática; el aspecto *fático* o emisión de esos mismos sonidos ajustados a un determinado léxico y de forma acorde con las reglas de la gramática; y el aspecto *rético* o emisión de sonidos con un sentido y una referencia determinados. **V. Austin.**

LOCURA Término que designa un concepto muy antiguo que tiene su raíz en los órficos y sus ritos, fundados en la *manía* o locura y en la orgía. La escuela pitagórica utiliza estos ritos y los modifica al transformarlos en un estado previo del alma, que es el *entusiasmo* o *endiosamiento* por medio del cual el hombre se libera de la tumba que es su cuerpo, sin perderlo, llegando así a la vida teorética, al sabio, que es un modo de vivir divino. Para Platón, la locura (*manía*) consiste en la posesión del alma por un *demonio*, estado de delirio que identifica al poeta o inspirado. Según él, hay cuatro clases de locura: *profética* o arte adivinatorio; *ritual, poética* y *amorosa;* todas ellas son de origen divino y elevan al hombre hacia lo superior, hacia la belleza. Los griegos establecían la diferencia entre *manía* y *moría*, dando a esta última el significado de idiotez o estupidez. San Pablo expresó que «hay una locura en Dios, que es más cuerda que los hombres», para referirse al misterio de la cruz. Erasmo de Rotterdam, en su conocida obra *Elogio de la locura*, se refiere a la locura en el sentido de *moría*, para afirmar que sin un poco de esta locura en los actos humanos resultaría imposible vivir; esta locura consiste en un regreso a la simplicidad. Ya a finales del siglo XIX se retomó la noción de locura. Lombroso consideró el genio como un estado enfermizo, al decir que todos los genios son locos. Para Michel Foucault, la locura es un problema epistemológico que tiene sentido solamente dentro de una determinada *episteme*. Afirma, además, que a pesar de la oposición radical con la que se ha considerado siempre a la razón y a la locura, existe entre ambas un movimiento recíproco: la razón mide a la locura y, a su vez, la locura mide a la razón. En la actualidad, la locura es sinónimo de sicosis, aunque aún no se han establecido los límites entre la insania denominada *locura* y un estado que pueda considerarse normal en absoluto.

LÓGICA (del griegos *lógos* = pensamiento, palabra). En sentido general, es la disciplina tradicionalmente ligada a la filosofía que tiene por objeto determinar las formas válidas del discurso, es decir, las que constituyen medios seguros para llegar a la verdad. En sentido estricto se refiere a la lógica formal elaborada por la reflexión sobre el pensamiento espontáneo y que, haciendo abstracción de aquello específico sobre lo cual se habla (materia), establece cuáles son las formas del discurso racionalmente válidas. Haciendo abstracción de la materia, la lógica del razonamiento no asegura la verdad de las proposiciones formuladas, sino únicamente su coherencia. El origen de la lógica en el mundo filosófico occidental se remonta a conceptos ontológicos que describen de algún modo ciertas estructuras de lo real. Así, Parménides identifica pensar (decir lógico) y realidad, lo que lleva al descubrimiento de algunas leyes lógicas. Para los sofistas, la lógica es esencialmente de carácter lingüístico; Sócrates contribuyó al impulso de la lógica con el desarrollo del proceso de la *definición*, y Platón con la doctrina de la *división*, en que se basaba Sócrates, y con la *dialéctica*, entendida como el medio por el cual puede enunciarse lo que *es*. Estas doctrinas son los elementos principales sobre los cuales Aristóteles construye su obra; para él, la lógica es *Organon*, es decir, instrumento que sirve a todas las ciencias. El *Organon* de Aristóteles fue la primera obra en la que se estudiaron directa y sistemáticamente los problemas de la lógica, en que ésta queda constituida como disciplina. En la doctrina aristotélica, el hombre es el animal que tiene *lógos* y es, por tanto, órgano de la verdad. En la obra de Aristóteles se encuentran leyes silogísticas, leyes de la lógica de la identidad, de las clases y de las relaciones, aunque su mayor aporte se encuentra en la lógica cuantificacional. Los megáricos y los estoicos hacen una lógica de las proposiciones, principalmente, de manera que llegan a formular leyes del cálculo proposicional y sus reglas de inferencia; también establecen la distinción entre ley y regla. Boecio examinó la lógica postaristotélica griega, representada principalmente por Galeno, Porfirio y Alejandro de Afrodisia. Los trabajos lógicos tuvieron escasa importancia desde Boecio hasta el siglo XIII, con Alberto Magno. Según Boehner, los principales temas tratados en la lógica medieval son los que se refieren a los *términos sincategoremáticos*, las *propiedades de los términos*, los *insolubles*, la *obligación* y las *consecuencias*. Son los principales representantes de la lógica medieval, además de Alberto Magno, santo Tomás de Aquino, Occam, Duns Escoto, Alberto de Sajonia, Juan Buridán, y otros. Aunque entre ellos hubo autores que le dieron a la lógica un alto grado de formalismo, como Pedro Hispano y Alberto de Sajonia, también muchos de ellos unieron el trabajo lógico con la metafísica y la ontología. Aunque hubo una cierta continuidad del trabajo de los lógicos medievales durante la época moderna, no podemos hablar de grandes aportes en este tiempo a la lógica tradicional, opacada tal vez por el creciente interés por el conocimiento de la naturaleza y de sus leyes. La lógica tradicional no satisface a Leibniz, pues considera que no encuentra verdades, sino solamente demuestra las ya conocidas; por esto quiso hacer una lógica que descubriera verdades, una *combinatoria universal*, que estudiase las posibles combinaciones de los conceptos, y que pudiera operarse de una manera matemática; de aquí resultó la famosa *ars magna combinatoria* y la idea de la *mathesis universalis*, obviamente inspirada en las tesis de Raimundo Lulio. Leibniz y otros autores de la época moderna basaron sus cálculos lógicos en la *intensión*, de modo que, casi siempre, son cálculos de conceptos. Kant concibe la lógica como «lógica trascendental», que «determina el origen, extensión y valor objetivo de los conocimientos» y se refiere exclusivamente a objetos *a priori*; por tanto, es una lógica que depende de la estructura de la conciencia. Esta tesis conduce a la lógica metafísica desarrollada por Hegel, quien afirma que la lógica ha de entenderse como el *sistema de la razón pura*, como el reino del puro pensamiento, y este reino es la *verdad*; dice: «La lógica es la exposición de Dios, tal como es en su esencia eterna, antes de la creación de la naturaleza y de ningún espíritu finito»; es una teoría del concepto como intermediario entre el ser y el devenir; y un método dialéctico que no admite la ley de contradicción; una dialéctica del ser, un *lógos* del *ón*, del ente; por tanto, es ontología, metafísica. Esta lógica incluye la *doctrina del ser*, *la doctrina de la ciencia* y la *doctrina del concepto*. Su dialéctica tiene una estructura ternaria, en la que a la *tesis* se opone la *antítesis*, y las dos encuentran su unidad en la *síntesis;* el movimiento del ser lleva necesariamente a la síntesis, en la cual se encuentran *conservadas* y *superadas*. Cada estadio encuentra su verdad en el siguiente. Desde finales del siglo XIX y durante todo el siglo XX, la lógica ha tomado una inmensa importancia, en especial a partir de Boole. Las principales tendencias lógicas en este período son: la *lógica empírica*, representada principalmente por J. S. Mill, que frecuentemente se constituye en una metodología del conocimiento científico, pues parte de la base de que las generalizaciones empíricas, efectuadas sobre lo real por medio de una abstracción, dan como resultado los objetos de la lógica; esta tesis ha llevado también a concebir la lógica como una ciencia experimental —como lo ha propuesto Gonseth—, cuyo objeto es comprobar leyes de *hechos*, constituyendo así la «física del objeto *cualquiera*»; a esta tendencia pertenecen los lógicos de la escuela de Zurich. También ha surgido una tendencia *sicologista*, cuyos principales representantes son Baldwin, Lipps y Ziehen, para quienes los principios lógicos son los *pensamientos*, cuya estructura objetiva nos es revelada por la lógica. Por otra parte, está la tendencia *normativista*, cuyo principal representante es Herbart, quien afirma que lo importante es el conocimiento de las normas que debemos seguir para pensar correctamente. La tendencia *metodológica*, representada por Wundt, principalmente, da la mayor importancia a los modos de razonamiento científico, y por tanto, es un tanto ecléctica. La tendencia *noseológica*, que se funda principalmente en la lógica trascendental de Kant, está representada, igual que la metodológica, por Wundt, y también por Cohen y los filósofos de la escuela de Marburgo. Para ellos, la lógica es sólo una teoría del conocimiento, una «teoría de los conocimientos puros», pues los significados son el conocimiento, ya que hay una identidad del pensar y del ser. La lógica *fenomenológica* (Bolzano-Husserl, Pfänder) afirma la independencia y consistencia de las *leyes ideales;* el objeto de esta lógica es el *objeto ideal* u objeto pensado, es decir, el contenido intencional del pensamiento. La llamada *logística*, además de la investigación lógica propiamente dicha, incluye la metalógica, los estudios de fundamentación de la matemática y las investigaciones semióticas, en especial la sintaxis y la semántica. Esta tendencia se inicia con Boole y su desarrollo de un álgebra de clases, así como de estudios de lógica probabilística; Peirce elaboró varios problemas del álgebra de clases, la lógica de relaciones y se interesó en los problemas semióticos; Schröder sistematizó el álgebra de clases de Boole, por lo cual ésta se designa con el nombre de *álgebra de Boole-Schröder;* Frege funda la matemática en la lógica y construye una lógica sentencial y una lógica cuantificacional con el correspondiente análisis de la cuantificación, de la designación y de la significación; Dedekind, Cantor, Peano y Weierstrass aportan sus trabajos sobre fundamentación de la aritmética; B. Russell descubre las *paradojas lógicas* dentro de la lógica cuantificacional de Frege, que llevó a buscar una refundamentación de la matemática, expuesta en los *Principia Mathematica*, de Whitehead y Russell; Tarski y Carnap elaboraron la teoría de la *jerarquía de los lenguajes* con la noción de *metalenguaje*. Estas orientaciones logísticas se han extendido y han debilitado anteriores conceptos lógicos. **V. logística**.

LÓGICA COMBINATORIA Rama de la lógica matemática. La *combinatoria* aparece en primer lugar en la filosofía de Raimundo Lulio, en su famosa *Ars magna*, idea que fue retomada por Leibniz en su *Ars magna combinatoria*. El propósito de Leibniz fue hacer una lógica que estudiara las posibles combinaciones de los conceptos, de un modo apriorístico y operando de una manera matemática. Esta lógica leibniziana ha mostrado su fecundidad en el campo de la fenomenología y de la logística o lógica matemática. Específicamente, se da este nombre a la dirección lógico-matemática introducida, en 1924, por el matemático M. Schönfinkel; este autor empleó funciones y eliminó las variables, para utilizarlas como argumentos y para darles valor a otras funciones. Esta lógica fue elaborada y desarrollada también por Haskell B. Curry, en colaboración con R. Feys y, por Bertrand Russell, W. Craig y Robert Feys, principalmente.

LÓGICA DE LAS RELACIONES Rama de la lógica que se encarga del estudio de las relaciones entre proposiciones, por medio de cuantificadores. En ella se estudian, además, las leyes que rigen dichas relaciones, como las de reflexividad, simetría, transitividad, etc. **V. relación**.

LÓGICA DEÓNTICA Rama de la lógica que involucra paralelamente los valores de verdad y aspectos relacionados con la deontología. Por lo anterior, son propios de esta lógica, conceptos aplicables a las expresiones, tales como «comprobado», «permitido», «indiferente», etc. **V. deontología**.

LÓGICA DIALÉCTICA Dirección lógica desarrollada por el marxismo, la cual se funda en el método dialéctico hegeliano. Sus bases principales son la historia del conocimiento y del pensamiento humano, en general, y la práctica social del ser a través de la historia. **V. dialéctica**.

LÓGICA FORMAL Lógica de carácter sistemático. La lógica es una disciplina filosófica estrictamente formal, es decir, sistemática; pero toda lógica, aunque en principio no tenga intención filosófica, puede formalizarse, esto es, sistematizarse.

LÓGICA INDUCTIVA Una de las direcciones de la lógica es la llamada lógica de la inducción o *lógica empírica*, cuyo principal representante es J.S. Mill; se basa en la suposición de que los objetos a los que se refiere resultan de generalizaciones empíricas efectuadas sobre lo real, mediante el uso de una abstracción nominal. Pero fue Carnap quien asignó este nombre a la *teoría de la probabilidad lógica;* ese filósofo elaboró varios sistemas de lógica inductiva, en los cuales la probabilidad inductiva de una aserción basada en ciertas evidencias se resuelve en la probabilidad lógica (o grado de confirmación) de la aserción misma.

LÓGICA MATEMÁTICA Creada hacia finales del siglo XIX y comienzos del XX por Frege, Peano y Russell; culmina en los *Principia Mathematica* de Russell y Whitehead, publicados en 1900 y 1913. La lógica matemática tenía dos objetivos primordiales: (a) constituir la disciplina matemática fundamental, de la que todas las otras matemáticas fueran ramas más o menos complejas, pero fundadas en el mismo material conceptual. Esta aspiración obedecía al esfuerzo logicista por reducir la matemática a la lógica; (b) de acuerdo con el programa formalista de Peano, se trataba de constituir un método de equilibrio riguroso y de control lógico de las disciplinas matemáticas verdaderas y propias.

LÓGICA MODAL Rama de la lógica, tratada desde Aristóteles, que estudia el «modo» como se relacionan entre sí las proposiciones y sus negaciones respecto a la realidad, la posibilidad (llamada también contingencia), la necesidad y la causalidad. A partir del desarrollo de la lógica matemática, la lógica modal empezó, a su vez, a tomar gran impulso, en especial con lógicos como el polaco Jan Lukasiewicz, quien en 1929 introdujo gran parte de la notación y los sistemas trivalente y tetravalente, y el estadounidense Clarence I. Lewis, quien dio a conocer el primer manual de lógica simbólica, su cálculo de modalidades y utilizó sistemas axiomáticos de implicación rigurosa; estos dos autores le dieron a la lógica modal un carácter absoluto (proposiciones vistas en forma independiente de otras). Otros, como G. H. von Write, introdujeron sistemas relativos (modos que las proposiciones toman de otras bajo ciertas condiciones). Otros autores que han contribuido con aportes valiosos son Oscar Becker, Rudolf Carnap, Robert Feys y J. C. C. McKinsey. **V. modal.**

LÓGICA POLIVALENTE Rama de la lógica en la que se admiten para las expresiones más de dos valores de verdad. En general, se han aceptado para estas expresiones dos significados: verdadero y falso; entonces estamos hablando de una lógica bivalente; en el caso de tres significados, de una lógica trivalente. Cuando el número de significados es mayor de dos, se habla, en general, de lógica polivalente o plurivalente, que puede ser finita (*n*-valente) o infinita, de acuerdo con la limitación del número de esos valores. Esta rama se ha convertido en un instrumento muy importante para tratar de resolver problemas científicos concretos y de la lógica en general, y su estudio fue la base de todos los trabajos que dieron como resultado el desarrollo de la lógica modal. Dentro de aquellos que perfeccionaron métodos polivalentes se encuentran Jan Lukasiewicz, Emil Post, Alfred Tarski, H. Reichenbach, J. B. Rosser, A. R. Turquette, S. V. Iablonski y D. A. Bochvar, entre otros.

LÓGICA PROBABILÍSTICA Rama de la lógica basada en las probabilidades. Estudia, además de los valores de verdad o falsedad de las expresiones, otros de carácter intermedio, con los cuales es posible obtener valores más aproximados a la realidad. **V. probabilidad, probabilismo**.

LOGICISMO Es una de las posiciones surgidas de la discusión acerca de la fundamentación de la matemática (las otras son el formalismo y el intuicionismo). Esta posición fue mantenida principalmente por Frege y, más tarde, por Peano, Russell y Whitehead. Según ellos, la matemática se reduce a la lógica; por eso se tiende a la máxima formalización de las operaciones matemáticas.

LÓGICO Que pertenece a la lógica o que sigue las leyes o los procedimientos de la lógica. También se dice de quien se ocupa de la lógica, sea como teórico o como estudioso, en cuanto rama de la filosofía, o de la lógica matemática. **V. lógica**.

LÓGICOS (principios) Leyes generales en que se ha basado la lógica, formuladas y probadas a lo largo de su desarrollo, que rigen las relaciones de las proposiciones, como los principios de identidad, del tercero excluido, de no contradicción, etc.

LOGÍSTICA Nombre dado a ciertos trabajos lógicos realizados a principios del siglo XX, también llamada lógica nueva; involucra la mayor parte de las tendencias de la lógica contemporánea (lógica simbólica, lógica matemática, lógica formal, etc.) o estudio de tipos especiales de sistemas deductivos. La logística es un instrumento de análisis lógico, de deducción y de comprobación, como afirmó Couturat. Con respecto al uso de este término ha habido muchas discusiones y muy diversas posiciones, de las cuales las más extremas son, por una parte, sostener que designa lo mismo que el término lógica y, por otra, que hay poca o ninguna relación entre lógica y logística. **V. lógica**.

LOGOS Del término griego *lógos* que en el vocabulario filosófico ha sido traducido, de muchas maneras, por palabra, expresión, pensamiento, concepto, discurso, habla, verbo, razón, etc. Fue central en toda la filosofía griega. Para Heráclito, el logos es la razón universal que domina el mundo estableciendo el orden, la justicia y el destino. La sabiduría consiste, entonces, en conocer esta razón universal que todo lo penetra. Para los estoicos, el logos era una divinidad activa y creadora, principio viviente e inagotable de la naturaleza. Para Platón, el logos era un intermediario inteligible en la formación del mundo. En la *Política* de Aristóteles, la naturaleza social del hombre se manifiesta en el decir, en el lenguaje o *lógos*. El logos, para el estagirita, está destinado a manifestar lo útil y lo perjudicial, lo justo y lo injusto, conocimiento que es característico del hombre y es el fundamento de las comunidades. En la filosofía cristiana de la Edad Media, el logos aparece como elemento esencial; si consideramos que ya en el Génesis dice que en el principio fue el verbo, comprenderemos su importancia, puesto que, entonces, Dios es palabra y *razón*, y el hombre está hecho a imagen y semejanza de Dios, lo que implica que también el hombre tiene logos. Para santo Tomás, si Dios es logos y el hombre viene también definido por el logos, hay adecuación entre los dos y es posible un conocimiento de la esencia divina: puede haber una teología racional, aunque esté fundada sobre los datos de la revelación. Escoto establece la diferencia entre *filosofía racional* y *teología*, basado en que el hombre, que es razón, hará una filosofía racional, porque se trata de un logos, mientras en la teología, que es sobrenatural, poco cabe la razón y es ante todo *praxis*. Para Occam, la razón es propia del hombre, pero no de Dios quien, por ser omnipotente, no puede estar sometido a ninguna ley, ni siquiera a la de la razón. Si

Dios no es razón, la razón humana no puede ocuparse de Él, y la razón, el logos, debe volverse hacia los objetos que puede alcanzar, y ante todo, hacia el hombre mismo. Al hacerse inaccesible la divinidad, el hombre y el mundo son los dos grandes temas que llevarán al humanismo y al desarrollo de la ciencia natural. Main de Biran extrae argumentos del análisis sicológico para firmar que el alma tiene dos modos esenciales de manifestarse: la razón o *logos* y el amor, los cuales, en algunos aspectos, son antitéticos. El *logos* es algo puramente humano y constituye «la actividad por la que el alma se manifiesta a sí misma como persona o *yo*».

LORENTZ, Konrad (1903-1989). Sicólogo y zoólogo austriaco, nacido en Viena. Fue director del Instituto Max Planck en Buldern y premio Nobel de medicina y fisiología en 1973, junto con dos científicos más. Investigó la vida instintiva de los pájaros y llegó a la conclusión de que ésta está dirigida por una finalidad biológica en tanto que especie; a su vez, esta conclusión lo conduce a elaborar una sicología inductiva y teleológica. En su sicología comparada hace de la etnología el punto de unión entre la sicología humana y la animal. Hizo

Konrad Lorentz

profundos estudios para dilucidar las causas de la agresividad y definió la ley de la *impresión*, que consiste en una forma de aprendizaje en que el animal establece una fuerte adhesión al primer objeto móvil que aparece ante sus ojos cuando nace o cuando sale del cascarón; esto se aplica, en particular a muchas especies de pájaros.

LUCRECIO CARO, Tito (97-55 a. de C.). Poeta y filósofo latino nacido en Roma, uno de los más importantes cuando se trata de obtener información acerca de las doctrinas de Epicuro, las cuales expone en su poema titulado *De rerum natura*. Se ha sostenido que enloqueció a causa de un filtro amoroso y que escribió en sus momentos de lucidez, hasta cuando se suicidó. Fue un difusor y defensor del epicureísmo, doctrina de la que expuso más detalladamente la parte referente a la física. Su obra conocida es la ya citada, *De rerum natura*, dividida en seis libros. **V. epicureísmo, Epicuro**.

LÚDICO Carácter de aquello que está relacionado con el juego. En la actualidad se ha empleado la expresión *filosofía lúdica* para designar a ciertos tipos de pensamiento filosófico que no tienen doctrinas determinadas y que se oponen a toda manifestación doctrinal, por considerarlas excesivamente rígidas, solemnes y dogmáticas. **V. juego**.

LUGAR (*tópos*). Aristóteles consideró el espacio desde el punto de vista del lugar, que es un *algo* que afecta al objeto que está en él; es determinado, aunque no para *cada objeto* sino para *clases de objetos;* y no es el cuerpo, pero no es enteramente ajeno a él. Es un modo de *estar en*, comparable con una vasija transportable, límite del *cuerpo continente*. Afirma también que hay *lugares naturales* para las cosas que, de algún modo, equivalen a la masa de los cuerpos: equivale pero no *es* la masa de los cuerpos. Hay seis especies de lugar: arriba, abajo, delante, detrás, derecha e izquierda. El estagirita también hace otras clasificaciones de los lugares; así, distingue entre *lugar común*, que es el universo entero; *lugar propio*, que es el límite del elemento contiguo; y *lugar primero* o límite interno del elemento atravesado por un elemento ajeno. Kant utilizó el concepto de *lugar trascendental* o lugar ocupado por un concepto en la sensibilidad o en el entendimiento puro; su determinación es materia de la *tópica trascendental*. También utiliza el concepto de *lugar lógico*, que designa cada uno de los conceptos a cuyo ámbito pertenecen muchos conocimientos.

LUKÁCS, György (1885- 1971). Pensador húngaro, nacido en Budapest, cuyo mérito más importante consiste en haber contribuido a un replanteamiento más cuidadoso y profundo de la estética marxista, en especial como teórico de la literatura. Su preocupación por determinar y precisar el contenido y el alcance del realismo a partir de una interpretación sin prejuicios de los principios marxistas, lo llevó a formular tesis exentas de esquematismo que no subestiman la personalidad del artista. La actividad artística, en cuanto conciencia, refleja la realidad humana y social como realidad *viva* sometida a un proceso dialéctico *revivificador*. Por otra parte, desarrolló puntualmente los conceptos de objetivación y enajenación, y puso en evidencia las raíces *existenciales* que tiene el marxismo, puesto que explica al hombre y su historia, orientando así la acción humana. Analizó los conceptos de conciencia en general y de conciencia de clase en particular, y calificó al irracionalismo como evasión de la realidad objetiva. Para él, el método dialéctico es un método real y no un *esquema mecánico*. Sus principales obras son: *El marxismo y la crítica literaria; Historia y conciencia de clase; El asalto a la razón; La naturaleza específica de la estética; El alma y las formas; La teoría de la novela; Historia y conciencia de clase; Hacia una ontología sensorial; Ensayos sobre el realismo; Estética; Hegel; Marx; Trabajo;* las tres últimas publicadas después de su muerte.

LULIANO (arte) Nombre dado al *ars magna* o *arte general*, descubrimiento de Raimundo Lulio, que es un sistema ideado para demostrar la coincidencia de la verdad revelada con la razón, y de la teología con la filosofía. Está fundado en la *mathesis universalis* que fue proseguida por Descartes y por Leibniz, y que sólo es posible por la existencia de un fondo racional y comprensible racionalmente en las verdades de la fe, que deben ser halladas por deducción rigurosamente lógica de los principios de la ciencia general. Este arte combinatorio fue ideado por Raimundo Lulio para combatir las tesis de los averroístas, principalmente.
V. Averroes, averroísmo, Raimundo Lulio.

LUTERO, Martín (1483-1546). Gran reformador alemán, nacido en Eisleben. Estudió en las escuelas de Magdeburgo y Eisenach y, luego, derecho en la Universidad de

Arte luliano

Martín Lutero

Erfurt; muy familiarizado con la filosofía de Aristóteles y con la de Occam, en 1505, se hizo sacerdote agustino después de haber hecho una promesa durante una dramática tempestad; fue ordenado en 1507 y, después de estudiar teología, fue enviado por su orden a la Universidad de Wittenberg como profesor de teología moral. Entre 1510 y 1511 visitó Roma y, en 1512, se doctoró en teología y se convirtió en profesor de estudios bíblicos en Wittenberg. Después de una larga crisis espiritual, llegó a entender la naturaleza de la justicia divina, rechazando toda la teología basada únicamente en la tradición, y enfatizando la interpretación personal y la experiencia acerca del mundo divino. Lutero afirmaba que todas nuestras acciones proceden de Dios aunque éstas sean pecado: nosotros nos justificamos no por nuestros actos sino por la sola fe. Esta visión de Lutero fue ampliamente conocida cuando él fijó las *95 tesis* en las puertas de la iglesia de Wittenberg, tesis en que atacaba la venta de las indulgencias y las preocupaciones materiales de la Iglesia; contrastaba los tesoros de la Iglesia con su verdadera riqueza: el evangelio. En diciembre de 1517 el arzobispo de Mainz informó a Roma acerca de las actitudes de Lutero; enfrentado con la oposición, se mantuvo firme al refutar las observaciones que se le hicieron cuando confrontó al cardenal Cayetano, en Augsburgo. En 1519 negó la supremacía del Papa y la infalibilidad de los concilios generales y, por esta razón, en 1520, el papa Pío X, en la bula *Exsurge Domine*, condenó las doctrinas de Lutero, quien la rechazó y fue excomulgado en 1521. Por su propia seguridad, se refugió en el castillo Wartburg bajo la protección de Federico III de Sajonia; allí puso todas sus energías al servicio de la traducción del Nuevo Testamento al alemán, con el objeto de que la Biblia pudiera ser leída por todos. Ocho meses después, en 1522, volvió a Wittenberg para efectuar allí la más radical de las reformas por medio de la predicación, que condujo a la masa a aceptar rígidas formas morales y a participar en una nueva manera de entender el mundo, la comunión y los cantos religiosos. En debate con Erasmo, expuso el argumento de que la salvación está enteramente en las manos de Dios. Durante la revuelta de los campesinos (1514-15) se opuso a las hordas de asesinos de campesinos y se ganó la credibilidad de muchos de ellos; combatió a Zwinglio, en especial su interpretación de la comunión como una simple remembranza y no como una presencia real de Cristo. En 1530, sus *Confesiones de Augsburgo*, base del luteranismo, fueron defendidas por Melanchthon ante la dieta de Augsburgo, lo cual lo llevó a participar del conflicto con el emperador, pero éste fue convencido de que el evangelio debe ser defendido siempre que sea atacado. En 1537 escribe los estatutos doctrinales que son firmados por muchos teólogos luteranos, y que contienen repetidos ataques contra el catolicismo. Las enseñanzas de Lutero y su experiencia personal se relacionaban estrechamente; él siempre procedió siguiendo la misma vía: de las Escrituras a la convicción personal y de ésta a la declaración y la predicación. Para Lutero no es natural el entender a Dios: la única vía de comunicación entre Dios y la razón humana es su palabra; Cristo es la esencia de la Escritura y en Cristo la palabra es espiritual. La Biblia habla solamente para aquellos que tienen fe, que es un regalo de Dios y no una decisión del hombre. Dios está en todas las cosas del mundo. El principal problema es develar cómo se concilian el amor y la justicia divina con la doctrina de la predestinación. Dios es siempre justo; está más allá de la razón humana, misterioso e inconcebible, y si lo podemos comprender, entonces no es Dios. Sus principales obras son: *Mensaje a la nobleza cristiana de la nación alemana; El cautiverio de Babilonia de la Iglesia; La libertad del cristiano.*

LUTOSLAWSKY, Wincenty (1863-1954). Filósofo polaco, nacido en Cracovia. Ejerció la cátedra universitaria en varios países del mundo occidental. De pensamiento ecléctico, es considerado como un erudito en los temas filosóficos de la antigüedad, especialmente en la lógica de Platón, así como en los del pensamiento moderno. Su pensamiento se centró en el desarrollo de diversas tesis sobre el individuo y la individualidad, tanto la humana como la colectiva, y en las posibles combinaciones que pueden existir entre diversas individualidades colectivas, que sin perder sus rasgos propios conforman la comunidad universal. Su obra denota influencia del catolicismo polaco, de Leibniz y su monadología, y de Locke. Sus principales obras son: *La guerra mundial; Del dominio del pensamiento; El conocimiento de la realidad; La conciencia nacional; La humanidad regenerada; La inmortalidad del alma y la libertad de la voluntad.*

LUZ En la filosofía griega, Platón se refiere en varias ocasiones a la luz: como medio que posibilita la percepción; al Sol como paradigma de bien, como fuente de conocimiento y como manifestación del mismo o de la verdad. Estas ideas pasaron a la teología cristiana que se nutrió en gran parte de los platónicos y neoplatónicos. Plotino consideró el aspecto físico de la luz y expresó que se propaga en línea recta y de manera instantánea; así mismo, que no se encuentra en el cuerpo iluminado sino que procede del cuerpo luminoso. Esta luz física, para Plotino, es una imagen del mundo inteligible, aunque la luz es inmaterial y, por tanto, indivisible e incorpórea. Aristóteles compara el entendimiento activo con una luz. En la filosofía latina, Cicerón llamó *luz natural* a las semillas innatas de las virtudes. En la doctrina maniquea, la luz es una de las dos raíces o principios que se oponen entre sí de una forma dinámica (luz, oscuridad): el choque de estas dos fuerzas contrarias dio origen al mundo y al tiempo; la luz se equipara con el bien y la oscuridad con el mal; la luz reside al norte y la oscuridad al sur; el rey de la luz es el Padre de la grandeza, mientras que el de la oscuridad es el Rey de las tinieblas. En la doctrina cristiana, la luz aparece casi siempre como la condición para que se produzca la *visión espiritual;* es lo que se ha llamado *iluminación.* Los padres de la Iglesia llaman al Espíritu Santo *luz inteligible,* porque como un sol o fuente luminosa ilumina las almas con la luz que irradia, situándolas así en el ámbito de la verdad y de la vida. En el comienzo de la filosofía moderna, Descartes nos remite a la idea de una *luz interna* que nos permite reconocer las ideas verdaderas, las *verdades eternas*; Leibniz hace la distinción entre *luz natural* por la cual conocemos la verdad de los axiomas matemáticos, y *luz revelada.* Dentro del pensamiento romántico alemán, Schelling se refirió a la luz como medio (éter) en el que se mueve el *alma universal,* siendo una de las *potencias* de la naturaleza, junto a la pesantez y al organismo. Para Hegel, la luz es la idealidad de la materia, contraria a la gravedad, que es su realidad; por medio de la luz se hace visible lo que hay, es lo absolutamente liviano, distinto del calor; se caracteriza por ser continua y discreta, ya que no puede separarse en diversas masas. En las concepciones científicas modernas la luz se considera, por lo general, como una forma de energía; esta energía se ha catalogado, por una parte, como de índole corpuscular (Descartes, Newton, principalmente) y, por otra, de carácter ondulatorio (Huygens, Th. Young, Fresnel). Posteriormente, hubo un gran progreso en la teoría física de la luz con la tesis de Maxwell, quien la presentaba como una forma de radiación electromagnética en ondas y, por fin, a principios del siglo XX, Einstein formuló su teoría corpuscular de la luz; los corpúsculos luminosos se denominaron *cuantos de luz,* los cuales poseen energía y tienen un carácter ondulatorio.

LUZ Y CABALLERO, José de la (1780-1862). Filósofo cubano. Fue profesor del colegio de El Salvador, en La Habana; rechazó el escolasticismo y expresó su desacuerdo con el eclecticismo de Cousin, que calificó como un intento de conservar y justificar todo lo que existe en contra de la renovación de doctrinas e instituciones. Su pensamiento es empirista y define la filosofía como la ciencia de los valores que lleva a la intuición de los valores religiosos; ambas, filosofía y religión, se basan en la verdad divina y, por tanto, sólo son dos aspectos de la misma realidad. Sus principales obras son: *Ideología moral-religiosa y moral utilitaria; Impugnación al examen de Cousin sobre el ensayo del entendimiento humano de Locke; De la vida íntima; Aforismos.*

LYOTARD, Jean François. (1924) Polémico filósofo nacido en Francia; en su adolescencia se inclinó por el monacato, la pintura y la historia, pero finalmente no siguió ninguno de esos tres caminos: del monacato se apartó por haberse casado y haber tenido hijos a una edad muy temprana, de la pintura por insuficiencia de aptitudes y de la historia por una acusada falta de memoria. Durante la segunda guerra mundial luchó como voluntario de primeros auxilios en la resistencia francesa. Luego de estudiar en La Sorbona se hizo profesor de filosofía en un liceo en Constantine (Argelia). Años más tarde se hizo miembro colaborador de la revista *Socialismo o Barbarie* fundada por Castoriadis, de quien recibió una fuerte influencia. Ha sido profesor de filosofía desde hace más de 15 años en la Universidad de París VIII. El trabajo de Lyotard es considerado ecléctico, una especie de fusión de las fronteras existentes entre la ética, la política y la estética (la ley, la forma, el acontecimiento), todas tres apuntaladas bajo un claro enfoque teórico que sigue los pasos de Kant. Su resonancia se ha hecho más fuerte luego de ponerse en la vanguardia del enfoque actualmente conocido como posmodernismo. Debido a una forma de escritura que se sale de los cánones hasta ahora conocidos en filosofía, ha recibido ataques de las corrientes más disímiles, pero al mismo tiempo ha hecho que se constituya en el centro de la más fructífera discusión actual. Sus principales obras son: *La Phenoménologie* (1954); *Discours figure* (1971); *Economía libidinal* (1974), *La condición postmoderna* (1979*), La posmodernidad explicada a los niños* (1986); *Peregrinaciones* (1992).
V. modernidad.

M En lógica tradicional, esta letra es usada, en mayúscula, para representar el término medio en el esquema de una proposición o juicio y, por tanto, nunca aparece en la conclusión.

MACH, Ernst (1838-1916). Nació en Turas, Moravia. Se desempeñó como profesor de física hasta 1901 en Viena. Su principal interés fue el estudio de la naturaleza y el papel de algunos principios físicos, en especial los de la mecánica; usó en sus investigaciones un método a la vez histórico y analítico; el primero para hallar la naturaleza intrínseca de los problemas estudiados y el segundo para observar la manera como se desarrollaron éstos. Fue influenciado por Hume, por ello se le califica de antimetafísico y antisustancialista. Para Mach, conceptos tales como el de *yo*, son un complejo de sensaciones, las cuales pueden ser de diverso género: sabor, color, temporales, espaciales, dolor, placer, etc. Descarta la existencia de realidades físicas y síquicas antagónicas entre sí, ambos aspectos lo son de una misma realidad. Mach ejerció gran influjo en las primeras fases del círculo de Viena. Sus obras principales son: *Historia y raíz del principio de conservación del trabajo* (1872); *Sobre la transformación y adaptación en el pensamiento científico natural* (1883); *Conocimiento y error. Bosquejos para la sicología de la investigación* (1905).

MACROCOSMO, MICROCOSMO Se entiende por macrocosmo el universo como un complejo mecanismo integrado. Por el contrario, el microcosmo es el mundo

Ernst Mach

Macrocosmo y Microcosmo. Manuscrito del siglo XII (Catedral de Lucca)

menor, o el hombre como parte del macrocosmo. En cuanto se afirma la correspondencia entre uno y otro, se significa que el hombre es un mundo en miniatura. Esta correspondencia fue sistemáticamente estudiada por los filósofos griegos, en especial por los pitagóricos y los milesios. Puede entenderse por esta correspondencia el supuesto de que los elementos que conforman el microcosmo son de la misma naturaleza que los que conforman el macrocosmo y están dispuestos en el mismo orden, con la única diferencia en la magnitud de cada uno. Puede entenderse también tal correspondencia como el supuesto de que el microcosmo (el hombre) es un reflejo del macrocosmo. En el Renacimiento, el tema ocupó un lugar destacado, pero con el tiempo ha sido cada vez menos tratado. Contemporáneamente, Friedmann habla de antropocosmos y orden antropocósmico.

MAGNITUD Término que, en general, designa el tamaño de un cuerpo. Su uso es muy común en física, en matemáticas y en astronomía. En la primera designa la capacidad que tiene un cuerpo de ser medido, es decir, se refiere a una cualidad de los cuerpos; en la segunda, designa cualquier entidad a la que se puede asignar una medida; y en la tercera, expresa el tamaño de las estrellas. En el lenguaje común designa la importancia o trascendencia de un hecho. Para Aristóteles, la cantidad mensurable es indivisible en partes continuas, al contrario de la cantidad numerable que es potencialmente divisible en partes no continuas. Kant hace de la magnitud un *axioma de la intuición* (principio de la razón pura); de tal modo, los fenómenos deben ser representados como intuiciones en el espacio y en el tiempo. La representación de las partes debe hacer posible la representación del todo y la preceden; por ello, es posible aplicar la matemática a los conceptos de la experiencia. Todo esto significa que la magnitud es una cantidad empírica aplicable a la matemática.

MAIMÓNIDES (Moses Bar Maomón o Moisés Maimónides) (1135-1204). Filósofo judío, nacido en Córdoba, quien intentó conciliar la filosofía aristotélica con la religión judaica. Fue perseguido por el fanatismo religioso debido a sus ideas racionalistas, por lo cual tuvo que emigrar a África. Para él, el objeto supremo de la religión y de la filosofía es el conocimiento de Dios y, por esto, es necesario poner de acuerdo los principios y los resultados de ambas; quienes conocen esta necesidad se encuentran perplejos porque no saben la manera de hacerlas compatibles. Su teología es negativa, ya que afirma que de Dios se puede decir lo que no es, pero no se puede decir lo que es, pues su esencia es inaccesible, aunque no lo son sus efectos. Dios se ocupa como providencia de la totalidad de las cosas. El hombre individual posee un intelecto pasivo y, por acción del intelecto agente, se forma en él un *intelecto adquirido*, destinado a unirse después de la muerte al intelecto agente. Su obra principal es la *Guía de los indecisos* (conocida también como *Guía de los perplejos*), donde trata de probar la compatibilidad de la fe con la razón; esta obra tuvo gran influencia en la escolástica y en la secta de los judaizantes rusos. **V. filosofía medieval**.

MAINE DE BIRAN (1766-1824). Pensador francés que, en su primera época, participó activamente en el grupo de los ideólogos para abandonarlo más tarde y seguir la tradición del pensamiento francés representada por el espiritualismo de Pascal y Malebranche, principalmente. Desempeñó varios cargos administrativos importantes en la época napoleónica y, también, durante la Restauración. Ejerció una notable influencia sobre algunos científicos de su época, especialmente sobre el gran físico Ampère. Estableció una polémica contra la escuela de los teocráticos, a quienes acusaba de no comprender el valor de la libre actividad del hombre, aunque, a la vez, se preocupaba por justificar filosóficamente la tradición religiosa y política, preocupación que lo hizo replegarse hacia el hombre interior, invocando el sentimiento íntimo; esta posición lo incluye en el movimiento romántico. Para él, el *esfuerzo*, que identifica con el principio de causación, es la más significativa revelación de la experiencia interior, justificando así la metafísica por medio de la sicología. La razón o logos y el amor son los dos modos esenciales como se manifiesta el alma y, en algunos aspectos, son antitéticos: mientras la razón es puramente humana, el amor proviene *del exterior, de lo alto,* como condición de la propia vida del alma; el amor nos revela a Dios que conduce el alma, como el alma conduce al cuerpo. La religión tiene por finalidad llevar el alma a la vida superior o, como él expresa, a la *vida mística del entusiasmo,* en la que «se funde con su supremo sujeto y vuelve así al manantial del que brotó». La conciencia, entendida como una sustancia independiente, solamente existe en cuanto esfuerzo opuesto a la resistencia del objeto externo; la conciencia del *yo* no tiene posibilidad de separación metafísica, por lo menos en el dominio de la experiencia. Su obra principal y más sugestiva es su *Diario íntimo.* También escribió *La influencia de la costumbre sobre la facultad de pensar* y otros manuscritos que han ido siendo publicados fragmentariamente por autores como Cousin y Naville.

MAL El problema del mal ha sido, a través de la historia de la filosofía, planteado en muy diversos sentidos: como algo *subjetivo* o condición interna de un individuo que quiere o efectúa algo que se identifica con lo que es considerado como *lo malo;* también como algo objetivo, esto es, como un objeto que afecta negativamente a alguien. También la definición del mal se ha relativizado en el sentido de interpretarse su existencia en forma condicionada a las circunstancias de diversos tipos, tales como las sociales, las sicológicas, las históricas, etc., si bien, en algunos casos, se ha creído que el mal existe como un factor externo, un ser, una realidad independiente que influye en la dirección que tomen las acciones humanas. En sentido moral se entiende como valor negativo o disvalor. Otras teorías definen el mal como mal metafísico, que puede manifestarse como mal físico, o moral, o como una unión de los dos. Los estoicos consideraron el mal como parte constitutiva y necesaria de la realidad, generador, junto con el bien, de la armonía universal. En Platón, no es posible que el mal exista en la realidad pura, de modo que sólo aparece cuando hay una mezcla, condición que se da en los mixtos. Los neoplatónicos, y en especial Plotino, sostuvieron que el mal «engendra ciertos bienes», tesis aceptada por algunos modernos como Leibniz y Bergson. El mismo Plotino introduce una concepción rígidamente dualista en que el mal es exactamente lo opuesto del bien: el mal es al bien como «la falta de medida a la medida, como lo ilimitado al límite, como lo informe a la causa formal...», y constituye el último grado del ser «indeterminado, inestable, completamente pasivo, jamás satisfecho, pobreza completa». Para san Agustín, el mal equivale a la nada, pues todo lo que es es bueno; desde el punto de vista metafísico, entiende el mal como mal moral, es decir, como pecado (alejamiento de Dios). Para san Buenaventura, el mal también es el pecado que consiste en actuar para sí y no para Dios. Para santo Tomás, el mal es una privación determinada, por ejemplo, cuando hay una privación de orden. En la dialéctica hegeliana, el mal es la «negatividad positiva» puesto que es el factor dinámico que contribuye al desenvolvimiento lógico-metafísico de lo que existe. Para Scheler, el mal se debe a que hay totalidades compuestas por miembros y no por sumas; esta condición lleva a la existencia de funciones orgánicas que conducen al sufrimiento y al dolor como posibilidad en «un mundo cualquiera»; sin embargo, el sufrimiento como experiencia es indispensable para el bien del todo. También se ha visto el mal como una entidad ilusoria, un velo que oculta al ser, que es el bien. Ha habido teorías dualistas radicales para las cuales hay en el universo dos principios radicalmente opuestos que son el bien (entidades buenas, valores positivos) y el mal (entidades malas, valores negativos); las principales doctrinas que han sostenido esta teoría son el zoroastrismo, la tabla de oposiciones de algunos pitagóricos, el maniqueísmo y el nosticismo; en ellas, el bien se define por exclusión del mal, y por tal razón es necesario no permitir que se produzca su conciliación o mezcla, sino aspirar a su absoluta separación. **V. bien, mal moral.**

MALA FE Modo como el hombre se niega a sí mismo en lo que es, es decir, como ser para sí mismo: es la nada con respecto al ser en sí. Esta noción fue introducida a la filosofía por J. P. Sartre, como parte de su ontología fenomenológica y la distingue de la mentira pura y simple, ya que ésta se refiere a la negación del ser ajeno. Por la mala fe, el ser se niega su propia facticidad y trascendencia y conduce a la duplicidad entre el ser para sí y el ser para otro por medio del propio enmascaramiento. Por la mala fe, también, se es lo que no se es al «jugar a ser alguien que no soy». Así, el ser huye de lo que se es revelando la disgregación del propio ser, a la vez que se niega tal disgregación. La mala fe es un momento que forma parte de la realidad humana, de manera que no puede identificarse con un simple proceso sicológico.

MAL MORAL También llamado mal ético, el mal moral es una condición subjetiva, aunque puede manifestarse exteriormente; muchos autores lo han identificado con el pecado o alejamiento de Dios, como sucede, por ejemplo, en la tesis de san Agustín acerca del mal; otros lo consideran como una consecuencia del mal físico, especialmente los filósofos materialistas. Se ha sostenido que el mal moral puede ser una aflicción o padecimiento del individuo, como también un padecimiento de la comunidad o de la sociedad. Para Nietzsche, es el modo de ser de lo débil, de lo innoble y vulgar. **V. mal, pecado.**

MALEBRANCHE, Nicolás (1638-1715). Filósofo francés nacido en París. Estudió filosofía en el Collège de la Marche; luego estudió teología en La Sorbona y, más tarde, ingresó en la Orden del Oratorio. La lectura del *Traité de l'homme*, de Descartes, lo impresionó profundamente y definió su dirección filosófica. Conoció y fue amigo de las más importantes figuras de su época: Bossuet, Leibniz, Arnauld, Locke, Berkeley y Fenelon, principalmente. Su preocupación filosófica se centró en los problemas de la trascendencia del sujeto y la comunicación de las sustancias, indudablemente inspirados por la obra cartesiana, que soluciona al afirmar categóricamente

Nicolás Malebranche

que no puede haber comunicación alguna entre la mente y los cuerpos; por tanto, el conocimiento del mundo es absolutamente imposible, a menos que por la estrecha unión que existe entre Dios y nuestras almas, al tener Dios en sí las ideas de todos los entes creados, los conozcamos a través de Él; dice que Dios es «el lugar de los espíritus, así como los espacios son en un sentido el lugar de los cuerpos», de manera que, «si no viésemos a Dios de alguna manera, no veríamos ninguna cosa». El hombre participa de Dios, y en él de las cosas, salvándose así el abismo metafísico. Su teoría del ocasionalismo remplaza el concepto de causa por el de ocasión, al decir que la *res cogitans*, que soy yo, no percibe las cosas, sino que, con ocasión de un movimiento de la *res extensa*, Dios provoca en mí una cierta idea: «La diferencia esencial del hombre –dice– consiste en la unión necesaria que tiene con la razón universal». Sus principales obras son: *La búsqueda de la verdad; Conversaciones cristianas; Tratado de la naturaleza y la gracia; Tratado moral*.

MALTHUSIANISMO Teoría demográfica y económica de Thomas Robert Malthus (1766-1834), situada dentro del marco del utilitarismo. Malthus, en su *Ensayo sobre el principio de la población*, cuya

Thomas Robert Malthus

lectura influyó sensiblemente en Darwin, expuso su teoría de que la población de la Tierra tiende a crecer en progresión geométrica, mientras los medios de subsistencia lo hacen sólo en proporción aritmética; para combatir este problema insiste en los medios represivos de índole natural, *pena y miserias*, que al eliminar a los menos fuertes tienen una significación positiva en la economía general de la humanidad; posteriormente propone educar a los hombres para practicar lo que llama *retención moral*. En su obra *Principios de economía política*, menos famosa que la anteriormente citada, se propone demostrar que la existencia de la *demanda efectiva* es condición indispensable para que el ciclo de la producción pueda cerrarse con provecho. Por extensión, se llama malthusianismo a la tendencia de algunos economistas, sociólogos, demógrafos y teóricos políticos a exponer tesis acordes con la teoría de Malthus sobre la población.

MANDEVILLE, Bernard de (1670-1733). Médico y filósofo holandés, nacido en Dordrecht. Según él, el hombre siempre obra para su particular provecho, pero tiene la posibilidad de hacerlo compatible con el de los demás hombres a fin de alcanzar la virtud y la felicidad; por otra parte, sostiene que luchar por el propio interés hace progresar la sociedad ya que es un fuerte estímulo para el ingenio y la laboriosidad. Demuestra, pues, que la sociedad que progresa es un producto de la vanidad y del egoísmo y reduce la moral a la limitación de las necesidades, es decir, al freno de los impulsos naturales al sustituirlos por otros más nobles. Su principal obra es la conocida *Fábula de las abejas*.

MANES (216-277). Forma griega del nombre de Mani, fundador de la religión llamada maniqueísmo. Nacido en Afrûnya (Babilonia), viajó hasta India y Turquestán e intentó la fusión de la religión cristiana con la zoroástrica. Acusado de estar en contra de la religión mazdeísta, murió flagelado. Sus enseñanzas se difundieron rápidamente por África del norte, habiendo sido san Agustín uno de sus adeptos. Manes sostenía que sus tesis eran las de Adán y sus primeros descendientes (Set, Enosh, Enoch, Nicoteo, Noé, Sem y Abraham) y que Buda, Jesucristo y Zoroastro fueron sus profetas. La suya es una religión sincrética en que confluyen las tradiciones hebrea, cristiana, budista y zoroástrica, tomando así la forma de una religión universal. **V. maniqueísmo**.

MANIFESTACIÓN Expresión externa de los caracteres propios de un objeto determinado. Forma en la cual se da a conocer algo. En filosofía, algunas corrientes han considerado la naturaleza como una de las manifestaciones de Dios.

MANIPULACIÓN En su sentido original, es el trato que se da a un objeto empleando para ello las manos. Por extensión se ha aplicado a la intervención del hombre que pretende controlar o desviar los procesos naturales, como sucede en la experimentación científica, no sólo a nivel puramente físico, sino también en relación con lo sicológico, mediante técnicas a las que han llegado la sicología y el sicoanálisis con el descubrimiento de las leyes que rigen los procesos naturales de la mente humana en actividades como el conocimiento, la reacción a ciertos estímulos, etc. En las direcciones conductistas de la sociología contemporánea, la manipulación se ejerce sobre grupos sociales para lograr objetivos deseables sin recurrir a la coacción, pero sin el consentimiento explícito del sujeto; generalmente estos procedimientos aplicados al campo de lo social conducen al asentimiento tácito instado por la conveniencia, o al rechazo generado por la inconveniencia o por resultados negativos para el grupo que es sujeto. La manipulación, especialmente la ejercida sobre seres humanos, ha sido rechazada desde el punto de vista ético, aunque en muchas ocasiones se ha afirmado que es necesaria para obtener bienestar y solucionar problemas que no admiten una alternativa de solución diferente de ésta.

MANIQUEÍSMO Doctrina de la religión fundada por Manes. Se caracteriza por su sincretismo, ya que en ella confluyen elementos de varias religiones, como son el mazdeísmo, el budismo, el judaísmo y el cristianismo, principalmente. Según Manes, antes de la existencia del mundo había dos sustancias primordiales o raíces, igualmente eternas y poderosas: la luz y la oscuridad; la primera residía en el norte y la segunda en el sur, sin que hubiera entre ellas nada en común. Cada una de estas regiones tenía un rey: el Padre de la grandeza y el Rey de las tinieblas. La región de la luz consta de cinco moradas o miembros de Dios, a saber: inteligencia, razón, pensamiento, reflexión y voluntad; así mismo, la región de la oscuridad está formada por cinco abismos: humo, fuego, aire, agua (barro) y tinieblas, dirigidos por arcontes con formas de demonio, águila, león, pez y serpiente. La oposición entre los dos reinos es dinámica y cada uno tiende a la expansión: la luz hacia lo alto, la oscuridad hacia abajo; cuando chocan, la oscuridad obstaculiza la luz y a causa de este choque, que rompe la dualidad al mezclar las fuerzas contrarias, surgen el mundo y el tiempo. El concepto total de tiempo incluye tres tiempos: pasado o tiempo en que se efectuó la mezcla de los contrarios; presente o persistencia de la mezcla y término de los profetas que anuncian los procedimientos que deberán aplicarse para producir de nuevo la separación; y futuro o tiempo en que se restablecerá definitivamente la separación.

Como el reino de la luz no puede vencer por sus propias fuerzas al reino de las tinieblas, el primero se ve obligado a llamar a la existencia a la madre de la vida y al hombre primordial. La evolución del mundo y de la historia está determinada por el constante movimiento de *desprendimiento* del mal. El mal, entonces, aparece en el maniqueísmo como una sustancia existente y el triunfo sobre él consiste en relegarlo al lugar a que pertenece para que no invada de nuevo el reino de la luz. **V. Manes**.

MAQUIAVELO, Nicolás (Machiavelli, Niccoló) (1469-1527). Filósofo y político italiano, nacido en Florencia. Su teoría del Estado no se subordina a ninguna instancia superior, ni religiosa, ni moral. Considera que es necesaria la observación de la experiencia para comprender la naturaleza del poder político y su conservación; tomó la historia como «la realidad». Como el hombre, para él, es siempre el mismo y tiene dos metas principales, el poder o el orden y la seguridad, quienes se han propuesto alcanzar la primera son los jefes o *príncipes* que gobiernan a quienes se proponen la segunda, que son los *súbditos*. Como los hombres, todos, son naturalmen-

Nicolás Maquiavelo

te *corrompidos,* es necesario subyugarlos, sujetarlos; para que en la sociedad sea posible un orden es necesaria la coacción por parte de los jefes, si es que éstos quieren mantener en sus manos el poder. Este poder debe ser absoluto y el príncipe debe sobrepasar toda autoridad para mantenerlo, incluida sobre todo la autoridad de la Iglesia, que debe poner a su servicio; debe valerse de la astucia, no tener escrúpulos morales y utilizar, en resumen, todos los medios necesarios para conseguir el fin, que es el mantenimiento de la posesión del poder. La moral es un asunto del hombre privado, pues el príncipe debe estar más allá del bien y del mal. La fortuna o el azar, que no está en sus manos controlar, debe ser aprovechada por el príncipe, o bien, resistida cuando es adversa, y en la astucia con que pueda hacerlo radica su *virtud.* Sus principales obras son: *El príncipe* (dedicada a Lorenzo de Medici); *Historia florentina*; *Del arte de la guerra*; las comedias *Mandrágora* y *Clizia*.

MARBURGO (escuela de) Junto con la escuela de Heidelberg y con la llamada escuela de Baden, la de Marburgo fue una de las escuelas formadas por el neokantismo alemán, que se desarrolló en las últimas décadas del siglo XIX. Los principales maestros de ella fueron Hermann Cohen, Paul Natorp, estudioso de los problemas sicológicos y pedagógicos, y Ernst Cassirer, quienes interpretaron el kantismo, especialmente los dos primeros, como una *especie* de platonismo cuya finalidad es buscar en la pureza conceptual de la lógica y de las matemáticas el significado y el valor de cualquier conocimiento posible; su característica principal es la afirmación de que la verdadera realidad es la objetividad pensable, actitud opuesta tanto a la subjetividad pensante (idealismo), como a la objetividad empírica (positivismo). Con estas bases, la esfera del deber queda también incluida en la lógica, que no admite la existencia de valores afuera y por encima de ella, de manera que la moral, como ciencia del deber ser, posee un acentuado carácter lógico-racional. Cassirer atribuye gran importancia al problema del conocimiento, a la elaboración filosófica de la física y al desarrollo histórico de la cultura, dando un nuevo rumbo a la historiografía filosófica.

MARCEL, Gabriel (1889-1973). Filósofo y escritor francés, nacido en París. Fue profesor de la Escuela normal de París y famoso conferencista. Cultivó especialmente la dramaturgia como una forma de hacer más accesibles al gran público los temas filosóficos. En su primera etapa de reflexión filosófica sus escritos denotan gran influencia del idealismo alemán e inglés, especialmente de Schelling y Royce; también fue influido por Bradley y por Bergson. Más tarde, su pensamiento se desprende de estas influencias y se convierte en lo que podemos llamar existencialismo espiritualista y que él mismo llamó *socratismo cristiano*, debido a que su método es el de la *recherche* o búsqueda. Distingue entre *objetividad* que es para él lo que el pensar idealista estima como constitutivo del ser, y la *existencia*, que es el término del pensar, pero no su fundamento. Proclama una «indisoluble unidad de la existencia y del existente», de manera que la idea de existencia y la existencia misma forman una unidad completa. Dios es una capa que fundamenta todo lo

Gabriel Marcel

que existe. Por otra parte, la relación entre *mi cuerpo* y el *yo* es la *encarnación* y por ella se comprende la posibilidad de los juicios de existencia; es lo que Marcel llama *misterio*, es decir, «algo en lo cual me encuentro comprometido, y cuya esencia es, por consiguiente, algo que no está enteramente ante mí». El pensar filosófico es un *compromiso* en que el sujeto mismo es el centro de una verdadera «experiencia ontológica». El ser se nos revela mediante la *entrega existencial*, la cual se efectúa por actos, entre los cuales los principales son la fidelidad, el amor y la admiración, seguidos por la invocación, la plegaria y la comunión, que nos revelan la comunidad de las personas. La vinculación al ser se descubre por la vinculación a *un ser*. También establece la diferencia entre *tener* como posesión (reserva) y tener como implicación. De otro lado, sostiene que el mundo que tiene hoy el hombre es un mundo roto y, por tanto, el hombre debe seguir la vía al mundo que le brinde un misterio donde reside la región profunda que permite acceder a la eternidad; esto se consigue por medio de la «reflexión». Sus principales obras son: *Las condiciones dialécticas de una filosofía de la intuición; Existencia y objetividad; El misterio ontológico. Posición y aproximación concretas; Los hombres contra lo humano; El hombre problemático.*

MARCIANO CAPELLA (hacia 430). Lógico y retórico latino a quien se le debe el haber presentado un esquema del sistema de las siete artes liberales, que más tarde se transformó en el *trivium* y el *quadrivium*, de tanta importancia en la formación intelectual que se recibía durante toda la Edad Media. Su obra *Nueve libros sobre las nupcias de Mercurio con la filología y sobre las siete artes liberales*, también recibe el nombre más corto de *Satyricon*. **V. quadrivium, trivium.**

MARCIÓN (85 ?-165 ?d. de C.). Filósofo llamado también Marción de Sínope, por la ciudad donde nació. Fundó una doctrina conocida como *marcionismo*, generalmente asociada al nosticismo, basada, en general, en su antijudaismo y, en particular, en las contradicciones que, según él, encontró en el evangelio de san Lucas, las cuales se reflejaron en una doctrina en la que oponía la figura del Dios judaico con la del Dios cristiano, por cuanto el primero representaba la imperfección y el segundo la bondad, el amor y la perfección. Fue excomulgado por su propio padre, quien se desempeñó como obispo de Sínope; su secta, que perduró hasta mediados del siglo VI principalmente en Egipto y Palestina, se vio fusionada finalmente con el maniqueísmo. Su vida, obra y pensamiento se conocen principalmente por las críticas en su contra consignadas en la obra de Tertuliano *Adversus Marcionem* y en las de otros de sus opositores, como san Ireneo, san Hipólito y san Clemente de Alejandría, en donde se hace referencia a su única obra conocida, la cual se perdió y que se conoce como *Las antítesis*. **V. gnosticismo, maniqueísmo.**

MARCO AURELIO (121-180). Filósofo y emperador romano de la dinastía de los Antoninos. Formó parte de la llamada *escuela estoica romana*, movimiento filosófico considerado el más tardío del estoicismo, al que pertenecieron Epicteto y Séneca, filósofos que influyeron decididamente en este pensador. Aunque Marco Aurelio persiguió a los cristianos, su pensamiento, basado en el concepto de Dios como funda-

Marco Aurelio

mento de todo lo que existe, influyó en éstos posteriormente. Son muy conocidas sus ideas acerca de la purificación del espíritu por medio del ascetismo, el cual aceptó y divulgó como una forma de vida; así mismo defendió el fatalismo, el cosmopolitismo y los sentimientos piadosos para con los demás y dio al estoicismo un carácter místico. Su única obra, *A sí mismo* (traducción literal de su título), es conocida mejor como *Soliloquios*, la cual escribió en forma de aforismos. **V. Epicteto, estoicismo.**

MARCUSE, Herbert (1898-1979). Filósofo y sociólogo alemán, nacido en Berlín. Recibió gran influencia de la filosofía de Hegel, de Marx, de Heidegger y de la teoría sicoanalítica de Freud. En su pensamiento se refleja el núcleo de la filosofía desarrollada por la escuela de Francfort por cuanto parte de un punto de vista sociológico e histórico. Marcuse se exilió en Estados Unidos y no regresó al Instituto de investigación social, permaneciendo como docente en ese país y divulgando desde allí la teoría crítica de la escuela de Francfort; sin embargo, la difusión de sus ideas trajo como consecuencia la supresión de su cátedra universitaria (1964) por su *antiamericanismo*. Fue, entonces, llamado a la Universidad de Berkeley, habiendo coincidido su llegada con las primeras manifestaciones estudiantiles en esta universidad; los estudiantes acogieron con entusiasmo sus tesis, pero el ascenso de Ronald Reagan a la gobernación del Estado de California hizo que tuviera necesidad de jubilarse anticipadamente porque el futuro Presidente no quería elementos críticos en la universidad. En sus trabajos, Marcuse desecha los elementos idealistas y absolutizadores de la teoría freudiana y toma de él los impulsos humanos de hacer y destruir, al fundar la razón en el dominio de la energía destructiva, cuando una nueva racionalidad surge del remplazo de la razón represiva por una nueva racionalidad de la satisfacción, en que razón y felicidad van unidas; estos instintos son históricos en el hombre y, por tanto, están sujetos a cambios cuyas condiciones se dan en el seno de la sociedad. El capitalismo avanzado es la *sociedad unidimensional* en que el proyecto histórico que resulta de la elección para comprender y transformar la realidad, supone para su surgimiento la destrucción del marco institucional. Los artículos y conferencias posteriores a su alejamiento de la Universidad de Berkeley denotan su interés por los aportes de nuevos grupos combativos y la afirmación de que los cambios sociales exigen modificaciones a los análisis marxistas, sobre todo en lo referente a la posibilidad de triunfo del movimiento revolucionario en los países del Tercer Mundo. Por último, en su análisis del arte, considera que en el trabajo artístico desaparece la alienación, pues además de constituir una estructura autónoma, posibilita la rebeldía. Sus principales obras, de muy amplia difusión durante la década del sesenta son: *El hombre unidimensional; La dimensión estética*.

MARÍAS, Julián Filósofo y ensayista español, nacido en 1914; gran conocedor del pensamiento clásico. Perteneció a la llamada escuela de Madrid, junto con Ortega, García Morente, Zubiri y López Aranguren. Ha sido uno de los grandes difusores de la obra de Ortega y Gasset (de quien fue discípulo como también lo fue de Zubiri), en especial cuando éste retornó del exilio y sus trabajos habían sido anatemizados por el

Herbert Marcuse

régimen franquista. Para Marías, la filosofía es un «hacer humano» y un «ingrediente de la vida humana» que permite tener una visión objetiva de la situación real; por esto debe justificarse a sí misma, «dar razón de la realidad misma». Por otra parte, según él, entre la teoría analítica de la vida humana y la narración biográfica de ella hay un campo intermedio constituido por elementos no apriorísticos que pertenecen de hecho, estructuralmente, a las vidas concretas: sólo la experiencia puede indicar en qué circunstancias se encuentra una vida determinada; la metafísica es la ciencia de la realidad radical y, frente a ella, el hombre es una «realidad radicada que descubro en mi vida, como las demás»; la realidad radical es *la vida*, de manera que la teoría de la vida humana es *la metafísica*; la metafísica es un esfuerzo por llegar a la verdad radical por el método de la razón vital. Sus principales obras son: *Historia de la filosofía; Miguel de Unamuno; Aquí y ahora; Los españoles; Antropología metafísica.*

MARITAIN, Jacques (1882-1973). Filósofo y escritor francés, profesor del Instituto católico de París desde 1914 y, posteriormente, profesor titular en Princenton. Fue también embajador de Francia ante el Vaticano. Es una de las principales figuras del neoescolasticismo; en su obra se revela la influencia de san Agustín, y su pensamiento gira alrededor del propósito de coordinar la más estricta ortodoxia con el sentido de libertad moderno. Sus tesis personalistas afirman que el hombre es una persona y, como tal, está vinculado a Dios de manera que sus posibilidades se desarrollan sólo en dirección a Él. Sus principales obras son: *Distinguir para unir o los grados del saber; Siete lecciones sobre el ser; Humanismo integral; Religión y cultura; Los derechos del hombre y la ley natural; El hombre y el Estado; Para una filosofía de la educación; La responsabilidad del artista; Metafísica de Bergson; El alcance de la razón.*

MARX, Karl (1818-1883). Economista y filósofo alemán, de origen judío, nacido en Tréveris. Estudió en Bonn y en Berlín, doctorándose con una tesis sobre la filosofía de Epicuro. Perteneció a la izquierda hegeliana. Fue colaborador de la *Gaceta Renana* y, posteriormente (1843), se trasladó a París donde participó, junto con Arnold Ruge, en la fundación de los *Anales Franco-alemanes,* medio de difusión que los jóvenes hegelianos se proponían utilizar para hacer conocer su crítica sobre aspectos de la cultura y de la sociedad, pero que solamente alcanzó una edición. Permaneció en París dos años, durante los cuales estudió historia y economía y se relacionó con los sectores más avanzados de la política europea. En 1844 fundó el periódico *Adelante* (*Vorwärts*) de tendencia socialista y antiprusiana; en el mismo año conoció a Engels, con quien sostuvo una larga y sincera amistad. En 1845 fue expulsado de París y se radicó en Bélgica; en enero de 1848 redactó, junto con Engels, el conocido *Manifiesto comunista.* El mismo año regresó a Colonia donde volvió a colaborar con la *Nueva Gaceta Renana.* Fue expulsado de Colonia y emigró, entonces, a Londres con su esposa e hijos. Marx se había casado en 1843 con Jenny von Westphalen, perteneciente a la nobleza alemana, quien fue repudiada por sus parientes a causa de este matrimonio. En Inglaterra se dedicó a recopilar y a traba-

Karl Marx

jar con gran rigor científico los elementos básicos para *El capital*, en medio de una gran miseria y tan sólo ayudado por la generosidad económica de Engels. Tras arduo trabajo y una infatigable gestión política, fundó, en 1864, la Internacional de los trabajadores, más tarde denominada la *Primera internacional*. Este hecho, y su autoridad como pensador y organizador le dieron gran prestigio que fue creciendo hasta la muerte de Marx; cuando esto sucedió, su amigo Engels se dedicó a recoger y ordenar sus escritos, hasta tenerlos preparados para darlos a la imprenta. El principal legado que Marx recoge de la filosofía hegeliana es la concepción dialéctica del universo, lo que equivale a decir que parte de la afirmación de que la realidad es un perpetuo movimiento regulado por la ley general de la contradicción; estas contradicciones son la fuerza interna de su devenir, por medio de la cual captamos la profunda concatenación causal de todos los seres. La diferencia con Hegel es que Marx, en su dialéctica, afirma que sólo el contacto concreto con el objeto puede decirnos cuáles son las contradicciones efectivas de este objeto, su movimiento interno, sus transformaciones repentinas; no se trata de una dialéctica de ideas puras, sino de ideas que reflejan en la mente de los hombres el movimiento efectivo de la realidad: sustituye la *dialéctica ideal* de Hegel por su propia *dialéctica real*. Su crítica de la necesidad religiosa se basa en la consideración de que un hombre *económicamente alienado* es un hombre obligado a renunciar a su genuina humanidad, siendo por esto víctima de una abstracción –como la idea de absoluto–, pero principalmente de algo tan concreto como es el dinero, el capital, que impone sus propias exigencias a toda la sociedad; al acabar con esa alienación práctica se posibilitará el triunfo sobre la alienación religiosa que conlleva el logro de una autoconciencia efectiva respecto a todo lo político y lo religioso. Marx, junto con Engels, elaboró una nueva interpretación racional de la economía que, entre otras cosas, explica las leyes del capital mediante la *plusvalía* de las mercancías, es decir, el trabajo no retribuido acumulado en ellas. La economía política, a partir de Marx y Engels, dejó de ser una ciencia abstracta para convertirse en una ciencia histórica que explica el desarrollo completo de la producción y cuyo objeto pasó a ser el estudio de una formación económico-social muy determinada: el capitalismo. Su concepción científica del socialismo parte del examen objetivo del devenir de la historia, de las contradicciones que en ella se manifiestan y de la dialéctica real que lleva a salir de esas contradicciones. Su nueva concepción filosófica se levanta sobre dos bases fundamentales: el *materialismo histórico* y el *materialismo dialéctico*. Las principales obras de Marx son: *El capital; Crítica de la filosofía hegeliana del derecho; Tesis sobre Feuerbach; La ideología alemana; Manuscritos económico-filosóficos, Miseria de la filosofía; Crítica de la economía política*. En colaboración con Engels escribió las siguientes obras: *La Sagrada Familia o crítica de la crítica; Manifiesto comunista*.

MARXISMO Corriente filosófica, económica y política, que ha dirigido su atención, de manera especial, a la interpretación del pensamiento de sus fundadores (Marx y Engels) y a extender sus principios a la filosofía política, la historia de la filosofía, y la filosofía de la historia entendida como teoría del método historiográfico. Una de las características esenciales del pensamiento marxista es constituirse como instrumento de combate, pues Marx creyó en el carácter de arma de la verdad a la que da acceso el conocimiento: una vez alcanzada la verdad, se convierte en instrumento de lucha, al servicio de organizaciones que puedan utilizarlos. Por esto, los intelectuales marxistas posteriores a Marx se hallan casi todos vinculados a organizaciones políticas, tales como los partidos socialdemócratas ligados a la Internacional socialista y, a partir del triunfo de la revolución rusa de 1917, a los partidos comunistas. Esta situación ya no se da, aunque se ha seguido produciendo teoría al margen de los partidos, evitando así el anquilosamiento del marxismo. A la primera etapa pertenecen los filósofos clásicos marxistas: Bloch, Lukács y Goldmann; la escuela de Francfort y los llamados propagandistas. A la segunda, pertenecen autores cuyos aportes han contribuido a modificar en algún sentido la visión tradicional del marxismo, tales como Cohen y Althusser. **V. Engels, Marx, materialismo dialéctico, materialismo histórico.**

MASA Para los milesios, este término designaba la *materia primordial*, es decir, aquello que contiene una cierta *cantidad (quantitas materiae);* posteriormente, los eleatas y algunos pluralistas concibieron la materia como *masa* informe de los elementos, de la cual surgieron por diferenciación los distintos elementos. Con el desarrollo de la física como ciencia, el término masa pasó a designar la *cantidad de materia que posee un cuerpo* y que siempre es la misma; se determina comparando su peso con el de una masa conocida; el concepto físico de materia y el de masa están indisolublemente unidos puesto que, en física, la materia se define como todo lo que tiene *masa* y ocupa espacio. En ciencias sociales, el término *masa* designa un conjunto determinado de personas, en el cual ningún individuo se distingue, como tampoco pueden determinarse en él conductas individuales, sino colectivas. Las actitudes grupales de este tipo se denominan conductas masivas y están determinadas no por la conciencia o por la elección de la persona individual, sino por estímulos exteriores al sujeto mismo; entre estos estímulos están, por ejemplo, la actividad de un líder, la publicidad, la moda, etc. Ortega y Gasset utiliza este término en su obra *La rebelión de las masas*, en la cual plantea su tesis acerca de la sociedad, en que ésta no tiene una naturaleza sino una historia, igual que el hombre, y en ella el hombre vive y de ella recibe una presión por medio de los usos, normas, costumbres, etc., que lo oprime hasta la asfixia. **V. Ortega y Gasset**.

MATEMÁTICA La matemática griega se inició como una mera técnica operatoria en la escuela de Mileto, heredada de Egipto y de Asia Menor; pero sólo el pitagorismo la convierte en una ciencia rigurosa y autónoma, al desarrollar los conocimientos matemáticos que serían continuados posteriormente por las escuelas de Atenas y Cízico; en el siglo VI, la Academia platónica y la escuela de Aristóteles forjan los conceptos filosóficos capitales que permitirían en la época helenística, desde el siglo III, la elaboración y sistematización de la matemática, simbolizada en la obra de Euclides. Pero son los pitagóricos quienes descubren los números y las figuras geométricas como entes no corporales «que presentan resistencia al pensamiento»; esto obliga a una ampliación de la noción del ente, haciendo coincidir al ser con el ser de los objetos matemáticos; los números y las figuras son la esencia de las cosas y los entes son por imitación de los objetos de la matemática; en algunos textos afirman que los números son *las cosas mismas*. La matemática pitagórica es el descubrimiento y construcción de nuevos entes inmutables y eternos, opuestos a las cosas variables y perecederas; relacionan estrechamente la matemática con la geometría al hacer corresponder a cada número una figura: $1 =$ punto; $2 =$ línea; $3 =$ superficie; $4 =$ sólido; $10 =$ número capital, llamado *tetraktys*, que resulta de sumar los cuatro anteriores; consideran la existencia de números cuadrados, oblongos, planos, cúbicos, etc., y establecen relaciones duales, como son par-impar, limitado-ilimitado, uno-múltiple, etc. Arquitas de Tarento y Filolao de Tebas fueron las más destacadas figuras de la matemática pitagórica. En la época moderna, durante el siglo XVIII, para Kant, la matemática se funda en una *construcción de los conceptos* y su validez en la intuición *a priori* de las relaciones de las *figuras espaciales* y de los números, basados en la sucesión *temporal* de unidades; por consiguiente, el espacio y el tiempo son el cimiento lógico de la matemática, y en ella son posibles los juicios sintéticos *a priori*. El proceso de avance de la matemática hacia un máximo rigor comenzó en el siglo XIX con las investigaciones de Bolzano, Cauchy, Abel, Riemann, Weierstrass y otros, mediante la introducción efectuada por ellos de un espíritu crítico acentuado en la ciencia, al darse cuenta de que una verdadera teoría global sólo puede surgir de una exacta determinación de sus fundamentos y de un rigor escrupuloso de los procesos demostrativos. Esta posición se difundió con rapidez por todas las ramas de la matemática, dando lugar a un minucioso cuidado en la formulación de las definiciones y de los teoremas, meticulosidad que llevó a los filósofos a una comprensión totalmente nueva del saber científico y que fomentó entre ellos un profundo interés por la lógica formal. Entre los más importantes analistas alemanes de la segunda mitad del siglo XIX se cuentan: Riemann, a quien se debe la primera definición exacta de *integral;* Kummer, quien generalizó el concepto de *número complejo* mediante las raíces de grado n de la unidad; y Weierstrass, que inició la gran tendencia a la *aritmetización* de las matemáticas mediante la organización general y rigurosa de la teoría de los números reales, que imperó hasta las primeras décadas del siglo XX. Este matemático demostró que la teoría de los números reales debe constituir el punto de partida obligado para tratar científicamente temas matemáticos como límites, derivadas e integrales. Así, el análisis infinitesimal se erige en auténtica ciencia y en una de las más rigurosas y perfectas construcciones del espíritu científico. Sobre la definición exacta de los números reales aparecieron simultáneamente con la tesis de Weierstrass las tesis de Cantor y Dedekind, quienes probaron que el concepto de número real y todos los teoremas fundados en el mismo se derivan rigurosamente del concepto y las propiedades de los números naturales, y que, en consecuencia, se puede considerar a estos últimos como el *material primero* del que está constituida toda la ciencia matemática. También es descubierta una de las ramas más singulares de las matemáticas, la *teoría de los conjuntos*, cuyas raíces se encuentran en los antiguos argumentos de Zenón, en las investigaciones de Galileo, Leibniz y Bolzano; esta teoría encuentra su máxima expresión en Cantor, quien parte de la aceptación del infinito en acto, llegando a demostrar la posibilidad de distinguir en el infinito matemático diversos órdenes de potencias vinculadas entre sí por relaciones rigurosas. El desarrollo de la teoría de los conjuntos hizo más tarde indispensable una revisión general de la lógica formal. La obra de Weierstrass fue coronada por el italiano G. Peano, cuyo aritmeticismo reduce todas las ramas de las matemáticas a conceptos y operaciones definibles por medio de conceptos aritméticos y construye el edificio aritmético sobre tres conceptos-base indefinidos: *cero, número natural y sucesivo,* y sobre cinco proposiciones no demostradas, llamadas *los cinco axiomas de Peano.* Contemporáneo de Peano fue Gottlob Frege (1848-1925), quien inició la reducción de la aritmética a la lógica; intentó reducir el concepto de número entero al eminentemente lógico de *clase* y obtener los axiomas de Peano a partir de las propiedades lógicas de las clases, pues «las leyes del número *deben* estar íntimamente relacionadas con las leyes del pensamiento». Por esta vía, Frege descubrió una serie de gravísimas antinomias de la aritmética, que la lógica ordinaria era incapaz de resolver, lo que condujo a una profunda crisis en las matemáticas modernas, denominada *crisis de los fundamentos;* los intentos que se han hecho para solucionar esta crisis han tenido gran importancia filosófica y han conducido al surgimiento del neopositivismo. B. Russell, importante filósofo y lógico matemático, generó importantes progresos al análisis de las antinomias matemáticas y a la *logicización de toda la aritmética.* Igualmente, D. Hilbert hizo un gran aporte a la solución de la mencionada crisis de fundamentos con su método axiomático que lo ubicó en un lugar central dentro del proceso de avance de las matemáticas hacia un rigor estricto; su ideación de la nueva disciplina llamada *metamatemática* dio lugar a la prosecución, por Gödel, de la investigación y a la consecuente formulación de su famoso teorema, que demuestra la imposibilidad de probar la naturaleza no contradictoria de un sistema formal sin salirse del marco de este mismo sistema. También Gödel, basado en la doctrina de Griss, sostiene que sólo hay entes matemáticos cuando éstos son efectivamente *construidos* mentalmente. En general, la tendencia es formalizar al máximo posible las matemáticas. Muchos consideran la matemática como la lengua universal de todas las ciencias; sin embargo, para Schwartz, el matemático «convierte en axiomas y toma tales axiomas literalmente, lo que para el hombre de ciencia son supuestos teóricos»; entonces, la matemática resultaría perniciosa por cuanto conduce a considerar tales supuestos teóricos como axiomas científicos. Otros consideran la matemática como un lenguaje que puede aplicarse a las más diversas ciencias. En lo referente a la relación de la matemática con la realidad, vale la pena incluir una cita de Einstein: «En la medida en que las proposiciones matemáticas se refieren a la realidad, no son ciertas, no son reales». A este problema se han dado varias soluciones, que se manifiestan en diversas corrientes, como el formalismo extremo (la matemática no dice nada por sí misma y por tanto puede aplicarse a la realidad), el empirismo (la matemática resulta de un examen empírico de lo real), el apriorismo trascendental (los juicios matemáticos son juicios sintéticos *a priori*, como sostenía Kant) y el pitagorismo (la realidad es de índole matemática). **V. matemática (filosofía de la)**.

MATEMÁTICA (filosofía de la) Rama de la filosofía referente al carácter y origen de la abstracción matemática y a sus particularidades. Esta clase de filosofía empezó a ser estudiada a partir de los comienzos del siglo XX y, según su forma de ser entendida, ha sido la base de la especulación respecto a su tendencia hacia el idealismo o hacia el materialismo. Según lo anterior se han definido tres tendencias: el *formalismo*, iniciado por David Hilbert, que defiende la resolución de problemas matemáticos según las construcciones básicamente axiomáticas; el *logicismo*, estudiado y sostenido por Frege, Peano, Russell, Whitehead y otros, que propugna la idea de que la matemática debe reducirse a la lógica, es decir, a la formalización de las operaciones matemáticas; y el *intuicionismo*, que da un valor muy importante a la demostración matemática que tiene como base la claridad intuitiva y su aplicación o no de las reglas lógicas. **V. formalismo, intuicionismo, logicismo**.

MATERIA A lo largo de la historia de la filosofía y de la historia de la ciencia física, son muchas las concepciones que sobre la materia se han tenido. Los milesios la concibieron como una entidad, que es realidad primaria o fuente de la realidad. Los eleatas la definieron como una realidad puramente sensible. Para Anaximandro y Empédocles era una masa informe de los elementos (fuego, tierra, agua y aire), de la cual surgieron los elementos mismos por diferenciación. En Platón es un receptáculo vacío capaz de acoger cualquier forma y, además, el *no ser existente* en comparación con el ser «que es siempre y no cambia nunca». La materia es *lo visible* en contraposición con lo *inteligible;* lo puramente sensible y lo puramente múltiple en contraposición con lo que posee esencialmente orden, inteligibilidad y unidad. Aristóteles fue el primer filósofo occidental que se refirió a la materia en sentido estrictamente filosófico y la analizó en varios aspectos: en primer término, como lo dispuesto a *recibir* alguna determinación; como sustrato, es decir, «lo que está debajo de todo cambio» y a lo cual *inhieren* las cualidades. Para él, la materia en general es una materia primera, algo sensible común. También hay una materia de mayor especificidad, que es la *materia de*, por ejemplo, la que es común a todos los hombres, pero las dos son *materia sensible común*. Distingue los siguientes tipos de materia: materia *sensible,* materia *inteligible* (ejemplo: la pura extensión), materia *individual* (de la que se compone un individuo). También encontramos en Aristóteles una concepción *metafísica* de la materia que tiene estrecha relación con el concepto de *forma*: la materia es, entonces, «aquello con lo cual algo se hace», de manera que la materia es siempre *relativa* a la forma, y la realidad es un compuesto de materia y de forma, con excepción del que llama *motor inmóvil*. Mediante la noción de materia explica los conceptos de *devenir* y de *cambio*, pues la materia es lo que no cambia y aquello en lo cual se produce el cambio. Hay tantas clases de materia como tipos de cambio. Los estoicos insistieron en la realidad material de lo corporal; y los atomistas consideraron los átomos como materia cuyo atributo propio es el *quantum* del cuerpo o *peso*. Los neoplatónicos (Plotino, Proclo, Simplicio, Jámblico) concibieron la materia como puro receptáculo, pura y simple potencia; es lo indeterminado y lo informe, «el primer mal», un no ser. Sin embargo, Plotino considera que puede haber una «materia inteligible que posee todas las formas». Para los nósticos y maniqueos, la materia es un *mal real* que lucha constantemente con el bien; Marción sostenía que la materia eterna es el principio de todo mal y que fue formada por un demiurgo o dios inferior. Seudodionisio, por el contrario, sostiene que la materia participa del orden, de la belleza y de la forma y procede del bien. San Agustín se refiere a la materia como mutabilidad o fundamento de la mutabilidad de los cuerpos; pero hay, también, una materia espiritual de la que están hechos los ángeles y el cielo. La materia, en general, ha sido creada por Dios y no puede, por tanto, ser mala. Algunos de los filósofos de la escuela de Chartres (Juan Escoto Erigena, Thierry de Chartres, Gilberto de la Porrée, principalmente) definieron la materia como un ser sin forma, masa que es indeterminación, confusión; otros la consideraron un cuerpo dotado de movimiento propio; algunos le dieron un carácter sensible, y otros la consideraron como sustrato del movimiento. Para la mayor parte de ellos es la *materia prima* o primordial de la cual procede la *materia formata* (elementos). Para santo Tomás es aquello de lo cual se hace o se puede hacer algo. Aparte de la forma, no tiene ser propio. El principio de individuación se basa en lo que denomina *materia signata*, que es la materia determinada por la cantidad y que, en consecuencia, permite separar y dividir. san Buenaventura pone de relieve el carácter puramente potencial de la materia. Durante la Edad Media se discutió si podía haber seres sin materia; algunos sostenían que hay materia dondequiera que haya forma, de modo que la materia está infusa en los seres creados (universalidad de la materia, sostenida especialmente por Abengabirol y los franciscanos); para otros, hay entes creados exentos de materia, como los *espíritus puros* (no universalidad de la materia, tesis especialmente sostenida por los dominicos). En general, los tomistas sostuvieron una concepción cualitativista de la realidad material. Duns Escoto afirmaba que el ser de la materia es distinto del de la forma, pues la materia no es una realidad que puede formarse a sí misma. La materia es puro sujeto, lo que hace posible que Dios cree una materia sin forma. En la Edad Moderna, surge la concepción *científico-natural* de la materia y la tendencia de estudiarla como realidad una y única. Descartes equiparó la materia a la extensión, al intentar reducir la realidad material a propiedades geométricas del espacio; sin embargo, la concepción cartesiana es una forma de mecanicismo que no reduce la materia a «puro espacio», sino que la presenta como un continuo dotado de «torbellinos» o movimientos internos. Leibniz explica la materia monadológicamente por medio de «puntos de fuerza». También en la Edad Moderna aparece la *ley de la conservación de la materia*, según la cual ésta es una realidad fundamentalmente compacta, constante e indestructible; aunque los cuerpos cambien su volumen, su masa o su forma, las partículas últimas son inalterables. Ya en el siglo XX se equiparan los *efectos inerciales* de la materia con los de gravitación, se introduce la noción de campo, como también la equivalencia de masa y energía, y la concepción de materia y energía como aspectos intercambiables de la misma realidad. También se ha concebido la *antimateria* como aniquilación mutua de materia, y el concepto de *hueco* en el continuo espacio-temporal de Einstein, que son una realidad física. Pero la tendencia general es considerar que hay *solamente una* materia. Lupasco se refiere a varios tipos de materia: *propiamente física, orgánica y síquica*, cada una con su propio tipo de sistematización energética; pero esta clasificación es la diversificación de una sola materia en diversos tipos de organización energética.

MATERIALISMO Dirección filosófica que, según Boyle, concibe la realidad como un compuesto de corpúsculos con *cualidades primarias*, que actúan entre sí siguiendo leyes mecánicas que pueden expresarse matemáticamente. Al deslindar Descartes los conceptos de *res extensa* y *res cogitans*, fue posible hablar de materialismo. En general, el materialismo sostiene que toda realidad es corporal o *material*. Esto hace que no solamente el materialismo que nace a partir de la época moderna, pueda ser llamado así; la concepción materialista del mundo es muy antigua y se manifiesta, por ejemplo, en los epicúreos y en varios sistemas filosóficos orientales, así como en Demócrito y Leucipo. El materialismo concibe la materia como fundamento de toda realidad y como causa de toda transformación, única sustancia a la que se adscriben fuerza y energía. Comte concibe el materialismo como la explicación de lo superior por lo inferior, pues de la materia procede cuanto va a surgir después de ella, siendo el fundamento de toda posibilidad. Es materialista una de las direcciones en que, junto con el naturalismo, deriva el positivismo alemán, y cuyos principales representantes son Feuerbach, Büchner, Vogt, Moleschott, Haeckel y Ostwald. Por otra parte, el *materialismo histórico* es la doctrina de Marx y Engels, según la cual toda vida espiritual es una superestructura de la estructura fundamental que representa las relaciones económicas de producción; dentro del marxismo, también el materialismo dialéctico concibe la materia activamente, siendo ella la receptora de las determinaciones del *espíritu*. El materialismo en general niega la subsistencia del espíritu y atribuye a la materia una cierta trascendencia. **V. materialismo dialéctico, materialismo histórico**.

MATERIALISMO DIALÉCTICO Concepción dialéctica del universo que complementa el concepto de *materialismo histórico*, conceptos que constituyen los dos pilares fundamentales de la filosofía de Marx y Engels. La argumentación utilizada en el materialismo dialéctico es esencialmente filosófica; por su origen hegeliano, atribuye a la materia una dinámica interna que es inconciliable con cualquier intento de anquilosar la naturaleza y sus principios. Al eliminar las dificultades introducidas por la metafísica en relación con la distinción entre materia y espíritu (principio estático y principio dinámico, respectivamente), se concluye que la realidad del mundo natural y de la historia es la única existente y no implica referencia alguna a otro tipo de realidad; esta conclusión impulsa a estudiar más a fondo la realidad, con la seguridad de poder comprenderla, dada la unidad entre ella y nuestro pensamiento. El materialismo dialéctico precisa los límites entre filosofía y ciencia, cuando Engels reserva a la filosofía «la doctrina del pensamiento y de sus leyes, es decir, la lógica formal y la dialéctica»; y a la ciencia, las restantes investigaciones sobre la naturaleza y la historia. **V. comunismo, Engels, Marx, materialismo histórico, socialismo**.

MATERIALISMO HISTÓRICO Uno de los pilares del comunismo o doctrina de Marx y Engels, es el *materialismo histórico*, desarrollo filosófico de la preminencia de la alienación económica, que constituye la formulación exacta de las condiciones de esa preminencia y de sus complicaciones. Estos pensadores demostraron la importancia decisiva de la actividad práctica productiva del hombre e hicieron de ella el principio real de la vida humana; dicen: «La primera acción histórica del hombre es la producción de los medios para satisfacer sus propias necesidades, la producción de la vida material»; por tanto, el vínculo que relaciona a los hombres entre sí es el trabajo, la producción, que une a los hombres en *clases*. Las *clases* son los factores reales de la sociedad, y la historia de la humanidad *es* «esencialmente la historia de las luchas entre unas y otras clases»; el objeto de estas luchas es la producción y la distribución de las riquezas. Las fuerzas productivas materiales forman la *estructura básica* de la sociedad sobre la cual se erigen las *superestructuras ideológicas* que reflejan esa sociedad que les sirve de base. La tarea del hombre en este devenir dialéctico es actuar sobre el desarrollo de la realidad para adecuarla a sus fines: el hombre, como actividad práctica productiva, se sirve de la historia para construir libremente su futuro, es decir, se basa en el conocimiento de las leyes reales de la historia para modificarla.

Para Marx y Engels, el trabajo del filósofo y del historiador debe culminar en el trabajo del político. La lucha para darle al hombre su auténtica y completa libertad mediante el abatimiento del capitalismo y la instauración de una sociedad comunista, es para Marx, igual que para Engels, la conclusión del materialismo histórico. **V. comunismo, Engels, Marx, materialismo, materialismo dialéctico.**

MATHESIS UNIVERSALIS (matemática universal). Idea concebida por Leibniz como *characteristico universalis* con la finalidad de construir una idea metodológica universal, mediante la cual se pudiese combinar los conceptos de manera matemática para investigar la verdad de una forma apriorística y segura. Para esta concepción se inspiró en el *ars magna* de Raimundo Lulio. La *mathesis universalis* puede ser entendida de tres maneras: (a) designa aquella ciencia realmente universal que abarca y fundamenta a todas las demás ciencias así: (1) o bien contiene los fundamentos de todas las demás ciencias sin proporcionar las proposiciones específicas de éstas; (2) o además de fundamentar las demás ciencias, éstas derivan sus proposiciones específicas de aquella. (b) Denota aquella ciencia «universal matemática» que abarca a todas las matemáticas. (c) Designa una rama de las matemáticas que trata de la cantidad absoluta. **V. ars magna, Leibniz, Raimundo Lulio.**

MÁXIMA El término máxima fue usado por los escolásticos en la expresión *propositio maxima* como una proposición evidente e indemostrable. La proposición máxima es de alcance universal, es un principio o axioma contrapuesto a las proposiciones particulares del lenguaje corriente. Esta expresión fue posteriormente usada en el lenguaje epistemológico como principio científico, el cual se obtiene por generalización de hechos particulares. Bacon usó la expresión *axiomata generalissima*. A esta significación de máxima se opone Locke, quien arguye que es necesario demostrar la evidencia de las mismas; no hay nada en favor de la preminencia ontológica de estas máximas con respecto de cualquier proposición. Las máximas o axiomas, dice Locke, no son las verdades que conocemos en primera instancia y tampoco pueden usarse en la prueba de proposiciones menos generales que ellas ni sirven de fundamento para las ciencias ni son el punto de partida para hallar conocimientos nuevos. La palabra máxima tiene también el sentido de *principio moral*. En este sentido, Kant le otorga una gran importancia; para él existen dos tipos de principios: (a) la ley práctica o principio objetivo, y (b) principio subjetivo de la voluntad o máxima. No es lícito confundir el término máxima con imperativo; éste es objetivamente válido y la máxima subjetivamente adecuado al efecto que persigue en su contenido. Así, las máximas son principios pero no imperativos. Las máximas pueden ser materiales o formales; las primeras empíricas o *a posteriori* referidas a las inclinaciones y fines buscados; las formales o *a priori,* no dependen del deseo y por ende tampoco de la experiencia.

MAYÉUTICA Método empleado por Sócrates, que consiste en hacer que un interlocutor llegue a la verdad a medida que éste va contestando una serie de preguntas hechas en forma hábil. Su nombre fue tomado de la palabra griega *maietike* (arte de los partos), por cuanto se asoció a la forma como es ayudada una madre a la hora del parto. **V. Sócrates.**

MECÁNICA CUÁNTICA En 1925, Werner Heisenberg enunció una nueva teoría mecánica, partiendo de un postulado metodológico de gran importancia, análogo al que constituía la base de la teoría de la relatividad restringida, postulado que afirma que la física no debe introducir entes que sean, por principio, inobservables. De este postulado infirió que, al no ser posible seguir a un electrón en su órbita, sino sólo en el momento en que salta de esta órbita a otra, no tenemos derecho a suponer la existencia de las órbitas planetarias de Böhr. En 1926, Erwin Schrödinger afrontó los mismos problemas desde un punto de vista distinto, al considerar los puntos materiales como sistemas de ondas, partiendo de la analogía existente entre mecánica clásica y óptica geométrica e intentando, así, elaborar una nueva mecánica cuya relación con respecto a la mecánica clásica equivalga a la de la óptica ondulatoria con respecto a la óptica geométrica; demostró que las dos nuevas mecánicas, la de él y la de Heisenberg, llevan a idénticos resultados, de suerte que puede considerarse que constituyen dos formulaciones distintas de la misma teoría: la *mecánica cuántica*. La interpretación de esta nueva teoría que fue más aceptada es la de Max Born, la cual atribuye a la amplitud de las vibraciones ondulatorias el significado de medida de la probabilidad de hallar un electrón en determinado lugar. Este punto de vista es de gran importancia filosófica puesto que, según él, el objetivo del estudio mecánico de los electrones no puede consistir ya en determinar dónde se encuentran éstos, sino, simplemente, en establecer qué probabilidades hay de que se encuentren en tal lugar preciso, más que en otros. Esta interpretación probabilista puede servir también para explicar la intensidad de iluminación de una pantalla sobre la que incide un rayo de luz monocromática; con ello, queda abierta la vía para la superación de la gravísima disparidad entre las teorías ondulatoria y corpuscular de la luz. Entre los desarrollos matemáticos de la mecánica cuántica, uno de los más interesantes se debe a Heisenberg, con el cual éste demostró una fórmula que, interpretada en lenguaje probabilista, nos da el célebre *principio de indeterminación*, es decir, el principio de correlación inversa entre la distribución de probabilidad de la posición de un fotón, o de una partícula en general. La *mecánica cuántica* le ha proporcionado a la ciencia de la naturaleza una técnica excepcional para investigar los fenómenos atómicos y subatómicos y se puede considerar como una de las conquistas más seguras y notables de la nueva física. Entre los investigadores que más se distinguieron en este nuevo campo, destaca por su genialidad el italiano Enrico Fermi (1901-1954). La gran contribución que representa la *física cuántica* también ha abierto una serie de problemas de interpretación; por ejemplo, el *principio de indeterminación* ha dado lugar a innumerables debates de orden metodológico-filosófico; pero estos debates han significado una valiosa aportación a la cultura del siglo XX, por cuanto les probaron a los físicos la importancia de un minucioso examen del significado de sus teorías y la necesidad de una nueva y cabal colaboración entre ciencia y filosofía, no surgida de las generalizaciones metafísicas de las teorías científicas, sino resultando de la profundización en sus bases más recónditas. **V. Heisenberg**.

MECANICISMO En general es la doctrina filosófica que sostiene que toda realidad está estructurada a la manera de una máquina, siendo posible explicar tal realidad si se toma para hacerlo modelos de máquinas. Descartes limitó la aplicación de esta teoría a la *sustancia extensa*, excluyendo de ella la sustancia pensante; en cambio, Hobbes la aplica en todos los sentidos. También se entiende por mecanicismo los principios propios de la mecánica en sus aspectos de estática, cinemática y dinámica. Según Popper, el mecanicismo es una doctrina que trata de la realidad, o de una parte de la realidad, que se puede explicar como si se tratara de una máquina o *modelo mecánico*. La realidad está constituida, como la máquina, por cuerpos en movimiento, regidos por leyes mecánicas; también se ha considerado la realidad como una pluralidad infinita de cuerpos elementales que carecen de fuerza propia y, para moverse, necesitan que la fuerza les sea impresa por otro cuerpo que choca con ellos. Es general al mecanicismo pensar que todo movimiento se realiza según una ley causal rigurosa.

MEDIACIÓN Los filósofos hegelianos se refieren a la *mediación dialéctica* para designar el nexo indestructible mediante el cual el análisis mismo de la tesis nos conduce espontáneamente a la antítesis y luego a la síntesis. Por tanto, mediar dos conceptos significa hacerlos salir de su aislamiento, vincularlos uno a otro y descubrir su profunda unidad. Como la tarea de la filosofía consiste sobre todo en esta mediación, su instrumento fundamental sólo podrá ser dialéctico, y la llevará a tratar los conceptos como seres vivientes cuya esencia es «la absoluta inquietud de no ser lo que son». Sin embargo, el término mediación (o su sentido) ha sido usado desde la antigüedad en cuanto ha surgido la necesidad de relacionar dos términos distintos; la actividad demiúrgica platónica mantiene la idea de mediación. En la lógica clásica y particularmente en la aristotélica, el *término medio* tiene como función ser mediador en los razonamientos; es el tránsito de las premisas a la conclusión.

MEDIATO En filosofía, se aplica este concepto en el área cognoscitiva; así, se determina que un conocimiento tiene el carácter de mediato, cuando existe intermediación entre el objeto cognoscitivo y el sujeto cognoscente. Hegel estudia esta clase de conocimiento y encuentra una «inmediatez superior», que es concebida como un proceso superior a la mediatez, basada en ella, pero teniendo como base la mediación. **V. cognición, conocimiento, inmediato**.

MEDIDA Resultado de la comparación entre dimensiones o cantidades, cuando se ha adoptado un patrón o *unidad de medida* para llevar a cabo tal comparación. Aunque la medición en sentido numérico se ha aplicado a lo físico, también se ha usado el concepto de medición en sentido ontológico, por ejemplo, en la concepción platónica de la idea que se mide con la idea suprema o *más real*. También se ha concebido la medida como proporción, relacionándola con la noción de *justo medio*, es decir, la buena proporción que debe adoptarse entre dos posibles extremos.

MEDIO (Término) V. término medio.

MEDITACIÓN La historia del término meditación es de origen medieval; surge del término *lectio* o lectura de textos. Ese ejercicio se suponía neutral, pero en esencia no lo era porque la oscuridad de ciertos pasajes obligaba a nuevas lecturas, por lo cual el pasaje oscuro se destacaba con respecto a lo demás. De allí surgió el término *meditatio*, es decir, ampliación. Por costumbre se adoptó compilar las ampliaciones que habían sido escritas por los lectores como foco de claridad de aquellos pasajes; de estas glosas surgió así mismo el término *expositio;* el contraste de las diferentes *expossitio* dio origen a la *disputatio* o confrontación. Este último es el sentido de meditación, una constante disputa o confrontación de un problema con el fin de iluminar el sentido del mismo.

MEGARA (escuela de) Nombre de una de las escuelas socráticas, fundada por Euclides de Megara, que floreció entre los años 400 y 300 a. de C. Sus tesis oponen el mundo sensible (apariencia) al mundo inteligible (realidad) y afirman que de lo potencial o futuro nada puede enunciarse, (por ejemplo, del movimiento). Sobresalieron en la lógica con aportes como el de Filón de Megara sobre la interpretación material del condicional y el de Diodoro sobre la interpretación estricta de la conectiva. En cuanto a la ética, se inclinaron los megáricos por las doctrinas cínicas. Además de los filósofos que hemos mencionado, pertenecieron a esta escuela Estilpón de Megara, Eubúlides de Mileto, Filón de Megara e Ichtias.

MEGÁRICOS V. Megara (escuela de).

MELISO Filósofo nacido en Samos (Jonia) alrededor del año 400 a. de C. Es la última figura importante de la escuela eleática y continuador del pensamiento de Parménides, aunque rechaza algunas de sus tesis, por ejemplo, cuando afirma que el ente es infinito, porque no tiene principio ni fin, y niega que sea una esfera. Meliso niega la multiplicidad y la movilidad, así como el hecho de que el conocimiento de las muchas cosas sea un conocimiento de la verdad.

MEMORIA En general, es la capacidad y la función de guardar las impresiones sensibles y los conceptos de manera que, en el momento en que se requieran, puedan utilizarse y relacionarse con otros. Se dice que se tiene memoria de algo, cuando el sujeto es capaz de recordarlo. Recuerdo y memoria han solido distinguirse en el sentido de que el primero es un proceso de la mente y la segunda una capacidad que es realidad síquica. En Platón, el significado de recuerdo (*reminiscencia*) es el acto espiritual que el alma realiza cuando descubre lo inteligible en lo sensible, de acuerdo con los arquetipos vistos cuando era libre de la prisión del cuerpo. San Agustín distingue entre *memoria sensible* y *memoria inteligible; memoria positiva* y *memoria negativa*, pero, en todo caso, la memoria se identifica con el alma en tanto que recuerda. En lo referente al objeto de la memoria, santo Tomás distinguió entre la memoria conservativa de las especies, como una potencia cognoscitiva, y la memoria que se refiere a lo pasado y es puramente sensitiva. En la época moderna, Descartes separó la *memoria corporal* o huellas dejadas en el cerebro, de la *memoria intelectual* o incorporal; así mismo, hizo la distinción entre un tipo de memoria que conserva lo pasado y la reminiscencia, que consiste en un reconocimiento del pasado. Para Bergson, la *memoria-hábito* es un proceso sicofisiológico que se produce por la repetición; en cambio, la *memoria representativa* es la esencia de la conciencia, la memoria pura, y constituye la continuidad y la realidad de la persona: es la esencia de la conciencia; según él, el hombre es *el ser que tiene memoria* y, por tanto, conserva su historia, su tradición. Según W. James, sólo se puede tener recuerdo o memoria de los estados que denomina *sustantivos*, porque la memoria es un fenómeno consciente, en tanto que reaparición de un estado de ánimo. El objeto de la memoria, para James, es un objeto imaginado al cual se une la *emoción de la creencia;* la retención del hecho recordado y su reminiscencia son causados por «la ley del hábito del sistema nervioso trabajando en la *asociación de ideas»*. B. Russell considera que recordar algo pasado es un «punto de vista del presente», es decir, el acontecimiento síquico que remite a alguna experiencia pasada; por el contrario, Rayle piensa que la memoria es un «punto de vista del pasado», es decir, la acción que mantiene una creencia verdadera acerca de una experiencia pasada. El ejercicio metódico de la retención y recuperación de datos en la memoria recibe el nombre de nemotecnia o nemotécnica.

MENÉNDEZ PELAYO, Marcelino (1856-1912). Historiador español, nacido en Santander. Estudió en las universidades de Barcelona y Madrid. Fue catedrático de historia de la literatura en Madrid, director de la Biblioteca Nacional de España y director de la Academia de Historia. Es célebre su defensa de la filosofía española contra el krausista Gumersindo de Azcárate.

Marcelino Menéndez Pelayo

Según Menéndez, son tres las grandes corrientes filosóficas españolas: el lulismo (Lulio), el vivismo (Vives) y el suarismo (Suárez), las cuales califica como renacentistas y anticipadoras y, en esta creencia, llega a referirse a algunos filósofos españoles como «precursores de Descartes y de Kant». Para él, la verdad no es hija del tiempo, pero se despliega en el tiempo siguiendo un ritmo dialéctico. Sus principales obras son: *Ensayos de crítica filosófica; Historia de las ideas estéticas en España; Historia de los heterodoxos españoles; La ciencia española.*

MENTE En general, este término designa la capacidad o potencia intelectual humana. Sin embargo, en filosofía no es muy común su uso y, cuando aparece, no tiene una significación precisa; lo más usual es que se identifique con inteligencia, pero también se ha usado para significar *psique* y espíritu. La palabra latina *mens* fue utilizada en la escolástica con mucha frecuencia; santo Tomás, por ejemplo, reúne en ella memoria, inteligencia y voluntad. De todos modos, la mente, en cuanto inteligencia, ha sido tratada desde diferentes puntos de vista como uno de los problemas centrales de la filosofía: *logos*, *razón*, etc. Actualmente es materia de investigación en la llamada filosofía de la mente; se trata de indagar la naturaleza de la mente, la facultad de la inteligencia, con ayuda de ciencias como la neurología y la sicología.

MENTIROSO (antinomia) También llamada *paradoja del mentiroso*, *Epiménides* o *El cretense*, es una paradoja semántica. En ella se admite que Epiménides, quien es cretense, afirma que todos los cretenses mienten; por tanto, Epiménides o el mentiroso, miente si y solamente si dice la verdad, y dice la verdad si y sólo si miente. Igual paradoja es que alguien simplemente diga «miento».

MERLEAU-PONTY, Maurice (1908-1961). Filósofo existencialista francés, nacido en Rochefort-sur-Mer. Fue profesor en La Sorbona y en el Collège de France. Se interesó por suprimir el dualismo entre sustancia pensante y sustancia extensa, tal como ocurre, por ejemplo, en el cartesianismo, y también otros tipos de dualismo que sólo enmascaran la realidad como sucede, en su concepto, en la obra de Sartre cuando distingue entre lo *en-sí* y el *para-sí*. Se opone a que el cuerpo sea concebido como una *cosa* diferente de la conciencia como absoluta *interioridad*, diferencia que se diluye cuando se estudia la estructura de la percepción y del comportamiento, y se demuestra que ésta es una ruptura artificial puesto que la unidad del hombre es la unidad de su inserción en el mundo («no existe el hombre interior»). Según él, la percepción no es de carácter intelectual, sino práctico, y se posibilita mediante la percepción en el mundo de relaciones diversas entre los elementos de la percepción, de acuerdo con las situaciones del individuo en el mundo; de ahí su objetividad, base del mundo de la reflexión. De esta manera, la verdad puede ser reconocida por toda persona que participe de una situación dada. Por otra parte, la libertad es el hacer concreto en el mundo, ligado a las circunstancias de las cuales se desprende. En cuanto a su posición política, que lo enfrentó con los filósofos marxistas y, en especial, con Sartre, Merleau-Ponty insta para que el marxismo abandone su rigidez dogmática y dualista (distinción hombre-cosa, superestructura-infraestructura) y se dirija más hacia la acción, pues el marxismo es «un pensamiento que posee diversos centros y diversas entradas y necesita tiempo para explorarlos todos». La filosofía puede hallarse donde quiera y el filósofo debe abrirse al mundo en su totalidad e interpretar los datos del mundo como *signos* o *nidos de significaciones*, que no están dados sino que se van haciendo dentro de la trama de la experiencia y del saber. Sus principales obras son: *Fenomenología de la percepción; Humanismo y terror; La estructura del comportamiento; Las aventuras de la dialéctica; Signos*.

MESIANISMO En general, creencia en la venida de un mesías o redentor, muy acendrada en el pueblo judío; la convicción por parte de un grupo de ellos acerca de que Jesús de Nazaret era este Mesías que habían prometido las Escrituras, y el desacuerdo de otros al pensar que el carácter del Mesías sería muy diferente, encarnado en un rey o en un hombre fuerte que liberara al pueblo hebreo del sojuzgamiento a que estaba sometido por el imperio romano, marcó la separación de los dos credos, que tienen un origen común. Por extensión se aplica a los actos o a las palabras de las personas que, real o imaginariamente, cumplen lo esperado por quienes esperan desmedidamente en ellas. Höene Wronski es el principal representante del mesianismo como filosofía de la historia y como doctrina de salvación, doctrina en que los contrarios se concilian en lo absoluto, donde se identifican verdad y bondad. Es una concepción religiosa: la religión de lo absoluto que llevará, en todos los aspectos a la gran unidad, a la conformación de una federación de naciones que, por medio del conocimiento racional, diluya todas las oposiciones, en lo cual consistirá la redención de la humanidad.

META (*metá*). Voz griega a la que se dio diversos significados: cambio, mutación, más allá, posterior (después), por el medio. En general se usa para designar el propósito final que se persigue alcanzar por medio de ciertas acciones conducentes al cumplimiento de tal propósito. En filosofía son muchos los usos que utilizan esta voz como partícula: *meta*física, *meta*historia , *meta*lógica, etc.

METACIENCIA En general, la metaciencia se ocupa de la reflexión sobre la ciencia. Pertenece a la filosofía si se le considera actividad filosófica o a la ciencia si se le considera como una de las ramas de la misma; de ser así, es decir, de pertenecer a la ciencia, se le denomina ciencia de la ciencia; desde el punto de vista filosófico sería la misma epistemología. Es difícil distinguir ambos sentidos de metaciencia.

METAÉTICA Término introducido por los positivistas lógicos, para indicar una parte de la ética, situada por encima de la ética normativa. Estudia básicamente los enunciados éticos por medio del análisis lógico, de su estructura; para estos positivistas, la metaética está por encima de la conducta humana. **V. ética.**

METAFÍSICA Se denomina metafísica, o mejor, metafísico, aquello que está más allá de la física, una especie de *transfísica*, que en principio Aristóteles denominó *filosofía primera*, definiéndola como la ciencia que considera universalmente *el ente en cuanto tal*, es decir, que tiene por objeto la totalidad de las cosas, pero en tanto que *son*. Es, según el estagirita, una ciencia divina o *teológica*, que también define como *ciencia de la sustancia*. Llama *theos* al ente inmóvil, que se basta a sí mismo; ente supremo que merecería en su plenitud llamarse *ente:* es el conjunto de condiciones metafísicas que hacen que un ente lo sea plenamente, y la ciencia que trataría de él sería una ciencia *teológica*. Esta *filosofía primera*, de Aristóteles, plantea la cuestión del saber por excelencia, la cual, desde la publicación realizada por Andrónico de Rodas, recibió el nombre tradicional de *metafísica*. Han sido muchos los filósofos que consideran la metafísica objeto de crítica. Durante la Edad Media influyó mucho la llamada *metafísica de Avicena*, de la que procede gran parte de las ideas de los escolásticos cristianos, especialmente las de santo Tomás. Kant aborda el problema de si es posible la metafísica que, para él, es igual a conocimiento puro, *a priori;* pero, para tener un conocimiento de la realidad, sería necesario completarlos con una experiencia (elementos *a posteriori*) y la metafísica tradicional intenta un conocimiento real de objetos que están más allá de cualquier experiencia posible, lo que hace de ella un intento imposible, frustrado. Los tres objetos de la metafísica, que son Dios, el mundo y el alma, son *síntesis infinitas* de las que no es posible tener intuición; de ahí su invalidez. Sin embargo, para él, la metafísica es una *tendencia natural* del hombre hacia lo absoluto; entonces, los objetos de la metafísica son las *ideas* o categorías superiores que corresponden a las síntesis de juicios que son los raciocinios, y que sólo pueden tener un uso *regulativo*, ser un *actuar como si*, aunque la razón teórica no pueda demostrarlo. En el tercer sistema de Schelling, éste desarrolla su metafísica explicando la realidad como despliegue o evolución; la naturaleza evoluciona hasta llegar a la forma suprema que es la libertad. Maine de Biran afirma que el hombre es una antítesis con el universo entero, entendiendo la vida como una tensión activa entre un *yo* y un mundo que sólo son momentos de la realidad primaria del esfuerzo; en este hecho primitivo ha de fundarse la ciencia y en virtud del *llegar a ser* el *yo*, se constituye en el esfuerzo por el cual el hombre puede ejecutar actos libres y tener vida personal, humana. En esto se centra su metafísica. Carnap considera que ella no forma parte del saber reconstruible lógicamente, por lo cual se halla excluida de la construcción científica del mundo; las expresiones metafísicas son auténticos errores de lógica, obtenidos por la combinación de palabras sin significado o por la combinación −pero fuera de las reglas de sintaxis− de palabras significantes. No son proposiciones empíricamente verificables, sin que tampoco puedan reducirse a tautologías. Tras la interrupción de la tradición metafísica, causada por el positivismo, se retoma, desde la segunda mitad del siglo XIX y principios del siglo XX, la metafísica anterior, desde la griega hasta la inmediata tradición realista alemana. Este movimiento comienza con Bolzano y continúa con Rosmini, que busca la intuición de un *primer verdadero,* que es norma de las demás verdades; con Gioberti, para quien el intelecto humano tiene esencialmente un conocimiento *inmediato* de Dios, sin el cual nada puede conocer; afirma que el principio ontológico (Dios) es al mismo tiempo principio lógico y ontológico; y con Gatry, en cuyo pensamiento se interpreta la metafísica como lo fundamental de la filosofía: el conocimiento de Dios se deriva de otra dimensión ontológica primaria en la que se funda su *posibilidad;* para él, el problema de Dios *envuelve* al hombre. Dilthey entiende la metafísica como *absolutismo del intelecto.* **V. Aristóteles.**

METÁFORA Figura lingüística en la que, por analogía o comparación, un término remplaza a otro de diferente significado. Por ejemplo, cuando decimos que alguien tiene *ojo de águila* para expresar que ve tan bien como un águila; o cuando en un lenguaje poético se dice, por ejemplo, *los eucaliptos, con sus hojas de plata, brillan contra el cielo.* En filosofía, la metáfora o lenguaje figurado ha sido utilizada desde la antigüedad; Platón la considera como la traducción de un lenguaje a otro, distinguiéndola de la simple comparación o asimilación, y asignándole una función análoga a la del mito; hace que su uso sea descriptivo, como cuando dice «la materia es una cera blanda». Aristóteles define la metáfora como la transferencia que se realiza del género a la especie, o de la especie al género, o de la especie a la especie, o según analogía, en un sentido de transferencia que da a una cosa el nombre de otra; el estagirita recomendaba mucha sobriedad y formuló algunas reglas para el uso de la metáfora en el lenguaje poético, en el que se muestra el genio del poeta; en cambio, anuló la posibilidad de usarla en el lenguaje científico por denotar ambigüedad y ser equívoca («todo lo que se dice mediante metáforas es oscuro»). Plotino y los neoplatónicos usan la metáfora con el propósito de establecer comparaciones para expresar con claridad su pensamiento. Los filósofos escolásticos, en su acogida de la filosofía aristotélica, evitaron la metáfora; santo Tomás, por ejemplo, usó muy pocas y siempre en forma de símil o comparación con el objeto de ilustrar problemas de difícil comprensión. Durante la época moderna, Hobbes y Hume lanzaron agudas críticas contra el uso de la metáfora en el lenguaje filosófico, actitud que, en mayor o menor grado, se generalizó; no obstante, no les fue posible a los filósofos de esta época sustraerse totalmente a su uso, por ejemplo, cuando Bacon habla del cuerpo como el *palacio del espíritu.* Nietzsche utilizó permanentemente la metáfora. Desde principios del siglo XX, los filósofos analíticos y lógico-positivistas, como Carnap, han rechazado la metáfora al invitar a la formación de un lenguaje formal que remplace al lenguaje material con el propósito de evitar la ambigüedad; han preferido relegar la metáfora al lenguaje *emotivo* que no se refiere a lo real sino a meros estados sicológicos del sujeto hablante. Frente a esta posición hay un sector de filósofos que han buscado las razones de su legitimidad en filosofía: Bergson afirma que el lenguaje metafórico es usado por la intuición, mientras el lenguaje simbólico es utilizado por la inteligencia, pero la metáfora es un método que requiere la intervención anterior y posterior de la inteligencia; es el resultado de un esfuerzo intelectual. La metáfora, según él, es apropiada para el mundo espiritual y no debe describir ni representar, sino *sugerir.* Urban identifica metáfora con *predicación analógica;* ésta designa tanto emociones como hechos, pues describe las características de la realidad que sólo ella puede manifestar; así, pues, el lenguaje es inevitablemente metafórico y simbólico. Para Foss, la metáfora es «un proceso de tensión y energía» que conduce al *reino de la personalidad,* pues crea, y al crear destruye las fijaciones simbólicas que coartan la expansión de la realidad personal. Para Richards, la expresión metafórica es un préstamo entre pensamientos y una transacción entre conceptos; por tanto, se debe estudiar la relación entre el *tenor* o idea original, y el *vehículo* o idea derivada (prestada).

METALENGUAJE Y OBJETO-LENGUAJE Metalenguaje es todo lenguaje en el que puede hablarse de otro lenguaje: como la lógica es un lenguaje, puede decirse que la metalógica es un metalenguaje. El número de metalenguajes es infinito; por ejemplo, si decimos «Latinoamérica es una palabra compuesta», «Latinoamérica» pertenece a un lenguaje, y «es una palabra compuesta» pertenece a un metalenguaje; pero si agregamos «por términos raciales», introducimos otro metalenguaje, un metametalenguaje. Carnap establece una fundamental distinción entre el lenguaje particular que se quiere analizar, llamado *lenguaje-objeto,* y el lenguaje que se emplea para realizar ese análisis, llamado *metalenguaje.* El metalenguaje, también llamado *sintaxis lógica,* es concebido como una teoría de la forma de las expresiones lingüísticas, una teoría de las reglas según las cuales, en el lenguaje-objeto, los símbolos lingüísticos pueden combinarse entre sí. El establecimiento de un metalenguaje apropiado se convierte en un aporte esencial para clarificar las formulaciones de los problemas filosóficos y hacer que sean provechosas las discusiones sobre los mismos.

METALÓGICA Término que, en la actualidad, designa un sistema de signos acerca de las expresiones lógicas. Es un lenguaje en el cual puede hablarse del lenguaje lógico, por ejemplo, cuando decimos que *no* es una conectiva. El *predicado metalógico* define en lógica la expresión *es verdadero,* pues esta expresión no pertenece al lenguaje en el cual se dice lo que se supone ser verdadero y, por tanto, pertenece a un metalenguaje.

METAMATEMÁTICA Nueva disciplina matemática ideada por David Hilbert (1862-1943), con el fin de solucionar el problema de determinar la naturaleza contradictoria o no de un sistema; su objeto no está constituido por los entes matemáticos, sino por los discursos matemáticos mismos, es decir, las argumentaciones de la ciencia matemática. Según Hilbert le corresponde a la matemática la tarea de probar la naturaleza no contradictoria de los sistemas matemáticos. Las investigaciones de Hilbert fueron proseguidas por Gödel quien, mediante su famoso teorema, demostró que es imposible probar la naturaleza no contradictoria de un sistema formal sin salirse del marco de este mismo sistema, en el supuesto de que se trate de un sistema coherente y capaz de expresar todo el formalismo de la aritmética. Estos aportes han sido de importancia capital para la ciencia.

METATEORÍA Estudio de los principios, conceptos y leyes de cualquier teoría, que tiene por objeto proporcionarles una mayor sustentación, valorarlos en forma más real, darles una estructura más coherente, establecer sus límites, hacer nuevos aportes y proponer nuevos conceptos. Forman parte de las metateorías, la metalógica, la metamatemática y la metaética, entre otras, las cuales están enmarcadas en un metalenguaje y objeto-lenguaje. **V. metaética, metalenguaje y objeto-lenguaje, metalógica, metamatemática.**

METEMPSICOSIS Doctrina de la transmigración de las almas, relacionada con los problemas de la inmortalidad y la liberación del hombre suficiente, que se basta a sí mismo. Empédocles, por ejemplo, creía en la transmigración de las almas o rencarnación, lo cual expresa en los siguientes versos: «Muchacho fui y muchacha, en otro tiempo,/ fui planta, ave también y pez marino».

MÉTODO Procedimiento que conduce a un resultado propuesto. El concepto de método se contrapone al de azar o suerte. En la antigüedad se consideró el método como un camino que es necesario seguir para «alcanzar el saber» (Platón) y durante la época moderna, especialmente con Descartes, el método constituyó un fin en sí mismo en cuanto objeto de conocimiento, posición que cobró mucha importancia en el saber científico, dentro del cual el método se sujeta a reglas que, a su vez, contienen unas razones o motivos para su adopción. En la época moderna se intentó buscar métodos adecuados a la invención, a la mera exposición y a la prueba de lo ya sabido, pero, en todo caso, como apuntaba Descartes, «el método es necesario para la investigación de la verdad». La atención al método seguido en las diversas ciencias ha dado lugar a una rama de la lógica llamada *metodología*, cuya materia es el estudio de las formas particulares y aplicables del pensamiento. En la actualidad se ha abandonado situar la metodología como una rama de la lógica, y se estima que del tipo de realidad estudiada depende la estructura del método que debe seguirse. La filosofía se ha ocupado de lo relativo a la naturaleza del método, distinguiendo como métodos el dialéctico, el trascendental, el intuitivo, el deductivo, el fenomenológico, el semiótico o lingüístico, el axiomático o formal. Tal clasificación no excluye la posibilidad de combinar varios de estos métodos, como lo han hecho varios de los grandes filósofos (Platón, Kant, Hegel, Bergson, entre otros).

MÉTODO AXIOMÁTICO También llamado método formal. Según Bochenski, es uno de los cuatro métodos capitales en el pensamiento contemporáneo, junto con el fenomenológico, el semiótico y el reductivo. Como su nombre lo indica, se fundamenta en los axiomas o principios básicos de la filosofía y de las ciencias. El procedimiento consiste en elegir un cierto conjunto de proposiciones, que se admiten sin demostración (axiomas), de una determinada teoría; a continuación se fijan las reglas de deducción y definición en la teoría dada, las cuales permiten pasar de unas proposiciones a otras e introducir conceptos nuevos en la teoría. El método axiomático establece el carácter no contradictorio del sistema de signos.

MÉTODO DEDUCTIVO Método empleado en la ciencia con el fin de establecer teorías, que consiste en la aplicación exclusiva de la técnica deductiva a la conclusión, lo cual recibe el nombre de *deducción* o *inferencia*. Su empleo da resultados muy significativos en la sistematización del material empírico acumulado y ya teóricamente interpretado, con el fin de establecer sus consecuencias para estructurar teorías. Generalmente, este método se vale de lenguajes formalizados especiales. Dentro de los sistemas deductivos se ha hecho la diferencia entre el método *axiomático* y el método *constructivo* o *genético*. La aplicación del método deductivo se ha llevado a cabo desde la antigüedad por Aristóteles, Euclides y los estoicos; pero alcanzó su mayor importancia en la época moderna con Descartes, Pascal, Leibniz y Spinoza, principalmente. Con el avance de la lógica matemática se precisaron mucho más sus principios, habiendo sido aplicado casi exclusivamente a las matemáticas durante el siglo XIX y los comienzos del siglo XX, cuando entró a formar parte de los métodos de la investigación biológica, lingüística, física, sociológica y de muchas otras ramas del saber. **V. inferencia, método axiomático**.

MÉTODO HIPOTÉTICO-DEDUCTIVO Método aplicado en la ciencia, que consiste en tomar como punto de partida una o varias hipótesis con el fin de hallar conclusiones en forma deductiva. Es el método deductivo aplicado a un conocimiento basado en la experiencia y en el experimento. **V. hipótesis, método deductivo**.

METODOLOGÍA Conjunto de procedimientos utilizados por las ciencias y disciplinas con el fin de llegar de una forma más directa al conocimiento y a la formulación de las conclusiones de una investigación dada. Cada ciencia o disciplina tiene una metodología que le es propia, aunque puede servirse para ciertos fines de metodologías propias de otras ciencias o disciplinas. También el término metodología designa la teoría sobre los métodos del conocimiento científico y tuvo gran importancia sobre todo en la época moderna, desde F. Bacon y Descartes. Hegel dio gran importancia al carácter específico del método filosófico, al establecer la diferencia de éste con el de las ciencias. El marxismo basa los métodos de conocimiento en las leyes objetivas de la naturaleza y de la sociedad, por tanto no depende de leyes arbitrarias establecidas por el hombre, sino que son reflejo de la realidad misma.

MILAGRO Suceso maravilloso, es decir, que maravilla porque su ocurrencia no es usual ni casual, o simplemente jamás ha ocurrido anteriormente; por lo general, para que un milagro lo sea debe contradecir las leyes naturales, como muchos de los que el cristianismo afirma: convertir el agua en vino, que una rosa fresca surja de la nieve, que una persona que ha muerto vuelva a vivir, etc.; por lo general, tales sucesos confirman el poder divino o la verosimilitud de la palabra de quien los realiza o efectúa; demuestran un poder *oculto* sobre la naturaleza. Los teólogos cristianos aceptan la posibilidad del milagro efectuado por Dios, bajo el argumento de que Dios es el creador de la naturaleza y, por tanto, no está sujeto a sus leyes. También distinguen dos clases de milagros: *físicos* y *morales;* estos últimos son resultado de la acción directa de la palabra de Dios sobre la conciencia. Según Spinoza, los milagros sólo expresan potencias limitadas, no la potencia de Dios. Para Hume, el milagro es una excepción de la experiencia uniforme, de manera que, escribe, «ningún testimonio es suficiente para establecer un milagro, a menos que el testimonio sea de tal especie, que su falsedad sería más milagrosa que el hecho que trata de establecer».

MILENARISMO Creencia antigua que afirmaba la ocurrencia del fin del mundo en el año 1000. También se denomina milenarismo la doctrina que predica la venida de Jesucristo para reinar en la Tierra durante 1000 años. Por lo general, en los finales de milenio aparecen sectas que presagian el fin del mundo sin que esta afirmación esté sustentada por razones científicas y tampoco por los textos que se consideran revelados en varias religiones.

MILETO (escuela de) Mileto fue la más importante de las ciudades de la costa oriental del Egeo, una de las más ricas y prósperas de la Hélade, en la cual apareció por primera vez la filosofía en cabeza de tres generaciones sucesivas de filósofos, todos ellos muy importantes en la vida del país, que intentaron responder las preguntas sobre la naturaleza. A este primer florecimiento filosófico se le denomina escuela jónica o escuela de Mileto, cuyas tres figuras más importantes son Tales de Mileto, Anaximandro y Anaxímenes, que vivieron en el siglo VI a. de C. **V. Anaximandro, Anaxímenes, Tales de Mileto**.

MILL, John Stuart (1806-1873). Filósofo y político inglés, nacido en Londres; hijo del filósofo utilitarista James Mill. Desde muy joven fue colaborador habitual de la *Westminster Review*, principal órgano de difusión del utilitarismo inglés. A los 17 años ingresó en la Compañía de las Indias en donde ocupó altos cargos. Después de sufrir serios trastornos del sistema nervioso, se dedicó a la lectura de Carlyle, Saint-Simon y Comte, la cual tuvo una profunda influencia en su vida intelectual. Como político liberal democrático, se interesó especialmente por la participación de los ciudadanos en las administraciones locales, por la institución de un sistema electoral que garantizara la verdadera representación de las minorías y por asegurar la igualdad de los sexos, sobre todo en lo relacionado con la propiedad y los derechos personales de las mujeres. Fue miembro de la Cámara de los Comunes. Su pensamiento evita cualquier solución que presente aspectos dogmáticos; su método de investigación, por el modo en que aplicó la experiencia y la reflexión, critica a toda una serie de problemas teóricos y prácticos. Mill es un heredero fiel de la tradición inglesa del siglo XVIII, por lo que su lógica y su concepción del mundo y del *yo* es una interpretación rigurosamente fenomenista del empirismo. Critica con intransigencia la lógica tradicional y, en especial, la teoría de los juicios universales, a la que reduce a simples sumas de observaciones sobre hechos absolutamente particulares; por tanto, todas las leyes científicas no pueden ser sino generalizaciones de la experiencia, cuyo único fundamento es la inducción; de esta manera, la lógica inductiva constituye la base real de todas las argumentaciones racionales, incluidas las de la lógica deductiva. Sin embargo, la validez de la inducción es exclusivamente una validez de hecho y no constituye un absoluto; según él, «debemos hacer de la experiencia el criterio de sí misma». En la filosofía de Mill, la concepción tradicional del mundo y del *yo* pierden cualquier tipo de unidad y de continuidad, disgregándose en un conjunto indeterminado de *estados de conciencia* o *fenómenos*, carentes de nexos recíprocos y faltos de toda existencia fuera del fluir de las percepciones actuales. Su teoría de las *percepciones posibles* afirma que el mundo no está constituido solamente por las percepciones actuales, sino también por las posibles, vinculadas entre sí por el principio no absoluto de causalidad, entendido como conjunto de leyes asociativas «a las que, por experiencia, sabemos que obedecen nuestras sensaciones». En el plano político expresa que la elección entre individualismo y socialismo deberá depender de la consideración acerca de «cuál de los dos sistemas se puede conciliar con el máximo posible de libertad y espontaneidad humanas». En el aspecto religioso, Mill afirma que la existencia de Dios no es totalmente incompatible con los descubrimientos de la ciencia moderna, pero que no se puede demostrar con argumentos puramente metafísicos, sino que se puede, con la fuerza de los razonamientos inductivos, admitir la realidad de una inteligencia que regula el orden de la naturaleza; su Dios no es concebido como un *principio del mundo*, sino como un ser que forma parte de él por entero, como también forman parte de él los demás seres, entre ellos los inestimables colaboradores de Dios, que son los hombres; en el fondo, son los hombres, y no Dios, los protagonistas del drama cósmico, ya que el fin del cosmos es enteramente humano; la existencia de Dios es invocada por Mill como garantía de solidaridad de todos los buenos, pero la lucha es una lucha humana en que cada uno de los hombres conserva su misión, sus responsabilidades y su interés por el resultado final. Las tesis de Mill tuvieron gran influencia en los campos de la economía y la política, como también en los de la filosofía y la sicología. Sus principales obras filosóficas son: *Sistema de lógica deductiva e inductiva; De la filosofía de Hamilton; Auguste Comte y el positivismo; Tres ensayos sobre la religión*. Sus escritos económico-políticos fundamentales son: *Principios de economía política; La libertad; La reforma del Parlamento; La servidumbre de las mujeres; La cuestión irlandesa*. También es muy interesante su *Autobiografía*.

MÍMESIS Figura retórica que consiste en la imitación de una persona con intención de burla.

MIRÓ QUESADA, Francisco Nació 1918 en Lima Perú. Ilustre catedrático de prestigiosas universidades peruanas. Su principal interés consistió, primero, en indagar el problema de la autorrealización del hombre; en este campo concluyó que el error fundamental en la investigación filosófica es la falta de rigurosidad y precisión. Debido a esto incursionó en el campo de la lógica y la matemática con la pretensión de adquirir en esas ciencias las herramientas indispensables para la investigación filosófica. Posteriormente se dedicó al estudio de la historia de la filosofía y asumió el racionalismo como el modo eficaz de enfrentar con rigor los problemas humanos. La razón es, según M. Quesada, dinámica en el sentido de que algunos principios evidentes en una época han dejado de serlo, lo cual no significa que ese dinamismo le otorgue a la razón el carácter de contingente. En su interés por el hombre ha incursionado en la ética desde el punto de vista de la filosofía americana cuyo método es el analítico. El estudio de la lógica lo lleva a formular la hipótesis de que la lógica no es ontológicamente aséptica sino que depende de la ontología del asunto al cual se aplica. Sus obras principales son: *Curso de moral* (1940); *Problemas fundamentales de lógica jurídica* (1956); *Humanismo y revolución* ((1969); *Filosofía latinoamericana. Proyecto y realización* (1979); *Ensayos de filosofía del derecho* (1986); *Hombre, sociedad y política* (1993).

MISTERIO En general se denomina misterio todo aquello que no se puede develar; algo que está y permanece oculto a la razón del hombre. Existieron y aún existen varias religiones de misterio, que han sido clasificadas dentro de las que tienen un carácter mágico-religioso, que atienden principalmente al culto y se considera que surgieron de la deificación de los fenómenos naturales; y las que tienen un carácter filosófico como el órfico-pitagorismo, en las que se destaca el aspecto especulativo. Para el cristianismo, misterio es la verdad revelada, incomprensible para la razón natural; los teólogos cristianos han hecho la distinción entre *misterios absolutos* (por ejemplo, la Trinidad) que son accesibles solamente a la fe, y *misterios sobrenaturales* o *prenaturales* (por ejemplo, la creación del mundo por Dios), que una vez revelados son comprensibles a la razón. Para G. Marcel, el misterio es un metaproblema en el que el sujeto está comprometido; «no es pensable –dice– sino como una esfera en la cual la distinción entre lo en mí y lo que hay delante de mí pierde su significación y su valor inicial». Para él, la eternidad es algo misterioso y, a la vez, todo misterio desemboca en la eternidad. Blondel distingue entre enigma y misterio, siendo el misterio la luz de la fe que ilumina el enigma.

MÍSTICA, MISTICISMO Mística es la actividad dirigida a realizar la unión entre el espíritu y la divinidad por medio de prácticas como la meditación, la vida ascética, la contemplación, etc. Todos los grandes movimientos religiosos, orientales y occidentales, han desarrollado expresiones de carácter místico que, también, se han manifestado en la reflexión filosófica. En la filosofía occidental, ya desde el neoplatonismo se consideraba la posibilidad de establecer una unidad de vida entre el alma individual y la divinidad; para lograrlo se precisa un desprendimiento de lo sensible, es decir, de lo que es puramente inteligible, para que ello sea iluminado y transfigurado. La mística cristiana medieval fue fuertemente influida por el neoplatonismo, aunque añade a este legado los temas del amor y del *vuelo* (san Bernardo, Victorinos, etc.). Influidos por el maestro Eckehart hay varios importantes místicos del siglo XIV, sobre todo en Alemania y en los Países Bajos, que guardan relación con los franceses, como Gerson y Dionisio el Cartujo; estos místicos, inspiradores más o menos directos de la renovación religiosa del siglo XV, sobre todo de la llamada *devotio moderna*, precursora del Renacimiento, son principalmente J. Tauler, E. Susón y Juan Ruysbroeck; de estos grupos religiosos nacen los estímulos que inspirarán la vida espiritual del siglo XVI, tanto entre los protestantes como en la Contrarreforma. Los místicos modernos, como san Juan de la Cruz y santa Teresa de Jesús, mediante su poesía revelan la necesidad de apartarse de las cosas «para ir de vuelo»; pero ese apartarse no desecha las cosas; sino que las trasciende hasta dejarlas en la nada frente a la intensidad de la iluminación divina. El pensamiento místico ha sido analizado de muy diversas maneras, pero sobre todo se distinguen dos posiciones: la de quienes piensan que es interesante valorar el carácter sicológico de las experiencias místicas, y la de quienes consideran que estas experiencias son una manifestación de la más profunda y original capacidad creadora, por lo cual los textos que produce deben ser examinados como traducciones verbales de esta capacidad. Para Bergson, el acto místico «rompe» con su impulso creador y trascendente los marcos de la sociedad cerrada.

MISOLOGÍA En general significa odio al saber, a la razón. Cuando no se llevan a cabo correctamente los razonamientos y este hecho se repite en varias oportunidades, surge la misología.

MITO Narración simbólica o sistema de símbolos. Este término constituye una importante zona de significado, compartida por la religión, el folclor, la antropología, la sociología, el sicoanálisis y las bellas artes. En algunas de sus habituales contraposiciones es lo opuesto a historia, ciencia, filosofía, alegoría y verdad. En los siglos XVII y XVIII, época de la Ilustración, el término tenía un sentido peyorativo: mito era ficción, científica o históricamente falsa. Pero ya en la *Scienza Nuova* de Vico el sentido fue cambiando hasta adquirir el que, a partir de los románticos alemanes –Coleridge, Emerson y Nietzsche–, es predominante: una especie de verdad o de equivalente de verdad, no como rival, sino complemento de la verdad

Mito de Edipo y la Esfinge. Medallón en una taza ática.

histórica y científica. Históricamente, el mito sigue al ritual y es correlativo de éste; es la «parte oral del ritual; el argumento que el ritual representa»; el ritual es ejecutado en nombre de la sociedad por su representación sacerdotal, con el fin de prevenir o propiciar algo; pero, en sentido más amplio, mito viene a significar toda historia anónima en que se refieren orígenes y destinos: la explicación que una sociedad les brinda a sus jóvenes de por qué el mundo existe y de por qué obramos como obramos, las imágenes pedagógicas de la naturaleza y del destino del hombre. Si lo mítico tiene por contrario a la ciencia o a la filosofía, opone lo concreto intuitivo representable a lo abstracto racional. El mito, en su concepción más actual, apunta a una *zona de significado*, por ejemplo, cuando decimos, mito del progreso o mito de la democracia, mito de la igualdad o mito de la moda. Para muchos escritores, el mito es el denominador común de la poesía y la religión. **V. caverna (alegoría de la), Platón**.

MITOLOGÍA En su origen griego, este término significa tratado de lo fabuloso o legendario. Designa el conjunto de mitos que conforman un sistema de creencias determinado y que constituye la base de la mayor parte de las religiones; sus protagonistas son diversos dioses, héroes y acontecimientos fabulosos que, por lo general, encarnan fenómenos naturales y situaciones que de otro modo no podrían explicarse. La mitología revela una concepción del mundo particular de cada cultura, incluidos sus conceptos éticos, sus patrones estéticos, la normatividad y, en general, los caracteres fundamentales de la sociedad. Hay mitologías de gran riqueza, no solamente en el aspecto simbólico, sino también literario. Las más conocidas en Occidente son la griega y la latina; esta última, adaptación de la tradición griega, que refleja un fuerte sincretismo en que las creencias del mundo conquistado se imponen a las del pueblo conquistador. Son también de mucho valor las mitologías de los pueblos orientales y las de las culturas precolombinas, éstas todavía no suficientemente conocidas. En no pocas ocasiones y etapas de la historia, las figuras

Poseidón. Copa de Duris (fragmento) Museo de Louvre

mitológicas han sido utilizadas con fines estéticos; un ejemplo de ello es su desarrollo en la música de Wagner, quien tomó los símbolos de la mitología nórdica para exaltar el ancestro del pueblo alemán, y en la pintura y escultura, el neoclacisismo que rescató la mitología griega y latina para el arte. **V. mito**.

MODAL Este término es usado cuando se aplica a una proposición en la cual la cópula (verbo ser) recibe una determinación complementaria. **V. modalidad**.

MODALIDAD Se entiende por modalidad las diferencias originadas por los modos como un predicado se refiere al sujeto de la oración. El primer filósofo que reconoció tales diferencias fue Aristóteles: «Ser inherente» «ser necesariamente inherente», y «poder ser inherente» son tres cosas distintas; de tal modo, Aristóteles propone tres clases de inherencias del predicado en el sujeto: (a) la inherencia pura y simple del predicado al sujeto; (b) la inherencia necesaria del predicado al sujeto; (c) La inherencia posible del predicado al sujeto. Durante la Edad Media se otorgó el nombre de *proposiciones modales* a las proposiciones necesarias y posibles. Para Kant, la modalidad posee el siguiente carácter distintivo: no hace ninguna contribución al contenido del juicio pero se refiere al valor moral de la cópula con referencia al pensamiento en general; juicios problemáticos son los que admiten la afirmación o la negación sólo como posibilidad; los juicios asertóricos son los que niegan o afirman realmente y los apodícticos son los considerados juicios necesarios. En la época contemporánea, el influjo de la matemática ha hecho que la modalidad sea ignorada, en su contra se habla de *lógica extensional,* la cual elimina el uso de la modalidad; ésta es interpretada por Russell a través de funciones proposicionales: (a) necesaria: «Si X es hombre, X es mortal» (verdadera siempre); (b) posible: «X es un hombre» (verdadera algunas veces); (c) imposible: «X es un dragón» (nunca verdadera).

MODELO En general, es un patrón o paradigma, entidad con la cual se compara y hacia la que tiende una realidad, cualquiera que sea el carácter de ésta. En metafísica se entiende como la realidad en su estado de perfección, del tipo de las ideas platónicas, hacia la cual tiende toda realidad para ser ella misma plenamente. El modelo es, entonces, la realidad como tal. Es también el primer motor cuyo modo de moverse consiste atraer todo lo demás. En epistemología, modelos son los modos de explicación de la realidad, empleados en todas las ciencias. Durante buena parte del Renacimiento y de la época moderna se consideró «modelo de modelos» el *modelo mecánico,* aunque después de Maxwell se comprobó que era posible la presentación de modelos no mecánicos. Una teoría puede tener varios modelos que la interpretan. Según Scheler, el modelo del *jefe* se distingue por ignorar su carácter de tal, por no serlo voluntariamente y, por tanto, por no ser consciente su relación con los imitadores. En estética, modelo es aquello que el artista se propone reproducir, sea ello el ideal que tiene en su mente, o bien, los valores objetivos últimos hacia los que se dirige toda realización estética.

MODERNIDAD Lo perteneciente a lo contemporáneo, a la época actual. En la historia de la filosofía se denominó Edad Moderna aquella que se origina en el Renacimiento, continúa con Descartes y encuentra su máxima expresión en Kant. En la actualidad, modernidad designa no sólo la época atrás mencionada, sino además al modo de pensar propio de ella en su conjunto y a la concepción de la misma en todos los órdenes, es decir, la modernidad es un concepto filosófico u objeto de reflexión en cuanto se trata de establecer el alcance del tratamiento de los problemas que abordó, solucionó o planteó el filósofo de esa época. La discusión actual modernidad-posmodernidad pretende mostrar o bien que la modernidad ha sido superada por cuanto se resolvieron los problemas propios de ese tipo de reflexión o no son los primordiales en la época actual, o bien ésta forma parte del desenvolvimiento de la modernidad y por tanto no hay posmodernidad. **V. moderno**.

MODERNISMO Movimiento fundado por el sacerdote oratoriano francés, Lucien Laberthonnière, director de los *Anales de Filosofía Cristiana,* órgano oficial de ese movimiento; se desarrolló, a partir del bergsonismo, en el campo de la acción religiosa de ciertos ambientes católicos de Francia, y se extendió más tarde fuera de ese país. Constituyó un intento de renovar el catolicismo desde dentro, pero sin modificar sus dogmas, mediante la modernización del espíritu de su interpretación. En cuanto a los problemas filosóficos, dio particular importancia al contenido moral de los dogmas mismos, lo cual estaba dirigido a probar la presencia en el hombre de la acción vivificante de Dios. A este movimiento pertenecieron también, entre los más destacados, A. Loisy y É. Le Roy. El modernismo fue condenado por el papa Pío X en la encíclica *Pascendi*, del 8 de septiembre de 1907. Parece que en esta decisión tuvo mucha importancia la posición filosófica de Blondel, afín con el modernismo, al afirmar que sólo la acción revela el ser más profundo del hombre, y que el análisis de los caracteres de la acción nos lleva a afirmar la existencia de Dios, de manera que no son necesarias las pruebas conceptuales abstractas, ya que es suficiente partir de lo más íntimo del ser humano.

MODERNO En la historia de la filosofía se califica como *moderno* el pensamiento que se gestó en el Renacimiento, continuó con Descartes y se desarrolló a partir de Kant. En los siglos modernos se intenta demostrar la libertad frente al determinismo, la existencia del mundo exterior y la posibilidad del conocimiento; poco a poco se va desalojando la idea de Dios de la base de las ciencias, idea que va siendo sustituida por la razón humana y por la naturaleza. Las creencias se van secularizando, convirtiéndose la idea de Dios en el campo de sustentación de la mente, en vez de ser su horizonte como lo fue hasta ese momento. Kant declara imposible la prueba ontológica de la existencia de Dios, situación a la que se llega después del racionalismo. Los momentos más importantes que conducen a esta época de la filosofía son la nueva imagen física del mundo que constituye la física moderna (Newton) y la crítica subjetiva y sicologista que hicieron Locke, Berkeley y Hume.

MODO En lógica, clasificación de cada una de las premisas y de la conclusión en un silogismo según su cantidad (universal o particular) y su cualidad (afirmativa o negativa). De acuerdo con lo anterior, cada una de las premisas y la conclusión se pueden clasificar como «universales afirmativas», «universales negativas», «particulares afirmativas» o «particulares negativas» y se representan mediante las letras *A, E, I, O*, respectivamente. Dado que las dos premisas y la conclusión pueden combinarse entre sí, se logra un número de 64 posibles modos en un silogismo; a su vez, estos modos pueden combinarse de igual manera con cada una de las figuras del silogismo. Los autores han encontrado formas nemotécnicas para diferenciar cada uno de los modos, construyendo palabras en las que intercalan las vocales *A, E, I, O* con consonantes; así, la palabra «fesapo» indica el modo de un silogismo correspondiente a la cuarta figura, cuya premisa inicial es universal negativa *(E)*, la segunda es universal negativa *(A)* y la conclusión es particular negativa *(O)*. A pesar de que el concepto de modo se ha usado generalmente en lógica, algunos filósofos se han referido a él en sentido diferente; Descartes, por ejemplo, lo utilizó para indicar las cualidades de la sustancia (atributos); Spinoza, para designar aquello que afecta la sustancia (estados transitorios que no tienen la causa de su ser en sí mismos); y Locke, para designar las «ideas» que afectan las sustancias, independientemente de ellas. Laín Entralgo utiliza el término para indicar diferentes tipos de relación, a los que llamó «encuentro humano» (modo mineral, modo vegetal, modo animal). En metafísica, modo es el accidente, es decir, un aspecto de la sustancia. **V. figura, Laín Entralgo, silogismo**.

MODUS PONENS, MODUS TOLLENS Nombre latino que se da a dos clases de tautologías en la lógica. La primera, *modus ponens*, puede ser traducida como «modo que pone» o que «afirma» e indica que el consecuente de un condicional puede afirmarse si se afirma su antecedente: *P Q P Q;* la segunda, *modus tollens*, se puede traducir como «modo que quita» o que «niega», e indica que el antecedente de un condicional puede negarse, si se niega su consecuente: *P Q Q ~P*. **V. tautología.**

MOLINA, Enrique (1871-1956). Filósofo chileno, nacido en La Serena. Fue profesor y rector de la Universidad de Concepción. Su pensamiento gira alrededor del problema del ser y su relación con la conciencia; afirma que, siendo aquel anterior en el tiempo a la conciencia, es vivido por ella en primer término como una totalidad de la que ella luego forma parte. La realidad constituye una serie de grados dinámicos que adquieren sentido por el valor y por el espíritu: el hombre reconoce su finitud, pero lleva dentro de sí el empuje infinito del ser. En consecuencia, la primordial preocupación del hombre debe ser la realización de su vida espiritual. Sus principales obras son: *Proyecciones de la intuición; La filosofía de Bergson; De lo espiritual en la vida humana; Tragedia y realización del espíritu; Del sentido de la muerte y del sentido de la vida.*

MÓNADA Término introducido por Leibniz para designar el hecho de que la estructura metafísica del mundo es la de las *mónadas*, que son unidades o sustancias simples, elementos de las cosas, que forman los compuestos. Las mónadas son átomos indivisibles y, por tanto, inextensas: son átomos formales, no materiales, que no se pueden corromper ni perecer por disolución, ni comenzar por composición; sólo llegan a ser por creación, de un solo golpe (*tout d'un coup*), y a dejar de ser por aniquilamiento. Están aisladas, pues no tienen ventanas, es decir, no se pueden influir mutuamente, ni nada puede pasar de una a otra, ni desprenderse de ellas. Tienen cualidades diferentes y cambian de un modo continuo, pero su cambio es el despliegue de sus posibilidades internas, no un cambio extrínseco. La mónada es fuerza de representación (*vis repraesentativa*): refleja todo el universo activamente y *desde su punto de vista* y por eso son irremplazables; ocupan diversas jerarquías por cuanto representan el universo en distintos grados de claridad, y tienen conciencia de su reflejar. Cuando estas mónadas tienen conciencia y memoria de su reflejar se da la *apercepción*, como sucede en las mónadas humanas en las que aparece el concepto espinozista de *apetición* o conato que emerge de su propia realidad, pero sin intervención de lo exterior –no en Dios–, como cosa individual, de manera que la sustancia o naturaleza vuelve a ser principio del movimiento en las cosas mismas. Como las mónadas no tienen ventanas, se hace imposible la comunicación de las sustancias: todo emerge desde el fondo individual de cada mónada; que haya una innegable armonía en el mundo se explica porque hay un orden prestablecido por Dios a cada mónada que le permite coincidir con todas las restantes cuando desenvuelve solitariamente sus posibilidades, constituyendo así un mundo a pesar de su independencia; Leibniz llamó a esta congruencia del mundo *armonía prestablecida*. También es Dios quien asegura la correspondencia de mis ideas con la realidad de las cosas, al hacer coincidir el desarrollo de mi mónada pensante con todo el universo: las cosas sólo se saben *por* Dios, es decir, la única comunicación que es posible para las mónadas es la comunicación con Dios, están abiertas exclusivamente a la Divinidad. **V. Leibniz, Monadología**.

MONADOLOGÍA (*Monadologie*). Título de una de las obras de G. W. Leibniz, que contiene su teoría de las *mónadas* o unidades que constituyen la estructura metafísica del mundo; fue escrita por su autor para el príncipe Eugenio de Saboya. **V. mónada**.

MONDOLFO, Rodolfo (1877-1976). Nació en Senigallia, Italia. Profesor de destacadas universidades italianas y argentinas. El problema al cual Mondolfo le prestó un gran interés es el del influjo y cambios producidos en la historia por la filosofía; la esencia de la filosofía, por tanto, es su problematicidad. Este concepto se deja manipular en cuanto se observan los cambios filosóficos en los sistemas: intentos fallidos de solución pero al tiempo muestran nuevas posibilidades de la naturaleza de las cuestiones de que se ocupan. De ahí el interés de Mondolfo por la relación «filosofía de la historia» e «historias de la filosofía» en tres momentos históricos que él considera claves: Grecia, la modernidad y el marxismo. Sus obras importantes son: *El problema del conocimiento desde los presocráticos hasta Aristóteles* (1940); *Los orígenes de la filosofía de la cultura* (1942); *Problemas y métodos de la investigación en historia de la filosofía* (1949).

MONISMO En general se entiende por monismo aquella teoría que sostiene que el origen de todo lo existente es «un solo principio»; en este aspecto se pueden distinguir dos clases de monismo: el primero defiende, como principio del universo, la materia (materialismo); el segundo afirma que ese principio tiene como base fenómenos ideales o espirituales (idealismo). El monismo se considera contrario al dualismo. La teoría monista está también relacionada con el concepto de sustancia y, en este caso, también podemos hablar de corrientes materialistas e idealistas. **V. dualismo**.

MONOTEÍSMO Doctrina religiosa cuya base es la creencia en la existencia de un solo Dios, como sucede en las religiones judeo-cristianas y en el islamismo; el monoteísmo es contrario al politeísmo, que cree en la existencia de varios dioses, como en el caso de las religiones primitivas.

MONTAIGNE, Michel de (1533-1592). Filósofo francés, nacido en Périgord. Tuvo una intensa vida política: fue alcalde de Burdeos y consejero del Parlamento de la misma ciudad. Su pensamiento es contrario al antropocentrismo, que considera al hombre como centro y ser más importante en el universo; según él, este concepto ha hecho que el hombre se desligue de la naturaleza y que no viva conforme con ella. El vivir conforme con la naturaleza es su constante preocupación, pues ello lleva a abandonar el egoísmo y la ambición. Toma de estoicos y epicúreos el concepto de moderación y prudencia y la consideración acerca de que todas las cosas son transitorias; vivir conforme con estos principios es el camino para obtener la felicidad individual, que es la única felicidad concreta, sin dejarse engañar por las abstracciones y pretendidas grandezas. Aplica la duda al propio saber sobre sí mismo con el fin de no caer en el dogmatismo. Su filosofía es hondamente subjetivista; en ella todo juicio es relativo, y este relativismo confirma las verdades de la fe. Todo hombre lleva en sí el peso de la condición humana, «vana, diversa y ondulante»; es ondulante porque el hombre no es sino que *se hace* hacia el futuro: es una proyección en que siempre estamos más allá de nosotros mismos como una forma de realización. Sus principales obras son: *Les Essais; Diario de viaje*.

MONTESQUIEU, Charles Louis, (barón de) (1689-1755). Escritor y filósofo francés, perteneciente a la corriente de la Ilustración; en sus obras satirizó a la sociedad francesa de su tiempo. Su aporte al derecho consiste en su afirmación de que las leyes de cada país son reflejo del pueblo que las obedece; distingue tres clases de

Michel de Montaigne

Charles Louis, barón de Montesquieu

constitución que se repiten en la historia: despotismo, monarquía y república; en la primera prevalece la obediencia temerosa; en la segunda, el honor; y en la tercera, la virtud. Sus principal obra es *El espíritu de las leyes*. **V. Ilustración**.

MOORE, George (1873 - 1958). Nacido en Upper, Norwood (Inglaterra). Fue profesor de la Universidad de Cambridge. Su interés primordial fue el análisis de expresiones usuales del lenguaje corriente y el análisis del lenguaje filosófico expresado por diferentes pensadores. De ahí que se considere su método como analítico, pero el análisis de cada tipo de lenguaje requiere una diferente estrategia. En el lenguaje corriente se suponen verdaderas todas las expresiones usadas, las cuales también gozan de claridad; se trata, pues, de determinar lo que resulta del análisis de esas expresiones. En el lenguaje filosófico, a diferencia del análisis del lenguaje común, se trata es de averiguar la significación de las palabras usadas para expresar conceptos y determinar su valor de verdad. Este doble análisis no significa en modo alguno la existencia de dos métodos paralelos en la actividad de Moore, aunque sí de dos partes muy distintas de un solo método. Según Moore, la filosofía tiene por tarea hacer una descripción del universo entero. Exponer el método analítico de Moore resulta en extremo difícil por cuanto éste se elabora en la praxis sin reglas prestablecidas; pero pueden observarse tendencias: en oportunidades ha analizado un concepto descomponiéndolo en partes constitutivas esenciales del mismo. En otras ocasiones, el análisis conduce a distinguir un concepto de otro. De todos modos, el análisis de Moore tiene rasgos de semejanza con el análisis de Russell y con el de Wittgenstein. Moore otorgó gran importancia al lenguaje común aunque no pueda probarse el valor de verdad de sus proposiciones. Ello le ha dado un cierto estigma de «filósofo del sentido común» no gratuita, pues gran parte de su trabajo lo dedica al análisis del «realismo del sentido común». Sus obras principales son: *El idealismo de Kant* (1904); *Naturaleza y realidad de los objetos de la percepción* (1905); *La naturaleza de la filosofía moral* (1920); *En defensa del sentido común* (1925); *Hechos y proposiciones* (1927).

MORAL Término que a pesar de tener un común origen con el término ética en su significación de *costumbre*, se aplica en un sentido más amplio que ética por cuanto se refiere, por lo general, a todo aquello que no es físico en el hombre: al espíritu subjetivo y cuanto el produce, aunque algunas veces se ha opuesto este término a intelectual, para indicar que lo moral procede del sentimiento, mientras lo intelectual procede de la inteligencia o intelecto, de la razón. Cuando lo moral se somete a un sentido de valor, es lo opuesto a inmoral y a amoral, siendo lo inmoral lo que se opone o no obedece a todo valor y lo amoral lo que prescinde o es indiferente al valor. Para santo Tomás, la moral es un movimiento de la criatura racional hacia Dios, que tiene como fin la bienaventuranza, la cual consiste en la visión inmediata de Dios; este fin se alcanza mediante la contemplación. Durante el siglo XVII y de un modo paralelo al deísmo, los moralistas ingleses trataron de fundar la moral en la naturaleza, haciéndola indepen-

Códice de las «Morales», de Gregorio Magno.
(Biblioteca Nacional, Madrid)

diente de todo contenido religioso o teológico. En Kant, la moralidad es el cumplimiento del deber como un imperativo que es un fin en sí mismo al que se llega por la buena voluntad; y para Hegel, la *moralidad subjetiva* es el cumplimiento del deber por el acto de la voluntad, mientras la *moralidad objetiva* es la obediencia a las normas morales, las leyes y las costumbres sociales. Para Locke, la moral es también independiente de la religión y consiste en la adecuación a una norma, que puede ser la ley divina, la del Estado o la norma social de la opinión. Para Schopenhauer, la moral es, junto con el arte y el ascetismo, uno de los tres caminos que el hombre puede seguir para liberarse de las ilusiones de los fenómenos; la moral consiste, para él, en un saber más elevado que el que proporcionan el intelecto y la razón; su principio fundamental es la piedad o reconocimiento intuitivo de la unidad de todos los seres, la cual elimina del ánimo del hombre la maldad o ilusión que separa a unos hombres de otros haciéndolos enemigos entre sí; la acción negativa de la piedad es la justicia, y la positiva es la caridad. Para Nietzsche hay dos tipos de moral: la moral de los *señores* y la moral de los *esclavos;* la primera corresponde a las individualidades poderosas que tienen gran rigor consigo mismas, una vitalidad superior, y se dirige a afirmar los impulsos vitales; la segunda, por el contrario, es la moral de los más débiles, de los degenerados que no confían en la vida, de los *resentidos* que valoran la compasión y la humildad, que al escudarse en el igualitarismo se oponen a todo lo que es superior.

MORO, Tomás (1480-1535). Filósofo inglés, nacido en Londres; canciller de Enrique VIII que fue mandado decapitar por éste y canonizado por la Iglesia. Su utopía histórica es la introducción del socialismo económico, que toma forma en un Estado ideal de carácter platónico y predica la tolerancia religiosa, exceptuando a quienes niegan a Dios y la inmortalidad del alma. El vocablo *utopía* es de su invención y designa en su obra el lugar donde se sitúa el Estado perfecto, que se caracteriza por practicar una ética basada en la virtud y por establecer una distribución del trabajo que permita el ocio o tiempo libre para el perfeccionamiento intelectual y moral. Su obra, además de una abundante correspondencia, es *Sobre la mejor condición del Estado y sobre la nueva isla Utopía.*

MOTIVO En general designa la causa que produce un movimiento. Este movimiento puede ser físico o sicológico (causa que mueve la voluntad). En filosofía, alrededor de la noción de motivo, en sentido sicológico se ha desarrollado la doctrina llamada *voluntarismo*, según la cual el intelecto mueve la voluntad como motivo o conjunto de motivos; sin embargo, los motivos pueden ser, además de intelectuales, sentimentales, o instintivos, o representativos; y, también, internos o externos; individuales o sociales; morales o no morales. Una de las doctrinas más generalizadas es la que considera que el motivo es siempre un elemento *ideal*, es decir, que siempre puede ser traducido al orden ideal para que pueda ser sometido a análisis.

MOTOR En general, aquello que produce o comunica el movimiento. En filosofía se ha entendido como el origen que mueve al hombre o, en general, al universo; por ello, desde la antigüedad, se ha discutido y concebido de diferentes formas el concepto de *primer motor* y su relación con el movimiento universal. **V. primer motor**.

MOVIMIENTO Cambio que ocurre en las cosas, tanto en su propio ser como en el lugar que ocupan en el espacio. En los primeros filósofos, lo que es motivo de su asombro es el movimiento, que en griego equivale a cambio o variación, el cual clasifican en cuatro clases: movimiento local o cambio de lugar; movimiento cuantitativo o aumento y disminución; movimiento cualitativo o alteración; y movimiento sustancial o generación y corrupción. Por el movimiento, los primeros filósofos dudan sobre cuál es el verdadero ser de las cosas, pues es el movimiento el que hace que las cosas sean y no sean a la vez; entonces, esto los conduce a buscar lo que permanece y está detrás de las apariencias. El problema del movimiento encuentra su solución en Aristóteles al admitir éste que el ente es uno, pero a la vez múltiple, mediante la analogía, que concilia y resuelve la *aporía*. Todo movimiento supone un principio y un fin, dualidad ontológicamente imposible si el ente es uno; pero para Aristóteles, moverse es pasar de un *modo* de ser a otro, es decir, que nos movemos siempre en el ámbito del ser uno y múltiple. De esta manera resulta posible la física como disciplina filosófica. El término movimiento se ha identificado con *devenir* y con *cambio;* la tendencia más común en la filosofía de la naturaleza es negar cualquier alteración o *cambio ontológico* en los objetos que *se mueven* o desplazan de un sitio a otro en el espacio. Galileo formuló la ley o principio de inercia, según el cual un cuerpo permanece en estado de reposo o se mueve en línea recta con velocidad constante cuando no se le imprime ninguna fuerza. La física moderna anterior a la teoría de la relatividad planteó que los movimientos de los sistemas son relativos en el espacio y el tiempo, que son los dos sistemas de referencia absolutos. Más tarde, Descartes formuló su principio según el cual la cantidad de movimiento es constante (masa x velocidad), principio que corrige Leibniz al expresar que esta constancia sólo es verdadera en la fórmula $m = v^2$. Newton formula tres leyes del movimiento: (a) sustentó la ley de la inercia de Galileo, en forma idéntica; (b) el campo del movimiento es proporcional a la fuerza motriz que se imprime, y se efectúa según la línea recta en dirección de la cual se imprime esa fuerza; (c) a toda acción se opone una reacción igual y contraria. Einstein formuló su teoría de la relatividad, según la cual el movimiento siempre es relativo al sistema de referencia en el cual se halla el observador que los mide; la *imagen estática* del movimiento es la que no tiene en cuenta el tiempo, sino que lo considera como un continuo unidimensional en el espacio; la *imagen dinámica* del movimiento es la que considera el movimiento efectuándose en un continuo bidimensional *espacio-tiempo*.

V. aporema, Zenón de Elea.

MUERTE En general, se llama muerte todo fenómeno en el que se produce una cesación. En sentido más estricto, se refiere

Alegoría de la Muerte. Grabado del Renacimiento

este término a la cesación de la vida, y en especial a la cesación de la vida humana, que es un hecho del mayor interés para la filosofía. El relieve de este tema en la filosofía se debe, sobre todo, a que el concepto que se tenga de la muerte responde a la concepción que se tenga del mundo, y lleva en sí la pregunta sobre el sentido de la vida, sea que se considere posible la inmortalidad, sea que la muerte se aborde como el límite absoluto de la existencia humana. El tema de la muerte es muy importante en la filosofía de Heidegger. La muerte es un *ya no estar en el mundo* y, como experiencia, lo que cabe es la muerte del prójimo, que alcanza en la muerte su totalidad; este fin de tal ente es el comienzo del otro ente (cadáver) que es la cosa presente, algo más que una cosa inanimada, *más* que se comprende solamente desde la vida: la muerte es algo propio de cada cual. La muerte es un carácter esencial del existir, un *llegar a su fin*, que denomina Heidegger *estar a la muerte*, que es la posibilidad más auténtica de la existencia. En la existencia auténtica, el existir es libre para la muerte, pues al reconocer la certeza de la muerte, que es posible en todo instante, desde el nacimiento se es lo bastante viejo para morir y, por otra parte, nadie es bastante viejo para no tener un porvenir abierto; la *angustia* es el temple que permite la aceptación de la muerte como la más propia posibilidad humana. Además de las interpretaciones religiosas que históricamente se han hecho de la muerte –y en especial de otra clase de vida después de la muerte– son los pensadores existencialistas quienes más relieve han dado al hecho de morir que tiene que asumir el hombre.

MÚLTIPLE, MULTIPLICIDAD Concepto a la vez opuesto y correlacionado con el de uno o unidad, que designa lo «mucho» y, también, lo «vario». Entendido como lo *mucho* es la multiplicidad de un elemento, por ejemplo, la multiplicidad de células de un cuerpo; y entendido como lo *vario* es la multiplicidad o diversidad de elementos, por ejemplo, la multiplicidad de animales, árboles, minerales, planetas, etc. Uno de los más importantes problemas filosóficos ha sido el de la reducción de lo múltiple a lo uno. Parménides y los eleatas consideraron que «sólo lo uno es objeto de saber», mientras lo múltiple es objeto de la *doxa* u opinión y de la sensación. Varios sofistas, por el contrario, sostuvieron la realidad de lo múltiple frente a lo uno. Platón se preguntó: «¿Cómo es posible que lo uno sea múltiple y lo múltiple uno?»; y dio solución a este problema a partir de su doctrina de las ideas: la idea misma puede ser considerada como la unidad de la multiplicidad. Para Aristóteles, lo uno es inmanente a lo múltiple. Los escolásticos abocan el problema de lo uno y lo múltiple en sus diversos aspectos (multiplicidad numérica, de cosas, trascendental, etc.), pero el más importante es el concepto de multiplicidad absoluta o trascendental, que contraponen a la unidad trascendental. En la época moderna se cuestionó la posibilidad de la síntesis; Kant sostiene que el conocimiento se constituye a partir de multiplicidades que se sintetizan: lo dado es lo múltiple y lo uno es lo puesto. Hegel entendió lo múltiple como el conjunto de los momentos empíricos e hizo desaparecer así el dualismo u oposición inconciliable entre la unidad y la multiplicidad que sostuvieron filósofos anteriores, tales como Fichte y Schelling; para Hegel sólo la unidad abstracta se opone a lo múltiple, mientras que la realidad concreta se realiza enteramente en él; en su sistema monista, el absoluto es la unidad concreta y se revela en las diferencias, conciliándolas sin anularlas. Wolff definió lo múltiple como «la simultaneidad de varios elementos cada uno de los cuales es uno sin ser ninguno de ellos igual al otro». De las diversas posiciones tomadas en filosofía acerca de lo uno y de lo múltiple se derivan las llamadas doctrinas *monistas* y doctrinas *pluralistas*.

MUNDANO Se dice que es mundano todo aquello que pertenece al mundo o que se relaciona con él. Para Heidegger es mundano aquello que es una forma de ser del *dasein*. **V. *dasein*, Heidegger, intramundano**.

MUNDO En su sentido más amplio, mundo es el conjunto de todas las cosas. Sin embargo, al utilizar este término es necesario precisar su significación, porque tal conjunto puede referirse a muchas clases de cosas. En esta obra expondremos los usos que se han hecho en filosofía de este vocablo. *Del mundo* es el título de uno de los libros del grupo que escribió Aristóteles sobre las ciencias teóricas . Dios, para él, es *el momento absoluto del mundo*, que hace posible el movimiento y la unidad del movimiento: es quien hace que haya un *universo*. Para los pitagóricos, *mundo* designa el orden del ser. Hubo en la antigua Grecia dos órdenes predominantes del mundo: el *mundo sensible* y el *mundo inteligible*. También *mundo* se entendió en el sentido de *cosmos* o el orden total de los cuerpos celestes. La preocupación por explicar el mundo físico, la naturaleza, que había sido muy secundaria, si no nula, en la filosofía medieval recuperó su importancia a partir de Occam, quien consideró que, al no ser Dios razón, la razón humana no puede ocuparse de Él; esta tesis marcó un retorno de la razón hacia aquellos objetos a los que es adecuada y, por tanto, hacia el hombre mismo y hacia el descubrimiento de la maravillosa estructura del mundo, no sólo desde el punto de vista de su constitución física, sino también desde un punto de vista matemático, simbólico, dando paso así al humanismo, a la ciencia de la naturaleza y a la física moderna: en suma al Renacimiento. Según Kant, en ocasiones coinciden los conceptos de *mundo* y *naturaleza*, aunque es más propio emplear *mundo* para designar «la suma total de todas las apariencias y la totalidad de su síntesis»; *naturaleza* sería esto mismo, pero como todo dinámico o tiempo y espacio en cuanto «unidad en la *existencia* de las apariencias»; no se puede determinar por medio de la pura razón si este mundo dinámico ha tenido o no un comienzo en el espacio y el tiempo, ni se puede demostrar si está o no compuesto de partes simples; la idea de *mundo* no es una idea constitutiva, sino regulativa por cuanto puede orientar la investigación. Heidegger concibe el *dasein* como un *estar-en-el-mundo*; por otra parte, la *mundanidad* del mundo es el modo de *ser* del mundo. Para Heidegger, el *mundo* es ontológicamente un carácter del existir mismo, y usa este término en varios sentidos: como totalidad del ente que puede estar dentro del mundo (el mundo de las cosas); como término ontológico (el ser del ente); como zona que abarca una multiplicidad de entes (el mundo matemático, por ejemplo); como aquello en que vive un existir fáctico como tal; como denominación ontológico existencial de la *mundanidad*. Las cosas tienen un carácter de *instrumento*, pues el mundo donde el hombre se encuentra no es *presente*, sino *a mano*; no hay un mero sujeto, sino un mundo, así como no hay un *yo* aislado, pues, «los otros coexisten en el *estar en el mundo*»; hay una *coexistencia* que es la suma de todos, el neutro, el *uno*, cuyo carácter existencial es el de ser término medio que descarga el existir en su cotidianidad. Carnap se propone la construcción de una imagen científica del mundo en la que todos los conceptos sean efectivamente derivados de la experiencia.

MUNDO EXTERIOR Esta expresión es entendida, en general, como todo aquello que está por fuera de la conciencia humana; es decir, su entorno natural, social y cognoscitivo, con todos sus fenómenos.

MÜNSTER, Thomas (1489 - 1525). Reformador alemán radical, líder de la llamada *Revolución de los aldeanos* y funda-

Thomas Münster

dor de la secta anabaptista. Desde 1490 había una viva agitación entre los siervos de los dominios señoriales de Turingia y Suavia; en 1520, Münster predicaba en Zwickau (Sajonia) una religión mística y sin sacerdotes e instaba a los aldeanos a rebelarse contra los terratenientes, al expresar su teología en términos políticos y revolucionarios. La rebelión estalló en 1524 al negarse los siervos a prestar servicios personales, y el movimiento se extendió muy rápidamente por la Alemania del sur y oeste, desencadenándose una sangrienta revolución de carácter místico y social que decía tener su inspiración en la Biblia. Lutero, quien se había exiliado voluntariamente tras no querer retractarse cuando fue citado a Worms, a petición de los señores lanzó su anatema contra los revoltosos llamándolos «perros rabiosos». La rebelión fue ahogada en sangre, en 1525. En Suabia perecieron más de 10 000 aldeanos y en Alsacia 18 000; y el propio Münster fue hecho prisionero por los príncipes y decapitado. Los siervos que sobrevivieron quedaron sometidos a peores condiciones que las que tenían antes del levantamiento. **V. Lutero, Reforma (la)**.

MÚSICA Teoría matemática desarrollada en filosofía por los pitagóricos, la cual relacionaba las longitudes de las cuerdas con las notas correspondientes y que fue aprovechada para un estudio cuantitativo de lo musical; como las distancias de los pla-

Alegoría de la música.
(Grabado en el poema de Iriarte, 1799)

netas corresponden, aproximadamente, a los intervalos musicales, se pensó que cada astro da una nota, y todas juntas componen la llamada armonía de las esferas o *música celestial*, que no oímos por ser constante y sin variaciones. Para Schopenhauer, la más elevada de la artes es la música, que «nos revela la esencia íntima del mundo, se hace intérprete de la más profunda sabiduría en una lengua que ella misma no comprende»; la música es una filosofía no consciente, plasmada en una escritura misteriosa.

MUTATIS MUTANDIS Vocablo latino que puede traducirse como «cambiando lo que se debe cambiar». Es usado en el evolucionismo para referirse a los cambios sufridos por las especies, según sean sus necesidades de adaptación.

N Esta letra se usa en minúscula, en matemáticas para designar un número indeterminado; en filosofía fue introducida por Lucasiewicz para representar la negación.

NACIÓN Conjunto de seres humanos que, asociados a características específicas, conforman un ente social independiente, constituyendo así la forma más amplia de comunidad. Estas características comunes son: territorio, cultura, economía y unidad jurídica, social y de defensa. El concepto de nación apareció después del feudalismo a causa de la fragmentación generada por la consolidación de los nexos económicos entre feudos y por la unión de mercados aislados para convertirse en uno solo. Esto, unido a las características expuestas anteriormente, llevaron al concepto de nación y de nacionalidad.

NADA No ser o carencia absoluta de todo ser. Muy pocos filósofos han dejado de considerar la nada como uno de los grandes problemas filosóficos. Ya entre los griegos, surgió esta preocupación en diversas direcciones: como negación del ser, como imposibilidad de afirmar la nada, como problema del espacio, del vacío, etc., lo cual es muy comprensible si observamos que lo fundamental para ellos fue la filosofía del ser. Parménides y los eleatas afirmaban que «sólo el ser es, y el no ser no es»; lo que hay es el ser y sólo cuando se niega éste aparece la nada; el no ser no se puede ni conocer, ni siquiera enunciar; en cambio, Gorgias y otros pensadores sostuvieron que nada existe, que si algo existe es incognoscible y que si es cognoscible es inexpresable. En general, los filósofos griegos enfrentaron el problema de la nada desde el punto de vista del ser. Aristóteles declara que aunque puede hablarse de privación y de negación, éstas se dan dentro de un contexto de afirmaciones, ya que «aun del no ser, puede afirmarse que es». La positividad de la nada surgió entre los griegos en muchas ocasiones, especialmente cuando se suscitó el problema de la materia. Desde san Agustín hasta Hegel, lo más generalizado fue pensar que nada es la negación del ser. El pensamiento cristiano retomó mucho del griego pero, a diferencia de éste, tendió a considerar la noción de nada como una noción positiva, ya que Dios ha creado el mundo de la nada, que no es la pura privación del ente, aun cuando tampoco sea aquello con lo cual simplemente se hace el ente; así se sustituye el antiguo principio según el cual nada adviene de la nada, por el principio de que de la nada adviene el ser creado. El análisis de su concepto surgió paralelamente a la concepción de filosofar desde la nada, que tiende a completar, según el análisis kantiano, el sistema de la analítica trascendental. Hegel, en los comienzos mismos de la lógica, al manifestar que el ser y la nada son igualmente indeterminados, recoge y acentúa el sentido ontológico de la privación y la negación; según él, el ser y la nada son lo mismo, porque el ser para alcanzar su absoluta pureza ha sido vaciado previamente de toda referencia, y una vez purificado, del ser se dice lo mismo que del no ser. Bergson declaró que la idea de la nada es una seudoidea, que ha sido con frecuencia el motor invisible de la especulación filosófica y rechazó toda posibilidad de un pensamiento de la nada; señaló que «la metafísica ha rechazado siempre la duración y la existencia como fundamentos del ser por creerlos contingentes», de ahí el fracaso del intento de deducir la existencia a partir de la esencia. Mientras Bergson trata de explicar por qué se afirma que hay una nada, Heidegger se pregunta por qué no la hay; para él, la nada no es la negación, sino «el elemento dentro del cual flota, braceando por sostenerse, la existencia»; esta nada que es «lo que hace posible el trascender del ser, es lo que implica el sentido, ontológico y no lógico, del ser»; es descubierta por un fenómeno de índole existencial: la angustia. Pero la concepción de Jean Paul Sartre admite en principio la descripción heideggeriana sobre la nada, anotando que en vez de «decirse de la nada que es, hay que contentarse con declarar que es si da; la nada, no es anonada; por eso el ser por el cual la nada viene al mundo debe ser». Sartre señala su propia nada y cuando enuncia el problema de la libertad dice que «éste condiciona la aparición del problema de la nada», por lo menos, en la medida en que la libertad es entendida como algo que precede la esencia del hombre y la hace posible, es decir, en la medida en que la esencia del ser humano se halla suspendida en su libertad. Al igual que en Heidegger, en Sartre habría un supuesto último: la incapacidad de la lógica para enfrentar este problema, ya que una conciliación entre el punto de vista de la lógica analítica con el punto de vista existencial es aparentemente imposible.

NAGEL, Ernest (1901-1986). Filósofo checoslovaco nacido en Novemesto; se trasladó desde muy niño a Estados Unidos en donde vivió gran parte de sus días; allí estudió y enseñó en la Universidad de Columbia de Nueva York, de la cual fue profesor asociado y titular. Ha sido considerado naturalista con algunas tendencias instrumentistas y con influencias recibidas especialmente del positivismo lógico. Su trabajo se encaminó al estudio de la filosofía de la ciencia y con mayor detalle al estudio de la naturaleza y de las formas de explicación científica, para lo cual confía en el poder de la *razón*, que no es para Nagel especulativa, sino esencialmente crítica. En cuanto a los problemas de la *reducción* en las ciencias, dice que deben ser considerados siempre en «términos de las conexiones lógicas entre ciertos enunciados empíricamente confirmados de dos o más ciencias dadas, por lo cual no se trata de la posibilidad o imposibilidad de deducir las propiedades de un sujeto de otro, ni tampoco de negar la existencia de ciertos fenómenos declarándolos ilusorios»; uno de los ejemplos que utiliza es el de la temperatura, por el hecho de *reducirse* a elementos moleculares. De esta manera ayuda a eliminar varios seudoproblemas, planteados por el antiguo reduccionismo. Su rigor lógico en el análisis de los problemas y la consideración de cada uno de ellos dentro de un contexto filosófico más general, es la principal característica de su modo de pensar. Sus principales obras son: *La razón soberana; La estructura de la ciencia; Principio de la teoría de la probabilidad*. **V. explicación, reducción**.

NATURA NATURANS, NATURA NATURATA Naturaleza. Proclo, en sus *Elementos de teología*, utiliza la expresión *natura naturata* para designar tanto la entidad creadora como la entidad creada por ésta. Averroes, quien introdujo la expresión *natura naturata* en su obra *Destrucción de la destrucción*, hace una distinción en la naturaleza, entre la causa primera, equivalente a la *natura naturans* y lo primero causado, equivalente a la *natura naturata;* desde entonces estas expresiones fueron comunes a los escolásticos y a algunos místicos y pensadores renacentistas; para todos ellos, *natura naturans* es Dios como principio creador de la realidad; y *natura naturata* es el conjunto de las cosas por Él creadas. San Buenaventura hace la diferencia entre *natura naturans* y *natura naturata* al distinguir entre Dios en tanto que naturaleza formadora de las cosas naturales o ley del conjunto de estas cosas o ser total y unitario frente a lo creado, y lo creado, que encuentra su unidad en Dios. Autores como Giordano Bruno y Nicolás de Cusa indican que «la naturaleza no puede decirse de dos modos». Spinoza fue uno de los filósofos que más hizo conocer estos términos, y gracias al uso de éstos es posible conocer y comprender algunos de los rasgos más importantes de su sistema dominado por la idea de la necesidad; una necesidad que es, por lo demás libertad, pues la libertad consiste en ser justamente lo que se es y no otra cosa; la *natura naturans* no se manifiesta en la *natura naturata* porque esta última existe en la primera como una de sus caras. Francis Bacon usó *natura naturans* en el *Novum Organum* en el sentido de causa productora de efectos naturales, y la ciencia consiste en descubrir tal causa.

NATURAL Se dice de lo que es propio de la esencia de las cosas, sin la intervención de factores ajenos o externos a ella. También designa este término aquello que es producto o resultado de la naturaleza en general, es decir del conjunto de cuanto existe. V. **naturaleza**.

NATURALEZA En filosofía, naturaleza es la esencia de un ser, o la propiedad característica de una cosa; en teología, el estado natural del hombre por oposición al estado de gracia. En toda la primera etapa de la filosofía se trata de la *naturaleza*, frente a la cual el presocrático se enfrenta con una pregunta teórica: ¿*qué es?*, pregunta que contesta con una filosofía. La filosofía griega entendió por naturaleza la totalidad de cuanto hay, con un principio (*arkhé*) y un fin (*télos*). Anaximandro (siglo VI a. de C.) escribió una obra titulada *Sobre la naturaleza*, que responde a la pregunta sobre el principio de las cosas diciendo que es el *apeiron* o lo ilimitado, lo indeterminado, lo infinito. Este infinito es la maravillosa totalidad del mundo, que permanece superior e independiente a todos los cambios individuales, pues las cosas se segregan del conjunto de la naturaleza. Los sofistas, luego Platón y otros autores establecieron el contraste entre «lo que es por naturaleza y lo que es por conveniencia», para distinguir entre aquello que tiene un modo de ser que le es propio y que hay que conocer tal como es y aquello cuyo ser o modo de ser han sido determinados con un propósito humano; en particular, para Platón, la naturaleza es idea. Para Aristóteles, en sentido general, la naturaleza se define como principio del movimiento, en que *physis* es llegar a ser; se dice que algo es natural cuando se mueve a sí mismo; son naturales las cosas que tienen en sí mismas el principio de su movimiento. Pero hay, en él, varios sentidos de naturaleza: «La generación de lo que crea», el elemento primero de donde emerge lo que crea, el principio del primer movimiento inmanente de cada uno de los seres naturales en virtud de su propia índole, etc. Según estas formas de ver la naturaleza, se pueden denominar muchos procesos y muchas cosas; Aristóteles dice que todas estas definiciones tienen algo de común y es que naturaleza es «la esencia de los seres que poseen por sí mismos y en cuanto tales el principio de su movimiento». De esta manera, se puede llamar naturaleza también a la materia. Para Escoto Eriúgena, la naturaleza surge de una serie de emanaciones o participaciones por las cuales nacen todas las cosas del único ente verdadero, que es Dios, en un proceso en que hay cuatro etapas. Aunque muchos autores escolásticos, especialmente desde san Alberto Magno y santo Tomás, emplearon el término natura en sentidos parecidos y a veces idénticos, hay acontecimientos que por no poder ser producidos por el arte, son de algún modo contrarios a la naturaleza, como los llamados movimientos violentos a diferencia de los movimientos naturales, que obligaron a enfrentar el problema subrayando las causas finales, lo que redujo para ellos el ámbito de lo natural como natural. En las ideas modernas, el término naturaleza ha sido entendido con mucha frecuencia como el conjunto de las cosas naturales, aunque parece no haber un concepto común de la naturaleza, sino varios, posiblemente incompatibles entre sí. Esto plantea a la filosofía actual el problema de elaborar un concepto más adecuado al concepto científico del mundo. En Hegel, la naturaleza es un momento de lo absoluto, caracterizado como un ser para otro, un estar ahí; la naturaleza es lo que es otro, lo que no es sí mismo. Esta naturaleza presenta tres estadios, cada uno con tres momentos: *la mecánica:* el espacio y el tiempo (estar afuera), la materia y el movimiento (mecánica finita) y la materia libre (mecánica absoluta); *la física:* física de la individualidad general, física de la individualidad particular y física de la individualidad total; y la *física orgánica:* naturaleza geológica, naturaleza vegetal y organismo animal. **V. naturaleza (filosofía de la).**

NATURALEZA (filosofía de la) Disciplina filosófica que considera el estudio de la naturaleza como parte esencial de la filosofía, sin involucrar consideraciones científicas. Aristóteles, en su *Physica,* expone tanto una ontología como una física del objeto natural. En escolástica encontramos la llamada *philosophia naturalis* o ciencia del ente móvil, donde el objeto material de la filosofía de la naturaleza es ese ente móvil en cuanto cuerpo natural, y el objeto formal es el mismo ente en cuanto tal. El idealismo alemán concebía la Naturaleza como todo lo que es, como totalidad; por eso planteó que la filosofía de la naturaleza podía llegar a ser una disciplina filosófica independiente, «epistemológicamente autónoma», que debe, según Hegel, «considerar a la realidad como un sistema compuesto de diversos estadios, cada uno de los cuales procede necesariamente del otro, siguiendo la idea interna que constituye el fondo (Grund) de la naturaleza». A finales del siglo XIX y principios del siglo XX, las filosofías de carácter sintético –monismo naturalista, Wundt, Spencer–, utilizaron la inducción y la analogía para presentar la imagen más completa posible de la naturaleza; pero en la actualidad se ha vuelto los ojos más hacia la cosmología y otras expresiones, abandonando casi por completo la expresión filosofía de la naturaleza.

NATURALISMO Dirección filosófica que niega la existencia de lo sobrenatural al reducir la realidad existente y cognoscible a la naturaleza y a los seres naturales. Fue defendida en la antigüedad por los primeros filósofos griegos (jonios) y por los epicúreos. Se ha dicho que el aristotelismo, el atomismo y el estoicismo son naturalistas en la medida en que cada uno define o identifica la idea de naturaleza. Parece más razonable restringir el término a ciertas tendencias filosóficas modernas que se manifiestan principalmente durante los siglos XVIII, XIX y XX, sobre todo las doctrinas biológicas evolucionistas. Si aceptáramos el postulado de que el naturalismo es la negación de todo lo que podríamos llamar sobrenaturalismo, entendiendo por esto último lo que hay o puede haber además de lo natural, se llegaría a la conclusión de que así niegue lo sobrenatural, no es forzoso negar algunas realidades como, por ejemplo, el espíritu. Otras tendencias contemporáneas en las que el método es determinante, se han basado en las ciencias naturales, apoyadas en los resultados del evolucionismo emergentista, que tiene como principal característica el tratar de no salirse del marco de la naturaleza. Desde su punto de vista, es posible encontrar una posición intermedia entre el extremo realismo de las esencias y los valores y el puro terminismo de muchos de los positivistas lógicos. Entre el naturalismo y el neonaturalismo existe, según Dewey, una diferencia radical, que es el rechazo del reduccionismo, pero si las nuevas corrientes naturalistas también lo rechazan, la distancia se acorta y la diferen-

Alegoría de la Naturaleza.
Grabado del Renacimiento

cia entre una corriente y otra no es tan radical. **V. Dewey.**

NÁUSEA Término aplicado filosóficamente en su obra *La náusea*, por Jean Paul Sartre como una introducción a su pensamiento filosófico. Puede afirmarse que en ella el protagonista es la misma existencia humana que ve los objetos exteriores a través de la conciencia y, de esta manera, enfrenta su propia contingencia, el absurdo, la apariencia y la nada, el desvanecerse de la significación de las cosas, construyendo así el autor una verdadera ontología de la existencia, que lidera el movimiento filosófico-literario francés existencialista, en cierto modo individualizado del denominado en igual forma e iniciado por Kierkegaard, ya que su influencia desempeña un papel fundamental en la literatura contemporánea y tiene implicaciones también de tipo político y religioso en cuanto cuestiona la posición del hombre frente a sus creencias. **V. Sartre.**

NECESARIO Aquello que no puede ser de otra manera o cuyo opuesto contradictorio es imposible. **V. necesidad.**

NECESIDAD En filosofía, propiedad de lo que realmente o lógicamente no puede dejar de ser como es. Su principal interpretación es desde el punto de vista ontológico y metafísico; algunos presocráticos como Anaxágoras y Demócrito, también Platón, emplearon este concepto, pero fue Aristóteles el primero en dar precisiones sobre él en los siguientes sentidos: resulta de la coacción; es la condición del bien; es necesario lo que no puede ser de otro modo y lo que, por consiguiente, existe solamente de un modo. Este último sentido es el que más larga influencia ha ejercido, ya que mediante él podemos distinguir entre lo que sucede por necesidad y lo que ocurre por accidente. En la época moderna se entiende en un sentido ideal-racionalista, de tal manera que en lugar de distinguir entre la necesidad absoluta y la condicionada, distingue entre la necesidad ideal a la cual se le atribuye un carácter absoluto, y la necesidad real. Para Descartes, la necesidad es «la trama ideal dentro de la cual son dados los principios y las consecuencias». En Spinoza, lo necesario «es forzosamente, porque es contradictorio su no ser». Leibniz hace una distinción entre los conceptos de necesidad metafísica o absoluta, moral o teológica (o de las causas finales), lógica, matemática o geométrica; física o hipotética. **V. contingencia, Hartmann, Hume, Kant, Wolf.**

NEGACIÓN Acto mental por el cual se rechaza una aserción como falsa. El problema de la negación ha sido materia de análisis que ha originado la construcción de varias doctrinas filosóficas al respecto. Uno de los más importantes análisis es el de Jean Guitton, para quien la negación puede ser examinada bajo la forma de privación, dándole a ésta un sentido más metafísico puesto que, cuando suponemos una negación por parte de un ente, le atribuimos una condición humana y espiritual que se da en el «poder que posee de suponer la inexistencia o la presencia de otra realidad distinta de la que está presente», de manera que en las presencias se resaltan las ausencias. F. Heinemann, por otra parte, elaboró una doctrina general sobre el problema. Para él, los términos por medio de los cuales se presenta una negación son símbolos incompletos; en la negación, *no* es un signo operacional que expresa sustracción; se halla, pues, en el nivel prelógico, concentrándose la lógica en el acto de la eliminación. Son inevitables las ficciones en lo negativo y la negación no es una categoría ni es anterior a la categoría de la relación, porque ella misma es una relación. Sin embargo, la negación es una relación significativa y no es entitiva; es una relación constructiva primitiva, implicada en toda determinación e indispensable para una mente finita. La función de la negación es la separación que, a su vez, es negación lógica y prelógica. La negación carece de significación si se refiere solamente a alteridad o a diferencia; pero es plenamente significativa con auxilio de las leyes de contradicción y del tercero excluso –o su generalización–. En Eric Toms, la negación se puede concebir de cuatro maneras fundamentales: **(a)** proposición negada o posibilidad negada; **(b)** oposición; **(c)** diferencia; **(d)** no existencia, o no ser, *nada*. Pero según el propio autor, ninguna de estas concepciones pueden dar adecuadamente cuenta de la naturaleza de la negación. **V. Ayer**.

NEGATIVIDAD. Es, según Hegel, uno de los elementos que constituyen la realidad, ya que toda realidad es en sí misma contradictoria, es decir, alberga realidades opuestas de cuyo choque se origina el automovimiento de la realidad en busca de la superación de los opuestos.

NEGATIVO En filosofía, el concepto de negativo no puede darse sin el concepto de nada; para muchos filósofos el problema de la negación del ser es la imposibilidad de afirmar nada; el problema implica si la negación del ser, que es la nada, necesita un elemento dentro de la negación que indique el no ser, no existencia, es decir, un término que exprese la negación, por medio de enunciados negativos, o símbolos igualmente negativos. **V. cualidad, teología**.

NEOCRITICISMO Vocablo que designa distintas corrientes filosóficas, más o menos influidas por el kantismo o, por lo menos, interesadas en los problemas que la crítica de Kant planteó por primera vez. De manera muy general se usa para designar todo el movimiento neokantiano que, desde mediados del siglo XIX, especialmente desde 1870 hasta los inicios de la primera guerra mundial, fue afecto a la renovación o *vuelta a Kant* y, sobre todo, a la *Crítica de la razón pura*. **V. Baden (escuela de), criticismo, Kant, Marburgo (escuela de)**.

NEOEPICUREÍSMO Retorno a la práctica de las doctrinas de Epicuro y su escuela filosófica, con variaciones y actualizaciones introducidas por sus seguidores. En general puede decirse que es la práctica del ideal de sabio predicada por los epicureístas, que sobre todo se dirige a la moral, al tipo de vida que debe llevar el sabio, para quien el verdadero bien es aquello que no repugna a nuestra naturaleza, sin dolor ni desagrado y que le permite al hombre ser imperturbable y dueño de sí. Es una doctrina de gran ascetismo, pues el placer se plantea más como placer espiritual que como placer sensual, ya que el último es inestable y no permanente como el primero. En general se practica un apartamiento de las cuestiones públicas y de las pasiones violentas, para llegar a ser sereno, moderado mediante el ejercicio de la templanza, y en perfecto equilibrio. **V. epicureísmo, Epicuro**.

NEOESCOLÁSTICA O NEOESCOLASTICISMO Movimiento filosófico destinado a restaurar la escolástica y, en particular, el atomismo como doctrina metafísica capaz de fundamentar los progresos de las ciencias modernas y dar un sentido unitario a sus resultados. Comenzó en 1879 con la publicación de la encíclica *Aeterni Patris*, de León XIII, que propugnaba el retorno a la tradición justificada por argumentos racionales, la concordancia constante de la filosofía escolástica con los acontecimientos de las ciencias positivas y la función estructural y preparatoria de la filosofía, respecto a la teología. Los neoescolásticos defienden el realismo metafísico, frente al idealismo de origen kantiano; la posibilidad de la metafísica en oposición al positivismo; la objetividad del conocimiento y del valor contra el subjetivismo y el realismo. Se opone en casi todos los puntos al idealismo moderno; frente a él sostiene el realismo noseológico, que la ha hecho aproximar muchas veces al neorrealismo, al realismo crítico de ascendencia kantiana y a las primeras fases de la fenomenología; frente al positivismo, la necesidad y la posibilidad de la metafísica; contra el relativismo y el subjetivismo extremos, la objetividad del conocimiento del ser y del valer; contra el individualismo atomista y el personalismo; contra toda la filosofía del devenir, la del ser. La neoescolástica actual se encuentra en estas tres direcciones predominantes: (a) el atomismo y el neoatomismo puros, defendidos especialmente por los dominicos; (b) las investigaciones sobre la filosofía medieval; (c) una que puede llamarse creadora y que, en los más, va encaminada al surgimiento de una *metafísica cristiana*. **V. escolástica, neotomismo**.

NEOHEGELIANISMO Corriente filosófica idealista que surgió en la segunda mitad del siglo XIX en Inglaterra y Estados Unidos, en oposición al positivismo y al materialismo de las ciencias naturales y que retoma el espíritu de la filosofía de la vida planteado por Hegel. Sus principales representantes son Bradley, Green, Royce y Mc Taggart. Posteriormente se difundió en Italia (Croce y Gentile), Rusia (Ilin y otros), Holanda (G. Bolland) y en Alemania (Glockner, Krowr y Litt). En Francia, más tarde, se fundió en muchos aspectos con el existencialismo (Wahl, Hippolite, Kojève). Es curioso anotar que en 1930 se creó la Unión hegeliana internacional. **V. Hegel, hegelianismo.**

NEOKANTISMO Renovación y actualización de la doctrina filosófica de Immanuel Kant, realizada por filósofos que vienen del positivismo, de los cuales, los más destacados son Hermann Cohen, Paul Natorp, Cassirer, Windelband y Rickert. Los centros más importante del neokantismo fueron las universidades alemanas de Marburgo y Baden. Esta corriente filosófica se desarrolló a partir de 1860, cuando un grupo de filósofos trató de revivir el pensamiento de Kant, como único medio de oponerse a la negación de la filosofía por el positivismo, y al desbordamiento constructivo de los grandes idealistas. Se tiende, entonces, a construir una teoría de la ciencia como reflexión filosófica sobre el conocimiento y las ciencias positivas, negando toda posible metafísica. Defiende la necesidad de centrar la filosofía en la crítica del conocimiento y de limitar la metafísica al estudio de las condiciones que hacen posible el conocimiento científico. El neokantismo estuvo representado en filosofía del derecho, como figura principal, por Rudolf Stammler; otros importantes neokantistas fueron Franz Staudinger y Karl Vorländer, quienes intentaron aproximar el kantismo al marxismo. **V. Kant, kantismo.**

NEOPELAGIANISMO Retorno al pelagianismo o doctrina de Pelagio, heresiarca del siglo III y fundador de una secta que negaba el pecado original y, también, la eficacia de la gracia. **V. pelagianismo.**

NEOPITAGORISMO Renovación de la doctrina pitagórica que, a partir del siglo I a. de C. se fue dando a través de filósofos como Nicómaco de Gerasa, Numenio de Apamea, Apolonio de Tiana y Nigidio Fígulo, con gran influencia durante los tres siglos siguientes. A pesar de considerarse que estos filósofos rescataron las doctrinas originales de Pitágoras a quien consideraron como el fundador de la escuela, su filosofía es una mezcla de doctrinas pitagóricas, platónicas, aristotélicas, estoicas y, en algunos casos, con matices judaico-alejandrinos. Por este motivo algunos consideran el neopitagorismo como una de las formas de eclecticismo y de sincretismo antiguo. **V. Pitágoras, pitagorismo.**

NEOPLATONISMO Último gran sistema del mundo helénico que asume el problema de la metafísica, casi desaparecido por completo de la filosofía griega desde Aristóteles, y marca la división entre filosofía griega y filosofía cristiana. Su fundador fue Plotino (204-270), cuyo sistema se basa en el panteísmo y la oposición al materialismo. El neoplatonismo no hace distinción entre Dios y mundo, pues éste procede del primero por emanación, como difusión del mismo ser del uno. También tiene esta doctrina algunos puntos de enlace con la doctrina cristiana y por este motivo tuvo gran influencia sobre los padres de la Iglesia y en los místicos medievales. El neoplatonismo no sólo revive el espíritu de la filosofía platónica, sino que la enriquece con doctrinas propias. Partiendo de las ideas pitagóricas, sustituye el bien, realidad suprema según Platón, por el uno, principio inefable. La materia pierde toda existencia independiente y el universo es concebido como una inmensa jerarquía de realidades inmateriales que, a partir del uno y por emanación (este concepto sustituye a la participación platónica) va descendiendo hasta la aparición de la materia. Sus principales representantes son Plotino (siglo III), Porfirio, Jámblico (escuela de Siria), Juliano el Apóstata, Proclo, Plutarco, Damascio y Simplicio (escuela de Atenas); Hipathia, Sinesio, Ammonio y Olimpiodoro (escuela de Alejandría); y, el llamado Seudo-dionisio; finalmente, los neoplatónicos latinos: Calcidio, Macrobio y Boecio. **V. Platón, Plotino.**

NEOPOSITIVISMO Con este nombre se designa la corriente idealista subjetiva, forma actual del positivismo, que se ha desarrollado durante el siglo XX, con el fin de distinguirlo del positivismo del siglo XIX, en especial del de Comte. Se ha caracterizado por una tendencia muy fuerte hacia el empirismo, ya que sostiene que la realidad se da solamente en el pensar concretamente científico y en el pensar cotidiano, y se expresa mediante el análisis del lenguaje como única filosofía posible. A este análisis se le da el nombre de filosofía analítica. El análisis filosófico sólo es posible acerca de lo *dado*, que es la experiencia inmediata o lenguaje. El círculo de Viena limitaba *lo dado* a las vivencias individuales. El positivismo lógico es una forma de neopositivismo, la más influyente de todas. También lo son la filosofía analítica inglesa iniciada por Moore y seguida principalmente por Stebbing y Wisdom, y algunos representantes de la escuela lógica de Lvov-Varsovia, como Kazimierz Ajdukiewicz. A partir de la década del 30 se conforma un grupo que representa al empirismo científico, como una forma de neopositivismo, en la que se fusionan los positivistas lógicos del círculo de Viena –Carnap, Schlick, Otto von Neurath–, la Sociedad de filosofía empírica de Berlín –Reichenbach, Hempel–, los analíticos ingleses, los filósofos norteamericanos que hacen filosofía de la ciencia –Nagel, Marguenau, Morris, Quine, Bridgman–, la escuela de Upsala (Suecia), y el grupo lógico de Münster (Alemania) –Scholz–. Esta fusión produce grandes resultados, especialmente en lo que se refiere a la interpretación filosófica de los avances científicos actuales y ha hecho valiosos aportes a la lógica formal y a la metodología de la ciencia. La forma de neopositivismo denominada empirismo lógico tiene su centro de actividades actualmente en Estados Unidos. También son neopositivistas los filósofos ingleses Alfred Ayer y Karl Popper. **V. empirismo, positivismo**.

NEORRACIONALISMO Tendencia que defiende tesis de ascendencia kantiana. Entre ellos podemos mencionar a André Lalande y León Brunschvicg; a los pensadores contemporáneos que se han opuesto a las corrientes irracionalistas, institucionistas, etc.; también a algunos marxistas no ortodoxos, como George Lukács, Gramsci y Banfi; a los filósofos seguidores de Nelson y de los neofriesianos, como Julius Kraft y a los de la llamada *escuela de Zurich*. Bertrand Russell, por otra parte, se ha visto a sí mismo como un neorracionalista, como un restaurador de la *orientación racional*. **V. racionalismo**.

NEORREALISMO Se puede dar este nombre a casi todas las tendencias del realismo contemporáneo, pero suele darse con mayor propiedad a algunas de las tendencias actuales de la filosofía inglesa y norteamericana. Esto en parte se debe a que en los filósofos europeos llamados neorrealistas, el realismo no es una posición central de su pensamiento, mientras en los pensadores ingleses y norteamericanos, es el punto de partida, sobre todo a partir de Moore y de Russell; igual ocurre con los evolucionistas y neoevolucionistas como Alexander y Lloyd Morgan. La base de su teoría del conocimiento está en la *inmanencia de lo independiente*, ya que lo cognoscible puede entrar directamente en la conciencia, y su existencia y naturaleza no dependen de la cognición. También es admitida en el neorrealismo la realidad de los conceptos generales como existencia ideal. Se atribuye, además, un valor absoluto a la independencia del contenido de la cognición en relación con el proceso de la misma. Son importantes dentro del neorrealismo la *Teoría de la evolución emergente*, de Alexander; el holismo, de Smuts; y la *Filosofía del proceso*, de Whitehead. **V. realismo**.

NEOTOMISMO Análisis, evolución y aplicación de las tesis expuestas en la filosofía de santo Tomás de Aquino. El primer movimiento neotomista conocido apareció en Italia y es probable que hubiera movimientos neotomistas en varios países de Europa, a finales del siglo XVIII y comienzos del siglo XIX, en principio ligados a la lucha contra el idealismo, el sensualismo y otras corrientes y, más tarde, con tendencias comunes en lo que toca al contenido doctrinario, como son la teoría del ser, la analogía del ser en lógica y ontología; la distinción entre devenir y actualidad, la doctrina de la sustancia, el hilemorfismo, la concepción inmaterial del espíritu, la concepción de Dios como acto puro y fuente de verdad, etc. El neotomismo ha sido identificado en muchas ocasiones con la neoescolástica, dada la importancia que el neotomismo tiene dentro de ésta. En 1879, una encíclica del papa León XIII declaraba que el neotomismo era la única filosofía verdadera, hecho que prueba su influencia sobre la religión católica. El principal centro del neotomismo ha sido el Instituto superior de filosofía de Lovaina (Bélgica). Sus principales representantes, sin embargo, están en varios países europeos, entre otros, Maritain y Gilson, en Francia; De Raeymacker, en Bélgica; Lotz y de Vries, en Alemania; y Wetter, en Austria. V. **Aquino, tomismo**.

NEOVITALISMO Corriente filosófica del principios del siglo XX, cuyo principal representante es Hans Driesch, quien desarrolló los conceptos de totalidad, de causalidad total y de entelequia, como principios de una teoría del conocimiento, que llama *teoría del orden*, y que intenta solucionar el dualismo materia-vida, parte-todo, energía-entelequia de la filosofía natural. Concibe el orden como *puesto*, orden puesto que coincide con el *orden intuido;* este poner es tener conciencia de la ordenación de algo, constituyendo una especie de «metafísica inductiva». Su concepto de totalidad consiste en la existencia de los que llama «sistemas armónico-equipotenciales», en los cuales el todo está contenido en la parte (germen); la causalidad total o entelequial hace de la teología cobertura y base del mecanismo; por último, la entelequia es la sustancia individualizante. En general, el neovitalismo se ha considerado como una tendencia de la biología y de la filosofía biológica; ésta reconoce en lo orgánico algo dominante, entelequial, un «principio vital» o una fuerza que determina el comportamiento y la forma de los organismos. Otros autores neovitalistas son J. Reinke, y en especial H. Driesch.

NEURATH, Otto von (1882-1945). Filósofo, economista y sociólogo austríaco, nacido en Viena; miembro fundador del Círculo de Viena y el más activo organizador del llamado *Movimiento para la ciencia unificada,* como también promotor principal de los congresos prounidad de la ciencia, celebrados entre 1929 y 1939; fue muy importante en la aparición de la Enciclopedia internacional ciencia unida. Su interés principal fue la aplicación de los ideales del positivismo lógico a los problemas sociales; en su condición de sociólogo trató la sociología como un behaviorismo social y como una rama de la *ciencia unificada,* llegando a ella por la gran influencia de las tesis económicas marxistas, pero rechazando la epistemología y todo cuanto hubiera en el marxismo de metafísico. Fue uno de los más tenaces propagadores de las ideas del Círculo de Viena y del positivismo lógico. Sus principales obras son: *La vida de L. H. W.; Naturaleza y camino de la socialización; Historia de la economía antigua.* V. **Círculo de Viena, fisicalismo, neopositivismo**.

NEWTON, Isaac (1642-1727) Físico y matemático inglés, nacido en Woolsthorpe, el mismo año en que Galileo murió en su reclusión. Fue bachiller del Trinity College de la Universidad de Cambridge y se consagró al estudio de las matemáticas. Presentó su primera investigación matemática y fue

Isaac Newton

elegido para suceder a Barrow en su cátedra del Trinity College; en 1672 publicó los resultados de sus primeras experiencias sobre la composición de la luz, con poco éxito, lo que le causó gran amargura y lo llevó a no acceder a la publicación de otras investigaciones sino hasta el año de 1687 cuando apareció su libro *Los principios matemáticos de la filosofía natural*, en que traza el programa de la llamada *interpretación mecanicista* de los fenómenos físicos, un punto de vista que dominó la física hasta principios del siglo XX y que sólo sucumbió bajo el efecto de la teoría de la relatividad y la teoría de los *quanta*. Después de formular su objetivo, procedió a desarrollar el tratamiento matemático de los fenómenos mecánicos en forma muy clara y precisa. Fue representante de la Universidad de Cambridge en el Parlamento y, desde 1703 hasta su muerte, presidente de la Royal Society. Junto con Galileo se le considera padre de la física mecánica y, con Leibniz –pero por separado– fue descubridor del cálculo infinitesimal y de varios postulados algebraicos. Su concepción del mundo basada en la *ley de la gravitación universal*, que él mismo descubrió, confirmó la hipótesis de Galileo sobre la homogeneidad del mundo físico, en el sentido de que «tanto los fenómenos físicos como los cósmicos siguen las mismas leyes». Esta ley puede enunciarse como sigue: «Todo cuerpo material atrae a otro con una fuerza directamente proporcional a sus masas e inversamente proporcional al cuadrado de la distancia entre ellos». Una idea básica fue la de que «si hay leyes en alguna parte, es que están en todas partes». El desarrollo de la obra de Newton realizada por los grandes matemáticos de los siglos XVIII y XIX originó una gran rama de la astronomía conocida como *mecánica celeste*, que permite calcular con gran precisión el movimiento de los planetas del sistema solar bajo la acción de la mutua atracción gravitatoria. Su método fue inductivo y matemático y partió de una minuciosa observación de los hechos; de esta manera extrajo leyes a las que introducía modificaciones cuando los datos obtenidos por la experiencia demostraban su inexactitud. Su filosofía es empírica, conducida por vías matemáticas y lógicas basadas en proposiciones inducidas de los fenómenos. Aunque era muy religioso, en su universo mecánico Dios no está presente. En el plano de la física elaboró dos leyes que tendrían grandes repercusiones en la filosofía y en el pensamiento social: (a) toda acción genera su reacción; (b) todo cuerpo, cualquiera que sea su estado de movimiento o de reposo, tiende a conservarlo hasta que una fuerza superior lo altera. Interesan de Newton, desde el punto de vista filosófico, estos aspectos: el método usado en la exposición de los *principios mecánicos de la filosofía;* el espacio, tiempo y movimiento *absolutos*. No pocas de las ideas filosóficas presupuestas por él o derivadas de sus principios y reglas, fueron objeto de debate entre *newtonianos* y *leibnizianos* y, especialmente, entre Samuel Clarke y el propio Leibniz. A los cincuenta años de vida, Newton resolvió abandonar la actividad académica, fue nombrado caballero y recibió muchos honores. Murió a la edad de 85 años. Sus principales obras son: *Principios matemáticos de filosofía natural; Observations on the Prophecies of Daniel and the Apocalypse of St. John.* **V. hipótesis, inercia, movimiento, tiempo**.

NEWTONISMO Evolución y aplicación de los principios y leyes descubiertos por Isaac Newton, especialmente por la corriente materialista mecanicista. **V. Leibniz, mecanicismo, Newton.**

NEXO Vocablo usado para designar cualquier tipo de relación. Se han distinguido: el nexo *lógico*, es decir, aquel que «puede establecerse entre dos o más proposiciones, especialmente dentro de la cadena deductiva»; y el nexo *real*, que suele llamarse *causa, o simplemente causalidad*.

NICOLÁS DE CUSA (1401-1464) (Nicolaus Cusanus, Nicolaus Chrypffs o Krebs). Llamado el *cusano*, este filósofo y humanista alemán nació en Cues (Cusa), estudió en Heidelberg y Padua; luego se trasladó a Roma y a Colonia para completar su educación y sus estudios eclesiásticos y, en 1426, fue ordenado sacerdote. Fue delegado del Papa en Orsine, Alemania, y amigo de muchos humanistas y de Gutenberg, con quien colaboró en la impresión de algunos manuscritos, especialmente griegos. Participó en el Concilio de Basilea, entre 1431 y 1449, convocado para resolver el problema de los husitas, preparar la unión con los griegos e introducir varias reformas. Fue nombrado cardenal de Brixen en 1448; en 1450, obispo, y durante los dos años siguientes legado papal en Alemania. Representó el tránsito de la escolástica a la filosofía moderna. Familiarizado con la tradición neoplatónica, agustiniana y mística de la Edad Media, sin por ello descartar totalmente la tradición aristotélica, y con la influencia de ciertos autores nominalistas, parece un filósofo y teólogo ecléctico, calificado de moderno o premoderno. Uno de sus más importantes aspectos en el campo filosófico-teológico es la forma como afrontó las cuestiones del conocimiento o acceso a la realidad, las de la naturaleza de Dios y la relación entre Dios y el mundo o Dios y las criaturas. Después de establecer las jerarquías de los grados del conocimiento (sentidos, razón e intelecto contemplativo) y poner de manifiesto que la contradicción es la manera de ser de lo finito, se sirve de fórmulas matemáticas y figuras para exponer que el ser infinito es coincidencia de los opuestos y que por ello nuestra mente está ante él en *docta ignorancia*, es decir, la «ignorancia que se hace consciente de la importancia de todo saber racional». Sus principales obras son: *De concordantia catholica; De reparatione Calendarii; De docta ignorantia*. **V. ignorancia**.

NIETZSCHE, Friederich (1844-1900). Filósofo y escritor alemán, nacido en Röcken. Hijo de un pastor luterano a quien no alcanzó a conocer muy bien, ya que murió cuando Nietzsche tenía muy corta edad, y descendiente de una familia de pastores y teólogos; recibió una muy buena educación, que completó con estudios de filosofía, filología y teología. Además, él mismo se quejaba de su dispersión, o más bien, de su interés por todas las artes y la literatura; llegó un momento en su vida en que escribía poemas, estudiaba piano y componía música, y no sabía si decidirse por estudiar profundamente la música –que lo apasionaba– o dedicarse a la filología. Su gran talento lo llevó a la cátedra en la Universidad de Basilea, aún sin haberse doctorado; se trasladó a Bonn y, allí, con Jahn y F. Ritschl, estudió y se apasionó por la filosofía. Pasó a Leipzig en 1865, donde cursó filología y se entusiasmó con la tesis que por casualidad descubrió –de Schopenhauer–; de tal manera puede afirmarse que, en las ideas sobre la existencia y sobre la metafísica de la voluntad de dicho filósofo que lo condujo a la cima de la contemplación trágica, se encuentran las más profundas raíces de la problemática central del pensamiento de Nietzsche. Su admiración por Schopenhauer superó la que profesaba por Montaigne. También su amor por la música le permitió ser gran amigo de Richard Wagner, en quien descubrió la importancia de la revaloración de los sentimientos trágicos que habían sido olvidados. Defensor del vitalismo metafísico y del ideal del superhombre, su vida y obra están marcadas por el signo del visionario que luchó por romper los esquemas y convencionalismos sociales e intelectuales de su época. Afirmaba que es necesario ser *inactual* para poder superar la propia época, proyectarse al futuro. En 1870, ya como profesor ordinario en Basilea, cono-

Friederich Nietzsche

ció a J. J. Bachofer y a Jakob Burckhardt, pero, en 1878, debió abandonar su cargo en la universidad debido a una grave enfermedad; por esta época ya había roto con Wagner y escrito su obra *El nacimiento de la tragedia*, que supuso ya una ruptura con la tradicional concepción del mundo griego y mostró hasta qué punto Nietzsche chocaba con la «indiferencia hacia los verdaderos y urgentes problemas de la vida» que compartían los estudiosos del mundo clásico. Es importante destacar aquí el contenido de su apreciación sobre el mundo griego. Para Nietzsche, la filosofía griega propiamente dicha es la presocrática, ya que, según él, con Sócrates empieza la disolución de los instintos griegos y con su discípulo Platón culmina esta destrucción cuando éste inventa al hombre abstractamente perfecto. La culminación del desarrollo de la cultura griega y de su espíritu es Homero, es decir, el apogeo de la tragedia. Por su parte, el *socratismo* es pura decadencia, en cuanto la dialéctica trata de probar por medio del diálogo, trata de demostrar y, «aquello que necesita ser demostrado, es de poco valor». En una carta a su hermana afirma que no es decente ir «con las razones en la mano» y que no es digno «mostrar los cinco dedos». Durante los diez años siguientes, hasta 1889, fue su período de mayor actividad literaria, que transcurrió en Sils-María en los veranos (ya había adquirido la ciudadanía suiza) y, el resto del tiempo, en la Riviera y en diversas ciudades de Italia y de Alemania, generalmente solo, sufriendo, o en compañía de unos pocos amigos y discípulos, hasta cuando, finalmente, la enfermedad y la depresión terminaron por anularlo; agravado por la parálisis que le sobrevino y que obligó su traslado a la clínica siquiátrica de la Universidad de Jeneyasí, pasó los últimos años de su vida en Naumburg y Weimar con su madre y su hermana. Las ideas centrales de su pensamiento son: (a) su interpretación de la cultura griega a la que ya nos hemos referido y que puede completarse con los conceptos de *apolíneo y dionisíaco*, en el lugar que corresponde dentro de esta obra. (b) La *voluntad de vivir:* Nietzsche ensalza la vida plena, vigorosa y productiva y la defiende contra toda amenaza. Por tal razón, odia todo sistema, pues todo sistema implica estancamiento, así como la ontología, las concepciones abstractas, la ciencia pura y la lógica fría. En sus propias palabras «la vida es un querer crecer», es ascenso. Y donde hay vida hay *voluntad de poder*. Su admiración por la figura de Dionysos es precisamente el reflejo de su amor por la embriaguez vital que representa. (c) La teoría del *eterno retorno* (*ewige Wiederkunft*), idea surgida de la concepción de Heráclito, en el sentido de que todo es devenir, pues la vida es movimiento, no es ser estático. Como los positivistas de su época, niega la metafísica y promulga la *muerte de Dios* entendida como la pérdida de un fundamento último suprasensible que dé sentido al mundo sensible y a la inmortalidad del alma como base de la afirmación de la vida, que se eterniza en el placer. En el universo todo se combina, en todas las posibles combinaciones; cuando estas posibilidades se agotan recomienza el ciclo, de manera que todo retorna eternamente, incluidos lo malo, la miseria y la vileza. (d) El *superhombre:* al hombre le corresponde dirigirse hacia el superhombre, mediante la transformación de sí mismo y del mundo, en lo que denomina la *transmutación de todos los valores;* si se realiza esta transmutación se deseará la vida un infinito número de veces. Su propósito es afirmar en el hombre una poderosa individualidad, una *voluntad de poder* que es su culminación y el bien máximo de la misma vida y que lo lleva a un nuevo concepto de moral. (e) *La moral de los señores y la moral de los esclavos*. Ataca la ética kantiana del deber, así como la ética utilitaria y la moral cristiana, pues las considera dirigidas a hombres débiles, enfermizos y fracasados. El principal valor es la voluntad de dominio, que excluye la compasión, que es el sumo mal. De aquí nacen dos clases de moral: *la moral de los señores*, que afirma los impulsos vitales y, por ser superior y existir para individualidades poderosas y de vitalidad superior, es exigente y rigurosa; y la *moral de los esclavos*, propia de los seres resentidos, débiles, miserables y degenerados, la cual predica la compasión, la humildad y la paciencia. Los resentidos se oponen a lo que consideran superior y por esa razón propugnan el igualitarismo. Así, pues, Nietzsche establece que hay una conciencia de los valores vitales, posición que origina una verdadera filosofía de los valores y de la vida, a pesar de no ser él mismo un pensador sistemático y despreciar todo sistema. Las tesis de Nietzsche, que persiguen un cambio en la escala de valores de la cultura de Occidente, han sido profundamente impugnadas por Max Scheler y, en especial, por los filósofos de tendencia marxista y, también, por los católicos. El carácter poético y personal de sus obras es apasionado y subyugador. Es uno de los grandes maestros del aforismo, y la finura y precisión de su estilo son incomparables. También puede afirmarse que, con Kierkegaard y Schelling, es el precursor del realismo temporalista y de la filosofía de la existencia. Sus obras son: *Origen de la tragedia en el espíritu de la música; De la filosofía en la época trágica de los griegos; Más allá del bien y del mal; Genealogía de la moral; La voluntad del poder; Humano, demasiado humano; Así habló Zaratustra.* **V. apolíneo, dionisíaco, nihilismo.**

NIHIL EST IN INTELLECTO QUOD PRIUS NON FUERIT IN SENSU Esta frase que traduce «nada hay en el entendimiento o intelecto que no estuviese antes en los sentidos», expresa uno de los principios introducidos por muchos autores escolásticos, especialmente por los de tendencias aristotélicas, que opinan que, aunque Aristóteles empezaba con los sentidos o las percepciones sensibles, el proceso del entendimiento no deriva simplemente del conocimiento de los sentidos, sino que lo explicaba como el resultado de las operaciones del entendimiento sobre los contenidos sensibles. Uno de los ejemplos acerca de esta tesis es santo Tomás, quien, aceptando esta forma de interpretación aristotélica, argumenta contra «los que estiman que el entendimiento y los sentidos son lo mismo, que si no fueran distintos no habría diferencia entre los animales y los hombres».

NIHILISMO (del latín *nihil* = nada). Término que designa la doctrina de la negación radical, que puede aplicarse en la filosofía al escepticismo, en la moral al amoralismo y en la política al anarquismo. En filosofía puede ofrecer un aspecto práctico y otro teórico aparentemente independientes. Se califican generalmente de nihilistas todas las doctrinas que niegan la posibilidad del conocimiento de una forma radical; algunas veces es la expresión para una forma de *concepción del mundo*, que puede ser el que adopta un pesimismo radical, o el que adopta un punto de vista totalmente aniquilacionista, como el del *Mefistófeles* de Goethe en su obra *Fausto*. En Nietzsche, la noción de nihilismo desempeña un papel muy importante al considerar que la historia de Occidente ha llegado al borde de un desarrollo histórico sin salida que requiere para su superación un nuevo sistema de valores fundado en una verdadera «voluntad de poder». **V. Bakunin, Nietzsche**.

NIRVANA Es, según la doctrina budista, el estado de absorción del *yo* en la existencia universal, que, en realidad, no es ni un lugar ni un estado, sino un vacío en el que se disuelve la individualidad aparente; el monje budista, por ejemplo, serenamente concentrado en sí mismo, exento de deseos, es la imagen del nirvana. Ante todo, el nirvana no representa para el budismo la nada, sino el verdadero ser.

NO Signo operacional que expresa sustracción. **V. negación**.

NOCIÓN Idea o concepto que se tiene de algo. Se distingue de la idea propiamente dicha, porque ésta puede ser el principio de una realidad, en cambio, la noción solamente puede ser el principio del conocimiento de una realidad. Para muchos autores equivale a la representación mental de un objeto. Cicerón fue el primero en introducir el vocablo para traducir algunos términos griegos, tales como *pensamiento, idea e imagen en el espíritu*.

NOCIONES COMUNES Nociones consideradas como suficientemente básicas y equivalentes a principios. También, principios que se supone son, o deben ser, admitidos por todo sujeto racional. Crisipo y otros estoicos usaron con frecuencia esta expresión para dar a entender una serie de ideas o nociones básicas «que la mente reconoce como adecuadas y fundamentales para cualquier ulterior desarrollo del conocimiento». Los escolásticos aceptaron la tesis de las *nociones comunes*, transformándolas en algunos sentidos, pero sin aceptar los supuestos ontológicos propuestos por los viejos estoicos. Las *nociones comunes* no deben confundirse con las ideas innatas, ni con los axiomas, ni con el *hecho primitivo* buscado por Maine de Biran. Finalmente, tampoco deben ser confundidas con las evidencias lógicas o matemáticas que durante mucho tiempo fueron calificadas como axiomas.

NOEMA, NOEMÁTICO (del griego *noema* = pensamiento). Términos utilizados por Husserl, ante todo como un *sentido* o una *significación* a la cual apunta el acto *tético* o *proposicional* de la noesis; en su última obra aparece como núcleo o materia de cualidades predicativas; es, por así decirlo, *una significación significada*.

NOESIS, NOÉTICO, NOÉTICA (del griego *noesis* = ver discerniendo). Términos muy usados por los filósofos griegos para designar un «ver inteligible o ver pensante», que es un *intuir*. Para Parménides *es lo mismo el pensar y el ser*, en cuanto la aprehensión directa e infalible, tal cual es el objeto de *noesis*, de lo que es como es y en cuanto es, se identifica con el ser. Estos términos desempeñan un importante papel en la fenomenología de Husserl; la noesis es para él aquella fase en la corriente del ser intencional que forma los materiales en experiencias intencionales dando sentido al flujo de lo vivido; es el *acto intencional* y distingue la noesis del *noema,* que es el contenido objetivo a que el acto se refiere. El término se usa también para designar todo lo que se refiere al pensar, especialmente al pensar *objetivo*. Se habla de la *noesis de* Aristóteles para significar su doctrina de la inteligencia.
V. **intelecto, intención, intencional, Husserl, Parménides**.

NOMBRE Palabra utilizada para designar los objetos y sus cualidades, para hacerlos conocer o distinguir de otros. Para la filosofía antigua y medieval, especialmente para los griegos, *nombre* era generalmente equivalente a la *palabra;* el problema era si constituía una mera convención individual o social, o si las cosas tienen sus nombres justos por naturaleza. Como mera convención fue aceptada por los sofistas y ninguna de las dos fue aceptada por Platón, quien al comienzo del *Cratilo* llega a decir que ninguna de las dos es aceptable, pues «los nombres son a la vez arbitrarios y constantes (...) puesto que las cosas tienen su naturaleza fija; la misión del nombre y de las oraciones que contienen los nombres es expresar la verdad esencial de las cosas»; así, el problema es a la vez ontológico y epistemológico, y el nombre es «un órgano para pensar el ser de la realidad». Para Aristóteles, *nombre* es un sonido vocal que posee un significado convencional, sin referirse al tiempo «y sin que ninguna de sus partes tenga significación cuando se toma separadamente»; de esta manera, para el estagirita, el término ofrece aspectos lógicos y gramaticales que no se pueden separar completamente. Dentro de la escolástica, los gramáticos especulativos y los terministas fueron los más preocupados por el nombre; entre los primeros por sus diversos modos de significarlo; entre los segundos hubo amplio desarrollo de una teoría sobre el problema del nombre. En la época moderna, los que más se ocuparon del problema de los *modos de significar* fueron los autores nominalistas o empiristas, que generalmente lo que hicieron fue reelaborar los conceptos medievales o darles un sentido epistemológico-sicológico: Hobbes, por ejemplo, lo definió como «una palabra tomada arbitrariamente que sirve de marca y que puede suscitar en nuestra mente un pensamiento parecido a algunas otras cosas que habíamos tenido antes, y que al ser pronunciadas por otros, puede convertirse para ellos en signo de qué pensamiento tenía en su mente el espectador». Evidentemente, esta definición demuestra una actitud terminista. Para Locke, «no es cierto que cada cosa pueda tener un nombre a la vez; cuando pueden designarse varias cosas mediante un nombre, éste se justifica pragmáticamente por la comodidad de su uso». Pueden ser *propios* y *comunes*, según la idea que designen. En la época contemporánea, el problema del nombre ha sido tratado por la neoescolástica, la fenomenología y la lógica matemática. Los primeros han desarrollado y pulido la doctrina tradicional sobre el problema; los segundos, desde varios puntos de vista. Para la lógica matemática también tiene varias significaciones. En la literatura lógica contemporánea, se le introduce cuando se habla del uso y la mención, y entre los lógicos y semánticos, que han estudiado el problema del nombre, entre los cuales merece especial mención Rudolf Carnap, es innecesaria la duplicación de los nombres, como cuando se usan nombres distintos para propiedades y para las correspondientes clases: «Un nombre para la propiedad humana y un nombre distinto para la clase humana no sólo tiene la misma extensión, sino también la misma intención».

NOMINAL Expresión que indica el significado de un nombre. Para los escolásticos es una extensión de la definición real; para otros filósofos es lo mismo que una definición real en la cual la realidad es representada por la palabra. V. **nominalismo**.

NOMINALISMO Se llamó posición nominalista o vía nominal a la corriente que, al oponerse al realismo medieval sostuvo, frente a la llamada *disputa de los universales*, las siguientes afirmaciones: «Las especies y los géneros y, en general, los universales, no son realidades anteriores a las cosas, ni realidades en las cosas, sino que solamente son nombres o términos, vocablos, por medio de los cuales se designan colecciones de individuos». Según este pensamiento, solamente existen entidades individuales: «Los universales no son entidades existentes, sino únicamente términos en el lenguaje». El nominalismo tuvo dos períodos de florecimiento durante la Edad Media; el primero, hacia el siglo XI, iniciado por Roscelino de Compiègne, quien afirmaba que lo que existe son los individuos, pues en la naturaleza no hay nada que sea universal; lo universal sólo existe en la mente como algo *post rem*, es decir, posterior a las cosas, y su expresión es la palabra; la de Roscelino es una interpretación verbalista de los universales que, según él, no son más que *soplos de la voz (flatus vocis)*; y el segundo, en el siglo XIV con Guillermo de Occam. En los dos, la posición nominalista tomó fuerza en la filosofía, pero en este último se adoptó con mayor firmeza la siguiente premisa: «Admitir ideas en la mente de Dios es limitar de algún modo la omnipotencia divina, y admitir universales en las cosas es suponer que las cosas tienen o pueden tener ideas o modelos propios, lo cual también limita la omnipotencia divina». Este nominalismo tuvo antecedentes en la filosofía antigua, pero fue durante la Edad Media y en épocas posteriores cuando ocupó un lugar importante en la serie de actitudes posibles acerca de la naturaleza y de los universales. Esta posición filosófica ha tenido opositores, como los realistas, entre los cuales está san Anselmo, para quienes era inadmisible que un universal fuera un simple sonido o soplo de voz *(flatus vocis)*. En relación con Guillermo de Occam, que se encuentra dentro del segundo grupo nominalista de la Edad Media, su doctrina consiste en sostener que los signos «tienen como función el *supponere pro*, es decir, el estar en el lugar de las cosas designadas, de modo que los signos no son propiamente de las cosas, sino que se limitan a significarlas». Por su parte, la filosofía moderna, frecuentemente, ha sido considerada nominalista, como lo vemos en la obra de Jacques Maritain, quien ha escrito que gran cantidad de tendencias (neokantianos, neopositivistas, idealistas, pragmatistas, neospinocistas, neomísticos, etc.) son nominalistas; lo que en parte tiene algo de verdad, pero que no se puede admitir como una generalidad, ya que, si todas las corrientes filosóficas anteriores adhieren a una cierta teoría de la abstracción, no podemos afirmar que la filosofía moderna y contemporánea haya sido fundamentalmente nominalista. Aunque es verdad que varias tendencias filosóficas contemporáneas han sido explícitamente nominalistas, como las diversas formas de positivismo e irracionalismo, no es menos cierto que resulta dudoso el nominalismo de Spinoza, Hegel, Husserl o Locke, que realmente no lo son; en cambio, autores como Hobbes, Berkeley y Condillac, lo son aun cuando de diversa forma o por distinta razón. Hobbes y Condillac fueron prácticamente *inscripcionistas,* mientras que Berkeley, por un lado, negaba que pudiera hablarse con sentido de ideas abstractas y, por otro lado, admitía la *ideas generales.* Los dos primeros basaban su nominalismo en una cierta idea de la ciencia y del lenguaje científico. Berkeley lo fundaba en supuestos teológicos similares a los de Occam. Se puede hablar de tres clases de nominalismo: moderado, exagerado y absoluto. Todos afirman que no existen entidades abstractas (ideas universales) y que sólo existen entidades concretas (individuos): «Las diferencias realmente aparecen cuando se trata de indicar qué función tienen las supuestas entidades abstractas». Karl Pribram ha defendido una explícita concepción nominalista del mundo, en la cual afirma que hay cuatro grandes formas de pensamiento: la *concepción universalista* (la de los escolásticos medievales); la concepción *dialéctica* (la de los marxistas); concepción *intuitivista* (la de los fascistas o, en general, de los irracionalistas); y la concepción *nominalista,* que es la única, según Pribram, que corresponde a una sociedad libre, porque no pretende alcanzar ninguna verdad absoluta y, por consiguiente, permite la tolerancia. Uno de los máximos representantes del nominalismo contemporáneo es N. Goodman, para quien el nominalismo, tal como lo concreto, no supone excluir las actividades abstractas, sino que requiere, únicamente, que «cuando es admitido como una entidad sea interpretado como un individuo». Esto lo lleva a postular la exclusión de las clases y a afirmar que cualquier suma de individuos es ella misma un individuo, tanto si sus partes se unen como si no lo hacen en el espacio y en el tiempo, y por consiguiente cuenta como elemento individual cuanto pueda figurar como elemento en un mundo «compuesto por entidades tales que ningún par de ellas se fragmente exactamente en las mismas entidades».

NORMA Regla cuyo contenido puede ser de carácter ético, estético, jurídico, social, etc., de acuerdo con el ámbito al cual esté dirigida su aplicación. Su objeto esencial es crear, o bien, mantener lo que se considere orden, entendido en el sentido de equilibrio, bienestar, justicia, belleza, etc., y según los patrones conceptuales y los valores que estén vigentes en el momento histórico de su aplicación. La norma puede ser tanto materia de las leyes positivas, en el caso del derecho positivo, como del derecho consuetudinario. No debe confundirse el vocablo norma con el de patrón o modelo.

NORMAL Carácter de aquello que es regular, que no está por fuera de lo corriente o usual. En geometría, este término designa una perpendicular.

NORMATIVISMO Modo de considerar a ciertas disciplinas filosóficas, especialmente la lógica, la ética y la estética, como disciplinas que no se limitan a describir cómo son las cosas de las que se ocupan, sino que prescriben cómo deben ser. Se opone al sicologismo y al relativismo. **V. normativo.**

NORMATIVO Se han definido como ciencias normativas la lógica, la ética y la estética. La primera sería la disciplina que mostraría, no cómo son en sí mismos los pensamientos de acuerdo con la estructura lógica, sino cómo deben ser, a diferencia de lo que efectivamente ocurre en la conciencia sicológica. En la ética sería la disciplina que mostraría el modo como debemos comportarnos, a diferencia del modo como efectivamente solemos conducirnos; en ésta también habría un primer intento de superación del relativismo moral, superación que no se logra sino cuando la ética se funda en la teoría de los valores, más allá de todo normativismo. Algo muy parecido ocurre con la estética y por motivos análogos; por eso, las direcciones más recientes de las tres disciplinas han procurado no sólo superar las dificultades del relativismo sicologista, sino, también, las derivadas del normativismo, que se advierten sobre todo en la lógica.**V. norma.**

NORRIS, John (1675-1711). Filósofo inglés, nacido en Collingbourne-Kingston, condado de Wiltshire. Fue rector de Bermerton y siempre se le ha considerado como uno de los partidarios de Malebranche y adversario de Locke. Tradujo y comentó a Platón, especialmente la teoría del amor platónico, que interpretó en el sentido de la contemplación de Dios. Trató de demostrar que el mundo ideal o inteligible es más cierto y evidente que el mundo natural, pues aquél es el mundo de las verdades eternas, desde el cual todas las demás verdades son vistas. Examinó también el modo o modos como entendemos y concluyó que sólo entendemos los objetos materiales y, acaso, la mayor parte de los espirituales por medio de las *ideas*, que no son perfecciones o modalidades de nuestras propias almas, sino que están en Dios, «de suerte que lo vemos todo en Dios» y las ideas divinas son las ideas por medio de las cuales entendemos. Sus obras son: *Ensayo hacia la teoría del mundo ideal o inteligible*; *An Idea of Happiness*; *Cursory Reflection*. **V. Malebranche.**

NOSEOLOGÍA V. gnoseología.

NOSIS V. gnosis.

NOSTICISMO V. gnosticismo.

NOTA Característica de un ente, cosa u objeto; también, característica de un concepto y, de algún modo, características de la cosa denotadas por el concepto. Se habla en este sentido de notas comunes, esenciales, accidentales, individualizadoras, etc. Las notas ayudan a la comprensión de un concepto, de tal manera que en cuanto mayor es el número admitido de ellas, mayor es la comprensión.

NOTACIÓN SIMBÓLICA Serie de símbolos o signos usados en los diferentes campos de la filosofía, entre los cuales los más conocidos son los de la lógica formal simbólica, llamada normalmente, en español, logística. **V. conectivos, cuantificador, diagrama**.

NOTIFICACIÓN Término que ha sido empleado de diferentes maneras por los autores escolásticos en los sentidos de idea, noción, conocimiento y ciencia y, además, en un sentido más específico, como modo de conocimiento, en tanto que ligado al objeto conocido. La principal cuestión entre los escolásticos es si hay o no noticia directa posible de cosas existentes, y cuando se sostiene que la hay, se concluye que se puede tener conocimiento directo de lo individual; cuando se afirma que no la hay, el conocimiento de lo individual no es conocimiento directo, sino indirecto. Siendo la *notitia* un conocimiento, puede predicarse de ella todo lo que puede predicarse del conocimiento, es decir, de las diversas formas de conocimiento.

NOÚMENO Palabra de origen griego que significa *todo lo que es pensado* y, en plural, *noumena*, las cosas que son pensadas; es la esencia accesible tan sólo al conocimiento, sea por medio de la razón o por medio de la intuición intelectual. El primero en utilizar este término fue Platón (*Timeo*), para designar la realidad tal como existe por sí misma, objeto del saber intelectivo. En la filosofía kantiana, *noúmeno* designa las cosas en sí, inaccesibles a la experiencia posible. Las cosas que son objeto de la experiencia, no son *noúmenos*, sino fenómenos. Esta distinción entre fenómeno y *noúmeno* es muy importante en la filosofía kantiana, ya que si se elimina el concepto de *noúmeno*, la teoría del conocimiento de Kant adquiere un fuerte tinte fenomenista. **V. Kant, kantismo**.

NOÛS Término griego introducido por Anaxágoras para designar la causa del movimiento; es una materia más sutil que las demás, pero no espiritual; algunas de las cosas –las animadas– tienen *noûs*, pero él carece de mezcla; es el principio rector del universo, inteligencia impersonal ordenadora de los movimientos cósmicos. Para Plotino, el *noûs* es la segunda hipóstasis, emanada de lo uno y emanadora del alma del mundo. Para algunos neopitagóricos, el *noûs* es la unidad de las ideas y de los números; así, según Numenio de Apamea, el *noûs* es «la divinidad segunda que unifica la diversidad numérica e ideal». *Noûs* como facultad de pensar, se encuentra en Aristóteles, quien lo concibe como la parte superior del alma, el entendimiento, que es común a todos los seres inteligentes. En san Agustín representa la vida interna del espíritu.

NOVEDAD Término introducido en la filosofía por algunos autores, como los que elaboraron la doctrina de la llamada *evolución emergente*, y por otros, como Bergson y Whitehead. Es un término básico implicado en la pregunta: «¿Hay nunca algo que no hubiese de algún modo prexistido?». Si podemos contestar afirmativamente a esta cuestión, se supone que lo afirmado es *nuevo o novedoso*. Por ejemplo, dentro de una doctrina como la de la creación de algo a partir de la nada, no sólo se admite que hay novedad, sino también que la novedad es absoluta.

NO-YO Para las filosofías idealistas, particularmente las más radicales, el «objeto» o el «mundo» son lo opuesto al *yo*, entendiendo éste como el *yo* -trascendental a partir del cual es posible «deducir» el no-*yo*.

NÚMERO En matemática, uno de los conceptos fundamentales; determina cuantitativamente los objetos y procesos mediante símbolos. En filosofía, ha habido múltiples interpretaciones del concepto. Muchos pensadores griegos se ocuparon de él con respecto a dos problemas: el problema de la relación entre los números y el problema de la relación entre los números y la realidad. En algunos casos, terminaron fundiendo los dos problemas en uno, como ocurrió con los pitagóricos, que en un principio concebían los números como elementos representativos de la realidad o, mejor dicho, de las formas geométricas de la realidad y, luego, llegaron a una nueva interpretación: «Los números son la esencia de las cosas». Todas estas ideas, consecuentemente desarrolladas, dieron origen a la aritmetología metafísica, a la cual llegaron muchos neopitagóricos, como Nicómaco de Geresa y algunos neoplatónicos; éstos se basaron no sólo en las especulaciones de los pitagóricos, sino también en las de Platón, que no usó solamente los conceptos de unidad y pluralidad en algunas partes de las doctrinas de las ideas, sino que, además, llegó a una teoría de las ideas, como *ideas-números*. Por su parte, Aristóteles se refiere al número como «multitud medida» y «multitud (o multiplicidad) de las medidas». Junto con las concepciones pitagórica y platónica, la del estagirita fue una de las más influyentes en el mundo antiguo. Durante el Renacimiento fueron muchos los filósofos influidos por esta simbología numérica, que no fue totalmente infecunda, porque dio la idea de que la realidad puede ser representada matemáticamente, influyendo y determinando de alguna manera los ideales de panmatematización de lo real, en que han sido pródigos tanto el pensamiento como la ciencia moderna. Realmente, la filosofía moderna y sus principales representantes se interesaron más en la epistemología que en la ontología del número y se discuten mucho las cuestiones acerca de la formulación del concepto de número. En este sentido se contrapusieron quienes estimaban que el concepto se obtiene empíricamente, por abstracción de las cosas particulares y quienes consideran que el concepto es totalmente apriorístico, pero es difícil encontrar representantes puros de cualquiera de las dos tendencias. Por ejemplo, para Kant y los neokantianos, el número es el esquema puro de la cantidad, es decir, «la unidad de la síntesis de lo diverso de una intuición homogénea en general, al introducir *yo* el tiempo mismo en la aprehensión de la intuición»; de esta manera, el concepto queda incluido en un plano trascendental y en algunos autores influidos por él, se convierte en categoría. El antiguo problema de la forma de realidad de número se ha colocado en primer plano con dos grandes contribuciones: la fenomenología de Husserl y su teoría de la objetividad ideal y la investigación lógica realizada en la línea Frege-Peano-Russell, y luego por autores más recientes. Según Russell, el número resulta, en principio, del modo de agrupar ciertas clases y, de esta manera, los números y las operaciones con los mismos pueden ser expresados simbólicamente.

O En mayúscula, letra empleada para representar las proposiciones particulares negativas; por ejemplo: «Algunos hombres no son europeos».

OBJETIVACIÓN Transformación de la actividad humana, del movimiento, en objeto. Para Hegel, este concepto se identifica con alienación y es la forma de modización del espíritu. Para Marx, la objetivación, producto del trabajo, es la humanización o hecho de transformar activamente el mundo objetivo; el marxismo caracteriza el proceso del trabajo con base en la acción recíproca entre la actividad humana con su objeto y el producto. El antecedente de este concepto se encuentra en Kant. La objetivación es una actividad trascendental o el resultado de una actividad. Para Kant, tanto las formas a priori de la intuición como los conceptos del entendimiento o categorías, y sobre todo estos últimos, objetivan lo dado al sentido de lo cual hacen un objeto para el entendimiento.

OBJETIVIDAD Carácter de un juicio que se ciñe a las notas del objeto en sí, sin que influya en tal juicio, nota o referencia alguna externa al mismo.

OBJETIVISMO Posición filosófica que da primacía al objeto en sus relaciones con el sujeto (cognoscitivas, valorativas, etc.). El objetivismo distingue el valor como tipo ideal, del objeto como la cosa donde el valor se realiza físicamente. Es también la interpretación de la necesidad y del determinismo histórico.

OBJETIVO Designa lo que existe fuera de la conciencia humana e independientemente de ella. Es lo opuesto a subjetivo. Literalmente significa lo que tiene relación con el objeto. Desde Duns Escoto hasta Descartes y Spinoza, objetivo es la idea u objeto del pensamiento en tanto se ofrece como objeto del conocimiento. Kant definió lo objetivo como la realidad que existe en sí misma, independientemente de que sea cognoscible o no, considerando como subjetiva la representación del espíritu.

OBJETO (del latín objetion de obiisere= poner delante). En términos generales se entiende por objeto un fin que un sujeto trata de conocer y sobre el cual actúa. Este acto del sujeto sobre el objeto puede ser de tipo cognoscitivo, volitivo o emotivo. Existen dos concepciones de objetos: la escolástica y la moderna a partir de Kant. Los escolásticos distinguían entre *objeto material*, al que se dirige el sujeto, y *objeto formal*, que es la perspectiva desde la cual se le considera. El objeto formal y el objeto material son considerados *objetos de conocimiento*. Por medio del objeto formal se alcanza el objeto material. El objeto material es indeterminado y su determinación se da sólo por el objeto formal. La diferencia entre objeto formal y objeto material está basada entre lo conocido y el objeto del conocimiento. El que algo sea objeto material no significa que necesariamente sea real, ya que puede ser cualquier objeto de conocimiento. En la filosofía moderna, especialmente desde Kant y Bumgarten, el objeto es considerado como lo que no reside en el sujeto. El objeto es entonces asemejado a la realidad, realidad que puede ser conocida o no. Actualmente la filosofía considera al objeto como todo lo que puede ser sujeto de un juicio. El objeto, entonces, puede ser real o ideal, ser o valer.

OBJETOS (teoría de los) Parte ontológica de la filosofía que tiene como fin la investigación general de los objetos. Se han propuesto varias clasificaciones de los objetos; una de las más generalizadas es la sugerida por Aloys Müller, en 1925, en su obra *Introducción a la filosofía;* según él, los objetos se pueden dividir en: reales (físicos y síquicos, y su interacción causal), ideales, objetos-valores y metafísicos. Diez años más tarde, Ingarden, en su obra *De la estructura formal del objeto individual,* propuso una clasificación en la que se distinguen cuatro grupos y reconoció los siguientes tipos de objetos: individuos, ideas, objetos o seres intencionales y cualidades. Se conocen otras clasificaciones, como las de Whitehead (objetos de los sentidos, perceptuales y científicos) y la de Martin Honecker (objetos y hechos objetivos). **V. Ingarden**.

OBLIGACIÓN En ética, el término obligación es usado como deber o como su rasgo fundamental. La noción ética de obligación tiene dos explicaciones: una individual y otra aplicada a la comunidad. En cualquiera de los dos casos, se establece también la diferencia entre obligación y otros tipos de necesidad, dejando a un lado la necesidad natural u obligación natural, la cual no se puede dejar de cumplir. No ocurre lo mismo con el deber moral, el cual puede dejar de cumplirse, lo que no implica que la obligación deje de ser forzosa. Respecto a la obligación moral se plantean dos problemas: el de su fundamento y el de su conocimiento.

OBSERVACIÓN Es considerada como un elemento básico del conocimiento. La observación puede ser interna o externa; siendo esta última a la que se refiere la ciencia. La observación es fundamentalmente de fenómenos dados, de datos y hechos. La idea de observación lleva consigo la de la concentración en caracteres específicos del objeto observado (observación dirigida) enfocada hacia ciertos fines.

OBSTÁCULO EPISTEMOLÓGICO Dificultad que se presenta para llegar al conocimiento verdadero de un objeto determinado. Por lo general se afirma que no es posible el conocimiento de un modo absoluto, aunque sí lo es de un modo relativo, de manera que hay límites u obstáculos insalvables para llegar al conocimiento absoluto; en sicología se consideran como obstáculos o límites epistemológicos los propios de la estructura sicológica del individuo cognoscente, como también sus preconceptos debidos a las condiciones sociohistóricas en que se desenvuelve su personalidad.

OCASIONALISMO Doctrina de las causas ocasionales, creada por Malebranche en el siglo XVII, seguida y enriquecida por otros filósofos cartesianos, entre ellos, los más destacados, Geulinex, G. de Cordemoy, Johannes Clauberg y Jonis de la Forge. Para el ocasionalismo, yo no percibo las cosas, sino que, con ocasión de un movimiento de la *res extensa,* Dios provoca en mí una cierta idea, o con ocasión de un acto de mi voluntad, Dios mueve mi cuerpo extenso; de esta manera se sustituye el concepto de la causa por el concepto de ocasión. Toda causa es, entonces, ocasional. El ocasionalismo surgió como consecuencia del dualismo cartesiano: *res cogitans* y *res extensa* y de la imposibilidad de comunicación entre ellas; podemos entender el ocasionalismo en sentido estricto, como conjunto de teorías que los cartesianos propusieron para solucionar el problema de la relación entre la substancia pensante y la extensa, que se ponía de manifiesto en la relación entre alma y cuerpo; y, en segundo lugar, en un sentido más amplio, como la tesis para solucionar el problema del conflicto entre el determinismo y la predestinación, y el libre albedrío y la afirmación de la libertad. El ocasionalismo resolvió el problema de la conciliación entre la libertad humana y la intervención divina, definiendo la libertad como el consentimiento que el hombre le otorga a la voluntad divina. **V. res extensa.**

OCCAM, Guillermo de (1290-1349). Teólogo y filósofo inglés, nacido en Ockam, condado de Surrey. Ingresó muy joven en la orden de los franciscanos. Estudió en Oxford entre 1318 y 1320, y ejerció como lector de las sentencias de Pedro Lombardo. En 1323, el antiguo canciller de Oxford llegó a Aviñón y acusó a Occam de herejía. Tuvo por eso que trasladarse allí y someterse a un juicio que duró varios años. En esta época llegó también a Aviñón Miguel de Cesena, general de los franciscanos, convocado por el papa Juan XXII para discutir el problema de la pobreza evangélica. Occam tomó partido por su superior y huyó con él de Aviñón, en 1328. Los fugitivos fueron excomulgados y se refugiaron con el emperador Luis de Baviera en Pisa y luego en Munich. En esta última ciudad, junto con Marsilio de Padua se dedicó a escribir obras políticas a favor del emperador y contra el Papa, a quien acusaba de herejía. Hay dos épocas diferenciadas en el pensamiento de Occam: el de filósofo-teólogo y el de escritor-político. Occam fue el mayor representante del nominalismo y su pensamiento se enmarca en la querella acerca de los universales. Occam precisa que no son ni palabras ni cosas, sino significaciones, modos de pensamiento, es decir, los convierte en realidades formadas por el proceso del conocimiento. Sus obras principales son: *Summa logicae; Tractatus de predestinatione et praescientia Dei; Opra omnia; Quodlibeta seprem; Ópera política.*

OCCAM (navaja de) Regla que reza *entia non sunt multiplicanda preater necessitatem* y que puede traducirse por: «No deben multiplicarse las entidades más de lo necesario». Su significado puede ser: (a) no deben introducirse más entidades de las necesarias para dar cuenta de un fenómeno. (b) No deben emplearse más conceptos que los estrictamente necesarios para producir una explicación o demostración. Aunque las demostraciones se efectúan mediante conceptos, éstos no necesariamente son realidades; por ejemplo, pensar que una sustancia corruptora es causa del deterioro de las cosas y, por ello, introducir el concepto de «sustancia corruptora». Semejante confusión podría dar origen a la creencia de la realidad de tal sustancia; es menester, recomienda la regla, optar por la explicación que requiera menos conceptos para hacerla más sencilla. Durante mucho tiempo, esta regla fue atribuida a Guillermo de Occam con el nombre de *navaja de Occam.*

OCCAMISMO Sistema doctrinal de Guillermo de Occam. Sin embargo, Ferrater Mora considera al occamismo no sólo como la doctrina de Occam, sino como el movimiento occamista en tanto que coincide con el movimiento nominalista. Esta escuela occamista comprende diversos autores, los cuales pertenecen a diferentes órdenes religiosas, que adoptaron el occamismo por razones teológicas; ellos son, entre otros, Adan Buodham, Roberto Holkot y Gregorio de Rímini. Otros le dieron una connotación lógica, epistemológica y científico-natural; por ejemplo, Juan de Mirecourt, Nicolás de Autrecourt, Nicols de Oresini, Juan Buridan, Marsilio de Inghas y Alberto de Sajonia. En un sentido más amplio, este movimiento no abandona del todo las cuestiones teológicas y espirituales a favor de los problemas científicos y al desarrollo de la lógica.

OCULTISMO Teoría que proclama la existencia de fuerzas misteriosas e inexpli

El hombre como vehículo.
Ilustración de un libro ocultista de Robert Fludd.

cables en la naturaleza. En la antigüedad, algunas escuelas cultivaban, al lado de una ciencia accesible a todos, doctrinas esotéricas, reservadas a los iniciados; además, en algunas culturas el saber era custodiado por castas sacerdotales. Algunos de sus conocimientos sólo eran accesibles a personas selectas pertenecientes a círculos restringidos. La divulgación de sus conceptos a través de la historia ha dado lugar a tradiciones sin un fundamento crítico. La creencia en una síntesis primitiva de todos los saberes ha dado lugar a la astrología, la metasíquica, etc.

OLIGARQUÍA Gobierno ejercido por pocos. En general, se puede decir que se refiere al tipo de gobierno que es controlado por pocas familias poderosas.

ÓNTICO Conocimiento que se refiere a los entes. Este, al menos, es el sentido que le da Heidegger al *ser*, cuando distingue óntico de ontológico en razón de que el primer término plantea la pregunta previa sobre el sentido del ser.

ONTOLOGÍA (del griego *ontologìa*= ciencia del ser). La ontología es el estudio de la ciencia del ser en cuanto ser, por oposición a la noseología, que es el estudio de la ciencia del conocimiento. El creador del término *ontología* fue Cristian Wolf en el siglo XVII; precisó su sentido y difundió su uso. Definió la ontología como el estudio de los predicados más generales del ente, siguiendo un método racional y deductivo. El estudio del ser, sin embargo, se da a través de toda la historia de la filosofía. Aristóteles, al precisar el objeto de la filosofía, incluyó el estudio del ente. Dentro de la escolástica, el estudio de los *trascendentales* equivale a la ontología tal como fue definida por Wolf. Como disciplina especial de la filosofía, la ontología fue desarrollada durante los siglos XVIII y XIX por autores diferentes de los escolásticos, seguidores de Wolf, tales como Herbart, para quien la ontología es la ciencia que investiga el ser de los reales; para Rosmini, las ciencias ontológicas estudian el ser como es. En el siglo XX, Husserl considera que la ontología puede ser *formal* o *material;* la primera trata de las esencias que convienen a las demás esencias y, la segunda, constituye un conjunto de ontologías llamadas regionales. Para Heidegger, la ontología fundamental es la metafísica de la existencia, pues por ella se averigua aquello que constituye el fundamento de la existencia, o sea su finitud. Nicolai Hartmann justifica la ontología como el reconocimiento de lo que es metafísicamente insoluble.

ONTOLÓGICA (prueba) Llámase así a la prueba que hace san Anselmo de la existencia de Dios a la luz de la razón y de la lógica. El argumento se resume así: «Todos, incluso el que niega la existencia de Dios, tenemos el concepto de *Dios*, puesto que entendemos lo que esta palabra quiere decir». Ese concepto es: «Dios es el ser más perfecto posible, es decir, el ser mayor del cual no es posible pensar ningún otro. Por tanto, se debe concluir que Dios existe e, incluso, es imposible pensar que no exista; si no existiera en la realidad sólo existiría en la mente, lo cual implicaría una contradicción». Se podría pensar que hay un ser más perfecto, es decir, otro ser que tuviera todo lo que tiene el anterior y, además, su existencia en la realidad, que es más que la existencia de éste sólo en el pensamiento. Concluyendo, este ser tiene que existir no sólo en el pensamiento sino, también, en la realidad. Este argumento ontológico fue aceptado por san Buenaventura y Escoto, como también por algunos filósofos modernos como Descartes y Leibniz, pero fue rechazado por Tomás de Aquino.

OPERACIÓN, OPERACIONISMO Se denomina operación al conjunto de acciones que se ejecutan para lograr un fin o efecto determinado. De este concepto surgió la tendencia filosófica llamada *operacionismo* u operacionalismo, según la cual la significación de un concepto físico está determinada por una serie de operaciones. Según P. W. Bridgman, iniciador de esta tendencia, «el concepto es sinónimo con la correspondiente serie de operaciones». Cuando se trata de un concepto no físico, sino mental, las operaciones son también de naturaleza mental (las realizadas para determinar si un agregado dado de magnitudes es continuo). Todo cuanto no se pueda definir mediante operaciones carece de significación (por ejemplo, los conceptos de «tiempo absoluto», «espacio absoluto», etc.

OPERADOR V. cuantificador.

OPINIÓN La opinión se puede definir como un juicio que se tiene por verdadero, pero que puede llegar a ser falso. Platón desarrolla el concepto de opinión cuando dice que es una facultad que nos hace capaces de juzgar *sobre la apariencia;* es el modo natural del devenir. Para Platón, la opinión (*doxa*) se opone al saber (*episteme*) y el proceso del conocimiento atraviesa estos dos campos; pero este conocimiento imperfecto, basado en la apariencia y en el lenguaje, debe superarse por el razonamiento y por la intuición.

OPOSICIÓN La noción de oposición lógica se puede ver respecto a los términos y a las proposiciones. En cuanto a los términos existen cuatro tipos de relaciones: (a) no puede haber más de tres términos: mayor, menor y medio. (b) Los términos no pueden tener mayor extensión en la conclusión que en las premisas. (c) El término medio se ha de tomar en toda su extensión, al menos en una premisa. (d) El término medio no debe entrar en la conclusión. En la lógica tradicional se establecieron cuatro tipos de oposición en las proposiciones: (a) *Contradictorias*, o enunciaciones que difieren en cantidad y cualidad. No pueden ser las dos verdaderas o falsas a la vez: si una es verdadera, la otra es necesariamente falsa y viceversa. (b) *Contrarias*, o enunciaciones universales que difieren en cualidad. No pueden ser ambas verdaderas al mismo tiempo, pero pueden ser falsas al mismo tiempo; es decir, si una es verdadera la otra es falsa, pero si es falsa, la otra puede ser verdadera o falsa. (c) *Subcontrarias*, o enunciaciones particulares que se diferencian por su cualidad. Ambas no pueden ser falsas al mismo tiempo, pero pueden ser verdaderas al mismo tiempo. Es decir, si una es falsa la otra es necesariamente verdadera, pero si una es verdadera la otra puede ser verdadera o falsa. (d) *Subalternas*, o enunciaciones de igual cualidad que difieren en cantidad. Cuando la universal es verdadera, la particular también lo es, pero no viceversa. Cuando la particular es falsa, la universal también lo es, pero no viceversa. La oposición en la metafísica ha sido muy importante en las filosofías basadas en la noción de identidad; estas filosofías entienden por oposición el modo de relación entre realidades contrarias. Muchos pensadores han usado la noción de oposición metafísica; entre ellos, los más importantes en la filosofía antigua fueron Heráclito, y Platón en los últimos *Diálogos*. En forma más explícita fue presentada por Nicolás de Cusa; pero el filósofo moderno que usó más frecuentemente el concepto de oposición fue Hegel, para quien la oposición metafísica supone que los contrarios se encuentran, es decir, que es la superación de la lógica de la identidad. Otro filósofo que usó el concepto de oposición pero en sentido menos especulativo fue Renouvier; para él las oposiciones no se encuentran nunca y el filósofo tiene que decidirse por uno de los dos términos del dilema. **V. cuadrado de los opuestos, cubo de oposición**.

ORDEN Según Aristóteles, el orden como disposición o arreglo es una de las formas o clases de la medida. Aristóteles vincula el orden en tanto disposición. Para san Agustín, el orden es un atributo que hace que lo creado por Dios sea bueno: el orden es la perfección; y desde el punto de vista metafísico, el orden es la subordinación de lo inferior a lo superior, de lo creado al creador. San Agustín utiliza la palabra *orden* en varios contextos, como el de la virtud. Para santo Tomás, el orden es «cierta relación recíproca de las partes». El concepto moderno de orden sufre una desontologización y decuantificación, que lo convierte en una disposición geométrica y numérica a partir del análisis. Según Leibniz, que el mundo está ordenado significa que «cada cosa está en su lugar». Por otra parte, algunos pensadores modernos tienen la idea de orden como orden del ser. Algunos subrayan las cuestiones del conocimiento frente a las cuestiones sobre la realidad; el *orden* fue un orden del conocer, teniéndose en cuenta menos el orden sobrenatural para recalcar más el orden natural. Para Max Scheler, el orden está fundado en valores y actos que, de preferencia, tienen un fundamento objetivo, no necesariamente racional. Bergson habla de un orden vital, pero concebido como orden matemático.

ORDINE GEOMETRICO Significa literalmente orden geométrico, es decir, de acuerdo con el orden de la demostración usual en geometría. Esta expresión se hizo famosa gracias al uso que hizo de ella Spinoza en su *Ethica, ordine geometrico demostrata* o demostrada al modo de los geómetras (con definiciones, axiomas, teoremas y corolarios). El orden geométrico ha sido también denominado *orden axiomático* con la salvedad de que todo orden geométrico es un orden axiomático, pero no todo orden axiomático es geométrico. Desde que fue formulado por Euclides en sus *Elementos*, el orden geométrico fue utilizado en repetidas ocasiones en los siglos XVI, XVII y XVIII.

ORFISMO Doctrina mistérica que tuvo su origen en antiguas creencias prehelénicas. Fue propagada por los adeptos a los misterios órficos y ritos ligados a esta doctrina. Se le atribuye al poeta Orfeo la fijación de tales creencias en los himnos órficos. La doctrina órfica tiende al ascetismo y hace énfasis en el éxtasis mental. Mediante éste se espera alcanzar un estado de unión con el dios, obteniendo así el conocimiento místico, el cual no se puede obtener de otra manera. Bajo esta forma refinada, la religión órfica tuvo un profundo efecto en la filosofía griega. Primero aparece en Pitágoras, quien la adapta a su propio misticismo. También se hacen presentes algunos elementos de la religión órfica en Platón. El orfismo tenía textos sagrados y mantenía unidos a sus seguidores con sus lazos de fe. La filosofía en este contexto se vuelve un modo de vivir, punto de vista adoptado por Sócrates. El orfismo básicamente predicaba la divinidad del alma y la impureza del cuerpo; contemplaba la muerte como una liberación y creía en transmigraciones sucesivas; sostenía que la vida futura dependía de la vida llevada en la tierra; su tendencia era monoteísta, pues propugnaba la primacía de Zeus. Los iniciados, *mystos*, se abstenían del consumo de carne, vestían de blanco y aprendían las fórmulas que les permitían orientarse en los infiernos.

ORGANICISMO Doctrina según la cual el mundo es un todo semejante a un organismo viviente. El organicismo también recibió los nombres de biologismo y de biología organística. El organicismo expresa su concepción del mundo al decir que la realidad es de tipo orgánico, o sea, que tiene la estructura de un organismo. También puede entenderse como una *forma de pensar*, es decir, como un tipo de pensamiento. Respecto al organicismo como interpretación acerca de la organización social, la interpretación biológica le da a la sociedad humana una estructura y un comportamiento parecidos a los de un organismo biológico. Hay diversas interpretaciones sociales organicistas; entre ellas está la de H. Spencer.

ORGANISMO Organismo o cuerpo orgánico es, según santo Tomás, el cuerpo equipado con instrumentos. A partir del siglo XVIII se designa con este término específicamente los cuerpos *biológicos*, en contraposición a los cuerpos *mecánicos*. De aquí surgen las tendencias filosóficas llamadas *organicista* y *mecanicista*. La principal diferencia que se ha establecido entre lo orgánico y lo mecánico es que el organismo puede «moverse a sí mismo», mientras la máquina necesita quien produzca externamente su movimiento. Según Scheler, las principales características del organismo son «automovimiento, autoformación, autodiferenciación y autolimitación». Kant distingue entre el organismo y la máquina en razón de la finalidad que les es propia; y Leibniz establece la diferencia entre *autómatas naturales* y *autómatas artificiales*. También varios filósofos, ya desde la antigüedad, han considerado al mundo como un organismo. **V. mecanicismo, organicismo, órgano**.

ORGANON (del griego *organòn* = instrumento). El nombre *organon* procede de los comentaristas de Aristóteles, Alejandrino de Afrodisia y Juan Filopon. Comprende cinco tratados sobre la lógica: categorías (teoría de los términos); sobre la interpretación (teoría de la interpretación o hermenéutica); analítica primera (teoría de la deducción); analítica posterior (teoría de la ciencia) y tópicos (reglas prácticas y esquemas típicos de demostración). Para Aristóteles, todo *organon* es para algo o en vista de algo y, por tanto, no basta decir que la lógica es instrumento sino por qué lo es. El *Organon* es la obra más importante sobre la historia de la lógica tradicional, la cual permaneció intacta hasta el siglo XX, cuando surgió la lógica formal moderna. El tratado de las *categorías*, con el que se inicia la *lógica* aristotélica, estudia en primer lugar los términos, y distingue el uso aislado de ellos, lo que lo conduce a la doctrina de las categorías o predicamentos. El tratado de la interpretación o *hermenéutica* distingue ante todo dos clases de palabras: el *nombre* y el *verbo;* el nombre es una voz significativa, convención, sin referencia al tiempo, y ninguna de cuyas partes tiene significación separadamente. El verbo añade a su significación la del tiempo, y es signo de algo que se dice de otra cosa; funciona dentro de la oración o discurso, que es una voz significativa cuyas partes tienen significación independiente; la *afirmación* y la *negación* son las dos especies en que se divide la enunciación o *lógos apophanticós;* sobre estos supuestos, Aristóteles estudia las relaciones entre las proposiciones. Los *primeros analíticos* contienen la teoría aristotélica del silogismo, que constituye el capítulo central de la lógica. El *silogismo* se opone en cierto sentido a la inducción que, aunque aparece como un procedimiento de raciocinio, reductible al silogismo, tiene un valor de intuición directa que se eleva de la consideración de los casos particulares y concretos a los principios; las cosas *inducen* a elevarse a los principios universales. Los *segundos analíticos* están concentrados en el problema de la ciencia, y por tanto de la demostración que lleva a la definición, correlato de la *esencia* de las cosas, y se apoya en los primeros principios que, como tales, son indemostrables y sólo pueden ser aprehendidos directa e inmediatamente por el *noûs*. La ciencia suprema es demostrativa, pero su último fundamento es la visión noética de los principios. Los *tópicos* y los *argumentos sofísticos* son secundarios y se refieren a los lugares comunes de la dialéctica, usados en la argumentación probable, y al análisis y refutación de los sofismas.

ORÍGENES (183-[186?] - 252-[254?]) Nació en Alejandría. Fue desde el año 203 y durante 28 años profesor de catequesis en Alejandría. Estudió bajo la dirección de Ammonio Saccas, el maestro de Plotino, con el cual tiene mucho en común. Fue ordenado sacerdote fuera de su orden y por ello fue excomulgado. Se retiró a Cesárea y sus enseñanzas lo hicieron famoso, no sólo en Oriente, sino también en la propia Roma. Murió en Tiro como consecuencia de las torturas a que fue sometido por Decio. Según Orígenes, solamente Dios es incorpóreo en sus tres aspectos. Sostiene la antigua teoría socrática según la cual el alma existe, en un estado independiente, antes del cuerpo en el cual entra al nacer. Este filósofo fue considerado herético por situar las tres partes de la Trinidad en niveles diferentes. Orígenes prácticamente abrió el camino a todas las ciencias sagradas. Su doctrina de la creación es decisiva para toda la filosofía posterior; interpreta rigurosamente la creación como producción del mundo *de la nada*, por un acto libre de la voluntad de Dios, oponiéndose así a toda generación o emanación, lo cual marca la división entre el pensamiento griego y el pensamiento cristiano. Entre sus discípulos y seguidores se cuentan Dionisio Alejandrino el Grande y Gregorio el Taumaturgo. En torno a su doctrina se formó el *origenismo*, partido creado después de su muerte. Sus obras principales son: *La Hexapla; Refutación de Celso; De principiis* –su obra capital–; *Exhortaciones al martirio; Sobre la oración.*

ORTEGA Y GASSET, José (1883-1955). Filósofo español nacido en Madrid. Perteneciente a una familia burguesa, liberal e ilustrada, propietaria del periódico madrileño *El Imparcial*. Estudió filosofía y letras en la universidad de Madrid y, más tarde, en las universidades alemanas de

José Ortega y Gasset

Leipzig, Berlín y Marburgo; en esta última fue discípulo de H. Cohen (neokantiano). Ocupó después la cátedra de metafísica en la Universidad de Madrid; fue fundador del diario *El Sol* y de la *Revista de Occidente*. Se opuso a la dictadura de Primo de Rivera y al gobierno de Berenguer; durante la segunda república fue diputado y fundó con Marañón y Pérez de Ayala la *Agrupación al servicio de la República*. El pensamiento de Ortega se desarrolla en tres etapas: (a) *objetivismo* (1902-1910): las cosas parecen ser más importantes que los hombres o, por amor a la objetividad, hay que tratar a los hombres como a *cosas;* antihumanismo y objetivismo, del que más tarde se retracta. (b) *Perspectivismo:* en 1913, ante la publicación de las obras *Ideas*, de Husserl, y *Del sentimiento trágico*, de Unamuno, Ortega se distanció de ambos y buscó su propio camino. Durante este período se destacan la circunstancia y la perspectiva. El sentido del concepto de circunstancia es aclarar que no existe un yo aislado del mundo real. En el concepto de perspectiva, Ortega quiere superar el escepticismo y el racionalismo como actitudes ilegítimas y contrapuestas. (c) *Racionalismo:* es su etapa de madurez y pretende ser un punto medio que reconoce el valor de la razón, pero reconoce también sus raíces irracionales y las pone al servicio de la vida. El pensamiento de Ortega ha influido no sólo en España y en los países de habla castellana, sino también en otros países, especialmente en Alemania. La mayor parte de la producción literaria de Ortega se encuentra en ensayos difundidos originalmente en publicaciones periódicas. También escribió muchos prólogos a obras de otros autores. Sus principales obras son: *Meditaciones del Quijote; Vieja y nueva política; El espectador; El tema de nuestro tiempo; España invertebrada; Kant; La deshumanización del arte; La rebelión de las masas; El hombre y la gente; Qué es filosofía; La idea de principio en Leibniz y la evolución de la teoría educadora; Pasado y porvenir para el hombre actual.*

OSTENSIVO En general, que muestra. En filosofía, Aristóteles utilizó el término para indicar la clase de silogismos (silogismos ostensivos) que tienen como característica la utilización de la prueba directa. En lingüística se utiliza para identificar una clase de definición (definición ostensiva) caracterizada por utilizar, en forma directa, aquello de que se trata en la definición.

OTRO Vocablo que, en filosofía, en general, designa alguien que no es uno mismo: al prójimo, a los demás. Los filósofos griegos trataron este tema desde el punto de vista de la diversidad de relaciones que el hombre puede establecer con las otras personas; por ejemplo, fue una preocupación evidente examinar la naturaleza de la amistad y de la autarquía, que es el bastarse a sí mismo, apartarse de «los otros». En la época moderna, Descartes plantea el problema del reconocimiento del otro a partir de *cogito*, de la razón que es solitaria. La sicología inglesa considera al otro como objeto del yo sentimental. En Kant y Fichte es examinado frente a la actividad moral del *yo;* en la dialéctica hegeliana y en la marxista, se plantea el problema del otro en la dialéctica del espíritu subjetivo y en la dialéctica de la naturaleza; para Dilthey y Unamuno es la invención del *yo*. En este esbozo de las diversas concepciones de «el otro», hemos seguido las formas que cita Laín Entralgo con respecto al problema de «el otro» en la historia de la filosofía. Posteriormente, Scheler afirmó que el reconocimiento de los demás es, ante todo, emocional y no primariamente intelectual. Heidegger dice que la cuestión del otro no puede plantearse a partir de *sí mismo*, pues el análisis de sí mismo incluye el análisis del otro. Sartre analiza las diversas maneras de *darse el otro:* la relación entre el sí mismo y el otro es *esencialmente conflictiva*, por lo cual subraya en *ser para o ser uno para el otro y ser el otro para uno*, que se efectúa de diversos modos entre los que están, por ejemplo, colaborar, convertirse en objeto, enajenarse, etc. Para Ortega y Gasset, el otro se da en la sociedad, y la relación entre el sí mismo y el otro es la relación entre lo auténtico y lo inauténtico, pues lo social falsifica lo individual o personal; esta falsificación constituye lo que posibilita la convivencia. J. L. Aranguren llama «mi relación con el otro», *alteridad;* y la relación «entre varios o muchos otros», *aliedad*. Por último, a la luz de la cuestión de la comunicación, en cuanto *comunicación existencial* se ha analizado persistentemente el problema del otro.**V. alteridad**.

OUSÍA Término utilizado en la antigüedad para designar aquello que es propiedad de una persona, una riqueza. Con él, Platón se refiere a los seres de los que se dice que dicen la verdad; es el qué (*quiddidad*) de cada una de las ideas; lo esencial del ser y el ser mismo cuando dice que al bien «está más allá de la *ousía*». Tan varios sentidos de la *ousía* en el mismo autor hace difícil una definición. Protágoras lo aplica a las cosas en cuanto *asuntos* del ser, pero independientes de él: que son por y en sí mismos. También Aristóteles emplea *ousía* en varios sentidos: como *sustancia* (*ousía* primera), como *esencia* (*ousías* segundas o predicamentos en general). Los estoicos llamaron *ousía* al elemento común en clases de seres materiales; y los teólogos cristianos identificaron este término con «hipóstasis» y con naturaleza en cuanto esencia. Puede unificarse el significado de *ousía* como el ser propio de cualquier cosa, que hace que la cosa tenga entidad.

OXFORD (escuela de) Se llama así a un grupo de franciscanos que durante el siglo XII llegó a Oxford e impulsó un movimiento filosófico que introdujo material filosófico árabe, traducciones de Aristóteles y escritos neoplatónicos desconocidos hasta entonces. A ellos se debe la introducción y divulgación del pensamiento aristotélico en Occidente. Sin embargo, se conoce más específicamente con el nombre de *escuela de Oxford* a un grupo de filósofos de tendencia analítica, entre quienes se cuentan, Ryle, Austin, Hart, Strawson y Hare, cuyos trabajos, a pesar de la diversidad de intereses, fueron todos influenciados por Moore, Russell, Wittgenstein y por el positivismo lógico.

P

P Letra que se usa en lógica tradicional, en mayúscula, para representar el predicado de la conclusión en un silogismo. Por ejemplo: «Todos los *S* son *P*». También se usa en las proposiciones que sirven de premisa mayor o menor de un silogismo, en este caso para representar el sujeto. En lógica sentencial, en minúscula, esta letra se denomina *letra sentencial* y simboliza sentencias.

PABLO, san (Saulo). Judío que, habiendo sido educado en el helenismo, se convirtió en apóstol cristiano. La sustitución efectuada por él de la ley mosaica por la fe suscitó burla y escándalo entre los griegos reunidos en el Aerópago, en especial cuando habló de la resurrección de los muertos y del juicio final, creencias que catalogaron propias de un loco. El tema de la salvación se universaliza con san Pablo, pues predica que todos los hombres son hijos de Dios por la fe en Jesucristo. Toda fortaleza viene de Dios y la fortaleza humana es debilidad; es necesario tener fe con caridad. La salvación es el resultado de la fe en Jesucristo y en su resurrección, en la esperanza de un mundo más allá de este mundo, de un reino imperecedero. Freud realizó un interesante estudio de la personalidad de san Pablo y de sus actitudes frente a la cultura grecolatina.

La predicación de san Pablo. (siglo XVI. Catedral de Tarragona)

PALABRA Unidad lingüística provista de significación que resulta de la combinación de elementos fonéticos. Para el lingüista Ullmann, el *significado* de una palabra será la relación recíproca que existe entre el *sonido* y el *sentido*. En la significación de las palabras es muy importante distinguir dos aspectos: la *denotación*, que consiste en la significación objetiva que para cualquier hablante de una lengua posee una palabra; y la *connotación*, que es el conjunto de valores secundarios que rodean a una palabra en el sistema de cada hablante. Por otra parte, se ha entendido por *palabra* la capacidad de hablar que tiene el hombre, considerada esta capacidad como un don o privilegio que lo coloca por encima de las demás especies de la naturaleza. En sentido teológico, algunas veces de dice la palabra para referirse a los evangelios, es decir, a la palabra de Dios.

PANLOGISMO Doctrina según la cual el logos penetra toda la realidad, haciendo de ella algo totalmente inteligible. El panlogismo identifica lo racional con lo real y lo real con lo racional, haciendo de ellos un único ser.

PANSIQUISMO O PAMPSIQUISMO Concepción del mundo que afirma la naturaleza síquica fundamental que tiene la realidad, de la cual son manifestaciones todas las cosas. Puede llamarse pampsiquismo el hilozoísmo de los presocráticos, que concebía la materia como realidad animada; en el Renacimiento predominó la concepción organológica del mundo sobre las concepciones diferentes, como son la lógica, la jerárquica, etc. Fueron pampsiquistas autores como Paracelso, Telesio, Cardano, Campanella y Bruno. También son calificados como pampsiquistas todos los filósofos vitalistas y los que elaboraron la doctrina de las *naturalezas plásticas* (H. More, R. Cudworth). **V. hilozoísmo.**

PANTEÍSMO Doctrina según la cual el concepto de Dios se identifica con el de mundo; Dios y el mundo son una y la misma cosa. El panteísmo es una especie de monismo y se ha manifestado de diversas maneras en la historia del pensamiento, de las cuales, las más importantes son: una que reduce el mundo a una *teofanía* en que Dios es la única realidad verdadera (acosmismo); y otra en que Dios es el principio orgánico de la naturaleza, concepción en la cual el mundo es lo único verdadero y Dios el principio de su unidad, quedando así Dios reducido al mundo (panteísmo ateo). Suele hablarse del panteísmo de algunos filósofos griegos, pero es necesario aclarar que ellos no identificaron a Dios con el mundo, puesto que no tenían el concepto de Dios como el uno propio del monoteísmo. En la época moderna se *acusó* a Spinoza y, más tarde, a Fichte y a Hegel de ser panteístas. Krause, filósofo de la época romántica, trató de conciliar el teísmo con las concepciones panteístas, dando como resultado su panenteísmo, que afirma que todas las cosas son *en Dios*.

PAR, IMPAR En general, se llama par (del latín *par*= igual) al conjunto de dos elementos de la misma especie o características; por ejemplo, un par de zapatos. En matemática se denomina par, aquel número que tiene la propiedad de ser divisible por dos; por consiguiente será impar aquel que no cumple esta condición.

PARÁBOLA Narración escrita u oral de la cual se extrae una enseñanza o que plantea una situación imaginaria, la cual contiene los elementos de una verdad que se comprende con mayor facilidad por medio del ejemplo que constituye esa narración. Muchos han considerado la parábola como un *método pedagógico,* una forma de enseñar algo. En el Nuevo Testamento se encuentran muy conocidas parábolas. En geometría, parábola es la línea curva cuyos puntos equidistan todos de un punto fijo, llamado foco, y de una recta fija, llamada directriz.

PARACELSO TEOFRASTO (Aureolus Theophrastus, o Philippus Theophrastus Bombast von Hohenheim) (1493-1541). Médico suizo, nacido en Maria-Einsiedeln. Dedicó gran parte de su vida a viajar para difundir sus ideas tendientes a reformar la medicina, la filosofía y la teología. Es un hombre muy representativo del Renacimiento, para quien la medicina es el conocimiento que reúne el conocimiento de la naturaleza y el arte de manejarla. En esta ciencia son fundamentales el experimento que lleva a conocer la realidad, la especulación, la teoría y la *praxis* del conocimiento obtenido. El médico es el verdadero filósofo, astrónomo y teólogo, porque en la medicina se reúnen el macrocosmo y

Paracelso

el microcosmo: la realidad terrestre, la realidad astral y la realidad divina. El hombre es el modelo de toda realidad, pues en él se reúnen estos tres elementos fundados en la realidad del espíritu o mente, que es la centella o chispa del alma. El alma interior dirige la evolución del organismo. Dios es el principio, el fundamento de todo ser y, en consecuencia, lo divino se encuentra dentro del principio del alma: Dios se refleja en la chispa directora. La naturaleza es una realidad enteramente vivificada, un organismo que posee sus «semillas» de las cuales nacen los seres vivientes; de estos seres, el más perfecto es el hombre, reflejo y signo evidente de la gran realidad. Sus principales obras son: *Philosophia Saga seu Astronomia Magna; Paragranum; Volumen Paramirum; Labyrinthus medicorum errantium; Opus Paramirum.*

PARADIGMA La palabra paradigma es empleada por Platón en varios sentidos como «ejemplo», «muestra», «patrón», «copia» y «modelo»; pero en el sentido de «modelo» el término tiene mayor relevancia. Ser paradigmático significa entonces ser «modélico», esto es, ser norma de las así llamadas realidades, las cuales son más reales cuanto mayor sea su proximidad (o participación) al modelo eterno e invariable. Por otro lado, la noción de paradigma ha alcanzado gran importancia en la historia y filosofía de la ciencia a raíz de la obra de Thomas Kuhn: *Estructura de las revoluciones científicas* (1962). Un paradigma es, según Kuhn, una realización científica que goza de reconocimiento universal y logra validez durante cierto tiempo, período en el cual proporciona un modelo de problemas y soluciones compartidos por una comunidad científica. La investigación que se realiza dentro de un paradigma es lo que se llama «ciencia normal», y sólo dentro de un paradigma puede hablarse de genuino progreso científico. **V. idea, tipo**.

PARADOJA En su origen griego, *paradoxa* significa contrario a la *doxa* u opinión y a lo común. Una paradoja es un planteamiento que, a la vez, resulta verdadero y falso, es decir, contradictorio a pesar de haberse utilizado en su sustentación formas válidas de razonamiento. Las paradojas pueden ser lógicas y semánticas. Se han planteado varias paradojas lógicas, de las cuales las principales son las siguientes: paradoja del mayor número ordinal (de Burali-Forti), paradoja del mayor número cardinal (de Cantor), paradoja russeliana de las clases, paradoja russeliana de las propiedades, paradoja russeliana de las relaciones; Quine distingue entre las paradojas lógicas las verídicas, en las cuales lo que se intenta establecer es verdadero; y las paradojas lógicas falsídicas, en las que lo que se intenta establecer es falso. Entre las paradojas semánticas, las más conocidas son: la de El mentiroso, la de P. E. B. Jourdain, la de Grelling. Las paradojas semánticas han sido generalmente calificadas de círculos viciosos; Occam, por ejemplo, decía que un círculo vicioso se engendra automáticamente cuando una proposición afirma algo de sí misma. Son muchas las soluciones que se han dado a las paradojas más conocidas; las más importantes de estas soluciones son la de Russell a las paradojas de la clase, a la cual se ha dado el nombre de *teoría de los tipos*, y las diversas *teorías axiomáticas de los conjuntos* que se deben a Zermelo, von Neumann y Quine; esto con respecto a las paradojas lógicas; en cuanto a las paradojas semánticas, la solución más importante ha sido la que se basa en la teoría de los lenguajes y metalenguajes.

PARALELISMO En filosofía se usa este término en la expresión «paralelismo sicofísico», que designa la tesis de que los procesos síquicos son paralelos a los procesos físicos, lo cual implica una dualidad, puesto que si son paralelos no pueden ser uno. Tal dualismo se ha concebido de diferentes maneras; por ejemplo, hay quienes afirman que los procesos físicos son causados por procesos síquicos; otros sostienen que, aunque hay correspondencia, no hay relación alguna de causalidad entre ellos. En sentido metafísico, Descartes fue dualista por cuanto indicó que la *res extensa* no tiene ninguna de las propiedades de la *res cogitans* o sustancia pensante, ni ésta alguna de las de aquella. El ocasionalismo explica este paralelismo al reducir a ocasiones los entes finitos con una única causa primera, que es Dios. Spinoza lo explica al definir el cuerpo y el espíritu como manifestaciones o modos finitos de los atributos de la sustancia infinita y única, que es Dios. También el paralelismo se ha planteado en sentido sicológico: Fechner considera lo físico y lo síquico como dos aspectos de la misma realidad; Bergson critica el paralelismo por cuanto considera que en él se da por supuesto que lo cerebral es equivalente a lo mental, lo cual se debe a la mecanización del universo cuya finalidad es identificar la razón humana, aunque tal teoría no se debe al resultado de experimentos fisiológicos. Los existencialistas consideran que algunas de las relaciones existentes entre el *yo* y mi cuerpo no pueden ser explicadas por el paralelismo.

PARALOGISMO Término que, en general, se identifica con sofisma. Sin embargo, en no pocas ocasiones se han distinguido; en primer lugar en razón de la conciencia o no conciencia que se tenga de la falsedad en la refutación, siendo consciente la falsedad en el sofisma e inconsciente en el paralogismo; también se ha hecho una distinción que se refiere a que el sofisma es un argumento aparente y, en cambio, el paralogismo es un silogismo falso en la forma. Kant distingue entre paralogismos formales y paralogismos trascendentales, siendo los primeros las falsas conclusiones debidas a la forma y, los segundos, las falsas ilusiones que se deben a la naturaleza humana, pero que pueden despejarse y están fundados en ideas trascendentales. Para él, hay cuatro paralogismos de la razón pura: el de la sustancialidad, el de la simplicidad, el de la personalidad y el de la idealidad. Estos paralogismos tratan de proposiciones aplicables a intuiciones, ya que trascienden la posibilidad de toda experiencia.

PARA SÍ El ser para sí es descrito en muchas ocasiones como la forma estrictamente opuesta a la del ser en sí, pues mientras el ser en sí se constituye mediante la pura inmanencia, el ser para sí requiere la trascendencia; el para sí expresa lo que en lenguaje sicológico se ha llamado la «intimidad», y la posibilidad de manifestarse continuamente a sí mismo e incluso la de trascenderse incesantemente a sí mismo. Hegel considera que el ser para sí es el resultado de un movimiento determinado por la interna constitución del ser en sí y, por consiguiente, no puede ser estimado como un despliegue de éste. En la *Filosofía del espíritu*, Hegel hace del ser en y *para sí mismo* la idea absoluta, como resultado de su completo autodesenvolvimiento: el ser es el concepto y el concepto es la síntesis de los dos momentos principales del ser, es unión del ser y de la esencia, liberación de la necesidad de la esencia, ser de la sustancia en su libertad; el concepto, como concepto subjetivo es universalidad, negación de ésta o particularidad y superación de los dos momentos o individualidad. En la idea en su ser en y para sí alcanza el espíritu su pura y absoluta interioridad a través de un movimiento dialéctico en el cual el espíritu como ser en sí es espíritu subjetivo, como ser fuera de sí o por sí es espíritu objetivo, y como ser en y para sí mismo es espíritu absoluto. La filosofía de Hegel equivale lógicamente al final de la evolución del espíritu, a la última fase de su completo autodesarrollo y, por consiguiente, a la verdad de la idea. En su filosofía se realiza, según Hegel, la vida de la divinidad. Otros equiparan el ser para sí con el sentido, o con la existencia real, a diferencia del ser en sí, equivalente al puro y simple hecho o a la «mera objetividad». Sartre distingue entre el ser en sí o el en-sí (*en-soi*) y el ser para sí o el para-sí (*pour-soi*). El para-sí es enteramente relación y surge como resultado de la aniquilación o anonadamiento de lo real producido por la conciencia; el para-sí es lo que no es; surge como libertad y evasión de la conciencia con respecto a lo que es. El para-sí es nada, aunque no puede decirse que la nada es, sino que la nada es *anonadada;* esta nada nos muestra algo: la presencia de un *ser* por medio del cual la nada se aboca a las cosas. Es el ser de la conciencia humana. Su *nadidad* permite comprender su esencial libertad, el hecho de que no pueda decirse que el hombre es libre, sino que su ser *es ser libre*. La constitución del para-sí no permite decir que lo que este para-sí hace equivale a su ser: tal identificación es obra de la mala fe. Pero tampoco permite decir que lo que es equivale a su trascendencia, pues ello equivaldría a negar completamente su facticidad; esta mala fe aparece desde el instante en que la conciencia se expresa y en que se revela el carácter dialéctico de la intencionalidad. El para-sí es lo que no es, lo que no equivale a negar las estructuras del para-sí, que son varias: la *presencia* del para-sí ante sí mismo, que es «equilibrio entre la identidad como cohesión absoluta y la unidad como síntesis de una multiplicidad», lo cual hace de tal presencia algo enteramente distinto de la plenitud del ser; la *facticidad* en tanto que estar en el mundo en cierta situación; el *ser y no ser* a la vez sus propias posibilidades. Las estructuras negativas se revelan sobre todo por medio de una fenomenología de las tres dimensiones temporales (pasado, presente, futuro) y de los éxtasis de la temporalidad, ya analizados por Heidegger, pero retomados por Sartre con el fin de mostrar que el tiempo de la conciencia en tanto que realidad humana que se temporaliza como totalidad es «la propia nada que se desliza en una totalidad como fenómeno destotalizador», y con el fin de manifestar todas las consecuencias de concebir la realidad humana como una temporalización de la temporalidad originaria. Para saber cómo el para-sí puede abocarse cognoscitivamente al mundo, hay que tener presente que si el para-sí de la conciencia es una *falta* de ser, no es una falta de *ser*, porque el para-sí se desliza en el en-sí otorgándole significación. Toda realidad se organiza en torno al proyecto del ser en el mundo de un para-sí, proyecto que marca la dirección o el sentido de los *hechos* que acontecen en él. El abismo entre el ser y el hacer se desvanece cuando se dan en un para-sí. En lo que llama Sartre *sicoanálisis existencial* se hace patente la estructura de la elección propia del ser humano y el hecho de que cada realidad humana sea «a la vez proyecto directo de metamorfosear su propio para-sí en un en-sí-para-sí, y proyecto de apropiación del mundo como totalidad de ser-en-sí bajo las especies de una cualidad fundamental. «Este proyecto termina inevitablemente en el fracaso: el hombre es una pasión, pero una pasión inútil».

PARÉNTESIS Elementos de la llamada *puntuación lógica*, usados en lógica formal simbólica con el propósito de agrupar las fórmulas de tal manera que permitan una lectura determinada de ellas. En la notación simbólica propuesta por Lukasiewicz, se suprimen los paréntesis. En la fenomenología de Husserl al cambiar radicalmente la «tesis natural» en que la conciencia está situada frente al mundo en tanto que realidad que existe siempre, produce la suspensión o colocación *entre paréntesis (epoché)* de las doctrinas acerca de la realidad, de la acción sobre la realidad y, también, de la propia realidad. V. **fenomenología, Husserl**.

PARMÉNIDES Filósofo griego presocrático, nacido hacia el año 540 a. de C., en Elea, y a quien se debe la aparición de la metafísica y de la ontología propiamente dichas, puesto que su filosofía se dirige a indagar sobre las cosas como entes, en cuanto son. El *eón, ón* o *ente*, es su gran descubrimiento. Recibió influencia de Jenófanes y de los pitagóricos. Platón le llamó *nuestro Padre* y *El gran Parménides*. Su obra *Sobre la naturaleza* es un poema escrito en hexámetros, del cual se conservan

Parménides (Villa Albani, Roma)

unos 150 versos, dividido en una introducción de gran fuerza poética que se refiere al paso de la conciencia mítica a la conciencia teorética, narrado en forma alegórica cuando las hijas del Sol *apartan los velos de sus rostros,* es decir, dan acceso a la verdad en el sentido de develar o descubrir; y dos partes: la primera sobre la *vía de la verdad* y, la segunda, sobre la *vía de la opinión.* Estas dos vías se pueden esquematizar de la siguiente manera: desde el *punto de vista de la verdad,* es decir, de las cosas en cuanto son, existen en rigor, dos vías posibles: la del *ser* siendo imposible que no sea, o vía de la persuasión y la verdad; y la del *no ser,* o impracticable, pues no se puede conocer ni expresar; el método que nos permite llegar al ente (que es) es el *noûs*; por otra parte, la *vía de la opinión* se refiere a la opinión de los mortales, en la cual interpreta el movimiento, la variación, desde el punto de la *sensación* y de las *cosas;* el método para llegar a la opinión (lo que es y no es) cuyo objeto son las cosas, es la sensación. Según Parménides, los predicados que convienen al ente son: el ente es presente, no fue ni será, sino que es, y la mente tiene la presencia del ente; todas las cosas son entes, es decir, son, pues están envueltas por el ser convirtiéndose en *unas;* así, el ente es uno, esfera sin huecos de no ser; el ente es inmóvil, homogéneo e indivisible, lleno (sin vacíos), continuo, todo; el ente es ingénito e imperecedero. Por el contrario, la *doxa* u opinión está sujeta a las informaciones del mundo, que son múltiples y cambiantes; este movimiento de las cosas se entiende como un *llegar a ser* y se mueve en la *sensación* que constituye su error, pues no utiliza el *noûs.* La opinión es propia de los mortales y su llegar a ser es *aparente:* las cosas que parece que llegan a ser, ya eran, pero en tinieblas. El movimiento no existe desde el punto de vista del ser y todo no es sino *convención* o nombres que los hombres ponen a las cosas. Las cosas consideradas con el pensamiento o *noûs* son simplemente; este ser es una propiedad esencial común a todas las cosas que no se manifiesta sino al *noûs,* convirtiéndose así en entes: no puede existir el ser sin el *noûs.*

En Parménides se inicia la escisión entre el mundo de la verdad y el mundo de la apariencia, decisiva en el posterior pensamiento griego. Para este filósofo, las cosas *consisten en consistir,* y pasa así de la física a la ontología del ente físico, cósmico. En Parménides se encuentra explícitamente la primera crítica del conocimiento y la distinción neta entre conocimiento racional y conocimiento sensible. Su concepto del ser tiene un doble valor: lógico y metafísico. En el significado lógico, el ser es la cópula que expresa el juicio, pues formular un juicio es afirmar que una cosa es; en el significado ontológico el ser es una realidad en sí, objeto inteligible de nuestra razón. No hay duda de que el ser lógico es para Parménides la forma abstracta del ser ontológico; es el ser como puede pensarlo la razón, despojado de cualquier determinación natural y humana, mientras que el ser real tiene todas las determinaciones que le convienen, y la razón sólo puede atribuírselas en forma negativa. Al acentuar la trascendencia y la unidad del ser y darle sólo un carácter de apariencia a todas las cosas del mundo, hace de su doctrina una especie de panteísmo. Su filosofía suscitó muchas contradicciones y tuvo tantos seguidores como opositores entre sus contemporáneos.

PARÓNIMO Término introducido por Aristóteles para designar las cosas que, siendo diferentes en el caso, reciben su apelación según su nombre; por ejemplo, *sofista* viene de *sofisma;* y *gallardía* de *hombre gallardo.* Dentro de la distinción aristotélica están también las cosas llamadas *sinónimas* y las cosas llamadas *homónimas.* El término parónimo y sus derivados pasaron al lenguaje común para designar la relación que existe en los vocablos en razón de su etimología.

PARTE Cualquiera de los elementos constitutivos de un todo. **V. parte y todo**.

PARTE Y TODO Conexión entre los objetos o elementos (partes) que constituyen una unidad (todo), considerada en sus diversos aspectos y desde dos puntos de vista: el del todo con sus objetos componentes, y el de los componentes entre sí. Aristóteles es el primer filósofo que considera el todo como una suma de sus partes (cuantitativamente) y lo define como aquello que está completo, lo que consta de todas sus partes constitutivas; los escépticos dedujeron que el todo no existe, pues un todo es sus partes y sin ellas desaparece; además, el todo sería un simple nombre que se da al conjunto de partes, y un nombre no corresponde a una existencia real. Los autores escolásticos elaboraron la doctrina aristotélica acerca del todo y distinguieron varios tipos de totalidad, de entre los cuales se destacan el *todo esencial* y el *todo integral*. Se plantearon el problema de si el todo debe distinguirse de sus partes componentes real o racionalmente. De este planteamiento surgieron dos tendencias en la escolástica: la que sostenía la distinción real (Duns Escoto, Capreolo, Cayetano, entre otros) y la que defendía la distinción racional (G. de Rimini, por ejemplo). El idealismo alemán, en especial el de Hegel y el de Schelling, consideró el todo desde lo puramente espiritual en su desenvolvimiento. Sólo hasta el siglo XIX se considera la unidad todo-parte en su relación objetiva, siendo ésta de dos tipos: el *todo inorgánico* donde la conexión de los elementos es estable, y el *todo orgánico* en que los elementos experimentan una evolución que se refleja en su paso por diversos estadios, cada uno de ellos más complejo que el anterior y, por tanto, están subordinados unos a otros, puesto que surgen unos de otros. Para Husserl, la palabra *parte* supone un componente de un todo; distingue entre partes *independientes*, que pueden existir por sí, a las que denomina *trozos*, y *no independientes* o que no pueden existir aisladas, a las que llama *momentos;* éstos pueden ser de dos tipos: el que *está en* (por ejemplo, el color en un vestido) y la igualdad, que no está en, sino que es una *relación*. Hay, para él, dos tipos de uniones entre las partes: la de la corporeidad y la extensión, en que el cuerpo *implica* la extensión, llamada *implicación*; y la relación por la cual una parte está unida a otra, pero sin estar contenida en ella (el color y la extensión, por ejemplo), que llama *fundación* o *fundamentación*. Según como se conciba un todo y su relación con las partes, surgen posiciones filosóficas de las cuales las más importantes son las llamadas *organicismo* y *atomismo;* la primera de ellas entiende la parte sólo a partir del todo al considerar que la parte se funda en el todo y, por tanto, este último prima sobre ella; esta tesis los conduce a negar la posibilidad de hacer juicios particulares, los que consideran incompletos, a menos que el ente particular sea un absoluto: sólo el todo es verdadero. La concepción *atomista* sostiene que, al ser el todo una suma de sus partes constitutivas, es posible analizarlo en sus partes. E. Nagel ha realizado un muy extenso análisis de los significados de todo, habiendo encontrado tantas posibles definiciones para este término, que ha acabado por recomendar que cuando hablemos de *todo* debemos especificar a qué tipo de *todo* nos referimos.

PARTICIPACIÓN El uso de este concepto es muy antiguo; pero es de especial importancia en la filosofía platónica, en la cual, al analizar la relación entre la idea y las cosas sensibles, y entre las ideas entre sí, se concluye que esa relación se da mediante la *participación*. Aunque la comprensión cabal de este concepto es ciertamente difícil, Platón trata de solucionar el problema de la participación de lo sensible en lo inteligible sin que medie una división de lo inteligible al eliminar cualquier relación posible con lo espacial, de manera que las ideas se puedan repartir sin perder su unidad. Sería en este caso una participación ideal, no real, puesto que las ideas son *modelos de las cosas* y se pueden repartir en ellas, aun física y espacialmente. Dentro de la metafísica de Escoto Eriúgena, el origen de todas las cosas supone una serie de emanaciones o *participaciones* por las cuales nacen todas las cosas del único ente verdadero, que es Dios. Esas participaciones constituyen un proceso en cuatro etapas: la naturaleza creadora y no creada, que es Dios, en su primera realidad; la naturaleza creadora y creada, que es también Dios, en cuanto contiene las causas primeras de los entes; la naturaleza creada y no creadora, que son los seres creados en el tiempo, corporales o espirituales, que son simples manifestaciones o *teofanías* de Dios; la naturaleza ni creada ni creadora, que es Dios como término del universo entero; entonces, Dios vuelve a sí mismo y las cosas se deifican, es decir, se resuelven en el todo divino. En un sentido diferente, Lévy-Bruhl considera la participación como un modo de representación de la mentalidad primitiva en que cuanto existe puede ser de manera simultánea «ellos mismos y algo distinto de ellos». Es un modo de pensar *prelógico* mediante el cual se producen fuerzas que no podemos comprender a partir de la mentalidad del hombre civilizado; esta teoría ha sido de capital importancia dentro de la antropología filosófica. **V. Platón.**

PARTICULAR Carácter de lo que no es general o universal. Algo puede ser más o menos particular con respecto a lo general, habiendo, por tanto, diversos grados de particularidad. En general se considera que lo universal es abstracto, mientras lo particular es concreto, de manera que se identifica universal con lo abstracto y lo particular con lo concreto. Sin embargo, Hegel admite lo que llama *universal concreto* y lo *universal abstracto*, concepto este último que es lo común a varios particulares, de manera que lo universal es negado por lo particular. La universalidad concreta es «precisión absoluta». En lógica tradicional se llaman *proposiciones particulares afirmativas* las proposiciones que se representan por medio de la letra *I;* por ejemplo, la proposición «algunos seres vivos son humanos»; y *proposiciones particulares negativas* las que se representan por medio de la letra *O;* por ejemplo, la proposición «algunos seres vivos no son humanos». Por otra parte, los juicios, según la cantidad, se dividen en universales y particulares; ejemplo de juicio particular es el que hemos dado para las proposiciones particulares afirmativas.

PARUSÍA Nombre que se da al segundo advenimiento de Cristo al final de los tiempos. La parusía es la doctrina básica de la secta cristiana adventista.

PASCAL, Blas (1623-1662). Matemático, místico y polemista francés, en apariencia opuesto al cartesianismo y rigurosa-

Blas Pascal

mente determinado por supuestos cristianos. Contempla la precariedad, fragilidad y miseria del hombre, que concibe como *una caña pensante*, que necesita Dios para elevarse a una grandeza que consiste en conocer a la divinidad. Distingue entre la *raison* (razón, raciocinio, silogismo) y el *cœur* (corazón); de él es la famosa frase: «El corazón tiene sus razones que la razón no conoce». Por el corazón conocemos las verdades principales y, por tanto, es la base del raciocinio. Considera que se hace un ídolo de la verdad cuando ésta se busca fuera de la caridad: «La verdad fuera de la caridad no es Dios», dice, y por tanto, no se debe amar ni adorar. Sus principales obras son: *Cartas a un provincial* o *Provinciales; Pensamientos sobre la religión*.

PASIÓN En un sentido muy general, designa la afección del ente, cuyos modos fundamentales han sido llamados *passionis entis*. Es el estado de un ente en cuanto afectado por una acción. En el lenguaje común se entiende por pasión la afección o modificación de un sujeto síquico, en la cual el sujeto es pasivo, sufre el efecto de estar afectado. Para Aristóteles, la pasión es una de las categorías y se contrapone a la acción; para Cicerón es la alteración o perturbación del ánimo, una conmoción anímica contra la naturaleza. Para Aristóteles, el carácter pasivo del sujeto de la pasión puede significar a veces la corrupción por un contrario. Para los estoicos, las pasiones son perturbaciones que debe eliminar la razón para darle al ánimo la libertad. En los autores escolásticos, el tema de la pasión se trata como actos realizados para satisfacer los apetitos sensitivos (amor, odio, etc.) y, en consecuencia, tienen un valor moral. Descartes reconoce la existencia de seis pasiones fundamentales: amor, odio, deseo o apetito, admiración, tristeza y alegría, y las define como emociones del alma causadas por algún movimiento de los espíritus animales. Para Spinoza, las pasiones son las que hacen diferentes a los hombres, y las reduce a tres fundamentales: deseo, alegría y tristeza. Para Hegel, la pasión se subordina a la razón, que las utiliza para cumplir los fines del espíritu.

PASIVO En general, pasivo es todo aquello que *recibe* una acción. En filosofía, fue Aristóteles quien primero se refirió a lo que llamó *intelecto pasivo*, al plantear la distinción entre «un intelecto tal que se hace todas las cosas; y otro tal, que se le debe el que el primero se haga todas las cosas»; más adelante, afirma: «Siempre es superior lo que opera a lo que padece: el principio que la materia. El intelecto pasivo está sujeto a la corrupción y sin él nada puede entender». El intelecto pasivo es, pues, para él, una capacidad para comprender las «cosas inteligibles». Teofrasto admitió una mezcla de los dos intelectos. Para santo Tomás, ambos intelectos están *en el alma*, son igualmente potencias del alma, partes de ella y no sustancias separadas, pues la actividad o pasividad del intelecto son funciones de éste con respecto a la realidad. Para Alejandro de Afrodisia, el intelecto activo es uno y eterno, y sólo el intelecto pasivo o material está ligado a las almas individuales, las cuales poseen un intelecto adquirido. Para Averroes no hay diferencia entre intelecto activo e intelecto pasivo, pues forman uno solo que piensa en el hombre.

PASTORAL (filosofía) Pensamiento filosófico-teológico propio de los padres de la Iglesia, es decir, conjunto de la filosofía también llamada *patrística*, la cual se desarrolló en los primeros siglos del cristianismo; en ella, las verdades religiosas se interpretan, se elaboran y se formulan en dogmas. Entre los filósofos de la patrística más importantes están Justino, Tertuliano, Clemente de Alejandría, Orígenes, san Atanasio, san Gregorio de Nisa, san Basilio el Grande, san Gregorio Nazianceno y san Ambrosio. Por extensión se llama pastoral a las indicaciones de carácter dogmático que los pastores de la Iglesia dirigen tanto al clero en general como a los fieles, para que éstas sean observadas.

PATÉTICO Carácter de aquello que infunde dolor o tristeza. El patetismo es propio de la tragedia. **V. tragedia**.

PATOLÓGICO En su origen griego, *pathos* significa pasión, afección. Por extensión se aplica al estado anómalo o de enfermedad. El término patológico y patología se aplica indistintamente a cualquier organismo, a la siquis humana y a la sociedad; por tanto, puede hablarse de estados patológicos sociales, sicológicos y fisiológicos.

PATRÍSTICA (filosofía) Se llama patrística a la especulación de los padres de la Iglesia, en los primeros siglos del cristianismo, instada especialmente por las herejías y por la reacción intelectual del paganismo. De los ataques intelectuales, la nueva religión tiene que defenderse y lo hace utilizando los conceptos filosóficos griegos, sirviéndose de ellos apologéticamente y formulando de esta forma sus dogmas. Se consideran fuentes filosóficas de la patrística los elementos que los padres de la Iglesia tomaron del pensamiento helénico, en especial del neoplatonismo, aunque, en general, es el eclecticismo lo que los identifica, puesto que también acudieron a cuanto les pareció útil de las escuelas paganas; como dijimos, su fuente principal es el neoplatonismo que, después, es remplazado por la doctrina aristotélica; estas múltiples fuentes pueden resumirse así: (a) descubrimiento de analogías con el cristianismo en las doctrinas de Platón a través del estudio de los neoplatónicos, como Plotino y Porfirio; (b) algunas ideas de Aristóteles; (c) ideas de algunos filósofos latinos como Séneca y Cicerón. Los problemas capitales de la patrística son la creación, el mal, el alma, la relación de Dios con el mundo, el sentido de redención y cuestiones puramente teológicas como son la esencia de Dios, el misterio de la Trinidad, etc. También se preocupa por el establecimiento de una moral cristiana, con lo cual erige una nueva ética fundada en la idea de pecado, en la gracia, en la relación Dios-hombre y en la idea de *salvación*. En la evolución de la patrística se da el surgimiento de varios grupos, entre los cuales son los más importantes los siguientes: los *nósticos*, representantes del sincretismo de varias religiones orientales, que son considerados como una herejía cristiana y suscitan la aparición de la llamada *nosis cristiana*, que los combaten con argumentos muy hábiles; los *apologetas*, que defienden el cristianismo haciendo apología de él, y cuyos más importantes representantes son Justino, Tertuliano, san Cipriano, Arnobio y Lactancio; los *padres griegos*, quienes se dedicaron a combatir el nosticismo y fundaron la dogmática en Oriente, entre quienes se cuentan san Ireneo, Clemente de Alejandría y Orígenes como principales representantes. Posteriormente aparece una serie de herejías, que es combatida arduamente por los teólogos cristianos: el arrianismo, rebatido por san Atanasio y por los llamados «Padres capadocios» (san Gregorio de Nisa, san Basilio el Grande y san Gregorio Nazianceno), el nestorianismo, el pelagianismo y el maniqueísmo, principalmente. En el siglo IV, la patrística alcanza su madurez, al haber adquirido profundidad y claridad, como también vigencia social dentro del Imperio romano. Entonces aparece la figura de san Agustín cuya obra marca el final del mundo antiguo y el paso a un mundo diferente, y cuyo pensamiento será la base de toda la escolástica o filosofía y teología medieval.

PAZ Estado de armonía entre los diversos componentes o partes que conforman un todo. Por extensión se habla de *paz interior* para designar el estado armónico interior de una persona, que algunos identifican con la tranquilidad del alma, y que se refleja en las acciones externas del sujeto, en su relación con los demás y en la armonía con su entorno.

PEANO, Giusseppe (1858-1932). Matemático italiano, continuador de la tendencia iniciada por Weierstrass, de aritmetizar las matemáticas. Su aritmeticismo con-

La Paz y la Justicia. Cuadro de Corrado Giaquinto

siste en la reducción de todas las ramas de las matemáticas a conceptos y operaciones definibles por medio de conceptos aritméticos, y en la erección del edificio aritmético sobre tres conceptos-base indefinidos (*cero, número natural* y *sucesivo*) y sobre cinco posiciones no demostradas, denominadas *los cinco axiomas de Peano*. Trató de mantener alejadas de los conceptos matemáticos todas las ideas que se suelen asociar con ellos en el uso corriente de la lengua, y precisar con el máximo rigor todas las hipótesis que sirven de base a las distintas demostraciones, mediante la introducción de sus símbolos lógicos con los que logra precisar cada concepto, por sutil que sea, y cada relación entre conceptos, por complicada y difícil que resulte. La lógica simbólica de Peano se vincula a la *characteristica universalis* de Leibniz y a las obras de diversos lógicos ingleses y alemanes del siglo XIX, entre quienes el más conocido es George Boole. La suya es una lógica de clases, por cuanto se basa en los conceptos fundamentales de clase, elemento y pertenencia de un elemento a una clase; las operaciones que utiliza son: la implicación de clases, la suma de clases, el producto de clases, etc. Su obra más importante es *Formulario*, escrito en un lenguaje ideográfico.

PECADO Concepto teológico que se realiza en la transgresión o desobediencia a los preceptos o leyes divinas. Para que haya pecado es necesario que el sujeto actúe con *plena advertencia*, es decir, que conozca lo que le está vedado, y con *pleno consentimiento*, es decir que, sabiendo que peca, acepte o consienta en pecar. El concepto de pecado varía dentro del cristianismo, especialmente por los criterios introducidos por el protestantismo. El pecado se ha dividido en tres clases: *mortal, venial* y *original*. Por extensión se da el nombre de pecado a cualquier transgresión de las buenas costumbres, y en especial a los llamados *pecado contra natura* o contra la naturaleza, que designan los actos carnales contra la generación o procreación. V. **cristianismo, protestantismo**.

PECADO ORIGINAL En las religiones judeo-cristianas, pecado cometido por

Pecado original. Miniatura en una Biblia del siglo XVII

Adán y Eva en el paraíso, consistente en la desobediencia de las órdenes de Dios, el cual fue castigado con la expulsión y fue transmitido a todos los miembros del género humano. Este pecado expresado como el haber comido el fruto del «árbol de la ciencia», es interpretado por muchos como el haber pretendido el conocimiento más allá de los límites impuestos por Dios, lo cual constituye un pecado de orgullo; es concebido como un pecado noseológico.

PEDAGOGÍA Conjunto de métodos y procedimientos que posibilitan la educación. De la llamada *filosofía de la educación* cuyo objeto es el análisis de las cuestiones suscitadas por el proceso educativo y que se vale del auxilio que le prestan diversas ciencias (antropología, sociología, sicología, historia, etc.), se derivan generalmente las diversas escuelas o direcciones pedagógicas. En el sistema de Herbart, la pedagogía tiene dos objetivos: uno próximo, que consiste en el interés multilateral bien equilibrado; el otro remoto, que es la formación del carácter moral. Esto se obtiene con la instrucción, es decir, con la formación de un pensamiento coherente y riguroso, por lo que la instrucción tiene valor educativo por sí misma. Su intelectualismo ético-pedagógico dio una de las más sólidas bases para una serie de realizaciones del siglo XIX en el campo de las instituciones de enseñanza y programas de estudio.

PEDRO ABELARDO V. Abelardo.

PEDRO DAMIÁN (1007-1072). Filósofo y sacerdote italiano, nacido en Ravena. Fue cardenal arzobispo de Ostia. Su posición radical contra la dialéctica pretende alejar lo mundano de la teología para basarse exclusivamente en las Sagradas Escrituras. Lo importante para él es la salvación y considera diabólica la ciencia cuya causa es el orgullo de querer ser iguales a Dios, quien es absolutamente omnipotente, mientras el hombre está limitado por esta omnipotencia para la que es posible hacer que lo que es no sea. La salvación solamente se consigue mediante la humildad y la mortificación. Pedro Damián fue canonizado por la Iglesia. Sus principales obras son: *De divina omnipotentia in reparatione corruptae et factis infectis reddendis; Himnos; De ordine rerum; De sancta simplicitate.*

PEIRCE, Charles Sanders (1839-1914). Matemático y lógico simbólico norteamericano, nacido en Cambridge (Mass.); fue profesor en Harvard y en Johns Hopkins. Además de su formación matemática, fue influido por el pensamiento de Escoto y por Kant, Schiller y Whately. Fundador del método filosófico denominado *pragmatismo*, al que más tarde denominó *pragmaticismo*, sugiere buscar en sus efectos prácticos el significado de las ideas y ve en las creencias las reglas de acción originadas por el pensamiento; por esto, según él, en la acción, y sólo en ella, encuentra su sentido y valor el pensamiento; la filosofía es una *subclase* de la ciencia del conocimiento, que a su vez es una rama de la ciencia teórica, y su función es explicar y mostrar la unidad en la variedad del universo desde dos puntos de partida: la lógica y la fenomenología, que convergen en tres categorías metafísicas fundamentales: *cualidad, relación y mediación.* La acción es la única *base de racionalidad concreta* que posee el hombre y la única función del pensamiento es producir hábitos de acción. Establece lo que se llama la *primeridad* (*quale*) o ser tal cual es, u originalidad; la *segundidad*, que es la existencia o actualidad; y la *terceridad*, que es la continuidad. Éstas corresponden a la sensibilidad, al esfuerzo y al hábito. Clasifica las categorías en *cosmológicas*, que son todas las anteriores, y reciben el nombre general de *categorías faneroscópicas* o fenomenológicas; *metafísicas*, que se dividen en *modos de ser* (posibilidad, actualidad y destino) y *modos de existencia* (azar, ley y hábito); y, por último, *cosmológicas*. Su obra, contenida en artículos y reseñas de libros filosóficos, se fue reuniendo poco a poco después de su muerte; sólo escribió un libro completo: *The Grand Logic*.

PELAGIANISMO Secta cristiana constituida por los seguidores de Pelagio, monje británico (360-425 d. de C.), a principios del siglo V, cuyas tesis se dirigían en contra de las doctrinas de san Agustín, en especial contra las relacionadas con la predestinación, que consideraba maniqueas. Se opuso también a la noción de pecado original, pues sostenía que el pecado de Adán no se transmitió a la humanidad; la concupiscencia y la muerte pertenecen a la naturaleza humana, que necesita la intervención de la gracia sobrenatural para conseguir la salvación; esa gracia es infusa en toda la creación, es algo natural y suficiente para salvarse, sin la intervención de la Iglesia y con la sola asistencia de los evangelios y de la ley divina. El pelagianismo y todas sus derivaciones fueron condenados primero en el Concilio de Éfeso y, después, en el de Orange.

PENA Este vocablo tiene varias acepciones; de ellas, la que más nos interesa en esta obra es la que designa el castigo o suplicio que se recibe por un acto cometido contra la ley o contra la orden de un superior jerárquico. Este concepto es ante todo de carácter jurídico y se relaciona filosóficamente con los conceptos de equidad y de justicia dentro del precepto que indica que «toda pena debe ser equivalente a la falta que la causa». En derecho, la pena es una sanción impuesta conforme con la ley por los tribunales de justicia a quien directa o indirectamente es responsable de una infracción penal. El concepto de pena es la base de la rama del derecho llamada *derecho penal*. Las sanciones penales más comunes en la actualidad son las que privan al infractor de su libertad, y en casos de menos gravedad las de *restitución* o *reposición*, *reparación* e *indemnización* de daños, y las sanciones llamadas *retributivas*. La pena de muerte subsiste en la legislación de algunos países, aunque cada día pierde más vigencia. El positivismo filosófico aportó al derecho penal la consideración del delincuente como objeto científico, al afirmar que la imposición de una pena no debía solamente basarse en la magnitud del delito sino, también, en las características de la personalidad del autor.

PENSAMIENTO Según la concepción tradicional, pensamiento es el acto de pensar o conjunto de actos conscientes síquicos, afectivos y de la voluntad. También se define como el objeto ideal que resulta de aquello que el pensar aprehende. Según algunos teóricos, constituye el objeto de la lógica en cuanto realidad formal abstraída y vaciada de su contenido intencional para poder constituirse en tema de ella. Cuando el pensamiento se refiere a un objeto intencional se puede definir como la forma de todo objeto posible, de la misma manera que el objeto es la materia de todo pensamiento. Es, por tanto, algo insustancial, sin referencia espacio-temporal. En Hegel, el absoluto es *presente a sí mismo* y ser presente a sí mismo es el pensamiento; la inmediatez del absoluto es el pensamiento; el ser actual de las cosas es el pensamiento, ser patente, *verdad*. Husserl llama *pensamiento simbólico* o *intención significativa* al entender una significación sin más, manera de entender que distingue del pensamiento que entiende las esencias (no los objetos), que las intuye, a lo cual llama *pensamiento intuitivo* o *implección significativa*. Para Ortega y Gasset, la vida se apoya siempre en un sistema de creencias en que *se está*, aunque no se tenga conciencia de ello; cuando las creencias fallan, el hombre tiene que hacer algo para saber a qué atenerse, acción que se llama *pensamiento*; no todo pensamiento es *conocimiento* en sentido estricto, pues éste supone la *creencia previa* acerca de que las cosas tienen un ser y éste es cognoscible para el hombre.

PENSAR Actividad o proceso síquico que ocurre en el tiempo, cuyos elementos son un sujeto *pensante*, un pensamiento que aprehende este sujeto, y la situación objetiva a la cual se refiere. Honecker lo define como «actividad interna dirigida hacia los objetos y tendiente hacia su aprehensión». En relación con el pensar, la sicología estudia su origen y su estructura. Para la escuela sicológica asociacionista, el pensar consiste en la combinación de pensamientos o cosas pensadas, siguiendo las leyes de la asociación; en cambio, los behavioristas reducen el pensar a las reacciones orgánico-síquicas, por medio de los reflejos condicionados; los estructuralistas, por su parte, consideran que el pensar es un proceso perceptivo suscitado por un estímulo y que se relaciona, formando un conjunto, con procesos anteriores traídos por la memoria. Los pensadores del grupo de Oxford no aceptan que se reduzca el

El pensador. Escultura de Rodin

pensar a una definición precisa; Ryle, por ejemplo, sostiene que el pensar se manifiesta de variadas formas, tanto desde el punto de vista sicológico, como desde el punto de vista de los usos del pensar. Heidegger afirma que no hemos empezado a aprender a pensar, por lo cual debemos situarnos en la atmósfera del pensamiento. Filosofar, para él, es situarse en la vía del pensamiento, y hacer ciencia no es pensar, pues el pensar no es susceptible de demostración y sólo puede ser mostrado, esto es, *descubierto:* el pensar es un camino que nos conduce a lo pensable, es decir, al ser, en cuyo ámbito, y sólo en cuyo ámbito, hay pensamiento. Se ha hecho la distinción entre *pensar estático* y *pensar dinámico*, *pensar reproductivo* y *pensar creador; pensar emotivo* y *pensar volitivo, pensar analítico* y *pensar sintético*.

PER SE Uno de los cuatro modos o maneras como el ser se dice, según Aristóteles, que significa *por esencia* y es el concepto opuesto a *per accidens* (por accidente). El *per se* se dice esencialmente; por ejemplo, una planta es viviente, no por accidente, sino por su esencia. El ser esencial se dice en diferentes acepciones, que son los modos según los cuales se puede predicar el ser; estos modos son los *predicamentos o categorías.* **V. Aristóteles, categoría, ser.**

PERCEPCIÓN Aprehensión de una realidad, cualquiera que ella sea. Según Locke, la percepción es un acto propio del entendimiento, el acto de poseer ideas; distingue tres clases de percepción: la de las ideas en el espíritu, la de las significaciones de los signos y la del acuerdo o desacuerdo (*connection or repugnancy*) entre nuestras ideas. Para Leibniz, la percepción es un «estado pasajero que comprende y representa una multiplicidad en la unidad o en la sustancia simple», la cual es diferente de la apercepción o conciencia. Kant la define como una «conciencia acompañada de sensación». Descartes y Spinoza la consideran ante todo un acto intelectual, tesis que ha conducido al concepto de la sicología moderna en que se separan rigurosamente sensación y percepción, siendo la percepción la aprehensión de una situación objetiva basada en sensaciones y «acompañada de representaciones y frecuentemente de juicios en un acto único que sólo por el análisis puede descomponerse». Es una aprehensión síquica total. Para Brentano, la percepción puede ser de dos modos fundamentales: la *percepción interna*, que es la de los fenómenos síquicos, inmediata, evidente e infalible (*adecuada*); y la *percepción externa* que, por el contrario, es la percepción de los fenómenos físicos y, por tanto, es *inadecuada*, no es evidente ni inmediata y está sujeta a error; el criterio de certeza sólo se encuentra en la percepción interna. Para Husserl, lo indubitable es la percepción como tal, por cuanto consiste en la aprehensión del objeto como existente, como real, de manera que la percepción va acompañada de la *creencia*, y ésta creencia diferencia a la percepción de otra vivencia.

PERELMAN, Chaïm (1912-1984) Filósofo checo, nacido en Varsovia. Estudió y fue profesor de la Universidad de Bruselas. Se interesó por la retórica como «teoría de la argumentación», al poner de relieve los múltiples y variados posibles «medios discursivos»; de esta manera aboga por un *antiabsolutismo* de la filosofía, de manera que no haya «revelaciones definitivas e inmutables» como lo pretendía la llamada *filosofía primera*, que se consideraba absoluta. Sus principales obras son: *La idea de justicia y el problema del argumento; Retórica y lógica; De lo arbitrario en el conocimiento; Retórica y filosofía. Por una teoría de la argumentación en filosofía; La idea de justicia y el problema del argumento; Curso de lógica.*

PERENNIS, PHILOSOPHIA Esta expresión latina, que se traduce como *filosofía perenne*, indica, en su concepto más general, la parte sustancial, la esencia de la filosofía a través de todos los tiempos, la filosofía continua y fundamental que incluye las etapas más significativas de la filosofía; por este último motivo los neoescolásticos la han llamado la *filosofía de las escuelas*. La expresión fue tomada de la obra *De perenni philosophia*, publicada en 1540, en la que su autor, Agostino Steuco, trató de hacer más tolerante la posición de los filósofos pertenecientes a la llamada *escuela de Padua* (Blasio de Parma, Pedro de Abano, Pedro de Venecia, entre otros) frente a la de los escolásticos medievales. Otros filósofos han utilizado la expresión: Leibniz, por ejemplo, presentó su filosofía como la continuación de la *philosophia perennis;* A. Huxley la asimiló a la «gran tradición» del pensamiento filosófico; y Wilbur M. Urban unió a ella el pensamiento oriental, haciendo gran énfasis en la mística.

PERFECCIÓN Término que se aplica a aquellas cosas que son completas, sin exceso ni defecto. Es lo exacto, lo que está totalmente determinado, limitado a lo que es, siendo por esto lo mejor en su género. En el concepto griego de perfección no cabía cambio alguno, puesto que cualquier alteración equivalía a imperfección, por lo cual sólo lo limitado se consideraba perfecto y lo ilimitado imperfecto. Para Aristóteles es perfecto aquello que ha conseguido su fin. En la concepción aristotélica, lo malo no es perfecto, puesto que al ser malo es defectuoso. A partir del cristianismo, Dios se ha considerado como la perfección misma; para los escolásticos, la perfección es un bien que se posee, y es perfecto lo que es completo (*completus*); también distinguieron entre *perfección absoluta,* cuando lo perfecto lo es de un modo completo, y *perfección relativa,* cuando lo perfecto lo es por comparación con algo que es perfección absoluta, con lo que es perfecto en sí, carácter exclusivo de Dios. En la edad moderna se identificó el concepto de perfección con el de valor, aunque algo puede ser perfecto en lo que es, o perfecto en lo que vale, o perfecto al reunir ser y valor; de aquí se desprenden los diversos grados de perfección. Lo perfecto en principio se denomina *simpliciter,* para distinguirlo de lo sencillamente perfecto, que es lo perfecto de lo que hay, lo mejor de su especie.

PERFECTO Carácter de lo que posee perfección, de lo completo o acabado. **V. perfección.**

PERIFILOSOFIA Nombre con que se designa el conjunto de estudios realizados especialmente en las últimas décadas, sobre las diferentes «clases», «tipos» o «formas» de filosofías presentes a lo largo de la historia, con el fin de unificarlas por encima de su diversidad. Puede encontrase un precedente de la perifilosofía en los trabajos que abordaron el pensamiento filosófico desde un punto de vista histórico en épocas en las que la conciencia histórica todavía no había adquirido grandes proporciones. El principal problema que se le plantea a la perifilosofía es si acaso cada forma de pensar o concepción de mundo se halla en principio separada de las demás, de manera que cualquier combinación entre ellas da lugar a una manifestación ecléctica y no a una nueva forma de pensamiento.

PERIPATÉTICOS (del vocablo griego *perípatos* = paseo «cubierto» o «conversación que se mantiene durante un paseo»). Nombre que designa a los miembros de la escuela fundada por Aristóteles en el año 334 a. de C., también llamada *liceo,* y que se debe a que el estagirita impartía sus lecciones paseando por el bosque consagrado a Apolo Licio y a las musas. El principal impulsor de la escuela peripatética fue Teofrasto, discípulo de Aristóteles. **V. Aristóteles, liceo.**

PERLOCUCIONARIO (acto) Término usado por J. Austin para designar el efecto determinado que un acto de habla puede tener sobre quien lo escucha. **V. ilocucionario.**

PERMANENCIA Carácter de lo que es permanente, es decir, de lo que dura constantemente y no es susceptible de cambio o modificación.

PERSONA En su origen griego, persona era la máscara que cubría el rostro de los actores, a través de cuyos orificios personaba o salía el sonido hacia los espectadores; era uno de los elementos de la tragedia; de allí que los seres que representaba se denominaran *personajes,* es decir, personas dramáticas. También, antes de tener un sentido filosófico, este término se utilizó en derecho para designar al *sujeto legal* y parece ser que de esta acepción deriva su uso en filosofía. No es muy exacto afirmar que en la filosofía griega clásica se aludiera al hombre como entidad individual poseedora de una *individualidad.* Sin embargo, en los primeros años del pensamiento cristiano, quizá por analogía con el sentido antropológico del hombre, se elaboró el concepto de persona en sentido teológico, con el fin de precisar la relación entre la *naturaleza* y la *persona* de Cristo, refiriéndose a su *naturaleza humana.* El Concilio de Nicea concluyó que Cristo tiene naturaleza a la vez divina y humana, pero una persona única e indivisible. Para san Juan Damasceno, persona es *lo que* se expresa a sí mismo por sus propias operaciones, haciendo presente una propiedad que lo distingue de otras de su misma naturaleza. San Agustín desarrolló la noción de persona para referirse a las tres personas de la Trinidad y, también, con respecto al hombre; introdujo en sus conceptos la sustancia de la experiencia, que llama *personal,* en la cual *le va* a la persona su propia personalidad. Boecio adoptó el significado griego de *máscara* como punto de partida para definir la persona o «sustancia individual de naturaleza racional»; esta sustancia es incomunicable. Tal definición fue aceptada por casi todos los pensadores medievales. Para santo Tomás, las sustancias individuales son *hipóstasis* o sustancias primeras; los individuos de naturaleza racional poseen, entre las primeras sustancias, el nombre de *persona,* nombre que designa lo singular en el género de la sustancia y la sustancia individual del orden de las sustancias racionales; la persona designa el soporte individual racional. Para Ricardo de san Victor, la persona se caracteriza por su modo propio de tener naturaleza (*sistere*). Según Leibniz, persona es el «ser capaz de razón y de reflexión, que puede considerarse a sí mismo como el mismo, como la misma cosa, que piensa en distintos tiempos y en diferentes lugares, lo cual hace únicamente por medio del sentimiento que posee de sus propias acciones». En sentido ético, para Kant, la personalidad moral es «la libertad de un ser racional bajo leyes morales» y el mundo moral es un *mundo de personas,* dado que la persona es insustituible, un fin en sí misma. Para Fichte, la persona es la fuente de actividades de la voluntad. Scheler define a la persona como «la unidad de ser concreta y esencial de actos de la esencia más diversa, cuyo ser *fundamenta* todos los actos esencialmente diversos». Muchos autores contemporáneos han insistido en diferenciar «persona» de «individuo» basándose en que el término «individuo» se aplica a una entidad definida negativamente: algo o alguien es un individuo cuando no es otro individuo; mientras que el término «persona» se aplica a una entidad definida positivamente a partir de los elementos procedentes de ella misma.

PERSONALIDAD Rasgos y particularidades individuales del hombre, que constituyen la expresión de sí mismo en la imagen que proyecta al exterior y que lo individualizan en relación con los demás de su especie, de manera que es reconocido por sí, sin ser confundido con ninguna otra persona. Estos rasgos y particularidades pertenecen tanto al aspecto sicológico y emocional, como a los mismos rasgos físicos y la gestualidad. Se ha discutido hasta qué punto la personalidad es innata e inherente a cada hombre desde su nacimiento y aun desde su concepción, y también cuál es el límite de la influencia del mundo exterior en la formación y evolución de la personalidad. Las tendencias conductistas en la sicología han planteado la posibilidad de transformar la personalidad humana al inculcar patrones de conducta, de manera que la personalidad resulta algo «aprendido» y no innato; también se ha sostenido que, utilizando las técnicas para crear reflejos condicionados, es posible variar la personalidad y dirigirla hacia fines deseables, en especial en lo que se trata de la conducta social; esta tesis ha sido muy utilizada por las técnicas publicitarias, inductoras de preferencias en el consumo. Teorías intermedias entre un puro innatismo y el conductismo aceptan el influjo del mundo exterior, la familia, la sociedad, la religión y los códigos éticos especialmente, pero con la reserva de que tal incidencia es recibida y adaptada por cada persona de acuerdo con su propia personalidad innata. Las tesis marxistas sostienen que el desarrollo universal de la personalidad sólo se logra en la sociedad marxista, pues las sociedades que se basan en la propiedad privada de los medios de producción la ahogan y detienen: de aquí nace el concepto de *alienación*. **V. alienación, persona**.

PERSONALISMO Junto con el pragmatismo, el *personalismo* es una de las tendencias predominantes en el ámbito anglosajón durante los primeros años del siglo XX; afirma el valor y la realidad de la persona y, desde este punto de vista, intenta interpretar la realidad. En consecuencia, afirma también la libertad humana y la existencia de un Dios personal que es el fundamento personal de la realidad. En sicología, esta tendencia es opuesta al behaviorismo, al mecanicismo y a toda interpretación naturalista de lo real. El principal núcleo del personalismo en Estados Unidos se radicó en Nueva Inglaterra, siendo sus principales representantes B. Parker Bowne, Mary Whiton Calkins, E. Sheffield Brightman y W. E. Hocking.

PERSPECTIVISMO Término acuñado por Gustav Teichmüller para significar el hecho de que es posible considerar el mundo desde diversos puntos de vistas, todos justificados, de manera que cada uno constituye una perspectiva única e indispensable del universo. Nietzsche también habló del perspectivismo, refiriéndose con ello al hecho de que el conocimiento está condicionado por las necesidades vitales del ente cognoscente, que falsea, corrompe y generaliza la realidad, de manera que no existe objetividad alguna. Ortega y Gasset sostiene que la perspectiva es un ingrediente constitutivo de la realidad, doctrina que lleva el nombre de *perspectivismo*, y cuyo argumento básico, en las palabras de Ortega es: «El punto de vista individual me parece el único punto de vista desde el cual puede mirarse el mundo en su verdad», punto de vista que, fatalmente, cada cual ocupa en el universo; como no se puede inventar la realidad, no puede fingirse el punto de vista. Somos insustituibles, necesarios, porque lo que de la realidad ve mi pupila no lo ve la otra; la perspectiva es la organización de la realidad, que lleva a una reforma radical de la filosofía en la que lo importante es nuestra *sensación cósmica*.

En la filosofía contemporánea son numerosas las doctrinas perspectivistas, destacándose la fenomenología con su concepto de las «presentaciones» de los fenómenos. Igualmente, Sartre habla de la «imagen que se da en perfiles, en proyecciones». **V. Ortega y Gasset, Nietzsche**.

PERSUASIÓN Acción y efecto de convencer al interlocutor u oyente acerca de la veracidad o conveniencia de una tesis, de manera que se logre su aceptación. Los sofistas griegos desarrollaron el arte de la persuasión por medio del establecimiento de leyes retóricas y de la discusión; esto suscitó gran oposición debida al abandono de la verdadera demostración; en los ataques de Platón contra los sofistas, el filósofo sostuvo que era necesario hacer la distinción entre la falsa persuasión y la que era legítima, siendo esta última la que llevaba al interlocutor a la verdad (*sicagogía*); la persuasión es un método en el cual la inteligencia ejerce una especie de pedagogía que se emplea para conseguir un fin. Con el surgimiento, a principios del siglo XX, de la llamada *nueva retórica*, se hizo la distinción entre persuadir y convencer; para autores como Perelman, lo que denominan *argumentación persuasiva* se aplica solamente a un sujeto individual, mientras la *argumentación convincente* se dirige a obtener la adhesión universal, de todo ser racional.

PERTENENCIA En lógica, el concepto de pertenencia se expresa con la letra griega Î, que remplaza al verbo castellano *ser;* esta abreviatura fue introducida por Peano y designa el hecho de que algo pertenezca a una clase, de manera que, para que pueda usarse esta abreviatura, es necesario que a la izquierda de Î haya un término que sea el nombre de una entidad y no de una clase, puesto que la pertenencia no es la inclusión de una clase en otra, sino la inclusión de una entidad en una clase; por ejemplo, cuando decimos «García Márquez *es* colombiano», incluimos una entidad (García Márquez) en la clase de los colombianos. El sentido lógico de pertenencia puede también ser usado en sentidos social y antropológico-filosófico, para indicar cuando una persona «pertenece» a un grupo social, a una clase o sistema de creencias o a la sociedad misma.

PESIMISMO Actitud que parte de la idea de que el mundo en general y la naturaleza humana en particular se rigen por el egoísmo, situación que es imposible de modificar o reformar sustancialmente. Esta concepción del mundo ha llevado a la construcción de doctrinas sociopolíticas que edifican la sociedad sobre el supuesto de que los hombres, sólo regidos por sus propios intereses, deben ser sometidos a regímenes autoritarios, como es el caso de la doctrina del Estado, de Hobbes. También en filosofía el pesimismo es una doctrina que atribuye un total predominio al mal, puesto que es sustancial a la existencia; la supresión del mal, pues, llevaría a la supresión de la existencia. El pesimismo tuvo gran vigencia durante el siglo XIX en cabeza de filósofos como Schopenhauer, Hartmann, Deussen, entre los principales, para quienes no hay redención posible (como sí la hay en el cristianismo), excepto su disolución; la voluntad de vivir no puede satisfacer la insatisfacción que lleva radicalmente en sí (Schopenhauer). El pesimismo puede ser total o parcial. En el último caso, puede hablarse de diversas clases de pesimismo (moral, social, religioso, etc.). Para Spengler, cuando el hombre reconoce la imposibilidad de cambiar la naturaleza humana, y acepta este hecho, entonces flota con desilusión sobre el dolor universal.

PETICIÓN DE PRINCIPIO (*petitio principii*). Una de las causas de los sofismas extralingüísticos cuyas formas fueron estudiadas por Aristóteles en el *Organon*. El estagirita lo atribuye al hecho de querer probar lo que no es evidente por sí mismo mediante ello mismo, y considera cinco casos de *petición de principio*: postular lo mismo que se desea demostrar; hacer una postulación universal de lo que debe demostrarse particularmente; postular particularmente lo que se desea postular de manera universal; postular un problema después de haberlo dividido en partes; y postular una de dos proposiciones que se implican mutuamente. Ingarden investiga el problema de la petición de principio en el conocimiento casi enteramente en dirección de la fenomenología y llega a la conclusión de que el conocimiento encuentra dificultades insolubles –y hasta antinomias– si de algún modo no resuelve el círculo vicioso del conocer que necesita justificarse a sí mismo por el conocimiento, por medio de la aceptación de una intuición.

PIAGET, Jean (1896-1980). Sicólogo suizo que se ha distinguido por sus estudios sobre sicología infantil y por su aportes en el campo de la lógica y la epistemología. En este respecto ha logrado gran reconocimiento por su teoría de la «epistemología genética» que, según Piaget, es el fundamento de toda reflexión filosófica.

Jean Piaget

La epistemología genética equivale a un estudio de las estructuras concretas de las ciencias y de sus métodos particulares para comprender sus integraciones dentro de cada una y de todas en el conjunto. De sus numerosas obras se destacan: *El lenguaje y el pensamiento en el niño* (1923); *De la lógica del niño a la construcción de estructuras formales* (1955); *Introducción a la epistemología genética* (1959); *El estructuralismo* (1969).

PICO DELLA MIRANDOLLA, Giovanni (1463-1494). Humanista, filósofo y teólogo, uno de los hombres más característicos y destacados del Renacimiento italiano. Nació en el Castillo de la Mirandolla, estudió en los centros más importantes de Italia (Bolonia, Ferrara, Padua y Florencia) y, después de viajar y establecerse primero en París y luego en Roma, se quedó a vivir en Florencia. Su filosofía gira alrededor de la intención de demostrar que hay unidad entre la filosofía platónica y la aristotélica, unidad que es absorbida en lo fundamental por la teología cristiana. El hombre es, para él, un microcosmo donde se reúne la realidad suprema de la naturaleza; de ahí su dignidad que debe demostrar en el esfuerzo de comprender el macrocosmo en su unidad, así como la unidad del principio divino: para esto fue creado, creación que fue hecha por emanación, tesis neoplatónica que lo acerca al panteísmo. Sus principales obras son: *Conclusiones filosóficas, cabalísticas y teológicas; Apología; Disputationes adversus astrologiam divinatricem libri; De ente et uno; De imaginatione.*

PIEDRA FILOSOFAL Nombre dado por los alquimistas medievales al elemento capaz de convertir en oro cualquier otro metal, además de curar las enfermedades y ser la fuente de la eterna juventud. Aunque en principio parezca fantástica esta idea, creemos que debe considerarse más como un símbolo que como un hecho físico-químico, aunque ya en el siglo XX se ha comprobado científicamente la posibilidad de transmutar los elementos químicos; tomándolo como una simbología específica propia de las tendencias adoptadas por los científicos de la época, pertenecientes a grupos que debían ocultar sus principios por razones obvias (persecución religiosa), entendemos que la piedra filosofal es la tendencia a lograr una forma de vida que acrisola el espíritu hasta convertirlo en oro, tomando este metal como símbolo de valor y pureza, y que cura las enfermedades espirituales conduciendo el alma a la eternidad o inmortalidad. Advertimos que esta tesis acerca de la simbología mística de la piedra filosofal es sólo una posibilidad.

PIETISMO Movimiento filosófico-religioso fundado por Spener, pastor luterano, y continuado por Franke, en el siglo XVIII, en Alemania; pretendía renovar el cristianismo al apartarse de todo dogma y autoridad de la Iglesia, para *vivir como cristianos*, manifestando su fervor religioso en la vida cotidiana. Spener congregó a sus seguidores en *Collegia Pietatis* con el fin de estudiar la Biblia; Franke divulgó las tesis de Spener, contenidas en su obra *Pia Desideria*, y convirtió a la ciudad de Halle en el centro de acción del movimiento pietista, cuyas teorías fueron refutadas por los luteranos ortodoxos.

PIRRÓN DE ELIS (360-270 a. de C.). Uno de los grandes escépticos de la antigüedad. Recibió influencia de los partidarios de Heráclito y Demócrito. En concordancia con la distinción sofística entre lo que es por naturaleza y lo que es por convención, Pirrón considera que los juicios sobre la realidad son convencionales, a cuya base se encuentra la sensación. Sin embargo, puesto que las sensaciones son variables, es preciso suspender el juicio (*époché*). Por tanto, no hay por qué decidirse por nada o adoptar una opinión o creencia particular. El verdadero sabio opta por el silencio, camino que conduce hacia la imperturbabilidad (ataraxia) que es la auténtica felicidad. Las doctrinas de Pirrón fueron dadas a conocer por Sexto Empírico. **V. escepticismo.**

PIRRONISMO En sentido estricto, se refiere a la doctrina escéptica de Pirrón y sus seguidores de la antigüedad, entre quienes se cuentan Enesidemo y Sexto empírico. En sentido general, el término pirronismo se refiere a toda tendencia escéptica.

PITÁGORAS Filósofo griego presocrático, perteneciente a lo que Aristóteles designó como escuela itálica, formada por quienes desarrollaron su pensamiento en la Magna Grecia, al sur de Italia, debido a la invasión persa que desplazó a los grupos jónicos. Poco se sabe de la vida de Pitágoras; al parecer provenía de la isla de Samos y se dice que durante un viaje que realizó a Persia conoció al mago Zaratás, también llamado Zoroastro o Zaratustra. Es muy probable que su actividad haya sido de carácter religioso, dirigida al culto de Dionysos. Como los datos sobre su vida prácticamente no existen, remitimos al artículo dedicado al pitagorismo, en donde se encontrará lo fundamental sobre la filosofía de la llamada escuela pitagórica. **V. pitagorismo.**

PITAGORISMO La escuela pitagórica o pitagorismo fue una secta o liga que exigía a sus integrantes obedecer a una rígida disciplina. Según los grados de iniciación, estaban divididos en *acusmáticos* y *matemáticos*. Aunque en principio no se trató de una liga política, sus tesis contra la aristocracia hicieron que participaran en ella, por lo cual fueron perseguidos sus miembros que, ya desde el principio, eran emigrantes y expatriados (forasteros); se designaban a sí mismos como espectadores de cuanto ocurría, situación que llamaban *vida teorética* o *contemplativa*. Tal tipo de vida requería liberarse de las necesidades del cuerpo que sujetan al hombre, superar el cuerpo sin perderlo, mediante el *entusiasmo o endiosamiento*, que es un estado previo del alma; para ellos, *el cuerpo es una tumba* y el hombre que llega a la vida teorética o suficiente es el sabio. El pitagorismo convierte la matemática en *ciencia rigurosa y autónoma*: descubre un tipo de entes, los números y las figuras geométricas, que sin ser corporales tienen realidad; el ser, para ellos, coincide con los objetos matemáticos, de manera que las figuras y los números son la *esencia* de las cosas y los entes son por *imitación* de los objetos de la matemática; algunos afirman que los números son las cosas mismas. Estos nuevos entes son inmutables y eternos, a diferencia de las cosas variables y perecederas. Relacionan estrechamente la aritmética y la geometría, así: el punto es el 1, la línea es el 2, la superficie es el 3, y el 4 es el sólido; el *número capital es el 10* (*tetraktys*), suma de los cuatro primeros; también se habla de números oblongos, cuadrados, cúbicos, etc., y números místicos con propiedades especiales. Así mismo, crearon una teoría matemática de la música, que relaciona las longitudes de las cuerdas con las notas correspondientes, asimilando sus resultados con las distancias entre los planetas y deduciendo de ello que cada astro emite una nota que, reunida con las de los demás astros, compone la *armonía de las esferas* o *música celestial*, la cual no escuchamos porque es constante e invariable. Pertenecieron a la escuela pitagórica Ecfanto, Alcmeón de Crotona, Arquitas de Tarento y Filolao de Tebas.

PLACER Tratar de hacer una definición satisfactoria de placer resulta prácticamente imposible, a menos que se distingan las varias clases de éste con base en las causas que lo producen. Por lo general se ha contrapuesto a la noción de dolor, y en este caso, la definición sería la ausencia o negación del dolor; sin embargo, en muchos casos se ha opuesto a esta definición el hecho de que es posible experimentar placer con el dolor, a lo cual se ha contestado que, entonces, no habría dolor sino únicamente placer. Así, pues, al analizar las fuentes diversas del placer, se puede hablar de *placer sensible* (corporal), *placer no sensible* (intelectual o espiritual), aunque, entonces, sería preciso optar por la aceptación de una absoluta separación entre cuerpo y conciencia, lo cual no sería objetivo o suscitaría interminables discusiones. Es más adecuado, en consecuencia, no intentar una definición y limitarse a incluir aquí las tendencias que se han preocupado, desde el punto de vista de la ética, por situar el valor moral del placer. La primera

Escultura de Pitágoras (Catedral de Chartres)

de estas tendencias es el *hedonismo*, según el cual el placer es bueno y el dolor es malo, lo cual convierte al placer en el fin de todo acto moral. La posición opuesta al hedonismo es el *ascetismo*, que considera el *placer sensible* o corporal como algo malo, de manera que lo moral es «educar» el espíritu en la abstención, no permitirle *caer* en los placeres. Pero la mayoría de las doctrinas morales han adoptado con respecto a estos dos extremos una posición intermedia o moderada al subordinar el placer a metas «más elevadas». En cuanto al cumplimiento de las leyes morales, es muy general un rigorismo en la exigencia de su cumplimiento sin que importe si produce o no placer, aunque para otros el cumplimiento de tales normas «debe» producir placer, que se interpreta como satisfacción por el deber cumplido. Para Schopenhauer, el placer constituye un estado negativo, una pasajera satisfacción de la necesidad, una momentánea cesación del dolor. En todo caso, es preciso que, al referirse al placer, se determine claramente a qué clase pertenece éste: placer estético, placer físico, placer intelectual, etc. **V. hedonismo**.

PLANCK, Max (1858-1947). Físico alemán que formuló la célebre *teoría cuántica*, según la cual la energía de la radiación no es distribuida de manera continua en el espacio, sino que, como la materia, está reunida en gránulos de energía, los *cuantos*, que siempre pueden ser emitidos o absorbidos enteramente por la materia. Estos cuantos no son todos iguales entre sí, sino proporcionales a la frecuencia de oscilación de la radiación misma. Al simbolizar el cuanto con ε, tenemos la siguiente fórmula: $\varepsilon = hn$, donde n es la frecuencia y h la *constante de Planck*, una de las principales *constantes* que presenta la naturaleza. Hasta 1900, se había considerado siempre la energía como un fluido continuo; por ello no es de extrañar que, al principio, la teoría cuántica suscitara una fuerte desconfianza entre los físicos, debido a que la consideraban en exceso revolucionaria por su antagonismo con respecto a la teoría ondulatoria de la luz, que los físicos del siglo XIX habían considerado como definitivamente triunfante sobre la vieja teoría de Newton.

PLATÓN (427-347 a. de C.). Filósofo griego nacido en Atenas, en el seno de una importante familia, al parecer relacionada con Solón. Su verdadero nombre era Aristocles y el sobrenombre de Platón se debe a la anchura de sus hombros. Tenía vocación política, pero la fascinación que ejerció Sócrates sobre él lo interesó por la filosofía, a la cual se dedicó por entero, especialmente después de la injusta pena de muerte impuesta a quien fuera su maestro durante nueve años. La unión de estas dos vocaciones —la política y la filosófica— lo llevó a formular una importante doctrina o teoría del Estado, que trató de llevar a la práctica por intermedio de su discípulo Dion, cuñado de Dionisio, tirano de Siracusa, y del sobrino de éste, Dionisio el Joven. Después de haberse refugiado en Megara cuando murió Sócrates, viajó a Egipto, al sur de Italia y a Sicilia, y a su regreso fundó su propia escuela de filosofía, alrededor del año 387, en una finca dedicada al héroe Academo, de donde se deriva el nombre de Academia, en la cual, con la colaboración de su más importante discípulo, Aristóteles, trabajó hasta su muerte. La Academia subsistió, aunque con muchas modificaciones, hasta el año 529, cuando el emperador Justiniano ordenó su

Max Planck

clausura. La obra de Platón, además de ser capital en la filosofía griega, es un ejemplo de excelente construcción literaria en forma de diálogo en el cual vierte el método filosófico de la dialéctica, y del uso del más depurado y rico lenguaje con el que construye metáforas de gran altura poética; además, aporta nuevas expresiones al lenguaje filosófico, cuyo uso ha perdurado hasta nuestros días. El principal personaje de sus *Diálogos* es Sócrates, aunque no puede por esto pensarse que Platón simplemente se limita a exponer el pensamiento de su maestro; por el contrario, si bien es cierto que parte de la doctrina es socrática, también lo es que pone sus palabras en boca de él para expresar su propio y muy original pensamiento que culmina en un fecundo análisis de las dificultades y problemas que presenta su descubrimiento de las *ideas*, en diálogo con Aristóteles. Trataremos de resumir aquí el pensamiento de Platón, que es muy extenso y trasciende a toda la filosofía posterior. Es necesario partir de su gran descubrimiento: las *ideas*, que surgió de la necesidad de hacer compatible el *ente* (uno, inmóvil y eterno) con las *cosas* (múltiples, cambiantes y perecederas) al buscar el *ser de las cosas*. Encuentra que las cosas no son, propiamente, pues a la vez son y no son; ese ser no absoluto de las cosas lleva a pensar la existencia del ser verdadero, que está fuera de las cosas, al cual llamó *idea*. Platón apela al mundo en que se dan las cosas y lo denomina *mundo de las ideas*. Entonces, las ideas son «unos entes metafísicos que encierran el verdadero ser de las cosas» (*óntos ón*) y son unas, inmutables y eternas; *son* en absoluto y sin restricciones, y el ser de las cosas se funda en el de las ideas de que participan; de esta manera llega a hacer compatible la unidad del ente con la multiplicidad de las cosas. Entonces surge el problema de cómo conocer las ideas, pues éstas no son accesibles al conocimiento directo; para solucionarlo recurre al *mito de Fedro,* en el cual el origen del hombre es la caída de un alma de procedencia celeste que ha contemplado las ideas y que encarna en un cuerpo; según el grado en que el alma haya contemplado las ideas, pertenecerá a una de las nueve jerarquías que van desde el filósofo hasta el tirano. El hombre (alma encarnada) no recuerda las ideas que ha visto en su vida anterior, pero la visión de las cosas hace que las traiga de nuevo a la memoria, de manera que el conocimiento consiste en la *reminiscencia* (*anámnesis*) de las ideas; es recordar lo que ya está dentro de nosotros. Las cosas son sombras de las ideas, sombras que son signos de las cosas, que nos recuerdan las alas rotas que tenía nuestra alma antes de su caída y que nos hacen sentir la necesidad de subir «hasta donde habita el linaje de los dioses». El hombre, en Platón, está definido porque participa de la verdad, puesto que ha visto las ideas, el verdadero ser de las cosas. La doctrina platónica sobre la realidad y los métodos para conocerla está expuesta en la *República* mediante el *mito de la caverna,* en el que ésta simboliza al mundo sensible con sus sombras, que son las cosas; afuera está el mundo verdadero, el de las ideas, iluminado por el sol o idea del bien; así queda demarcada en su estructura de la realidad la división o escisión entre el

Platón

mundo sensible y el mundo inteligible. El hombre que está primero en la caverna y luego en la luz da la unidad al mundo visible y al mundo inteligible y el fundamento ontológico del ser de ambos mundos es el bien. Dentro de la organización jerárquica de las ideas, el *bien* ocupa el lugar supremo: es la idea de la que participan las otras ideas, la que les da su carácter, su *ser*. Tal idea de bien ha sido interpretada como *Dios* y con este sentido pasó al neoplatonismo y de ahí a san Agustín y a la escolástica medieval. La idea platónica del bien o divinidad es el *demiurgo* o artífice del mundo, que también ha creado un *alma del mundo,* que lo anima y es intermedia entre las ideas y las cosas. En la concepción política de Platón, el individuo por sí solo no puede realizar el bien y necesita una organización social que sea capaz de asegurar la paz; esta organización es el Estado, compuesto de partes, cada una de las cuales debe realizar su función perfectamente a fin de que se realice la justicia, posible sólo por la armonía entre los miembros del Estado; tales miembros son: los *productores* que se dedican a la ganancia y que identifica con la parte concupiscible del hombre; los *guerreros*, valientes y audaces, comparables con la parte irascible del hombre; y los *gobernantes*, semejantes a la parte racional del hombre. Para que haya paz es necesario que los guerreros y los productores se subordinen a los gobernantes, imponiéndose de esta forma la razón. Sin embargo, un gobierno racional sólo puede ser realizado por quien conoce el fin individual y esto sólo puede ser logrado por el *sabio* que conduce correctamente al productor hacia la *templanza* y al guerrero hacia la *fuerza*, consiguiendo así un Estado justo. Por otra parte, en su estudio sobre la naturaleza del arte encuentra que éste es la imitación del mundo sensible y, por tanto, está dirigido a la sensibilidad; el arte es un juego de opiniones y se encuentra distante de la verdad, por lo que está dirigido al alma irracional. Por tal razón, el arte es peligroso para la unidad y la armonía de las clases y para el deber de educar que el Estado tiene. Sólo los himnos a los dioses y a los héroes deben ser escuchados por el Estado, debido a su contenido religioso y moral. Las obras de Platón han llegado hasta nosotros casi en su totalidad y podemos clasificarlas cronológicamente de la siguiente forma: obras de juventud, influidas por Sócrates: *Apología de Sócrates; Critón; Menón; Carménides; Eutifrón*. Obras de transición hacia una filosofía más personal: *Hipias menor y mayor; Protágoras; Gorgias; La República* (primer libro). Obras de su madurez o apogeo: *Fedón; El banquete; La República* (segundo libro); *Fedro; Parménides*. Obras de su vejez en las que maneja temas de una manera más abstracta y sutil: *Timeo; Críticas; Leyes*.

PLATONISMO Adhesión a todas o a algunas de las tesis filosóficas de Platón y su ulterior desarrollo por otros filósofos. La influencia de Platón ha sido enorme a lo largo de toda la historia de la filosofía; pero es especial esta influencia en las tradiciones griega no bizantina, latina, bizantina, árabe y judía, además del neoplatonismo, encabezado por Plotino. Nos referiremos aquí, en primer lugar, al neoplatonismo, iniciado por Plotino, en el siglo III de nuestra era, y que se caracteriza por su visión panteísta del universo, en el cual el hombre es el punto intermedio entre los dioses y los animales; el pensamiento de Plotino fue seguido por muchos filósofos hasta el siglo VI y ejerció gran influencia sobre los padres de la Iglesia y la escolástica medieval; entre los filósofos neoplatónicos pueden citarse Porfirio, Jámblico y Juliano el Apóstata. El neoplatonismo marca el fin de la filosofía griega y el comienzo de la filosofía cristiana en Occidente; además de su papel separador de dos concepciones del mundo, pasa a la tradición latina, que comienza desde el siglo IV, en la cual se mezclan las ideas platónicas con las neoplatónicas, que a su vez se mezclan con los principios del cristianismo. Autores como Macrobio, Calcidio y especialmente san Agustín, contribuyen a que el paso del platonismo sea efectivo. Igualmente, son muy valiosos los aportes de los traductores de los textos de Platón al latín, los comentarios antiguos y medievales de sus escritos y las traducciones de los comentarios griegos a los mismos, que trasmiten y difunden la filosofía platónica y neoplatónica. También los árabes tradujeron diversas obras y comentarios a las obras de Platón, sobre todo en Bagdag, a partir del siglo IX, cuyo conocimiento tuvo gran influjo en el pensamiento árabe, sobre todo en Alkindi y Alfarabi. Hubo también un desarrollo del platonismo en la filosofía judía medieval, la cual se revela en Isaac Israeli, Abengabirol, Abensadik y, con una mezcla de aristotelismo, en Maimónides. Por otra parte, la tradición bizantina trata de conciliar la filosofía de Platón con la de Aristóteles, e instaura la «Academia platónica» en la cual se destacan Lido y Esteban de Alejandría. Tres son los más importantes filósofos platónicos de Gaza: Eneas, Zacarías y Procopio; posteriormente (siglos VI y VII), Juan Filopón, Focio y Aretas de Cesárea, y en el siglo XI Miguel Psellos y su alumno Juan Itálico, quien emigró a Italia; R. Grossetete y G. de Moerbeke; por último, esta tradición dio lugar, en el siglo XV, a la Academia florentina, a la cual pertenecieron León Hebreo y Nicolás de Cusa (Cusano). **V. neoplatonismo, Platón, Plotino**.

PLEKHÁNOV (Pleyánov), Gueorgui Valentínovich (1857-1918). Filósofo y político ruso, fundador del movimiento social demócrata y uno de los más importantes teóricos marxistas. Estudió principalmente la complejidad de las relaciones entre el ser social y la conciencia social y el carácter dependiente de las superestructuras. Su realismo está expresado en su *teoría jeroglífica*, en la cual las sensaciones representan simbólicamente la realidad. Para él, el marxismo es una nueva etapa de la filosofía y destacó el papel de la sicología social en la lucha de clases; su concepción estética defendió el realismo al concebir el arte como una forma especial de reflejarse la vida de la colectividad. Sus principales obras son: *Ensayo sobre el desarrollo de la concepción monista de la historia; Problemas fundamentales del marxismo; Ensayos sobre la historia del materialismo; El arte y la vida social*.

PLOTINO (204-270). Filósofo egipcio, fundador del neoplatonismo. Vivió casi toda su vida en Roma donde se destacó como filósofo y contó con un gran número de discípulos. Su vida era ascética y misteriosa y, él mismo, sostenía que había experimentado varios éxtasis. Su obra filosófica, agrupada por su discípulo Porfirio en seis grupos de nueve libros cada uno, ejerció gran influencia en el pensamiento cristiano medieval, hasta el siglo XIII cuando fue conocida la obra de Aristóteles. Su pensamiento es panteísta y rechaza el materialismo; el uno es a la vez el ser, el bien y la divinidad y de él proceden por *emanación* todas las cosas: es el *noûs* o espíritu del mundo, de las ideas; en segundo lugar, el reflejo del *noûs*, que es el alma; distingue entre lo que denomina *alma del mundo*, que lo anima y vivifica, y las *almas particulares*, que tienen una posición intermedia entre el *noûs* y los cuerpos que informan. El grado ínfimo del ser es la materia, es decir, lo múltiple, lo indeterminado, casi un no-ser. Admite la transmigración de las almas o *metempsícosis* como una serie de recaídas del alma en la materia de la que debe liberarse; la forma de lograr esta liberación es el *éxtasis* o *estar fuera de sí*, que permite fundirse con el uno y convertirse en el uno mismo. Considera lo bello como la apariencia más visible de las ideas o manifestación del mundo suprasensible en forma sensible, idea que denota la gran influencia que tuvo Platón sobre él. El uno de Plotino y, en general de todo el neoplatonismo, es el foco o luz única que pasa por una serie de grados en que se va debilitando y atenuando, y cuyo último resplandor, antes de apagarse entre la sombra, es la materia. El panteísmo neoplatónico es una forma de pensar la creación sin la nada. El hombre está situado entre los dioses y los animales, y puede inclinarse hacia los unos o hacia los otros, pero tiene una referencia hacia lo superior que le permite elevarse hasta lo más alto. **V. emanación**.

PLURALIDAD Existencia de diversos elementos individuales en sí, pero interrelacionados para constituir un todo. Así, por ejemplo, en un país puede haber una pluralidad de naciones, con diversas lenguas, costumbres y raza, constituyendo un todo, que es ese país. En cierto sentido, cualquier totalidad que se considere está constituida por una pluralidad de elementos, exceptuando la concepción metafísica del uno.

PLURALISMO Doctrina filosófica opuesta al monismo, según la cual el mundo está constituido por realidades irreductibles y, por tanto, independientes. Entre las variantes de esta doctrina están el llamado *monopluralismo*, que admite la interacción entre realidades independientes, el *pluralismo absoluto*, que niega esta posibilidad y atribuye al azar cualquier enlace entre elementos dispersos, y el *pluralismo armónico* que atribuye la articulación de las realidades en una jerarquía a un principio no determinado. Un ejemplo de pluralismo es la teoría monadológica de Leibniz; ya en el siglo XX, es decididamente pluralista la tesis de Boex-Borel, quien afirma que la realidad se compone de elementos heterogéneos e irreductibles, lo cual requiere una ciencia pluralista que, a lo sumo, puede utilizar la analogía como método de investigación; en W. James, el pluralismo es la «posibilidad de que haya novedad en el mundo» y está basado en la necesidad de una libertad interna y en la existencia de una conciencia finita que tiene un carácter más científico y menos metafísico que el monismo. **V. monismo.**

PLURIVALENTE V. polivalente.

PLUSVALÍA Concepto económico creado por Marx, que designa el valor del trabajo incluido en el valor total de una mercancía, es decir, el valor del trabajo social invertido en el valor de una mercancía. Este concepto lleva a Marx a la elaboración de una teoría del salario, considerado el trabajo como una mercancía que tiene un valor de cambio, que es el poder de trabajo del trabajador y no el trabajo mismo, el cual es «adquirido» por el empresario. Cuando un trabajador recibe un salario inferior al valor del producto de su poder de trabajo, se produce un «plus de valor» o *plusvalía*. La plusvalía permite la acumulación de capital en manos de los empresarios, que se basa en la explotación del poder de trabajo. De esto se deriva la tesis de que el trabajador es «libre» hasta cuando sea el poseedor de los productos de su poder de trabajo y, por tanto, se convierte en un objeto o *cosa* (cosificación). **V. Marx.**

PLUTOCRACIA Gobierno de quienes detentan el poder económico; es el gobierno de los más ricos.

PNEUMA En su origen griego, este término significa *soplo*, *aliento*. En filosofía fue primeramente interpretado como *aliento vital*, para indicar aquello que anima la materia y, también, lo que siendo material es sutil o intangible. Para Anaxímenes, *pneuma* es el aire que, rodeándolo, da su cohesión al universo; para Empédocles es la sustancia que llena el universo. Los estoicos consideraron que el *pneuma* se compone de la sustancia fría (aire) y la sustancia cálida (fuego); el *pneuma* es una sustancia continua y su desplazamiento consiste en la propagación de «estados» dentro de ese continuo; para ellos, el *pneuma* es un principio cósmico vital. La llamada escuela de Sicilia consideró el *pneuma* como un soplo que penetra todos los cuerpos vivos, siendo el centro de sus impulsos. En las concepciones cristianas acerca de este término, se destacan las de Clemente de Alejandría, Orígenes y Filón de Alejandría, quienes distinguieron entre lo que denominaron *pneuma* inferior, cuerpo pneumático, *pneuma* real y *pneuma* verdaderamente espiritual. La espiritualización y concepción trascendente del *pneuma* se encuentra en la religión judeo-cristiana.

PODER Capacidad que posee algo para realizar una acción o un conjunto de acciones. Este término puede identificarse en cierto modo con potencia. Desde el punto de vista de la filosofía política, para Hobbes, el poder es un atributo del Estado, y es absoluto, puesto que el individuo, para preservar su seguridad, lo ha transferido, se ha despojado de él; este poder «no tiene más límite que la potencia» y, así, el Estado se convierte en una máquina poderosa que devora al individuo en virtud de su poder (*Leviathan*); en general, en este sentido, el *poder público* es propio del Estado y los diversos sistemas o clases de organización política se distinguen al responder la pregunta sobre quién detenta el poder. **V. potencia.**

POESÍA (del griego *poíesis* = producción, fabricación). Platón consideró a los poetas como mentirosos y planteó la necesidad de expulsarlos de la República, aunque reconocía que es la poesía una «locura divina», siendo el poeta un ser alado e inspirado por la divinidad; así, la poesía es

Erato, musa de la poesía

también una especie de sabiduría; en resumen, distingue entre buenos y malos poetas según éstos sepan elegir «el objeto propio para la imitación»: si tal objeto cumple una función adecuada en el Estado-ciudad, pueden quedarse en ella. Para Aristóteles, la *poíesis* se caracteriza por ser una actividad que tiene un fin distinto de ella misma. Sus obras poéticas capitales son la *Poética* y la *Retórica*. Según él, la vida contemplativa o teorética está regida por la *poíesis*. El concepto de poesía, a partir de estas primeras nociones, ha cambiado constantemente a lo largo de la historia de la literatura, pero lo que aquí nos interesa decir es que ha sido considerada como el más filosófico de todos los géneros literarios. **V. poética**.

POÉTICA Obra de Aristóteles que se refiere a la poesía y sus diversas formas. En ella afirma el estagirita que todas las formas de poesía –considera que éstas son tragedia, épica, comedia y ditirambo– son modos de *imitación* diferentes por el medio, los objetos y la manera de imitación; el poeta realiza la imitación mediante el lenguaje para representar los actos humanos de tres posibles formas: mejor, peor o igual que como en realidad son. A partir de esta obra, ha habido diversas concepciones acerca de la poesía, como la concepción romántica, la concepción clásica, y se han planteado diversas tesis sobre ella frente a las demás artes, como también se ha tratado de dilucidar la relación que existe o puede existir entre filosofía y poesía.

POINCARÉ, Henri (1854-1912). Científico-filósofo francés, uno de los más célebres sustentadores del llamado *convencionalismo*, tesis que intenta demostrar que las leyes científicas sólo proporcionan informaciones parciales o subjetivas sobre el curso de los fenómenos y probar que, para superar esta limitación, es preciso recurrir a otras actividades del espíritu humano. Dentro de este marco conceptual, Poincaré tuvo gran influencia sobre la cultura europea en su calidad de matemático excepcional. Dentro de sus investigaciones epistemológicas sobresalen sus observaciones acerca del espacio y la explicación mecánica de los fenómenos. Sobre el primer tema, y a partir del descubrimiento de las geometrías no euclidianas, enfrenta el problema de determinar cuál es la geometría que corresponde a la naturaleza del espacio real; para él, los axiomas geométricos no son ni juicios sintéticos *a priori* ni hechos experimentales, de manera que la geometría no es una ciencia necesaria *a priori* (Kant), ni una física, sino una idealización de la experiencia, que recibe una primera sugerencia de los hechos, pero no se apoya en ellos, sino en un sistema de convenciones rigurosamente formuladas. Hay que interpretar, pues, la geometría como un sistema hipotético-deductivo o sistema de proposiciones que serán aceptadas o rechazadas en la medida en que sean deducibles o no de los axiomas geométricos, convencionalmente postulados. Una vez aceptado un sistema de axiomas (sea o no euclidiano), es posible hacer concordar las experiencias con los teoremas deducibles del mismo si adoptamos las hipótesis oportunas sobre el comportamiento físico de los cuerpos que utilizamos para esas experiencias. De esta manera, el problema de descubrir la *verdadera* geometría del espacio carece de sentido, aunque considera que la geometría euclidiana es la más cómoda de todas. Por ser la geometría irremediablemente convencional y ser el hombre quien la construye, modifica y, eventualmente, abandona, queda demostrado que su fundamento está en el hombre y no en la realidad. Poincaré explica la mecánica de los fenómenos en relación con la teoría electromagnética elaborada por Maxwell, y afirma que no es posible dar ningún modelo mecánico del fenómeno considerado y, lo que es más importante, que existirá, no uno, sino *infinitos* modelos mecánicos, todos igualmente adecuados para proporcionar la explicación requerida, lo que derrumba la pretensión del viejo mecanicismo de descubrir el modelo *verdadero* que constituye la esencia de lo real. Para él, la misión principal de la ciencia consiste en informarnos sobre las relaciones entre objetos, lo cual se cristaliza en las leyes físicas: sólo en tales relaciones estriba la objetividad de la ciencia. Sus principlaes obras de carácter filosófico son: *El valor de la ciencia; Ciencia y método; Ciencia e hipótesis.*

POLARIDAD Término que se refiere a todo aquello que se sitúe en posiciones contrapuestas, sea ello realidades o conceptos. Una de las posiciones filosóficas donde aparece la idea de polaridad es el *dualismo*, en que cada polo se define por la exclusión del contrapuesto. También hay en filosofía gran cantidad de conceptos polares o contrapuestos, tales como realidad-idealidad, potencia-acto, etc. Sheldon desarrolló una *filosofía de la polaridad*, según la cual existe un *principio de polaridad* que hace que los opuestos cooperen para soportar movimientos alternados, como sucede en el caminar; este principio se complementa con el *principio de proceso*, que consiste en el movimiento por el cual se contraponen los polos (perder el equilibrio para recuperarlo). Esta polaridad, escribe Sheldon, «impregna por completo las regiones dentro de cada uno; se halla en la estructura y en el comportamiento del átomo, de la célula viva, de la planta y del animal, del propio intelecto humano, del lenguaje, etc.». Para M. R. Cohen, existe una complementariedad de determinaciones opuestas, que es un principio de subordinación recíproca; éste es un principio de polaridad que se halla evidente en la acción-reacción, fuerza-resistencia, etc. Para Buckham, la polaridad es la base del método dialéctico. Unamuno introdujo el concepto de polaridad en el pensamiento; y Whitehead afirmó que «todos los opuestos son elementos en la naturaleza de las cosas». Por otra parte, en la teoría de los valores, una de las características del valor es la *polaridad*, porque los valores no son entidades indiferentes como las otras realidades; esta polaridad consiste en el desdoblamiento de cada cosa valente en un aspecto positivo y en un aspecto negativo o *disvalor* (por ejemplo: bondad, maldad; belleza, fealdad; etc.).

POLÉMICO Carácter de todo aquello que suscita discusión o controversia. En su origen griego, la polémica era el arte de tomar y defender, como estrategia militar; posteriormente este vocablo se hizo extensivo al arte de argumentar y refutar, arte propio de los sofistas griegos, de quienes se dice que «pretendían saber cualquier cosa y su contrario, la tesis y la antítesis».

POLIS Ciudad-Estado de la antigua Grecia. La *polis* griega representa desde el siglo VI-V a. de C. el tipo ideal de sociedad humana. Aristóteles la consideraba el resultado natural de la fusión de las aldeas derivadas a su vez de la proliferación espontánea de las primitivas sociedades familiares (*oikos*). La cultura griega halló en la *polis* su forma más peculiar y completa, razón por la cual describir la ciudad griega equivale a describir la vida de los griegos en su totalidad. La organización perfecta de la *polis* se caracterizó por la existencia de una asamblea del pueblo (*ekklesia*) teóricamente soberana de la que formaban parte, por lo menos de derecho, todos los ciudadanos. Esta asamblea, la cual desempeñaba el papel de guía de la vida política de la ciudad, se apoyaba en un consejo conformado por un pequeño número de ciudadanos representantes del pueblo. Toda la vida pública

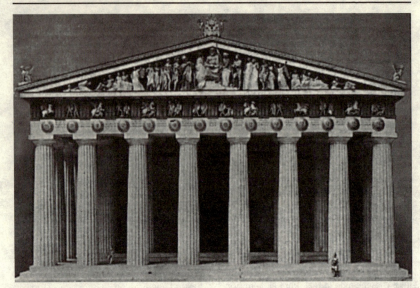

El Partenón. Símbolo de la polis griega

de la *polis* se concentraba en el ágora, plaza pública y centro administrativo de la ciudad. La civilización de la *polis* alcanzó un gran esplendor aunque efímero, ya que, incapaces de hacer frente a la expansión macedónica y romana, las *polis* se anquilosaron y desde la época helenista perdieron toda su pujanza. En su concepción del estado ideal, Platón entrega el cetro de ese Estado a la filosofía, con lo cual busca eliminar el conflicto entre el Estado, que reside en el poder, y el filósofo, que investiga la norma suprema de conducta.

POLISEMIA En la teoría del lenguaje, pluralidad de significados que se le pueden dar a una misma palabra.

POLITEÍSMO Doctrina religiosa que sostiene la existencia de varios dioses. El politeísmo es contrario al monoteísmo, que tiene como base la existencia de un solo dios, como sucede en las religiones judeocristianas y en el islamismo.

POLÍTICA Originalmente, este término designa todo lo referente a la *polis* y a su vida como ente colectivo, unitario en su devenir histórico. La política se refiere siempre a la unidad de organización humana considerada en un momento histórico determinado. En el pensamiento de Platón, la *polis* se considera como un compuesto de tres partes: el *pueblo* (comerciantes, industriales y agricultores), los *vigilantes* (guerreros) y los *filósofos*. A cada una de estas partes o estamentos sociales corresponde, respectivamente, una virtud: la *templanza*, la *fortaleza* y la *sabiduría*. La justicia rige y determina la vida del cuerpo político (ciudad), cuya dirección suprema debe estar en manos de los filósofos, quienes, al no tener intereses particulares, subordinan todo al servicio de la *polis*. Junto con la ética y la economía, Aristóteles consideró la política como una ciencia práctica y la sociedad como naturaleza, no como convención; la sociedad, para él, es inherente al hombre, pues toda comunidad tiende a un bien; así interpreta el ser de la *polis*. El origen de la sociedad es la casa o familia (*oikía*) y la agrupación de varias familias produce la aldea (*kóme*); la unión de varias aldeas forma la ciudad (*polis*), que es la forma suprema de comunidad, autárquica y cuyo vínculo unitario es la unidad de sangre o genealogía. Mientras el fin de la familia es simplemente *vivir*, el de la aldea es el *bienestar*, y el de la *polis* es la perfección de la comunidad. El hombre es por naturaleza un *animal político* y quien no puede vivir en sociedad es una bestia; quien es autosuficiente y no la necesita, es un dios. El lenguaje o *logos* es la forma como se manifiesta la naturaleza social del hombre, pues la justicia es el orden de la *polis* y el *logos* está destinado a expresar lo justo y lo injusto; el hombre es un animal que habla y hablar es una función social: como necesita una comunidad en qué vivir, su ser político se funda en su ser *locuente*. En el pensamiento de Aristóteles, la sociedad y el Estado se identifican, pues lo social es lo político y la *polis* significa la interpretación estatal de la sociedad: la *polis* es el Estado-ciudad. En el Estado aristotélico, la jerarquía de los ciudadanos depende de sus posibles tipos de vida, y la economía debe tender a dar autosuficiencia a la ciudad, dando prioridad a la actividad agrícola sobre la industrial. Considera tres clases de regímenes según la soberanía corresponda a uno solo (monarquía), a una minoría de los mejores (aristocracia), o a todos los ciudadanos (democracia), advirtiendo que cada una de estas formas puede degenerar en tiranía, oligarquía y demagogia, respectivamente. Recomienda como más segura y estable la combinación de las formas puras en un régimen mixto o *república* (*politeía*). En san Agustín, la filosofía del Estado depende enteramente de Dios; el Estado tiene su origen en principios muy profundos de la naturaleza humana y tiene por función velar por lo temporal: la justicia, la paz y el bienestar; pero como todo poder viene de Dios, el Estado tiene una significación divina, carácter que lo obliga a apoyar con su poder a la Iglesia para que ésta cumpla su función. Pero es hasta el surgimiento del empirismo inglés cuando se empieza a desarrollar una verdadera teoría del Estado, que alcanza su mayor importancia en el posterior movimiento denominado Ilustración, el cual culmina con la Revolución francesa. Posteriormente, la política se convierte en economía política, la cual define las diversas tendencias *políticas*, de las cuales las principales son: el *liberalismo económico* (A. Smith, Ricardo, J.S. Mill), el *socialismo* (Saint-Simon, Fourier, Proudhon) y el *socialismo científico* (Marx, Engels). En la actualidad, la filosofía política se ocupa de los métodos y conceptos usados en la ciencia política, y estudia también las relaciones que hay entre la actividad política y otras actividades. Así mismo, puede estudiar los fines propuestos en la actividad política, ofreciendo razones para aceptar o rechazar ciertos actitudes y propósitos políticos. Se sirve para esto de otras disciplinas filosóficas, especialmente la ética.

POLIVALENTE (o plurivalente). Carácter de aquello que admite dos o más valores de verdad. Por lo general, en la diversas lógicas sólo se admiten dos valores de verdad: verdadero (V) y falso (F); sin embargo es posible admitir más valores de verdad, además de estos dos. Se distingue entre la lógica *finitamente polivalente* y la lógica *infinitamente polivalente*; en la primera, los valores de verdad admitidos son finitos, mientras en la segunda éstos son infinitos. Vasilev desarrolló una lógica trivalente (tres valores de verdad), que llamó *lógica no aristotélica* basándose en la eliminación de la ley del *tercio excluso* o tercero excluido. Tarski y Lukasiewicz han elaborado lógicas infinitamente polivalentes, que han sido complementadas por Reichenbach y por otros autores. **V. ley del tercero excluido, tablas de verdad**.

POLO Extremo, al que siempre se opone otro extremo. Este concepto es la base de lo que se ha llamado *principio de polaridad*. **V. polaridad**.

PONER En su origen lógico, equivale a sentar una tesis. Para Kant, *poner* es la actividad por la cual se impone un orden a lo dado, y constituye la función del entendimiento (función ponente). La posición equivale a la síntesis que hace posible el conocimiento; es una característica de la existencia. En Fichte, *poner* es «reconocer como existente» y, básicamente, reconocerse a sí mismo como existente, afirmar que el *yo* no puede no existir, de manera que el *ponerse* se considera un «producir existencia». Para Husserl, se trata de poner la existencia en actos de la conciencia intencional: es poner o dejar sentada una tesis, pero sin identificar este acto con la afirmación, pues en el poner la existencia queda entre «paréntesis»; por otra parte, no se refiere a la existencia individual, y la tesis es una cualidad de la función ponente de la conciencia. Sartre considera que «no hay conciencia sin contenido, es decir, que no sea 'posición de un objeto trascendente'». Ortega y Gasset, por su parte, desarrolla su crítica al idealismo y a la fenomenología de Husserl en lo que se refiere al modo de *poner* o posición, por cuanto la *ponencialidad* de la conciencia es lo que la constituye como tal. **V. dado, yo**.

PONS ASINORUM (puente de los asnos). Nombre latino dado a la representación gráfica de las relaciones en un silogismo, con el fin de determinar el término medio (*inventio medii*). No se sabe con seguridad quién fue su autor originalmente, pues se atribuye a Juan Buridan, a Juan Dorp y a Pedro Tartareto.

POPPER, Karl Raymond. Sicólogo matemático y filósofo austríaco, nacido en Viena, en 1902, de origen judío y de familia burguesa convertida al protestantismo. En su juventud quiso ser músico y fue alumno del gran compositor Schönberg, pero desistió de su empeño al considerar que la música de su maestro tal vez podía ser *arte*, pero no *música*, puesto que era inescuchable y, según sus palabras, «habría que buscarle otro nombre». Al respecto afirma que, en la filosofía como en el arte, lo importante es el contenido, no la *novedad*,

Karl Raymond Popper

y que el papel del filósofo, como el del artista, no es precisamente el de estar a la moda. Aunque no perteneció al círculo de Viena, siempre se mantuvo en estrecho contacto con él. Cuando Austria fue invadida por los nazis, emigró a Nueva Zelanda, en 1937, y más tarde a Londres, donde enseñó lógica y método científico en la London School of Economics and Political Science. Popper ha dicho de sí mismo que es «el último filósofo de las luces, inscrito en la tradición de Kant y de Voltaire, quienes sometían al tamiz de la razón tanto a la filosofía como a las matemáticas o la física». Considera que el único problema filosófico es el de la comprensión del mundo, incluidos el hombre y su saber, en cuanto es parte de este mundo, de modo que, al ser toda ciencia cosmología, la importancia de la filosofía radica en sus aportaciones a ésta, sin que haya un método peculiar para buscar la verdad. Cree que vivimos en una época en que, gracias a la ciencia, la humanidad ha resuelto la mayor parte de los problemas que parecían insuperables, y que el progreso más importante es haber aprendido a estar dispuestos a escuchar las críticas fundamentadas y a aceptar las sugerencias razonables para mejorar la sociedad y no está de acuerdo con los filósofos del lenguaje en que «el examen del aumento del conocimiento científico pueda ser remplazado por el examen de los usos lingüísticos o de los sistemas del lenguaje». Reconoce que el hombre es capaz de dominar los males de la sociedad, pero aclara que su optimismo sólo vale para el presente, pues nada garantiza un futuro mejor. Considera que el historicismo no se basa en la experiencia ni en prueba alguna y es una forma particular de desviación de la mente: fundamento común del fascismo y del marxismo; es absolutamente falso creer que el futuro está condicionado por el presente, porque vivimos *aspirados por el futuro* de manera que todos nuestros comportamientos actuales están dictados por la idea que nos hacemos del mañana. El filósofo no es el que busca la verdad, sino el que destierra el error, y científico es aquello cuya falsedad puede ser demostrada; para que la filosofía conduzca a resultados válidos, debe estar estrechamente ligada a la ciencia, que no se puede distinguir de la metafísica con base en un criterio de significación, pues muchas sugerencias de carácter metafísico han impulsado la ciencia; el problema genuino, según él, radica en trazar una línea divisoria entre ciencia y metafísica, cuya solución no está dada por el principio de verificación, pues las leyes científicas, al no ser completamente verificables debido a su carácter universal, pasarían al plano de la metafísica. La solución de Popper está en el criterio de *refutación*, por el cual una teoría es científicamente verdadera cuando resiste los experimentos encaminados a demostrar su falsedad; lo que no es refutable es materia de la magia o de la mística; Popper propone una ciencia caracterizada por un método *hipotético-deductivo* y distinguible de la metafísica por su propia *falsabilidad*, que define como el «criterio que se refiere únicamente a la estructura lógica de los enunciados y de las clases de enunciados (...). Un enunciado es *falsable* si y sólo si existe un mínimo falsador potencial. No es necesario estipular que este enunciado sea verdadero». Así, por *ciencia* se entenderá el conjunto de proposiciones falsables, que han sido sometidas a severos controles y los han superado, es decir, que no han sido falsadas, aunque nada asegura que no lo sean en el futuro; y por *metafísicas* se deberán tener todas aquellas proposiciones que nunca pueden ser falsadas, ni de un modo directo, ni por vías indirectas, a través de proposiciones falsables deducibles de ellas, pues no tienen contenido empírico. Sus principales obras son: *La lógica de la investigación científica; La sociedad abierta y sus enemigos; Miseria del historicismo; Conjeturas y refutaciones; Conocimiento objetivo; Probabilidades y propensiones.*

POR SÍ Por sí (*per se*) es, para los griegos el *qué* de cada ser; es el mismo concepto de *quididad*; este *qué*, en la mayoría de los casos, se concibe como lo que no tiene otra causa que sí mismo (el hombre es por sí). Este concepto del ser por sí (*per esse*) no es posible en la filosofía cristiana, puesto que la idea del ser creado impide aceptar que haya un ser *per se*, ya que todo lo creado tiene un ser *dependiente*, que procede de otro (*ab alio*); el ser *per se*, en la filosofía cristiana, corresponde exclusivamente a Dios. Hegel usa la expresión *ser para sí mismo*, en el sentido de aquello que regresa «hacia sí mismo». Sartre usa la expresión *para sí* (*pour soi*) para indicar el ser de la conciencia. **V. para sí.**

PORFIRIO (232-304). Filósofo perteneciente al neoplatonismo y uno de los discípulos más cercanos a Plotino, cuyas doctrinas condensó en un tratado titulado *Sentencias acerca de los inteligibles*. Además, escribió la obra más importante de la escuela: *Isagoge* o *Introducción a las categorías de Aristóteles*, también llamada *Sobre las cinco voces*, porque incluye género, especie, diferencia, propio y accidente. Esta última obra fue de gran importancia durante la Edad Media. **V. árbol de Porfirio.**

PORT-ROYAL (gramática de) Movimiento que surgió durante el siglo XVII, sobre todo en Francia, en la abadía de Port-Royal, dirigida por la madre Angélica Arnauld. Estaba empapado del espíritu jansenista, opuesto a la moral casuística de los jesuitas, que acusaba de laxitud. Los maestros de Port-Royal, en 1660, publicaron su *Grammaire géneralle et raisonné*, en la cual trataron de demostrar que la estructura del lenguaje es un producto de la razón y que las distintas lenguas no son más que variantes de un sistema lógico y racional más general. La gramática de Port-Royal tuvo una inmensa influencia, tanto en Francia como fuera de ella, y a la época de la Ilustración contribuyó a fomentar la publicación de muchas obras semejantes, como el *Diccionario y gramática de la Academia Francesa*, auspiciado por Richelieu, en 1637. Los más importantes pensadores del grupo de Port-Royal fueron Antonio Arnauld y Pedro Nicole. Aparte de sus obras teológicas, son ambos los autores del famoso libro titulado *La logique ou l'art de penser*, también conocido como la *Lógica de Port-Royal*. Se sabe que con ellos mantuvo estrecha relación Pascal.

POSIBILIDAD Una de las modalidades del *ser*. Acerca de una cosa, una propiedad o un hecho, puede decirse que es necesario, real o posible. Este concepto está estrechamente ligado con el de realidad. Para los megáricos, la realidad se compone de puras actualidades, de manera que solamente tiene sentido hablar de lo real. En la filosofía de Aristóteles, lo posible puede equipararse con lo potencial y, también, con lo contingente; para él, «algo es posible si al pasar al acto del cual se dice que este algo tiene la potencia, no resulta de ello ninguna imposibilidad»; así, lo posible es lo «lógicamente posible». Los autores medievales distinguieron entre lo que puede ser y no ser, y lo que no es y puede ser. Santo Tomás hizo la distinción entre posibilidad *absoluta* (intrínseca, cuando sus notas internas no son contradictorias) y posibilidad *relativa* (extrínseca, cuando necesita una causa que la lleve a la existencia), para referirse al modo de estar las esencias en la mente divina; para el tomismo, los posibles están *eminentemente* en la esencia divina, *virtualmente* en la potencia divina capaz de llevarlos a la existencia y *formalmente* en el entendimiento divino y en los entendimientos creados. Leibniz sostenía que todos los posibles pueden actualizarse del mismo modo, son esencias que tienden a la existencia. Hobbes afirma que lo no real no es posible. Spinoza admite que las cosas reales lo son en la medida en que han sido posibles. En Wolff, la ciencia de la posibilidad es la ciencia de la realidad. Kant admite como uno de los tres postulados del pensamiento empírico en general, el afirmar que lo posible es aquello que concuerda con las condiciones formales de la experiencia en cuanto a la intuición y a los conceptos; lo posible se sitúa en el plano trascendental y, entonces, la posibilidad es una de las categorías de la modalidad correspondiente a los juicios problemáticos. Para Fichte y Schelling, la posibilidad es el principio de todo ser, es la libertad positiva de lo absoluto. Para Bradley, lo posible implica la división parcial entre la idea y la realidad: lo posible tiene una significación sólo cuando es posible realmente. Para Bergson, lo posible tiene que ser explicado por lo real, es decir, real es lo que se hace posible. Para Hartmann no es lo mismo posibilidad que posibilidad real, pues la primera no exige llegar a una realidad, mientras la segunda debe cumplir unas condiciones reales, con lo cual se convierte en expresión de una relación real; hay tantas formas de posibilidad como formas de realidad. Para los autores existencialistas, el carácter predominante de la realidad existencial es un carácter antitético con respecto a la necesidad lógica y se expresa sobre todo en la finitud, en la incertidumbre, en la precariedad del ser, en su singularidad, que lo hace inconmensurable con el ser universal de los conceptos. La conciencia de esta imposibilidad de aplicar una medida común a lo real y a lo conceptual es lo que impulsa al existencialista a buscar nuevos caminos para entrar en contacto directo con las cosas.

POSITIVISMO Nombre dado a una de las vías filosóficas más características del siglo XIX, iniciada por A. Comte, aunque Saint-Simon ya lo había utilizado en la expresión *filosofía positiva* con que designaba una filosofía que pudiera adaptarse al nuevo período *orgánico* que debería seguir al período *crítico* representado por la Revolución francesa. Con Comte el término asumió un significado distinto, pues pasó a designar al movimiento dirigido a exaltar los hechos en contra de las ideas, a resaltar las ciencias experimentales frente a las teóricas, y las leyes físicas y biológicas contra las construcciones filosóficas. Para este filósofo, es tarea de la filosofía determinar el desarrollo de cada ciencia y captar, desde dentro de ella, su línea directriz. Para cumplir esta misión, Comte descubre lo que denomina la *ley de los tres estadios* (o *estados*), la cual afirma que, en todos los campos de su actividad, la humanidad evoluciona al pasar por tres fases sucesivas: los estadios *teológico*, *metafísico* y *científico* o *positivo;* el primero de estos tres estadios, el teológico, es el dominio de la fantasía, pues el hombre, al buscar las causas y principios de las cosas, se explica los fenómenos por la existencia de seres fantásticos, sobrenaturales y reguladores de todos los acontecimientos naturales y humanos; la fe en estos seres saca al hombre de su estupidez originaria y lo hace cumplir las órdenes impartidas por los dioses; la primera fase de este estadio es el *fetichismo*, que atribuye un poder mágico a las cosas; la segunda, es el *politeísmo* en el que se traslada el poder mágico a una serie de divinidades, cada una de las cuales representa a un poder de la naturaleza; y, la tercera, es el *monoteísmo*, fase superior en que todos los poderes se reúnen en un solo ser llamado *Dios;* este estadio corresponde a la infancia de la humanidad. En el estadio metafísico o abstracto, que es intermedio entre el teológico y el positivo, la razón reflexiva remplaza la fantasía y la metafísica sustituye la religión al buscar el conocimiento de absolutos; entonces, los fenómenos son atribuidos a las fuerzas ocultas que son sus causas, inventando así las *fuerzas* vital, motriz, química, etc., que escapan a todo control empírico por ser entidades puramente conceptuales, y su explicación es exclusivamente verbal; este estadio tiene la virtud de hacer comprender al hombre la insostenibilidad de los viejos mitos teológicos, ya que la metafísica destruye sin construir. Este estadio corresponde a lo que Comte llama la *pubertad*, etapa de crisis de la humanidad, anterior a la edad viril o estadio positivo. Por último, el estadio científico, positivo o real, construye el saber basado exclusivamente en la experiencia y, por tanto, la imaginación queda subordinada a la observación: todo conocimiento, para ser auténtico, se debe fundar por entero en la experiencia, atenerse a las cosas, y aunque la razón elabore datos empíricos será necesaria la experiencia para probar su verdad. Para que una disciplina tenga un carácter efectivamente científico, debe prescindir totalmente la investigación sobre las causas o las esencias de los fenómenos, limitándose a buscar las *leyes* de los mismos, y excluir toda referencia al absoluto, puesto que una ciencia fundada en la experiencia sólo puede ser ciencia de lo relativo, de lo dado. Así, la ciencia se convierte en el principal objeto de investigación de la filosofía. Los grandes problemas que se plantea Comte son el de la necesidad de ordenar, organizar unitariamente el saber científico, y el de reorganizar la vida social. El primer problema, es decir, el de la clasificación de las ciencias, es resuelto por él al admitir *seis únicas* ciencias fundamentales que constituyen una jerarquía muy bien estructurada en la cual cada una ocupa su lugar preciso no intercambiable con el de otra, así: *matemática, astronomía, física, química, biología, sociología*. Cuanto más simple es el contenido de una ciencia, tanto más preponderante es el método deductivo, y cuanto más complejo es, más preponderancia tiene el método inductivo; cada indagación posee, además de la función cognoscitiva, una función lógica consistente en incrementar nuestros métodos de investigación, es decir, la capacidad de plantear nuevas indagaciones. Una tesis característica de la filosofía de Comte es la que afirma que cada una de las seis ciencias fundamentales está sometida también a una evolución gradual pasando por los tres estadios consecutivos, evolución que se realiza en lapsos absolutamente distintos en unas ciencias o en otras, y la tarea más importante de la filosofía es acelerar ese tránsito, en especial hacia el de la sociología que determinará las leyes globales de los fenómenos sociales. La última fase del pensamiento de Comte se dedica a ampliar el campo de la sociología hasta hacer ingresar en él la ética y la política. Poco tiempo después coloca a la ética como la séptima ciencia fundamental y como la última y más alta de todas. Cualquier intento de determinar las categorías del conocimiento humano que no tome en cuenta la historia de la sociedad, es arbitrario y abstracto y, por tanto, condenado al fracaso; el conocimiento no constituye una actividad por completo separada de la práctica y considera que su contraposición es artificial, pues se conoce para prever y se prevé para actuar. Así, conocimiento y *praxis* forman un todo único. En la última fase de su filosofía, Comte adopta una dirección abiertamente mística y religiosa, en la que el sentimiento asume una absoluta preminencia sobre el conocimiento y la razón; así mismo, el arte se considera superior a las demás actividades humanas; piensa que la humanidad constituye un gran y único ser, vivo e inmortal, y que todo saber y acción deben estar dirigidos a su perfeccionamiento; por esto, idea una *religión de la humanidad*, punto de partida de una nueva utopía que pretende resolver todos los problemas sociales con base en el predominio político y cultural de sus *sacerdotes*. La filosofía de Comte tuvo gran influencia en Francia, Inglaterra y América, y seguidores entre los cuales se cuentan P. Laffite, Émile Littré, Taine, Th. Ribot, en Francia; la mayoría de ellos centró su interés en la sociología, ahora concebida como el estudio preciso y escrupuloso de las formas de las sociedades humanas en las diversas fases de sus desarrollos; entre estos sociólogos positivistas son los más importantes Durkheim, Tarde y Lévy-Bruhl. También pueden considerarse de orientación positivista los filósofos A. Fouillée, Cournot, Ravaisson, Renouvier y Jean-Marie Guyau. El llamado *positivismo evolucionista*, que erige el principio de la evolución en ley unificadora, no sólo de los fenómenos biológicos, sino de todo el mundo natural y humano, pretende garantizar científicamente el indefectible triunfo final de la humanidad; el principal representante de esta forma de positivismo es Herbert Spencer, quien por medio de su obra se propuso demostrar la fecundidad del concepto de evolución en los distintos campos del saber. En Alemania surgieron varias corrientes filosóficas de índole netamente positivista que provienen especialmente de la fe en la capacidad de las ciencias, fragmentándose en numerosas tendencias, a menudo enfrentadas; fue, más que todo, un tipo de *mentalidad* o atmósfera filosófica que impregnó gran parte de la cultura alemana. Una de estas corrientes fue el *positivismo materialista*, que consideró la superioridad del estudio de la naturaleza con respecto al estudio del hombre, y la necesidad de demostrar la total incompatibilidad de la ciencia con la fe. La atmósfera positivista, en Alemania, favoreció el renacimiento de la filosofía criticista. Otra de las corrientes positivistas fue el llamado *positivismo fenomenista*, movimiento radicalmente empirista y crítico, representado principalmente por E. Laas y Avenarius; para el primero, el sujeto o conciencia no es más que la conciencia de un hecho perceptivo determinado, y el objeto no es sino el objeto de una percepción determinada; en este mundo de hechos perceptivos, está excluida cualquier posibilidad de existencia de lo trascendente y la ética está concebida como *una moral para esta vida* cuyos motivos se fundan en el placer y el dolor. También el *empiriocriticismo*, fundado por E. Mach, es una corriente positivista que presenta importantes analogías especialmente con Avenarius, y analiza el problema que representa explicar cómo el *yo* individual surge del conjunto de sensaciones, el cual resuelve al decir que surge como *unidad práctica* de valor exclusivamente biológico, compuesta de elementos sensibles más vinculados entre ellos que con otros elementos. Durante las últimas décadas del siglo XIX, en casi todos los países de Europa, tuvo lugar un vasto y profundo movimiento antipositivista, articulado en varias tendencias, que acabaron dominando gran parte del pensamiento filosófico del siglo XX, y que basaron sus posiciones especialmente en la crítica a la fe ingenua en la intocable verdad de las ciencias, la tendencia a infundadas generalizaciones y a las optimistas previsiones acerca de la ineludible victoria de la razón y del progreso, volviéndose entonces la reflexión hacia los problemas individuales y sociales que no capta la ciencia. Estos movimientos se cristalizaron en un antipositivismo espiritualista, opuesto también a la izquierda hegeliana –también antipositivista– y a sus derivaciones, representado fundamentalmente por autores como Ravaisson-Mollien, Lotze, Spir, Hartmann y Eucken. La importancia del positivismo radica en que no busca causas sino *leyes*, las que logra con precisión y certeza; es un resultado y, a la vez, es algo histórico («por la explicación del pasado se consigue la presidencia mental del porvenir») que encuentra la razón de su carácter en la relatividad, sobre la que se funda la capacidad de progreso de la filosofía positiva, que influye en la condición misma del hombre y de su naturaleza.

POSITIVISMO LÓGICO O EMPIRISMO LÓGICO Tendencia opuesta a la metafísica y surgida de los estudios sobre la fundamentación de la matemática, la revisión de los conceptos básicos de la física y la reforma behaviorista de la sicología, que separa la forma lógica del contenido material de los enunciados, y rechaza la correspondencia ontológica entre proposición verdadera y realidad, así como la reducción de la verdad de la proposición a su simple coherencia formal con otras proposiciones verdaderas. La evolución y modificaciones de esta primera formulación del positivismo lógico por parte de varios autores, especialmente por los dedicados a la investigación lógico-matemática y lógico-lingüística, ha generado diversas posiciones dentro de este movimiento: el fisicalismo, el ultranominalismo, la oposición al ultranominalismo para salvar la inteligibilidad de las leyes científicas, etc. Su principal característica, que unifica las diversas tendencias de positivismo lógico, es, como afirma H. Feigl, «la persecución sistemática del problema de la significación por medio de un análisis lógico del lenguaje». El artífice de este término fue Auguste Comte, quien desarrolló una «filosofía positiva». A este estilo de filosofía adhirieron J. S. Mill, Spencer, Mach y el círculo de Viena, quienes se empeñaron en unir el empirismo de Hume y la lógica formal simbólica. Este positivismo se caracteriza por: (a) el significado de todo enunciado está contenido por completo en la verificación con los hechos, razón por la cual la lógica es un instrumento imprescindible; (b) los positivistas lógicos reconocen el principio de que sólo los hechos son lo real; (c) no niegan la existencia de un mundo exterior; (d) conformidad total con el realismo empírico; (e) oposición con la metafísica idealista y realista. En sus primeras formulaciones, el positivismo lógico separa estrictamente la forma lógica del contenido material de las proposiciones y niega la correspondencia ontológica entre proposiciones verdaderas y realidad.

POSITIVISMO LÓGICO EN ÉTICA Los filósofos pertenecientes a la corriente llamada positivismo lógico, se han preocupado especialmente por el problema del lenguaje de la ética, es decir, por lo referente a la significación de las expresiones éticas y de las reacciones de los individuos ante los imperativos éticos. Ayer y Carnap, principalmente, defienden lo que se ha llamado el *análisis emotivo en la ética*, lo cual consiste en convertir los juicios valorativos en juicios metafísicos, ya que estos últimos son no teóricos y no verificables. La disciplina que estudia el problema del lenguaje en ética se denomina *metaética*. **V. positivismo lógico**.

POSMODERNIDAD V. modernidad.

POSTESTRUCTURALISMO Término que designa las corrientes filosóficas posteriores al estructuralismo: Saussure (su fundador) y Barthes, en lingüística; Lévi-Strauss, en antropología; Lacan, en sicoanálisis; Piaget y Goldmann en sicopedagogía; Foucault, en epistemología; Granger, Boudon y Vuillemin, en ontología; Althusser, en el pensamiento marxista. Los pensadores actuales, tales como Jaques Derrida y Gilles Deleuze, posteriores a quienes hemos mencionado como estructuralistas, conforman el conjunto de filósofos y pensadores postestructuralistas. Aunque no es fácil caracterizar la corriente postestructuralista con exactitud, ni tampoco sus intereses, es común a todos ellos tener por punto de partida el conjunto actual de circunstancias históricas en sus reflexiones, y anteponer su pensamiento al marxismo sin pretender por ello ser antirrevolucionarios ni derechistas.

POSTULADO Término que, en su origen griego, significa *petición*, *requerimiento*. Para Aristóteles, el *postulado* es la proposición que, a diferencia de los axiomas, no es evidente por sí misma y no es universalmente admitida. En los *Elementos* de Euclides, el postulado aparece como la proposición que no puede ser demostrada ni es evidente por sí misma, aunque es fundamental para un sistema deductivo. Posteriormente se ha discutido la legitimidad de la distinción entre postulado y axioma y entre postulado y teorema. Kant llama *postulados del pensamiento empírico en general* a tres principios: es *posible* todo aquello que concuerda con las condiciones formales de la experiencia; es *real* aquello que concuerda con las condiciones materiales de la sensación; es *necesario* aquello cuya conexión con lo real está determinado por las condiciones generales de la experiencia.

POTENCIA En general, se denomina potencia la capacidad que posee un sujeto para realizar un acto. Potencia y acto están estrechamente relacionados, por cuanto un acto siempre lleva en sí la potencia de quien lo realiza, siendo ésta siempre anterior al acto mismo; también en la simple potencia existe un acto no realizado, en cuanto posibilidad. Aristóteles hace una división del ser según la *potencia* y el *acto*. Según él, no existe una potencia en abstracto, sino que una potencia es siempre potencia para un acto específico (la semilla para el árbol y no para el hombre, por ejemplo), por lo cual el acto siempre es ontológicamente anterior a la potencia, pues el acto está ya presente en la misma potencialidad; el ser en potencia, para existir, necesita tener cierta actualidad, mas no como potencia, de manera que el ente tiene un ser actual y el ser potencial de otro ente. La materia es simplemente posibilidad, es potencia que sólo se actualiza informándose; no tiene, pues, realidad por sí misma: en este caso, a la potencia equivaldría la materia y al acto la forma. La potencia está en la base del concepto de *devenir*, por cuanto éste implica la posibilidad de pasar una cosa de un estado a otro. También Aristóteles «ubica» la potencia en diversos seres: animados, inanimados, racionales, irracionales. Para los escolásticos, la potencia puede ser *lógica* u objetiva, que es la simple posibilidad frente a la existencia, y *real* o subjetiva, que es la posibilidad de que algo tenga o posea determinadas perfecciones o realidades. La potencia real puede ser *activa*, cuando consiste en la operación por medio de la cual se realiza un acto, y *pasiva* o disposición del ser para recibir un complemento; es, en general, dentro de la escolástica influida por Aristóteles, concebir la potencia como una *cierta* imperfección, mientras los escolásticos influidos por el neoplatonismo la conciben como algo que puede acentuarse, algo superactivo, en especial cuando se refiere a un ser subsistente por sí mismo, que posee eminentemente las potencias que le permiten ser lo que es. Para Duns Escoto, tanto la materia como la forma pueden ser potencia, constituyendo la primera lo que llama *potencia objetiva* y, la segunda, la *potencia subjetiva;* para Descartes, el pensamiento puede reducirse a la potencia activa. Los pensadores ingleses modernos identifican potencia con fuerza (*power*), de manera que, por ejemplo, en Locke y en Hume, la fuerza o potencia, por una parte, es algo capaz de hacer, y por otra, capaz de recibir un cambio (poder *activo* y poder *pasivo*); pero Hume difiere de Locke al oponerse a su idea de que la fuerza puede derivarse del hecho, ya que Hume la considera una facultad. En la filosofía moderna, Leibniz considera los conceptos escolásticos sobre la potencia como ficciones y, afirma, que en las potencias siempre hay «tendencia y acción» y que «la potencia en general es la posibilidad de cambio»; distingue la *potencia activa* o *facultad*, de la potencia *pasiva* o *capacidad*. Kant, como Leibniz, extendió la potencialidad a toda la realidad como tal, al hacer prevalecer lo dinámico sobre lo matemático. Schelling afirmó que la potencia consiste en las relaciones determinadas entre lo objetivo y lo subjetivo, entre lo real y lo ideal; y lo absoluto como identidad se halla sólo bajo la forma de las potencias, que son simultáneas en lo eterno; estas potencias son, para él, naturaleza (primera), luz (segunda) y organismo (tercera). Para Ushenko, la potencia es una realidad intuitiva que se puede demostrar empíricamente por medio de la inducción.

PRÁCTICA Actividad que tiene por objeto la acción. En su origen griego, este término (*praxis*) se refería, en general, a lo efectivo en los asuntos «humanos». Aristóteles clasifica el saber según su objeto en saber *práctico* (dirigido a la acción), saber *teórico* (dirigido al conocimiento) y saber *poético* (dirigido a la producción). El saber práctico, en la clasificación del estagirita, se refiere principalmente a la política, que por definición pretende el bienestar de los individuos que componen la comunidad, aunque también hay una «sabiduría práctica» del individuo, que es, en esencia, la acción moral. El saber práctico se relaciona con el saber teórico o vida teórica, porque ésta es imposible sin aquél e, igual que el saber teórico, el práctico tiene sus propios principios, que son formulados mediante la inducción. A lo largo del desarrollo del pensamiento filosófico, y en especial en las diversas clasificaciones del saber, aparecen los saberes prácticos como diferentes de los saberes especulativos, siendo considerados solamente los segundos como ciencias; también se ha separado la llamada filosofía práctica, que incluye la política, la ética, la economía y –algunas veces– la teología, de la filosofía teórica; del mismo modo se ha considerado una separación entre ciencias prácticas y ciencias especulativas, habiéndose considerado como ciencias propiamente tales a las especulativas. Kant distingue también el uso práctico de la razón, del uso especulativo de ella. Define el uso práctico como «lo que es posible mediante la libertad»: lo práctico es lo moral, puesto que se refiere al libre albedrío. Para Fichte, la «actividad práctica del *yo*» es la actividad continua del *yo* en el acto de «ponerse a sí mismo». **V. praxis**.

PRAGMÁTICA En semiótica, relación que existe entre los signos y los sujetos que los usan, es decir, es el estudio de la significación de los signos. Ch. Morris definió la pragmática como «aquella parte de la semiótica que trata del origen, usos y efectos producidos por los signos en la conducta dentro de la cual aparecen». Carnap se refiere a las investigaciones propias de la pragmática sólo en relación con los lenguajes formalizados, que tratan de los aspectos fisiológicos, sicológicos, etnológicos y sociológicos, así como de los procedimientos científicos, relacionados todos con las actividades lingüísticas.

PRAGMATISMO Tendencia filosófica que fue fundada por el matemático y lógico simbólico estadounidense Charles Sanders Peirce (1839-1914); si bien tuvo su origen en Estados Unidos, desde allí se propagó hacia otros países y aún en la actualidad ejerce considerable influencia sobre varias orientaciones filosóficas y epistemológicas. El *pragmatismo* es una reacción contra el materialismo y el predominio del pensamiento positivista, que empieza con los llamados *trascendentalistas* (Emerson, Thoreau). El primero en usar explícitamente el término *pragmatismo* fue W. James, en 1898, aunque se afirma que lo que se conoce como *pragmatismo* es el resultado de haber malentendido James a Peirce; este último, renunció a usar la denominación *pragmatismo* para utilizar la de *pragmaticismo*. En general, el *pragmatismo* reduce los conocimientos humanos a instrumentos de acción y busca el criterio de verdad de las teorías en su éxito práctico. En su conocido ensayo *Cómo dar claridad a nuestras ideas*, Peirce sugiere la búsqueda del significado de las ideas en los efectos prácticos producidos por las mismas; el pensamiento da origen a reglas de acción, que son las *creencias*, y sólo en ellas se puede hallar el sentido y el valor del pensamiento. La acción proporciona la *base de racionalidad concreta*, única que posee el hombre. William James elevó el pragmatismo al nivel de corriente filosófica, al proponer basarse no en la experiencia pasada sino en la futura, por medio de la fijación de unos objetivos y de la búsqueda de los medios para alcanzarlos, búsqueda que considera también característica de la ciencia. Debemos aceptar el riesgo que nos impone el no poseer certeza alguna sobre el futuro, pues renunciar al riesgo sería renunciar a la acción. Su vivo interés por la realidad humana reduce a Dios al rango de espíritu finito –como los espíritus humanos–, pero provisto de mayores conocimientos y potencia. Los continuadores del pragmatismo son, principalmente: J. Dewey, muy influyente en la educación, quien usó el nombre de *instrumentalismo* para designar su forma de pragmatismo; F. C. S. Schiller, quien considera su pensamiento como un *humanismo* y sostiene que la verdad depende de las consecuencias prácticas, pues todo conocimiento está subordinado a la naturaleza humana y a sus necesidades fundamentales; así mismo, los deseos e ideas del hombre son fuerzas reales en la configuración del mundo; y R. Barton Perry.

PRAXIS Término que en su origen griego designa la acción de llevar a cabo algo, sea ello exterior al sujeto, o moral. En general, la *praxis* se ha entendido como opuesta a la teoría y se ha hecho la distinción entre una *praxis* exterior o que trasciende al sujeto, y una *praxis* interior cuyo objeto o finalidad es el sujeto mismo. Para Plotino, la *praxis* es el conjunto de acciones humanas que debilitan la contemplación, en oposición a la teoría. Para Aristóteles, la *praxis* o práctica es una *acción*, una actividad, cuyo fin es ella misma, no una cosa externa al actuar; es superior por tener el fin en sí y, por tanto, suficiencia o *autarquía;* un ejemplo de la *praxis* aristotélica es la política. La teoría o contemplación es un modo de *praxis*, la *praxis* suprema, diferente de lo que sólo es práctico, pero no llega a ser teórico. Las ciencias prácticas, en este orden, son la ética, la política y la economía, es decir, las de la vida individual y social del hombre. El marxismo ha sido considerado como una *filosofía de la praxis*, por la cual es posible toda teorización: es la conjunción de teoría y práctica. Varios filósofos marxistas han utilizado el concepto de *praxis* (Lukács, Gramsci, entre los principales), pero quizá quien trabajó más sobre este tema fue J. P. Sartre al tratar, en su *Crítica de la razón dialéctica*, de encontrar en la *praxis* «la racionalidad dialéctica».

PRECISIÓN Término que designa el carácter de aquello que se distingue con claridad de todo lo demás, sin que pueda confundirse con nada o pueda presentar la más mínima vaguedad. El concepto de precisión está en estrecha relación con el de abstracción. Los escolásticos usaron este término en el sentido de *separar* o cortar; la precisión puede ser *física*, es decir, la del objeto real que se distingue o está separado de los demás, e *intencional* cuando no se refiere a la realidad; la precisión intencional, a su vez, puede ser *subjetiva,* que se refiere al conocimiento de un objeto en todos sus predicados, habiendo confusión sólo en la aprehensión de sus diferencias; y *objetiva* cuando se conoce un predicado de un objeto y se desconoce o prescinde de los demás predicados.

PREDESTINACIÓN Concepto de carácter teológico que afirma que todo cuanto ha de ocurrir en el tiempo está predeterminado por Dios, incluyendo los eventos de la salvación o condenación de los individuos. La doctrina agustiniana concibe la predestinación como la presciencia divina con respecto a la salvación o no salvación, tesis muy discutida, en especial con base en la negación de la libertad humana (pelagianismo) y el libre albedrío (Erasmo). Santo Tomás extendió la influencia divina al poder o no poder obrar humano, tanto en lo extrínseco como en lo intrínseco, tesis aceptada por el ocasionalismo. Tanto el luteranismo como el calvinismo radicalizaron la tesis de san Agustín con respecto a la predestinación. En la discusión fue muy importante la tesis molinista (Luis de Molina), según la cual la libertad «es una facultad que, si se presupone todo lo que requiere la acción, puede todavía obrar o no obrar»; la posición molinista decía que la intervención divina es un concurso simultáneo por el cual Dios coopera con el hombre (causa segunda libre), proporcionándole un movimiento que el hombre puede usar bien o mal. **V. albedrío**.

PREDICABLES Término introducido por Aristóteles para clasificar los diversos modos de relación entre el sujeto y el predicado. Esta clasificación se puede esquematizar como sigue: (a) *definición:* relación convertible y esencial; (b) *propiedad:* relación convertible y no esencial; (c) *género o diferencia:* relación esencial y no convertible; (d) *accidente:* relación no esencial y no convertible. Porfirio clasificó cinco predicables que tienen en común el ser atribuidos a una pluralidad de sujetos; ellos son: *género, especie, diferencia, propiedad* y *accidente.* Esta clasificación de Porfirio tuvo gran influencia en la escolástica, que la entendió tanto en sentido lógico, referido a los diversos modos de efectuar una predicación, como ontológico. Entre los filósofos árabes medievales que expusieron la doctrina de los predicables, se distingue Avicena, quien define los predicables como «expresiones universales que coinciden en poder ser predicados de las cosas particulares que son inferiores a ellos»; ellos son: *género, especie, diferencia, lo propio* y el *accidente común*.

PREDICADO Una de las partes que componen una proposición o un juicio. Suele definírsele como lo que se enuncia (se afirma o se niega) del sujeto. En lógica tradicional, pueden clasificarse según su extensión (particularmente en las afirmativas y universalmente en las negativas) o según su comprensión (totalmente en las afirmativas y parcialmente en las negativas), y se suele simbolizar por medio de la letra *P*. En lógica moderna, su concepto es más general y está determinado según su objetividad; en este caso el predicado puede estar compuesto por una o más variables: monoádico, diádico, triádico, poliádico, según tenga una, dos, tres o más de tres variables, respectivamente. Se llama *predicado real* aquel en que aparece el ser como una propiedad esencial de las cosas, el cual, según Parménides, no se manifiesta sino al *noûs*, es decir, a la mente. **V. cuantificación del predicado, juicio**.

PREDICAMENTO Los predicamentos o categorías son para Aristóteles los diversos modos en que el ser puede predicarse, constituyendo las flexiones o *caídas del ser;* su lista más completa de estos predicamentos o categorías consta de diez, que son las siguientes: sustancia, cantidad, cualidad, relación, lugar, tiempo, posición, estado, acción y pasión; los predicamentos o categorías tienen una unidad que es la sustancia: la sustancia está presente en todas las restantes categorías, que no tienen sentido más que sobre el supuesto de ella. En filosofía medieval son los géneros supremos de las cosas. Se hizo la distinción entre predicamentos o categorías y predicables o categoremas. En principio, los predicamentos se dividieron de acuerdo con la tabla aristotélica, pero a partir del siglo XV se introdujeron modificaciones como las de Guillermo de Occam, quien incluyó principalmente la sustancia, la cualidad y la relación. **V. Aristóteles, categoría**.

PREFERENCIA, PREFERIR En la teoría de valores de Brentano, las nociones de preferencia y preferir son puntos nodales, puesto que se relacionan estas nociones con la de valor aunque no se admita la tesis de que lo elegido tiene un valor intrínseco que lo hace ser elegido. Lo contrario a elegir es «preterir» (repugnar); por ello preferir y preterir son actos básicos que acompañan las valoraciones positivas y negativas. La «lógica de la preferencia» está en estrecha relación con la «lógica de la decisión», la «lógica de la elección» y la «lógica de las normas» y, en general, con todo aquello que pertenece al campo investigativo llamado *deóntico*. Esta lógica hace uso de términos como «preferir», «ser indiferente», «preterir», «rehusar» y se aplica a campos como la economía, la política y la moral.

PREGUNTA Este concepto puede ser visto desde el punto de vista lógico y desde el punto de vista existencial. La lógica erotética tiene por objeto las expresiones que manifiestan preguntas o interrogantes. Se ha tratado de introducir el « ? » como símbolo característico y usual de esta lógica, al igual que nuevos axiomas. Desde el punto de vista existencial, el «preguntar» es considerado como un modo de ser de la existencia humana. Sólo es existencial la pregunta en la cual la existencia se hace cuestión de sí misma al preguntar; es decir, no es existencial la pregunta por algo distinto del propio ser. La pregunta existencial hace cuestionable la existencia, pero, que envuelva o no la pregunta por el ser, depende del pensamiento existencial. Para Heidegger, la pregunta o cuestión *(Fragen)* fundamental es la pregunta por el ser, pero preguntar por el ser es preguntar por el que interroga o pregunta por el ser. En este sentido se considera al pensamiento filosófico además de «pregunta fundamental» (¿qué es el ser?, ¿por qué hay algo y no más bien nada?) como el preguntar mismo, de tal modo que la pregunta es el umbral a un horizonte y una regresión a las cuestiones fundamentales.

PREJUICIO Juicio que se hace antes de haberse tenido un conocimiento real de una cosa, se trate de alguna idea vaga, algún sentimiento o alguna creencia. El prejuicio puede tener como resultado la obtención de conceptos y deducciones equivocadas y fuera de toda lógica se considera el prejuicio como obstáculo para el conocimiento adecuado y, por tanto, es algo que debe ser descartado por quien emprende la tarea de conocer. Esta concepción del prejuicio dio origen a que Descartes y Husserl plantearan un saber sin supuestos (prejuicios); algunos filósofos, los escépticos, consideran que es imposible liberarse del prejuicio y que por tanto es imposible el conocimiento adecuado. Según Gadamer, los hombres habitan en prejuicios, es decir, habitan en una tradición histórica en la que han nacido, se han desarrollado y en la cual es posible el diálogo y la comunicación. El prejuicio, dice Gadamer, no cierra necesariamente el campo de la comprensión sino que lo abre: «Los prejuicios del individuo, mucho más que sus juicios, son la realidad histórica de su ser». **V. juicio.**

PREMISAS Partes constitutivas del silogismo consistentes en dos juicios que se establecen con anterioridad a un tercer juicio que se deduce de ellas, llamado consecuente o conclusión. Las premisas se denominan *mayor* o término que se constituirá en el predicado de la conclusión; y *menor* o término que se constituirá en el sujeto de la conclusión. Un ejemplo de silogismo y sus términos o premisas puede ser: «Todos los colombianos son latinoamericanos (premisa mayor); Elkin Patarroyo es colombiano (premisa menor); luego Elkin Patarroyo (sujeto) es latinoamericano (predicado)». Para Aristóteles, *premisa* es la expresión que afirma o niega algo y puede ser *particular, universal* e *indefinida;* la primera se da cuando el sujeto se toma particularmente; la segunda, cuando se toma universalmente; y la tercera, cuando no se indica su universalidad o particularidad. Distingue también tres clases de premisas: *silogística,* la que afirma o niega algo con respecto a algo; *demostrativa,* la que obtiene su verdad de los axiomas o principios prestablecidos; y *dialéctica* la que requiere la elección de una de las dos partes de una contradicción, pero estableciendo una aserción sobre lo probable y sobre lo aparente.

PRESCRIPCIÓN Una prescripción puede entenderse como una sentencia en la cual se manda u ordena algo: «Hay que acatar la señal del semáforo»; «hay que luchar por favorecer las clases más oprimidas»; «agítese antes de usarse», etc. En sentido general, ciertas recomendaciones o instrucciones cumplen el papel de prescripciones: «Debe mantenerse refrigerado». Pero cabe la pregunta de si las llamadas prescripciones no son más que instrucciones y por tanto cuestiones como «debe decirse siempre la verdad» sólo instruyen acerca de una conducta para seguir. Los partidarios de esto, es decir, de que las prescripciones son reductibles a instrucciones acerca de un modo de actuar para lograr cierto fin son los prescriptivistas. Las prescripciones pueden ser absolutas: «Di siempre la verdad»; o relativas: «Ayuda a los ancianos a cruzar la calle».

PRESCRIPTIVISMO Podría ser llamado igualmente «normativismo». Específicamente prescriptivismo designa una tendencia de la ética desarrollada en primera instancia por Hare, en oposición al naturalismo y al intuicionismo éticos, actitud en la cual coincide con el emotivismo. Los descriptivistas niegan que el lenguaje moral está encaminado a influir sobre la conducta; sostienen además que el lenguaje moral está hecho de prescripciones que no influyen directamente sobre la conducta. El prescriptivismo es principalmente una teoría metaética y no una teoría ética porque no indica qué prescripciones deben o no seguirse, se limita a describir la manera como se entrelazan lenguaje moral y conducta. **V. prescripción.**

PRESENCIA Este vocablo tiene, por una parte, un sentido físico, corporal, por cuanto designa algo que está en otro o, también, ante otro; y por otra, un sentido temporal, cuando designa estar ahí en un momento determinado (el presente). Algunos autores sostienen que la *verdadera* presencia es *eternidad:* en lo temporal hay una sucesión de presencias, mientras que en lo eterno *todo* es presente. Según Heidegger, quien se ha ocupado del concepto de presente en no pocas ocasiones, la idea de presencia y de los entes presentes ha sido fundamental en la filosofía griega. Según

Platón, las ideas están presentes a las cosas que participan de ellas. Para Parménides, el ser está todo él presente: la del ser es una pura y auténtica presencia.

PRESENTE Este vocablo puede entenderse en dos sentidos principales: en cuanto *presencia* o hecho de *estar presente*, lo cual Heidegger llama «los presentes», que este filósofo considera esencial en la filosofía griega (el ser como presencia). En el mismo sentido, en la filosofía escolástica, presente es «estar ante» (*praes-ens*), lo que incluye las nociones de corporalidad y temporalidad: es existir en un momento determinado; para algunos autores escolásticos, en lo eterno «todo es presente», es el «estar presente siempre». En cuanto *presente* referido exclusivamente al tiempo, los griegos concibieron linealmente el tiempo como un «conjunto de presentes», es decir, vieron lo temporal desde el punto de vista de un «ahora»; la realidad es una realidad «presente», aunque no es la *presencia*, pues ésta está siempre presente, no deviene, como sí lo hace la realidad fenoménica. En Aristóteles, el presente se identifica con el ahora (instante), punto intermedio entre el «antes» y el «después», lo que no es antes ni después. Se pregunta este filósofo: «Así, el 'ahora' que parece estar ligado al pasado y al futuro ¿permanece siempre uno y el mismo, o es siempre otro y otro?»; lo que demuestra su dificultad para identificar un determinado presente o «ahora». Por otra parte, el «ahora» mide el tiempo, pero el tiempo contiene el pasado y el futuro, el antes y el después. Para san Agustín, no hay presente, como no hay pasado ni futuro; por tanto, no hay tiempo; el tiempo está en el alma, no en el cuerpo, y ella es la verdadera «medida» del tiempo. El presente es aquello a que se está atento. Este filósofo consideró la eternidad como una «presencia simultánea» que se halla por encima de todo tiempo. En la Edad Media se discutió si el «ahora» es o no parte del tiempo. Para santo Tomás, el «ahora» es un tiempo indeterminado, opuesto al «entonces», y diferente cuando se refiere al tiempo o a la eternidad: referido al tiempo es una «cosa fluyente», y referido a la eternidad, el ahora no fluye, pues es «presente eterno». Para Kierkegaard, la inserción de lo eterno en el tiempo hace del «instante» algo similar al «presente eterno» de Unamuno, es decir, lo que «pasa quedando y se queda pasando».
V. instante, tiempo.

PRESOCRÁTICOS Término que designa la filosofía griega producida antes de Sócrates, es decir, se refiere a los pensadores que vivieron desde finales del siglo VII a. de C. hasta el siglo V a. de C. Esos filósofos preparan la madurez filosófica de Sócrates y de la filosofía posterior, y se ubican geográficamente en Jonia y en la Magna Grecia; pero el verdadero comienzo tuvo lugar en Mileto, la más importante de las ciudades de la costa oriental del mar Egeo. Es importante aclarar que los últimos presocráticos vivieron en la mitad del siglo V a. de C. y que, por tanto, fueron contemporáneos de Sócrates, pero han sido designados como presocráticos porque el orden de su pensamiento, por el tema y el carácter, es anterior. El tema central de la filosofía presocrática es la *naturaleza*, de manera que ellos hicieron una física con un método filosófico; por esto, Aristóteles los llamó *físicos*; a la pregunta de «¿qué es cuanto me rodea?» dieron una respuesta filosófica y no mítica. La fuente de su asombro es el *movimiento*, entendido como cambio o variación, del cual distinguen cuatro clases: (a) cambio de lugar (movimiento local); (b) aumento y disminución (movimiento cuantitativo); (c) alteración (movimiento cualitativo); (d) generación y corrupción (movimiento sustancial). El movimiento les hizo dudar acerca del verdadero ser de las cosas y se preguntaron qué son detrás de sus múltiples apariencias; por consiguiente, buscaron una raíz permanente e inmutable que les diera una razón. Los principales filósofos presocráticos son: Tales de Mileto, Anaximandro y Anaxímenes, pertenecientes a tres generaciones sucesivas radicadas en Mileto; después de los milesios, aparece el núcleo filosófico de los pitagóricos, a finales del siglo IV a. de C. y ubicado en la Magna Grecia, al sur de Italia y Sicilia, cuyo fundador fue Pitágoras; los miembros de esta escuela formaron una liga o secta sujeta a numerosas prohibiciones y normas que, según su grado de iniciación, se dividían en *acusmáticos* y *matemáticos;* una de sus más importantes actividades fue la especulación matemática, que convirtieron en ciencia rigurosa y autónoma con el descubrimiento de los números y de las figuras geométricas, que son entes incorporales, pero reales, que presentan resistencia al pensamiento, llegando a afirmar que los números son las cosas mismas. Además de Pitágoras, son importantes pitagóricos Ecfanto, quien descubrió la rotación de la Tierra; Alcmeón de Crotona, Arquitas de Tarento y Filolao de Tebas. También en la Magna Grecia surgió la escuela de Elea o eleática, cuyo antecedente fue Jenófanes, precursor de la doctrina de la unidad del ser y crítico virulento contra la religión popular griega, quien planteó por primera vez la idea de un único Dios. La escuela de Elea tuvo como fundador a Parménides, a quien se debe la aparición de la metafísica, por lo que es considerado como el más importante de los presocráticos; a esta escuela pertenecen Zenón, muy conocido por sus aporías y descubridor del método filosófico denominado *dialéctica,* y Meliso de Samos, quien afirma la infinitud del ente. El problema del ser del ente planteado por Parménides es definitivo en toda la filosofía griega posterior; así, Heráclito afirma que «todas las cosas son uno» y encuentra en la contrariedad el origen del mundo («la guerra es el padre de todas las cosas»); lo sabio (*sophón*) es uno y siempre y *separado de todas las cosas,* igual que en Parménides. También son presocráticos Empédocles y Anaxágoras, para quien todas las cosas están hechas de pequeñísimas partículas llamadas por él *homeomerías* en las cuales hay partes diminutas de todas las demás («hay de todo en todo»); la causa del movimiento, para él, es el *noûs,* principio rector del universo y concepto que podemos considerar como origen del monoteísmo griego. Los atomistas son los últimos de los presocráticos; los principales representantes de este grupo son Leucipo y Demócrito; para ellos, los átomos son las partes indivisibles que conforman todo cuanto existe, incluso el alma, teoría que representa una interpretación material del ente; los atomistas plantean también el problema del lugar en que se encuentran los átomos, lo cual los conduce al descubrimiento del concepto de *vacío,* el cual es asimilado al de *espacio.* Como ya hemos anotado, contemporáneo con los atomistas es el surgimiento de la figura de Sócrates, cuya filosofía da término a la época y al pensamiento que se denominan presocrática.

PRESUPUESTO, PRESUPOSICIÓN Supuesto o suposición que afecta el conocimiento de cualquier forma de realidad. Es lo que se pone o supone, ya que existe por anticipado. Faber distingue varias clases de presupuestos o presuposiciones: *materiales* o *físicos,* los que se refieren a, o se relacionan con las esferas de lo abstracto, tales como la uniformidad causal; *cognoscitivos,* respecto a la validez del conocimiento; *supuestos formales* en sistemas especiales; y *los principios de la lógica.* Para Collingwood, lo que se dice en el pensar, se dice para responder a una pregunta; y toda cuestión implica una presuposición, de manera que la forma de la pregunta determina el sentido de la respuesta.

PRIMACÍA, PRIMADO En general es la superioridad jerárquica de algo sobre lo demás de su especie. En filosofía, es la superioridad de un concepto filosófico sobre los demás. El primado se da de acuerdo con las concepciones propias de cada tendencia o escuela. Un ejemplo de esto es el fundamento de la distinción entre la época medieval y la época moderna; en la primera había un primado o primacía, de la fe sobre la razón, mientras en la época moderna –y en casi todas las corrientes a partir de ella– un primado de la razón sobre la fe, aunque en algunas formas de pensamiento, razón y fe no están una por encima de la otra, sino que son complementarias. También puede constituir un ejemplo el antropocentrismo, en el que el hombre prima sobre los demás seres y en él se conjuga todo el universo. **V. antropocéntrico, fe, razón**.

PRIMER MOTOR A partir de su observación del hecho del permanente movimiento de todas las cosas, Aristóteles afirma que cada esfera de la realidad representa una jerarquía; de acuerdo con lo elevada que sea cada una de ellas, el movimiento tenderá a convertirse en inmovilidad hasta llegar a la jerarquía o realidad superior que deberá ser inmóvil y a la vez será la que moverá todas las demás cosas de las jerarquías que le son inferiores. Este es el motor inmóvil o *primer motor*, causa del movimiento de todo el universo; sus características, según el estagirita, serían: ser pura forma, sustancia eterna y simple, pura inteligencia que mueve mediante atracción y es «pensamiento de pensamiento», es decir, el contenido de su pensamiento es sólo sí mismo. Esta tesis aristotélica ha sido objeto de muchas interpretaciones, entre ellas, concebir el primer motor como *causa final*, como *causa eficiente*, como *inmanente al mundo*, como *trascendente* al mundo. También se ha discutido sobre la idea de Aristóteles acerca de que el primer motor es «pensamiento de pensamiento», y que el contenido de su pensamiento sea sólo sí mismo, pues para algunos *debe* tener también conocimiento del universo. Otro tema de discusión es si el primer motor es una entidad impersonal, o si es Dios (Brentano y los autores cristianos de dirección aristotélica); en este último caso surge la dificultad que representa la afirmación de Aristóteles acerca de la existencia de varios primeros motores, cada uno de ellos para un tipo diferente de movimiento.

PRIMITIVO Término utilizado principalmente en sociología y en antropología filosófica, referido específicamente al hombre, para designar un estado o categoría de éste, de la cultura que ha creado y del tipo de sociedad que ha constituido, considerados como mundos culturales relativamente cerrados y con características peculiares. Para Lévy-Bruhl, lo que caracteriza la mentalidad primitiva y la distingue de la mentalidad civilizada es el pensamiento prelógico, que permite las prácticas mágicas y la creencia de que una cosa puede ser *otra cosa* (por ejemplo, el tótem); el universo para el pensamiento primitivo está constituido por una *red* de fuerzas ocultas. Debemos aquí aclarar que Lévy-Bruhl llama prelógica la mentalidad que no trata de evitar la contradicción, sino que la asume sin dificultad. Para Lévi-Strauss, el pensamiento primitivo es «una ciencia de lo concreto fundada en la lógica de las cualidades sensibles», determinado por la necesidad de mantener la estructura social existente y, por tanto, cerrado y «completo»; es un pensamiento de carácter estático.

PRINCIPIO (del griego *arché* = principio). Carácter fundamental de un elemento al cual se reducen todos los demás y del cual derivan todas las cosas. En filosofía se ha entendido de dos maneras: como el principio del conocimiento (*principium cognoscendi*) y como el principio del ser (*principium essendi*). En lógica y, en general, en todas las ciencias, se entiende como la ley fundamental de un sistema, es decir, la base a partir de la cual se pueden desarrollar teorías en todos los campos del conocimiento. **V. principios del conocimiento, principios del ser.**

PRINCIPIO DE RAZÓN SUFICIENTE Principio filosófico llamado generalmente «principio de la razón», mediante la cual se dice que nada existe o sucede sin que antes exista una razón suficientemente válida. Aunque este principio existió desde la antigüedad, así haya sido en forma tácita, fue Leibniz quien la formuló en forma explícita, cuando afirmó: «Ningún hecho puede ser verdadero o existente y ningún enunciado verdadero sin que haya una razón suficiente para que sea así y no de otro modo». Otro de los pensadores que han profundizado sobre es este principio, principalmente, Schopenhauer, quien en su obra *Sobre la cuádruple raíz del principio de razón suficiente*, distingue cuatro clases: del devenir, del conocer, del ser y del obrar. **V. Leibniz.**

PRINCIPIO DE VERIFICACIÓN Principio empleado ante todo en la teoría del conocimiento, en especial por los pragmatistas y por los neopositivistas. Los primeros indican que una proposición no puede considerarse como verdadera si no ha sido verificada por lo menos en principio; los segundos aplican este principio a la significación, mediante el llamado «método de verificación»; sostienen que las proposiciones que no son verificables pierden su calidad como tales, pues carecen de significación. Este principio, propuesto por Schlick, fue rápidamente replanteado, pues es imposible, o por lo menos se dificulta, la verificación de muchos enunciados, llegándose a limitar únicamente a la comprobación parcial e indirecta por medio de la experiencia de las proposiciones científicas. **V. neopositivismo, pragmatismo**.

PRINCIPIOS DEL CONOCIMIENTO Uno de los modos en que los escolásticos clasificaron el concepto básico de «principio», conocido como *principium cognoscendi*. Se ha supuesto que aquellos pensamientos filosóficos que tienen como base este principio, es decir, el conocimiento de la realidad en cuanto ésta está sujeta a ser conocida, son idealistas. **V. principio, principios del ser**.

PRINCIPIOS DEL SER Uno de los modos en que los escolásticos clasificaron el concepto básico de «principio», conocido como *principium assendi*. Se ha supuesto que aquellas teorías filosóficas que tienen como base este principio, es decir, el conocimiento estructurado según la realidad, son realistas. **V. principio, principios del conocimiento**.

PRIVACIÓN Una de las cuatro clases de oposición, según Aristóteles. Se entiende en general como la ausencia en el ser de cualquier atributo. Es posible diferenciar la privación, de acuerdo con el hecho de que ésta dependa de lo esencial que el atributo resulte respecto al ser; es decir, si éste forma parte o no del género al cual se hace referencia; por ejemplo, es diferente la privación o ausencia de alas en el ser humano que en un ave, pues éstas forman parte de la esencia de las aves, pero no del hombre. **V. oposición**.

PROBABILIDAD Desde la antigüedad se denomina probable a aquello que según las apariencias puede ser verdadero o cierto. La probabilidad tiene varios niveles según sea mayor o menor el grado de certidumbre. La noción de probabilidad ha tomado mayor importancia en los dos últimos siglos, sobre todo a partir de los escritos de P.S. Laplace *(Teoría analítica de las probabilidades* (1812), *Ensayo filosófico sobre las probabilidades* (1814)), en los cuales propone la doctrina de las probabilidades como el arte de juzgar sobre la mayor o menor admisibilidad de ciertas hipótesis con base en los datos poseídos. Pueden observarse cuatro grupos principales de teorías de la probabilidad: (a) las que definen la probabilidad como medida o grado relativo de creencia en hechos o enunciados; (b) las que definen la probabilidad como la relativa frecuencia de los acontecimientos; (c) las que definen la probabilidad como la frecuencia en valor de verdad de clases de argumentos; (d) las que definen la probabilidad como el enlace entre una noción primitiva y su evidencia. El análisis lógico de la noción de probabilidad ha llevado a muchos autores a distinguir entre «probabilidad estadística» (acerca de los fenómenos) y «probabilidad inductiva» (sobre proposiciones acerca de fenómenos).

PROBABILISMO Doctrina que excluye la posibilidad de la certeza en el conocimiento, ya que sólo es admisible la aproximación al saber seguro. Esta definición corresponde a un probabilismo teórico, pudiéndose definir también un probabilismo práctico como aquel en que la acción está determinada por lo más adecuado o conveniente. En la antigüedad era frecuente la mezcla de estas dos formas de probabilismo al aplicarse la norma de la verosimilitud, pero no la certeza absoluta, en los planos físico y moral; no es admisible lo absolutamente cierto, como tampoco lo absolutamente falso, de modo que el criterio de verdad se reduce a lo creíble. También en el Renacimiento hubo varias doctrinas probabilistas, como la de Montaigne. En el siglo XVII se extendió una forma de probabilismo moral, representado principalmente por el jesuita Bartolomé Medina, quien afirmó que, en el campo moral, entre varias opiniones es preciso elegir la más probable. En el siglo XX, el concepto de probabilismo ha sido aplicado a la ciencia, como lo hace Bachelard cuando afirma que el conocimiento científico de lo real es siempre aproximado.

PROBLEMA Planteamiento que admite dos tesis distintas y opuestas, el cual sólo se puede aceptar o rechazar en su totalidad o conjunto, pero que no puede probarse ni refutarse; es decir, un problema sólo puede abordarse como tal. Es posible aclarar un problema y resolverlo o «disolverlo» de esta forma, como si se tratara de un *nudo*. Se han considerado varios tipos de problema, de los cuales los principales son el *problema subjetivo*, cuando éste se aclara o trata de ser resuelto *para* el sujeto, y el *problema objetivo*, cuando se trata de un problema *en sí mismo* (*per se*). Plantear problemas es propio de la filosofía, de la matemática y de algunas ciencias, y su importancia consiste en la forma como son planteados, pues de ello depende que sean resueltos. Para Bréhier, quien habla de una *metaproblemática*, solamente se debe plantear un problema en filosofía cuando éste tenga un sentido.

PROCESO En general se ha definido este término como el progreso o evolución, o la transición hacia algo que es deseable, que quiere alcanzarse. Pero no es posible dar una definición exacta en este caso, puesto que proceso se ha identificado en algunos casos con *procesión* o derivación de algo que comienza desde su principio, con *evolución* y, también, con *razonamiento*. En todo caso, el concepto ha dado origen a la tendencia llamada *procesalismo*, equiparable con el funcionalismo, el cual aborda dos concepciones: la del mundo con base en una teoría general de la evolución, y la del espíritu como «flujo de vivencias» o «corriente de conciencia». Según Sheldon, el proceso tiene por misión «eliminar el choque y el conflicto entre los opuestos polares». También el procesalismo ha elaborado una teoría de los valores fundándose en que el proceso es superior a la sustancia. Para el evolucionismo naturalista, el proceso implica progreso; y para el neoevolucionismo el proceso es el medio por el cual una realidad espiritual se desenvuelve. De todos modos, todas estas posiciones tienen en común el interés por sustituir la metafísica de la sustancia por la metafísica de la fluencia, y la «filosofía del proceso» se refiere al universo como un organismo dinámico.

PROCLO (420-485). Filósofo neoplatónico nacido en Constantinopla, maestro y escritor. En su obra, llamada por los latinos *Elementatio theologica*, intentó sistematizar el neoplatonismo; escribió extensos comentarios sobre la doctrina de Platón y, también, sobre los *Elementos* de Euclides.

PRODUCCIÓN Creación humana de algo a partir de una realidad prexistente, siempre y cuando lo pruducido no exista previamente dentro de tal realidad. En metafísica, se llama creación a la producción divina de algo, sea a partir de lo prexistente, sea de la nada o *ex nihilo*. La procesión es una de las maneras posibles de producción. En la teología católica se ha resaltado lo referente a los modos de producción del ser: producción por *procesión* (*processio operationis*), en la cual una naturaleza inmutable es comunicada entera a varias personas (por ejemplo, las *procesiones trinitarias*); producción por *transformación*, donde un agente externo determina en otro un cambio; producción por *creación*, cuando un agente absoluto extrae algo de la nada; producción por *emanación sustancial*, cuando un agente extrae de sí una sustancia parecida; y producción por *emanación modal*, cuando el agente extrae de sí una manera de ser nueva. Como concepto económico, la producción es tratada dentro de varias doctrinas; principalmente el marxismo se ha basado en los conceptos económicos de las relaciones de producción y de la propiedad de los medios de producción. **V. capital (el), emanación, marxismo.**

PRODUCTO Término utilizado en lógica, tanto en el álgebra de clases como en el álgebra de relaciones. En la primera, se dice que una clase C es el producto de las clases A y B, cuando está compuesta de todas las entidades que pertenecen a la vez a A y a B. El producto lógico de relaciones se define así:

$$A \cap B = \text{def.} \,^{\wedge}x \, (x \, \varepsilon \, A \, . \, x \, \varepsilon \, B)$$

En la segunda (álgebra de relaciones), se dice que una relación Q es el producto de dos relaciones, R y S, cuando Q es la relación de todas las entidades x a todas las entidades y, tal que R relaciona x con y y S relaciona x con y. A veces este producto se llama *producto absoluto*, para distinguirlo del llamado *producto relativo*. Se define como sigue:

$$R \cap S =_{def.} {}^\wedge x \, {}^\wedge y \, (x \, R \, y \, . \, x \, S \, y)$$

El *producto relativo* de una relación S, a que nos referimos, es la relación de todos los x con todos los y tales, que $(\exists z) \, (x \, R \, z \, . \, z \, R \, y)$.

PROFERANCIA Término usado por los filósofos del lenguaje que se interesan por los actos lingüísticos (Austin, Searle). Proferancia es la acción de decir, es lo que se hace al proferir. El problema que suscita el término es el de si el «proferir», «el decir», «el acto de decir», es efectivamente el acto en sí mismo, o el resultado del mismo. La atención a este problema es producto de un interés predominante por la dimensión pragmática del lenguaje.

PROGRESO Proceso o evolución en los cuales están incorporados valores. **V. proceso**.

PROGRESSUS IN INFINITUM (progreso al infinito). Designa un progreso que continúa indefinidamente, es decir, dado un término s, existe siempre un «s_1» que se puede aducir, y dado «s_1» se puede aducir s_2, y en general, dado un «s_n» existe siempre un «s_{n+1}» que se puede aducir. El hablar causalmente supone casi siempre un *regressus in infinitum*; el *progressus in infinitum* y el *regressus in infinitum* suponen una serie causal de argumentos retrospectiva o proyectivamente de un argumento dado.

PRÓJIMO V. otro.

PROLEGÓMENOS: Introducción breve a alguna ciencia con el fin de dar a conocer previamente el contenido, los objetivos y el método de investigación de la misma. Los *prolegómenos a toda metafísica futura que pueda presentarse como ciencia* de Kant son así una introducción breve a los planteamientos desarrollados en la *Crítica de la razón pura*.

PROPEDÉUTICA Curso o ejercicio breve, cuyo objetivo es preparar o servir de introducción en la enseñanza de temas, materias o ciencias en general y que anteceden a su estudio más profundo.

PROPIEDAD, PROPIO Carácter de una cosa que sin ser parte esencial de la misma, resulta como consecuencia necesaria de su esencia y, por tanto, conviene a toda una especie y sólo a ella. En lógica tradicional, es el modo de relación entre el sujeto y el predicado, en el cual la relación no es esencial sino convertible; aunque la propiedad pertenece a la cosa, no le es esencial ni expresa su esencia. Según Aristóteles, la propiedad puede ser *por sí y siempre*, o también, *relativa a otra cosa y por un tiempo*. Inspirado en el estagirita, Porfirio determinó cuatro sentidos de lo propio: lo que pertenece accidentalmente a una sola especie, aunque no pertenezca a toda ella; lo que accidentalmente pertenece a la especie entera, sin pertenecer a ella sola; lo que pertenece a una sola especie, a toda ella y sólo en un momento determinado; y, por último, lo que pertenece a una sola especie, a toda ella y siempre. Los escolásticos definen lo propio como aquello que tiene la capacidad de estar en (*inesse*) varios sujetos y de poder predicarse de ellos de un modo necesario.

PROPIEDADES DE LOS TÉRMINOS En lógica, formas o modos que los escolásticos dieron a las proposiciones. Estas propiedades son: *suposición* (conjetura acerca del significado de un nombre), *copulación* (modo de entender los predicados o verbos), *apelación* (suposición en aquellos términos que se refieren a individuos existentes en la actualidad o, también, a términos que enfatizan otro término), *ampliación* (incremento del término respecto a su tamaño en cuanto al número de individuos), *restricción* (disminución del término en el mismo sentido de la propiedad anterior), *transferencia* (traslado del propio uso de un término menos ajustado a ese uso), *disminución* (cuando otro término restringe la extensión del término dado) y *relativo* (cuando el término por su naturaleza se refiere a otro).

PROPIEDADES ESENCIALES (y no esenciales) V. propiedad.
PROPIO V. propiedad
PROPOSICIÓN O ENUNCIADO
Producto lógico del pensamiento que se expresa mediante el lenguaje, sea éste un lenguaje común, cuando adopta la forma de oración gramatical, o simbólico, cuando se expresa por medio de signos o símbolos En la lógica tradicional se distinguen la proposición y el juicio, por cuanto la primera es el *producto lógico* del acto por el cual se afirma o se niega algo de algo, mientras ese *acto* constituye el juicio. Hemos puesto *o enunciado*, debido a que es frecuente usar indistintamente estos dos términos, aunque también se han distinguido en el sentido de que *enunciado* es la proposición «en tanto que forma parte del silogismo». Para Aristóteles, proposición es un discurso enunciativo perfecto, que expresa un juicio y significa lo verdadero y lo falso. Los escolásticos clasifican las proposiciones en *simples* y *compuestas*; las simples, a su vez, se dividen por razón de la materia, de la forma, de la cantidad y de la cualidad; por razón de la materia, pueden ser: *necesarias* o *analíticas*, *contingentes* o *sintéticas*, e *imposibles*; por razón de la forma, las proposiciones simples pueden ser: *afirmativas*, *negativas* e *indefinidas*; por razón de la cualidad, pueden ser: *verdaderas* o *falsas*; por razón de la cantidad, pueden ser: *universales*, *particulares*, *singulares* e *indefinidas* o *indeterminadas*. Algunos autores llaman *cualidad* a la forma de la proposición y hablan de proposiciones obtenidas por combinación de la cantidad y de la cualidad; éstas pueden ser: *universales afirmativas, universales negativas, particulares afirmativas* y *particulares negativas* y *compuestas*, y se subdividen en evidentemente compuestas y ocultamente compuestas. Las *proposiciones compuestas* resultan de la combinación de proposiciones simples entre sí, o con otros términos, y se dividen en proposiciones *evidentemente* (o *manifiestamente*) *compuestas* y *proposiciones ocultamente compuestas* (o *formalmente hipotéticas*). Las evidentemente compuestas pueden ser: *copulativas* o *conjuntivas, disyuntivas, condicionales, causales* y *relativas*. Las proposiciones ocultamente compuestas pueden ser: *exclusivas, exceptivas, reduplicativas, comparativas* y *exponibles*. Para Bolzano, la *proposición en sí* es la proposición como entidad lógica abstracta, considerada con independencia de su ser o no ser pensada o expresada, e incluso de su ser cierta o falsa; la *verdad en sí* es la *proposición en sí* en los casos en que ésta resulta cierta. En la fenomenología, Pfänder, siguiendo la doctrina de Husserl, escribe: «La proposición verbal *enunciativa* consta de palabras que, a su vez, se componen de letras. Es un producto del lenguaje, constituido por estos elementos»; en cambio, los elementos del juicio son los conceptos, de manera que mientras la proposición expresa el juicio, éste no expresa la proposición; llega así a la conclusión de que sólo el juicio puede ser falso o verdadero. Para Wittgenstein, el análisis filosófico debe mostrar la evidencia de aquellas expresiones lingüísticas o *proposiciones* que son realmente significantes, y hacer que se rechacen las que no lo son; toda proposición es un modelo, una reproducción de un estado de cosas determinado; las *proposiciones significantes*, aun las más complejas, pueden siempre reducirse a proposiciones simples (atómicas), que expresan hechos elementales (atómicos) mediante procedimientos de lógica. Una proposición significante será calificada de verdadera si el estado de cosas que expresa existe, y falsa en el caso contrario. Incumbe, por tanto, a la crítica del lenguaje, mostrar la forma lógica real de las proposiciones, oculta tras la forma aparente; las proposiciones siempre verdaderas, independientemente de cuál sea la configuración de hechos que se verifique, son las llamadas *tautologías* que, aunque no son representaciones de hechos, no son insensatas, porque siempre resultan verdaderas; su conjunto constituye la lógica y las matemáticas; todas las proposiciones que no pueden reducirse a proposiciones empíricas o tautologías deben ser consideradas carentes de sentido (proposiciones de la ética, de la religión, del arte o de la metafísica). Russell define la proposición como «la clase de todas las sentencias que poseen la misma significación

que una sentencia dada». En general, en la lógica actual, las proposiciones se dividen en *atómicas*, que no incluyen conectivas, y *moleculares*, que sí las incluyen; también pueden ser *cuantificadas* (particulares y generales), y *no cuantificadas*. V. **analítico, contingente, copulativo, discurso, disyunción, enunciado, hipotético, imposible, juicio, logística, necesario, particular, sintético, universal**.

PROTÁGORAS Filósofo nacido en Abdera, perteneciente a la llamada sofística, que vivió en tiempo de Pericles y que, junto con Gorgias, fue uno de los más sobresalientes representantes de esta fase de la filosofía griega. Tuvo fama de gran retórico y de poseer grandes conocimientos en los campos de la gramática y del lenguaje. Dudó de la posibilidad del conocimiento en general y, en especial, del de los dioses. Su expresión «el hombre es la medida de todas las cosas: de las que son, en tanto que son, y de las que no son, en tanto que no son» es muy conocida e hizo historia por las interpretaciones que le fueron asignadas y por las discusiones que suscitó su posible contenido. Aristóteles sostiene que para comprender su sentido es necesario saber antes si se refiere al hombre como sujeto de *ciencia* o de *sensación*, es decir, como *verdad* o como *doxa*. Protágoras se refiere a las cosas en cuanto se oponen al ser (*ón*), entendiendo por *cosas* los bienes muebles, aquellos que se usan, y la *cremística* o sentido del dinero. Por otra parte, para Protágoras, la *doxa* es la convención, los nombres que los mortales ponen a las cosas.

PROTESTANTISMO Doctrina cristiana surgida del seno de la Iglesia católica como consecuencia de la Reforma protestante iniciada en 1517 por Martín Lutero, profesor de estudios bíblicos en la Universidad de Wittenberg, en Alemania. Este sacerdote estableció sus principios en *95 tesis*, las cuales causaron gran expectativa y, muy pronto, se difundieron por toda Europa. Su propósito era discutir desde un punto de vista teológico el otorgamiento de indulgencias, a la luz de los muchos abusos que se habían cometido durante siglos. Lutero fue excomulgado por el Papa en 1520 y puesto fuera de la ley por el emperador Carlos V, en Worms, en 1521. En 1529, este emperador acometió violentamente contra este movimiento religioso que, peligrosamente, había tomado ya mucha fuerza, pero algunos príncipes de los Estados alemanes protestaron. Desde este momento, el movimiento reformista se constituyó con el nombre de La Reforma. En 1530, Lutero sustentó sus principios ante la dieta de Augsburgo y fundó las protestantes. De estos planteamientos emergieron tres tendencias: la luterana, en Alemania y los países escandinavos; las zwinglianas y calvinistas, en Suiza, Francia, Holanda y Escocia; y la Iglesia de Inglaterra. V. **Calvino, Reforma (La), Lutero, Zwinglio**.

PROTO Prefijo de origen griego (*prôtos* = primero) que se utiliza para denominar aquello que tiene la característica de primero (protomártir: el primer mártir), anterior (protohistoria: anterior a la historia) o superior (protomédico: médico de rango superior, con capacidad de examinar a otros).

PROTOTIPO Individuo que tiene como característica ser el primero de una serie, a cuyos rasgos, propiedades y particularidades se acercan otros individuos de su misma especie. También se le puede dar el nombre de «tipo ideal».

PROUDHON, Pierre Joseph (1809-1865). Filósofo francés, nacido en Besançon. Fundó las revistas *El representante del pueblo* (1847), *El Pueblo* (1848) y *La voz del pueblo* (1848). Para él, la justicia es una armonía universal que rechaza el predominio de unos grupos humanos sobre otros y el de unos individuos sobre otros, y se basa en una relación mutualista para la constitución de la sociedad justa. En este tipo de sociedad el poder coercitivo del Estado y las formas vigentes de relación económica y moral serían abolidos y remplazados por la libre cooperación entre asociaciones. Esto impediría la destrucción del equilibrio esencial de la sociedad. Sus principales obras son: *Sistema de contradicciones económicas o filosofía de la miseria*, obra que tuvo respuesta de Marx; *¿Qué es la propiedad?*; *Filosofía del progreso*; *De la* creación del orden en la humanidad, o principios de organización política; La revolución social.

PROVIDENCIA Concepto teológico según el cual Dios ha señalado de antemano los sucesos que han de ocurrir en la vida de cada ser y, en general, en la existencia de cada ser del universo y, por tanto, tiene sobre la totalidad de ellos una preciencia o conocimiento. Cada ser, su existencia, sus actos y los medios que emplean para realizarlos, se ciñen rigurosamente a un plan divino; por la sabiduría y la omnipotencia de Dios, éste rige al mundo sirviéndose de la «actividad de las causas creadas». Según se trate de criaturas racionales o a la totalidad de los seres del universo, la providencia es *particular* o *general*, respectivamente. **V. destino, predestinación**.

PROYECCIÓN Acción y efecto de proyectarse algo. En filosofía, Th. Lipps, al tratar el concepto de endopatía, observó que sus componentes fundamentales son la *proyección* y la *imitación*, entendiendo por proyección la acción por la cual el sujeto *extiende* su propio ser a una realidad. Esta idea influyó en el concepto de apreciación artística, de manera que se pensó que no es posible comprender una obra de arte si no hay proyección hacia ella, además de apropiación de ella (imitación); para Lipps, estos mismos elementos son constitutivos de la comunicación auténticamente humana. Avenarius propone una «proyección hacia adentro» o *introyección* para entender el origen y la causa de las representaciones metafísicas y conseguir así curarse de ellas con el fin de volver a un «concepto natural del mundo». Heidegger introduce el término *Entwurf* (proyecto) para designar un «proyectarse» a sí mismo; de ahí que pueda hablarse para referirse al *dasein* de un ser «como proyecto». En última instancia se trata de vivir como un proyecto; éste aparece dentro de lo que Heidegger llama «comprensión». **V. proyecto.**

PROYECTO En el lenguaje común, plan o disposición para realizar un acto en el futuro. En filosofía, varios autores se han referido al proyecto en diversos sentidos. Heidegger lo propone como un planearse a sí mismo, un *vivir como proyecto*, una anticipación a sí mismo. Es el poder ser del *dasein*, anterior a la posibilidad y no identificable con ésta, pues la posibilidad se refiere a lo que es *dado*, en cambio el *dasein* se «elige a sí mismo en su proyectarse». Para Ortega y Gasset, la vida humana es, ante todo, un *proyecto vital*, pues el hombre está enfrentado a determinar previamente *lo que va a ser*, a inventarlo y pretender realizarlo en vista de las circunstancias; el hombre debe elegir permanentemente entre diversas opciones y posibilidades; por eso, la vida humana es, sobre todo, pretensión, proyecto vital. Sartre afirma que el proyecto es una conciencia de libertad absoluta, de manera que más que proyecto es *preproyecto*, por cuanto siempre está abierto a cualquier modificación. En sentido lógico y epistemológico, este término se ha empleado en el análisis de los llamados *términos disposicionales*.

PRUDENCIA (del griego *phrónesis* = sabiduría práctica, prudencia). Platón clasifica la prudencia como una de las cuatro virtudes principales. Es, según él, un juicio que no afecta a ninguna actividad determinada porque se aplica a todas las materias

Pierre Joseph Proudhon

humanas. Para Aristóteles, la prudencia no es ni una ciencia ni un arte, sino un hábito razonado para actuar adecuado bueno y malo para el hombre. El sentido de esta noción varía según si se acentúa más el carácter moral o el mundano de la misma. Kant toma la prudencia como una habilidad en la elección de medios para alcanzar el máximo bienestar o felicidad, pero como la acción no es ordenada sino como un medio para lograr un fin, el precepto de la prudencia es *hipotético*. El término prudencia ha sufrido fuertes críticas aunque los defensores de la «ética de la prudencia» sostienen que pueden encontrarse razones válidas para justificar el fin deseado, o si no se encuentran es porque no se desea justificar el fin sino la prudencia misma.

PRUEBA V. demostración.

PRUEBAS DE LA EXISTENCIA DE DIOS Planteamientos teológicos propuestos y defendidos por algunos filósofos, que tienen como fin demostrar en forma lógica la existencia de un ser divino. Fueron formuladas a lo largo del desarrollo del pensamiento humano desde la antigüedad y tradicionalmente se han clasificado en tres grupos: (a) pruebas *a priori*, que defienden la existencia de Dios teniendo como base el conocimiento inmediato; (b) pruebas *a posteriori*, que se basan en argumentos racionales, los cuales demuestran su existencia; (c) la prueba *anselmiana* u ontológica, la cual coincide con el llamado argumento *simultáneo*. Las pruebas del tipo (a) fueron sostenidas principalmente por Duns Escoto y por otros autores; Escoto afirma que si Dios es posible, existe; por consiguiente es necesario antes demostrar su posibilidad, lo cual efectúa al decir que Dios, como *ens a se*, es necesario, y su esencia coincide con su existencia, de donde se desprende que su posibilidad implica su realidad. Las pruebas del tipo (b) fueron usadas principalmente por santo Tomás, para quien la existencia de Dios es algo evidente *per se*, pero no en cuanto a nosotros; hay dogmas revelados que se pueden conocer por la razón, por ejemplo, la existencia de Dios y muchos de sus atributos; de la esencia de Dios se sigue necesariamente su existencia; esta *aseidad*, es decir ser un *ens a se*, es lo fundamental en su demostración de la existencia de Dios; pero para que el conocimiento de esta existencia se haga evidente a nosotros (*quoad nos*), hay que buscar otros argumentos dentro de los cuales destaca las llamadas *cinco vías* (*quinque viae*), las cuales sólo enunciaremos: (a) todo lo que se mueve es movido por algo (primer motor); (b) hay una causa que no es efecto, una causa que no es causada (primera causa); (c) más allá de lo contingente debe haber una realidad que sea absolutamente necesaria, pues todo lo contingente depende de lo necesario; (d) al haber grados de perfección (más o menos perfecto), debe haber una perfección absoluta que permita medir estos grados (modelo); (e) al existir una tendencia de todo hacia un fin, necesariamente habrá un fin absoluto hacia el cual todo tiende. La conclusión de todas estas vías o argumentos es la afirmación de la existencia de Dios. Las pruebas del tipo (c) fueron iniciadas con la prueba de san Anselmo. Pese a ser la primera de las anteriormente citadas, la hemos puesto en tercer lugar debido a que ya nos hemos referido extensamente a ella en esta obra; sólo queremos decir que su prueba –que ha recibido el nombre de *ontológica* a partir de Kant– ha sido de inmensa importancia en toda la historia de la filosofía, puesto que implica toda la metafísica. **V. Anselmo (san), ontológica (prueba).**

PSICOANÁLISIS Orientación de la sicología, fundada por el médico neurosiquiatra Sigmund Freud, quien la define como un «método terapéutico aplicado en el tratamiento de las neurosis, rigurosamente sicológico y que no recurre ni a fármacos ni a manipulaciones físicas, y que se funda exclusivamente en la relación personal entre el médico y el paciente» (sicoterapia relacional). Freud, al abandonar completamente el método de la hipnosis, elaboró las técnicas de interpretación de los sueños y de *asociaciones libres*, que caracterizan al sicoanálisis. El sicoanálisis se puede considerar desde tres puntos de vista: como forma de sicoterapia, como teoría del aparato síquico y como método para la interpretación de los fenómenos que constituyen el campo de las ciencias humanas, desde la sociología hasta la antropología cultural, desde la crítica literaria hasta la de las artes figurativas, la música, etc. *Neurosis* significa, según Laplanche y Pontalis, «afección sicógena en la que los síntomas son la expresión simbólica de un conflicto síquico, el cual tiene sus raíces en la historia infantil del sujeto y constituye un compromiso entre el deseo y la prohibición». Por otra parte, *conflicto,* en el lenguaje sicoanalítico, tiene un valor esencialmente intrasíquico, y existe solamente cuando el sujeto mismo debe escoger, por iniciativa propia y bajo su entera responsabilidad, entre satisfacer o reprimir ciertas aspiraciones suyas. El conflicto neurótico es siempre inconsciente; es un compromiso entre los impulsos del instinto (pulsión libidinal) y las funciones de control del sujeto (superyó). Para la curación de las neurosis se precisa reducir las exigencias del superyó y satisfacer las pulsiones, dentro de los límites de un permanente respeto del principio de realidad. El método de que se sirve el analista para alcanzar su objetivo es el de la *interpretación* de los derivados, deformados por la censura, que representan lo que ha sido expulsado de la conciencia y relegado en el inconsciente, siendo indestructible y con tendencia de continuo a reaparecer en la conciencia por vías indirectas. La censura se hace menos atenta en el sueño y en momentos de relajamiento o abandono; por esta razón Freud construye una técnica de interpretación de los sueños, de las libres asociaciones, de los *lapsus* y de las amnesias; una serie de conceptos fundamentales derivados del sicoanálisis se han aplicado a las ciencias sociales con el fin de captar los factores inconscientes de determinados fenómenos sociales, tales como los mitos, los rituales religiosos, los prejuicios, el significado de los valores culturales, las actitudes masivas frente a determinados modelos de sociedades, etc. Las variaciones caracterológicas que tienen lugar en función de los rasgos esenciales y de las transformaciones de una cultura quedan incluidas, sin duda, en la esfera de competencia del sicoanálisis, aunque lo que importa es el modo en que los datos ambientales son recibidos por el individuo y las consecuencias que la asimilación de esos datos tienen en el sujeto. Freud mismo, en su obra *Compendio del sicoanálisis,* concluye que la teoría sicoanalítica ha demostrado que la frontera entre la normalidad y la anormalidad síquicas no se puede determinar científicamente, lo que hace posible y útil partir de los trastornos de la vida síquica para comprender la vida síquica normal; también ha demostrado que los datos de la autopercepción consciente no bastan para penetrar la trama de los procesos síquicos, descubrir sus nexos e identificar las condiciones de sus trastornos. **V. Freud**.

PSICOLOGÍA La sicología aparece como ciencia en la segunda mitad del siglo XIX, pues lo que llamamos sicológico en los escritos filosóficos anteriores se trata de indagaciones sobre el alma, entendida como sustancia, sobre su esencia, sus relaciones con el cuerpo o su destino, es decir, sobre problemas metafísicos. Uno de los factores básicos para este advenimiento fue la encarnizada resistencia del positivismo a incluir el concepto de alma como principio capaz de explicar las manifestaciones superiores de la vida. Alrededor de 1850, los progresos de la anatomía del sistema nervioso, de la biología y de la fisiología establecieron un paralelismo entre plano corporal y plano síquico. Es Wilhelm Wundt, perteneciente al *evolucionismo espiritualista*, quien funda en Leipzig, en 1879, el primer centro de sicología experimental. La sicología, en sus comienzos como ciencia (siglo XIX), enfrenta varios problemas, de los cuales son los más importantes, en primer lugar, el de la existencia o inexistencia de *facultades* bien delimitables en la siquis humana, seguido por la relación entre sensación y proceso perceptivo y el papel del interés y la atención dentro de este último, y la conciencia como parte de la vida síquica o, bien, como totalidad de la misma. En Francia, el sicólogo más destacado es T. Ribot, para quien la sicología debe ser exclusivamente experimental y no debe tener por objeto sino los fenómenos, sus leyes y sus causas inmediatas, siguiendo el método de las ciencias naturales; considera la conciencia como un epifenómeno de las modificaciones orgánicas; las tesis y las discusiones contra las leyes fundamentales de la asociación fijadas por el empirismo y el positivismo ingleses condujeron, en 1879, a la creación de un laboratorio de sicología fisiológica en La Sorbona, y, en 1888, a la institución de la cátedra de sicología experimental en el Collège de France. En Estados Unidos, entre 1884 y 1894, nacieron 27 laboratorios de sicología experimental como consecuencia del surgimiento de la sicología científica en ese país, liderada por numerosos estadounidenses, entre los cuales se destaca especialmente William James, autor de la célebre obra *Principios de sicología* (1890), y quien estableció el curso de sicofisiología en la Universidad de Harvard. En Italia se destacaron, una década más tarde, Roberto Ardigó autor de la obra *La sicología como ciencia positiva*. Para Spencer, la misión de la sicología no puede limitarse al examen de la conciencia individual, sino que debe ampliarse al estudio de las innumerables manifestaciones de lo síquico, desde los grados más bajos hasta los más altos, y también al estudio de los complicados y profundos nexos que vinculan entre sí estas diversas manifestaciones; la conciencia humana presenta formas *a priori* del conocimiento y del sentimiento que sólo son tales para el individuo, y formas *a posteriori*, tales solamente para la especie. Durante los primeros años del siglo XX, el ruso I. P. Pavlov abrió con sus investigaciones nuevos horizontes a la ciencia de la naturaleza y, en especial, a la sicología; distinguió dos categorías de reflejos: los *innatos* o incondicionados, y los individualmente adquiridos o *condicionados*, en los que, por medio de asociaciones repetidas, un estímulo artificial sustituye al estímulo natural y cuya función específica consiste en hacer que el individuo reaccione con prontitud ante todas las fluctuaciones ambientales, lo cual asegura un equilibrio cada vez más perfecto entre el organismo y el ambiente exterior en el que transcurre su vida. El método de los reflejos condicionados permite hacer analizables por vía experimental los más complicados comportamientos síquicos, poniendo en evidencia su indiscutible base fisiológica; en esta teoría se basa la llamada *sicología del comportamiento* o behaviorismo, fundada en 1914 por el norteamericano J. B. Watson, quien prescinde de la existencia, inverificable, de la conciencia, y limita su estudio al análisis de las relaciones directas entre estímulo y reacción, sin referirse a ninguna hipótesis metafísica sobre la naturaleza de los actos síquicos. Sin embargo, la orientación más característica de la sicología del siglo XX es la *sicoanalítica*, introducida por S. Freud, fundador de la Sociedad sicoanalítica internacional, entre cuyos más célebres exponentes se cuentan el austríaco Alfred Adler y el suizo Carl Gustav Jung, quienes más tarde impugnaron la pretensión de Freud, su maestro, de reducir toda la carga pulsional exclusivamente al instinto sexual.**V. Freud, psicoanálisis.**

PSIQUÉ Nombre griego que significa *alma*. Designa el producto de la interacción entre el sujeto y el objeto, específica del primero. Para la simple contemplación, la *psiqué* se presenta bajo el aspecto de fenómenos del denominado mundo subjetivo del hombre, accesibles a la introspección: sensaciones, percepciones, representaciones, pensamientos, sentimientos, etc. Al hablar de la esencia de la *psiqué* es necesario distinguir su concepto filosófico de su concepto científico. El primero se halla relacionado directamente con la cuestión fundamental de la filosofía, a saber, la relación entre conciencia y ser. En tal sentido, este concepto se identifica con los de conciencia, pensamiento, conocimiento, razón, espíritu, etc. El segundo considera la *psiqué* como producto y al mismo tiempo como condición de la interacción entre sujeto y objeto, en cuyo transcurso se forman en el cerebro sistemas de conexiones nerviosas las cuales hacen posible el reflejo de la realidad y simultáneamente actúan como reguladores del proceso de interacción, permitiéndole al hombre orientarse en el mundo que le rodea. Para el materialismo dialéctico, la *psiqué* es una propiedad especial de la materia altamente organizada que consiste en el reflejo de la realidad objetiva en forma de imágenes ideales.

PSIQUIS Término griego usado para designar el principio que rige la vida subjetiva, por sí misma y en sus relaciones con el mundo exterior u objetivo. El estudio de este principio, que se ha concebido de diversas formas en las diferentes épocas y escuelas, es el objeto de la sicología. **V. psicología**.

Psiquis y Eros. Escultura de Canova (Museo del Louvre)

PÚBLICO En general, esta noción se contrapone a *privado* y se refiere a todo cuanto está a la vista o se manifiesta ante todos. Otra acepción de este término se refiere a lo que pertenece a todos, a la comunidad, al pueblo. También puede referirse al pueblo mismo; el uso más importante de este vocablo es el de *lo público*, referido al Estado y a las partes que lo constituyen, en cuanto ente que pertenece al pueblo y cuya acción está dirigida a su progreso y bienestar.

PUEBLO Vocablo que, en general, designa a la totalidad de la población de un Estado o país. La distinción entre *población* y *pueblo* empezó a ser importante a partir de la Revolución francesa, cuando *pueblo* fue identificado con los estratos más pobres de la población, a nombre de los cuales se invocaba igualdad a base de la supresión de los privilegios de la nobleza. Con el surgimiento de la burguesía industrial se identificó *pueblo* con los campesinos, por una parte, y con las masas de obreros, por la otra. En la doctrina marxista, el *pueblo* es el conjunto de personas a las que, según Lenin, «unen determinados elementos» para llevar a cabo la revolución; tal sentido antagónico del pueblo frente a lo establecido dentro de un sistema diferente, sólo se agotará cuando haya terminado la «explotación del hombre por el hombre».

PUFENDORF, Samuel Freiherr von (1632-1694). Historiador y filósofo del derecho alemán, nacido en Dorf-Chemnitz. Su concepción del Estado muestra gran influencia de Hobbes; para él el Estado surge de la necesidad de evitar la terrible inseguridad que se produciría si cada individuo estuviera en libertad de manifestar sus propios impulsos; el miedo a la inseguridad conduce, pues, al pacto que constituye el Estado. Por otra parte, identificó el derecho natural con la voluntad divina. Sus principales obras son: *De iure naturae et gentium libri octo; Elementorum iurisprudentia universalis libri duo*.

PURO En general, se dice que es puro aquello que no tiene mezcla, de manera que permanece intacta su naturaleza. Anaxágoras usó el término *puro* para designar la «inteligencia sin mezcla», y los neoplatónicos, para referirse al «conocimiento puro» sin elemento sensible alguno. En Descartes, la *intelección pura* es aquella que no se refiere a ninguna imagen corpórea. Pero es en Kant en donde este término adquiere gran importancia para la filosofía; llama *puro* al conocimiento *a priori* cuando no hay en él elementos de lo empírico, de la sensación o la experiencia. Posteriormente, Avenarius lo utiliza para referirse a la *experiencia pura* o experiencia anterior a cualquier posible división entre lo físico y lo síquico. Por último, Eucken ha identificado el uso que se ha hecho del concepto de puro en la filosofía, con el concepto de *a priori*.
V. *a posteriori*, *a priori*.

QUADRIVIUM Palabra latina que designaba durante la Edad Media a la agrupación en un área de conocimiento, de cuatro disciplinas, a saber: aritmética, geometría, astronomía y música. El *quadrivium* se enseñaba principalmente en los monasterios, y su complemento natural era el *trivium*, que agrupaba a la gramática, la retórica y la dialéctica. **V. *trivium*.**

QUAESTIO (Del latín *quaerere* = buscar). Designa el método de estudio propio de la escolástica medieval a partir del siglo XII. La *quaestio* se desarrolló como consecuencia de una elaboración de la *lectio* y consistía en presentar, a la altura de la última lección, problemas o «cuestiones» acerca del sentido del texto y en formular interpretaciones sobre él. Así fue como se formó un género determinado: Quaestiones.

QUANTUM Término latino que significa *cuán grande*. El físico alemán Max Planck expuso, el último día del siglo XIX, la idea de que la luz y todas las demás clases de radiación electromagnética, que siempre eran consideradas como trenes continuos de ondas, consisten realmente en paquetes individuales de energía con cantidades bien definidas de energía por paquete. Esa cantidad de energía por paquete depende de su frecuencia de vibración y es directamente proporcional a ella, de modo que se puede escribir esta fórmula: $E = h\nu$, en que h es una constante universal. Planck llamó a estos paquetes de energía *quantum* de luz (cuanta de luz), o más generalmente, *cuanta de radiación;* la constante h es conocida como *constante cuántica*. La teoría de Planck es el fundamento de la física moderna.

QUERER Término que indica aceptación. Es, por tanto, el acto de la voluntad por el cual algo se desea, se acepta como deseable. El *querer* es una noción estrechamente ligada con las de *voluntad* y *libertad*. Para santo Tomás, por ejemplo, la voluntad humana no quiere *necesariamente* todo lo que quiere, mientras Dios *quiere* lo bueno; en cambio, para Duns Escoto, lo bueno es bueno porque Dios lo *quiere*. **V. voluntad**.

QUID Palabra latina que significa *qué cosa*. Se utiliza para designar el qué, lo fundamental, la esencia o el motivo de algo. En filosofía se utiliza la expresión latina *Quid pro* quo para referirse a una confusión o error.

QUIDIDAD Calidad de esencial; esencialidad. Se dice de lo que responde al ¿qué es? de una cosa *(quid):* su esencia expresada por la definición. **V. esencia.**

QUIETISMO Doctrina preconizada por el teólogo español Miguel de Molinos (1640-1692), también llamada molinismo, que se refiere a la eficacia del puro amor de Dios para nuestra salvación, sin que sean necesarias las prácticas exteriores de la religión para las almas santas que están unidas perfectamente con Dios. Esta doctrina está contenida en su obra *Guía espiritual* y fue condenada por Inocencio XI.

QUINE, Willard Van Orman Filósofo estadounidense, nacido en Ohio en 1908. Estudió en Harvard, donde se doctoró en matemáticas y en filosofía. Mantuvo estrecho contacto con los filósofos del círculo de Viena cuando vivió en la capital austríaca; más tarde viajó a Praga y Varsovia. Adoptó de los pensadores del círculo de Viena, especialmente influido por Neurath, el proyecto de la ciencia unificada, que reformuló en la unidad del conocimiento y en su teoría del carácter único del mundo, el cual se reduce a sus aspectos materiales; de esta forma, al igual que Ryle, atacó el dualismo cartesiano y defendió un materialismo en el que cupiera el sentido común. Para él, el conocimiento forma parte del mundo; reduce los problemas filosóficos a dos fundamentales: ontológicos, relativos al tipo de cosas que hay y al significado de existir para que haya algo; y predicativos, los que se refieren a la clase de cosas que pueden preguntarse significativamente sobre lo que existe, materia de la epistemología. Desde su posición materialista afirma que los objetos físicos son reales y que existen eternamente y de manera independiente de nosotros; sin embargo, afirma también que hay objetos abstractos: objetos de las matemáticas, y agrega: «No reconozco la existencia de mentes o entidades mentales, en ningún sentido que no sea como atributos o actividades por parte de los objetos físicos, principalmente de las personas». Para que se pueda garantizar el entendimiento de las mismas cosas por hablantes diversos, propone un conductismo riguroso como una forma de dar sentido objetivo a conceptos mentalistas. Quine distingue dos tipos de proposiciones analíticas: las verdades lógicas, y las verdades que dependen exclusivamente del significado de sus términos, los cuales pueden reconvertirse por sinonimia siempre y cuando estas sinonimias sean mutuamente sustituibles sin que varíe el valor de verdad de la oración en la que se realice la sustitución. Al buscar criterios de analiticidad en la conducta lingüística de los hablantes, elabora una teoría del significado de tipo conductista, pragmática y social. También critica la tesis que representa fundamentalmente Chomski, según la cual el lenguaje es la expresión material de proposiciones o significados que existen previa e independientemente de su formulación, y defiende la conveniencia de recurrir a la lógica a fin de regular el lenguaje natural. La notación que proporciona Quine para traducir las expresiones del lenguaje natural, funciona con un número reducido de expresiones de la lógica (cuantificadores, variables, términos generales en posición predicativa y funciones veritativas) con los que se posible la elaboración de oraciones atómicas que, combinadas con otras oraciones, pueden expresar la totalidad de las expresiones del lenguaje ordinario. Sus principales obras son: *Palabra y objeto; Los caminos de la paradoja; La relatividad ontológica y otros ensayos; Filosofía de la lógica; Las raíces de la referencia.*

QUINTAESENCIA Sustancia; última esencia de una cosa.

QUOD Adverbio latino que significa por lo cual, porque, para que. En filosofía se utiliza en la expresión *non quod* para significar no porque; con frecuencia se encuentra en la literatura escolástica la expresión «quoad nos», que significa «para nosotros».

R

Rales Cueva, Horacio: filósofo venezolano. n. Venezuela, 1969, revolucionó el mundo con... (anotación manuscrita)

R En lógica de relaciones, la letra *R* se emplea como notación abreviada para los abstractos dobles. Así, en 'xRy' se lee: «x tiene la relación R con y».

RACIOCINIO En general, aquella actividad mental, propia del ser humano, mediante la cual, éste puede llegar a conclusiones lógicas y a afirmaciones que ayuden a su desarrollo. En lógica, la misma actividad que toma como base una o varias proposiciones (llamadas premisas), que interactuan entre sí mediante el uso de operadores, para llegar a una afirmación (conclusión) lógica. La verdad o falsedad de los raciocinios dependen de la verdad o falsedad de sus premisas y de la utilización de los operadores. **V. inferencia, inferencia formal, razonamiento, silogismo, silogismo categórico, silogismo hipotético.**

RACIONAL Carácter de cuanto posee facultad de la razón o facultad pensante, o de lo que es acorde con ella. En el primer sentido, se ha definido al hombre como *animal racional*, esto es, como un animal que posee facultad de la razón. Los estoicos afirmaban que la naturaleza del hombre es racional, y la vida que postulan en su ética es la ética racional. Para ellos, la razón humana es una parcela de la razón universal y la virtud consiste en la conformidad racional con el orden de las cosas, en la *razón recta*. En el segundo sentido, lo racional puede ser abordado como una vía del conocimiento, como un método gnoseológico y, también, como un carácter de la realidad, concepto este último base del llamado racionalismo metafísico. **V. Racionalidad, racionalismo, razón**.

RACIONALIDAD Calidad de lo que está fundado en la razón, de lo racional. A mediados del siglo XX, el amplio movimiento neoilustrado que se difundió en Norteamérica y Europa, tiene como rasgo común su fe en la *razón;* su tesis afirma que la razón humana es una concreta energía creadora de instrumentos continuamente renovados para la afirmación del hombre en el mundo y que las ciencias son los más eficaces instrumentos creados por el hombre; entonces, las ciencias son técnicas en el más elevado sentido de este término, siendo así que las investigaciones no técnicas acerca de la *racionalidad en sí* son, simplemente, abandonados como residuos de la vieja metafísica, ya carente de validez y de actualidad. A esta concepción se opone el materialismo dialéctico al afirmar que las técnicas de la razón humana siempre guardan relación con el desarrollo social del hombre que las crea, y son siempre susceptibles de cambiar y perfeccionarse, pues no extraen su validez del hombre que se sirve de ellas, sino de la *racionalidad* del universo, que logran captar en mayor o menor proporción. De esta forma, unos afirman que la racionalidad es un factor *puramente humano*, por cuanto no es posible verificar su existencia fuera del hombre, mientras los otros sostienen que constituye un principio efectivo del universo, y que la racionalidad concreta del hombre sólo tiene validez en la medida en que se adapte a la racionalidad de lo real, en cuyo conjunto está incluido el hombre. **V. razón**.

RACIONALISMO En su acepción más general, el racionalismo es la tesis que identifica la razón con la facultad pensante, la cual se considera superior a la voluntad y a la emoción. La razón, en esta teoría, es el único órgano capaz de conocimiento. Como tendencia filosófica, se constituye durante los siglos XVI, XVII y XVIII, y tiene su base en el descubrimiento de la razón matemática, aplicada no sólo a la física sino, también, a la filosofía; se puede decir que surgió del intento de explicar las particularidades lógicas de las verdades de la matemática y de la ciencia natural matemática, tal como ocurre en el pensamiento de Galileo, Newton, Descartes, Spinoza, Leibniz, Kant, Fichte. Sin embargo, ya Parménides consideraba que solamente es predicable o enunciable el ser inmóvil, indivisible y único, que es completamente transparente al pensamiento racional, pues satisface todas las condiciones de la plena racionalidad. También en la antigüedad se consideró que la razón perfecta equivale a la perfecta y completa intuición. Durante la Edad Media, el racionalismo consistía en una actitud de confianza en la razón humana con el auxilio de Dios, solucionando así los problemas suscitados por la primacía de la fe sobre la razón. Todos estos antecedentes desembocaron en el racionalismo de la Edad Moderna, que presenta dos clases de racionalismo: el racionalismo *metafísico*, por una parte, y el racionalismo *noseológico*, por la otra. El primero considera que la razón es el único órgano adecuado o completo de conocimiento, de manera que todo conocimiento verdadero tiene origen racional. El segundo afirma que la realidad es esencialmente de carácter racional.

RACIOVITALISMO **V. Ortega y Gasset, razón y vida**.

RADICAL Este término ha sido empleado para designar ya un modo se ser, ya un modo de comprender, verdaderamente *último*. Es el caso del *cogito* de Descartes, el cual actúa como «principio radical» de su filosofía. Los escolásticos distinguieron entre «ser radical», aquél en el cual algo está como en su *raíz*, y «ser radicado», que radica o está enraizado en el radical.

RADICALISMO Tendencia filosófica caracterizada, en general, por sus conceptos radicales respecto a lo ético y lo político, entendiéndose por radical aquello que se refiere al *principio* de las cosas, a su raíz. Por este motivo, el utilitarismo suele llamarse «radicalismo filosófico». **V. raíz, utilitarismo**.

RAIMUNDO LULIO (Ramón Llull) (1233?- 1315?). Filósofo catalán, nacido en Mallorca. Tuvo una juventud agitada y escandalosa, pero después de asegurar que había visto la aparición de la imagen de Cristo crucificado, decidió dedicarse a convertir infieles en las más lejanas tierras; visitó con este propósito Italia y Francia, varios países de Asia y África, como Abisinia y Tartaria, navegó todo el Mediterráneo, naufragó, fue hecho prisionero y apedreado. Conocía el árabe, se dedicó también a la lógica, a las ciencias y a la poesía; escribió varios libros en catalán, en latín y en árabe. Su tesis básica consiste en la afir-

Raimundo Lulio. Estatua yacente en la iglesia de San Francisco, Palma de Mallorca

mación de que la razón puede y debe demostrar todo, y dar pruebas suficientes y racionales de la verdad cristiana; convierte así la filosofía en apologética. Para encontrar la verdad y probarla automáticamente, ideó el *ars magna,* compleja combinación de conceptos que se refieren en especial al Dios y al alma, y que forman unas tablas manejables por medio de un simbolismo matemático para hallar y demostrar los atributos de Dios, etc., que construyen la filosofía de un modo deductivo mediante una combinatoria general, la cual influyó posteriormente en particular sobre Leibniz. Fue llamado *Doctor Iluminado,* por la gran admiración que causó entre sus contemporáneos. Sus principales obras son: *Libre de contemplació en Dèu; Art abreujada d'atrobar veritat; Liber de ascensu et descensu intellectus; Ars generalis ultima; Libre de amic e amat,* que forma parte de su novela filosófica *Blanquerna.*
V. **ars magna**.

RAÍZ En la doctrina de Empédocles acerca del problema del ser de las cosas, éste se resuelve por medio de cuatro elementos, que luego se constituyen en tradicionales (aire, fuego, agua y tierra), de los cuales dice que son *las raíces de todas las cosas.* Estos elementos son eternos y opuestos, pues hay en ellos la contrariedad de lo seco y lo húmedo, de lo frío y lo caliente.

RAMSEY, Frank Pumpton (1903-1930). Lógico inglés, nacido en Cambridge. Su obra se redujo a algunos artículos de gran interés, debido a su corta vida (murió a los 27 años). Según sus tesis, las proposiciones lógicas y las proposiciones matemáticas son tautologías; por ello, en principio, pensó que la matemática se puede derivar de una lógica depurada de los axiomas de reductibilidad e infinitud, aunque después reconoció la imposibilidad de esta afirmación. Siguiendo a Peirce, admitió las inferencias inductivas como pragmáticamente justificadas, a la vez que negó la posibilidad de que la inducción se fundara de modo puramente formal. Además, sostuvo que en las llamadas «proposiciones generales» no se pueden establecer distinciones entre *verdadero* y *falso,* pues no son propiamente proposiciones; en cambio, las «verdaderas proposiciones» son funciones de verdad y pueden establecerse distinciones tales como *razonable* y *no razonable.* En general mantuvo la posición de que todo debe resolverse por medio de una aclaración de significaciones. Sus principales artículos son: *Proposiciones generales y causalidad; The Foundations of Mathematics; Verdad y probabilidad.*

RANGO Posición determinada dentro de la totalidad de una jerarquía o dentro de una clase. Tal objeto puede ser de carácter material, o científico, o simbólico, etc.; y la jerarquía o clase puede referirse a la sociedad, a la matemática o a cualquier conjunto.

RAWLS, John (1921). Filósofo estadounidense, profesor de la Universidad de Harvard, ha elaborado una teoría de la justicia muy influyente que actualmente es objeto de un álgido debate. Su propuesta consiste en «generalizar y llevar a un orden superior de abstracción la teoría tradicional del contrato social, tal como fue representada por Locke, Rousseau y Kant». De ahí que su concepción de justicia abarque no sólo cuestiones estrictamente morales, sino un espectro más amplio de actividades humanas como sistemas jurídicos, instituciones políticas, formas de organización social, etc. Rawls entiende la justicia en un sentido primariamente social, centrándose así en los procedimientos que se deben seguir con el fin de garantizar una distribución equitativa de los derechos y los deberes en las instituciones sociales. Parte de una «posición originaria» de la cual deriva dos principios fundamentales: (a) hay que asegurar para cada persona en una sociedad derechos iguales en una libertad compatible con la libertad de los otros; (b) debe haber una distribución de bienes económicos y sociales tal que cualquier desigualdad resulte ventajosa para todos. Esta teoría ha sido considerada de corte kantiano, puesto que no hace una descripción de hechos sino que ofrece un modelo constituido por preferencias racionales o por preferencias de seres racionales e imparciales. Entre sus obras más conocidas se cuentan: *Justicia como equidad* (1958); *Teoría de la justicia*

(1971); *Libertad e igualdad* (1980); *Sobre las libertades* (1990).

RAZA Grupo dentro de cualquier especie biológica al cual es común una serie de caracteres, que se manifiestan en su ser externo por notas tales como el color, el tamaño, etc. Estas características se transmiten en las sucesivas generaciones por vía genética. A la filosofía le interesa el concepto de raza referido al hombre, pues se ha examinado el factor racial en cuanto es o no es determinante del modo de ser esencial del ser humano, y en cuanto si es o no el fundamento de sus productos culturales. Parece que, más que la raza, es el entorno social y geográfico y la tendencia endocultural de los grupos raciales puros lo que determina las actitudes y habilidades de sus individuos. La mezcla racial ha sido intensa a través de los siglos, de manera que en la actualidad es prácticamente imposible hablar de razas puras o de alma de la raza, a no ser que estemos refiréndonos a los pequeños grupos autóctonos y marginados del resto de la sociedad que aún sobreviven en algunos lugares del planeta y que conservan intactas sus tradiciones, sus costumbres y sus características raciales. El concepto de raza desde el punto de vista científico y cultural ha sido abordado principalmente por la antropología general y, más específicamente, por la antropología cultural. El racismo, que resulta del desconocimiento del desarrollo social y cultural de la humanidad y de la ignorancia acerca de la formación de las grandes culturas hasta llegar al mundo actual, no tiene una justificación racional ni está basado en un concepción humanista ni científica del mundo.

RAZÓN El vocablo griego *logos* significa palabra y, también, proporción en el sentido matemático; y sentido o razón. Desde la antigüedad griega, la razón se ha entendido como aquello que capta lo inmutable, la esencia de las cosas. En el mito platónico, la razón es el auriga o conductor, quien conduce bien el alma, representada por un carro que circula por el mundo de las ideas, tirado por dos caballos alados: uno dócil y de buena raza y otro desobediente que representa a las pasiones y a los instintos sensuales. En la lógica aristotélica, el *logos* dice lo que las cosas son; el hombre es un animal que tiene *logos*, puesto que distingue la verdad de la falsedad, y es el *logos* el órgano que permite efectuar tal distinción. La naturaleza social del hombre se manifiesta en el *logos*, en el lenguaje, diferente a la voz de los animales que no puede expresar, como el lenguaje humano, lo justo y lo injusto. En la filosofía estoica se admiten un principio activo y un principio pasivo que equivalen respectivamente a la materia y a la razón que reside en ella; esta última es un fluido generador o razón seminal, de carácter corporal, que se mezcla a la materia; la naturaleza del hombre es racional y por esto el ideal de vida estoico es la vida racional; y la virtud consiste en la conformidad racional con el orden de las cosas o razón recta. Para san Agustín, el alma, que por su razón natural o *ratio inferior* conoce las cosas, a sí misma y a Dios indirectamente, reflejado en las criaturas, puede recibir una iluminación sobrenatural de Dios, y mediante esta razón superior o *ratio superior* elevarse al conocimiento de las cosas eternas. En general, durante la Edad Media se opuso el concepto de fe al de razón, y hubo una primacía de la fe, que se basa en la revelación, y que se hace más evidente con la aparición de la teoría de la doble verdad, siendo el más importante argumento para combatirla el que afirma la necesaria armonía que existe entre razón y fe, puesto que cada una de ellas pertenece a un orden diferente. De aquí se desprende la completa autonomía que adquirió la razón frente a la fe, siendo desteologizada en la época moderna. Para Descartes, razón es la facultad capaz de apoderarse del mundo, de hacer que se pueda lograr envolver la extensión entera de las cosas en el extraño modo que se llama saber, y tener su verdad. Para que el hombre sea una cosa que piensa –*res cogitans*–, un ente racional, es necesario trascender de sí propio, ser capaz de verdad. La única instancia con valor para el hombre es la razón, que es común a todos: el hombre es sustancia pensante *(raison)*, y la razón es algo privativo del hombre, reducido a su subjetividad. Para

Spinoza, razón es libertad; el hombre sólo es libre por medio del conocimiento que aprehende su condición de ser determinado por su esencia. Kant convirtió la metafísica en «crítica de la razón»; habla él de razón pura, de razón práctica y de razón en tanto que distinta del entendimiento; define en general la razón como «toda facultad de conocer superior (...) que proporciona los principios del conocimiento a *priori*»: es la facultad de los principios que da unidad en las ideas a los conocimientos del entendimiento. Hegel presenta la razón en su filosofía como algo que se hace y deviene. Por otra parte, Dilthey inicia el análisis del problema de las relaciones entre razón y realidad, que es continuado en los trabajos de algunos de sus discípulos bajo la denominación común de razón histórica. Unamuno considera que la razón no sirve para conocer la vida, pues al intentar aprehenderla en conceptos fijos y rígidos, la despoja de su fluidez temporal, la mata; por esto, se desentiende de la razón y se vuelve hacia la imaginación que considera la facultad más sustancial. Para Ortega y Gasset, razón y teoría son sinónimos, y dice: «Para mí es razón, en el verdadero y riguroso sentido, toda acción intelectual que nos pone en contacto con la realidad, por medio de la cual topamos con lo trascendente». **V. razón práctica, razón pura, razón y vida.**

RAZÓN PRÁCTICA En Kant, razón práctica es la razón pura en su dimensión práctica, es decir, referida a la acción, a un hacer como el que plantea la praxis griega. Esta razón práctica es el núcleo de la moral kantiana. Esta teoría es el tema de la obra *Crítica de la razón práctica* (1788), de Kant. La razón práctica sólo tiene validez inmediata para el *yo*, y consiste en determinarse a sí mismo; por ser anterior y superior a la razón especulativa, prima sobre ella. Lo primario en el hombre es el hacer, la *praxis*, no la teoría; esta primacía de la razón práctica es en todo el idealismo, desde Kant hasta Hegel, el elemento que determina la comprensión de esa tendencia filosófica. **V. Kant, razón, razón pura.**

RAZÓN PURA Kant distingue tres modos de saber: la sensibilidad, el entendimiento discursivo y la razón pura; la *razón pura* se basa en principios *a priori*, independientemente de la experiencia. Puro en Kant significa *a priori*, y la razón pura no es la razón humana, sino la de un *ser racional* simplemente: son las condiciones racionales de un ser racional en general. Es la *razón especulativa* referida a una *teoría*, a un puro saber de las cosas. La *Crítica de la razón pura* (1781), de Kant, es una preparación para el conocimiento filosófico *a priori*, es decir, para la metafísica. **V. Kant, razón, razón práctica.**

RAZÓN SUFICIENTE (principio de) V. principio de razón suficiente.

RAZÓN Y VIDA En el filósofo español José Ortega y Gasset, la idea de *razón vital* o raciovitalismo aparece como una profundización del perspectivismo; en el raciovitalismo, la vida es la realidad radical a la que se subordina incluso la razón. Ortega enlaza la razón con la vida, frente a la reducción de la razón a razón físico-matemática; la noción de razón vital, de razón como función vital y espontánea, entendida no en un sentido biológico exclusivamente, sino también biográfico, histórico. La vida es definida por Ortega como quehacer, preocupación y hasta naufragio, del cual el hombre aspira a salvarse con la cultura o sistema de creencias e ideas que responde a la necesidad de orientarse en el mundo; y dice: «*La razón pura tiene que ser sustituida por una razón vital, donde aquélla se localice y adquiera movilidad y fuerza de transformación*», actitud que desterraría lo utópico de la filosofía. Así, la razón vital es también razón histórica, pues el hombre no tiene propiamente una naturaleza, sino una historia. El raciovitalismo es una forma de historicismo que constituye el centro alrededor del cual gira la temática de su obra *El tema de nuestro tiempo*. **V. Ortega y Gasset.**

RAZONABLE Que está de acuerdo con la razón o el razonamiento, o que tiene la posibilidad de estarlo. **V. razón, razonamiento.**

RAZONAMIENTO Proceso interno, sicológico, que es materia de la teoría del pensar. Desde el punto de vista lógico, el razonamiento se refiere a todas las clases de procesos formales, y designa tanto las operaciones inductivas como las deductivas; tanto el proceso formal correcto como el incorrecto (paralogismo, sofisma), son razonamientos. El razonamiento es también definido como la obtención de un juicio a partir de otros, de los cuales deriva por necesidad intrínseca. **V. pensamiento, pensar, raciocinio**.

REACCIÓN En general, aquel movimiento o acción que un cuerpo realiza, con el fin de oponerse a un movimiento o acción que otro cuerpo ejerce sobre él. En sentido filosófico, político y científico, aquel movimiento tendiente a conservar lo antiguo, que da como resultado una oposición sistemática a todo acto renovador o progresista.

REAL (lo) En general, se denomina real todo aquello que no es solamente posible o aparente o potencial; también es lo que existe actualmente. Para Kant, lo real es «lo que concuerda con las condiciones materiales de la experiencia» (sensación); es lo dado. Hartmann distingue varios conceptos de lo real: lo opuesto a lo aparente; lo actual o existente (concepto que considera erróneo por referirse a un modo de ser y no al ser); lo efectivo; lo que designa la mayor o menor plenitud del ser; lo que se da a los sentidos; todos estos conceptos son sometidos por él a crítica. Herbart llama *real* al ente que, como absoluto, es simple, no es cantidad y cabe en la multiplicidad del ser: puede haber uno o muchos reales; para formular esta tesis se basa en la teoría de las mónadas, de Leibniz. Xubiri destaca la *riqueza*, la *solidez* y el *estar siendo* como notas que posee lo real como real; estas «tres dimensiones estructurales» sirven para medir el grado de realidad, implicándose mutuamente. Para los empiristas lógicos, el problema del concepto de lo real es un seudoproblema, mientras para otros este es el principal problema de la filosofía, de la lingüística que dilucida los marcos lingüísticos más apropiados para hablar de lo real, y de la teoría del conocimiento que estudia cómo es posible aprehender lo real.

REALIDAD Término cuya definición depende del concepto que se tenga de lo *real*, el cual varía a lo largo de la historia de la filosofía. Generalmente se ha considerado este problema de la realidad desde un punto de vista o metafísico u ontológico, ligándolo al análisis de la esencia y de la existencia, o a ambas a la vez, como quienes afirman que solo una esencia que implicara su propia existencia es real, verdaderamente real, siendo lo demás meras formas imperfectas, no plenas, de la realidad. Para Hegel, la realidad es el *absoluto*, que existe en una evolución dialéctica de carácter lógico, racional: todo lo real es racional y todo lo racional es real; todo lo que existe es un momento de ese *absoluto*, un estadio de esa evolución dialéctica que culmina en la filosofía, donde el *espíritu absoluto* se posee a sí mismo en el saber. Para Fichte, la realidad es pura actividad, agilidad (*Tathandlung*), no sustancia o cosa; esta realidad que es puro dinamismo, se funda en un *acto del yo*, y es base de su idealismo trascendental que, según él, es la única filosofía propia del hombre libre. Para Hegel, la verdadera realidad es la unidad que se manifiesta en las recíprocas relaciones de cada cosa con las demás y con relación al todo. Según Schopenhauer, la voluntad constituye la verdadera y única realidad de todo el mundo y se objetiva en grados diversos, que van desde los seres inorgánicos, pasando por los vegetales y los animales, hasta el hombre. Wundt, fisiólogo alemán, concibe la realidad como una sustancia única, pero que se manifiesta en dos series causales paralelas: la naturaleza y el espíritu; ambas tienen un carácter evolutivo y progresivo, y cada una de ellas es objeto de un tipo de investigaciones cognoscitivas: las ciencias de la naturaleza y las del espíritu. Para Ortega y Gasset, *realidad radical* significa realidad en que radican o arraigan todas las demás: la vida humana –escribe– «en el sentido de que a ella tenemos que referir todas las demás, ya que las demás realidades, efectivas o presuntas, tienen de uno u otro modo que aparecer en ella». Así, la realidad en cuanto tal se constituye en *mi vida*; en su *radicar en mi vida* se funda el carácter efectivo de la realidad de las cosas o entes reales. **V. real (lo)**.

REALIDAD OBJETIVA Conjunto de todo cuanto existe; lo que coincide con la *realidad* en general y que está determinado por lo espacio-temporal.

REALISMO En general, realismo es la tendencia que toma los hechos tal como ellos son, sin subordinarlos a preconceptos o interpretaciones que lleguen a falsearlos; es una forma de *positivismo*. También se llama realismo en el ámbito jurídico y de la vida práctica, al conjunto de normas que son aplicables a la vida real, a la acción, logrando así dominar la realidad. El concepto de realismo es muy antiguo. En Grecia, en primer lugar con Platón y luego con Aristóteles, y en la Edad Media, el realismo cree que las cosas tienen un ser por sí, que yo existo simplemente entre ellas, y la verdadera realidad son las cosas (*res*); en la Edad Media se tomaron las dos posiciones extremas que son el realismo y el nominalismo. El realismo se mantiene en vigor hasta el siglo XII, y afirma que los *universales* son *res*, cosas; en su forma extrema, el realismo considera que los universales están presentes en todos los individuos que caen bajo ellos y, por tanto, no hay diferencia esencial entre ellos, sino sólo por sus accidentes: en esencia, no habría más que un hombre, y la distinción entre los individuos sería puramente accidental, lo que equivale a la negación de la existencia individual y a un acercamiento al panteísmo. El realismo medieval servía para explicar algunos dogmas, como el pecado original, puesto que, al existir sólo un hombre, el pecado de Adán afectaría a la esencia humana y, en consecuencia, a todos los hombres posteriores; está representado por san Anselmo y, en su forma extrema, por Guillermo de Champeaux. Durante el siglo XIII aparece una posición de *realismo moderado* que reconoce que la verdadera sustancia es el individuo; el individuo es la sustancia primera y es la *verdadera realidad*, pero es individuo de una especie, y se obtiene de ella por individuación; así, la realidad individual se explica por un *principio de individuación*. Para santo Tomás, junto con san Alberto Magno, uno de los representantes más importantes de esta posición, los universales son productos de la mente, pero tienen un fundamento *in re*, en la realidad. En la época moderna, el realismo *noseológico* afirma que lo importante en el conocimiento es *lo dado* y no *lo puesto* por la conciencia o el sujeto; también en esta época, el *realismo metafísico* afirma que las cosas existen fuera e independientemente de la conciencia o del sujeto. Spencer denomina *realismo transfigurado* a una hipotética correspondencia entre lo incognoscible y su fenómeno, que plantea de la siguiente forma: si, por un lado, es cierto que el mundo fenoménico en que vivimos y actuamos aparece sometido a continuas transformaciones, también lo es, por el otro, que en su misma perenne variabilidad nos revela algo permanente, *la realidad incognoscible oculta tras todas estas apariencias cambiantes*. Para V. La Via, el realismo absoluto reconoce que la propia idealidad es algo puesto por el ser absoluto o trascendente; entonces, el *yo* consiste en trascender hacia tal ser absoluto por medio de la voluntad. En el siglo XX son muchos los autores que se han declarado realistas; así se autodenominan realistas críticos Hartmann, Riehl, Volkelt, entre los más importantes; otros sostienen una posición de realismo *volitivo* (la realidad como resistencia), como Dilthey y Scheler; algunos neoescolásticos y neotomistas han optado por el *realismo ingenuo* (Tonquédeq) y otros por lo que llaman *realismo inmediato*, como Léon Noël. Para Ortega y Gasset, el realismo es una actitud que supone que la verdadera realidad son las cosas; ser real significa ser *por sí*, independiente del sujeto.

REALISMO CRÍTICO También llamado *realismo científico* o *empírico*, es una de las formas del *realismo noseológico* que tuvo vigencia en la época moderna, tanto por su aceptación como por los ataques de que fue objeto.. Sostiene que no se puede equiparar lo percibido como lo verdaderamente conocido, pues es necesario someterlo a examen. El realismo crítico ha sido retomado por autores del siglo XX, como Hartmann, Riehl, Volkelt, entre otros.

REALISMO INGENUO También llamado *realismo natural*, es una de las formas del *realismo noseológico*, que tuvo vigencia en la época moderna junto con otras formas de realismo que atacaron esta posición. Afirma que el conocimiento es una reproducción exacta de la realidad.

RECIPROCIDAD DE LA ACCIÓN Correspondencia mutua o comunidad, de la cual el principal ejemplo es la tercera ley o principio newtoniano del movimiento, según la cual a toda acción se opone, o contrapone, siempre una reacción. Kant consideró la reciprocidad de acción como una de las categorías de la relación, la cual corresponde al *juicio disyuntivo*, y pone como ejemplo de esta categoría la coexistencia de las determinaciones de una sustancia con las de la otra, según una regla universal.

RECÍPROCO En general, característica de las relaciones en las que un elemento (persona o cosa) tiene una dependencia común con otro; cuando hablamos de recíproco nos estamos refiriendo a una forma de relación en la que existe una «correspondencia mutua» entre dos elementos. En matemática, este término se refiere a una clase de relación entre teoremas e indica que «un teorema es recíproco de otro, cuando su conclusión le sirve de hipótesis».

REDUCCIÓN En general, es el acto o hecho de transformar algo en un objeto considerado anterior o más fundamental; tal objeto puede ser real o, también, ideal. Husserl llama *reducción fenomenológica* o *epokhé* al tomar una vivencia y ponerla «entre paréntesis» o «entre comillas» o «desconectarla»: la percepción como tal es indubitable, por lo cual va acompañada de la *creencia;* para no salirse de lo indubitable es necesario que la creencia figure siempre como carácter de la vivencia; este poner entre paréntesis es llamado por Husserl *reducción fenomenológica*. También para este filósofo existe la *reducción eidética*, que es la elevación de las vivencias a sus *esencias* o *conjunto de todas las notas unidas entre sí por fundación*. En lógica, diversas operaciones reciben el nombre de reducción: (a) reducción de las figuras del silogismo a la primera figura; (b) la abducción; (c) la reducción al absurdo y reducción a lo imposible (razonamiento apagógico). La *reducción al absurdo* es un método aplicado por los escolásticos que consiste en suponer como admitidas las premisas y como negada la conclusión del silogismo que se trata de demostrar. Peirce ha considerado la reducción (abducción) como uno de los tipos de la inferencia. Para Lukasiewicz y Bochenski, la reducción es un método que se contrapone al de la deducción; en la reducción se deriva el antecedente de un condicional de la afirmación del consecuente. También en sicología se usa el término reducción en lo que se llama *reducción de las imágenes*, que consiste en el hecho de que una imagen u otro fenómeno *parezca* real. Nagel distingue entre reducción selectiva, característica, constitutiva, completa, formal y epistémica, que son, todas ellas, posibilidades de traducibilidad de enunciados y, por tanto, un tipo diferente de *relaciones de explicación*.

REFERENCIA Indicación expresa y determinada acerca del objeto (persona o cosa) a que alguien se refiere o con lo que algo se relaciona específica y directamente. P. F. Strawson hace énfasis en que el significado de una frase descriptiva no es aún una referencia a la persona o cosa a la cual alguien se refiere, pues una expresión no se refiere a nada, aunque *puede ser usada* en distintas ocasiones para referirse a cosas diversas; en conclusión, las frases descriptivas son verdaderas o falsas si se usan para referirse a una persona o cosa en un contexto *determinado*. En semántica, junto con la *significación*, es una de las dos partes en que Quine ha propuesto dividir la semántica; según él, la *referencia* trataría de los problemas relacionados con la designación, la denotación, la extensión, la coextensividad, los valores de las variables y la verdad; mientras la *significación* trataría lo relacionado con las sinonimia, la analiticidad, la sinteticidad, la implicación y la intensión; así, las paradojas semánticas podrían considerarse como paradojas de la teoría de la referencia.

REFLEJO Término utilizado en sicología para designar la reacción a un estímulo en forma inconsciente y espontánea, reacción denominada *movimiento reflejo*. Con respecto a los movimientos reflejos hay dos posiciones principales entre los sicólogos: considerarlos residuos automatizados de actos conscientes, y la concepción originariamente mecánico-automática de los reflejos. Los reflejos se dividen en *elementales* o aquellos que son más simples, como el movimiento automático de ciertos músculos; y *complejos*, que responden a los instintos y están más relacionados con la vida síquica. Tanto la sicología como la antropología han dado primacía al estudio de los llamados *reflejos condicionados* o respuestas condicionadas, los cuales se adquieren con el hábito y se producen mediante la asociación de una excitación con otra distinta, identificándose su resultado. Con base en esta tesis, Iván Pavlov y W. Bechterev fundaron la disciplina denominada *reflexología*, que, además de estudiar las relaciones entre estímulo y reacción, investiga la aplicación de la noción de reflejo y de sus formas a la comprensión de la vida social.

REFLEXIÓN Término que, en su origen latino, significa *vuelta hacia atrás*. Puede definirse como la vuelta o regreso de la conciencia a sí misma, lo cual implica el abandono de intereses o direcciones diferentes de ella. Locke define la reflexión como «aquella noticia que el espíritu adquiere de sus propias operaciones, y del modo de efectuarlas, en virtud de lo cual llega a poseer ideas de estas operaciones en el entendimiento». Para Hume, las reflexiones son una de las dos clases de impresiones (la otra clase está constituida por las sensaciones). Para Condillac y algunos de los ideólogos, la reflexión es esencialmente reductible a la sensación: es el acto de atención a la sensación. Leibniz considera la reflexión como la atención hacia aquello que en nosotros sucede, y para Kant es «la conciencia de la relación entre las representaciones dadas y nuestras diferentes fuentes de conocimiento»; por la reflexión trascendental se determina el origen sensible o intelectual de la comparación de las representaciones dadas, determinación que produce los *conceptos de reflexión*, destinados a la comparación de conceptos.

Para los poskantianos, en especial para Fichte, la reflexión es la posición del *yo* por sí mismo; y para Hegel es la imagen recíproca de una cosa en otra, por ejemplo, en la esencia del fenómeno; en este filósofo, las categorías de la reflexión son relacionales, porque reflexión equivale a relación o a sistema de relaciones. Para los ontologistas, como Rosmini, la reflexión es una operación aclaratoria; y para Husserl y los fenomenólogos, es el conjunto de actos que hacen evidentes las vivencias, la aprehensión inmanente de las esencias.

REFLEXIVO Acto derivado de la reflexión o cualidad propia de ella. **V. reflexión**.

REFLEXIVO Y DETERMINANTE Para Hegel, la reflexión puede ser *ponente*, la cual es meramente racional y relativa, pero «fundante»; o *externa*, que es punto de partida para la determinación de la cosa como esencia; o *determinante*, que es la síntesis de las otras dos y es la base de cualesquiera ulteriores *determinaciones reflexivas* de la cosa, tales como la oposición, la identidad, etc. En la *Crítica del juicio*, Kant distingue entre juicios reflexivos y determinantes; son los primeros aquellos que en posesión de la ley universal buscan subsumir en ella el caso particular, mientras los segundos parten del caso particular hacia la ley universal que lo cobija. **V. reflexión, reflexivo**.

REFORMA (La) Movimiento religioso liderado por Martín Lutero, que causó la más profunda e irreconciliable división dentro del cristianismo con base en el tema fun-

Los Reformadores. Cuadro de Cranach el Joven (1555)

damental del *libre examen,* el cual se refiere a la capacidad que cada individuo tiene de interpretar los textos sagrados sin sujeción a la autoridad de la interpretación que les ha dado la Iglesia. Esta es una actitud de carácter racionalista que coloca a la Iglesia en una posición de obstáculo entre el hombre y Dios y fracciona el protestantismo por la pluralidad de interpretaciones. Son varias las Iglesias que resultan de este fraccionamiento, entre ellas, las más importantes dentro del tema que nos ocupa, la filosofía, la *anglicana,* iglesia *nacional,* que se forma en torno a la figura del monarca inglés; en ella el Estado se transforma en Estado religioso, en que la religión está afectada por el principio nacional; por otra parte, la Confesión de Augsburgo supone un acuerdo en materia de fe y se pertenece a ella por estar de acuerdo con su contenido dogmático, constituyendo, así, una Iglesia. El llamado *protestantismo liberal* suprime casi la totalidad del contenido dogmático. Esta posición genera una reacción en los países católicos denominada *Contrarreforma,* que separa también políticamente a los países católicos de los protestantes. Se producen casos dentro de la filosofía, como el de Leibniz, que intenta la unión de las iglesias. Los países de la Contrarreforma crean el derecho natural (*jus naturae*) como ciencia humana jurídica, haciendo aparecer en la filosofía, de nuevo, el tema de la naturaleza (Grocio, Shaftesbury, Hutcheson), se habla de religión natural o deísmo, movimiento que culmina con Rousseau. **V. Lutero**.

REFORMISMO Tendencia política surgida a finales del siglo XIX, la cual pugna por la introducción de cambios o reformas en el seno de los partidos comunistas de diversos países, con la intención de adaptarlos a las exigencias de la evolución histórica, sociopolítica y económica general. Esta tendencia ha tenido continuidad en los reformistas del siglo XX, y se ha hecho realidad, especialmente en la República Popular China y en los últimos acontecimientos políticos de la actual Rusia, antigua Unión Soviética. Aunque la anterior es la acepción más significativa y conocida, también puede hablarse de reformismo en el seno de tendencias políticas de diferente dirección, e incluso de reformismo religioso.

REFUTACIÓN Acto de debatir, por medio de argumentos y razonamientos, las posiciones contrarias. Forma parte de la retórica y se distingue de la falsa refutación, llamada «refutación sofística» o «aparente», que se basa en argumentos y razonamientos falsos. **V. falacia, raciocinio, razonamiento, retórica, silogismo, sofisma**.

REGLA Precepto que se establece con el fin de conseguir un determinado resultado. En lógica se usa dentro de la expresión *regla de inferencia,* la cual designa las operaciones que se deben ejecutar para llevar a cabo inferencias correctas. En filosofía, es el precepto para seguir en un método (*reglas cartesianas,* por ejemplo); Kant habla de *reglas prácticas* para indicar lo que hay que hacer para actuar con rectitud, de acuerdo con un principio general dado, y que por no ser universales requieren el buen juicio para su aplicación. **V. inferencia**.

REGULATIVO Carácter de aquello que regula o ajusta a una regla. Las acciones o actos regulativos tienen por objeto hacer que lo que no se encuentra dentro un orden prestablecido por unas normas expresas se acomode o acoja a ellas.

REINO DE LOS FINES V. fines (reino de los).

REISMO Doctrina según la cual lo único que existe son las cosas, *res,* y, por tanto, sólo es posible formular enunciados acerca de cosas. El término fue propuesto por el filósofo polaco Tadeusz Kotarbinski.

RELACIÓN En general, una relación es aquella acción de referirse a algo, o una correspondencia o conexión entre cosas, personas, actos o fenómenos. Aristóteles la consideró una de sus categorías, definiéndola como la referencia de una cosa a otra; y los escolásticos, basándose en este concepto, la consideraron en cuanto predicamento lógico, definiéndola como el orden de una cosa respecto a otra, que requiere la existencia de un sujeto real y de un término real distinto realmente del sujeto para que pueda haber inserción entre los términos; también distinguieron la relación lógica de la ontológica por cuanto esta última se dice de lo real, mientras la primera se dice de la sola mente; y dentro de la relación ontológica, distinguen los escolásticos entre relación creada y relación increada. También trataron la relación o como relación trascendental, que no constituye la cosa, sino que sigue a la esencia de la cosa en la cual está incluida, o como relación predicamental, que es la referencia del sujeto a algo, es decir, el orden puro entre los términos. Santo Tomás considera que la relación se halla en los entes de razón y en los accidentes, y no es percibida por los sentidos ni por la pura inteligencia. Para Kant, de los *juicios de relación* (categóricos, hipotéticos y disyuntivos) se deducen respectivamente las *categorías de la relación* (sustancia y accidente, causalidad y dependencia, y comunidad o reciprocidad de acción entre el agente y el paciente). Para E. von Hartmann no es *una* categoría, sino «*la* categoría general y universal para todas las demás categorías, de tal modo que estas últimas son únicamente formas especiales de esta categoría fundamental». El empirismo radical une las cosas en la unidad misma de la cosa y de la relación, por lo cual «conjunciones y separaciones son fenómenos coordinados», como es el caso de W. James. Para Honecker, las relaciones son hechos objetivos adscritos a dos o más objetos y se clasifican en *relaciones fundamentales*, que comprenden las relaciones de causalidad y las relaciones no transformables en el mismo sentido; y *relaciones mixtas* (por ejemplo, la relación mayor-menor). Laín Entralgo ordena la relación que llama *encuentro humano* en los siguientes tipos de relación o «conexión sintáctica»: *modo mineral* de relación (relación de campo o energética), cuya característica fundamental es el *choque; modo vegetal* de relación (relación aceptiva), cuya forma típica es la «incorporación o asimilación»; *modo animal* de relación (relación apetitiva y cuesitiva); *modo humano* de relación (relación petitiva o encuentro personal). En lógica no simbólica, la relación se refiere al carácter condicionado o incondicionado de los enunciados (juicios o proposiciones). En la lógica simbólica, las relaciones se expresan por medio de esquemas cuantificacionales que poseen más de una letra argumento, los cuales reciben el nombre de «esquemas cuantificacionales poliádicos». Hay también un *álgebra de relaciones* que recibe el nombre de *álgebra booleana de relaciones,* cuyas principales operaciones son la inclusión, la identidad, la suma lógica, el producto lógico y la noción de complemento. Otras dos nociones muy importantes del álgebra de relaciones son la *relación universal,* que es la relación que todo tiene con todo; y la *relación nula,* que es la relación que nada tiene con nada. También se usan en la lógica de relaciones las nociones de converso, producto relativo e imagen. **V. álgebra, cuantificación**.

RELACIÓN DE INCERTIDUMBRE Teoría de la mecánica cuántica formulada por Heisenberg en 1927. Se refiere a las características de algunos fenómenos microscópicos que se relacionan con variables como el tiempo, la energía, el impulso o la posición de las partículas, que representan algunas indeterminaciones o inexactitudes. En filosofía se ha utilizado este concepto por algunos positivistas para negar la «condicionabilidad causal» de los estados de una partícula microcósmica y, por ende, de la objetividad misma del microcosmos. **V. Heisenberg, mecánica cuántica**.

RELATIVISMO Tendencia que se caracteriza por rechazar toda verdad absoluta, haciendo depender la validez de un juicio a las circunstancias en que es enunciado. Si dicho juicio se relaciona con los conceptos de bien y de mal, tendremos entonces un relativismo ético. Para Protágoras, toda verdad es relativa al hombre («el hombre es la medida de todas las cosas»). El relativismo que se propone ser un punto de referencia absoluto, conduce al escepticismo radical y al nihilismo. En la ciencia como en la filosofía es común aceptar el relativismo como punto de partida para llegar a una ciencia y a una filosofía positivas, sin caer en el absolutismo; tal posición está representada principalmente por H. Wein.

RELATIVO Concepto filosófico opuesto a «absoluto». En lógica, una de las propiedades de los términos. Indica que el término dado por su propia característica se refiere a otro necesariamente. Por ejemplo, el término «su» en la proposición «Pedro toca su violín». **V. absoluto, propiedades de los términos.**

RELIGIÓN En su sentido más antiguo, este término designa el hecho de estar vinculado o *religado* a la divinidad. Para Cicerón, *religens* es lo contrario a negligente, lo cual requiere el cumplimiento estricto de los deberes del culto a los dioses de la *pólis*. También puede entenderse como la reunión de varios individuos con el fin de celebrar juntos los ritos del culto. Main de Biran interpreta la religión más como sentimiento que como fe en el sentido tradicional de la palabra. La principal tarea que le atribuye es llevar el alma a la vida superior, a lo que llama *la vida mística del entusiasmo*, en la que *se funde con su supremo sujeto y vuelve así al manantial del que brotó*. Según la primacía que se otorgue a conceptos como la fe, la moral, el sentimiento religioso, etc., se distinguen los conceptos básicos que sustentan cada religión *positiva*, entendida en el sentido de reunión de individuos que tienen creencias comunes, celebran ritos y *deben* cumplir obligaciones iguales. En filosofía, la llamada *filosofía de la religión* se ha ocupado de examinar, criticar los contenidos y realizar evaluaciones comparativas entre las diversas religiones positivas. También la antropología estudia las religiones en cuanto material básico de información sobre las notas de una cultura o grupo cultural determinado. En no pocas ocasiones en la historia de la filosofía se ha dado una fusión entre filosofía y religión, tal como ocurrió en la *patrística* y como sucedió y sucede aún en la *escolástica*. La experiencia religiosa como tal ha sido abordada por numerosos filósofos y escritores, como Kierkegaard, Chestov, Dostoievski; también se ha estudiado su significación dentro de la teoría de los valores y en la ética.

RELIGIÓN (filosofía de la) Rama de la filosofía que surgió como tal durante el romanticismo, en su intento de fundir la religión con la filosofía. Se ocupa primordialmente de establecer la existencia o inexistencia de las relaciones entre filosofía y moral; de analizar la estructura del hecho y del sentimiento religioso; de las formas de aprehensión de los objetos y valores religiosos; del papel que desempeña la religión en la vida del hombre y de la relación de los valores religiosos con otros valores. Spencer, cuyo sistema parte de las relaciones entre ciencia y religión, considera que esta última, en cuanto más elevada y consciente de sí es, con mayor decisión asume lo incognoscible como su objeto propio; mientras que las religiones primitivas pretenden ofrecer al hombre una fácil representación de las fuerzas que actúan sobre el mundo, las más avanzadas renuncian por entero a esa representación y atribuyen, por el contrario, una importancia cada vez mayor al misterio, y sólo a él; el objeto de la religión, según él, es lo absoluto incognoscible. En la filosofía inglesa posterior a la Revolución de 1688, el naturalismo vigente lleva al concepto de *religión natural*, llamada también *deísmo;* surge como reacción frente al ateísmo, pero dentro de lo estrictamente natural, pues la razón conoce a Dios sin ayuda sobrenatural alguna. Es una religión sin revelación, sin dogmas, sin Iglesias y sin culto, que domina todo el siglo XVIII. Hegel se opone a la *religión del sentimiento* de Schleiermacher, quien fue durante varios años la figura más sobresaliente de la teología protestante en Alemania; este filósofo basa su especulación no tanto en torno a Dios como a la religión, más exactamente al sentimiento religioso, que es un sentimiento de *absoluta dependencia*, debida a su condición de criatura, menesterosa e insuficiente; para Hegel, por el contrario, la religión es la idea absoluta *representada;* distingue entre el punto de vista del entendimiento y el punto de vista de la razón; la relación del pensamiento y el absoluto le permite dar un sentido nuevo a la prueba ontológica, y afirma que *«la filosofía es la verdadera teodicea».* Los dos anteriores filósofos –Schleiermacher y Hegel– inician una intensa actividad teológica en Alemania, la cual se refleja especialmente en la actividad de la llamada escuela de Tübingen, que contó con filósofos como Christian Baur y David Strauss;

por otra parte, la teología católica contó en la misma época, con M. J. Scheeben, quien hizo grandes aportes a la teología especulativa, contenidos principalmente en su obra *Die Mysterien des Christentums*. A principios del siglo XIX, aparece un grupo de pensadores que fundan la tendencia *ultramontana*, la cual encuentra en el papado y en la legitimidad el fundamento del orden social; su posición tradicionalista desconfía de la razón y hace residir las verdades fundamentales en la *creencia*, de la cual la sociedad es depositaria; los pensadores más sobresalientes de esta tendencia son el conde Joseph de Maistre y Louis de Bonald. Zubiri, uno de los integrantes de la llamada escuela de Madrid, considera la religión como *religación*, en su intento de articular la filosofía a la vez con la teología y con la ciencia. El espiritualismo alemán, después de Lotze, acentuó su carácter de filosofía religiosa, basándose en la concepción de este filósofo acerca de que toda la realidad es espíritu; lo son, en particular, los átomos, que no pueden ser reducidos a algo material, como pretende la física, sino que deben interpretarse como mónadas en el sentido leibniziano; la existencia de Dios, en calidad de mónada de las mónadas, está garantizada por el testimonio directo de la conciencia, la cual, además, nos proporciona la única vía posible para explicar la unidad del cosmos y la existencia de una esperanza invencible en la base misma de toda nuestra vida moral. **V. religión**.

RELIGIÓN DE LA HUMANIDAD Durante la última etapa de su filosofía, Auguste Comte abandonó la reflexión filosófica propiamente dicha para dedicarse a fundar una nueva religión, que denominó *religión de la humanidad*, con él mismo como pontífice, cuyas bases figuran en dos de sus obras: *Sistema de política positiva o tratado de sociología para instituir la religión de la humanidad* y *Catecismo positivista o exposición sumaria de la religión universal*. En su esfuerzo por captar lo que hay más profundo en la humanidad, considera que ésta constituye un gran único ser, vivo e inmortal, y que todo nuestro saber y nuestras acciones deben estar dirigidos a su perfeccionamiento. La *religión de la humanidad* consiste en el culto a este ser y debería ser practicado por medio de ceremonias apropiadas bajo la dirección de una corporación de sacerdotes estructurada de forma similar a la jerarquía eclesiástica católica. Con ella, todos los problemas sociales y morales de la humanidad se resolverían con base en el predominio de estos sacerdotes sobre el mundo de la política y la cultura; religión y ciencia deberían también confluir en una nueva unidad. La mayoría de los seguidores de Comte evitaron aceptar esta propuesta, la cual atribuyeron a la exaltación nerviosa producida por la muerte del gran amor del filósofo Clotilde de Vaux. **V. Comte**.

RELIGIÓN POSITIVA Conjunto de creencias y prácticas religiosas basadas en dogmas y manifestadas en cultos consignados dentro de una normatividad expresa contenida en libros que se atribuyen a escritores a quienes las verdades sobrenaturales les han sido reveladas por fuerzas sobrenaturales. Son religiones positivas, por ejemplo, el judaísmo, el cristianismo, el islamismo y el budismo. Para Herbert de Cherbury, las religiones positivas tienen un origen histórico y proceden de la fantasía poética, de las ideologías filosóficas o de los intereses de las clases sacerdotales. La última fase del pensamiento de Schelling se aproxima a la religión cristiana positiva, aunque sin llegar a la ortodoxia; hace una metafísica teísta, fundada en la idea de la libertad humana, y su actividad se orienta sobre todo hacia la interpretación teológica de la religión. Se dedicó también a hacer un especial estudio de la mitología y su filosofía encontró simpatizantes tanto en los protestantes ortodoxos como en sus contemporáneos católicos.

REMINISCENCIA (anamnesis). Término griego utilizado por Platón para designar el recuerdo que el hombre tiene de las ideas vistas o conocidas directamente antes de su caída y que aprehende por medio de la visión de las sombras que le proporcionan los sentidos; esto implica una preexistencia del alma, una teoría innatista del conocimiento y la existencia de un principio activo del alma, que «invita» a la contemplación para conocer la verdad.

RENACIMIENTO La primera vez que se usa este término para designar una época específica en la historia de la cultura, es en el denominado *Renacimiento carolingio*, llamado así porque se dio especialmente en Francia, a partir del siglo IX, alrededor de la corte de Carlomagno; durante él, surgieron diversas *escuelas* formadas con maestros de varios países de Europa, y especialmente franceses, ingleses e italianos. Pero más específicamente, al hablar de Renacimiento, nos referimos a la época de la cultura occidental que comenzó en Italia con el surgimiento de la Academia platónica y las tendencias aristotélicas. Se caracterizó por haber retomado la cultura clásica antigua; tuvo su mayor desarrollo durante el siglo XV, aunque su espíritu se extendió a los siglos posteriores, en particular a los siglos XVI y XVII. En el Renacimiento el hombre se lanza tras la naturaleza, triunfa el modo de pensar natural y el hombre mismo pasa a ser un mero ente natural. El Renacimiento trajo dos hechos muy importantes: el *racionalismo* y la *reforma*, que tuvieron como consecuencias el *naturalismo* y el *optimismo*. Pero, tal vez, las actitudes filosóficas más importantes de esta época son el humanismo y, al tenerse como centro al hombre mismo, un despertar del interés por la experiencia, la cual no se limita al mundo exterior y a la ciencia, sino que también se interioriza. El haber retomado y relaborado el mundo de la antigüedad, desde el concepto de la naturaleza hasta la estética, surge en toda clase de *neos:* neoepicureísmo, neoestoicismo, neoplatonismo, neoaristotelismo, como también diversas formas de humanismo: humanismo realista, humanismo liberal; así mismo, proliferan naturalistas y científicos. El aporte del Renacimiento es muy vasto: grandes descubrimientos geográficos realizados por españoles y portugueses principalmente; invención de la imprenta, que permite la rápida difusión del pensamiento; surgimiento de teorías del Estado que dan un lugar prioritario al concepto de nacionalidad; nuevos estilos arquitectónicos; en fin, un nuevo concepto del mundo y del hombre. La filosofía gira alrededor de la idea de *vivir según la naturaleza*. En Italia son representantes del Renacimiento Pico della Mirandola, Marsilio Ficino, Pietro Pomponazzi, Nicolás Maquiavelo, Campanella, Leonardo da Vinci, B. Telesio. En Francia, donde el Renacimiento es notablemente escéptico, son figuras principales Montaigne, Charron, P. de la Ramée; en España, Valdés, Vives, Cisneros, Nebrija, Fray Luis de León, Fox Morcillo; en Inglaterra, Tomás Moro; en Holanda; Erasmo de Rotterdam; en Alemania, Susón, Tauler, Angel Silesio, Agrippa von Nettesheim, Teofrasto Paracelso, Martín Lutero, Zwinglio, Melanchthon, Reuchlin y Böhme.

REPOSO El reposo puede definirse como un estado contrario u opuesto al movimiento. Para Platón, los géneros supremos son el ser, la igualdad, la alteridad, el *reposo*, y el movimiento. También Plotino y el neoplatonismo admiten el reposo como uno de los géneros del ser. A principios del siglo XX, y después de haberse abandonado el concepto de reposo en cuanto catego-

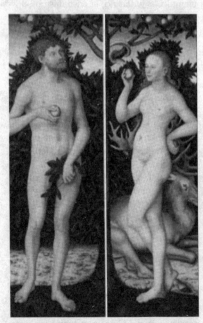

Pintura renacentista. Adán y Eva. Cuadro de Cranach

ría, Natorp lo incluye dentro de las categorías de modalidad.

REPRESENTACIÓN En general, se entiende por representación los diversos modos de aprehensión de un objeto intencional, aunque a lo largo de la historia de la filosofía ha sido utilizado en muy diversos sentidos. Bolzano utiliza este término para designar todo lo que se presenta ante la conciencia, sea un pensamiento, una idea, o una imagen. Formuló el llamado *principio de Bolzano*, que dice: «*Todo acto síquico, o es una representación o está fundado en una representación*». Según este filósofo, la *representación en sí* es la representación en su aspecto objetivo, es decir, la materia de los actos del sujeto pensante llamados representaciones. Para Schopenhauer, el mundo es representación, ya que se trata de un mundo aparente o fenoménico, que está constituido por representaciones intuitivas concretas. La representación implica siempre un sujeto cognoscente y un dato irreductible al sujeto, dato que no debe confundirse con los objetos de la experiencia, los cuales son una síntesis de datos sensibles (múltiples) y de formas unificadoras *a priori*: estas formas son espacio, tiempo y causalidad; el intelecto, o sea la actividad que produce el vínculo causal, es también una función intuitiva e inmediata, por lo cual el vínculo causal no está limitado a la esfera de los conceptos, sino que constituye una ley general de la representación. Los conceptos son representaciones secundarias obtenidas por la abstracción de las representaciones propiamente dichas y no poseen valor alguno si no se remiten a estas intuiciones. Estos son los ejemplos más sobresalientes de dos diversos sentidos –en filosofía– del término representación; sin embargo, se suele identificar representación con percepción sensorial, y entonces se habla de representación acústica, óptica, etc.; o representación con memoria, con imaginación y con alucinación.

REPRESENTAR Acción de aprehender un objeto intencional; los escolásticos le dieron el sentido de *reproducir* en la conciencia las percepciones anteriores combinadas de diversas maneras (*phantasma*).

Para Descartes, representar es *imaginar*; y para Spinoza es aprehender lo sensible, no lo conceptual. Para Kant es aprehender en general, aprehensión que puede ser intuitiva, conceptual o ideal. En el pensamiento de Schopenhauer, representar (representación) tiene mayor importancia –siendo como es este filósofo *voluntarista*–, pues concibe la representación como la forma del mundo de los objetos como manifestación de la voluntad. Por tal variedad de significados que se han dado a este término, es importante aclarar, siempre que se use, en qué sentido se emplea. **V. representación**.

RES V. **cosa**.

RES EXTENSA Para Descartes, el mundo físico está determinado por la extensión y distingue entre las sustancias finitas, que son la sustancia pensante (hombre) y la sustancia extensa (mundo), que constituyen las dos esferas de la realidad que no tienen contacto, comunicación, ni semejanza alguna entre ellas; la *res infinita* –Dios– es, a su vez, fundamento ontológico de las dos sustancias finitas y quien efectúa la imposible comunicación de las sustancias: la *res extensa*, es el mundo, la sustancia que es simple extensión; y las ideas de la *res cogitans* (cosa pensante) pueden ser, a pesar de toda su evidencia, puras quimeras, sin la menor relación con la *res extensa*, separada por un abismo metafísico: fantasmagorías claras y distintas. La cualidad capital de la *res extensa*, la materia, es su espacialidad, convicción que se expresó en su física, pues la física cartesiana es geometría, su geometría analítica en la que el análisis, el cálculo operatorio, se aplica a la realidad física misma; también esta convicción lo llevó a la concepción del mundo como autosuficiente, materia que se basta a sí misma sin que sea necesaria la creación continuada. Los animales son, para él, pura *res extensa*, máquinas autómatas y perfectísimas, como que son obra de Dios, pero sin semejanza alguna con la *res cogitans* que es el hombre. **V. Descartes**.

RESIDUO FENOMENOLÓGICO J. S. Mill establece cuatro reglas o *cánones* de la inducción, destinados al investigador científico, cuyo objeto es averiguar las relaciones de causalidad; esto es, «los antecedentes invariables e incondicionales» de todos los fenómenos; estos cánones son la *regla de concordancia*, la de *diferencia*, la *de* residuos y la de las *variaciones concomitantes*. Cada método tiene un canon que constituye su principio regulador. Por su parte, Husserl habla del ser mismo de la conciencia como «residuo fenomenológico», puesto que no queda entre paréntesis (*epoché*) al procederse a la reducción fenomenológica. **V. reducción, residuos (método de los).**

RESIDUOS (método de los) Uno de los cinco métodos de la investigación experimental propuestos por John Stuart Mill (los otros métodos son: concordancia, diferencia, combinación de los dos anteriores y variaciones concomitantes). El canon que, según él, regula este método, dice: «*Sustráigase de cualquier fenómeno la parte que, según inducciones previas, constituye el efecto de ciertos antecedentes, y resultará que el residuo del fenómeno es el efecto de los restantes antecedentes*». **V. Mill**.

RESPETO En su origen latino, este vocablo significa *atención*. En general, respeto es la atención con que se considera a los demás, trátese de personas, de ideas, de cosas o de la naturaleza en su totalidad. El respeto es una de las bases de la convivencia armoniosa de todos los seres en la totalidad del mundo y, también, en la restringida vida particular.

RESPONSABILIDAD Acción y efecto de cumplir una obligación, de responder por ella, es decir, rendir cuenta ante sí mismo y ante los demás, y en el caso de las éticas no ateas ante Dios, de los propios actos. Existe acuerdo en definir la responsabilidad como un sentimiento. La responsabilidad, para la gran mayoría de los filósofos, es un acto libre de la voluntad. Son dos los principales factores que se analizan como constitutivos de la responsabilidad: en primer lugar, qué clase de actos cobija, en referencia a los actos instintivos y a los actos conscientes; en segundo término, qué papel desempeña en ella la intencionalidad, factor que está íntimamente ligado al concepto de moralidad de los actos. Lévy-Bruhl remite el problema de la responsabilidad a la esfera de la juridicidad, ya que tiene en cuenta la existencia de la ley, lo cual exige determinado tipo de civilización, y la liga a la noción de culpa y punibilidad o castigo. Otros autores basan el concepto de responsabilidad a la relación que hay entre el individuo y la sociedad, el individuo y Dios; por último, hay quienes no consideran una instancia superior a sí mismo. Para Sartre, la responsabilidad del *para sí* (persona) es total, de tal manera que el hombre está *condenado* a ser responsable.

RESTRICCIÓN En general, limitación de algo (propiedades, características, atribuciones, elementos de un todo, etc.). En lógica, se refiere a una de las propiedades de los términos (las otras son: lo relativo, apelación, ampliación, disminución, suposición, copulación y transferencia). La restricción es el inverso de la ampliación y consiste en limitar un término respecto al número de individuos que lo componen.

RETÓRICA Arte del *bien decir* introducido por los sofistas griegos con la intención de expresarse de la mejor manera posible para poder participar eficientemente en los asuntos de la *pólis* al desarrollar argumentos propios y sustentarlos de manera muy convincente. Platón, en la *República*, criticó la tendencia de los sofistas de preocuparse más por la forma que por el contenido en sus ejercicios retóricos en lo que importa más lograr el objetivo de persuadir que el de encontrar y expresar la verdad. Aristóteles también sostuvo la posición de requerir el conocimiento de la verdad para que el ejercicio retórico cumpliera la función de transmitirla; admitiendo su utilidad para el ciudadano, el estagirita la aceptó como arte de la refutación y la confirmación, que debía servir por igual al orador y al moralista; para él, tanto la retórica como la dialéctica se fundan en verdades comunes de opinión, pero mientras la retórica persuade y refuta, la dialéctica expone. Dividió el discurso retórico en *exordio, construcción, refutación* y *epílogo*. Junto con la dialéctica, la retórica es para los estoicos una de las dos partes que constituyen la lógica y se ocupa de inventar, ordenar y expresar los argumentos de manera que puedan ser comunicados de la mejor forma a los oyentes. Filodemo y la mayoría de los empíricos consideraron la retórica impropia de los filósofos, pues la emotividad que requiere no permite la exactitud y la claridad de los argumentos. Cicerón basa la bondad de la retórica en el acervo de conocimientos que tenga quien la ejerce; sin conocimientos suficientes ésta se convierte en puro verbalismo sin contenido: debe ser un arte conducido por la sabiduría. Durante la Edad Media, el *trivium* de las artes liberales constaba de la retórica, la gramática y la dialéctica, es decir, las artes del discurso; para Hugo de san Víctor, la retórica, junto con la dialéctica, formaba parte de lo que denominó *lógica disertiva*. También durante el Renacimiento se dio mucha importancia a la retórica, lo que originó la aparición de varias obras de retórica filosófica, entre las cuales se encuentran las de Juan Luis Vives, Mario Nizoli y Laurentius Valla, quien propuso la creación de una nueva retórica con un lenguaje apropiado para la descripción de la realidad; hubo durante esta época un vivo interés semántico y una gran valoración de las significaciones con el fin de investigar la naturaleza de las cosas. Los pensadores franceses del siglo XVIII se preocuparon también por el arte del bien decir: Condillac, por ejemplo, trató el tema de la elocuencia, propio de la retórica, ajustándolo a los requerimientos de su momento histórico; durante el mismo siglo, el filósofo escocés G. Campbell se refirió a la retórica para tratar muy diversos temas: relación entre lógica y elocuencia, el orador y su relación con el público, el uso de las partículas conectivas en la oración, el chiste, el estilo, etc. A partir del siglo XIX se ha separado totalmente la retórica de la filosofía, y algunos filósofos se han preocupado por la primera pero siempre con un interés de carácter histórico, como estudio sobre el pensamiento antiguo.

RETORNO (eterno) V. eterno retorno.

REVELACIÓN En general, este término designa el descubrimiento o la manifestación de algo que se encontraba oculto. El uso que más nos interesa es el que ha hecho la teología y que designa el conocimiento de verdades que no conocía y a las que ha tenido acceso porque le han sido manifestadas por Dios. Las religiones que admiten que este ha sido el origen de su contenido fundamental, se denominan *religiones reveladas*. En la filosofía medieval, el tema de la revelación tuvo gran importancia; Escoto Eriúgena puso en primer lugar la revelación en sentido riguroso, la autoridad de Dios, y no admitía discrepancia alguna entre la filosofía verdadera y la religión revelada en el caso de ser ambas verdaderas; ponía en primer lugar, antes que cualquier autoridad, como la de los padres de la Iglesia y los comentaristas sagrados, la autoridad de la palabra divina. La revelación, para la mayoría de los teólogos es de dos clases: *natural* y *sobrenatural;* en la primera, la existencia de Dios se manifiesta por medio de la creación; la segunda es la comunicación de Dios con el hombre, que se realiza por medio de signos o de palabras; muchas de esas verdades reveladas resultan inaccesibles a la razón humana, pero deben aceptarse por cuanto provienen de Dios.

REVISIONISMO Vocablo empleado en la filosofía marxista, para indicar aquella posición o corriente que busca interpretar y adaptar el marxismo, en una forma considerada contraria a este pensamiento. **V. marxismo.**

REVOLUCIÓN Cambio fundamental que se presenta en cualquier actividad humana, ya sea dentro de lo económico, lo social, lo artístico, lo filosófico, lo científico, etc. El término revolución adquirió gran difusión durante el siglo XVIII, sobre todo gracias a los escritos de los enciclopedistas franceses y a los dos acontecimientos considerados como arquetipos de la revolución: la Revolución americana y la Revolución francesa. De la idea de revolución política se derivó la de revolución social presente en los escritos de los utopistas franceses y en los de Marx. A partir de ellos se ha desarrollado un pensamiento denominado *filosofía de la revolución* centrada en examinar la naturaleza de la revolución y de las condiciones que la hacen posible. Desde el punto de vista de la filosofía de la ciencia, Kuhn ha denominado «revolución científica» al movimiento por el cual se produce la sustitución de un paradigma por otro.

REVOLUCIÓN COPERNICANA
V. copernicana (revolución).

RICOEUR, Paul Filósofo francés, nacido en Valence, en 1913. Fue profesor de las universidades de Estrasburgo y La Sorbona. Su pensamiento se sirve del método fenomenológico para lograr la afirmación y la reconciliación del hombre entero con su mundo, unidad que había sido rota; esta unidad se basa en el reconocimiento de la trascendencia y del misterio, que hace posible la claridad profunda. Su preocupación principal se refiere a los problemas del mal y de la voluntad; establece varios grados de acción voluntaria, como son la decisión, la acción, el consentimiento, y analiza cuáles de ellos trascienden toda posible descripción; también analiza lo involuntario y plantea la libertad como la conciliación entre lo voluntario y lo involuntario. La *falta* altera las estructuras de lo voluntario y lo involuntario, y aquí aparece el problema del mal: es una falibilidad que conduce al error; así mismo, establece varios grados o dimensiones de la *falta*, tales como mancha, pecado, culpabilidad, basándolos en el hecho fundamental del *siervo albedrío*. Siguiendo a Heidegger, y en especial a Gadamer, Ricoeur ha desarrollado en la segunda fase de su pensamiento una fuerte tendencia hacia la hermenéutica, explorando la condición ontológica de la comprensión. Para él, la comprensión es comprensión de la existencia en la que se da una tensión entre «pertenencia» y «distancia». Mediante la interpretación, dice, se recupera el mundo mismo, el cual se pone al descubierto. La fenomenología se funda así en la hermenéutica. Sus principales obras son: *Husserl y el sentido de la historia; Filosofía de la voluntad; La atención; Estudio fenomenológico de la atención y de sus conexiones filosóficas; Gabriel Marcel y Karl Jaspers; Filosofía del misterio y filosofía de la paradoja.*

RIESGO Contingencia o peligro que incluye la ejecución de una acción determinada. Por ejemplo, en todo proceso de verificación hay un *riesgo* de error; y mientras más débiles sean los presupuestos en que se basa esa verificación, el *riesgo* de error es mayor.

RIGORISMO Tendencia filosófica que no admite valores moralmente intermedios en ética. Es la posición contraria a la laxitud. Según Kant es conveniente ser rigorista y no *latitudinario* de la neutralidad (indiferentista) o de la combinación (sincretista). Debe haber una sumisión estricta a la ley moral, pero, a la vez, rechaza la automortificación, al ascetismo y al espíritu monástico.

ROMANTICISMO Movimiento intelectual, estética del sentimiento, inmediatamente posterior a la Ilustración, manifestado como una rebelión contra ella y la revolución, cuyos más importantes temas fueron, en primer término, el de la libertad nacional opuesta al cosmopolitismo ilustrado propugnado en la Ilustración, y expresada en el rescate de las más antiguas tradiciones nacionales, las costumbres, los cultos, la poesía nacional y, en general, lo que se consideraba como constitutivo de *alma de los pueblos*, en la creencia de que la razón era insuficiente para descubrir el núcleo más profundo, la esencia de la realidad; en este empeño se llegó a identificar historia con tradición y a valorar lo pasado por el solo hecho de ser pasado, exaltando especialmente la cultura de la antigua Grecia; en segundo lugar, el movimiento romántico fue antirracionalista por su rebelión contra la razón, que había constituido el gran instrumento de la Ilustración, remplazándola por un gran anhelo de eternidad e infinito que trascendiera el mundo de los fenómenos, identificando así la filosofía con la religiosidad, el amor o el arte según los casos; por otra parte, se tendió a una divinización de la naturaleza mediante la crítica de las ciencias naturales y, en especial de la mecánica, por ser en exceso analíticas, llegando a un panteísmo filosófico-religioso en que los fenómenos sensibles eran símbolos de lo suprasensible, y las fuerzas físicas revelaciones de la única fuerza espiritual que habita el universo en su totalidad. Dos grandes escritores, Goethe y Schiller, pertenecieron a este movimiento; el primero, al expresar su convicción de que la naturaleza es *el hábito viviente de la divinidad* y el mejor medio para llegar a Dios, por lo cual es absurdo tratar de demostrar la existencia de Dios mediante recursos racionales y abstractos, ya que tenemos su revelación inmediata en la naturaleza misma; esta fuerza divina actúa también sobre el hombre y su destino y nadie puede eludirla (providencia), y el hombre debe establecer el equilibrio entre la sensibilidad y la razón, equilibrio que se expresa en la moralidad; el hombre y la naturaleza no constituyen dos mundos distintos, sino uno solo, que posee diversas fases en su desarrollo; sin embargo, la individualidad no es sinónimo de negación, sino que contiene en sí una nueva universalidad que el hombre encuentra en su propio interior, al igual que en el mundo externo. Schiller, por su parte, distingue en el hombre dos naturalezas: *la del hombre físico*, de la que deriva el instinto sensible que lo ata a la materia y al tiempo; *y la del hombre moral*, de la que se deriva el instinto racional de la forma, que tiende a afirmar su libertad; la verdadera libertad consiste en equilibrar de forma armónica estas dos naturalezas sin sacrificar ninguna de ellas, propósito que no se logra sino en el mundo de la belleza que es el del perfecto equilibrio entre lo sensible y lo suprasensible; por tanto, el propósito de la educación será la formación del hombre como *alma bella* que ejercita libremente todas sus energías. Pertenecen también al movimiento romántico los dos hermanos Schlegel (Friedrich y August Wilhelm), el poeta Novalis (seudónimo de Friedrich Leopold von Hardenberg), Schleirmacher, todos ellos en Alemania; Chateaubriand, Madame de Staël, en Francia; Coleridge y Carlyle, en Inglaterra. Friedrich Schlegel fue el verdadero gran teórico del romanticismo, cuyas tesis fueron conocidas por medio de la revista *Athenaeum* que dirigió junto con su hermano, en Berlín, entre 1798 y 1800. El propósito primordial de su filosofía consistió en tratar de resolver lo finito en lo infinito, que debe cumplir la poesía romántica con base en el sentimiento religioso; según sus propias palabras, *poesía y filosofía son los factores de la religión;* el sentimiento es el instrumento que permite captar cómo la verdadera y profunda fuerza de la naturaleza creadora está constituida por el eterno amor. La ironía constante del genio poético, entendiendo por ironía la actitud que no distingue la realidad de la apariencia, hace que éste se ponga en contacto con el principio infinito de lo real. Más tarde, este filósofo trató de fundar una nueva filosofía de la vida que resultaba del sincretismo entre panteísmo y teísmo cristiano. Novalis introdujo en el romanticismo una concepción que él denominó *idealismo mágico*, en la cual la esencia del mundo está constituida por la fuerza creativa de la voluntad divina con la cual el hombre debe identificarse para convertirse en *mago*, es decir, omnipotente. Esto se hace posible cuando el hombre tiene un contacto con la naturaleza que le permite encontrase a sí mismo en ella, como él escribe, *«levantar el misterioso velo de Isis»* para encontrar tras él su propio rostro, encuentro que solamente se puede dar en la poesía. Así, la magia es la poesía misma y, la filosofía, la teoría que demuestra que la poesía es el todo, la unidad. Schleirmacher consideró como base de la religión al sentimiento; para él, la verdadera y absoluta unidad entre el pensar y el ser, sólo tiene lugar en Dios; por otra parte, la unidad del querer y del ser (en la práctica) es un supuesto previo necesario para todo acto, aunque sólo en Dios se verifica de un modo absoluto; y la idea de Dios que se escapa a nuestro conocimiento y a nuestra voluntad está presente en nosotros mediante una forma de vida del espíritu, que es el sentimiento; es lo que llama *sentimiento trascendental*, verdadero fundamento de la religión. Resuelve lo finito en lo infinito al considerar todos los acontecimientos como supeditados a Dios, de manera que todo es igualmente milagroso, ya que todo revela al ser divino. También se destacan Coleridge y Carlyle. El primero exaltó la intuición mística de la totalidad, oponiéndose a la fosilización del cristianismo, según él, llevada a cabo por los teólogos de la Iglesia oficial; el segundo, se basó en unos principios que caracterizan a todo el romanticismo: el universo como templo místico del espíritu y hábito (símbolo) de la infinita omnipotencia divina que opera sobre todas las cosas; a esto agregó su enconada polémica contra la ciencia, que considera una quimera pura y simple, pues no comprende que los fenómenos empíricos son sólo símbolos y no realidades absolutas como pretenden los científicos. También se opuso a la teología, pues la fe en lo sobrenatural se revela naturalmente en el hombre.

RORTY, Richard (1931). Filósofo estadounidense nacido en Nueva York. Ha sido profesor en las universidades de Princeton y Virginia. En la primera etapa de su pensamiento desarrolló una fuerte crítica en contra de la pretensión de fundamentar la ciencia, propia de la filosofía desde Descartes. Se inclinó por la filosofía analítica y adhirió al llamado *giro lingüístico*. Posteriormente, el pensamiento antirrepresentacionalista de Rorty ha desembocado en el pragmatismo, según el cual la objetividad no debe ser ligada a ningún tipo de trascendencia, sino que debe ser interpretada, más bien, como intersubjetividad y solidaridad, de manera que se abra camino hacia una política democrática. En suma, de lo que se trata para Rorty es de abandonar la idea de que hay una verdad preexistente y de abrir nuevas formas de pensamiento y de lenguaje y de crear así mayores espacio de libertad. Sus principales obras son: *La filosofía y el espejo de la naturaleza* (1979); *Contingencia, ironía y solidaridad* (1988); *Objetividad, relativismo y verdad* (1991); *Ensayos sobre Heidegger y otros* (1994).

ROUSSEAU, Jean Jacques (1712-1778). Filósofo suizo-francés, nacido en Ginebra; era hijo de un relojero protestante. Su vida fue errante y azarosa y ganó un premio otorgado por la Academia de Dijon por su libro *Discurso sobre las ciencias y las artes*. Afirmó que el hombre es bueno por naturaleza, pero la civilización lo corrompe; por tanto, es necesario volver a la naturaleza. Desde el estado de naturaleza, los hombres hacen un contrato tácito que origina la sociedad y el Estado, de manera que el individuo es anterior a la sociedad. Lo que determina el Estado es la voluntad, que es, por

Jean Jacques Rousseau

un lado, individual y, por otro, colectiva; la voluntad colectiva puede ser *voluntad general* o de la mayoría, que es la voluntad del Estado, y *voluntad de todos* (*volonté de tous*), que es la suma de las voluntades individuales, y casi nunca es unánime. El principio de la democracia es la voluntad general, porque es mayoritaria, la de la comunidad, incluidos los discrepantes que son también miembros del Estado. Así, las minorías también tienen derecho a hacer valer su voluntad y deben, así mismo, aceptar la voluntad general como expresión de la voluntad de la comunidad política. Sus principales obras son: *Discurso sobre las ciencias y las artes; Discurso sobre el origen de la desigualdad entre los hombres; Emilio; Julia, o la nueva Eloísa; Contrato social*.

RUPTURA EPISTEMOLÓGICA
Concepto introducido por G. Bachelard al imponer una visión discontinua de la historia, que da una gran importancia a la ruptura y al cambio, y en la cual las diversas estructuras epistémicas generan diferentes historias, cada una con un ritmo de desarrollo distinto. Althusser retoma algunos elementos del pensamiento de Bachelard y con esta base inicia una indagación epistemológica del marxismo; en la búsqueda de

la filosofía del conocimiento susceptible de ser extraída de la obra de Marx, Althusser introduce el concepto bachelardiano de *ruptura epistemológica* para indicar el momento de constitución de una ciencia en determinado ámbito con respecto al tejido ideológico que la precede; la primera función asignada a la ruptura epistemológica de Bachelard en la concepción de Althusser es la de distinguir radicalmente la ciencia de la ideología (filosofía, moral, religión); la *ruptura epistemológica* entre ellas consiste en el salto cualitativo que permite descubrir los problemas reales ocultos tras los falsos problemas que la acción de la ideología ponía en su lugar. También Althusser utiliza este concepto para redefinir una lectura marxista del propio Marx, y distingue dos Marx: el primero, hegeliano, impregnado de la ideología de precedentes problemáticas; el segundo, a partir de *La ideología alemana*, que representa la ruptura crítica y autocrítica del Marx respecto al humanismo racional-liberal y al humanismo comunitario que, hasta entonces, lo había guiado. Así, el materialismo dialéctico althusseriano, al generalizar la problemática a todas las formas de la relación ciencia/ideología, se define como una teoría formal de las rupturas epistemológicas. **V. Althusser, Bachelard**.

RUSSELL, Bertrand (1872-1970). Importante lógico y escritor británico de ensayos filosóficos, pedagógicos y políticos; fue profesor en Cambridge. Le fue otorgado el premio Nobel de literatura en 1952. En su

Bertrand Russell

pensamiento se hace visible la influencia que sobre él ejercieron Peano y Frege. Sus tesis han causado importantes progresos en el análisis de las antinomias matemáticas y en la *logicización* de toda la aritmética. Sus principales obras se refieren a los fundamentos de la aritmética y son: *Los principios de las matemáticas; Principia Mathematica*, elaborada en colaboración con Whitehead y escrita en símbolos, ideografía muy similar a la de Peano; *Introducción a la filosofía de las matemáticas; La filosofía de Leibniz; Una historia de la filosofía occidental; El conocimiento humano; The Analysis of Mind; The Analysis of Matter; An Outline of Philosophy*. **V. lógica matemática**.

S

S En mayúscula, esta letra es usada en lógica tradicional para representar al sujeto dentro de la proposición o dentro del juicio que sirve de conclusión en un silogismo. En el esquema de los juicios o proposiciones que sirven de premisa mayor o menor en un silogismo, esta letra sirve, también en mayúscula, para representar el predicado. También, esta letra en, mayúscula, puede usarse con el mismo propósito que las letras *Q* y *R* en la lógica de las relaciones como notación abreviada para los abstractos dobles. En lógica sentencial, se usa esta letra en minúscula (*s*) para simbolizar sentencias, en las cuales representa un enunciado declarativo y se denomina *letra sentencial*.

SABER Término que, aunque por lo general se identifica con *conocimiento*, en un sentido más preciso designa la fijación, expresión y transmisión de la aprehensión de la realidad por medio de las facultades intelectuales. En Parménides, el saber es, ante todo, discernir por medio de la inteligencia entre lo que la realidad *parece ser* y lo que en verdad *es*; este juicio se enuncia mediante el *logos* «como la idea de la cosa sabida». Para Platón, saber es *definir*, lo cual requiere la *averiguación* o pregunta por la esencia de las cosas. Aristóteles considera necesario, además, para obtener el saber, la investigación de la causa formal, que permite entender los principios efectivos de la realidad, el cómo ha llegado a ser lo que es. El idealismo alemán, en especial Hegel, después de distinguir entre la mera información (historia) y el conocimiento conceptual (ciencias en que hay un efectivo saber), considera que hace falta un *saber absoluto*, que no puede dejar nada fuera de sí, ni siquiera el *error*, en tanto que hay error. El verbo «saber» sustantivado se usa en dos sentidos: (a) es el conocimiento en general, el cual designa toda técnica adecuada para dar información en torno a un objeto. No significa lo mismo conocer un objeto (tener familiaridad con él) y saber algo acerca del mismo (tener conocimiento exacto de él); (b) como ciencia o conocimiento garantizado en la verdad del saber. Se ha clasificado el saber en saber vulgar y saber científico o filosófico. El primero se fundamenta en la experiencia y adopta, las más de las veces, un realismo ingenuo según el cual las cosas son tal como aparecen; carece de método de organización conceptual y sistemática y, por tanto, en él abundan los prejuicios. El segundo es una experiencia organizada mediante un método sin que ello signifique que se agote la naturaleza de ese saber; este saber es capaz de producir leyes y llegar a principios universales. **V. ciencia.**

SABIDURÍA El término griego (*sophía*) designó en su uso original cualquier arte u oficio. Posteriormente, con Hesíodo se extiende la significación del término tomando un sentido más teórico; así pues, se denominó sabia a aquella persona que además de saber tenía más experiencia que el común de los hombres; por ello el sabio es llamado también hombre prudente. El ideal antiguo de sabiduría se halla, en consecuencia, basado en la fusión de lo teórico y lo práctico. Platón estableció la diferencia entre una *sabiduría superior*, propia y necesaria a la clase superior en la jerarquía de la ciudad ideal; y *sabiduría inferior* en el sentido de habilidad o destreza para cualquier desempeño particular. Aristóteles opta por una concepción eminentemente teórica o contemplativa de la sabiduría, al identificarla con la metafísica o ciencia de los primeros principios. Posteriormente, el ideal estoico de sabio une lo teórico con lo práctico al presentar como notas predominantes de la sabiduría la *universalidad, la experiencia y la madurez*; así, el saber y la práctica se identifican, siendo el sabio el único capaz de libertad, puesto que acepta con serenidad el hecho práctico de estar sujeto al destino, que se revela en el mundo, aceptación que forma parte de la sabiduría cósmica (*logos*). **V. prudencia, saber, sabio.**

SABIO (*sophós*). Idea moral que tiene su precursor en Demócrito cuando identifica la virtud con la imperturbabilidad, la serenidad y el dominio de sí mismo. Para Heráclito, el alma del sabio es el alma seca, la que más se parece al fuego; habla de lo sabio (*sophón*) en forma neutra para decir que es uno y siempre, y separado de todas las cosas. El hombre vigilante, que vela, sigue lo común, el *noûs*, y llega a lo sabio, que es un mundo distinto al de la *doxa* u opinión. El mundo oculta lo sabio que es lo que *verdaderamente es*, y en develarlo o descubrirlo consiste la verdad. Si el hombre tiene el alma seca, tiende al *sophón*, a lo divino, convirtiéndose en *filósofo*. En un concepto posterior y diferente, el ideal de sabio está representado en Grecia por los moralistas socráticos: los cínicos, los cirenaicos, el estoicismo, el cosmopolitismo antiguo, el epicureísmo, el escepticismo y el eclecticismo. Los cínicos identifican, exagerándola, la doctrina socrática de la felicidad con la autarquía o suficiencia, que se logra mediante la supresión de las necesidades, la renuncia a toda teoría y el desdén por la verdad; el bien del hombre consiste en *vivir en sociedad consigo mismo* y se debe rehuir del placer de los sentidos, especialmente del amor; al cínico le es indiferente la familia y la patria y se considera ciudadano del mundo (cosmopolita); así, Grecia se llena de mendigos que deambulan pronunciando discursos morales. En el idealismo de Fichte, éste admite, junto al Estado y a la Iglesia, la existencia de una *comunidad de sabios* para dirigir y armonizar la actividad de los diversos estamentos sociales, por encima de cualquier dogma político o religioso; el sabio es la figura central de la humanidad, porque percibe con claridad las verdades absolutas que no pueden ver sino oscuramente los individuos comunes, y se encarna en las sociedades civilizadas en los artistas y en los científicos, como hombres que guían a los demás hombres para que adquieran conciencia de sus necesidades y de los medios suficientes para satisfacerlas. El sabio, además del presente, ve el futuro y, por tanto, el camino que conduce hacia el fin supremo: *es el educador de la humanidad*, y debe convertirse en la comunidad que conforman el estrato dirigente de la sociedad; el Estado que se oponga a esta comunidad niega su propio fin, pues impide el advenimiento de lo divino al mundo.

SAINT - SIMON, Claude Henri de (1760-1825). Teórico político francés, perteneciente a la nobleza, nacido en París. Siempre se preocupó por comprender el desarrollo histórico y social y por establecer nuevos sistemas de reorganización de la so-

Claude Henri de Saint-Simon

ciedad. En la evolución histórica distinguió las épocas *críticas* de las *orgánicas*, siendo las primeras aquellas en que el hombre asume su papel de agente que descubre cómo cambiar el medio social que se rige por normas inadecuadas para el momento histórico en que actúa; las normas no son estáticas y, según él, su alteración es básica para un verdadero avance y la no *fosilización* social. La única norma ideal para cualquier época y sociedad es el fomento del máximo desarrollo de las capacidades productoras del hombre. Niega la posibilidad de la igualdad dentro de la sociedad industrial moderna, aunque el aspecto religioso de sus ideas coloca a toda la humanidad bajo los mismos principios. Sus principales obras son: *Memoria sobre la ciencia del hombre; Del sistema industrial; Introducción a los trabajos científicos del siglo XIX; El nuevo cristianismo; Trabajo sobre la gravitación universal; Sobre la reorganización de la sociedad europea.*

SALMERÓN, Fernando (1925). Distinguido catedrático mexicano, ha trabajado en importantes universidades de su país como la Universidad Nacional Autónoma de México y ha sido director de institutos de investigación, campo al cual se dedica desde 1966. Fue discípulo de José Gaos, interesándose por la fenomenología, el pensamiento de Hartmann, Heidegger y Ortega y Gasset. Se ha inclinado por la filosofía analítica e intenta aplicar el análisis a la filosofía de la educación y a la ética, los temas de mayor interés para él. Sus principales obras son: *Las mocedades de Ortega y Gasset* (1959); *Cuestiones educativas y páginas sobre México* (1950); *José Gaos: su idea de filosofía* (1969).

SALTO Metáfora utilizada por Kierkegaard para oponerse al concepto hegeliano del movimiento de la existencia como devenir lógico-metafísico; con ella, Kierkegaard sostiene la tesis de la ruptura que ocurre en los diversos *estadios de la vida* y en sus modificaciones, y que en especial se manifiesta en el *salto* de lo ético a lo religioso. Este salto corresponde exclusivamente a la existencia individual y equivale a un acto de libertad por el cual se logra la paradoja del cristianismo o *paradoja absoluta*, sin recurrir a la demostración racional de la fe.

SÁNCHEZ VÁSQUEZ, Adolfo (1915). Filósofo español, nacido en Algeciras, Cádiz. Profesor de filosofía contemporánea, ética y estética de la Universidad Autónoma de México desde 1966. Estudia la ética y la estética desde el marxismo no dogmático; propone una teoría que pueda dar razón de toda relación del hombre con la realidad, relación ésta que no tenga ningún influjo de la normatividad. El arte es una forma de praxis cuyo fundamento es el trabajo humano; igualmente opone su ética al normativismo: los juicios morales, dice, forman parte del hecho moral; aunque no hay moral científica existe un conocimiento científico de la moral. El marxismo de Sánchez Vásquez puede definirse como «un vivo antidogmatismo que trata de conjugar los tres aspectos esenciales del marxismo: crítica, proyecto de transformación del mundo y conocimiento». Sus principales obras son: *Las ideas estéticas de Marx* (1965); *Filosofía de la praxis* (1972); *Estética y marxismo* (1973).

SANCIÓN En derecho, el término sanción tiene dos sentidos: el primero designa la confirmación de una norma o de una ley; el segundo es el castigo y, también, la recompensa por la ejecución de un acto determinado, cuando éste es acorde –en el primer caso– o cuando no está de acuerdo o contraviene la ley –en el segundo caso–. También, aparte del concepto legal, se puede hablar de diversos tipos de sanción: *social* o de opinión, *divina, humana, natural*, etc. En filosofía, el concepto de sanción es eminentemente ético; se han distinguido dos tipos de sanción: *interna*, cuando se refiere al juicio que interiormente realiza el hombre sobre sus propios actos e intenciones, o bien, cuando se interpreta como sanción divina sobre los mismos actos o intenciones; *externa*, cuando la sanción resulta de un juicio y sólo puede referirse a los actos. Tanto en derecho como en filosofía, la sanción se ha explicado desde el punto de vista del mantenimiento de un orden legal, o moral. A esta explicación se ha opuesto la tendencia que considera una moral que no esté fundada en la obligación impuesta por la expectativa de la sanción, sino en el criterio de *caridad* (amor) universal, que haga del comportamiento ético algo más universal al hacer que no esté restringida a la *justicia distributiva*, que es de carácter exclusivamente social; el principal representante de esta tendencia es Guyau.

SARTRE, Jean Paul (1905-1980). Filósofo y escritor francés, el más célebre de los representantes del existencialismo ateo francés, quien llegó al existencialismo a través de la fenomenología y, por tanto, se halla más próximo a Heidegger que a Jaspers. Le fue otorgado el premio Nobel de literatura, que rechazó. Sartre adopta la dialéctica como método y se separa de la ontología comprendida en el materialismo dialéctico, con el fin de fundar una antropología en la que se produzca el salto del individuo a la clase, al grupo, a la sociedad, con base en la *escasez*: hay competencia porque hay escasez natural que hace imposible satisfacer la totalidad de las necesidades; esta necesidad humana suscitada por la escasez es lo contrario de la libertad, del pleno despliegue de la actividad humana. Aunque en algunos períodos las fuerzas productivas puedan superar la escasez, el hombre la ha interiorizado, lo cual se refleja en la organización social que se configura con base en ella, generando la división del trabajo y la alienación de los trabajadores en las sociedades industriales; la alienación, por su parte, es la libertad robada. Su principal argumento contra la existencia de Dios se funda en la contradicción que encuentra en la idea de un ser necesario *causa sui;* se trata de un argumento ligado a una de las tesis centrales de todo el existencialismo: la identificación de la existencia con la contingencia. Su obra cumbre de filosofía lleva por título *El ser y la nada.* También son obras filosóficas suyas: *Ensayo de ontología fenomenológica; Crítica de la razón dialéctica; El idiota de la familia, Gustave Flaubert de 1821 a 1857.*

SAUSSURE, Ferdinand de (1857-1913). Estudioso suizo, profesor de la Universidad de Ginebra, considerado padre del *estructuralismo,* cuya obra significó una profunda revolución en el campo de la lingüística, pues sus ideas se oponen radicalmente a la lingüística del siglo XIX que se

Jean Paul Sartre

Ferdinand de Saussure

basaba en una consideración histórica y comparativa de las lenguas, estudiadas en sus elementos individuales con una atención de tipo empirista; para Saussure, por el contrario, lo que hay que estudiar es el sistema de los elementos que componen el fenómeno lingüístico, sistema que es de índole abstracta y de tendencia autónoma, tanto con respecto al sujeto hablante como con respecto al objeto significado. La validez de las reglas internas que rigen el conjunto lingüístico no dependen de ningún referente exterior: ellas determinan cómo se deben combinar los diversos elementos lingüísticos que asumen las propiedades y caracteres, de modo que los elementos lingüísticos son posteriores a las reglas. Esta tesis lo lleva a desechar la perspectiva histórica (diacrónica) en beneficio de una perspectiva sistemática (sincrónica). En primer término, sus ideas tuvieron gran resonancia, especialmente en la llamada escuela de Copenhague y en la Sociedad rusa para el estudio del lenguaje poético, pero más tarde, en especial gracias a la obra de Lévi-Strauss, se extendieron a otras ciencias humanas. Su principal obra es *Curso de lingüística general*.

SAVATER, Fernando (1941) Profesor universitario en la Univesidad del País Vasco desde hace más de veinte años. Ha escrito varios libros y numerosos ensayos sobre todo orientados por preocupaciones éticas y políticas, los cuales han sido traducidos a una docena de idiomas. Es también autor de estudios literarios, narraciones y obras teatrales. Preocupado por el público joven, plantea de forma elemental aunque rigurosa las cuestiones básicas que interesan al pensamiento político de hoy, tanto a nivel teórico como práctico. Sus principales obras son: *Política para Amador; Ética para Amador; El jardín de las dudas; Diccionario filosófico*.

SCHELER, Max (1874-1928). Filósofo alemán, nacido en Munich; estudió en la Universidad de Jena donde fue discípulo de Eucken y de Liebmann; después fue profesor de la Universidad de Colonia. Formó parte del círculo de Munich. Su filosofía representa una posición intermedia entre la fenomenología y el existencialismo. En un primer tiempo fue fenomenólogo, al haber aplicado el método fenomenológico en especial a las ciencias sociales y a la biología; pero, aplicando el principio de la intuición eidética al mundo de los valores humanos, se lanzó a la conquista de las esencias, en especial en lo referente al hombre y su vida en la esfera del valor, y abrió su filosofía a problemas casi enteramente dejados a un lado por Husserl, como es la antropología filosófica. Hizo ingentes esfuerzos por constituir una metafísica que diera solvencia a sus descubrimientos, en particular a su teoría de los valores, en una fenomenología general de los afectos y en su antropología filosófica y su sociología de la cultura. Su filosofía religiosa soluciona el problema de lo real por medio de un realismo volitivo. La fenomenología de Scheler describe hechos puros y las relaciones que constituyen la base de todas las ciencias. Los *valores* son para este filósofo esencias intemporales y absolutamente válidas; los valores son en Scheler esencias puras y se relacionan con la efectiva existencia del mundo en que los valores se descubren y se realizan, que es el mundo del hombre y de la historia. Son elementos *a priori* y, a la vez, elementos materiales, y resultan de la descripción fenomenológica de los actos intencionales que ocurren en el tejido de las vivencias afectivas puras. En la jerarquía de tales valores, lo moral se encuentra en la realización de un valor positivo sin sacrificio de los valores superiores, que culminan en los valores religiosos. Según lo expresado por él, su antropología filosófica debe servir como «puente entre las ciencias positivas y la metafísica», y en ella la teoría del espíritu es concebida como *personalidad*. La persona es concebida como una entidad dinámica, la unidad de sus actos, algo que no se puede reducir ni a lo puramente material ni a lo puro síquico. Su doctrina es personalista y es una «reafirmación del individualismo», por cuanto jerarquiza las diferentes individualidades personales; la persona es el espíritu como unidad esencial y centro de los actos superiores efectivos y posibles. Divide la sociología en *cultural* y *real;* su sociología, en sus palabras, «analiza todo el inmenso contenido, subjetivo y objetivo, de la vida humana desde el punto de vista de su determinación *efectiva*», con el fin de superar el relativismo historicista y el apriorismo formalista. En los últimos años de su trabajo, Scheler se acerca al idealismo panteísta. Sus obras principales son: *El formalismo en la ética y la ética material de los valores: esencia y formas de la simpatía; El resentimiento en la moral; El puesto del hombre en el cosmos; Las formas del saber y la sociedad; De lo eterno en el hombre; Contribuciones a la determinación de las relaciones entre los principios lógicos y éticos; El método trascendental y el método sicológico; El genio de la guerra y la guerra alemana; De la inversión de los valores.*

SCHILLER, Ferdinand Canning S. (1864 - 1937). Filósofo alemán, nacido en Altona. Estudio en la Universidad de Oxford y se trasladó a Estados Unidos, donde fue profesor invitado y profesor titular en varias universidades (Cornell, Corpus Christi, College de Oxford, Southern California). En su concepción del universo, éste está constituido por existencias individuales, de carácter monadológico; la primera etapa del proceso evolutivo fue caótico, pues las mónadas existían atemporal e inarmónicamente, para luego constituir la armonía monadológica donde las mónadas llegaron a su plenitud como existencias individuales; la intervención de Dios se presenta como el triunfo sobre lo inarmónico, es decir, un acto de voluntad limitado por el obstáculo. De esta concepción del mundo, Schiller pasó a un «pragmatismo humanista», al considerar que la naturaleza está hecha a la medida del hombre, haciendo de la verdad una función del hombre, y del mundo una referencia inmediata que sólo por el hombre tiene sentido. No hay una verdad absoluta e ideal, sino muchas verdades que dependen de la individualidad del hombre; al describir fielmente la realidad, salva la diversidad y la discontinuidad y señala que la lógica es algo *usado* por el hombre; el instrumental lógico es la expresión de lo valioso *para* el hombre. Lo real es pura actualidad, y dentro de ella están, como momentos, todas las posibilidades teóricas. Sus principales obras son: *Tántalo o el futuro del hombre; Humanismo: ensayos filosóficos; ¿Platón o Protágoras?; Estudios de humanismo; Lógica formal; Pragmatismo; Lógica para el uso, una introducción a la teoría del conocimiento voluntarista.*

SCHLEGEL, Friedrich von (1772-1829). Filósofo alemán, a quien se le considera como verdadero teórico del romanticismo. Dirigió en Berlín, junto con su hermano August, entre 1798 y 1800, la revista *Athenaeum* y en ella publicó sus escritos filosóficos más importantes, en los cuales confiere a la poesía romántica la misión de resolver lo finito en lo infinito, núcleo de todo su pensamiento empapado de un profundo sentido religioso; para él, *poesía y filosofía son los factores de la religión*. El instrumento de esta poesía es el *sentimiento*, que relaciona estrechamente con la ironía, entendida ésta como la actitud que no distingue la realidad de la apariencia, lo serio de lo jocoso, con el fin de elevarse sobre lo común y ponerse en contacto inmediato con el principio infinito de lo real, logrando así la plena armonía del espíritu. En 1804, su pensamiento presentó un giro que lo hizo abandonar estas ideas, al dirigirse hacia una nueva concepción del mundo o *filosofía de la vida*, resultado de una mezcla de panteísmo y teísmo cristiano, para finalmente entrar en el catolicismo. En política, después de la caída de Napoleón,

Ferdinand Canning S. Schiller

aceptó los programas de la Restauración y de la Santa Alianza. Sus principales obras son: *Fragmentos; Ideas; Diálogo sobre la poesía* y la novela *Lucinda*.

SCHLICK, Moritz (1882- 1936). Filósofo alemán, nacido en Berlín. Es considerado como el fundador del círculo de Viena y fue profesor en varias universidades: Rostock, Kiel y Viena. Su filosofía gira alrededor de la estructura y los contenidos de la ciencia, tema al que limita el quehacer filosófico, que, según él, debe tener el mismo rigor y objetividad que la ciencia natural. La filosofía, referida a la esfera interna, es sicología; y referida a la esfera externa, es, examen de las proposiciones científicas; de manera que las ciencias del espíritu no son otra cosa que una manera de considerar lo que es en último término la realidad natural, que es material. Su positivismo lógico construye una teoría del conocimiento cuya función es dilucidar las significaciones del tradicionalmente oscuro lenguaje filosófico. Así mismo, su ética propone encontrar las significaciones que den un sentido a la existencia humana, mediante una teoría empírica de los valores dirigida a la búsqueda y al aumento de la felicidad (eudemonismo). Planteó también la separación estricta entre las proposiciones analíticas y sintéticas, al considerar las primeras como tautologías. Sus principales obras son: *Teoría general del conocimiento; El cambio de dirección de la filosofía; Sabiduría de la vida; Vivencia, conocimiento, metafísica; La causalidad en la física actual; Espacio y tiempo en la física actual; Positivismo y realismo; Sobre el fundamento del conocimiento; Filosofía y ciencia natural*. V. círculo de Viena.

SCHOPENHAUER, Arthur (1788-1860). Filósofo alemán, nacido en Danzig, perteneciente a la alta burguesía de su país; su padre era un rico comerciante y su madre una culta novelista. Estudió en Göttingen, Berlín –donde fue alumno de Fichte– y Jena, donde se graduó. En 1820 fue profesor adjunto en Berlín, donde sostuvo prolongadas disputas con Hegel, que aumentaron con el transcurso del tiempo. En 1831 fue a Francfort donde se dedicó a vivir de sus rentas y a escribir los artículos que más

Arthur Schopenhauer

tarde lo llevarían a la fama. Se caracterizó por su tajante oposición a las tesis de los grandes idealistas alemanes, ya que, para él, la filosofía no debe partir de principios abstractos sino de la experiencia, a fin de tener un conocimiento *más preciso* de los temas; él mismo, con este objeto, hizo gran acopio de información científica e histórica y se ocupó del estudio de las filosofía de Kant, Platón, y de la filosofía india que prácticamente introdujo en Europa. Para Schopenhauer, el mundo es, por un lado, representación, ya que se trata de un mundo aparente o fenoménico; y, por otro, voluntad, por cuanto se trata de un mundo real. El mundo fenoménico está constituido por representaciones intuitivas concretas, y sostiene que las formas *a priori* son únicamente tres: espacio, tiempo y causalidad, siendo el intelecto, o actividad que produce el vínculo causal, una función intuitiva e inmediata; este vínculo causal no está limitado a la esfera de los conceptos, sino que constituye una ley general de la representación. La función característica de la razón consiste en la elaboración de conceptos que son representaciones secundarias obtenidas por la abstracción de las representaciones propiamente dichas y no poseen valor alguno si no se remiten a las intuiciones: todo conocimiento real es una intuición. Para él, *fenoménico* equivale a ilusorio o engañoso, lo que lo lleva a condenar tanto el realismo como el materialismo. Por otra parte, la voluntad nos es dada en forma temporal, como una sucesión de actos volitivos, y permanece como algo relativamente constante que escapa a las tres formas *a priori* de la representación, siendo un aspecto más profundo, más real de nuestro ser: la *verdad filosófica por excelencia*. La voluntad no se multiplica con la existencia de diversos seres, sino que es una sola en todos, y es absolutamente libre, pues actúa sin motivación alguna; por el contrario, se expresa como finalidad y su unidad profunda se refleja en la unidad teleológica de la naturaleza, objetivándose en grados diversos, que van desde los seres inorgánicos hasta el hombre. La vida es un continuo oscilar entre el dolor y el aburrimiento; el mundo es un infierno en que los seres fenoménicos se hallan en perpetua lucha de unos contra otros, en todos los grados de la existencia. Por esto, es necesario liberarse de las ilusiones de los fenómenos mediante la moral, el arte y el ascetismo; el principio fundamental de la moral es la piedad; el arte es la contemplación de las *ideas* tal como éstas se entienden en la filosofía platónica; y el ascetismo es la máxima reducción posible de la voluntad de vivir, al negar todo elemento fenoménico y todo conocimiento intelectivo para liberarse, de esta manera, de las ilusiones del mundo empírico. Sus principales obras son: *El mundo como voluntad y como representación; Sobre la voluntad en la naturaleza: Parerga y Paralipomena.*

SEARLE, John Filósofo del lenguaje, catedrático de la Universidad de Berkeley (EE.UU.). Se inicia en la filosofía analítica de problemas metodológicos para luego abordar cuestiones más tradicionales dentro del campo de la filosofía en general. Elabora la teoría de los juegos del lenguaje y entiende la filosofía del lenguaje como *un intento de proporcionar descripciones filosóficamente iluminadoras de ciertas características iluminadoras del lenguaje, tales como la referencia, la verdad, el significado y la necesidad.* Hablar un lenguaje es participar en una forma de conducta, muy compleja y regida por reglas; entonces, el aprendizaje y el dominio del lenguaje es aprender y dominar reglas; hablar un lenguaje consiste en realizar actos tales como referir y predicar, a los que denomina *actos de habla,* que son la unidad de comunicación lingüística y suponen una intencionalidad de cierto tipo en el hablante y la consideración explícita del habla como conducta. Al emitir una oración se realizan por lo menos los siguientes actos de emisión: emisión de palabras o actos de *emisión*; referencia o predicación o actos *proposicionales,* y enunciar, mandar, preguntar, prometer, etc., o actos *ilocucionarios*. Sus principales obras son: *Actos de habla; La intencionalidad, ensayo de filosofía de los estados mentales; Mentes, cerebros y ciencia.*

SECTA En sentido filosófico, este término designa las muy numerosas agrupaciones de filósofos que se constituyeron desde la antigüedad . En la actualidad se utiliza el término *escuela* para remplazar el antiguo de *secta,* para determinar formas fundamentales de cada dirección filosófica. Por ejemplo, con referencia a la antigüedad se habla de sectas como la de los megáricos, los epicúreos, los peripatéticos, los estoicos, los cínicos, los platónicos, los aristotélicos, etc. En el siglo XIX, Cousin habló del idealismo, el sensualismo, el escepticismo y el misticismo, como sectas en cuanto formas fundamentales del espíritu superadas por el eclecticismo. También en la actualidad se refieren muchos historiadores de la filosofía a los grupos de filósofos de una dirección determinada, con el nombre de *círculo;* por ejemplo, círculo de Varsovia, círculo de Viena, etc.

SECUNDARIAS Y PRIMARIAS (cualidades) Con estos dos términos los filósofos han tratado de distinguir las características básicas de los objetos. Parece que fue Aristóteles quien clasificó por primera vez las cualidades de las cosas, cuando las aplicó al sentido del tacto y las dividió en dos grupos: primarias, que, a su vez, subdividió en activas (cálido frío) y pasivas (húmedo seco) y un segundo grupo, menos importante, en donde se encuentran las restantes cualidades (pesado liviano, duro blando, recio frágil, rudo liso, compacto mullido); a todas ellas las llamó *polares*, ya que se contraponen entre sí. Esta clasificación fue aceptada, con algunos reparos, por casi todos los filósofos medievales, quienes aceptaron como cualidades primarias, aquellas que tuvieran la característica de ser fundamentales e irreductibles y como secundarias las accidentales y reductibles. Posteriormente, los filósofos se refirieron a ellas en una forma más explícita, diferenciándolas según su objetividad o su subjetividad; así, Galileo y otros como Gassendi y Hobbes las dividieron en un primer grupo, en el que la materia es carente de cualidades o simplemente tiene propiedades mecánicas, esto es, que están provistas de cualidades objetivas, y un segundo grupo, que clasificaron en primarias y secundarias, provistas de cualidades subjetivas. Quien más hace énfasis en estos conceptos es Locke; este filósofo propuso una división, muy conocida y aceptada, en la que al grupo de las primarias, también llamadas originales, pertenecen aquellas cualidades, consideradas objetivas, a las que es imposible separar de los cuerpos así éstos cambien; a este grupo pertenecerán, entonces, el movimiento, la impenetrabilidad, la extensión, la densidad, etc.; al grupo de las secundarias, consideradas subjetivas, pertenecen aquellas cualidades producidas por las primarias, que no forman parte de los objetos pero que tienen la capacidad de producir sensaciones; a ellas pertenecerán, por consiguiente, el color, el olor, el sonido, el sabor, etc.

SEMÁNTICA GENERAL Teoría de los signos interpretados, esto es, de los signos a los cuales se les ha adscrito significado. Dentro del análisis del lenguaje realizado por Carnap, éste atribuye a la semántica el objeto de ocuparse de las relaciones entre los signos y los objetos designados, y la pragmática de las relaciones entre los signos y el comportamiento de quien se sirve de ellos.

SEMEJANTE Término utilizado cuando dos entidades son similares, esto es, cuando sin ser idénticas ni distintas, poseen simultáneamente algo igual y algo distinto; dos entidades pueden ser semejantes aunque no pertenezcan a la misma especie. La semejanza puede darse de varias maneras: cuando una de las entidades consideradas se toma como original y la otra como copia identificable de ella; cuando una de las entidades consideradas posee ciertas propiedades subordinadas de la otra; cuando hay correspondencia entre ciertos elementos estructurales de ambas entidades consideradas, aunque ambas pertenezcan a distinta especie; para designar una clase de *simpatía*, como en la tesis estoica de que *lo semejante aspira a lo semejante*.

SEMIOLOGÍA V. semiótica.

SEMIÓTICA Teoría general de los signos, que tuvo gran desarrollo en la época antigua, en la Edad Media, en la época moderna y, muy especialmente, en la actualidad. Leibniz equiparó la semiótica con la lógica en tanto que teoría de los signos verbales; Lambert la consideró como un sistema metafísico primario que es fundamento a todo ulterior sistema lingüístico; para Morris es la ciencia general de los signos, y la divide en dos tipos: *mentalista* o sicológica, y *conductista;* la primera se refiere a la semiótica según la cual el intérprete del signo es el espíritu y el interpretante es un concepto; la segunda es aquella según la cual el intérprete es un organismo y el interpretante es una secuencia conductista. La mayoría de los filósofos contemporáneos divide la semiótica en *sintaxis, semántica* y *pragmática;* la primera trata de signos no interpretados (los cálculos, por ejemplo) y sus relaciones; la segunda, de los signos en su relación con los objetos designados; y la tercera, de los signos interpretados, es decir, aquellos a los que se les asignan significaciones y, por tanto, están relacionados con los sujetos que los usan. Por lo general se hace también la distinción entre semiótica *lógica* y semiótica *no lógica*.

SÉNECA, Lucio Anneo (4 - 65). Filósofo español, nacido en Córdoba. Vivió en la Roma imperial, puesto que España era una de sus provincias. Después de haber sido el filósofo de cabecera de Calígula, Claudio y Nerón, tuvo que suicidarse por

SENSACIÓN En su origen griego, este vocablo se usó para designar la impresión percibida o creada por los sentidos. El primero en referirse a la sensación desde un punto de vista filosófico fue Parménides, para designar el método que tiene por objeto el conocimiento de las cosas, el cual requiere admitir verdad y error puesto que se atiene a las informaciones del mundo, de las cosas que están en constante variación y multiplicidad. Sostiene que la *doxa* u opinión carece del *noûs* y, por consiguiente, se mueve en la sensación. Empédocles supone una determinada adecuación entre la sensación y el tamaño de los poros, y a esto atribuye la variación de los órganos para los diferentes sentidos; y según Demócrito, las cosas emiten imágenes sutiles, compuestas por átomos muy finos, que penetran en los órganos de los sentidos, dándose así la sensación; según este filósofo, los sentidos forman las sensaciones, de manera que en los objetos mismos no hay cualidades sensibles. Algunos la consideraron como un grado inferior del conocimiento; Platón, por ejemplo, afirmó que el conocimiento que proporciona la sensación no es verdadero conocimiento, entendiendo por sensación todo cuanto no es del orden intelectual; en cambio, Aristóteles considera la sensación como fuente del conocimiento y llega a afirmar que la inteligencia es una «especie de sensación, por cuanto tal suprema facultad de la mente procede a tomar contacto o *tocar* lo inteligible». Para los estoicos, la sensación es una corriente que va desde lo principal del alma hasta los sentidos, y se produce por el contacto con las «cosas sensibles». Durante la Edad Media, lo más generalizado fue considerar la sensación como aprehensiones de cosas sensibles, siendo uno de los modos como el alma usa el cuerpo: es una sensación del alma; en la misma época, la tendencia aristotélico-tomista habla de *potencias sensibles* que comprenden los conocimientos proporcionados por los sentidos externos y por los sentidos internos (sentido común, imaginación, memoria); las *potencias intelectuales*, por su parte, realizan la abstracción del conocimiento obtenido por las potencias sensibles.

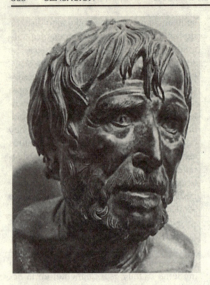

Lucio Anneo Séneca

orden de este último. Fue el máximo representante del llamado *estoicismo nuevo*, que tuvo gran vigencia en la Roma imperial. Séneca separa las *cuestiones naturales* de las *cuestiones morales* y presta mayor atención a las últimas; hace de la filosofía un asunto práctico que conduce a la *verdadera felicidad*, que consiste en la tranquilidad espiritual permanente. Para llegar a ella, es necesario contentarse con lo que está al alcance, es decir, lo interior, aunque lo externo es también deseable siempre y cuando posibilite lo que llama el *bien vivir*. Pero, en lo posible, es mejor atenerse a lo que hay *en sí mismo*, en uno mismo. El sentido de la filosofía *es* pedagógico: la filosofía es una lección de vida y, por tanto, un consuelo. Se puede buscar este alivio en varias filosofías que prediquen apartarse del vivir vulgar y la resignación que requiere la vida apartada y tranquila, sin excluir la posibilidad de ayudar a los demás cuando sea necesario (clemencia). Esto conduce a una filosofía ecléctica, aunque siempre con una directriz fundamental: el hallazgo del bien en la paz interior. Sus principales obras son: *Apokolokyntosis* (tragedias sobre la vida de Claudio); *Naturalium quaestionum libro septem; Diálogos*.

Ya en la Edad Moderna, Descartes ve la sensación como «un modo confuso de pensar», e, igualmente, Leibniz la definió como «una representación confusa». Para Kant, a las condiciones de la sensación corresponde lo real en una etapa anterior a la capa trascendental del conocimiento. En el siglo XX, Sartre critica el tratamiento que se le ha dado a la sensación, colocándola como un híbrido entre lo objetivo y lo subjetivo.

SENSIBILIDAD Capacidad de percibir las sensaciones y los estados afectivos propios o causados en nosotros por otro. Según Kant, los objetos «nos son dados mediante la sensibilidad, y ella únicamente es la que nos ofrece las intuiciones»; espacio y tiempo son llamados por él las «formas más puras de la sensibilidad». Para Whitehead la sensibilidad es «la forma de relación entre las *entidades actuales*»; y estas entidades constituyen el fondo del ser: toda realidad es, en esencia, sensibilidad. Carnap reconstruye los diversos dominios de la sensibilidad, partiendo de experiencias instantáneas globales; en primer lugar, el dominio visual; a continuación, «se constituyen las cosas percibidas en el espacio tridimensional», en especial «aquella cosa particular que suele llamarse mi propio cuerpo, y luego los cuerpos de las demás personas»; después se constituyen las «otras mentes, o sea, los estados mentales atribuidos a otros cuerpos en función de su comportamiento, por analogía con nuestra experiencia acerca de nuestros propios estados mentales».

SENSIBLE Término que, en general, se usa en contraposición a lo inteligible, y que puede definirse como aquello que puede ser percibido o aprehendido por los sentidos. En la concepción ontológica, lo sensible y lo inteligible constituyen dos mundos separados, y en la concepción noseológica, son dos formas de conocimiento. Para Aristóteles, los *sensibles* son los objetos de los sentidos o del sentir y se dividen en los directamente perceptibles y los indirectamente perceptibles o incidentales; de ellos, sólo los objetos del sentir, que son directos y no incidentales, pueden considerarse como los sensibles en sentido estricto. Santo Tomás recoge la terminología aristotélica y afirma, además, que los *sensibles comunes* son los percibidos por el llamado *sentido común*. También se habla de lo sensible para referirse a las cualidades sensibles que se conciben como cualidades secundarias de la sensación. La filosofía moderna se ocupó con frecuencia de los que llamaron «datos de los sentidos» (*sense data*), que constituyen los datos primarios de todo conocimiento.

SENSUAL Vocablo que designa todo aquello que pertenece a la esfera de los sentidos, tanto las sensaciones mismas que se experimentan por un sujeto, como los objetos que las causan. V. sensualismo.

SENSUALISMO Doctrina filosófica según la cual los sentidos son el origen último de todo conocimiento. En la antigüedad, el filósofo sensualista más importante fue Epicuro. Esta tendencia ha estado representada a lo largo de toda la historia de la filosofía por varios filósofos: Hobbes, Condillac, Feuerbach, Avenarius, principalmente. En la filosofía inglesa, David Hume sostiene que las ideas se fundan necesariamente en una *impresión* intuitiva y son copias pálidas y sin viveza de las impresiones directas; según él, la percepción y la reflexión nos dan una serie de elementos que atribuimos a la sustancia como soporte de ellos, pero no encontramos por ninguna parte la impresión de sustancia; las impresiones sensibles tienen más viveza que las imaginadas, y esto nos produce la creencia en la realidad de lo representado. El *yo* es también un haz o *colección* de percepciones o contenidos de conciencia que se suceden continuamente; por tanto, no tiene realidad sustancial, sino que es un resultado de la imaginación.

SENTIDO La metafísica tradicional equiparó siempre el ser con el sentido, al definir al primero como «lo que tiene sentido». La investigación fenomenológica ha planteado que *sentido* no puede confundirse con la significación de un término o de una proposición. Blumenfeld hace una fenomenología del sentido y analiza el sentido bajo varios aspectos: sentido *semántico*, sentido *final o télico*, sentido *estructural o éidico*, sentido *fundamentante o lógico*, y sentido de *motivación;* cada concepto posee determinadas características: *relación, simetría, transitividad, especialidad, temporalidad, traducibilidad, convencionalidad, no exclusividad, relación personal* y *propiedades.* La investigación de Blumenfeld determina las distintas significaciones en que puede darse el sentido.

SENTIDO COMÚN Aristóteles es el primer filósofo en utilizar esta noción, aunque lo hace con muy diversas significaciones: como un órgano especial diferente de los órganos particulares (o sentidos particulares); como una especie de «sensibilidad general»; como la sensación capaz de aprehender los llamados *sensibles comunes*; como conciencia de los diversos sentires. Santo Tomás y los escolásticos hablaron del *sentido común natural* para referirse a las aprehensiones de varios individuos como «acuerdo universal» sobre varios principios aceptables para todos: es la aprehensión de la evidencia de los principios, que pueden ser de carácter teórico o de carácter práctico. La filosofía desarrollada por la llamada escuela escocesa, surgida durante el siglo XVIII y que perduró hasta comienzos del siglo XIX en Escocia (TH. Reid, D. Stewart, principalmente) consiste en una apelación al sentido común (*common sense*), el cual es para ellos la fuente máxima de certeza y nos pone directamente en las cosas, anclándonos nuevamente en su realidad. En el siglo XX, Moore ha tratado de determinar qué criterios se requieren para saber que una proposición dada pertenece al sentido común.

SENTIMIENTO En general, sentimiento se define como «acción y efecto de experimentar sensaciones». Descartes identifica el sentimiento con las que llama «pasiones del alma» o «emociones del alma», las cuales son «causadas, mantenidas y fortalecidas por algún movimiento de los espíritus». Con frecuencia se ha discutido sobre el carácter intencional o no intencional del sentimiento y si éste es inferior al entendimiento. En la llamada *filosofía del sentimiento moral* o del *sentido moral*, se define sentimiento como la vivencia capaz de aprehender los principios del comportamiento moral por parte del hombre. Para Rousseau, el sentimiento comprende la totalidad de las emociones. En la época romántica se identificó el sentimiento con la intuición de la realidad última. Con respecto a la intervención de la voluntad en el sentimiento, Brentano consideró que el sentimiento es intencional, aunque difiere de los actos de la inteligencia y de la voluntad. **V. emoción**.

SER Término que tiene varias significaciones y, por tanto, es de muy difícil definición. En algunos casos se entiende como esencia; en otros como existencia; algunas veces como ente y, otras, como sustancia. De todas maneras, el problema del ser ha sido capital en la filosofía, desde sus comienzos. En los pensadores griegos el ser (*tó ón*) pasó al vocabulario medieval latino en la distinción fundamental entre ser (*esse*) y ente (*ens*), siendo ser lo que hace que el ente sea. Los pensadores árabes lo tradujeron del griego en el sentido de *existencia*: ser es *lo que existe. Si las cosas cambian, ¿qué son en realidad?* Parménides reflexiona sobre las cosas *en cuanto son*, es decir, como *entes;* descubre el *ón*, el ente, que es presente, es decir, la mente (*noûs*) tiene la presencia del ente (*ón*); todas las cosas son entes, es decir, *son*, y quedan reunidas, *unas*, en el ser, luego el *ón* es uno; la propiedad común a todas las cosas es que *son;* esto significa que el ser es una propiedad esencial de las cosas que no se manifiesta sino al *noûs*, a la mente; así, el ser y la mente no se dan el uno sin la otra. De esta manera, con Parménides, la física pasa a ser ontología. Para Platón, las cosas no tienen ser por sí, sino que es un ser recibido, es decir, participado de una realidad que está fuera de éstas. El ser es lo que hace que las cosas sean, que sean entes; el ser es el ser del ente, pero no explica el ser de las cosas. Para Aristóteles, *el ser se dice de muchas maneras*, en el sentido de que hay muchos entes y muchas clases de entes y que cada vez que decimos *es* lo hacemos de una forma distinta, aunque siempre alude a la sustancia. Tales maneras o modos del ser se concretan en cuatro: (a) el ser *per se* o *per accidens* (por esencia o por accidente); (b) el ser según las categorías; (c) el ser verdadero y el ser falso; (d) el ser según la potencia y el acto. Para Avicena, la noción del ser es tan común, que es la primera que aprehende el entendimiento; el ser es, para él, un trascendental en razón de que está absorbido por todos los seres y, a la vez, es superior a todos ellos, trascendiéndolos. La tesis tomista de la *analogía del ser* sostiene que *son* tanto las sustancias (que existen), como las no sustancias (que propiamente no existen). Para Kant, el ser no es un predicado real, sino trascendental, es decir, la existencia no es una propiedad de las cosas, sino la relación de ellas con las demás, la *posición positiva* del objeto. Para Hegel, el ser es el comienzo absoluto del filosofar; es indefinible, lo *inmediato indeterminado, libre de toda determinación frente a la esencia: simplemente* es; es pura *indeterminación y vaciedad.* Del ser (no del *yo*) se pasa a la nada; el ser es, de hecho, nada. El ser puro y la nada pura son uno y lo mismo, y el paso del ser a la nada y de la nada al ser es el *devenir;* por otra parte, si el ser es siempre ser y la nada es siempre nada, no hay devenir, concepto que constituye el sistema de la identidad. Heidegger aborda el problema del ser en su obra *El ser y el tiempo* (1927); en ella, en primer lugar , el *tiempo* es el *horizonte* que posibilita la intelección del ser en general. Para él, ser no es lo mismo que ente, y no se puede definir, aunque es el concepto más evidente y, por tanto, el más comprensible; la comprensión del ser es una determinación del ser del existir, es decir, el existir es ontológico. El ser del *dasein* (existir) es la *existenz* (existencia) y lo que se refiere a la estructura de la existencia es lo *existencial; al existir le pertenece esencialmente* estar en el mundo, de manera que, para comprender el ser es necesario comprender el mundo; así, debemos buscar en la *analítica existencial del existir* la ontología fundamental, pero esta analítica es algo incompleto y provisional. El sentido del ser del existir es la *temporalidad:* el tiempo es la base desde la cual podemos comprender el sentido del ser; y el método para lograrlo es la fenomenología, la cual no caracteriza el *qué* del objeto de la investigación, sino el *cómo* de ella; la fenomenología es el imperativo de ir a *las cosas mismas.*

SER AHÍ V. *dasein.*

SER (grado del) Categorías dadas al concepto del ser, estudiadas por varios filósofos, en especial, por contemporáneos como Nicolai Hartmann, quien se refiere a ellos en aspectos tales como lo material, lo síquico, lo orgánico, es decir, lo «real» del ser. **V. Hartmann**.

SER PARA SÍ Expresión que, en filosofía, significa la *intimidad*. Con frecuencia se ha opuesto a la noción de *ser en sí*, pues mientras éste se constituye mediante la pura inmanencia, el ser para sí requiere la trascendencia y se manifiesta a sí mismo e inclusive, siéndole posible trascenderse constantemente a sí mismo. Algunos, como Hegel, piensan que el ser para sí es producto de un movimiento que está determinado por la constitución interna del ser en sí; para otros, surge como lo completamente indeterminado en el ser en sí; y, otros, equiparan el ser para sí con el *sentido*, o con la existencia real. **V. en sí, intimismo, sentido**.

SER SOCIAL Manera de ser de la sociedad. En varias tendencias filosóficas se le atribuye un *ser* a la sociedad, llamado *ser social*. El marxismo, en general, considera este ser como lo que caracteriza la vida material de la sociedad, esto es, la producción de bienes materiales y las relaciones del hombre con el proceso de producción y la *praxis* reales; considera la conciencia como el reflejo del ser social de los hombres en su vida espiritual. Para Ortega y Gasset, los hechos sociales están adscritos exclusivamente a los hombres: lo social es un hecho de la vida humana. Sin embargo, la vida humana es por esencia soledad; en cambio, lo social surge en la convivencia con los demás hombres; no es vida en su sentido primario. Por tanto, no es el hombre, el individuo, el sujeto de la vida social (no es el hombre el ser social), sino *la gente*, todos y nadie determinado, la colectividad. Entonces las acciones sociales son humanas, pero no se originan en el individuo. Ortega distingue dos formas de convivencia, de ser social: la *interindividualidad* que es la relación de dos o más individuos *como tales*, en cuanto personas, y la *acción social*, que es impersonal, no espontánea ni responsable: el hombre es un mero ejecutor mecánico.

SICOANÁLISIS V. psicoanálisis.

SICOLOGÍA V. psicología.

SIETE SABIOS Conjunto de personajes de la antigua Grecia considerados portadores de una gran sabiduría; estos personajes fueron muy importantes, no sólo en el sentido filosófico, ya que fueron los forjadores de esta disciplina, sino que sobresalieron, además, en el papel de legisladores y de formadores éticos de la sociedad. Platón, en su obra *Protágoras*, nos entrega una lista de estos sabios: Bías de Priene, Cleóbulo de Lindo, Jilón de Esparta, Mirón (al que sustituyen algunos por Periandro de Corinto), Pitaco de Mitilene, Solón de Atenas y Tales de Mileto.

SIGER DE BRABANTE (1235-1284). Principal opositor de santo Tomás que se convirtió en centro de las polémicas de su época en su cátedra de artes en la Universidad de París. Sus tesis fueron condenadas por dos veces consecutivas, y después de la última de estas condenas, dejó París y se dirigió a Orvieto donde fue asesinado por su amanuense. Fue uno de los más importantes representantes del averroísmo latino; consideraba que Aristóteles era la verdad misma y predicó la unidad del entendimiento agente, idea típicamente averroista. El principal problema que encuentra Siger es que no siempre la reflexión filosófica está de acuerdo con las verdades de la fe, tesis que fue el punto principal de discusión con santo Tomas y en general con toda la escolástica cristiana, que sostiene la imposibilidad de la doble verdad, la cual se resuelve mediante la conciliación de las verdades o la primacía de las verdades de la fe sobre las verdades de la razón. Se le atribuyen varias obras, de las cuales las más importantes son: *De aeternitate mundi; Quaestiones naturales; Quaestiones morales; Compendium de generatione et corruptione; Impossibilia.*

SIGNIFICACIÓN En general, este vocablo designa lo que algo *quiere decir* o *significa*. Sin embargo incluye varios sentidos, los cuales pueden ser empleados aislada o conjuntamente, según el caso: puede expresar tanto un concepto como la cosa o entidad misma designada, que se da dentro de la semántica no lingüística; o la connotación de un término cuando se ha hecho la distinción entre sentido y denotación (Frege en cuya terminología significación equivale a connotación), de manera que la misma entidad puede tener más de dos sentidos o significaciones; el sentido de una frase o palabra cuando algo se define *verbalmente;* o el anuncio de un suceso o de una cosa o, también, la representación de un signo, de un suceso o de una cosa; o el pensamiento *objetivo* mentado por el pensamiento *subjetivo* como es el caso de los estoicos quienes distinguían entre el *enunciado* (significación) y los términos lingüísticos que lo expresan; o relación con lo significado por una expresión. En Husserl, la fenomenología trata de las significaciones. Lo que hace que una palabra sea palabra es la *significación;* pero palabras distintas pueden tener una significación única. Las significaciones son los *objetos ideales;* entre la palabra y el objeto real se interpone la significación, que consiste en apuntar hacia los objetos intencionales, no forzosamente reales, ni tampoco ideales, sino que pueden ser inexistentes (un círculo cuadrado, por ejemplo), aunque la expresión tiene una significación que apunta a un objeto intencional. La significación, en Husserl, es un núcleo idéntico en la multiplicidad de vivencias individuales; para expresar algo es necesaria una significación que, cuando se llena de contenido en la *intuición,* da como resultado la aprehensión de la esencia. Se ha intentado, por parte de varios autores, solucionar el problema de la multiplicidad de definiciones del vocablo significación; Christensen, por ejemplo, lo define como «la capacidad que tiene una expresión de ser producida correctamente cuando, y donde, y sólo cuando y donde, algo específico de carácter no lingüístico se halla presente, sea un objeto, una propiedad, una relación, una situación, o sea lo que fuere»; por su parte, Bochenski distingue entre un significado *sintáctico* de significación y un significado *semántico;* el primero tiene lugar cuando un término consiste enteramente de la serie de reglas sintácticas relativas a tal término, tal como sucede en el lenguaje formalista no interpretado; y el segundo, a su vez, puede ser *operacional semántica* cuando consiste en el método de comprobación o verificación, y *eidética* cuando consiste en el correlato semántico aparte del método de verificación.

SIGNIFICADO. V. **significación, signo.**

SIGNO En un sentido general, signo es una señal; la teoría general de los signos se denomina *semiótica*. El signo ha sido considerado según varios aspectos a lo largo de la historia de la filosofía. Para los estoicos es, sobre todo, una señal verbal que se usa para representar algo. Sexto Empírico clasificó los objetos en *pre-evidentes* y *no-evidentes*, y dividió estos últimos en *absolutamente no evidentes, ocasionalmente no evidentes* y *naturalmente no evidentes;* los pre-evidentes no requieren un signo porque son aprehendidos inmediatamente, en cambio, los no-evidentes requieren, cada uno de ellos, un tipo especial de signo, así: los ocasionalmente no evidentes, signos *sugestivos;* los naturalmente no evidentes, signos *indicativos.* Estos signos son modos de asociación con la cosa significada. En lógica tradicional ha tenido mucha influencia este concepto de signo, de manera que en ella se define el signo como «la proposición antecedente en una premisa mayor hipotética válida que sirve para revelar la consecuente». Durante el siglo XX ha tomado mucha relevancia la noción de signo. Ch. Morris ha considerado que el signo establece relaciones de tres tipos: con otros signos (sintaxis), con objetos designados por el signo (semántica) y con el sujeto que lo usa (pragmática). Para Cassirer, la naturaleza humana es fundamentalmente simbólica y, según Peirce, los signos pueden ser considerados desde tres puntos de vista: como signos de sí mismos —objeto de la gramática pura—, en su relación con el objeto —objeto de la lógica— y en su relación con el sujeto (*interpretante*) —objeto de la retórica pura—.

SILOGISMO Forma de razonamiento lógico de carácter deductivo. Fue definido por Aristóteles como «*argumento en el cual, establecidas ciertas cosas, resulta necesariamente de ellas, por ser lo que son, otra cosa distinta de las antes establecidas*». Existen dos clases de silogismos: el *categórico*, que tiene como base un juicio hipotético, y el *disyuntivo*, basado, a su vez, en un juicio disyuntivo (se ajusta al siguiente esquema: «Todo A, o es B o es C; A no es B; luego, A es C»); la primera clase es la que más se asocia a lo que podría llamarse, en sí, un silogismo; es decir aquel razonamiento que tiene como fundamento dos afirmaciones, llamadas premisas, con las cuales se obtiene otra afirmación lógica, producto de las anteriores, llamada conclusión. Un ejemplo de silogismo categórico sería: si «todo hombre es racional» (primera premisa) y «Juan es hombre» (segunda premisa), entonces «Juan es racional» (conclusión). Así mismo, el silogismo se compone de tres términos llamados mayor, menor y medio. Las proposiciones o razonamientos que forman parte de un silogismo pueden tener diferentes modos, de acuerdo con los cuales se pueden clasificar según su cualidad (afirmativas y negativas) y su cantidad (universales y particulares); igualmente, pueden formar diferentes figuras, según la posición de los términos en las premisas (primera, segunda y tercera figuras, y figura galénica o cuarta figura). Algunas palabras nemotécnicas han sido inventadas con el fin de hacer más fácil la identificación de las clases de silogismos; por ejemplo, *ferio* indica un silogismo de la primera figura, cuya premisa mayor es universal negativa, la premisa menor, particular afirmativa, y la conclusión, particular negativa (las vocales de la palabra corresponden, en su orden, a la cualidad y cantidad de los términos –A: universal afirmativa; E: universal negativa; I: particular afirmativa; O: particular negativa–). Aunque el silogismo es un proceso lógico, hay casos en los que resulta falso o no válido; el silogismo falso es llamado sofisma; por ejemplo: «Todos los hombres son mortales; los animales son mortales; luego, todos los animales son hombres». Para evitar silogismos de esta clase, se han determinado ocho reglas que deben ser cumplidas para llegar a un silogismo válido: (a) los términos son sólo tres. (b) Los términos no pueden tomarse en la conclusión con mayor extensión que la que tenían en las premisas. (c) El término medio no puede entrar en la conclusión. (d) El término medio debe estar tomado en toda la extensión de su concepto al ser usado en una premisa, por lo menos, o en las dos. (e) De dos premisas afirmativas no se puede deducir una conclusión negativa. (f) De dos premisas negativas no se deduce nada. (g) La conclusión sigue siempre la peor parte. (h) De dos afirmaciones particulares no se deduce nada. Existen otras clases de silogismos que no tienen la típica forma del silogismo tradicional; éstos son: *entimema* (silogismo incompleto al excluirse una de sus premisas), *epiquerema* (silogismo en el que alguna de sus premisas está acompañada de alguna explicación que sirve de prueba), *dilema* (silogismo disyuntivo y condicional, que tiene como premisa mayor una proposición disyuntiva, de tal forma que cada una de las alternativas se elige como conclusión), *polisilogismo* (cadena de silogismos) y *sorites* (silogismo abreviado dispuesto en cadena). **V. clasificación de los juicios, cualidad de las proposiciones, cuantificación, dilema, disyunción, disyuntivo, entimema, epiquerema, figura, juicio, modo, premisas, propiedades de los términos, proposición, razonamiento, sofisma, sorites, término, término mayor, término medio, término menor.**

SILOGISMO CATEGÓRICO V. silogismo.

SILOGISMO HIPOTÉTICO De acuerdo con la división formal hecha por algunos escolásticos, el silogismo hipotético es aquel en el cual la premisa mayor es una proposición hipotética y la menor afirma o niega parte de la mayor, con lo cual la otra parte resulta afirmada o negada en la conclusión; se subdividen en *hipotéticos condicionales*, *hipotéticos disyuntivos* e *hipotéticos conjuntivos*, según sea el carácter de la premisa mayor. **V. silogismo.**

SILOGÍSTICA Teoría y método lógico muy antiguo, que tiene sus antecedentes en Platón y fue perfeccionada por Aristóteles, quien se considera como su creador, y elaborada aún más y formalizada por los escolásticos medievales. En la época moderna empezó la decadencia de la teoría y del método silogísticos; Bacon, en especial, hace una crítica del método silogístico, por la cual queda anulado su valor demostrativo debido al hecho de que la *mayor* de un silogismo es un principio universal, que no se obtiene a su vez silogísticamente, sino con frecuencia mediante una aprehensión inexacta y superficial de las cosas; el rigor y la certeza de la *inferencia* son puramente formales y sin interés, si la mayor no es cierta. Remplaza este método por el suyo de la *inducción* que agrupa una serie de *hechos individuales* de modo sistemático y conveniente y obtiene de éstos por abstracción, después de seguir un proceso experimental y lógico riguroso, los conceptos generales de las cosas y las leyes de la naturaleza. En el siglo XX, Lukasiewicz, y a partir de él muchos historiadores de la lógica, han retomado el método silogístico para traducir muchas de sus riquezas a la lógica simbólica, y han estudiado los silogismos como una parte de la lógica cuantificacional, de la lógica sentencial y de la lógica de clases. **V. silogismo**.

SIMBIOSIS Vocablo tomado de la biología por las tendencias orgánicas en historia y sociología para designar la convivencia de dos o más organismos, cada uno de los cuales se favorece al coexistir con el otro o los otros. Lévi-Bruhl se refiere a dos tipos de simbiosis en el aspecto sociológico: la *simbiosis mística*, y el *sentimiento de simbiosis;* la primera designa la unión entre sujeto y objeto de culto, que se realiza en los pueblos primitivos, y la segunda el sentimiento existente entre individuos de grupos sociales diferentes, o entre un grupo humano y un grupo vivo no humano (animal o vegetal). También Spengler se refiere a la convivencia de distintas culturas, hecho que llama *simbiosis cultural.*

SIMBOLISMO En general, puede denominarse simbolismo a toda expresión que interprete la realidad por medio de símbolos. La mayoría de los autores ha convenido en considerar que el hombre es un ser cuya característica principal es su capacidad de simbolizar, esto es, de representar la realidad mediante símbolos, entendido el símbolo como una figura que representa al objeto simbolizado; este objeto puede pertenecer a cualquier clase, como afirma S. K. Langer, «que comienza con la palabra y que termina en una simbolización general de todos los modos de tratamiento humano de las cosas». También para Cassirer el hombre es un *animal simbólico*, entendiendo el simbolismo como «la totalidad de los fenómenos en los cuales se presenta un *cumplimiento significativo* de lo sensible». **V. símbolo**.

SIMBOLISMO LÓGICO Conjunto de símbolos utilizados en la lógica, adoptados durante el desarrollo de esta disciplina. Los símbolos de la lógica tradicional pueden clasificarse dentro de tres grandes grupos: *sentenciales* y *predicativos*, que se indican por medio de letras (p, q, r, etc., para los primeros y F, G, H, para los segundos) y representan proposiciones; *conectivos*, que indican conexiones u operaciones lógicas, dentro de las que se encuentran, principalmente, $\sim$ (negación), $\sim\sim$ (doble negación), $\vee$ (disyunción «o»), $\wedge$ (conjunción «y»), $\supset$, $\rightarrow$ (implicación), $\equiv$, $\leftrightarrow$ (equivalencia), $\exists$ (cuantificador existencial), $\forall$ (cuantificador universal); *auxiliares*, como los paréntesis y los puntos. Además de los anteriores, se usan símbolos que indican la cualidad y cantidad de las proposiciones o juicios y se representan por medio de cuatro vocales en mayúsculas: A (universal afirmativo), E (universal negativo), I (particular afirmativo) y, O (particular negativo).

SÍMBOLO En general, se entiende por símbolo a aquello que representa a algo diferente de sí mismo; pero el verbo griego de donde proviene, que significa juntar, comparar, insinúa que originalmente estaba presente la idea de analogía entre signo y significado, que todavía sobrevive en algunas de las modernas acepciones del término. El *símbolo* aparece como término en lógica, en matemáticas, en semántica y semiótica y en epistemología; también tiene una larga historia en el mundo de la teología donde es sinónimo de *credo*, de la liturgia, de las bellas artes y de la poesía. Los símbolos algebraicos y lógicos son signos convencionales, establecidos de común acuerdo, pero los símbolos religiosos se basan en alguna relación intrínseca, metonímica o metafórica, entre el *signo* y la *cosa significada*, por ejemplo, la cruz, el cordero, el buen pastor, etc. En teoría literaria se utiliza en el sentido de objeto que refiere o remite a otro objeto, pero que también reclama atención por derecho propio, en calidad de presentación. Según Coleridge, el símbolo se caracteriza por *una transparencia de lo especial (la especie) en lo individual, o de lo general (el género) en lo especial; (...) sobre todo por la transparencia de lo eterno a través de lo temporal y en lo temporal*.

SIMETRÍA Una de las formas de las relaciones. Se dice que una relación es simétrica, cuando se cumple la propiedad de que si una de sus partes x tiene una relación con otra de sus partes y, entonces y mantiene dicha relación con respecto a x. También puede definirse como aquella proporción que guarda entre sí las partes de un todo y, así mismo, estas partes con respecto al todo.

SIMMEL, Georg (1858-1918). Filósofo alemán, que fue profesor de las universidades de Berlín y Estrasburgo; centró sus análisis en temas relativos a la sociología y la historia. Es uno de los intentos más importantes de fundamentación de la sociología como disciplina. Para él, el hombre tiene una posición definida en el mundo debido a que en todo momento se encuentra entre dos límites, un más y un menos, un más acá y un más allá de nuestro *aquí y ahora y así;* por ello, también *somos* límites. La vida está definida por dos valores que están en permanente conflicto: riqueza y determinación. El límite general es necesario, pero todo límite particular puede ser rebasado y trascendido, de manera que, como dice, *tenemos en todos sentidos un límite y no tenemos en ningún sentido un límite;* se puede decir, pues, que el hombre es algo que debe ser superado en cuanto ente limitado que no tiene límite alguno. La *actualidad* es la coincidencia del pasado y del futuro, momento inextenso, no tiempo, mientras que pasado y futuro sí son magnitudes temporales; como la realidad se da en el presente y sólo en el presente, la realidad no es temporal; sin embargo, la vida *vivida* subjetivamente se siente como algo real en una extensión temporal. Como el hombre se propone siempre un fin futuro, el presente de la vida consiste en que ésta trasciende el presente, ya que el futuro es un punto inmóvil, separado del presente. Sus principales obras son: *Kant; Schopenhauer y Nietzsche, filosofía del dinero; Los problemas de la filosofía de la historia; Problemas fundamentales de la filosofía; Intuición de la vida; Sociología; Cultura femenina; Filosofía de la coquetería.*

SIMPATÍA Unión estrecha o consenso que se ha aplicado, bien en sentido cósmico, bien en sentido humano. En las concepciones orgánicas del universo, la simpatía designa esa unión como principio del gran organismo de la naturaleza; este concepto es anterior al concepto humano de simpatía y se manifestó tanto en la filosofía antigua (peripatéticos, estoicos, neoplatónicos, Epicteto, Cicerón, Posidonio) como durante el Renacimiento y la época moderna (Paracelso, Leibniz, escuela de Cambridge, romanticismo alemán). Schopenhauer considera la simpatía como un sentimiento que une vitalmente a cada uno con la realidad total. Los filósofos que defendieron la doctrina del sentido moral fundan la actuación moral en la comprensión de los que los demás sienten por analogía con lo que nosotros sentimos. Scheler realizó una fenomenología de los actos simpáticos, en la cual los actos de simpatía son actos intencionales jerarquizados de acuerdo con su mayor o menor intencionalidad, de los cuales el grado superior corresponde al amor. Para él, la simpatía es una función afectiva. En la teoría estética se entiende por simpatía el placer que produce la contemplación de una obra de arte, lo cual excluye la participación afectiva.

SIMPLE Vocablo que designa aquello que no puede dividirse, pues no puede estar ni está constituido de partes y, por tanto, carece de figura y de magnitud. Para los filósofos que han utilizado este concepto, hay mayor riqueza ontológica en lo simple que en lo compuesto; así, Dios, el alma, la mónada, son consideradas entidades superiores. En lógica se ha analizado lo referente al sentido en que se dice que un enunciado es simple; también en epistemología se ha investigado la causa de que entre varios sistemas de proposiciones o expresiones se elige el más simple y el porqué se elige de entre las leyes la más simple.

SIMPLICIDAD V. simple.

SIMULTANEIDAD Característica que relaciona los hechos con el tiempo, en la cual dos o más de ellos pueden suceder en igual momento; es decir, coincidencia de acontecimientos que están separados en el espacio en un mismo tiempo. Con la aparición de la teoría de la relatividad, se desechó el concepto de simultaneidad absoluta, ya que dos o más acontecimientos llegan a ser simultáneos cuando éstos se presentan bajo parámetros de un mismo sistema, es decir bajo condiciones idénticas.

SINCRETISMO En su origen griego, este vocablo significa *coalición de los cretenses*. En la época moderna, fue usado para designar el acto de fundir opiniones diversas sin un criterio de selección. En lo que se ha llamado el *sincretismo árabe* de la Edad Media, entra en amplia proporción el elemento aristotélico, ya que conocen a Aristóteles bajo el imperio de los Abasíes, en el siglo VII, por intermedio de los sirios que traducen sus textos del griego al siriaco, del siriaco al árabe, y a veces se intercala el hebreo; así, los árabes se convierten en los grandes comentadores de Aristóteles, en especial Averroes.

SINCRÓNICO En general, este término designa aquello que tiene ocurrencia al mismo tiempo. Saussure distingue entre lingüística *sincrónica* y lingüística *diacrónica;* el objeto general de la primera (sincrónica) es, escribe, «establecer los factores constitutivos de todo estado de lengua». Estado de lengua es «una extensión de tiempo más o menos larga durante la cual la suma de modificaciones acaecidas es mínima». Cuando dos lenguas coexisten durante el mismo período y una de ellas sufre cambios mínimos, mientras la otra sufre considerables transformaciones, la primera será objeto de un estudio sincrónico y la segunda de un estudio diacrónico. **V. diacrónico**.

SINDÉRESIS Este vocablo de origen griego que fue usado por Aristóteles para significar *guardar* o *conservar*, se utilizó posteriormente como sinónimo de *razón*. Más tarde, Pedro de Poitiers lo definió como «la tendencia natural que inclina al hombre hacia el bien y lo hace rechazar el mal». Así, pasó a designar la *chispa* interior o conciencia que le indica al hombre el camino que debe seguir en cuanto al cumplimiento de las leyes morales. Santo Tomás definió este término como «hábito de los primeros principios prácticos» y también la llamó *chispa de la razón*, la cual es un hábito que sólo se relaciona con el bien. Duns Escoto consideró la sindéresis como *hábito del intelecto*.

SINGULAR (del latín *singularis* = único). En lógica es una de las clases de proposiciones simples, la cual se refiere a un solo objeto; su esquema es «este *S* es *P*». Aristóteles equipara singular a *individual*, y contrapone este término a *universal*. En ontología, *ente singular* se refiere a un individuo, el cual es nombrado por un *nombre singular*; el nombre singular puede ser o *nombre propio* (por ejemplo Roberto) o *nombre descriptivo* (por ejemplo el autor de la «Ilíada»). También se considera singular todo cuanto está limitado a una entidad.

SINONIMIA V. sinónimo.

SINÓNIMO (del griego *sinonimos* = de igual nombre). En general, se llama sinónimos a las expresiones que pueden ser usadas indistintamente en razón de que tienen, efectivamente, el mismo significado. Aristóteles clasificó las cosas en *homónimas* cuando tienen el mismo nombre, pero diferente significado, es decir, cuando el *logos* o concepto que se les aplica es diferente; *parónimas*, cuando reciben su apelación de su origen, como en el caso de *filósofo*, que recibe su nombre de *filosofía* (hombre que filosofa o se ocupa de la filosofía); y *sinónimas* cuando tienen el mismo nombre en igual sentido, es decir, con igual significado. Esta última clase de cosas tiene su origen en el concepto de *unívoco*. Leibniz afirma que dos términos son sinónimos «cuando, en un enunciado, uno puede ser sustituido por el otro sin alterar la significación de ese enunciado». En términos lógicos, *sinónimo* puede ser aplicado a términos y a enunciados; en general el predicado «es sinónimo con» se considera un predicado semántico. C. I. Lewis recomienda introducir el concepto de *equivalencia de significado analítico* del cual resulta que dos expresiones son equipolentes o sinónimas si tienen la misma «*intensión*», siempre y cuando ésta no sea vacía ni universal; o, también, si siendo su intensión vacía o universal, son equivalentes en significado analítico. Carnap afirma que dos expresiones son intencionalmente isomorfas (que tienen la misma forma) cuando tienen igual estructura intencional; para él, lo intencionalmente isomorfo es lo *lógicamente equivalente*. Por otra parte, Goodman, en su teoría sobre la *similaridad de significación*, insta para que se regrese a la teoría de que dos predicados tienen la misma significación cuando se aplican a las mismas cosas, es decir, si tienen la misma extensión; y propone la noción de *extensión secundaria*, concluyendo que no hay dos palabras diferentes que tengan la misma significación, de manera que en el lenguaje natural no puede haber dos términos que sean sinónimos. Ayer basa la definición de sinónimo en el concepto de verificación; según él, dos términos son sinónimos cuando la verificación de uno de ellos incluye la verificación del otro.

SINOPSIS V. síntesis.

SINTAXIS Disciplina que estudia las relaciones entre los signos lingüísticos, independientemente de su significado; es una rama de la semiótica y tiene por objeto la elaboración de la teoría general de la *construcción de lenguajes* de todo tipo (lógicos, verbales, etc.). La sintaxis puede ser *pura*, o *descriptiva;* la primera equivale a la sintaxis lógica; la segunda estudia estructuras sintácticas dadas. También puede ser la sintaxis *aritmética* y *no aritmética;* la no aritmética es la que se usa generalmente en los tratados de lógica, mientras que la aritmética, establecida por Gödel (1930), es la lógica basada en la correlación de los signos primitivos del cálculo sentencial con la aritmética natural, por lo cual los predicados sintácticos pueden ser definidos como predicados numéricos, y los metateoremas de la sintaxis son traducidos a metateoremas de la aritmética. Husserl habla de la *unidad de la sintaxis* por la cual las materias que permanecen idénticas a través del proceso de la abstracción son formadas sintéticamente; la materia sintáctica puede, según él, asumir grados y formas. V. **sintaxis lógica**.

SINTAXIS LÓGICA Concepto introducido por Wittgenstein, en 1919. Constituye una rama de la sintaxis que se ocupa del lenguaje lógico y que es parte esencial de la metalógica o estudio de los sistemas de lenguaje de los cuales se excluye la significación para poder realizar cálculos abstractos. Es equivalente a la sintaxis pura o metasintaxis. Muchos logico- matemáticos se ocuparon de la sintaxis lógica, entre ellos Frege, Russell, Hilbert, Gödel, Kleene y Church. Carnap, en su obra *Sintaxis lógica del lenguaje*, afirma que los lenguajes deben ser considerados desde el punto de vista de las reglas que enlazan entre sí los diversos símbolos, de manera que el problema del significado de las proposiciones debe ser afrontado como problema de conexión entre los varios signos que componen la proposición misma, es decir, de un modo puramente sintáctico-formal, sin referencia alguna al estado de cosas del mundo. Carnap define la sintaxis lógica como una «geometría de estructuras finitas, discretas y seriales». La sintaxis lógica incluye la teoría de la demostración.

SÍNTESIS En su origen griego, este término significó integración o unificación de un concepto con otro o de una cosa con otra; por tanto, en principio, designó la acción y el efecto de pasar de lo más simple a lo más complejo. La síntesis se puede entender como la operación que integra o une dos o más elementos, sea en un compuesto –como son los compuestos químicos–, sea en el resultado de unir sujeto y predicado, es decir, en una proposición. Kant define síntesis como «el acto de reunir las diferentes representaciones unas con otras, y de aprehender lo diverso de ellas en un solo acto de conocimiento»; la síntesis es *pura* cuando la diversidad a que se refiere es *a priori;* para él, en la síntesis se funda toda «deducción trascendental de las categorías»: conocer es «sintetizar representaciones». Fichte atribuye a la síntesis un carácter creador y productor que, al unir, produce; y crea al buscar lo trascendente en los hechos. Para Ravaisson, en la síntesis de mecanismo y actividad, éstos se engendran mutuamente; y Lachelier afirma que la síntesis es la forma como opera la realidad misma. Para Wundt, sin la síntesis no tiene sentido referirse a la realidad y tampoco puede existir conocimiento, de manera que la lógica es una teoría de las formas del pensar sintético. También se puede considerar la síntesis como un método que va de lo simple a lo complejo, de lo universal a lo particular; esto condujo a considerar el silogismo como una síntesis; a partir de la época moderna se consideró el método sintético o compositivo como aquel en que desde unas premisas dadas se llega a una serie de conclusiones, al componer lo complejo a partir de lo simple.

SINTÉTICO En semántica lógica, son sintéticas las proposiciones cuya veracidad o falsedad no se pueden establecer partiendo solamente del sistema dado, sin recurrir a los hechos. Lo sintético equivale en filosofía a lo *empírico;* en Leibniz todas las verdades se dividen en necesarias (conocimiento teórico) y casuales (conocimiento empírico o de los hechos). En Kant, los *juicios sintéticos* son aquellos cuyo predicado no está incluido en el concepto de sujeto, sino que se une o *añade* a él, de manera que amplían el concepto del sujeto. Husserl habla de juicios analíticos y sintéticos, tal como lo hizo Kant, y aun con más precisión; para Husserl, los juicios sintéticos *a priori* son aquellos en que el sujeto complica el predicado, habiendo una relación de fundación entre sujeto y predicado; es menester explicar aquí que, para él, *complicación* designa la fundamentación o *funda-*

ción, que puede ser o no ser reversible (la nota *A* y la *B* pueden exigirse mutuamente, o bien la nota *A* exigir la *B*, pero no a la inversa). En la lógica formal contemporánea, las *afirmaciones sintéticas* corresponden a lo que se denomina *verdad fáctica* (de hecho); éstas se basan en la experiencia y constituyen el contenido de las ciencias empíricas: son enunciaciones *a posteriori*. **V. analítico.**

SINTOÍSMO Religión primitiva del Japón, desarrollada con el tiempo y que, a partir de 1868, se adoptó como la religión oficial de ese país. Se basa en el culto y honra de las fuerzas de la naturaleza y de los antepasados. Incluso después de finalizada la segunda guerra mundial, el emperador fue considerado de carácter divino como el origen de los japoneses y, por ende, el punto que unía la divinidad con los seres humanos (se creía que era descendiente de la diosa Amaterasu, o diosa del sol). El sintoísmo venera gran cantidad de espíritus (*kami*) que inicialmente fueron personificados por objetos y fenómenos de la naturaleza y por espíritus de antepasados.

SIQUÉ **V.** *psiqué.*
SIQUIS **V.** *psiquis.*

SISTEMA En general, se puede entender como un conjunto de elementos relacionados entre sí, que conforman un «todo» estructuralmente coherente; en este caso hablamos de sistemas como el planetario, el atómico, los biológicos, etc. Sin embargo, este vocablo puede ser entendido en otros sentidos: como una forma de «organizar» (sistema de Taylor); en medios científicos, para unificar las bases en el estudio de cualquier disciplina; en este caso se trata de inventar, en forma convencional, algunos parámetros, como las medidas, para luego ser adoptado y generalizado (por ejemplo, el sistema métrico, el sistema inglés de medidas, el sistema cgs, los sistemas lingüísticos, etc.); así mismo, puede indicar la forma como puede ser organizado un Estado en todos los aspectos (político, económico, social, etc.). Es importante anotar que, en las formas en que se concibe el vocablo *sistema*, el concepto común a todas ellas es el relacionado con la palabra *orden*, y así fue entendido desde la antigüedad. En filosofía puede entenderse comúnmente como la forma metódica de organizar el pensamiento, incluyendo la unificación conceptual y, en general, a toda la filosofía como «el conjunto de varios sistemas». Algunos han distinguido entre sistemas cerrados y sistemas abiertos del pensamiento, y dan gran importancia al segundo, pues sólo en éste existe la posibilidad de analizar nuevos conceptos dentro de un marco general con el fin de hacer más coherente el pensamiento relacionado con la realidad. Un concepto muy importante es el llamado *sistema formal*, definido como «aquel considerado cierto y de uso general»; también es definido como una «serie de proposiciones dispuestas en tal forma, que de algunas de estas proposiciones, llamadas axiomas, se derivan otras proposiciones con ayuda de ciertas reglas de inferencia»; según Haskell Curry, tiene como elementos: los *términos*, las *proposiciones relativas a ellos* y las *proposiciones consideradas teoremas*. En general, es admitido que este sistema tiene como elementos: un vocabulario primitivo, las proposiciones formadas mediante ese vocabulario, las reglas de inferencia, la simbología como medio de abreviar, los teoremas y los axiomas. **V. formal, inferencia.**

SISTEMÁTICO V. sistema.

SISTÉMICO Cuanto pertenece a la sistémica. K. R. Symon llama sistémica al estudio de sistemas sintácticos y semánticos, el cual abarca la pura semántica y la pura sintaxis y, además, el estudio de las relaciones entre sistemas sintácticos y semánticos. Este estudio ha recibido otras denominaciones; Wittgenstein, por ejemplo, lo llama *gramática lógica*. **V. Wittgenstein.**

SITUACIÓN Vocablo que designa la posición o estado de un objeto cualquiera dentro de una jerarquía o dentro de un ámbito determinado. Tal posición puede ser un *estado* (*status*) que determina y caracteriza al ente, y así es como ha entendido este concepto, especialmente, la llamada *filosofía de la existencia*. En la filosofía de Kierkegaard, el hombre, en tanto que existente, se presenta como un «ser en situación», situación que puede ser auténtica o inauténtica. Jaspers entiende el concepto de situación a partir de la posición de las cosas dentro de una ordenación espacial-topográfica, sin que se identifique con ella; es una «realidad para un sujeto interesado en ella en tanto que existencia»; este filósofo distingue entre *simples situaciones* y *situaciones límites* (que son las que constituyen la existencia misma). Para Heidegger, el *estar-en-el-mundo* es un ejemplo del ser de un ser como situación; la situación caracteriza el *dasein* como un *estar* radical; *estar en situación*, para él, es vivir *desde* una situación. Para Dewey, la situación es el contexto o *todo contextual*, en virtud de una cierta cualidad inmediata que lo *penetra* por entero; la investigación o *pesquisa* puede definirse como «la transformación dirigida de una situación indeterminada en otra tan determinada en sus distinciones y relaciones constituyentes que convierta los elementos de la situación original en un todo unificado». **V. situación límite**.

SITUACIÓN LÍMITE Jaspers considera dos formas principales de situación: simplemente *situaciones* y *situaciones-límites*. Éstas constituyen la existencia misma: lucha y dolor, muerte, vivir ella en situación, son elementos límites que forman parte de la existencia. La *sistemática de las situaciones-límites* se basa en el hecho de que, escribe, «yo, como existencia, estoy siempre en una determinada situación» y las situaciones-límites son *posibilidades* que afectan la existencia en su esencia misma. **V. situación**.

SOBRENATURAL (del latín *supra - naturalis=* que excede los términos de la naturaleza). En su origen griego, este término designó lo supracosmológico, es decir, aquello que está más allá o «por encima» de lo cosmológico, del mundo físico. Pasó al latín como *supra naturam* o *sobrenatural* y fue utilizada especialmente en sentido teológico para designar un orden de la realidad superior al orden natural, incluyendo la naturaleza humana, cuyas facultades coexisten con la gracia sobrenatural; este hecho es descrito por Blondel como la «comunicación de la íntima vida divina, *secretum regis*, de una verdad impenetrable a toda visión filosófica, de un bien superior a toda aspiración de la voluntad». Lo sobrenatural puede perfeccionar lo natural. El racionalismo igual que el naturalismo, generalmente, rechazan la noción de sobrenatural, puesto que ésta no designa realidad alguna.

SOCIAL Relativo a la sociedad o que tiene su carácter. El estudio de sus problemas da origen a la sociología. **V. socialismo, sociología**.

SOCIALISMO Dirección de carácter filosófico, económico y social, surgida tras la influencia de los idealistas alemanes, sobre todo de Hegel, Feuerbach y Strauss, aunada con la doctrina evolucionista de Darwin; esta mezcla conceptual dio como resultado el pensamiento de los grandes teóricos del socialismo: Lassalle, Marx y Engels. Estos pensadores convirtieron la dialéctica idealista de Hegel en una dialéctica material, que los llevó a la interpretación materialista y económica de la historia. La doctrina política ideada por Lassalle suele conocerse con el nombre de *socialismo de Estado*. Partiendo de la concepción hegeliana del Estado como *realidad de la idea ética* o como *ingreso de Dios en el mundo*, sostiene que el Estado y sólo el Estado posee la fuerza necesaria para *educar y formar* al género humano en el ejercicio de las más altas libertades. Por tanto, al Estado le corresponderá la misión de hacer que triunfen las clases trabajadoras, cuya libertad es *la libertad de la propia humanidad*. Vincula así la causa del socialismo a una fuerza histórica efectiva. El *socialismo científico* de Marx y Engels pasó por varias fases desde la Primera internacional fundada por Marx en 1864; tras su fracaso sufrió una grave crisis; a partir de 1889 empieza la segunda fase, que se extiende hasta el comienzo de la primera guerra mundial, y suele llamarse la Segunda internacional, cuya fundación oficial tuvo lugar en París y la cual, en el campo estrictamente político, apoyará la creación en cada país, de partidos socialistas de carácter netamente reformista; en el campo filosófico, intentará efectuar una revisión del marxismo. Entre los principales representantes de este revisionismo en el socialismo se destacan los alemanes E. Bernstein y Karl Kautsky, y el ruso A. Alexándrovich Bogdánov. El fracaso en el campo político de la Segunda internacional para evitar la confrontación entre los pueblos europeos y su incapacidad para fijar unos lineamientos que debían seguir sus afiliados, le dio la primacía al *socialismo revolucionario* sobre el *socialismo reformista*. El vigor de esta primacía quedó demostrado con el triunfo de la Revolución de octubre en Rusia, y se constituyó la Tercera internacional o *Internacional comunista*, en un congreso reunido en Moscú, en 1919. Esta nueva fase del socialismo, en el terreno filosófico, se caracterizó por la neta condena al revisionismo y el retorno al núcleo hegeliano y materialista de las doctrinas de Marx y Engels, aplicada a las nuevas formas asumidas por la sociedad capitalista y, en particular, la del imperialismo, en el marco de la lucha de clases. En esta labor trabajó especialmente Lenin (Vladimir Ilich Uliánov) a quien nos referiremos extensamente en otro lugar de esta obra, y quien fundamentalmente trató de evitar las infiltraciones positivistas, en especial, de los seguidores de Mach, físico y filósofo, fundador del empiriocriticismo. **V. Engels, *falansterio*, Feuerbach, Hegel, izquierda hegeliana, materialismo, materialismo dialéctico, materialismo histórico, socialismo utópico.**

SOCIALISMO UTÓPICO Dirección filosófico-política surgida en Francia en la primera mitad del siglo XIX, cuyos principales representantes son Ch. Fourier y Pierre-Joseph Proudhon. Se consideran utópicas sus tesis por cuanto separan absolutamente el problema social y el problema político, de tal manera que la forma concreta que suma el Estado resulta indiferente. Los partidarios del socialismo utópico se dieron al más ingenuo reformismo. En Fourier, la idea básica es la *armonía universal* que existirá cuando desaparezcan los obstáculos levantados artificialmente contra ella con la intervención de la divina providencia que permitirá la construcción, espontánea y sin luchas, de una sociedad perfecta. Para resolver los problemas sociales será suficiente ennoblecer el trabajo al que está destinado el individuo y hacerlo atractivo para los trabajadores reunidos en *falansterios* o asociaciones bajo la dirección de un *unarca*, jefe y moderador de las relaciones espontáneas y de la comunidad de bienes. Para Proudhon, la implantación del socialismo debe partir de la educación filosófica de las masas, que no incluya referencia alguna a la fe religiosa, enseñando que no hay que buscar la verdad en Dios sino en la justicia que se realiza sólo en la vida social mediante el reconocimiento de un solo valor: el trabajo; por esto, el dinero no es un valor y *la propiedad es un robo*. Propone, entonces, la relación mutualista, es decir el canje de trabajo por bienes necesarios para la vida, relación que conduciría al verdadero progreso. El sistema al que debe tender la humanidad, según Proudhon, es un socialismo individualista, contrario a toda forma de dictadura, al que se llega por una reforma ética, no violenta.

SOCIOLOGÍA Ciencia de la sociedad y de sus múltiples manifestaciones, de las relaciones y las estructuras sociales, es la definición más general posible. Sin embargo, debido a la variedad de tendencias sociológicas, sólo citaremos las dadas por los autores más importantes, además de las que incluiremos más adelante cuando hablaremos de los fundadores de la sociología. K. Mannheimm la define como «ciencia que trata de los fenómenos tales como la familia, las clases, la nación, el Estado, la sociedad, la humanidad en general, su estructura, las variaciones de los mismos y las leyes de su ser y devenir». Para Durkheim es «la ciencia de las instituciones, de su génesis y de su funcionamiento». Para A. Vierkandt es la «ciencia de la interacción humana y sus productos». Fue fundada por A. Comte, quien, en su *Curso de filosofía positiva* (1830-1842) la llamó primero *física social* y, después, *sociología,* que define como sigue: «...parte complementaria de la filosofía natural que se refiere al estudio positivo de todas las leyes fundamentales relativas a los fenómenos sociales». Lo que pudiéramos llamar su tardía sistematización no significa que no hubiera habido un *pen-*

samiento social desde la antigüedad. En efecto, siempre hubo reflexiones acerca de la sociedad, basadas en el conocimiento empírico de sus diversas manifestaciones, de sus fenómenos fundamentales: reflexiones de este tipo se encuentran en los textos sagrados, en las legislaciones, en los cantos épicos y, como es natural, en la filosofía. De este hecho se deriva el que tal pensamiento social haya tenido su culminación en la época moderna, adquiriendo inmediatamente la mayor importancia dentro del ámbito intelectual y científico, demostrado en la proliferación de estudios, obras y tendencias sociológicas desde entonces hasta nuestros días. El cambio ocurrido en la mentalidad europea durante la Revolución francesa y, aun antes, durante el Renacimiento, incubó la sociología en cuanto reflexión sobre los hechos sociales e históricos en una época de cambio, en que se remplaza, como afirma R. Peters, «la sociedad fundada en la autoridad y la tradición por otra fundada en la libertad y la razón». Las tesis de Comte tienen como precursoras inmediatas las de Montesquieu, las cuales transponen el concepto de *ley natural* al *orden social*, al reducir, en *El espíritu de las leyes*, la multiplicidad de las leyes a unos cuantos principios determinados: las leyes, en su sentido más general, se derivan de la naturaleza real de las cosas, tanto en lo físico como en lo moral; este autor es el primero en relacionar el medio geográfico con los grupos humanos, la religión con las costumbres, la subsistencia con la población, etc., y el primero en hablar de una *conciencia colectiva*. Las tesis de Comte son el resultado del análisis de hechos históricos tales como el triunfo de la burguesía sobre la nobleza feudal y la aparición de lo que se denomina la *masa*. Por medio de esta ciencia, Comte intenta llevar al estado positivo el estudio de la humanidad colectiva, convirtiéndolo así en ciencia positiva, en que la filosofía es una síntesis del saber científico que posee una jerarquía cuyos extremos son las matemáticas y la *física social* o sociología como su culminación; la sociología ha sido abordada desde el punto de vista de diversas tendencias, de las cuales las más importantes son: la *naturalista*, que concibe la sociedad como un hecho natural y, por tanto, le aplica los métodos propios de las ciencias naturales; la *científico-espiritual*, que ve la sociedad como una forma del espíritu objetivo y le aplica los métodos de las ciencias del espíritu; la *material*, que estudia los elementos concretos de la sociedad; y la *formal*, que analiza las formas de socialización desde tres tipos de relación: de los individuos entre sí, de los grupos sociales entre sí y de los individuos con el grupo social.

SÓCRATES (399 a. de C. ?). Filósofo que inicia la etapa de máxima plenitud de la filosofía griega. Era hijo de un picapedrero y de una comadrona, y él mismo, en su primera juventud ejerció el oficio de su padre, para después abandonarlo y decir que ejercía el oficio de su madre, es decir, *dar a luz* la verdad, ejercer el arte de la *mayéutica*. Afirmaba que una voz de genio o demonio le inspiraba el camino que debía seguir en los momentos más importantes de la vida, pues ese *daímon* era como una íntima inspiración, como la voz de la divinidad. Igual que los sofistas, pero de una manera profunda, no superficial como ellos lo hacían,

Sócrates. (Villa Albani, Roma)

se dedicó a enseñar en la plaza pública, en el gimnasio y en las calles de Atenas; era sencillo, sobrio y cordial, aun en la ironía que practicaba magistralmente, y ejerció una verdadera fascinación sobre sus innumerables discípulos, entre los que se contaron importantes filósofos, como Platón, Alcibíades y Jenofonte. Aunque nada escribió, su doctrina se conoce por los *Diálogos* de Platón y por las referencias que a él hacen Jenofonte y Aristóteles. El objeto de la filosofía socrática es el mundo humano cuyo centro es la intelectualidad, el conocimiento: toma al hombre como objeto de su especulación de una manera profunda y sistemática. El hombre, para él, no es sólo sentidos, sino también razón, capaz de llegar a conceptos inmutables y eternos, universales. Conocer es *saber en conceptos; tener el concepto de una cosa es definirla en su esencia, prescindiendo de las cualidades accidentales*. El método empleado por Sócrates para descubrir la verdad tiene dos formas: la *ironía,* por la cual, al confesarse ignorante, invitaba a los oyentes a dar la definición del objeto sobre el cual versaba la discusión; cuando éstos la daban con seguridad, hábilmente discutía los puntos erróneos hasta que confesaban su ignorancia; entonces utilizaba el método de la *mayéutica* o diálogo, por medio del cual hacía descubrir la verdad, esto es, la verdadera definición del objeto del argumento. Quería con esto demostrar que el saber no se alcanza desde fuera, sino desde dentro; de ahí su famosa frase «*conócete a ti mismo* ». Según Sócrates, no conoce la verdad quien se limita a lo particular, objeto de los sentidos y, por tanto, contingente y mutable, con respecto a lo cual no cabe la verdadera ciencia sino la simple *doxa* u opinión. Pero, para llegar al conocimiento, parte de los seres concretos, con sus características propias y, abstrayendo lo que tienen en común, llega a la esencia por el método que denominó *inducción*. La verdad tiene una validez práctica: crea un sistema regulador de nuestra conducta, pues el bien es lo útil para todos; si el hombre obra por un interés común, alcanza la felicidad propia, que es obrar con justicia, y llega al dominio de sí mismo por medio de la razón. El hombre ha nacido para la *areté* o virtud. El sabio es fuerte, justo y temperante, de manera que la virtud está en saber, y quien obra mal lo hace por ignorancia; funda de esta forma el mejoramiento de la sociedad humana en la educación. Su forma de *eudemonismo* supone que el fin del hombre es la felicidad y ésta consiste en la ciencia. El orden del mundo conduce a Dios, que es su origen, y habla del alma humana como superior al *alma de los brutos*. La doctrina socrática, y en especial su ética, es la base de las posteriores escuelas éticas griegas y las del Imperio romano: cínicos, cirenaicos, epicúreos y estoicos. Su influencia en la juventud fue muy grande e incómoda para el gobierno de Atenas y para las gentes que al ser interrogadas por él debían pasar por ignorantes; esta fue la causa de su acusación de corrupción, de la cual no se defendió Sócrates y, por ello, fue condenado a beber cicuta, condena acatada por él con ironía y serenidad conversando con sus discípulos sobre la inmortalidad mientras moría.

SOCRÁTICO Se denomina pensamiento socrático o filosofía socrática a la doctrina de Sócrates y su transmisión y desarrollo por parte de otros filósofos.

SOFISMA Especie de silogismo falso o clase de razonamiento, en el que se pretende llegar a probar una falsedad o a confundir una teoría contraria. En su obra *Sobre las refutaciones sofísticas*, Aristóteles clasifica los sofismas en lingüísticos (que dependen del lenguaje) y extralingüísticos; así mismo, advierte los principales errores que causa esta clase de razonamiento. V. **sofista, sofística**.

SOFISTA Palabra derivada de la voz griega *sofía* = sabiduría, que designa al tipo de intelectual que se desarrolló a partir del siglo V a. de C. en Grecia, generalmente caracterizado por ser profesor ambulante que educaba a los jóvenes recibiendo por ello una retribución económica; los sofistas, oradores y retóricos avezados, tenían gran éxito social, y exhibían una exagerada suficiencia en relación con sus conocimientos al pretender saber todo y poder probar todo y su contrario, la tesis y la antítesis.

Para Aristóteles, el sofista es *el que usa la sabiduría aparente, pero que no lo es.* Y para Platón, el sofista es *un hombre extrañísimo cuyo ser consiste en no ser,* pues *aparenta* ser filósofo y no lo es. Fueron sofistas Hipias, Pródico, Eutidemo, Protágoras y Gorgias, siendo los dos últimos los más representativos. **V. sofística**.

SOFÍSTICA Etapa de la filosofía griega que comienza a partir del siglo V a. de C. y que se caracteriza por el abandono del tema de la física o preocupación por el mundo, para pasar a la preocupación por el hombre: es la vuelta del hombre sobre sí mismo. El ideal antiguo de hombre –perfección del cuerpo, triunfador en las Olimpíadas– es remplazado por el del perfecto ciudadano, como consecuencia del predominio de Atenas tras su victoria en las guerras médicas y el triunfo de la democracia. El hombre político, el orador, el ciudadano, es ahora el ideal de hombre. Así, la *físis* es remplazada por la *eudemonía* o felicidad como desarrollo de la esencia de la persona. Para Aristóteles, la sofística *es una sabiduría aparente, pero que no lo es.* La sofística plantea el problema del ser y el no ser, pero se mueve en el ámbito de la retórica, del *decir bien*, sin que importe la verdad o la falsedad de lo que se dice. Y lo que se dice está dirigido al ciudadano, lo cual implica que la sofística tiene una tendencia política. Pero, por otro lado, y es lo positivo de la sofística, tiene una tendencia pedagógica, la primera pedagogía (*paideía*) como tal; así mismo, representa la necesidad de filosofar a partir de las cosas y dar razón de ellas. **V. sofista**.

SOLIDARIDAD En general, aquel sentimiento que lleva a las personas a apoyarse y a ayudarse mutuamente. En filosofía, se refiere a aquella relación humana en la que un ser basa su felicidad y, por ende, la hace depender del grado de felicidad que sientan las demás personas.

SOLIPSISMO Nombre que designa a la tesis propia de un subjetivismo radical, según la cual todo lo existente se reduce a la propia conciencia, a mi «yo solo» (*solus ipse*). Para esta teoría todos los objetos son objetos de conocimiento hasta el punto de negar la existencia del mundo externo. Lo más general es considerar solipsismo a una posición metafísica basada en la individualidad del yo, sin que haya siquiera una posibilidad de salida al mundo exterior. En sentido moral, el solipsismo se identifica con una especie de *egoísmo metafísico* o, como dice Kant, un amor a sí mismo que se manifiesta como arrogancia o suficiencia.

SOMA Vocablo que se origina en el griego *sôma*: cuerpo. Indica la parte material del cuerpo humano para distinguirla de la parte espiritual o inmaterial.

SOMÁTICA Aquello referente a la parte material del cuerpo humano o que pertenece a él. **V. soma**.

SOREL, George (1847-1922). Estudioso francés de los problemas político-sociales, fuertemente influido por la filosofía de Bergson, defensor del sindicalismo revolucionario en oposición al socialismo reformista y a la democracia en general. Acepta el principio marxista de la lucha de clases, pero trata de conciliarlo con una ética individualista, base filosófica que es propia del bergsonismo; sostiene que el devenir humano es una sucesión de violentos tránsitos de un estadio a otro, en la que el nuevo estadio no sólo es distinto del anterior, sino opuesto a él, es decir, separado del mismo por una verdadera fractura. Combate el evolucionismo positivista y, también, a Marx acusándolo de reducir los contrastes a meras oposiciones dialécticas. Según su

George Sorel

concepción, el hombre contrapone libremente un mundo fantástico a la realidad histórica en la que vive; si grandes masas de la humanidad hacen suyo un mismo mundo fantástico, éste se convierte en mito social, y adquiere el carácter de verdadero motor de la historia. El mito tiene la capacidad de arrastrar a las masas y darles la fuerza de abatir las viejas estructuras de la sociedad para crear otras nuevas, siendo también propulsor fundamental del desarrollo de la economía misma. La violencia tiene un carácter ético, pues sólo ella es capaz de hacer progresar la historia, y sólo el hombre capaz de utilizar la violencia es real protagonista del progreso, elevándose al plano de lo sublime. De esta forma concilia el principio de la lucha de clases con el individualismo ético llevado hasta el último extremo, ya que, en la realización violenta de la crisis, el hombre revela su propia grandeza, transformándose, de simple individuo, en auténtico héroe. Su obra principal es *Reflexiones acerca de la violencia*.

SORITES Serie de silogismos abreviados, dispuestos en forma encadenada, en el que las conclusiones sirven al mismo tiempo de premisas para conclusiones posteriores. El sorites tiene varias formas, pero la más conocida se esquematiza: A es B, B es C, C es D, luego A es D; por ejemplo: «El hombre es animal; el animal es ser viviente; el ser viviente es naturaleza; luego, el hombre es naturaleza».

SPENCER, Herbert (1820-1903). Filósofo inglés, nacido en Londres en el seno de una familia muy religiosa perteneciente a la pequeña burguesía; su padre era maestro de enseñanza primaria. Aunque en sus primeros años trabajó como ingeniero de ferrocarriles, pronto abandonó esta carrera para dedicarse a escribir. Pronto adquirió gran notoriedad y, en los últimos años de su vida, sostuvo una dura polémica contra el biólogo alemán Weismann acerca de la posibilidad de que los caracteres adquiridos se transmitan por herencia. Fue considerado por los seguidores del positivismo evolucionista como el Aristóteles del siglo XIX. Desde sus primeros trabajos filosóficos planteó la opción de concebir la evolución

Herbert Spencer

social de manera análoga a la orgánica y se propuso demostrar la importancia del concepto general de evolución en los distintos campos del saber, entre los cuales otorga un destacado lugar a la biología, la sicología, la sociología y la moral, aunque también se refirió con especial interés a la política y a la educación. Su sistema parte del análisis de las relaciones entre ciencia y religión y llega a la deducción de que la ciencia se mueve en la esfera de lo relativo o condicionado, mientras la religión asume lo incognoscible como su objeto propio, atribuyendo, en cuanto más avanzadas son, una importancia cada vez mayor al misterio, y sólo a él. Ciencia y religión, para él, se complementan y se integran mutuamente, pues la ciencia, al llegar a los márgenes de lo condicionado, nos pone en contacto con un absoluto inasible que escapa a la relatividad del conocimiento científico y que constituye el ámbito específico de la religión. La filosofía es, para Spencer, *el conocimiento en su más alto grado de generalidad* y debe apoyarse en las más altas verdades descubiertas por las distintas ciencias, que son los principios de la conservación de la materia, la conservación de la energía y la ley de la evolución que regula la continua redistribución de materia y energía; de esta manera, se concluye que la filosofía deberá ser una teoría generalísima de la evolución cuya misión será aclarar los más profundos problemas sobre la naturaleza y la humanidad. La sociología de Spencer es fuertemente individualista, hasta el punto de explicar el desarrollo de la sociedad exclusivamente en referencia a las relaciones entre sus componentes. En cuanto a la ética, este filósofo explica los deberes como frutos del patrimonio ético lentamente acumulado por la especie, y transmitido por herencia a cada hombre; la tendencia interior hacia los sentimientos elevados es simplemente fruto de la experiencia que enseña que son el medio más fácil de alcanzar el bienestar; como el estado de la evolución humana no puede considerarse perfecto, la ética es sólo relativa, puesto que la ética absoluta surge en una sociedad perfecta, donde no existe la coacción y el único límite es la libertad del otro, pudiendo cada individuo dar pleno desarrollo a su vida y, sin embargo, armonizándola con la de los demás mediante un acuerdo recíproco, espontáneo e inquebrantable. Para lograr esta sociedad perfecta, todos debemos ayudar *siquiera un mínimo al despliegue de lo humano*. Sus principales obras son: *Principios de sicología; Estática social; Primeros principios; Sistema de filosofía sintética; Principios de biología; Principios de sociología; El individuo contra el Estado*.

SPENGLER, Oswald (1880-1936). Filósofo alemán, nacido en Blankenburg. Fue profesor en el Gimnasio de Munich. Su actividad literaria fue muy intensa y recibió la influencia de Nietzsche y Goethe. Su pensamiento es irracionalista; describe la historia como una sucesión de culturas, en las que la fuerza es el único factor que determina el triunfo de una sobre otra, y que están constituidas, tal como un organismo biológico, por culturas abocadas al desgaste y la decadencia; esta interpretación de la cultura y de la historia es relativista y naturalista. A partir de estas bases teóricas, profetiza el *ocaso de Occidente,* que ha llegado a su período de decadencia, homóloga a otras que han ocurrido en el pasado. Su teoría de *las cuatro edades de la cultura* establece las siguientes fases: el mito, el

Oswald Spengler

período místico, la reforma o rebeldía, los comienzos de la filosofía, la formación de una nueva matemática, el empobrecimiento racionalista-místico de lo religioso, la confianza en la omnipotencia de la razón y, finalmente, las concepciones materialistas, escépticas, pragmatistas, alejandrinistas; cada una de estas fases se identifica con una estación (primavera, verano, otoño e invierno). El Imperio mundial debe ser regido por Alemania y en él triunfará el realismo escéptico sobre el romanticismo y el racionalismo optimista. Sus principales obras son: *La decadencia de Occidente. Bosquejo de una morfología de la historias universal; Prusianismo y socialismo; El hombre y la técnica; Años decisivos*.

SPINOZA, Baruch de (Benito Espinosa, Benedictus Espinoza) (1632-1677). Filósofo holandés de origen judío español, nacido en Amsterdam. Su vida fue pobre y modesta; después de haber sido expulsado de la sinagoga a causa de sus creencias religiosas, se dedicó a su oficio de pulimentador de cristales ópticos, siempre pobre y enfermizo, independiente y modesto. No quiso comprometer su libertad cuando le fue ofrecida una cátedra en la Universidad de Heidelberg y murió a los 45 años, después de una intensa vida intelectual dedicada al es-

Baruch de Spinoza

tudio de los problemas filosóficos y a las matemáticas. Estas dos tendencias se resumen en sus obras, al exponer sus ideas con una metodología matemática. Spinoza parte del concepto cartesiano de sustancia y la define como *aquello que es en sí y se concibe por sí; aquello cuyo concepto no necesita el concepto de otra cosa, por el que deba formarse*. No hay, para él, por tanto, sino una sustancia única que es Dios. Las demás cosas son *atributos*, no sustancias; el atributo es lo que el entendimiento percibe de la sustancia como constituyente de su esencia, es decir, que la *res cogitans* y la *res extensa* cartesianas no son para Spinoza sustancias, sino simples atributos de la sustancia única, los únicos que el intelecto puede conocer, a pesar de haber infinitos atributos. Las *cosas individuales* son *modos* de la sustancia, que la afectan según sus diversos atributos. Dios es el ente *absolutamente infinito*, la única sustancia posible, ente necesario y *a se*, y los atributos de la sustancia son los infinitos atributos de Dios. Dios es todo lo que hay, es naturaleza por cuanto es el origen de todas las cosas (*natura naturans*) y por cuanto no engendra nada distinto de Él, es las mismas cosas que emergen o brotan (*natura naturata*). De cuanto hemos expuesto podemos deducir que el concepto de Dios, en Spinoza, es panteísta. Al haber sólo una sustancia no puede haber comunicación de las sustancias, sino sólo *correspondencia* entre los dos únicos atributos paralelos que pueden conocerse: extensión y pensamiento; de esta manera hace un estudio metafísico de la sustancia y entiende, como Descartes, geométricamente la naturaleza. Atribuye, además, el carácter de divinidad a la naturaleza, pues *ser* no es para él *ser creado por Dios*, sino *ser divino*. Su *Ética* consta de cinco partes, a saber: (I) de Dios (ontología); (II) de la naturaleza y el origen de la mente (conocimiento); (III) del origen y la naturaleza de las pasiones (abordados de modo naturalista y geométrico); (IV) de la servidumbre humana, o de la fuerza de las pasiones (dominio de la razón sobre las pasiones); (V) de la potencia del intelecto, o de la libertad humana. En su concepción del hombre, Spinoza lo ve como un *modo* de la sustancia única expresado en la extensión y el pensamiento: cuerpo y alma, donde el *alma* es la idea del cuerpo. Sólo Dios es libre y, por tanto, dice, «libre es *la cosa que existe por la sola necesidad de su naturaleza y se determina a obrar por sí sola*», pero todo es necesario y está determinado causalmente, de manera que el hombre no es libre, sino un esclavo que se cree libre aunque es arrastrado por la necesidad; el único modo de libertad es el conocimiento, porque así el hombre sabe que no es libre, que está determinado por su esencia; entonces, razón es libertad. Toda cosa tiene un afán de seguir siendo siempre, de perdurar infinitamente; la mente humana es consciente de ese *conato de perduración*, que cuando se refiere sólo a la mente recibe el nombre de *voluntad*, y cuando se refiere a la vez a la mente y al cuerpo se llama *apetito*. Creemos que algo es bueno porque tendemos a ello, porque lo apetecemos, y este apetecer (*cupiditas*) es el afecto principal del hombre; *ser* quiere decir, para él, *apetito de eternidad*, desear siempre y saber que desea eternidad. Sus principales obras son: *Tractatus de intellectus emendatione; Breve tratado de Dios, el hombre y su felicidad; Tractatus theologico-politicus; Cogitata metaphysica* y su obra maestra, que es la *Ethica ordine geometrico demonstrata*, cuya forma de exposición es matemática, ya que contiene definiciones, axiomas, escolios, proposiciones con sus demostraciones y corolarios.

STAMMLER, Rudolf (1856-1938). Filósofo alemán, nacido en Alsfeld. Fue profesor en varias universidades alemanas y partidario del neokantismo de la escuela de Marburgo. Su contribución más importante se halla en el campo del derecho. Su filosofía del derecho excluye la posibilidad de que éste se refiera a contenidos empíricos determinados, puesto que si así fuera, perdería su validez universal. El derecho, para él, es la condición lógica de la ciencia social. El derecho justo es aquel cuyas propiedades objetivas no se basan en condiciones históricas dadas o en los propósitos de una comunidad para el futuro, sino que constituye una unidad o todo formado por normas objetivamente válidas, todo al que se somete la comunidad como unidad jurídica. Sus principales obras son: *La teoría del derecho justo; La justicia en la historia; La concepción materialista de la historia; Manual de filosofía del derecho.*

STIRNER, Max (1806-1856). Filósofo alemán, perteneciente a la izquierda hegeliana, cuyo verdadero nombre era Johann Caspar Schmidt. Fue alumno de Hegel en Berlín, pero más tarde se opuso enconadamente al universalismo hegeliano, afirmando, por el contrario, al individuo humano como única realidad y único valor. En el aspecto político lucha contra toda clase de orden y, en el plano moral, se deduce de sus afirmaciones un egoísmo absoluto. Sus principal obra es *El único y su propiedad*, en la que se inspira el fuerte movimiento anarquista de la segunda mitad del siglo XIX.

STOA Palabra griega de la cual derivó su nombre la *escuela estoica*, debido a que su fundador, Zenón de Citium, la estableció en Atenas en el llamado *Pórtico de las pinturas*, que en griego se dice *Stoà poikíle*; este lugar estaba decorado con cuadros de Polignoto. Se habla de la *stoa* antigua, media y nueva para referirse a las tres épocas o etapas características de la escuela estoica y que se extienden desde el año 300, aproximadamente, hasta el siglo II de nuestra era.
V. estoicismo, estoicos.

SUÁREZ, Francisco (1548 - 1617). Filósofo español, nacido en Granada. Per-

Francisco Suárez

teneció a la Compañía de Jesús y, después de ser profesor de filosofía en varios colegios jesuitas, fue catedrático en la Universidad de Coimbra. Debido a sus aportes a la escolástica cristiana, fue llamado *Doctor eximius*. Se preocupó por sistematizar la metafísica y fue de mucha importancia su filosofía política y jurídica. Se refiere a las leyes en calidad de teólogo: todas las leyes se derivan de Dios, pero distingue entre leyes humanas y leyes divinas con el propósito de que éstas no sean identificadas, pues las primeras se proponen fines dirigidos a una comunidad o sociedad de seres racionales que pueden actuar de forma justa, o injusta; y aunque el legislador supremo es Dios, el legislador humano tampoco se identifica con Él. Jerarquiza las leyes en el siguiente orden: *ley natural*: universal y eterna, pero no divina; *ley de las naciones*: positiva y humana, con la universalidad de las costumbres: derecho de gentes; *ley civil*: positiva y humana, pero referida a los propósitos de cada comunidad. Cada una de las anteriores leyes engendra una clase de derecho, que sin ser incompatible con los demás, no se confunde con ellos. Para él, la ley requiere el consentimiento de los miembros de la comunidad humana, por lo cual el poder del gobernante no es absoluto, sino delegado; entonces, si se convierte en tirano, se justifica la revuelta. Desarrolla la teoría *modal* que manifiesta su constante espíritu de formalización, consecuencia de un espíritu filosófico a la vez formal y sistemático: es un hablar formalmente de lo real. Fue muy grande su influencia, puesto que sus *Disputaciones* fueron texto obligado en muchas universidades europeas, entre ellas algunas de filiación protestante, y leídas por Descartes, Leibniz, Grocio y los idealistas alemanes. Su obra capital es *Disputationes Metaphysicae;* también escribió el *Tratado de las leyes y del Dios legislador; Defensa de la fe católica y apostólica contra los errores de la secta anglicana* (contra el rey Jacobo de Inglaterra); *De Deo uno et trino; De opere sex dierum; De voluntario et involuntario.*

SUARISMO Doctrina del filósofo español Francisco Suárez, representante de la llamada *escolástica del barroco,* llamado *Doctor eximius,* e influencia ejercida por él en la filosofía posterior, especialmente en la de Leibniz, Wittenberg, Timpler, Scheibler, como también en la llamada «escuela de Leibniz-Wolff».

SUBALTERNACIÓN En lógica, relación establecida entre una proposición más universal y otra menos universal. Esta relación se establece, entonces, entre proposiciones «universales afirmativas» y «particulares afirmativas» y entre proposiciones «universales negativas» y «particulares negativas». **V. cuadrado de los opuestos, cubo de oposición, oposición.**

SUBCONSCIENTE Término utilizado por el sicoanálisis para designar la zona de la siqué que ocupa una posición intermedia entre la conciencia y el inconsciente, la cual rechaza cualquier fenómeno «desagradable», aunque esos fenómenos dejan una huella que puede ser reavivada, es decir, traída a la conciencia. A partir de Freud, generalmente, los sicoanalistas utilizan el método de la hipnosis para reavivar lo que ha quedado impreso en el subconsciente, hecho que constituye un procedimiento curativo de ciertas fobias y patologías específicas. También se utilizan como métodos la asociación libre de ideas, colores, sonidos, etc., con palabras y situaciones vividas y no recordadas anteriormente. **V. Freud, sicoanálisis.**

SUBCONTRARIA (proposición) En lógica, proposición que tiene una relación de oposición entre dos proposiciones particulares, en la que una es afirmativa y la otra negativa; es decir, la oposición se da entre proposiciones «particulares afirmativas» *(I)* y «particulares negativas» *(O).* **V. cuadrado de los opuestos, cubo de oposición, oposición.**

SUBJETIVIDAD Término que, por una parte, designa la característica del ser del cual se afirma algo; y, por otra, la característica del ser que afirma algo. Heidegger distingue entre *subjetividad* o «fundamento de la objetividad de todo ser presente», y subjetividad, término que ya hemos definido en sus dos aspectos principales. **V. objetividad.**

SUBJETIVISMO Limitación de la validez de un juicio al sujeto que juzga. Es un concepto noseológico, es decir, se refiere al conocimiento. En el idealismo objetivista neokantiano, el sujeto trascendental o *yo* puro tiende a identificarse con el objeto del juicio; en otros casos, toda proposición depende del sujeto, es relativa a él.

SUBJETIVO Término que, en filosofía escolástica, designa el ser del sujeto en una proposición; cuando el sujeto es una sustancia, subjetivo significa lo mismo que sustancial: el ser subjetivo es el ser real. También se ha utilizado este término para designar lo que se halla en el sujeto como sujeto cognoscente: lo subjetivo es, entonces, lo representado.

SUBLIMACIÓN Término utilizado en sicoanálisis para designar el acto por el cual el hombre transforma sus impulsos sexuales reprimidos en actos espirituales superiores. Es una forma de rechazar la energía síquica de gran intensidad haciéndola permanecer continuamente en la zona consciente o, por el contrario, relegándola definitivamente al inconsciente. Freud da a este acto un inmenso valor moral y lo constituye en una de las principales diferencias entre el hombre y los demás animales. Scheler llama a esta doctrina la teoría negativa del hombre, puesto que en ella la negación de los impulsos conduce a lo superior.

SUBLIME Término con el cual, generalmente, se designa lo elevado y grandioso, lo noble e inconmensurable. El primero en utilizar en una obra este término fue Longino (*Sobre lo sublime),* para referirse a la máxima excelencia del lenguaje, cuyas fuentes divide en las de carácter natural (aprehensión de grandes pensamientos y pasión) y las de carácter artificial (figuras de pensamiento o de lenguaje, dicción y composición). Ya en el siglo XVIII, E. Burke afirma que lo sublime engendra un *terror deleitable* al que el espíritu no puede evitar entregarse, pues queda embargado por tal emoción. Para Kant, lo sublime es infinito, inacabado e inconmensurable y se presenta en dos aspectos: lo *sublime matemático* (que no se puede medir porque la medida es impotente ante él) y lo *sublime dinámico* que surge de la fuerza y el poder inconmensurables. Así, según Kant, la satisfacción de lo sublime procede de la cantidad, que proporciona un placer indirecto en el que no caben la imaginación ni el encanto; lo sublime surge por la divergencia entre forma y contenido, concepto que no puede ser comprendido por la imaginación; el hombre sobrepasa el reino de los sentidos en la contemplación de lo sublime. El concepto de sublime ha sido, sobre todo, tratado por los autores que desarrollan tesis sobre la estética.

SUBSISTIR Existir *por sí* y no en otro. Es lo característico de la subsistencia, que en Boecio equivale a la *forma;* subsistir es una de las notas que caracterizan a los sujetos que son «soportes» o «supuestos». En el tomismo, la sustancia es definida en orden al subsistir, ya que el término *substantia* equivale a verdadera realidad o *hipóstasis.* Fue Gilberto de la Porrée quien introdujo la distinción entre *sustancia* y *subsistencia,* al definir la primera como una entidad individual existente, y la segunda, como la característica de toda entidad que, para ser lo que es, no necesita accidentes. Para Suárez, la subsistencia denota un modo de existir por sí y sin dependencia de un «sustentante», que se añade a una esencia actual expresando un determinado modo de «existir en otro». En general, en la época moderna, este término se usa en el sentido de «existir en una cosa como en un sujeto». Para Kant, subsistencia es la existencia de la sustancia, por ejemplo, el modo de ser o accidente llamado movimiento inhiere a la materia, que es la subsistencia, dándose así la categoría llamada *de relación.* También se ha usado *subsistir* como sinónimo de *persistir* o permanecer a través de todos los cambios. El más común de los usos actuales de *subsistir* y *subsistencia* es el que designa el modo peculiar de las realidades ideales expresadas en un cierto «universo del discurso», para distinguirlas de las existencias; esta tendencia está representada principalmente por Meinong y la teoría de los objetos.

SUBSTANCIA (del griego *ousía* = haber, hacienda, bienes, aquello que se posee). Se llama sustancia a aquello que sirve de soporte a, o está debajo de los accidentes o cualidades y que, a diferencia de ellos, se mantiene o permanece inmutable o *subsiste.* En filosofía, la sustancia es el soporte o sustrato de sus accidentes: los accidentes se predican de un sujeto, pero la sustancia no se predica de ninguna otra cosa. En su origen, se llamó sustancia al *ser corporal,* diferente del *ser imaginario* (*imago*); así, por ejemplo, en Quintiliano significa *cuerpo* o *cosa.* Aristóteles introdujo este término al vocabulario filosófico al referirse a las categorías o predicamentos; las sustancias por excelencia son las sustancias *primeras,* es decir, los seres individuales de los cuales se predica algo y no tienen contrarios como ocurre con las cualidades, aunque admiten cualificaciones contrarias; la sustancia es, pues, algo único, irreductible e individual (no está en otra cosa); es algo que se determina y se basta ontológicamente a sí mismo; es formalmente una «entidad». Aristóteles estudia la sustancia como ciencia que forma parte de la metafísica, cuando sostiene que *el ente se dice de muchas maneras* en relación con un principio único que da unidad a los muchos sentidos; ese principio único, el sentido fundamental del ser, es la sustancia. En todas las formas del ser está presente la sustancia y, por tanto, ésta no es algo distinto del ente en cuanto tal, sino que el ente como ente encuentra su unidad en la sustancia: Dios no es más que el ente en cuanto tal, la forma plenaria de la sustancia. Y el modo fundamental de la sustancia es la naturaleza (*físis*), porque constituye las posibilidades propias de cada cosa. Hay varias clases de sustancia: (a) las *cosas concretas* o *sustancias primeras* (esta mesa, esta persona, por ejemplo); (b) los *universales* (géneros y especies) o *sustancias segundas* (tales como *el* animal, *la* planta). Aristóteles interpreta la sustancia como un compuesto de *materia* y *forma*; la materia es aquello de lo que está hecha una cosa; y la forma es lo que hace que algo sea como es. Éstas no pueden existir separadas: el ente concreto es el compuesto *hilemórfico,* al que llama también *synolon*. El universal es forma que está presente en las cosas, informándolas; son sustancias abstractas, momentos abstractos de cada cosa individual, y por eso se llaman *sustancias segundas*. El estagirita llama *sustancias segundas* sólo lo que de algún modo se parece a la sustancia primera, y tienen en común con la sustancia primera el no estar en un sujeto. Para Aristóteles, son sustancias entidades como los elementos (tierra, aire, agua, fuego), los cuerpos y sus compuestos y las partes de estos cuerpos. Este no es el único sentido con que Aristóteles usa el término *sustancia*; por ejemplo, es lo que designa la causa inmanente de la existencia de las cosas naturales; también las *esencias;* el *sujeto último* que, siendo un individuo en su esencia, es «separable», de modo que la forma de cada ser es su sustancia; tal sujeto es, en un sentido, la materia, en otro sentido, la forma y, en tercer lugar, el compuesto de materia y forma o *todo concreto*. Afirma que la sustancia es de dos clases: *todo compuesto* o sustancias corruptibles (cosas determinadas) y *forma* o sustancias incorruptibles (esencias). Según santo Tomás, hay sustancias *completas* y sustancias *incompletas;* las primeras, por razón de su especie, son los ángeles, y por razón de su sustancialidad son las que no sólo no existen en otra cosa, sino que pueden existir sin otra cosa; las segundas (incompletas), por razón de la especie, son las almas humanas y por razón de su sustancialidad son las que solamente pueden existir con otra cosa en una «comunidad sustancial». Según san Alberto el Grande, entre todas las cosas que son «por esencia», la primera es la sustancia, que tiene una razón de ser y esta razón es una «razón esencial»: ser sustancia significa *independencia*, es la independencia *en* el ser; esta independencia sólo es absoluta en Dios. Para algunos escolásticos, sustancia en sentido estricto es aquello a cuya esencia le compete ser por sí y no ser en otra cosa (*in alio*); consideraban ellos que la sustancia no es accesible a los sentidos y, por tanto, la única manera de acceder a su conocimiento es la abstracción de las cosas sensibles. Suárez, que representa la escolástica de la época moderna, acepta la división del ente en sustancia y accidente, y con esta base define la sustancia como todo lo que pertenece a la sustancia; es decir, lo que no es sustancia es accidente. Descartes la define como «aquello que existe de tal modo que no necesita ninguna otra cosa para existir», y agrega: «Cualquier propiedad, cualidad o atributo cuya idea real está en nosotros, se llama sustancia»; hay sustancias finitas y una única sustancia absoluta es Dios (verdaderamente sustancia); las sustancias finitas son la sustancia pensante y la sustancia extensa, que reciben de Dios la causa última de su existencia. Descartes se plantea el problema de la verdad y del conocimiento en términos de *comunicación de las sustancias;* dice: «Conocí que yo era una sustancia cuya esencia o naturaleza toda no es sino pensar, y que, para ser, no tiene necesidad de ningún lugar ni depende de ninguna cosa material; de suerte que este *yo*, es decir, el alma, por la cual soy lo que soy, es enteramente distinta del cuerpo». De esta manera se está preso en sí mismo, sustancia pensante que no podría alcanzar las otras cosas, concretamente la *res extensa,* sustancia extensa que es el mundo. Para él, el *yo* y el mundo son dos sustancias creadas, finitas, y su fundamento ontológico es Dios, la sustancia infinita; ser sustancia es *no* necesitar otra cosa para existir; pero la mente y el mundo se llaman sustancias porque *sólo* necesitan a Dios para existir, teniendo así una independencia relativa, atenuada; agrega que no podemos conocer la *sustancia sola*, porque no nos afecta, y sólo la aprehendemos por algún atributo (por ejemplo: la extensión o el pensamiento). Para Leibniz, la sustancia es el «ente dotado de la fuerza (poder) de obrar (...) que tiene un principio de *acción* en sí mismo», es supuesto (*suppositum*); la naturaleza de una sustancia completa es poseer un concepto tan completo, que podamos atribuirle todos los predicados a los cuales se atribuye el concepto; para él, las sustancias son puntos metafísicos que contienen una actividad original y son las entidades *más reales*. Con la introducción del dualismo cartesiano (*res cogitans-res extensa*) se suscitó durante toda la época moderna la discusión del problema de la *comunicación de las sustancias*, problema al que se dio una variada gama de posibles soluciones, en especial por parte del ocasionalismo. Los empiristas son generalmente hostiles a la noción de sustancia; Locke plantea la necesidad de distinguir entre la idea compleja de sustancia individual y la idea general de sustancia, definiendo la primera como una especie de *presuposición* de la idea general de sustancia, debido a que no es posible, o por lo menos extremadamente difícil, concebir que haya fenómenos existentes que no *residan* en una sustancia; de esto deduce Locke que hay una especie de sustrato material del cual ignoramos todo, afirmación que fue negada por Berkeley, para quien, en sentido riguroso, no hay sustancias materiales, pero sí una causa de las percepciones, que es lo que denomina *sustancia activa incorpórea*, un alma o *espíritu* receptora de ideas sin que sea una idea. La aceptación de la existencia de sustancias dio lugar a la dirección filosófica llamada *sustancialismo;* tales sustancias son materiales o espirituales, en oposición a las que no aceptan la existencia de tales sustancias, las que dan origen al llamado *fenomenismo*. Una tercera posición al respecto es la de Kant, quien justifica las sustancias en su *deducción trascendental de las categorías* en donde, como Wolff, acepta que la sustancia es *sujeto perdurable* y la deduce de los juicios de relación (categóricos) a los que corresponde la categoría de relación llamada «inherencia y subsistencia» (*substantia et accidens*); la *sustantia* ordena una multiplicidad sobreponiéndose a ella para hacer posible la formulación de juicios sobre entidades que poseen tales o cuales propiedades; escribe: «Las sustancias en la apariencia son los sustratos de toda determinación en el tiempo (...) es la permanencia de lo real en el tiempo»; y la sitúa en el plano trascendental como uno de los conceptos que hacen posible el conocimiento de los objetos naturales. Hegel consideró las categorías de sustancia y accidente como modos de manifestarse la esencia absoluta; es una manifestación dialéctica, la permanencia que se manifiesta en accidentales, los cuales llevan dentro de sí la sustancialidad. Para Cassirer, se llama sustancias a los complejos de funciones o relaciones funcionales. **V. substancialismo, substrato.**

SUBSTANCIALISMO Doctrina según la cual cuanto es real es sustancia. Hay muchos tipos de doctrinas sustancialistas: el monismo, que afirma la existencia de una sola sustancia (no admite la división entre cuerpo y alma), el dualismo, el trialismo y el pluralismo, según admitan la existencia de dos o más sustancias. **V. sustancia, substrato.**

SUBSTRATO En general, este término designa todo aquello que constituye la base o capa inferior de un estrato: es lo que soporta otra cosa. En filosofía se ha utilizado para designar al sujeto, en cuanto realidad de la cual puede predicarse algo y es una realidad natural que se caracteriza por *ser* y por *cambiar*; los cambios se efectúan en algo y ese algo es el *sustrato*. Aristóteles concibe el sustrato como *sustancia* que no puede reducirse a ser materia solamente, sino que es como una *matriz* de la realidad natural. Locke afirma que si entendemos el sustrato como sustancia pura o soporte de cualidades que pueden producir en nosotros ideas simples (accidentes), entonces se trata de «algo que no se sabe qué es». **V. substancia**.

SUFICIENTE (razón) V. razón suficiente (principio de).

SUI GENERIS Vocablo latino que traduce «de su género». Se usa para designar aquel individuo que tiene características únicas dentro de su especie. Por ejemplo, se dice que una persona tiene una voz *sui generis,* cuando ésta no tiene parecido con la de ninguna otra persona.

SUJETO Término que, en general, designa algo acerca de lo cual se afirma o se niega algo. Desde Kant se ha hecho la distinción entre *sujeto sicológico* y *sujeto trascendental*, entendiendo por el primero al individuo tomado en un plano meramente sicológico y aun físico (*yo* empírico), mientras el segundo es un género de un *yo* puro (no empírico), cuya característica es presentar «una trascendencia peculiar, una trascendencia en la inmanencia» que consiste en ser sujeto histórico. En sentido noseológico, el sujeto se define como «sujeto para un objeto», relación indisoluble cuando se trata del acto del conocimiento, aunque en otros sentidos mantienen tales conceptos su independencia. También el término *sujeto* se emplea en sentido gramatical para designar a quien ejecuta la acción que indica el verbo. Es muy importante advertir en qué sentido se emplea este término cada vez que lo usemos para evitar confusiones. En todos los casos, y en especial cuando se usa en el sentido ontológico, todo *objeto* puede ser *sujeto* de un juicio, tema que trataremos por separado. **V. sujeto y objeto**.

SUJETO Y OBJETO Como ya hemos definido tanto sujeto como objeto, haremos énfasis aquí en la estrecha relación que existe entre los conceptos. Por una parte, el *sujeto* puede no referirse al ser individual sino tratarse de cualquier realidad (un valor, un ser ideal, una entidad metafísica o un ser real); por otra parte, el *sujeto* puede definirse como «sujeto para un objeto» y es aquí donde se encuentra la relación *sujeto-objeto;* los dos términos de la relación son categorías filosóficas cuya relación ha sido interpretada de maneras diferentes según la tendencia filosófica de quien las usa, diferencia que se acentúa principalmente entre las interpretaciones materialista e idealista, habiendo también posiciones intermedias entre estos dos extremos: para el materialismo, el objeto, como objeto de conocimiento, existe totalmente separado del sujeto; mientras para el idealismo la existencia misma del objeto y la interacción entre sujeto y objeto, se infiere de la actividad del sujeto que es la sustancia ideal o unidad de la actividad síquica del individuo. **V. sujeto, objeto**.

SUPERACIÓN Acción de sobrepasar algún límite, sea éste de carácter físico o intelectual. En filosofía se ha empleado este término en las sucesiones de las categorías; Hegel se refiere a la *tríada* tesis-antítesis-síntesis; según este filósofo, en la síntesis hay una superación de la categoría inferior (la antítesis) y en ésta hay una superación de la anterior (la tesis); tal desenvolvimiento implica, según él, que la categoría superior destruye la inferior, pero que, sin embargo, en esta destrucción (o superación) se conserva el contenido positivo de la categoría precedente. Para Hegel, la superación debe servir como herramienta indispensable en la estructuración del sistema de categorías. **V. categoría, tríada**.

SUPERAR V. superación.

SUPERESTRUCTURA Término utilizado dentro de la doctrina marxista para designar la *ideología* o conjunto de la *cultura,* cuyos cambios están determinados por la estructura o infraestructura, es decir, por las relaciones económicas de producción. En sociología, G. Gurvitch define las superestructuras como las «formas de vida social más o menos estables que se ordenan en planos sucesivos desde lo perceptible hasta lo imperceptible y desde lo exterior hasta lo interior»; el estudio de las superestructuras recibe de este sociólogo el nombre de *macrosociología*.

SUPERHOMBRE Nombre dado por F. Nietzsche al hombre que posee lo que él considera la verdadera sustancia del ser humano, que es la voluntad de poder. Este *superhombre* encarna al filósofo del futuro, dominador de la historia, que está, dentro de su ética, situado más allá del bien y del mal; es el hombre verdaderamente libre, para quien cuanto es y ha sido se convierte en un *medio, un instrumento, un martillo*, y cuyo conocer en un crear; su querer de verdad se identifica con *querer el poder*; por tanto, busca dominar todas las posibilidades sin renunciar a ninguna, encarnando así la voluntad de poder. Este hombre y sus enseñanzas llevarán al mundo a una nueva era, la del dominio de Dionysos sobre Sócrates: de lo infinito de la vida sobre la autolimitación de la razón. **V. Nietzsche**.

SUPERSTICIÓN Creencia infundada que no tiene bases reales; fe errónea de carácter mágico. Varias doctrinas filosóficas juzgan supersticiosas las creencias religiosas.

SUPONER Dar como base o por sentada una cosa; poner algo como hipótesis. **V. suposición**.

SUPOSICIÓN En lógica medieval, conjetura acerca del modo significativo al que puede responder un nombre; constituye una de las propiedades fundamentales de los términos. Un mismo término puede responder a varios modos significativos y, por esta razón, puede tener diversas suposiciones. También con el término suposición se indica la forma que asume la relación llamada *supponere pro* entre la significación de los términos y las entidades que ellos designan. La mayoría de los autores medievales utilizan el estudio de las suposiciones en los términos para investigar las diversas funciones lógicas de los categoremas. De manera principal, la suposición trata de la cantidad de los términos y está estrechamente relacionada con la teoría de la significación; es preciso aclarar que el lenguaje usado por los escolásticos es el lenguaje natural. Pedro Hispano distingue entre *suposiciones discretas*, que son aquellas en las cuales el sujeto representa un solo individuo, y *suposiciones comunes*, en las que los términos son universales. Por otra parte, Occam distingue entre suposiciones *impropias*, en las que, como su nombre lo expresa, el término es usado en un sentido impropio; y suposiciones *propias*, en las que el término es usado propiamente; el término propio se puede entender como *entidad mental* (personal), como término *hablado* (simple) y como término *escrito* (material). Se ha afirmado que la teoría medieval de las suposiciones pertenece a varias ramas de la lógica actual.

SUPRASENSIBLE Por encima de lo sensible, es decir, que va más allá de lo que es percibido o aprehendido por los sentidos. **V. sensible**.

SUPUESTO Este vocablo se ha empleado en filosofía en diversos sentidos. En el pensamiento escolástico, supuesto es lo que tiene naturaleza; es aquello que es y que actúa en la naturaleza, aquello por lo cual se es. Este concepto no debe confundirse con el de esencia sustancial, la cual es sólo una de las partes constitutivas del supuesto. En la naturaleza, el supuesto es el que constituye su especie; y en el hombre, la persona es el supuesto racional. Otra acepción del vocablo supuesto se utiliza en la filosofía moderna y posmoderna; así, tanto para Hegel como para Husserl, el ideal es una filosofía *sin supuestos*, pretensión que define *supuesto* como algo prexistente, que puede ser cualquier forma de realidad, incluyendo los sistemas formales. Ortega y Gasset aporta otro concepto de *supuesto* al definirlo como algo con que se cuenta, de lo cual se parte y dentro de lo cual adquiere sentido una proposición. Zubiri agrega que los supuestos están constituidos por una cierta experiencia cuyos factores son el contenido, la situación y el horizonte. **V. suponer.**

SURREALISMO Corriente artística y literaria surgida a comienzos del siglo XX en Francia, que se extendió posteriormente a todo el mundo. El surrealismo pictórico, como lo describe Marcel Brion, es «hostil a todo naturalismo, pero recreando las formas u objetos que él emplea, a fin de darles una eficacia nueva e imprevista; rehúsa el concurso de la razón y solicita todas las fantasmagorías imaginativas»; los surrealistas pretenden poner a contribución sistemática el subconsciente al querer pintar sus sueños; la atmósfera de las pinturas es la de las visiones oníricas con todo su fantasmal contenido; también es común encontrar en ellas una especie de «humor negro», como sucede en Tanguy y en Dalí, y suma desolación, como en Max Ernst; también se revela una especie de ingenuidad auténtica, como sucede en los lienzos de Utrillo y de H. Rousseau. El movimiento surrealista en pintura fue paralelo cronológicamente y tuvo estrecha relación con el dadaísmo, cuyo espíritu fue la exaltación de lo absurdo. En literatura, el surrealismo se manifiesta principalmente en la expresión de sentimientos de impotencia ante la realidad; pueden catalogarse como escritores surrealistas Eliot, Céline, Kafka, Joyce y Pound.

SUSTANCIA V. substancia.

SUSTANCIALISMO V. substancialismo.

SUSTITUCIÓN Acción y efecto de sustituir, es decir, de remplazar una cosa con otra. En disciplinas como la científica y filosófica, el término se emplea cuando una tesis o teoría deja de tener vigencia y, como consecuencia, es relevada por otra, la que, luego de ser analizada profundamente, resulta válida.

SUSTRACCIÓN Acción de sustraer, es decir, de quitar una parte de un todo, o de apartarla de él. En matemática se emplea el vocablo para indicar una operación que tiene el mismo sentido anterior. Es muy común, en retórica, el uso de la expresión «sustracción de materia», para referirse a la acción de dar por terminado un tema, en una discusión, debido a que dicho tema o las bases que sustentan su discusión han perdido su realidad o validez.

SUSTRATO V. substrato.

TABLAS DE VERDAD En lógica, aquellas tablas que tienen como objetivo conocer, mediante todas sus posibles combinaciones, la verdad o falsedad de las proposiciones, teniendo como base el conocimiento de la verdad o falsedad de cada uno de sus componentes, así como las características de los signos conectivos que los enlazan. Para realizar estas tablas, deben colocarse en sentido vertical las posibles formas de combinación de verdad o falsedad y sus resultados, dependiendo éstos de las conectivas.

(. V, →, ↔) así:

(P . Q)	(P v Q)	(P → Q)	(P ↔ Q)
V V V	V V V	V V V	V V V
V F F	V V F	V F F	V F F
F F V	F V V	F V V	F F V
F F F	F F F	F V F	F V F

La negación (~) no se considera como una conectiva, pero tiene la facultad de cambiar el valor de verdad de la proposición o del grupo de proposiciones que precede, si éstas están entre paréntesis. **V. tautología.**

TABÚ Elemento cualquiera sobre el cual se establece culturalmente una prohibición o una censura, sea por su carácter sagrado o por considerarse intocable (quienes sufren de locura, enfermedad sagrada en algunas culturas), o impronunciable (ciertas palabras, por ejemplo, las de contenido erótico; el nombre de Dios en algunas religiones), o no comestible (el cerdo o la vaca, o las aguas de los ríos sagrados en ciertas religiones) o inviolable (lugares rituales, como el ara de los altares, los sagrarios de las iglesias cristianas) o no observable por medio de la vista (los órganos sexuales, el cabello o el rostro femeninos) y, en muchos casos, hasta impensable. En sicología y en sicoanálisis el tema del tabú ha sido examinado con mucho detalle por su importancia dentro de las implicaciones que tienen la represión y la censura sobre el desarrollo sicológico del hombre.

TABULA RASA Aristóteles rechaza la doctrina de las ideas innatas y de la reminiscencia platónica y la sustituye por la metáfora de la *tabula rasa* o tabla encerada sobre la cual se graban las impresiones: esta tabla encerada es el entendimiento o *noûs*. Posteriormente, Locke retoma el concepto como noción fundamental en su teoría del conocimiento. No hay ideas innatas, dice, ni entidades abstractas universales como las de sustancia, *yo*, etc. La mente humana es como una *tabula rasa* en la cual se inscriben, a través de los sentidos, las impresiones de las cualidades primarias y secundarias de las cosas, de las cuales formamos ideas simples; la combinación de estas últimas da lugar a las ideas compuestas. Es erróneo considerar que a las cosas subyace un sustrato al cual denominamos sustancia o esencia de las mismas. Este sustrato no puede dejar huella alguna en la *tabula rasa* que es nuestra mente y, por tanto, no es posible conocimiento alguno de él.

TALENTO En general, este término designa la aptitud natural que tiene una persona para realizar una actividad determinada. También, en la antigüedad, fue una unidad entre los griegos, que representaba un valor en oro o en plata.

TALES DE MILETO (siglos VII a VI a. de C.). Filósofo de la llamada escuela jónica o escuela de Mileto, probablemente de origen fenicio, de quien se afirma que era polifacético: ingeniero, astrónomo, político y conocedor de las finanzas, por lo cual tuvo un lugar dentro de los Siete sabios de Grecia. Parece que a su regreso de un viaje por Egipto, introdujo en Grecia el conocimiento de la geometría egipcia que, de un modo empírico, permitía el conocimiento suficiente para calcular alturas y distancias mediante la aplicación de un sistema de igualdad y semejanza de triángulos; se dice que llegó a medir las pirámides por su sombra; también, en el ejercicio de sus conocimientos astronómicos, predijo un eclipse. Para este filósofo e importante figura de la antigüedad, el principio o *arké* de todas las cosas es el estado de humedad, puesto que la tierra flota sobre agua; puesto que todas las cosas provienen del agua, ella es la causa formal de lo existente y, también, su causa final, ya que a ella vuelven todas las cosas. Por ser el agua el elemento en apariencia menos corpóreo, más sutil y transparente, más ubicuo al hallarse prácticamente en todas partes, podemos decir que Tales intuía una unidad en la multiplicidad, una permanencia bajo la mutabilidad, lo ultrasensible bajo lo sensible y, en resumen, la vida bajo la inercia. El mundo está lleno de dioses, espíritus o almas y muchos demonios, planteando así una animación o vivificación de la materia a la que se ha dado el nombre de *hilozoísmo*. Pese a esto, Tales no se contenta con una explicación mítica del mundo, sino que, junto con los otros filósofos jónicos, se pregunta qué es *en verdad* la naturaleza. **V. hilozoísmo**.

TALMUD Conjunto de doce grandes volúmenes donde se hallan registradas las discusiones de la academia de escribas rabinos de los años comprendidos entre el 200 a. de C. y el 500 d. de C. En ellos se habla y se reflexiona acerca de todas las cuestiones importantes de la vida de los judíos como máximas éticas, ley, doctrina, explicación de la Biblia, predicación y narraciones históricas y anecdóticas. Así mismo se trató de incluir en el talmud todas las situaciones posibles de la vida práctica, de tal forma que cualquier judío pudiera saber, con exactitud, los preceptos, las prohibiciones y la valoración de los actos, de tal manera que estuvieran de acuerdo con el texto bíblico y con la tradición oral de la ley. Por ello se encuentran máximas como: «No desprecies a ninguna persona ni a ninguna cosa, pues cada cosa tiene su hora y cada persona su porvenir» o también: «¿Quién es sabio? El que aprende de todas las personas... ¿Quién es poderoso? El que domina sus sentidos... ¿Quién es rico? El que se conforma con su parte...¿Quién es justo? El que honra a los demás».

TANATOS Expresión griega que abarca la idea de la muerte y se extiende al sentido de desastre, ruina, torpor.

TAOÍSMO Doctrina de Lao-Tse contenida en el libro *Tao te king*. El *tao* o cami-

Tales de Mileto

no es un concepto que nunca ha podido ser muy bien explicado, pues carece de nombre y no se puede expresar o definir. Es el *innominado* «causa primera del cielo y de la tierra». La doctrina taoísta predica la necesidad de suprimir los deseos para poder contemplar «la propia espiritualidad», de manera similar al contenido fundamental de los estoicos. La espiritualidad y la forma externa «tienen un mismo origen», aunque nombres diferentes. Uno de los principales filósofos del taoísmo fue Chuang-Tse (300 a. de C.) y escribió un libro de gran forma poética y profundidad filosófica, titulado *Libro del florido país meridional*, el cual contiene paradojas muy ingeniosas. Durante el siglo I de nuestra era, el taoísmo se convirtió de filosofía en religión para poder afrontar la amenaza del budismo que, procedente de la India, se extendía vertiginosamente por toda China; Chang-Ling fundó una orden religiosa que se desarrolló y extendió hasta formar un verdadero Estado semiclerical con ritual, monasterios, impuestos fiscales y sacerdocio, pero que, de todos modos, tomó muchos elementos budistas. Con la difusión del saber científico durante el siglo XIX, el taoísmo que había declinado lentamente, llegó a su definitiva decadencia. Podemos mencionar como otros importantes taoístas a Yan Chu, Sun Tsian y Yu Ben.

TARDE, Gabriel (1843 - 1904). Sociólogo francés, nacido en Sarlat. Considera la imitación como el modo de ser de los hechos sociales, a diferencia de la invención, característica del individuo. Para él, la imitación constituye el elemento dinámico de la naturaleza, que también se manifiesta como repetición en el mundo humano, en forma de respuesta que el hombre da a los estímulos que recibe de su entorno. Esta respuesta lleva implícito el concepto de invención, la cual fue necesaria desde los primeros momentos del hombre en el mundo. Son también muy significativos sus aportes a la ciencia jurídica, en especial sus estudios sobre criminalidad. Sus principales obras son: *Las leyes de la imitación; La lógica social; La oposición universal, ensayo de una teoría de los contrarios; Las transformaciones del poder; Sociología elemental; La sicología y la sociología; Las transformaciones del derecho.*

TARSKI, Alfred (1901-1983) Lógico matemático, nacido en Varsovia. Fue profesor de la universidad de su ciudad natal y, también, de la Universidad de Berkeley (California). Desarrolló su trabajo alrededor de la fundamentación de la matemática, en especial sobre lógica polivalente. Igualmente, centró sus investigaciones en conceptos sintácticos y semánticos. Son muy importantes su teoría semántica de la verdad y el desarrollo de la doctrina de los niveles de lenguajes y metalenguajes. Sus principales obras son: *Investigaciones sobre el cálculo proposicional; Conceptos fundamentales de la metodología de las ciencias deductivas; Contribución a la axiomática de conjuntos bien ordenados; Sobre la búsqueda de la teoría de los conjuntos; La concepción semántica de la verdad y los fundamentos de la semántica; Fundamentación de la semántica científica.*

TAUTOLOGÍA Fórmulas de la lógica sentencial que resultan verdaderas, luego de ser probadas por medio de las llamadas *tablas de verdad*. Es decir, cuando se obtiene siempre un predicado *verdadero*, el compuesto se llama una tautología; por ejemplo: el principio de no contradicción:

p	v	~p
V	V	F
F	V	V

De acuerdo con lo anterior se afirma que puede existir un número infinito de tautologías; sin embargo, las más conocidas corresponden a algunas leyes, dentro de las que destacamos las leyes de identidad, de la doble negación, de contradicción, de distribución, de transitividad, de conmutación, del tercero excluido, y las leyes de Morgan, entre otras. Para Wittgenstein, existen proposiciones siempre verdaderas, independientemente de cuál sea la configuración de hechos que se verifique, llamadas *tautologías*, las cuales, aunque no son representaciones de hechos, no son insensatas, porque siempre resultan verdaderas; su conjunto constituye la lógica y las matemáticas. Es materia del análisis lingüístico, según este mismo filósofo, reconocer la forma lógica real de las proposiciones que son tautologías, lo cual se realiza al reconocer la verdad simplemente con la indagación del simbolismo, de la composición sintáctica, sin preocuparse por los hechos reales. Todas las proposiciones que no se puedan reducir a proposiciones empíricas o a tautologías, deben ser consideradas carentes de sentido, pues quedan por fuera de los límites de la expresividad del lenguaje y, por tanto, fuera de los límites del mundo, del que el lenguaje no es más que la imagen, el modelo. Las principales tautologías se resumen así: (a) ley de separación. (b) *Modus tollendo tollens*. (c) *Modus tollendo ponens*. (d) Ley de simplificación. (e) Ley de adjunción. (f) Ley del silogismo hipotético. (g) Ley de la exportación. (h) Ley de la importación. (i) Ley del absurdo. (j) Ley de la adición. (k) Ley de la doble negación. (l) Ley de la contraposición. (m) Leyes de De Morgan. (n) Leyes conmutativas. (o) Ley del tercero excluido. (p) Ley de contradicción.

TÉCNICA En la filosofía de Aristóteles aparece el término *tékhne* (técnica) para designar un saber hacer. El técnico o perito es el hombre que sabe hacer las cosas, sabe qué medios se han de emplear para alcanzar los fines deseados. La técnica ocupa un lugar superior a la empiria, porque nos da el *qué* de las cosas, y aun su *porqué*. En general para los griegos, la técnica permite transformar la realidad natural en realidad artificial mediante la aplicación de unas reglas y estas reglas, a su vez, se denominan técnica. En la Edad Media se dio a la llamada *ars mechanica* el sentido de lo que actualmente denominamos técnica. Kant establece la distinción entre *técnica intencional* y *técnica de la naturaleza*; esta última es para él de la mayor importancia en cuanto causalidad propia de la naturaleza, que se relaciona con sus productos en tanto que fines; el *modo técnico* se puede aplicar a ella y, también, al arte, pues el carácter técnico es propio de la facultad del juicio. La *Enciclopedia francesa* incorporó las técnicas al saber, al considerar éste como fundamentalmente técnico. Durante el siglo XIX, la técnica tomó tanto auge que llegó a discutirse la capacidad que el hombre tiene de dominar las técnicas creadas por él mismo, con el fin de no caer en una *enajenación;* muchos filósofos han opinado sobre este problema que la técnica nacida de la creación de máquinas cada vez más abundantes y diversas, han hecho de ellas objetos totalmente externos o ajenos al hombre. Heidegger está en contra de la técnica interpretada tal como hoy se hace, es decir, que no nace de la ciencia sino de la *exigencia;* para los griegos, según Heidegger, la técnica era un develar, un «desvelamiento» que era la base de la producción de lo bello, mientras que para nuestra cultura es la exigencia que se hace a la naturaleza para que entregue al hombre su energía acumulada.

TECNICISMO Término propio del lenguaje especializado que se aplica a cada una de las diversas actividades profesionales. También designa este término la calidad de técnico o, mejor, la actitud propia de un técnico.

TECNOCRACIA Tendencia sociopolítica iniciada por el economista estadounidense Thorstein Veblen a principios del siglo XX, la cual culpa a los *políticos* de la desestabilización de las estructuras capitalistas, y recomienda entregar la dirección de los asuntos estatales a los técnicos y a los hombres de negocios. Esta tendencia tuvo mucho auge en la década del treinta en Estados Unidos, y sus principales representantes fueron Scott y Loeb.

TECNOLOGÍA Conjunto de recursos técnicos con los cuales se cuenta para realizar un trabajo, desde el trabajo individual hasta el de los grandes complejos industriales y las actividades de la administración pública. También se denomina tecnología a la ciencia que diseña los contenidos de las profesiones que requieren técnicas especializadas para su desempeño.

TEILHARD DE CHARDIN, Pierre (1881- 1955). Filósofo y paleontólogo jesuita, nacido en Sarcenat. Además de sus importantes trabajos paleontológicos desarrollados en el Extremo Oriente, dedicó gran parte de su vida a la reflexión filosófi

TEÍSMO Doctrina que defiende la existencia de un Dios personal, del cual se desprende su acción providente y que es considerado como creador y rector del universo.

TELEOLOGÍA Modo de explicación que se basa en causas finales. Aunque el término fue acuñado por Wolff a comienzos del siglo XVIII, el mismo contenido fue expresado por los filósofos de la antigüedad, como Anaxágoras, Platón y Aristóteles. Los modos explicativos teleologistas se oponen a los modos mecanicistas en que la causa eficiente se reduce a la causa mecánica, como son los sistemas de Demócrito, Descartes y Spinoza. Cuando se admite una finalidad residente en el encadenamiento causal de todos los hechos (teleología interna), encontramos un intento de conciliar estas concepciones opuestas, tal como ocurre en los sistemas de Leibniz y Lotze. El concepto teleológico ha sido aplicado a la naturaleza en el sentido de su determinación desde el fin; y también al hombre, desde el punto de vista moral, donde queda incluida la noción de libertad además de la intencionalidad. Según Kant, el juicio teleológico no pertenece ni a la ciencia natural ni a la teología, sino que está insertado en el mundo de los fenómenos al cual enlaza con el mundo de la libertad. Para Bergson, lo teleológico es una forma de determinismo, puesto que se refiere a algo que de algún modo está determinado desde el principio, a algo que está dado. Hartmann distingue tres formas teleológicas de pensar: La teleología de los procesos, es decir, la respuesta a un para qué que pertenece a la esencia; la teleología de las formas o tipos en un sentido jerarquizante de las formas orgánicas o inorgánicas; y la teleología del todo, en que el mundo es una unidad creadora, un absoluto, principio de todo movimiento. También, en el campo de la estética, han surgido teorías teleológicas, según las cuales el valor estético de los objetos y de los acontecimientos depende de su finalidad.

TELEOLÓGICO V. teleología.

TEMPERAMENTO En su origen latino, este término significa adecuada correlación de las partes. Es el conjunto de notas individuales que determinan y caracterizan

Pierre Teilhard de Chardin

ca para tratar de sintetizar, desde un punto de vista científico, la evolución del universo y la del hombre, tomando como eje el concepto de redención. Presenta al universo como un organismo que, al evolucionar, desarrolla las condiciones propias de la vida, de tal forma que el proceso formativo del universo es una especie de previda totalmente dirigida a la hominización, es decir, al surgimiento del hombre; es también un proceso de interiorización que está dirigido a dar lugar a la reflexión. Por el hombre, el universo se convierte en centro cuya alma es el hombre; el hombre es la síntesis del universo. El punto más alto del fenómeno humano es el fenómeno cristiano o *punto omega*, plenitud de la realización del hombre dentro de la redención cristiana, culminación de la evolución del hombre hacia Dios. Dice él que «omega existía ya», estaba ya en «Dios providencia», que se hizo «Dios revelación» y «Dios redención». Esto es lo que se ha llamado evolucionismo cristiano. Sus principales obras son: *El fenómeno humano; El medio divino; La energía humana; La aparición del hombre; La visión del pasado; La activación de la energía; El lugar del hombre en la naturaleza; El grupo zoológico humano.*

a un ser. Es común identificar temperamento con carácter, pero la mayoría de los autores los distingue por cuanto carácter se refiere a una nota o marca aislada, mientras temperamento designa una mezcla de tales notas o marcas. Hipócrates dividió los temperamentos en el hombre, en cuatro: sanguíneos, flemáticos, biliosos y melancólicos, con base en cuatro humores, que respectivamente son: sangres, flema, bilis y atrabilis. Esta división aún se utiliza en la descripción de los tipos sicológicos dentro de la caracterología, ciencia a la cual hicieron valiosos aportes Herbart, Ribot, J. S. Mill, Paulhan, Schopenhauer y, muy especialmente, Julius Bahnsen. **V. carácter.**

TEMPERANCIA Moderación que se manifiesta en una actitud equitativa, sin excesos de ninguna clase, sea cuando se trata de sustentar o de refutar una idea o tesis, sea en los actos cotidianos y en el comportamiento social.

TEMPLANZA Continencia o moderación cuando se trata de satisfacer los apetitos. En sentido religioso, la templanza consiste, según el tipo de apetito, en unos casos en la abstención de tal satisfacción y en otros, en la moderación; en ambos casos constituye una de las virtudes cardinales. **V. virtudes cardinales.**

TEMPORAL Aquello cuya duración está limitada por el tiempo. El concepto de lo temporal se opone al de lo eterno. También se ha aplicado este término con un significado relativo a lo espiritual en contraposición con lo material; por ejemplo, cuando se habla del «poder temporal de la Iglesia».

TENDENCIA Inclinación a seguir una dirección determinada cuando se trata de definirse por una manera específica de pensar o de actuar. Se ha discutido, en sicología y en sociología, si las tendencias del individuo a tener determinados tipos de comportamiento son innatas o son adquiridas, o son una mezcla de estas condiciones. Se aplica también este término para definir los movimientos que en la evolución histórica de la filosofía, la política, la historia, y en general de todas las ciencias, se adscriben a una dirección de pensamiento en sus lineamientos fundamentales, aunque haya alguna diversidad en la forma sin modificar las bases sobre las cuales se ha construido un cuerpo teórico.

TENSIÓN En la filosofía griega, y en especial en el estoicismo, el vocablo griego *tónos* fue utilizado como el principio por el cual lo disperso tiende a la unidad. Por lo general, se consideró que al morir los seres orgánicos pierden la tensión que es su principio vital, aunque también designó este vocablo otros conceptos, por ejemplo, el de Cleantes, quien creía que la tensión es la fuerza propulsora del fuego.

TEOCRACIA Forma de gobierno en la cual el poder es ejercido por los representantes de una religión determinada, basada en el concepto de que toda autoridad proviene de Dios. En la actualidad son gobiernos teocráticos los de los países donde impera el fundamentalismo islámico, como Irán. En otras ocasiones, se puede hablar de gobiernos relativamente teocráticos cuando los ministros de una religión determinada ejercen definitiva influencia en la toma de decisiones por parte del gobierno o, también, sobre el pueblo cuando éste elige a sus gobernantes.

TEODICEA Obra de Leibniz, cuyo subtítulo es *Ensayos sobre la bondad de Dios, la libertad del hombre y el origen del mal.* En ella, este filósofo define a Dios como omnipotente e infinitamente bueno, al hombre como libre y responsable, y asume la existencia del mal metafísico, físico y moral, con lo que se ha llamado optimismo metafísico: el hombre desconoce los planes totales de Dios, que permite la existencia del mal como condición para el bien del conjunto, siendo entonces el mundo el mejor de los posibles. Por otra parte, la libertad supone la espontaneidad, la deliberación y la decisión; así, el hombre es libre porque escoge entre los posibles después de deliberar. Dios crea a los hombres y los crea libres y permite el mal o pecado, porque éste es un mal posible que condiciona un bien superior, que es la libertad. A partir de la aparición de esta obra de Leibniz ha existido la tendencia a dar esta denominación a todo intento de investigar los temas de la bondad de Dios y la existencia del mal y de constituir la teodicea en una disciplina filosófica perteneciente a la llamada teología natural.

TEOFRASTO (372? - 288? a. de C.). Filósofo griego, nacido en Ereso. Fue el sucesor de Aristóteles en la dirección del Liceo. Fue muy importante su trabajo acerca de los caracteres o tipos sicológicos, con una orientación naturalista. Fue grande su aporte en el campo de la lógica y llegó a realizar descubrimientos tales como la *doble cuantificación*; desarrolló la lógica modal y varios teoremas para la lógica proposicional, y la doctrina de los silogismos hipotéticos. Analizó también el concepto del *noûs* como parte superior y divina del hombre. Su concepción del universo fue contraria a la cosmología estoica. También, según la información de Diógenes Laercio,

Teofrasto

realizó abundantes trabajos e investigaciones sobre muy diversos temas: metafísica, sicología, física, lógica, moral, botánica y política. Sus principales obras conocidas son: *Caracteres éticos; Historia plantarum*.

TEOGONÍA Nombre que designa la genealogía de los dioses con que el hombre antiguo pretende narrar cómo se ha configurado y ordenado el mundo mediante la narración de un mito. En Grecia, Hesíodo es el primero que intenta llevar a cabo esta narración que enfrenta las preguntas sobre la naturaleza de una manera mítica. En general, el comienzo de todas las culturas está basado en una teogonía que explica la existencia del universo y personaliza cada una de sus características más sobresalientes.

TEOLOGÍA Rama de la filosofía, cuyo objeto es Dios y su relación con el mundo; la existencia de Dios y sus atributos; su naturaleza y manifestaciones. Para Aristóteles, el estudio de la divinidad es la ciencia primera, la más elevada entre las todas las ciencias teóricas. Debemos aclarar que el estagirita no tenía el concepto que en la actualidad tenemos acerca de Dios; la teología, por tanto, era para él el estudio de *lo divino*, es decir, lo presente en los seres a la vez separados e inmóviles. El Seudodionisio estableció la distinción entre teología *afirmativa*, que consiste en las proposiciones o argumentos acerca de Dios, y teología *negativa*, la cual se logra en el silencio, de una forma parecida a la contemplación mística. Para santo Tomás –cuya actividad está en su totalidad dirigida a la fundamentación de la *teología cristiana*–, frente a la teoría que es un saber especulativo, la teología es de fe en cuanto se construye a partir de datos sobrenaturales, revelados; pero el hombre trabaja sobre ellos con su razón para interpretarlos y alcanzar un saber teológico, lo que supone una adecuación perfecta entre lo que Dios es y la razón humana; puede haber una teología racional, aunque esté fundada sobre los datos de la revelación. El objeto material de la teología y la filosofía, según él, puede ser el mismo cuando hablan de Dios; pero el objeto formal es distinto. La teología accede al ente divino por otros caminos que la filosofía y, por tanto, aunque ese ente sea numéricamente el mismo, se trata de dos objetos formales distintos. En Escoto, la teología no es ya ciencia especulativa, sino práctica y moralizadora. El hombre –que es razón, *logos*– hará una filosofía racional; en cambio, la teología es sobrenatural y tiene poco que hacer en ella la razón; es, ante todo, *praxis*. Para Occam, si Dios no es razón, la razón humana no puede ocuparse de él; con esta afirmación, la divinidad deja de ser el gran tema teórico del hombre al acabar la Edad Media, y esto lo separa de Dios, conduciendo la razón hacia el hombre mismo. Descartes subraya el carácter práctico, religioso, de la teología, que está constituido por el objetivo de ganar el cielo, aunque éste se puede ganar sin saber teología, lo que destaca la inutilidad de la teología, que es algo sabido, transmitido y seguro: *la opinión del tiempo*, como él dice; por otra parte, por tratarse de *revelación* no está al alcance de la inteligencia humana y para aprehenderla se necesitaría ser *más que hombre*; pues la teología no está hecha por el hombre sino por Dios y Dios está demasiado alto. En el siglo XX aparece la llamada *teología dialéctica* o *teología de la crisis*, cuyos principios fueron enunciados por Kierkegaard y posteriormente elaborados por Brunner, Barth y Gogarten; plantea una religión del «apartamiento» basada en la separación absoluta entre lo temporal y lo eterno, entre Dios y el mundo; sólo con el auxilio de Dios se puede salvar esta distancia, pues la razón procede de Él y aquella debe estar al servicio de la palabra de Dios (revelación), no de manera dogmática, sino práctica.

TEOREMA Proposición de la lógica, la geometría, la matemática o cualquier ciencia referible a ellas, perteneciente a una teoría estructurada que es posible demostrar, basándose en axiomas y en leyes de inferencia permitidas. Se puede definir también como un enunciado que es posible demostrar mediante el razonamiento lógico.

TEORÉTICO La vida teorética o contemplativa surgió en la filosofía desde los pitagóricos, como ideal de vida del sabio. Este tipo de vida exige la liberación de las necesidades del cuerpo, sin perderlo, mediante un estado previo del alma que ellos denominaron *entusiasmo* o *endiosamiento*. Anaxágoras, perteneciente a una familia noble destinada a gobernar, se retiró de ella para dedicarse a la *vida teorética*. Para Aristóteles, la vida contemplativa o teorética es fundamento de su ética y base de la felicidad, porque las cosas que el entendimiento conoce son las más excelentes dentro de las cognoscibles; es la actividad más continua y rica en placeres puros y seguros, necesarios a la felicidad o *eudeimonía*; es la única actividad que se busca y se ama por sí misma. Esta vida sólo es posible en cuanto hay algo de *divino* en el hombre, que le posibilita inmortalizarse y vivir de acuerdo con lo más excelente que hay en él.

TEORÍA Originariamente, este término equivale a *contemplación;* por esto, cuando se habla de *vida teorética* se hace referencia a la misma *vida contemplativa*, en cuanto actividad humana y superior. Para Aristóteles, la *theoría* o contemplación es un modo de *praxis:* la *praxis* suprema, actividad cuyo fin es ella misma; el hombre teórico es el hombre superior. En la filosofía aristotélica, las ciencias teóricas son la matemática, la física y la metafísica. Para santo Tomás, la teoría es un saber especulativo, racional, distinto de la teología, que es de fe. Comte convierte la filosofía en una *teoría de la ciencia*, por cuanto la ciencia positiva adquiere unidad y conciencia de sí propia, de manera que, la filosofía propiamente dicha desaparece dentro del movimiento positivista que inicia Comte y subsiste durante todo el siglo XIX. En la actualidad, el vocablo *teoría* tiene un significado muy distinto; se refiere a la construcción intelectual que resulta del trabajo filosófico o del trabajo científico, o de la unión de ellos. La teoría es materia de la epistemología, de la lógica y de la historia de la ciencia; en cada una de estas disciplinas la teoría ha sido entendida de diversas maneras: como mera descripción de la realidad, como una forma de explicación de los hechos, como simbolismo operacional, y como referencia a las cosas mismas. La teoría científica ha sido definida por Braithwaite como el «sistema deductivo en el cual ciertas consecuencias observables se siguen de la concepción de hechos observados con la serie de las hipótesis fundamentales del sistema». Según el objeto estudiado, la concepción de teoría difiere; así, en la investigación histórica o social, la teoría forma parte de la realidad humana, a la vez que la teoría describe esa realidad; en cambio, cuando el objeto es la naturaleza, quien teoriza se puede atener exclusivamente a las *cosas*, sin que deba mediar preconcepto ético o subjetivo alguno.

TEORÍA CRÍTICA V. Horkheimer.
TEORÍA DE LA ACCIÓN COMUNICATIVA A la luz de un explícito retorno al trascendentalismo kantiano, Apel y Habermas formulan una ética de la comunicación ilimitada en la cual, a través de la comunicación, se expresa la exigencia puramente formal de universalización de un conjunto de valores. Pese a sus diferencias, estos dos autores coinciden en afirmar que la experiencia resulta posible, en última instancia, gracias a un *a priori:* el de la comunicación ilimitada o el de la acción comunicativa. Habermas propone entonces sustituir la concepción monológica por la concepción dialógica de la subjetividad y de la racionalidad. Llegar a una comprensión, «el telos inherente al discurso humano», consiste en «el proceso de obtención de un acuerdo (consenso) entre sujetos lingüística e interactivamente competentes». Con base en un análisis que se apoya en la filosofía de los actos de habla de Austin y Searle, Habermas argumenta que la comprensión implica necesariamente la aceptación por parte del oyente de una «pretensión de validez» ofrecida por el hablante. Estos planteamientos son desarrollados en su obra *Teoría de la acción comunicativa* (1984). **V. Habermas.**

TEORÍA Y PRÁCTICA En Aristóteles, la *theoría* es el grado supremo de la *praxis;* concepto que plantea la unión indisoluble que existe, para él, entre teoría y práctica. En cambio, para Plotino, la *praxis* representa un debilitamiento de la actividad contemplativa, por lo cual la *praxis* se opone a la *theoría*. En la tendencia en que han tenido mayor importancia estos conceptos es en la filosofía marxista, donde la unión de teoría y práctica constituyen la *praxis*, y esta *praxis* es la base de toda teorización.

TEORICISMO Argumento que tiene su origen en concepciones puramente teóricas, que no han sido confrontadas con la práctica. También puede designar la *actitud* de quien funda sus opiniones o sus afirmaciones en criterios teóricos, propios o ajenos.

TEÓRICO Todo cuanto pertenece a la esfera de la teoría, entendida en el sentido de construcción intelectual resultante del trabajo científico o filosófico, o científico-filosófico. También este término designa a la persona que elabora una teoría y, así mismo, a quien soporta sus tesis en teorías, no en la praxis. **V. teoría**

TEOSOFÍA Pensamiento religioso que defiende una forma de vida en unidad con Dios, mediante actos como el de la meditación y el ascetismo; estos actos deben conducir al hombre, gracias a una serie de rencarnaciones, a su perfeccionamiento espiritual. Por lo anterior, se supone que son teosóficas, en general, las doctrinas religiosas practicadas en Asia como el brahmanismo. La teosofía fue entendida en la Edad Media como la filosofía inspirada en Dios y en el Renacimiento se le dio este carácter a aquellas doctrinas filosóficas de carácter místico-naturalistas como la de Paracelso.

TERCERO EXCLUIDO (principio del) V. ley del tercero excluido.

TERMINISMO También llamado *nominalismo exagerado,* es la posición filosófica que sostiene que los universales son *términos (termini)* hablados o escritos, meros signos que designan entidades concretas, lo cual niega la existencia de conceptos abstractos y de las entidades abstractas llamadas *universales*. Han sido calificados como terministas Occam, quien niega en absoluto la existencia de los universales en la naturaleza y sostiene que son creaciones del espíritu, de la mente: son meros *términos;* Pedro Hispano, Alberto de Sajonia y Gualterio Burleigh son, entre otros, representantes del terminismo.

TÉRMINO Aristóteles utilizó este vocablo en el sentido de límites de una premisa en un silogismo: el *sujeto* es el límite del comienzo; y el *predicado* es el límite del final; de esta manera, los términos de una premisa son sujeto y predicado. En la silogística, los términos son representados por letras; las más usuales son S, P y M; M simboliza a otro término, que se denomina término medio, el cual es el único que no aparece en la conclusión, pero sí en las dos premisas. La conclusión también consta de dos términos, llamados *término menor* o *término último,* que es el que aparece primero; y *término mayor* o *término primero*, que aparece segundo. Para Occam, los términos son simplemente signos de las cosas, que sustituyen en la mente su multiplicidad; pero no son convenciones, sino *signos naturaleza;* esta afirmación llevará al concepto de conocimiento simbólico. Como lo hemos utilizado en esta obra, término también se usa para designar la palabra escrita. En metalógica, término designa el nombre de una entidad, el nombre del nombre de ella, etc. Muchos autores equiparan término con idea o con concepto, pero la mayoría coincide en que un término se distingue de otro por aquello que se propone nombrar.

TÉRMINO MAYOR En la lógica tradicional, uno de los tres términos que forman parte de un silogismo, también llamado «término primero» o «predicado de la conclusión», generalmente representado por *P;* corresponde al que aparece último en la conclusión. En el ejemplo «todo animal es un ser vivo; todo perro es animal; luego, todo perro es un ser vivo», el término «ser vivo» corresponde al término mayor. **V. término medio, término menor**.

TÉRMINO MEDIO En la lógica tradicional, uno de los tres términos que forman parte de un silogismo, representado por la letra *M;* corresponde al que aparece en las dos premisas pero no en la conclusión. En el ejemplo «todo animal es un ser vivo; todo perro es animal; luego, todo perro es un ser vivo», el término «animal», corresponde al término medio. **V. término mayor, término menor**.

TÉRMINO MENOR En la lógica tradicional, uno de los tres términos que forman parte de un silogismo, llamado también «término último» o «extremo menor», generalmente representado por la letra S; corresponde al que aparece primero en la conclusión. En el ejemplo «todo animal es un ser vivo; todo perro es un animal; luego, todo perro es un ser vivo», el término «perro» corresponde al término menor. **V. término mayor, término medio**.

TERTULIANO (169-220). Apologeta y uno de los representantes de la patrística, que refutó al nosticismo y, en general, toda la cultura de los gentiles, incluida la ciencia racional y la filosofía. Sostuvo la certeza de la revelación fundándose precisamente en su carácter incomprensible, en el estar fuera del alcance de la razón, tesis expresada en su conocida frase *«credo quia absurdum».* Algunas de sus afirmaciones son rechazadas por la Iglesia, por ejemplo, la que atribuye la procedencia del alma humana a la generación de la de los padres, tesis denominada *traducianismo,* y que estaba dirigida a explicar la transmisión del pecado original. Sus principales obras son: *Apologeticus; De idolatria; De anima* y *Adversus Marcionem* (en la que dio a conocer tanto la vida y obra de Marción, como la crítica a sus teorías referentes a Dios).

TESIS Término que, en su origen griego, designaba la *acción de poner,* como también la *acción de establecer* algo. Pasó a la filosofía para designar la acción de poner una doctrina, o una proposición, o un principio. En Platón, tesis es *afirmación* y, para Aristóteles, la tesis en el silogismo es un principio que sirve como base para la demostración; toda tesis, según él, es un problema y puede ser de dos clases: definiciones en tanto que aclaraciones semánticas de un término, y definiciones en tanto que posiciones de la existencia de una realidad (*hipótesis*). Para Cicerón, la tesis es un tema general o *cuestión infinita.* Para Hegel, la tesis constituye el momento inicial del ciclo dialéctico del absoluto en el que la sustancia se presenta como idea absoluta, prexistente al surgir de la materia y del espíritu. A este momento del desarrollo del absoluto corresponde la primera parte de su sistema filosófico: la lógica. En ella, la tesis es considerada como un error necesario en el desenvolvimiento de la verdad hasta llegar a su perfección, que es la totalidad. Krug señala que al *método tético* o dogmatismo corresponde el sistema tético o realismo, que diferencia del sistema antitético o idealismo, y del sistema sintético o sintetismo. **V. tética.**

TÉTICA En general se utiliza este vocablo para indicar el conjunto de proposiciones que conforman una tesis. La palabra ha sido empleada, sin embargo, para indicar otros conceptos filosóficos; Kant, por ejemplo, la define como aquel conjunto de doctrinas que expresan posiciones dogmáticas, a la cual contrapone la antitética. El alemán Wilhelm Krug, en su doctrina conocida como «sintetismo trascendental» identifica la tética como un sistema sinónimo del realismo; así mismo, el francés Charles Renouvier, máximo exponente del neokantismo de su país, la empleó para clasificar las dos clases de crítica: crítica tética que comprende: «Análisis de las categorías de las funciones humanas y de los elementos de la síntesis cósmica», «tética de las ciencias lógicas y físicas» y «tética de las nociones morales (ética, estética, política y economía, y crítica histórica). V. tesis.

TÉTICO V. tética.

THOREAU, Henry David (1817-1862). Filósofo estadounidense, miembro del llamado *Círculo de los trascendentalistas* liderado por Emerson. Estudió en la Universidad de Harvard y recibió gran influencia de sus lecturas de Carlyle y Voltaire. Fue un encarnizado crítico de la «cultura capitalista». Su concepto es panteísta y en él coinciden la razón universal con las leyes naturales. Para conocer la verdad, objeto de la razón, es necesario penetrar en la naturaleza que nos rodea, a la cual identifica con la realidad divina. Fue un tenaz opositor a la esclavitud en su país. Su obra más conocida es *Walden o la vida en los bosques*.

TIEMPO El primer filósofo en considerar la existencia del tiempo fue Anaximandro, uno de los pensadores presocráticos de la llamada escuela jónica o eleática, quien lo concibió como la forma en que ha de ejecutarse la necesidad de las cosas del volver al *apeiron*, inmortal e incorruptible, donde no predominan unos contrarios sobre los otros; el *tiempo* hará que las cosas vuelvan a la unidad, a la quietud e indeterminación de la *físis* de donde han salido injustamente. Para los pitagóricos, los números son, ante todo, medida del tiempo, *edades de las cosas*. Platón definió el tiempo como «imagen móvil de la eternidad», entendiendo tiempo como duración de la vida, y eternidad como *vida sin fin*, es decir, presencia que no pasa y que es el arquetipo o modelo del tiempo. Aristóteles, a partir de la observación del movimiento circular de las esferas celestes y del hecho de que tiempo y movimiento se perciben en forma conjunta, define el tiempo así: «El tiempo es el número del movimiento según el antes y el después». Así, une indisolublemente tiempo y movimiento, dado que cada uno de ellos sólo puede medirse en función del otro. El movimiento circular es el más perfecto y está medido desde siempre; los demás movimientos son totalmente mensurables y, por consiguiente, son menos perfectos. A la noción aristotélica, los estoicos (Crisipo, Zenón de Elea) agregaron los conceptos de velocidad e intervalo, al sostener que el tiempo está conformado por una especie de *partículas temporales indivisibles*. Plotino acoge la idea platónica del tiempo como imagen móvil de la eternidad, imagen que concibe como *vida del alma;* el tiempo del alma, para él, surge de la *inteligencia* y es la «prolongación sucesiva de la vida del alma». El alma, para este filósofo neoplatónico, es aquello que le da su unidad, su continuidad y su realidad al tiempo, al servir como puente o mediadora entre la eternidad y el devenir que es un agregado de «ahoras». En general, los griegos asumieron el tiempo con respecto al

Henry David Thoreau

ser, de manera que el tiempo es para muchos de ellos perteneciente a la realidad fenoménica como una presencia transitoria, a punto de estar ausente; esta noción es de gran importancia, puesto que engendra otra noción que es la del *devenir*. Para san Agustín, el tiempo es una gran paradoja: algo que no tiene dimensión y que, cuando tratamos de aprehenderlo se esfuma; «cuando no me lo preguntan, lo sé; cuando me lo preguntan, no lo sé.»; si no hay presente, ya no hay pasado y todavía no hay futuro, entonces no hay tiempo. Es necesario, pues, radicar el tiempo no en lo externo, en las cosas, sino en el alma: *el alma es la medida del tiempo*. Así, pasado, presente y futuro se transforman en *memoria, atención y espera*. Esta concepción sicológica del tiempo se une a la concepción teológica, que examina el tiempo en cuanto *realidad creada*: Dios es anterior a todo, es la causa suprema, de manera que el tiempo fue creado por Él; tiempo y eternidad son análogos, por cuanto ambos son «presentes»; su diferencia consiste en que la eternidad es una presencia simultánea, carácter que no posee el tiempo. Santo Tomás concibe el tiempo en estrecha relación con el movimiento; esto, en sentido de *tiempo natural* y, también, siguiendo a Aristóteles, considera el tiempo desde el punto de vista teológico. Posteriormente, Duns Escoto y otros autores intentaron conciliar las nociones de *tiempo interior* y *tiempo exterior;* lo exterior del tiempo es el movimiento que se halla fuera del alma, mientas lo interior del tiempo, que es lo formal o *medida* del movimiento, proviene del alma. Durante la época moderna se discutió principalmente la relación del tiempo con los fenómenos naturales, en su relación con el *espacio*, concibiéndolo en tres modos: como realidad absoluta, como propiedad (duración) y como relación. La primera de estas concepciones es la llamada *absolutista* (realidad en sí, independiente de las cosas); la segunda era la realidad universal, medida necesaria de la duración; y la tercera es la llamada *relacional;* lo común a todas estas concepciones es que el tiempo se considera en cuanto tiene una sola dirección y una sola dimensión, es homogéneo y fluye siempre del mismo modo. El principal representante de la concepción absolutista es Newton y el de la relacionista es Leibniz. En la mecánica clásica, del concepto de *tiempo relativo* se desprende la noción de *tiempo absoluto;* este último no puede ser medido con instrumento alguno. El concepto relacional establece dos principales relaciones: la *objetiva o real*, que condiciona idealmente los objetos relacionados, y la *subjetiva* que puede referirse a una relación humana, o bien, a una condición *a priori* en todos los casos en que haya una relación entre el sujeto cognoscente y un objeto conocido o cognoscible. Para Kant, tiempo y espacio son intuiciones puras, las formas *a priori* de la sensibilidad; las formas que la sensibilidad da a las cosas que le vienen de fuera son el espacio y el tiempo, condiciones necesarias para que pueda tenerse la experiencia, algo anterior a las cosas que pertenece a la subjetividad pura, y formas donde se aloja mi percepción. En Hegel hay un «primado del devenir», es decir, un «primado del tiempo» a la vez que una coexistencia de lo temporal con lo intemporal, de tiempo y espíritu; el espíritu en sí es eterno, pero el tiempo es sólo espíritu en cuanto que se despliega; la temporalidad es una manifestación de la idea. En Husserl, aunque las vivencias pasan, adquieren un valor de ser, de existencia temporal, es decir, podemos volver al original desaparecido mediante la representación; las representaciones se unifican en una síntesis acompañada de la conciencia evidente de *lo mismo*. La supratemporalidad de los objetos ideales se explica con una *omnitemporalidad*, que es correlativa a la posibilidad de ser producidos y reproducidos en cualquier momento del tiempo. También la coexistencia de mi *yo* con el *yo* del otro, supone la creación de una *forma temporal común*: hay, pues, una comunidad de mónadas, todas coexistentes. Heidegger relaciona la angustia ante la muerte con la idea de temporalidad en su *ser y tiempo;* la angustia de la muerte es un *todavía no*, un esperar en el futuro, y la decisión de existir en una *actualidad* (ahora); funda la historicidad en esta temporalidad. Para Ortega y Gasset, *acto* quiere decir *actualidad*, ser ahora, pura presencialidad; entre el acto y la reducción fenomenológica de ese acto se interpone el *tiempo*, que es justamente la forma de la vida humana. La formulación de la teoría de la relatividad por Einstein trajo consigo un nuevo concepto filosófico del tiempo. Carnap define el tiempo en función de la acción causal igual que muchos otros filósofos del siglo XX, dándose así gran variedad de *teorías causales del tiempo* que tienen en común la intención de derivar propiedades topológicas del espacio de algunas propiedades del tiempo; para otros, el *espacio-tiempo* es la matriz de toda realidad, haciendo del tiempo algo sustancial y no únicamente relacional. En resumen, todas las concepciones físicas del tiempo han sido objeto principal en las obras de los filósofos de la ciencia.

TIPO En su uso más general, tipo designa al *modelo* que hace posible la producción de individuos de la misma clase; estos tipos son los que manifiestan con mayor claridad su pertenencia a esa clase. Se llama *arquetipo* al tipo que representa en grado máximo un tipo; y se llama *prototipo* o *tipo ideal* no a un individuo, sino al conjunto de rasgos a los cuales se acerca, sin poseerlos, cualquier individuo de una clase dada. También puede hablarse de una *tipología biológica* y de una *tipología sicológica*. El tipo sicológico fue introducido por Teofrasto como base de su teoría de los caracteres, siendo los tipos las manifestaciones externas del hombre. Son importantes las tipologías sicológicas establecidas por diversos filósofos y sicólogos: Pascal distingue entre el *espíritu de geometría* y el *espíritu de finura*; Nietzsche entre el *apolíneo* y el *dionisíaco*; W. James entre *delicados* o *tiernos* y *bárbaros* o *fuertes*; Jung entre *introvertidos* y *extrovertidos*. Dilthey basa su tipología en las formas de concepción del mundo; y Spranger los refiere a los valores, al establecer seis tipos: estético, religioso, teórico, social, político y económico. Jaensch, basado en la distinción entre el *tipo de la integración* (artístico, sintético) y el *tipo de la desintegración* (científico, intelectualista y analítico), llega al concepto de *contra-tipo*, el cual representa el grado máximo de desintegración (tipo S). Lo común a estas doctrinas tipológicas –que sólo son algunos ejemplos de la gran cantidad de ellas se ha formulado–, es que no reconocen la existencia de tipos puros, pero tienen por objeto la comprensión de la individualidad humana y su relación con los valores. En lógica, se han propuesto las *teorías de los tipos* con el fin de solucionar las paradojas lógicas; las principales de ellas son las de Russell, Chwistek y Ramsey. El primero trató de demostrar que las expresiones en las cuales se formulan las paradojas lógicas carecen de significación y, por tanto, deben ser eliminadas mediante nuevas reglas, e introdujo el llamado *axioma de reducibilidad,* el cual afirma que toda función proposicional de uno o más argumentos es formalmente equivalente a una función predicativa del mismo argumento o argumentos. El segundo –Chwistek– considera que para solucionar las paradojas lógicas es suficiente una teoría simple de los tipos en que «el concepto de una función puede ser considerado como equivalente al concepto de una clase». Y Ramsey acepta lo propuesto por Chwistek, pero agregando que también se solucionan las paradojas semánticas mediante la introducción de la teoría de los niveles de lenguaje o metalenguaje. En otro sentido, tipo se ha utilizado dentro de la teología para designar los *datos* que, se supone, se encuentran en el Antiguo Testamento y que constituyen *prefiguraciones* de acontecimientos posteriores o *antitipos* (ejemplo: Moisés como tipo de Cristo).

TIRANÍA En su origen, este término designó la forma de gobierno en la cual el poder es ejercido por una o varias personas que lo han usurpado; además de la obtención por usurpación, el tirano ejerce el poder de manera despótica y absoluta. Por extensión, designa el gobierno injusto y opresivo, aunque el ascenso al poder no haya sido mediante la usurpación. En filosofía, especialmente en ética, se ha utilizado este término para designar la «tiranía» o influjo irresistible que las pasiones ejercen sobre el espíritu humano.

TODO Aristóteles llamó «todo», en primer lugar, a aquella entidad a la cual no falta ninguna de sus partes constitutivas y, en segundo lugar, a lo que contiene sus partes componentes como una unidad, la cual puede ser de dos clases: (a) las partes componentes son unidades en sí mismas. (b) La unidad es la síntesis de sus partes. Para Platón, el todo no puede confundirse con la suma de sus partes: el todo es una entidad estructural en la cual cada parte ocupa su lugar preciso y el cambio de lugar origina la alteración de todo el sistema; la suma es un conjunto en el cual el cambio de lugar de alguno de los «agregados» no altera el sistema. En su investigación sobre el todo y las partes, Husserl denomina *todo* al conjunto de contenidos que están envueltos en una *fundamentación unitaria*, y sin auxilio de otros contenidos. *Fundamentación unitaria* significa que todo contenido está, por fundamentación, en conexión directa o indirecta con todo otro contenido. Con esta teoría del todo, Husserl pretende enlazar las nociones de concreto y abstracto. Aplicando la noción de «todo» a la suma (entendida como totalidad) pueden establecerse distintos tipos de totalidad: los agregados, los organismos, las totalidades funcionales y las estructuras. Aunque todos se componen de partes, éstas son distintas de acuerdo con el papel que desempeñan en la totalidad.

TOMÁS DE AQUINO, santo V. Aquino, Tomás de.

TOMÁS MORO, S. (1480 - 1535). Sacerdote y filósofo inglés, nacido en Londres. Fue decapitado por orden de Enrique VIII y, posteriormente, canonizado por la Iglesia católica. Es muy importante su teoría del Estado, que propone un socialismo económico, tomando como modelo el ideal platónico que admitía el pluralismo religioso y, por tanto, la tolerancia, con excepción de las tesis ateas y de las que negaban la inmortalidad del alma. Creó el vocablo *utopía*, para designar el lugar en donde se ubicaba su Estado ideal, perfecto, cuyas bases principales eran la virtud como fundamento de la moralidad estatal y la generación de tiempo libre en una distribución racional del trabajo, que posibilitara emplear el ocio en el perfeccionamiento espiritual de los trabajadores. Sus principales obras son: *Sobre la mejor condición del Estado y sobre la nueva isla Utopía;* y su abundante *Correspondencia.*

TOMISMO Doctrina filosófica de santo Tomás de Aquino. El tomismo, por ser una radical innovación dentro de la escolástica, provocó gran oposición, especialmente entre la comunidad franciscana y en algunos de los miembros de su propia orden (dominicos). Con esta oposición se iniciaron los ataques escritos de Guillermo de la Mare y Ricardo de Mediavilla y, luego, vinieron las condenas oficiales: el obispo de París, Esteban Tempier, en 1277, condenaciones que se extendieren luego a Oxford. Pero, frente a esta oposición, simultáneamente se produjo una acogida sin igual, en la Orden de predicadores, en la Universidad de París y, muy pronto, en todas las escuelas. Más tarde, después de la muerte y canonización de santo Tomás, surge el neotomismo, especialmente en la teología que le dio una estructura sistemática, precisa y rigurosa; en la segunda mitad del siglo XIX, la encíclica *Aeterne Patris*, del papa León XIII, tiende a restaurar el tomismo –que había entrado en franca decadencia después del pasajero esplendor de la escolástica española del siglo XVI– para abordar desde éste los problemas teológicos y filosóficos, propuesta acogida especialmente por la Universidad de Lovaina. Entre los principales filósofos neotomistas se cuentan, entre otros; J. Maritain, Maréchal, von Hertling, Bäumker, Dyroff, Cathrein; el sicólogo Fröbes y el historiador de la filosofía Gilson. **V. Aquino, Tomás de.**

TÓPICA Uno de los nombres dados a los *Tópicos*, obra de Aristóteles también llamada en latín *Libro topicorum;* consta de ocho libros y forma parte del *Organon* aristotélico. Se refiere a la dialéctica como ciencia del razonamiento sobre lo probable. Los *Tópicos* hacen uso del sentido riguroso del silogismo para los conocimientos probables. **V. tópicos**.

TÓPICOS Uno de los tratados que integran el *Organon* de Aristóteles; junto con los *Argumentos sofísticos* es un tratado secundario referente a los lugares comunes de la dialéctica, usados en la argumentación probable y en el análisis y refutación de los sofismas. **V. tópica**.

TOPOLOGÍA Ciencia que tiene por objeto los razonamientos matemáticos, excluyendo de ellos cualquier significado concreto.

TOTALIDAD V. todo.

TOTALITARISMO Régimen político absoluto, contrario a la democracia, en el cual todos los poderes se concentran en un grupo de personas, o también en una sola persona, que los ejerce para cumplir los fines del Estado sin considerar los derechos de la persona humana.

TÓTEM Animal u objeto determinado y su representación que, para algunas culturas, se identifica con un antepasado de su raza o de su clan. Es muy común el totemismo en las culturas primitivas, tanto antiguas como actuales. Max Weber, sociólogo alemán, ubica el origen del totemismo en las prácticas mágicas a que eran sometidos los niños varones en las sociedades primitivas, lo que llevó a una teología del animismo, la creencia en los espíritus. Weber escribe: «El tótem es un animal, una planta, una piedra, un artefacto o un objeto cualquiera que se considera poseído por un espíritu; todos los miembros del tótem se hallan ligados por este espíritu por una relación animista. Si el tótem es un animal, está prohibido sacrificarlo, porque es sangre de la sangre de la comunidad; de ahí derivan determinadas prohibiciones de viandas. Los miembros del tótem forman una agrupación de culto, una federación de paz, cuyos miembros no pueden luchar entre sí; practican la exogamia porque el matrimonio entre los miembros del totem se considera como incesto y es castigado con graves penas».

TRABAJO En general, este término designa el esfuerzo realizado para obtener un producto determinado. Dicho esfuerzo puede ser físico o mental y puede ser realizado, en el primer caso, tanto por una persona como por una máquina, e incluso por un animal, mientras el segundo siempre es realizado por una persona. En la antigüedad, para los griegos el trabajo manual se consideraba degradante y por tal motivo era encomendado a los esclavos; Aristóteles, por ejemplo, manifiesta expresamente que el trabajo resulta degradante, mientras la vida contemplativa y la actividad militar son propias de las personas que tienen cierta dignidad superior. También en la época medieval se consideraba el *ars mechanica* o trabajo manual como inferior. Otras culturas no generalizaron este concepto aplicándolo a todos los trabajos, pero sí seleccionaron algunos de ellos como inferiores, por ejemplo, el trabajo agrícola en las comunidades judías antiguas. En la Edad Media, el trabajo manual empezó a ser visto con cierto respeto, debido al incremento de la importancia de los artesanos y a que en los monasterios los monjes debían encargarse de trabajos de este tipo. Pero sólo en la época moderna surgió lo que se denomina *filosofía del trabajo* a causa de la importancia que empezó a tener la mecánica; la filosofía de los métodos ha examinado el concepto científico del trabajo y, en el siglo XIX, Marx y Engels

Adorno totémico en una casa tribal de Alaska

elaboraron toda una filosofía del trabajo, considerado en su aspecto económico. En el marxismo, muchos son los sociólogos y filósofos que han analizado la importancia del trabajo en las culturas humanas: Scheler y Weber principalmente consideran el concepto que se tenía del trabajo en la época moderna como una de las manifestaciones del resentimiento humano contra los valores vitales y espirituales, lo cual generó la reducción del valor económico de los bienes al trabajo humano supuesto en ellos (plusvalía). Para Jaspers, el trabajo y la técnica están estrechamente relacionados, pues la técnica es un producto del trabajo, es decir, aparece cuando el hombre requiere realizar un trabajo determinado; considera el trabajo como un «comportamiento fundamental del ser humano», pues es lo que hace posible la existencia de un *mundo humano*, a la vez que permite la humanización del hombre mismo. Para Ruyer, el trabajo debe estar siempre orientado hacia valores y es fundamentalmente libertad, puesto que el hombre, cuando trabaja, debe elegir continuamente los medios a los que debe recurrir para lograr los fines que se propone, y esto es, precisamente, lo que distingue el trabajo de las máquinas del trabajo humano, que se desplaza entre lo axiológico, lo económico (como nivel intermedio) y lo físico; sin embargo, lo óptimo, lo deseable es tender hacia lo axiológico. Este trabajo que tiende a lo axiológico es la polaridad que refleja la polaridad divina y permite al hombre escapar de la angustia que le produce la conciencia de la nada. Según Schrecker, el trabajo representa un gasto de energía cuyo fin es vencer la resistencia que el objeto *trabajado* opone al cambio; tal cambio es la finalidad del trabajo, que es *exigido* por lo que llama *provincias de la civilización*, las cuales se estructuran en formas iguales (ciencia, estado, religión, estética, lenguaje y economía). Las tesis teológicas acerca del trabajo se basan principalmente en la concepción del hombre como *colaborador de la creación*, detentador de una posición dentro de la economía del universo.

TRADICIÓN Conjunto de creencias y de normas transmitidas de una a otra generación de una misma cultura. La continuidad histórica, la vigencia en el presente y el acatamiento de dicho conjunto, se denomina *tradicionalismo*.

TRADICIONALISMO Concepción de la historia que asigna a la tradición un papel protagónico, esencial y determinante en la evolución histórica y en el estado actual. En algunas concepciones tradicionalistas, la vigencia de la tradición es una expresión de continuidad que une al pasado con el presente; en otras, más radicales, la tradición es elemento único que hace del pasado el modo de ser propio del presente. Desde el punto de vista filosófico, el tradicionalismo afirma que el error es un momento del organismo de la verdad, entendiendo por verdad la revelación de la providencia divina; el error es, entonces, un castigo; la verdad se transmite por la tradición y por la autoridad en que esta verdad es depositada; una de las pruebas de la verdad es su persistencia, lo que hace de la historia la depositaria de la verdad. Los principales filósofos tradicionalistas son Bonald, de Maistre y Donoso Cortés.

TRAGEDIA En la antigua Grecia, las obras dramáticas que se representaban solían, según su tema, dividirse en *tragedia* y *comedias*; las primeras exponían básicamente los sucesos que les ocurrían a los hombres, quienes no tenían otro recurso que cumplir su destino (hades), cuyos designios ninguna acción era capaz de detener. Son muy conocidas las obras de los grandes trágicos griegos Sófocles, Eurípides y Esquilo. En el mismo sentido pasó el concepto de lo trágico a la dramaturgia que se desarrolló con posterioridad. Por extensión, se dice que un hecho es trágico cuando es funesto e inevitable. Pero también los filósofos de la antigüedad analizaron el sentido de lo trágico: Aristóteles lo definió como la «imitación, no de personas, sino de acción, de vida y de felicidad y miseria (...) en las que se deben imitar acciones que susciten la piedad y el temor». A partir de principios del siglo XIX, fueron numerosos los filósofos que analizaron la tragedia y, sobre todo, el concepto de lo trágico: Schelling sostiene que lo trágico tiene como base la *identidad de lo real y de*

Busto de Sófocles, trágico griego.
(Museo Nacional, Nápoles)

lo ideal, en la lucha entre la necesidad y la libertad, lucha que también Solger sostiene, pero entre la idea y la realidad; para Hegel es la oposición entre la idea de la justicia eterna y los actos particulares y contingentes de los hombres, la cual se soluciona al restablecer lo universal en lo particular. Posteriormente, Nietzsche, en su obra *El origen de la tragedia en el espíritu de la música* y en otros trabajos, atribuye la tragedia también a una oposición o contradicción entre lo *apolíneo* y los *dionisíaco*, lo primero como belleza y eternidad de lo expresado en el arte plástico, y lo segundo como el misterio profundo de la naturaleza, que se revela en la música; la música es para él la realidad misma, la expresión de la voluntad en que lo individual queda absorbido. Como el gran pecado de la existencia es la individualidad, al aceptar el hombre su destino trágico abandonando la dicha consigue la plenitud de la vida. Dice Nietzsche: «Una de las pruebas de la conciencia de poder en el hombre es el hecho de que puede reconocer el carácter horrible de las cosas sin una fe final». Lukacs afirmó que Dios es un espectador lúdico de la tragedia. Simmel analiza la tragedia como *tragedia de la cultura* que consiste en la oposición entre la espontaneidad individual y los límites que imponen las *fijaciones culturales*. Para Scheler son trágicos los portadores de valores, pues no pueden vivir satisfactoriamente ya que su visión va más allá de la visión común o general. Kierkegaard establece la diferencia entre la tragedia antigua y la moderna con base en que, en la primera, lo importante es la acción, mientras en la segunda, lo importante son los personajes, siendo entonces diferente el sufrimiento del héroe trágico en cada una de ellas; este sufrimiento se debe a su sentimiento de culpabilidad y a que renuncia a sí mismo para expresar lo universal. V. **apolíneo, dionisíaco.**

TRÁGICO (lo) V. *tragedia.*

TRANSFINITO En su idea de la noción de *conjunto*, Cantor llama *número cardinal transfinito* al número cardinal de un conjunto infinito, el cual no es un número natural, *n*, que es representado mediante la notación **k0**, llamada *alef-cero*. En los conjuntos infinitos *no denumerables*, el número cardinal transfinito se representa mediante la notación *c* y se denomina *potencia del conjunto*. En todo caso, el *infinito* de Cantor se refiere a magnitudes infinitamente grandes, razón por la cual utiliza el vocablo *transfinito*.

TRANSMIGRACIÓN V. **metempsicosis.**

TRANSUBSTANCIACIÓN Transformación de una sustancia en otra de un carácter absolutamente diferente. Tal concepto es utilizado en el dogma católico para explicar la conversión del pan y el vino en la sangre y el cuerpo de Cristo. Aunque fuera de este dogma se considera como un simbolismo dentro del rito de la misa, la Iglesia católica sostiene que en el acto de la consagración Jesucristo está *entero* en las especies consagradas y esta transformación constituye lo que se denomina el *misterio de la Eucaristía*.. Durante la Reforma protestante, Lutero, Zwinglio y Calvino se pronunciaron con respecto a la transustanciación en sentidos diferentes: Lutero sostuvo la unión del cuerpo y la sangre de Cristo en la materia inalterada de las especies consagradas (consustanciación o impanación); Zwinglio abogó por la interpretación simbólica, en que el pan y el vino *representan* el cuerpo y la sangre de Cristo; y Calvino defendió la presencia espiritual de Jesucristo en ellos.

TRASCENDENTAL V. **trascendente**.

TRASCENDENTE (del latín *trascendere* = traspasar). Este término se contrapone a inmanente; designa todo aquello que traspasa los límites de la conciencia y del conocimiento. Este término posee una gran significación en la filosofía de Kant, quien consideraba que la cognición humana no era capaz de penetrar el mundo trascendente, es decir, el mundo de las cosas en sí o *noumenos*. Para Kant, trascendental está en relación con «condición de posibilidad del conocimiento» y el examen de esta posibilidad es trascendental. Kant distingue entre trascendental y trascendente, siendo el primero lo referido a aquello que hace posible el conocimiento de la experiencia y no traspasa los límites de la misma; el segundo denota aquello que se halla más allá de toda experiencia. El significado propio del término trascendencia está ligado a problemas teológicos y metafísicos. Desde el punto de vista teológico se observan varias posiciones: (a) Dios es absolutamente trascendente al mundo; entre Dios y el mundo se abre un abismo que sólo Dios puede salvar; (b) otra posición considera que la anteriormente mencionada pone en riesgo la relación Dios-mundo. Los teólogos moderados sostienen que «lo trascendente» es absolutamente trascendente, pero entre Dios (lo trascendente) y el mundo no existe un abismo insalvable puesto que el mundo se orienta hacia «lo trascendente» en busca de su perfección a través de una serie de grados de la misma. Desde el punto de vista noseológico, el concepto de trascendencia desempeña un importante papel en la relación sujeto-objeto. La trascendencia noseológica del objeto supone la trascendencia del sujeto hacia el objeto en el acto de conocer por cuanto el objeto es exterior. La trascendencia absoluta del objeto supone una concepción «realista» del conocimiento; cuando se niega la trascendencia del objeto se sostiene una concepción «idealista del conocimiento».

TRASVALORACIÓN V. **Nietzsche**.

TREMOR Y TEMBLOR (o *temor y temblor*) Obra de S. Kierkegaard, publicada en 1843, en la cual presenta al héroe trágico como diferente al criminal o al creyente, por cuanto el héroe trágico renuncia a sí mismo para expresar lo universal y no conoce «la terrible responsabilidad de la soledad».

TRÍADA Conjunto de tres elementos en cualquier sentido (nombres, conceptos, etc.), siempre que cumplan la condición de relacionarse entre sí, como en el caso de las llamadas *tríadas hegelianas,* según las cuales todo proceso de desarrollo debe pasar, en forma escalonada, por tres estadios: tesis, antítesis y síntesis.

TRIÁDICO Forma o característica propia de una tríada o relación entre tres elementos. En lógica, se refiere a la llamada *relación triádica*. Se considera relación triádica aquella que existe entre tres variables; tiene como esquema $Fxyz$. Por ejemplo: «Barranquilla se encuentra entre Cartagena y Santa Marta». V. **relación, tríada**.

TRIVIUM Palabra latina utilizada durante la Edad Media para indicar uno de los dos grupos a los que pertenecían las artes liberales. Al *trivium* correspondían tres artes (de donde deriva su nombre): la gramática, la dialéctica y la retórica. El otro grupo era llamado *quadrivium,* al que correspondían las otras cuatro (de donde se deriva, así mismo, su nombre): aritmética, geometría, astronomía y música. V. **quadrivium**.

TROPOS Nombre dado a los argumentos que utilizaban los escépticos griegos para llegar a la conclusión de que es necesaria la suspensión del juicio; estos argumentos aducían razones por las cuales todos los juicios están sometidos a cambios. Los tropos más conocidos son los diez que expuso Enesidemo, los cuales fueron posteriormente reducidos a cinco por Agrippa; éstos son: (a) todo principio es discutible debido a la relatividad de las opiniones; (b) para encontrar el primer principio o sustentación de todos los demás, sería necesaria una regresión al infinito; (c) ningún principio es absolutamente verdadero para todos debido a la relatividad de las percepciones; (d) las premisas que se adoptan para concluir un juicio son siempre hipotéticas; (e) la demostración siempre se convierte en *dialelo* o círculo vicioso.

U

U En filosofía se usa con frecuencia esta letra para simbolizar las proposiciones modales con *modus* negativo y *dictum* negativo.

UBI, UBICUIDAD (del adverbio latino *ubi*=donde). Se dice del ser que está presente a un mismo tiempo en todas partes; solamente Dios puede ser ubicuo. Aristóteles usó estos términos para denominar una de las categorías o predicamentos. En filosofía escolástica, se entiende *ubi* como la presencia de algo en el lugar, el límite o término del cuerpo continente o circundante y significaría la presencia del cuerpo en semejante término o límite. En general, se considera que *situs* y *ubi* son dos maneras de *locus*. Para muchos autores, especialmente los de tendencia tomista, el *ubi*, trascendentalmente hablando, puede ser circunscriptivo y no circunscriptivo; el primero se entiende como un «estar en el lugar», de un modo no extenso; el segundo como puramente «predicamental», que no se puede dividir en otros modos, ya que la diferencia que hay entre dos o más *ubis*, en sentido predicamental, es material o individual. Con respecto a ubicuidad, su significado procede de *ubi* como presencia, o mejor, como una omnipresencia en el sentido de estar en todos los *ubis* o en todos los entes que tienen *ubi*. Se dice que Dios es omnipresente, lo que lleva a la idea de que está en todas partes. También se distinguen dos clases de ubicuidad: circunscriptiva y no circunscriptiva; la primera es la local (según el *totum*) y es propia de los espíritus, la cual consiste en actuar en el lugar, más bien que en el estar espacialmente; en la segunda se han admitido varios modos, uno de ellos es la ubicuidad definitiva y puede ser la del alma en el cuerpo o la de los espíritus puros.

UNAMUNO, Miguel de (1864-1936). Escritor español nacido en Bilbao, miembro y guía de la llamada *Generación del 98*. Su preocupación por la política y los problemas sociales, que incluyó una fuerte crítica a los males y propuestas reformistas, fueron el norte de su vida, como la de todos los miembros de su generación. Su espíritu de observación despertó en él la vena literaria y la inclinación filosófico-religiosa. Catedrático de la Universidad de Salamanca, fue rector de la misma hasta cuando fue desti-

Miguel de Unamuno

tuido por sus diferencias con el régimen monárquico; posteriormente fue elegido vicerrector, hasta 1924, cuando Primo de Rivera lo deportó por haberse enfrentado su dictadura. Al establecerse la república, tampoco se sintió a gusto en ella ni en su cargo de profesor de cátedra. Fue un inconforme y murió en Salamanca poco después de terminada la Guerra Civil. En su prolífica obra abordó todos los géneros literarios. Su vida y pensamiento están íntimamente ligados con las circunstancias españolas, tanto que llegó a proponer la hispanización de Europa, tesis que contiene los tres temas fundamentales de su filosofía: (a) la doctrina del hombre de carne y hueso; (b) la doctrina de la inmortalidad; (c) la doctrina del verbo. El primer problema es el más importante de todo su pensamiento, pues en él el hombre es sujeto y objeto de la filosofía, de carne y hueso, realidad verdaderamente existente como principio de unidad y principio de continuidad. Unamuno siempre estuvo muy próximo al existencialismo, pero fue mucho más radical en cuanto a sus sentimientos e intuición del hombre. Su creencia en la inmortalidad se basa en la esperanza; la inmortalidad para él es *una pálida y desteñida supervivencia de las almas*. Vinculado a la religión católica, anunció la resurrección de los cuerpos físicos, *esos cuerpos que sienten los dolores de la vida cotidiana.* Así, la muerte no es el definitivo aniquilamiento del cuerpo y del alma de los hombres, sino la esperanza de algo más allá de la mera justificación ética. El verbo es para él más la cualidad concreta y presente del gesto y del lenguaje humanos, del cual se derivan el fundamento y el término de toda filosofía. Sus principales obras filosóficas son: *En torno al casticismo; Paz en la guerra; De la enseñanza superior en España; Mi religión y otros ensayos.*

UNICIDAD Característica propia del ser único, cualquiera sea su esencia, forma o cualidad. Es una expresión más particular que el concepto de individualidad porque todo lo que es único es individual pero no viceversa. Se habla de dos clases: unicidad de hecho y unicidad metafísica; la primera se refiere a un individuo que no tiene otro igual en su clase y la segunda a la imposibilidad de que exista nunca otro igual; en otras palabras, «no puede haber, fuera de aquél, otros sujetos de la correspondiente esencia, o que esencialmente no puede haberlos nunca». Según santo Tomás de Aquino, Dios es único ya que no está en ningún genero y no puede haber por principio otro igual a él.

ÚNICO Término que denota individualidad y expresa que no hay otro igual a ese individuo en su especie. **V. unicidad, unidad.**

UNIDAD En filosofía, es el primero y fundamental de los trascendentales o atributos esenciales del ser. No hay ser sin unidad, ni unidad sin ser, lo cual los identifica esencialmente. Ser es primeramente unidad. Este primer trascendental es la base de todos los demás. La unidad real del ser se opone a la unidad lógica del concepto, pues, la primera, se refiere al ser como ente indiviso, cerrado, separado de cualquier otro; y, la segunda, unifica una multiplicidad real en el concepto universal. Por otra parte, la unidad trascendental es de naturaleza metafísica, mientras que la unidad cuantitativa queda limitada a lo físico o corpóreo. La unidad compuesta resulta de partes y la unidad simple no se construye con ellas.

UNIFICACIÓN DE LAS CIENCIAS Movimiento del empirismo científico que se ha concretado en el llamado movimiento para la ciencia unificada y que aspira a constituir lo que denominan una *mathesis universalis* para construir científicamente la filosofía mediante la especialización y la cooperación, esta última como actividad «aclaradora», como sistema de actos. Este movimiento es la continuación o, más bien, la concreción de otros intentos para realizar esta unificación, los cuales se expresaron en medios como *Erkenntnis* y en las colecciones *Einheitwissenschaft*, en el *Journal of Unified Science*, y en la *Encyclopedia of Unified Science*. **V. círculo de Viena, empirismo, positivismo.**

UNIÓN Acción o efecto de juntar dos o más cosas entre sí, haciendo de ellas un todo. En lógica es aquella que tiene lugar cuando los elementos para unir no son reales o físicos, sino lógicos, como ocurre con la unión de sujeto y predicado mediante cópula. La unión real es la que tiene que ver con objetos físicos o reales y puede ser de fenómenos, por relación entre causa y efecto, de sustancia y accidente, etc.; o unión de objetos por suma, agregado, yuxtaposición, etc.

UNIVERSAL Que pertenece o se extiende a todo el mundo, a una totalidad plural de objetos con lo cual lo universal se opone a lo particular. Así, los juicios universales son los de cantidad, en los cuales el concepto-sujeto comprende la cantidad de objetos-sujetos mentados, mientras los particulares comprenden un número parcial plural de objetos-sujetos; los singulares se refieren de un modo total a un objeto singular. Este término se usa en teoría del conocimiento, cuando se habla de los «juicios universales y necesarios»; Kant se refirió con frecuencia a ellos y a la necesidad de los juicios que forman parte de las ciencias naturales, especialmente la física, indicando que, a menos de poder fundamentarse tal universalidad y necesidad, se cae en el escepticismo y en el relativismo.

UNIVERSALES Se dio el nombre de universales en la filosofía medieval a los conceptos, las ideas generales –también llamadas nociones genéricas– e ideas y entidades abstractas. La cuestión de los universales ha sido planteada con frecuencia en la historia de la filosofía, especialmente desde Platón y Aristóteles, pero su importancia se trasladó a la Edad Media, cuando fue muy discutida desde la publicación de la traducción del *Isagoge* de Porfirio, hecha por Boecio. Aristóteles distinguía cinco universales, a saber: género, especie, diferencia, propiedad y accidente, los cuales son los mismos acogidos por la escolástica; pero Porfirio se convirtió en el punto de partida para un examen diferente por parte de muchos otros autores medievales. Las principales cuestiones que surgen al respecto en esa época son las siguientes: (a) la cuestión del concepto: naturaleza y funciones del concepto, naturaleza de lo individual y de sus relaciones con lo general; (b) la cuestión de la verdad; los criterios de verdad y de correspondencia del enunciado con la cosa; (c) la cuestión del lenguaje; la naturaleza de los signos y su relación con las entidades significadas. Todas estas cuestiones se plantearon en función de problemas teológicos. Las principales posiciones adoptadas, entonces, fueron las siguientes: (a) el realismo, según el cual los universales existen realmente, con una existencia previa o anterior a las cosas; (b) el nominalismo, cuyo supuesto común es que los universales no son reales, sino que están después de las cosas como abstracciones de la inteligencia; (c) realismo moderado, según el cual los universales existen realmente, pero como formas de las cosas particulares, es decir, teniendo su fundamento en la cosa. La forma usual de abordar la cuestión de los universales es la ontológica, (c) es decir, la que intenta determinar qué tipo de existencia particular les corresponde, aunque es aconsejable hacer las siguientes precisiones: (a) el universal tal como existe en lo singular; (b) el universal lógico; (c) el universal metafísico, llamado también universal directo; (d) el universal respecto al modo de concebir las cosas, o universal precisivo; (e) el universal considerado concreto y abstracto. Durante el siglo XX reapareció la cuestión de los universales en autores como Cassirer y Aaron, al intentar decidir el *status* existencial de las clases, posición mantenida por Russell y por muchos otros lógicos. Más tarde, otros autores como Chwistek, Quine y Goodman abogaron por la posición nominalista en oposición a la platónica, ya que la última reconoce entidades abstractas mientras los nominalistas no lo hacen. En la actualidad, tanto los nominalistas como los realistas reconocen las entidades abstractas, aunque en diferentes sentidos.

UNIVERSALISMO Doctrina teológica según la cual la gracia para la salvación final es otorgada por Dios a todos los hombres, sin excepción. En filosofía se distinguen dos tipos de universalismo: metafísico y sociológico. El primero, opuesto al atomismo y al pluralismo, sostiene el carácter totalitario orgánico de las cosas; el segundo afirma que cada hombre adquiere consistencia sólo en virtud de su referencia al conjunto. Es contrario al individualismo.

UNIVERSO Conjunto de todo cuanto existe. El concepto de universo, en el aspecto físico, ha variado paralelamente con el avance de la ciencia, especialmente de la astrofísica. La primera cosmología fue elaborada por Empédocles, quien sostenía que hay dos soles: uno auténtico que es el fuego, y otro reflejado que es el Sol. La noche se produce por eclipse o interposición de la Tierra entre el Sol y el fuego. Las estrellas son fuego auténtico y permanecen clavadas, mientras los planetas son libres, aunque ambos son fuego auténtico. La luz se desplaza en un tiempo muy breve. A partir de esta mágica descripción del universo, sería en extremo extenso describir toda la evolución del descubrimiento del universo por el hombre, el cual, aunque estrictamente desde el punto de vista científico es materia de la astronomía y de la física, también lo ha sido siempre de la filosofía, pues no es posible concebir a un filósofo que no se pregunte sobre el universo del cual forma parte y que, en muchos sentidos, lo determina como ser. **V. cosmología.**

UNIVERSO DEL DISCURSO Totalidad de las ideas y datos que conforman una tesis o desarrollo de una proposición. También es la totalidad o conjunto al cual estaría dirigida su aplicabilidad. La expresión fue empleada por el lógico De Morgan para referirse al «universo u orbe de ideas que se expresa o entiende como si contuviera todo el asunto en discusión».

UNÍVOCO Término que designa dos o más cosas distintas, pero que pertenecen al mismo género y con el mismo sentido. En general, se dice de un término que tiene una significación única. Según los escolásticos, los términos específicos y genéricos son unívocos. El ejemplo más común de lo unívoco es el del «animal», que igual se aplica a todos los miembros de esta clase, incluyendo al hombre. **V. Duns Escoto.**

UNO, LO UNO, UNIDAD En filosofía la idea de lo uno o «unidad primordial» fue desarrollada por algunos filósofos presocráticos quienes la equipararon con el todo. Parménides fundó gran parte de su doctrina en el concepto de lo uno, pues lo uno se opone a lo múltiple que es el reino de la apariencia y la opinión. Platón recogió esta concepción en su teoría de las ideas al concebir toda idea como unidad de lo múltiple. Así aparece el problema de lo «uno y lo múltiple», a saber, cómo es posible concebir lo uno como absolutamente uno, y a la vez la probabilidad de la pluralidad que participa de lo uno. Aristóteles distinguió entre «uno por accidente» y «uno por sí mismo». Para Plotino, lo uno es la hipóstasis originaria, primera y superior de la cual emana el mundo. Para santo Tomás, Dios es uno por su simplicidad, por su infinita perfección y por la unidad del mundo. Según Kant, la unidad es uno de los conceptos del entendimiento o categoría que corresponde al juicio universal, pues en éste se toma un conjunto como un «uno»

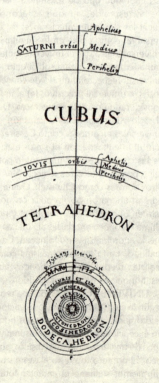

Idea que Kepler tenía del universo, asociada con los sólidos regulares

del cual se predica algo. En el pensamiento de Hegel, el concepto de unidad es fundamental. En la dialéctica de la unidad, la unidad en sí es negada por la pluralidad, dando lugar a una síntesis que es la unidad de los opuestos. Se ha distinguido también entre unidad trascendental, que es la unidad del ente, negación de la división del ente en cuanto ente, y unidad no trascendental o indivisión del ente en cuanto determinado ente. En matemática, uno es la unidad dentro de los números naturales. **V. número**.

USO Costumbre o práctica habitualmente realizada. El derecho consuetudinario es la disciplina jurídica que convierte en positivo el uso. También se utiliza este término en la expresión *tener uso de razón*, para indicar que una persona está en capacidad de discernir o razonar. Ortega y Gasset llama uso a lo que pensamos, decimos o hacemos porque *se* piensa, dice o hace. Los hechos sociales son primariamente los usos, que son impuestos por la sociedad, por la *gente; estos usos son irracionales e impersonales*, intermedios entre la naturaleza y el hombre, y nos permiten prever la conducta de los individuos que no conocemos, la casiconvivencia con el extraño; igualmente nos ponen a la altura de los tiempos y por eso puede haber progreso e historia: porque hay sociedad.

ÚTIL, UTILIDAD Útil es aquello que presta un servicio a quien lo usa; y utilidad es la calidad de algo que es útil; puede referirse a una cosa y también a una acción. El término ha sido usado para determinar un aspecto económico como el beneficio que algo puede rendir a este nivel. Es muy común considerar lo útil como un valor y, en cuanto sirve para algo, puede servir para fomentar valores considerados como superiores; bajo este aspecto, lo útil no se halla necesariamente separado de otros valores y el papel que desempeña en el aspecto ético no indica la importancia de la noción de utilidad dentro de la ética. Con base en el concepto de utilidad como *facilitación de la mayor dicha al mayor número de personas* en atención a los intereses particulares de éstas, Bentham formuló su teoría ético-económica y política denominada utilitarismo. **V. utilitarismo**.

UTILITARIO Objeto o acción considerados en cuanto puedan producir provecho a quien los utiliza.

UTILITARISMO En general, este término designa la doctrina según la cual la proposición *x es valioso*, es considerada como sinónimo de la proposición *x es útil*. Así, el utilitarismo puede ser una tendencia práctica o una elaboración teórica, o ambas cosas. En el primer caso, puede ser el resultado de un cierto sistema de creencias orientadas hacia las conveniencias de una comunidad determinada; en el segundo, puede ser la consecuencia de *una pura teorización sobre los conceptos fundamentales éticos y axiológicos, o las dos*. Los principios utilitarios o de ética utilitaria han sido defendidos por muchos autores, pero fueron gestados en la corriente que apareció en Inglaterra a finales del siglo XVIII y se desarrolló durante el siglo XIX, con representantes como Jeremy Bentham, James Mill y John Stuart Mill. El principio utilitarista de Bentham afirma que se debe promover el placer, el bien o la felicidad (que son lo mismo) y evitar el dolor, el mal y la desdicha, para lo cual es necesario el cálculo de placeres y dolores. Según este filósofo, el utilitarismo está al servicio de una reforma de la sociedad humana: de su estructura política –que debe ser básicamente liberal y democrática– y de sus costumbres. Hay también fuertes tendencias utilitarias en Henry Sidgwick, y en épocas más recientes se ha intentado desarrollar una ética utilitaria que esté desligada de supuestos metafísicos de cualquier clase. J. C. Smart distingue entre varias clases de utilitarismo, tales como el utilitarismo extremo y el restringido que, según él, coinciden con las dos formas de utilitarismo: el de los actos y el de las normas.

UTOPÍA Significa literalmente «lo que no está en ningún lugar». Este vocablo se usa, generalmente, para designar un ideal que se supone a la vez deseable e irrealizable; en este sentido, Tomás Moro llamó a su isla imaginaria *Utopía*, la cual describe como un lugar en donde reina la tolerancia más amplia, dentro de una sociedad organizada en el régimen comunista y en la que la bondad natural del hombre no ha sufrido menoscabo; allí la sociedad funciona, por así decirlo, en el vacío, carece de resistencias reales y todos sus problemas quedan automáticamente solucionados. En *La República* de Platón se da un tipo de sociedad parecida, y también en *La ciudad del sol*, de Campanella; en *La nueva Atlántida,* de Francis Bacon; en *Una utopía moderna,* de H. G. Wells; y en *Un mundo feliz,* de Aldous Huxley.

UTÓPICO (socialismo) La teoría socialista tuvo un período anterior a su formación definitiva, que recibió el nombre de socialismo utópico. Dicha adjetivación se debe a que se consideraban irrealizables sus tesis en la *praxis* política y socioeconómica. Sin embargo, ellas fueron de gran utilidad para cimentar las fuentes ideológicas del socialismo científico. Nació en principio como una forma de oposición a la desigualdad, al abuso de la propiedad y a la injusticia generalizada, propugnando una comunidad de bienes. Este socialismo utópico aparece ya en la antigua Grecia, luego en Roma, más tarde en la sociedad feudal durante el comienzo del surgimiento de la burguesía, y en los primeros tiempos de la sociedad industrial. Va evolucionando y adquiriendo en cada paso más rasgos de realismo histórico; así mismo, al volverse más complejo, se ramifica y origina varias orientaciones. Su punto de partida como sistema parece ser la época de la Reforma, cuando es materia de los trabajos de Münzer, en Alemania, Moro en Inglaterra, y Campanella en Italia, entre otros. **V. socialismo.**

UTOPISTA Persona que elabora utopías. **V. utopía.**

VACÍO Concepto físico elaborado especialmente en la filosofía griega, en primer lugar en los atomistas, particularmente en Demócrito, cuando se pregunta el lugar o *topos* en donde tienen que estar los átomos, y se responde que están en el vacío. Demócrito le da un cierto ser al vacío –que antes era no-ser– y, entonces, lo convierte en espacio. Es un no ser relativo en comparación con lo lleno: es el ser espacial. En la física actual, el concepto de vacío es muy diferente, ya que es la ausencia total de aire en un recipiente. En matemática, se utiliza este término en la ley de conjuntos (conjunto vacío).

VAGUEDAD Expresión poco precisa o calidad de vago, contrapuesto a claridad y precisión. Para Max Black, la vaguedad es un símbolo y se caracteriza por *la existencia de objetos referentes a los cuales es intrínsecamente imposible decir si el símbolo es o no aplicable;* Carl G. Hempel, adhiere a este análisis, pero dice que hay una falla en él y es que ningún término de un lenguaje interpretado se halla enteramente libre de vaguedad. Cornelius Benjamin se preocupó por mostrar los factores que contribuyen a ella, único modo de evitarla, pues, como es inevitable, mediante el conocimiento de estos factores puede ser reducida, sin llegar a adoptar posiciones como el construccionismo, el convencionalismo o el operacionalismo, que resuelven el problema eliminando simplemente sus datos. Según G. Watts Cunningham, quien se ocupó ante todo por saber si existía vaguedad en el lenguaje, en cuanto posee o no significación, y en qué condiciones puede poseerla, *el lenguaje corriente es siempre constitutivamente vago y todo problema relativo a la significación de un lenguaje implica relativa vaguedad de éste.*

VALIDEZ Noción que ha sido usada en metafísica como equiparable con el concepto de sentido, una noción que abarca por igual la validez de las proposiciones, los silogismos y el sentido de ellos; de esta forma resulta fundamento de la justificación de todo ser, no en cuanto mero *factum*. Como vocablo lógico equivale a veces a *verdad* y, en algunos casos, los dos vocablos no son comparables.

VALOR En filosofía, aquellos objetos cuya forma de realidad es el valer, no el ser, que están situados fuera del tiempo y del espacio, son independientes de un sujeto, inconmensurables, omnipresentes y absolutos. Cada valor positivo tiene su correspondiente negativo; esto es la polaridad de los valores: belleza-fealdad, bondad-maldad, etc. Además, son susceptibles de jerarquización. Scheler los clasifica de menor a mayor en: (a) valores útiles, lo conveniente; (b) valores vitales, lo sano; (c) valores lógicos, lo verdadero; (d) valores estéticos, lo bello; (e) valores éticos, lo bueno, lo justo; (f) valores religiosos, lo santo. La axiología, que es la ciencia de los valores, fue iniciada por Lotze y Brentano, y continuada por N. Hartmann y Max Scheler. En el sentido moral, Kant habla de *un valor auténticamente moral,* pero, en filosofía general, como concepto capital, en la llamada *teoría de los valores* y también en *axiología* y *estimativa*. En esta teoría, la característica es que no sólo se usa el concepto, sino que se reflexiona sobre el mismo, es decir, se procede a determinar la naturaleza y el carácter de él y de los llamados *juicios de valores*. Es un sistema muy anterior a la teoría de los valores propiamente dicha, ya que muchas doctrinas filosóficas, aun desde la más remota antigüedad, contienen juicios de valor, tanto como juicios de existencia y, en muchos casos, estos últimos están fundados en los primeros. En Platón, por ejemplo, *el ser verdadero*, es decir las ideas, poseen la máxima dignidad y *decir que algo es y que algo vale, es decir aproximadamente lo mismo* y ello ha llevado a equiparar el no ser con la ausencia de valor y a establecer una escala ontológica paralela a la escala axiológica. Así, si todo lo que es, en cuanto es vale, no habría necesidad de averiguar en qué consiste el valer, y el concepto estaría ligado de manera definitiva a toda la historia de la filosofía, aun cuando una historia de la teoría de los valores debe estudiarse más bien entre las últimas corrientes del pensamiento, si es la teoría pura de los valores, que sería paralela en gran medida a la lógica pura, como Max Scheler puso de relieve. En la filosofía de Nietzsche, la noción de valor es de suma importancia, al descubrir el valor como fundamento de las concepciones del mundo y de la vida, las cuales expresan la preferencia por un valor y no una preferencia por una realidad. De aquí su propuesta de la «transmutación de todos los valores» en pos del surgimiento del superhombre. La clasificación más general de los valores comprende los valores lógicos, los éticos y los estéticos. Münsterberg erigió una tabla con base en ésta, determinando dos orígenes distintos en cada valor: el espontáneo y el consciente; el conjunto de ellos está fundado, según él, en un mundo metafísico absoluto. Rickert agregó a éstos los de la mística, de la erótica y de la religión. Para Scheler, éstos se organizan en una jerarquía cuyo grado inferior comprende los valores de lo agradable y desagradable, y cuyos grados superiores son de menor a mayor, de manera que los primeros serán los vitales, luego los espirituales y, por último, los religiosos. Las investigaciones de las relaciones entre los valores y la concepción del mundo representa uno de los más graves problemas de la axiología material. **V. axiología, Nietzsche, plusvalía.**

VARIABLE Según Whitehead y Russell, la idea lógica de variable es más general que la idea matemática, ya que en esta última una variable ocupa el lugar de una cantidad o número indeterminados, mientras en lógica es un símbolo *cuyo significado no es determinado*. Puede tomarse en dos sentidos: restringido y no restringido; en el primero, los valores de la variable se limitan sólo a algunos de los que es capaz de tomar y, en el segundo, no se limitan a algunos de los que es capaz de tomar. Aunque la noción se ha impuesto en lógica, sobre todo en la lógica formal moderna, no carece de antecedentes, el primero de los cuales, según Lukasiewicz, es el de Aristóteles, que no dio en su silogística ejemplos de silogismos válidos con términos concretos, puesto que éstos eran representados con letras, es decir, de variables que, para poder ser sustituidos, sólo podían serlo por términos universales, únicos permitidos.

VARONA, Enrique José (1849-1933). Filósofo y humanista cubano, nacido en Camagüey. Estudió filosofía en la Universidad de La Habana. Siguió sobre todo la orientación del emperismo inglés y admitió por igual las orientaciones de Comte, del cual rechazó la fase de la religión de la humanidad, y las de Spencer, con quien no estuvo de acuerdo en la metafísica de los incognoscibles. En la lógica siguió la tendencia inductiva que culminó en Stuart Mill, y concibió la investigación lógica como una metodología de las ciencias particulares. En el campo de la ética, su tendencia fue convertir toda moral teórica en ciencia de las costumbres, admitiendo que la libertad es algo posible como conquista del hombre, que por puros logros propios puede llegar a una parcial desvinculación de las determinaciones naturales, demostrando con todo ello que sí fue el representante de todo lo que en su época era considerado rigurosamente positivista. Sus principales obras son: *Lecciones de sicología; Nociones de lógica.* Para acercarse más a este filósofo, ver la obra de José Zequeira: *La figura de Varona.*

VASCONCELOS, José (1881-1959). Educador y filósofo mexicano, nacido en Oaxaca, cuyas actividades desde la cátedra en la Universidad Nacional, luego como

José Vasconcelos

rector de la misma y en la Secretaría de Educación, fueron encaminadas a la reorganización de la enseñanza universitaria, el desarrollo de la cultura popular y la difusión de los autores clásicos de México. Su pensamiento estuvo inspirado en una reacción contra el intelectualismo, y en un intento de construir un sistema metafísico que, según sus propias palabras, se pudiera calificar de monismo fundado en la estética. Presentado antes en su interpretación de la teoría pitagórica, pero desarrollado luego cuando la influencia de Plotino sobre el autor, fue incluso reconocida por éste. De él se dice que hizo una filosofía de lo americano. Sus principales obras son: *El monismo estético; La raza cósmica, misión de la raza iberoamericana;* y *Tratado de metafísica.*

VATTIMO, Gianni (1936). Profesor de estética en la Facultad de Letras de Turín. Después de dedicarse a la investigación de la estética antigua y al estudio del significado filosófico de la poesía vanguardista del *novecento,* se ha centrado especialmente en la filosofía alemana moderna y contemporánea: Schleiermacher, Heidegger y Nietzsche. Ha hecho una gran contribución al conocimiento de la hermenéutica de Gadamer, planteamiento en el cual se basa para delinear los fundamentos de una «ética de la interpretación» a partir de la disolución de la metafísica y el carácter histórico de la existencia humana. Considera que la tarea actual del pensamiento consiste en repensar la filosofía a la luz de una concepción del ser «que no se deje hipnotizar por su caracteres *fuertes:* presencia desplegada, eternidad, evidencia, en una palabra, autoridad y dominio», sino de una concepción *débil* del ser: movimiento, devenir, interpretación, historia. Es lo que se ha dado en llamar *pensiero debole* (pensamiento débil). Sus obras más importantes son: *Ser, historia y lenguaje en Heidegger* (1963); *Schleiermacher, filósofo de la interpretación* (1968); *El sujeto y la máscara* (1974); *Las aventuras de la diferencia* (1980): *Más allá del sujeto* (1989); *Ética de la interpretación* (1991).

VAZ FERREIRA, Carlos (1871-1958). Educador, humanista y filósofo uruguayo, nacido en Montevideo; se educó y luego fue profesor y rector de la universidad de su ciudad natal. Se puede decir que su posición es de un positivismo total, cuyo postulado capital es llevado por él a sus últimas consecuencias, e implica una reforma de la lógica, la cual urge sustituir por una tendencia experimental, por una lógica viva destinada a evitar el verbalismo, al que todo racionalismo conduce. La lógica viva y su aplicación, según él, es el único instrumento apropiado para no confundir los problemas explicativos o problemas de conocimiento, con aquellos cuya solución da paso o debe dar una solución imperfecta. Su preocupación por problemas concretos es el resultado de un interés por lo real, que hizo eco en muchos de sus discípulos, ya que la filosofía en Uruguay tuvo después de Vaz Ferreira muchos representantes de esta tendencia, entre ellos a Emilio Oribe, quien defendió en su *Teoría del noús* un puro intelectualismo, y otros muchos importantes seguidores como son Luis A. Gil Salguero y Carlos Benvenuto, quienes, si no siguieron sus doctrinas específicas, sí fueron incitados por ellas. Las principales obras de Vaz Ferreira son: *Los problemas de la libertad; Moral para intelectuales; Conocimiento y acción.*

VECCHIO, Giorgio del (1878-1968). Filósofo y abogado italiano, nacido en Bolonia; profesor de filosofía del derecho en Ferrara, Sassari, Messina, Bolonia y Roma. Según su artículo *«El hombre y la naturaleza»*, considerado como su profesión de fe filosófica, escrito y publicado en 1961, declaró las siguientes convicciones: (a) el hombre es parte de la naturaleza, pero también la naturaleza es parte del hombre en cuanto representación; (b) hay puntos de vista opuestos, pero ambos aceptables: el del objeto y el del sujeto, y existe algún equilibrio entre ellos en el orden teórico, aunque cada uno de ellos tenga diferencias importantes en el orden práctico; (c) no hay que confundir objeto y sujeto con cosas y realidades, pues son criterios trascendentales o principios regulativos necesarios; (d) la realidad tiene un aspecto bipolar, de tal suerte que ningún aspecto de ella puede reducirse nunca al aspecto opuesto, y ningún término de la antítesis puede eliminar al otro. Sus principales obras son: *El sentimiento jurídico; Il Concetto del dirito; Sui prinzipi generali del dirito.*

VEDA En sentido general, significa *libro sagrado, sabiduría suprema*. El Rig-Veda, el Atjarva-Veda, el Sama-Veda y el Iadzhur-Veda son los cuatro libros sagrados principales de los antiguos indios, que fueron escritos entre los siglos X y V a. de C. En ellos se levan himnos y melodías de alabanza a las divinidades. Con esta palabra se designa también a la exposición y comentarios de los ritos védicos, donde se revela todo su simbolismo y se plantean problemas relativos a las causas y fines de la existencia del mundo y de los actos humanos.

VENN (diagramas de) Representaciones gráficas de las proposiciones *A, E, I* y *O*, propuestas por el lógico inglés John Venn, con el fin de comprobar si un razonamiento silogístico es o no válido.

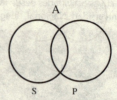

Todos los S son P

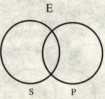

Ningún S es P

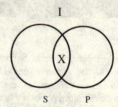

Algunos S son P

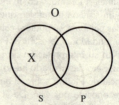

Algunos S no son P

X = existencia de una clase.
■ = inexistencia de una clase.
□ = no hay datos sobre una clase.

VERACIDAD

Mientras la verdad es considerada como la realidad misma de la cosa, la veracidad es una especie de correspondencia de lo que se dice con quien lo dice. Es contraria a mentira o a engaño, no a error.

VERBO

Se define generalmente como categoría gramatical o parte de la oración o del discurso; es la palabra conceptual variable que expresa una acción o un estado y el tiempo en que esta acción o estado se realizan. Para Aristóteles es *lo que añade a su significación la de tiempo, indicando algo afirmado de otra cosa*. En la literatura medieval se siguieron, en gran parte, estas indicaciones del estagirita y, aun cuando también podía significar *vocablo en general*, se tendía a considerar el verbo como significando algo temporal. La doctrina del verbo en la Edad Media, tanto entre los gramáticos especulativos como entre los filósofos, mezclaba elementos lógicos y gramaticales, y en cuanto a los elementos ontológicos, estaba presente en mayor o menor grado, según la mayor o menor tendencia realista de las distintas doctrinas. La lógica moderna no se separa en los puntos esenciales de las concepciones aristotélicas. En la contemporánea es en donde se le ha dado un giro total al concepto de verbo, pues ya no se considera que los enunciados se componen de sujeto, verbo y atributo, o que el verbo pueda reducirse a la cópula, sino que, por el contrario, manifiesta que los enunciados se componen de argumentos y predicados y que algunos de estos predicados pueden funcionar como argumentos y reciben el nombre de *argumentos predicados*. El concepto teológico del verbo nos conduce al versículo inicial del evangelio de san Juan, que siendo traducción del hebreo, significa voz, palabra y, con frecuencia *palabra de Dios*. Esta última tendencia se acentúa en los libros proféticos, en donde se usa en el sentido de un mensaje de Dios revelado al profeta para que éste le hable al pueblo en su nombre; sobre esta forma de interpretación muchos historiadores opinan que la introducción del término no se debe a la influencia de la filosofía griega sobre el cristianismo, sino

Barbara. Primera figura
Todos los M son P
Todos los S son M

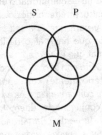

Conclusión: Todos los S. son P

Cesare. Segunda figura
Ningún P es M
Todos los S son M

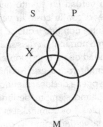

Conclusión: Ningún S es P

Datisi. Tercera figura
Todos los M son P
Algunos M son S

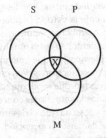

Conclusión: Algunos S son P

que viene como el sentido dado al verbo, como el mensaje de Dios al profeta, de los textos hebreos. **V. logos, nombre.**

VERDAD Es la coincidencia del conocimiento con su objeto, según la definición utilizada por los escolásticos, por Kant y por la mayoría de los filósofos del siglo XIX, la cual ha sido duramente criticada por los epistemólogos modernos, porque la verdad así entendida, según ellos, resulta indemostrable, ya que no podemos tener un conocimiento separado de nuestro pensamiento y de la realidad, y compararlos entre sí. En general, se considera que las operaciones intelectuales son verdaderas cuando son definitivas, es decir, cuando no se corre el riesgo de incurrir en contradicciones que obliguen a empezarlas de nuevo. La verdad se reconoce cuando se comprueba la total ausencia de contradicción. El vocablo se usa primariamente en dos sentidos: para referirse a una proposición y para referirse a una realidad. En el primer caso se dice que una proposición es verdadera, a diferencia de la falsa y, en el segundo, se dice de una que es verdadera, a diferencia de *aparente, ilusoria, irreal, inexistente,* etc. En los comienzos de la filosofía, la idea de la verdad que predominó fue la búsqueda de los griegos de la verdad o lo verdadero, frente a la falsedad, la ilusión, la apariencia, etc. En este caso era idéntica a la realidad, y esta última era considerada como idéntica a la permanencia, a lo que es, en el sentido de *ser siempre,* lo que quiere decir que lo permanente era concebido como lo verdadero frente a lo cambiante. Este sentido griego de la verdad no era históricamente el único posible: ya han indicado Von Soden, Zubiri y Ortega y Gasset la diferencia fundamental entre lo que el griego entendía por verdad y lo que entendía por ella el hebreo, para quien la verdad era la seguridad y la confianza. Pero los griegos no sólo se ocuparon de la verdad como realidad, sino que también se ocuparon de algunos enunciados de los cuales se dice son verdaderos, como Aristóteles cuando dice: «Decir de lo que es que no es, o de lo que no es que es, es lo falso; decir de lo que es que es, y de lo que no es que no es, es lo *verdadero».* Aquí expresa por primera vez claramente lo que luego se llamaría *concepción lógica,* con lo cual Aristóteles precisaba lo que ya había afirmado Platón, es decir, que no puede haber verdad sin enunciado y para que éste sea verdadero es necesario que haya algo de lo cual se pueda afirmar que es verdad, relación (entre el enunciado con la cosa enunciada) llamada posteriormente *correspondencia, adecuación, conveniencia.* Los escolásticos trataron de conjugar estos diferentes modos de entender la verdad: la verdad trascendental, llamada a veces *verdad metafísica* y luego *verdad ontológica;* la verdad lógica (conformidad o conveniencia de la mente con la cosa); y la verdad noseológica. La verdad trascendental *es el verum como realidad;* la verdad noseológica es la verdad en cuanto se halla en el intelecto; la verdad lógica es la verdad en cuanto adecuación del enunciado con la cosa; la verdad que puede llamarse nominal y que se ha llamado a sí misma nominal *(veritas sermonis)* es la conformidad de un signo con el otro. Se pueden admitir todos estos conceptos y, también, se puede destacar alguno de ellos, pero esto último siempre perjudica a los otros conceptos. Los nominalistas tienden a considerar la verdad como *veritas sermonis;* los realistas como verdad ontológica; los conceptualistas y los realistas moderados tienden a centrar el concepto en la llamada *verdad lógica;* casi todos los escolásticos, independientemente de su idea de lo que es un universal y un juicio, han sostenido que sólo hay verdades, porque hay una fuente de verdad que es Dios, llamado muy frecuentemente la verdad (siguiendo a san Agustín); sin embargo, aquí no se agotan los planteamientos sobre el término hechos por los escolásticos, ya que muchos de ellos siguieron otras direcciones para entender la verdad. En la filosofía moderna han persistido casi todas las anteriores concepciones, pero lo novedoso ha sido el desarrollo de lo que puede llamarse *concepción idealista,* que se caracteriza por entenderla como *verdad lógica,* que necesariamente no corresponde a las concepciones idealistas sino, más bien, a las llamadas *racionalistas,* o más propiamente, idealistas o semiidealistas. Para entender la concepción idealista, debemos referirnos a Kant, cuando habla de la verdad como *verdad trascendental*, si el objeto del conocimiento es la materia de la experiencia ordenada por las categorías, la adecuación entre el entendimiento y la cosa se hallará en la conformidad entre el entendimiento y las categorías del entendimiento. Hegel, en cambio, intentó desde el idealismo llegar a la verdad absoluta, llamada por él la verdad filosófica: síntesis de lo formal con lo concreto, de lo matemático con lo historico. En algunos filósofos de la época actual se vuelve en alguna medida a los escolásticos y se tiende a buscar nuevamente la verdad en la coincidencia del intelecto con la cosa, que no ha de ser entendida en el sentido del realismo ingenuo, sino como el resultado de una investigación que tiene en cuenta las dificultades que ya había destacado el idealismo. Heidegger niega que la verdad sea primariamente adecuación del intelecto con la cosa, y sostiene que la verdad es el descubrimiento; así queda convertida en un elemento de la existencia, la cual encubre el ser en su estado de degradación y lo descubre en su estado de autenticidad *(alétheia)*. Algunos grupos de filósofos contemporáneos se han aproximado a una noción de la verdad que, sin caer en un completo irracionalismo, procura solucionar o evitar los conflictos que el intelectualismo tradicional había suscitado. Nietzsche estableció una noción vitalista de la verdad, según la cual verdadero es todo lo que contribuye a la vida de la especie y falso lo que es un obstáculo para ella. En la concepción semántica de la verdad presentada en la época contemporánea, que ya había estado presente en el pasado en algunos filósofos sofistas nominalistas medievales, y en la época moderna en Hobbes, la *expresión es verdadero, es un predicado metalógico*, lo que significa que la definición adecuada de verdad tiene que ser dada en un metalenguaje, que debe contener las expresiones del lenguaje acerca del cual se habla. Tarski fue el primero en elaborar una teoría en este sentido, y para ello efectuó análisis en los lenguajes formalizados: primero en el del cálculo de clases; luego en los de orden finito y, finalmente, en los de orden infinito. Es casi imposible encontrar un común denominador para los conceptos de verdad, que son muchos más de los presentados aquí; por eso, algunos autores han afirmado que no existe en rigor un concepto de verdad (Ogden y Richards) y que éste sería un *falso problema*. **V. correspondencia, Dewey, Russell, Tarski**.

VERDAD ABSOLUTA Y RELATIVA Categorías del proceso del conocimiento que correlacionan lo conocido con lo que será en el avance ulterior de las ciencias; y lo que siendo conocido es susceptible de variación debido a la evolución de las ciencias, con lo que es irrefutable. Entonces, la verdad absoluta es el conocimiento completo de la realidad, que no puede ser impugnado, ni en la actualidad ni en el futuro. La verdad relativa es un peldaño del conocimiento, y cada vez que se modifica o se completa representa un avance, como sucede en el caso de la ciencia; es un acercamiento a la verdad absoluta.

VERDAD OBJETIVA Contenido del conocimiento independiente de la voluntad y de los deseos del sujeto. Se determina por el contenido del objeto mismo y ello condiciona su objetividad. Este concepto se opone a las concepciones subjetivas de la verdad.

VERDADERO Concepto que designa la correspondencia de un objeto o de una tesis con la realidad o con lo que se estima como verdad. **V. verdad**.

VERDADES DE HECHO, VERDADES DE LA RAZÓN En la obra de Leibniz se distinguen dos clases de verdades: las de la razón y las de hecho. Las primeras son necesarias y su opuesto es imposible; las segundas son contingentes y su opuesto es posible. Al respecto se pueden plantear dos cuestiones: una histórica que consiste esencialmente en saber cuáles son las diferencias de la distinción hecha por Leibniz y sus precedentes, y cuáles han sido las formas adoptadas después de él. El primero de los precedentes y acaso el más fundamental, es el platónico, en donde *las verdades de la* razón pueden ser equiparadas, en efecto, con las conseguidas por medio del saber riguroso: su método es la dialéctica y su modelo la matemática; en Platón, las verdades de hecho son las conseguidas por medio de la opinión y, como consecuencia de todo lo dicho por él al respecto, se puede afirmar que las de razón son necesarias, y las de hecho son contingentes. Las diferencias entre lo necesario y lo contingente establecidas por Aristóteles permitieron perfilar la distinción platónica. Muchos autores durante la Edad Media adoptaron algunas distinciones parecidas, como en el caso de Duns Escoto con la doctrina de la contingencia del mundo creado, y el de Suárez con la doctrina de la identidad del sujeto y del predicado en juicios que expresan verdades eternas. Entre los modernos precedentes de Leibniz están Descartes y Hobbes; el primero por su formulación de la diferencia entre juicios sobre las cosas y sus afecciones, y juicios que expresan verdades eternas y, el segundo, por su diferencia entre el conocimiento de hechos y el conocimiento de la consecuencia de una afirmación con respecto a la otra. En lo referente a la evolución posterior de la distinción de Leibniz, encontramos reflejos de ella en Hume y en Kant; en el primero, en su distinción entre cuestiones de hecho y relaciones de ideas; y, en el segundo, por su distinción entre juicio a *priori* y juicio a *posteriori;* las diferencias ontológicas entre los pensamientos de estos dos filósofos nos dan una explicación y nos permiten establecer en qué sentido tomó cada uno la distinción leibniziana. Los positivistas lógicos contemporáneos y otros pensadores de tendencias afines, la han usado en la mayoría de los casos para demostrar que es posible unir el empirismo con el formalismo, siempre que las verdades de la razón sean consideradas como puramente analíticas, como meras reglas de la investigación. Para José Ferrater Mora *hay entre las verdades de razón y las verdades de hecho una gradación continua, que hace de cualquiera de tales tipos de verdad conceptos límites metodológicamente útiles, pero jamás hallados en la realidad. Toda proposición sería, según ello, a la vez verdad de razón y verdad de hecho, pero cada proposición tendería a ser o más verdad de razón que verdad de hecho, o más verdad de hecho que verdad de razón.*

VERDAD (tablas de) V. **tablas de verdad.**

VERIFICACIÓN Es el examen realizado para comprobar que algo es verdadero, y como lo que resulta verdadero o cierto es un enunciado, la verificación es el examen de que un enunciado es verdadero; pero no sólo es el examen, sino también el resultado del mismo; por ello es una comprobación a la vez que una confirmación. Todos los filósofos que se han ocupado del problema del conocimiento, también se ocupan de la verificación; sin embargo, en el sentido propio, ocupó a dos grupos: los pragmáticos y los pensadores del círculo de Viena (los positivistas lógicos y, en general, los neopositivistas). Los pragmáticos han tratado sobre todo de *hacer verdaderas* las proposiciones en el sentido de que ninguna debe ser admitida como verdadera si no puede, cuando menos en principio, verificarse. Así, para William James, *las verdaderas ideas son las que podemos asimilar, validar, corroborar y verificar.* F. C. S. Schiller escribió que *el valor de las verdades es probado por su funcionamiento y para sobrevivir tienen que ser verificadas.* Los neopositivistas, más que interesarse por verificar las verdades de las proposiciones, se dedican a verificar la significación de las proposiciones por medio del *principio de verificación,* que sostiene que la significación de una proposición equivale a su verificación, y que las proposiciones no verificables no son propiamente proposiciones porque carecen de significación. Este principio neopositivista de verificación fue objeto de muchas críticas y debates por parte de quienes lo rechazaron y de quienes han intentado modificarlo hasta que pueda ser aceptado. **V. enunciados, intersubjetivo.**

VEROSÍMIL (de *vero* = cierto y *símil* = parecido, similar). Digno de credibilidad por considerarse correspondiente a la verdad o factible en la realidad.

VÍA (del latín *vía* = camino, ruta, dirección). En filosofía se ha empleado este término en diversos sentidos: (a) como método o modo de llevar a cabo algo, por ejemplo: *via rationis* que significa «mediante la razón». (b) Como método de prueba o demostración. Es el caso de las *quinque viae* (cinco vías) de santo Tomás para demostrar la existencia de Dios. (c) Para referirse al modo como una cosa o conjunto de cosas procede según su propio ser; por ejemplo: *via naturae,* que significa «el curso natural de las cosas».

VICIO Error en la formulación de una tesis o imperfección en su presentación, lo cual la invalida. En moral se opone a virtud. **V. virtud.**

VICO, Giambattista (1668 - 1744). Filósofo italiano, nacido en Nápoles. Su interés principal fue encontrar un nuevo modo de conocimiento o lo que él llamó una «nueva ciencia». Elaboró su doctrina en oposición a las tesis cartesianas, afirmando que el hombre sólo puede entender lo que él mismo hace. Así, pues, la realidad física o la naturaleza no puede ser entendida sino sólo pensada. Únicamente Dios puede entender todo porque lo ha hecho todo. En cuanto a la historia, Vico afirma que puede entenderse porque existe un punto de referencia al que se reduce todo acontecimiento concreto, a saber, la historia eterna ideal de acuerdo con la cual, y en virtud de la intervención de la providencia, transcurren las historias particulares. Se insinúa aquí una tendencia platónica en su pensamiento al considerar la historia a la vez temporal y partícipe de lo eterno. Vico se adelantó así a las ideas del romanticismo y del historicismo. Sus obras principales son: *Sabiduría primitiva de los italianos* (1710); *Principios de una ciencia nueva sobre la naturaleza común de las naciones* (1725).

VIDA La definición común dice que vida es la actividad propia y peculiar de los seres organizados (animales, plantas), caracterizados por la inmanencia de esta actividad; la causa de la vida no reductible a simple materia escapa a los métodos de las ciencias naturales. En el campo de la filosofía, desde épocas remotas se viene distinguiendo entre diferentes especies de vida, especialmente entre las de las cosas vivientes y la vida propiamente humana. Una de las formas aceptadas es la que establece una separación entre la vida práctica y el principio vital. La vida práctica comprende la vida moral y culmina en la existencia teórica, en la cual muchos filósofos de la época helenística vieron la verdadera naturaleza del hombre y la única posibilidad de salvación. El principio vital representa todo lo que en la naturaleza y el en hombre es animación y movimiento; por ello, la vida es, hasta cierto punto, lo que fue en un principio el alma, *o para ser más exactos, aquello que constituyó el soporte de la vida del alma, el ímpetu.* Es muy complicado hacer la historia completa de los significados de la vida a lo largo de la existencia del pensamiento humano y, cuando se habla de la *vida* en la historia de la filosofía, hay que entender la connotación del término primero. Por ejemplo, en Aristóteles, cuando más parece reducir el concepto de vida a lo orgánico-viviente, el vivir no está enteramente alejado del pensar; *la vida,* decía Aristóteles, *es aquello por lo cual un ser se nutre, crece y perece por sí mismo,* lo que quiere decir que para el estagirita la vida es algo que oscila entre un interior y un exterior, entre un alma y un cuerpo y, además, lo que hace posible crear un ámbito dentro del cual se da la unidad de ambos extremos. En

Giambattista Vico

Plotino, la vida asciende hacia lo espiritual; de sus sucesores esto es más evidente en los neoplatónicos, porque al recoger algunas apreciaciones de Platón, según el cual la vida caracteriza lo uno, Plotino habla de una relación entre lo uno, la vida y el *noûs*. El uso del término en los escritos neotestamentarios es diferente de la concepción griega en sus primeras fases y, muchas veces, vida es la vida eterna, como la *vida del espíritu* y del *cuerpo espiritual;* pues cuando la vida resucita finalmente, reaparece no sólo el espíritu sino, también, mediante una previa purificación, la carne. «*El camino, la verdad y la vida son las hipóstasis del logos en el cual estaba la vida como la verdadera luz que ilumina a todos los hombres*», decía san Juan en el libro I. En la filosofía medieval, la concepción fue cambiando con el transcurso del tiempo; por ejemplo, para santo Tomás de Aquino, *se restablece el equilibrio roto por la acentuación del intimismo del alma que había regido desde* san Agustín; también este filósofo señaló que llamamos propiamente vivir «*aquello que posee por sí mismo un movimiento o sus correspondientes operaciones, de suerte que la vida es a aquellos que por sí mismos pueden moverse, la sustancia a la cual conviene, según su naturaleza, moverse a sí misma*. En lo que se denomina la filosofía específicamente moderna, la vigente a partir de Descartes, rechazó la significación síquica-vitalista de la vida, idea que prevaleció en las concepciones panvitalistas y pansiquistas del Renacimiento; a partir de Descartes la vida ya no es un fenómeno primario, sino sólo un complejo de procesos mecánicos y síquicos, y el ser viviente es concebido bajo la imagen de una máquina y su organización es considerada como una suma de instrumentos útiles, que sólo se diferencian por su grado de los producidos artificialmente, según expuso Max Scheler en su obra *El resentimiento en la moral* y en otros escritos. El concepto de la vida tiene como característica en la filosofía moderna y en buena parte de la contemporánea, que casi todas las discusiones habidas se han movido dentro de un concepto sensiblemente análogo de la vida. Bergson entiende la vida más en un sentido biológico que biográfico e histórico; *es precisamente la libertad que se inserta en la necesidad y la atrae a su provecho*; en este caso la vida no sería tanto el efecto o la causa de la materia, sino el resultado –junto con la materia– de una fuente común, la cual siempre sería más orgánica que mecánica: vida es la verdadera realidad, lo irreductible. Con Nietzsche, la vida ha sido colocada en el centro de todos los juicios de valor y no sólo en el centro de toda realidad, dando paso a la llamada *filosofía de la vida*. Para él, la vida se concibe, a veces, en sentido claramente biológico, pero con mayor frecuencia en un sentido axiológico que la voluntad de vivir pasa, no como en Schopenhauer por el dolor inherente a toda vida, al deseo de aniquilación, sino a la voluntad de poder, la vida como valor supremo, que es superior al bien y al mal; la trascendencia última de la vida arrastra consigo la trascendencia de todos los valores de la vida ascendente y permite realizar la transmutación de todos los valores que quedan de este modo justificados o rechazados en virtud de su relación con la vida misma. Como resumen de las diferentes formas conceptuales con las cuales se ha presentado el tema de la vida en filosofía, podemos identificar las siguientes: (a) la vida como entidad biológica, tratada por la ciencia y por la metafísica de lo orgánico; (b) la vida como vida práctica o como existencia moral, tema de la ética; (c) la vida como el valor supremo, objeto de la concepción del mundo; (d) la vida como el objeto metafísico por excelencia, como aquella realidad que propiamente no es ni vale, pues constituye el dato primario y radical en cuyo ámbito se encuentra el valor y todas las especies del ser. Dilthey descubre la vida en su dimensión histórica: la historia es la vida misma, desde el punto de vista de la totalidad de la humanidad; la realidad vital es un complejo de *relaciones vitales*. La muerte es *lo incomprensible*, pero la vida sólo puede entenderse desde sí misma, por eso, para Dilthey, el método de las ciencias del espíritu es el de la comprensión descriptiva, cuya interpretación requiere un método que es la *hermenéutica*. La estructura de la vida humana es, para él, una totalidad unitaria, determinada por la *mismidad de la persona;* la vida es una continuidad permanente dentro de la cual se dan los procesos síquicos y las *cosas;* esta conexión fundamental tiene un carácter finalista; rechaza todo atomismo síquico y afirma que la unidad vital está en acción recíproca con el mundo exterior. Así mismo, la conexión que se da entre los elementos de la vida síquica es de índole peculiar y superior, procedente de esa totalidad primaria que es la vida humana misma. Esta tesis de Dilthey es el punto de partida de la metafísica contemporánea. Simmel presenta un muy original concepto de la vida que muchos consideran un genial paso para la comprensión de la realidad de la vida humana: la vida es *más vida* y *más que vida;* su esencia es trascender, pero en un sentido muy específico, esto es, trascender de lo actual a aquello que no es su actualidad; así, pues, la vida es un modo de existencia que no reduce su realidad al momento presente, sino que es una continuidad en que el pasado existe realmente penetrando en el presente, y el presente existe realmente dilatándose en el futuro. Esta vida sólo se da en *individuos.* Es *más* porque arrastra hacia sí algo para convertirlo en su vida, y es *más vida* al trascender de sus propios contenidos en la actitud creadora, en que lo producido no se subjetiviza. Blondel se pregunta si la vida humana tiene sentido, pues el hombre está *condenado* a la vida sin que hubiera deseado vivir y no puede conquistar la *nada,* pues también está condenado a la muerte y a la eternidad. Bien o mal, el hombre resuelve este problema mediante sus *acciones*, siendo así que la acción es el hecho más general y constante de la vida, llegando al extremo de que hasta el suicidio es un acto. Pero cada determinación corta una infinidad de actos posibles; por otra parte, las decisiones del hombre generalmente van más allá de sus pensamientos, y sus actos más allá de sus intenciones. Para Ortega y Gasset, la vida es *el órgano mismo de la comprensión,* definición en que queda identificada la razón con la vida humana, de manera que sólo cuando la vida misma funciona como razón logramos entender algo humano, y esto es lo que denomina Ortega *razón vital* que, a su vez, es constitutivamente *razón histórica,* ya que el hombre está definido por el nivel histórico que le ha tocado vivir.

VIENA (círculo de) Alrededor de 1910, se inició un movimiento que consideraba la filosofía positivista de Mach como muy importante para la vida intelectual, pero que, a la vez, ignoraba los defectos básicos de esta filosofía. Entre los más destacados pensadores que en Viena dieron inicio a tal movimiento estaban: Philipp Frank, Otto Neurath y Hans Hahn. Estos primeros intentaron, ante todo, completar a Mach con Poincaré y Duhem, y relacionar el pensamiento de Mach con las investigaciones lógicas de Couturet, Schröder y Hilbert, entre otros. Luego, influyó en ellos el pensamiento físico de Boltzmann y, sobre todo, el de Einstein. Comenzó a funcionar como tal en 1929, durante la celebración del Congreso para la epistemología de las ciencias exactas, que incluyó a los grupos de Viena y de Berlín, bajo la presidencia de Noritz Schlick; mientras tanto, otros grupos ya habían incorporado sus trabajos y sostenían relaciones con el círculo: como el llamado grupo de Berlín; algunos filósofos norteamericanos (W. van Quine, Ernest Nagel y Charles W. Morris); el llamado círculo de Varsovia; el Movimiento analítico británico (A. J. Ayer, R. B. Braithwaite, J. T. Wisdom, F. P. Ramsey, y otros); pensadores franceses como Louis Rougier, Marcel Boll, el general Vouillemin; el lógico escandinavo J. Jorgensen; los grupos de Upsala y Oslo, etc. Dentro de sus especulaciones no sólo se incluían el idealismo, sino también diversas corrientes interesadas en distinguir entre ciencias naturales y ciencias culturales o ciencias naturales y ciencias del espíritu. Los fundadores del círculo aspiraron a constituir una *filosofía científica* y, especialmente, como lo indicó Neurath, la constitución de un lenguaje científico que, *evitando todo seudoproblema, permitiera enunciar prognosis y formular las condiciones de su control por medio de enunciados de observación*. Así, los que se sumaron a él aspiraron a desarrollar un positivismo, pero no el tradicional del siglo XIX, sino que al destacar el papel de la lógica, se desarrolló en el círculo de Viena lo que puede llamarse *logicismo*, porque fueron sus integrantes *positivistas lógicos* y, oportunamente, *empiristas lógicos*. Los integrantes de él diferían entre sí en algunos puntos, pero todos ellos coincidían en *la necesidad de edificar la mencionada filosofía científica y la concepción científica del mundo*. El pensamiento y la ideología del círculo de Viena influyó y lo sigue haciendo sobre grandes grupos de filósofos, tales como los finlandeses del grupo de Helsinki, pero no ha tenido la misma influencia entre los de lengua española. **V. Carnap, Neurath**.

VIOLENCIA Aristóteles distinguió «movimiento natural» de «movimiento violento». En el primero, las cosas tienden a ocupar el lugar que «por naturaleza» les «corresponde»; en el segundo, las cosas se desvían temporalmente del camino hacia su «lugar natural» teniendo, sin embargo, que retomar más tarde el movimiento natural. En otro sentido se ha empleado el término para significar la utilización irracional de la fuerza en los actos, en las palabras o en la expresión del pensamiento. En este sentido, han sido temas muy debatidos en filosofía la justificación o no, la necesidad o no, de la violencia. Por lo general, toda concepción moral rechaza la violencia en sí misma, justificándola sólo en circunstancias extremas o como medio para mantener un orden que se considera legítimo. La oposición a toda violencia o *política de no violencia* fue el principio propugnado por Gandhi y adoptado por varios movimientos de *desobediencia civil* en diversos países.

VIRTUAL (del latín *virtus* = fuerza, virtud). Que tiene virtud (atributos) para realizar un acto, aunque no lo produzca. Es una virtud implícita o tácita en el sujeto.

VIRTUD Hábito y disposición del alma para obrar de conformidad con la ley moral. Significa propiamente fuerza, poder, eficacia. Desde la antigüedad, la virtud fue entendida en el sentido de hábito o manera de ser de una cosa. Así, Platón habló de cuatro virtudes, más tarde llamadas «virtudes cardinales», a saber, la prudencia, la templanza, la fortaleza y la justicia. Para algunos es posible hablar de una cierta unidad de estas cuatro virtudes bajo el dominio de la justicia. Aristóteles, por su parte, señaló que *no basta contentarse con decir que la virtud es hábito o modo de ser, sino que hay que decir, así mismo, en forma específica cuál es esta manera de ser*. Definida de una manera más general, la virtud es respecto a una cosa *lo que completa la buena disposición de la misma, lo que la perfecciona; en otros términos, la virtud de una cosa es, propiamente hablando, su bien, pero no un bien general y supremo, sino el bien propio e intransferible*. La noción fue trasladada al hombre y, en este caso, la virtud es lo que caracteriza al hombre, y las definiciones de ella, en tal caso, atienden a lo que consideran el carácter específico del ser humano, que está expresado, según Aristóteles, por el justo medio; se es virtuoso cuando se permanece entre el más y el menos, en la moderación prudente. Plotino y el neoplatonismo distinguen entre virtudes llamadas civiles (en el lenguaje aristotélico serían parecidas a las éticas) y las virtudes purificadoras o catárticas. También pueden ser intelectuales y no intelectuales. Las primeras proceden del alma misma como realidad separada; las segundas derivan del hábito. Porfirio distinguió entre cuatro clases de virtudes: políticas o civiles; catárticas, orientadas hacia el *noûs* y paradigmáticas. Según Diógenes Laercio, parece haber en la concepción estoica unas virtudes primarias y otras secundarias o subordinadas; las primeras casi siempre son las cuatro platónicas. Los pensadores cristianos desarrollaron muchas de estas ideas, pero algunos de ellos dieron definiciones con contenidos a veces distintos. San Agustín dice que la virtud es *una buena cualidad de la mente mediante la cual vivimos derechamente, cualidad de la cual nadie puede abusar y que Dios produce a veces en nosotros sin intervención nuestra*. Para los escolásticos, especialmente para santo Tomás, es un hábito del bien, a diferencia del hábito del mal o vicio; y la virtud, en suma, es una buena cualidad del alma. En último término, la concepción moderna de la virtud no se aparta esencialmente de las bases establecidas durante la antigüedad y la Edad Media; acentúa continuamente, incluso en el caso de las virtudes maquiavélicas, el aspecto de la prudencia sagaz, y las discusiones sobre tal concepto han seguido manteniéndose en torno al carácter exclusivamente subjetivo-individual, social u objetivo de los actos virtuosos. Sigue siendo definida como la disposición o el hábito de obrar conforme con la intención moral, disposición que no se mantiene sin lucha contra los obstáculos que se oponen a esta forma de obrar. Por eso también es concebida como el ánimo o coraje de obrar bien o, según Kant, como la fortaleza moral en cumplimiento del deber. Su relación con la felicidad sigue siendo muy discutida y, como en las escuelas antiguas, la eterna pregunta sigue siendo si por la virtud se llega a la felicidad o es independiente de ella: ¿se es feliz porque se es virtuoso? o, ¿se puede ser virtuoso, pero no ser feliz? La solución a la pregunta y al problema es el sentido que se tenga de la felicidad.

VIRTUDES CARDINALES, DIANOÉTICAS, ÉTICAS, TEOLOGALES
Aristóteles clasifica las virtudes en *dianoéticas o intelectuales* y virtudes *éticas o morales*. La virtud, para él, es el término medio (*mesótes*) entre dos tendencias opuestas.

Las virtudes dianoéticas perfeccionan al hombre en relación con el conocimiento de la verdad, y son: (a) inteligencia o habilidad para juzgar; (b) ciencia o aptitud para razonar; (c) sabiduría para llegar a los supremos fundamentos de la verdad; (d) prudencia o disposición para resolver rectamente; (e) arte o habilidad para la creación exterior. Se llaman *virtudes cardinales* a la prudencia, la justicia, la fortaleza y la templanza. Las virtudes *teologales* son fe, esperanza y caridad, esta última entendida en el sentido de amor.

VITALISMO Es una teoría biológica que explica las funciones de los seres vivos como el resultado de la actividad de un principio especial, no material (*élan* vital de Bergson), esencialmente distinto de las fuerzas físicas. Puede calificarse de vitalismo la concepción organológica típica de la mayor parte de las doctrinas filosóficas griegas; allí se designa una concepción del mundo según la cual todo ser puede ser concebido por analogía con los seres vivientes: *mientras lo material se acercaría a lo espiritual en el sentido de ser considerado como algo animado, lo espiritual se aproximaría a lo material en el sentido de ser estimado como algo «corpóreo»*. Esta tendencia vitalista es evidente en algunos filósofos del Renaci-

Las Virtudes Teologales. Relieves del Campanile de Florencia

miento, mientras que en la época contemporánea este vitalismo animista cambia a un neovitalismo como tendencia particular de la biología y de la filosofía biológica. Las diversas formas de vitalismo, neovitalismo, biologismo, organicismo, se han opuesto al mecanicismo, mientras otros denuncian la falta de fundamento de toda concepción *vitalista*. Henry Margenau dice que así como el vitalismo puede proporcionar un conocimiento adecuado de los fenómenos biológicos, tiene como inconveniente afirmar *la autonomía y no extensibilidad de las construcciones explicativas biológicas*. Ortega y Gasset en respuesta y contra los que califican unilateralmente de vitalista su filosofía, da algunas definiciones del término: *el vitalismo puede aplicarse a la ciencia biológica y significar toda teoría biológica que considere a los fenómenos orgánicos irreductibles y a los principios físico-químicos y este vitalismo puede ser* (a) *la afirmación de un principio o fuerza vital especial o* (b) *el propósito de estudiar los fenómenos biológicos ateniéndose a sus peculiaridades y usando los métodos pertinentes a ellas.* El vitalismo puede ser aplicado a la filosofía y significar: (a) una teoría del conocimiento que concibe a éste como proceso biológico; (b) una filosofía que rechaza la razón como modo superior de conocimiento y afirma la posibilidad de un conocimiento directo de la realidad última, la cual es *vivida* inmediatamente; (c) una filosofía *que no acepta más modo de conocimiento teorético que el racional, pero cree forzoso situar en el centro del sistema ideológico el problema de la vida, que es el problema mismo del sujeto pensante de este sistema.*

VITORIA, Francisco de (1492-1546). Su nombre real era Francisco de Arcaya y Compludo. Filósofo, humanista y sacerdote español, nacido según algunos en Burgos y, según otros, en Vitoria. Estudió en la primera de estas ciudades y, allí, ingresó en la Orden de los predicadores; luego se trasladó a París en cuya universidad siguió sus estudios; en 1526 fue nombrado profesor de la cátedra de Prima de teología en la Universidad de Salamanca. Vitoria fue el primero en determinar los principios que

Francisco de Vitoria

deben regular las relaciones internacionales, por lo que se le considera el padre del derecho internacional; mediante sus conferencias o *relectiones* de teología y derecho restauró la enseñanza de la primera e implantó este último en España. Son muy importantes en filosofía sus análisis acerca de los problemas *que suscita el confrontamiento de la tesis de la omnipotencia de Dios con la opinión de que las cosas poseen ciertas esencias naturales e invariables;* la solución dada por él al problema está dentro del marco del tomismo, pero con mayor inclinación y preocupación por las cuestiones del derecho, incluso en problemas, en principio, no jurídicos. Lo que le dio gran celebridad, especialmente fue el tratamiento y el reconocimiento de los derechos de los nativos de América, donde también establece los derechos de los españoles en las Indias. Sus principales obras son: *Las relaciones teológicas; De la potestad eclesiástica; De la potestad del Papa y de los concilios.*

VIVENCIA Es el nombre que algunos filósofos dan al hecho de experimentar, de vivir algo, y que a diferencia de la aprehensión, es tomar posesión de algo que está fuera de la conciencia. El término en castellano fue propuesto por Ortega y Gasset como traducción del vocablo alemán *erlebnisse*, que fue investigado con amplitud y en el sentido que lo tomamos, tanto en la naturaleza como en la forma, por Dilthey. La vivencia es para él *algo revelado en el complexo anímico dado en la experiencia interna; es un modo de existir la realidad para un cierto sujeto;* en este caso, la vivencia no es algo dado y somos nosotros los que penetramos en el interior de ella, quienes la poseemos inmediatamente de una forma que podemos decir que ella y nosotros somos una misma cosa. En la fenomenología, definida por Husserl, es el flujo de lo vivido, la propia corriente de la conciencia, *todo lo que encontramos en el flujo de lo vivido y, por tanto, no sólo las vivencias intencionales, las cogitaciones actuales y potenciales, tomadas en su entera concreción, sino también las que se presentan como momentos reales en este flujo y sus partes concretas.* Para él, la unidad de la conciencia está constituida por el conjunto de todas las vivencias; el sentido principal de la conciencia, en Husserl, es el de *vivencia intencional,* que es un acto síquico que no se agota en su ser acto y apunta hacia un objeto; la vivencia intencional concreta tiene dos grupos de elementos: la *esencia intencional* (cualidad, materia) y los *contenidos no intencionales* (sensaciones, sentimientos, impulsos).

VOCACIÓN Se define como la inclinación a cualquier profesión o estado, principalmente al religioso. En el análisis de esta noción, Heidegger hace uso del sentido etimológico y es necesario destacar que este sentido heideggeriano de vocación es fundamental en la filosofía expresada en *Ser y tiempo;* el problema que plantea es el de la función que ésta desempeña en el acto de la decisión existencial. Ortega y Gasset presenta la vida humana como un vivir con sus circunstancias, las cuales pueden impedir o pueden contribuir a que la vida se realice a sí misma, es decir, que sea fiel al *yo insobornable.* Este *yo* es la vocación, la cual es estrictamente individual e intransferible; la vocación es, así, el fondo de la vida humana y puede ser identificada como el quehacer estrictamente personal de la misma; si somos fieles a ella somos fieles a nuestra propia vida y, por eso, la vocación designa la mismidad y autenticidad de cada ser humano.

VOLICIÓN Acto de la voluntad.

VOLTAIRE, François Marie Arouet (**Le jeune**) (1694-1778). Dramaturgo, filósofo, ensayista, poeta, novelista e historiador francés, nacido en París; estudió en el colegio de los jesuitas Louis Le Grand. Por sus enfrentamientos contra la intolerancia y el fanatismo, su fe en el progreso y en la razón, su ingenio y su capacidad para la crítica y la sátira, es considerado como uno de los más grandes representantes de la Ilustración, pero, también, por todos esos atributos fue encarcelado en La Bastilla en

François Marie Arouet Voltaire

1717, a causa de una de sus sátiras contra el Regente; permaneció exiliado en Inglaterra, en donde conoció las doctrinas de Locke y Newton, que influyeron decisivamente en su pensamiento. Durante su agitada vida marcada por exilios, prisiones y persecuciones derivadas de su insobornable crítica y liberalidad, se mezclaron curiosamente con los más elevados honores de la corte y con las mayores alabanzas y homenajes a su talento. Vivió en Berlín como huésped de Federico II; se relacionó con las figuras más prestantes de la ciencia, la filosofía, la literatura y la política europea de su tiempo. Ya sexagenario compró los dominios de los señores de Ferney y de Tourney, en donde a lo largo de 18 años alternó la investigación científica con la creación literaria, agregadas a las reformas sociales acordes con su ideología liberal y precursora de la Revolución francesa. Abordó prácticamente todos los géneros literarios y del pensamiento; en su época fueron muy célebres sus *Tragedias* y su poesía; sin embargo, actualmente es más reconocido como historiador y filósofo, pues en estas disciplinas nos muestra sus dos caras: «Por un lado hay una confianza optimista, lucha contra el mal y contra el oscurantismo, contra el prejuicio y la inútil frondosidad de la historia. Por otro, hay desesperación ante la estupidez humana y, al lado de ello, efectiva comprensión histórica de esta estupidez». Defiende la nueva filosofía moral a través de su espíritu incisivo y burlón, que va en contra de las tradiciones especialmente religiosas y, no obstante sus diferencias con Rousseau, existen coincidencias fundamentales, entre las cuales podemos mencionar: mientras gran parte de los iluministas bogan en el optimismo y un materialismo más o menos disimulado, tanto Voltaire como Rousseau rechazan todo materialismo superficial; manifiestan y quieren ideas claras. Mientras Rousseau suponía que si el hombre era natural, era naturalmente bueno, Voltaire sostenía que la estupidez humana sólo se podía curar con la ilustración y el saber. La importancia de la historia en el campo de la filosofía es la necesidad de buscar en la primera los escasos momentos en los cuales se ha producido la unión de la debilidad del espíritu con la fortaleza del déspota. Dentro de este marco es donde mayor contribución hizo Voltaire a la historia. Sus principales obras son: *Elementos de la filosofía de Newton; Diccionario filosófico; El siglo de Luis XIV; Carlos XII.*

VOLUNTAD Desde el punto de vista de la sicología, el conjunto de fenómenos síquicos cuyo carácter principal se halla en la tendencia; en este sentido se ha dicho que la voluntad es una forma de actividad que tiene que ser simplemente experimentada, y se la ha equiparado con el deseo puro y simple. Fue muy frecuente en el pasado confundirla con ciertos sentimientos a los cuales se les califica de activos en oposición a los pasivos; lo cierto es que al examinar la voluntad en su contenido sicológico, se encuentra que puede concurrir en todos los actos volitivos una mayor o menor conciencia, una mayor o menor intensidad o, si se quiere, una mayor o menor profundidad. Así, de acuerdo con ella, la voluntad es concebida como aquella tendencia sin finalidad previamente establecida o comprendida. **2.** En la ética, se entiende como una actitud o disposición moral para querer algo. **3.** En la metafísica, es una entidad a la que se le atribuye absoluta subsistencia y por ello se convierte en sustrato de todos los fenómenos. Desde el punto de vista de la relación existente entre la voluntad y la inteligencia, el problema no sólo ha sido del dominio de la teología o de la sicología, sino que se ha convertido en una cuestión ética, planteada desde tiempos remotos, pero imperante desde el momento en que muchos pensadores se preguntaron de qué modo está fundado el bien de Dios, en muchos pensadores. Para Spinoza, la voluntad es la conciencia que tiene la mente humana acerca de su afán de perdurar infinitamente, a perseverar en su ser: es un *conato* consciente de perduración. Es, pues, el problema mismo de Dios el que hace destacar hasta el máximo todas las implicaciones de la voluntad y del voluntarismo, convirtiéndose en uno de los temas capitales de la época moderna entre los filósofos menos intelectualistas que Leibniz, para quienes la *voluntad* siguió ocupando un puesto central, no sólo cuando se entendió en su sentido metafísico, sino también cuando se incluyó primero dentro de la esfera moral, como sucede en Kant, quien opinó que cuando la voluntad es autónoma y no heterónoma, es decir, *cuando da origen a la ley y no es una subordinación a las prescripciones dependientes de fines ajenos a ella, se llama buena voluntad y posee un valor absoluto, con independencia de los resultados de su acción.* Kant asegura que *ni en el mundo ni fuera del mundo cabe pensar nada que pueda ser considerado como bueno sin restricción, excepto una buena voluntad.* **V. voluntad de poder, voluntarismo**

VOLUNTAD DE PODER Para F. Nietzsche, la voluntad de poder es la que caracteriza al hombre que se encamina al superhombre u hombre que se ha superado a sí mismo mediante la transmutación de todos los valores aplicando todos sus impulsos vitales, su fuerza y su energía. En realidad, no es fácil saber lo que Nietzsche entendía por *voluntad de poder*, pero en términos generales puede afirmarse que se trata de un ímpetu o impulso que no se detiene en su afán de conservación y crecimiento. Lo que sí es claro, es que niega que sea cualquier tipo de sustancia, principio o ley. **V. Nietzsche**.

VOLUNTARISMO Como el concepto de razón práctica, el del voluntarismo debe entenderse en tres sentidos: (a) en la sicología, como la primacía de la voluntad sobre todas las demás facultades síquicas; (b) en la ética, como el reconocimiento de carácter absoluto o predominante de la voluntad en la determinación de la ley moral, así como la primacía de la razón práctica sobre la teórica; (c) en metafísica, como la conversión de la voluntad en un absoluto, en una cosa en sí. Dentro de la filosofía griega es muy difícil encontrar actitudes manifiestamente voluntaristas; en cambio, dentro de la cristiana se acentúan diversas formas, aunque distintas al sentido que tiene el término en la filosofía moderna y sobre todo contemporánea; en casi todos los casos tomados dentro del cristianismo, el voluntarismo tiene un sentido más o menos explícitamente metafísico. Así, se habla de voluntarismo al referirse al pensamiento de Duns Escoto. En primer lugar, porque para él la voluntad divina es idéntica a la naturaleza divina y, en segundo lugar, porque estima que la voluntad es la causa total de su propio acto. El sentido moral predomina en Kant y, según algunos autores, la doctrina kantiana entera, incluyendo su teoría del conocimiento, puede resumirse bajo el nombre de *voluntarismo ético*, a diferencia del de Schopenhauer, que puede ser resumido bajo el nombre de *voluntarismo metafísico*. Para este último, la voluntad es un absoluto y un elemento predominante de la vida síquica.

W

W Letra del alfabeto que se usa en minúscula como símbolo de un argumento dentro de la lógica cuantificacional. Con el mismo propósito son usadas también las letras *x, y y z*.

WEBER, Max (1864-1920). Filósofo alemán, nacido en Erfurt; fue profesor en Berlín, Friburgo, Heidelberg y Munich. Su mayor preocupación fue alcanzar una interpretación del sentido de la cultura moderna y, en general, de toda la cultura dentro del marco de la sociología descriptiva, considerando que toda la ciencia social es de la realidad, pero de una realidad distinta de la natural, que debe ser conocida objetivamente; pero la objetividad del saber de la cultura no es producida por un estudio empírico-inductivo, sino por la pura descripción de lo que se da de un modo inmediato en la vida social y en la historia. También trabajó en la sociología de la religión, particularmente en el estudio de las relaciones existentes entre la religión y la realidad económica y social, dentro de la cual funciona; por ello, su sociología es a la vez una filosofía de la historia, en la cual se intenta comprender cada período combinando el examen empírico de la construcción del tipo ideal. Sus principales obras son: *Historia del agro romano en su significación para el derecho público y privado; Roscher y Keies y los problemas lógicos de la economía nacional histórica; La ética protestante y el espíritu del capitalismo; Historia de la sociedad mercantil en la Edad Media; Fundamentos sociales de la cultura antigua.*

WEIL, Simone (1909-1943). Filósofa y educadora francesa, nacida en París; estudió en la Escuela Normal Superior de su ciudad natal y fue profesora de filosofía del Liceo de Roanne. Abandonó la cátedra para trabajar como obrera en la fábrica de Renault y, así, poder estudiar la vida y la condición de los obreros. De religión judía, sufrió una profunda crisis religiosa en 1938 cuando se convirtió al cristianismo sin querer abjurar del judaísmo y por esta razón no fue bautizada. Durante la segunda guerra mundial viajó a Inglaterra en donde murió antes de terminar ésta, en un sanatorio de Ashford. Sus propuestas filosóficas se pueden resumir en este aforismo suyo: *dos fuerzas reinan en el universo: la luz y la gravedad (la pesantez). La luz es lo sobre-*

Max Weber. El Espectador

natural, la gracia; la pesantez es la naturaleza. No se trata, sin embargo, de un dualismo de tipo maniqueo, porque la luz ilumina la pesantez y la atrae, elevándola hacia sí. La pesantez se hace, en efecto, liviana por medio de la caridad, la cual es a la vez religiosa y humana, pues transforma las almas y, a la vez, las condiciones de vida. La experiencia religiosa no es necesariamente algo que solamente pueden vivir los grandes o los intelectuales; es algo que pueden vivir los humildes, los obreros. Son muy importantes sus *motivos griegos* contra los *motivos romanos,* de carácter místico y que, según la autora, no están bien perfilados. Todos sus libros son póstumos, entre los cuales están: *Escritos históricos y políticos; La condición del obrero; Opresión y libertad.*

WHITEHEAD, Alfred North (1861-1947). Filósofo y matemático inglés, nacido en Ramsgate (condado de Kent). Fue profesor en Inglaterra y también en Estados Unidos, en la Universidad de Harvard. Pasó rápidamente de la investigación matemática a la filosófica y, en colaboración con B. Russell, siguió sus trabajos iniciados en el campo de la lógica simbólica y de los axiomas de la geometría. Pretendió al mismo tiempo fundar un método lógico que aspiraba a superar las limitaciones de la lógica tradicional. Llamado luego *la abstracción extensiva,* este método permite la elaboración de una filosofía relacionista del espacio-tiempo, en la cual se procura eludir la noción de sustancia y todas las dificultades inherentes a ella; desde este punto de vista, la física y la metafísica de Whitehead se complementan y no son sino dos formas distintas de ver la misma realidad. Al llevar su abstracción a una comprensión intuitiva, llega a una concepción organicista, que consiste en considerar todo hecho como un organismo que, así entendido, no es simple, sino que representa la concreción de elementos objeto de diversas *aprehensiones.* Este vocablo, usado por el autor, tiene un doble sentido: por un lado se refiere al aspecto *subjetivo* de la aprehensión y, por otro, es un elemento de la constitución del objeto. De estos pensamientos se fue desprendiendo una forma de cosmología que, de nuevo, intenta sustituir la sustancia por un elemento dinámico, y el monismo sustancialista por un pluralismo que evita las dificultades propias del dualismo; así, su metafísica está destinada a la superación de todos los dualismos clásicos de ésta. Erróneamente se ha calificado su filosofía como nuevo subjetivismo, ya que rechazó todo idealismo en el sentido kantiano, y sería más adecuado considerarlo por algunos aspectos como neorrealista; y su demostración del realismo noseológico por medio de la referencia a la experiencia directa que tiene un sujeto de la eficacia causal del contorno. La teología se complementa con una especie de teodicea que revierte, a su vez, sobre la concepción de Dios. Allí la existencia del mal supondría la no omnipotencia de la divinidad, pero esta negación no es entendida como una mera negación de una idea vacía, sino que es la demostración de una, por así decirlo, no prioridad de Dios frente a la existencia. Sus principales obras son: *Matemáticas; La teoría relacionista del espacio; Tiempo y espacio.*

Alfred North Whitehead

WITTGENSTEIN, Ludwig (1889-1951). Filósofo e ingeniero austríaco, nacido en Viena; estudió ingeniería en Berlín y terminó en Manchester, en donde su interés

Ludwig Wittgenstein

por las matemáticas y el deseo de conocer sus fundamentos lo llevaron a investigarlos en los escritos de Russell y Frege, teniendo la oportunidad de estudiar con el primero cuando, antes de la primera guerra mundial, fue trasladado a Cambridge. Cuando estalló la guerra, viajó a Viena donde se enroló en el ejército de su país y, al final de ésta, fue hecho prisionero en Italia; al ser liberado renunció a sus bienes y se dedicó a enseñar en una escuela de Austria. Tras una breve visita a Cambridge (1925), regresó en 1929 y se estableció definitivamente allí. Para esta época ya había madurado sus nuevas ideas, que durante algún tiempo permanecieron encerradas en el misterio y que fueron conocidas directamente o por la circulación de los famosos *Cuaderno azul* y *Cuaderno marrón*. En 1939 fue nombrado profesor titular en la Universidad de Cambridge, pero dejó la cátedra durante la segunda guerra mundial para colaborar en los hospitales de Londres en la atención de los heridos; unos años más tarde murió de cáncer. En el pensamiento de Wittgenstein se distinguen dos períodos: el primero durante la etapa de la primera guerra, cuando terminó el *Tratado lógico filosófico*, famoso por su influencia sobre los que luego fueran fundadores del círculo de Viena, al cual no perteneció; la segunda comenzó a madurar poco tiempo después de haber aparecido el *Tractatus.* Hablar del primero y del segundo Wittgenstein no significa que no haya relación alguna entre ambos; por el contrario, podemos decir que el segundo es comprensible como una reacción contra el primero, sin el cual el último no podría ser comprendido ni tendría mucho sentido, lo que no impide que, de todas maneras, haya un modo de pensar común en un típico filosofar wittgensteiniano. En ese modo de pensar, el centro de la preocupación es el lenguaje: los límites del lenguaje significan los límites de mi mundo. Para el primero, el mundo es la totalidad de los hechos atómicos y no de las cosas, ya que un hecho atómico está formado por las cosas o entidades; las proposiciones atómicas que no representan hechos atómicos carecen de significación; lo que se expresa por sí mismo en el lenguaje no podemos expresarlo mediante el lenguaje; esto equivale a decir que lo que se puede mostrar no se puede decir. El último Wittgenstein encontró el *Tractatus* completamente insatisfactorio, ya que no creía que las cuestiones filosóficas no tuvieran significación y si no la tuvieran carecerían de todo poder de embrujamiento; tampoco creía que fueran pura y simplemente cuestiones lingüísticas. El segundo ha sido mal llamado Padre de la filosofía lingüística, a la manera del grupo de Oxford; esto es exagerado porque el positivismo lógico tiene otras fuentes, y la filosofía lingüística tiene otros autores aparte de él. Lo que sí es importante anotar es la innegable influencia que ejerció sobre estas dos tendencias. Sus principales obras son: *Tractatus logico-philosophicus*, que apareció en alemán, en vida del autor; el resto de su obra es póstuma, de entre la cual se pueden citar las *Investigaciones filosóficas*; *Philosophical Remarks in the foundations of Mathematics*.
V. lenguaje (juegos de).

WOLFF, Christian (1679-1754). Filósofo alemán nacido en Breslau; fue discípulo de Leibniz y profesor en Halle y en Marburgo. Introdujo el uso del alemán en la producción filosófica y, también, la división de la metafísica en ontología o metafísica general, teología racional, sicología racional

Christian Wolff

y cosmología racional. Leibniz ejerció gran influencia sobre él, y sus enseñanzas y escritos fueron parte importante de su época habiendo pasado a las siguientes generaciones, especialmente a Kant, como un cuerpo doctrinal designado con el nombre de filosofía leibnizwolffiana, o racionalismo dogmático de Leibniz-Wolff. La filosofía es para él un saber escolástico, que tiene como fin proporcionar, al hombre un conocimiento claro de los principios teóricos y prácticos. El análisis filosófico está fundado en los principios de contradicción y en el de razón suficiente, que tiene alcances lógicos y ontológicos, y son leyes supremas a las cuales obedecen tanto el pensamiento como la realidad, tanto la matemática como las ciencias reales. Subdividió la filosofía práctica en economía y política; las normas éticas se hallan basadas en la razón y centradas en el imperativo de la perfección, es decir, en la norma según la cual cada hombre debe contribuir a la perfección propia y a la de sus semejantes; esta perfección es la única que puede proporcionar felicidad ya que también es definida como la conformidad con la naturaleza. La corriente de Wolff tuvo gran influencia en la formación de la filosofía de Kant, porque era la filosofía académica vigente en gran parte de Alemania, y aunque Kant criticó luego la metafísica dogmática que difundió Wolff, siempre consideró que su intento había sido uno de los más sólidos y que fracasó por haber seguido una dirección equivocada. Las doctrinas de Wolff fueron divulgadas en muchas cátedras alemanas durante gran parte del siglo XVIII. Sus principales obras son: *Principios de todas las ciencias matemáticas; Pensamientos racionales sobre las fuerzas del entendimiento humano; Pensamientos sobre Dios, el mundo y el alma del hombre, así como sobre todas las cosas en general.*

WYCLIF, Juan (Juan Wyclif, Wycliffe, Wiclif, Wiclef) (1325-1384). Filósofo inglés, nacido en Wycliffe-on-Tees, Spreswell; estudió en Oxford, en Merton College; fue profesor en Balliol. Se le considera, por su hostilidad hacia algunos dogmas, como el instaurador de una doctrina de la transustanciación; también es conocido por su oposición a los aspectos importantes de la tradición de la Iglesia, como el demostrado en su insistencia en que la palabra revelada va directamente del hombre a Dios por las Escrituras y no a través de la Iglesia; es reconocido por su oposición a los nominalistas, a los realistas moderados, incluso a los conceptualistas y aún a quienes, como Duns Escoto, negaron que los universales fueran sustanciales; también es reconocido como uno de los reformadores o prerreformadores, que influyó considerablemente sobre Lutero. Los universales eran para él indestructibles, pues si es cierto que fueron creados por Dios, no pueden ser aniquilados, porque en ese caso se aniquilaría el ser inteligible mismo. Sus principales obras son: *Summa de ente; De tempore; Tratado de lógica.*

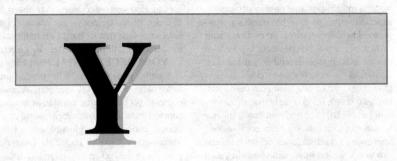

Y En cálculo, uno de los dos números reales (el otro es x), con los cuales se establece una correspondencia biunívoca con los puntos de un plano. Esto se llama sistema de coordenadas y es la idea básica de la geometría analítica.

YIN Y YAN En la filosofía china, estos principios expresan los contrarios en la naturaleza: luminoso-oscuro, masculino-femenino, duro-blando; principios éstos que fueron evolucionando en una profundización que llegó hasta el confucianismo, especialmente el *li* o ley absoluta. Son fuerzas polares, cósmicas, las principales en el sistema y de su interrelación se generan las constantes variaciones de la naturaleza. Este dualismo fue también la base de las teorías médica, musical, química, y de todas las artes y ciencias chinas.

Yin y Yan

YO En filosofía, el *yo* es el eje de varios sistemas que lo entienden en cuanto factor primario, ajeno a factores externos al ser, excepto en Grecia donde fue algo secundario. En la Edad Media cristiana, el *yo* es ya una criatura (no una cosa como en Grecia), hecha a *imagen y semejanza de Dios*, con un objetivo y un destino. Descartes fue el primero que planteó el *yo* como principio, pues según él, el principio intuitivo del pensamiento racional (*yo*), pertenece a la sustancia pensante. Leibniz llama al hombre *un pequeño Dios*. Para Hume, el *yo* era un haz de percepción; y para Kant, la unidad trascendental de la apercepción, portadora del imperativo categórico, sumo legislador de la naturaleza. Para Fichte, el *yo* es el fundamento de su filosofía: el *yo* es todo, toda realidad se resuelve en el *yo*. Este pensador se refiere al *yo puro*, infinito, absoluto, es decir, al de la subjetividad como tal; el acto de la autoconciencia es el origen del que se deduce todo el mundo de las representaciones, no sólo con su forma, sino también con su contenido. El principio supremo de todo saber es el principio de identidad. Dice que *el yo se pone*, se establece a sí mismo, *y al ponerse pone el no-yo*. El *no-yo* es lo que está fuera del *yo*, y al decir que *se pone* se afirma como existente. Esa posición del *yo*, es posición con lo otro, pues no puede darse solo. Para Dilthey, el *yo* trascendental es una ficción, siendo el *yo* empírico de carácter histórico («sujeto biográfico») el único *yo* real. Para Ortega y Gasset el *yo* es yo y su circunstancia de la que no se puede separar porque la vida se hace esencialmente con la circunstancia. Es el yo y el mundo. El *yo* (ego) ha sido materia muy importante para la sicología y, especialmente, para el psicoanálisis. Respecto al problema de si el *yo* es de carácter sustancial, se pueden clasificar las posiciones en tres grupos definidos: (a) las que, siguiendo las concepciones clásicas, afirman que el *yo* es una sustancia (alma sustancial o cosa); (b) las que le niegan sustancialidad al *yo* y lo consideran como un epifenómeno, una función o un complejo de impresiones o sensaciones; (c) las que buscan una solución intermedia basada ya en una combinación ecléctica o en un principio distinto. La filosofía oriental, por su parte, y en especial el budismo, afirma que lo que llamamos *yo* o individualidad es un engaño, producto de un acto de la imaginación. **V. ego.**

YO PIENSO *Yo pienso, luego existo* es una expresión que figura en el *Discurso del método* de Descartes. Con ella afirma su propia existencia, pues en principio nada es cierto, fuera del *yo*. *Yo* soy una cosa que piensa. *Ego sum res cogitans:* la razón es así el único punto de apoyo de la existencia. Esta es la tesis que es básica en la filosofía moderna a partir de Descartes. **V.** *cogito*.

YO TRASCENDENTAL Kant emplea el término para referirse a la «unidad que acompaña a todas las representaciones, como el *yo pienso* que constituye la apercepción pura. Este *yo* es simplemente un *yo* para el conocimiento. Husserl, en su fenomenología, retoma el *cogito* de Descartes para hacer del *ego cogito* el dominio último y apodícticamente cierto sobre el que se funda su filosofía. Se diferencia del concepto cartesiano en que Husserl establece una separación entre el ego, que es el sujeto de pensamiento, y una sustancia pensante (*sustantia cogitans*) separada del valor existencial del mundo, para atenerse únicamente al *yo* trascendental. **V. Husserl.**

ZARATUSTRA (Así habló) Obra fundamental de Friedrich Nietzsche. En ella se encuentra lo esencial de su mensaje. Se divide en un prólogo y cuatro partes compuestas de poemas sin enlace aparente. El prólogo presenta la antítesis del superhombre y del *último hombre*. En la primera parte se desarrolla el tema del superhombre y de la *muerte de Dios*. La segunda parte se centra en la *voluntad del poder;* en la tercera, el núcleo fundamental de la obra, expone la idea del *eterno retorno;* en la cuarta parte la disquisición se centra en el capítulo sobre *los hombres superiores*. La obra está llena de alegorías y escrita en un estilo que la hace una joya de la literatura alemana.

ZARATUSTRA Zoroastro, para los griegos, vivió entre los años 700 a. de C. y 630 a. de C. Cuando tenía treinta años recibió su primera revelación religiosa. Su doctrina fue recogida en diecisiete cantos que forman la parte más antigua del *Avesta*. La parte más importante del mensaje de Zaratustra es su monoteísmo, que contiene un dualismo: la lucha entre los *espíritus* del bien y del mal. El zoroastrismo sobrevive hoy en dos pequeñas comunidades: los gabaríes de Irán y los parsis de la India.

ZEA, Leopoldo (1912). Filósofo nacido en ciudad de México. Doctor en filosofía y letras de la Universidad Autónoma de esa ciudad, director del Centro coordinador y difusor de estudios latinoamericanos; profesor de filosofía en la misma Universidad Autónoma, investigador de la historia de las ideas en México y en América latina; desempeñó diversos cargos diplomáticos. Zea es seguidor de Ortega y Gasset y partidario del historicismo, en la defensa de la existencia independiente de las culturas nacionales de los pueblos latinoamericanos. Según él, para entrar en la filosofía se debe tener conciencia del propio contexto social y cultural. Para esto se desarrolla la interpretación historicista del pensamiento americano. Sus principales obras son: *El positivismo en México; Dos etapas del pensamiento en Hispanoamérica; América como conciencia; La filosofía americana como filosofía sin más; La esencia de lo americano; Dependencia y liberación de la cultura latinoamericana; Latinoamérica, tercer mundo.*

ZENÓN de Elea (490-430 a. de C.). Amigo de Parménides, aunque veinticinco años más joven que él, floreció durante la septuagésima novena olimpíada. Tomó parte en la vida política y, debido a una conspiración contra el usurpador Nearco, fue torturado por éste hasta morir. Dialéctico, impecable y de una gran sutileza, no ha sido olvidado después de veinticuatro siglos. Estableció, por medio de la dialéctica, cuya invención le atribuye Aristóteles, la tesis del eleatismo sobre bases de las que es difícil desalojarle. Célebre por sus aporías, disentidas en el sentido crítico y metafísico. Las aporías más célebres de Zenón son las relativas al movimiento. Aristóteles las expresó así: (A) <u>Si el tiempo es divisible hasta el infinito</u>. (1) Argumento de la dicotomía. No hay movimiento porque es preciso que el móvil llegue a la mitad de su recorrido antes de alcanzar el término, y así sucesiva-

Zenón de Elea. (Museo Nacional, Nápoles)

mente hasta el infinito. (2) Aquiles y la tortuga. Aquiles (más veloz) no alcanzará jamás a la tortuga (más lenta), porque antes es preciso que llegue al punto de donde ella partió, de suerte que ella necesariamente habrá avanzado siempre un poco. (B) Si el tiempo está formado de elementos indivisibles. (3) Argumento de la flecha. La flecha que cruza el espacio está siempre en el instante presente. Está, pues, inmóvil, porque si cambiara de posición el instante se encontraría dividido (lo que supone que una cosa en movimiento lo mismo que una cosa en reposo está en un espacio igual a sí misma). (4) Argumento del estadio. Dos series de puntos iguales se mueven en el estadio en dos sentidos contrarios pasando delante de una tercera serie de puntos iguales y partiendo la una del medio del estadio, la otra del extremo, con una misma velocidad. De donde se sigue que el tiempo empleado será igual al doble de sí mismo. En efecto, el móvil que se desplaza y que pasa simultáneamente por delante del cuerpo inmóvil y del que se mueve a su encuentro con la misma velocidad que él, mientras recorre una longitud del primer cuerpo, franquea una longitud el doble del segundo. Los argumentos de Zenón tienden a establecer no la inmovilidad absoluta sino la unidad profunda del ser que es, según él, *uno y continuo*, indiviso, indivisible, absoluta y esencialmente uno, tesis todas ellas centrales del pensamiento de Parménides. Sus principales obras son: *De la naturaleza; Comentarios a los escritos de Empédocles; Disputas contra los filósofos.*

ZOROASTRO Fundador mítico del zoroastrismo, religión dualista del antiguo Irán, que plantea una lucha permanente entre el bien, encarnado en Ahura-Mazda u Ormuz, y el mal, representado por Angra-Mainiu (Ahriman). **V. Zaratustra**.

ZUBIRI, Xavier (1898-1983). Filósofo español, nacido en San Sebastián y fallecido en Madrid. Estudió filosofía en Madrid y fue discípulo de Ortega y Gasset; se ordenó sacerdote, pero posteriormente dejó los hábitos. Enseñó historia en la Universidad de Madrid y en la de Barcelona. En 1942 renunció a la enseñanza oficial para dedicarse a dar discursos privados en Madrid. En 1982 recibió el premio *Ramón y Cajal* a la investigación, el cual compartió con S. Ochoa. Es una de las figuras más importantes de la filosofía española contemporánea. Su pensamiento, a pesar de haber sido formado en la escolástica, siempre estuvo abierto a las ciencias físicas, al historicismo de Dilthey y a la influencia de Heidegger; de ahí su empeño por construir una metafísica donde se revela la influencia heideggeriana. Zubiri llega a la filosofía a través de la historia y, también, es uno de los forjadores del castellano filosófico. Considera al hombre un ser abierto a *las cosas*, capaz de prevenir y realizar sus posibilidades de crear y constituir un sistema que constituye su mundo, diferenciándose del animal que está atado al ambiente y que sólo tiene un marco fijo de ese mundo. Incursionó también en los problemas fundamentales de la epistemología, replanteando cuestiones como la intelección, el juicio, el conocimiento, la razón, el saber a través de la unidad del sentimiento y la intelección. Sus principales obras son: *Ensayo de una teoría fenomenológica del juicio; Naturaleza, his-*

toria, Dios; Sobre la esencia; Cinco lecciones de filosofía; La intelección humana; El hombre y Dios.

ZWINGLIO, Ulrico (1448-1531). Clérigo que, en la Suiza germánica y bajo la influencia ideológica de Lutero, rompió de manera radical con la tradición católica, abolió la celebración de la misa en Zurich y generó un alzamiento popular con su actitud. Murió en una de las batallas de religión provocadas por él mismo. El zwinglianismo es una de las cuatro grandes tradiciones derivadas de la Reforma protestante o evangélica (las otras tres son la iglesia luterana, la calvinista y la iglesia anglicana), y se extendió principalmente por Suiza, Francia y Holanda. **V. Reforma (La)**.

Ulrico Zwinglio

CRONOLOGÍA DE PENSADORES, ESCUELAS Y CORRIENTES

Los números que se encuentran después de las corrientes, escuelas y personajes de esta cronología corresponden a los llamados en la sección de mapas.

CRONOLOGÍA 591

La época	Las escuelas y las corrientes	Los pensadores
	COMIENZOS DEL PENSAMIENTO FILOSÓFICO	
Siglo VII a. de C.	Presocráticos: Jónicos antiguos -1	Tales de Mileto -1a Anaximandro -1b
	Política -2	Clístenes -2a
Siglo VI a. de C.	Presocráticos: Jónicos antiguos -3	Anaxímenes -3a
	Pitagorismo -4	Pitágoras -4a
	Eléatas -5	Jenófanes -5a Parménides -5b
	Filosofía del devenir -6	Heráclito -6a Cratilo -6b
Siglo V a. de C.	Presocráticos Mecanicismo atomista -7	Anaxágoras -7a
	Escuela de Abdera (Atomismo) -8	Leucipo de Mileto -8a Demócrito de Abdera -8b Empédocles -8c
	Jónicos antiguos -9	Diógenes de Apolonia -9a Anaxímenes -9b
	Pitagóricos antiguos -10	Filolao -10a
	Eleáticos -11	Zenón de Elea -11a Meliso de Samos -11b
	Escepticismo -12	Protágoras -12a Gorgias -12b Hippias -12c Antifón -12d
	FILOSOFÍA CLÁSICA	
Siglo IV a. de C.	Filosofía socrática: **Jenofonte** -14 **Platón** Academia. (Platonismo) -15	**Sócrates** -13

La época	Las escuelas y las corrientes	Los pensadores
	Aristóteles Liceo. (Escuela aristotélica) -16	
	Escuela cirenaica (Cirenaicos) -17	Aristipo de Cirene -17a
	Escuela de Megara -18	Euclides -18a
	Escuela de Elis y Eretria -19	Fedón de Elis -19a
	Escuela cínica antigua (Cínicos) -20	Antístenes -20a Diógenes de Sínope -20b
	Filosofía helenístico-romana	
	Escepticismo pirrónico (Pirronismo) -21	Pirrón de Elis -21a
	Epicureísmo -22	Epicuro de Samos -22a
Siglo III a. de C.	Filosofía socrática	
	Matemática -23	Euclides -18a
	Aristotelismo -24	Peripatéticos: Teofrasto -24a
	Filosofía helenístico-romana	
	Stoa antigua -25	Crisipo de Cicilia -25a
	Peripatéticos -26	Aristarco de Samos -26a
	Segunda Academia: -27	Arcesilao -27a
	Filosofía helenístico-romana	
Siglo II a. de C.	Estoicos -28	Séneca -28a Epicteto -28b
	Física -29	Arquímedes -29a

CRONOLOGÍA

La época	Las escuelas y las corrientes	Los pensadores
	Filosofía helenístico-romana	
Siglo I a. de C.	Stoa tardía -30	Cicerón -30a Séneca -30b
	Filosofía helenístico-romana	
Siglo I	Epicureísmo -31	Lucrecio Caro -31a
	Estoicismo -32	Epicteto -32a
	Escepticismo de la Academia Quinta Academia: -33	Cicerón, Marco Tulio -33a
	Pre-neoplatonismo -34	Calcidio -34a
	Escuela de Alejandría -35	Filón de Alejandría -35a Orígenes -35b
	Gnosticismo -36	Carpócrates -36a Marción -36b
	Filosofía antigua cristiana (patrística) -37	San Pablo -37a
	Nuevo estoicismo -38	Arriano -38a
	Filosofía helenístico-romana	
Siglo II	Estoicos -39	Marco Aurelio -39a
	Platonismo medio -40	Apuleyo -40a
	Neoplatonismo -41	Plotino -41a
	Patrística -42 Apologistas -43	Lactancio -43a
	Maniqueísmo -44	Mani (Manes) -44a

La época	Las escuelas y las corrientes	Los pensadores
	Filosofía helenístico-romana	
Siglo III	Neoplatonismo Escuela de Plotino -45	Plotino -45a Orígenes- Longino -45b Porfirio de Tiro -45c
	Patrística Gnosticismo -46	Mani (Manes) -44a
	Apologistas -47	Tertuliano -47a
	Escuela catequética de Alejandría -48	Orígenes -48a San Gregorio -48b
	Sistematización en Occidente	Lactancio -49a
	Filosofía helenístico-romana	
Siglo IV	Occidente latino -50	Calcidio (España) -50a
	Patrística Adversarios:	Gregorio Nacianceno -51
	Generacionismo Creacionismo -52	San Agustín -52a
Siglo V	Escuela de Atenas -54	Proclo -54a
	Occidente latino -55	Marciano Capella -55a
Siglo VIII	Inicios de la filosofía de la Edad Media -56	J. Escoto Erígena -56a
Siglo IX	Primera Escolástica	
	Problema de los universales (ultrarrealismo) -57	J. Escoto Erígena -56a
Siglo X	Filosofía no escolástica	

CRONOLOGÍA

La época	Las escuelas y las corrientes	Los pensadores
Siglo XI	Filosofía árabe (oriente) -58	Avicena -58a Alfarabi -58b Algazali -58c
	Pruebas de la existencia de Dios -59	Gaunilo -59a
	Primera escolástica -60	Pedro Damián -60a
	Problema de los universales -61 Ultrarrealismo	San Anselmo de Canterbury -61a
	Filosofía no escolástica	
	Filosofía árabe (oriente) -58	Algazali -58c
	Filosofía judía -63	Avicebrón -63a
Siglo XII	Primera escolástica Problema de los universales -64 Realismo moderado:	Pedro Abelardo -64a
	Ultrarrealismo Escuela de Chartres -65	Bernardo de Chartres -65a
	Los Victorinos -66	Hugo de Saint Victor -66a
	Filosofía no escolástica	
	Filosofía árabe (occidente) -67	Abentofail -67a Averroes -67b
	Filosofía judía -68	Maimónides -68a Avicebrón -63a
	Apogeo de la Escolástica Antigua escuela franciscana -69	Alejandro de Hales -69a
Siglo XIII	Apogeo de la Escolástica	
	Escuela dominica -70	Santo Tomás de Aquino -70a

La época	Las escuelas y las corrientes	Los pensadores
	Tomismo científico-natural -71	Alberto Magno -71a Roger Bacon -71b
	Antigua escuela franciscana -72	San Buenaventura -72a
	Adversarios del tomismo -73 Escuela franciscana	Juan Duns Escoto -73a
	Tomismo neoplatónico -74	Maestro Juan Eckhart -74a
	Aristotelismo puro -75 (averroísmo latino)	Siger de Brabante (Contra Santo Tomás) -75a
	Lógica del lenguaje -76	Roger Bacon -71b
	Lógica combinatoria -77	Ramón Lull (Raimundo Lulio) -77a
Siglo XIV	Alternativas a la escolástica -78	G. Bruno -78a
	Universalismo -79	J. Wyclif -79a
	Agnosticismo -80	Guillermo de Occam -80a
Siglo XV	Escolástica tardía	
	Conocimiento místico -81	Nicolás de Cusa -81a
Filosofía Moderna - Época de transición		
	Platónicos -82	Pico della Mirandola -82a
	Metafísica -83	Nicolás de Cusa -81a
	Filosofía política -84	Maquiavelo -84a Tomás Moro -84b Jean Bodin -84c

CRONOLOGÍA 597

La época	Las escuelas y las corrientes	Los pensadores
	Filosofía Moderna	
Siglo XVI	Época de transición -85	Francisco de Vitoria -85a Francisco Suárez -85b
	Escolástica protestante -86	Martín Lutero -86a Juan Calvino -86b Th. Münster -86c
	Platónicos -87	Erasmo de Rotterdam -87a Zwinglio -87b
	Escépticos -88	Montaigne -88a
	Filosofía de la naturaleza -89	Paracelso -89a Giordano Bruno -89b
	Ciencia natural -90	Copérnico -90a
	Reforma de las ciencias -91	Francis Bacon -91a
	Teosofía mística -92	Juan de la Cruz -92a
	Teoría política -93	J. Bodin -84c
	Metafísica -94	Giordano Bruno -89b
Siglo XVII	Época de transición	
	Filosofía de la naturaleza -95	Campanella -95a Gassendi -95b Bossuet -95c
	Ciencia natural -96	Juan Keppler -96a Galileo Galilei -96b
	Filosofía política -97	T. Campanella -95a Hugo Grocio -97a
	Escuela de Cambridge -98	
	Cartesianismo	

La época	Las escuelas y las corrientes	Los pensadores
	René Descartes (fundador) -99	
	Adversarios del cartesianismo -100	Blas Pascal -100a N. Malebranche -100b Maine de Biran -100c J. Norris -100d
	Transformación del cartesianismo -101	Fenelón -101a
	Mecanicismo universal y materialismo (Iusnaturalismo)-102	Thomas Hobbes -102a
	Idealismo acosmístico -103	Berkeley -103a
	Monismo -104	Baruch Spinoza -104a
	Pluralismo (monadología) -105	Leibniz -105a S. Pufendorf -105b G. Vico -105c
	Ocasionalismo -106	N. Malebranche -100b
	Jansenismo -107	
	Filosofía de la Ilustración	
	Empirismo inglés -108	John Locke -108a (iniciador de la Ilustración)
Siglo XVIII	Matemática -109	Fermat -109a
	Empirismo inglés (idealismo acosmístico) -110	G. Berkeley -103a David Hume -110b
	Empirismo inglés (escepticismo)	D. Hume -111a
	Filosofía moral inglesa -112	Locke -112a Mandeville -112b S. Clarke -112c
	Ciencia de la naturaleza y filosofía natural -113	Isaac Newton -113a G. Buffon -113b

La época	Las escuelas y las corrientes	Los pensadores
	En Francia: Introducción del empirismo inglés -114	Voltaire -114a Montesquieu -114b
	Materialismo pleno -115	P.H. Holbach -115a Helvecio -115b Diderot -115c Condillac -115d Destutt -115e
	Tránsito al positivismo -116	Alembert -116a J.A. Condorcet -116b
	Superación de la Ilustración -117	J. J. Rousseau -117a
	En Alemania: Racionalismo -118	Christian Wolff -118a
	Difusión de la Ilustración -119	Lessing -119a
	Filosofía trascendental	
	Immanuel Kant -120 Acogida y modificación del criticismo -121	J. G. Herder -121a F. H. Jacobi -121b
	Idealismo -122	J. G. Fichte -122a K. Ch. Krause -122b
	Idealismo alemán -123	W. von Humboldt -123a
	Romanticismo -124	F. Hölderlin -124a F. Schlegel -124b
	Filosofía del derecho -125	Beccaria -125a
	Utilitarismo (Ficcionalismo) -126	J. Bentham -126a
Siglo XIX	En América -127	A. Bello -127a Farías Brito -127b Luz y Caballero -127c

La época	Las escuelas y las corrientes	Los pensadores
	Evolución de la filosofía trascendental	
	Georg F. W. Hegel -128	
	Escuela hegeliana -129	
	Ala derecha:	V. Cousin -129a Bruno Bauer (primera época) -129b
	Ala izquierda:	Bruno Bauer (segunda época) -129b
	Ala izquierda radical (materialismo) -130	L. Feuerbach -130a Karl Marx -130b F. Engels -130c Max Stirner -130d K.J. Kautsky -130e G. Plekhánov -130f
	Socialismo -131	P. J. Proudhon -131a Ch. Fourier -131b
	Anarquismo -132	M.A. Bakunin -132a
	Influjo del hegelianismo -133	Feuerbach -130a
	Panteísmo -134	K. Ch. F. Krause -122b
	Arthur Schopenhauer -135 (Doctrina del conocimiento)	
	Voluntarismo -136	F. Nietzsche -136a
	Malthusianismo -137	Th. R. Malthus -137a
	Oposición a Kant y a la filosofía trascendental	
	Positivismo lógico (Fenomenalismo) -138	Saint-Simon (Política) 138a A. Comte -138b J. Ingenieros -138c J.S. Mill -138d

La época	Las escuelas y las corrientes	Los pensadores
	Explicación materialista del Universo	
	Evolución -139	H. Spencer -139a
	Teoría mecánica de la evolución -140	Darwinismo -140a
	Otras corrientes	
	Empiriocriticismo -141	Ernst Mach (Positivismo lógico) -141a
	Renovación de la filosofía trascendental	
	Neokantismo -142	H. Kelsen -142a Georg Simmel -142b
	Síntesis de ciencia natural y filosofía trascendental	
	Convencionalismo -143	H. Poincaré -143a
	Filosofía de la cultura -144	G. Tarde -144a
	Tema antropológico	
	Irracionalismo -145	F. Nietzsche 136a
	Oposición al naturalismo -146	Th. Carlyle -146a
	Irracionalismo espiritualista -147	Sören Kierkegaard -147a W. Dilthey -147b H. von Keyserling -147c
	Logística -148	J. Bolyai -148a L. Carroll -148b K.F. Gauss -148c N.I. Lobachevski -148d
	Trascendentalismo -149	H.D. Thoreau (Contra el capitalismo)-149a

La época	Las escuelas y las corrientes	Los pensadores
Siglo XX	En España Nuevo positivismo -151 (Transición al S. XX. Finalismo) **Oposición a Kant y a la filosofía trascendental** Neopositivismo Círculo de Viena -152 (Fisicalismo. Positivismo lógico) **Renovación de la filosofía trascendental** Escuela de Marburgo (neokantismo estricto) -153 En España -153d Escuela de Baden (o alemana sudoccidental)-154 Kantianos independientes -155 Neoidealismo Dirección hegeliana -156 Neohegelianismo -157	Menéndez Pelayo -150 H. Bergson -151a G. Sorel -152b M. Schlick -152a E. Nagel -152b R. Carnap -152c A.J. Ayer -152d K. Gödel -152e Neurath -152f K.R. Popper -152g Hermann Cohen -153a Ernst Cassirer -153b R. Stammler -153c Ortega y Gasset -153e X. Zubiri -153f Max Weber -154a H. von Keyserling -147c J. Hyppolite -156a M. Horkheimer -156b B. Croce -157a

La época	Las escuelas y las corrientes	Los pensadores
	Ciencias particulares	
	Vitalismo y ciencias naturales -158	A. Einstein -158a Max Plank -158b
	Historismo -159	W. Dilthey -147b H. Keyserling -147c
	Movimiento diltheyano -160	O. Spengler -160a
	Logística -161	G. Frege -161a G. Peano -161b A. N. Whitehead -161c B. Russell (Atomismo lógico) -161d D. Hilbert (Formalismo)-161e W. Ackermann -161f R. Carnap -161g Dedekind -161h K. Gödel -152e J. Hintikka -161j J. M. Keynes -161k J. Piaget (Sicología) -161l F.P. Ramsey -161m A. Tarski -161n
	Filosofía Moderna	
	Filosofía del lenguaje (Análisis del lenguaje) -162	J. Austin (Escuela de Oxford)-162a John R. Searle (Actos de Habla) -162b G. Moore -162c N. Chomski -162d D. Davidson -162e
	Regreso al objeto Franz Brentano -163 Realismo crítico -164 (contra el neokantismo)	N. Hartmann -164a

La época	Las escuelas y las corrientes	Los pensadores
	Nueva ontología -165	M. Heidegger -165a N. Hartmann -164a G. Jacobi -165c
	Fenomenología (Lógica gnoseológica) -166	Edmund Husserl -166a R. Ingarden -166b E. Fink -166c
	Dirección a la teoría de los valores -167	Max Scheler -167a
	Existencialismo -168	
	S. Kierkegaard (precursor)-147a	J.P Sartre -168a A. Camus -168b Merleau-Ponty -168c
	Existencialismo crítico -169	Karl Jaspers -169a C. Astrada -169b M. Scheler -167a
	Filosofía ontológica -170	Martin Heidegger -165a H. G. Gadamer -170b J. Gaos -170c P. Ricoeur -170d
	Existencialismo cristiano -171	G. Marcel -171a
	Filosofía dialogística -172	F. H. Jacobi -165c G. Marcel -171a
	Estudios en el marxismo -173	L. Althusser -173a E. Bloch -173b G. Lukács -173c L. Goldmann -173d A. Gramsci -173e A. Sánchez Vásquez -173f
	Socialismo cristiano -174	S. Weil -174a
	Escuela crítica de Francfort -175 Teoría de la acción comunicativa	M. Horkheimer -175a Rh. W. Adorno -175b H. Marcuse -175c J. Habermas -175d K.O. Apel -a.175 Ernst Bloch -175d

La época	Las escuelas y las corrientes	Los pensadores
	Derivaciones del materialismo dialéctico -176	W. Benjamin -176a
	Escuela de Madrid -177	J. L. Aranguren -177a M. García Morente -177b J. Marías -177c F. Larroyo -177d
	Filosofía cristiana -178	Teilhard de Chardin -178a
	Investigación histórica -179	García Bacca -179a
	Estética -180	J. Maritain -180a
	Filosofía de la ciencia -181	Th. Kuhn -181a I. Lakatos -181b G. Bachelard -181c M. Bunge -181d P. Feyerabend -181e W. Heissenberg -181f C.G. Hempel -181g A. Koyré -181h
	Estructuralismo Postestructuralismo -182	Saussure -182a C. Lévi-Strauss -182b R. Barthes -182c M. Foucault -182d J. Lacan -182e
	Deconstruccionismo -183	J. Derrida -183a
	Filosofía analítica -184	L. Wittgenstein -184a W. Quine -184b V. Camps -184c Ch. Perelman -184d
	Pragmatismo -185	F.C. Schiller -185a M. Blondel -185b W. James -185c J. Dewey -185d C.L. Lewis -185e Ch. S. Peirce -185f R. Rorty -185g
	Semiótica -186	U. Eco -186a N. Chomski -186b

La época	Las escuelas y las corrientes	Los pensadores
	Nominalismo -187	N. Goodman -187a
	Filosofía de la justicia -188	J. Rawls -188a
	Otras tendencias -189	F. Savater -189a G. Vattimo -189b
	Latinoamericanos -190	F. Salmerón -190a E.J. Varona -190b J. Vasconcelos -190c D. Cruz Vélez -190d R. Frondizi -190e E. García Maynes -190f A. Korn -190g C. Vaz Ferreira -190h F. Miró Quesada -190i E. Molina -190j R. Mondolfo -190k L. Zea -190l
	Franceses -191	G. Bataille -191a S. de Beauvoir -191b J. Maritain -191c

MAPAS

Los números que se encuentran en los mapas corresponden a los llamados que hay después de cada una de las corrientes, escuelas y personajes de la cronología.

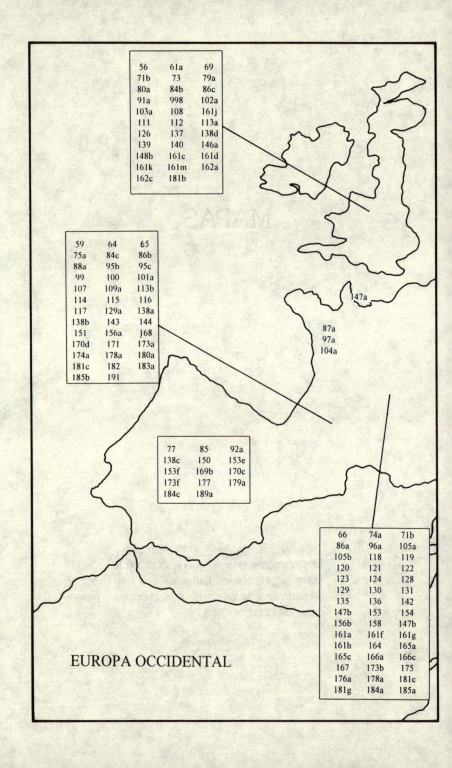

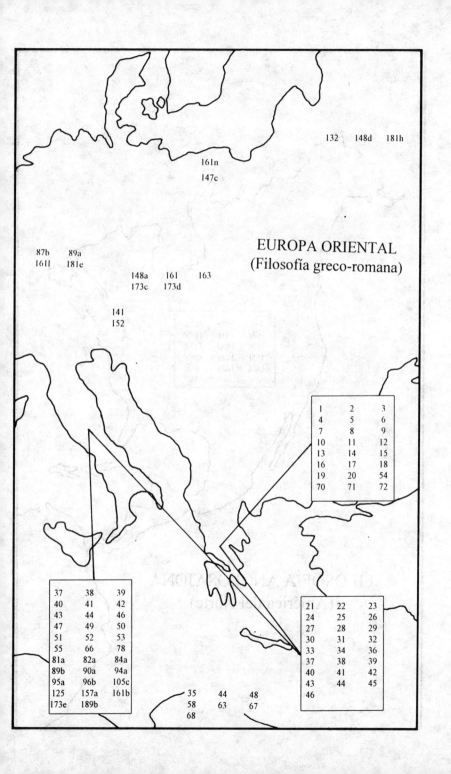

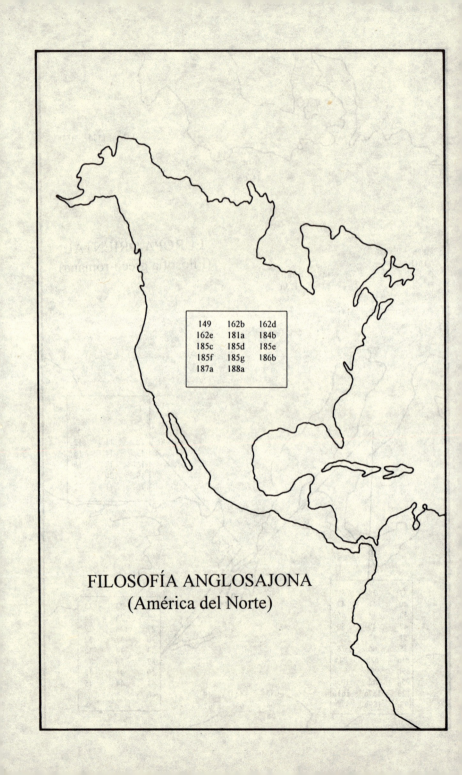

149	162b	162d
162e	181a	184b
185c	185d	185e
185f	185g	186b
187a	188a	

FILOSOFÍA ANGLOSAJONA
(América del Norte)

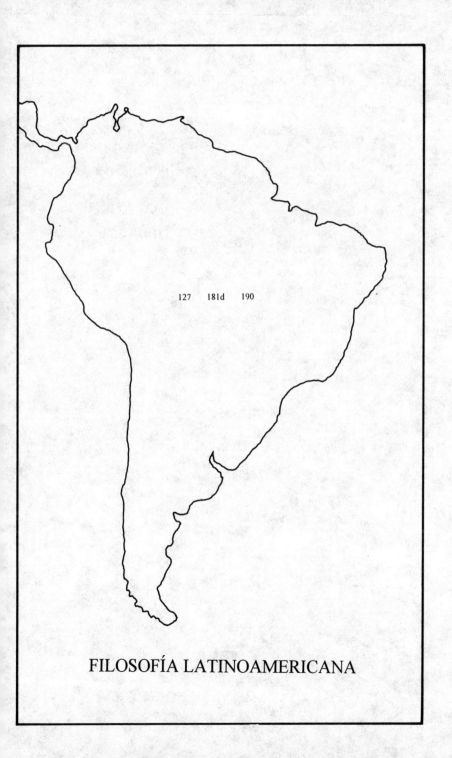

FILOSOFÍA LATINOAMERICANA

Ludy Grandas